REFLEXIONES ACERCA DE LA RESPONSABILIDAD CONTRACTUAL DEL FIDUCIARIO

LUIS GONZALO
BAENA CÁRDENAS

REFLEXIONES ACERCA DE LA RESPONSABILIDAD CONTRACTUAL DEL FIDUCIARIO

2.ª ED.

UNIVERSIDAD EXTERNADO DE COLOMBIA

Baena Cárdenas, Luis Gonzalo

Reflexiones acerca de la responsabilidad contractual del fiduciario / Luis Gonzalo Baena Cárdenas. -- Bogotá : Universidad Externado de Colombia. 2020. -- Segunda edición.

759 páginas ; 24 cm.

Incluye referencias bibliográficas (páginas 717-759)

ISBN: 9789587905120

1. Fiducia -- Aspectos jurídicos -- Colombia 2. Derecho comercial -- Colombia 3. Sociedades de inversiones -- Aspectos jurídicos -- Colombia I. Universidad Externado de Colombia II. Título

346.6 SCDD 15

Catalogación en la fuente -- Universidad Externado de Colombia. Biblioteca. EAP.
diciembre de 2020

ISBN 978-958-790-512-0

Calle 12 n.° 1-17 este, Bogotá
Teléfono (57 1) 342 0288
publicaciones@uexternado.edu.co
www.uexternado.edu.co

Primera edición: septiembre de 2013
Segunda edición: diciembre de 2020

Diseño de cubierta: Departamento de Publicaciones
Corrección de estilo: Edith López
Composición: Marco Robayo
Impresión y encuadernación: Panamericana Formas e Impresos S.A.
Tiraje: de 1 a 1000 ejemplares

Impreso en Colombia
Printed in Colombia

CONTENIDO

PRESENTACIÓN

Debo empezar por reconocer que mi interés por abordar el análisis de un tema tan apasionante como es el de la responsabilidad civil de las sociedades fiduciarias en sus actuaciones en calidad de fiduciarios surgió desde la época en que hube de desempeñarme como jefe de la Sección Legal de la División de Sociedades Fiduciarias de la entonces Superintendencia Bancaria, por allá hacia finales de la década de los ochenta del pasado siglo, cuando el superintendente de turno, Néstor Humberto Martínez Neira, hizo público un fenómeno que no dudó en calificar como el "facilismo de la fiducia", el cual dio lugar a que ese organismo de control expidiera una serie de actos administrativos que se inspiraron en la necesidad de asegurar la imagen y estabilidad del sector financiero y, por supuesto, de proteger los dineros del público. Por esa misma época tuve que participar en el proceso de toma de posesión con fines liquidatorios de Scala Sociedad Fiduciaria y, con posterioridad, ya por fuera de la Superintendencia, he visto cómo han desaparecido del mercado otras tantas sociedades fiduciarias como consecuencia ora de su intervención administrativa por parte del Estado, ora de su disolución y liquidación voluntaria. En el contexto internacional, tuve la oportunidad de conocer la crisis del sector fiduciario en Paraguay y de ser honrado con el encargo de diseñar un marco normativo para dicha actividad, que hoy se ve reflejado en la Ley 921/96 y en las reglamentaciones expedidas por el Banco Central del Paraguay, máxima autoridad monetaria, crediticia y cambiaria de ese país.

Estas experiencias me llevaron en un primer momento a preguntarme por el verdadero sentido y alcance del deber que le asiste al fiduciario de realizar diligentemente todos los actos necesarios para la consecución de la finalidad a la que se afectan los bienes fideicomitidos en un negocio fiduciario, así como por la recta interpretación del principio según el cual la responsabilidad del fiduciario se extiende hasta la culpa leve. En el propósito de encontrar respuesta a estos interrogantes, al revisar la literatura jurídica especializada me surgieron muchas más inquietudes que las que tenía inicialmente, pero con muy pocas o escasas soluciones, habida cuenta de que pude constatar que la doctrina y la jurisprudencia patrias no han sido muy prolíficas en la determinación del contenido y de los alcances de la culpa como criterio de imputación de la responsabilidad civil del fiduciario, amén de que no se le ha prestado la debida atención al tema de la diligencia ni a las figuras del buen padre de familia y del *artifex* con miras a determinar la procedencia de su aplicación en la contratación fiduciaria.

De esta suerte, me propuse entonces realizar una construcción de la responsabilidad civil de las sociedades fiduciarias con un enfoque dogmático y práctico, procurando que la determinación de la naturaleza y las características de la responsabilidad civil de las sociedades fiduciarias tuvieran una definición precisa en términos jurídicos. Los objetivos eran dejar al descubierto algunas falacias interpretativas que se han generado alrededor de esta sensible y apasionante problemática, y demostrar que, precisamente, la interpretación de los contratos fiduciarios (ya se trate de fiducia mercantil, encargo fiduciario o fiducia pública) y la búsqueda de la medida de la diligencia exigible han de referirse indefectiblemente a las reglas del arte. El análisis en conjunto de todos estos aspectos es el que permite concluir que la responsabilidad civil del fiduciario debe orientarse hacia un grado mayor de culpa que el estándar de la culpa leve exigible, en general, a esta clase de profesionales.

Este análisis del que se ha venido hablando quedó plasmado en el trabajo preparado por el autor a efectos de optar al título de doctor en Derecho por la Universidad Externado de Colombia, titulado "La responsabilidad del fiduciario desde la perspectiva de la dogmática jurídica: entre el modelo de diligencia general del buen padre de familia y el modelo específico del profesional o *artifex*"[1]. En este trabajo doctoral, se abordó el tratamiento que en el ordenamiento jurídico colombiano y en la doctrina y jurisprudencia patrias tiene la responsabilidad civil profesional de las sociedades fiduciarias, derivada de sus actuaciones en calidad de fiduciarios, con especial énfasis en el modelo de diligencia que debe presidir dichas actuaciones a la luz de las reglas y de los principios generales que dominan la materia. Y es precisamente dicho trabajo el que constituye la génesis del presente estudio, el cual obedece a mi permanente interés por el problema de la responsabilidad civil profesional de las sociedades fiduciarias en sus actuaciones en calidad de fiduciarios, que constantemente lleva a ensayar nuevas construcciones.

---

1 Luis Gonzalo Baena Cárdenas. "La responsabilidad del fiduciario desde la perspectiva de la dogmática jurídica: entre el modelo de diligencia general del buen padre de familia y el modelo específico del profesional o *artifex*", tesis doctoral, Bogotá, Universidad Externado de Colombia, 2012.

Para ser más exacto, con esta monografía se pretende ampliar y enriquecer el trabajo inicial, no solo con miras a tratar de una manera más detallada algunos aspectos que fueron abordados en esa oportunidad, sino también con el objeto de analizar otros nuevos y polémicos aspectos de importancia sin reparos y que, además, alcanzan una indiscutible resonancia en el ámbito del orden público económico y de los consumidores financieros. Con ello se busca avanzar en la construcción doctrinal de la responsabilidad civil profesional de las sociedades fiduciarias bajo un prisma que se conecte a la propia base y sustancia de la polémica, cual es la idea de la tutela de los intereses del beneficiario.

En este caso, esa perspectiva está dada por las claves interpretativas que ofrecen tanto los textos y la propia tradición jurídica anterior a la redacción del Código Civil como las actuales directrices del derecho constitucional en cuanto a la libertad de empresa en el Estado social de derecho, y del derecho de obligaciones y contratos al servicio de un tráfico comercial bien distinto al regulado por las fórmulas insertas en el estatuto civil[2]. Estos lineamientos hacen que, en el cumplimiento de la finalidad a la que quedan afectados los bienes fideicomitidos, la responsabilidad civil de las sociedades fiduciarias se oriente hacia un grado mayor de culpa que el estándar de la culpa leve, producto de las implicaciones propias de la consideración de la actividad fiduciaria como una actividad de interés público. Junto con las anteriores claves interpretativas, en el tratamiento de la responsabilidad civil del fiduciario es necesario considerar una serie de aspectos conexos, tales como los siguientes: a) el concepto de prestación fiduciaria y su contenido; b) la imposibilidad de alcanzar la finalidad a la cual se encuentran afectados los bienes fideicomitidos como causa no solo de extinción de la obligación, sino también de exoneración de la responsabilidad del fiduciario; c) la existencia de otros medios de tutela de los derechos del beneficiario y d) la propia idea de obligación fiduciaria.

El eje normativo alrededor del cual gira este estudio se sustenta en el hecho de que la responsabilidad obligacional por el incumplimiento del fiduciario se extiende a la protección de los derechos, bienes e intereses del beneficiario. En este aspecto se coincide con lo manifestado por la Corte Suprema de Justicia en el sentido de que

---

2 *Cfr.* Juan A. Tamayo Cardona. *Falta de cumplimiento y responsabilidad en la obligación de dar*, Valencia, Tirant lo Blanch y Universidad de Valencia, 2002, p. 14.

> dentro del (sic) ámbito de la relación jurídica obligatoria, la más reciente orientación [ ] sitúa las lesiones positivas del contrato (*Vertragsverletzung*) y del crédito (*positive Forderungsverletzung*) por infracción de los denominados '*deberes de protección*' (*Schutzpflichten*) ligados, vinculados, conexos o asociados al deber primario y central de prestación (*Leistungspflicht*), extendiéndose la responsabilidad obligacional por incumplimiento [...] a la protección de los derechos, bienes e intereses de las partes e incluso de terceros por su exposición al riesgo de causarles un daño en razón del vínculo jurídico o como consecuencia de la actividad de otros, y los cuales, ciertamente, son ajenos a la prestación, pero se originan en la ejecución de la relación contractual, por causa u ocasión de esta, sustentándose en el deber de corrección, probidad, lealtad y buena fe, dentro de (sic) las cláusulas normativas generales [...][3].

En el anterior orden de ideas, se impone entonces la necesidad de compatibilizar la disciplina general consagrada en el artículo 1604 del Código Civil (CC)[4] con las exigencias particulares de las relaciones jurídicas nacidas de los negocios fiduciarios, expresadas en reglas propias de responsabilidad establecidas en el artículo 1243 del Código de Comercio[5] (CCo) en concordancia con el numeral 1 del artículo 1234 y el numeral 1 del artículo 1235 *ibidem*. En todo caso, esta necesidad de coherente armonización conlleva, a su vez, el problema de identificar cuál es el ámbito de relevancia de la culpa respecto de la responsabilidad civil del fiduciario, de un lado, y, del otro, de determinar los principios de justicia correctiva que subyacen a la formulación de la *bona fides* como principio rector de los negocios fiduciarios[6].

Son, pues, esos frentes que han quedado expuestos los que constituyen el punto de partida de la presente investigación. El propósito es que "el punto de llegada y, sobre todo, el camino recorrido hasta el mismo (sic), contribuyan al progreso jurídico-científico, como ya han contribuido al propio"[7]. En

---

3 Corte Suprema de Justicia, Sala de Casación Civil. Sentencia 2000-00310 del 1.º de julio de 2009, M. P.: William Namén Vargas.

4 Congreso de los Estados Unidos de Colombia. Ley 84 de 1887. Código Civil de la Unión (Código Civil colombiano). *D. O.* 2867 del 31 de mayo de 1887. Disponible en http://secretariasenado.gov.co/senado/basedoc/codigo_civil.html

5 Presidencia de la República de Colombia. Decreto 410 de 1971. Por el cual se expide el Código de Comercio. *D. O.* 33339 del 16 de junio de 1971. Disponible en http://www.secretariasenado.gov.co/senado/basedoc/codigo_comercio.html

6 Martha Lucía Neme Villarreal. *La buena fe en el derecho romano. Extensión del deber de actuar conforme a la buena fe en materia contractual*, Bogotá, Universidad Externado de Colombia, 2010, p. 291.

7 Pedro José Bueso Guillén. "Contratos de distribución comercial, restricciones verticales de la

esta dirección, el desarrollo de la línea argumentativa está influenciado por lo expresado por Fueyo Laneri en el documento titulado "Interpretación y juez"[8], en el sentido de que, a medida que transcurre el tiempo, la tarea del jurista requiere una constante reelaboración a causa de los cambios que se verifican en la realidad social y de que, aun en el evento en que el poder legislativo se paralizara,

> la jurisprudencia no podría permanecer estática, antes bien, tendría que moverse al compás de la vida. Aunque la norma no cambiase, mudan las situaciones a las que debe aplicarse, y al tener que aplicarse a nuevas situaciones hay que extraer de ellas nuevos sentidos y consecuencias antes inéditas. Así puede suceder que el tenor de la ley permanezca invariable, pero insensible[,] y continuamente su sentido va cobrando nuevas proyecciones.

Con todo, cabe insistir en que la presente investigación no pretende agotar el tema, ni mucho menos; tampoco se pretende que el resultado final sea una propuesta de modificación de los actuales textos legales. Simplemente, la línea argumentativa desarrollada apunta a dotar al sistema fiduciario de las garantías y certezas suficientes para posibilitar, sobre bases ciertas y firmes, el desarrollo de la importantísima labor que cumplen las sociedades fiduciarias en el interior del sector financiero. En fin, lo que se busca es que se tome un rumbo definido en esta materia, cuyas consecuencias trascienden por mucho el ámbito meramente teórico.

Como corolario de ello, se aspira a que se entienda que el régimen legal de la actividad fiduciaria presupone indefectiblemente que la responsabilidad de las instituciones financieras en general, y en particular la de las sociedades fiduciarias, compromete el orden público económico. Por consiguiente, el *desideratum* es que, en sus actuaciones profesionales, a las sociedades fiduciarias se les exija el máximo grado de diligencia según el modelo del *artifex*, de manera que se elimine cualquier posibilidad de continuar confundiendo la normal previsión exigible al fiduciario con la simple diligencia de un hombre cuidadoso, como ha venido ocurriendo hasta ahora. No se trata solo de que las sociedades fiduciarias dispongan de un cuidado normal en las gestiones

---

competencia y regla de razón: delimitación conceptual y tratamiento en el derecho comunitario europeo", tesis doctoral, Zaragoza, Universidad de Zaragoza, 1999, p. 36.

8 Fernando Fueyo Laneri. *Interpretación y juez*, Santiago de Chile, Universidad de Chile y Centro de Estudios Ratio Iuris, 1976.

que llevan a cabo como gestoras de negocios ajenos; por el contrario, se trata también de que quienes han sido habilitados por el Estado para actuar como fiduciarios profesionales, de acuerdo con los parámetros expuestos en la Carta Política y la ley, atiendan el deber de realizar con diligencia los actos necesarios para la consecución de la finalidad a la que se encuentran afectados los bienes fideicomitidos, y ello "con un cuidado que podríamos denominar calificado, que excede el del buen padre de familia"[9].

En suma, de lo que se trata es de establecer si existen elementos que permitan concluir que la conducta exigible a las sociedades fiduciarias corresponde a la diligencia ordinaria, entendida como "la atención mediana que una persona responsable le[s] presta a todos los asuntos que como padre de familia [...] debe resolver en el diario transcurrir de su vida de relación"[10], o si, por el contrario, es razonable que a las sociedades fiduciarias se les exija una diligencia que se podría llamar calificada frente a sus actuaciones en calidad de fiduciarios, "propia de los asuntos importantes, tal y como se plantea en el ordenamiento civil para la estructuración del máximo grado de diligencia que la ley contempla"[11].

Así mismo, se espera que las sociedades fiduciarias que han sido declaradas responsables y, en general, todas ellas comprendan que existen buenos y malos fiduciarios y que la defensa incondicional de estos últimos no favorece a la actividad fiduciaria. También se espera que entiendan que no es una actitud de buena fe, proba y honesta la de pretender escudarse simplemente en la regla según la cual sus obligaciones son de medios y no de resultado, de suerte entonces que, mientras el fideicomitente y/o el beneficiario, según el caso, no demuestren la culpa profesional del fiduciario, este

---

9 *Cfr.* Luis Fernando López Roca. "La responsabilidad del administrador bancario por el deber de velar por el cumplimiento de la ley y los estatutos", en *Temas de derecho financiero contemporáneo*, Sergio Rodríguez Azuero, Erick Rincón Cárdenas y Juan Jacobo Calderón Villegas (eds.), Bogotá, Editorial Universidad del Rosario, 2006, pp. 245 a 274; Fernando Silva García. "Régimen de responsabilidad de los administradores de instituciones financieras", *Revista de Derecho Privado*, n.º 4, julio-diciembre, Bogotá, Universidad Externado de Colombia, 1999, pp. 69 a 86; Francisco Jordano Fraga. *La responsabilidad contractual*, 1.ª ed., Madrid, Civitas, 1997, pp. 134 y 135; Mariano Yzquierdo Tolsada. *La responsabilidad civil del profesional liberal. Teoría general*, Madrid, Reus, 1988, pp. 276 a 277; Giovanni Cattaneo. *La responsabilità del professionista*, Milán, Giuffrè, 1958, p. 55.

10 Fernando Silva García. "Régimen de responsabilidad de los administradores de instituciones financieras", cit.

11 *Ibid.*

permanecerá indiferente de cara a cualquier pretensión que tenga por objeto deducirle responsabilidad.

En fin, se espera que tanto las sociedades fiduciarias como la Superintendencia Financiera de Colombia tomen conciencia i) de que en la actualidad existe una nueva relación fiduciario-consumidor financiero que muestra, entre otras cosas, la importancia del deber de información y de brindarles una adecuada asesoría y consejo profesional a los potenciales fideicomitentes y beneficiarios; y ii) de que, más allá de las repercusiones económicas que conlleva su actividad profesional, se encuentran en juego intereses que están fuera del comercio y que son inalienables, como lo es la confianza del público en el sistema financiero, razón por la cual el quehacer de las sociedades fiduciarias compromete una responsabilidad de orden público. El interés en una buena prestación de los servicios constitutivos del objeto social de las sociedades fiduciarias trasciende lo puramente privado para alcanzar el orden público económico, cuya guarda e integridad le compete hoy en día a la Superintendencia Financiera de Colombia.

En la medida en que se logre este propósito, sin duda se habrá contribuido a enriquecer la literatura jurídica en esta materia, replanteando el viejo problema, cada vez más nuevo, sin exigencias de renovaciones, esto es, el relacionado con la diligencia exigible del fiduciario y con el modelo de conducta que la integra.

Las conclusiones a las que se arriba tras este estudio en verdad no son ni pretenden ser revolucionarias. A riesgo de insistir en demasía sobre este particular, lo que se intentó fue solo introducir una nueva perspectiva en el análisis de la responsabilidad civil del profesional fiduciario y que sirva, al mismo tiempo, para reajustar los criterios con base en los cuales debe ser abordado el estudio de este tema. Esto se hizo sobre la base de una metodología en la que el denominado "paradigma positivo" cede terreno ante el que se ha dado en llamar el "paradigma pragmático"[12]. Ciertamente, considerando que "la constante actualización a la que se somete el Derecho aboca de manera

---

12 A este respecto, Bueso Guillén señala: "El paradigma pragmático forma parte de una determinada percepción del quehacer científico en el Derecho [...]. En ella, la labor investigadora se encuentra sometida a la 'especial tensión entre el deseo de aproximarse a la justicia como valor y la resistencia de esta a ser objeto de adquisición y demostrabilidad científica'". (Pedro José Bueso Guillén. "Contratos de distribución comercial, restricciones verticales de la competencia y regla de razón: delimitación conceptual y tratamiento en el derecho comunitario europeo", cit., pp. 12 y 13).

irremediable hacia la interdisciplinariedad"[13], la respuesta comprensiva de las cuestiones que plantea la responsabilidad civil de las sociedades fiduciarias supuso dirigir los esfuerzos a procurar una aproximación interdisciplinaria de la mano de la Carta Política, del derecho de obligaciones y contratos, del derecho de protección al consumidor y de la sociología. Y esto fue así tanto por razón de la novedad del paradigma de referencia subyacente (esto es, la realidad jurídica, económica, financiera y social de la moderna contratación fiduciaria) como de su trascendencia para el orden público económico, con miras no solo a tratar de romper los modelos provistos por el derecho positivo, sino también a superar los propios de todas aquellas teorías y orientaciones doctrinales y jurisprudenciales que preconizan que la misma diligencia de un buen padre de familia es la que se esperaría de las sociedades fiduciarias en sus actuaciones profesionales en calidad de fiduciarios[14].

De hecho, como consecuencia de la aplicación del paradigma pragmático, en algunos pasajes de esta investigación se asumió el papel de un "legislador intersticial". Y, por esta vía, debido a los poco definidos y confusos contornos que hasta la fecha presenta el tratamiento doctrinal y jurisprudencial de la responsabilidad profesional de las sociedades fiduciarias en Colombia, se debieron añadir las peculiaridades que sobre el contenido y los alcances de la actividad fiduciaria introducen los siguientes artículos: 78, 333 y 335 de la Carta Política (CP)[15], en armonía con los artículos 46 (letras a) y b)) del Estatuto Orgánico del Sistema Financiero[16]; 3.º (letra a)), 5.º y 7.º (letra b)) de la Ley 1328 de 2009[17]; y 7.º (inciso 2) de la Ley 1480

---

13 Pedro José Bueso Guillén. "Contratos de distribución comercial, restricciones verticales de la competencia y regla de razón: delimitación conceptual y tratamiento en el derecho comunitario europeo", cit., p. 10.

14 Tales teorías y orientaciones no solo ofrecen una escasa precisión y un escaso desarrollo sobre el concepto de culpa referido a la contratación fiduciaria, sino que, además, se han movido muy a espaldas de las construcciones que, con respecto a lo que es la diligencia, se pueden hacer a partir de la consideración de la verdadera naturaleza jurídica y función económica de los negocios fiduciarios.

15 Constitución Política (1991). Constitución Política de la República de Colombia. Disponible en http://secretariasenado.gov.co/senado/basedoc/constitucion_politica_1991.html

16 Presidencia de la República de Colombia. Decreto Ley 663 de 1993. Estatuto Orgánico del Sistema Financiero. *D. O.* 40820 del 5 de abril de 1993. Disponible en http://www.secretariasenado.gov.co/senado/basedoc/estatuto_organico_sistema_financiero.html

17 Congreso de Colombia. Ley 1328 de 2009. Por la cual se dictan normas en materia financiera, de seguros, del mercado de valores y otras disposiciones. *D. O.* 47411 del 15 de julio de 2009. Disponible en http://www.secretariasenado.gov.co/senado/basedoc/ley_1328_2009.html

de 2011[18], así como en concordancia con las instrucciones impartidas por la Superintendencia Financiera de Colombia en materia de riesgo operativo. Todo esto fue llevado a cabo sobre la base de un espíritu crítico, prestando atención a detectar incongruencias entre los hechos y el derecho, teniendo, por lo tanto, como permanente mecanismo de verificación la observación de la realidad.

Dicho de otro modo, la interdisciplinariedad se tradujo, como debía ser, en una actitud receptiva de mi parte hacia los datos provenientes de la aplicación del principio constitucional de interpretación conforme y de lo que los sociólogos denominan sistemas expertos, lo que permitió "participar en la discusión científica sobre la realidad objeto de estudio aportando aquellos datos relevantes resultantes de la perspectiva jurídica a la discusión interdisciplinar"[19]. De hecho, los temas que constituyen los distintos capítulos de esta investigación no responden solo a la trascendencia inmediata de delimitar claramente el fenómeno de la responsabilidad civil profesional de las sociedades fiduciarias tanto en el marco del derecho de las obligaciones y contratos como en el del derecho constitucional y del derecho de defensa de los consumidores financieros, sino también a la trascendencia mediata que tal tarea delimitadora tiene de cara a demostrar que el tratamiento que se le ha dispensado a la negligencia y a la impericia del fiduciario no se ajusta a la verdadera naturaleza jurídica y función económica de los negocios fiduciarios.

Esta fue la razón para embarcarme en la tarea de acopiar toda la información necesaria para poder comprender no solo la verdadera naturaleza jurídica y la función económica de los negocios fiduciarios y el conocimiento de su realidad actual, sino también los alcances de la ubicación de los negocios fiduciarios en las actividades de interés público de que trata el artículo 335 de la Carta Política. La fuente de esta información fue el estudio del derecho colombiano, del derecho comparado y, señaladamente, del derecho romano. El análisis de dichas fuentes permitió establecer la importancia capital de la culpa y de la diligencia en la determinación del contenido y los alcances de la prestación fiduciaria. En cuanto a la culpa, como se tuvo oportunidad de analizarlo con detalle, se intentó encontrar respuesta al interrogante

---

18 Congreso de Colombia. Ley 1480 de 2011. Por medio de la cual se expide el Estatuto del Consumidor y se dictan otras disposiciones. *D. O.* 48220 del 12 de octubre de 2011. Disponible en http://www.secretariasenado.gov.co/senado/basedoc/ley_1480_2011.html

19 Pedro José Bueso Guillén. "Contratos de distribución comercial, restricciones verticales de la competencia y regla de razón: delimitación conceptual y tratamiento en el derecho comunitario europeo", cit., p. 21.

respecto de cuál es o debe ser el papel de la culpa en el sistema de la responsabilidad civil del fiduciario y, más exactamente, de si es posible prescindir del elemento "culpa" como fundamento del deber de responder por los daños causados a los fideicomitentes y/o beneficiarios. Hallar la respuesta a esta pregunta supuso partir del hecho de que su apreciación como factor de imputación solo puede medirse en dos dimensiones distintas, a saber: (i) en concreto, esto es, frente a cada caso particular, atendidas las circunstancias que de manera objetiva concurren en la producción del resultado dañoso; o (ii) en abstracto, vale decir, comparando la conducta que origina el daño con un patrón o modelo de comportamiento que observaría una persona puesta en la misma situación del deudor, en el mismo lugar y en el mismo tiempo, como es el caso, a manera de ejemplo, del "buen padre de familia", del "buen hombre de negocios", del "buen profesional", etc. Es decir, para establecer la concurrencia de la culpa, es necesario elaborar el o los modelos de comportamiento a partir de los cuales resulta posible formular el juicio de reproche en que se sustenta dicha responsabilidad, puesto que de ello depende la identificación de los diversos intereses involucrados que exigen ser protegidos mediante el ejercicio de las correspondientes acciones de responsabilidad civil.

Y no podría ser de manera diferente si se tiene en cuenta que de antaño la culpa se ha concebido como aquella falta de diligencia y cuidado impuesto por la ley para el cumplimiento de una obligación preexistente, de forma entonces que la responsabilidad nace precisamente del incumplimiento de una obligación y apunta a restablecer el orden social que consagra y procura alcanzar el ordenamiento jurídico. Y si la culpa consiste en la falta de diligencia y cuidado en que incurre el deudor en el cumplimiento de una obligación, ello solo se puede establecer mediante un juicio comparativo a partir de un deber genérico preestablecido. Como lo sostiene Rodríguez Grez[20], no es posible ser negligente, descuidado o desatento sino en relación con el comportamiento de una persona en cierto grado diligente, cuidadosa o atenta; por consiguiente, la culpa siempre será un "concepto comparativo" al cual solo se puede llegar por medio de un patrón de comportamiento configurado con anterioridad, de modo que la cuestión se remite a fijar cuál es

---

20 Pablo Rodríguez Grez. "Apreciación de la culpa en materia civil", *Revista Chilena de Derecho Privado*, n.º 2, julio-diciembre, Santiago de Chile, Universidad Diego Portales, 2004, pp. 95 a 106.

el comportamiento que debe observar el deudor para, a partir de ahí y con fundamento en ello, inferir el comportamiento transgresor.

A su turno, en cuanto a la diligencia, fue posible ubicar las funciones que esta cumple en la contratación fiduciaria, a saber: integradora de la prestación fiduciaria y promotora de su cumplimiento. Esa diligencia exigible del fiduciario implica necesariamente que se trata de una conducta o comportamiento, pues esta es la única manera de que se pueda subsumir o incorporar en una actividad. Esa diligencia debe cumplir con un mínimo de adecuación o correspondencia técnica respecto de la actividad. Sin este presupuesto, la diligencia no se podría concebir como un "hacer lo que haría" un buen fiduciario con miras al cumplimiento de la finalidad a la cual se encuentran afectados los bienes fideicomitidos. Dada la función material que desde la perspectiva del derecho de obligaciones tiene la diligencia respecto de la prestación fiduciaria, se trata de una diligencia jurídicamente vinculante para el fiduciario. Así, entonces, la diligencia tiene una función integradora de la prestación fiduciaria, de suerte que actúa como un criterio de exactitud o cumplimiento. La prestación fiduciaria consiste en el cumplimiento de la finalidad señalada por el fideicomitente en el acto constitutivo, la cual no tiene una fuente específica, sino que constituye una obligación accesoria dependiente de otra principal sobre el mismo objeto, la cual es la de administrar y/o enajenar los bienes fideicomitidos.

Las consideraciones que anteceden justifican, de un lado, el análisis y la comprensión de la regla según la cual las obligaciones del fiduciario son de medios y no de resultado, regla cuya principal consecuencia hasta ahora no ha sido otra distinta que la inversión de la carga de la prueba, de suerte entonces que la no obtención de la finalidad a la que se encuentran afectos los bienes fideicomitidos debida a un posible incumplimiento del fiduciario obliga al fideicomitente y/o al beneficiario, según el caso, a probar su falta de prudencia o diligencia en el desempeño de la gestión; por consiguiente, mientras el demandante no demuestre la culpa del fiduciario, este permanecerá indiferente ante cualquier pretensión que tenga por objeto deducirle responsabilidad. De otro lado, tales consideraciones legitiman asimismo el estudio de la relación fiduciario-negocios propios derivada de lo dispuesto por el artículo 1243 del CCo a partir del análisis del fundamento constitucional de la libertad de empresa y de la intervención del Estado en las actividades financiera, bursátil y aseguradora a que se refieren los artículos 333 y 335 de la Constitución Política, y se contrasta con el quehacer de las sociedades fiduciarias y los intereses involucrados en el ejercicio de la actividad fiduciaria, esto es, con el orden público económico y los consumidores financieros.

Realizar el ejercicio intelectual del que se ha venido hablando resultó ser una labor de indiscutida importancia, habida cuenta de que, definiéndose la culpa del fiduciario a partir de la diligencia, necesariamente debía ampliarse el estudio de la culpa a la diligencia y a sus funciones en el marco de la relación fiduciaria. De ahí que lo hecho, entonces, fue no solo determinar qué aplicación ha de hacerse de lo dispuesto por los artículos 1226, 1234 numeral 1 y 1243 del CCo y 63 del CC, sino también analizar en qué supuestos el comportamiento del fiduciario puede y debe ser catalogado como negligente y cómo delimitar las fronteras de dicho comportamiento, comoquiera que en la negligencia se encuentra el límite que separa los supuestos de daños indemnizables frente a aquellos que no lo son porque se sustentan en la ocurrencia de hechos constitutivos de caso fortuito o fuerza mayor. De esta manera, resultó entonces posible estructurar o elaborar un marco conceptual con respecto a la diligencia y la pericia y su relación con la culpa desde la perspectiva del exacto cumplimiento de la prestación fiduciaria que permitiera abordar los nuevos problemas que plantea la responsabilidad civil del fiduciario y a los que se les debe dar adecuada respuesta. Así también se logró que la ciencia del derecho fuera "de nuevo 'pragmática'", que estuviera "'al servicio de su aplicación efectiva', pues, verdaderamente, el imperativo recurso de las normas a conceptos y su interconexión en una visión sistemática de las instituciones jurídicas no significa que se olviden su función social y los intereses de los que emanan"[21].

Para ser más exactos, toda esta elaboración conceptual permitió concluir que, tratándose de operaciones y negocios fiduciarios, la culpa del fiduciario debe apreciarse en abstracto, teniendo en cuenta que en esta materia el fiduciario asume el cumplimiento de la prestación fiduciaria en calidad de profesional o experto, por lo que no basta el mero o solo esfuerzo orientado a la consecución de la finalidad a la que se encuentran afectados los bienes fideicomitidos, sino que se requiere que tales esfuerzos sean idóneos, adecuados, eficientes y conducentes conforme a la *lex artis*. Por consiguiente, el grado de diligencia y cuidado que debe observar es y debe ser más exigente

---

21 Pedro José Bueso Guillén. "Contratos de distribución comercial, restricciones verticales de la competencia y regla de razón: delimitación conceptual y tratamiento en el derecho comunitario europeo", cit., p. 17.

que el que se le exige a un profesional común y corriente puesto en la misma situación y en iguales circunstancias.

En efecto, el concepto de diligencia que consagra el inciso 1 del artículo 1234 del CCo se refiere a una actividad cuyo sujeto es el fiduciario y que consiste en administrar y/o enajenar los bienes fideicomitidos de cara al cumplimiento de la finalidad señalada por el fideicomitente en el acto constitutivo, pues es en la realización de esta actividad que el fiduciario debe emplear la diligencia, de ahí que la prestación fiduciaria sea una actividad cualificada, habida cuenta de que se integra por la diligencia. Desde la anterior perspectiva, la diligencia presenta una doble dimensión: de un lado, configura el concepto de obligación y, de otro lado, constituye un criterio de enjuiciamiento *a posteriori* del comportamiento efectivo observado por el fiduciario con ocasión del cumplimiento de la finalidad a la cual están afectados los bienes fideicomitidos[22]; es decir, el hecho de que de la actividad confiada al fiduciario se predique la diligencia no significa que ella constituya propiamente el objeto de la obligación a cargo de este, sino solo el fin o destino a que debe dirigirse la conducta debida. El verdadero objeto de la obligación a cargo del fiduciario es la diligencia del *artifex* orientada al cumplimiento de la finalidad a la cual se encuentran afectados los bienes fideicomitidos.

Dicho de otro modo, la actividad del fiduciario, consistente en administrar y/o enajenar los bienes fideicomitidos de cara al cumplimiento de la finalidad señalada por el fideicomitente en el acto constitutivo, se encuentra formulada como jurídicamente debida, lo que implica que es una actividad que el fiduciario debe realizar en el futuro. Para que con la diligencia se observe el deber jurídico que predica de ella el numeral 1 del artículo 1234 del CCo, no es suficiente con que el fiduciario administre y/o enajene los bienes fideicomitidos. La noción jurídica de diligencia supone un nivel de exigencia que seleccione preceptivamente los actos concretos en que debe manifestarse. Este nivel de exigencia o selección tiene un fundamento en esencia normativo que radica en el modelo del *artifex* que en el máximo grado se le impone al fiduciario. Este modelo, aplicado a la actividad del fiduciario, sin dejar de ser un criterio de esfuerzo o atención, funciona como un modelo indicativo del comportamiento del fiduciario en relación con dicha actividad. Lo que se pretende obtener de la aplicación del modelo es

22 *Cfr.* Ferrán Badosa Coll. *La diligencia y la culpa del deudor en la obligación civil*, Bolonia/Madrid, Real Colegio de España, 1987, p. 37.

la descripción de cuál o cuáles conductas o actos concretos, técnicamente adecuados al cumplimiento de la finalidad a la que se encuentran afectados los bienes fideicomitidos (que es la actividad que se trata de integrar), se deducen del tipo o nivel de esfuerzo o atención propio del artífice.

Es decir, de lo que se trata es de saber lo que haría en un caso específico quien pusiera en sus asuntos en general un cierto tipo de atención o interés, traduciendo dicho interés en términos de conducta material. Para que esta traducción se produzca y, por lo tanto, para que el modelo del *artifex* funcione como modelo de comportamiento del fiduciario, es indispensable la presencia de un factor que imponga dicha objetivación: la específica actividad de gestión de negocios ajenos jurídicamente calificada de la que la diligencia se predica. Se objetiva, pues, al concretarse. La objetivación del contenido del modelo del *artifex* repercute en su graduación, ya que no podrá hacerse acudiendo al criterio cuantitativo de las intensidades del esfuerzo o de la atención. Dado que se trata de un modelo de comportamiento, la graduación se hará atendiendo al criterio cualitativo de la perfección de la conducta orientada al cumplimiento de la finalidad a la que se encuentran afectados los bienes fideicomitidos.

En suma, lo que convierte la diligencia exigible del fiduciario en determinada y, por lo tanto, en objeto de su obligación es, pues, su doble encuadramiento conforme a lo dispuesto por los artículos 1226, 1234 (numeral 1) y 1243 del CCo, así: por el destino al que se dirige, que no es otro que el cumplimiento de la finalidad a la cual se encuentran afectados los bienes fideicomitidos, y por el modelo de conducta con arreglo al cual se define su contenido, que es el del *artifex* del derecho romano, puesto que el fiduciario es un deudor de carácter calificado. En esta dirección, la función de causa de justificación que cumple la diligencia se pone de manifiesto cuando la finalidad a la que se encuentran afectados los bienes fideicomitidos no se alcanza. La observancia de la diligencia tiene entonces como función exonerar al fiduciario de su eventual responsabilidad por incumplimiento, o, dicho de otro modo, la eficacia jurídica de la diligencia en la contratación fiduciaria se traduce en la exoneración de responsabilidad del fiduciario.

En todo caso, la diligencia de las sociedades fiduciarias debe valorarse en relación con la naturaleza de orden público de la actividad que desarrollan; por consiguiente, es entonces la elevación del parámetro de la diligencia media la que permite aludir al "buen profesional fiduciario" y especializar dicho parámetro de conducta respecto del criterio general, estableciéndolo conforme a la *lex artis*[23], entendida como el conjunto de saberes acumulados en una actividad profesional con los cuales se define la habilidad técnica necesaria para el ejercicio de la correspondiente prestación profesional[24]. Esto significa, pues, que las sociedades fiduciarias se comprometen a ejercer su profesión con la diligencia y el cuidado que la pericia de su arte requiere, empleando la técnica adecuada y, en consecuencia, acomodando su prestación a la *lex artis* exigida de acuerdo con la finalidad a la cual se encuentran afectados los bienes fideicomitidos.

En este caso, la *lex artis* se erige sobre un criterio valorativo de la corrección de la concreta actuación ejecutada por el profesional de la actividad fiduciaria, que tiene en cuenta las circunstancias en que esta se desarrolla y tiene lugar, al igual que las incidencias inesperadas en el normal actuar profesional. De ahí que, en la medida en que el fiduciario pretenda que sea el fideicomitente —y, en su caso, el beneficiario— quien asuma los riesgos a los que está expuesta la consecución de la finalidad a la que quedarían afectados los bienes fideicomitidos, entonces, frente a la no consecución de dicha finalidad, el fiduciario no podrá acudir al expediente "de los medios" que simplemente promete, sino que deberá proporcionar la prueba de la calidad del servicio, esto es, le corresponderá cargar con la prueba "del buen servicio" o de la "mejor praxis". Y no le será difícil aportar esta prueba si así ha actuado, tanto más si se considera que, como consecuencia de la adopción de las reglas expedidas por el Comité de Basilea en materia de riesgo ope-

---

23 Con todo, la verdad es que el contenido de la *lex artis*, como modelo de conducta de la actividad profesional del fiduciario, no se encuentra recogido en ninguna norma concreta, sino que deriva de sus conocimientos y de la práctica profesional de gestión de negocios ajenos.

24 A este respecto, Galgano enseña: "La diligencia del deudor deberá ser valorada con un metro más específico cuando la prestación se inserta en el ejercicio de una actividad profesional: en este caso debe ser valorada con relación a la naturaleza de la actividad ejercitada. En primer lugar, se consideran las profesiones intelectuales [...]. En estos casos se toma en cuenta, a más de la diligencia, la pericia, o sea[,] la habilidad técnica necesaria para el ejercicio de la correspondiente prestación profesional [...]. Si, sin embargo, la prestación requiere la solución de problemas técnicos de dificultad especial (como en el caso de una intervención quirúrgica delicada o de un proyecto original de ingeniería), la responsabilidad del profesional por los daños ocasionados al cliente es valorada con menor rigor. Sin embargo, los desarrollos de la ciencia y de la técnica han reducido el ámbito de aplicación de esta derogación [...]. La jurisprudencia introdujo una presunción de culpa del profesional, en particular del cirujano, para las hipótesis en que la prestación no haya logrado el resultado que era legítimo esperar dado el estado actual de la ciencia". (Francesco Galgano. *Diritto civile e commerciale*, vol. II, *Le obbligazioni e i contratti*, t. I, *Le obbligazioni in generale, contratti in generale*, Padova, Cedam, 1990, p. 34).

rativo, en la actualidad, en Colombia resulta obligada la responsabilidad del profesional fiduciario no solo por las actuaciones del personal a su servicio, sino también por las fallas originadas en su infraestructura y en sus procesos tecnológicos, toda vez que el fideicomitente y/o el beneficiario confían en la formalidad y en la reputación negocial del fiduciario y esperan razonablemente que este se responsabilice de la normal y adecuada ejecución de la gestión que se le ha encomendado, independientemente de que la realice por medio de sus dependientes. De ahí la obligación de garantía que asume el fiduciario por la conducta regular del personal a su servicio, lo cual debe entenderse en el más amplio sentido, que comprende no solo el deber de prestación fiduciaria propiamente dicho, sino también las obligaciones preparatorias y de protección y conservación de los bienes fideicomitidos.

Por último, parafraseando lo dicho por Bueso Guillén[25], a pesar del esfuerzo sintetizador realizado, la extensión que alcanza esta investigación se justifica por la necesidad de que el operador jurídico "comprenda y asuma la verdadera trascendencia del cambio paradigmático al que debe enfrentarse" al momento de estudiar y analizar el régimen que informa la responsabilidad civil de las sociedades fiduciarias en su condición de fiduciarios profesionales. Este cambio del paradigma de referencia plantea nuevas cuestiones que, como las relacionadas con el contenido y alcance de la diligencia con la que el fiduciario debe cumplir la finalidad a la que están afectados los bienes fideicomitidos y con el modelo de comportamiento que ha de guiar dicha diligencia, han sido insuficientemente estudiadas por parte de la doctrina y la jurisprudencia nacionales, a lo que es preciso sumar la carencia de análisis profundos acerca de esa particular relación de confianza que caracteriza a la contratación fiduciaria.

Tales carencias y cambios apoyan la conveniencia de admitir la validez y fuerza vinculante de investigaciones que, como esta, de una parte, plantean un agravamiento en lo que respecta a la responsabilidad civil de las sociedades fiduciarias y adoptan un concepto de diligencia y pericia que lleva a indagar sobre la verdadera finalidad práctica, jurídica y social de los negocios fiduciarios, para su estudio y tratamiento desde el derecho de defensa del consumidor financiero, como punto de partida para dar satisfacción a los

---

25 Pedro José Bueso Guillén. "Contratos de distribución comercial, restricciones verticales de la competencia y regla de razón: delimitación conceptual y tratamiento en el derecho comunitario europeo", cit., p. 4.

intereses del beneficiario. De otra parte, apuntan a superar la visión que hoy tienen muchos con respecto a que la responsabilidad del fiduciario se construyó para los malos fiduciarios en pro de su propia protección, por cuanto los argumentos que sirven de sustento a los análisis acá realizados permiten dar respuesta a todos aquellos interrogantes que indagan acerca de cuándo, por qué y de qué responde el fiduciario. ¿Solo responde cuando es culpable?, y, por consiguiente, ¿debe el beneficiario o el fideicomitente, según el caso, poseer la prueba de la culpa para asumir la carga y la subsecuente reparación? ¿Cuál es o debe ser el papel de la culpa en el sistema de la responsabilidad civil del fiduciario?, y, más exactamente, ¿es posible prescindir del elemento "culpa" como fundamento del deber de responder por los daños causados a los fideicomitentes y/o beneficiarios? ¿Debe valorarse la responsabilidad del fiduciario a la luz del modelo de diligencia general del buen padre de familia u hombre de negocios, o a la luz del modelo específico del profesional o *artifex*? La responsabilidad del fiduciario, ¿se ajusta más a la culpa levísima que a la culpa leve? Y, en fin, ¿se le debe exigir al fiduciario más que lo que se pretende de una persona que desarrolla una actividad que compromete el orden público económico, o es suficiente y equitativo con que su responsabilidad se circunscriba a la culpa leve?

Finalmente, y si bien esta investigación se centra en el estudio del derecho colombiano, ha de añadirse que sus resultados pueden aplicarse, en gran medida, en la regulación de la contratación fiduciaria en todos aquellos ordenamientos jurídicos en los que esta categoría negocial tenga cabida y reconocimiento.

PRIMERA PARTE

PROPEDÉUTICA. LA ACTIVIDAD FIDUCIARIA Y LA RESPONSABILIDAD CIVIL DEL FIDUCIARIO

CAPÍTULO PRIMERO
FUENTES DE LOS NEGOCIOS FIDUCIARIOS EN EL DERECHO COLOMBIANO

I. PLANTEAMIENTO INTRODUCTORIO

Como quedó delimitado en la presentación, una correcta aproximación al objeto de estudio requiere disponer de información que permita comprender el fenómeno de la contratación fiduciaria y el conocimiento de su realidad actual, así como la ubicación de los negocios fiduciarios en las actividades de interés público de que trata el artículo 335 de la CP[1]. Este ejercicio resulta particularmente útil no solo en la determinación —con el alcance delimitado en la presentación— del diálogo interdisciplinario, sino, además, en la aportación de principios generales comunes en materia de responsabilidad contractual del fiduciario, lo que, por contera, hará posible realizar una propuesta respecto de cuál es el entendimiento de la diligencia y de la impericia en la moderna contratación fiduciaria, ámbito en el que se las menciona con frecuencia sin dar una explicación suficiente acerca de su contenido y alcances. Esta propuesta permitirá apreciar en todo su alcance el cambio del paradigma de referencia acaecido en el tratamiento del régimen de la responsabilidad civil profesional de las sociedades fiduciarias, al que los operadores jurídicos deben enfrentarse. Dicho cambio es pieza fundamental para el desarrollo y la comprensión de los capítulos siguientes de este trabajo, que gravita sobre las cuestiones de la delimitación conceptual del modelo que en la contratación fiduciaria aparece acompañando siempre al concepto de diligencia-conducta.

El punto de partida viene dado por la explicación de la figura del fideicomiso en el derecho romano y en el *common law*, y por la presentación de cómo fue recibida esta categoría negocial por el ordenamiento jurídico colombiano. Para ello, a continuación, se seguirán de cerca los pasos de connotados estudiosos del derecho romano y de las instituciones del *common law* para intentar evaluar el tratamiento dispensado a la diligencia y a la impericia como criterios determinantes de la responsabilidad civil del

1 Constitución Política (1991). Constitución Política de la República de Colombia. Disponible en http://secretariasenado.gov.co/senado/basedoc/constitucion_politica_1991.html

fiduciario. Con base en dicho estudio, se formulará una propuesta respecto de cuál es el entendimiento de la diligencia y de la denominada *lex artis* en la moderna contratación fiduciaria, ámbito en el que se las menciona con frecuencia, pero sin la debida explicación sobre su contenido y alcances.

II. GÉNESIS HISTÓRICA

A. LOS NEGOCIOS FIDUCIARIOS EN EL DERECHO ROMANO

La fiducia fue una actividad del derecho arcaico que, al decir de algunos romanistas, surgió para cumplir funciones propias del comodato, del depósito, del mandato y de la prenda cuando estos negocios no habían nacido como negocios jurídicos típicos. De acuerdo con D'Ors[2], para la época de Gayo, la utilización de la fiducia era poco frecuente y su denominación solo se mantuvo para designar una modalidad de enajenación. La fiducia no fue una figura contractual, vale decir, un negocio independiente y tipificado encuadrable en el sistema clásico de los contratos reales o consensuales, y fue rápidamente desplazada con ocasión de la aparición del comodato, del depósito y del mandato, si bien se conservó en función de garantía durante toda la época clásica por las evidentes ventajas que aparejaba para el acreedor; pero su suerte estuvo ligada a la *mancipatio* y la *in iure cessio*, de modo que desapareció con ambas en la época posclásica. Ni en el Digesto ni en el Código de Justiniano se encuentra mención alguna de la fiducia, lo que se atribuye al hecho de que para los compiladores de estas dos fuentes se trataba de una institución obsoleta. Justiniano sustituyó de manera sistemática las referencias a la fiducia que aparecían en las obras de los juristas clásicos por la prenda[3] o la hipoteca, el comodato, el depósito y el mandato[4].

---

2 Álvaro D'Ors. *Derecho privado romano*, 9.ª ed., Pamplona, Universidad de Navarra, 1997, p. 528.

3 Gayo, Paulo y Ulpiano trataron la prenda en los libros IX, XXIX y XXVII, y la fiducia en los libros X, XXI y XXX, respectivamente, de sus Comentarios *ad Edictum*. A su turno, Pomponio dedicó el libro XXXV *ad Sabinum* a la fiducia. También estuvieron dedicados a la fiducia los libros VII, XIII y XVI de los Digesta de Celso, Juliano y Escévola.

4 Sin embargo, en el *Codex Theodosianus* existen menciones que permiten sostener que la fiducia operó más allá de la época clásica. *Cfr*. Alejandro Guzmán Brito. *Derecho privado romano*, t. II, Santiago de Chile, Editorial Jurídica de Chile, 1996, p. 110.

En Roma, la actividad fiduciaria fue una ocupación libre, para cuyo ejercicio no se necesitaba titulación alguna. Los romanos nunca definieron quién era fiduciario ni qué cualidades se requerían para ser considerado tal, sin embargo, solo aquellos que actuaban de manera honesta eran reconocidos como fiduciarios. Desde un planteamiento estrictamente romanístico, los estudios acerca de la responsabilidad del fiduciario dan cuenta de que a este no se le consideraba como *artifex*. En ese contexto, resulta más acorde con la realidad romana hacer referencia a cada fiduciario en particular que a la actividad fiduciaria en abstracto, entendiendo por fiduciario a quien adquiría un bien ajeno para destinarlo al cumplimiento de una finalidad determinada con anterioridad por el fideicomitente.

Las referencias a la amistad y la confianza entre el fideicomitente y el fiduciario son determinantes a la hora de analizar los aspectos de la relación jurídica entre uno y otro, pues dicha amistad y esa confianza eran las que validaban la actuación del fiduciario. El único baremo de la actividad del fiduciario era el buen hacer de este. Sucede así incluso en los tiempos presentes, cuando la calidad de fiduciario solo puede ser ejercida por un sujeto cualificado, especialmente autorizado por el Estado para administrar bienes de terceros.

La fiducia fue un negocio formal y real al mismo tiempo. Formal, habida cuenta de que, como lo refiere Fernández de Buján[5],

> siempre se exigió para su validez la utilización de determinadas formalidades preestablecidas por el *ius civile*. Veremos, pues, cómo, en todo caso, se realiza a través del revestimiento de las formalidades de los negocios solemnes del derecho quiritario, bien utilizando las formas de una *mancipatio*, bien de una *in iure cessio* [...]. La forma más habitual de llevar a cabo un negocio de *fiducia* es mediante la realización de una *mancipatio*. Se trata de una *mancipatio* fiduciaria, en la medida en que la transmisión que se realiza se basa en la fe y en la confianza de que quien recibe la cosa, se comportará con ella tal como desea quien se la transmite.

En las Instituciones (2,59-60), Gayo[6] —a propósito de la *usureceptio ex fiducia*— da cuenta de la fiducia como un negocio jurídico formal por medio del

---

5 Federico Fernández de Buján. *Sistema contractual romano*, 2.ª ed., Madrid, Dykinson, 2004, p. 433.

6 A este respecto, la Corte Suprema de Justicia expresó: "El derecho romano conoció el fideicomiso (*fideicommissum*, de *fides*, fe, y *commissus*, confiado), la *fiducia cum amico* y la *fiducia cum creditore*

cual una persona (fideicomitente) confiaba la propiedad de una *res mancipi* a otra persona (fiduciario), quien se obligaba a restituirla a aquella o a un tercero al vencimiento de un plazo o al cumplimiento de una condición mediante una *remancipatio* o *in iure cessio*. Para exigir dicha restitución, el fiduciante o fideicomitente disponía de la *actio fiduciae*, que era una acción civil que sirvió de modelo a las denominadas acciones de buena fe.

La fiducia fue, entonces, una *mancipatio* basada en una causa negocial (*causa fiduciae*) que acompañaba al acto de transmisión de una cosa (*res mancipi*) y también de una persona bajo la *potestas* de otra persona, la cual ejercería (*usus*) la función de *dominus* que se le confiaba fiduciariamente, esto es, para el cumplimiento de la misión pactada que se le había encargado (*pactum fiduciae*). Esta actividad encomendada la hacía responsable y le exigía una *gestio* negocial *ex fide bona*, habida consideración de que la *mancipatio* fiduciaria constituía un *negotium peraes et libram gestum*. No era un *negotium contractum*, y la responsabilidad surgía *ex negotio gesto*, de manera análoga a la tutela o al mandato.

La transferencia de la propiedad por medio de la *mancipatio* o de la *in iure cessio* pretendía o buscaba, pues, un fin de colaboración basado en la confianza en la persona del fiduciario. A este respecto, Guzmán Brito[7] sostiene:

> Aquellos negocios formales de adquisición del dominio se tipifican como *fiducia* merced a la introducción de la cláusula *fidei fiduciae causa* en las respectivas fórmulas que el adquirente debía recitar para cumplirlos [...]. En esta cláusula *fides* alude a la "fe" que ofrece el fiduciario; y la *fiducia*, a la "confianza" que pone el fideicomitente [...]. En virtud de dicha cláusula, la adquisición del dominio producida por el respectivo acto es funcional: el fiduciario contrae la obligación de cumplir algo con la cosa; en la mayoría de los casos ello envuelve su restitución al fiduciante (eventualmente a un tercero).

(Gaio, Inst. 2.59 y 2.60, en las que la causa *fiduciae* de la transferencia para determinado propósito de confianza [*fidi fiduciae causa*] era insuficiente por sí misma para justificar el efecto traslaticio de la *traditio*, siendo menester en la enajenación *iura in re*, por *mancipatio* o *in iure cessio*, agregar el *pactum fiduciae*, generatriz de una obligación sancionada con la *actio fiduciae* para obtener la reparación en caso de renuencia del *creditor fiduciarius* a la '*remancipatio*' de la propiedad de la *res fiduciae data*)". (Corte Suprema de Justicia, Sala de Casación Civil. Sentencia del 30 de julio de 2008, Exp. 11001-3103-036-1999-01458-01, M. P.: William Namén Vargas).

7 Alejandro Guzmán Brito. *Derecho privado romano*, t. II, cit., p. 109.

En el formulario de la *mancipatio* o de la *in iure cessio* figuraba, entonces, la mención de la fiducia como la causa del acto. Sin embargo, esta mención era insuficiente para tipificar el acto, pues de esta causa única y exclusivamente se derivaba la obligación de restituir, sin determinar cómo o en qué momento. Para esta determinación era necesario que las partes convinieran un pacto especial (*pactum fiduciae*) que le daba contenido al derecho del fiduciario y por medio del cual se podía establecer si se trataba de una *fiducia cum amico contracta*, o bien de una *fiducia cum creditore contracta*. Así, el *pactum fiduciae* era un acuerdo separado establecido entre las partes por cuya virtud se fijaban la época en que debía llevarse a cabo la restitución del bien objeto del negocio y la finalidad a la que el fiduciario debía destinarlo.

A su turno, la naturaleza real del negocio derivaba del hecho de que conllevaba una *datio* o transferencia, de suerte entonces que el fiduciario adquiría el dominio del bien, de modo que podía reivindicarlo e incluso ejercitar la *actio furti* y la *condictio furtiva* en caso de que le fuere hurtado.

1. EL *PACTUM FIDUCIAE*

Huelga decir que la figura del *pactum fiduciae* ha sido objeto de someros análisis por parte de la doctrina romanística de todos los tiempos. Concretamente, el tema central que ha despertado una mayor atención ha sido el análisis de la responsabilidad que se deriva de este particular *pactum*, al cual hubo de reconocérsele acciones civiles a partir del imperio de Augusto. El estudio acerca del *pactum fiduciae* cobra particular importancia no solo por la forma de responsabilidad contractual que procede de la figura jurídica, sino también por sus actuales implicaciones en orden a la protección de los intereses de los terceros contratantes. En efecto, habida cuenta de que, desde la óptica contractual, la actividad de las sociedades fiduciarias se enmarca en la denominada contratación en masa o por adhesión a unas condiciones generales, dispuestas con frecuencia de manera unilateral por parte de aquellas, resulta obvio que el ordenamiento jurídico reaccione adoptando medidas para la protección de los consumidores financieros y usuarios y, en general, a favor de la parte más débil de la relación contractual. Según Salazar Revuelta[8], tales medidas fueron observadas en el derecho romano

8 María Salazar Revuelta. *La responsabilidad objetiva en el transporte marítimo y terrestre en Roma*, Madrid, Dykinson, 2007, pp. 40 a 43.

desde cuando empezó a desarrollarse una economía de mercado fundada en los intercambios comerciales dentro y fuera de Roma. En concreto, fue el derecho pretorio el que respondió

> a las numerosas demandas de tutela jurídica ante las nuevas situaciones que se presentan en una sociedad caracterizada por una progresiva expansión económica, tratando de coordinar las exigencias de esta con la *utilitas contrahentium*, en aplicación del principio general de la buena fe objetiva. [...] En términos generales, no debe excluirse tajantemente la posibilidad de que Roma haya conocido un auténtico derecho protector del consumidor. Es cierto que no encontramos una noción de consumo con el significado que posee en la actualidad, ni siquiera un campo jurídico autónomo relativo a la materia comercial. Sin embargo, no resulta complicado encontrar diversas medidas protectoras del Derecho romano respondiendo a fenómenos típicos de una economía de mercado.

En este sentido, no queda duda acerca de los principios de justicia correctiva que subyacen a la formulación del *pactum fiduciae*, pues, ciertamente, la responsabilidad derivada del *pactum fiduciae* es un ejemplo de protección de los derechos de quien hoy se conoce como consumidor financiero, puesto que ya en tiempos remotos las obligaciones nacidas del *pactum fiduciae* se caracterizaron fundamentalmente por permitirle al juez estimar con mayor flexibilidad la responsabilidad del demandado y el interés del demandante, de cara a establecer la respectiva condena. En su fórmula, se le ordenaba al juez que condenara al demandado a todo lo que debiera hacer o dar según la buena fe por causa del contrato en cuestión en caso de que el actor probara el incumplimiento de la obligación contractual. En estas acciones, el juez gozaba, pues, de un mayor *arbitrium* para determinar la condena.

Por lo demás, el *pactum fiduciae* permitía establecer la función con que se transmitía el bien objeto de la fiducia, vale decir, si se trataba de una *fiducia cum amico contracta* o de una *fiducia cum creditore contracta*.

2. LA *FIDUCIA CUM AMICO CONTRACTA*

La *fiducia cum amico contracta* era un negocio a título no oneroso que se celebraba en interés del fideicomitente o fiduciante. Este negocio les permitía a los ciudadanos romanos que tenían el encargo de ir a la guerra o de visitar las colonias del Imperio entregar la propiedad de sus bienes a un fiduciario o persona de confianza para que velara por ellos en beneficio de las personas designadas por el fiduciante y con la obligación de retornar la titularidad al constituyente cuando este regresara. Según Fernández de Buján[9]:

> La razón de la transferencia de la propiedad de la cosa, y de la consiguiente encomienda, suele deberse a situaciones concretas en las que se encuentra el dueño de la cosa, fiduciante, que le impiden hacer, o llevar a cabo personalmente, lo que ruega que haga su amigo fiduciario [...]. En la Roma republicana, se utilizaron las formas de la *fiducia cum amico* en algunos momentos de persecución política, en los que una persona era condenada a la pena de *interdictio aquae et ignis*, un cierto exilio o destierro que privaba al condenado del culto y del hogar nativo, provocando la pérdida de la ciudadanía y frecuentemente la confiscación de su patrimonio. Este traspaso fiduciario de sus bienes, en favor de una persona de plena confianza, se realizaba en la garantía de que este se los devolvería si remitía la situación de persecución y el fiduciante retornaba a Roma. Para el supuesto de que esto no se produjese, el fiduciario habría recibido instrucciones de su fiduciante, a fin de entregar los bienes que había recibido a la persona o personas que este le hubiese indicado.

Gayo se refiere a la *fiducia cum amico contracta* en sus Instituciones. En efecto, en Gayo 2,60 se lee: "La transmisión puede ser [...] con un amigo para que las cosas estén seguras en su poder". Además, la *fiducia cum amico contracta* fue la primera manifestación jurídica en la historia del comodato. En este sentido, se piensa que, del mismo modo que Justiniano sustituye la *fiducia* por el *pignus* en múltiples textos de la Compilación, en muchos otros en los que se puede leer *depositum vel commodatum* podía aparecer originalmente la mención a la *fiducia*. Sobre este particular, resulta ilustrativo el estudio realizado por Fernández de Buján[10], quien da cuenta de que,

> en los primeros tiempos, el juego de posibilidades podía ser muy variado. Así, por ejemplo, quien transmite la cosa, fiduciante, ruega a su amigo, fiduciario, que haga uso de ella en un sentido o en una finalidad determinada. En este supuesto, la transmisión fiduciaria estaría cumpliendo los fines que más tarde se alcanzarían con el comodato. Podría también pedirle que realice con ella, o sobre ella, un negocio o un acto jurídico concreto. En este caso, estaríamos en presencia de una finalidad más tarde alcanzada por el contrato de mandato. Puede, simplemente, pedirle

9 Federico Fernández de Buján. *Sistema contractual romano*, cit., p. 33 a 34.
10 *Ibid.*, p. 434.

que guarde y custodie la cosa que la traspasa, en cuyo caso estaríamos llenando la finalidad que, en un momento posterior, cumpliría un contrato de depósito.

3. LA *FIDUCIA CUM CREDITORE*

A su turno, la *fiducia cum creditore contracta* era un negocio con causa o a título oneroso en virtud del cual un deudor transfería a su acreedor, a título de garantía, un bien de su propiedad que le sería devuelto si cumplía su obligación o si esta se extinguía por cualquier causa, también si era garantizada de otro modo o si el acreedor incurría en mora de recibir el pago. A esta fiducia se le solía agregar una *lex commisoria* o un *pactum de vendendo.* Aquella le permitía al fiduciario quedarse definitivamente con la propiedad del bien en caso de incumplimiento del fideicomitente en la atención de la obligación garantizada. El *pactum de vendendo*, en cambio, le otorgaba al fiduciario (acreedor) la facultad de vender la cosa con la posibilidad incluso de entregar al deudor la cantidad sobrante (*superfluum*) en caso de que el precio de venta superara el valor de la obligación garantizada. El *pactum fiduciae* no tenía como contenido solo la *remancipatio.*

De manera, pues, que en la *fiducia cum creditore contracta* el *dominus* le transmitía la cosa al acreedor y le confería el ejercicio (*usus*) de la función dominical en garantía para posteriormente devolver la cosa o venderla. La transferencia de la propiedad conllevaba entonces efectos comisorios si el deudor fideicomitente no pagaba (*pecunia non soluta*); en caso contrario, vale decir, si el fideicomitente pagaba, nacía para el fiduciario una obligación sancionada por la *actio fiduciae*, consistente en regresar el bien objeto del contrato. Con todo, no se trataba de una *actio in rem*, sino obligacional *in personam.* En síntesis, en la *fiducia cum creditore contracta* al fiduciario se le confiaba una función de *dominus* con titularidad fiduciaria para cumplir una finalidad concreta, lo cual significa que se le facultaba para un comportamiento dominical pactado (*pactum fiduciae*). Al decir de Fernández de Buján[11], la *fiducia cum creditore contracta*

> se configura como una forma de garantía real, si bien no se conforma como un derecho real de garantía. Es una garantía real, ya que, a través de la entrega y traspaso de la propiedad de un bien, se garantiza el cumplimiento de una obligación

---

11 Federico Fernández de Buján. *Sistema contractual romano*, cit., p. 435.

preexistente. No obstante, no es un derecho real de garantía[,] ya que la celebración de la fiducia no da lugar a un derecho real en cosa ajena, pues el acreedor fiduciario que recibe la cosa no se convierte en titular de un *ius in re aliena*, sino en el propietario de la misma [sic]. En esto se diferencia la fiducia de las formas más evolucionadas de garantía real, *datio pignus* y *conventio pignus*, prenda e hipoteca, pues en estas el acreedor pignoraticio o el acreedor hipotecario no se convierten en propietarios de la cosa recibida en garantía, sino solamente en titulares de un derecho real sobre la misma [sic], pues esta sigue siendo propiedad del deudor garante. Así, la prenda y la hipoteca se configuran como préstamos con funciones de garantía, mientras que la fiducia, como dijimos, exige un verdadero traspaso de la propiedad del bien.

4. LA *ACTIO FIDUCIAE IN IUS*

Las fuentes jurídicas romanas vinculan un *praestare custodiam* al fiduciario. Desde esta perspectiva, interesa entonces establecer cuáles eran los medios de protección que se otorgaban al fideicomitente para la defensa de sus derechos. La *communis opinio* considera cierta la existencia de una *actio fiduciae in ius*, la cual era una *actio in personam* surgida de una *obligatio fiduciae*: el fiduciario estaba obligado al cumplimiento de lo estipulado en el *pactum fiduciae* y a no comportarse con el bien fideicomitido como lo haría un dueño común y corriente, sino a destinarlo al cumplimiento de la finalidad establecida; no obstante, como el fiduciario era verdadero dueño, entonces la enajenación y los gravámenes con que afectara el bien eran plenamente válidos, pues la realización de semejantes actos tan solo implicaba un incumplimiento de sus obligaciones frente al fideicomitente, tal y como sucede en la actualidad a la luz del ordenamiento jurídico colombiano. Así mismo, el fiduciario respondía de la integridad del bien fideicomitido por *dolus* y *culpa*, amén de que debía restituirlo al fideicomitente en el momento convenido por medio de una *remancipatio* o de una *in iure cessio*. De manera correlativa, el fideicomitente debía indemnizar al fiduciario las expensas necesarias y las mejoras útiles efectuadas al bien fideicomitido, también los daños que este le causara. Por lo demás, esa *actio fiduciae* tenía carácter bilateral, al tiempo que podía ejercerse en función directa por el fideicomitente contra el fiduciario con miras a exigirle el cumplimiento de cualquiera de sus obligaciones, en especial, la de restituir; y en función contraria por el fiduciario para reclamarle al fideicomitente las indemnizaciones a que hubiere lugar.

Como se observa, pues, en la *actio fiduciae in ius* la *intentio* incluía un *oportere ex bona fide*[12] para proteger al fideicomitente en relación con la devolución del bien fideicomitido, y se abría paso a una valoración de la *diligentia* como responsabilidad de naturaleza subjetiva. Como lo menciona Fernández de Buján[13]:

> El término *oportere* implica un deber exigible por el derecho civil. Se denomina *obligatio* el vínculo que surge entre deudor y acreedor en virtud de un *debitum*. Cuando el *debitum* es reclamable por una acción en la que se invoca el *oportere*, la acción es civil. [...] La relación jurídica, presupuesto del reconocimiento de la acción civil, debe ser una relación presidida por la buena fe. La deuda que se reclama está, por tanto, fundada en la *bona fides*, por ello lo que se reclama es el *oportere ex fide bona*. Debido a este carácter de la relación jurídica, la acción es una acción de buena fe.

En el caso específico de la fiducia, las acciones *ex bona fide* tuvieron entonces por fundamento la infracción a esa especial relación de confianza entre quienes se encontraban vinculados por un *pactum fiduciae.* En estas acciones de buena fe, el juez gozaba de un mayor arbitrio judicial, habida cuenta de que se encontraba facultado para que, en el evento en que el demandado probara el incumplimiento de la respectiva obligación contractual, condenara al demandado a todo lo que debiera dar o hacer según la buena fe (*quidquid dare facere oportet ex fide bona*) por causa del contrato en cuestión. "En virtud de ello, el juzgador a la hora de valorar las pruebas" debía "tener en cuenta no solo lo estrictamente pactado por las partes, sino todo aquello que, según su leal saber y entender", debía "considerarse comprendido en la conducta del deudor de acuerdo con criterios de buena fe [...]. La mayor flexibilidad de la fórmula se expresa cuando el pretor le ordena al juez"[14] que compruebe si el demandado ha observado en la conservación y restitución de la cosa una conducta conforme a lo que "entre personas honestas conviene justamente observar y sin defraudación". Había, pues, en esta fórmula antigua dos indi-

---

12 Las acciones de buena fe que se conocen en el Edicto del Pretor fueron la *actio fiducia*; las acciones de los cuatro contratos consensuales (compraventa, mandato, arrendamiento y sociedad); la del depósito; la acción de gestión de negocios ajenos y las acciones de tutela (para exigir cuentas al tutor); y la de la dote (*actio rei uxoriae*, para exigir su restitución). En principio, estas acciones se concibieron para las relaciones jurídicas bilaterales, entendida esta cualidad en el sentido de que ambas partes se encuentran recíprocamente obligadas.

13 Federico Fernández de Buján. *Sistema contractual romano*, cit., pp. 33 a 34.

14 *Ibid.*

caciones para el juicio: una, que el juez debía examinar si el comportamiento de las partes al cumplir el contrato era recto o semejante al de un hombre bueno; y la otra, que las partes debían actuar sin defraudarse entre ellas. En todo caso, en la fórmula de estas acciones de buena fe se contenían los siguientes criterios concretos de juzgamiento derivados de la fórmula o del contrato mismo: i) la diligencia en el cumplimiento, ii) la sanción del dolo y iii) la interpretación de lo que en realidad querían las partes.

– LA DILIGENCIA EN EL CUMPLIMIENTO

Por lo que concierne a la diligencia en el cumplimiento, Adame Goddard[15] refiere que en esta clase de acciones no se trataba simplemente de establecer si el deudor había cumplido o no con la palabra dada, sino de establecer si la había cumplido bien, esto es, como lo haría un hombre bueno. Desde esta perspectiva, se trataba de una medida más exigente del cumplimiento de las obligaciones que la que se aplicaba al deudor de una obligación sancionada por una acción de derecho estricto, quien, por ejemplo, resultaría absuelto en caso de no poder entregar la cosa prometida perdida sin que interviniera dolo de su parte, mientras que el deudor de una obligación contractual sancionada por una acción de buena fe resultaría condenado en el mismo caso por no haber actuado con la debida diligencia.

Esta mayor exigencia de responsabilidad en el cumplimiento no obedecía a un castigo al deudor, sino que se sustentaba en la naturaleza misma del con-

15 Jorge Adame Goddard. "El principio de la buena fe en el derecho romano y en los contratos internacionales y su posible aplicación a los contratos de deuda externa", ponencia presentada en el xiv Congreso Latinoamericano de Derecho Romano, Buenos Aires, septiembre de 2004. Según este autor, la razón de ser de las acciones de derecho estricto no fue "el castigo del deudor, sino la naturaleza misma del contrato como obligación recíproca, que supone que ambas partes confiaron una en la otra, y que cada una se obligó a causa de la confianza que depositó en que la otra cumpliría su palabra. Las dos partes son a la vez acreedoras y deudoras, de modo que[,] al exigir la acción de buena fe más responsabilidad al deudor, a ambas se la exige y a ambas beneficia. [...] Esta mayor exigencia en la responsabilidad del cumplimiento de las obligaciones tuvo una concreción en el criterio de la culpa, propio de las acciones de buena fe. Conforme al mismo, (sic) [...] el deudor es responsable por la falta de diligencia o cuidado en el cumplimiento de sus obligaciones. Esta responsabilidad por culpa hace, por una parte, que el deudor no se libere de responsabilidad cuando no ha podido cumplir porque han intervenido factores externos que hicieron imposible el cumplimiento [...] que él hubiera podido superar actuando con la diligencia debida [...], y por otra parte hace que sea responsable aun cuando haya cumplido si cumplió deficientemente".

trato, pues se suponía que ambas partes habían confiado recíprocamente la una en la otra y que cada una se había obligado como consecuencia de la confianza depositada en que la otra cumpliría con su palabra. Ambas partes eran acreedoras y deudoras a la vez, de manera que, al exigir la acción de buena fe más responsabilidad al deudor, también la exigía al acreedor, de modo que las dos partes se beneficiaban.

Adicionalmente, esta mayor exigencia de responsabilidad en el cumplimiento de las obligaciones hubo de concretarse en el criterio de la culpa, propio de las acciones de buena fe. Como se sabe, acorde con el principio de la culpa, el deudor responde por la falta de diligencia y cuidado en el cumplimiento de sus obligaciones y solo se libera cuando el incumplimiento obedece a factores extraños. Por consiguiente, el deudor no queda libre de responsabilidad cuando el incumplimiento se debe a factores externos que hubieran podido superarse actuando con la diligencia debida; también es responsable a pesar de haber cumplido si lo hizo de manera deficiente.

Finalmente, otra concreción de la mayor exigencia propia de las acciones de buena fe se da en el hecho de que en la determinación del monto de la condena el juez había de considerar el valor de la prestación incumplida y el valor de los daños y perjuicios sufridos por el acreedor a causa del incumplimiento, de manera que el monto de la condena se refería al interés que tenía el acreedor en que la obligación se cumpliera, esto es, el *id quod interest*.

– LA SANCIÓN DEL DOLO

De otra parte, en lo que concierne a la sanción del dolo, la doctrina explica que la otra indicación que traía la fórmula de las acciones de buena fe en la fiducia era que las partes debían actuar *sine fraudatione*; es decir, las partes debían excluir el dolo o el fraude entre ellas no solo durante la celebración del contrato, sino también durante su ejecución y cumplimiento. Contrariamente a lo que sucedía en las acciones de derecho estricto (en las que el juez investigaba si había habido dolo solo cuando alguna de las partes lo incluía en la fórmula), en las acciones de buena fe el juez debía investigar y sancionar el dolo que hubiera habido entre las partes sin necesidad de que alguna de estas lo invocara. De ahí que se haya llegado a afirmar que la excepción de dolo era inherente a las acciones de buena fe.

– LA INTERPRETACIÓN DE LO REALMENTE QUERIDO POR LAS PARTES

Esa mayor exigencia de responsabilidad en el cumplimiento y la ausencia de dolo enunciada en la expresión *ex fide bona* de las fórmulas de las acciones de buena fe se complementan con otros criterios extraídos de la propia naturaleza consensual y bilateral de las relaciones jurídicas a las que se refieren. Además de los términos de la fórmula, el juez de las acciones de buena fe debía interpretar los términos del contenido del contrato respectivo. Según Adame Goddard[16], dicha interpretación apuntaba a considerar como principal no las palabras del contrato, sino lo realmente convenido por las partes (*quod actum*) con miras a que el negocio produjera, en lo posible, los efectos prácticos buscados por ellas. De ahí que fuera una interpretación que podía arrojar conclusiones que excedieran o que incluso contradijeran el tenor literal de las estipulaciones contractuales. Dos reglas se derivaban de esto: una, que el juez debía entonces tomar en cuenta todos los pactos hechos por las partes, sin necesidad de que fueran invocados en la fórmula; y la otra, que el juez debía considerar como convenidos todos los elementos naturales del negocio.

Con Justiniano, la buena fe dejó de contemplarse como un método de juzgamiento y pasó a convertirse en un principio rector de la conducta. Como corolario de ello, se sustituyó la expresión 'juicios o acciones de buena fe' por la de 'contratos de buena fe'. Así, la buena fe pasó a erigirse en principio que rige los contratos, y la acción contractual vino a ser una consecuencia de la ruptura de la buena fe. Como se dijo líneas atrás, desaparecidas la *mancipatio* y la *in iure cessio*, dejó de utilizarse la fiducia, que fue sustituida por la prenda o la hipoteca, o por el depósito y el comodato. A pesar de esto, se considera que la responsabilidad del fiduciario no sufrió alteración sustancial alguna con ocasión del derecho justinianeo, pues, aunque en la obra de los compiladores se concibió una responsabilidad por culpa o *diligentia* graduada en función de la *utilitas contrahentium*, la verdad es que en la época clásica la mayor exigencia de responsabilidad en el cumplimiento de las obligaciones del fiduciario se concretó en el criterio de la culpa, propio de

---

16 Jorge Adame Goddard. "El principio de la buena fe en el derecho romano y en los contratos internacionales y su posible aplicación a los contratos de deuda externa", cit.

las acciones de buena fe, que, como ya se anotó, hacía responsable al fiduciario por la falta de diligencia.

El criterio de imputación de la responsabilidad civil del fiduciario continuó siendo, pues, la culpa, a pesar de la poca (o de ninguna) utilización práctica que tuvo la fiducia en las épocas posclásica y justinianea. A ello se debe agregar lo expuesto por Neme Villarreal[17] en el sentido de que, siendo la fiducia un negocio de buena fe, gracias a la jurisprudencia se incrementaron las conductas que podían cobijarse bajo la noción de culpa, como en los casos de la negligencia y la impericia. Así, la obligación de diligencia que habría de pesar sobre el deudor no sería la ordinaria del *pater familias* (*diligentia diligentis patrisfamilias*), sino un grado de diligencia superior, aspecto al cual se aludirá con mayor detenimiento en otro apartado del presente estudio.

Sintetizando lo hasta aquí expuesto, se tiene que la *actio fiduciae* surgía de una *obligatio fiduciae* que, a su turno, tenía origen en un *pactum fiduciae*. Es decir, la *actio fiduciae* se derivaba del negocio jurídico mismo al que el *pactum fiduciae* venía anexo, de manera entonces que la acción cubría dicho pacto y permitía que su contenido se hiciera exigible. Desde esta perspectiva, como se mencionó líneas atrás, la fiducia era entonces un *negotium gestum*, y no *contractus*. En otras palabras, se trataba de un negocio basado en la causa *fiduciae* y, más exactamente, en un *pactum* de fidelidad, que era un *pactum fiduciae* mediante el cual las partes concertaban la gestión concreta de confianza que una de ellas le encomendaba a la otra. El *vinculum* provenía de la *fides*, que constituía la fuente de la responsabilidad en la función pactada o convenida en el *pactum fiduciae*. De acuerdo con D'Ors, la forma gramatical de la institución de la fiducia enlaza la confianza (*fiducia*) del *mancipante* con la credibilidad (*fides*) del *accipiente*. "Esta correlación aparece como un punto de partida para la *bona fides* contractual"[18]. Mientras que en las operaciones de intercambio resultaba lícito aprovecharse de las ventajas que se tuvieran frente a la contraparte, el principio de cooperación que se realiza en la fiducia exigía no solamente cumplir con la palabra empeñada, sino mantener con respecto al bien transferido un comportamiento que respondiera a la costumbre de la gente honrada.

---

17 Martha Lucía Neme Villarreal. *La buena fe en el derecho romano. Extensión del deber de actuar conforme a la buena fe en materia contractual*, Bogotá, Universidad Externado de Colombia, 2010, p. 194.

18 Álvaro D'Ors. *Derecho privado romano*, cit., p. 528.

En fin, la *actio fiduciae* tuvo su origen en la enajenación *fiduciae causa*, al paso que el *pactum fiduciae* servía para limitar el ejercicio de la *actio fiduciae*. Sin embargo, era el *pactum fiduciae* el que le daba contenido al contrato de fiducia, esto es, era el que permitía determinar el contenido y los alcances del contrato, así como también el momento y las circunstancias de la obligación del fiduciario.

B. LOS NEGOCIOS FIDUCIARIOS EN LA ETAPA DEL RENACIMIENTO JURÍDICO ITALIANO, EN LA ESCUELA PANDECTÍSTICA ALEMANA Y EN EL DERECHO ESPAÑOL

Posteriormente, en la etapa del Renacimiento jurídico italiano en la Universidad de Bolonia, las sucesivas escuelas de glosadores y posglosadores —cuyas enseñanzas tuvieron como fundamento la lectura del Digesto— no tuvieron noticia de la fiducia entre los negocios de garantía romanos. De ahí que la ciencia europea del derecho privado no se haya ocupado de la fiducia sino hasta cuando apareció la escuela pandectística alemana, la cual se interesó por la fiducia al elaborar la teoría general del negocio jurídico.

La concepción doctrinaria difundida desde finales del siglo XIX entre pandectistas y romanistas presenta la fiducia como un negocio jurídico de doble efecto: uno de carácter real, que se manifiesta mediante la transmisión de la propiedad de la cosa al fiduciario, y otro de carácter obligacional, destinado a compeler al adquirente a actuar de forma que no impida la restitución de los bienes cuando se dé el supuesto obligacional pactado. Al negocio real se le atribuyen efectos *erga omnes*, y su consecuencia más grave es la titularidad plena del derecho de dominio que ostenta el fiduciario frente al fideicomitente y a terceros, al paso que el negocio obligacional solo produce efectos interpartes.

Esta concepción que la escuela pandectística alemana formuló acerca de la fiducia recibió el nombre de teoría del doble efecto y se introdujo en Italia, desde donde llegó a España[19]. Así mismo, esta teoría del doble efecto real y obligacional de la fiducia condujo a que en el ámbito de la civilística

19 Tanto en el derecho italiano como en el español, el negocio fiduciario carece de reglamentación legal, de suerte que su celebración se lleva a cabo con base en la autonomía privada y en los pronunciamientos de la jurisprudencia. En el ordenamiento jurídico italiano, como consecuencia de la ratificación de la Convención de La Haya de 1985, se le reconoció plena ciudadanía al *trust*.

europea —en especial, la italiana y la española— se presentaran graves problemas de interpretación en su afán de aclarar la noción de negocio fiduciario y la medida de su eficacia y vigencia en la actualidad. Ciertamente, los partidarios de la teoría del doble efecto analizan la estructura interna del negocio fiduciario con base en dos planteamientos distintos. De una parte, para algún sector de la doctrina española[20], se trata de un negocio jurídico complejo que se integra por dos negocios conexos, pero distintos, a saber: uno real positivo, que opera en la transmisión plena de los bienes fideicomitidos, y otro obligatorio negativo, que conlleva para el fiduciario la obligación de restituir los bienes fideicomitidos al fideicomitente al finalizar el negocio y de emplear los poderes adquiridos conforme a la finalidad estipulada por medio de un contrato.

En cambio, otro sector de la doctrina[21] concibe el negocio fiduciario como un solo negocio jurídico, aunque de naturaleza compleja, en la medida en que de él se derivan efectos reales con eficacia *erga omnes* y efectos obligacionales con eficacia interpartes. Este negocio, que es único, tiene una causa (*causa fiduciae*[22]) en la que se asientan todos los efectos pactados por las partes[23].

Con apoyo en la teoría del doble efecto, De Castro[24] explica:

En España, por su parte, la práctica cotidiana y la jurisprudencia, con apoyo en lo dispuesto por el artículo 1255 del CC, han admitido su utilización.

20 Joaquín Garrigues Díaz-Cañabate. *Negocios fiduciarios en el derecho mercantil*, Madrid, Civitas, 1981, p. 21; Mariano Navarro Martorell. *La propiedad fiduciaria*, Barcelona, Bosch, 1950, p. 135; y Manuel Albaladejo García. *El negocio jurídico*, Barcelona, Bosch, 1958, p. 223.

21 Juan Jordano Barea. *El negocio fiduciario*, Barcelona, Bosch, 1959, p. 135.

22 Según Tudela Chordá, la *causa fiduciae* se corresponde con el pacto sobre el que recae la transmisión de la propiedad del fiduciante al fiduciario. Este pacto consiste en la contraprestación por el que uno transmite la propiedad a otro con la obligación de este último de restituirla cuando se haya cumplido lo pactado. (Sergio Tudela Chordá. "Negocio fiduciario y simulación", tesis doctoral, Madrid, UNED, 2015, p. 82).

23 *Cfr.* Carmen Pérez de Ontiveros Baquero. "Consideraciones en torno al 'pacto de *fiducia cum creditore*'". Disponible en www.navarra.es › appsext ›. María Isabel de la Iglesia Monje. "El pacto de retroventa. Sus relaciones con el negocio fiduciario y con el negocio simulado", *Revista Crítica de Derecho Inmobiliario*, n.º 644, enero-febrero, Madrid, Colegio de Registradores de la Propiedad y Mercantiles de España, 1998, pp. 57 a 116. Cristina Fuenteseca. *El negocio fiduciario en la jurisprudencia del Tribunal Supremo*, Barcelona, J. M. Bosch Editor, 1997. Salvatore Mazzamuto. "El *trust* en el ordenamiento italiano". Disponible en https://docplayer.es/75614350-Salvatore-mazzamuto-el-trust-en-el-ordenamiento-italiano.html.

24 Federico de Castro y Bravo. *El negocio jurídico*, Madrid, Civitas, 1985, reimpr. 1997, p. 380.

> El negocio fiduciario se caracteriza en (sic) que las partes eligen para su fin práctico un negocio jurídico, cuyos efectos jurídicos —como ellos saben— exceden de aquel fin; por ejemplo, transmisión de la propiedad para garantizar un crédito, cesión de un crédito para su cobro. Del negocio fiduciario nace el efecto jurídico correspondiente a su tipo, sin disminución: el fiduciario se hace propietario, acreedor crediticio o cambiario, como si la transmisión lo fuera para otro fin material, pues no existe un derecho de crédito, de propiedad o cambiario limitado a un solo fin. El fiduciario recibe un poder jurídico del que no ha de abusar para fines distintos del presupuesto. Quien transmite lo hace en (sic) la confianza de que no lo hará. El aseguramiento jurídico contra el abuso no va más allá de una obligación exigible.

Según Pérez de Ontiveros Baquero[25], de acuerdo con los postulados de la teoría del doble efecto, la configuración del negocio fiduciario comporta una serie de consecuencias que pueden sintetizarse así:

> 1) La titularidad de la que se inviste al fiduciario le capacita para una amplia posibilidad de disposición de los bienes que le han sido transmitidos [...] Para justificar dicha titularidad[,] los partidarios de la teoría del doble efecto sostienen que si no se transmitiera la propiedad no sería fiduciario el negocio[,] dado que faltaría el elemento esencial para ello, esto es, el exceso del medio jurídico empleado sobre el fin propuesto [...]. 2) En caso de que el fiduciario, abusando de la confianza en virtud de la cual se le transmite efectivamente la propiedad de la cosa, enajene esta a terceros, el fiduciante solo dispone de una acción personal que le permitirá exigir el resarcimiento de daños y perjuicios que le haya causado dicha disposición, siendo para ello imprescindible la prueba sufciente del contrato obligatorio. En su postura más extrema[,] la validez de la transmisión efectuada se dará incluso cuando el adquirente haya actuado de mala fe [...]. 3) Dejando al margen las relaciones personales entre fiduciante y fiduciario, donde la aceptación de la teoría del doble efecto ocasiona problemas de más difícil solución es en el momento en que se la conecta con la intervención de terceros acreedores, bien sean del fiduciante o del fiduciario.

Finalmente, para De Castro[26], si el negocio fiduciario se explica por medio de "la teoría del doble efecto existirán dos causas: una causa para el negocio real transmisivo de la propiedad y otra causa para el negocio obligacional.

---

25 Carmen Pérez de Ontiveros Baquero. "Consideraciones en torno al 'pacto de *fiducia cum creditore*'", cit.

26 Federico de Castro y Bravo. *El negocio jurídico*, cit., p. 406.

Por otro lado, si se concibe el negocio fiduciario a través de la *causa fiduciae* se entenderá que existe una única causa compleja".

C. Los negocios fiduciarios en la tradición del *common law*

En el derecho anglosajón[27] se encuentran las figuras del *use* y del *trust* como modalidades de negocio fiduciario, las cuales se concibieron originalmente como instrumentos para que los propietarios de bienes inmuebles y la Iglesia evadieran pesadas cargas y prohibiciones impuestas por el régimen feudal. Para aquellos, las cargas que podían eludir consistían en tener que donar parte de sus tierras al señor feudal, participarle de sus frutos o entregarle hombres armados para la guerra. Por su parte, la Iglesia acudía a este esquema para obviar la prohibición que el Estatuto de Manos Muertas le imponía en el sentido de no poder poseer bienes inmuebles. En uno y otro caso, el propietario de tierras, denominado *feoffor*, transfería parte de ellas a su vasallo, a su siervo o a un tercero, denominado *feofee to use*, en beneficio de otra persona o de la Iglesia, denominada *cestui que use*.

---

27 A este respecto, la Corte Suprema de Justicia expresó: "El constituyente (*trustor*, *settlor*) transfiere uno o más bienes determinados a un sujeto (*trustee*) para su administración en beneficio o interés del constituyente o de un tercero (*beneficiary*; *cestui que trust*), generando su segregación, sustracción o separación del patrimonio del *trustee*, la imposibilidad de persecución por sus acreedores, la configuración de propiedades duales sobre las cosas (*estates*), legal y equitable, con múltiples derechos en varias personas y la distribución de beneficios y responsabilidades por el dominio y administración; la propiedad plena, legal o formal de la cosa se radica en el *trustee* (*legal owner*) con poderes dispositivos limitados y el beneficiario tiene un derecho equitativo (*equitable owner*) en el dominio material y económico; su objeto no es el derecho o bien transferido al *trustee*, sino el valor de la riqueza que representan (F. H. Lawson, & B. Rudden, *The Law of Property*, 3.ª ed., Oxford, Oxford University Press, 2002; M. Lupoi, *Appunti sulla real property e sul trust nel diritto inglese*, Milano, Giuffrè, 1971; Id., *Introduzione ai trusts. Diritto inglese, Convenzione dell'Aja, Diritto italiano*, Milano, Giuffrè, 1994, p. 29), 'siendo su principal característica —y a su turno, el mayor inconveniente para el cabal entendimiento de este contrato en el derecho patrio—, que genera un doble tipo de propiedad sobre el bien fideicomitido: una propiedad legal o formal y una propiedad equitativa o material, la primera radicada en el 'trustee' y la segunda en el beneficiario, bifurcación esta del derecho real aludido que, hay que acotarlo desde ya, pugna o rivaliza abiertamente con el concepto absoluto y unitario que consagra el Código Civil en torno al dominio (art. 669), que solo admite una separación de algunos de sus atributos, como en los derechos reales de usufructo, uso y habitación". (Corte Suprema de Justicia, Sala de Casación Civil. Sentencia del 30 de julio de 2008, Exp. 11001-3103-036-1999-01458-01, M. P.: William Namén Vargas).

En principio, la figura del *use* fue un negocio fiduciario puro, habida cuenta de que el *cestui que use* no tenía acción contra el *feofee to use* en caso de incumplimiento por parte de este. Y fue precisamente esa circunstancia la que dio lugar a que se estableciera un sistema para impartir justicia, conocido con el nombre de Justicia en Equidad, diseñado para proteger al beneficiario de los abusos en que eventualmente pudiera incurrir el fiduciario. Para tal efecto, al beneficiario se le reconoció una propiedad en equidad sobre los bienes fideicomitidos, regida por el derecho de equidad, al paso que al fiduciario se le reconoció una propiedad legal, regida por el derecho común, y surgió así el desdoblamiento de la propiedad característico del sistema jurídico anglosajón. Y es justo esta característica situación de dos derechos de propiedad simultáneos ejercidos sobre un mismo objeto la que impide identificar de manera absoluta el *trust* inglés con los negocios fiduciarios típicos de los ordenamientos jurídicos de inspiración latina, siempre reacios a un tal fraccionamiento del derecho de dominio[28].

Hacia comienzos del siglo XVI empezaron a formularse serios reparos en contra de los *uses*, pues estos degeneraron en medios para defraudar tanto a acreedores, herederos y compradores de buena fe como a la Corona, que veían burlados sus derechos por medio de esta figura negocial. Para corregir la situación, en 1535 se expidió el Estatuto de los Usos con el objeto de abolir estas operaciones, eliminar la existencia de los fiduciarios y dar la propiedad legal de los bienes a los beneficiarios. Con todo, dicha finalidad no se logró, puesto que para entonces el negocio fiduciario en comento se encontraba completamente arraigado en las costumbres de la nación, de suerte que, en lugar de desaparecer, se transformó al amparo de la interpretación que del Estatuto hicieron los tribunales del derecho común y se sujetó a los nuevos principios nacidos del derecho de equidad en defensa de los terceros de buena fe. Además, dicha transformación dio lugar a un cambio de terminología en cuanto al negocio mismo y a los diversos sujetos que en él intervienen, de modo que el antiguo *use*, de esa guisa transformado, pasó a llamarse *trust*.

Así, entonces, por virtud del *trust*, una persona (llamada *settlor*) transfiere a otra (conocida como *trustee*) la propiedad de determinados bienes para que los destine al cumplimiento de cierta finalidad en beneficio de un tercero (denominado *cestui que trust*). El *trust* permite fragmentar las facultades

---

28 *Cfr.* Sergio Rodríguez Azuero. *Negocios fiduciarios: su significación en América Latina*, Bogotá, Legis, 2005.

inherentes al derecho de dominio entre dos personas (el *trustee* y el *cestui que trust*), de modo que una de ellas (el *trustee*) queda obligada a ejercer sus facultades en exclusivo beneficio de la otra (el *cestui que trust*). En esta especial relación fiduciaria, sobre el *trustee* pesan dos tipos de deberes distintos: de cuidado y de lealtad. El primero obliga a que la forma de administrar los bienes fideicomitidos se ajuste a criterios de prudencia. Por su parte, el segundo exige que el propósito de satisfacer el interés del *cestui que trust* gobierne en todo momento la toma de decisiones por parte del *trustee*. Este deber de lealtad representa la médula de la relación fiduciaria y constituye su principal elemento característico. De esta suerte, no queda duda acerca de los principios de justicia correctiva que subyacen a la formulación de los deberes de prudencia y de lealtad.

Desde sus orígenes, estos deberes han estado protegidos por una acción atípica para el caso concreto (*action on the case*) distinta de las acciones por delitos civiles o por responsabilidad contractual. Como la naturaleza de estos deberes, al parecer, no era suficiente motivo para separarse del sistema general aplicable a los contratos y delitos civiles, entonces los abogados del *common law* desarrollaron la práctica de argumentar sobre la base del altruismo y la honestidad implícitos en el deber de lealtad para poder enjuiciar el caso conforme a los principios de equidad a los que se sujetaban las acciones atípicas.

En la actualidad, este esquema de protección de las relaciones fiduciarias se mantiene. Así, en la formulación del deber de lealtad se reconoce que, para quienes están sometidos a una relación fiduciaria, están prohibidos muchos de los tipos de conducta que normalmente están permitidos para quienes realizan operaciones de una manera directa e independiente (*arm's length*). Un fiduciario se encuentra sometido a reglas mucho más estrictas que las establecidas por la ética del mercado o por la costumbre. No ha de ser tan solo honesto, sino que la honestidad, en su punto más sensible, debe ser su estándar de comportamiento.

D. LOS NEGOCIOS FIDUCIARIOS EN EL ORDENAMIENTO JURÍDICO COLOMBIANO

1. LOS NEGOCIOS FIDUCIARIOS EN LA LEY 45 DE 1923 SON NEGOCIOS DE CONFIANZA QUE DIFIEREN DE LA FIDUCIA MERCANTIL CONSAGRADA EN EL CÓDIGO DE COMERCIO

Es en la Ley 51 de 1918 en donde se encuentran los antecedentes de los negocios fiduciarios en el ordenamiento jurídico colombiano; su artículo 20 facultó a los bancos para

> actuar como intermediarios entre prestamistas y prestatarios en la realización de operaciones de crédito que hayan de llevarse a cabo por medio de la emisión de bonos, documentos u obligaciones representativos de los contratos respectivos, asumiendo la personería de los acreedores y siendo responsables para con estos de la exactitud de las estipulaciones que en ellos se contuvieren[29].

Con posterioridad, la Ley 45 de 1923[30] consagró los negocios fiduciarios como una especie de negocios de confianza. En efecto, el Capítulo IV de la Ley 45 reguló lo pertinente a las secciones fiduciarias de los establecimientos bancarios. En dicha norma se facultó a los bancos comerciales para tomar, aceptar y desempeñar los encargos fiduciarios de confianza que les fueran legalmente encomendados, y se mencionó como tales una serie de negocios jurídicos perfectamente regulados por el ordenamiento jurídico colombiano, por ejemplo, obrar como fideicomisarios, albaceas, administradores, registradores de acciones y bonos, curadores de herencias, mandatarios o depositarios; recibir, aceptar y ejecutar todos aquellos encargos locales, deberes y facultades relacionados con la tenencia, el manejo y la disposición de cualquier propiedad raíz o mueble, dondequiera que esté situada, y las rentas o utilidades de ella o de su venta, en la forma que se les nombre

29 Congreso de Colombia. Ley 51 de 1918. Sobre establecimientos o sociedades de crédito. *D. O.* 16650 del 25 de noviembre de 1918. Disponible en http://www.suin-juriscol.gov.co/viewDocument.asp?ruta=Leyes/1788766

30 Congreso de Colombia. Ley 45 de 1923. Sobre establecimientos bancarios. *D. O.* 19137 a 19139 del 6 de agosto de 1923. Disponible en http://www.suin-juriscol.gov.co/viewDocument.asp?id=1599516

por cualquier autoridad judicial competente, persona, corporación y otra autoridad; etc. Como se observa, tales encargos fiduciarios se caracterizan por ser negocios *intuitu personae*, vale decir, negocios de confianza, aquellos que en el derecho anglosajón se califican como "negocios fiduciarios", los cuales nada tienen que ver ni con el fideicomiso civil ni menos aún con la fiducia mercantil que se introdujo de manera definitiva con la expedición del actual Código de Comercio[31].

La explicación de las ideas que anteceden es obvia: la redacción de la Ley 45 de 1923 se le encomendó a una comisión de juristas norteamericanos encabezados por Edwin J. Kemmerer, la cual reprodujo gran parte de la tradición jurídica del derecho anglosajón, particularmente norteamericano, sin efectuar ninguna adecuación legislativa, tal y como se advierte, entre otras, en la misma definición de fideicomiso y de sección fiduciaria que desarrolla el artículo 7.º, conforme al cual:

> Las palabras sección fiduciaria significan una sección de un establecimiento bancario que hace el negocio de tomar, aceptar y desempeñar encargos de confianza que le sean legalmente encomendados [...]. Para los efectos de esta ley se entiende por fideicomiso todo encargo de confianza de los en ella expresados y por fideicomisario (sic) el individuo o entidad a quien se le encomienda tal encargo[32].

2. LOS NEGOCIOS FIDUCIARIOS EN EL CÓDIGO DE COMERCIO

El actual Código de Comercio introdujo a la legislación positiva la institución del fideicomiso mercantil, llamado contrato de fiducia, en una denominación equívoca y demasiado genérica que abarca más de lo que se reguló en su momento y que hoy se encuentra regulado. Los integrantes de la comisión redactora del Código de Comercio, seguidores de las doctrinas angloamericanas, pretendieron obtener una acomodación del *trust* a los principios romanistas que inspiran todo el derecho privado continental. Para ello, y ante la imposibilidad de estructurar conceptualmente una doble titularidad

---

31 Presidencia de la República de Colombia. Decreto 410 de 1971. Por el cual se expide el Código de Comercio. *D. O.* 33339 del 16 de junio de 1971. Disponible en http://www.secretariasenado.gov.co/senado/basedoc/codigo_comercio.html

32 Congreso de Colombia. Ley 45 de 1923. Sobre establecimientos bancarios, cit.

jurídica como la que existe en el derecho anglosajón[33], buscaron conciliar los derechos del fideicomitente y los del beneficiario. En el derecho anglosajón, el fiduciario o *legal ownership* ostenta la posición jurídica de titular de un derecho real de dominio afectado por una obligación fundada en equidad correlativa al derecho de propiedad real o efectiva del fideicomisario. Pero esta estructura anglosajona, como es bien sabido, resulta incompatible con los sistemas de derecho continental —como el colombiano—, en los que se tiene establecido que, por principio, solo un sujeto es titular del derecho real de dominio, aunque ese derecho de propiedad pueda verse limitado por cargas que son derechos reales[34]. El propósito del que se ha venido hablando quedó plasmado en la definición contenida en el artículo 1226 del CCo, en armonía con los artículos 1227 y 1233 *ibidem*[35]. Sin embargo, es importante aclarar que, a pesar de que la fiducia mercantil hunde sus raíces en el derecho anglosajón, lo cierto es que "el concepto de fiducia —*lato sensu*— no es, en todo caso, completamente extraño al derecho romano —específicamente en lo que atañe a la modalidad de fiducia en garantía—, que amén de la

33 *Cfr.* Sergio Rodríguez Azuero. *Negocios fiduciarios: su significación en América Latina*, Bogotá, Legis, 2005, p. 182.

34 Así también lo reconoció la Corte Suprema de Justicia en la Sentencia SC-013 de 2006, en la que expresó: "Memórase que la fiducia mercantil, desde una óptica etiológica, fundamentalmente es la expresión en el derecho continental del denominado "trust" angloamericano —al que le antecedió el 'use'—, en el que una persona llamada 'trustor', 'settlor' o constituyente, transfiere ciertos bienes a otra, llamada 'trustee', para el beneficio de un tercero denominado 'cestui que trust', 'beneficiary' o beneficiario, siendo su principal característica —y a su turno, el mayor inconveniente para el cabal entendimiento de este contrato en el derecho patrio—, que genera un doble tipo de propiedad sobre el bien fideicomitido: una propiedad legal o formal y una propiedad equitativa o material, la primera radicada en el 'trustee'[,] y la segunda[,] en el beneficiario, bifurcación esta del derecho real aludido que, hay que acotarlo desde ya, pugna o rivaliza abiertamente con el concepto absoluto y unitario que consagra el Código Civil en torno al dominio (art. 669), que solo admite una separación de algunos de sus atributos, como en los derechos reales de usufructo, uso y habitación". (Corte Suprema de Justicia en la Sentencia 11001310300819970770001 del 18 de mayo de 2006, M. P.: Carlos Ignacio Jaramillo Jaramillo).

35 Ciertamente, en la correspondiente exposición de motivos se expresa que "en el proyecto se trata del fideicomiso angloamericano o "trust", de cómo podría llegar a implantarse entre nosotros, con la pretensión de darle un estatuto global, al estilo de los que sobre el particular rigen en El Salvador, México o Puerto Rico. En verdad que varias disposiciones que se adoptan chocan con las disposiciones vigentes en nuestro Código Civil en su título sobre propiedad fiduciaria, pero es preciso tener en cuenta que se trata de dos fideicomisos diferentes, si bien no hay que creer que el "trust" angloamericano sea ajeno a las leyes civiles". (Exposición de motivos. Código de Comercio. T. II, Bogotá, Ministerio de Justicia, 1958, p. 292).

propiedad fiduciaria, conoció las denominadas *fiducia cum amico contractus* y *cum creditore contractus*"[36].

Del mismo modo, en su tarea de estructurar la fiducia mercantil, la comisión redactora del Código de Comercio consideró que la incertidumbre en cuanto a la real posición del fiduciario aconsejaba disciplinar esta modalidad de contratación acorde a sus precisos límites, de cara a evitar que por intermedio de la institución de la fiducia pudieran cometerse abusos. Según el criterio de los comisionados plasmado en el Acta n.º 207, "el objeto de la fiducia es justamente el de entregar a una persona conocedora de un mercado, un bien o conjunto de bienes para que ella haga las inversiones que se consideren convenientes"[37].

Consecuentes con lo anterior, los integrantes de la comisión redactora del Código resolvieron "profesionalizar" la actuación de un sujeto en calidad de fiduciario, y le permitieron asumir esta función solo a los establecimientos bancarios y a las sociedades fiduciarias, especialmente autorizados por la entonces Superintendencia Bancaria, con la advertencia de que, a partir de la expedición y entrada en vigor de la Ley 45 de 1990[38], la calidad de fiduciario única y exclusivamente puede recaer en las sociedades fiduciarias. Como es apenas natural suponerlo, esta profesionalización de la calidad de fiduciario conllevó la producción de evidentes e importantes efectos en relación con la figura en estudio, en especial, por la mayor y general confianza que se genera en la comunidad, derivada del hecho de que el fiduciario es un sujeto vigilado por el Estado.

3. LOS NEGOCIOS FIDUCIARIOS EN LA CONTRATACIÓN ESTATAL

A la luz del Estatuto de Contratación Pública (Ley 80 de 1993)[39], la regla general es que el Estado solo puede celebrar contratos de encargo fiduciario y de fiducia pública con sujeción a lo dispuesto en el numeral 5 del artículo 32

---

36 Corte Suprema de Justicia. Sentencia 11001310300819970770000 del 18 de mayo de 2006, cit.

37 Exposición de motivos. Código de Comercio, cit.

38 Congreso de Colombia. Ley 45 de 1990. Por la cual se expiden normas en materia de intermediación financiera, se regula la actividad aseguradora, se conceden unas facultades y se dictan otras disposiciones. *D. O.* 39607 del 19 de diciembre de 1990.

39 Congreso de Colombia. Ley 80 de 1993. Por la cual se expide el Estatuto General de Contratación de la Administración Pública. *D. O.* 41094 del 28 de octubre de 1993.

de la Ley 80 de 1993. Excepcionalmente, puede celebrar contratos de fiducia mercantil en los siguientes casos: (i) en los previstos en el parágrafo 2.º del artículo 41 *ibidem*, esto es, cuando su finalidad sea a) estructurar procesos de titularización de activos y b) efectuar el pago de pasivos laborales, conforme a lo previsto; y (ii) cuando expresamente una ley así lo autoriza, como es el caso, a manera de ejemplo, de la Ley 388 de 1997[40].

Tratándose de los encargos fiduciarios y de la fiducia pública como negocios jurídicos susceptibles de ser celebrados por parte de las entidades estatales, se tiene que la Ley 80 de 1993 no regula en parte alguna los derechos, las obligaciones, los riesgos y las responsabilidades que de esta categoría de negocios jurídicos se derivan. De ahí que exista consenso acerca de que, si bien es cierto que son negocios jurídicos que se encuentran contemplados en el ordenamiento jurídico, no es menos cierto que se trata de contratos atípicos, habida cuenta de que su régimen no ha sido definido ni establecido por la ley, aunque poseen un creciente reconocimiento y son objeto de una cada vez mayor utilización en el tráfico negocial, es decir, poseen tipicidad social.

El numeral 5 del artículo 23 de la Ley 80 de 1993—sin entrar a definir lo que se entiende por encargos fiduciarios y fiducia pública— señala que los encargos fiduciarios tienen por objeto la administración o el manejo de los recursos vinculados a los contratos que las entidades públicas celebren. Así mismo, determina que la fiducia pública que se autoriza para el sector público nunca implicará transferencia de dominio sobre bienes o recursos estatales ni constituirá patrimonio autónomo del propio de la respectiva entidad oficial sin perjuicio de las responsabilidades típicas del ordenador del gasto, amén de que le serán aplicables las normas del Código de Comercio sobre fiducia mercantil en cuanto sean compatibles con lo dispuesto en dicha ley. Refiriéndose a estas características, la Corte Constitucional, mediante la Sentencia C-086 del 1.º de marzo de 1995, expresó:

> La Ley 80 de 1993 introdujo en el numeral 5.º del artículo 32, una regulación específica de una serie de negocios jurídicos denominados 'encargos fiduciarios y Fiducia Pública'. Sin entrar a definirlos, señaló que dichos contratos de Fiducia Pública solo podrán ser celebrados previa autorización de la ley, la ordenanza o del acuerdo, según el caso. De igual forma, determinó que los encargos fiduciarios

---

40 Congreso de Colombia. Ley 388 de 1997. Por la cual se modifica la Ley 9.ª de 1989, y la Ley 3.ª de 1991 y se dictan otras disposiciones. *D. O.* 43091 del 24 de julio de 1997.

> que celebren las entidades estatales con las sociedades fiduciarias autorizadas por la Superintendencia Bancaria, tendrán únicamente por objeto la administración y [el] manejo de recursos vinculados a contratos que tales entidades celebren. Así mismo [...] esa normatividad prohibió pactar la remuneración con cargo a rendimientos del fideicomiso, así como la posibilidad de delegar en las sociedades fiduciarias [la adjudicación de] los contratos que las entidades estatales celebren. No sobra reiterar que la Ley 80 estableció también que la escogencia de la sociedad fiduciaria debería hacerse por licitación o concurso y que ese contrato de fiducia 'nunca implicará transferencia de dominio sobre bienes o recursos estatales, ni constituirá patrimonio autónomo de la respectiva entidad oficial' [...]. Para la Corte, las anteriores condiciones del referido contrato, y teniendo de presente la enunciación de los contratos estatales a que se refiere el artículo 32 de la citada ley, donde se incluyen los previstos en el derecho privado y los derivados del ejercicio de la autonomía de la voluntad, obligan a concluir que el Estatuto General de Contratación Administrativa creó un nuevo tipo de contrato, sin definirlo, denominado 'Fiducia Pública', el cual no se relaciona con el contrato de fiducia mercantil contenido en el Código de Comercio y en las disposiciones propias del sistema financiero. Se trata, pues, de un contrato autónomo e independiente, más parecido a un Encargo Fiduciario que a una fiducia (por el no traspaso de la propiedad, ni la constitución de un patrimonio autónomo), al que le serán aplicables las normas del Código de Comercio sobre fiducia mercantil, 'en cuanto sean compatibles con lo dispuesto en esta ley'. Así, por ejemplo, al establecer la Ley 80 que el contrato de Fiducia Pública no comporta la transferencia de dominio ni la constitución de un patrimonio autónomo, entonces no le serán aplicables las normas correspondientes contenidas en el Código de Comercio, sin que ello signifique que se altera la naturaleza del contrato de fiducia mercantil. En otras palabras, esta Corporación encuentra que, en la actualidad, las entidades estatales podrán celebrar el contrato de Fiducia Pública en los términos del numeral 5.º del artículo 32, o el contrato de fiducia mercantil de acuerdo con lo dispuesto en el Código de Comercio y en las normas generales de contratación administrativa previstas en la citada Ley 80 de 1993[41].

A su turno, refiriéndose al mismo aspecto, la Sala de Consulta y Servicio Civil del Consejo de Estado[42], mediante Concepto del 4 de marzo de 1998, expresó:

---

41 Corte Constitucional. Sentencia C-086 del 1.º de marzo de 1995, Exps. acumulados D-647y D-672, M. P.: Vladimiro Naranjo Mesa.

42 Consejo de Estado, Sala de Consulta y Servicio Civil. Concepto del 4 de marzo de 1998, Rad. 1074, M. P: Jaime Betancur Cuartas.

Una interpretación armónica de las normas de la Ley 80 sobre el tema conduce a establecer dos modalidades de negocio fiduciario que pueden contratar las entidades estatales, a saber: [...] a) Los encargos fiduciarios, figura en la cual no hay transferencia de la propiedad de los bienes fideicomitidos. La Ley 80 la autoriza solamente para administrar o manejar los recursos vinculados a contratos que las entidades estatales celebren (art. 32-5 Inc. 3), el cual se encuentra en consonancia con la disposición según la cual los pagos correspondientes a los contratos celebrados por las entidades para la prestación de los servicios de salud, se pueden hacer mediante encargos fiduciarios (art. 24-1, letra L) y con aquellas que establecen que los fondos destinados a la cancelación de obligaciones derivadas de contratos estatales pueden ser entregados en administración fiduciaria (art. 25-20). [...] b) La Fiducia Pública, la cual constituye una nueva figura jurídica, creada por la Ley 80 de 1993, y que si bien porta el nombre de fiducia se diferencia en varios elementos esenciales de la tradicional fiducia mercantil. [...] En efecto, por regla general, la llamada Fiducia Pública no implica transferencia del dominio sobre los bienes o recursos estatales ni constituye tampoco patrimonio autónomo, distinto de la entidad estatal (art. 32-5, Inc. 8); de manera excepcional, la misma Ley 80 prevé en el artículo 41[,] parágrafo 2[,] inciso 2, la constitución de patrimonios autónomos con entidades sometidas a la vigilancia de la Superintendencia Bancaria, para desarrollar procesos de titularización de activos e inversiones y para el pago de pasivos laborales. [...] Además, hay dos particularidades que contiene la Ley 80, que son aplicables tanto al Encargo Fiduciario como a la llamada Fiducia Pública y consisten en que la adjudicación de los contratos que se celebren en desarrollo del encargo o de la Fiducia Pública, tienen como sujeto contratante a las entidades estatales fideicomitentes, de manera que no se pueden delegar a las sociedades fiduciarias[,] y que la remuneración o comisión de la fiduciaria no se puede pactar con cargo a los rendimientos del fideicomiso, salvo que estos se encuentren presupuestados (art. 32-5, Inc. 3) [...] Estas características hacen que el tipo de contrato que regula la ley mencionada, sea diferente del contrato de fiducia mercantil establecido en el Código de Comercio y, por tanto, constituye un contrato nuevo que se aplica para las entidades estatales, sin que signifique que haya modificado la fiducia mercantil, pues esta permanece igual, fiel a sus postulados tradicionales, ya que la Ley 80 de 1993 no entró a modificar el Código de Comercio. [...] El punto que desconcierta es que se haya denominado fiducia a este tipo de contrato que se asimila más al Encargo Fiduciario por la no transferencia de propiedad, pero ello está dentro de la potestad del legislador de crear nuevas formas contractuales, así sea variando elementos esenciales de contratos conocidos o llamándolos con los nombres de estos [...]. No obstante (sic) lo expresado por la Corte Constitucional, para la Sala[,] la primera parte del texto del inciso primero del numeral 5 del artículo 32 de la Ley 80 de 1993[,] aunque declarada inexequible, sí indica que el espíritu de la ley era limitar la contratación de las entidades estatales a solo dos figuras fiduciarias: la Fiducia Pública y el Encargo Fiduciario [...]. Por consiguiente, no autorizó dicha ley la fiducia mercantil con aplicación de las normas de la Ley 80, sino al revés, la Fiducia Pública con aplicación de las compatibles en el Código de Comercio[43].

Igualmente, el Consejo de Estado definió las características del contrato de encargo fiduciario así:

Ahora bien. Los encargos fiduciarios públicos, son contratos mediante los cuales las entidades estatales entregan, en mera tenencia, a las sociedades fiduciarias, recursos vinculados a los contratos que tales entidades celebren, así como los fondos destinados a la cancelación de las obligaciones derivadas de los contratos estatales con el fin de que los administren o manejen, obteniendo beneficios o ventajas financieras y el pago oportuno de lo adeudado. En los términos del numeral 5 del artículo 32 de la Ley 80 de 1993 y del título 5[,] capítulo 1 (numeral 5.4.) de la Circular Básica Jurídica de la Superintendencia Financiera, esta modalidad contractual se caracteriza porque: i) No implica la transferencia del dominio de los bienes o recursos públicos ni se constituye un patrimonio autónomo, ii) Deben tener un objeto y un plazo determinado, iii) En ningún caso y por ningún motivo, las entidades estatales pueden utilizar el esquema fiduciario para delegar en las sociedades fiduciarias el cumplimiento de una función pública que les es propia, como sucede con la adjudicación de los contratos que deban celebrarse en desarrollo de la finalidad señalada en el acto constitutivo del respectivo negocio fiduciario (Circular Jurídica Básica de la Superintendencia Financiera título V, capítulo 1, numeral 5.4.2. inciso 6; y Ley 80 de 1993, artículo 32, numeral 5, inciso 2), iv) No se puede pactar la remuneración de la fiducia con cargo a los rendimientos del fideicomiso salvo que se encuentren presupuestados, v) No pueden celebrarse contratos de fiducia pública o encargos fiduciarios que conduzcan a un desconocimiento del mandato contenido en el artículo 355 de la Constitución, vi) La selección de la fiduciaria se efectúa mediante licitación pública, vii) Los actos o los contratos que se realicen en desarrollo de un contrato de fiducia pública o encargo fiduciario, cumplirán estrictamente las normas del Estatuto de Contratación Administrativa, así como las disposiciones presupuestales, de interventoría y de control a las cuales está sujeta la entidad estatal fideicomitente. [...] Cabe anotar, además, que la modalidad de contrato estatal de "encargo fiduciario" implica, como es lógico, el ejercicio por parte del contratista de una actividad propia del derecho mercantil (privado) que tiene una regulación en el marco del sector financiero y que, como se verá más adelante, está sujeta a controles de diversa índole, sin que sea posible, en los términos

---

43 En relación con los encargos fiduciarios y la fiducia pública, ver las instrucciones contenidas en la Parte II, Título II, Capítulo I, numeral 5 de la Circular Básica Jurídica expedida por la Superintendencia Financiera (Superintendencia Financiera. Circular Básica Jurídica (C. E. O29/14)).

> de las disposiciones previamente citadas, que a los fiduciarios les sean delegadas funciones administrativas que tienen asignadas las entidades fideicomitentes[44].

En coherencia con los anteriores planteamientos jurisprudenciales y con lo dispuesto por el numeral 5 del artículo 32 de la Ley 80 de 1993, se encuentra que la diferencia entre los negocios fiduciarios estatales (encargo y fiducia pública) y la fiducia mercantil regulada por el Código de Comercio no admite duda alguna, habida cuenta de que

> la nota característica de esta última es la transferencia de dominio de los bienes fideicomitidos, para conformar un patrimonio autónomo, efecto que no pueden producir aquellos por expresa prohibición legal. [...] En cambio, no son nítidos los criterios de distinción entre el Encargo Fiduciario y la Fiducia Pública, pues las normas que antes se relacionan realzan más bien los aspectos coincidentes y no mencionan diferencias. La jurisprudencia y el concepto que se han traído a colación tampoco puntualizan los puntos divergentes, limitándose la Corte Constitucional a señalar que la Fiducia Pública es "un contrato autónomo e independiente, más parecido a un Encargo Fiduciario [...]" y la Sala de Consulta del Consejo de Estado reiteró que este tipo de contrato "se asimila más al Encargo Fiduciario" [...] La única distinción que podría advertirse es la relativa al origen y/o destino de los bienes objeto de uno y otro contrato y a los servicios a cargo de la Fiduciaria, pues la Ley 80 de 1993 restringió el objeto de los encargos fiduciarios a la administración y [al] manejo de los recursos vinculados a los contratos que la entidad estatal en cuestión celebre (Segundo Inciso del n.º 5 del art. 32), idea que se reitera con la posibilidad de acudir a esta clase de encargos para la administración de los fondos destinados a la cancelación de obligaciones derivadas de contratos estatales (n.º 20 del art. 25), obligaciones tales como aquellas que se desprenden de los contratos celebrados para la prestación de servicios de salud. [...] En resumen, se llamaría Encargo Fiduciario al contrato celebrado por una entidad estatal para la administración y [el] manejo de los recursos relacionados con otros contratos que formalice la entidad. De otra parte, a la Fiducia Pública podrían ir otra clase de bienes o recursos, por ejemplo, los dineros provenientes del presupuesto nacional, no vinculados a un contrato de la entidad receptora de los mismos (sic). Y en esta hipótesis las prestaciones de la Fiduciaria podrían ir más allá de la administración y [del] manejo de dineros, pues podrían ocuparse, por ejemplo, de la operación o

---

44 Consejo de Estado, Sala de lo Contencioso Administrativo, Sección Segunda, Subsección B. Sentencia del 25 de octubre de 2012, Exp. 11001032500020100025400, Rad. 2116-10, C. P.: Víctor Hernando Alvarado Ardila.

> gestión comercial de bienes de la entidad estatal, verbigracia, medios de transporte o plantas industriales[45].

En cuanto a la normatividad aplicable a los negocios fiduciarios estatales (encargo y fiducia pública) y al régimen de responsabilidad, la jurisprudencia arbitral ha expresado:

> El régimen de responsabilidad y la normatividad aplicables al Encargo Fiduciario y a la Fiducia Pública son en principio los mismos, con los necesarios ajustes que demanden la naturaleza de los bienes entregados al Fiduciario y el alcance de los servicios a que este se comprometa. [...] Dicha normatividad está conformada por las disposiciones de la Ley 80 de 1993 y sus decretos reglamentarios; por las normas del Código de Comercio sobre Fiducia Mercantil y Mandato, en lo que no pugne con los aspectos especiales de los negocios fiduciarios estatales; y por el Estatuto Orgánico del Sistema Financiero, junto con los actos administrativos de carácter general que expidan las autoridades que ejercen control y vigilancia sobre las sociedades fiduciarias. [...] De esa normatividad se desprenden los rasgos característicos y comunes a los dos negocios: Encargo Fiduciario y Fiducia Pública, como son: [...] a) No conllevan la transferencia de dominio sobre bienes, y, por tanto, no se conforma patrimonio autónomo. En consecuencia, la entidad estatal conserva la propiedad de los bienes entregados a la Fiduciaria, de suerte que aquella sigue asumiendo los riesgos inherentes a la propiedad "res perit domino". Así mismo, en cuanto la Fiduciaria entregue los bienes recibidos a terceros, obligándose estos a restituirlos, la entidad pública —como dueña de los mismos (sic)— asume los riesgos del incumplimiento o de la insolvencia de esos terceros, o de su pérdida en manos de estos —res perit creditori—. Es claro, sin embargo, que, si la Fiduciaria incumple las prestaciones a su cargo y si como consecuencia directa de dicho incumplimiento la entidad estatal sufre perjuicios, aquella deberá indemnizarla. Se distinguen entonces, de una parte, los riesgos que ha de afrontar el dueño de las cosas por el hecho de serlo y, de otra, la responsabilidad que pueda caberle a quien administra tales cosas, por inobservancia de sus obligaciones. [...] b) Adicionalmente, al no existir transferencia del dominio, ni patrimonio autónomo, no puede hablarse de bienes fideicomitidos, ni pueden aplicarse a los negocios fiduciarios estatales las normas del Código de Comercio que se refieren a tales bienes, puesto que estos son, precisamente, los enajenados por el fideicomitente para constituir un patrimonio autónomo o de afectación. [..] c) Al no haber transfe-

---

45 Laudo arbitral del 8 de junio de 1999, que resolvió las controversias entre el Instituto Nacional de Vivienda de Interés Social y Reforma Urbana (Inurbe) y Fiduciaria de Desarrollo Agropecuario S. A. (Fiduagraria S. A.) derivadas de la celebración de unos negocios fiduciarios cuyo objeto era la administración e inversión de dineros públicos.

> rencia del derecho de propiedad, las prestaciones del fiduciario son principalmente de manejo y administración, vale decir, de gestión por cuenta o en beneficio del dueño de los bienes, prestaciones estas que han de gobernarse, en principio, por las disposiciones del mandato, sin prescindir de las de la Fiducia Mercantil, en cuanto no sean incompatibles con las particularidades de los negocios fiduciarios estatales. [...] d) La adjudicación de los contratos que deban celebrarse con terceros en desarrollo de los negocios fiduciarios estatales, es una función privativa de la entidad pública, de manera que es a esta a la que compete, en últimas, tomar la decisión correspondiente, lo que quiere decir que a este respecto las tareas a cargo del Fiduciario consistirán en suministrar información, y en dar consejo, si estuviere obligado a esta prestación, con el propósito de que la entidad pública cuente con los elementos de juicio para adoptar una adecuada determinación. Hecha la adjudicación, el Fiduciario podrá celebrar el contrato, en nombre y por cuenta de la entidad estatal, con el tercero que haya resultado escogido, toda vez que, como lo señaló el Consejo de Estado, dichos contratos han de tener como sujeto contratante a las entidades públicas fideicomitentes[46].

Finalmente, se tiene que los contratos que celebren las entidades estatales que presten servicios públicos a los que se refiere la Ley 142 de 1994[47], y que tengan por objeto la prestación de esos servicios, se rigen por lo que ella dispone y por lo prescrito en el parágrafo 1.º del artículo 32 de la Ley 80 de 1993, el cual exceptúa determinados contratos de la regla general prevista en el primer inciso de ese mismo artículo, que enseña que los contratos que celebran las entidades estatales son contratos estatales. Por consiguiente, los contratos que celebren las entidades estatales que presten los servicios públicos a los que se refiere la Ley 142 de 1994 no están sujetos a las disposiciones del Estatuto General de Contratación de la Administración Pública. A este respecto, en el Laudo arbitral del 24 de noviembre de 2000, proferido en el proceso promovido por el Consorcio Miel contra Fiduanglo S. A., se dijo:

> En relación específicamente con las empresas de servicios públicos, el artículo 32 de esa misma Ley 142 estableció, en sentido análogo y aún más perentoriamente, que todos sus actos "se regirán exclusivamente por las normas del derecho privado". Por su parte, la Ley 143 estableció que los contratos relacionados con la generación, interconexión, transmisión, distribución y comercialización de electricidad, que celebren las sociedades por acciones en cuyo capital tengan participación las enti-

46 *Ibid.*

47 Congreso de Colombia. Ley 142 de 1994. Por la cual se establece el régimen de los servicios públicos domiciliarios y se dictan otras disposiciones. *D. O.* 41433 del 11 de julio de 1994.

dades estatales, cualquiera que sea la proporción de dicha participación, se rigen por las normas del derecho privado. El clarísimo sentido de estas normas no deja lugar a la menor duda acerca de que el propósito que las inspiró fue precisamente el de extraer del ámbito de las reglas que gobiernan los contratos estatales a los que se celebraran en materia de servicios públicos domiciliarios y de generación, interconexión, transmisión, distribución y comercialización de energía eléctrica. Así, estos contratos no se gobiernan entonces por el régimen mixto —parcialmente público y parcialmente privado (sic)— que de modo general señala el inciso 1.º del artículo 13 de la Ley 80 de 1993, sino exclusivamente por los principios y [las] normas a las que aluden las Leyes 142 y 143 de 1994 y fundamentalmente por los principios de derecho común sobre contratación[48].

48 Laudo arbitral del 24 de noviembre de 2000, que resolvió las controversias entre Consorcio Miel y Sociedad Fiduciaria Anglo S. A. (Fiduanglo).

CAPÍTULO SEGUNDO
ESTRUCTURA DE LOS NEGOCIOS FIDUCIARIOS EN EL ORDENAMIENTO JURÍDICO COLOMBIANO, CON ESPECIAL REFERENCIA A LA FIDUCIA MERCANTIL

I. CONCEPTO DE NEGOCIO FIDUCIARIO

A pesar de su indiscutible tipicidad social, la verdad es que, desde el punto de vista jurídico, en Colombia no existe una disciplina orgánica propia o específica para los negocios fiduciarios distinta de la "normatividad marco" que regula el contrato de fiducia mercantil, contenida en el artículo 1226 y siguientes del Código de Comercio[1]. De hecho, tratándose de los denominados encargos fiduciarios (como una especie del género negocios fiduciarios), el numeral 1 del artículo 146 del Estatuto Orgánico Financiero (EOSF)[2] dispone que a ellos se les aplican

> las disposiciones que regulan el contrato de fiducia mercantil, y subsidiariamente las disposiciones del Código de Comercio que regulan el contrato de mandato, en cuanto unas y otras sean compatibles con la naturaleza propia de estos negocios y no se opongan a las reglas especiales previstas en el presente Estatuto[3].

---

1 Presidencia de la República de Colombia. Decreto 410 de 1971. Por el cual se expide el Código de Comercio. *D. O.* 33339 del 16 de junio de 1971. Disponible en http://www.secretariasenado.gov.co/senado/basedoc/codigo_comercio.html

2 Presidencia de la República de Colombia. Decreto Ley 663 de 1993. Estatuto Orgánico del Sistema Financiero. *D. O.* 40820 del 5 de abril de 1993. Disponible en http://www.secretariasenado.gov.co/senado/basedoc/estatuto_organico_sistema_financiero.html

3 En el anterior orden de ideas, la "definición" adoptada por la Superintendencia Financiera de Colombia acerca del negocio fiduciario, conforme a lo previsto en la Parte II, Título II, Capítulo Primero de la Circular Básica Jurídica (Circular Externa 29 de 2014), a pesar de estar contenida en un acto administrativo que se encuentra amparado por la presunción de legalidad, no puede considerarse como una definición legal, y su fundamento única y exclusivamente se encuentra en la facultad que le asiste a la Superintendencia Financiera de impartirles instrucciones a las sociedades fiduciarias acerca de la manera como deben cumplir las disposiciones que regulan su actividad. En efecto, el referido acto administrativo "define" los negocios fiduciarios como actos de confianza en virtud de los cuales una persona —llamada fideicomitente, fiduciante o constituyente— entrega a otra —llamada fiduciario— uno o más bienes determinados y le transfiere o no la propiedad de tales bienes con el propósito de que esta los administre y/o enajene y cumpla con ellos una determinada finalidad, bien sea en provecho de aquella misma o de un tercero —llamado beneficiario o fideicomisario—, ninguno de los cuales podrá recuperar el derecho de dominio en caso de que el fiduciario, abusando de su condición de propietario pleno, "la enajene o destine a una finalidad diferente, porque este incumplimiento solo dará lugar a una acción personal de

A este respecto, la Corte Suprema de Justicia[4] ha señalado que, pese a la remisión efectuada por el numeral 1 del artículo 146 del EOSF,

> no es (sic) lo mismo el contrato de fiducia mercantil y el encargo fiduciario, dado que el primero se caracteriza por la transferencia especial del dominio de los bienes especificados, en tanto que el segundo, amén de instrumentarse en las normas del mandato, por la entrega de los bienes, pero a título de mera tenencia. De manera que si en el encargo fiduciario no hay desplazamiento del derecho de dominio de los bienes, pues el fiduciario, en desarrollo de su función, es un simple tenedor de los mismos (sic), lo cual implica reconocer dominio ajeno, esto trae como consecuencia que no se genera un patrimonio autónomo, a diferencia de la fiducia mercantil en donde, de conformidad con lo previsto en el artículo 1233 del Código de Comercio, hay una particularísima transferencia de la propiedad a favor del fiduciario para la formación de un 'patrimonio autónomo afecto a la finalidad contemplada en el acto constitutivo'.

Al respecto, el mismo órgano jurisdiccional[5] agrega:

> Justamente, la fiducia mercantil, en todos los casos y en sus diferentes expresiones, presupone por definición la transferencia por el constituyente o fideicomitente al fiduciario del derecho real de dominio sobre uno o más bienes para un propósito de confianza, la constitución de un patrimonio autónomo y su destinación a la finalidad fiduciaria; *per differentiam*, en el encargo fiduciario, el mandato y los negocios de garantía, por lo general, la titularidad de los bienes permanece en el encargante, mandante o *dominus* [...]. Análogamente, el fiduciario en desarrollo del encargo de gestión adquiere la obligación de administrar o enajenar los bienes fideicomitidos (artículos 1226 y 1234 [del] Código de Comercio) sin convertirse en mandatario ni representante ordinario, tanto cuanto más que en la celebración de los actos, contratos y negocios jurídicos, actúa no en nombre ni por cuenta de otro, sino en su carácter de vocero del patrimonio autónomo con poder dispositivo del mismo (sic) para la finalidad fiduciaria y, por ello, en línea de principio, dicho patrimonio asume todos los efectos, riesgos, ventajas, utilidades y pérdidas, como la titularidad de los derechos y obligaciones. [...] De este modo, la fiducia

---

indemnización de los perjuicios causados", tal y como lo explica Enrique Gaviria Gutiérrez. (Enrique Gaviria Gutiérrez. *Derecho comercial*, 1.ª ed., Colección Jurídica Bedout, Medellín, Editorial Beta, 1981, p. 99).

4 Corte Suprema de Justicia. Sala de Casación Civil. Sentencia SC-286-2005 del 21 de noviembre de 2005. Exp. C-11001310302019992-03132-01.

5 Corte Suprema de Justicia. Sala de Casación Civil y Agraria. Sentencia del 30 de julio de 2008, Exp. 11001-3103-036-1999-01458-01, M. P.: William Namén Vargas.

mercantil en todas las hipótesis implica la transferencia de la propiedad, la constitución de un patrimonio autónomo y su destinación o afectación a la finalidad fiduciaria. [...] Asimismo, el encargo fiduciario, en la perspectiva tradicional, comporta la transferencia de la mera tenencia. [...] Sin embargo, la regla precedente no es absoluta, como pasa a precisarse y explicar. [...] En presencia de un encargo fiduciario sobre un cuerpo cierto o especie (*res certa*), individuo singular, concreto, específico e insustituible (artículo 1627 [del] Código Civil), desde luego, no existe duda en cuanto a la entrega de la mera tenencia y, de acuerdo con la finalidad fiduciaria, según el caso, habrá de restituirse, teniendo el deudor el deber de conservación de su custodia (artículo 1605 [del] C. C.) empleando el "*debido cuidado*" (artículo 1606 [del] C. C.). [...] Empero, cuando el encargo fiduciario atañe a cosa de género, fungible y, más concretamente a dinero, en cuanto "perecen para el que las emplea como tales" (artículo 663 [del] Código Civil), la naturaleza, características y singularidad normativa de estos bienes, presupone de la entrega, esta la tradición y excluye la transferencia de la mera tenencia. [...] Caracteriza al género su determinación por su número, clase, peso, cuenta o medida "en relación con la categoría a la cual pertenece un determinado objeto" [...], es decir, su naturaleza fungible, sustituible e intercambiable y, por su tanto (sic), su homogeneidad, debiéndose "indeterminadamente un individuo de una clase o género determinado" (artículo 1565 [del] C. C.) [...]. Las cosas, podrán ser fungibles (*fungere*), esto es, que se destruyen con el uso propio de su naturaleza o sustituibles o simplemente de género (*genus*) [...]. A las primeras, "pertenecen aquellas de que no puede hacerse el uso conveniente a su naturaleza sin que se destruyan. Las especies monetarias en cuanto perecen para el que las emplea como tales, son cosas fungibles", preceptúa el artículo 663 del Código Civil. A ellas, es consustancial su extinción por el primer uso que de ellos se haga; así la mera consumición material o física (*usus*) precisa *erga omnes* el egreso del patrimonio y la destrucción de la cosa (*verbi gratia*, bebidas, alimentos, productos perecederos) [...]. A pesar de la "fungibilidad absoluta" del dinero [...] y en general, de las "*especies monetarias*", *estricto sensu*, su consumición no es material sino jurídica, su desaparición es relativa solo a quien la[s] "emplea como tales" y su entrega a cualquier título para el uso que le es propio (inc. 2 art. 663 [del] C. C.), es acto dispositivo que implica tradición a punto que su "pérdida" no extingue la obligación (*gener non perit, genera non pereunt*) y el acreedor no puede oponerse a su enajenación o destrucción mientras subsistan otras (art. 1567 [del] Código Civil) [...]. Así, acontece a propósito del derecho de usufructo sobre estos bienes (art. 848 [del] C. C.); salvo los casos legales, por lo general, los riesgos por pérdida de "especies metálicas que el mandatario tiene en su poder, por cuenta del mandante, perecen para el mandatario aun por fuerza mayor o caso fortuito" (art. 2179 [del] Código Civil); en el depósito irregular de dinero sin más seguridad ni precaución, se presume la permisión de emplearlo y el depositario es obligado a restituir otro tanto en la misma moneda (art. 2246 [del] C. C.); en el mutuo o préstamo de consuno se entrega cierta cantidad de cosas fungibles con cargo de restituir otras tantas del mismo género y calidad (*tantum dem eiusdem generis et qualitatis*) y, no se perfecciona sino por la tradición, y la tradición transfiere el dominio (art. 2251 [del] Código Civil), "[...] el mutuario o prestatario no recibe las cosas objeto del contrato para usarlas y devolverlas, sino para consumirlas, natural o jurídicamente, con cargo a devolver otras de la misma especie y calidad" (Sentencia del 27 de marzo de 1998, exp. 4798) [...]. Otro tanto se presenta en el depósito irregular mercantil de cosas fungibles, en el cual, el depositante puede convenir con el depositario la restitución de cosas de la misma especie y calidad, en cuyo caso, este adquiere la propiedad de las cosas depositadas (art. 1179 [del] C. de Co.); en los depósitos a término y en cuenta de ahorros, se entrega el dinero y el depositario adquiere su propiedad (arts. 2237 y 2246 [del] C. C.). De igual manera, en el depósito en cuenta corriente bancaria, el cuentacorrentista adquiere la facultad de realizar depósitos irregulares de dinero y disponer de estos mediante giro de cheques o en otra forma acordada, el banco se hace dueño de la suma depositada obligándose a devolver igualdad (sic) cantidad de dinero, no los mismos billetes recibidos porque adquiere su propiedad, la cual no se infirma por la prestación de restitución que implica reconocer derecho ajeno, porque la transferencia del dominio se produce "sin que cesen las obligaciones propias del depositario" (inc. 2 art. 1179 [del] C. de Co.), particularmente la de devolver "otro tanto en la misma moneda" (art. 2246 [del] C. C.), es decir, "[e]l depositario, que es un establecimiento bancario, recibe en propiedad las sumas depositadas, y fundamentalmente se obliga a reembolsarlas al depositante o a su representante, a quien debe reconocer la remuneración o interés estipulado, siendo responsable, en todo caso, de su restitución. [...] Doctrinariamente se le considera una especie de depósito, el irregular, porque a diferencia de lo que ocurre en el depósito propiamente dicho, o regular, en el que [el] depositario recibe una cosa mueble, con cargo de conservarla y restituirla al depositante, cuando así lo requiera, es decir, asume una obligación de especie o cuerpo cierto, en esta clase de depósitos el depositario recibe en propiedad los bienes que constituyen su objeto —depósito de dinero—, de los cuales puede disponer consecuentemente, comprometiéndose a devolverle al depositante una cantidad equivalente, a ruego suyo, o en una fecha determinada o determinable" [...]. De ahí por qué, el encargo fiduciario sobre dinero, bien genérico, fungible, intercambiable, sustituible y consumible jurídicamente, implica su entrega y esta para quien la hace o utiliza por su simple empleo, la transferencia de su dominio en virtud de las normas que gobiernan las obligaciones de género y fungibles, lo que no empece para distinguirlo de la fiducia mercantil en virtud de la constitución del patrimonio autónomo. [...] Expresado de otra manera, la fiducia mercantil y el encargo fiduciario cuando de dinero se trata, envuelven la transferencia de su propiedad por la naturaleza y características de este bien, cuya entrega, se itera, para quien la hace, involucra de suyo la tradición, distinguiéndose, principalmente, porque aquella, a diferencia de este, a más de su dinámica particular y función práctica o económica social que la convierten en un negocio con singularidad o especificidad propia, precisa la constitución de un patrimonio autónomo. [...] Por el contrario, en el encargo fiduciario sobre una especie o cuerpo cierto, no se presenta la transferencia del dominio, sino de la mera tenencia. [...] En efecto, en el encargo de confianza o encargo fiduciario la propiedad del cuerpo cierto no se transfiere al fiduciario como sí ocurre en la fiducia mercantil, mientras que, en ambos contratos, el fiduciario o encargado adquiere el dominio de los bienes de género y fungibles. [...] Por demás, nada obsta [de] que no sea de la esencia del encargo fiduciario la devolución de los bienes al encargante sino su utilización para beneficio de otro, ni tampoco el deber de mantenerlos contablemente separados de los propios (artículo 146, 7, [del] E.O.S.F), porque en el primer caso, por supuesto, la prestación comprende idéntica cantidad de dinero para los fines respectivos y, en el segundo, el ordenamiento, disciplina la conformación del patrimonio autónomo solo en la fiducia mercantil [...]. Y no se diga que la Circular Básica Jurídica 007 de enero 19 de 1996, según la cual "si hay transferencia de la propiedad de los bienes estaremos ante la denominada fiducia mercantil regulada en el artículo 1226 y siguientes del Código de Comercio, fenómeno que no se presenta en los encargos fiduciarios, también instrumentados con apoyo en las normas relativas al mandato, en los cuales solo existe la mera entrega de los bienes", se opone a la conclusión precedente, por cuanto, de una parte contiene una apreciación abstracta acertada frente a la especie o cuerpo cierto, mas no frente a los bienes genéricos fungibles y, de otra parte, porque como ha advertido esta Sala, estas circulares carecen de virtualidad para modificar las normas jurídicas expedidas por el legislador [...]. Desde luego, diferente es la situación en presencia de la fiducia y de los encargos fiduciarios públicos regulados por las normas de contratación estatal, en las cuales, no existe transferencia del dominio ni se conforma un patrimonio autónomo, por previsión legal expresa (Ley 80 de 1993, art. 32, 5).

Para el suscrito, si bien es cierto que los denominados encargos fiduciarios son negocios de confianza en la terminología que emplea el derecho anglosajón, no es menos cierto que esa sola circunstancia no los convierte, *per se*, en una especie de negocios fiduciarios. Es decir, esos encargos fiduciarios no son, en estricto rigor legal, una categoría de negocios fiduciarios, sino simples mandatos sin connotaciones especiales distintas a las derivadas del hecho de que el mandatario es una institución financiera vigilada por la hoy Superintendencia Financiera, amén de que las actividades constitutivas de los llamados "servicios fiduciarios" que algunas sociedades fiduciarias vienen prestando carecen de los requisitos propios del negocio fiduciario en sentido técnico, porque falta el elemento característico de este, que consiste en que el fiduciario actúa en nombre propio y no como un simple apoderado o tenedor de los bienes fideicomitidos.

En el anterior orden de ideas, la única y verdadera especie de negocio fiduciario vendría a ser la fiducia mercantil, modalidad contractual que, además de la confianza, se caracteriza por que existe un traspaso efectivo del derecho de dominio de manos del fideicomitente al fiduciario. Dicha transferencia resulta excesiva en comparación con la finalidad práctica que persiguen las partes con su celebración, pero se compensa mediante un elemento obligatorio de origen contractual que limita las facultades o potestades del fiduciario y las encauza a la consecución de dicha finalidad. Dice así el artículo 1226 del Código de Comercio:

> La fiducia mercantil es un negocio jurídico en virtud del cual una persona, llamada fiduciante o fideicomitente, transfiere uno o más bienes especificados a otra, llamada fiduciario, quien se obliga a administrarlos o enajenarlos para cumplir una finalidad determinada por el constituyente, en provecho de este o de un tercero llamado beneficiario o fideicomisario.

II. NATURALEZA JURÍDICA Y FUNCIÓN ECONÓMICA

Atendiendo a las voces de lo dispuesto por el artículo 1226 del Código de Comercio, la fiducia mercantil es un negocio jurídico típico constitutivo de título traslaticio de dominio[6] y cuyo centro de gravedad es la confianza. En relación con este último aspecto, la Corte Suprema de Justicia[7] tiene sentado cuanto sigue:

---

6 En palabras de la Corte Suprema de Justicia, entre las diferentes teorías que se dan en torno a la naturaleza jurídica del contrato de fiducia mercantil, "el legislador patrio adhirió a la que trata la fiducia mercantil como constitutiva de un patrimonio autónomo afectado a una específica o determinada destinación, pues su fisonomía legal y la teleología que inspira su presencia en el campo de los negocios no dejan margen de duda para considerarlo como tal; de otra manera no se explica que los bienes fideicomitidos solo garanticen las obligaciones contraídas en cumplimiento de la finalidad perseguida, que una vez son transferidos al fiduciario no se confunden con los propios de este ni con los provenientes de otros negocios fiduciarios, ni que deben mantenerse separados tanto material y contablemente, como desde el punto de vista jurídico". (Corte Suprema de Justicia, Sala de Casación Civil. Sentencia 1909 del 3 de agosto de 2005, Exp. 1909, M. P.: Silvio Fernando Trejos Bueno).

7 Corte Suprema de Justicia, Sala de Casación Civil y Agraria. Sentencia del 30 de julio de 2008, cit.

> La expresión fiducia (*fidutia*, confianza), tener fe (*fides*), ser fiel (*fidus*, fiel), estar a la palabra (*fit quod dicitur*), en un significado genérico describe el acto concluido por la confianza depositada *intuitu personae* en grado mayor al cotidiano y, en otro sentido más técnico, designa la atribución de un derecho con un fin fiduciario específico en interés de otro (V. M. Trimarchi, voce *Negozio fiduciario*, in *Enciclopedia del diritto*, XXVIII, Milano, 1978, XXVIII, p. 32).

La confianza ofrece, pues, particular importancia entre los motivos psicológicos que inspiran la declaración de voluntad, máxime si se tiene en cuenta que el fiduciario solo se encuentra obligado a título personal a restituir, a la terminación del negocio fiduciario por cualquier causa legal o contractual, los bienes fideicomitidos cuyo derecho de dominio le pertenece de una manera plena como consecuencia de su transferencia. En esta dirección, forzosamente se debe concluir que la función económica de los negocios fiduciarios no es otra distinta que la de otorgar confianza[8] a los consumidores financieros (fideicomitentes y beneficiarios) en el profesionalismo y en la

8 La confianza es un elemento que viene desde el derecho romano, que se ha transformado sustancialmente y que constituye uno de los fundamentos de los negocios fiduciarios traslaticios y no traslaticios de dominio. Al respecto, Gabriel Escobar Sanín sostiene que "confiar es esperar con firmeza y seguridad que algo ha de ocurrir; es encargar o poner al cuidado de una persona una cosa; es depositar en esta bienes, cosas o secretos. Y confianza es la esperanza que se tiene en las condiciones de una persona". Esa confianza puede ser analizada en dos planos distintos: subjetivo y objetivo. En el primer caso, la voz 'confianza' da a entender que "la formación familiar de un sujeto, la instrucción recibida, sus sentimientos e ideas[,] y aun el medio social en que actúa, crean en sus relacionados la esperanza de que habrá de proceder con la lealtad y sinceridad que se desea y necesita en una determinada gestión [...]. Sin embargo, este tipo de confianza podría originar en contra de quien la tiene o la aduce en su provecho, el cargo de haber obrado con descuido, cuando se le contraponga uno de los modelos de la prudencia, como el buen padre de familia o un cauteloso hombre de negocios en el manejo de sus asuntos importantes, quienes muy probablemente no habrán obrado al impulso de un mero sentimiento de confianza, sin apoyo en los hechos que lo cimentaran realmente". En el segundo caso, la voz 'confianza' alude a la convicción basada en factores reales que, en grado mayor que la conducta del empresario, permitan creer que este cumplirá de manera estricta con sus deberes. Esta especie de confianza opera tratándose de negocios que tienen influencia importante en la capacidad patrimonial de las personas, pues, en estos casos, "aquellos subjetivos factores de confianza se debilitan o se transforman en otros, hasta el punto de que es común entre comerciantes la afirmación de que en los negocios se desconoce[n] la amistad y el parentesco, jugando tan solo el interés pecuniario y la seguridad en las transacciones. El infinito crecimiento de las necesidades humanas y el inmenso desarrollo de las empresas que las atienden y estimulan crean relaciones forzosas, generalmente impuestas por ellas, que tienen que apoyarse principalmente en la confianza objetiva". (Gabriel Escobar Sanín. *Negocios civiles y comerciales*, t. I, *Negocios de sustitución*, Bogotá, Universidad Externado de Colombia, 1987, p. 62 y ss.).

reputación negocial de las sociedades fiduciarias, hasta tal punto que la mera desconfianza o la conducta desleal del fiduciario, aunque no lleguen a ser antijurídicas, son motivos suficientes para dar por terminada la respectiva relación contractual.

A este respecto, tanto la doctrina como la jurisprudencia tienen sentado que es precisamente en atención a esa confianza en el profesionalismo de las sociedades fiduciarias que el fideicomitente acude a sus servicios para transferirles la propiedad de uno o varios de sus bienes, sin conservar instrumentos legales suficientes para recuperarlos, "quedando así a merced del fiduciario, en cuya buena fe deposita un voto de confianza absoluto, pues tiene la clara conciencia de que, si este incumple, no le quedará más defensa que la de una acción personal de resarcimiento de perjuicios"[9].

> [Esa] misma confianza en la profesión, conocimientos, experiencia, probidad, seriedad y eficiencia, motiva a terceros para celebrar actos, negocios y contratos vinculados al negocio fiduciario y, en general, la confianza preside toda la formación, celebración, desarrollo, ejecución, terminación y liquidación del negocio fiduciario [...] De allí la importancia del fiduciario "como institución financiera especializada y profesional en la materia, a la par que sometido al control y vigilancia del Estado (policía administrativa)", y "el peculiar celo del legislador en la regulación de la conducta que debe observar el fiduciario"[10].

En otros términos: ese alto grado de confianza llevó al legislador colombiano a restringir el acceso a la calidad de fiduciario y permitió que sean tales únicamente las sociedades fiduciarias que cuenten con certificado de autorización expedido por la hoy Superintendencia Financiera de Colombia, con quienes los usuarios del servicio han de establecer una relación de confianza personalísima basada en el carácter profesional del fiduciario y que, por lo mismo, han de reunir las condiciones de eficiencia y solidez financiera que son esenciales en quien está llamado a actuar como depositario de la confianza del público. A este respecto, la Corte Suprema de Justicia, en los términos de que da cuenta la Sentencia del 1.º de julio de 2009[11], expresó:

---

9 Enrique Gaviria Gutiérrez. *Derecho comercial,* cit., p. 96.

10 Corte Suprema de Justicia, Sala de Casación Civil. Sentencia 2000-00310 del 1.º de julio de 2009, Exp. 11001-3103-039-2000-00310-01, M. P.: William Namén Vargas.

11 *Ibid.*

> Menester es precisar brevemente que el fiduciario es un verdadero profesional autorizado para operar y supervisado por el Estado, cuyos conocimientos, experiencia e idoneidad, infunden confianza a quienes acuden a sus servicios por su actividad técnica y práctica, la reputación y el prestigio consolidado con sus actuaciones previsivas y diligentes que propician el logro de específicos designios y permiten precaver o solucionar de manera expedita eventuales vicisitudes e inconvenientes.

Esa confianza que caracteriza a los negocios fiduciarios —derivada de los conocimientos, la experiencia, la idoneidad y el profesionalismo con que las sociedades fiduciarias se muestran al público— hace presumir fundadamente que la gestión que se les encomienda por el fideicomitente a favor del beneficiario estará presidida por las notas de la diligencia y de la buena fe. Dicho de otro modo, a la posición de peligro en que se coloca el fideicomitente al otorgar confianza al fiduciario y dejar a su cuidado un bien o una porción de su patrimonio debe corresponder una conducta leal, sincera y diligente del fiduciario, que lo fuerce a ejecutar todos los actos necesarios para la consecución de la finalidad estipulada a favor del beneficiario.

III. OTROS ELEMENTOS DE CARACTERIZACIÓN DE LOS NEGOCIOS FIDUCIARIOS Y, EN PARTICULAR, DE LA FIDUCIA MERCANTIL

A. EL NEGOCIO FIDUCIARIO ES UNA MODALIDAD DE NEGOCIO INDIRECTO, FIGURADO O IMITATIVO

El negocio indirecto es "aquel que utilizan los contratantes para alcanzar una finalidad distinta de la normal que la ley le asigna"[12]. Es decir, por medio del negocio indirecto,

> por atajos, se llega al resultado apetecido, que no es el normal de la figura empleada ni constituye un efecto reflejo suyo [...]. El negocio sirve de medio para un fin ulterior, se emplea como vía, si no idónea, por lo menos apropiada para alcanzar una situación diferente de la que aquel engendra de por sí[13].

---

12 Enrique Gaviria Gutiérrez. *Derecho comercial*, cit., p. 105.

13 Fernando Hinestrosa Forero. *Tratado de las obligaciones II. De las fuentes de las obligaciones: el negocio jurídico*, vol. II, Bogotá, Universidad Externado de Colombia, 2015, p. 622.

En fin, en el negocio indirecto se utiliza "un contrato típico para propósitos atípicos"[14], pues la intención de los contratantes "es la de obtener un resultado diferente del que el contrato normalmente proporciona"[15]; "se le busca en su forma, que no en su contenido prístino"[16].

Gaviria Gutiérrez[17] opina que el negocio fiduciaro es una categoría de negocio indirecto, habida cuenta de que

> con su celebración se utiliza el mecanismo legal de la transferencia de bienes, no con el fin de radicar en cabeza del fiduciario la plenitud de los atributos de la propiedad, lo cual constituiría el resultado normal y típico del acto, sino con el propósito de que el mencionado fiduciario, en lugar de disfrutar del dominio para su personal provecho, emplee los bienes adquiridos en beneficio del fideicomisario o del fiduciante.

A su turno, Hinestrosa Forero[18] considera que la confianza que opera en el negocio indirecto permite emparentarlo

> íntimamente con el negocio fiduciario, contrastando con él en que el negocio fiduciario sirve a fines propios, permaneciendo la función práctica de las partes en una zona no reconocida dentro de (sic) ninguna categoría específica de acto dispositivo, razón por la cual se acude a una figura de superior eficacia pero sí admitida; mientras que en el negocio indirecto, con el empleo de una sola casilla o la combinación de varias, se realiza aspiración diferente de la que en verdad podría lograrse con los medios usados.

B. El pleno sometimiento del fideicomitente y del beneficiario a los actos de administración y de disposición por el fiduciario implica una amenaza latente de abuso por parte de este

La construcción jurídica sobre la cual se encuentra estructurado el contrato de fiducia mercantil como una especie de negocio fiduciario en el Código de Comercio devela que la entrega de los bienes fideicomitidos con trasferencia

14 Enrique Gaviria Gutiérrez. *Derecho comercial*, cit., p. 105.
15 *Ibid.*
16 Fernando Hinestrosa Forero. *Tratado de las obligaciones II*, cit., p. 622.
17 Enrique Gaviria Gutiérrez. *Derecho comercial*, cit., p. 106.
18 Fernando Hinestrosa Forero. *Tratado de las obligaciones II*, cit., p. 623.

de su derecho de dominio es un medio técnico que busca que el fiduciario pueda cumplir con la gestión que se le encomienda a favor del beneficiario, sea este el mismo fideicomitente o un tercero. Esa transferencia le permite al fiduciario utilizar los bienes fideicomitidos en cualquiera de dos formas: una, en interés del fideicomitente y/o del beneficiario, y esto es lo que debe hacer; y otra, en su propio interés, y esto es lo que no debe, pero sí puede hacer precisamente en razón de que la atribución que se le hace de un derecho pleno e ilimitado desde el punto de vista real implica la posibilidad de que el fiduciario emplee el poder que se le otorgó de un modo diferente a lo estipulado en el *pactum fiduciae*.

Es precisamente por estas posibilidades de actuación por parte del fiduciario que se suele afirmar que, si bien en esta modalidad contractual la transferencia del derecho de dominio de los bienes fideicomitidos puede aparecer como algo solo instrumental, resulta excesiva de cara a la finalidad práctica buscada por las partes. De ahí la necesidad de establecer un elemento obligatorio de origen contractual merced al cual el fiduciario limite su potestad de propietario o de tenedor legítimo de los bienes fideicomitidos en orden al cumplimiento de la finalidad señalada por el fideicomitente en el acto constitutivo. De esta construcción se deriva la característica que la doctrina mayoritaria le atribuye al negocio fiduciario, consistente en la desproporción entre el fin que se proponen las partes con su celebración y el medio jurídico empleado. Por regla general, el medio técnico que emplean las partes —y que radica en la transferencia del derecho de dominio— excede la finalidad práctica pretendida por estas, razón por la cual aparece siempre la relación fiduciaria o *pactum fiduciae*, que consiste, en esencia, en un acuerdo tendiente a la consecución de una determinada finalidad y que limita las facultades del fiduciario mediante un encargo. En este sentido, Garriguez Díaz-Cañabate[19] destaca que "la esencia del negocio fiduciario está quizá en la contraposición entre el poder y el deber, [...] en la limitación finalista, pero meramente obligacional de los poderes sustantivos del fiduciario". A su turno, Renato Scognamiglio[20] refiere:

---

19 Joaquín Garrigues Díaz-Cañabate. *Negocios fiduciarios en el derecho mercantil*, Madrid, Civitas, 1981, p. 20.

20 Renato Scognamiglio. *Teoría general del contrato* (trad. al español: Fernando Hinestrosa), 1.ª ed. en español, reimpr., Bogotá, Universidad Externado de Colombia, 1991, p. 220.

> Negocios de este género se presentan cuando quiera que las partes se ponen de acuerdo para atribuir a un sujeto, llamado fiduciario, una posición de derecho que excede la finalidad que ellas mismas se han propuesto [...] al paso que el resultado final distinto contemplado por las partes, se obtiene poniendo a cargo del mismo fiduciario una obligación de comportarse dentro del ámbito de su mayor poder, de conformidad con cuanto se haya convenido con la otra parte.

Finalmente, la Corte Suprema de Justicia, mediante la Sentencia del 30 de julio de 2008[21], expresó:

> La concepción tradicional, caracteriza la fiducia "en que las partes eligen para su fin práctico un negocio jurídico cuyos efectos jurídicos —como ellas saben— exceden de aquel fin; por ejemplo, la transmisión de la propiedad para garantizar un crédito, cesión de un crédito para su cobro. Del negocio fiduciario nace el efecto jurídico correspondiente a su tipo, sin disminución: el fiduciario se hace propietario, acreedor crediticio o cambiario, como si la transmisión lo fuera para otro fin material, pues no existe un derecho de crédito, de propiedad o cambiario limitado a un solo fin. El fiduciario recibe un poder jurídico del que no ha de abusar para fines distintos del presupuesto. Quien transmite le hace confianza de que no lo hará. El aseguramiento jurídico contra el abuso no va más allá de una obligación exigible (...)", es decir, su connotación relevante radicaría en la excedencia, disociación o incongruencia entre el medio utilizado —transferencia de la propiedad de la cosa o del derecho— y el fin práctico propuesto —administración, conservación, inversión, garantía—.

En realidad, en esta obra se comparte el criterio de quienes consideran que no existe esa tal desproporción entre el medio y el fin que preconan la doctrina y la jurisprudencia, toda vez que la transferencia del derecho de dominio de los bienes objeto del contrato de fiducia mercantil se requiere precisamente para que el fiduciario pueda cumplir con la finalidad señalada en el acto constitutivo a favor del beneficiario. Es decir, si falta la transferencia del derecho de dominio, no resulta factible que pueda cumplirse la finalidad[22].

---

21 Corte Suprema de Justicia. Sala de Casación Civil. Sentencia del 30 de julio de 2008, Exp. 11001-3103-036-1999-01458-01, M. P.: William Namén Vargas.

22 Juan Jordano Barea. *El negocio fiduciario*, Barcelona, Bosch, 1959, pp. 95 y 96.

IV. SUJETOS QUE INTERVIENEN EN LA CELEBRACIÓN DEL NEGOCIO FIDUCIARIO

De conformidad con lo dispuesto por el artículo 1226 del Código de Comercio, en un negocio fiduciario suelen identificarse tres sujetos de la relación fiduciaria: el fideicomitente, el fiduciario y el beneficiario. Sin embargo, la relación contractual o relación jurídica fiduciaria se articula única y exclusivamente entre el fideicomitente y el fiduciario.

A. EL FIDEICOMITENTE, FIDUCIANTE O CONSTITUYENTE

Es la persona natural o jurídica, de derecho privado o de derecho público, que, por medio de contrato o testamento, según el caso, entrega los bienes objeto del negocio fiduciario para afectarlos o destinarlos al cumplimiento de la finalidad señalada en el acto constitutivo. Dicha entrega puede hacerla transfiriendo o no su propiedad. El fideicomitente es, pues, la persona que constituye el fideicomiso mediante una manifestación expresa de su voluntad, que necesariamente debe conllevar la entrega de los bienes fideicomitidos como elemento esencial del negocio fiduciario, y lo hace ora transfiriendo su propiedad, ora reservándose el derecho de dominio sobre los bienes fideicomitidos.

Tratándose de personas naturales o jurídicas, la actuación como fideicomitente exige dos requisitos fundamentales: de un lado, que el sujeto tenga capacidad jurídica de ejercicio para obrar en los términos señalados por el ordenamiento jurídico, y, de otro lado, que el sujeto sea el propietario de los bienes fideicomitidos. Esto último se hace más evidente cuando se considera que la entrega de los bienes fideicomitidos, con o sin transferencia de su propiedad, es elemento de la esencia del negocio fiduciario, de manera que si dicha entrega no se da en el acto constitutivo no puede hablarse válidamente de la celebración de un negocio fiduciario. Además, si se trata de contratos de fiducia mercantil, la titularidad del derecho de dominio en cabeza del fideicomitente constituye un requisito indispensable para poder realizar su transferencia al fiduciario.

Del mismo modo, en el caso de las personas jurídicas de derecho público, la posibilidad de actuar en calidad de fideicomitentes exige cumplir estrictamente los requisitos y procedimientos establecidos en la Ley 80 de

1993[23] en materia de contratos estatales. El numeral 5 del artículo 32 de dicha ley alude a "encargos fiduciarios" y "fiducia pública" como categorías específicas de los negocios fiduciarios. No obstante, como se expuso líneas atrás, no existe un régimen jurídico que regule los derechos, las obligaciones, los riesgos y las responsabilidades que de ellos se derivan, de manera entonces que se trata de negocios jurídicos atípicos desde el punto de vista del derecho positivo, pero con un creciente reconocimiento y utilización en el tráfico negocial, es decir, con tipicidad social.

Por lo demás, puede decirse que en muchas y variadas ocasiones suele suceder que la parte fideicomitente se encuentra integrada por varias personas, bien sean estas naturales o jurídicas. En estos casos, esa pluralidad de sujetos que integran la parte fideicomitente plantea el problema de determinar si existen tantas relaciones jurídicas como resulten del número de sujetos que constituyen la parte fideicomitente o si, por el contrario, se está ante una sola relación jurídica compleja[24]. Así mismo, esa pluralidad de sujetos que conforman la parte fideicomitente ubica el debate en el tema

---

23 Congreso de Colombia. Ley 80 de 1993. Por la cual se expide el Estatuto General de Contratación de la Administración Pública. *D. O.* 41094 del 28 de octubre de 1993.

24 En cuanto a la distinción entre obligaciones conjuntas y obligaciones solidarias, Guillermo Ospina Fernández señala que las primeras "son aquellas que[,] teniendo por objeto cosa divisible, se han contraído por dos o más, en forma tal que cada deudor apenas está obligado a pagar su parte o cuota en la deuda, y que cada acreedor solamente puede exigir su parte o cuota en el crédito (C.C., arts. 1568 y 1538). Por ejemplo, si A y B deben mil pesos a X y Z, en forma tal que A responde de quinientos pesos[,] y B[,] de los otros quinientos, y que X tenga derecho a setecientos pesos y X a los trescientos restantes, la obligación es conjunta. Las obligaciones solidarias son [...] las que[,] existiendo también a cargo de dos o más, o a favor de dos o más, imponen a cada deudor el pago de la totalidad de la deuda, o dan derecho a cada acreedor sobre la totalidad del crédito, a pesar de que el objeto sea susceptible de división. Por ejemplo, si en la hipótesis antes propuesta A o B tienen que pagar todos los mil pesos, o si X o Z tienen derecho a exigirlos también todos, la obligación es pasivamente solidaria o activamente solidaria, respectivamente". (Guillermo Ospina Fernández. *Régimen general de las obligaciones*, 8.ª ed., Bogotá, Temis, 2005, pp. 24 y 25). En todo caso, la verificación de los efectos propios de las obligaciones conjuntas y solidarias exige que "los varios deudores deban lo mismo, de modo que si lo que se debe por varios sujetos recae sobre objeto divisible, la regla general es que la obligación es y obra como conjunta y[,] por consiguiente[,] a cada deudor únicamente se le puede reclamar su cuota parte en la deuda; pero si se pacta la solidaridad o la establece la ley o el testamento, a cada [uno] y a todos los deudores si se quiere se le[s] puede exigir el pago total, y si se trata de obligación divisible, cada uno de los que la han contraído unidamente, es también obligado a satisfacerla en todo en razón de la naturaleza del objeto". Así lo reconoció el Consejo de Estado. (Consejo de Estado, Sala de lo Contencioso Administrativo, Sección Tercera. Sentencia 1999-06134 del 28 de julio de 2011, Exp. 17435, Rad. 410012331000199906134O1, M. P.: Hernán Andrade Rincón).

de las obligaciones divisibles e indivisibles, entendiendo por tales aquellas obligaciones que tienen o no tienen "por objeto una cosa susceptible de división, sea física, sea intelectual o de cuota", como lo dispone el artículo 1581 del Código Civil[25].

Entre esos supuestos en los que la parte fideicomitente se encuentra integrada por varias personas, bien sean estas naturales o jurídicas, en la práctica se tienen aquellas fiducias inmobiliarias para el desarrollo de proyectos de construcción o fiducias de administración inmobiliaria, en las que es frecuente que la parte fideicomitente esté compuesta por varias personas usualmente llamadas "fideicomitente aportante", "fideicomitente promotor", "fideicomitente desarrollador o constructor", "fideicomitente gerente", etc. En estos casos, suele ocurrir que cada una de las personas (naturales y/o jurídicas) que conforman esa parte fideicomitente lleva a cabo actividades o prestaciones que, aunque rigurosamente son distintas, tienen que organizarse o coordinarse para obtener un resultado que es único, el cual es el desarrollo del proyecto de construcción. Por lo general, son prestaciones sucesivas; sin embargo, su característica es la necesidad de coordinación para conseguir un resultado que, se reitera, es único. La actividad de prestación de cada una de tales personas, aunque suele estipularse como autónoma e independiente, la verdad es que tiene que coordinarse con las actividades de los demás sujetos que integran la parte fideicomitente, para la obtención de ese fin único. En estos supuestos, el riesgo de coordinación y de organización del conjunto de prestaciones a cargo de los sujetos que constituyen la parte fideicomitente lo asumen esos mismos sujetos, esto es, el grupo, en cuyo caso se está en presencia de una única relación obligatoria contractual, y el riesgo pertenece al grupo entero. En todo caso, el cumplimiento de la finalidad a la que se encuentran afectados los bienes fideicomitidos y a cuyo logro se dirige la prestación de los distintos sujetos que constituyen la parte fideicomitente no permite a cada uno de estos sujetos cumplir su prestación como un todo independiente o separado y liberarse así de manera independiente, por cuanto la obligación a cargo de la parte fideicomitente es indivisible.

---

25 Congreso de los Estados Unidos de Colombia. Ley 84 de 1887. Código Civil de la Unión (Código Civil colombiano). *D. O.* 2867 del 31 de mayo de 1887. Disponible en http://secretariasenado.gov.co/senado/basedoc/codigo_civil.html

B. EL FIDUCIARIO

Como ya se advirtió en otro lugar y ahora se reitera, el fiduciario es la persona jurídica calificada[26] a quien el fideicomitente le hace entrega de los bienes fideicomitidos, con o sin transferencia de su propiedad, para que los administre y/o enajene y los destine al cumplimiento de la finalidad señalada por dicho fideicomitente en el acto constitutivo. Se dice que es una persona jurídica calificada porque la importancia de las funciones que le corresponde desempeñar y los riesgos que estas conllevan frente a la confianza del público en el sistema financiero llevaron a que el ordenamiento jurídico colombiano restringiera el acceso a la calidad de fiduciario, de manera que sean tales únicamente las sociedades fiduciarias que cuenten con certificado de autorización expedido por la hoy Superintendencia Financiera de Colombia, con las que los usuarios del servicio han de establecer una relación de confianza personalísima, fundamentada en el carácter profesional del fiduciario y que, por lo mismo, han de reunir las condiciones de eficiencia y solidez financiera que son esenciales en aquel que está llamado a actuar como depositario de la confianza del público[27].

Al revisar los antecedentes de la incorporación de las sociedades fiduciarias en el marco institucional del sector financiero, se puede constatar que esta inclusión obedeció al propósito del legislador de complementar la función auxiliar del crédito consistente en la gestión profesional y especializada de intereses por cuenta y en provecho de terceros distintos del gestor. Desde esta perspectiva, las sociedades fiduciarias en Colombia participan

---

26 De acuerdo con las voces del numeral 1, letra a) del artículo 119 del EOSF, las sociedades fiduciarias, entre otras, deben organizarse con arreglo a las normas de los establecimientos bancarios, tener objeto exclusivo y revestir la forma de sociedad anónima o de organismo cooperativo.

27 Países que también han optado por la profesionalización del fiduciario son Bolivia (Ley 1488 de 1993), El Salvador (Decreto Ley 671 de 1970), Guatemala (Decreto n.º 2-70), Honduras (C. de Co. y Ley 170 de 1995), México (Ley General de Títulos y Operaciones de Crédito de 1932, L. I. C. y C. de Co.), Paraguay (Ley 921 de 1996), Perú (Ley General 26702 de 1996) y Venezuela (Ley de Fideicomisos de 1956). En Argentina, cualquier persona puede ser fiduciario, pero solo pueden anunciarse públicamente como tales las entidades financieras y las personas jurídicas expresamente autorizadas por la Comisión Nacional de Valores (Ley 26994 de 2015). En Uruguay, la solución es similar, porque cualquier persona puede actuar como tal, pero se reserva a las entidades financieras y a los fiduciarios profesionales la posibilidad de anunciarse como prestadores habituales del servicio (Ley 17703 de 2003). En Costa Rica (Ley 3284 de 1964) y Panamá (Ley 1 de 1984), además de los bancos, cualquier persona natural o jurídica puede actuar como fiduciario.

en la naturaleza jurídica de las instituciones financieras, lo cual significa que deben regirse en los diversos momentos de su existencia (creación, funcionamiento y extinción) por los llamados "estatutos excepcionales" o "estatutos especiales" de que trata el artículo 2034 del CCo. Con todo, debe llamarse la atención con respecto a que, a diferencia de lo que ocurre con otras categorías de instituciones financieras vigiladas por la hoy Superintendencia Financiera, como es el caso de los establecimientos de crédito, las sociedades fiduciarias carecen de un conjunto de normas especiales que se encarguen de precisar cuál es el ámbito de las operaciones y de los negocios constitutivos de su objeto social. Simplemente, en el artículo 3.º del EOSF se menciona a las sociedades fiduciarias como formando parte de las denominadas sociedades de servicios financieros, al tiempo que en el artículo 29 *ibidem* se enumeran las operaciones y los negocios que tales sociedades pueden llevar a cabo en desarrollo de su objeto social.

En este orden de ideas, el objeto social de las sociedades fiduciarias comprende entonces, a título de principales, actividades de gestión profesional y especializada de intereses por cuenta y en provecho de terceros distintos del gestor, sin asumir posición propia[28], y a título de accesorias, las actividades enumeradas en el numeral 1 del artículo 29 del EOSF. Esas actividades son las siguientes:

a. Tener la calidad de fiduciarios, según lo dispuesto en el artículo 1226 del CCo.

b. Celebrar encargos fiduciarios que tengan por objeto la realización de inversiones, la administración de bienes o la ejecución de actividades relacionadas con el otorgamiento de garantías por terceros para asegurar el cumplimiento de obligaciones, la administración o vigilancia de los bienes sobre los que recaigan las garantías y la realización de estas con sujeción a las restricciones que la ley establece.

c. Obrar como agente de transferencia y registro de valores.

d. Obrar como representante de tenedores de bonos.

e. Obrar, en los casos en que sea procedente con arreglo a la ley, como síndico, curador de bienes o como depositario de sumas consignadas en cualquier juzgado,

28 El fiduciario es un gestor de negocios ajenos. En sentido propio, "gestión" significa acción y efecto de gestionar o de administrar, esto es, posibilidad o facultad de hacer alguna cosa, o de dar los pasos diligentes conducentes a su consecución o logro.

por orden de autoridad judicial competente o por determinación de las personas que tengan facultad legal para designarlas con tal fin.

f. Prestar servicios de asesoría financiera.

g. Emitir bonos actuando por cuenta de una fiducia mercantil constituida por un número plural de sociedades, de conformidad con lo dispuesto en el artículo 3.º del Decreto 1026 de 1990[29] y demás normas que lo adicionen o modifiquen, sin perjuicio de lo previsto en los artículos 1 y 2 *ibidem*. Igualmente, dichas entidades podrán emitir bonos por cuenta de dos o más empresas siempre y cuando un establecimiento de crédito se constituya en avalista o deudor solidario del empréstito y se confiera a la entidad fiduciaria la administración de la emisión.

h. Administrar fondos de pensiones de jubilación e invalidez, previa autorización de la Superintendencia Financiera, la cual se podrá otorgar cuando la sociedad acredite capacidad técnica de acuerdo con la naturaleza del fondo que se pretende administrar. Para tal efecto, las sociedades fiduciarias deberán observar lo dispuesto en los artículos 168 y siguientes del presente Estatuto.

i. Celebrar contratos de administración fiduciaria de la cartera y de las acreencias de las entidades financieras que han sido objeto de toma de posesión para liquidación.

Obsérvese, entonces, que el objeto social de las sociedades fiduciarias puede, en principio, comprender como principales actividades aquellas que no consistan en la realización de operaciones y negocios fiduciarios, si bien estos últimos deben en todo caso aparecer consignados en los estatutos sociales, en el listado de las actividades que, con carácter accesorio, forman parte del objeto social conforme a lo dispuesto por el artículo 99 del CCo[30]. Desde la perspec-

29 Presidencia de la República de Colombia. Decreto 1026 de 1990. Por el cual se modifica el régimen de emisión de bonos y se derogan los Decretos 1998 de 1972 y 1914 de 1983. *D. O.* 39363 del 17 de mayo de 1990. Disponible en http://www.suin-juriscol.gov.co/viewDocument.asp?ruta=Decretos/1209697

30 Sobre este particular, la entonces Superintendencia Bancaria, mediante Concepto DB-1346 de 1987, expresó: "La circunstancia de que las sociedades fiduciarias no tengan un objeto social exclusivo fijado por la ley, no las habilita para realizar actividades que el ordenamiento autoriza solo a ciertos y determinados sujetos". A este mismo respecto, la Sección Cuarta del Consejo de Estado, mediante la Sentencia del 14 de junio de 1996, señaló: "La capacidad jurídica de las sociedades fiduciarias, como sociedades mercantiles que son (Código de Comercio, art. 100) en armonía con lo previsto en el artículo 99 del Código de Comercio, se halla restringida a las operaciones que constituyen su objeto social, las cuales, se reitera, se encuentran expresamente autorizadas por la ley; asimismo, dicho atributo se extiende a aquellos actos que tengan por finalidad ejercer

tiva expuesta, si se atiene a la regulación contenida en el EOSF, en el Decreto 2555 de 2010[31], en el Código de Comercio y en las circulares externas 100 de 1995[32] y 29 de 2014[33] expedidas por la hoy Superintendencia Financiera, necesariamente se tiene que llegar a la conclusión de que las obligaciones de las sociedades fiduciarias suelen ser las propias del arrendador de servicios. Y el hecho de que así sea no obsta para que el consumidor financiero celebre con las sociedades fiduciarias contratos de fiducia mercantil, de encargo fiduciario y de fiducia pública, no solo porque así se desprende de la recta inteligencia de lo dispuesto por el artículo 29 del EOSF, sino porque —y esto es lo fundamental— lo verdaderamente característico, lo peculiar del contrato de arrendamiento de servicios es la actividad desplegada en pro de la consecución de un determinado fin, sin que la obtención de este en sí mismo considerado se pueda entender comprendido en la prestación objeto de la obligación.

Siendo lo antes dicho exacto, no se remite a discusión que lo específico del quehacer de las sociedades fiduciarias en sus actuaciones en calidad de

---

los derechos y cumplir las obligaciones legal o convencionalmente derivadas de la existencia y actividad de la compañía y a los actos directamente relacionados con la actividad principal, cuya armonía con esta [...] 'deberá siempre expresarse a través de una relación instrumental —de medio a fin— cuyos extremos serán, en su orden, el acto considerado y la empresa o actividad prevista en los estatutos de la compañía' [...] Por consiguiente, si la sociedad fiduciaria tiene en términos generales por actividad principal la celebración de negocios fiduciarios traslaticios y no traslaticios, [...] su capacidad jurídica se circunscribe a la realización de tales negocios, y se extiende tanto a aquellos actos directamente relacionados con dicho objeto social principal como a los que tengan por finalidad cumplir las obligaciones y ejercer los derechos derivados de la existencia y funcionamiento de la compañía, y los derechos y obligaciones derivados de sus relaciones temporales [...] Así las cosas, y dado que las sociedades fiduciarias no tienen previsto dentro de (sic) su objeto social principal la facultad de desarrollar habitualmente, a nombre propio, operaciones a futuro (sic), solamente podrán celebrar operaciones de dicha naturaleza en la medida en que las mismas (sic) fueran consideradas como acto conexo o complementario de la actividad principal, para lo cual, como ya se precisó, debe existir relación directa de medio a fin con su objeto social exclusivo". (Consejo de Estado, Sala de lo Contencioso Administrativo, Sección Cuarta. Sentencia del 14 de junio de 1996, Exp. 7450, C. P.: Delio Gómez Leyva).

31 Presidencia de la República de Colombia. Decreto 2555 de 2010. Por el cual se recogen y reexpiden las normas en materia del sector financiero, asegurador y del mercado de valores y se dictan otras disposiciones. *D. O.* 47771 del 15 de julio de 2010. Disponible en http://www.suin-juriscol.gov.co/viewDocument.asp?id=1464776

32 Superintendencia Financiera de Colombia. Circular Básica Contable y Financiera (Circular Externa 100 de 1995). Disponible en https://www.superfinanciera.gov.co/inicio/normativa/normativa-general/circular-basica-contable-y-financiera-circular-externa--de---15466

33 Superintendencia Financiera de Colombia. Circular Básica Jurídica (C. E. 029/2014). Disponible en https://www.superfinanciera.gov.co/inicio/normativa/normativa-general/circular-basica-juridica-ce----10083443

fiduciarios profesionales estriba, pues, en recibir un encargo que consiste en un servicio que intrínsecamente prestan sin sujeción al fideicomitente. De esta suerte, entonces, el objeto primordial de la relación jurídica fiduciaria es la actuación a partir de una serie ordenada de servicios que el fiduciario, como cualquier otro profesional, se obliga a prestar a cambio de una remuneración. Dichos servicios se relacionan con la administración y/o enajenación de los bienes fideicomitidos de cara al cumplimiento de una finalidad concreta establecida por el fideicomitente a favor del beneficiario.

Como corolario de lo dicho se tiene que la deuda de las sociedades fiduciarias como profesionales que son en la prestación de servicios financieros es, entonces, una deuda de actividad que trasciende la esfera de los intereses meramente privados. Es decir, si bien es cierto que las relaciones jurídicas nacidas de los contratos fiduciarios son eminentemente privadas, como corresponde a todo contrato (salvo que se trate de negocios fiduciarios de inversión colectiva mediante la conformación de fondos de inversión colectiva y de negocios fiduciarios que recaigan sobre recursos públicos), no es menos cierto que, por ser las sociedades fiduciarias instituciones financieras bajo el control y la vigilancia de la Superintendencia Financiera, las actividades constitutivas de su objeto social interesan al orden público económico conforme a lo dispuesto por el artículo 335 de la CP[34]. Esto es así en la medida en que esas actividades se caracterizan por ofrecer confianza y credibilidad al mercado, por la rectitud, probidad, experiencia y por los conocimientos profesionales de las sociedades fiduciarias, y porque sus actuaciones deben ajustarse a las instrucciones impartidas por la Superintendencia Financiera en materia de riesgo operativo, "todo lo [cual] les permite prever riesgos y anticipar o precaver problemas y vicisitudes en forma más acertada y rápida de lo que cualquier persona no especializada podría hacer"[35].

Por eso, la deuda de las sociedades fiduciarias debe cumplirse con un nivel especialmente elevado o riguroso de diligencia, cuidado y previsibilidad, cuyo punto de referencia o patrón de conducta es un modelo abstracto con el que debe compararse lo hecho o lo dejado de hacer por las sociedades fiduciarias con miras a establecer si estuvieron a la altura o no en lo que concierne a lo

---

34 Constitución Política (1991). Constitución Política de la República de Colombia. Disponible en http://secretariasenado.gov.co/senado/basedoc/constitucion_politica_1991.html

35 Jorge Suescún Melo. *Derecho privado: estudios de derecho civil y comercial contemporáneo*, t. I, 2.ª ed., Bogotá, Legis, 2003, p. 431 y ss.

que de ellas se esperaba. Pero esta deuda también se encuentra presidida por los principios de buena fe y corrección conforme a lo dispuesto por el artículo 1603 del CC, vale decir, que existen conductas debidas y exigibles a las sociedades fiduciarias que, si bien pueden influir en el exacto cumplimiento de la finalidad a la que se encuentran afectados los bienes fideicomitidos, no lo determinan necesariamente.

C. EL BENEFICIARIO

Como lo expresa su nombre, el beneficiario es la persona natural o jurídica destinada para recibir el beneficio o provecho resultante del negocio fiduciario de acuerdo con las instrucciones del fideicomitente. Más exactamente, el beneficiario es la persona en cuyo favor cumple el fiduciario la finalidad del contrato. Ese beneficiario rigurosamente debe ser un tercero respecto del fideicomitente y del fiduciario, de ahí que en esta materia resulte fundamental la distinción entre partes y terceros. Sin embargo, la ley permite que la calidad de beneficiario pueda recaer en el propio fideicomitente, amén de que, al contrario de lo que sucede con el fideicomitente y con el fiduciario, la existencia del beneficiario no es requisito *sine qua non* para la configuración del negocio fiduciario, aunque "debe ser posible y realizarse dentro del término de duración del mismo de modo que sus fines puedan tener pleno efecto", tal y como lo dispone el artículo 1229 del CCo.

Una de las cuestiones que ha resultado más difícil de precisar es la naturaleza de la relación jurídica entre el fiduciario y el beneficiario cuando la calidad de beneficiario recae en un tercero distinto del fideicomitente. En la actualidad, de forma casi unánime, se coincide en afirmar que tanto la situación jurídica como las relaciones de esta índole que vinculan al tercero beneficiario con el fideicomitente y con el fiduciario se sustentan en la figura de la estipulación por otro, en la que el propio negocio fiduciario es la fuente de la estipulación a favor del tercero beneficiario que nace entre el fideicomitente como estipulante y el fiduciario como obligado. Así lo reconoció la Corte Suprema de Justicia en casación civil del 1.º de julio de 2009[36], en la cual expresó:

---

36 Corte Suprema de Justicia, Sala de Casación Civil. Sentencia 2000-00310 del 1.º de julio de 2009, cit.

> El beneficiario o fideicomisario, cuando por disposición autónoma del constituyente se determina la finalidad fiduciaria en su provecho [...] es un tercero, cuyos derechos son exclusivamente los de su posición, situación o calidad, y no deja de serlo, aun si las partes lo denominan de forma diferente, ni se convierte en parte del contrato por la aceptación del beneficio pactado. [...] En tal caso, se estructura una hipótesis típica de "estipulación para otro" o "estipulación en favor de otro", regulada en el artículo 1506 del Código Civil [...]. Como lo tiene sentado la Corte, la estipulación para otro es un negocio jurídico "por cuya inteligencia, una de las partes (estipulante) designa y atribuye a un tercero el derecho inherente a la prestación debida por la otra (promitente), quien admite la estipulación y contrae la obligación de cumplirla a aquel, único legitimado para exigirla sin asumir prestación alguna y con cuya aceptación, aun por conducta concluyente, si el pacto es puro y simple o, siendo condicional, verificada la condición, se torna irrevocable, intangible e inmodificable (art. 1506 [del] Código Civil); presuponiendo, según ha advertido de vieja data la jurisprudencia, justamente por elemento estructural la presencia de un tercero, esto es, que el beneficiario de la prestación, 'ni directamente ni por procuración ha intervenido en su celebración, y que en tal sentido ha sido totalmente extraña al mismo (sic)'" [...]. Caracteriza este negocio jurídico, la presencia ineludible de un tercero beneficiario a cuyo favor una de las partes (*estipulante*) acuerda con la otra (*promitente*), atribuirle un interés, derecho o prestación respecto del último. [...] El tercero adquiere un derecho propio, personal, exigible por él y derivado directamente de la estipulación, en virtud y por efecto de esta, susceptible de revocación o modificación hasta cuando se produzca su aceptación expresa o "tácita", siendo revocable o modificable antes de esta y en forma unilateral por el estipulante, pero aceptada se torna irrevocable e inmodificable, atribuyéndole la legitimación exclusiva para exigirla y ejercer las acciones correspondientes a su derecho.

En suma, parafraseando lo dicho por Hinestrosa Forero[37], en la fiducia mercantil, cuando la calidad de beneficiario recae en un tercero distinto del fideicomitente, lo que ocurre es que este (el fideicomitente) no solo determina cuál es la finalidad a la que tales bienes quedarán afectados, sino que además estipula que en su lugar —en cuanto acreedor de la prestación a cargo del fiduciario— se tenga en cuenta a un tercero. El fideicomitente no deja de ser parte del contrato, solo que el crédito surgido de este no es suyo, sino que se radica directa e inmediatamente en cabeza del tercero beneficiario. El papel del fideicomitente se circunscribe a transferir el derecho de dominio de los bienes objeto del contrato y a señalar la finalidad a la cual

---

37 Fernando Hinestrosa Forero. *Tratado de las obligaciones II*, cit., pp. 544 y 545.

tales bienes quedarán afectados. El tercero beneficiario y el fideicomitente gozan de legitimación para exigir el cumplimiento de la finalidad fiduciaria determinada en beneficio de dicho tercero, tal y como lo previenen los artículos 1234 y 1235 del cco.

A su turno, el fiduciario conviene en las cláusulas del contrato y asume la obligación de cumplir la finalidad a la que se encuentran afectados los bienes fideicomitidos en favor de ese tercero, teniendo en cuenta que el fideicomitente se ha podido reservar para sí algunas facultades para ejercerlas directamente sobre los bienes fideicomitidos. El fiduciario es deudor, a la vez, del tercero beneficiario y del fideicomitente. Para con el fideicomitente, el fiduciario se obliga a cumplir la finalidad a la que se encuentran afectados los bienes fideicomitidos en favor del tercero beneficiario; pero entre el fiduciario y el tercero beneficiario queda constituida una relación patrimonial merced a la cual dicho tercero es titular del derecho establecido a su favor, esto es, de que se cumpla la finalidad, y el fiduciario soporta la situación de sujeto pasivo de aquel derecho. De esto se sigue que se trata de una relación obligatoria, en la que el beneficiario ostenta la condición de acreedor, y el fiduciario, la de deudor[38].

La existencia del tercero beneficiario condiciona la eficacia final del negocio fiduciario, sus efectos definitivos, los fines perseguidos por las partes y su función práctica o económica social, tal y como se desprende de lo dispuesto por el artículo 1229 del cco. Es decir, los efectos finales del negocio fiduciario están condicionados a la existencia del tercero beneficiario y a su aceptación expresa, tácita o por conducta concluyente, la cual, una vez producida, tampoco lo convierte en parte del contrato, sino en beneficiario de la prestación. Por eso, con sobrada razón se dice que, una vez quede debidamente perfeccionado el respectivo negocio fiduciario, la caracterización de la relación fiduciaria establecida entre el fiduciario y el beneficiario designado por el fideicomitente y sus consecuencias jurídicas son determinadas por el ordenamiento jurídico, y no por las partes contratantes. En este sentido, el beneficiario tiene un derecho propio, directo e inmediato, es decir, la estipulación hecha a su favor le genera de por sí

---

38 Luis Díez-Picazo. *Fundamentos del derecho civil patrimonial*, vol. i, *Introducción. Teoría del contrato. Relaciones obligatorias*, Madrid, Tecnos, 1979, p. 440.

> ciertos derechos, facultades y acciones, usualmente reservados a las partes del acto dispositivo; así, le confiere[,] "además de los derechos que le conceden el acto constitutivo y la ley", los de "[e]xigir al fiduciario el fiel cumplimiento de sus obligaciones y hacer efectiva la responsabilidad por el incumplimiento de ellas", impugnar sus actos anulables en los casos legales y exigir la restitución de los bienes fideicomitidos, oponerse a medidas cautelares o de ejecución contra estos o por obligaciones que no lo afectan si no lo hace el fiduciario, solicitar su remoción por causas justificadas y el nombramiento provisional de administrador (art. 1235 [del] Código de Comercio), demandar el inventario de los bienes recibidos (art. 1231 *ibidem*) y también impone al fiduciario el deber de rendirle cuentas comprobadas de su gestión (art. 1234, n.º 8.º, *ejusdem*), previendo su remoción cuando sus intereses resultan incompatibles (art. 1239, n.º 1.º, CCo) y la extinción del contrato, entre otras causas, por muerte del beneficiario si así se acordó (art. 1240 *ibidem*)[39].

Sentadas las anteriores premisas, queda claro entonces que, una vez determinada por el fideicomitente cuál es la finalidad a la que han de quedar afectados los bienes fideicomitidos, el derecho del tercero beneficiario se restringe o se circunscribe a exigir que dicha finalidad se cumpla a su favor, sin convertirse en parte ni comprender los derechos u obligaciones de la relación entre el fideicomitente y el fiduciario. En este escenario, el beneficiario podrá ser designado expresamente en el propio contrato, o ser indeterminado y aun no existir al momento de perfeccionarse el contrato, con tal de que haya de existir durante la ejecución de este, conforme lo prevé el artículo 1229 del CCo; sin embargo, en el contrato deben señalarse los pasos para la concreción del beneficiario. Por lo demás, el fideicomitente es libre de designar a uno o varios beneficiarios.

Ahora bien, ese derecho a exigir que la finalidad establecida a su favor se cumpla por parte del fiduciario no es un derecho definitivo sino hasta cuando medie la aceptación expresa o tácita del tercero beneficiario. Esa aceptación es un acto unilateral y discrecional del beneficiario, y no se integra ni forma parte del contrato de fiducia mercantil, como equivocadamente lo pregonan algunas sociedades fiduciarias al entender que por virtud de esa aceptación el beneficiario se está adhiriendo al contrato. Es decir, como ya se advirtió, a pesar de que manifieste su aceptación expresa o tácita, no por ese hecho

39 Corte Suprema de Justicia, Sala de Casación Civil. Sentencia 2000-00310 del 1.º de julio de 2009, cit.

ese tercero beneficiario adquiere la calidad de parte, pues, como lo refiere Díez-Picazo[40], citado por la Corte Suprema de Justicia:

> Como partes del contrato deben ser consideradas aquellas personas que han emitido las declaraciones de voluntad o realizado el comportamiento constitutivo del negocio y que son titulares de los intereses reglamentados por él. La noción de terceros resulta así establecida en forma negativa o por vía de exclusión. Terceros, respecto de un contrato dado, son todos aquellos que no han sido autores del mismo (sic). Sin embargo, esta clara contraposición debe ser matizada respecto de algunos supuestos concretos. Ante todo, como parte del contrato debe ser considerada no solo la persona que ha realizado los actos de declaración de voluntad, sino también sus herederos y causahabientes. Además, en el contrato concluido por medio de representante, es parte el representado o *dominus negotii*.

De hecho, si la aceptación del beneficiario hubiera de entenderse integrada al contrato de fiducia mercantil, este sería un contrato plurilateral, formado por tres declaraciones de voluntad, y el beneficiario ya no sería un tercero, sino una de las partes contratantes, lo que resulta contrario a lo dispuesto por los artículos 1226 y 1229 del CCo. La aceptación por parte del beneficiario de la estipulación hecha a su favor se requiere, pues, para que produzca la plenitud de los efectos jurídicos que le son propios, y opera retroactivamente al momento de perfeccionarse el negocio fiduciario. Una vez producida tal aceptación, el beneficiario se considera vinculado con ambas partes: con respecto al fiduciario, le corresponden las acciones, los derechos y las obligaciones o cargas que se desprendan del acto constitutivo; y frente al fideicomitente le corresponden aquellas acciones contractuales dirigidas al cumplimiento de las obligaciones que dicho fideicomitente haya contraído al momento de la celebración del negocio fiduciario.

El Código de Comercio no exige para la aceptación ninguna formalidad o solemnidad especial, por lo "que puede darse sin requisito alguno de forma y en cualquier momento a partir de la celebración del contrato"[41]. El Código tampoco exige que la aceptación deba ser expresa, razón por la cual resulta admisible la aceptación tácita. "Apenas hay para qué indicar que el derecho del tercero existe ya, le fue deferido desde la celebración del contrato, como

---

40 Luis Díez-Picazo. *Fundamentos del derecho civil patrimonial*, vol. I, cit., p. 262 y ss. En el mismo sentido, ver Renato Scognamiglio. *Teoría general del contrato*, cit., p. 31.

41 Fernando Hinestrosa Forero. *Tratado de las obligaciones II*, cit., p. 552.

efecto de este, y que la aceptación tiene como efecto cardinal el 'hacer irrevocable el derecho'"[42]; es decir, mientras no se produzca la aceptación, el beneficio puede ser revocado por la sola voluntad del fideicomitente.

Ahora bien, la jurisprudencia arbitral y parte de la doctrina se pronuncian en contra de la tesis que niega la calidad de parte contratante al tercero beneficiario. Al respecto, consideran que, tratándose de contratos de fiducia mercantil de garantía, el acreedor beneficiario está legitimado para reclamar el uso de la justicia arbitral por cuanto tiene u ostenta el carácter de parte. Al decir de Rengifo García[43]:

> [E]l argumento en exceso formalista de excluir la posibilidad que tiene el acreedor beneficiario de demandar a la fiduciaria con base en una cláusula contractual contenida en el contrato de fiducia celebrado entre el deudor y la fiduciaria porque no es parte, desconoce la finalidad jurídica y práctica de este tipo de contrato de carácter complejo que le implica al intérprete asumir una especial actitud mental para ensanchar el restringido concepto de parte [...], o incluso, entender que el concepto de tercero es "eminentemente relativo" por cuanto depende, en efecto, de cada caso particular.

Es cierto, como lo dice el autor citado, que "el acreedor beneficiario detenta un interés jurídico sustancial, reconocido en el mismo artículo 1226 del CCo"[44]. También es cierto que el acreedor beneficiario está legitimado "procesalmente para reclamar su protección civil con base en los derechos que se derivan del contrato de fiducia original". Pero lo que no resulta ser cierto es que la protección civil de tales derechos pueda obtenerse por medio de la justicia arbitral, acudiendo a la cláusula compromisoria pactada en el contrato, porque, quiérase o no, desde el punto de vista procesal, el acreedor beneficiario no ostenta el carácter de parte, pues no emitió la correspondiente declaración de voluntad ni realizó el comportamiento constitutivo del negocio fiduciario.

Por otro lado, en la práctica es usual que la estipulación hecha en favor del beneficiario venga acompañada de cargas, en cuyo caso no puede decirse que de esta manera el beneficiario resulta obligado sin prestar su consentimiento.

---

42 Fernando Hinestrosa Forero. *Tratado de las obligaciones II*, cit., pp. 544 y 545.

43 Ernesto Rengifo García. *La fiducia mercantil y pública en Colombia*, 2.ª ed., Bogotá, Universidad Externado de Colombia, 2006, p. 232.

44 *Ibid.*

> Lo que ocurre es que ese beneficio lo puede enderezar el estipulante acompañado de deberes del tercero, quien, como ocurre con las asignaciones testamentarias, verá si acepta o no en esas condiciones, y al aceptar asume espontáneamente lo de su cargo, todo dentro de una sola operación, salvo que el compromiso del tercero sea la contrapartida de su beneficio [45].

Finalmente, en relación con el beneficiario, razonablemente pueden distinguirse dos hipótesis, a saber: de un lado, aquella en la que el fideicomitente designa beneficiario a un tercero para que se lucre de la finalidad a la que se encuentran afectos los bienes fideicomitidos; de otro lado, aquella en la que, ocurrido todo lo anterior, el fideicomitente estatuye que una vez cumplida la finalidad a la que se encuentran afectos los bienes fideicomitidos estos se le devuelvan o restituyan. Como se advierte, es muy distinto ser beneficiario de la finalidad del contrato que ser beneficiario de la simple devolución o restitución de los bienes fideicomitidos. De acuerdo con el artículo 1226 del CCo, 'beneficiario', en el sentido estricto de la palabra, solo es quien se lucra de la finalidad a la cual se encuentran afectados los bienes fideicomitidos. Desde esta perspectiva, no se remite a discusión que el beneficiario es titular de un derecho personal o crédito en los términos y con el alcance establecidos por el artículo 666 del CC, y que mientras esté pendiente el cumplimiento de la finalidad señalada por el fideicomitente no tendrá derecho alguno sobre los bienes fideicomitidos, de modo que únicamente es titular de una expectativa de adquirirlos cuando así se disponga en el acto constitutivo y lo admita la clase de negocio fiduciario de que se trate. El beneficiario no es, pues, titular de ningún derecho real sobre los bienes fideicomitidos, sino que solo tiene una expectativa de adquirir su dominio.

I. EQUÍVOCOS A LOS QUE CONDUCE LA FALTA DE CLARIDAD ACERCA DE LA NOCIÓN DE DERECHOS FIDUCIARIOS

En relación con este tema, del que se ha venido hablando, es necesario aclarar una situación respecto de la cual se presenta una enorme confusión conceptual en la práctica: la relacionada con la noción de "derechos fiduciarios". Al respecto, debe decirse que no existe en el ordenamiento jurídico ninguna

---

45 Fernando Hinestrosa Forero. *Tratado de las obligaciones II*, cit., pp. 544 y 545.

disposición que se encargue de precisar el concepto de derechos fiduciarios. La expresión ofrece distintos alcances y matices según se la utilice en el ámbito tributario, en el contable o en el jurídico. En efecto, en el ámbito tributario, el artículo 271-1 del Estatuto Tributario[46] consagra la manera de determinar el valor patrimonial de los derechos fiduciarios. Por su parte, en el ámbito contable, la expresión 'derechos fiduciarios' está referida al valor de los bienes objeto del negocio fiduciario, o sea que esta no guarda relación con su naturaleza jurídica de derechos subjetivos de carácter patrimonial y fuente de obligaciones[47]. Sobre el particular, el Consejo de Estado, mediante la Sentencia del 31 de julio de 2018[48] explicó:

> De la celebración del contrato de fiducia surgen a la vida jurídica los derechos fiduciarios, los cuales son aquellos que le corresponden al fideicomitente con relación al patrimonio autónomo, derechos que tienen la característica de ser bienes inmateriales. En este orden, en el patrimonio del fideicomitente, al momento de celebrarse un contrato de fiducia mercantil, se produce una sustitución de activos, toda vez que salen de su patrimonio los bienes fideicomitidos, pero simultáneamente ingresan los derechos fiduciarios correspondientes, los cuales tienen el mismo valor que los bienes transferidos en fiducia.

---

46 De acuerdo con este precepto legal, "los derechos fiduciarios se reconocerán para efectos patrimoniales de forma separada, el activo y pasivo, de conformidad con lo establecido en el numeral 2 del artículo 102 del Estatuto Tributario. [...] El valor patrimonial de los derechos fiduciarios para el fideicomitente es el que le corresponda de acuerdo con su participación en el patrimonio del fideicomiso al final del ejercicio o en la fecha de la declaración. [...] PARÁGRAFO 1. Para efectos de lo previsto en este artículo[,] se entiende por derechos fiduciarios toda participación en un contrato de fiducia mercantil. [...] PARÁGRAFO 2. Para fines de la determinación del impuesto sobre la renta y complementarios, las sociedades fiduciarias deberán expedir cada año, a cada uno de los fideicomitentes de los fideicomisos a su cargo, un certificado indicando el valor de sus derechos, los rendimientos acumulados hasta el 31 de diciembre del respectivo ejercicio, aunque no hayan sido liquidados en forma definitiva[,] y los rendimientos del último ejercicio gravable. En caso de que las cifras incorporen ajustes por inflación de conformidad con las normas vigentes hasta el año gravable 2006, se deberán hacer las aclaraciones de rigor". (Presidencia de la República de Colombia. Decreto 624 de 1989. Por el cual se expide el Estatuto Tributario de los Impuestos Administrados por la Dirección General de Impuestos Nacionales. *D. O.* 38756 del 30 de marzo de 1989).

47 JUAN CARLOS VARÓN PALOMINO y GERMÁN DARÍO ABELLA ABONDANO. *Derechos fiduciarios y mercado de valores: reflexiones frente a la normativa colombiana*, 1.ª ed., Bogotá, Ediciones Uniandes, 2013, p. 3.

48 Consejo de Estado, Sala de lo Contencioso Administrativo, Sección Primera. Sentencia del 31 de julio de 2018, Rad. 76001-23-31-000-2003-04295-01, C. P.: Oswaldo Giraldo López.

Finalmente, en el ámbito jurídico, atendiendo a lo dispuesto por el artículo 1226 del CCo, la expresión 'derechos fiduciarios' está referida

> al derecho personal de contenido económico del que es titular el beneficiario, vinculado a los bienes objeto del negocio fiduciario, que lo faculta para exigir al fiduciario la entrega del beneficio generado en la ejecución del contrato y el cumplimiento de su finalidad. [...] El derecho fiduciario representa el beneficio económico concreto estipulado a favor del beneficiario (ya sea este el fideicomitente o un tercero); por ejemplo, la facultad del fideicomitente adherente en una fiducia inmobiliaria para pedir al fiduciario que le escriture y entregue una unidad inmobiliaria a la terminación del proyecto de construcción de un edificio, que se adelanta por medio de un patrimonio autónomo creado en virtud de un contrato de fiducia mercantil inmobiliaria, o la facultad del beneficiario de un fideicomiso de inversión para pedir al fiduciario que le entregue periódicamente los rendimientos de las inversiones realizadas por medio de un contrato de encargo fiduciario de inversión. [...] Desde esa perspectiva, el derecho fiduciario puede verse como un activo en sí mismo, que tiene un valor económico determinado o determinable y sobre el cual se pueden realizar negocios jurídicos, como la compraventa de derechos fiduciarios[49].

A pesar de lo anterior, en la práctica, la expresión 'derechos fiduciarios' viene siendo utilizada en un sentido amplio para referirse a los derechos originados en un contrato de fiducia mercantil o de encargo fiduciario cuyo titular es el fideicomitente o el beneficiario, según el caso[50]. En esta dirección, su negociabilidad o transmisibilidad debe sujetarse ora a las reglas propias que rigen la cesión de posición contractual, ora a las que rigen la cesión de derechos personales o créditos.

Ahora bien, la experiencia demuestra que algunas sociedades fiduciarias, apoyadas en ciertos conceptos emitidos por la Superintendencia Financiera, instituyeron la práctica de financiar el desarrollo de proyectos de construcción de unidades habitacionales, centros comerciales, hoteles y oficinas, entre otros, por medio de la colocación de derechos fiduciarios emitidos con cargo al respectivo patrimonio autónomo. Conforme se aprecia en la publicidad que masivamente suele hacerse de esta clase de negocios fiduciarios, los mencionados derechos fiduciarios les otorgan a los inversionistas un derecho o alícuota en dicho patrimonio autónomo por medio de su participación en las utilidades o

---

49 Juan Carlos Varón Palomino y Germán Darío Abella Abondano. *Derechos fiduciarios y mercado de valores: reflexiones frente a la normativa colombiana*, cit., p. 5.

50 *Ibid.*, p. 4.

pérdidas que genere la explotación económica del inmueble o de los inmuebles resultantes del proyecto de construcción. Como lo refiere Varón Palomino[51]:

> En estos esquemas, el inversionista no se vincula al negocio fiduciario con el objeto de adquirir una unidad inmobiliaria determinada, ni los derechos fiduciarios ofrecidos le otorgan tal facultad, salvo en caso de liquidación del fideicomiso, evento en el cual habrá de recibir una alícuota de la propiedad del activo inmobiliario subyacente, sino que la vinculación se da como medio para participar en los resultados económicos del proyecto, de manera proporcional a los dineros entregados, por ejemplo, en las eventuales utilidades generadas por la explotación de los inmuebles, una vez construidos, asumiendo el adherente los riesgos propios del proyecto considerado. [...] Siendo ello así, en dichos esquemas, los derechos fiduciarios ofrecidos a los inversionistas se configuran como activos o instrumentos financieros que generan expectativas de beneficios económicos[52].

De acuerdo con lo anterior, no se remite a discusión que estos derechos fiduciarios son exactamente iguales a los títulos de participación que se emiten con ocasión de un proceso de titularización inmobiliaria, habida consideración de que otorgan los mismos derechos a sus titulares o tenedores legítimos, vale decir, facultan "para recibir durante la vigencia del fideicomiso una parte alícuota de los eventuales beneficios económicos que genere el proyecto, en proporción a los dineros invertidos, y estos forman parte del patrimonio del fideicomiso receptor"[53]. Desde esta perspectiva, no pueden ser excluidos del régimen propio del mercado público de valores, como ha venido ocurriendo hasta ahora, pues es incuestionable que los derechos fiduciarios de los que se ha venido hablando ostentan el carácter de valores de acuerdo con lo establecido en el artículo 2.º de la Ley 964 de 2005[54], contrario a lo que opina la Superintendencia Financiera[55]. Para esta

---

51 Juan Carlos Varón Palomino y Germán Darío Abella Abondano. *Derechos fiduciarios y mercado de valores: reflexiones frente a la normativa colombiana*, cit., p. 25.

52 Tal ha sido el caso de los fideicomisos Bd-Bacatá, Ac Cartagena, Nao Fun & Shopping, etc.

53 Juan Carlos Varón Palomino y Germán Darío Abella Abondano. *Derechos fiduciarios y mercado de valores: reflexiones frente a la normativa colombiana*, cit., p. 26.

54 Congreso de Colombia. Ley 964 de 2005. Por la cual se dictan normas generales y se señalan en ellas los objetivos y criterios a los cuales debe sujetarse el Gobierno Nacional para regular las actividades de manejo, aprovechamiento e inversión de recursos captados del público que se efectúen mediante valores y se dictan otras disposiciones. *D. O.* 45963 del 8 de julio de 2005. Disponible en http://www.secretariasenado.gov.co/senado/basedoc/ley_0964_2005.html

55 La Superintendencia Financiera, entre otros, mediante el Concepto 2010007643-001 del 19 de

Superintendencia, los derechos fiduciarios no son valores porque no forman parte del listado a que se refiere el artículo 2.º, y el Gobierno nacional no los ha calificado como valores, razón por la cual es posible ofrecerlos masivamente al público sin necesidad de autorización expresa y previa de la Superfinanciera, máxime si se considera que no tienen vocación circulatoria y no son parte de una emisión que pretenda la captación de recursos del público. De ahí que, según la Superintendencia, en relación con los derechos o las participaciones fiduciarias, no se puede hablar de colocación, sino de comercialización, pues la expresión colocación es propia y exclusiva del mercado público de valores[56].

---

marzo de 2010, expresó: "Aunque la nueva legislación amplió el concepto de valor para hacerlo más flexible, el reconocimiento de la calidad de valor a un instrumento negociable determinado, aun cuando haga parte (sic) de una emisión y comporte captación de recursos del público, que no se encuentre regulado como tal, requiere la expedición de la normatividad correspondiente por parte el Gobierno Nacional. De lo contrario, se produciría una gran incertidumbre jurídica sobre los tipos de instrumentos que hace[n] parte (sic) del mercado público de valores. [...] Así las cosas, en opinión de esta Superintendencia, el listado contenido en el artículo 2 de la Ley 964 de 2005 es enunciativo —no taxativo—. Sin embargo, para poder reconocer como valores instrumentos distintos a los señalados en la mencionada disposición que[,] sin embargo[,] cumplan con los requisitos señalados en el primer inciso, se requiere de la correspondiente reglamentación gubernamental [...] Es claro, entonces, que para que un derecho de naturaleza negociable, diferente de los relacionados en la Ley 964 del 2005, tenga la calidad de "valor" debe reunir los presupuestos legales mencionados en el artículo 2 de la citada ley y contar con el reconocimiento como tal por parte del Gobierno Nacional".

56 En relación con este asunto, en el Num. 5. 5. del Capítulo I, Título II, Parte II de la Circular Básica Jurídica expedida por la Superintendencia Financiera de Colombia en 2014 se lee: "Negocios fiduciarios a través de los cuales se comercializan participaciones fiduciarias son aquellos negocios en virtud de los cuales una persona natural o jurídica, mediante la transferencia de la propiedad a una sociedad fiduciaria, de uno o más bienes determinados, prevé la comercialización de participaciones fiduciarias en un fideicomiso, las cuales otorgan a los inversionistas el derecho a participar de los resultados económicos derivados del cumplimiento de una finalidad específica, sin que implique la propiedad del bien objeto del proyecto y, sin perjuicio, del ofrecimiento de beneficios adicionales. [...] Estos negocios están principalmente compuestos por las fases de estructuración, desarrollo del proyecto y operación de la actividad vinculada a la finalidad del negocio fiduciario. [...] La fiduciaria debe contar con contratos adecuados al negocio específico y efectuar una correcta divulgación de información al público sobre el alcance y [los] efectos de su participación. [...] Sin perjuicio de las instrucciones especiales aquí definidas, a los negocios fiduciarios a través de los cuales se comercialicen participaciones fiduciarias le[s] serán aplicables, en lo que corresponda, las normas definidas en el presente capítulo para los otros tipos de negocios fiduciarios. [...] Para los efectos del artículo 146 numeral 4 del EOSF se entenderá que todos aquellos negocios fiduciarios a través de los cuales se comercialicen participaciones fiduciarias mediante oferta o promoción al público en general, o mediante oferta o promoción a 20 o más personas determinadas, serán para la prestación masiva del servicio. En tal sentido, sin perjuicio de la facultad contenida en el subnumeral 3.3 del presente Capítulo, en el evento en que pasados

Como se observa, pues, de acuerdo con el criterio de la Superintendencia Financiera, el sujeto interesado en financiar el desarrollo de cualquier proyecto productivo por medio de la vinculación de inversionistas —esto es, mediante la captación de recursos del público— solo necesita diseñar un determinado instrumento financiero y darle un nombre distinto a los que se mencionan en el artículo 2.º de la Ley 964 de 2005 o a los empleados por el Gobierno nacional cuando ha hecho uso de la facultad que le otorga la letra b) del artículo 4.º *ibidem*: por esta vía escapa del ámbito de aplicación de las normas que regulan el mercado público de valores y, obviamente, de aquellas que tipifican el punible de captación ilegal de recursos del público. De esta forma, sin lugar a duda, se está propiciando un fraude a la ley, lo que resulta inadmisible por tratarse del organismo del Estado que tiene a su cargo la salvaguarda de la confianza del público en el sistema financiero.

Quiérase o no, los derechos fiduciarios configurados como activos financieros de los que se viene de hablar son valores para los efectos previstos en la Ley 964 de 2005, puesto que implican un derecho de naturaleza negociable que forma parte de una emisión y cuya finalidad es captar recursos del

---

60 días hábiles después de la radicación de la solicitud de autorización la Superintendencia no haya emitido un pronunciamiento al respecto, se entenderá que el modelo de contrato ha sido autorizado. [...] 5.5.1. Las sociedades fiduciarias al momento de decidir si comprometen o no su responsabilidad, así como el alcance del negocio fiduciario a celebrar (sic), deben solicitar al gestor o promotor la información necesaria para evaluar, valorar y verificar aspectos como: [...] 5.5.1.1. Los riesgos del negocio y las posibilidades de ganancia o pérdida, conforme a los escenarios proyectados para la operación. Tal información debe reposar en un documento que contenga la evaluación de riesgos del proyecto. [...] 5.5.1.2. Las condiciones que deben cumplirse para iniciar o continuar con cada fase del negocio. [...] 5.5.1.3. El número de participaciones fiduciarias que se deben comercializar para obtener la viabilidad financiera del proyecto, la cual debe abarcar desde la fase preoperativa hasta el inicio de la operación y debe tener en cuenta todas las fuentes de recursos. [...] 5.5.1.4. La existencia de los estudios de títulos en los que conste que los bienes que se transfieran o vayan a transferir no presentan problemas que afecten su tradición y demás requisitos legales para su plena disposición. [...] 5.5.1.5. La existencia de los modelos, estudios técnicos y diseños con los que debe contar el proyecto, los cuales deben ser presentados por el promotor o gestor, según corresponda. [...] 5.5.1.6. Que se hayan establecido las fuentes de financiación para el desarrollo del proyecto. [...] 5.5.1.7. Que se cuente con la metodología para la cuantificación y valoración de las participaciones de los negocios. [...] 5.5.1.8. Que el constructor y promotor cuenta con capacidad técnica, administrativa y financiera, acordes con la magnitud del proyecto. [...] 5.5.1.9. Que se tomen las pólizas de seguros que amparen, por lo menos, los riesgos de daños a la obra, los riesgos en la construcción, daños a la maquinaria de la obra, daños a terceros y riesgos de responsabilidad civil, según aplique. [...] 5.5.1.10. Que las licencias de construcción y permisos necesarios para el desarrollo de la obra se encuentren vigentes". (Superintendencia Financiera. Circular Básica Jurídica (C. E. 029/14)).

público como alternativa de financiación[57], sin que se requiera para reconocerlos como valores que el Estado haga uso de la facultad que le otorga el artículo 4.º de la Ley 964 en cuestión. Lo expuesto es aun más concluyente si se tiene en cuenta que la normatividad que en la actualidad regula el mercado público de valores en Colombia no se limita única y exclusivamente a aquellos casos en los que se acude a la figura de los títulos valores —regulada por el Código de Comercio— para instrumentalizar un derecho. Su ámbito de aplicación se extiende a todos aquellos casos en los que, mediante una oferta pública, se pretende canalizar ahorro del público hacia la inversión, la cual se representa en un documento que puede estar materializado o desmaterializado y que, además de conferir a su titular derechos de crédito, de participación y de tradición o representativos de mercancías, reúne las condiciones previstas en el artículo 2.º de la Ley 964 de 2005[58].

---

57 En opinión de Juan Carlos Varón Palomino y Darío Abella Abondano, "los derechos fiduciarios configurados como activos o instrumentos financieros que generan expectativas de beneficios económicos [...] son [...] jurídicamente viables, siempre que no tengan vocación de transmisibilidad [...] en cuanto el interés del inversionista es vincularse al proyecto y mantenerse como parte de este con una expectativa de rentabilidad, y no adquirir un instrumento financiero que haga parte (sic) del mercado de valores. [...] No obstante (sic) lo anterior, habida cuenta de la existencia de normatividad en materia de captación masiva y habitual de dineros del público, es recomendable que cada esquema fiduciario en particular se evalúe de cara a dicha normatividad". (Juan Carlos Varón Palomino y Darío Abella Abondano. *Derechos fiduciarios y mercado de valores: reflexiones frente a la normativa colombiana*, cit., p. 32).

58 Así se desprende con mediana claridad de la exposición de motivos de la Ley 964 de 2005, en la cual se expresa lo siguiente: "El proyecto de ley no define el concepto de valor, y se limita a precisar los elementos que lo constituyen como un derecho de naturaleza negociable, el cual hace parte (sic) de una emisión y cuyo propósito es la captación de recursos del público. [...] Con la anterior previsión se modifica el enfoque de la regulación actual, cuyo centro es el concepto de la oferta pública, el cual se basa en las emisiones en serie o en masa, para pasar a una noción en la cual es indiferente la forma jurídica o práctica a través de la cual se instrumente la captación de recursos del público y la forma en que se circule o se negocie el instrumento financiero, atendiendo a la realidad económica de la operación. [...] Por tanto, cuando se identifiquen los tres elementos señalados (derecho de naturaleza negociable, que haga parte (sic) de una emisión y cuyo propósito sea la captación de recursos del público), será necesario el reconocimiento gubernamental del respectivo instrumento como valor, el registro de la emisión y la sujeción a la regulación contenida en el proyecto. [...] Así mismo, el artículo respectivo contiene una lista amplia de carácter simplemente enunciativo de posibles representaciones de valores que comprenden todos aquellos fenómenos financieros que tienen como efecto la captación de recursos del público. [...] Este tratamiento del concepto de valor, dentro de la definición del marco de la intervención del Gobierno Nacional, equilibra la necesaria flexibilidad para incluir nuevos instrumentos en su definición con la precisión suficiente para dotar de seguridad jurídica a los participantes del mercado, reiterando una facultad que en la actualidad se encuentra radicada en la Sala General de la Superintendencia de Valores". (Congreso de Colombia. Ley 964 de 2005. Por la cual se

Adicionalmente, y siguiendo lo dicho por López Roca[59]:

> La definición de valor que previó el legislador tenía por objeto ampliar el marco de acción del Gobierno dándole la posibilidad de intervenir en actividades que antes —teórica o prácticamente— le estaban vedadas; pensar lo contrario sería someter todo el desarrollo del mercado a la intervención estatal previa, lo cual es inadmisible. [...] Por ello, no es cierto que la facultad dada al Ejecutivo para regular los valores, que sin duda existe, suponga que solo son valores los creados o reconocidos por el Ejecutivo en desarrollo de dicha facultad, y que, mientras ello no suceda, la definición de valor contenida en la ley queda, por así decirlo, en suspenso.[...] Solamente cuando su "sentido" no sea claro es permitido desatender su tenor literal so pretexto de consultar su espíritu, o recurrir a la historia fidedigna del establecimiento de la norma. Y ninguna de estas cosas ocurre con el problema que hemos planteado, pues en ninguna parte de la ley, repetimos, se expresa que para poder emitir un instrumento no calificado previamente como valor sea menester expedir un decreto, aunque este llene con creces los requisitos establecidos en la ley para ser valor.

Por lo demás, no se puede perder de vista que los valores que son susceptibles de negociación en el mercado público de valores tienen por finalidad principal satisfacer una necesidad económica concreta: servir de instrumento expedito para captar masivamente recursos del público en general o de un sector determinado de personas. Dichos títulos son parte integral del mercado de capitales y, vistos en su doble aspecto, constituyen fuente de financiación para quien los emite y alternativa de inversión para quien los adquiere. Desde esta perspectiva, los valores que son susceptibles de negociación en el mercado público están destinados a su circulación, razón por la cual poseen características especiales que permiten su negociación de una manera ágil y segura.

En el anterior orden de ideas, insistir en negarle el carácter de valor a esta clase de derechos fiduciarios a los que se ha hecho referencia implica,

---

dictan normas generales y se señalan en ellas los objetivos y criterios a los cuales debe sujetarse el Gobierno Nacional para regular las actividades de manejo, aprovechamiento e inversión de recursos captados del público que se efectúen mediante valores y se dictan otras disposiciones. *D. O.* 45963 del 8 de julio de 2005).

59 Luis Fernando López Roca. "El concepto de valor de la Ley 964 de 2005 frente a la noción del mercado público de valores", en *Cinco años de la Ley 964 de 2005. ¿Se están cumpliendo sus objetivos?*, Constanza Blanco Barón y Mauricio Baquero Herrera (eds.), Bogotá, Universidad Externado de Colombia, 2011, pp. 174 y 175.

como ya se advirtió, propiciar un fraude a la ley, lo que resulta inadmisible por tratarse del organismo del Estado que tiene a su cargo la salvaguarda de la confianza del público en el sistema financiero.

V. REQUISITOS O PRESUPUESTOS DE VALIDEZ DEL NEGOCIO FIDUCIARIO

De conformidad con lo dispuesto por el artículo 1502 del CC, los presupuestos de fondo o validez del contrato de fiducia mercantil tienen que ver con (1) la capacidad, (2) el consentimiento exento de vicios, (3) el objeto lícito y (4) la causa lícita.

A. LA CAPACIDAD DE LOS SUJETOS NEGOCIALES

En cuanto a la capacidad de ejercicio del fideicomitente, como ya se advirtió en otro lugar, se requiere que este sea una persona plenamente capaz, precisamente porque el perfeccionamiento del contrato exige la tradición de los bienes objeto del contrato. No obstante, al respecto, deben tenerse en cuenta las modificaciones que el artículo 57 de la Ley 1966 de 2019[60] introdujo al artículo 1504 del CC, y según el cual se excluyeron la discapacidad mental y aquella proveniente de la sordomudez como causales de incapacidad absoluta y relativa. Así, hoy por hoy, a la luz del nuevo texto del artículo 1504 del CC,

> son absolutamente incapaces los impúberes. Sus actos no producen ni aún obligaciones naturales, y no admiten caución. [...] Son también incapaces los menores púberes. Pero la incapacidad de estas personas no es absoluta y sus actos pueden tener valor en ciertas circunstancias y bajo ciertos respectos determinados por las leyes. Además de estas incapacidades hay otras particulares que consisten en la prohibición que la ley ha impuesto a ciertas personas para ejecutar ciertos actos[61].

---

60 Congreso de Colombia. Ley 1996 de 2019. Por medio de la cual se adoptan medidas para la gestión y transparencia en el sistema de seguridad social en salud y se dictan otras disposiciones. *D. O.* 51057 del 26 de agosto de 2019. Disponible en http://www.secretariasenado.gov.co/senado/basedoc/ley_1996_2019.html

61 La reforma del artículo 1504 del Código Civil está acompasada con lo dispuesto por el artículo 6.º de la Ley 1996 de 2019, el cual complementa la presunción de capacidad legal a que se refiere el artículo 1503 del Código Civil y dispone que "todas las personas con discapacidad son sujetos de

Tratándose del fiduciario, esa capacidad de ejercicio se desprende del hecho de que como tales solo pueden actuar las sociedades fiduciarias debidamente autorizadas por la Superintendencia Financiera. En cuanto al beneficiario, a pesar de que no es parte contratante, puede decirse que no se requiere que sea una persona plenamente capaz, por cuanto, en principio, solo adquiere derechos.

B. CONSENTIMIENTO EXENTO DE VICIOS

En cuanto al consentimiento, dado que la reglamentación contenida en el Código de Comercio acerca del contrato de fiducia mercantil no previó nada especial en este aspecto, se siguieron, por lo tanto, los lineamientos del Código Civil, no se hace necesario entrar a realizar un análisis detallado sobre el particular. Basta, simplemente, con hacer los siguientes comentarios particulares en cuanto al error se refiere:

1. EL ERROR COMO VICIO DEL CONSENTIMIENTO EN LA CONTRATACIÓN FIDUCIARIA

El error como vicio del consentimiento se presenta cuando la voluntad del fideicomitente y, en su caso, la del beneficiario, se forma a partir de una creencia inexacta, cuando la representación mental que sirve de presupuesto para la celebración del contrato es equivocada o errónea. Se requiere que esa representación equivocada merezca esa consideración, lo que implica que, para quien afirma haber errado, la equivocación debe mostrarse como suficientemente segura, y no como una mera posibilidad dependiente de la concurrencia de circunstancias inciertas.

Para que el error invalide el consentimiento, debe recaer no solo sobre la persona, sino también en la sustancia de la cosa que constituye el objeto del contrato o sobre aquellas condiciones de la cosa que principalmente hubieren dado motivo a celebrarlo, esto es, en el objeto o materia propia

---

derecho y obligaciones, y tienen capacidad legal en igualdad de condiciones, sin distinción alguna e independientemente de si usan o no apoyos para la realización de actos jurídicos". (Congreso de Colombia. Ley 1996 de 2019. Por medio de la cual se establece el régimen para el ejercicio de la capacidad legal de las personas con discapacidad mayores de edad. *D. O.* 51057 del 26 de agosto de 2019).

del contrato. Además, el error debe ser esencial y excusable: esencial, en el sentido de proyectarse precisamente sobre aquellas presuposiciones respecto de la sustancia, de las cualidades o condiciones del objeto del contrato que hubieran sido la causa principal de su celebración, en el sentido de causa concreta o de motivos incorporados a la causa; o, en otras palabras, el error debe ser de tal forma determinante que sin él el fideicomitente y, en su caso, el beneficiario, no habrían consentido. Excusable, en el sentido de que no debe serle imputable a quien lo padece, de ahí que quien pretenda hacer valer su propio error ha de demostrar su propia diligencia[62]. En este con-

---

62 Sobre este asunto, particular importancia tiene la Sentencia 6146 del 2 de agosto de 2001, en la cual la Corte Suprema de Justicia, refiriéndose al contrato de seguro, explicó: «[E]l asegurador, con anterioridad, tuvo ocasión de ponderar y sopesar el haz informativo reinante, de suerte que[,] si en su condición indiscutida de profesional —con todo lo que ello implica— asintió en forma libre, amén de reflexiva y, por contera, aceptó celebrar el negocio jurídico asegurativo, es porque entendió que no existía un obstáculo insalvable o ninguna dificultad mayúscula llamada a opacar su voluntad o, que de haberla, solo en gracia de discusión, asumía conscientemente las consecuencias dimanantes de su decisión, lo que no riñe con un eventual establecimiento de puntuales medidas y cautelas por parte suya [...] Y si ello es así, cómo acudir entonces al instituto de la nulidad del seguro pretextando el advenimiento de una anomalía negocial, cuando fue el propio asegurador, quien *a posteriori* de conocer (real o presuntivamente) el vicio —en sentido lato—, concurrió espontáneamente a emitir su declaración de voluntad, por lo demás favorable al otorgamiento del amparo o cobertura respectiva. [...] Expresado de otra manera, la compañía aseguradora, bien por acción, bien por omisión, estaría removiendo cualquier vicisitud con potencialidad de nublar su asentimiento, de tal suerte que la protección brindada por la ley mercantil mediante la entronización y disciplina —especialísima y *sui generis*— de los vicios de la voluntad, *ab initio*, perdería su razón de ser, por lo menos en las descritas circunstancias, habida cuenta [de] que, en estrictez, no podría enrostrarse la consolidación de un engaño, o la alteración de la realidad factual. Como bien argumentó la Sala en su momento, "[...] si la aseguradora ha conocido la realidad y acepta asumir el riesgo, no ha sufrido engaño" (Sentencia del 18 de octubre de 1995). [...] Así las cosas, si en función de la peculiar mecánica inherente a la formación del consentimiento en el contrato de seguro, connatural a determinados negocios de confianza, el legislador lo que persigue es evitar que la aseguradora sea sorprendida, engañada o timada por su cocontratante, o que aun siéndolo, según sea el caso, este obtenga un beneficio ilícito de ello, es más que consecuente entender que el conocimiento previo radicado en cabeza del virtual afectado, purifica la relación negocial y purga, *in radice*, la sanción legal en cuestión, consistente en la nulidad relativa derivada de la reticencia o inexactitud en la que materialmente incurrió el candidato a tomador, dado que tuvo a su alcance la información adecuada e indicativa para escrutar su querer, por manera que si contrató, debe suponerse que lo hizo en condiciones de razonable equilibrio informático. Situación diferente, aun cuando no en sus efectos —que son simétricos—, es que no lo haya hecho, pudiéndolo efectivamente hacerlo (sic) [...]». Más adelante señala la Corte: «Y es que resulta razonable que si la entidad aseguradora, como un indiscutido profesional que es, en tal virtud "debidamente autorizada" por la ley para asumir riesgos (art. 1037. C. de Co.), soslaya información a su alcance racional, de suyo conducente a revelar pormenores alusivos al estado del riesgo; o renuncia a efectuar valoraciones que, in-

texto, la excusabilidad debe apreciarse valorando las circunstancias de todo tipo que concurran en cada caso concreto, incluidas las personales de las partes, tanto de quien ha sido víctima del error como del otro contratante. En opinión de Neme Villarreal[63]:

> El carácter de inexcusable del error viene por lo general acompañado de la inexistencia de maniobras dolosas por parte del receptor de la declaración errada y a menudo con la violación de una obligación de informarse por parte de la víctima del error, quien de haberla cumplido no habría cometido el error que vició su consentimiento [...] Al respecto debe destacarse que [...] el requisito de la excusabilidad constituye una manifestación del deber de autoinformarse que gravita sobre cada contratante en atención a sus condiciones personales y profesionales. Ahora bien: en lo que se refiere al alcance de la obligación de informar y de informarse de las partes, lo que no puede dejarse de lado al valorar tal situación es que[,] si bien[,] "en virtud del principio de la buena fe, existen en el ordenamiento una serie de deberes de información, estos no transforman a cada contratante en el consejero de la contraparte", pues cada una de las partes tiene a su cargo sus

---

trínsecamente, sin traducirse en pesado —u oneroso— lastre, lucen aconsejables para los efectos de ponderar el riesgo que se pretende asegurar, una vez es enterado de posibles anomalías, o en fin deja de auscultar, pudiendo hacerlo, dicientes efectos que reflejan un específico cuadro o estado del arte (existencia de ilustrativas señales), no puede clamar, *ex post*, que se decrete la nulidad, como si su actitud fuera la de un asegurador acucioso y diligente, presto a ser informado, es cierto, pero igualmente a informarse, dimensión esta también cobijada por la diligencia profesional, rectamente entendida, sin duda de mayor espectro, tanto más si "el tomador no es un especialista en la técnica del seguro" y, por tanto, "su obligación no puede llegar hasta la extrema sutileza que apenas si podrá ser captada por el agudo criterio del asegurador", como se resaltó en la Exposición de Motivos del Proyecto de Código de Comercio, criterio este materia de aval por parte de la doctrina comparada, la que confirma que "el asegurador renuncia o pierde el derecho de alegar la reticencia o falsa declaración" [...] "[...] d) cuando [...] debía conocer el verdadero estado del riesgo (en razón de su profesión, o por la naturaleza del bien sobre el que recae el interés asegurable, etc.". [...] Como se tiene claramente establecido, no es suficiente que se aduzca la mera gestación de estado de desconocimiento o de ignorancia fáctica acerca de unos específicos hechos, porque es menester que dicho estado o ignorancia se generen en forma legítima o se tornen excusables ('carga de diligencia'). "La buena fe —bien se ha afirmado— debe ser ignorancia, pero, también, ignorancia legítima, es decir, de tal naturaleza que no haya podido superarse con el empleo de una diligencia normal", la que, en últimas, sirve para justificar la solicitud del asegurador relativa al *decretum* de tan severa sanción, puesto que "[...] la buena fe excluye la posibilidad de un actuar culposo", contrario a "[...] un actuar prudente, cuidadoso, diligente y previsor"». (Corte Suprema de Justicia, Sala de Casación Civil. Sentencia 6146 del 2 de agosto de 2001, Exp. 6146, M. P.: Carlos Ignacio Jaramillo Jaramillo).

63 Martha Lucía Neme Villarreal. "El error como vicio del consentimiento frente a la protección de la confianza en la celebración del contrato", *Revista de Derecho Privado*, n.º 22, enero-junio, Bogotá, Universidad Externado de Colombia, 2012, pp. 211 y 212.

propios deberes de autoprotección que se reflejan en conductas diligentes en la verificación de las circunstancias que rodean la celebración del negocio, las cuales no pueden descargarse en la contraparte y que en cualquier caso jamás podrían, más allá de los deberes de información que le son propios, hacer exigible respecto de un profano a favor de un profesional, y menos aún de un consumidor, deberes de protección de la adecuada conformación del consentimiento del profesional que es su contraparte [...] En consecuencia, resultará inexcusable "el error cometido por el contratante que tenía el deber de informarse durante la celebración del contrato. Este deber de informarse cesa donde comienza la obligación de informar por la otra parte. Pero la frontera entre los dos es inestable y varía en función de la calidad de las partes. Es así como el deber de informarse, más extenso para un profesional, disminuye frente a la obligación de informar de la otra parte. Es por esto [por lo] que el error del profesional será juzgado más fácilmente como inexcusable [...], la jurisprudencia estará más dispuesta para aplicar esta noción a los profesionales avisados en el dominio del contrato celebrado —lo ha creado— una especie de presunción de inexcusabilidad del error del profesional". [...] En efecto, cuando la víctima del error es un profesional conocedor de la materia sobre la que versa el contrato celebrado, "su ignorancia es *a priori* ilegítima a menos que demuestre su ausencia de culpa. La severidad de las decisiones jurisprudenciales recientes en contra de los profesionales permite considerar el posible emerger de una presunción irrebatible de ignorancia culpable de la causa de nulidad que vicia el consentimiento del contratante profesional". Severidad que no es ajena a las decisiones de nuestra jurisprudencia. Tal razonamiento determina una diferencia de tratamiento entre los dos errores: "Una misma ignorancia se presumirá legítima por parte de un profano, salvo si su cocontratante aporta la prueba de una falta de diligencia normal, mientras que la ignorancia será culpable para un profesional advertido, salvo si este demuestre (sic) la imposibilidad" [...] El particular orden de cosas que plantea la necesidad de privilegiar la situación de un profano en la relación entre este y un profesional, cuando se trata de la mayor o menor exigencia de diligencia, se hace más patente cuando quiera que además dicho profano se encuentra en la calidad de "consumidor" y además el acuerdo se ha alcanzado mediante la utilización de un negocio con cláusulas generales o de un formato predispuesto por el profesional, comoquiera que en este caso las obligaciones que gravan sobre el profesional exigen "la conducta del profesional dirigida a asegurar la comprensión y la claridad de las cláusulas por parte del consumidor", lo que conduce hacia una solución de mayor favor para el consumidor errante y en detrimento del profesional en cuanto se refiere a la valoración de la obligación de prestar atención a fin de no caer en error en el desarrollo de tráfico comercial y de reconocer el error ajeno. Reflexiones como estas encuentran asidero en nuestro ordenamiento jurídico si observamos las precisas exigencias de información y diligencia contempladas en diversos estatutos de protección al consumidor.

2. IMPORTANCIA DE LA INFORMACIÓN EN LA FORMACIÓN DEL CONSENTIMIENTO

La diligencia exigible debe apreciarse valorando las circunstancias de toda índole que concurren en el caso. En principio, cada parte debe informarse de las circunstancias y condiciones que son esenciales o relevantes para ella en los casos en que tal información le es fácilmente accesible, y si no lo hace, debe padecer las consecuencias de su omisión. Esa diligencia se aprecia, además, teniendo en cuenta las condiciones de las personas, no solo las de quien ha padecido el error, sino también las del otro contratante, de suerte entonces que es exigible una mayor diligencia cuando se trata de un profesional o experto; por el contrario, es menor cuando se trata de una persona inexperta que entra en negociaciones con un profesional o experto, en cuyo caso, para apreciar la diligencia exigible, es preciso valorar si la otra parte coadyuvó con su conducta, aunque no haya incurrido en dolo o culpa grave.

Si se trata, en concreto, de la contratación de productos fiducarios, el consentimiento —como requisito o presupuesto de validez de todo contrato— es un elemento obligatorio en la *lex artis*, la cual garantiza una correcta práctica fiduciaria. Ciertamente, tratándose de la actividad profesional de las sociedades fiduciarias, la necesidad de conseguir un consentimiento más claro y reflexivo resulta ser una exigencia tanto o más importante, habida cuenta de que en la contratación fiduciaria el fideicomitente y el beneficiario entran en el consentimiento en un plano de desigualdad con respecto al fiduciario. La primera faceta de esta desigualdad radica en que, a pesar de la progresiva masificación de los productos y servicios fiduciarios y del incremento de la cultura media de la población, la verdad es que la actividad profesional de las sociedades fiduciarias es hermética e impenetrable para la inmensa mayoría de los ciudadanos. Precisamente por ser legos en la materia, la entrega del fideicomitente y del beneficiario al fiduciario suele ser total. Esto es mucho más evidente en lo que concierne a aquellos productos fiduciarios como los fondos de inversión colectiva, los fideicomisos de garantía y fuente de pago celebrados para caucionar el pago de obligaciones a favor de quien ostenta la calidad de matriz de la sociedad fiduciaria y, en fin, los contratos de fiducia mercantil para la estructuración de procesos de titularización.

A este respecto, particular importancia tiene el Laudo arbitral del 31 de julio de 2000[64], que resolvió las controversias entre la Beneficencia de Cundinamarca y el entonces Banco Central Hipotecario y Fiducentral, en el cual se expresó:

> De otra parte, de los principios planteados por la doctrina y la jurisprudencia puede deducirse que las obligaciones de información y consejo, aunque sin desaparecer por completo, tienen un contenido inversamente proporcional al conocimiento, experiencia e idoneidad del cliente, de manera que serán más intensas si este último es un profano o neófito completo en las actividades de que se trate. Pero esa intensidad irá disminuyendo en la medida que el cliente vaya teniendo determinada formación y ciertas vivencias en el mismo campo, hasta llegar al cliente que es también una persona versada plenamente en el mismo ramo, que tiene los conocimientos necesarios para tomar determinaciones con todos los elementos de juicio, a quien el profesional se limitará a formularle sucintamente ciertos comentarios o a darle algunas informaciones especiales que estime procedentes. Este sería el caso del vicepresidente financiero de una empresa multinacional, que recurre a un profesional para que invierta en determinados bonos o acciones, o para que haga ciertas colocaciones en instituciones financieras específicas. Ese cliente conoce perfectamente los mercados y las compañías que en ellos intervienen, de suerte que el profesional tiene poco para informarle o para aconsejarlo o para prevenirlo, pues se trata de un iniciado o experto como él [...]. Por estas razones la jurisprudencia y la doctrina estiman que el profesional cumple sus deberes de información y consejo cuando el cliente tiene los datos, opiniones y evaluaciones pertinentes, bien porque el profesional mismo se los haya suministrado, o porque el cliente disponga de ellos por otros medios, como puede ser su propia formación o experiencia. [...] A este respecto se dice que el cliente también debe obrar con diligencia para ilustrar al profesional respecto de sus condiciones especiales, las necesidades que quiere satisfacer y los propósitos que persigue. Con igual acuciosidad debe actuar para obtener él mismo, en la medida de sus capacidades, las informaciones que sean indispensables para tomar acertadamente decisiones [...]. Como se explicó, el cliente puede haber recibido la información con base en sus propios antecedentes, por ejemplo, si ha tenido en el pasado relaciones contractuales similares con el mismo profesional, o si se ha visto colocado en circunstancias semejantes. [...] Lo propio ocurre si el cliente cuenta o dice contar con personal calificado en la misma actividad; o si acude a contratar o a tratar con el profesional acompañado de expertos que le asesoran. La misma situación se predica del cliente que se presenta como un especialista, o si se comporta como tal, es decir, si aparenta tener los co-

64 Laudo arbitral del 31 de julio de 2000, que resolvió las controversias entre la Beneficencia de Cundinamarca y el Banco Central Hipotecario y Fiduciaria Central S. A.

> nocimientos suficientes. [...] En todos estos casos, la doctrina coincide en afirmar que es inoficioso informar y aconsejar al cliente que también es un profesional, o que dispone ya de los datos y opiniones, pues tales tareas devienen redundantes e inútiles en consideración de los conocimientos, la experiencia o de las demás ayudas con que cuenta el cliente. [...] En estos eventos, entonces, el profesional cumplirá las prestaciones de información y consejo con el suministro de los datos más recientes o novedosos, o con la formulación de opiniones sobre ciertos aspectos muy particulares, en el entendido [de] que, por lo demás, el cliente cuenta ya con todos los elementos de juicio. [...] Con estas precauciones, el profesional podrá proceder a cumplir (sic) las órdenes e instrucciones de su cliente, sin que el resultado desafortunado de las mismas (sic) le pueda ser imputable, toda vez que el cliente decidió con pleno conocimiento de causa.

En el anterior orden de ideas, parafraseando lo dicho por Mosset Iturraspe[65], es incuestionable que el deber de información aparece entonces como la "clave de bóveda" de la tutela de los intereses del beneficiario y del fideicomitente, de ahí que el consentimiento debe recaer sobre el contenido y los alcances tanto de la obligación de administrar y/o enajenar los bienes fideicomitidos como de la finalidad a la cual tales bienes quedan afectados. Ambos aspectos del consentimiento deben ejecutarse conforme a la *lex artis* y han de estar precedidos de una evaluación acerca de la idoneidad y conveniencia del producto o servicio fiduciario ofrecido para el fideicomitente y, en su caso, para el beneficiario, teniendo en cuenta sus conocimientos y su experiencia, necesarios para comprender los riesgos inherentes a tales productos y servicios[66].

Como corolario de ello, previamente a la celebración de un negocio fiduciario, cualquiera que sea la finalidad a la que queden afectados los bienes fideicomitidos, el fiduciario debe entonces transmitirle de forma adecuada al fideicomitente y, fundamentalmente, al beneficiario —con las especificaciones que requiera el caso concreto— todas aquellas informaciones y explicaciones que sean relevantes para que ambos conozcan cuáles

---

65 Jorge Mosset Iturraspe. *Responsabilidad por daños*, t. viii, *Responsabilidad de los profesionales*, Buenos Aires, Rubinzal-Culzoni, reimpr., 2005, p. 66.

66 La información relacionada con los conocimientos y la experiencia del fideicomitente y, en su caso, del beneficiario debe incluir los datos acerca de los productos y servicios fiduciarios con los que uno y otro estén familiarizados; la naturaleza, la frecuencia y el volumen de las transacciones del fideicomitente y, en su caso, del beneficiario sobre productos y servicios fiduciarios y el período durante el cual se hayan realizado; el nivel de estudios, la profesión actual y demás aspectos que resulten relevantes.

son las condiciones y las características esenciales del contrato fiduciario, las prestaciones nacidas de este, los riesgos implícitos en él y, en fin, todo aquello que resulte necesario para que la información merezca ser calificada como correcta. Y para ello ha de considerarse la finalidad a la que han de quedar afectados los bienes fideicomitidos y han de tenerse en cuenta el grado de cultura, los conocimientos y la experiencia del fideicomitente y del beneficiario, según se ha dicho, de suerte que tanto el uno como el otro puedan valorar las posibilidades de utilizar otros vehículos o mecanismos contractuales que permitan la satisfacción de los intereses en juego.

En una palabra: el fiduciario debe, pues, brindar explicación y/o información al fideicomitente y al beneficiario designado por este en relación con aspectos tales como en qué consiste el negocio fiduciario que se pretende celebrar; cuál es su naturaleza y función económica; cuáles son las consecuencias de acudir al esquema de la fiducia mercantil o del encargo fiduciario; cuáles son los riesgos, las limitaciones técnicas y los aspectos negativos inherentes a los bienes y servicios que forman parte del objeto del contrato y de las prestaciones que se le encomiendan al fiduciario; si existen o no otras vías jurídicas que permitan la satisfacción de los intereses de las partes y sus efectos; cuál puede ser el grado de éxito o fracaso de la gestión encomendada y, en fin, cuáles son las implicaciones que apareja el cumplimiento de la finalidad a la cual quedarán afectados los bienes fideicomitidos[67]. El fiduciario debe asegurarse de que esa información sea comprensible, de modo que dichas explicaciones se entiendan.

En este escenario, más que verdadera, suficiente, eficaz, etc., la información debe permitir al fideicomitente, y en especial al beneficiario, en un contexto determinado, tomar una decisión suficientemente informada acerca de celebrar o no el contrato o en qué términos hacerlo, y aceptar o no la estipulación efectuada a favor del beneficiario. De ahí que dicha información debe ser

67 Durante la ejecución del contrato, el fiduciario debe mantener puntualmente informado al beneficiario y al fideicomitente acerca del cumplimiento de la finalidad a la cual se encuentran afectados los bienes fideicomitidos, de cuáles son los riesgos, las limitaciones técnicas y los aspectos negativos que pueden incidir o que están incidiendo en el cumplimiento de la gestión encomendada, etc. A la terminación del negocio fiduciario por la ocurrencia de cualquier causa legal o contractual, debe informar sobre las gestiones realizadas de cara al cumplimiento de la finalidad a la cual se encontraban afectados los bienes fideicomitidos.

> inteligible para su destinatario; así mismo, debe ser exacta, pertinente y adaptada a la situación de que se trate [...]. Dicha obligación es de medios, accesoria y de naturaleza contractual, la cual prolonga la obligación precontractual de información —general o *erga omnes*— que pesa sobre los profesionales en las negociaciones preliminares con sus clientes. Su incumplimiento hace responsable al profesional por los perjuicios que sufra su cliente [...]. La doctrina considera que el profesional debe tomar la iniciativa de suministrar la información y para ello debe pedir a su cliente las precisiones del caso, e indagar acerca de sus necesidades. Dentro de (sic) esta tarea la jurisprudencia ha precisado que el profesional tiene el deber de indicar a su cliente los aspectos negativos o contraproducentes de los bienes o servicios, o de las prestaciones que se le encomiendan, así como de las limitaciones técnicas de tales bienes o servicios o de los riesgos que conllevan, de manera que el cliente debe ser advertido de los peligros que corre y de la forma de evitarlos[68].

Desde la perspectiva que se examina, es preciso entonces hacer una diferenciación entre (i) aquellos negocios fiduciarios en los que el cumplimiento de la finalidad a la cual quedarán afectados los bienes fideicomitidos determina la existencia de riesgos altos, limitaciones técnicas y aspectos negativos inherentes a los bienes y servicios que forman parte del objeto del contrato y de las prestaciones que se le encomiendan al fiduciario, y (ii) aquellos otros que no comportan tales riesgos. De esta suerte, cuantos más riesgos comporte el cumplimiento de la finalidad a la cual quedarán afectados los bienes fideicomitidos y cuantas más limitaciones técnicas, administrativas y humanas tenga el fiduciario para cumplir con la gestión encomendada, más escrupuloso deberá ser este en suministrar toda la información relevante, y, a la vez, más cualificado será el consentimiento prestado por el fideicomitente y, en su caso, por el beneficiario. A pesar de lo anterior, el fiduciario debe tener cuidado de que la información así proporcionada no genere efectos colaterales en términos de racionalidad imperfecta, por determinarse o establecerse la imposibilidad del fideicomitente o del beneficiario para procesar adecuadamente la información que le proporciona el fiduciario.

El proceder que se ha dejado expuesto sin lugar a duda corresponde al normal y correcto cumplimiento de las obligaciones deontológicas inherentes al ejercicio de la actividad fiduciaria, máxime si se considera que no se trata de meras cuestiones de cálculo, accesorias, sino de temas que tienen el carácter

---

68 Laudo arbitral del 31 de marzo de 2000, proferido para resolver las controversias entre el Inurbe y Fidugán derivadas de la celebración de un negocio fiduciario de inversión.

de esenciales. Y su carácter de esencia se debe a que sobre las presuposiciones respecto de la sustancia se proyectan las cualidades o condiciones del objeto o materia del negocio fiduciario de que se trate, que se integran en la causa principal de su celebración, pues afectan a los riesgos inherentes a la finalidad a la que quedarán afectados los bienes fideicomitidos.

A riesgo de insistir en demasía sobre este particular, teniendo en cuenta que, por lo general, el fideicomitente y, en su caso, el beneficiario carecen del conocimiento, de la experiencia y de la cualificación necesarios para valorar correctamente los riesgos que comporta la celebración de un negocio fiduciario, se debe recalcar que es al profesional fiduciario a quien le corresponde suministrarles de manera comprensible la información relevante acerca de los riesgos y beneficios objetivos que conlleva la contratación fiduciaria. El propósito consiste en que el fideicomitente (o el beneficiario, si es el caso) pueda hacer una elección racional e informada sobre si acepta o no la intervención del fiduciario[69].

Es más, el fiduciario no debe dudar en tratar de persuadir al potencial fideicomitente de utilizar el esquema fiduciario, y debe incluso llegar al extremo de rechazar el encargo que se le propone cuando dicho encargo exceda las capacidades técnicas, administrativas y humanas del fiduciario o cuando este considere que la finalidad a la cual quedarán afectados los bienes fideicomitidos está condenada al fracaso. Así lo reconoció la jurisprudencia arbitral en el ya citado Laudo del 31 de julio de 2000[70]:

> Pero también existe la otra cara de la moneda, en la cual, según la doctrina, el profesional debe rechazar el encargo que considere destinado a un fracaso inminente. No se trata de obligar al profesional a que solo realice los encargos que le gusten, o en los que tenga opiniones coincidentes con su cliente, pues en respeto de las decisiones de este[,] que es el último juez de su propia conveniencia, bien puede también llevar a cabo las tareas que no le gusten, o que le parezcan inadecuadas, riesgosas o inoportunas, siempre, eso sí, que haya prevenido suficientemente al

69 La existencia de este deber de información que pesa sobre el fiduciario incide directamente sobre la concurrencia del requisito de la excusabilidad del error, pues, si el fideicomitente y/o el beneficiario, según el caso, necesitan de la información y el fiduciario se encuentra obligado a suministrársela de forma comprensible y adecuada, el conocimiento equivocado sobre los concretos riesgos asociados con el negocio fiduciario en que consiste el error le es excusable al fideicomitente y/o al beneficiario.

70 Laudo arbitral del 31 de julio de 2000, que resolvió las controversias entre la Beneficencia de Cundinamarca y el Banco Central Hipotecario y Fiduciaria Central S. A., cit.

> interesado. [...] Por tanto, la obligación de rechazar el encargo ha de entenderse como una situación extrema, en la que el profesional, a pesar de haber dado las informaciones y fundamentado sus opiniones para tratar de hacer desistir a su cliente de un negocio a todas luces inconveniente, o altamente especulativo y arriesgado, no logra convencerlo, porque en razón de su ignorancia, este no tiene la capacidad para entender las admoniciones y advertencias o porque se obstina en darle prevalencia a la suerte desmedida, a las premoniciones infundadas o a la superstición. Pero la regla general es que el cliente con una formación media, que recibe información y consejo en términos inteligibles para él, y de manera suficiente y razonada, releva de responsabilidad al profesional que cumple sus instrucciones y respeta la decisión tomada después de un análisis ponderado de la situación y con apoyo en los elementos de juicio necesarios y disponibles. [...] Cada vez que, de acuerdo con las previsiones y las advertencias del profesional[,] la operación encomendada resulte en efecto lesiva, frustrada o de cualquier otra manera desafortunada (sic), no puede decirse *ex post facto* que el único comportamiento diligente y razonable del profesional hubiere sido el de rechazar el encargo, a pesar de haber cumplido a cabalidad sus deberes de información, consejo y vigilancia. Eso sería hacerle asumir los riesgos de un negocio ajeno que no le corresponden, pues no hay ningún reproche que formularle, por cuanto es el propio dueño, avisado y advertido[,] quien toma la determinación y asume los riesgos inherentes a ella.

En síntesis, la exigencia de que la información deba permitirle al fideicomitente, en un contexto determinado, tomar una decisión suficientemente informada acerca de si celebrar o no el contrato o en qué términos hacerlo, y al beneficiario, sobre si aceptar o rechazar la estipulación efectuada a su favor, se justifica en atención a que la superación de las asimetrías de información no pasa solo por poner a disposición del uno y del otro la información, sino que exige que dicha información sea utilizable por estos, vale decir, que el fideicomitente y, en su caso, el beneficiario puedan aprehender la información sin que ello suponga un esfuerzo desmesurado.

La importancia de esta cuestión radica en dos aspectos fundamentales, como se pasa a considerar. En primer lugar, en que la obligación de informar —contemplada desde la perspectiva del principio de la buena fe en sentido objetivo[71]— adquiere utilidad como criterio de imputación de responsabilidad contractual no solo en la etapa precontractual, sino también durante la ejecución y la extinción del negocio fiduciario, pues, ciertamente,

---

71 La buena fe que debe presidir la actuación de las partes también desde la fase precontractual es el fundamento del deber de información.

el fideicomitente y, en su caso, el beneficiario se encontrarán vinculados a un negocio fiduciario que resulta insatisfactorio para sus intereses, y su actitud ante su configuración habría sido distinta de haber sido informados del modo correcto[72]. De lo que se trata, entonces, es de restarle eficacia jurídica al consentimiento, precisamente porque no se brindó la información que debía proporcionarse o porque la que se ofreció resultó ser inexacta, insuficiente o incompleta[73]. Y hay que aclarar que, en sede de responsabilidad, durante la etapa precontractual lo que interesa determinar es si el fiduciario obser-

---

72 Sobre este particular, en el Laudo arbitral del 31 de marzo de 2000, proferido con el fin de resolver las controversias entre el Inurbe y Fidugán derivadas de la celebración de un negocio fiduciario de inversión, se expresa que forma parte de sus deberes profesionales el "hacer acopio de toda la información a su alcance, de modo de poder suministrarle a su cliente la ilustración más completa posible, para que la decisión final de este resulte la más apropiada. Y también le es dado, y así mismo forma parte de su deber profesional, asesorarlo sobre la inversión proyectada, poniéndole de presente todas las razones que su pericia le indique, a fin de que el constituyente pueda contar con todos los elementos de juicio que requiere. [...] ¿Qué decir, entonces, de la actitud de la fiduciaria en el caso de autos? ¿Qué decir del hecho de que jamás hubiera advertido a su cliente sobre los evidentes riesgos que implicaban las inversiones temporales que él le encomendó? ¿Qué decir de que, sabiendo, como sabía —o como tenía que saber— que las inversiones que entonces venían haciéndose en cooperativas conllevaban muy serios peligros que había que manejar con redoblada prudencia, hubiera guardado absoluto silencio cuando recibió la instrucción de invertir en ellas? ¿Qué decir del contraste entre su indolencia y el comportamiento de otras fiduciarias que, en iguales circunstancias, sí alertaron a sus clientes, e inclusive hasta se negaron a realizar inversiones semejantes? ¿Y qué decir, finalmente, de que nada le hubiera dicho Fidugán al Inurbe acerca de que la cooperativa COOSERVIR tenía ya vencida la autorización indispensable para el 'ejercicio de la actividad financiera', y que la cooperativa Conalcrédito jamás había contado con tal autorización? [...] Evidentemente, esa conducta pasiva de la fiduciaria comportó un incumplimiento de sus obligaciones contractuales, que, por otro lado, este tribunal no puede dejar de reprochar severamente".

73 En el Proyecto Gandolfi o Proyecto de Código Europeo de los Contratos, la violación del deber de información se erige en causal de responsabilidad precontractual, y si el negocio jurídico ya nació a la vida jurídica, su validez se afecta por la presencia de un error como vicio del consentimiento. Al respecto, se dispone: "1. En el curso de los tratos preliminares, cada parte tiene el deber de informar a la otra sobre todas y cada una de las circunstancias de hecho y de derecho, que conoce o debe conocer, y que permitirían a la otra parte adquirir conciencia de la validez del contrato y del interés en su celebración. 2. En caso de omitir la información, o declaración falsa o reticente, si el contrato no se ha celebrado, o está viciado de nulidad, la parte que ha faltado a la buena fe responderá frente a la otra en la medida prevista en el artículo 6.º, apartado 4.º [es decir, "la parte que ha actuado contra la buena fe está obligada a reparar el daño sufrido por la otra hasta el máximo de los gastos comprometidos por esta última en el curso de los tratos preliminares con vistas a la celebración del contrato, así como la pérdida de ocasiones similares causada por los tratos pendientes". Pero si el contrato ha llegado a perfeccionarse, restituirá la suma recibida o abonará la indemnización que el juez estime conforme a la equidad, salvo el derecho de la otra parte a impugnar el contrato por error".

vó o no un comportamiento diligente, probo y honesto frente al potencial fideicomitente y, en su caso, ante el beneficiario, sin que interese para nada la creencia, por parte del fiduciario, de la legitimidad de la negociación precontractual que está celebrando[74].

Un ejemplo contribuye a explicar la anterior cuestión. Si en el folleto informativo de un fideicomiso para el desarrollo de un proyecto de construcción se establece que el fiduciario participará en la definición del punto de equilibrio financiero, y en la práctica sucede que el punto de equilibrio resulta irreal y por ello se presenta un desfase con relación al presupuesto de costos directos, indirectos y financieros del proyecto de construcción, el fiduciario estará llamado a responder por los perjuicios derivados de esta situación. Pero ¿qué sucede si el problema es que el fiduciario omitió entregar información acerca de cuál es el tipo de gestión que le corresponde desarrollar en el proyecto inmobiliario? Para continuar con el ejemplo propuesto, el problema se presenta porque en el folleto informativo no se indicó que el fiduciario participaría en la determinación del punto de equilibrio financiero del proyecto inmobiliario. En este caso, ¿es posible recurrir a los remedios contractuales? La respuesta a este interrogante es afirmativa, pues, ante la omisión de una información relevante, el contrato ha de integrarse conforme al principio de la buena fe objetiva. Esto significa que el contenido del contrato fiduciario no queda entonces determinado únicamente por sus estipulaciones contractuales y las correspondientes reglas dispositivas, sino que también lo está por aquellos términos que se derivan de la buena fe objetiva, lo cual en verdad no constituye ninguna novedad, sino que es una consecuencia de lo dispuesto por los artículos 1603 del CC y 863 del CCo. De manera que, si del folleto informativo se desprende que se trata de un proyecto a precio fijo, la expectativa razonable del fideicomitente-adherente será que no asumirá el riesgo derivado de las variaciones en los presupuestos de costos directos, indirectos y financieros, y que esta expectativa se integra en el contenido del contrato por medio del expediente de la buena fe objetiva.

La teoría de los vicios del consentimiento carece, pues, de utilidad práctica como mecanismo de protección del deber precontractual de información del fiduciario frente al fideicomitente y, en su caso, ante el beneficiario.

---

74 Martha Lucía Neme Villarreal. "Buena fe subjetiva y buena fe objetiva. Equívocos a los que conduce la falta de claridad en la distinción de tales conceptos", *Revista de Derecho Privado*, n.º 17, julio-diciembre, Bogotá, Universidad Externado de Colombia, 2009, pp. 45 a 76.

La sanción adecuada y jurídicamente posible que se le puede imponer al fiduciario por violación al deber de información no puede ser la nulidad del contrato, habida consideración de que lo que precisa el beneficiario es que el contrato cumpla todos sus efectos, particularmente en lo que concierne a la finalidad a la que se encuentran afectados los bienes fideicomitidos, y no que se prive al contrato de tales efectos.

Así, entonces, tratándose de la contratación fiduciaria, el énfasis no ha de ponerse tanto en la relación entre los deberes de información y el consentimiento, sino en su conexión con el derecho del fideicomitente y del beneficiario de ser informados acerca del contenido del contrato, particularmente en términos de la finalidad a la cual quedarán afectados los bienes fideicomitidos.

Incardinándose la contratación fiduciaria en los contratos con consumidores financieros, los conocimientos de las partes en la etapa precontractual no son homogéneos por la distinta posición que ambas partes tienen respecto al acceso a la referida información, de suerte que el establecimiento de tal tipo de deberes apunta a reequilibrar la original asimetría informativa. Como consecuencia de ello, las informaciones durante la fase precontractual en la contratación fiduciaria entran a formar parte del contrato y el incumplimiento del deber precontractual de información del fiduciario debe ser incardinado en las normas que disciplinan el incumplimiento contractual.

En segundo lugar, la importancia del alcance del deber de información también radica en el hecho de que, como las exigencias derivadas de la buena fe operan en una doble vía, entonces el fideicomitente y el beneficiario igualmente deben respetar sus postulados. De tal manera que, si uno u otro dicen confiar en la buena fe del fiduciario, deben hacerlo cumpliendo, a su vez, con "los mandatos de diligencia, de claridad, de consideración del interés ajeno, etc., que legitiman su confianza y la transforman de mera creencia subjetiva en confianza objetiva"[75].

Lo antes expuesto significa, entonces, que el fideicomitente y, en su caso, el beneficiario no pueden asumir una actitud pasiva, pues sobre ellos también pesan unas cargas de diligencia que deben observar durante la etapas precontractual y de celebración, ejecución y extinción del contrato. Es decir, aunque el fideicomitente y, en su caso, el beneficiario pueden ser catalogados

---

75 *Ibid.*

como profanos en asuntos fiduciarios y en una relación de consumo sean considerados como la parte débil, lo cierto es que ello no los exime o releva del deber de informarse. Sobre este particular, resulta ilustrativo lo expresado en el ya mencionado Laudo arbitral del 8 de junio de 1999[76], proferido con ocasión de la controversia planteada por el Inurbe a Fiduagraria con respecto a la celebración y ejecución de un negocio fiduciario celebrado para la inversión y administración de los recursos del subsidio de vivienda. En esa oportunidad, dijo el tribunal de arbitramento:

> Las jurisprudencias que sirven de antecedente a este deber de diligencia del cliente, resaltan que este no puede invocar en su favor cualquier clase de ignorancia, pues solo es de recibo la "ignorancia legítima", para cuya existencia es necesario analizar las condiciones de educación y la situación social de quien la alega, para lo cual deberá tenerse en cuenta, también, la popularización de ciertas técnicas, de manera que hoy los jueces se muestran más rigurosos para admitir la ignorancia del cliente [...]. [L]a doctrina es coincidente en admitir que, si el cliente es una persona competente en la actividad de que se trate, la obligación de información, e incluso la de consejo, se aligeran [...]. Es innegable, por lo demás, que el contenido de la obligación de información varía si el cliente es también un profesional conocedor de la materia, pues esto le permite estar al tanto de los aspectos técnicos y comerciales de la operación o actividad respectiva. Así las cosas, en un caso ilustrativo de este tema, las Cortes subrayan que una institución bancaria no podía seriamente alegar que se había equivocado en cuanto a la naturaleza e interpretación de un contrato de opción de venta de acciones. Igualmente se ha precisado que un mandante —dado el alto nivel de sus estudios y su nivel de experiencia, pues era gerente de una empresa— no podía desconocer el alcance de los términos del mandato que confirió [...]. Otra situación es la que se presenta cuando el cliente negocia con la asesoría de un experto. Esta circunstancia atenúa, como es obvio, la intensidad de la obligación de información y de consejo a cargo del profesional, si bien tales obligaciones no desaparecen por completo.

Por último, puede decirse que, si no se proporciona la información y el fideicomitente y/o el beneficiario incurren en error sobre esos extremos acerca de los cuales debieron ser informados, el error sufrido puede considerarse sustancial y, por tanto, invalidante del consentimiento, pues recae sobre los

---

76 Laudo arbitral del 8 de junio de 1999, que resolvió las controversias entre el Instituto Nacional de Vivienda de Interés Social y Reforma Urbana (Inurbe) y Fiduciaria de Desarrollo Agropecuario S. A. (Fiduagraria S. A.).

elementos esenciales que determinaron la prestación de ese consentimiento. Y quien o quienes sufrieron el error merecen en este caso la protección del ordenamiento jurídico, puesto que confiaron en la información que les suministraba quien estaba legalmente obligado a un grado muy elevado de imparcialidad, exactitud, veracidad y defensa de los intereses de su clientela en el suministro de información sobre los productos fiduciarios cuya contratación oferta y asesora[77]. Adicionalmente, ese incumplimiento del deber de información o su cumplimiento defectuoso hacen responsable al fiduciario de los perjuicios que sufra el fideicomitente o el beneficiario, según el caso, razón por la cual es a aquel a quien le corresponde demostrar que proporcionó la información, no a estos. Respecto de ello, puede decirse que la inversión de la carga de la prueba se sustenta, hoy por hoy, en lo dispuesto por el artículo 11 de la Ley 1328 de 2009[78], en concordancia con el artículo 167 del Código General del Proceso[79], y "obedece a una regla de justicia en virtud de la cual no es dable exigir a quien está en una posición probatoria complicada —cuando no imposible— o de desventaja, el esclarecimiento de hechos que la otra parte está en mejor posición de ilustrar"[80].

De manera entonces que, correspondiéndole al fiduciario la carga de probar que cumplió con la obligación de información, el deber de diligencia y cuidado recomienda que deje constancia escrita de las actuaciones realizadas con el fin de informar a su fideicomitente y al beneficiario, así como de las

---

77 Y es que cuando, como ocurre en la contratación financiera, el ordenamiento jurídico impone a una de las partes el deber de informar detallada y claramente a la contraparte sobre las presuposiciones que constituyen la causa del contrato —como es el caso de la naturaleza y los riesgos de los productos y servicios fiduciarios constitutivos del objeto social de las sociedades fiduciarias, para que el fideicomitente y/o el beneficiario puedan adoptar una decisión reflexiva y fundada—, en tal caso, la omisión de esa información o la facilitación de una información inexacta, incompleta, poco clara o sin la antelación suficiente determinan que el error de la contraparte haya de considerarse excusable, porque es dicha parte la que merece la protección del ordenamiento jurídico frente al incumplimiento por la contraparte de la obligación de informar de forma imparcial, veraz, completa, exacta, comprensible y con la necesaria antelación que le impone el ordenamiento jurídico.

78 Congreso de Colombia. Ley 1328 de 2009. Por la cual se dictan normas en materia financiera, de seguros, del mercado de valores y otras disposiciones. *D. O.* 47411 del 15 de julio de 2009. Disponible en http://www.secretariasenado.gov.co/senado/basedoc/ley_1328_2009.html

79 Congreso de Colombia. Ley 1564 de 2012. Por medio de la cual se expide el Código General del Proceso y se dictan otras disposiciones. *D. O.* 48489 del 12 de julio de 2012. Disponible en http://www.secretariasenado.gov.co/senado/basedoc/ley_1564_2012.html

80 Corte Suprema de Justicia, Sala de Casación Civil. Sentencia SL1452-2019 del 3 de abril de 2019, Rad. 68852, M. P.: Clara Cecila Dueñas Quevedo.

sugerencias y advertencias que les haya hecho acerca del cumplimiento de la finalidad a la cual están afectados los bienes fideicomitidos[81]. A este último respecto, se debe llamar la atención sobre el hecho de que en la práctica es usual que las sociedades fiduciarias incluyan en sus distintos modelos de contrato una estipulación en virtud de la cual pretenden dejar constancia de haberle dado cumplimiento al deber de información. También es usual que, junto con la suscripción del documento contentivo del contrato, al fideicomitente se le haga entrega de un documento en el que manifiesta haber recibido la información necesaria para la formación del consentimiento. Estas afirmaciones contenidas tanto en el contrato como en los documentos adicionales carecen de la virtualidad jurídica suficiente para dar por demostrado el cumplimiento del deber de información; a lo sumo acreditan un consentimiento, pero no informado, que es lo que exigen las disposiciones legales que regulan la contratación fiduciaria. Y por consentimiento informado se entiende aquel procedimiento que garantiza la comprensión de las condiciones, los riesgos y las consecuencias inherentes a dicho producto o servicio por parte del fideicomitente y, en su caso, del beneficiario antes de aceptar un ofrecimiento o un producto o servicio fiduciario, como se ha explicado suficientemente.

En los anteriores términos, queda entonces planteada la tensión que podría llegar a presentarse entre el deber de información y las instrucciones que el fideicomitente le imparta al fiduciario. En relación con este aspecto, en el ya citado Laudo arbitral del 31 de marzo de 2000[82], proferido con el fin de resolver las controversias entre el Inurbe y Fidugán derivadas de la celebración de un negocio fiduciario de inversión, se dijo:

> Así pues, al fiduciario no le es dado desconocer, ni mucho menos contravenir, las instrucciones que le haya impartido el constituyente de la fiducia de inversión. Pero sí le es dado, y además forma parte integrante de su deber profesional, hacer acopio de toda la información a su alcance, de modo de poder suministrarle a su cliente la ilustración más completa posible, para que la decisión final de este resulte la más apropiada. Y también le es dado, y así mismo forma parte de su deber profesional,

---

81 Laudo arbitral del 8 de junio de 1999, cit., proferido con ocasión de la controversia planteada por el Inurbe a Fiduagraria con respecto a la celebración y ejecución de un negocio fiduciario celebrado para la inversión y administración de los recursos del subsidio de vivienda.

82 Laudo arbitral del 31 de marzo de 2000, que resolvió las controversias entre el Instituto Nacional de Vivienda de Interés Social y Reforma Urbana (Inurbe) y Fiduciaria Ganadera S. A. (Fidugán).

asesorarlo sobre la inversión proyectada, poniéndole de presente todas las razones que su pericia le indique, a fin de que el constituyente pueda contar con todos los elementos de juicio que requiere.

C. EL OBJETO

Tratándose de negocios fiduciarios traslaticios y no traslaticios de dominio, la cuestión relativa a la determinación del objeto no es, en absoluto, pacífica, fundamentalmente si se tiene en cuenta que, al igual que lo que sucede con toda declaración de voluntad, frente a esta clase de negocios jurídicos la palabra "objeto" posee gran variedad de acepciones, a saber:

> a) como objeto de la prestación debida, la 'cosa' que se debe dar, hacer o no hacer, conforme a la definición legal de contrato (art. 1495 [del] C.C.) (¿qué es lo que se debe?), objeto de la obligación, la prestación debida; o como, b) el objeto mismo de la prestación: la 'cosa' debida, entendida como el bien corporal en el que se concreta la obligación de 'dar/entregar', o el acto, la obra o la abstención especificados (objeto de la prestación); c) el interés mismo a que ella se refiere, que puede consistir en cualquier porción del mundo exterior útil para el hombre, como en cualquier servicio o actividad humana; o como, d) el compromiso asumido por las partes o, más genéricamente, por quien o quienes se obligan; e) los intereses presentes en el contrato; f) en últimas, la función práctico-social que lo caracteriza y diferencia de los demás negocios. Se ha debatido, y la discusión continúa, acerca de si se debe hablar de objeto de la obligación, de objeto de la prestación, o de objeto del negocio jurídico o del contrato. Y la propia legislación contribuye a esa polivalencia, al emplear el vocablo parejamente en las distintas acepciones (arts. 1502 [3.°], 1517 a 1521 [del] C.C.). Las obligaciones que genera el contrato, al igual que todas las restantes, tienen por objeto prestaciones que se clasifican en de dar, hacer o no hacer [...]: tal [es] el objeto del 'acto o declaración' a que se refieren los arts. 1502 y 1517 [del] C.C. [...]. Dichas conductas se materializan en un bien o servicio[83].

---

83 Fernando Hinestrosa Forero. *Tratado de las obligaciones II*, cit., p. 295. Sobre este mismo particular, la Corte Constitucional expresó: «El objeto del contrato hace referencia a los derechos y [las] obligaciones que crea y, a su vez, las obligaciones tienen un objeto que consiste en un hecho [de] que el deudor se obliga [a] hacer algo (ejecución) o [a] abstenerse, es decir, que el objeto del contrato se encuentra conformado por los derechos y [las] obligaciones que este crea, modifica o extingue. De lo anterior se desprende que el código designa "como objeto del contrato lo que en realidad es objeto de la obligación. Es precisamente a este criterio (su objeto) que las obligaciones se clasifican en de dar, hacer o no hacer"». (Corte Constitucional. Sentencia T-574 del 20 de octubre de 2016, Exp. T-5.610.171, M. P.: Alejandro Linares Cantillo).

Para efectos del presente análisis, el objeto de la obligación que surge de la celebración de un contrato de fiducia mercantil se relaciona tanto con la prestación en sí —vale decir, la conducta que se espera del fiduciario— como con la "cosa" que ha de ser transferida por el fideicomitente.

1. LA PRESTACIÓN FIDUCIARIA COMO MEDIO DE SATISFACCIÓN DEL INTERÉS DEL BENEFICIARIO: LOS SERVICIOS COMO OBJETO DE LA PRESTACIÓN DEBIDA

Si se toma el objeto como equivalente de la "cosa" debida —entendida como el bien corporal en el que se concreta la obligación de "dar/entregar"— y se analiza el asunto desde la perspectiva del fiduciario, hay que decir que el objeto de la prestación a cargo del fiduciario radica en una actividad material de este, que es la prestación de un servicio[84] consistente en administrar y/o enajenar los bienes fideicomitidos. O sea, el servicio es el objeto material de la conducta debida por parte del fiduciario: administrar y/o enajenar los bienes fideicomitidos.

La prestación es, pues, un medio de satisfacer el interés de beneficiario, de modo tal que el comportamiento obligatorio del fiduciario ha de dirigirse a satisfacer ese interés contractual, es decir, a cumplir la finalidad establecida por el constituyente en el acto constitutivo. Desde esta perspectiva, deviene incuestionable que no se puede confundir el objeto del negocio fiduciario con la cosa o las cosas que se transfiere(n) a título de fiducia mercantil o que se entrega(n) a título de encargo fiduciario, según el caso. Esta precisión cobra particular importancia en sede de responsabilidad civil, habida cuenta de que si, como se acaba de ver, el fin del contrato de fiducia mercantil —y también de los encargos fiduciarios— radica en la satisfacción del interés contractual del beneficiario, y si este fin se dibuja, caso a caso, a partir de la finalidad señalada por el fideicomitente en el acto constitutivo, entonces forzosamente se debe concluir que dicho fin se realiza o se cumple, por obvias razones, con la ejecución de la prestación prometida, que, como ya se sabe, consiste en administrar y/o enajenar los bienes fideicomitidos.

---

84 En una acepción amplia, el término "servicio" se utiliza aquí para hacer referencia al objeto de la obligación de hacer que asume el fiduciario y para contraponerlo al término "cosa".

Así, pues, la prestación es el medio necesario para que el beneficiario obtenga la satisfacción de su interés, representado en la finalidad establecida a su favor por el fideicomitente, de lo cual se sigue que esta concepción realista del fenómeno de la contratación fiduciaria tiene particular incidencia a la hora de juzgar si el fiduciario ha cumplido o no con lo pactado. Si la conducta desplegada por el fiduciario en cumplimiento de lo contratado difiere del interés contractual del beneficiario, es decir, si no es apta para satisfacer el propósito práctico incorporado expresa o tácitamente en el programa contractual, se está en presencia de una hipótesis de incumplimiento.

En todo caso, y sin perjuicio de lo que se expondrá más adelante, en la satisfacción del interés del beneficiario, el fiduciario debe tener muy presente que la prestación, como conducta que es, se encuentra integrada por la diligencia, amén de que debe ser satisfecha acorde con los postulados de la buena fe, y adornada, precedida y seguida por aquellos complementos y circunstancias que, sobre la base de dicha buena fe, exige su naturaleza. De ahí la necesidad de que la prestación se encuentre clara y previamente determinada, pues al intérprete le corresponde en cada caso concreto precisar las nociones de diligencia y de buena fe con que debe actuar el fiduciario tomando en consideración la finalidad a la que se encuentran afectados los bienes fideicomitidos.

La prestación fiduciaria puede comprender uno o varios actos jurídicos, o, dicho de otra manera, en un mismo contrato de fiducia mercantil se pueden conjugar elementos propios, verbigracia, de una fiducia de inversión, de una fiducia de garantía y de una fiducia inmobiliaria para el desarrollo de un proyecto de construcción; sin embargo, de esto no se sigue que la gestión encomendada al fiduciario se descompone en un supuesto de pluralidad de prestaciones. En todo caso, la intensidad del vínculo obligatorio —esto es, la medida del compromiso que adquiere el fiduciario— varía según las circunstancias particulares en que se celebra el negocio fiduciario teniendo en cuenta la finalidad a la que quedan o se encuentran afectados los bienes fideicomitidos.

Se expone a continuación en qué consiste la obligación del fiduciario según el tipo de fiducia:

1) Fiducia de inversión: por principio, en invertir o colocar a cualquier título los dineros fideicomitidos.

2) Fiducia de administración de inversiones de fondos mutuos de inversión: administrar el portafolio de inversiones del fondo mutuo.

3) Fiducia inmobiliaria: administrar los recursos y bienes afectos a un proyecto inmobiliario o administrar los recursos asociados con el desarrollo y la ejecución de dicho proyecto.

4) Fiducia inmobiliaria de administración y pagos: administrar un proyecto inmobiliario y efectuar los pagos relacionados con su desarrollo, y transferir las unidades construidas a quienes resulten beneficiarios, de manera que el fiduciario pueda asumir la obligación de efectuar la escrituración de las unidades resultantes del proyecto.

5) Fiducia inmobiliaria de tesorería: invertir y administrar los recursos en efectivo destinados a la ejecución de un proyecto inmobiliario.

6) Fiducia inmobiliaria de preventas: efectuar el recaudo de los dineros provenientes de la promoción y consecución de los interesados en adquirir inmuebles en un proyecto inmobiliario, administrarlos e invertirlos mientras se cumplan las condiciones establecidas para ser destinados al desarrollo del proyecto inmobiliario.

7) Fiducia de administración: administrar y desarrollar la gestión encomendada por el fideicomitente, para lo cual destina los bienes fideicomitidos junto con sus rendimientos, si los hubiere, al cumplimiento de la finalidad establecida por el fideicomitente.

8) Fiducia de administración y pagos: administrar sumas de dinero u otros bienes que junto con sus rendimientos puedan ser destinados al cumplimiento oportuno y adecuado de las obligaciones que el fideicomitente señale.

9) Fiducia de administración de procesos de titularización: dar liquidez a determinados activos mediante la emisión y colocación en el mercado de los valores emitidos.

10) Fiducia de administración de cartera: administrar carteras productivas e improductivas de entidades financieras y del sector real.

11) Fiducia de administración de procesos concursales: actuar como agente liquidador o promotor de un proceso concursal, para lo cual se administran los recursos afectos a esa finalidad.

12) Fiducia de garantía: garantizar el cumplimiento de obligaciones propias o de terceros a favor de uno o varios acreedores.

13) Fiducia de garantía y fuente de pago: administrar un flujo futuro de recursos producto de una cesión de derechos económicos, recursos que se destinan a garantizar el cumplimiento de una obligación y a la atención de la deuda.

14) Fiducia de administración de pasivos pensionales: administrar, invertir y constituir reservas y garantías destinadas a la atención y/o normalización de pasivos pensionales, tales como el pago de mesadas pensionales, cuotas partes pensionales o cualquier otra obligación derivada de dichos pasivos.

15) Fiducia de administración de recursos de la seguridad social: administrar recursos destinados a algunas operaciones relacionadas con el sistema de seguridad social en las áreas de salud y riesgos profesionales[85].

A pesar de lo anterior, no basta con saber que el beneficiario quiere algo y que el fiduciario se ha obligado a proporcionárselo, sino que, además de ello, se requiere que el fiduciario tenga muy presente que la prestación, como conducta que es, se encuentra integrada por la diligencia, amén de que debe ser satisfecha acorde con los postulados de la buena fe, y adornada, precedida y seguida por aquellos complementos y circunstancias que, sobre la base de dicha buena fe, exige su naturaleza. De ahí la necesidad de que la prestación se encuentre clara y previamente determinada, pues al intérprete le corresponde en cada caso concreto precisar las nociones de diligencia y de buena fe con que debe actuar el fiduciario tomando en cuenta la finalidad a la que se encuentran afectados los bienes fideicomitidos.

Sin perjuicio de lo que se expondrá más adelante, en el ámito de la contratación fiduciaria resulta de la mayor importancia conocer el cuidado, la pericia o, en una palabra, la diligencia que dicho fiduciario debe emplear de cara al cumplimiento de la finalidad a la que se encuentran afectados los bienes fideicomitidos. Lo que el fiduciario promete siempre es cierto grado de diligencia en el desarrollo de la gestión que le ha sido encomendada, más o menos acentuado, dependiendo de cuál sea la finalidad a la que quedarán afectados los bienes fideicomitidos.

Por ello, aun tratándose de una misma modalidad de negocio fiduciario —por ejemplo, fiducia de inversión o fiducia de garantía—, lo cierto es que no existe un único criterio para determinar la medida del compromiso que adquiere el fiduciario. De manera entonces que la diligencia será mayor o menor, y al operador jurídico le corresponderá analizar las particularidades de cada caso con miras a adoptar cualquiera de las pautas que considere

---

85 Esta tipología de negocios fiduciarios corresponde a la clasificación efectuada por la Superintendencia Financiera de Colombia para efectos del reporte de información a dicho organismo de control por parte de las sociedades fiduciarias, conforme a lo previsto en el Título v, Capítulo i de la Circular Básica Jurídica.

idóneas para distinguir si la obligación de seguridad a cargo del fiduciario contiene únicamente un deber genérico de diligencia o si, por el contrario, incluye el deber de evitar cualquier circunstancia que dificulte o haga imposible el cumplimiento de la finalidad a la cual se encuentran afectados los bienes fideicomitidos y que lesione a la persona del fideicomitente o del beneficiario, o los bienes fideicomitidos.

Así, por ejemplo, tratándose de fiducias de garantía y fuente de pago, la obligación del fiduciario de administrar los flujos futuros de recursos varía según el negocio jurídico que dio origen a la cesión de los derechos económicos que se destinarán a garantizar el cumplimiento de las obligaciones a cargo del fideicomitente y/o de los terceros respecto de los cuales actúa como garante. Si los derechos económicos que se ceden se originan, verbigracia, en un contrato de obra pública, el alcance de la obligación del fiduciario no es el mismo que si tales derechos provienen, por ejemplo, de la prestación de servicios médicos de atención a víctimas de accidentes de tránsito. De cualquier manera, en uno y otro caso, la obligación de seguridad a cargo del fiduciario va más allá del simple hecho de limitarse a esperar que la entidad pública contratante o que la compañía aseguradora le transfiera los recursos afectados como fuente de pago. El cumplimiento de dicha obligación implica que el mecanismo jurídico que se estipule contractualmente para el recaudo de los derechos económicos fideicomitidos debe ser adecuado tanto desde lo jurídico como desde lo operativo para cumplir con la finalidad.

A este respecto, resulta ilustrativo lo manifestado en el Laudo arbitral del 24 de abril de 2000[86], proferido para dirimir las controversias entre el Banco Davivienda y Alianza Fiduciaria S. A. suscitadas con ocasión de la celebración de un contrato de fiducia mercantil de garantía y fuente de pago en el que los bienes fideicomitidos estuvieron representados en títulos valores de contenido crediticio cuyo cobro continuaría efectuando la sociedad fideicomitente con el compromiso de trasladar el producto de la recuperación a la sociedad fiduciaria "dentro de los cinco días hábiles siguientes al vencimiento del plazo del título o de los instalamientos pactados en estos, independientemente de haberse o no recaudado el dinero". Como fundamento de la sentencia condenatoria proferida en contra de la sociedad fiduciaria, los árbitros manifestaron lo siguiente:

---

86 Laudo arbitral del 24 de abril de 2000, que resolvió las controversias entre el Banco Davivienda S. A. y Alianza Fiduciaria S. A.

Alianza, de manera explícita, se comprometió mediante el contrato de fiducia en garantía celebrado el 2 de junio de 1993: a constituir un patrimonio autónomo con facturas cambiarias de compraventa producto de las operaciones mercantiles realizadas por TMA, con sus propios clientes, así como con el producto de las mismas (sic); a efectuar su cobranza directamente o a través de TMA; a mantener los bienes fideicomitidos separados de los propios y de los que conforman otros negocios fiduciarios; en caso de mora, a contratar el recaudo de los títulos; a solicitar los estados financieros del fideicomitente; a llevar la personería para la protección y defensa de los bienes fideicomitidos; a realizar los actos para cumplir el objeto del contrato y, a rendir cuentas comprobadas de su gestión, cada seis meses calendario, entre otras [...] Resulta evidente que las actividades antes relacionadas corresponden a las típicas de una fiducia en garantía. Estas, por expresa indicación del regulador bancario, son propias de las fiducias de administración, en las que el fiduciario alcanza su finalidad dependiendo del buen ejercicio de su experiencia profesional. [...] Advierte el tribunal que la responsabilidad de medio es más exigente que la de resultado y aplica a los profesionales cuando se comprometen con obligaciones, incluidas las que se derivan de contratos de prestación de servicios, en los que se demanda una atención particularmente cuidadosa. A las actividades fiduciarias se les predican todos los planteamientos que han sido expuestos anteriormente y les son aplicables en atención a los especialísimos deberes que caracterizan sus compromisos, todos ellos enmarcados en la confianza[,] que es la esencia de su actividad y que confluye a poner todo su empeño en orden a conseguir la finalidad determinada a la que se refiere el artículo 1234 del Código de Comercio. Ahora, si bien el fiduciario, en desarrollo de las obligaciones de medio que asume, no puede garantizar que el valor de los activos sea suficiente para servir el pago de los créditos garantizados, sí le corresponde desplegar todo su juicio y experiencia para atender las obligaciones instrumentales contraídas. [...] Esta circunstancia reafirma que al fiduciario no se le tolera la ineficacia o la tardanza en lo que hace a las actividades necesarias para alcanzar la finalidad, en la medida en que razonablemente ha debido cumplir, dado que la responsabilidad de medio no equivale a irresponsabilidad según lo anteriormente dicho. Por el contrario, los deberes profesionales a cargo del fiduciario son diferenciadores de este con otro tipo de entes que actúan en el campo de los negocios. [...] En consecuencia, sin ninguna duda, en los contratos de fiducia este tipo de actividades a cargo del fiduciario, conjuga como obligaciones de medio, lo que se confirma también en los contratos de fiducia en garantía, en los cuales va implícita el alea de lograr una fuente de pago efectiva. Lo dicho implica que los deberes del fiduciario han de traducirse en acciones para cumplir esa finalidad, acciones que no pueden eludirse o retardarse por simple negligencia, pues ello generaría que los contratos fiduciarios pierdan la seguridad y eficacia que los agentes de mercado les han reconocido y la jurisprudencia y la doctrina han confirmado. [...] El mecanismo de recaudo que la fiduciaria escogió y acordó con el fideicomitente, no resultó jurídica ni operativamente adecuado para cum-

> plir la finalidad del fideicomiso, en tanto que expuso al patrimonio autónomo a un riesgo frente al fideicomitente, que precisamente era el que los beneficiarios pretendían cubrir, y para eso les fue ofrecida y aceptaron la garantía fiduciaria, cuando con esta se han debido independizar los recursos provenientes de la cartera de TMA, para ser trasladados al patrimonio autónomo, para su administración y control por parte de la entidad fiduciaria[87].

Del mismo modo, y sin perjuicio de lo que se expondrá más adelante, cabe adelantar que en el ámbito de la contratación fiduciaria la buena fe adquiere una de sus más importantes manifestaciones, pues se presenta como un modelo de conducta que el fiduciario debe seguir durante toda la vida del negocio, "[...] expandiendo su aplicación incluso a las etapas preparatorias o preliminares del contrato y también una vez concluido este, influyendo a su vez de manera determinante en la interpretación del negocio [...]"[88].

Visto lo anterior, resta tan solo decir que la prestación fiduciaria, como objeto de la obligación a cargo del fiduciario, debe cumplirse respecto de los bienes fideicomitidos de cara al cumplimiento de la finalidad establecida por el constituyente, incluso hasta su agotamiento. Por ser una conducta, el objeto de la relación jurídica fiduciaria coincide con el objeto de la prestación que debe ejecutar el fiduciario y que puede reclamar el beneficiario como consecuencia de la relación obligatoria derivada del negocio fiduciario[89].

2. LOS BIENES FIDEICOMITIDOS COMO OBJETO DEL NEGOCIO FIDUCIARIO

En el caso de los contratos de fiducia mercantil y de encargo fiduciario, y analizada la situación desde la perspectiva del fideicomitente, se tiene que su objeto principal está dado por los bienes o derechos que se transfieren o entregan bajo título no traslaticio del derecho de dominio en el acto de su

---

87 Laudo arbitral del 24 de abril de 2000, cit.

88 Cristián Boetsch Gillet. *La buena fe contractual*, 1.ª ed., Santiago de Chile, Ed. Jurídica de Chile, 2015, p. 109.

89 Conforme a las voces del artículo 1502 del CC, todo contrato requiere de un objeto cierto que sea materia de aquel. Esta idea la complementan los artículos 1517 y 1518 *ibidem* al señalar que objeto del contrato pueden ser una o más cosas, aun las futuras, que no estén fuera del comercio y que una parte se obliga a dar, hacer o no hacer. En todo caso, en el concepto de cosas se incluyen también los servicios. Así, entonces, tratándose de negocios fiduciarios traslaticios y no traslaticios de dominio, su objeto lo constituye el servicio que el fiduciario debe prestar.

celebración, los cuales estarán destinados al cumplimiento de la finalidad señalada a favor del beneficiario[90]. En esta dirección, cabe decir entonces que objeto de un contrato de fiducia mercantil o de encargo fiduciario pueden ser toda clase de bienes siempre y cuando cumplan tres requisitos: existir, ser ciertos (determinados o determinables) y estar en el comercio[91].

– LOS BIENES FIDEICOMITIDOS DEBEN "EXISTIR" O "ESPERARSE QUE EXISTAN"

En el caso particular de los contratos de fiducia mercantil, dado su carácter real, se requiere de manera indefectible que los bienes fideicomitidos "existan" o "se espere que existan" para el momento en que se celebre y perfeccione el contrato, toda vez que dichos bienes son precisamente los que conforman el patrimonio autónomo; por ende, la invalidez del contrato resulta cuando el negocio recae sobre derechos que ni siquiera han comenzado a configurarse. Obviamente, lo dicho tiene aplicación cuando de trata de bienes individuales o de cuerpos ciertos que no son reemplazables.

A pesar de lo anterior, este requisito, relacionado con la existencia de los bienes fideicomitidos, también se refiere a las denominadas "cosas aleatorias", vale decir, aquellas "[...] cosas e intereses que, no obstante (sic) carecer actualmente de realidad, se espera ciertamente que lleguen a existir, siempre que la operación las haya tomado en esa forma [...]"[92]. A este respecto, en la práctica colombiana es usual encontrar contratos de fiducia mercantil en los que los bienes fideicomitidos están constituidos por los derechos económicos (flujos futuros) derivados de contratos, verbigracia, de prestación de servicios, o contratos de suministro, o contratos estatales de concesión o de obras públicas, etc., contratos de fiducia que en unos casos se clasifican y reportan a la Superintendencia Financiera como de administración y pagos, pero que en otros casos se presentan como de garantía y fuente de pago. En relación con esta clase de contratos, es necesario distinguir si el contrato nace en estado de pendencia o sometido a una condición suspensiva, o si,

---

90 *Cfr.* Sergio Rodríguez Azuero. *Negocios fiduciarios: su significación en América Latina*, Bogotá, Legis, 2005, p. 142.

91 *Cfr.* Fernando Hinestrosa Forero. *Tratado de las obligaciones II*, cit., p. 297; Sergio Rodríguez Azuero. *Negocios fiduciarios*, cit., p. 143.

92 *Cfr.* Fernando Hinestrosa Forero. *Tratado de las obligaciones II*, cit., p. 299.

por el contrario, nace como un contrato aleatorio. Lo usual es encontrar que se trata de contratos aleatorios, de suerte que se asume el riesgo de que los derechos económicos lleguen a existir.

Excepto cuando el negocio recae sobre esa clase de derechos económicos que se han mencionado, la inexistencia de los bienes al momento del perfeccionamiento del contrato de fiducia mercantil o de encargo fiduciario, según el caso, conlleva o desemboca en su nulidad. En este escenario, de más está señalar que el carácter real del contrato de fiducia mercantil impide que pueda recaer sobre una cosa ajena. Es decir, contrariamente a lo que estima algún sector de la doctrina nacional, en esta materia no cabe hablar de fiducia de cosa ajena, asunto al cual se hará referencia más adelante.

– LOS BIENES FIDEICOMITIDOS DEBEN ESTAR DETERMINADOS

Por otra parte, dado el carácter real del contrato de fiducia mercantil, se requiere también que los bienes fideicomitidos se encuentren determinados, y dicha determinación debe darse al tiempo de la celebración y del perfeccionamiento del contrato. Es decir, en el contrato de fiducia mercantil se ha de establecer cabalmente cuáles son los bienes fideicomitidos. Al respecto, se debe aclarar que la forma de hacerlo depende, como es apenas natural, de si se trata de cuerpos ciertos o de bienes de género, lo cual plantea la necesidad de establecer quién asume el riesgo de su pérdida. En todo caso, cuando se trata de cuerpos ciertos, se requiere precisar la individualidad de su especie, esto es, su determinación se hará mediante la mención de sus rasgos individuales: nombre, caracteres que la distinguen de cualquiera otra, "calidades específicas; y si son inmuebles, se mencionará su nombre, dirección, ubicación, sus linderos, superficie"[93]. "Lo importante, en todo caso, es establecer la individualidad del bien o el derecho: por ejemplo, el crédito, la patente, la marca"[94]. Por su parte, en el caso de bienes de género, "la determinación se hará por medio del género próximo, la calidad, el número, peso, cuenta, medida"[95].

93 Fernando Hinestrosa Forero. *Tratado de las obligaciones II*, cit., p. 307.
94 *Ibid.*, p. 306.
95 *Ibid.*, p. 306.

– LAS PRESTACIONES DE HACER NO SON DE RECIBO EN LA FIDUCIA MERCANTIL

Sobre este particular, es importante llamar la atención acerca de que, tratándose, verbigracia, de contratos de fiducia mercantil en los que los bienes fideicomitidos están destinados al desarrollo de proyectos de construcción, se ha vuelto común estipular prestaciones de hacer en cabeza de uno de los sujetos que integran la parte fideicomitente, para lo cual se han venido utilizando de manera impropia e indebida instituciones exclusivas del derecho societario, como es el caso de los denominados "aportes de industria con estimación de su valor". En la práctica se observa que la parte fideicomitente es o suele ser una parte plural compuesta fundamentalmente por dos sujetos: uno que transfiere el inmueble en el que habrá de desarrollarse el proyecto de construcción y otro que actúa como una especie de "socio industrial" y que aporta —valga la impropiedad del término que así se utiliza— su "trabajo", consistente en la ejecución de las respectivas obras, labor por la cual recibe a cambio una contraprestación económica durante el desarrollo del proyecto constructivo. Considerando la naturaleza real del contrato de fiducia mercantil, es claro que las prestaciones de hacer no pueden ser objeto de este, de manera entonces que en estos casos ese, por así llamarlo, "aporte de industria" no podría considerarse como constitutivo del patrimonio autónomo y, por ende, ese "fideicomitente de industria", en estricto rigor jurídico, no sería parte del contrato de fiducia mercantil. En estos casos, el único bien constitutivo del patrimonio autónomo sería, sin duda alguna, el inmueble en el que habrá de desarrollarse el proyecto de construcción[96].

96 Esta situación se advierte, entre otros, en el Contrato de Fiducia Mercantil de Administración Inmobiliaria - Fideicomiso Nao Fun + Shopping. En este caso, se tienen dos fideicomitentes (A y B). Según las estipulaciones contractuales, el uno "aporta" al fideicomiso el inmueble sobre el cual se desarrollará un proyecto de construcción. El otro o los otros "aporta(n)" las labores de conceptualización, gerencia del proyecto, diseño arquitectónico, construcción y comercialización. En la cláusula relativa al objeto del contrato de fiducia mercantil, se estipula, entre otras cosas, que tal objeto consiste en que el fiduciario restituya a favor del fideicomitente que "aporta" esas labores de conceptualización, gerencia del proyecto, diseño arquitectónico, construcción y comercialización el valor de tales "aportes"; dicha restitución se efectuará con cargo a los recursos existentes en el patrimonio autónomo.

– NEGOCIOS FIDUCIARIOS EN LOS QUE LOS BIENES FIDEICOMITIDOS SE ENCUENTRAN REPRESENTADOS, TOTAL O PARCIALMENTE, POR RECURSOS O BIENES DE NATURALEZA PÚBLICA

Así mismo, sobre este asunto de la determinación de los bienes fideicomitidos, debe llamarse la atención respecto de aquellos negocios fiduciarios en los que los bienes fideicomitidos se encuentran representados, total o parcialmente, por recursos o bienes de naturaleza pública provenientes de manera directa o indirecta de una entidad de carácter público, sea del nivel nacional, departamental, municipal, distrital o de los organismos descentralizados que conforman dichos niveles, con independencia de la modalidad de contratación utilizada para la celebración del negocio, vale decir, si se trata de un contrato celebrado en el marco de la Ley 80 de 1993 o de uno celebrado exclusivamente entre un particular y una sociedad fiduciaria[97]. Particular importancia tienen aquellos contratos de fiducia mercantil en los que los bienes fideicomitidos se encuentran representados, total o parcialmente, por recursos o dineros por concepto de anticipos[98] originados en

97 A ese respecto, en la Parte II, Título II, Capítulo I, Num. 9.º de la Circular Básica Jurídica expedida por la Superintendencia Financiera se lee: "Para efectos de las instrucciones impartidas en esta Circular se entiende que un negocio fiduciario administra recursos o bienes de naturaleza pública cuando dichos recursos sean aportes patrimoniales al fideicomiso y provengan directa o indirectamente de una entidad de carácter público, sea del nivel nacional, departamental, municipal, distrital o de los organismos descentralizados que conforman dichos niveles, sin tener en cuenta la modalidad de contratación utilizada para la celebración del negocio. Igualmente, se entienden como públicos los recursos parafiscales. [...] Cuando quiera que en el negocio fiduciario haya recursos públicos y privados deben tenerse en cuenta las siguientes condiciones para su identificación como públicos: [...] 9.1. Cuando en el respectivo contrato está pactado que en caso de incumplimiento de su objeto la totalidad o parte de los recursos deben retornar a un ente público, y/o [...] 9.2. Cuando en el respectivo contrato está pactado que los recursos fideicomitidos deben destinarse al cumplimento de las funciones propias del ente público". (Superintendencia Financiera de Colombia. Circular Básica Jurídica (C. E. 029/14), cit.).

98 El ordenamiento jurídico colombiano no define la figura del anticipo. Simplemente, en el parágrafo del artículo 40 de la Ley 80 de 1993 se establece: "En los contratos que celebren las entidades estatales se podrá pactar el pago anticipado y la entrega de anticipos, pero su monto no podrá exceder del cincuenta por ciento (50 %) del valor del respectivo contrato" (Congreso de Colombia. Ley 80 de 1993. Por la cual se expide el Estatuto General de Contratación de la Administración Pública. *D. O.* 41094 del 28 de octubre de 1993.). Ha sido la jurisprudencia del Consejo de Estado la que se ha encargado de precisar la noción de anticipo. Así, por ejemplo, en la Sentencia 13436 del 22 de junio de 2001, con ponencia de Ricardo Hoyos Duque, el Consejo de Estado expresó: "En la práctica contractual administrativa con fundamento en la ley, lo usual es

los contratos de obra, concesión, salud y los que se realicen por licitación pública y siempre que no sean de menor o mínima cuantía. De acuerdo con lo dispuesto por el artículo 91 de la Ley 1474 de 2011[99], el contratista debe celebrar un contrato de fiducia mercantil irrevocable para el manejo de los recursos que recibe a título de anticipo, con el fin de garantizar que dichos recursos se apliquen de forma exclusiva a la ejecución del contrato

---

que la entidad pública contratante le entregue al contratista un porcentaje del valor del contrato, a título de anticipo, el cual habrá de destinarse al cubrimiento de los costos iniciales en que debe incurrir el contratista para la iniciación de la ejecución del objeto contratado. De ahí que se sostenga que es la forma de facilitarle al contratista la financiación de los bienes, servicios u obras que se le han encargado con ocasión de la celebración del contrato. Se convierte así este pago en un factor económico determinante para impulsar la ejecución del contrato. [...] En estas condiciones, si el anticipo se entrega al contratista antes o simultáneamente con la iniciación del contrato, esto es, cuando aún el contratista no ha prestado el servicio, ejecutado la obra o entregado los bienes y precisamente espera dicha suma para iniciarlo y la fecha de ese pago marca la pauta para el cómputo del término del contrato, el pago de la suma de dinero que las partes convengan a ese título se hace en calidad de préstamo. [...] Esto significa que las sumas entregadas como anticipo son de la entidad pública y esa es la razón por la cual se solicita al contratista que garantice su inversión y manejo y se amortice con los pagos posteriores que se facturen durante la ejecución del contrato". (Consejo de Estado, Sala de lo Contencioso Administrativo, Sección Tercera. Sentencia 13436 del 22 de junio de 2001, Rad. 44001-23-31-000-1996-0686-01(13436), C. P.: Ricardo Hoyos Duque). Así mismo, en la Sentencia del 10 de marzo de 2016, expresó: "Los dineros entregados a un contratista a título de anticipo, no pasan a ser de su propiedad, pues apenas lo son a título de mera tenencia como quiera que en el *sub judice*, se le entregaron al contratista para que comenzara la ejecución del objeto del contrato, por lo que el contratista los recibió a título de administrador[,] no de propietario". (Consejo de Estado, Sala de lo Contencioso Administrativo, Sección Primera. Sentencia del 10 de marzo de 2016, Exp. 25000-23-24-000-2005-00029-01, M. P.: María Clara Rojas Lasso).

99 A este respecto, en la exposición de motivos de la Ley 1474 de 2011 se lee: "Se ha identificado que de manera muy frecuente los contratistas no están aplicando los anticipos a la ejecución del contrato correspondiente, situación que finalmente produce el incumplimiento de las obligaciones o la entrega extemporánea de las obras. Por ello, se establece un sistema de seguimiento a los anticipos imponiendo la obligación del contratista de constituir una fiducia irrevocable con lo que reciba de los mismos (sic), para que sea esta la que garantice que tales recursos se aplicarán exclusivamente a la ejecución del contrato". (Congreso de Colombia. Ley 1474 de 2011. Por la cual se dictan normas orientadas a fortalecer los mecanismos de prevención, investigación y sanción de actos de corrupción y la efectividad del control de la gestión pública. *D. O.* 48128 del 12 de julio de 2011. Disponible en http://www.secretariasenado.gov.co/senado/basedoc/ley_1474_2011.html).

correspondiente. En este mismo sentido, el artículo 35 del Decreto 1510 de 2013[100] (incorporado en el Decreto 1082 de 2015[101]) dispone:

> En los casos previstos en la ley, el contratista debe suscribir un contrato de fiducia mercantil para crear un patrimonio autónomo, con una sociedad fiduciaria autorizada para ese fin por la Superintendencia Financiera, a la cual la Entidad Estatal debe entregar el valor del anticipo. [...] Los recursos entregados por la Entidad Estatal a título de anticipo dejan de ser parte del patrimonio de esta para conformar el patrimonio autónomo. En consecuencia, los recursos del patrimonio autónomo y sus rendimientos son autónomos y son manejados de acuerdo con el contrato de fiducia mercantil. [...] En los pliegos de condiciones, la Entidad Estatal debe establecer los términos y [las] condiciones de la administración del anticipo a través del patrimonio autónomo. [...] En este caso, la sociedad fiduciaria debe pagar a los proveedores, con base en las instrucciones que reciba del contratista, las cuales deben haber sido autorizadas por el Supervisor o el Interventor, siempre y cuando tales pagos correspondan a los rubros previstos en el plan de utilización o de inversión del anticipo[102].

---

100 Presidencia de la República de Colombia. Decreto Nacional 1510 de 2013. Por el cual se reglamenta el sistema de compras y contratación pública. *D. O.* 48854 del 17 de julio de 2013. Disponible en https://www.alcaldiabogota.gov.co/sisjur/normas/Norma1.jsp?i=53776

101 Presidencia de la República de Colombia. Departamento Nacional de Planeación. Decreto 1082 de 2015. Por medio del cual se expide el Decreto Único Reglamentario del Sector Administrativo de Planeación Nacional. *D. O.* 49523 del 26 de mayo de 2015. Disponible en https://normativa.colpensiones.gov.co/colpens/docs/decreto_1082_2015.htm

102 De acuerdo con la *Guía para el manejo de anticipos mediante contratos de fiducia mercantil irrevocable*, expedida por la Unidad Administrativa Especial de la Agencia Nacional de Contratación Pública (Colombia Compra Eficiente), tiene el carácter de fideicomitente "el contratista, quien encomienda la gestión y administración de los recursos entregados por la Entidad Estatal al patrimonio autónomo por concepto de anticipo en un contrato estatal. La Entidad Estatal gira los recursos, pero es el contratista quien constituye la fiducia con dichos recursos". A su turno, el carácter de beneficiario recae en "(i) el fideicomitente, en cuyo nombre se realizan pagos a terceros y giros a su favor de los excedentes que resulten a la terminación del contrato de fiducia y, (ii) la Entidad Estatal en el evento en que la fiduciaria deba transferirle los remanentes de los recursos del patrimonio autónomo, cuando la Entidad Estatal comunica a la fiduciaria la terminación anticipada o unilateral, caducidad o nulidad del contrato estatal". En cuanto al tipo de contrato, se expresa: "Para el manejo del anticipo, el contrato de fiducia mercantil irrevocable debe ser de administración y pagos. La fiduciaria administra los recursos del patrimonio autónomo y autoriza los pagos con base en las instrucciones que reciba del contratista, las cuales deben haber sido autorizadas por el supervisor y/o el interventor, siempre y cuando tales pagos correspondan a los rubros previstos en el plan de utilización o de inversión del anticipo. Cuando la Entidad Estatal declara la caducidad, [el] incumplimiento o [la] terminación del contrato estatal o cuando se presenta la nulidad del contrato estatal[,] la sociedad fiduciaria debe reintegrar los recursos del anticipo a la Entidad Estatal [...] No son admisibles otro tipo de negocios fiduciarios[,] como los encargos fiduciarios, la fiducia pública o fiducia mercantil

En todos estos casos, esa naturaleza pública de los bienes fideicomitidos supone el imperativo por parte de las sociedades fiduciarias y de los funcionarios responsables de su administración de "someterse a los mandatos de orden público del régimen jurídico específico que en esa área rigen en el derecho colombiano, y que responde a una política pública encaminada a precaver despilfarros y prácticas corruptas, especialmente por parte de los

---

de garantía, los cuales no corresponden a la finalidad prevista por la ley para el manejo de anticipos". En relación con las condiciones para administrar los recursos del patrimonio autónomo y las obligaciones principales de la fiduciaria, se establece: "En los pliegos de condiciones, la Entidad Estatal debe establecer los términos y [las] condiciones de la administración del anticipo a través del patrimonio autónomo. La constitución del patrimonio autónomo para el manejo del anticipo no exime a la Entidad Estatal de exigir la garantía de buen manejo y correcta inversión del anticipo [...] Según el documento tipo, Colombia Compra Eficiente considera procedente que los recursos del anticipo se mantengan en fondos de inversión colectivos administrados por la fiduciaria que cumplan con las condiciones del artículo 49 del Decreto 1525 de 2008 o en cuentas de ahorro y/o corrientes, mientras se destinan al cumplimiento del objeto del contrato de fiducia [...] Dentro de (sic) las obligaciones que debe cumplir la sociedad fiduciaria, las Entidades Estatales deben exigir: [...] Administrar adecuadamente los recursos que integran el patrimonio autónomo. [...] Efectuar los pagos ordenados por el fideicomitente, aprobados por el interventor y/o supervisor del contrato estatal, exclusivamente con base en lo establecido en el plan de utilización o de inversión del anticipo. La fiduciaria también puede efectuar el rembolso en el evento en que el contratista haya asumido directamente la compra o [el] suministro de bienes y servicios previstos en el plan de utilización o de inversión del anticipo, para lo cual el fideicomitente se obliga a adjuntar a la solicitud, los documentos correspondientes que determine la fiduciaria para tal efecto, que acrediten el uso y [la] destinación de los recursos y la autorización del supervisor o interventor del contrato estatal. [...] Entregar a la Entidad Estatal los recursos entregados por concepto de anticipo[,] así como sus remanentes, cuando esta comunique a la fiduciaria el acto administrativo ejecutoriado donde se declara la terminación unilateral o anticipada del contrato estatal, la caducidad administrativa, o la nulidad del contrato estatal. [...] No delegar en ninguna persona, ni en otra sociedad fiduciaria sus deberes y obligaciones. [...] Proteger y defender los bienes que le hayan sido entregados por concepto de anticipo contra cualquier acto de terceros o del fideicomitente, así como cumplir las obligaciones previstas en el artículo 1234 del Código de Comercio colombiano. [...] Llevar la contabilidad separada de este negocio, de conformidad con las disposiciones legales que regulan la materia. [...] Informar mensualmente al fideicomitente y a la Entidad Estatal sobre la situación financiera o [el] estado de cuenta de los recursos del patrimonio autónomo, para lo cual[,] dentro de los quince (15) primeros días de cada mes, debe presentar una relación detallada de los recursos del patrimonio autónomo que son administrados de acuerdo a (sic) la finalidad de este contrato, las inversiones realizadas, el saldo por capital y los rendimientos con corte al último día del ejercicio anterior, los giros, y/o traslados realizados. [...] Registrar contablemente los rendimientos financieros como parte del patrimonio autónomo. [...] Las demás obligaciones previstas por la ley". (Colombia Compra Eficiente. *Guía para el manejo de anticipos mediante contratos de fiducia mercantil irrevocable*, Bogotá, CEE, 2014).

administradores locales y contratistas privados"[103]. Este asunto se tratará más adelante, cuando se haga referencia a la diligencia del fiduciario.

– LOS BIENES FIDEICOMITIDOS DEBEN SER IDÓNEOS PARA CUMPLIR LA FINALIDAD

Por último, puede decirse que, además de su existencia y determinación, se exige de los bienes fideicomitidos su idoneidad para cumplir con ellos la finalidad señalada en el acto constitutivo, pese a que de modo individual el fiduciario no se encuentre en condiciones de cumplir tal finalidad por cuanto, verbigracia, carece de la infraestructura técnica, administrativa y humana necesaria para ello. A este respecto, el artículo 1519 del Código Civil dispone que "hay objeto ilícito en todo lo que contraviene el derecho público de la nación". En concordancia con esta disposición legal, el parágrafo del artículo 2.5.2.1.1 del Decreto 2555 de 2010 enseña que "el negocio fiduciario no podrá servir de instrumento para realizar actos o contratos que no pueda celebrar directamente el fideicomitente de acuerdo con las disposiciones legales". Sobre este último aspecto también se volverá más adelante, cuando se aluda a la ilicitud del objeto y de la causa.

---

103 *Cfr.* Laudo arbitral del 22 de julio de 2010, proferido para dirimir las controversias surgidas entre Operagua El Banco S. A. ESP y Fiduprevisora S. A. relacionadas con el incumplimiento de las obligaciones nacidas de un encargo fiduciario de "recaudo, administración y pagos" celebrado en el marco de otro contrato principal, un contrato estatal de operación con inversión. Este encargo fiduciario tuvo por objeto general a cargo de la fiduciaria "(i) ejercer la recepción de los recursos que le sean aportados por el constituyente, la nación y el Municipio-Empresa de Servicios Públicos de El Banco, Magdalena; (ii) administrar dichos recursos; (iii) efectuar los pagos que se requieran en desarrollo del Contrato de Operación con Inversión". Ahora, si la naturaleza pública de los bienes fideicomitidos supone el imperativo por parte de las sociedades fiduciarias y de los funcionarios responsables de su administración de "someterse a los mandatos de orden público del régimen jurídico específico que en esa área rigen en el derecho colombiano", entonces se impone la necesidad de despejar los siguientes interrogantes: (i) ¿cuál es el papel de las sociedades fiduciarias cuando actúan como administradoras de bienes y recursos públicos? ¿Acaso se convierten en gestores fiscales en los términos previstos en la Ley 610 de 2000? (ii) ¿Hasta dónde se extiende la responsabilidad de las sociedades fiduciarias como administradores de recursos públicos? La necesidad de dar respuesta a estos interrogantes surge del fallo proferido por la Contraloría General de la República en octubre de 2017 mediante el cual declaró fiscalmente responsables, entre otros, a FIDUCOLOMBIA S. A. en su carácter de administradora de recursos públicos, porque, en su criterio, dicha fiduciaria había utilizado tales recursos para hipotéticos fines no establecidos en la ley.

D. LA CAUSA LÍCITA

Como lo explica Hinestrosa Forero[104], en el Código Civil, la causa presenta un doble sentido que puede provocar dudas e interpretaciones erróneas. En este sentido,

> cuando se pregunta: ¿por qué está obligado?, y se responde: porque contrató (causa eficiente); cuando se pregunta: ¿por qué contrató?, y se responde: porque quería obtener la prestación prometida por la otra parte (causa final); y cuando se pregunta: ¿qué lo movió a desear la cosa o el servicio objeto de aquella prestación (causa implusiva)?, allí, ¿por la causa de qué se está indagando? ¿Por la causa del negocio o contrato o por la de la obligación? La anfibología es palmaria en el propio Código: mientras que el artículo 1502 prescribe que para que una persona se obligue por un acto o declaración es menester que (aquel o esta) "tenga una causa real y lícita", el artículo 1524 previene que "no puede haber obligación sin una causa real y lícita" y que "se entiende por causa el motivo que induce al acto o contrato"[105].

Es necesario entonces distinguir entre la "causa del contrato" y la "causa de la obligación nacida del contrato". Esta última "resulta ser la correspondencia mutua de las prestaciones [...] el móvil-fin determinante"[106], amén de que

> contesta a la pregunta [...] por qué se debe (*causa debendi, causa obligationis*) [...] Causa de la obligación o *causa debendi* es el fundamento jurídico de la existencia de una deuda, entendida como deber jurídico de realización de una prestación; es lo que justifica el deber de prestación [...] Causa es el hecho constitutivo de la

---

104 *Cfr.* Fernando Hinestrosa Forero. *Tratado de las obligaciones II*, cit., p. 297; Sergio Rodríguez Azuero. *Negocios fiduciarios: su significación en América Latina*, cit., p. 37.

105 En idéntico sentido, la Corte Constitucional, en la Sentencia T-574 del 20 de octubre de 2016 expresó que el artículo 1524 del Código Civil dispone que "no puede haber obligación sin una causa real y lícita", y señaló a su vez que "[s]e entiende por causa el motivo que induce al acto o contrato; y por causa ilícita[,] la prohibida por la ley, o contraria a las buenas costumbres o al orden público". Para explicar la carencia de causa, trae como ejemplo "la promesa de dar algo en pago de una deuda que no existe", y de causa ilícita, "la promesa de dar algo en recompensa de un crimen o de un hecho inmoral" (Corte Constitucional. Sentencia T-574 del 20 de octubre de 2016, cit.). De lo anterior se desprende que para la validez, existencia y eficacia de cualquier negocio jurídico se exige que tenga una causa real y lícita. La causa se identifica entonces con la función económico-social del acto o del negocio jurídico de que se trate.

106 *Cfr.* Fernando Hinestrosa Forero. *Tratado de las obligaciones II*, cit., p. 297; Sergio Rodríguez Azuero. *Negocios fiduciarios: su significación en América Latina*, cit., p. 36.

> obligación, la fuente de la obligación. Se está obligado porque ha acaecido uno de estos supuestos de hecho a los cuales el ordenamiento jurídico liga la obligación[107].

Por su parte, la causa del contrato es "el designio común de las partes que, por lo demás, caracteriza la figura escogida por ellas"[108]. Para Díez-Picazo[109], la causa del contrato "responde a la pregunta [...] por qué se contrajo, por qué se celebró el contrato (*causa contractus, causa negotti*)". Esta pregunta "tiene sentidos diversos según que el interrogante se refiera a la causa determinante o eficiente del negocio o a la razón que justifica la tutela jurídica o la fuerza vinculante del negocio"[110]. Una y otra cuestión

> enfilan perspectivas completamente distintas. La primera pregunta es por qué se realiza un negocio; la segunda, por qué un negocio vale como tal, cuál es la causa de que reciba la protección, como tal negocio, del ordenamiento jurídico. Las teorías objetivas enfilan solo este segundo orden de cuestiones al equiparar la causa con la función económico-social[111].

Ahora bien, independientemente de si a la causa se la considera desde el punto de vista subjetivo u objetivo, la conclusión siempre será la misma:

> [C]ada contrato, cada negocio, cumple un cometido que justifica su presencia dentro del catálogo ofrecido por la sociedad a sus miembros, quienes, al utilizarlo, aspiran a que la ley valore su intención y ordene los efectos que corresponden a ella y, por supuesto, a la función propia de la figura. Lógico es afirmar, entonces, que la conducta privada corresponde a la configuración legal o social del acto dispositivo y que, por lo mismo, se ha recorrido en la práctica la definición del correspondiente negocio. Bien se advierte que cada figura encaja dentro de (sic) una función social, que es la que ha dado lugar a su advenimiento y que, por lo demás, es la que justifica su reconocimiento social y luego jurídico. A ello es a lo que se ha denominado causa, cuya efectividad y regularidad singular se ha exigido como requisito de validez de la disposición[112].

---

107 Sergio Rodríguez Azuero. *Negocios fiduciarios: su significación en América Latina*, cit., p. 36.

108 *Ibid.*, p. 36.

109 Luis Díez-Picazo. *Fundamentos del derecho civil patrimonial*, vol. i, cit., pp. 233 y 234

110 *Ibid.*

111 *Ibid.*

112 Fernando Hinestrosa Forero. *Tratado de las obligaciones ii*, cit., p. 71. En este mismo sentido, Máximo Bianca explica que es necesario reconocer "en la causa la razón concreta del contrato", tanto más si se tiene en cuenta que, en términos generales, "la causa debe estar siempre presente en el contrato, sea este típico o atípico. [...] La causa constituye el fundamento de la relevancia

Visto lo anterior, retomando la idea central del presente estudio, se tiene que la cuestión de la causa en los negocios fiduciarios —y, en particular, en el contrato de fiducia mercantil— se presenta de modo diferente según la forma como la figura se entienda y conciba desde el punto de vista legal. Así, por ejemplo, si el negocio fiduciario se entiende como el resultado de dos negocios distintos (como es el caso de la teoría del doble efecto), entonces la causa del negocio transmisivo y la causa del obligacional son diferentes, lo cual solo resulta admisible en aquellos sistemas que admiten los negocios jurídicos abstractos.

---

jurídica del contrato. Para que el contrato se pueda reconocer como jurídicamente vinculante no es suficiente que se dé el acuerdo, sino que [...] es necesario que ese acuerdo se justifique por un interés apreciable, y es en este sentido que la causa se convierte en un elemento esencial del contrato; así, será nulo aquel contrato que no se dirija a realizar un interés merecedor de tutela [...] La causa asume también el papel de criterio de interpretación del contrato y además el de criterio de calificación del mismo (sic)". Seguidamente, refiere que, siendo la causa la razón concreta del contrato, "resulta definitivo observar que la noción de causa como función práctica del contrato puede tener alguna relevancia solo cuando se compruebe la función que cada contrato en particular pretende realizar. Ahora, respecto de ese contrato en particular lo que importa saber es la función práctica que efectivamente las partes le dieron a su acuerdo [...] Buscar la función práctica del contrato quiere decir, precisamente, buscar el interés, concretamente perseguido, es decir, que no basta verificar si el esquema usado por las partes es compatible con uno de los modelos contractuales, sino que es necesario buscar el significado práctico de la operación en relación con todas las finalidades que, aun tácitamente, hicieron parte (sic) del contrato [...] Si se tiene en cuenta la causa concreta que el contrato pretende realizar, es posible valorar, ante todo, el merecimiento de tutela social del interés perseguido; esta valoración presupone, en efecto, que se haya comprobado cuál interés o conjunto de intereses está en realidad en la base de la operación negocial". Por lo demás, "es la causa concreta la que importa como criterio de interpretación del contrato y es también a la causa concreta a la que es necesario referirse para calificar el contrato. El cotejo con los modelos y los criterios de clasificación contractual exige, en efecto, que se verifique, preliminarmente, cuál es el interés que cada contrato pretende realizar [...] En fin, es la causa concreta la que asume el papel de adecuación del contrato, pues solo en relación con el interés concreto perseguido por las partes se puede verificar, por ej., si la relación puede sobrevivir a una nulidad parcial del contrato. Y aun la coligación negocial y la consecuente conexión de la suerte de un contrato con la suerte del otro podrán ser analizadas solo con referencia a la causa concreta que las operaciones, en su conjunto, estaban destinadas a realizar". Es decir, "la causa cumple el papel de criterio de adecuación, en el sentido de que los problemas que nacen por eventos sobrevenidos que inciden en el desarrollo de la relación contractual (imposibilidad, incumplimiento, el hacerse más gravosa la prestación) pueden encontrar una solución apropiada solo en la medida en que se tenga presente el interés global perseguido por las partes, es decir, la economía del negocio". (Máximo Bianca. *Derecho civil*, 3, *El contrato*, 2.ª ed. (trad. al español: Fernando Hinestrosa y Édgar Cortés), Bogotá, Universidad Externado de Colombia, 2007, pp. 469 y 470).

Por el contrario, en aquellos sistemas causalistas, como el colombiano, el cometido que justifica la presencia de los negocios fiduciarios traslaticios y no traslaticios de dominio en el ordenamiento jurídico colombiano radica en la confianza que el fideicomitente deposita en el profesionalismo y en la reputación negocial de las sociedades fiduciarias, gracias a la cual le transfiriere la propiedad de uno o varios de sus bienes sin conservar instrumentos legales suficientes para recuperarlos, quedando así a merced de dicho fiduciario[113]. Por consiguiente, es este fin empírico el que justifica la presencia de los negocios fiduciarios y, particularmente, de la fiducia mercantil en el ordenamiento jurídico y, por ende, es el que justifica su tutela o su fuerza vinculante. Es en este fin empírico en el que reside la causa del negocio para una y otra parte, perspectiva desde la cual quienes acuden a celebrar esta clase de negocios jurídicos aspiran a que la ley valore, esta que es su intención, y, por lo mismo, a que ordene los efectos que le corresponden a ella y a la función propia de la figura. Hay que precisar, además, que este fin empírico es el que permite explicar por qué la transferencia del derecho de dominio de los bienes objeto del contrato produce como efecto la formación de un patrimonio autónomo que queda especialmente afectado a cumplir la finalidad establecida a favor del beneficiario y por qué del fiduciario se espera la más absoluta honorabilidad. Por lo demás, este fin empírico, como causa de la obligación, se identifica con la finalidad a la que se encuentran o están afectados los bienes fideicomitidos o está asociado con ella, al tiempo que justifica el deber de prestación a cargo del fiduciario.

I. LA SIMULACIÓN EN LOS CONTRATOS DE FIDUCIA MERCANTIL

Ahora bien, siguiendo las directrices de lo dispuesto por el artículo 1524 del Código Civil, se tiene que esa causa debe ser real, vale decir, efectiva, ha de existir realmente, lo cual obliga a considerar el problema de la causa aparente, fingida o simulada. Sobre este particular, conviene recordar que la simulación presupone la deliberada disconformidad entre la verdad oculta y la declaración aparente, es decir, que esta es producto del acuerdo de las partes y que está encaminada a fingir total o parcialmente el contenido del

---

113 Enrique Gaviria Gutiérrez. *Derecho comercial*, cit., p. 96.

contrato[114]. De ahí que no sea posible concebir la simulación en forma unilateral, es decir, sin un concierto de las partes en tal sentido. Desde luego que dicho fenómeno no se presenta cuando solo uno de los contratantes tiene la intención de fingir la declaración de voluntad, sin que el otro preste su colaboración con la misma finalidad. Cuando así acontece, es decir, cuando los contratantes no convienen en ocultar o desfigurar el negocio jurídico, el querer unilateral de uno de ellos no trasciende y, a lo sumo, podrá calificarse como 'una reserva mental', que por sí sola carece de relevancia jurídica.

La simulación puede ser absoluta o relativa. La absoluta se presenta cuando no existe ningún ánimo obligacional entre los actores, verbigracia, cuando se aparenta una insolvencia para afrontar reveses económicos. Por su parte, la simulación relativa tiene lugar cuando a un acuerdo se le da un aspecto contrario al real, por ejemplo, si se hace pasar por una venta lo que es una donación[115].

En la simulación, las partes contratantes procuran, por todos los medios, ocultar que el contrato es aparente, de ahí que sus esfuerzos se dirijan, correlativamente, a brindarle visos de certeza y legalidad al negocio que exteriorizaron. En este sentido, existe consenso en la doctrina y en la jurisprudencia con respecto a que el móvil que induce a las partes a fraguar la simulación y crear con ella una apariencia engañosa ante terceros conduce a considerar que quien simula siempre lo hace por algo concreto, racional y económico, y de esto se sigue que para esta actividad se requiere de una experimentada estrategia.

Por eso, quien pretende demostrar la simulación de una convención debe realizar una ardua y difícil labor investigativa para comprender todo el contexto de las situaciones que los simuladores han urdido para la formación del acto aparente, tarea en la que deben enfrentarse y sobrepasar el hecho de que sus autores hayan borrado toda huella o vestigio de la maniobra que

---

114 Como lo expresa Fernando Hinestrosa Forero, en la simulación, "las partes, de común acuerdo, le dan al negocio que en últimas procuran celebrar una apariencia jurídicamente diferente, con el propósito de engañar a terceros [...] Lo que ocurre no es un contraste entre voluntad real y declaración, sino entre dos declaraciones. Las partes no se proponen celebrar dos tratos, sino uno solo con dos caras [...] Hay una dualidad de declaraciones, ambas igualmente queridas por las partes, pero una sola disposición de intereses, compleja, por cierto, pero única, por así decirlo". (Fernando Hinestrosa Forero. *Tratado de las obligaciones II*, cit., p. 564).

115 *Cfr.* Corte Suprema de Justicia, Sala de Casación Civil. Sentencia SC9072-2014 del 11 de julio de 2011, Rad. 11001-31-03-035-2007-00601-01, M. P.: Fernando Giraldo Gutiérrez.

realizaron. La doctrina enseña que en estos casos el arma preconstituyente del simulador por lo general suele ser la coartada, tipo de falsedad que no va específicamente dirigida a engañar a una víctima para obtener de ella la prestación lucrativa, sino muchas veces a engañar al juez en un futuro e hipotético proceso, con la armadura de un blindaje que le impida establecer la realidad. A este respecto, la Corte Suprema de Justicia[116] tiene señalado cuanto sigue:

> [T]ratándose de la simulación contractual, es bien sabido que quienes acuden a ella despliegan su mayor esfuerzo por ocultar o destruir todo rastro que sirva para develar dicha apariencia, de suerte que para demostrar cabalmente la verdad de las cosas la prueba indiciaria presta una enorme utilidad, pues a partir de la acreditación de determinados hechos podrá inferirse la irrealidad del negocio celebrado, llegándose así al convencimiento de que el acuerdo que se exteriorizó no era un reflejo fiel de la voluntad de los contratantes.

Este estado de cosas del que se ha hablado deja al descubierto la importancia que en la simulación

> tiene la prueba indiciaria, porque ante la dificultad de comprobar directamente la irrealidad del correspondiente negocio jurídico, ella le brinda al interesado en su demostración la posibilidad de acreditar ese hecho a partir de unos distintos, de los cuales el sentenciador, mediante la realización de un proceso mental lógico, fincado esencialmente en el sentido común y en las reglas de la experiencia, puede deducir el fingimiento[117].

Ahora bien, tratándose de los negocios fiduciarios en general —y, particularmente, del contrato de fiducia mercantil—, la simulación no ha sido objeto de regulación expresa. En este contexto, aceptar la declaratoria de simulación de un negocio fiduciario plantea grandes dificultades conceptuales. Con todo, teniendo en cuenta la estricta regulación que el Código de Comercio prevé respecto de la naturaleza y de la función económica del contrato de fiducia mercantil, se comparte aquí la opinión de que en aquellos casos en que las partes contratantes —esto es, fideicomitente y fiduciario— manifiesten

---

116 Corte Suprema de Justicia. Sentencia del 17 de julio de 2006, Exp. 11001-3103-004-1992-03115-01, M. P.: César Julio Valencia Copete.

117 Corte Suprema de Justicia, Sala de Casación Civil. Sentencia SC12469 de 2016, Rad. 47001-31-03-003-1999-00301-01, M. P.: Álvaro Fernando García Restrepo.

externamente la celebración de un contrato de esta índole que por virtud de su propio acuerdo no pretenden llevar a efecto en realidad, la categoría que mejor explica la situación y que habrá de fundamentar la intervención judicial en caso de que así sea solicitado por quienes tengan interés directo en ello es la simulación.

Desde la perspectiva expuesta, resulta de aplicación lo dicho por la Corte Suprema de Justicia en casación del 10 de junio de 1992[118], en el sentido de que la finalidad de la acción de simulación "es la de hacer declarar la inexistencia o deformación del acto ostensible y la prevalencia del oculto o verdadero para que este quede sometido a recibir el tratamiento y producir las consecuencias que legalmente le competen". Se precisa que dicha declaratoria de inexistencia no puede tener por fundamento "la teoría del consentimiento negocial y de sus vicios, como un caso de discordancia entre la voluntad y la declaración, entre lo querido y [lo] declarado [...]"[119], pues, en realidad, no existe de verdad

> un vicio del consentimiento, ni un consentimiento viciado, ni tampoco una discordancia o una divergencia entre la voluntad y la declaración. Existe lo que podríamos llamar 'la voluntad negocial de crear la apariencia'[,] y esta es una voluntad enteramente libre y sin vicios. Lo declarado concuerda perfectamente con esta voluntad. El problema no radica en la voluntad[,] sino en la causa. Lo que las partes no han querido —más aún, lo que han excluido de una manera expresa— es la efectiva producción del resultado empírico que normalmente de su negocio debía derivar. No hay causa en el negocio. El negocio se funda, según esto, en una causa inexistente[120].

Con ocasión de una simulación puede ocurrir que un contrato de fiducia mercantil real sea utilizado como «fachada», testaferro o interpuesta persona, situación en atención a la cual debe tenerse en cuenta lo señalado por la Corte Suprema de Justicia en casación del 12 de marzo de 1992[121], en el sentido de que:

---

118 Corte Suprema de Justicia. Sala de Casación Civil. Sentencia 208 del 10 de junio de 1992, M. P.: Héctor Marín Naranjo, CCXVI, pp. 538 a 539.

119 Luis Díez-Picazo. *Fundamentos del derecho civil patrimonial*, vol. I, cit., p. 218.

120 *Ibid.*

121 Corte Suprema de Justicia, Sala de Casación Civil. Sentencia del 12 de marzo de 1992, M. P.: Héctor Marín Naranjo.

> Como en todos los tipos de simulación, en la interpuesta —o interpósita— persona se requiere de un acuerdo simulatorio. Solo que en esta el acuerdo tiene, asimismo, que comprender al testaferro, pues justamente la cuestión reside en definir la función que a este le compete desempeñar dentro de ese concierto. [...] En el anterior orden de ideas, el papel del testaferro en el ámbito propio del negocio no puede ir más allá de encubrir u ocultar al sujeto que, con la otra parte, ha ajustado el negocio, y respecto del cual los efectos del mismo (sic) están verdaderamente llamados a producirse. Por lo mismo, en frente de esa otra parte el testaferro no contrae ninguna obligación, ni adquiere ningún derecho, desde luego, en la medida en que se deje al margen el problema de los terceros de buena fe que pueden ver en él al verdadero titular de un poder jurídico. Además, la aludida apreciación no excluye que con la parte a la que sirva de pantalla quede obligado a restituir el derecho en el momento en que se lo exija, si es que el desarrollo del acto simulado ha quedado detenido en el testaferro. [...] La simulación por interpuesta persona, al igual que cualquiera de los otros tipos de simulación, debe ser la expresión de una determinada causa *simulandi*, entendiendo por tal el motivo, el propósito, la finalidad de las partes para encubrir o disimular el acto realmente querido. [...] Aun cuando de modo general se juzga que la prueba de la causa *simulandi* no constituye un requisito *sine qua non* para dar por establecida la simulación, se dice también, con toda lógica, que la misma (sic) sí es un valioso instrumento para arrojar luz sobre lo que de manera cierta hubiere[n] acordado las partes.

Un ejemplo de simulación por interpuesta persona en el ámbito de la actividad de las sociedades fiduciarias se presenta con relativa frecuencia en algunos fideicomisos para el desarrollo de proyectos de construcción. En efecto, la experiencia demuestra que no son pocos los eventos en los que, por circunstancias diversas no siempre impregnadas de ilicitud o inmoralidad, la persona que es propietaria de un inmueble que tiene vocación para desarrollar en él un proyecto de construcción y la persona que está interesada en esa construcción y comercialización de las unidades inmuebles resultantes de ella convienen de manera deliberada emitir una declaración disconforme con la realidad, y para ello utilizan la figura del contrato de fiducia mercantil. Usualmente, la voluntad de una y otra persona está animada por el propósito recíproco de transferir: la primera transfiere el dominio de un bien presente, constituido por el lote de terreno, y la otra, los bienes futuros individualizados resultantes del proyecto de construcción, es decir, anima el compromiso mutuo de dar una especie o cuerpo cierto por otro, lo cual en esencia tipifica un contrato de permuta de cosa presente por cosa futura. Ahora, si bien una y otra persona tienen indiscutiblemente la intención de celebrar un contrato de permuta del inmueble en el que se levantará la construcción por ciertas unidades de área construida sobre él mismo, lo cierto es que no quieren emplear la forma jurídica de la permuta, sino una forma contractual distinta. Así, pues, por medio de la celebración de dos negocios jurídicos (el de fiducia mercantil para la transferencia del lote y el de vinculación para transferir el área construida) pretenden conseguir la permuta. En este orden de ideas, es incuestionable que la declaración vertida en el contrato de fiducia mercantil (Escritura Pública) —en el sentido de que el inmueble en el que se levantará la construcción se transfiere a título de fiducia mercantil— no refleja fielmente el designio del enajenante (fideicomitente), puesto que su voluntad no está orientada a ese fin, y menos aún a asumir el carácter de beneficiario de área. De esta manera se suscita el denominado fenómeno simulatorio.

2. LA FALSA CAUSA O AUSENCIA DE CAUSA

Por último, resta tan solo decir que, si el motivo que induce a la celebración de un contrato de fiducia mercantil se encuentra sustentado en una falsa creencia acerca de la realidad jurídica de esta especial modalidad de contratación mercantil, se estaría en presencia de una falsa causa, la cual se equipara a ausencia de causa. Esta falsa causa o la ausencia de causa vendrían a confundirse con los vicios del consentimiento, perspectiva desde la cual, en opinión del suscrito, el error de derecho sí puede viciar el consentimiento del fideicomitente y, por lo mismo, ese error puede alegarse como causal de nulidad. Esta opinión fue sustentada por la Corte Suprema de Justicia en casación del 29 de septiembre de 1935[122] en el sentido de que "en Colombia es absolutamente nula y aun inexistente la obligación contraída sin más fundamento que un error de derecho, porque este no puede aprovechar al que lo alega para hacer una ganancia, si no concurren también una capacidad legal, un objeto lícito y una causa jurídica distinta del error mismo".

122 Corte Suprema de Justicia, Sala de Casación Civil. Sentencia del 29 de septiembre de 1935, M. P.: Miguel Moreno Jaramillo, t. XLIII, n.º 1904, pp. 129 a 141.

E. ILICITUD DEL OBJETO Y DE LA CAUSA: LA REGLA DEL PARÁGRAFO DEL ARTÍCULO 2.5.2.1.1 DEL DECRETO 2555 DE 2010

En relación con este asunto de la ilicitud del objeto y de la causa, en el ordenamiento jurídico colombiano existe una norma de carácter imperativo y especial relacionada específicamente con los negocios fiduciarios, que se presenta en el parágrafo del artículo 2.5.2.1.1 del Decreto 2555 de 2010, que a la letra enseña: "El negocio fiduciario no podrá servir de instrumento para realizar actos o contratos que no pueda celebrar directamente el fideicomitente de acuerdo con las disposiciones legales"[123].

De esta manera, se plantea el problema de la distinción entre el ejercicio válido de la autonomía privada y el negocio fiduciario celebrado en fraude a la ley. Se trata, entonces, de un problema que se presenta cuando fideicomitente y fiduciario, haciendo mal uso de su autonomía privada y pervirtiendo el espíritu de las normas que regulan la actividad fiduciaria, utilizan el negocio fiduciario para sortear abierta o soslayadamente la aplicación de claras y precisas normas imperativas y prohibitivas y, por ende, para alcanzar un resultado incompatible con el establecido por estas o al que estas asocian de manera imperativa con consecuencias que las partes pretenden rehuir, valiéndose para ello de una determinada configuración del negocio fiduciario que celebran[124]. Sin embargo, este resultado no lo consiguen, toda vez que "el sentido y [la] finalidad del supuesto de hecho de la ley imperativa, interpretada teleológicamente, abarca o incluye el resultado perseguido por las partes"[125].

Así sucede, verbigracia, en el caso de las normas que regulan la captación de dineros del público[126], pues la experiencia demuestra que su

---

123 Esta norma está inspirada en lo dispuesto por el artículo 110 de la Ley 45 de 1923.

124 Pablo Salvador Coderch; Albert Azagra Malo y Antonio Fernández Crende. "Autonomía privada, fraude a la ley e interpretación de los negocios jurídicos", en *InDret, Revista para el Análisis del Derecho*, n.º 3, julio-septiembre, Barcelona, Universidad Pompeu Fabra, 2004, p. 8 y ss.

125 *Ibid.*, p. 8 y ss.

126 Hay que recordar que la captación masiva y habitual de dineros del público está regulada por el Decreto 1981 de 1988 en los siguientes términos: «Artículo 1.º. El artículo 1.º del Decreto 3227 de 1982, quedará así: ARTÍCULO 1.º. Para los efectos del Decreto 2920 de 1982 se entiende que una persona natural o jurídica capta dineros del público en forma masiva y habitual en uno [o] cualquiera de los siguientes casos: [...] 1. Cuando su pasivo para con el público está com-

rodeo, fraudulento o no, se ha tornado consustancial a su propia existencia y aplicación. Precisamente uno de los métodos básicos que se han venido utilizando con relativa frecuencia para captar de manera ilegal recursos del público está relacionado con la celebración de contratos de fiducia mercantil, fundamentalmente en aquellos casos en los que los bienes fideicomitidos están destinados al desarrollo de proyectos de construcción y en los cuales se requiere contar con fuentes de financiamiento distintas o complementarias a las tradicionales del sector financiero.

En un contexto en el que una de las principales limitantes del sector inmobiliario en Colombia es o ha sido la falta de acceso a capital, algunas sociedades fiduciarias, apoyadas en ciertos conceptos emitidos por la Superintendencia Financiera, instituyeron la práctica de financiar el desarrollo de proyectos de construcción de unidades habitacionales, centros comerciales, hoteles y oficinas utilizando en unos casos la figura de los contratos de cesión de derechos económicos con pacto de retroventa y, en otros, por medio de la celebración de contratos de cesión de derechos fiduciarios. De esta forma, pretermiten el cumplimiento de los requisitos a los que deben someterse los procesos de titularización de proyectos de construcción consagrados en el Decreto 2555 de 2010 y, por contera, transgreden tanto las disposiciones de la Ley 964 de 2005 como la regla según la cual el negocio fiduciario no puede servir de instrumento para la celebración de actos o contratos que

---

puesto por obligaciones con más de veinte (20) personas o por más de cincuenta obligaciones, en cualquiera de los dos casos contraídas directamente o a través de interpuesta persona. [...] Por pasivo para con el público se entiende el monto de las obligaciones contraídas por haber recibido dinero a título de mutuo o a cualquiera otro en que no se prevea como contraprestación el suministro de bienes o servicios. [...] 2. Cuando conjunta o separadamente haya celebrado en un período de tres (3) meses consecutivos más de veinte (20) contratos de mandato con el objeto de administrar dineros de sus mandantes bajo la modalidad de libre administración o para invertirlos en títulos o valores a juicio del mandatario, o haya vendido títulos de crédito o de inversión con la obligación para el comprador de transferirle la propiedad de títulos de la misma especie, a la vista o en un plazo convenido y contra reembolso de un precio [...] Para determinar el período de los tres (3) meses a que se refiere el inciso anterior, podrá tenerse como fecha inicial la que corresponda a cualquiera de los contratos de mandato o de las operaciones de venta. [...] PARÁGRAFO 1. En cualquiera de los casos señalados debe concurrir además una de las siguientes condiciones: "a) Que el valor total de los dineros recibidos por el conjunto de las operaciones indicadas sobrepase el 50 % del patrimonio líquido de aquella persona; o b) Que las operaciones respectivas hayan sido el resultado de haber realizado ofertas públicas o privadas a personas innominadas, o de haber utilizado cualquier otro sistema con efectos idénticos o similares"». (Presidencia de la República de Colombia. Decreto 1981 de 1988. Por el cual se reglamenta el Decreto 2920 de 1982. *D. O.* 38514 del 28 de septiembre de 1988).

no pueda celebrar directamente el fideicomitente de acuerdo con la ley, e incurren en el delito de captación masiva y habitual de dineros del público[127].

---

127 Una clara manifestación de lo dicho se tiene en los casos de los Fideicomisos BD Bacatá, AC Cartagena, Fideicomiso Sarrezuela, etc., en los que se utilizó la figura de la cesión de derechos fiduciarios. También en los casos de los fideicomisos "ICANTI", "ÍCONO-TORRE 99" y "NOVANTA", la Superintendencia Financiera estableció que el mecanismo de financiación utilizado, consistente en la cesión de derechos económicos con pacto de retroventa, implicó una captación ilegal de dineros del público. Así, en las resoluciones 1129 y 1130 de 2011 se establece que "el mecanismo financiero contempla que el fideicomitente PROMOTOR[,] con la colaboración directa del fideicomitente APORTANTE, ceda a terceras personas (inversionistas) los derechos de beneficio representados por los derechos económicos que surgen de los pagos que recibiría por la venta de las unidades que conforman los respectivos proyectos inmobiliarios. [...] Una vez suscrito el contrato de cesión de derechos económicos con un inversionista, el fideicomitente promotor, celebra, además, un pacto de retroventa en el cual se compromete a readquirir el derecho cedido pagando un mayor valor que el que había cancelado el inversionista cesionario de forma inicial". Para la Superintendencia Financiera, "las operaciones de cesión de derechos económicos con pacto de recompra, en la realidad económica, no contemplan para los inversionistas como contraprestación por la entrega de sus recursos, el suministro de bienes o servicios tal y como lo exige el supuesto de captación descrito en el numeral 1.º del artículo 1.º del Decreto 1981 de 1988 [...] En las actividades que se analizan, la operación económica que se trató de presentar con la suscripción de los contratos de CESIÓN DE DERECHOS ECONÓMICOS y de PACTO DE RETROVENTA DE DERECHOS ECONÓMICOS consiste en la negociación de un bien representado según la naturaleza de las operaciones aquí explicadas, en el derecho que tendría cada inversionista cesionario a recibir un porcentaje de las utilidades o a hacerse cargo en el porcentaje que corresponda a su derecho de las pérdidas que arroje cada proyecto, las cuales se liquidan al ser finalizado y no admiten la definición anticipada de un monto fijo. Ello se advierte del objeto mismo de las cesiones en el que se describen los bienes cedidos como un porcentaje de los derechos económicos sobre '...los recursos y activos disponibles resultantes del proceso de escrituración de las unidades que conforman el proyecto inmobiliario' [...] Sin embargo, en los pactos de recompra que VALORES URBANOS S. A. S. y los inversionistas suscriben, en forma simultánea (en la misma fecha), con los contratos de cesión de derechos mencionados, está estipulada la obligación para dicha sociedad de readquirir tales derechos por un mayor valor y en un plazo inferior a la finalización del proyecto urbanístico originador de los derechos cedidos. [...] Por lo anterior, es claro que la obligación de recompra que recae en cabeza de la sociedad VALORES URBANOS S. A. S. es una obligación independiente de los resultados del proyecto de construcción y su cumplimiento no está condicionado a la existencia de utilidades o pérdidas que pudiere arrojar dicho proyecto. [...] De otra parte, esta Superintendencia tiene establecido que los inversionistas impartieron instrucciones a la sociedad VALORES & BANCA DE INVERSIÓN S. A. S., que [...] actúa en calidad de fideicomitente aportante con funciones administrativas y comerciales en cada uno de los proyectos y fideicomisos, a través de las que indicaron [...] su intención de liquidar la inversión o reinvertir los dineros nuevamente en los contratos de cesión de derechos ofrecidos por parte de la sociedad VALORES URBANOS S. A. S., a los que se ha venido haciendo referencia. [...] Así mismo, es pertinente anotar que en las instrucciones de giro que imparten los inversionistas a la sociedad VALORES & BANCA DE INVERSIÓN S. A. S. para que esta a su vez emita las órdenes de giro a la sociedad fiduciaria en calidad de fideicomitente apor-

En opinión del suscrito, esta clase de negocios fiduciarios son absolutamente nulos por ilicitud del objeto y de la causa, pues, se reitera, los derechos fiduciarios estructurados como instrumentos financieros son valores, de manera que su utilización como mecanismo de financiación debe sujetarse a las normas contenidas en la Ley 964 de 2005 y en el Decreto 2555 de 2010 en relación con la titularización de activos[128].

Como los anteriores casos, existen muchos otros más en los que, como dice la doctrina, las partes contratantes (fideicomitente y fiduciario) realizan una *corcunventio legis*, entendiendo por tal un mecanismo que "presupone la existencia de dos normas: la ley de cobertura y la ley defraudada, de tal manera que para eludir la segunda se busca por un medio indirecto la protección de la primera"[129]. Frente a esta clase de negocios fiduciarios celebrados en fraude a la ley, el ordenamiento jurídico trae remedios y

---

tante, se da cuenta de la discriminación de valores por concepto de capital e intereses a favor de cada inversionista cesionario, elementos que son propios de una operación económica de mutuo. [...] Sobre el particular, conviene tener en cuenta que esta Superintendencia determinó que, a la fecha de la inspección, la sociedad VALORES & BANCA DE INVERSIÓN S. A. S. ha impartido instrucciones de giro a la sociedad fiduciaria para que efectúe pagos a algunos inversionistas, instrucciones de giro que además no fueron condicionadas de forma alguna al desarrollo del proyecto de construcción [...] En consecuencia, es pertinente anotar que las operaciones antes descritas al tenor de lo dispuesto en el artículo 1618 del Código Civil, en la realidad económica equivalen a operaciones de mutuo en donde el valor de la cesión corresponde al monto del préstamo que otorga el inversionista a la sociedad VALORES URBANOS S. A. S., y el valor de la retroventa corresponde al pago del mismo (sic) más los rendimientos correspondientes". Con respecto a la conducta asumida por la sociedad fiduciaria, la Superintendencia Financiera le formuló pliego de cargos por violación, entre otras disposiciones legales y administrativas, del numeral 1 del artículo 1234 del Código de Comercio, así como de la Circular Básica Jurídica. En criterio de la Superintendencia, era deber de la sociedad fiduciaria imputada "adelantar todas las actividades y gestiones que resulten necesarias para cumplir con la finalidad del negocio, así como con las estipulaciones del mismo (sic), realizando las gestiones requeridas para evitar que, como en los casos que se analizan, a los negocios fiduciarios ingresaran recursos captados o recaudados del público sin la debida autorización legal [...], máxime cuando [...] conocía la estructura bajo la cual operaba el negocio en cuestión".

128 En este sentido, es importante recordar que la Superintendencia Financiera "considera práctica ilegal e insegura la estructuración y celebración de contratos de fiducia mercantil en cuyo objeto esté previsto que para la obtención de recursos se permita la vinculación de terceros, llámense inversionistas, cesionarios de beneficios, acreedores o cualquier otra denominación similar, o que impliquen la recepción de recursos en calidad de aportes con cargo al pago del precio de los derechos de beneficio cedidos, en los cuales la fiduciaria no se haya reservado la potestad de oponerse al ingreso de dichos terceros o no asuma responsabilidad alguna en la verificación de la legalidad de tales operaciones y en la procedencia y origen lícito de tales recursos". (Num. 2.2.4 del Capítulo I, Título II, Parte II de la Circular Básica Jurídica, cit.).

129 *Cfr.* LUIS DÍEZ-PICAZO. "El abuso del derecho y el fraude a la ley en el nuevo título preliminar

reacciona privándolos de la eficacia de la que habrían gozado en términos regulares "y aplicando a sus transgresores sanciones que significan reprobación de su conducta"[130]. De ahí que, antes de la celebración de cualquier negocio fiduciario, las sociedades fiduciarias deben cerciorarse de que este no adolece de ilicitud ora por el objeto, ora por la causa, ora por cualquiera otra circunstancia de que dicha ilicitud se pueda derivar con miras a no transgredir lo dispuesto por el parágrafo del artículo del artículo 2.5.2.1.1 del Decreto 2555 de 2010, "siendo asimismo evidente que la ilicitud del pacto no desaparece por el simple hecho de que entre las partes se coloque un intermediario, como podría serlo el fiduciario"[131]. A este último sentido apunta la locución "que no pueda celebrar directamente el fideicomitente de acuerdo con las disposiciones legales" que "emplea el citado artículo para referirse a los negocios fiduciarios cuya realización se prohíbe"[132].

Por lo demás, huelga decir que los negocios fiduciarios celebrados en fraude a la ley no se pueden confundir con los negocios fiduciarios simulados. En los primeros, la intención de engañar no forma parte de ellos, amén de que se trata de negocios realmente queridos por las partes (no simulados), pues de otro modo no se conseguiría sortear la aplicación de la ley. En la simulación, en cambio, se requiere del *consolium fraudis*, al tiempo que, como lo explica Bianca[133], "puede ser el medio para evitar la aplicación de una norma imperativa, pero el medio no es aquel constituido por un contrato que indirectamente persigue el fin prohibido[,] sino es el ocultamiento del contrato ilícito".

Obviamente, el fraude de ley se puede tratar de conseguir "mediante un negocio simulado (y, por lo tanto, en fraude de ley)"[134]. Así, el negocio fiduciario celebrado en fraude a la ley podría asimilarse al negocio fiduciario simulado (simulación absoluta o relativa, según el caso). De todos modos,

---

del Código Civil español y el problema de sus recíprocas relaciones", *IUS ET VERITAS*, n.º 5, Lima, Pontificia Universidad Católica del Perú, 1992, p. 12.

130 Fernando Hinestrosa Forero. *Tratado de las obligaciones II*, cit., p. 90.

131 *Cfr*. Superintendencia Bancaria. Concepto DB-777 de 1987.

132 *Ibid*.

133 Máximo Bianca. "Diritto civile, Il contratto", en *Nuova ristampa con aggiornamento*, vol. III, Milano, Dott. A. Giuffrè Editore, 1998, p. 589.

134 Pablo Salvador Coderch; Albert Azagra Malo y Antonio Fernández Crende. "Autonomía privada, fraude a la ley e interpretación de los negocios jurídicos", cit., p. 8 y ss.

debe tenerse presente que la asimilación del negocio fiduciario celebrado en fraude a la ley al negocio fiduciario simulado no implica que se trate del mismo fenómeno. Existirán supuestos de contratos simulados que no sean contratos en fraude a la ley.

CAPÍTULO TERCERO
CONTENIDO DEL NEGOCIO FIDUCIARIO Y, PARTICULARMENTE, DEL CONTRATO DE FIDUCIA MERCANTIL

I. PLANTEAMIENTO INTRODUCTORIO

Refiriéndose al contenido del contrato en general, Hinestrosa Forero[1] explica que este representa o constituye

> la materialización del acto dispositivo, su esencia misma, el tenor de sus cláusulas, el significado del comportamiento, en fin, la proyección del negocio en cuanto conducta reguladora de intereses: la trama de disposiciones del reglamento negocial, en una palabra, 'todo aquello que está dicho o escrito en el contrato'. [...] El contenido es la forma misma de la disposición en cuanto se vierte en cláusulas, términos, condiciones (...) generales o particulares (*accidentalia negotti*), sean las frases en que se descompone la declaración, sean los temas que se desprenden de la omisión, o el comportamiento, en fin, la redacción que corresponde a la actividad del sujeto o de los varios sujetos que intervienen, cada día más significativa, en cuanto, sea por la elaboración de 'contratos sobre medidas', sea por la práctica del contrato por medio de formularios, sea, en fin, por contagio del estilo de redacción del *common law*, se emplean más las declaraciones accidentales, enriquecidas con las normas imperativas correspondientes a los *essentialia negotti*: el contenido normativo, y las disposiciones supletorias (*naturalia negotti*) de ley, de costumbre y usos, o de equidad (natural) (arts. 1501 y 1602 [del] C.C. y 871 [del] C.Co.), a lo que agregan, en oportunidades, las normas imperativas que de suyo se suman, o que sustituyen, a las estipulaciones disconformes. [...] El negocio es un acto dispositivo, conducta que se vierte en una declaración, una comisión o una omisión [...] El negocio es disposición de intereses que se plasma en cláusulas expresas o traducidas por la interpretación. Se palpa entonces la diferencia entre el acto mismo, sus términos y el interés sobre el cual versa o recae, lo que corresponde, en su orden, a los conceptos de negocio, contenido y objeto [...] El contenido, así entendido, tiene dos facetas o, mejor, puede ser considerado desde dos aspectos: uno estructural, otro funcional. Al escogerse una determinada figura se está identificando un propósito, a la vez que unos resultados correspondientes a este, lo cual a su turno implica un contenido estructural, que determina el cumplimiento de la función negocial.

---

1 Fernando Hinestrosa Forero. *Tratado de las obligaciones II. De las fuentes de las obligaciones: el negocio jurídico*, vol. II, Bogotá, Universidad Externado de Colombia, 2015, p. 113.

II. ELEMENTOS ESENCIALES DEL NEGOCIO FIDUCIARIO Y, PARTICULARMENTE, DEL CONTRATO DE FIDUCIA MERCANTIL

Acorde con lo dispuesto por el artículo 1501 del Código Civil[2],

> [s]e distinguen en cada contrato las cosas que son de su esencia, las que son de su naturaleza, y las puramente accidentales. Son de la esencia de un contrato aquellas cosas sin las cuales, o no produce efecto alguno, o degeneran en otro contrato diferente; son de la naturaleza de un contrato las que[,] no siendo esenciales en él, se entienden pertenecerle, sin necesidad de una cláusula especial; y son accidentales a un contrato aquellas que ni esencial ni naturalmente le pertenecen, y que se le agregan por medio de cláusulas especiales.

Con respecto a los elementos fundamentales del negocio o cosas de la esencia, se estima que

> se confunden con su contenido elemental y con los efectos característicos de la figura específica, al punto que vale tanto mencionar su nombre como sus resultados de rigor, pues existe entre ellos una real sinonimia y correspondencia inalterable por disposición particular [...]. Al negocio en sí y a cada proyección suya en particular el ordenamiento les exige un contenido elemental que corresponde a un efecto básico, al cual se suman los efectos regulares no sustanciales[,] pero sí habituales que, de ordinario, en cuanto los contrayentes no alteren el régimen, se siguen de su conducta. En oportunidades la ley restringe las posibilidades de los sujetos, atendiendo a la trascendencia del negocio para la sociedad, a un esquema típico no susceptible de modificaciones, de modo que los particulares que lo celebran han de recorrer íntegra y exclusivamente la figura propuesta por la norma y, en principio, están limitados a ello, como ocurre con los negocios de derecho de familia y, en menor medida, con el contrato de trabajo y el de consumo. Pero, en los más de los negocios de índole patrimonial los sujetos pueden, no solamente variar el sistema ordinario natural del negocio, sino introducir ciertas cláusulas que reflejen de modo más certero su aspiración, de manera de ajustarlo con mayor exactitud a sus designios y situación, y que, por lo mismo, son accidentales y accesorias[3].

---

2 Congreso de los Estados Unidos de Colombia. Ley 84 de 1887. Código Civil de la Unión (Código Civil colombiano). *D. O.* 2867 del 31 de mayo de 1887. Disponible en http://secretariasenado.gov.co/senado/basedoc/codigo_civil.html

3 Fernando Hinestrosa Forero. *Tratado de las Obligaciones II*, cit., p. 117.

Consecuentes con lo antes expuesto, ¿qué se puede decir entonces del contrato de fiducia mercantil? Pues que, atendiendo a su trascendencia para la sociedad, este tipo del contrato responde a un esquema típico que no es susceptible de ser modificado por la voluntad de las partes contratantes (fideicomitente y fiduciario), que están obligadas a recorrer de manera íntegra y exclusiva la figura propuesta por el artículo 1226 del Código de Comercio (CCo)[4] y que, en principio, están limitadas a ello. En términos de lo dispuesto por el artículo 1226 en cuestión, desde el punto de vista jurídico, la fiducia mercantil es un negocio jurídico único que se caracteriza por la coexistencia de (i) un derecho real de dominio en cabeza del fiduciario, derecho originado en una atribución patrimonial surgida del acto constitutivo, y (ii) una relación obligatoria entre las partes, que representa el negocio determinante de la finalidad a la que quedan afectados los bienes fideicomitidos. El ordenamiento jurídico le reconoce a cada una de estas relaciones jurídicas sus propios efectos, independientemente la una de la otra. Al negocio real le reconoce el efecto de transferir la plena titularidad del derecho de dominio al fiduciario, mientras que a la relación obligatoria le atribuye el deber de utilizar los bienes fideicomitidos, administrándolos o enajenándolos, en la forma estipulada contractualmente y restituirlos al fideicomitente o a la persona que este designe una vez extinguido el contrato por cualquier causa legal o contractual, si a ello hubiere lugar.

De esta suerte, es posible decir entonces que los elementos esenciales del contrato de fiducia mercantil son los siguientes: 1) la transferencia del derecho real de dominio sobre los bienes objeto del negocio (elemento real); 2) el encargo o la comisión de confianza hecho por el fideicomitente al fiduciario (elemento obligacional); y 3) la destinación o finalidad establecida por el fideicomitente en el acto constitutivo (elemento teleológico o finalístico). Cada elemento será analizado separadamente a continuación.

A. ELEMENTO REAL

Conforme a las voces de lo dispuesto por el artículo 1226 del CCo, no queda duda del carácter real del contrato de fiducia mercantil, pues, para que este

---

4 Presidencia de la República de Colombia. Decreto 410 de 1971. Por el cual se expide el Código de Comercio. *D. O.* 33339 del 16 de junio de 1971. Disponible en http://www.secretariasenado.gov.co/senado/basedoc/codigo_comercio.html

nazca a la vida jurídica, se requiere que el fideicomitente le transfiera al fiduciario la plena titularidad del derecho de dominio de los bienes objeto de aquel. O sea, este destacado carácter real del contrato de fiducia mercantil implica que su perfeccionamiento solo deviene como consecuencia de la efectiva transferencia del derecho de dominio de los bienes objeto de este, mas no del simple acuerdo de voluntades acerca de los términos que habrán de regir la respectiva relación contractual. De esto se infiere que la transferencia del derecho de dominio de los bienes objeto del contrato no constituye un mero elemento de ejecución de este, sino que ostenta el valor de requisito esencial o constitutivo del contrato[5], habida consideración de que el contrato no nace a la vida jurídica sin dicha transferencia.

Quiérase o no, en el ordenamiento jurídico colombiano, la tradición que reclama el contrato de fiducia mercantil

> es *quoad constitutionem*, y no *quoad effectum*, como tiene lugar en materia de los llamados —modernamente— contratos con eficacia real —que no deben ser asimilados a los negocios reales, propiamente dichos—, existentes por oposición a los negocios obligatorios —o *contratos obligacionales* generadores de típicos derechos de crédito—, en los cuales la *datio rei*, en sí misma considerada, no juega ningún papel generador, dado que estos se caracterizan por la constitución, traslación, modificación o extinción de derechos reales (*iura in re*)[6].

En el anterior orden de ideas, la plena demostración de la existencia del contrato de fiducia mercantil implica, indefectiblemente, acreditar la efectiva realización de transferencia, esto es, que la titularidad del derecho de dominio de los bienes objeto del contrato se encuentra radicada en cabeza del fiduciario y que, como consecuencia de ello, nació a la vida jurídica un patrimonio autónomo especialmente afectado a cumplir la finalidad señalada por el fideicomitente[7].

---

5 *Cfr.* Corte Suprema de Justicia. Sala de Casación Civil. Sentencias del 9 de agosto de 1995, Exp. 4059 y 30 de julio de 2008, Exp. 11001-3103-036-1999-01458-01, M. P.: William Namén Vargas.

6 *Cfr.* Corte Suprema de Justicia, Sala de Casación Civil. Sentencia 5335 del 22 de marzo de 2000, Exp. 5335, M. P.: Carlos Ignacio Jaramillo Jaramillo.

7 Es precisamente en relación con este aspecto de la transferencia de los bienes objeto del contrato de fiducia mercantil en que se ha presentado quizá el campo de la más enconada discrepancia entre quienes se han preocupado por el estudio de estos temas. Dicha discrepancia apunta a determinar, en primer lugar, si los denominados encargos fiduciarios son, en realidad, de verdad una especie dentro del género de los negocios fiduciarios o no. En opinión del suscrito, si bien es cierto que

Las consideraciones que anteceden son de suma importancia, toda vez que algunos abogados al servicio de las sociedades fiduciarias y de su agremiación, apoyados en lo dispuesto por el artículo 824 del Código de Comercio, se han declarado partidarios de la tesis de la consensualidad del contrato de fiducia mercantil. A este respecto, argumentan que, si bien es cierto que el artículo 1226 *ibidem* estatuye que la fiducia mercantil es un negocio jurídico en virtud del cual una persona transfiere, no es menos cierto que, según el *Diccionario de la lengua española,* de la Real Academia Española, "la expresión 'en virtud de' significa [...] 'en fuerza, a consecuencia o por resultado de', lo que indica que la transferencia no es necesaria para perfeccionar el contrato, sino que es la consecuencia del mismo (sic)"[8], todo lo cual "permitiría concluir que el contrato de fiducia no es real", y restaría "por definir si en todo caso para que surja el patrimonio autónomo se requiere que se hayan transferido bienes a la fiduciaria"[9].

Tesis como esta tienen el confesado propósito de justificar conductas que en la práctica conducen a desnaturalizar el negocio fiduciario. La experiencia demuestra que en no pocos casos no se realiza la transferencia del dominio de los bienes objeto del contrato al momento mismo de su celebración, circunstancia que de entrada compromete la responsabilidad del fiduciario por la no conformación efectiva del patrimonio autónomo. De ahí que, para salvaguardar esa responsabilidad, en el entendimiento recortado del tenor literal del artículo 1226 del Código de Comercio, esos profesionales del derecho vieron alumbrar una vía de escape, un instrumento de elusión de las normas legales que informan la tradición:

---

los denominados encargos fiduciarios son negocios de confianza en la terminología que emplea el derecho anglosajón no es menos cierto que esa sola circunstancia no los convierte, *per se*, en una especie de negocios fiduciarios; es decir, esos encargos fiduciarios no son, en estricto rigor legal, una categoría de negocios fiduciarios, sino simples mandatos sin connotaciones especiales distintas a las derivadas del hecho de que el mandatario es una institución financiera vigilada por la hoy Superintendencia Financiera, amén de que las actividades constitutivas de los llamados "servicios fiduciarios" que algunas sociedades fiduciarias vienen prestando carecen de los requisitos propios del negocio fiduciario en sentido técnico, porque falta el elemento característico de este, el cual es que el fiduciario actúa en nombre propio y no como un simple apoderado o tenedor de los bienes fideicomitidos. En el anterior orden de ideas, la única y verdadera especie de negocio fiduciario vendría a ser la fiducia mercantil.

8 Juan Pablo Cárdenas Mejía. *El contrato de fiducia y el patrimonio autónomo*, Bogotá, Asociación de Fiduciarias y Universidad del Rosario, 2014, p. 27.

9 *Ibid.*

> El contrato de fiducia mercantil es consensual porque así se desprende de lo dispuesto por el artículo 824 del Código de Comercio y porque de acuerdo con el *Diccionario* de la Real Academia de la Lengua (sic) la expresión 'en virtud de' a que se refiere el artículo 1226 significa 'en fuerza, a consecuencia o por resultado de'; por consiguiente, digamos que para que nazca a la vida jurídica el contrato de fiducia mercantil no se requiere de la tradición de los bienes fideicomitidos, y de esta manera quedaremos a salvo de cualquier reclamación por la no conformación del patrimonio autónomo[10].

Esta es la reflexión y es el proceder de tales abogados, que aparece reflejada en la tesis comentada. Esta tesis debe ser desechada, por cuanto se sustenta en un supuesto inadmisible: ignorar que el propósito del legislador fue el de darle al contrato de fiducia mercantil una estructura unitaria, pero de dos niveles, tal y como se desprende de una revisión exhaustiva de los antecedentes de su incorporación al ordenamiento jurídico colombiano. El primer nivel, como se dijo líneas atrás, corresponde al necesario acuerdo de voluntades entre el fideicomitente y el fiduciario, merced al cual uno y otro definen el contenido típico del contrato de fiducia mercantil que se celebrará. Se trata de una convención eminentemente consensual, pero que no produce efecto obligacional alguno en la medida en que, por virtud de ella, fideicomitente y fiduciario no quedan obligados a entregar y a recibir los bienes objeto del contrato de fiducia mercantil, y, por el contrario, cualquiera de ellos puede arrepentirse, salvo que se intente una acción dirigida a obtener el cumplimiento forzado junto con la correspondiente indemnización extracontractual de los perjuicios causados por el incumplimiento[11].

El segundo nivel corresponde a la tradición de los bienes objeto del contrato de fiducia mercantil. Si el anterior era un plano eminente o puramente consensual, este es un plano real, llamado así porque, quiérase o no, de *lege data*, la entrega de los bienes fideicomitidos con efectos de tradición (art. 740 del CC) tiene el valor de requisito esencial del contrato de fiducia mercantil, y así ha sido desde sus orígenes en el derecho romano y en el derecho anglosajón[12]. Por eso, una vez que se verifique la tradición de los

---

10 Juan Pablo Cárdenas Mejía. *El contrato de fiducia y el patrimonio autónomo*, cit., p. 27.

11 *Cfr.* Alejandro Guzmán Brito. "La consensualización de los contratos reales", *Revista de Derecho de la Pontificia Universidad Católica de Valparaíso*, vol. 29, n.º 2, julio-diciembre, Valparaíso, Chile, Pontificia Universidad Católica de Valparaíso, 2007, pp. 35 a 60.

12 Recuérdese que en el derecho romano la fiducia fue un negocio formal y real al mismo tiempo, habida cuenta de que se realizaba mediante la *mancipatio* o la *in iure cesio*. La naturaleza real del

bienes fideicomitidos, "jurídicamente podrá aludirse a un acuerdo dotado de virtualidad negocial y, por lo tanto, de eficacia plena, muy al contrario de lo que tiene lugar de cara a otras categorías contractuales, particularmente respecto de los contratos solemnes o consensuales"[13].

De manera entonces que, si la tradición, en cualquiera de sus formas reconocidas por la ley, no media, mal podrá tenerse por perfeccionado el contrato de fiducia mercantil, con todo lo que ello entraña, sin perjuicio, claro está, de que en cada caso específico se evalúe la posibilidad del surgimiento de una promesa de contrato de fiducia mercantil. Sobre este particular, la Corte Suprema de Justicia tiene sentado cuanto sigue:

> La transferencia del derecho real de dominio sobre uno o más bienes está inmersa en el concepto legal del negocio y, por consiguiente, es menester la tradición, aun cuando, algunos comentaristas conciben al fiduciario como un simple administrador del patrimonio autónomo estándole vedado adquirir definitivamente el dominio de los bienes [...]. Sin embargo, el legislador patrio, al definir el negocio fiduciario con absoluta claridad estatuye que el fideicomitente, "transfiere uno o más bienes especificados" al fiduciario, es decir, confiere a la transferencia de la propiedad, el valor de requisito esencial integrante de su concepto, naturalmente, sometida a directrices normativas concretas, pues el constituyente transfiere el derecho y el fiduciario lo adquiere para aplicarlo a la finalidad fiduciaria[14].

---

negocio derivaba del hecho de que conllevaba una *datio* o transferencia, de suerte entonces que el fiduciario adquiría el dominio del bien y, por ende, podía reivindicarlo e incluso ejercitar la *actio furti* y la *condictio furtiva* en el evento en que le fuere hurtado. La transferencia de la propiedad por medio de la *mancipatio* o de la *in iure cesio* pretendía o buscaba un fin de colaboración basado en la confianza en la persona del fiduciario. Como lo refiere Guzmán Brito, "aquellos negocios formales de adquisición del dominio se tipifican como *fiducia* merced a la introducción de la cláusula *fidei fiduciae causa* en las respectivas fórmulas que el adquirente debía recitar para cumplirlos [...] En esta cláusula *fides* alude a la 'fe' que ofrece el fiduciario; y la *fiducia*, a la 'confianza' que pone el fideicomitente [...] En virtud de dicha cláusula, la adquisición del dominio producida por el respectivo acto es funcional: el fiduciario contrae la obligación de cumplir algo con la cosa; en la mayoría de los casos ello envuelve su restitución al fiduciante (eventualmente a un tercero)". (Alejandro Guzmán Brito. *Derecho privado romano*, t. II, Santiago de Chile, Editorial Jurídica de Chile, 1996, p. 109). También en el derecho anglosajón el *trust* es un negocio real, pues, por virtud o con ocasión de él, una persona, llamada *settlor,* transfiere a otra, llamada *trustee,* la propiedad de determinados bienes para que esta los destine al cumplimiento de cierta finalidad en beneficio de un tercero denominado *cestui que trust.*

13 *Cfr.* Corte Suprema de Justicia, Sala de Casación Civil. Sentencia 5335 del 22 de marzo de 2000, cit.

14 Corte Suprema de Justicia, Sala de Casación Civil. Sentencia del 30 de julio de 2008, cit. En este mismo sentido se pronunció el Consejo de Estado: "Para que se configure el contrato de fiducia mercantil, se requiere que el fiduciante o fideicomitente, transfiera uno o más bienes, sin

Consecuentes con lo precedentemente expuesto, los profesionales del derecho al servicio de las sociedades fiduciarias y su agremiación bien pueden entonces continuar enarbolando cuantas veces quieran la tesis de la consensualidad del contrato de fiducia mercantil, pues por medio de alquimia no van a poder eliminar la tradición como requisito de perfeccionamiento. Si bien es cierto que, a la luz del ordenamiento jurídico colombiano, el consentimiento se requiere de forma invariable en todos los actos y negocios jurídicos, no es menos cierto que dicho consentimiento deviene insuficiente para el perfeccionamiento del contrato de fiducia mercantil, como quiera que la tradición —que de acuerdo con las voces del artículo 740 del Código Civil supone la entrega de la cosa— resulta indispensable, a manera de requisito esencial, con independencia de la llamada por algunos "crisis de los contratos reales" y de sus modernas proclamas orientadas a erradicar la tradición como requisito de perfeccionamiento de los contratos reales[15].

Y si el contrato de fiducia mercantil se perfecciona una vez la tradición de los bienes fideicomitidos queda consumada, entonces necesariamente se debe concluir, en lo que importa, que el acuerdo de voluntades o la convención que precede a dicha tradición empieza a tener efecto y consiste en hacer funcionar tal tradición. Esta función es muy importante, habida cuenta de que la tradición y la consiguiente entrega de los bienes fideicomitidos son actos neutros, carentes de contenido propio que no sea precisamente el de transferir el derecho de dominio de los bienes objeto del contrato de fiducia mercantil. Si la entrega de un bien lo es a título de fiducia mercantil, eso solo se puede saber examinando la causa de esa entrega, la cual radica en el acuerdo de voluntades al que antes se hizo referencia. El complejo integrado por el acuerdo de voluntades y la tradición es el llamado contrato real, categoría que encuentra fundamento en lo dispuesto por el artículo 1500 del Código Civil. En lo relacionado con el contrato de fiducia mercantil, esta norma no

---

importar la naturaleza y cuantía de los mismos (sic), a una sociedad autorizada especialmente para celebrar esta clase de contratos (sociedad fiduciaria), que llevará a cabo las actividades y finalidades determinadas por el fiduciante, para que sus frutos o rendimientos sean entregados al mismo constituyente o a un tercero llamado fideicomisario, señalado igualmente en el acto de constitución por el fiduciante. Cuando versan sobre bienes inmuebles se requiere de su protocolización mediante escritura pública que deberá inscribirse ante las oficinas de registro competentes". (Consejo de Estado, Sala de lo Contencioso Administrativo, Sección Cuarta. Sentencia 15275 del 13 de septiembre de 2007, Rad. 25000-23-27-000-2002-00591-01(15275), C. P.: Ligia López Díaz).

15 Corte Suprema de Justicia, Sala de Casación Civil. Sentencia 5335 del 22 de marzo de 2000, cit.

ofrece ninguna duda acerca del rol constitutivo asignado a la tradición y cuyo efecto es, a su vez, servir de causa o fuente de la obligación que los artículos 1234, numeral 7, y 1242 del Código de Comercio le imponen al fiduciario; dicho rol consiste en restituir los bienes fideicomitidos al fideicomitente o a sus herederos, o a la persona que este haya designado, a la terminación del contrato de fiducia mercantil por cualquier causa legal o contractual[16].

1. PARA TODOS LOS EFECTOS LEGALES, LOS BIENES FIDEICOMITIDOS FORMAN UN PATRIMONIO AUTÓNOMO AFECTO A LA FINALIDAD SEÑALADA EN EL ACTO CONSTITUTIVO

Acorde con las voces del artículo 1227 del Código de Comercio, como consecuencia de la transferencia del derecho de dominio, los bienes fideicomitidos forman un patrimonio especial que la ley mercantil califica como patrimonio autónomo. A este respecto, la Corte Suprema de Justicia[17] expresó:

> En efecto, la propiedad transferida por el fiduciante y adquirida por el fiduciario está fuertemente limitada por su destinación única y exclusiva a las finalidades fiduciarias, circunscrita a estas y, con ella se integra un patrimonio de afectación o destinación; los bienes objeto de fiducia "no forman parte de la garantía general de los acreedores del fiduciario y solo garantizan las obligaciones contraídas en el cumplimiento de la finalidad perseguida", están "separados del resto del activo del fiduciario y de los que correspondan a otros negocios fiduciarios" (art. 1227 [del] Código de Comercio) y "forman un patrimonio afecto a la finalidad contemplada en el acto constitutivo" (art. 1233, Código de Comercio), o sea, constituyen un patrimonio autónomo e independiente del patrimonio del fiduciante y del fiduciario destinado a la realización de un determinado fin en beneficio de aquel o del beneficiario [...] En términos de la Corte, "dentro de (sic) las diferentes teorías que se dan en torno a su naturaleza jurídica, el legislador patrio adhirió a la que trata la fiducia mercantil como constitutiva de un patrimonio autónomo afectado a una específica o determinada destinación, pues su fisonomía legal y la teleología que inspira su presencia en el campo de los negocios no dejan margen de duda para considerarlo como tal; de otra manera no se explica que los bienes fideicomitidos solo garanticen las obligaciones contraídas en cumplimiento de la finalidad perseguida, que una vez son transferidos al fiduciario no se confunden

16 *Cfr.* Alejandro Guzmán Brito. "La consensualización de los contratos reales", cit., pp. 35 a 60.

17 Corte Suprema de Justicia, Sala de Casación Civil. Sentencia del 30 de julio de 2008, cit.

con los propios de este ni con los provenientes de otros negocios fiduciarios, ni que deben mantenerse separados tanto material y contablemente, como desde el punto de vista jurídico", sin oponerse a este aserto "la circunstancia de que excepcionalmente los bienes fideicomitidos puedan ser perseguidos por los acreedores del fiduciante cuyas acreencias sean anteriores a la constitución del fideicomiso, lo que previó el legislador no tanto en desmedro de su configuración autónoma, cuanto para preservar derechos constituidos en el pasado respaldados en la confianza que para aquellos representa el patrimonio del deudor como prenda general de sus obligaciones (art. 1238 [del] cco)", ni su carencia de personificación normativa pues, "cuando sea menester deducir en juicio derechos u obligaciones que lo afectan, emergentes del cumplimiento de la finalidad para la cual fue constituido, su comparecencia como demandante o como demandado debe darse por conducto del fiduciario[,] quien no obra ni a nombre propio[,] porque su patrimonio permanece separado de los bienes fideicomitidos, ni tampoco exactamente a nombre de la fiducia, sino simplemente como dueño o administrador de los bienes que le fueron transferidos a título de fiducia como patrimonio autónomo afecto a una específica finalidad".

Refiriéndose al concepto de patrimonio autónomo, también la Corte Suprema de Justicia[18] señaló:

La doctrina clásica considera el patrimonio como uno de los atributos de la personalidad[,] que se halla constituido por la universalidad jurídica compuesta por todos los derechos y obligaciones de carácter pecuniario, ligada ella a una persona natural o jurídica, y predica respecto de él la característica de la unicidad expresada bajo la siguiente fórmula: solo quienes son personas de alguna de las dos especies indicadas tienen patrimonio, cuanto que (sic) a su vez únicamente ellas pueden ser sujetos de derecho; toda persona tiene en abstracto un patrimonio, esto es, sea cual fuere el contenido material y económico, y así no lo haya, lo que dependerá de la dinámica productiva de su titular; y es único cuanto que (sic) una persona no puede tener más que un patrimonio, visto este como el conjunto de elementos activos y pasivos que pertenecen a un mismo sujeto de derecho. [...] Empero, la práctica que forja el derecho y la presencia de distintos fenómenos jurídicos han desvirtuado la rígida concepción unitaria del patrimonio, puesto que se ha establecido la posibilidad real de que una misma persona tenga varios patrimonios a la vez, pero tan perfectamente delimitados que no se tocan y por cuya existencia, precisamente a causa de esa separación, correlativamente se pueden generar relaciones jurídicas también distintas que se desarrollan autónomamente. [...] Esos

18 Corte Suprema de Justicia, Sala de Casación Civil. Sentencia 1909 del 3 de agosto de 2005, Exp. 1909, M. P.: Silvio Fernando Trejos Bueno.

son los llamados en la doctrina los patrimonios autónomos[,] que se denominan así justamente porque[,] teniendo vida propia, así sea de manera transitoria[,] como suele ser, están destinados a pasar en definitiva a alguna persona natural o jurídica, o a cumplir una finalidad, aplicación o afectación específica; y si bien no se les ha conferido personalidad jurídica, lo cierto es que su presencia ha dado lugar a gran cantidad de operaciones y relaciones de derecho en el tráfico comercial de inocultable utilidad socio económica, las cuales tanto pueden transcurrir pacíficamente como ser objeto de controversias o litigios. [...] Dichos patrimonios tienen su génesis en la ley que determina de alguna manera su conformación e identidad, como ocurre en la fiducia mercantil para poder hacer viable que con los bienes fideicomitidos se cumpla una finalidad o destinación determinada en el acto de la constitución de aquella. Incluso en cuanto a dicha fiducia, [...] es el legislador quien le otorga a los bienes que integran el fideicomiso la condición de patrimonio autónomo. [...] Así, se observa que luego de definirla como "un negocio jurídico en virtud del cual una persona llamada fiduciante o fideicomitente, transfiere uno o más bienes especificados a otra, llamada fiduciario, quien se obliga a administrarlos o enajenarlos para cumplir una finalidad determinada por el constituyente, en provecho de este o de un tercero llamado beneficiario o fideicomisario", según reza el artículo 1226 [del] C. Co., deja claramente dispuesto enseguida, en el artículo 1227, que "los bienes objeto de la fiducia no forman parte de la garantía general de los acreedores del fiduciario y solo garantizan las obligaciones contraídas en el cumplimiento de la finalidad perseguida; y adelante fija aún más su alcance al disponer en el artículo 1233 que[,] "para todos los efectos legales, los bienes fideicomitidos deberán mantenerse separados del resto del activo fiduciario y de los que correspondan a otros negocios fiduciarios, y forman un patrimonio autónomo afecto a la finalidad contemplada en el acto constitutivo" (resalta la Corte). [...] Quiere decir lo anterior que[,] dentro de (sic) las diferentes teorías que se dan en torno a su naturaleza jurídica, el legislador patrio adhirió a la que trata la fiducia mercantil como constitutiva de un patrimonio autónomo afectado a una específica o determinada destinación, pues su fisonomía legal y la teleología que inspira su presencia en el campo de los negocios no dejan margen de duda para considerarlo como tal; de otra manera no se explica que los bienes fideicomitidos solo garanticen las obligaciones contraídas en cumplimiento de la finalidad perseguida, que una vez son transferidos al fiduciario no se confunden con los propios de este ni con los provenientes de otros negocios fiduciarios, ni que deben mantenerse separados tanto material y contablemente, como desde el punto de vista jurídico.

Concretamente en lo que concierne a que el patrimonio autónomo carece de personalidad jurídica, si bien ello es cierto, no lo es menos que los artículos

1227 del Código de Comercio, 2.5.2.1.1 del Decreto 2555 de 2010[19] y 53 del Código General del Proceso[20] le reconocen capacidad jurídica para ser titular de derechos y de obligaciones y para comparecer a juicio en forma autónoma como demandante, demandado o tercero interviniente[21], y se aclara que la legitimación dispositiva, activa y pasiva, sustancial y procesal sobre el patrimonio autónomo la ostenta el fiduciario por ministerio de la ley. Como lo estableció de tiempo atrás la Corte Suprema de Justicia[22],

> que sea autónomo el patrimonio que se integra a propósito de la constitución de una fiducia mercantil [...] y que no tenga personalidad jurídica, no significa a su vez que no está al frente de él ninguna persona que intervenga y afronte justamente las relaciones jurídicas que demanda el cumplimiento de la finalidad prevista por el constituyente. A ese respecto[,] no puede pasarse por alto que por tal fiducia "se transfiere uno o más bienes especificados a otra, llamada fiduciario", y que "solamente los establecimientos y las sociedades fiduciarias, especialmente autorizados por la Superintendencia Bancaria[,] pueden tener la calidad de fiduciarios" (artículo 1226 [del] C. Co.), lo cual significa, ni más ni menos, que quien como persona jurídica ostenta esa calidad, es quien se expresa en todo lo que concierne con el patrimonio autónomo, al cual, desde esa perspectiva, no le falta entonces un sujeto titular del mismo (sic) así lo sea de un modo muy peculiar [...] Nótese que

---

19 Presidencia de la República de Colombia. Decreto 2555 de 2010. Por el cual se recogen y reexpiden las normas en materia del sector financiero, asegurador y del mercado de valores y se dictan otras disposiciones. *D. O.* 47771 del 15 de julio de 2010. Disponible en http://www.suin-juriscol.gov.co/viewDocument.asp?id=1464776

20 Congreso de Colombia. Ley 1564 de 2012. Por medio de la cual se expide el Código General del Proceso y se dictan otras disposiciones. *D. O.* 48489 del 12 de julio de 2012. Disponible en http://www.secretariasenado.gov.co/senado/basedoc/ley_1564_2012.html

21 En la Sentencia 1909 del 3 de agosto de 2005, cit., partiendo de la consideración de que el patrimonio autónomo no es persona jurídica, se explica que en el ámbito procesal carece de "capacidad para ser parte en un proceso, pero cuando sea menester deducir en juicio derechos u obligaciones que lo afectan, emergentes del cumplimiento de la finalidad para la cual fue constituido, su comparecencia como demandante o como demandado debe darse por conducto del fiduciario, quien no obra ni a nombre propio[,] porque su patrimonio permanece separado de los bienes fideicomitidos, ni tampoco exactamente a nombre de la fiducia, sino simplemente como dueño o administrador de los bienes que le fueron transferidos a título de fiducia como patrimonio autónomo afecto a una específica finalidad". En este caso, la fiduciaria actúa "sin que [...] se pueda decir ni que esté en juicio en nombre propio (ya que no responde personalmente) ni que esté en juicio en nombre de otro (ya que no hay tras él un sujeto de quien sea representante). Surge más bien de ahí un *tertium genus*, que es el de estar en juicio en razón de (sic) un cargo asumido y en calidad particular de tal". Pese a lo anterior, el artículo 53 del CGP enseña que los patrimonios autónomos pueden ser parte en un proceso.

22 Corte Suprema de Justicia, Sala de Casación Civil. Sentencia 1909 del 3 de agosto de 2005, cit.

> nada distinto puede deducirse de otras normas mercantiles y[,] en particular[,] de la que señala los deberes indelegables del fiduciario enlistados en el artículo 1234 del C. Co., entre los cuales se hallan aquellos que le imponen "realizar diligentemente todos los actos necesarios para la consecución de la finalidad de la fiducia" [...], que comprende, entre otros posibles, la celebración de actos jurídicos que redunden sobre dicho patrimonio, y "llevar la personería para la protección y defensa de los bienes fideicomitidos contra actos de terceros, del beneficiario y aun del mismo constituyente" [...]; ambos indican que en el plano sustancial el fiduciario es quien debe obrar por el patrimonio autónomo cuando la dinámica que le es inherente lo exija, sin que lo haga propiamente en representación del mismo (sic), reservado como ciertamente se halla esta figura a las personas naturales o jurídicas. [...] En ese sentido, "el fiduciario goza de todas las facultades necesarias para llevar a buen fin el encargo[,] salvo aquellas que se hubiese reservado el fiduciante o que le fuesen prohibidas por mandato legal. Pero, de no existir la restricción o [de] estar expresamente facultado para ello, si adquiere obligaciones con terceros en el proceso de ejecutar el encargo, lo lógico es que tales obligaciones queden directamente respaldadas por los bienes fideicomitidos, sin perjuicio de la responsabilidad que los interesados pudieren deducirle más tarde al fiduciario en caso de extralimitación de funciones o de la adopción de conductas censurables, a las cuales pudiera imputarse el incumplimiento de las obligaciones y las consecuencias negativas sobre los bienes"; y cuanto más las puede ejercer si el respectivo contrato en el que participa con ocasión de ser fiduciario, debe celebrarlo porque así se le impone en el acto de constitución de la fiducia, lo que implica llevar la personería para ese efecto.

O sea que, aunque es cierto que la legitimación dispositiva, activa y pasiva, sustancial y procesal sobre el patrimonio autónomo la ostenta el fiduciario por ministerio de la ley, también lo es que, en principio,

> "no se identifica jurídicamente el fiduciario cuando actúa en su órbita propia como persona jurídica, a cuando lo hace en virtud del encargo que emana de la constitución de la fiducia mercantil" [...], ni se confunde bajo ningún respecto con el patrimonio autónomo, ostentando su propia personificación, singularidad e individuación normativa, patrimonio, habilidad dispositiva y responsabilidad. [...] Con este entendimiento, *mutatis mutandis*, el fiduciario no compromete su responsabilidad patrimonial directa y personal en la ejecución del negocio fiduciario por los actos, negocios y contratos de desarrollo, ejecución o aplicación del encargo, la cual recae directa y exclusivamente en el patrimonio autónomo. [...] Sin embargo, esa sola circunstancia no autoriza [a] excluir *in radice* la responsabilidad personal del fiduciario por sus actos, conducta o comportamiento, acciones u omisiones en detrimento de la finalidad fiduciaria o de los intereses del constituyente y de terceros, por inobservancia de sus deberes profesionales de diligencia, lealtad, corrección, buena fe, imparcialidad, secreto, información, o por extralimitación

> de funciones, ausencia de adopción oportuna de las medidas idóneas exigibles, entre otras hipótesis, en las cuales es responsable con su patrimonio "directamente por situaciones en que se le sindique de haber incurrido en extralimitación, por culpa o por dolo en detrimento de los bienes fideicomitidos que se le han confiado, hipótesis en la cual obviamente se le debe llamar a responder por ese indebido proceder por el que en realidad ya no puede resultar comprometido el patrimonio autónomo" [...] Sobre este aspecto, la Corte[,] reiterando su doctrina, puntualizó por regla general "que las obligaciones que adquiera el fiduciario en la cabal ejecución del encargo recaen sobre ese patrimonio autónomo, no sobre el suyo propio, por manera que su responsabilidad no se ve comprometida. Ahora, cosa distinta es, como ya se puso de presente, que[,] por razones de otra índole, *verbi gratia*, las derivadas de un obrar excesivo o contrario a las estipulaciones negociales o a los fines de la fiducia, entre otras posibles hipótesis que no es del caso escrutar en toda su extensión, el fiduciario comprometa su responsabilidad y, por ende, sus propios bienes, frente a los afectados por su obrar ilícito, responsabilidad que en el ordenamiento jurídico patrio no es extraña, en la medida, en que el que con su dolo o culpa causa un daño está llamado a indemnizarlo, siendo contractual el fundamento de esa responsabilidad, si es que esa conducta activa u omisiva se dio en desarrollo de un negocio jurídico de esa naturaleza, o extracontractual, en el caso contrario (art. 2341 del C. Civil).[23]

Ahora, como el único sujeto al cual se le atribuye titularidad de derechos patrimoniales sobre los bienes fideicomitidos que conforman el patrimonio autónomo es el fiduciario, entonces, siempre que se trate de realizar una actuación dirigida al cumplimiento de la finalidad señalada por el fideicomitente en el acto constitutivo, es ese fiduciario el que "[...] debe obrar[;] y[,] en tal caso[,] en sentido técnico[,] no lo hace en nombre y por cuenta del patrimonio, sino como 'vocero' del mismo (sic) [...]"[24], tal y como lo dispone el artículo 2.5.2.1.1 del Decreto 2555, con la advertencia de que, "si bien[,] de conformidad con el *Diccionario de la lengua [española]*, la expresión 'vocero' significa 'persona que habla en nombre de otra, o de un grupo, institución, entidad, etc., llevando su voz y representación', es claro que [...] en este caso no existe técnicamente representación"[25], sino que de lo que se trata es "de que la fiduciaria exprese su voluntad para vincular al patrimonio autónomo"[26]. O, dicho de otra manera, para que el fiduciario no

---

23 Corte Suprema de Justicia, Sala de Casación Civil. Sentencia 1909 del 3 de agosto de 2005, cit.
24 Juan Pablo Cárdenas Mejía. *El contrato de fiducia y el patrimonio autónomo*, cit., p. xi.
25 *Ibid.*
26 *Ibid.*

asuma responsabilidad alguna por los actos y negocios jurídicos celebrados y ejecutados en y para el cumplimiento de la finalidad a la que están afectados los bienes fideicomitidos, se requiere

> que la condición de tal la haga conocer de los terceros con quienes entra en relación para cumplir la finalidad propuesta con la fiducia, desde luego que si no obra de ese modo puede llegar a comprometer su patrimonio personal; es a él, entonces, a quien en la realización de los actos que le competen como fiduciario le corresponde revelar la condición en que actúa, precisamente para traducir en concreto el deber legal de mantener separado el patrimonio propio de los demás que autónomamente quedan a su disposición y de estos entre sí, como dispone el artículo 1233 del C. Co[27].

2. EN LA FIDUCIA MERCANTIL, LA TRANSFERENCIA DEL DERECHO DE DOMINIO DA LUGAR AL NACIMIENTO DE UN DERECHO REAL ESPECIAL

Habida cuenta de que la fiducia mercantil implica la transferencia de los bienes fideicomitidos por parte del fiduciante al fiduciario, quien, por consiguiente, adquiere la titularidad del derecho de propiedad, se reitera que al único sujeto al cual se le atribuye titularidad de derechos patrimoniales sobre los bienes fideicomitidos es al fiduciario. No obstante, la verdad sea

---

27 Corte Suprema de Justicia, Sala de Casación Civil. Sentencia 1909 del 3 de agosto de 2005, cit. En este mismo sentido, de la misma Sala se tiene la Sentencia 093 del 31 de mayo de 2006 (M. P.: Pedro Octavio Munar Cadena), y de parte de la entonces Superintendencia Bancaria se tiene la Resolución 3030 de 1993, mediante la cual esta entidad le impuso una multa a Fiduciaria Bursátil S. A. En este acto administrativo sancionatorio, la Superintendencia expresó: "[P]uede ocurrir y, de hecho, ocurre, que el fiduciario presente dos caras contrapuestas para fines predeterminados, haciendo valer en unos casos su carácter institucional de entidad financiera y, en otros, su calidad de intermediario. Esto es posible, en la generalidad de los casos, cuando los bienes fideicomitidos son dinero; de ahí que, entre la realidad y la apariencia, la solución no puede ser otra que aquella que más convenga a los intereses del fideicomitente y de los terceros. Así, entonces, si el fiduciario no pone de presente ante terceros su calidad de tal, quiere decir que está celebrando para sí el negocio jurídico de que se trate y que, consecuencialmente, ha comprometido su patrimonio personal". Esta tesis de la Superintendencia fue avalada o acogida por la Sección Cuarta de la Sala de lo Contencioso Administrativo del Consejo de Estado, como consta en la Sentencia del 14 de junio de 1996, Exp. 7450, M. P.: Delio Gómez Leyva. También sobre este aspecto se tiene la siguiente sentencia: Consejo de Estado, Sala de lo Contencioso Administrativo, Sección Quinta de Descongestión. Sentencia del 1.º de marzo de 2018, Rad. 25000-23-24 000 2005-00195-02, C. P.: Rocío Araújo Oñate.

dicha, esa titularidad del derecho de dominio en cabeza del fiduciario no es "plena, ni definitiva, *stricto sensu* (art. 1244 del C. de Co.), sino en la medida necesaria para atender los fines establecidos primigeniamente por el fideicomitente (propiedad instrumental)"[28]. En estricto rigor jurídico, el fiduciario "no adquiere el dominio para incorporarlo a su propio patrimonio, sino para conformar un patrimonio autónomo y aplicarlo a la finalidad fiduciaria, pero para estos menesteres, la transferencia del derecho real es plena, integral y con todo su carácter"[29].

Así las cosas, el debate se centra entonces en determinar qué clase de derecho real es el que adquiere el fiduciario como consecuencia de la celebración de un contrato de fiducia mercantil. Al respecto, la jurisprudencia de la Corte Suprema de Justicia y del Consejo de Estado han señalado que, en la fiducia mercantil, la transferencia del derecho de dominio de los bienes fideicomitidos se hace de manera condicional[30]; que se trata de "un derecho real especial"[31]; y, en fin, que "se trata de una propiedad en cierto sentido

---

28 Corte Suprema de Justicia, Sala de Casación Civil. Sentencia 1999-1000 del 14 de febrero de 2006. Exp. 05001-3103-012-1999-1000-01, M. P.: Carlos Ignacio Jaramillo Jaramillo.

29 Corte Suprema de Justicia, Sala de Casación Civil. Sentencia del 30 de julio de 2008, cit.

30 Corte Suprema de Justicia, Sala de Casación Civil. Sentencia 1991-15015 del 15 de septiembre de 2009, Rad. C-1100131030121991-15015-01, M. P.: Jaime Alberto Arrubla Paucar. En esta oportunidad, la Corte dijo: "La fiducia mercantil, en cuyo beneficio se forma un patrimonio autónomo, con las consecuencias que ello comporta, es un negocio jurídico de sustitución, en virtud del cual una persona, el fiduciante, encarga a otra, llamado fiduciario, el cumplimiento de una finalidad específica, respecto de unos bienes concretos, mediante la transmisión condicional de la propiedad para el efecto propuesto, a favor de terceros o del constituyente, quienes reciben el nombre de beneficiarios. [...] El fiduciario, por lo tanto, es un gestor profesional de intereses ajenos, en cuanto actúa en representación de ese patrimonio autónomo. De ahí que, en principio, tiene todas las facultades necesarias para cumplir la finalidad señalada en el fideicomiso, con las limitaciones que se deriven de los términos estipulados o de las reservas efectuadas por el fiduciante al momento de la constitución, inclusive con las incompatibilidades que se presenten al logro de esa finalidad. [...] El artículo 1234, numeral 1.º del Código de Comercio, señala como un deber indelegable del fiduciario, 'realizar diligentemente todos los actos necesarios para la consecución de la finalidad de la fiducia'. No obstante, dada la amplitud de la disposición, se entiende que el cargo no puede ejercerse sin limitación alguna, sino que debe circunscribirse a las instrucciones que se hayan impartido en el acto constitutivo, si las hay, obviamente, o en función de la finalidad misma del contrato, es decir, de la voluntad del constituyente".

31 Corte Suprema de Justicia, Sala de Casación Civil. Sentencia 1909 del 3 de agosto de 2005, cit. También sobre este particular, el Consejo de Estado señaló que "los bienes objeto del negocio fiduciario son transferidos al fiduciario, aunque la propiedad que este tiene sobre los mismos (sic) no pueda ser utilizada en su propio interés, sino únicamente para efectos de cumplir las finalidades previstas en el respectivo contrato de fiducia, por lo cual se trata de una propiedad en cierto sentido restringida. En efecto, del acto de 'transferir' los bienes al fiduciario a que se

restringida" en atención a "la conformación del patrimonio autónomo, la destinación a que este está sujeto, y la imposibilidad de conservar de manera definitiva el dominio sobre los bienes fideicomitidos"[32]. Adicionalmente, no han faltado quienes consideran que se trata de una propiedad formal.

La verdad sea dicha, desde el punto de vista estrictamente jurídico, en la fiducia mercantil, la transferencia del derecho de dominio de los bienes objeto del contrato le confiere al fiduciario su titularidad plena con efectos *erga omnes*, habida cuenta de que tal titularidad es igual a la del adquirente de cualquier negocio que constituya título traslaticio del derecho de dominio. Cuestión diferente es que, desde el punto de vista causal, la adquisición del derecho de dominio tiene carácter transitorio en la medida en

---

refiere el citado artículo 1226, y de la capacidad de enajenación de los bienes fideicomitidos que tiene el fiduciario, se colige que el contrato de fiducia mercantil conlleva la transferencia por parte del fideicomitente, respecto de los bienes fideicomitidos, y la adquisición de ellos por parte del fiduciario, a partir de la celebración del respectivo negocio, aunque de manera restringida por la conformación del patrimonio autónomo, la destinación a que este está sujeto, y la imposibilidad de conservar de manera definitiva el dominio sobre los mismos (sic), según lo dispone el artículo 1244 del mismo Código". (Consejo de Estado, Sala de lo Contencioso Administrativo, Sección Primera. Sentencia 2003-04295 del 31 de julio de 2018, Rad. 76001-23-31-000-2003-04295-01, C. P.: Oswaldo Giraldo López).

32 Consejo de Estado, Sala de lo Contencioso Administrativo, Sección Primera. Sentencia 2003-04295 del 31 de julio de 2018, cit.: "[L]os bienes objeto del negocio fiduciario son transferidos al fiduciario, aunque la propiedad que este tiene sobre los mismos (sic) no pueda ser utilizada en su propio interés, sino únicamente para efectos de cumplir las finalidades previstas en el respectivo contrato de fiducia, por lo cual se trata de una propiedad en cierto sentido restringida. En efecto, del acto de 'transferir' los bienes al fiduciario a que se refiere el citado artículo 1226, y de la capacidad de enajenación de los bienes fideicomitidos que tiene el fiduciario, se colige que el contrato de fiducia mercantil conlleva la transferencia por parte del fideicomitente, respecto de los bienes fideicomitidos, y la adquisición de ellos por parte del fiduciario, a partir de la celebración del respectivo negocio, aunque de manera restringida por la conformación del patrimonio autónomo, la destinación a que este está sujeto, y la imposibilidad de conservar de manera definitiva el dominio sobre los mismos (sic), según lo dispone el artículo 1244 del mismo Código". Así mismo, el Consejo de Estado expresó: "Si bien se transfieren los bienes objeto de la fiducia mercantil, la propiedad que adquiere el fiduciario tiene unas características particulares, como quiera que los bienes deben figurar en su contabilidad separados de los propios (numeral 2.º artículo 1234 del C. Co.), no pueden ser perseguidos por sus acreedores (art. 1227 C. Co.) y obviamente deben cumplir la destinación para la cual fueron entregados por el fideicomitente. Se trata de una propiedad formal en cabeza del fiduciario para que tenga titularidad y pueda accionar en defensa de los bienes; pero sobre la cual no tiene las facultades de libre disposición propios (sic) del derecho de dominio. Los bienes fideicomitidos forman un patrimonio autónomo afecto a la finalidad contemplada en el acto constitutivo, según señala el artículo 1233 del Código de Comercio". (Consejo de Estado, Sala de lo Contencioso Administrativo, Sección Cuarta. Sentencia 15275 del 13 de septiembre de 2007, cit.).

que el fiduciario queda obligado frente al fideicomitente a restituirle los bienes fideicomitidos una vez terminado el contrato por cualquier causa legal o contractual[33]. Dicho de otra manera: en la fiducia mercantil, a pesar de que los bienes fideicomitidos salen real y jurídicamente del patrimonio del fideicomitente e ingresan al patrimonio del fiduciario, el derecho de dominio radicado en cabeza del fiduciario queda limitado por la existencia de un encargo o comisión de confianza que lo constriñe a destinar los bienes fideicomitidos al cumplimiento de la finalidad señalada por el fideicomitente en el acto constitutivo; esta relación fiduciaria permite, a la vez, presentar tal derecho de dominio como no definitivo a la luz del artículo 1244 del CCo, habida cuenta de que el fiduciario asume

> el deber indelegable de "transferir los bienes a la persona a quien corresponda conforme al acto constitutivo o la ley" (art. 1234, n.º 7, Código de Comercio)[,] siendo "ineficaz toda estipulación que disponga que el fiduciario adquirirá definitivamente, por causa del negocio fiduciario, el dominio de los bienes fideicomitidos" (art. 1244, *ejusdem*)[34].

---

33 Desde esta perspectiva, es claro que en materia de fiducia mercantil no se puede hablar de una propiedad relativa o formal radicada en cabeza del fiduciario, porque esto es una imposibilidad jurídica. Quiérase o no, el fiduciario es propietario pleno y su propiedad no puede ser relativa, porque esta no existe. El límite al derecho de dominio radicado en cabeza del fiduciario está dado por la obligación personal de comportarse con sujeción a la finalidad señalada en el acto constitutivo. Como explica Jordano Barea, la confianza es, precisamente, "el puente que une el lado real con el lado obligatorio, armonizándolos en lo posible dentro de la superior unidad del negocio" (Juan Jordano Barea. *El negocio fiduciario,* Barcelona, Bosch, 1959, p. 139).

34 Corte Suprema de Justicia, Sala de Casación Civil. Sentencia del 30 de julio de 2008, cit. Sobre este mismo particular, en la Sentencia 1999-1000 del 14 de febrero de 2006, cit., la Corte Suprema de Justicia expresó: «En rigor, el fiduciario entonces no recibe —ni se le transfiere— un derecho real integral o a plenitud, a *fuer* de concluyente y con vocación de perpetuidad, no solo porque en ningún caso puede consolidar dominio sobre los bienes objeto de la fiducia, ni ellos forman parte de su patrimonio (arts. 1227 y 1233 ib.), sino porque esa transferencia, de uno u otro modo, está condicionada por el fiduciante, quien no solo determina el radio de acción del fiduciario, sino que es la persona —o sus herederos— a la que pasará nuevamente el dominio, una vez termine el contrato, salvo que el mismo fideicomitente hubiere señalado otra cosa (art. 1242 ib.) [...] Esa particularísima transferencia del dominio, esa singular forma de recibir el fiduciario la propiedad, explica que el legislador hubiere previsto que, por regla, los bienes fideicomitidos constituirían un patrimonio autónomo —o especial para otros— afecto a la finalidad prevista en la fiducia (art. 1233 C. de Co.), cuyo titular formal es el fiduciario, aunque no puede desconocerse que, *mutatis mutandis*, "bajo ciertas condiciones y limitaciones" subsiste una titularidad en el constituyente, "en cuyo patrimonio pueden considerarse, en ocasiones, los bienes fideicomitidos, los cuales, inclusive, pueden regresar a dicho constituyente", como lo precisan las actas de la referida Comisión Redactora del Proyecto de Código de Comercio de 1958, muy útiles para reconstruir

Si el fiduciario, como propietario pleno de los bienes fideicomitidos, abusa de su posición de tal, no por eso perderá la titularidad jurídica sobre los bienes fideicomitidos ni se resolverá el acto jurídico de la transferencia. El fideicomitente no podrá intentar una acción reivindicatoria para hacer que los bienes fideicomitidos regresen a su patrimonio, sino que lo único que podrá hacer es intentar una acción de indemnización por incumplimiento contractual.

3. CONFORMACIÓN DEL PATRIMONIO AUTÓNOMO

En la actualidad se discute si la existencia del patrimonio autónomo necesariamente deriva del hecho de que el fideicomitente transfiera de manera real y material al fiduciario los bienes objeto del contrato de fiducia mercantil en orden a que dicho fiduciario pueda destinarlos al cumplimiento de la finalidad establecida en el acto constitutivo, o si, por el contrario, es posible hablar del patrimonio autónomo sin que al momento de la celebración del contrato al fiduciario se le transfiera ningún bien. A este respecto, un sector de la doctrina nacional considera que "la existencia misma del patrimonio autónomo no deriva del hecho de que la fiduciaria tenga un bien afecto a una finalidad"[35]. Esta tesis la sustentan en el hecho de que la figura del patrimonio autónomo "es una excepción al principio de que toda persona solo tiene un patrimonio, pero en manera alguna desconoce el principio de que el patrimonio como concepto no supone la existencia de un bien determinado"[36].

Esta tesis también ha sido pensada y desarrollada por abogados al servicio de las sociedades fiduciarias y de su agremiación, quienes abogan por erradicar la tradición como presupuesto de perfeccionamiento de los contratos reales en general y, en particular, de la fiducia mercantil; con ello buscan salvaguardar la eventual responsabilidad patrimonial de tales fiduciarias

---

la *intentio* del legislador mercantil. [...] Por eso la Corte, en lozana jurisprudencia, puntualizó que el fiduciario "es quien se expresa en todo lo que concierne con el patrimonio autónomo, al cual, desde esa perspectiva, no le falta entonces un sujeto titular del mismo (sic) así lo sea de un modo muy peculiar" (se subraya; cas. civ. de 3 de agosto de 2005; exp.: 1909), pues bien "especial" es la titularidad del derecho, como en el mismo fallo se reconoció, acogiendo lo que sobre el punto afirma un sector de la doctrina vernácula». (Corte Suprema de Justicia, Sala de Casación Civil. Sentencia 1999-1000 del 14 de febrero de 2006, cit.).

35 Juan Pablo Cárdenas Mejía. *El contrato de fiducia y el patrimonio autónomo*, cit., p. 27.

36 *Ibid.*

por la no conformación del patrimonio autónomo. Las razones que se han expuesto acerca del rol constitutivo que tiene la tradición en el contexto de un contrato de fiducia mercantil le restan todo valor a esta tesis, tanto más aun si se considera que ella conllevaría que se presentara una doble conversión en el sistema legal que regula el contrato de fiducia mercantil, contenido en los artículos 1226 y siguientes del Código de Comercio, así: de una parte, implicaría la conversión en contrato consensual de la causa, que, como ya se vio, radica en el acuerdo de voluntades merced al cual se define el futuro contrato de fiducia mercantil; de otra parte, supondría la conversión de la tradición o entrega causada y perfeccionadora del contrato real en cumplimiento del contrato consensual. Para ello se requeriría de modo indefectible reformar o modificar el artículo 1226 del Código de Comercio para diseñar el contrato de fiducia mercantil ya sea como un contrato consensual obligacionalmente sinalagmático o bilateral, o bien como un contrato consensual obligacionalmente unilateral. En el primer caso, el acuerdo de voluntades consistiría en obligarse a entregar a título de fiducia mercantil una cosa, por una parte, y a recibirla, por la otra. El fideicomitente quedaría entonces obligado a entregar, y el fiduciario, a hacer, esto es, a recibir, y cada uno dispondría de una acción personal para el efecto. Por consiguiente, a estas obligaciones se les deberían aplicar las reglas generales sobre cumplimiento, mora, ejecución forzada en especie o por equivalencia, indemnización de perjuicios por daño emergente y lucro cesante, etc. En el segundo caso, el fideicomitente quedaría obligado a entregar, pero el fiduciario no lo estaría a recibir y, por lo tanto, podría desistir del contrato hasta el instante previo a la recepción de la cosa. Así, pues, solo el fiduciario dispondría de una acción personal para forzar la tradición por parte del fideicomitente[37].

De manera entonces que, si bien es cierto que la noción de patrimonio está referida a la posibilidad que tiene una persona natural o jurídica de adquirir bienes que quedarán afectos al cumplimiento de las obligaciones que contraiga su titular, no es menos cierto que, en la medida en que el patrimonio autónomo está conformado por los bienes fideicomitidos (esto es, por los bienes que el fideicomitente transfiere al fiduciario en el acto de celebración del contrato), según las voces de los artículos 1227 y 1226 del Código de Comercio, resulta obvio que mientras no se perfeccione el

---

37 *Cfr.* Alejandro Guzmán Brito. "La consensualización de los contratos reales", cit., pp. 35 a 60.

contrato de fiducia mediante la tradición de los bienes objeto de este no podrá hablarse de patrimonio autónomo. Por consiguiente, "si la fiduciaria adquiere obligaciones, las mismas (sic) no pueden recaer en el patrimonio autónomo porque no existe, por lo cual afectarían su propio patrimonio"[38].

Por desgracia, por decir lo menos, a la sombra de esta controversia, y quizá para "curarse en salud", como se diría en el habla coloquial, la experiencia demuestra que las sociedades fiduciarias en Colombia han implementado la práctica de celebrar contratos de fiducia mercantil en los que el patrimonio autónomo tiene un carácter eminentemente simbólico, en la medida en que, al momento de la celebración del contrato, el fideicomitente tan solo se limita a entregar una pírrica suma de dinero, verbigracia, un millón de pesos. Esta práctica no tiene otro propósito distinto que el de darle apariencia de legalidad a la constitución del patrimonio autónomo, pues, de antemano, la fiduciaria es conocedora de que los bienes que en verdad conformarán dicho patrimonio autónomo se transferirán con posterioridad; es más, en la práctica se han presentado casos en los cuales los bienes que en realidad habrían de conformar el patrimonio autónomo jamás se transfirieron a la fiduciaria. De ahí que esta práctica apareje, sin lugar a duda, un comportamiento improvidente, de desidia y descuido, muy alejado de la conducta que debe mostrar un profesional que además es una institución financiera bajo el control y la vigilancia del Estado y que "difunde ante todo una imagen de seriedad, experiencia, diligencia, eficiencia y dinamismo, ofreciendo como su ventaja comparativa la idea de confianza y credibilidad que inspira su intervención en los negocios en que participa"[39]. El solo hecho de aceptar como constitutiva de un patrimonio autónomo una suma meramente simbólica pone de manifiesto un error de conducta, pues no es razonable poner a disposición del mercado un vehículo fiduciario que no ofrece seguridad alguna para el o los potenciales beneficiarios o para los terceros, quienes, guiados por la apariencia de legitimidad del patrimonio autónomo, suelen aceptar y de hecho aceptan la estipulación hecha a su favor o contratan con ese patrimonio autónomo. La fiduciaria está obligada a verificar que los bienes que en verdad conformarán el patrimonio autónomo en efecto se transfieran a la celebración del respectivo contrato de fiducia mercantil y no

---

38 Juan Pablo Cárdenas Mejía. *El contrato de fiducia y el patrimonio autónomo*, cit., p. 27.

39 Laudo arbitral del 26 de agosto de 1997, proferido para dirimir las controversias entre Leasing Mundial S. A. y Fiduciaria fes S. A. (Fidufes S. A.), hoy Acción Fiduciaria S. A.

con posterioridad; este es un deber indelegable y de señalada importancia, porque de la efectiva constitución del patrimonio autónomo depende que la finalidad indicada en el acto constitutivo pueda cumplirse de verdad, de ahí la acuciosidad y diligencia que en este aspecto debe mostrar el fiduciario.

De otra parte, en la actualidad también se discute si la existencia del patrimonio autónomo necesariamente deriva del hecho de que el fideicomitente es el verdadero propietario de los bienes que lo conforman o si, por el contrario, es posible entregar una cosa ajena. Para los cultivadores de la tesis de la consensualidad del contrato de fiducia mercantil,

> el hecho de que se haya entregado una cosa ajena a una fiduciaria en virtud de un contrato de fiducia mercantil no impide que surja el patrimonio autónomo. En tal caso, el efecto propio del concepto de patrimonio autónomo, y que se refiere al hecho de que el activo responde por el pasivo, quedará sujeto a los avatares propios de los negocios sobre cosas ajenas. Esto es, si el verdadero dueño reivindica el bien, el mismo (sic) deberá ser restituido al dueño y los acreedores del fideicomiso no podrán perseguir dicho bien. [...] Si se sostuviera que cuando se da en fiducia una cosa ajena no existe un patrimonio autónomo, se presentarían diversas incongruencias y dificultades difíciles de resolver. Así, por ejemplo, si la fiduciaria ejerciera actos de señor y dueño en desarrollo del contrato de fiducia, ¿quién adquiriría por prescripción? Igualmente, si el verdadero dueño ratifica la operación por la cual se pretendió transferir el bien a la fiduciaria, ¿quién adquiere el bien? En tales casos lo lógico es entender que [...] el bien ingresa al patrimonio autónomo [...] Por otra parte, como en virtud del contrato de fiducia se transfiere el bien, ello implica que el fideicomitente tiene la obligación de hacer la transferencia. Por consiguiente, si la fiduciaria encuentra que el bien es ajeno, debe reclamar al fideicomitente por el incumplimiento de sus obligaciones. En tal caso él mismo podría obtener que el verdadero dueño ratifique la transferencia, lo que tendrá efectos retroactivos, sin perjuicio de los derechos de los terceros que en el entretanto hayan contratado con el verdadero dueño. [...] Si se ha pretendido transferir a la fiduciaria un bien ajeno y el verdadero dueño reivindica el bien y obtiene la restitución del mismo (sic), dicho bien deja de estar en el patrimonio autónomo, por lo que los acreedores de dicho patrimonio autónomo pueden sufrir un perjuicio. En tal caso, los mismos (sic) podrán intentar una acción indemnizatoria contra el fideicomitente y contra la fiduciaria. Lo anterior siempre y cuando esta última haya violado sus deberes profesionales y los acreedores hayan actuado con la diligencia que les corresponde[40].

---

40 Juan Pablo Cárdenas Mejía. *El contrato de fiducia y el patrimonio autónomo*, cit., pp. 29 y 30.

A riesgo de insistir en demasía sobre este particular, las razones que se han expuesto acerca del rol constitutivo que tiene la tradición en el contexto de un contrato de fiducia mercantil impiden que el patrimonio autónomo pueda nacer a la vida jurídica a partir de la entrega de una cosa ajena. De ahí que la tesis cuyos principales apartes han sido trascritos deba ser desechada, máxime si se considera que, al igual que en los casos que ya se han reseñado, ella tiene el confesado propósito de justificar conductas que en la práctica conducen a desnaturalizar el negocio fiduciario, al tiempo que también ha sido pensada y desarrollada por abogados al servicio de las sociedades fiduciarias y su agremiación, y con ello han buscado salvaguardar la eventual responsabilidad patrimonial de estas por la no conformación del patrimonio autónomo. La experiencia demuestra que, fundamentalmente en algunos fideicomisos inmobiliarios para el desarrollo de proyectos de construcción de unidades habitacionales, el lote en el que tal construcción se desarrolla ha resultado ser ajeno, y que al fideicomiso ya se encuentran vinculadas terceras personas interesadas en adquirir las referidas unidades habitacionales. Esta circunstancia, sin lugar a duda, de entrada compromete la responsabilidad del fiduciario por la no conformación efectiva del patrimonio autónomo, pues se sabe que es un deber indelegable de este verificar celosamente que el fideicomitente tiene el derecho de transferir el dominio sobre el bien fideicomitido y que lo puede hacer libre de gravámenes y limitaciones; así mismo, tratándose de inmuebles, el fiduciario debe constatar con acuciosidad que en la escritura pública que perfeccione el contrato de fiducia mercantil se encuentren presentes

> todos los elementos de la esencia —tanto los generales de todo contrato, como los particulares de la propiedad fiduciaria— para que dicho acto jurídico logre la existencia y debe persuadirse de que los mencionados elementos no estén afectados de vicio alguno que pueda colocar en entredicho la validez del negocio. Así mismo, es tarea del fiduciario obtener la inscripción de la escritura en el registro correspondiente, lo que puede llevar a cabo sin el concurso del fideicomitente, o, en caso de que en el contrato se le asigne a este dicha tarea, aquel debe estar particularmente atento a fin de que se le compruebe que tal inscripción se haga en forma correcta y oportuna. Solo con estas precauciones y medidas providentes puede entenderse que el fiduciario cumple cabalmente sus deberes legales y contractuales, pues a través de (sic) ellas muestra su diligencia para tratar de que los fines perseguidos por la fiducia en realidad se concreten[41].

41 Laudo arbitral del 26 de agosto de 1997, cit.

4. CONSECUENCIAS QUE SE DERIVAN DE LA CONFORMACIÓN DEL PATRIMONIO AUTÓNOMO

Como consecuencia de la transferencia del derecho de dominio de los bienes fideicomitidos y, por ende, de la conformación del patrimonio autónomo, se producen los siguientes efectos jurídicos:

En primer lugar, los bienes fideicomitidos deben mantenerse separados del resto del activo del fiduciario y de los que correspondan a otros negocios fiduciarios (arts. 1233 y 1234, num. 2, CCo.), habida cuenta de que tales bienes se encuentran afectados al cumplimiento de la finalidad señalada en el acto constitutivo. Esta separación —que debe darse en tres dimensiones, a saber: jurídica, económica y contable[42]— se inspira en la necesidad de proteger los intereses tanto del beneficiario o de los beneficiarios como de los terceros acreedores del fiduciario, puesto que lo que se pretende es evitar que los bienes fideicomitidos puedan ser objeto de medidas cautelares como consecuencia de obligaciones que no han sido contraídas para cumplir la finalidad señalada por el fideicomitente en el acto constitutivo. Adicionalmente, esa separación

> resulta ser mucho más importante cuando los bienes fideicomitidos son dinero, pues de llegar a confundirse en un momento dado el correspondiente a un negocio fiduciario con el del fiduciario o con el de otro fideicomiso se haría prácticamente imposible su diferenciación. Y no se diga que, finalmente, resulta posible establecer lo que a cada uno corresponde, como quiera que la obligación en comento no se inspira en la imposibilidad de llegar a tal determinación cuando no se han mantenido separados los bienes, sino, precisamente, en la precaución de los problemas que puedan originarse con motivo de su manejo no diferenciado[43].

En segundo lugar, como ya se dijo en otro lugar, los artículos 1227 del Código de Comercio y 2.5.2.1.1 del Decreto 2555 de 2010 le reconocen al patrimonio autónomo capacidad jurídica para ser titular de derechos y de

---

42 La finalidad primordial de la contabilidad es la de permitir que tanto el o los beneficiarios como el o los fideicomitentes tenga(n) un conocimiento cierto, claro y oportuno del estado del patrimonio autónomo.

43 Superintendencia Bancaria, Resolución 3030 de 1993, mediante la cual le impuso una multa a Fiduciaria Bursátil S. A. Esta tesis de la Superintendencia fue avalada o acogida por la Sección Cuarta de la Sala de lo Contencioso Administrativo del Consejo de Estado, como consta en la Sentencia del 14 de junio de 1996, Exp. 7450, M. P.: Delio Gómez Leyva.

obligaciones, a pesar de no ser persona jurídica. En esta dirección, las obligaciones contraídas por el fiduciario en o para el cumplimiento de la finalidad señalada por el fideicomitente en el acto constitutivo tienen como garantía y fuente de pago los bienes que conforman el patrimonio autónomo; por consiguiente, los acreedores del patrimonio autónomo carecen de acción de persecución contra los bienes propios del fiduciario, es decir, el fiduciario no compromete su responsabilidad patrimonial, salvo que no exteriorice ante terceros que actúa en calidad de vocero o titular de los bienes que conforman el patrimonio autónomo o que

> por razones de otra índole, *verbi gratia*, las derivadas de un obrar excesivo o contrario a las estipulaciones negociales o a los fines de la fiducia, entre otras posibles hipótesis que no es del caso escrutar en toda su extensión, el fiduciario comprometa su responsabilidad y, por ende, sus propios bienes, frente a los afectados por su obrar ilícito[44].

En este último caso, las correspondientes reclamaciones a que hubiere lugar solo podrían dirigirse contra el fiduciario y nunca contra el patrimonio autónomo. Contrariamente, en aquellas controversias o querellas en las que se encuentren involucrados los intereses del patrimonio autónomo y no los propios del fiduciario, será el patrimonio el que concurra al debate asistido por el fiduciario[45].

---

44 Corte Suprema de Justicia, Sala de Casación Civil. Sentencia 1909 del 3 de agosto de 2005, cit.

45 Sobre este particular, en el Laudo arbitral del 14 de octubre de 1993, proferido para dirimir las controversias surgidas entre Bloch Niño & Cía. S. en C. contra Fiducolmena derivadas de la celebración y ejecución de un contrato de fiducia mercantil, los árbitros expresaron: "[L]as reclamaciones que eventualmente deba formular el fiduciante o el beneficiario al fiduciario, que controviertan la gestión realizada por la sociedad fiduciaria y comprometan su responsabilidad, solo pueden dirigirse contra ella, y nunca contra el patrimonio autónomo. Desde luego, existen situaciones en las que[,] precisamente por no estar en discusión la gestión del fiduciario, las controversias o querellas que se planteen no lo comprometen directamente, dado que en ellas están involucrados los intereses del patrimonio autónomo y no los propios, y por ello, en tales casos, ese patrimonio concurre al debate asistido por la fiduciaria. Ciertamente, cuando el patrimonio autónomo decide formular demanda contra un tercero que ha causado daño a los bienes fideicomitidos, es claro que ese libelo se presenta por el fiduciario, no en nombre propio[,] sino como vocero del patrimonio autónomo, y es también apreciable, que las resultas de ese juicio beneficiarán o perjudicarán el patrimonio autónomo y no al fiduciario. Lo mismo puede advertirse en el evento de suponer que un tercero proponga un litigio contra el patrimonio autónomo, hipótesis en la cual quien comparece al juicio es este y no el fiduciario. En una y otra hipótesis, ha de observarse cómo las querellas imaginadas no están encaminadas a revisar la gestión del fiduciario ni a deducir

En tercer lugar, los bienes fideicomitidos no forman parte de la garantía general de los acreedores del fiduciario.

En cuarto lugar, de acuerdo con lo dispuesto por el artículo 1238 del Código de Comercio, los bienes fideicomitidos no pueden ser perseguidos por los acreedores del fideicomitente, salvo que sus acreencias sean anteriores a la celebración del respectivo contrato de fiducia mercantil. Y no podía ser de otra manera si se tiene en cuenta que, como ya se advirtió, con ocasión de la celebración de un contrato de fiducia mercantil, los bienes fideicomitidos salen definitivamente del patrimonio del fideicomitente, de ahí que dejan de ser prenda general de sus acreedores.

Sobre este particular, en la Parte II, Título II, Capítulo I, numeral 4 de la Circular Básica Jurídica (C. E. 029/14) expedida por la Superintendencia Financiera[46], se lee:

> Los acreedores del fideicomitente gozan, dependiendo de las circunstancias, por un lado, de la acción pauliana[,] para lo cual deben cumplirse los requisitos propios de ella, es decir[,] impone para su existencia el fraude propiamente dicho (*consilium fraudis*) y el daño o perjuicio al acreedor (*eventus damni*), y por otro, una acción encaminada a recomponer el patrimonio del deudor, pero desprovista del fraude, que se estructura por la sola circunstancia de causarse un detrimento al acreedor o presentarse el acto reprochado con la jerarquía suficiente para generarlo (*eventus damni*), connotando, de manera nítida, una acción eminentemente objetiva, que permite materializar la garantía de que los bienes del deudor son, efectivamente, la prenda general de los acreedores y que aquel no puede valerse del pacto fiduciario en detrimento. [...] Esta última acción mira al perjuicio de los acreedores del deudor-fideicomitente derivado de la celebración de un contrato de fiducia mercantil, sin que para su ejercicio sea menester entrar a considerar circunstancias tales como el deseo de causar daño, la intención de maniobrar para perjudicar a los acreedores o la mala fe, elementos que son requisitos indispensables para que se dé el fraude pauliano. [...] Lo dicho, sin embargo, no equivale a una acción que puedan ejercitarla los acreedores del deudor-fideicomitente de un modo irrestricto

---

responsabilidad suya. Empero, cuando un fiduciante o un beneficiario se alza contra la gestión del fiduciario y alega haber sufrido daño por causa de la misma (sic), naturalmente que ese debate no se plantea al patrimonio autónomo[,] sino al fiduciario, el que, por lo tanto, comparecerá al juicio en su propio nombre y exponiendo sus particulares intereses". (Laudo arbitral del 14 de octubre de 1993).

46 Superintendencia Financiera de Colombia. Circular Básica Jurídica (C. E. 029/2014). Disponible en https://www.superfinanciera.gov.co/inicio/normativa/normativa-general/circular-basica-juridica-ce----10083443

e ilimitado, toda vez que ella se halla circunscrita a ciertas circunstancias que se cifran en el perjuicio a los acreedores derivado del hecho de disminuir o suprimir bienes del patrimonio que ocasionan o agravan su estado de insolvencia[47].

---

47 Contrariamente a lo señalado en la Circular Básica Jurídica, en el Laudo Arbitral del 26 de agosto de 1997, proferido para dirimir las controversias entre Leasing Mundial y Fidufes S. A., cit., los árbitros consideraron que "debe admitirse que la acción contemplada en el citado artículo 1238 del Código de Comercio, es una acción pauliana y que en aquella deben concurrir los tres elementos que el artículo 2.491 del Código Civil exige para esta, a saber, perjuicio a los acreedores; fraude pauliano y consilio (sic) fraudulento [...] En cuanto al segundo requisito: el de fraude pauliano, ha de decirse que este no es, como lo piensa la (*)Superintendencia Bancaria, un dolo específico (deseo de causar daño; intención de maniobrar para perjudicar a los acreedores), pues la mala fe que exige la acción pauliana es un concepto sui géneris, que simplemente consiste en el conocimiento que tenga el deudor —y que todo hombre razonable y diligente debe tener— del mal estado de sus propios negocios, a pesar de lo cual celebra un acto que crea o agrava su estado de insolvencia. Se puede decir que ese conocimiento del mal estado de los negocios propios se aproxima a una presunción, pues es muy difícil, si no imposible, que el deudor demuestre que no conocía su situación patrimonial y por eso celebró el acto impugnado, pues el solo hecho de llevar contabilidad o presentar declaración de renta, verbigracia, han de servir para deducir que el deudor conoce la situación económica y financiera de sus actividades negociales. Así, pues, bien puede decirse que, si el fideicomitente transfiere en propiedad fiduciaria parte de sus bienes sin que deje los suficientes para atender sus pasivos, su conducta refleja un designio fraudulento o un fraude pauliano, en los términos del artículo 2.491 del Código Civil". (Laudo arbitral del 26 de agosto de 1997, cit.). En este mismo sentido se pronunció la Corte Suprema de Justicia mediante la Sentencia SC del 25 de enero de 2010, en la cual expresó: "[E]l espíritu de la acción auxiliar prevista en el artículo 1238 inciso 1.º no es, exclusivamente, la recomposición del patrimonio del deudor a partir de la presencia del *consilium fraudis* y [d]el *eventus damni*, sino, en esencia, establecer un mecanismo que materialice la garantía de que los bienes del deudor son, efectivamente, la prenda general de los acreedores y que aquel no puede valerse del pacto fiduciario en detrimento de estos; y, en esa dirección, considera la Sala que la norma memorada contempla una acción encaminada a recomponer el patrimonio del deudor, pero desprovista del fraude, que se estructura por la sola circunstancia de causarse un detrimento al acreedor o presentarse el acto reprochado con la jerarquía suficiente para generarlo (*eventus damni*), connotando, de manera nítida, una acción eminentemente objetiva. En ese contexto debe entenderse el contenido de la regla jurídica comentada. De suyo, emerge, entonces, que al acreedor le corresponde, iremisiblemente, asumir el compromiso de demostrar que del convenio llevado a efecto por el deudor le deriva un perjuicio; allí, sin duda, anida la validez de su proceder, esto es, en la acreditación de un interés jurídico, serio y actual para legitimar la persecución de los bienes involucrados en el patrimonio autónomo. Es evidente que extinguir un negocio jurídico por el solo hecho de aniquilarlo, comportaría una odiosa e injustificable prerrogativa, así como una afrenta a la seguridad jurídica, a los derechos de las partes, de los terceros y, en fin, de la dinámica social y comercial. [...] La facultad del acreedor no está determinada única y exclusivamente por el hecho de la preexistencia del crédito; su conducta persecutora ha de estar anclada, se insiste, en el interés por evitar la vulneración de sus derechos a raíz de la negociación celebrada por el deudor; es claro que las acciones de carácter judicial[,] y el presente asunto no es la excepción, están instituidas como un mecanismo sucedáneo del actuar espontáneo de las personas frente a sus compromisos u obligaciones. Por ello, acudir a una u otra herramienta (sic) procesal es

En relación con los aspectos procesales de la acción de que trata el inciso 1.º del artículo 1238 del Código de Comercio, en la referida Circular Básica Jurídica se expresa lo siguiente:

> Para el ejercicio válido del "derecho de persecución de los bienes fideicomitidos" de que trata el inciso 1 del art. 1.238 del C. Cio. y respecto del cual aplica la acción —diferente a la pauliana— a que se ha hecho referencia, los acreedores en cuestión deben acudir a la vía judicial para que se decrete la extinción o terminación del negocio fiduciario, toda vez que, ese derecho tiene como materia propia un acto jurídico verdadero y completo, cual es un contrato de fiducia mercantil. [...] En tal sentido, señaló la Corte Suprema de Justicia que un acreedor no puede[,] por el mero hecho de serlo[,] pedir la invalidación de un acto o contrato de su deudor, celebrado con un tercero de buena fe que ha pactado con el deudor una obligación seria, como tampoco puede, so pretexto de guarda de sus derechos[,] pretender intervenir en los actos y contratos de su deudor[,] porque entonces la relación jurídica de acreedor a deudor se convertiría en una total subordinación del primero al segundo, lo cual es inadmisible. Por tanto, dicha pretensión, en tanto se endereza a procurar la reconstitución del patrimonio del deudor-fideicomitente[,] debe seguir los trámites propios de un proceso ordinario, independientemente del título que documenta la respectiva obligación y de que este preste o no mérito ejecutivo.
>
> [...] se estima que para el correcto ejercicio de la acción de que trata el inciso 1 del art. 1238 del C. Cio. y el buen éxito de la misma (sic) se requiere la concurrencia de los siguientes requisitos: [...] 4.2.1. En primer lugar, le(s) corresponde a los acreedores —siguiendo los lineamientos generales de la carga de la prueba— demostrar los elementos de los cuales deriva su legitimación en la causa para actuar, vale decir, la preexistencia de una obligación teniendo en cuenta al efecto los términos en que fue pactada y el título que la documenta. [...] Al respecto, es necesario poner de presente que no por el hecho de tratarse de un acreedor anterior a la celebración del contrato de fiducia mercantil está legitimado *per se* para ejercer la acción de persecución de los bienes fideicomitidos, toda vez que si la obligación, *v. gr.*, está sometida a condición suspensiva, solo tiene la facultad para solicitar medidas conservativas en los términos del art. 1549 del CC. [...] 4.2.2. En segundo lugar, corresponde al actor acreditar que el contrato de fiducia mercantil celebrado por

---

una opción que opera luego de evidenciarse que el llamado a satisfacer la prestación debida, no se aviene, voluntariamente, a tal objetivo o que ha desplegado actos que afectan seriamente la acreencia. Demostrada tal circunstancia, nace como opción válida, la de perseguir, con éxito, algunos bienes fideicomitidos". (Corte Suprema de Justicia, Sala de Casación Civil. Sentencia 1999-01041 del 25 de enero de 2010, Exp. 11001-3103-031-1999-01041-01, M. P.: Pedro Octavio Munar Cadena).

el deudor propició o aumentó su estado de insolvencia, y, por ende, le produjo un perjuicio consistente en la imposibilidad de hacer efectivos sus derechos. [...] En tal virtud, no es cualquier acreedor el que tiene derecho para ejercitar la acción que se comenta, toda vez que[,] para que esta prospere, el interés jurídico debe ser actual, esto es, debe tratarse de un interés protegido por la ley que resulta burlado o desconocido por la conducta del deudor. [...] En el anterior orden de ideas, si con ocasión de la celebración del contrato de fiducia mercantil no se produjo un desequilibrio en el patrimonio del deudor-fideicomitente que le impida satisfacer las obligaciones contraídas con anterioridad a dicha celebración, la acción de persecución no está llamada a prosperar, pues es claro que no se configuraría un "eventus damni" sin el cual no habría interés jurídico para incoar la acción. [...] Si, no obstante (sic) lo anterior, se admitiera una demanda presentada sin que mediase ese interés jurídico al que se ha hecho referencia, el deudor fideicomitente —a nuestro juicio— puede defenderse con éxito alegando y probando que posee bienes suficientes para satisfacer la obligación que contrajo con el acreedor demandante, esto es, proponiendo la excepción que la doctrina francesa denomina de "discusión de bienes", medio exceptivo que también puede —o debe— proponer la sociedad fiduciaria en cumplimiento del deber que le impone el numeral 4 del art. 1234 del C. Cio. de llevar la personería para la protección y defensa de los bienes fideicomitidos contra actos de terceros, del beneficiario y aún del mismo constituyente. [...] 4.2.3. Finalmente, desde el punto de vista pasivo, la acción de persecución de los bienes fideicomitidos por parte de los acreedores anteriores a la celebración del contrato de fiducia mercantil debe dirigirse contra el deudor fideicomitente y contra la sociedad fiduciaria como titular del patrimonio autónomo y, en su caso, también contra el beneficiario[48].

---

48 A este respecto, la Corte Suprema de Justicia, mediante la Sentencia SC20450-2017 del 17 de diciembre de 2017 explicó «[E]l artículo 1238 del C. de Co., no puede literalmente aplicarse sin más, pues perdería toda la valía que representa la configuración del patrimonio autónomo para el cumplimiento del encargo. Es que con la constitución de la fiducia, en los términos establecidos en el Código de Comercio, persigue el Derecho que el fiduciante pueda lícitamente destinar un bien o conjunto de bienes, que ya no serán parte de su patrimonio, al cumplimiento de un encargo asimismo lícito por parte de la sociedad fiduciaria, a cuyo patrimonio tampoco entran ellos y[,] por ende[,] no forman parte de la prenda general de sus acreedores y[,] por tal motivo[,] debe mantenerlos separados del resto de sus activos y de otros fideicomisos. Ese patrimonio autónomo, si bien no es un sujeto de derechos y obligaciones, en la práctica conforma una universalidad jurídica cuya vocera, la sociedad fiduciaria, tiene su personería para defender los derechos y obligaciones asignados al mismo (sic). [...] De modo que la incursión de un tercero relativo en un negocio jurídico con estas connotaciones no se puede amparar únicamente por la circunstancia escuetamente establecida en la norma que se comenta, esto es, la de ser un acreedor anterior a la constitución del negocio fiduciario, desde luego que no obstante (sic) advertir la Corte que no es dable desatender el tenor literal de una norma so pretexto de consultar su espíritu, pues así lo manda el artículo 27 del Código Civil (interpretación literal), también debe resaltar que reglas de hermenéutica hay que permiten al intérprete, frente a normas incoherentes en el contexto

En quinto lugar, los acreedores del beneficiario pueden perseguir los rendimientos generados por los bienes fideicomitidos.

Finalmente, la personería para la protección y defensa de los bienes fideicomitidos se radica en cabeza del fiduciario, tal y como lo dispone el numeral 4 del artículo 1234 del Código de Comercio.

---

en que están llamadas a actuar, proceder a un análisis que tenga en cuenta el objetivo y valores que persigue y su inserción como subregla en la institución o figura jurídica en la que se aplica. Análisis sistemático que busca morigerar la contradicción, pues, según el 30 (sic) del Código Civil "el contexto de la ley servirá para ilustrar el sentido de cada una de sus partes, de manera que haya entre todas ellas la debida correspondencia y armonía". Y en efecto esta contradicción se revela si, de una parte, se tiene presente que el legislador busca y protege la constitución de un patrimonio autónomo, establece que el contrato es ley para las partes y solo causas legales o su mutuo disenso lo pueden privar de efectos y, parejamente, de conformidad con la interpretación literal del artículo 1238, admite que un tercero absoluto con tan solo ostentar la calidad de acreedor pueda echar abajo esa universalidad jurídica dimanante de un contrato eficaz. [...] La interpretación textual del precepto en comentario, a partir de su mera lectura, produciría en no pocos casos una grave iniquidad si se permitiese que el acreedor anterior de un constituyente fiduciario persiguiese, no los bienes que eventualmente puede continuar teniendo este, sino los que fueron objeto de la fiducia, con lo cual, para enderezar el entuerto, habría que acudir a otros expedientes para neutralizar el exceso que a simple vista se aprecia, tales como el abuso del derecho, o la posibilidad de que entre a defender la sociedad fiduciaria el patrimonio con la denuncia de bienes del deudor constituyente, distintos a los que dio en fiducia [...] Ahora bien, si el crédito perseguido por el tercero recae en un cuerpo cierto que después fue objeto de dación a título de fiducia, no hay duda de que el derecho de persecución en cabeza del acreedor ostenta por esa sola circunstancia un carácter serio, legítimo y actual que le permite incoar la acción declarativa en procura de reconstituir el patrimonio del constituyente con el bien que enajenó, protegiéndose en todo caso a los terceros de buena fe exenta de culpa. [...] Sea que el demandante haya activado la prerrogativa que tiene como acreedor anterior a la constitución del negocio fiduciario de perseguir el bien fideicomitido, o que haya optado por obtener la declaración de su extinción para buscar que el bien retorne al patrimonio de su deudor, lo cierto es que el denominador común en ambos casos es el de la calidad de acreedor que debe ostentar. Si lo que pretende es la declaración de extinción del negocio fiduciario o[,] en general[,] una previa declaración, v. gr., de que tiene derecho a perseguir el bien, no hay duda de que la categoría de acreedor debe ser "cierta e indiscutida", a semejanza de como lo ha proclamado la jurisprudencia en tratándose de la legitimación del titular de un crédito que ejercita la acción pauliana, pues a fin de cuentas es un tercero que entra a controvertir un negocio particular por un interés que[,] si bien lo reconoce la ley, ha de tener cauces delimitados». (Corte Suprema de Justicia, Sala de Casación Civil. Sentencia SC20450-2017 del 17 de diciembre de 2017, Rad. 11001-31-03-012-1998-04834-01, M. P.: Margarita Cabello Blanco).

5. EXTINCIÓN Y LIQUIDACIÓN DEL PATRIMONIO AUTÓNOMO

De acuerdo con las voces del artículo 1240 del Código de Comercio, el negocio fiduciario se extingue por las causales establecidas en el Código Civil para el fideicomiso y, adicionalmente, por las siguientes:

> 1) Por haberse realizado plenamente sus fines;// 2) Por la imposibilidad absoluta de realizarlos;// 3) Por expiración del plazo o por haber transcurrido el término máximo señalado por la ley;// 4) Por el cumplimiento de la condición resolutoria a la cual esté sometido;// 5) Por hacerse imposible, o no cumplirse dentro del (sic) término señalado, la condición suspensiva de cuyo acaecimiento pende la existencia de la fiducia;// 6) Por la muerte del fiduciante o del beneficiario, cuando tal suceso haya sido señalado en el acto constitutivo como causa de extinción;// 7) Por disolución de la entidad fiduciaria;// 8) Por acción de los acreedores anteriores al negocio fiduciario;// 9) Por la declaración de la nulidad del acto constitutivo;// 10) Por mutuo acuerdo del fiduciante y del beneficiario, sin perjuicio de los derechos del fiduciario, y// 11) Por revocación del fiduciante, cuando expresamente se haya reservado ese derecho.

Siguiendo los lineamientos expuestos por la Superintendencia Financiera en la Parte II, Título II, Capítulo I, numeral 4 de la Circular Básica Jurídica (C. E. 029/14), se tiene que, una vez ocurrida la terminación del negocio fiduciario por cualquier causa,

> lo único que subsiste de la relación fiduciaria es el cumplimiento de una obligación que ya nada tiene que ver con el desarrollo del mismo (sic), como es la relativa a la restitución de los bienes fideicomitidos, previa la rendición y liquidación comprobada de cuentas de la gestión fiduciaria que constituye el efecto natural y obvio de dicha terminación. [...] Obviamente, dicha rendición y liquidación de cuentas, como paso previo a la restitución de los bienes fideicomitidos, presupone para el fiduciario el deber de cancelar anticipadamente a tal restitución las obligaciones contraídas en cumplimiento de la finalidad señalada en el contrato y, en el evento de existir obligaciones contingentes, el deber de efectuar las provisiones necesarias para atender a su eventual cancelación; entendiéndose que el remanente es el que es objeto de restitución. De esta forma se da cabal cumplimiento al precepto contenido en el art. 1227 del C. Cio.

6. SOBRE EL FIDUCIARIO PESAN LA CARGA DE LA GUARDA Y LA CONSERVACIÓN DILIGENTE DE LOS BIENES FIDEICOMITIDOS

Como consecuencia de esa doble relación (real y obligacional) que caracteriza a los negocios fiduciarios, el ordenamiento jurídico le impone al fiduciario dos obligaciones distintas. La primera consiste en administrar o enajenar los bienes fideicomitidos de cara al cumplimiento de la finalidad establecida a favor del beneficiario, actuando en un todo de conformidad con las instrucciones impartidas por el fideicomitente en el acto constitutivo, salvo que se le haya autorizado para actuar del modo que le parezca más conveniente. La segunda radica en restituirlos totalmente o lo que quede de ellos a la extinción del negocio fiduciario.

Con respecto a estas obligaciones, lo primero que se debe decir es que, como el fiduciario está legitimado para detentar los bienes fideicomitidos —ora como propietario pleno si de fiducia mercantil se trata, ora como simple tenedor si es el caso de un encargo fiduciario o fiducia pública—, entonces sobre él pesa la carga de su guarda y conservación diligente. En este caso, la diligencia no se predica del uso legítimo de los bienes fideicomitidos, sino que se proyecta de manera directa en su guarda y conservación. Precisamente, tanto por la especial relación de confianza como por su especificidad estructural y funcional, los negocios fiduciarios traslaticios y no traslaticios del derecho de dominio deben considerarse el paradigma de las instituciones jurídicas en las que se exige una especial carga de guarda y conservación de los bienes objeto del negocio.

Esta obligación de guarda y conservación de los bienes fideicomitidos no tiene una fuente específica, sino que constituye una obligación accesoria, dependiente de otra principal sobre el mismo objeto, la cual consiste en destinarlos al cumplimiento de la finalidad establecida por el fideicomitente en el acto constitutivo. Desde esa perspectiva, se configura en un primer momento como el ejercicio de la actividad necesaria y suficiente para asegurar que cumpla la finalidad establecida por el fideicomitente a favor del beneficiario, que luego se extiende a la de impedir el incumplimiento del deber de restituir los bienes fideicomitidos a quien corresponda conforme al acto constitutivo o a la ley, una vez terminado el contrato por cualquier causa legal o contractual.

Esta obligación de guarda y conservación de los bienes ofrece una riquísima problemática en el estado actual de la investigación jurídica relacionada con la responsabilidad del fiduciario. En tal virtud, se impone la necesidad de plantear los criterios que permitirían determinar la responsabilidad del fiduciario en lo que a este aspecto concierne. Al respecto, en opinión del suscrito, esa responsabilidad del fiduciario necesariamente ha de fijarse en el ámbito de la culpa, pero buscando someterlo a una mayor responsabilidad que la que se deriva del régimen de la culpa leve. De esta manera, se obligaría al fiduciario a un cuidado superior en la guarda y conservación de los bienes fideicomitidos que el que observaría en la guarda y conservación de sus propias cosas, de suerte que asumiría responsabilidad siempre que otro fiduciario más diligente hubiera podido conservarlos. Y no podría ser de otra manera si se tiene en cuenta que, como ya se dijo, la guarda y conservación de los bienes fideicomitidos es un deber esencial de dicho fiduciario en la medida en que tal deber está íntimamente ligado con la obligación de destinar los bienes fideicomitidos al cumplimiento de la finalidad establecida por el fideicomitente en el acto constitutivo, al punto que se impone afirmar como conclusión que en la contratación fiduciaria se guardan y conservan los bienes fideicomitidos en forma adecuada justamente para poderlos destinar al cumplimiento de la finalidad establecida a favor del beneficiario conforme a lo estipulado por el fideicomitente en el acto constitutivo.

Es decir, ese deber de destinar los bienes fideicomitidos al cumplimiento de la finalidad establecida por el fideicomitente en el acto constitutivo justifica y valida el cumplimiento de los referidos deberes de guarda y conservación. Desde luego que el beneficiario solamente se declarará satisfecho cuando se haya cumplido la finalidad a la cual están afectados los bienes fideicomitidos, lo que hará presumir que estos fueron custodiados y conservados en forma idónea, inferencia que opera en ese sentido, pero no en el contrario.

En síntesis, el fiduciario es, pues, el guardián de los bienes fideicomitidos, con todos los deberes, las cargas y atribuciones que esa noción envuelve; por eso, la obligación de guarda de los bienes fideicomitidos es una obligación de hacer que consiste en desplegar una actuación de protección de estos, vale decir, de mantenerlos en un lugar seguro, de cuidarlos y sustraerlos de los diversos peligros que puedan acecharlos, obligación cuyo criterio de integración está dado por la diligencia del *artifex*. Se trata, pues, de un deber de actividad orientado a vigilar los bienes fideicomitidos para evitar su pérdida o destrucción y, en su caso, a recuperarlos mediante las acciones que estén a su alcance. A su turno, la obligación de conservación implica la de velar por la integridad y entidad de los bienes fideicomitidos. De ahí que al fiduciario no le basta simplemente con adoptar las medidas de precaución que a su juicio considere pertinentes.

Tan significativo es este deber de guarda y conservación que el artículo 1231 del CCo consagra la posibilidad de que por la vía judicial se le imponga al fiduciario la obligación de confeccionar un inventario de los bienes fideicomitidos, así como la de prestar una caución especial, al paso que los numerales 2 y 4 del artículo 1234 *ibidem* le imponen al fiduciario la carga de mantener los bienes fideicomitidos separados de los suyos y de los que correspondan a otros negocios fiduciarios, así como la de llevar la personería para la protección y defensa de los bienes fideicomitidos contra actos de terceros, del beneficiario e incluso del mismo fideicomitente.

Ahora bien, conforme a lo visto, la guarda y conservación de los bienes fideicomitidos es un comportamiento que se mide por su resultado (existencia e integridad de los bienes fideicomitidos), y hablar de diligencia en la conducta del fiduciario significa que la función de causa de justificación que dicha diligencia desempeña solo se pone de manifiesto cuando los bienes fideicomitidos se pierden o se deterioran, lo que hace nugatorio el cumplimiento de la finalidad a la cual ellos se encuentran afectados. Así, la observancia de la diligencia apunta a que el fiduciario no tenga que responder por los daños irrogados al beneficiario o al fideicomitente, según el caso. Por consiguiente, la imposibilidad de cumplir la finalidad establecida a favor del beneficiario como consecuencia de la pérdida o del deterioro de los bienes fideicomitidos hace presumir que dicha pérdida o deterioro —y, por lo mismo, la imposibilidad de cumplir la finalidad— se produjeron por el hecho o por culpa del fiduciario. Con todo, no se trata de una presunción de la que el fiduciario solo puede escaparse demostrando fuerza mayor o, en general, un hecho extraño. Es todo lo contrario: como el fiduciario desarrolla una actividad profesional de índole mercantil por la que recibe una remuneración, forzosamente debe concluirse que este tan solo se libera de responsabilidad demostrando que, en la guarda y conservación de los bienes fideicomitidos, de cara al cumplimiento de la finalidad a la cual estos se encontraban afectados, no incurrió en culpa, por cuanto actuó como un buen profesional.

Sobre este particular, sirva de ejemplo el caso resuelto mediante el Laudo arbitral del 20 de abril de 2004[49], proferido en el proceso promovido por el

49 Laudo arbitral del 20 de abril de 2004, que resolvió las controversias entre Banco Davivienda S. A. y Alianza Fiduciaria S. A.

Banco Davivienda S. A. en contra de Alianza Fiduciaria S. A. con ocasión de la celebración de un contrato de fiducia mercantil de garantía. Conforme a los hechos de la demanda, consta que se celebró un contrato de fiducia mercantil de garantía en virtud del cual se transfirió el derecho de dominio que tenía el fideicomitente en relación con unos títulos valores de contenido crediticio, y se estableció como finalidad exclusiva que el patrimonio autónomo serviría de garantía y fuente de pago frente a los beneficiarios por los créditos que se le otorgaran directamente al fideicomitente o al patrimonio autónomo.

En el respectivo contrato de fiducia mercantil se pactó que los desembolsos que los beneficiarios le hicieren al fideicomitente o al patrimonio autónomo tendrían como contrapartida el 130 % del valor del crédito en títulos valores que el fideicomitente transferiría en propiedad al fideicomiso y que este cobraría por medio del propio fideicomitente, y cuyo producto se destinaría al pago de los créditos otorgados por los beneficiarios. También se pactó que el fideicomitente debía cobrar los títulos valores fideicomitidos en las fechas indicadas en cada uno de ellos y que era su obligación entregar al fiduciario el producto de dicho recaudo dentro de los cinco días siguientes.

Para efectos del cobro de los títulos valores fideicomitidos, como obligación del fideicomitente se previó la de garantizarle al fiduciario el debido recaudo de estos títulos. Por esta razón, de no poderse obtener la totalidad del recaudo, el fideicomitente, dentro de los tres días hábiles siguientes al requerimiento del fiduciario, debía hacer entrega a este, en efectivo o en facturas, del faltante del recaudo.

En el mismo sentido, también se estipuló contractualmente que el fideicomitente debía incrementar el fideicomiso, en efectivo o con facturas, a más tardar el tercer día hábil siguiente al día en que el fiduciario así se lo solicitara, cuando la garantía estuviera en peligro de deteriorarse. Así mismo, se fijó que el fiduciario invertiría las sumas recibidas en la compra de títulos valores emitidos a favor del fideicomitente o atendería los créditos vinculados al fideicomiso si estuviesen vencidos o a solicitud del fideicomitente. Por lo demás, en el contrato de fiducia mercantil no se estableció cuál sería el procedimiento que se debería seguir en el evento en que el fideicomitente o el patrimonio autónomo incumplieran con las obligaciones garantizadas.

El material probatorio recaudado en el decurso del proceso puso al descubierto que hubo una disminución de la garantía fiduciaria que tuvo como causa el deficiente seguimiento y control por parte del fiduciario a los bienes fideicomitidos, lo que tornó nugatoria la finalidad a la cual estos se encontraban afectados. Para los juzgadores de instancia, la finalidad a la cual se encuentran afectados los bienes fideicomitidos en un contrato de fiducia mercantil de garantía implica que los deberes del fiduciario se deben traducir en acciones para cumplir ese objetivo, las cuales no se pueden eludir o retardar por simple negligencia, pues ello hace que los contratos fiduciarios pierdan la seguridad y eficacia que los agentes de mercado les han reconocido y que tanto la jurisprudencia como la doctrina han confirmado. En este sentido, consideraron que, como a los beneficiarios les fue ofrecida una garantía fiduciaria sobre unos títulos valores de contenido crediticio, entonces las obligaciones a cargo del fiduciario, en lo que respecta al deber de verificar la suficiencia de los activos que respaldan la garantía, exigían el cuidado del buen hombre de negocios, el cual no ha de ser mínimo, sino el que se requiera para cumplir con sus obligaciones de manera cabal.

Ello se evidencia con acciones adecuadas de seguimiento, verificación e información, que se traducen en obligaciones de contenido profesional, entendiéndose por tales las que aseguran la diligencia en las gestiones de control y vigilancia. Este deber no se entiende cumplido con acciones que signifiquen una mera formalidad, sino que supone una serie de actividades encaminadas a evidenciar la existencia del activo, las seguridades para mantenerlo y demás condiciones propias de una garantía, lo que les permite a los acreedores garantizados confiar no solamente en la razonabilidad de la información, sino también en las condiciones de seguridad que tendría el activo. Por ello, la obligación de verificación es compleja y comporta una serie de exigencias de constatación y seguimiento que han de ser efectivas y que, desde luego, han de servir a la finalidad del fideicomiso.

Por lo demás, los juzgadores de instancia afirmaron que, como a los beneficiarios les fue ofrecida una garantía fiduciaria sobre unos títulos valores de contenido crediticio, entonces, para cumplir esa finalidad de garantía y fuente de pago, el patrimonio autónomo debía tener en su poder, en todo tiempo, los respectivos títulos valores fideicomitidos vigentes y endosados, o el dinero proveniente de su recaudo. De ahí que el hecho de que el fiduciario hubiera permitido contractualmente que las sumas provenientes del recaudo de los títulos valores fideicomitidos quedara en poder del fideicomitente por 5 días hábiles implicó que los recursos se desviaran de su destino contractual, que era el patrimonio autónomo, con los riesgos e inseguridades que ello conllevaba.

Los juzgadores de instancia condenaron a la sociedad fiduciaria (1) por haber obrado de manera culposa, y ello no solo en la estructuración y constitución del fideicomiso —por no regular en el contrato el procedimiento para su ejecución en caso de hacerse necesario el pago con cargo a este de las obligaciones garantizadas con dicho fideicomiso—, sino también en el manejo del fideicomiso; y (2) por haber incumplido el contrato, por no haber hecho un adecuado seguimiento y control de los activos radicados en el patrimonio autónomo, lo cual dio lugar a la disminución de la garantía fiduciaria hasta el punto de hacerse insuficiente para atender el pago de las obligaciones garantizadas con aquella, por no haber destinado oportunamente los recursos líquidos al pago de las obligaciones exigibles a favor del beneficiario.

Aunque, en el caso traído a colación como ejemplo, los juzgadores de instancia, a la hora de definir la responsabilidad del fiduciario no efectuaron, como era su deber, un análisis del comportamiento asumido por este con miras a establecer si dicho comportamiento encuadraba en cualquiera de las especies de culpa que define el artículo 63 del CC, lo cierto es que un análisis de los hechos que dieron origen al debate —análisis conducido a la luz del tratamiento que en el Código de Comercio tiene la obligación a cargo del fiduciario de administrar y/o enajenar los bienes fideicomitidos de cara al cumplimiento de la finalidad establecida a favor del beneficiario— permite reiterar lo dicho líneas atrás con respecto a que la obligación de guarda y conservación de los bienes fideicomitidos es un deber jurídico formulado como una obligación accesoria de hacer en la que la diligencia es un criterio de exoneración de responsabilidad por daños y perjuicios.

Se trata de una carga cuya relevancia jurídica solamente aparece cuando los bienes fideicomitidos se han perdido o deteriorado. En ese caso, el juicio de responsabilidad apunta a determinar si el fiduciario fue diligente en la guarda y conservación de los bienes fideicomitidos; si lo fue, entonces quedará libre de responsabilidad frente al beneficiario y al fideicomitente, mientras que si no observó la diligencia jurídicamente exigida entonces responderá por los daños.

La diligencia en la guarda y conservación de los bienes fideicomitidos es, pues, fundamento de la responsabilidad civil del fiduciario y constituye un factor indispensable de la obligación de administrar y/o enajenar tales bienes de cara al cumplimiento de la finalidad establecida a favor del beneficiario. Si al fiduciario no le incumbiera ninguna responsabilidad por el estado de los bienes fideicomitidos, no se podría hablar de tal modalidad de obligación. Esa actividad de guarda y conservación también se encuentra integrada por el modelo del *artifex*, puesto que, como ya se recordó, ella es accesoria a la actividad de administración y/o enajenación de los bienes fideicomitidos.

Finalmente, el estudio de la responsabilidad del fiduciario por la guarda y conservación de los bienes fideicomitidos lleva a reflexionar acerca de la responsabilidad por la no restitución en sentido estricto, la restitución con retraso o la restitución en mal estado. Una expresión de la idea que se está planteando se presenta en aquellos contratos de fiducia mercantil, en especial, de administración, garantía y fuente de pago, en los que se estipula que el fiduciario se encuentra facultado para celebrar con el fideicomitente o con un vinculado económico suyo cualquier acto o negocio jurídico, por lo general, un contrato de comodato precario, que le permita continuar usando los bienes fideicomitidos. Al convenir este tipo de estipulaciones contractuales, que lo facultan para permitir que el fideicomitente continúe utilizando los bienes fideicomitidos, ¿estaría el fiduciario observando aquellas normas de prudencia y de conducta que son propias de quien se dedica de manera profesional a la gestión de negocios ajenos, y, además, a realizar la actividad necesaria para que se cumpla la finalidad a la que quedan afectados los bienes fideicomitidos? Creemos que no. Es cierto que en estas hipótesis, sobre todo en el evento en que se utiliza como esquema contractual el comodato, la entrega de los bienes fideicomitidos implica que es el comodatario-fideicomitente el deudor de la relación obligatoria, aquel que asume no solo la obligación prioritaria de devolverlos transcurrido el plazo convenido o cuando lo exija el comodante-fiduciario, sino también la obligación derivada de la custodia; así mismo, es quien responde por el incumplimiento derivado de la no devolución en sentido estricto, de la devolución con retraso o de la devolución de la cosa en mal estado. Pero ¿en qué queda la obligación prioritaria del fiduciario relacionada con la guarda y conservación de los bienes fideicomitidos y su destinación al cumplimiento de la finalidad establecida a favor del beneficiario? ¿En qué queda la obligación derivada de restituirlos a la terminación del negocio fiduciario por la ocurrencia de cualquier causa legal o contractual? ¿Podría el fiduciario alegar que su responsabilidad ha quedado exceptuada por cuanto esa estipulación contractual es expresión de la autonomía de la voluntad? Para el suscrito, en principio, esta clase de estipulaciones contractuales que, se recalca, son lugar común en los negocios fiduciarios, se revelan contrarias a la estructura jurídica y a la función económica de los negocios fiduciarios, por consiguiente, no responden a un acto de diligencia propio de un gestor de negocios ajenos que se presume posee dotes normales de cautela y prudencia para llevar a cabo una actividad que constitucionalmente es considerada como de interés público.

B. ELEMENTO OBLIGACIONAL

Según lo dispuesto por el artículo 1226 del Código de Comercio, pese a que el fiduciario adquiere el pleno derecho de dominio de los bienes fideicomitidos, como se acaba de ver, lo cierto es que su titularidad jurídica se ve afectada o limitada en la medida en que queda obligado a administrarlos y/o enajenarlos en la forma estipulada contractualmente y a restituirlos al fideicomitente o al beneficiario, según lo pactado, al extinguirse la relación fiduciaria si a ello hay lugar. Pero, se pregunta: ¿qué debe entenderse por "administrar" y/o "enajenar" los bienes fideicomitidos? Al respecto, se tiene que, tratándose del contrato de fiducia mercantil, las expresiones "administrar" y/o "enajenar" carecen de una definición legal, pues corresponden a conceptos jurídicos de carácter genérico e indeterminado. Esta indeterminación procede del hecho de que el artículo 1226 del Código de Comercio se refiere a una realidad cuyos límites no pueden ser bien precisados en su enunciado; es decir, son tantas y tan variadas las posibilidades de utilización práctica de los negocios fiduciarios considerando la finalidad a la que pueden quedar afectados los bienes fideicomitidos que la obligación de "administrar" y/o "enajenar" no admite una cuantificación o determinación rigurosa de antemano.

Por tal razón, se requiere en cada caso particular de su concreción, vale decir, es necesario que quede claramente estipulado en el contrato en qué consistirá esa obligación de administrar y/o enajenar los bienes fideicomitidos, teniendo en cuenta la finalidad a la que estos han de quedar afectados. Para tal efecto, y ateniéndose a lo preceptuado por los artículos 28 y 29 del Código Civil, se encuentra que, según el *Diccionario de la lengua española*[50], la expresión "administrar" significa gestionar o manejar, actividad en la que se incluye la toma de decisiones como un elemento esencial. Por su parte, al revisar las distintas disposiciones legales en las que la expresión "enajenar" es utilizada como término genérico, se encuentra que ella encierra todas las especies de negocios jurídicos en virtud de los cuales se transfiere el derecho de dominio de un bien.

---

50 Real Academia Española. *Diccionario de la lengua española*, 23.ª ed., Madrid, Espasa Calpe, 2014.

Ahora bien, tal y como se desprende de lo dispuesto por el artículo 1226 del Código de Comercio, resulta indiscutible que esa obligación de administrar y/o enajenar los bienes fideicomitidos se debe a que es considerada como un medio de satisfacer el interés del beneficiario, teniendo en cuenta la finalidad a la que quedan afectados los bienes fideicomitidos. Por consiguiente, el comportamiento obligatorio del fiduciario debe encaminarse a satisfacer ese interés contractual, es decir, a satisfacer los propósitos prácticos que, conocidos y consentidos por el fideicomitente y por el fiduciario, han sido incorporados expresamente en el contrato. Desde esta perspectiva, en cada caso concreto corresponde verificar en qué medida debe entenderse que el fiduciario ha cumplido con su obligación de administrar y/o enajenar los bienes fideicomitidos, para lo cual se requiere contrastar o confrontar la forma como esta obligación quedó prefigurada en el contrato de fiducia mercantil y su cumplimiento efectivo en función de la finalidad a la que se encuentran afectados los bienes fideicomitidos.

Pero, además de las estipulaciones contractuales, en este juicio de identidad e integridad de la actividad del fiduciario también deben tenerse en cuenta todas aquellas consecuencias que se deriven de la buena fe, puesto que es deber del fiduciario no solo administrar y/o enajenar los bienes fideicomitidos sin más ni más, sino que ha de hacerlo al tenor de la buena fe. En este contexto, se considera que el fiduciario incumple con su obligación de administrar y/o enajenar y que dicho incumplimiento tiene el carácter de esencial cuando esa administración y/o enajenación no es apta para cumplir la finalidad establecida por el fideicomitente en el acto constitutivo, o, dicho de otro modo, cuando ese incumplimiento priva sustancialmente al beneficiario de lo que tenía derecho a esperar conforme a la finalidad estipulada a su favor en el contrato.

C. ELEMENTO FINALÍSTICO O TELEOLÓGICO

Como se desprende de lo dispuesto por el artículo 1226 del Código de Comercio, y como lo reconoce la jurisprudencia, la propiedad transferida por el fiduciante y adquirida por el fiduciario está fuertemente limitada por su destinación única y exclusiva a las finalidades fiduciarias, circunscrita a estas, y con ella se integra un patrimonio de afectación o destinación [51].

---

51 Corte Suprema de Justicia, Sala de Casación Civil. Sentencia del 30 de julio de 2008, cit. En este mismo sentido, el Consejo de Estado expresó: "El propósito de la fiducia puede ser determinado

Esa finalidad o esas finalidades fiduciarias puede(n) ser delineada(s) con libertad por el fideicomitente, desde luego que no en términos absolutos, como quiera que siempre deberán respetarse los límites impuestos por la Constitución, la ley, el orden público y las buenas costumbres (arts. 16 y 1524 inc. 2 del C.C.). Esta circunstancia ha dado pie para que se afirme que "esa finalidad determinada por el constituyente es la que hace de la fiducia mercantil un negocio jurídico dinámico, amén que 'elástico', en la medida en que puede servir para múltiples propósitos"[52]. De ahí que en la práctica se haya vuelto usual hablar de modalidades de negocios fiduciarios, y al respecto se destacan las denominadas fiducia de inversión, fiducia inmobiliaria para el desarrollo de proyectos de construcción, fiducia inmobiliaria para la estructuración de proyectos de titularización de activos, fiducia de garantía y fiducia para el desarrollo de actividades empresariales, etc.

La finalidad a la que quedan afectados los bienes fideicomitidos determina lo que puede o no puede hacer el fiduciario, al tiempo que su cumplimiento o imposibilidad de cumplimiento determina en unos casos la remoción del fiduciario y, en otros, la extinción del contrato, tal y como lo prevén los artículos 1239 y 1240 del Código de Comercio. Del mismo modo, es al fideicomitente a quien le corresponde impartir las instrucciones a las que debe sujetarse el fiduciario para el cumplimiento de la finalidad a la que quedan afectados los bienes fideicomitidos. A este respecto, y como se tendrá oportunidad de revisar más adelante, huelga decir que, desde el momento mismo en que la hoy Superintendencia Financiera de Colombia expide el correspondiente certificado de autorización para desarrollar las actividades constitutivas de su objeto social exclusivo, se presume que una sociedad fiduciaria goza de un grado de diligencia aceptable que debe exigírsele en cada actuación o intervención que realice en calidad de fiduciario. En todo caso, este grado de diligencia está en función de las instrucciones impartidas por el fideicomitente en el acto constitutivo, a menos que al fiduciario se le haya facultado para obrar del modo que le parezca más conveniente. Sin embargo, obrar del modo que considere más apropiado no significa, ni mucho

---

libremente por el fideicomitente atendiendo a la Constitución y la ley. De esta manera se reconocen las diferentes modalidades de este tipo de contratos: fiducias de inversión, inmobiliaria, de administración, en garantía". (Consejo de Estado, Sala de lo Contencioso Administrativo, Sección Cuarta. Sentencia 15275 del 13 de septiembre de 2007, cit.).

52 *Cfr.* Corte Suprema de Justicia, Sala de Casación Civil. Sentencia 1999-1000 del 14 de febrero de 2006, cit.

menos, que el fiduciario goza de absoluta discrecionalidad para la ejecución del encargo conferido, pues la finalidad a la que se encuentran afectados los bienes fideicomitidos determina los límites de su actuación.

Las instrucciones contribuyen a delimitar, en cuanto al modo, la obligación de "administrar" y/o "enajenar" (prestación debida), al paso que los límites fijan las facultades del fiduciario y señalan los actos que componen la gestión encomendada. Los límites existen necesariamente, al contrario de lo que ocurre con las instrucciones, que pueden faltar. Los límites apuntan a describir el objeto de la gestión confiada al fiduciario, esto es, lo que puede y debe hacer, razón por la cual su existencia es imprescindible, mientras que las facultades tienen como fin fijar el procedimiento o la forma como dicha gestión debe llevarse a cabo, de ahí que las instrucciones pueden faltar sin que ello afecte para nada la determinación contractual[53].

---

53 Al respecto, en la Sentencia 1991-15015 del 15 de septiembre de 2009, la Corte Suprema de Justicia expresó: «El artículo 1234, numeral 1.º del Código de Comercio, señala como un deber indelegable del fiduciario, "realizar diligentemente todos los actos necesarios para la consecución de la finalidad de la fiducia". No obstante, dada la amplitud de la disposición, se entiende que el cargo no puede ejercerse sin limitación alguna, sino que debe circunscribirse a las instrucciones que se hayan impartido en el acto constitutivo, si las hay, obviamente, o en función de la finalidad misma del contrato, es decir, de la voluntad del constituyente [...] Ahora, como en la ejecución del fideicomiso los conflictos de intereses no se pueden evitar, de inmediato surge el interrogante de si el fiduciario se encuentra facultado para resolverlos. La respuesta, indiscutiblemente, debe ser negativa, porque[,] cuando la responsabilidad en el cumplimiento de sus deberes se encuentra en juego, no puede ser juez y parte, so pena de poner en entredicho, como es apenas obvio, la garantía fundamental a un debido proceso y los principios de imparcialidad e independencia anejos a toda función judicial. [...] De otra parte, así los fiduciarios sean sujetos calificados, pues únicamente pueden fungir de tales los establecimientos de crédito y las sociedades fiduciarias (artículo 1226 del Código de Comercio), dentro de (sic) sus facultades no se encuentran las de administrar justicia, porque[,] de conformidad con el artículo 116 de la Constitución Política, modificado por el Acto Legislativo n.º 3 de 2002, esa es una función de la jurisdicción del Estado, salvo que la ley, excepcionalmente, la atribuya a ciertas autoridades administrativas, en materias precisas, o a los particulares, transitoriamente, en su condición de conciliadores o de árbitros para proferir fallos en derecho o en equidad. [...] Es más, cuando surjan dudas durante la ejecución del fideicomiso o sea necesario interpretar disposiciones vagas, inclusive cambiar o modificar la voluntad del constituyente, frente a hechos sobrevivientes, debe acudirse, respetando los principios mínimos de defensa y contradicción, a una decisión imparcial e independiente. Por esto, el artículo 1234, numeral 5.º del Código de Comercio establece como deber del fiduciario "pedir instrucciones al [superintendente financiero] cuando tenga fundadas dudas acerca de la naturaleza y alcance de sus obligaciones o deba apartarse de las autorizaciones contenidas en el acto constitutivo, cuando así lo exijan las circunstancias. En este caso el Superintendente citará previamente al fiduciante y al beneficiario"». (Corte Suprema de Justicia, Sala de Casación Civil. Sentencia 1991-15015 del 15 de septiembre de 2009, cit.).

En realidad, las instrucciones al fiduciario y los límites a la gestión que se le ha encomendado son conceptos correlativos en la medida en que aquellas son la fuente de estos. Desde el punto de vista jurídico, las instrucciones y los límites describen las dos funciones atribuidas a la actividad del fiduciario: las instrucciones indican que es una actividad debida, y los límites, que es una actividad legítima[54]. Por lo demás, la inobservancia de las instrucciones constituye incumplimiento en la medida en que supone transgredir un criterio que forma parte de la prestación debida[55].

Como la diligencia del *artifex* está en función de las instrucciones a las que el fiduciario debe ajustar su conducta en el cumplimiento de la gestión encomendada, entonces la finalidad a la cual se encuentran afectados los bienes fideicomitidos constituye un criterio de graduación de la diligencia exigible al fiduciario; es decir, en cuanto al grado de rigor, la diligencia exigible al fiduciario está determinada por la finalidad a la cual se encuentran afectados los bienes fideicomitidos. Así, dicha finalidad permite concretar la diligencia abstracta del *artifex*, de suerte entonces que la diligencia será

---

54 *Cfr.* Ferrán Badosa Coll. *La diligencia y la culpa del deudor en la obligación civil,* Bolonia/ Madrid, Real Colegio de España, 1987, p. 524 y ss.

55 A este respecto, la Corte Suprema de Justicia, mediante la Sentencia 1991-1501 del 15 de septiembre de 2009, expresó: «La fiducia mercantil, en cuyo beneficio se forma un patrimonio autónomo, con las consecuencias que ello comporta, es un negocio jurídico de sustitución, en virtud del cual una persona, el fiduciante, encarga a otra, llamado fiduciario, el cumplimiento de una finalidad específica, respecto de unos bienes concretos, mediante la transmisión condicional de la propiedad para el efecto propuesto, a favor de terceros o del constituyente, quienes reciben el nombre de beneficiarios. [...] El fiduciario, por lo tanto, es un gestor profesional de intereses ajenos, en cuanto (sic) actúa en representación de ese patrimonio autónomo. De ahí que, en principio, tiene todas las facultades necesarias para cumplir la finalidad señalada en el fideicomiso, con las limitaciones que se deriven de los términos estipulados o de las reservas efectuadas por el fiduciante al momento de la constitución, inclusive con las incompatibilidades que se presenten al logro de esa finalidad. [...] El artículo 1234, numeral 1.º del Código de Comercio, señala como un deber indelegable del fiduciario, "realizar diligentemente todos los actos necesarios para la consecución de la finalidad de la fiducia". No obstante, dada la amplitud de la disposición, se entiende que el cargo no puede ejercerse sin limitación alguna, sino que debe circunscribirse a las instrucciones que se hayan impartido en el acto constitutivo, si las hay, obviamente, o en función de la finalidad misma del contrato, es decir, de la voluntad del constituyente [...] Ahora, como en la ejecución del fideicomiso los conflictos de intereses no se pueden evitar, de inmediato surge el interrogante de si el fiduciario se encuentra facultado para resolverlos. La respuesta, indiscutiblemente, debe ser negativa, porque[,] cuando la responsabilidad en el cumplimiento de sus deberes se encuentra en juego, no puede ser juez y parte, so pena de poner en entredicho, como es apenas obvio, la garantía fundamental a un debido proceso y los principios de imparcialidad e independencia anejos a toda función judicial». (Corte Suprema de Justicia, Sala de Casación Civil. Sentencia 1991-15015 del 15 de septiembre de 2009, cit.).

más estricta cuanto más delicada y compleja, por así decirlo, sea la gestión confiada al fiduciario.

Por último, puede decirse que, desde la perspectiva de la finalidad, los contratos de fiducia mercantil se pueden estructurar ora como contratos normativos[56], ora como contratos mixtos. Finalmente, desde la óptica de la finalidad, en algunos casos esta determina el régimen jurídico al que queda sometido el contrato de fiducia mercantil, como sucede, por ejemplo, cuando se trata de fiducias para el desarrollo de actividades empresariales, o bien de fiducias de garantía (en caso de que el fideicomitente deudor se someta al régimen de reorganización empresarial con sus acreedores), o, en fin, si se trata de fiducias para la estructuración de procesos de titularización.

1. CONTRATOS DE FIDUCIA MERCANTIL CUYA FINALIDAD ES EL DESARROLLO DE ACTIVIDADES EMPRESARIALES

Tratándose de fiducias para el desarrollo de actividades empresariales, entendiendo por tales aquellos contratos de fiducia mercantil en los que la finalidad consiste en el desarrollo de cualquier "actividad económica organizada para la producción, transformación, circulación, administración o custodia de bienes, o para la prestación de servicios", el parágrafo del artículo 2.º de la Ley 1116 de 2006[57] consagra la posibilidad jurídica de que puedan acceder al régimen de insolvencia en cualquiera de sus dos modalidades, esto es,

---

56 En relación con los contratos normativos, en el Laudo arbitral de Leasing Mundial vs. Fiduciaria FES (26 de agosto de 1997), reiterado en los laudos de Monómeros Colombovenezolanos S. A. vs. Lloyds Trust (antes Fiduciaria Anglo S. A. - Fiduanglo) (20 de febrero de 2003) y de Vesna Zorka Mimica vs. Fiduagraria S. A. (28 de noviembre de 2001), los árbitros expresaron lo siguiente: "El contrato de fiducia celebrado sirve de régimen general para que el fiduciario lleve a cabo en adelante múltiples operaciones de garantía con los beneficiarios de los certificados que expida. Se trata, entonces, de un marco reglado dentro del cual se desarrollan sucesivos negocios, lo que significa que es un medio para la conclusión de otros contratos, por lo que la doctrina moderna califica este tipo de relación mercantil como un contrato normativo, pues previene la celebración y ejecución de otros negocios, que habrán de regirse por las pautas generales señaladas en aquel". (Laudo arbitral del 26 de agosto de 1997, cit.).

57 Congreso de Colombia. Ley 1116 de 2006. Por la cual se establece el Régimen de Insolvencia Empresarial en la República de Colombia y se dictan otras disposiciones. *D. O.* 46494 del 27 de diciembre de 2006. Disponible en http://www.secretariasenado.gov.co/senado/basedoc/ley_1116_2006.html

reorganización empresarial o liquidación judicial, independientemente del fideicomitente[58].

2. CONTRATOS DE FIDUCIA MERCANTIL DE GARANTÍA Y FUENTE DE PAGO FRENTE A LOS PROCESOS DE REORGANIZACIÓN EMPRESARIAL DEL FIDEICOMITENTE-DEUDOR

Como se sabe, la fiducia de garantía es una modalidad de contratación en virtud de la cual el fideicomitente transfiere de manera irrevocable uno o más bienes especificados para formar un patrimonio autónomo que estará especialmente afectado a servir de garantía y, en últimas, de fuente de pago de obligaciones presentes o futuras, constituidas o por constituirse, a cargo del fideicomitente o de un tercero respecto del cual el fideicomitente desea servir de garante, y a favor de uno o más acreedores beneficiarios.

En esta modalidad de contratación mercantil, el fideicomitente transfiere, pues, al fiduciario los bienes o derechos que servirán para garantizar el pago de las obligaciones por este medio caucionadas. Además, establece como finalidad que, en el momento en que el acreedor demuestre el incumplimiento de la obligación —demostración que podrá hacer ya sea mediante la exhibición del título de crédito vencido o por cualquier otro medio que se haya previsto en el contrato—, el fiduciario deberá proceder a efectuar la realización o venta de los bienes fideicomitidos y con su producto habrá de cancelar al acreedor único o a los acreedores-beneficiarios el valor de las obligaciones garantizadas, y entregará al fideicomitente cualquier remanente que quede.

El fiduciario, al recibir del acreedor-beneficiario la demostración del incumplimiento y la solicitud para que proceda a la realización de los bienes fideicomitidos, notificará al fideicomitente para que, en el plazo estipulado contractualmente para el efecto, demuestre haber dado cumplimiento a la obligación garantizada, o para que la cumpla si es que no lo ha hecho. Si no ocurre así, el fiduciario procederá a la realización o enajenación de los bienes

---

58 Los artículos 2.2.2.12.1 al 2.2.2.12.11 del Decreto 1074 de 2015 se encargan de reglamentar este asunto (Presidencia de la República de Colombia. Decreto 1074 de 2015. Por medio del cual se expide el Decreto Único Reglamentario del Sector Comercio, Industria y Turismo. *D. O.* 49523 del 26 de mayo de 2015. Disponible en http://www.suin-juriscol.gov.co/viewDocument.asp?id=30019935).

fideicomitidos. Se trata, entonces, de utilizar al fiduciario como un tercero que asegura la obligación del deudor hasta la concurrencia del valor de los activos que se le han transferido para que cumpla con su encargo. A este respecto, la Corte Suprema de Justicia, mediante la Sentencia 1999-1000 del 14 de febrero de 2006[59], expresó:

> En el caso de la fiducia mercantil de garantía [...] los bienes conforman un patrimonio autónomo que se constituye con el único propósito de garantizar el cumplimiento de un deber de prestación (art. 1233 del C. de Co.), por lo que salen del haber del fiduciante —las más de las veces el deudor—, para pasar al dominio —solo formal o especial— del fiduciario, quien a la manera de un tercero frente a la obligación garantizada y en el evento de incumplimiento de la misma (sic), deberá enajenar los bienes fideicomitidos con estricta sujeción a las instrucciones liminarmente otorgadas por el constituyente, en orden a pagar a los acreedores beneficiarios el monto de sus acreencias, bien sea con el producto de la venta, o mediante la dación en pago, si ella fue prevista en el acto constitutivo y es aceptada por aquellos.

Igualmente, la Corte Suprema de Justicia, mediante Sentencia 1998-0057 del 15 de julio de 2008[60], señaló:

> En esa especie de contrato, entonces, el deudor, al celebrar el negocio fiduciario, prevé un mecanismo para solucionar voluntariamente una obligación en el caso de que no la satisfaga oportunamente, encargando de ello a un tercero llamado fiduciario. Si los bienes comprometidos, por lo tanto, se encuentran afectados a esa finalidad, esto explica la razón por la cual la propiedad, radicada en el patrimonio autónomo, eventualmente puede regresar al haber del fiduciante, de ahí que el legislador fue cuidadoso al establecer que "será ineficaz toda estipulación que disponga que el fiduciario adquirirá definitivamente por causa del negocio fiduciario, el dominio de los bienes fideicomitidos" (artículo 1244 del Código de Comercio) [...]. De manera que[,] como en la fiducia de garantía existe el firme propósito de pago por parte del deudor, quien a la par con el fiduciario, han acordado y establecido mecanismos para realizar los bienes fideicomitidos, con miras a cancelar deudas insatisfechas, la Corte tiene explicado que esto constituye un acto de buena fe, en su vertiente objetiva, pues es una "clara muestra de diligencia, lealtad, corrección y previsión

59 Corte Suprema de Justicia. Sala de Casación Civil. Sentencia 1999-1000 del 14 de febrero de 2006, Exp. 05001-3103-012-1999-1000-01, M. P.: Carlos Ignacio Jaramillo Jaramillo.

60 Corte Suprema de Justicia. Sala de Casación Civil. Sentencia 1998-0057 del 15 de julio de 2008, Exp. C-1100131030061998-00579-01, M. P.: Jaime Alberto Arrubla Paucar.

negociales". Por esto, allí mismo se señaló que en la venta de bienes del deudor, así estén gravados con hipoteca, se agrega, a través de (sic) un intermediario para obtener liquidez y honrar sus obligaciones dinerarias, no puede 'indefectiblemente edificarse sospecha, o partirse de una *mácula o de una actitud oprobiosa o abusiva*'.

Por lo demás, el Consejo de Estado, mediante la Sentencia 2003-04295 del 31 de julio de 2018[61], expresó:

> (i) Las obligaciones que se amparan son obligaciones del fideicomitente. Las obligaciones respaldadas con los bienes que conforman el patrimonio autónomo no son obligaciones que hubiere asumido el fiduciario a título personal, como tampoco obligaciones que eventualmente hubiere adquirido el patrimonio autónomo como sujeto de derecho. Así se deriva de la misma definición legal, cuando dice que los bienes que se transfieren o entregan, garantizan el cumplimiento de obligaciones a cargo de la persona que los transfiere o entrega, y a favor de un tercero designado por ella. Por esta razón, cuando la fiduciaria, dando cumplimiento a las instrucciones impartidas para el efecto por el fiduciante, enajena los bienes y con su producido paga las obligaciones amparadas con el fideicomiso de garantía, no extingue obligaciones propias del fiduciario, ni mucho menos del patrimonio autónomo, sino obligaciones a cargo del fiduciante. (ii) El fiduciario obra por interés y bajo instrucciones del fiduciante. Al hacer el pago de las obligaciones del fiduciante, el fiduciario no obra como un tercero absoluto (autónomo), sino como un tercero relativo, en la medida en que su conducta es consecuencia del cumplimiento de una obligación que asumió previamente con el fiduciante. En ese sentido, la fiduciaria tiene la representación del fiduciante, de modo que los actos que ella haga o ejecute, los hace en nombre y por cuenta de aquel y por tanto producen efectos liberatorios para el deudor; por ello, cuando la fiduciaria paga, paga el deudor, pues aquella lo hace en desarrollo de las instrucciones que este le impartió. (iii) La fiduciaria no puede hacer lo que al deudor no le es permitido. Guarda estrecha armonía con el punto anterior la regla según la cual la fiduciaria no puede hacer aquello que está prohibido al fiduciante. En efecto, si la fiduciaria no tiene finalidad propia, en el sentido de que obra sujeta a la voluntad del fiduciante, resulta lógico que el ordenamiento le impida a ella ejecutar todo acto que a aquel no le es permitido. [...] En consecuencia, el negocio fiduciario no puede utilizarse para obviar las prohibiciones de carácter legal que pesan sobre el fideicomitente. Esta regla no solo se aplica al momento de la celebración del contrato, sino que también se predica de aquellas circunstancias que surgen con posterioridad a este. (iv) La

---

61 Consejo de Estado, Sala de lo Contencioso Administrativo, Sección Primera. Sentencia 2003-04295 del 31 de julio de 2018, Rad. 76001-23-31-000-2003-04295-01, C. P.: Oswaldo Giraldo López.

> transferencia de los bienes. En la modalidad de la fiducia mercantil de garantía el fideicomitente transfiere al fiduciario los bienes con una instrucción precisa: que dichos bienes sirvan de respaldo o garantía a una o varias de sus obligaciones, al punto que, en caso de incumplimiento, debe procederse a su enajenación directa y al consecuente pago con los dineros obtenidos. Al momento de constituirse la fiducia se registrarán en la contabilidad del constituyente unos derechos fiduciarios, cuyo valor será equivalente al valor registrado del activo transferido.

Ahora bien, teniendo en cuenta el concepto y los alcances del negocio fiduciario de garantía, no cabe duda de que su naturaleza jurídica permite enmarcarlo en la gama general de las garantías que el ordenamiento jurídico reconoce como instrumentos idóneos para asegurar el cumplimiento de las obligaciones de índole privada. Más en concreto, el negocio fiduciario de garantía es una especie de caución de las que trata el artículo 65 del Código Civil, habida consideración de que, precisamente, su finalidad consiste en establecer una obligación a cargo del fiduciario como titular jurídico de los bienes fideicomitidos y a favor del beneficiario-acreedor, cuyo único fin radica en que, en caso de incumplimiento por parte del deudor garantizado, el fiduciario deberá pagar al beneficiario el importe de las acreencias amparadas con la celebración del contrato hasta concurrencia del producido de la enajenación de los bienes fideicomitidos. Luego se trata de un verdadero negocio de garantía y, más exactamente, de una garantía de carácter personal en tanto y por cuanto —se repite— el beneficiario-acreedor única y exclusivamente adquiere frente al fiduciario derechos de carácter personal merced a los cuales puede exigirle, mediante el ejercicio de las correspondientes acciones personales, el fiel cumplimiento de las obligaciones correlativas, pero en ningún momento surgen para el beneficiario-acreedor derechos reales respecto de los bienes fideicomitidos[62].

En síntesis, la característica fundamental de este tipo de fiducia es su función de garantía para solucionar una o más obligaciones mediante la afectación y destinación de los bienes fideicomitidos, los cuales salen de la esfera del constituyente para conformar un patrimonio separado del suyo y del fiduciario para seguridad del crédito[63], es decir,

---

62 *Cfr.* Superintendencia Bancaria. Concepto OJ-136 de 1981.

63 *Cfr.* Corte Suprema de Justicia, Sala de Casación Civil. Sentencia del 30 de julio de 2008, cit.

lo que hace el constituyente deudor al celebrar una fiducia mercantil con esa concreta y determinada finalidad, es prever un mecanismo que permita la solución de la obligación, si ella, *in futurus*, no puede ser satisfecha oportunamente, siendo claro que no es el acreedor quien realiza la garantía, sino un tercero, el fiduciario, en un todo de acuerdo con las instrucciones otorgadas", siendo del acreedor antes de aceptar la garantía y su calidad de beneficiario, la carga de verificar su eficacia, suficiencia o pertinencia y los riesgos inherentes, "sin que pueda afirmarse categóricamente lo contrario por el solo hecho de intervenir en ella un fiduciario, toda vez que este, en esa tipología específica de fiducia mercantil, no asume responsabilidad puntual por la eficacia de la garantía, a menos, claro está, que hubiere recibido los bienes fideicomitidos por un valor que, de bulto o por simple aplicación de las reglas de la experiencia, se ofrezca desproporcionado o inconsulto con las condiciones de aquellos; o incurra en actos culposos en el cumplimiento de su gestión, que incidan en la idoneidad de aquella (art. 1243 del C. de Co.); o que, en general, no realice diligentemente los actos necesarios para conseguir la finalidad de la fiducia (num. 1.º, art. 1234 ib.), como sería, por vía de ilustración, no proceder con diligencia a la venta de los bienes fideicomitidos, en caso de incumplimiento del deudor, o proceder a la enajenación de los mismos (sic) con desconocimiento de las instrucciones dadas por el fideicomitente, entre otros eventos.

Finalmente, puede decirse que, al igual que sucede con cualquier garantía, es incuestionable que todo negocio fiduciario de garantía es, a la vez, fuente de pago de las obligaciones garantizadas. Sin embargo, no puede afirmarse que toda fuente de pago es una fiducia de garantía. Las fuentes de pago son mecanismos por cuyo conducto se instrumenta la recepción de dineros —cuya titularidad pertenece al deudor— por parte del acreedor, de suerte que este aplica parte del dinero recaudado a la amortización de la deuda y restituye el excedente al deudor si a ello hubiere lugar. Desde esta perspectiva, es claro, entonces, que las fuentes de pago son también una especie de caución de las que trata el artículo 65 del Código Civil, que pueden instrumentalizarse a partir de la celebración de negocios fiduciarios traslaticios y no traslaticios de dominio en los que la finalidad consista en establecer una obligación a cargo de la fiduciaria y a favor de los beneficiarios, cuyo fin radique en que aquella les pague a estos —en las fechas estipuladas en el contrato— el importe de las acreencias caucionadas mediante este esquema contractual hasta la concurrencia del valor de los bienes fideicomitidos. A diferencia de la fiducia de garantía propiamente dicha, que opera ante el incumplimiento del deudor garantizado, en las fuentes de pago de que se está hablando, su exigibilidad no depende del incumplimiento, sino que su característica estriba en radicar una obligación directa de pago en cabeza de la sociedad fiduciaria, la cual está, por lo general, condicionada a la existencia de recursos en el fideicomiso.

Ahora bien, visto lo anterior, se tiene que, en caso de que el fideicomitente deudor se someta al régimen de reorganización empresarial en los términos establecidos por la Ley 1116 de 2006, los contratos de fiducia mercantil o encargos fiduciarios celebrados con fines de garantía y fuente de pago recibirán un tratamiento diferente dependiendo de si se trata de un proceso de reorganización empresarial o de una liquidación judicial. En el primer caso, el artículo 17 impide que los acreedores garantizados puedan hacer valer sus derechos por fuera del régimen de reorganización empresarial[64]. A este respecto, el Consejo de Estado, mediante la Sentencia 2003-04295 del 31 de julio de 2018[65], expresó:

> [L]a fiducia mercantil de garantía en la forma en que está regulada en las normas de derecho privado antes citadas es una figura jurídica que está prevista para ser aplicada en condiciones normales u ordinarias, pero no ante situaciones especiales como las relativas a los procesos concursales, en las cuales la ejecución del contrato fiduciario debe ajustarse a los fines del concurso [...] En principio, los certificados de garantía extendidos por la sociedad fiduciaria con ocasión de la celebración de un contrato de fiducia mercantil de garantía otorgan a sus titulares la posibilidad de ejercer acciones personales contra aquella para que, verificado el acaecimiento de la condición, proceda a cancelar la obligación garantizada con cargo al patrimonio

---

64 Refiriéndose al contenido y a los alcances de lo dispuesto por el artículo 17 de la Ley 1116 de 2006, la Superintendencia de Sociedades, entre otros, mediante Auto del 12 de julio de 2017, proferido en el proceso de reorganización empresarial de Petrocombustión S. A. S., precisó: "[E]n el momento de la radicación de la solicitud, emerge una prohibición de fuente legal cuyo destinatario es el administrador de la sociedad solicitante respecto de la ejecución de (i) actos sustanciales y (ii) procesales. Los actos sustanciales cuya ejecución les queda vedada a los administradores, son (a) reformas estatutarias; (b) constitución y ejecución de garantías o cauciones que recaigan sobre bienes propios del deudor; (c) compensaciones; (d) pagos; (e) arreglos; (f) enajenaciones de bienes; (g) operaciones que no correspondan al giro ordinario de los negocios del deudor o sin sujeción a las limitaciones estatuarias aplicables. Los actos procesales prohibidos para los administradores, son (a) desistimientos; (b) allanamientos; (c) terminaciones unilaterales o de mutuo acuerdo de procesos en curso; (d) conciliaciones; (e) transacciones. [...] La prohibición, sin embargo, no es absoluta. La norma prevé la posibilidad de que el juez del concurso autorice la ejecución de los actos jurídicos y procesales referidos, previa solicitud motivada en ese sentido. Estas reglas tienen como propósito proteger el patrimonio del deudor y sancionar los actos que no correspondan al normal desarrollo de la empresa".

65 Consejo de Estado, Sala de lo Contencioso Administrativo, Sección Primera. Sentencia 2003-04295 del 31 de julio de 2018, cit.

autónomo afecto a la finalidad querida por el constituyente. No obstante, ello no significa que tal condición otorgue a los acreedores garantizados un mejor derecho o prerrogativa extraconcursal, pues [...] el proceso concursal regulado en normas prevalentes de derecho público se rige por los principios de universalidad e igualdad y, en consecuencia, al mismo (sic) deben concurrir todos los acreedores de la entidad objeto de intervención en igualdad de condiciones a efectos de que sean satisfechos sus créditos, so pena de perder todo tipo de acción ejecutiva contra el deudor hasta que se pague a los acreedores que se hicieron presentes en el concurso. En tal contexto, el encargo de pago derivado de los contratos de fiducia de garantía, debe entenderse a menos que el fideicomitente (deudor) quede sujeto a un proceso concursal, pues si esto último ocurre, sus acreedores (titulares y poseedores de certificados de garantía fiduciaria) deben ejercer sus derechos en el escenario de dicho proceso y conforme a las reglas propias de este [...] En efecto, la finalidad del trámite preferente, universal y colectivo de la liquidación concursal, esto es, la realización de los bienes del deudor para atender en forma ordenada el pago de las obligaciones a su cargo, prevalece frente al particular, singular y exclusivo interés que asiste al deudor y [a] alguno o algunos acreedores en la previsión de una fórmula de pago de sus obligaciones [...] Por consiguiente, en aplicación del principio de universalidad, dado que los acreedores beneficiarios de la fiducia de garantía son acreedores del deudor concursado, como tal deben cumplir con la carga de comparecer al respectivo proceso concursal, so pena de que por su omisión resulte imposible el cobro de sus acreencias por una vía jurídico-procesal diferente al concurso [...] En conclusión, como lo ha explicado la doctrina, cuando se celebra una fiducia mercantil de garantía, la regla general es que los bienes entregados a la fiduciaria cumplan la finalidad impuesta por el constituyente, esto es, la de servir de garantía y eventualmente la de hacerse efectiva ante la necesidad de atender las obligaciones de aquellos acreedores en cuyo favor aquella se constituyó; empero, cuando el deudor ingresa a un trámite concursal la situación varía ostensiblemente, dado que el contrato y, específicamente, su finalidad deben ceder ante normas de orden público, pues en dichos casos los derechos fiduciarios que detentan los acreedores y que la fiducia garantiza, se suspenden en aplicación de los principios de universalidad e igualdad imperantes en el derecho concursal.

A su turno, la Superintendencia de Sociedades[66] tiene sentado cuanto sigue:

---

66 Superintendencia de Sociedades. Auto del 14 de diciembre de 2015, proferido dentro del proceso de reorganización empresarial de Conalvías Construcciones S. A. S. En el mismo sentido, consultar los oficios 220-034801 del 8 de junio de 2010 y 220-028110 del 9 de abril de 2019. También el Consejo de Estado, mediante la Sentencia 2003-04295 del 31 de julio de 2018, señaló: «[L]a fiducia mercantil de garantía en la forma en que está regulada en las normas de derecho privado antes citadas es una figura jurídica que está prevista para ser aplicada en condiciones normales u ordinarias[,] pero no ante situaciones especiales como las relativas a los procesos concursales,

El régimen de insolvencia tiene por objeto la protección del crédito y la recuperación y conservación de la empresa como unidad de explotación económica y fuente

---

en las cuales la ejecución del contrato fiduciario debe ajustarse a los fines del concurso [...] En principio, los certificados de garantía extendidos por la sociedad fiduciaria con ocasión de la celebración de un contrato de fiducia mercantil de garantía otorgan a sus titulares la posibilidad de ejercer acciones personales contra aquella para que, verificado el acaecimiento de la condición, proceda a cancelar la obligación garantizada con cargo al patrimonio autónomo afecto a la finalidad querida por el constituyente. No obstante, ello no significa que tal condición otorgue a los acreedores garantizados un mejor derecho o prerrogativa extraconcursal, pues, como se examinará en seguida más en detalle, el proceso concursal regulado en normas prevalentes de derecho público se rige por los principios de universalidad e igualdad y, en consecuencia, al mismo (sic) deben concurrir todos los acreedores de la entidad objeto de intervención en igualdad de condiciones a efectos de que sean satisfechos sus créditos, so pena de perder todo tipo de acción ejecutiva contra el deudor hasta que se pague a los acreedores que se hicieron presente[s] en el concurso. [...] En tal contexto, el encargo de pago derivado de los contratos de fiducia de garantía, debe entenderse a menos que el fideicomitente (deudor) quede sujeto a un proceso concursal, pues si esto último ocurre, sus acreedores (titulares y poseedores de certificados de garantía fiduciaria) deben ejercer sus derechos en el escenario de dicho proceso y conforme a las reglas propias de este [...] En efecto, la finalidad del trámite preferente, universal y colectivo de la liquidación concursal, esto es, la realización de los bienes del deudor para atender en forma ordenada el pago de las obligaciones a su cargo, prevalece frente al particular, singular y exclusivo interés que asiste al deudor y [a] alguno o algunos acreedores en la previsión de una fórmula de pago de su obligación [...] Por consiguiente, en aplicación del principio de universalidad, dado que los acreedores beneficiarios de la fiducia de garantía son acreedores del deudor concursado, como tal deben cumplir con la carga de comparecer al respectivo proceso concursal, so pena de que por su omisión resulte imposible el cobro de sus acreencias por una vía jurídico-procesal diferente al concurso [...] De otro lado, según lo expresado previamente sobre las características de la fiducia mercantil de garantía, la caución constituida mediante la celebración de un contrato de esta naturaleza es, para todos los efectos legales, una garantía personal.[...] Ello implica que lo que ocurra con la obligación principal a cargo del fideicomitente afecta de manera directa el encargo fiduciario. En ese orden, como dentro de (sic) los efectos de los procesos concursales se encuentra la suspensión de cualquier pago por fuera del concurso, es claro que debe suspenderse también la garantía constituida con ocasión del contrato de fiducia mercantil, pues lo accesorio sigue la suerte de lo principal. [...] Igualmente, en atención a que [...] "el negocio fiduciario no podrá servir de instrumento para realizar actos o contratos que no pueda celebrar directamente el fideicomitente de acuerdo con las disposiciones legales", debe entenderse que[,] al estar impedido el deudor para pagar al haberse iniciado el concurso, también lo está la sociedad fiduciaria, pues esta no puede ejecutar actos que están vedados al fideicomitente. [...] En conclusión [...] cuando se celebra una fiducia mercantil de garantía, la regla general es que los bienes entregados a la fiduciaria cumplan la finalidad impuesta por el constituyente, esto es, la de servir de garantía y eventualmente la de hacerse efectiva ante la necesidad de atender las obligaciones de aquellos acreedores en cuyo favor aquella se constituyó; empero, cuando el deudor ingresa a un trámite concursal la situación varía ostensiblemente, dado que el contrato y, específicamente, su finalidad deben ceder ante normas de orden público, pues en dichos casos los derechos fiduciarios que detentan los acreedores y que la fiducia garantiza, se suspenden en aplicación de los principios de universalidad e igualdad imperantes en el derecho concursal». (Consejo de Estado, Sala de lo Contencioso Administrativo, Sección Primera. Sentencia 2003-04295 del 31 de julio de 2018, cit.).

generadora de empleo. El proceso de reorganización pretende la preservación de empresas viables y normalizar sus relaciones comerciales y crediticias. [...] La ley de insolvencia se orienta por principios rectores, y entre ellos el de universalidad, que implica la afectación al proceso de todos los bienes del deudor y la necesaria concurrencia al mismo (sic) de todos sus acreedores a partir de su iniciación, y el de igualdad, que implica un tratamiento equitativo a todos los acreedores que concurran al proceso. Principios estos que unidos a los de eficiencia y gobernabilidad económica, buscan el aprovechamiento de los recursos existentes, y, mediante una dirección general definida para el manejo y destinación de los activos, lograr propósitos de pago y de reactivación empresarial. [...] Como forma de realización de los principios de universalidad y de igualdad, el artículo 17 del Estatuto de Insolvencia, adicionado por el artículo 34 de la Ley 1429 de 2010, regula los efectos derivados desde la presentación de la solicitud de admisión al proceso de reorganización, y en especial la conducta del deudor durante el lapso que transcurre entre tal solicitud y la admisión [...] Este Despacho ha sostenido que "la norma censura la conducta realizada por el deudor directamente, por los acreedores, así como por terceros que actúan en desarrollo de órdenes o instrucciones impartidas previamente por cualquiera de dichos sujetos, lo que comprende como resulta apenas natural el esquema fiduciario, en especial si el mismo (sic) ha sido diseñado como mecanismo de pago, garantía o satisfacción de acreencias a cargo del deudor y a favor de un acreedor. Bajo esa premisa es censurable cualquier acto que ejecute la fiduciaria después de la iniciación del proceso máxime si el mismo (sic) pretende efectuar pagos o reservar dineros para atender una acreencia a espaldas del escenario universal dispuesto por la ley" [...] Las restricciones que se imponen, tienen como propósito la necesidad de preservar el patrimonio del deudor como garantía de todos sus acreedores y que cualquier acto que se realice, bien por el deudor[,] ora por sus acreedores sometidos al concurso, sea compatible con los fines del proceso, razón por la cual resulta contrario al mismo (sic) privilegiar a unos acreedores en desmedro o deterioro de otros. [...] Por otro lado, "el deudor no puede realizar ningún pago que corresponda a obligaciones causadas antes de la iniciación del proceso de insolvencia. En otras palabras, la iniciación es el momento preciso en el que las obligaciones del deudor se dividen entre aquellas que hacen parte (sic) de la reorganización (es decir, aquellas causadas antes de la iniciación) y aquellas que hacen parte (sic) de los gastos de administración (es decir, aquellas causadas después de la iniciación). Quiere decir lo anterior que, puesto que la iniciación del proceso de insolvencia fija el patrimonio objeto de la reorganización, el deudor no podrá efectuar pagos que correspondan a obligaciones causadas antes de la iniciación, pues ello alteraría su situación patrimonial".

Y agrega ese organismo de inspección y vigilancia:

Dentro de (sic) los efectos señalados en la Ley de Insolvencia por el inicio del proceso de reorganización, no se encuentra la terminación de los contratos suscritos por el deudor previo al inicio, como es el caso de los contratos de fiducia mercantil. Considerar tal efecto, equivaldría a contrariar abiertamente lo regulado en el artículo 21 ejúsdem que prohíbe la terminación unilateral de cualquier contrato por el hecho de inicio de la reorganización. [...] Al estar vigentes los contratos de fiducia mercantil, a fin de definir la aplicación del artículo 17, debe verificar el Despacho si los recursos o bienes que conforman el patrimonio autónomo fueron aportados por el deudor en concurso que actuó como fideicomitente y si el acreedor beneficiario es un acreedor de este deudor y está bajo el fuero de atracción concursal o si, por el contrario, se trata de obligaciones adquiridas por un tercero sobre el cual no recaen los efectos del proceso universal. [...] Lo anterior, ya que las actuaciones del fiduciario deben encaminarse a la finalidad del contrato y sobre el particular, este Despacho ha manifestado en reiterados pronunciamientos que: "El fiduciario recibe la propiedad del bien fideicomitido para lograr la finalidad buscada, cual es la de garantizar las obligaciones contraídas por el fideicomitente con un grupo de acreedores, quienes se constituyen en beneficiarios del contrato de fiducia; y si bien es cierto que el fiduciario al vender los bienes fideicomitidos y pagar con el producto de dicha venta a los acreedores beneficiarios del contrato de fiducia, estaría cumpliendo su obligación, no es menos cierto que al entrar el fideicomitente al trámite concursal, el fiduciario debe sujetarse a las normas que gobiernan el proceso concursal, por cuanto las reglas contenidas en él gozan de prelación sobre las del derecho común, dado que en su aplicación no solo se busca la satisfacción de unos acreedores individualmente considerados, sino la defensa del crédito como institución esencial de la economía, cumpliendo además una función social, cual es la de procurar la recuperación y conservación de la empresa como unidad de explotación económica y fuente generadora de empleo; así se protege el interés del deudor y la empresa, por encima del derecho a la ejecución singular de cada acreedor individualmente considerado" [...] En el evento de darse un pago de obligaciones a cargo del deudor en concurso por parte del fiduciario o garantizadas por este, este hecho afecta de manera directa el patrimonio del fideicomitente en cuanto (sic) disminuye proporcionalmente el pasivo sujeto a la reorganización, lo cual genera una violación al principio de universalidad subjetiva al permitir una ejecución individual, y también al principio de igualdad, porque genera un trato distinto frente a los otros acreedores que también quedaron vinculados al concurso. [...] En virtud de lo dicho, es claro que la Fiduciaria Davivienda S. A. no puede pagar las obligaciones causadas antes del inicio del proceso de reorganización de Conalvías Construcciones s. a. s. y de Inversiones Conalvías s. a. s., por estar las dos sociedades bajo un concurso de acreedores. [...] Por lo dicho, los recursos dispuestos en cada contrato para el pago de las obligaciones sujetas a la reorganización no pueden utilizarse para ello y la sociedad puede disponer de los mismos (sic) para los fines descritos en la petición[67].

67 Superintendencia de Sociedades. Auto del 14 de diciembre de 2015, cit.

Sobre este mismo particular, la Superintendencia de Sociedades[68] también ha manifestado:

> Los efectos del artículo 17 *idem.*, impiden a los administradores de la sociedad concursada la ejecución de garantías, como también efectuar pagos, arreglos, transacciones, conciliaciones o transacciones de ninguna clase de obligaciones a su cargo; ni efectuarse enajenaciones de bienes u operaciones que no correspondan al giro ordinario de los negocios del deudor o que se lleven a cabo sin sujeción a las limitaciones estatutarias aplicables, salvo que medie autorización previa por el juez del concurso en tal sentido. Luego entonces, será el juez del concurso el llamado a resolver y definir la suerte del Fideicomiso de Garantía y Fuente de Pagos, conforme al principio de "Universalidad", que incorpora tanto los bienes como acreedores al trámite concursal respectivo, dados los presupuestos fácticos que subyacen en cada caso particular y quien, si es el caso, impartirá las órdenes correspondientes a la entidad fiduciaria, en torno al manejo y destino de los recursos causados con anterioridad a la fecha de admisión del trámite de reorganización y causación de las obligaciones a cargo del fideicomitente para con los beneficiarios del fideicomiso, como frente a lo que corresponda por conceptos generados con cargo a gastos de administración si fuere el caso.

En el caso específico de las fiducias de garantía y fuentes de pago, la Superintendencia de Sociedades, mediante el Oficio 220-002376 del 9 de enero de 2020, más recientemente expresó:

> [L]os contratos de fiducia mercantil o encargos fiduciarios, reciben un tratamiento diferente dependiendo [de] si [se] trata de un proceso de reorganización empresarial o de una liquidación judicial, en el primer caso, es decir, tratándose de procesos de reorganización, los contratos continúan vigentes, pero no se podrán ejecutar, esto es, realizar pagos a los beneficiarios del contrato de fiducia, sin autorización expresa del juez del concurso, salvo que se trate de fiducias mercantiles que tengan por objeto la emisión de títulos o titularizaciones colocadas a través del (sic) mercado público de valores; en el segundo evento, es decir, en el caso de la liquidación judicial, los contratos, al igual de (sic) lo que sucede cuando no se presenta el acuerdo de reorganización o no se confirme este, se declaran terminados y finalizados con las consecuencias jurídicas que ello comporta, cual es que los bienes objeto de los mismos (sic) deben ser restituidos al patrimonio [que se va] a liquidar, inclusive los dineros que constituyan la fuente de pago de

68 Superintendencia de Sociedades. Oficio 220-028110 del 9 de abril de 2019, cit.

> tales contratos, y los acreedores beneficiarios del patrimonio autónomo serán tratados, se repite, como acreedores con garantía prendaria o hipotecaria, de acuerdo con la naturaleza de los bienes fideicomitidos, circunstancia esta que se aplica para los acreedores beneficiarios de un contrato de fiducia mercantil cuando respecto de la empresa se inicie un proceso de reorganización, cuyas obligaciones serán objeto del acuerdo que se llegare a celebrar entre la sociedad deudora y sus acreedores. [...] En cuanto al primer interrogante planteado, se tiene que, en el caso de una reorganización, en ninguna de las dos etapas allí indicadas, es decir, ni en la presentación de la solicitud ni en la aceptación de la misma (sic), se pueden suspender los pagos a los acreedores beneficiarios de un contrato de fiducia mercantil de administración y fuente de pago, cuyo fideicomitente entró en un proceso de reorganización, pues, en este evento[,] los contratos de fiducia continúan vigentes, pero no podrán ejecutarse sin autorización expresa del juez del concurso, es decir, que para hacer los pagos a los beneficiarios necesitan de la aludida autorización, el cual (sic) se haría en la forma y términos del respectivo contrato.

Y tratándose de fiducias de garantía y fuentes de pago constituidas al tenor de la Ley de Garantías Mobiliarias (Ley 1676 de 2013)[69], la Superintendencia de Sociedades[70] ha señalado:

> Sea lo primero recordar que la Ley de Garantías Mobiliarias creó un régimen de transición aplicable a las garantías constituidas antes de la entrada en vigencia (sic) del Estatuto. Según ese régimen, es necesario distinguir dos situaciones: por un lado, si el acreedor pretende hacer valer la prelación de su garantía, basta con que la garantía haya sido debidamente constituida según las normas vigentes al momento de la constitución. Por otro lado, si el acreedor, además de la prelación, pretende la ejecución de la garantía en los términos de la Ley 1676 de 2013, ha debido cumplir con los requisitos de oponibilidad y registro contenidos en dicho Estatuto, y para hacerlo, la propia Ley estableció una ventana de oportunidad preclusiva, de seis meses, contados a partir de la vigencia de la Ley [...] El régimen de las garantías mobiliarias debe ser analizado con sumo cuidado por este operador para decidir sobre las solicitudes de entrega de recursos que se encuentren en patrimonios autónomos, pues, como se sabe, la Ley de Garantías Mobiliarias amplió de manera considerable el elenco de bienes sobre los que el

---

69 Congreso de Colombia. Ley 1676 de 2013. Por la cual se promueve el acceso al crédito y se dictan normas sobre garantías mobiliarias. *D. O.* 48888 del 20 de agosto de 2013. Disponible en http://www.secretariasenado.gov.co/senado/basedoc/ley_1676_2013.html

70 Superintendencia de Sociedades. Auto del 17 de marzo de 2016, proferido dentro del proceso de reorganización empresarial de Panthers Machinery S. A. S.

deudor puede constituir una garantía. En virtud de esa ampliación del catálogo de bienes susceptibles de ser entregados en garantía, es posible que un contrato de fiducia sirva a esa finalidad. En efecto, así lo prevé expresamente el artículo 6.6, al establecer que el garante podrá establecer garantías mobiliarias a favor del acreedor sobre "todo otro bien mueble, incluidos los fungibles, corporales e incorporales, derechos, contratos o acciones a los que las partes atribuyan valor económico" [...] Así las cosas, si el contrato de fiducia fue dado en garantía y si el registro operó dentro del término previsto en la Ley para que el acreedor pueda solicitar la ejecución en los términos de la Ley 1676 de 2013, el hecho de que el juez del concurso ordene la entrega de los recursos que están en el patrimonio autónomo al deudor en reorganización puede significar que el acreedor no pueda ejecutar su garantía, pues al hacerlo encontrará un patrimonio autónomo sin recursos. [...] Ahora bien, si bien es cierto que el acreedor podría ver afectada la eficacia de su garantía si al solicitar la ejecución encuentra un patrimonio autónomo desprovisto de recursos, no es menos cierto que el Estatuto de Garantías Mobiliarias, en su artículo 50, dispone que a partir de la fecha de inicio del proceso de reorganización no podrá admitirse ni continuarse demanda de ejecución ni ningún otro proceso de cobro en contra del deudor, respecto de bienes necesarios para el desarrollo de la actividad económica del deudor. [...] Cierto es que el artículo 50 [de la] Ley 1676 de 2013 establece que el deudor debe haber reportado los bienes como necesarios con la solicitud de inicio del proceso. Pero también lo es que, en últimas, es el juez del concurso quien debe decidir sobre la necesariedad o no de los bienes para el desarrollo de la actividad económica del deudor, y lo hará al momento de resolver sobre la solicitud de ejecución que le sea elevada por el acreedor garantizado. [...] Pero en este caso, el contrato de fiducia mercantil implica que la garantía se asienta sobre el dinero afecto al patrimonio autónomo. Visto desde esa perspectiva, no parece verdaderamente relevante entrar a analizar si el dinero es un bien necesario para la actividad económica del deudor, pues se trata del insumo empresarial por excelencia, es el arquetipo de bien necesario. En ese orden de ideas, es evidente que por ser el dinero el bien más necesario de todos, y porque los bienes necesarios deben permanecer en el patrimonio del deudor en concurso, pues, como la misma Ley 1676 de 2013 lo dispone, los bienes necesarios no pueden ser ejecutados por el acreedor, el juez del concurso no puede privar al deudor en reorganización de disponer del mismo (sic). [...] Lo anterior no quiere decir que el acreedor garantizado pierda las prerrogativas que son suyas en virtud de la Ley de Garantías Mobiliarias. Simplemente, quiere decir que el deudor en concurso puede disponer de los bienes necesarios con el fin de lograr su recuperación, pero dejando a salvo la posición del acreedor garantizado, quien tiene unos privilegios concursales que se manifiestan, en últimas, en la posibilidad de pedir el pago preferente de su crédito, una vez confirmado el acuerdo de reorganización.

Por lo demás, refiriéndose a aquellas hipótesis en las cuales el deudor es el patrimonio autónomo, y no el fideicomitente en proceso de reorganización, la Superintendencia de Sociedades[71] expresó:

> En el presente caso, si bien el apoderado de la concursada trajo a cita el Auto 400-000897 de 21 de enero de 2016 para solicitar la entrega de recursos conforme a la regla establecida en dicha providencia, se observa que el patrimonio autónomo constituido en ese evento difiere del constituido mediante el contrato celebrado entre Central Papelera de Colombia S. A. S. y Fiduciaria Colpatria S. A., pues en ese caso el objeto del contrato de fiducia era incompatible con la lógica concursal, porque buscaba el pago corriente de obligaciones concursales. [..] Cuando a través de (sic) patrimonios autónomos se busca aislar una parte del patrimonio del fideicomitente para afectarlo al pago de créditos que hacen parte (sic) del concurso, este Despacho ha sostenido que una vez el fideicomitente ingrese a insolvencia, la fiduciaria no puede pagar a los beneficiarios del contrato, sino que debe redireccionar esos recursos a la sociedad en concurso. Los beneficiarios, por su parte, deben concurrir al proceso de reorganización para obtener satisfacción de sus créditos, sometiéndose a su disciplina colectiva. [...] Pero en este caso en particular, la regla definida para el caso de Panthers Machinery S. A. S. resulta inaplicable, porque el sujeto obligado frente a Banco Colpatria S. A. es el propio patrimonio, y no la sociedad en concurso. Esta circunstancia emerge rectamente del contrato de fiducia. De las pruebas aportadas se desprende que (i) fue el patrimonio autónomo quien se endeudó directamente con la entidad financiera y no la concursada; que (ii) la concursada transfirió los bienes fideicomitidos al fideicomiso a título de fiducia mercantil y de compraventa; y que (iii) revisado el registro de garantías mobiliarias de Confecámaras, aparece el registro aludido por el apoderado de la deudora en su memorial, pero figura como garante-deudor de la obligación el patrimonio autónomo constituido y no la concursada. [...] Según esto, la estructura subjetiva de la relación obligacional permite concluir que no es posible ordenar a la fiduciaria que se abstenga de pagar una deuda que no es de la concursada a quien en realidad no es un acreedor de la concursada, ni someterlo a las reglas del concurso u obligarlo a reintegrar los dineros recibidos como consecuencia del contrato celebrado. El artículo 17 de la Ley 1116 de 2006 solo prohíbe pagar a los acreedores del deudor en concurso, pero en este caso Banco Colpatria Multibanca Colpatria S. A. no ostenta esa calidad. Tampoco puede el Despacho ordenar que los recursos del patrimonio autónomo vuelvan al patrimonio de Central Papelera de Colombia S. A. S., pues ello implicaría vaciar un vehículo de contenido patrimonial desestimando su aptitud como centro de imputación de derechos y obligaciones.

---

71 Superintendencia de Sociedades. Auto del 16 de septiembre de 2016, proferido dentro del proceso de reorganización empresarial de Central Papelera S. A. S.

De acuerdo con esta última posición de la Superintendencia de Sociedades, para escapar a los efectos que se derivan de lo dispuesto por el artículo 17 de la Ley 1116 de 2006 en armonía con la Ley 1676 de 2013, basta con constituir un patrimonio autónomo que funja como deudor. De esta manera, la propia Superintendencia está propiciando ni más ni menos que un fraude a la ley. Ignora ese organismo de control que en materia de otorgamiento de crédito resulta de la mayor importancia conocer quién es el beneficiario real o final de la respectiva operación crediticia, esto es, quién es el sujeto que, en realidad, de verdad utiliza los recursos objeto de esta. La experiencia demuestra que casos como el que dio lugar al pronunciamiento de la Superintendencia han sido el fruto de la inventiva de algunos profesionales del derecho al servicio de la banca nacional y extranjera, quienes, amparados en el hecho de que en Colombia los patrimonios autónomos se han convertido en clientes habituales e importantes del sector financiero, han creído encontrar en la fiducia mercantil un vehículo formalmente idóneo para ocultar la identidad del beneficiario real o final de la respectiva operación crediticia y, por ende, para sustraer dicha operación de los efectos que se desprenden de lo dispuesto por el artículo 17 de la Ley 1116 de 2006. En la práctica, el beneficiario real del crédito otorgado al patrimonio autónomo es precisamente el fideicomitente, pues es quien, en últimas, termina haciendo uso de los correspondientes recursos. Siendo ello así, necesariamente hay que concluir que en estas hipótesis el contrato de fiducia mercantil sería ilícito por haberse celebrado en fraude a la ley, toda vez que, se reitera, el fideicomitente, el fiduciario y los acreedores financieros del fideicomitente, haciendo mal uso de su autonomía privada y pervirtiendo el espíritu de las normas que regulan la actividad fiduciaria, utilizan el contrato de fiducia mercantil para sustraerse de manera abierta a la aplicación de una norma de carácter imperativo, como lo es el artículo 17 de la Ley 1116 de 2006, y, por ende, alcanzar un resultado incompatible con el establecido por este precepto legal[72].

Por último, si el acuerdo de reorganización empresarial no se presenta dentro del término establecido por la Ley 1116 de 2006 o no es confirmado,

---

72 *Cfr.* Pablo Salvador Coderch; Albert Azagra Malo y Antonio Fernández Crende. "Autonomía privada, fraude a la ley e interpretación de los negocios jurídicos", *InDret, Revista para el Análisis del Derecho*, n.º 3, julio-septiembre, Barcelona, Universidad Pompeu Fabra, 2004, p. 8 ss.

entonces el numeral 4 del artículo 387[73] prevé que una u otra circunstancia produce, entre otros efectos, la terminación de pleno derecho de los contratos de fiducia mercantil o encargos fiduciarios celebrados por el deudor en calidad de fideicomitente sobre bienes propios y para amparar obligaciones propias o ajenas, al tiempo que establece una preferencia para los acreedores titulares de certificados de garantía, quienes tendrán la condición de hipotecarios o prendarios, según la naturaleza de los bienes fideicomitidos. De acuerdo con el precepto en comento, "el juez del proceso ordenará la cancelación de los certificados de garantía y la restitución de los bienes que conforman el patrimonio autónomo", amén de que las obligaciones adquiridas por cuenta del patrimonio autónomo "serán tenidas como obligaciones del fideicomitente", de manera entonces que será la masa de bienes pertenecientes al deudor la que "responderá por las obligaciones a cargo del patrimonio autónomo de conformidad con las prelaciones de ley aplicables al concurso". O sea que la preferencia que consagra el numeral 4 del artículo

73 Dice así este precepto legal: "Los efectos que producirá la no presentación o no confirmación del acuerdo serán los siguientes: [...] 4. La finalización de pleno derecho de los encargos fiduciarios y los contratos de fiducia mercantil celebrados por el deudor, con el fin de garantizar obligaciones propias o ajenas con sus propios bienes. El juez del proceso ordenará la cancelación de los certificados de garantía y la restitución de los bienes que conforman el patrimonio autónomo. Serán tenidas como obligaciones del fideicomitente las adquiridas por cuenta del patrimonio autónomo. [...] Tratándose de inmuebles, el juez comunicará la terminación del contrato, mediante oficio al notario competente que conserve el original de las escrituras pertinentes. La providencia respectiva será inscrita en la Oficina de Registro de Instrumentos Públicos, en la matrícula correspondiente. El acto de restitución de los bienes que conforman el patrimonio autónomo será considerado sin cuantía, para efectos de derechos notariales, de registro y de timbre. [...] Los acreedores beneficiarios del patrimonio autónomo serán tratados como acreedores con garantía prendaria o hipotecaria, de acuerdo con la naturaleza de los bienes fideicomitidos. [...] La restitución de los activos que conforman el patrimonio autónomo implica que la masa de bienes pertenecientes al deudor responderá por las obligaciones a cargo del patrimonio autónomo de conformidad con las prelaciones de ley aplicables al concurso. [...] La fiduciaria entregará los bienes al promotor dentro del plazo que el juez del concurso señale y no podrá alegar en su favor derecho de retención por concepto de comisiones, honorarios o remuneraciones derivadas del contrato. [...] PARÁGRAFO. Lo previsto en el presente artículo no se aplicará respecto de cualquier tipo de acto o contrato que tenga por objeto o como efecto la emisión de valores u otros derechos de naturaleza negociable en el mercado público de valores de Colombia o en el exterior, ni respecto de patrimonios autónomos constituidos para adelantar procesos de titularización a través del mercado público de valores, ni de aquellos patrimonios autónomos que tengan fines de garantía que formen parte de la estructura de la emisión". (Congreso de Colombia. Ley 1116 de 2006. Por la cual se establece el Régimen de Insolvencia Empresarial en la República de Colombia y se dictan otras disposiciones. *D. O.* 46494 del 27 de diciembre de 2006).

38 de la Ley 1116 de 2006 para los acreedores titulares de certificados de garantía no aplica para los acreedores directos del patrimonio autónomo.

Esta misma regla de la que se ha venido hablando se repite en los numerales 4 y 7 del artículo 50[74] para aquellos casos en que el fideicomitente-deudor sea sometido o se someta al proceso de liquidación judicial; es decir, la liquidación judicial del deudor produce la terminación de pleno derecho de los contratos de fiducia mercantil o encargos fiduciarios celebrados por el deudor en calidad de fideicomitente sobre bienes propios y para amparar obligaciones propias o ajenas, al tiempo que establece una preferencia para los acreedores titulares de certificados de garantía, quienes tendrán la condición de hipotecarios o prendarios, según la naturaleza de los bienes fideicomitidos; esta preferencia no aplica para los acreedores directos del patrimonio autónomo. En el contexto de lo dispuesto por los artículos 38,

---

74 Dice así este precepto legal: "La declaración judicial del proceso de liquidación judicial produce: [...] 4. La terminación de los contratos de tracto sucesivo, de cumplimiento diferido o de ejecución instantánea, no necesarios para la preservación de los activos, así como los contratos de fiducia mercantil o encargos fiduciarios, celebrados por el deudor en calidad de constituyente, sobre bienes propios y para amparar obligaciones propias o ajenas; salvo por aquellos contratos respecto de los cuales se hubiere obtenido autorización para continuar su ejecución impartido (sic) por el juez del concurso. [...] 7. La finalización de pleno derecho de los encargos fiduciarios y los contratos de fiducia mercantil celebrados por el deudor, con el fin de garantizar obligaciones propias o ajenas con sus propios bienes. El juez del proceso ordenará la cancelación de los certificados de garantía y la restitución de los bienes que conforman el patrimonio autónomo. Serán tenidas como obligaciones del fideicomitente las adquiridas por cuenta del patrimonio autónomo. [...] Tratándose de inmuebles, el juez comunicará la terminación del contrato, mediante oficio al notario competente que conserve el original de las escrituras pertinentes. La providencia respectiva será inscrita en la Oficina de Registro de Instrumentos Públicos, en la matrícula correspondiente. El acto de restitución de los bienes que conforman el patrimonio autónomo se considerará sin cuantía, para efectos de derechos notariales, de registro y de timbre. [...] Los acreedores beneficiarios del patrimonio autónomo serán tratados como acreedores con garantía prendaria o hipotecaria, de acuerdo con la naturaleza de los bienes fideicomitidos. [...] La restitución de los activos que conforman el patrimonio autónomo implica que la masa de bienes pertenecientes al deudor responderá por las obligaciones a cargo del patrimonio autónomo de conformidad con las prelaciones de ley aplicables al concurso. [...] La fiduciaria entregará los bienes al liquidador dentro del plazo que el juez del proceso de liquidación judicial señale y no podrá alegar en su favor derecho de retención por concepto de comisiones, honorarios o remuneraciones derivadas del contrato [...] PARÁGRAFO. Lo previsto en el presente artículo no se aplicará respecto de cualquier tipo de acto o contrato que tenga por objeto o como efecto la emisión de valores u otros derechos de naturaleza negociable en el mercado público de valores de Colombia o del exterior, ni respecto de patrimonios autónomos constituidos para adelantar procesos de titularización a través del mercado público de valores, ni de aquellos patrimonios autónomos que tengan fines de garantía que formen parte de la estructura de la emisión". (Congreso de Colombia. Ley 1116 de 2006, cit.).

numeral 4, y 50, numerales 4 y 7 de la Ley 1116 de 2006, se pregunta: ¿qué suerte corren aquellos contratos de fiducia mercantil que no se celebraron con fines de garantía y fuente de pago? En opinión del suscrito, tales contratos terminan por tratarse de contratos de ejecución periódica y debe procederse a la inmediata liquidación del patrimonio autónomo, para lo cual se precisa que las obligaciones contraídas en cumplimiento de la finalidad señalada en el contrato deben cancelarse anticipadamente a la restitución de los bienes fideicomitidos a la masa de bienes de la liquidación del fideicomitente, no solo porque así se desprende de una recta inteligencia de lo dispuesto por el artículo 1227 del Código de Comercio, sino porque el sujeto obligado frente a los respectivos acreedores es el propio patrimonio autónomo, y no el fideicomitente, sometido a liquidación judicial[75].

No ocurre lo mismo con aquellos contratos de fiducia mercantil cuya finalidad es el desarrollo de actividades empresariales, respecto de los cuales

75 En la Sentencia T-316 de 2009, la Corte Constitucional señaló que el fuero de atracción a que se refiere el numeral 13 del artículo 50 de la Ley 1116 de 2006 es un efecto procesal de la iniciación del proceso de liquidación judicial. Dijo la Corte en esa ocasión: "En relación con la apertura del proceso liquidatorio y los efectos de la iniciación del proceso de liquidación judicial, el artículo 50 de la Ley 1116 de 2006 establece una serie de consecuencias jurídicas de la mayor relevancia, que tienen que ver con aspectos relacionados (i) con la persona del deudor y su actividad; (ii) con las obligaciones a su cargo; (iii) con sus bienes; (iv) con cuestiones de orden estrictamente procesal. \\ (...) \\ Uno de los efectos de naturaleza procesal que a la Sala le interesa resaltar dentro del (sic) presente proceso de revisión, es el atinente al *fuero de atracción* que es propio del proceso concursal, en razón a que todos los procesos de ejecución que se adelanten contra el deudor en liquidación obligatoria deben ser remitidos al juez del concurso[,] quien, en virtud de tal fuero, es el competente para su conocimiento. Por tanto, en la legislación colombiana no está contemplada la ejecución extraconcursal de las obligaciones a cargo del deudor que se somete a liquidación judicial, ya que[,] en aplicación del principio de universalidad, la totalidad de los bienes del deudor quedan afectos a lo que suceda en el proceso liquidatorio. Lo anterior no sería posible si a cualquier acreedor se le permitiera sustraerse del trámite liquidatorio para buscar el pago por fuera de dicho proceso. \\ Por consiguiente, en razón del fuero de atracción, no pueden continuar los procesos ejecutivos que estuvieren en curso contra el deudor cuando se inicie el proceso concursal. Los procesos ejecutivos que se sigan en contra del deudor, si existen, deben ser remitidos al juez del concurso para que sean incorporados, siempre y cuando sean recibidos por este antes del traslado para las objeciones sobre los créditos. Es por esta razón, que los interesados en el proceso liquidatorio deben desarrollar una actitud vigilante y diligente, con el fin de cerciorarse [de] que los procesos ejecutivos sean enviados de manera oportuna al juez que conoce del proceso liquidatorio, y no se corra el riesgo de que tales créditos queden por fuera de la calificación, graduación y de la asignación de voto". (Corte Constitucional, Sala Tercera de Revisión. Sentencia T-316 del 7 de mayo de 2009, Exp. T-1.998.477, M. P.: Luis Ernesto Vargas Silva).

deberá dárseles el tratamiento especial establecido en el artículo 2.º de la Ley 1116 de 2006 y sus decretos reglamentarios.

Por otra parte, en relación con los bienes excluidos del proceso de liquidación judicial, se tiene que el artículo 2.2.2.12.12 del Decreto 1074 de 2015[76], reglamentario del parágrafo del artículo 55 de la Ley 1116 de 2006, enseña que los bienes que el deudor hubiere transferido a título de fiducia mercantil con fines de garantía para obtener financiación serán excluidos de la masa de la liquidación

> siempre y cuando el respectivo contrato se encuentre inscrito en el registro mercantil de la Cámara de Comercio con jurisdicción en el domicilio del fiduciante o en el registro que, de acuerdo con la clase de acto o con la naturaleza de los bienes, se hubiere hecho conforme a la ley [...] Lo anterior, sin perjuicio de los acuerdos que puedan celebrarse entre el vocero del patrimonio autónomo con fines de garantía y el liquidador, cuando los bienes fideicomitidos hagan parte (sic) de la unidad de explotación económica del fideicomitente y esta pueda venderse en los términos del parágrafo del artículo 81 de la Ley 1116 de 2006 [...] Parágrafo. Para los efectos del parágrafo del artículo 55 de la Ley 1116 de 2006, se entienden excluidos los patrimonios autónomos constituidos como mecanismo de normalización para garantizar el pago de pasivos pensionales.

A su turno, el artículo 2.2.2.12.13 *ibidem* dispone:

> Si una vez pagadas las obligaciones de los acreedores del contrato de fiducia mercantil de garantía de que trata el artículo anterior, quedare un remanente, este será incorporado a la masa de bienes del fideicomitente en proceso de insolvencia, los cuales responderán por las obligaciones de conformidad con las prelaciones de ley aplicables al concurso, para lo cual se aplicarán las reglas contenidas en el numeral 7 del artículo 50 de la Ley 1116 de 2006.

---

76 Presidencia de la República de Colombia. Decreto 1074 de 2015. Por medio del cual se expide el Decreto Único Reglamentario del Sector Comercio, Industria y Turismo. *D. O.* 49523 del 26 de mayo de 2015. Disponible en http://www.suin-juriscol.gov.co/viewDocument.asp?id=30019935

3. CONTRATOS DE FIDUCIA MERCANTIL CUYA FINALIDAD ES LA ESTRUCTURACIÓN DE PROCESOS DE TITULARIZACIÓN

El término titularización, titulización o *securitization* es, al decir de la doctrina[77],

> un término amplio y vago que no ha sido siempre utilizado por la literatura económica y jurídica con un sentido claro y unívoco. A menudo se presentan diferencias entre el concepto legal y [el] económico [...]. También existen diferencias en el alcance que le dan diversos autores dentro de (sic) la misma disciplina. Por último, también existen diferencias entre el concepto estrictamente jurídico que distintos sistemas legales dan al término titulización.

La opinión mayoritaria concibe la titularización o *securitization* como un mecanismo jurídico y económico mediante el cual se transfieren y aíslan, en un vehículo de propósito especial (*special purpose vehicle (SPV)*), activos tradicionalmente considerados ilíquidos o, por lo menos, de escasa, baja o lenta rotación, bienes o flujos de caja futuros, con el objeto de maximizar la utilización de recursos. Esta movilización implica la transformación de los activos en valores negociables en el mercado público de valores, los cuales tienen como respaldo y fuente de pago los activos titularizados o el flujo de caja generado por ellos.

En un sentido amplio, es posible distinguir tres nociones distintas, a saber: (i) titularización por sustitución (*securitización by substitution*); (ii) titularización mediante participaciones en préstamos (*securitization by loan participatons o LP's*); y (iii) titularización mediante agrupación o titularización en sentido estricto (*securitization by pooling o asset-backed securities (ABS)*).

En lo concerniente a la titularización por sustitución, el concepto se utiliza para hacer referencia "al creciente empleo de la financiación directa a través de (sic) los mercados de capitales y al margen del sistema bancario. Este concepto amplio de titulización es sinónimo de lo que en nuestro entorno se ha denominado el fenómeno de la desintermediación"[78].

---

77 ALEJANDRO PAYÁ PUJADÓ. *Régimen legal de la titulización*, Valencia, Ed. Tirant lo Blanch, 2002, pp. 43 y 47.
78 *Ibid.*, p. 48.

Por su parte, la titularización mediante participaciones en préstamos se utiliza para referirse a

> la emisión de títulos respaldados con determinados activos (normalmente préstamos hipotecarios), de forma que la solvencia de los valores emitidos se basa en la calidad del activo de respaldo (colateral). Por lo general, la titulización mediante participaciones en préstamos conlleva la venta a los inversores de partes relativamente estándares de grandes préstamos [...] La titulización mediante participaciones en préstamos forma parte de un proceso financiero consistente en dos fases, que combina tanto la financiación directa como la indirecta. La primera fase consiste en la generación de préstamos ordinarios a través del (sic) sistema financiero. El segundo paso consiste en la refinanciación de los préstamos originados en el mercado del crédito mediante la emisión de participaciones en dichos préstamos. El término titularización mediante participaciones en préstamos se refiere a este segundo paso, en el que [en] los préstamos originales, el sector bancario hace participar a los inversores en sus préstamos[79].

Finalmente, la titularización en sentido estricto o mediante agrupación es una de las más modernas formas de financiación, consistente en que un conjunto de créditos representativos de cartera de créditos caracterizados por su poca o ninguna liquidez es aislado mediante su cesión a una entidad instrumental o *special purpose vehicle* que los adquiere

> gracias a la financiación obtenida mediante la emisión de valores negociables en los mercados de capitales. La cartera de derechos de crédito constituye el único activo de la entidad instrumental. En consecuencia, la solvencia de los títulos emitidos por la entidad instrumental dependerá de la calidad de los activos agrupados, así como de los mecanismos adicionales que se establecen para mejorar la solvencia crediticia de toda la estructura. Con la titulización mediante agrupación, la entidad originadora no se hace responsable del pago de los títulos emitidos. Por otro lado, la titulización mediante agrupación permite la transformación de los flujos de pagos. La entidad instrumental agrupa los pagos provenientes de los deudores cedidos y los transfiere normalmente en flujos de pagos distintos a los titulares de los valores de titulización. Ello desemboca en una transformación económica de los patrones de flujos de caja. Mediante este proceso de intermediación, un activo subyacente con cierto conjunto de características se transforma en un valor negociable con otro conjunto de características más atractivas para los inversores. El activo subyacente, de este modo, se transforma con relación a diferentes aspectos: se diversifica;

79 *Ibid.*, p. 49.

> queda disponible para los inversores en unidades más pequeñas; ofrece diferentes patrones de flujos de caja y estos quedan garantizados; los inversores no asumen la función del servicio de cobros de los activos subyacentes; y los valores han sido estandarizados, de forma que pueden ser fácilmente negociados[80].

La titularización en sentido estricto o titularización mediante agrupación se diferencia de los mecanismos tradicionales de financiación, tales como la emisión de acciones y la emisión de bonos, en el hecho de que se trata de todo un proceso en el que intervienen una multiplicidad de sujetos, entre los cuales merece la pena mencionar los siguientes: (i) el originador, que es quien agrupa los activos objeto del proceso de titularización y quien los aísla y separa por medio de su cesión a la entidad instrumental o agente de manejo; (ii) la entidad instrumental o agente de manejo, que es la que obtiene la financiación de los inversionistas, fundamentalmente por medio de la colocación de los valores emitidos a través del mercado público de valores, por consiguiente, se trata de un mero intermediario cuya función principal es el aislamiento de los activos objeto del proceso de titularización con relación a la entidad originadora, como base para la obtención de la financiación; además, también asume el servicio de cobro de los flujos de caja derivados de los activos titularizados; y (iii) los inversionistas, quienes, como lo expresa su nombre, adquieren los valores emitidos en desarrollo del proceso de titularización.

Ahora bien, la forma como los procesos de *securitization* o titularización se han estructurado a nivel mundial en la práctica permite apreciar que el funcionamiento del mecanismo, como instrumento o técnica de financiación, exige necesariamente la transferencia en firme de los activos que se pretenden titularizar, con el propósito de obtener la liberación de recursos y el consecuente incremento de la capacidad de operación del ente originador[81]. Así, el beneficio esperado por el originador se concreta en lograr reemplazar en su balance activos de baja liquidez por activos disponibles[82].

Dependiendo del tipo de entidad instrumental a cuyo favor se efectúe la transferencia en firme de los activos que se pretenden titularizar, se distingue entre las entidades instrumentales de tipo societario y aquellas de base con-

---

80 Alejandro Payá Pujadó. *Régimen legal de la titulización*, cit., pp. 50 y 54.

81 El originador es la persona natural o jurídica, nacional o extranjera, que transfiere los bienes o activos que constituyen la base del proceso de titularización.

82 En el caso de los establecimientos de crédito, esta circunstancia les permite modificar la ecuación de patrimonio técnico a activos ponderados por nivel de riesgo.

tractual. Las primeras son sociedades mercantiles legalmente constituidas, por lo general, organizadas como sociedades anónimas. Las segundas "son entidades, con o sin personalidad jurídica, en las que predomina el aspecto contractual del vehículo, tales como los *trusts* (fideicomisos) [...] o los fondos de titulización"[83].

En Colombia, tal y como se encuentra configurada legalmente la titularización, es claro que se trata de un tipo de titularización mediante agrupación. Así mismo, dependiendo de la correlación entre los flujos de caja derivados de los activos titularizados y de los valores objeto del proceso de titularización, pueden emitirse valores del tipo *pay-through* (estructura de pago) y valores del tipo *pass-through* (estructura de traspaso).

Los valores del tipo *pass-through* son aquellos en los cuales el activo subyacente está constituido por una cartera de crédito. En este caso, los flujos de pago coinciden con los flujos de caja derivados de la cartera de crédito titularizada una vez descontados todos los gastos de la estructura. Es decir, los pagos mensuales del capital y de los intereses derivados de la cartera de crédito titularizada

> se 'traspasan' (deducidas las correspondientes comisiones) a los titulares de los valores, de forma que si alguno de los prestatarios no realiza sus pagos en un determinado mes los inversores reciben una cantidad inferior en dicho mes. No obstante, los valores del tipo *pass-through* pueden ser total o parcialmente garantizados, de forma que los inversores reciban la totalidad del importe previsto[84].

Por su parte, los valores del tipo *pay-through* son aquellos "cuyos flujos de caja no casan con los de los activos titularizados, en términos de importes y fechas de pago, debido a que la entidad instrumental transforma dichos flujos de caja en patrones de pago diferentes"[85].

Así mismo, en Colombia, los procesos de titularización pueden ser estructurados tanto por entidades instrumentales de tipo societario como por entidades instrumentales de base contractual y, más exactamente, por medio de la celebración de contratos de fiducia mercantil y la conformación de fondos de inversión colectiva. La estructuración de procesos de

---

83 Alejandro Payá Pujadó. *Régimen legal de la titulización*, cit., pp. 50 y 54.
84 *Ibid.*, pp. 61 y 62.
85 *Ibid.*

titularización a partir de la celebración de contratos de fiducia mercantil puede tener por objeto las siguientes clases de bienes (artículo 5.6.1.1.1 y ss. del Decreto 2555 de 2010): títulos de deuda pública, títulos inscritos en el Registro Nacional de Valores y Emisores, cartera de crédito, documentos de crédito, activos inmobiliarios, productos agropecuarios, agroindustriales u otros *commodities*, y rentas y flujos de caja determinables con base en estadísticas de los últimos tres años o en proyecciones de por lo menos tres años continuos. A pesar de lo anterior, la Superintendencia Financiera de Colombia podrá autorizar la estructuración de procesos con bienes o activos diferentes de los antes señalados. Además, solo en los procesos de titularización efectuados para el desarrollo de actividad energética, obras públicas de infraestructura, prestación de servicios públicos y productos agropecuarios, agroindustriales u otros *commodities*, adelantados por entidades públicas o privadas, se podrán utilizar proyecciones de flujos futuros como base de la estructuración del proceso.

En la estructuración de procesos de titularización a partir de la celebración de contratos de fiducia mercantil, la entidad originadora enajena a título de fiducia mercantil los activos objeto del proceso de titularización o las sumas de dinero destinadas a su adquisición, esto con el objetivo de formar un patrimonio autónomo cuya finalidad es darle liquidez mediante la emisión de títulos valores susceptibles de ser colocados en el mercado público de valores. Así, en desarrollo del contrato de fiducia mercantil, el fiduciario, actuando como titular jurídico de los bienes que conforman el patrimonio autónomo, emite los títulos movilizadores, recauda los fondos o recursos provenientes de la emisión y se vincula jurídicamente con los inversionistas conforme a los derechos incorporados en los títulos. Además, el fiduciario, en su condición de agente de manejo, debe propender al manejo seguro y eficiente de los recursos que ingresen al patrimonio autónomo como producto de la colocación de los títulos emitidos o procedentes de los flujos de caja generados por los activos.

La estructuración de procesos de titularización a partir de la celebración de contratos de fiducia mercantil permite la emisión de las siguientes clases de títulos:

a) Títulos corporativos o de participación, en los cuales el inversionista adquiere un derecho o alícuota en el patrimonio autónomo y se convierte, desde el punto de vista jurídico, en fideicomitente, por ende, participa de las utilidades o pérdidas que genere el respectivo negocio fiduciario.

b) Títulos de deuda o de contenido crediticio, los cuales incorporan el derecho a percibir la cancelación del capital y de los rendimientos financieros en los términos y las condiciones señalados en el título. En este caso, los activos que conforman el patrimonio autónomo constituyen la garantía y fuente de pago del pasivo adquirido con los inversionistas; por consiguiente, le corresponde al fiduciario, en su calidad de agente de manejo, adoptar todas las medidas que sean necesarias para obtener el recaudo de los flujos requeridos para la atención oportuna de las obligaciones contenidas en los valores emitidos.

c) Títulos mixtos, que son aquellos que de manera adicional a los derechos o alícuotas sobre el patrimonio autónomo pueden ser amortizables o pueden tener una rentabilidad mínima o un límite máximo de participación.

En síntesis, bajo la estructura propia del contrato de fiducia mercantil, el operador fiduciario, en su calidad de titular jurídico de los activos fideicomitidos, se obliga, pues, a emitir los respectivos títulos y a recaudar los dineros provenientes de su colocación. Por consiguiente, tanto el contenido como el alcance de las relaciones del fiduciario con los inversionistas están dados por el tenor literal de los derechos incorporados en los títulos emitidos en desarrollo del proceso de titularización.

Ahora bien: cualquiera que sea la vía o el mecanismo jurídico utilizado para estructurar un proceso de titularización, lo cierto es que los documentos emitidos como resultado de dicho proceso se consideran valores al tenor de lo dispuesto por el artículo 2.º de la Ley 964 de 2005[86] y, en tal virtud, tienen las siguientes particularidades:

(i) Gozan del carácter y de las prerrogativas propias de los títulos valores, y se sujetan a las reglas previstas para su negociación siempre que cumplan con los siguientes requisitos: (a) contener la mención del derecho que incorporan y la firma de quien los crea; (b) incorporar derechos de participación o de contenido crediticio o si son de naturaleza mixta; (c) se inscriban en el Registro Nacional de Valores e Intermediarios; (d) si son susceptibles de ser colocados mediante oferta pública.

---

86 Congreso de Colombia. Ley 964 de 2005. Por la cual se dictan normas generales y se señalan en ellas los objetivos y criterios a los cuales debe sujetarse el Gobierno Nacional para regular las actividades de manejo, aprovechamiento e inversión de recursos captados del público que se efectúen mediante valores y se dictan otras disposiciones. *D. O.* 45963 del 8 de julio de 2005. Disponible en http://www.secretariasenado.gov.co/senado/basedoc/ley_0964_2005.html

(ii) Los valores en cuestión podrán ser nominativos o a la orden.

(iii) El plazo de los títulos no podrá ser inferior a un año, contado a partir de la fecha de emisión. Este plazo no podrá exceder el del contrato que dio origen a la conformación del patrimonio autónomo cuando la vía jurídica para la estructuración del proceso sea la propia del contrato de fiducia mercantil.

(iv) Los valores emitidos en desarrollo de un proceso de titularización escapan por completo de la acción cambiaria de regreso, habida cuenta de que están destinados a su colocación mediante oferta pública y a su circulación en el mercado secundario de valores.

Por último, puede decirse que los contratos de fiducia mercantil celebrados con la finalidad de estructurar un proceso de titularización —incluidos los contratos de fiducia mercantil de garantía que se celebren para caucionar la emisión y colocación de los respectivos valores en el mercado público— no se ven afectados por la situación de insolvencia del fideicomitente. La letra b) del numeral 2 del artículo 5.º de la Ley 1116 de 2006, en concordancia con el artículo 15 del Decreto 4334 de 2008[87], exceptúa y excluye de la aplicación del régimen de reorganización empresarial "los actos y contratos que tengan como objeto o por efecto la emisión de valores u otros derechos de naturaleza negociable en el mercado público de valores de Colombia". En este mismo sentido, el artículo 50 parágrafo[88] dispone que los efectos de la apertura del proceso de liquidación judicial no se hacen extensivos

> respecto de cualquier tipo de acto o contrato que tenga por objeto o como efecto la emisión de valores u otros derechos de naturaleza negociable en el mercado público de valores de Colombia o del exterior, ni respecto de patrimonios autónomos constituidos para adelantar procesos de titularización a través del (sic) mercado público de valores, ni de aquellos patrimonios autónomos que tengan fines de garantía que formen parte de la estructura de la emisión.

Por lo demás, de acuerdo con lo dispuesto por el artículo 63 de la Ley 964 de 2005, las acciones revocatorias o de simulación previstas en los artículos 74

---

87 Presidencia de la República de Colombia. Decreto 4334 de 2008. Por el cual se expide un procedimiento de intervención en desarrollo del Decreto 4333 del 17 de noviembre de 2008. *D. O.* 47176 del 17 de noviembre de 2008. Disponible en http://www.suin-juriscol.gov.co/viewDocument.asp?ruta=Decretos/1544970

88 Congreso de Colombia. Ley 1116 de 2006, cit.

a 76 de la Ley 1116 de 2006 no proceden respecto de procesos de titularización de activos cuando los valores resultantes de dicha titularización hayan sido debidamente inscritos en el Registro Nacional de Valores y Emisores y colocados en el mercado de valores.

D. A MANERA DE COLOFÓN

A la luz del ordenamiento jurídico colombiano, no se remite a discusión que la fiducia mercantil comporta un adecuado contrapeso entre poderes y deberes, habida cuenta de que implica una combinación entre los efectos reales —esto es, la transmisión plena del derecho de dominio de los bienes objeto del contrato— y los efectos obligatorios —que buscan moderar las consecuencias de aquella transmisión—. Esta circunstancia conlleva que el negocio obligacional no pretende anular ni condicionar los efectos del negocio traslaticio, pues tiene como finalidad imponerle al fiduciario la obligación de reparar los daños causados por su conducta desleal y deja intacta la transmisión real operada.

Y es justo esta estructura técnica de la fiducia mercantil la que permite explicar y entender la preceptiva de los artículos 1227, 1231, 1233, 1234 (numerales 3, 4, 7 y 8), 1238, 1239 (numerales 3 y 4), 1242 y 1244 del CCo, los cuales consagran la entrada de dichos bienes al patrimonio del fiduciario, pero con un carácter específicamente reservado al cumplimiento de la finalidad establecida por el fideicomitente en el acto constitutivo. También es esa estructura técnica la que hace posible explicar el contenido y los alcances de los artículos 1236, 1235 y 1234 del CCo, que consagran, en su orden, los derechos del fideicomitente y del beneficiario, al igual que los deberes que pesan sobre el fiduciario. A estas limitaciones, y no a otra cosa, hace referencia la noción de patrimonio autónomo de que trata el artículo 1233 del CCo. El ejercicio del derecho de dominio radicado en cabeza del fiduciario se encuentra circunscrito por el encargo hecho por el fideicomitente, a cuyo cumplimiento efectivo y exitoso en interés del beneficiario se encuentran afectados de manera especial los bienes fideicomitidos. Conviene desde aquí anotar que, conforme a las voces del artículo 1235 del CCo, mientras pende la relación fiduciaria, el beneficiario no es, ni mucho menos, titular de un pretendido derecho real de dominio sobre los bienes fideicomitidos, de modo que es titular tan solo de un interés legalmente protegido en que la gestión confiada al fiduciario se cumpla a cabalidad.

III. INTERPRETACIÓN DEL NEGOCIO FIDUCIARIO Y, PARTICULARMENTE, DEL CONTRATO DE FIDUCIA MERCANTIL

Resulta oportuno recordar que, ante una manifestación dispositiva de intereses, lo primero que se debe hacer es determinar su naturaleza, esto es, proceder a su calificación jurídica. Toda conducta dispositiva de intereses se debe verter, irremediablemente, en uno de los tipos legales o sociales que se ofrecen a los particulares. Cada figura cumple una función social que caracteriza su tipo, y a ella y a este corresponden los efectos, comenzando por aquellos determinados por sus elementos esenciales. A esa calificación, que no es otra cosa que la inclusión del contrato en un tipo particular, se procede con base en la verificación de los caracteres que lo individualizan. Y, como se sabe, la calificación del contrato se sustrae de la voluntad de las partes.

Ahora bien, tratándose de contratos de fiducia mercantil y de encargo fiduciario, a efectos de la interpretación que de ellos se haga de cara a establecer el contenido de las respectivas declaraciones de voluntad, se requiere tener en cuenta las siguientes precisiones fundamentales:

En primer lugar, que por tratarse del contrato de fiducia mercantil (como especie dentro del género de los negocios fiduciarios) existe una disciplina orgánica que regula la figura, contenida en los artículos 1226 y siguientes del CCo. Se trata de una "normatividad marco" en la cual es palmario el deseo del legislador de dejar que sean las propias partes contratantes las que participen conjuntamente en la configuración de los contornos y en el contenido del contrato.

En segundo lugar, que no existe en el ordenamiento jurídico colombiano una disciplina orgánica que regule los denominados encargos fiduciarios y fiducia pública, como tampoco hay una disciplina orgánica que regule las distintas manifestaciones prácticas que pueden adoptar los negocios fiduciarios en general, traslaticios y no traslaticios de dominio, teniendo en cuenta la finalidad a la cual pueden quedar afectos los bienes fideicomitidos.

En cuanto a lo primero, solo existe una remisión normativa a las reglas de la fiducia mercantil y del contrato de mandato conforme a lo dispuesto por los artículos 146, numeral 1, del Estatuto Orgánico del Sistema Financiero (EOSF)[89],

---

89 Presidencia de la República de Colombia. Decreto Ley 663 de 1993. Estatuto Orgánico del Sistema

y 32, numeral 5, de la Ley 80 de 1993[90], respectivamente. Esto, al parecer, también pone al descubierto el deseo del legislador de dejar a la práctica contractual, a la doctrina y a la jurisprudencia la tarea de moldear y dar vida a estas categorías de negocios fiduciarios.

Y en cuanto a lo segundo, si bien es cierto que, en ejercicio de sus facultades de inspección y vigilancia sobre la actividad de las sociedades fiduciarias, la hoy Superintendencia Financiera, en el numeral 8 del Capítulo I del Título II de la Parte II de la Circular Básica Jurídica (C. E. 029/14) adoptó una clasificación de los negocios fiduciarios por tipos, procediendo al mismo tiempo a definir cada una de tales tipologías contractuales (fiducia de inversión, fiducia de garantía, fiducia inmobiliaria, fiducia de administración, etc.), no es menos cierto que tales tipologías carecen de una disciplina orgánica propia o específica distinta de la "normatividad marco" que regula el contrato de fiducia mercantil contenida en los artículos 1226 y siguientes del Código de Comercio. De hecho, por principio, el régimen jurídico al que se sujetan los denominados productos fiduciarios que las sociedades fiduciarias ofrecen al público (fiducia de garantía, fiducia inmobiliaria, fiducia de administración, etc.) es el propio del contrato de fiducia mercantil consagrado en el artículo 1226 y siguientes del Código de Comercio o el propio de los encargos fiduciarios, según el caso, habida consideración de que, a excepción de la llamada fiducia de inversión, en el ordenamiento jurídico colombiano no existe una disciplina orgánica que regule las distintas manifestaciones prácticas que pueden adoptar los negocios fiduciarios en general, traslaticios y no traslaticios de dominio, teniendo en cuenta la finalidad a la cual pueden quedar afectos los bienes fideicomitidos.

Quiérase o no, las "definiciones" adoptadas por la Superintendencia Financiera de Colombia acerca de la fiducia de garantía, la fiducia inmobiliaria, la fiducia de administración, etc., a pesar de estar contenidas en un acto administrativo que se encuentra amparado por la presunción de legalidad, carecen de la virtualidad jurídica suficiente para ser consideradas como una disciplina orgánica reguladora de las distintas manifestaciones prácticas que

---

Financiero. *D. O.* 40820 del 5 de abril de 1993. Disponible en http://www.secretariasenado.gov.co/senado/basedoc/estatuto_organico_sistema_financiero.html

90 Congreso de Colombia. Ley 80 de 1993. Por la cual se expide el Estatuto General de Contratación de la Administración Pública. *D. O.* 41094 del 28 de octubre de 1993. Disponible en http://www.secretariasenado.gov.co/senado/basedoc/ley_0080_1993.html

pueden adoptar los negocios fiduciarios en general, teniendo en cuenta la finalidad a la cual pueden quedar afectos los bienes fideicomitidos. Tales "definiciones" no pueden ser tomadas como legales, y su alcance única y exclusivamente se circunscribe a la obligación que la hoy Superintendencia Financiera le impuso de tiempo atrás a las sociedades fiduciarias de clasificar por tipos y subtipos los negocios fiduciarios en cuya celebración participen en calidad de fiduciarios y de reportar tal información a ese organismo estatal. Por consiguiente, como el legislador ha omitido expedir cualquier regulación específica o particular acerca de las llamadas fiducia de garantía, fiducia inmobiliaria, fiducia de administración, etc., queda claro que la celebración de cualquiera de estas especies de negocios fiduciarios debe sujetarse, se reitera, a los criterios generales consagrados en el artículo 1226 y siguientes del Código de Comercio respecto a la fiducia mercantil, a las disposiciones legales aplicables a los encargos fiduciarios y a aquellas contenidas en el Título Primero de la Ley 1328 de 2009[91] y en la Ley 1480 de 2011[92]. De aquí se sigue, entonces, que la calificación que las sociedades fiduciarias le dan a un negocio fiduciario traslaticio y no traslaticio de dominio llamándolo fiducia de inversión, o bien fiducia de administración, o bien fiducia inmobiliaria o fiducia de garantía, etc., no fija definitivamente su carácter jurídico.

Las anteriores precisiones constituyen el marco dentro del cual debe desarrollarse la labor de interpretación de los contratos de fiducia mercantil y de encargo fiduciario. Resta tan solo agregar que, por tratarse de contratos por adhesión a unas condiciones generales, en la interpretación resultan de aplicación extensiva tres de los principios clásicos que informan sobre la materia, a saber: (i) conocida claramente la intención de los contratantes, debe estarse a ella más que a lo literal de las palabras, como lo previene el artículo 1618 del Código Civil; (ii) las cláusulas ambiguas que hayan sido extendidas por una de las partes se interpretarán contra ella siempre que la ambigüedad proceda de la falta de una explicación que haya debido darse por ella, como lo dispone el artículo 1624 *ibidem* ; y (iii) entre dos clásulas

---

91 Congreso de Colombia. Ley 1328 de 2009. Por la cual se dictan normas en materia financiera, de seguros, del mercado de valores y otras disposiciones. *D. O.* 47411 del 15 de julio de 2009. Disponible en http://www.secretariasenado.gov.co/senado/basedoc/ley_1328_2009.html

92 Congreso de Colombia. Ley 1480 de 2011. Por medio de la cual se expide el Estatuto del Consumidor y se dictan otras disposiciones. *D. O.* 48220 del 12 de octubre de 2011. Disponible en http://www.secretariasenado.gov.co/senado/basedoc/ley_1480_2011.html

incompatibles, el juez puede preferir la que parezca expresar mejor la intención del adherente.

Conforme a lo dicho, el operador jurídico debe entonces efectuar una interpretación preliminar de la conducta de cara a establecer cuál fue la figura que se utilizó, esto es, si se trata de un contrato de fiducia mercantil o de un encargo fiduciario y, fundamentalmente, determinar cuál es la finalidad a la que se encuentran afectados los bienes fideicomitidos. Esta tarea es primordial e ineludible, así en muchos casos se dé por descontada por su evidencia o porque, como suele suceder, se acoge de forma mecánica la denominación o calificación que las sociedades fiduciarias comúnmente le dan al contrato al llamarlo fiducia mercantil, fiducia de garantía, fiducia inmobiliaria, etc. Es más, bien puede suceder —y así ha ocurrido— que las partes contratantes incurran en un error de concepción o de apreciación normativa, o lo que es más grave aún, que, por existir de por medio un régimen protector de derecho imperativo que una de las partes quiere escamotear, al calor de una nomenclatura errada se le asigne al contrato un nombre extraño a su naturaleza jurídica y función económica prístina. De ahí que no tenga por qué extrañar que las partes se disputen en torno de la verdadera naturaleza del contrato que celebraron y, por consiguiente, acerca de los efectos de él y del régimen al que se encuentra sometido; tampoco es de extrañar que el juez haya de decidir, de conformidad con la función genuina del contrato, cuál es el nombre que en verdad le corresponde y, primordialmente, cuáles han de ser sus efectos ciertos a partir de los elementos esenciales que caracterizan la figura.

Además, esa tarea de interpretación preliminar de la conducta exige desentrañar la intención común de las partes, para lo cual se han de tener en cuenta la naturaleza y la función económica de los negocios fiduciarios, así como la finalidad a la que se encuentran afectados los bienes fideicomitidos. Obviamente, como lo usual es que el contenido del contrato (llámese fiducia mercantil o encargo fiduciario) se encuentre vertido en un documento, este será el punto de partida, mas no la referencia exclusiva, pues, para su cabal entendimiento, como también para la plenitud y exactitud de las declaraciones de voluntad, deben tomarse en consideración no solo las palabras, sino lo que ellas expresan; las circunstancias que influyeron en la celebración del negocio fiduciario determinando la voluntad de las partes para consentir en él; el comportamiento inequívoco de las partes antes y al tiempo de la celebración del contrato; los derechos y las obligaciones indicados por ellas como reglamento de su relación, igual que la ejecución práctica que del contrato hayan hecho la fiduciaria y el fideicomitente o una de estas partes con la aprobación de la otra[93]. En una palabra, el juez goza de amplia libertad para buscar la intención de las partes, pues, en esta materia, el ordenamiento jurídico colombiano es terminante por no someterse a la sola expresión literal, angosta, exegética; por el contrario, se proyecta con amplitud sobre el panorama íntegro de negocio con miras a obtener una visión completa y genuina del significado del acto dispositivo. Esto es lo que se ha venido a denominar el contrato realidad, contrastante con su desfiguración.

De otra parte, como de antemano se sabe o se conoce que el contenido del contrato refleja predominantemente la voluntad del fiduciario, entonces la regla de hermenéutica del inciso 2.° del artículo 1624 del CC[94], en concordancia con el artículo 34 de la Ley 1480 de 2011, relacionada con la interpretación *contra proferentem*[95], se torna de aplicación preponderante

---

93 *Cfr.* Corte Suprema de Justicia, Sala de Casación Civil. Sentencia del 10 de junio de 1938 y Sentencia del 3 de junio de 1946.

94 Como se sabe, el Código Civil colombiano no establece diferencia alguna entre los contratos cuyas cláusulas han sido negociadas individualmente y los contratos concluidos por adhesión a unas condiciones generales, de suerte entonces que las reglas de interpretación son las mismas consagradas en los artículos 1618 a 1624. En materia de contratos fiduciarios, de acuerdo con las instrucciones impartidas por la entonces Superintendencia Financiera en el subnumeral 2.2.2 del Capítulo I del Título II de la Parte II de la Circular Básica Jurídica, "[l]os negocios fiduciarios se interpretarán teniendo en cuenta los principios previstos en los artículos 1618 a 1624 del Código Civil y tomando todas las manifestaciones de voluntad proferidas por las partes, sea que consten en un mismo documento o en varios, tales como la oferta, la aceptación de la oferta, las instrucciones generales, la aceptación de las mismas (sic) y cualquier acto similar. [...] Cada una de las partes en los negocios fiduciarios deberá recibir copia del contrato, así como de los demás actos y documentos que lo integren y complementen". (Superintendencia Financiera. Circular Básica Jurídica (C. E. O29/14)). O sea que en materia de contratación fiduciaria resulta de aplicación el principio del *in dubio contra stipulatorem* o *interpretatio contra proferentem* de que trata el inciso 2.º del artículo 1624, el cual no solo tiene carácter subsidiario, sino que, además, tiene un objetivo limitado o circunscrito a velar por la claridad y comprensión de las cláusulas contractuales, de modo que se estatuye que, en presencia de cláusulas ambiguas que hayan sido redactadas o predispuestas por una de las partes, cuando la ambigüedad no sea susceptible de ser superada con las demás reglas de interpretación, ella se resolverá en contra del predisponente, siempre que la ambigüedad provenga de la falta de una explicación que haya debido darse por este. De manera entonces que, *a contrario sensu*, en presencia de cláusulas claras, precisas y sin asomo de ambigüedad se torna inicuo cualquier intento de interpretación. Así lo sostuvo la Corte Suprema de Justicia, Sala de Casación Civil, entre otras, en las sentencias del 29 de agosto de 1980 (M. P.: Humberto Murcia Ballén) y 4741 del 17 de octubre de 1997 (M. P.: Rafael Romero Sierra).

95 Refiriéndose a este principio de interpretación, Rodríguez Olmos afirma que sus orígenes se remontan al derecho romano, aunque su momento de gloria se presentó, fundamentalmente, en

habida cuenta de que se trata de una regla que es consecuencia del principio de buena fe contractual; que se basa en la responsabilidad del declarante y en la protección de la confianza del destinatario de la declaración; que conlleva una distribución del riesgo contractual, con el objeto de asegurar que el adherente que no ha participado en la elaboración del contrato no tiene por qué compartir los riesgos de una defectuosa declaración contractual; y, en fin, que cumple dos funciones esenciales: equilibrar la relación mediante la adecuada distribución de los riesgos de ambigüedad en la declaración e incentivar que el predisponente redacte con claridad las cláusulas predispuestas.

Acorde, pues, con la regla de hermenéutica *contra proferentem*, las cláusulas predispuestas de manera unilateral por las sociedades fiduciarias deben interpretarse de acuerdo con la equidad y con su naturaleza, esto es, aplicando en su integridad el principio de la buena fe. Así, frente a una cláusula clara, analizada en el contexto del contrato, ha de indagarse acerca de la finalidad buscada por el fiduciario con la inclusión de dicha cláusula y sobre el significado que razonablemente le dio el fideicomitente. Esto implica realizar un análisis interdisciplinario, y no solo jurídico, de la función económica que están llamados a cumplir los negocios fiduciarios traslaticios y no traslaticios de dominio, para cuyo propósito es preciso examinar las estipulaciones contractuales sin sustraerlas artificialmente del medio en que se producen las relaciones contractuales.

Interpretadas las condiciones generales de los contratos de fiducia mercantil y de encargo fiduciario bajo la óptica que se ha expuesto, la referencia legal a la equidad —como una de las pautas que concretan el contenido de las obligaciones derivadas de la buena fe contractual— exige que esa naturaleza típica de los contratos fiduciarios genere el equilibrio contractual que se pretende preservar al reprimir los abusos de posición dominante por parte de las sociedades fiduciarias.

El equilibrio así establecido protege a las sociedades fiduciarias de las expectativas y exigencias de los potenciales fideicomitentes que resultan exóticas desde el punto de vista típico, al tiempo que impide imaginar am-

---

el Viejo Continente, con el advenimiento de la técnica de las condiciones generales del contrato y, en particular, con la posterior difusión de dicha técnica como respuesta a la nueva realidad de la contratación en masa a lo largo del siglo XX. (JAVIER RODRÍGUEZ OLMOS. "Contexto y construcción de la regla 'interpretatio contra proferentem' en la tradición romanista. Aspectos histórico-comparativos de un principio de interpretación contractual", *Revista de Derecho Privado*, n.º 14, enero-junio, Bogotá, Universidad Externado de Colombia, 2008, pp. 69 a 112).

bigüedades para proteger arbitrariamente a la parte débil, que asume una conducta contractual contraria a la que de manera general debe imperar en esta clase de contratos[96].

En definitiva, acorde con el principio de la buena fe, las cláusulas predispuestas deben ser entendidas desde el punto de vista del destinatario, como lo harían las personas honestas y razonables. En esta dirección, la regla de hermenéutica del inciso 2 del artículo 1624 del CC, en concordancia con el artículo 34 de la Ley 1480 de 2011, relacionada con la claridad y la comprensión de las estipulaciones contractuales, conlleva necesariamente la obligación de redactar las condiciones generales[97] de los contratos fiduciarios en forma clara y comprensible[98], habida cuenta de que la transgresión de este deber conduce a la ineficacia de la cláusula si esta supone una desventaja desproporcionada a cargo del fideicomitente. Así mismo, implica una obligación de información en cabeza de las sociedades fiduciarias, pues si la información permite generar conductas previsibles y, por ende, disminuir el margen de incertidumbre y evitar riesgos, resulta obvio que la única forma

96 Jorge Pinzón Sánchez. "Condiciones generales de la contratación y cláusulas abusivas en el derecho privado colombiano", *Derecho Privado*, n.º 89, Bogotá, Universidad de los Andes, 1995.

97 Son tres las notas características que integran el concepto de condiciones generales conforme a lo dispuesto por el artículo 2.º, letra f) de la Ley 1328 de 2009: 1) son cláusulas, no condiciones, que integran el contenido del contrato; 2) son cláusulas predispuestas, redactadas previamente a la celebración del contrato; y 3) son cláusulas impuestas, que se ofertan por una parte a la otra, sin negociación individual y sin que esta pueda eliminarlas o modificarlas si quiere aceptar el contrato. A estas tres características cabe agregar otra: son cláusulas que se incluyen en la generalidad de los contratos, relativas a los mismos bienes y/o servicios.

98 A este respecto, el artículo 7.º, letra f) de la Ley 1328 de 2009 impone a las entidades vigiladas por la Superintendencia Financiera de Colombia el deber de "elaborar los contratos y anexos que regulen las relaciones con los clientes con claridad, en caracteres legibles a simple vista, y ponerlos a disposición de estos para su aceptación" (Congreso de Colombia. Ley 1328 de 2009. Por la cual se dictan normas en materia financiera, de seguros, del mercado de valores y otras disposiciones. *D. O.* 47411 del 15 de julio de 2009). A su turno, el numeral 2.1 del Título V, Capítulo I de la Circular Básica Jurídica expedida por la entonces Superintendencia Bancaria dispone: "Los contratos deben redactarse en términos sencillos, de forma tal que sean de fácil comprensión para los usuarios; los caracteres tipográficos deben ser fácilmente legibles y reflejar con claridad, fidelidad y precisión las condiciones jurídicas y económicas que se deriven del contrato para cada una de las partes que se vinculen a él, independientemente de su posición contractual [...]. En los contratos de adhesión o de utilización masiva, toda cláusula limitativa y[,] en general[,] las sanciones, penalizaciones o cláusulas penales a cargo de los fideicomitentes o beneficiarios, deberán presentarse en caracteres destacados, en la primera página del contrato y dejarse constancia, en el momento de la suscripción o celebración del contrato, de que el firmante las conoció y aceptó". (Superintendencia Financiera. Circular Básica Jurídica (C. E. O29/14)).

eficaz de restablecer, en lo posible, el equilibrio contractual entre las partes e impedir el abuso de las sociedades fiduciarias sobre los fideicomitentes y beneficiarios reside en la obligatoriedad de que tales sociedades, en desarrollo del deber de lealtad impuesto por la buena fe, les proporcionen a estos una adecuada y oportuna información que permita asegurar su conocimiento acerca del contenido y de los alcances de las condiciones generales; así mismo, radica en la exigencia de claridad y posibilidad de comprensión de tales condiciones.

De esta suerte, la falta de información, o bien su inexactitud, insuficiencia o falta de claridad debe llevar, necesariamente, a la ineficacia, puesto que la buena fe impone la obligación de que la información que se proporcione responda a los atributos de veracidad, suficiencia y claridad y sea oportuna. En relación con estos aspectos, ha de tenerse en cuenta en cada caso la finalidad a la que se encuentran afectados los bienes fideicomitidos.

No se trata, pues, de cumplir con una simple formalidad, como tampoco de abrir un espacio para que el fideicomitente y el fiduciario se sienten a discutir acerca de la posibilidad de que pueda haber alguna mínima modificación a las condiciones generales del contrato. Tampoco se trata de crear una igualdad material (que no puede existir) entre las sociedades fiduciarias y los fideicomitentes y beneficiarios, ni de convertir a estos en un sector inequitativamente privilegiado frente a aquellas.

El objetivo es otro, más amplio. Se trata, como se dijo, de asegurar la existencia de una relación equitativa entre las sociedades fiduciarias —como predisponentes— y los fideicomitentes y beneficiarios —según el caso— que evite el abuso de posición dominante y les permita a los fideicomitentes y, en su caso, a los beneficiarios informarse expresamente acerca de la incorporación de las condiciones generales al contenido jurídico obligacional del contrato, así como también conocer el contenido y alcance de tales condiciones a las que habrán de quedar sometidos al consentir en el contrato, de cara a impedir el abuso de las sociedades fiduciarias sobre los fideicomitentes y beneficiarios.

De esta manera, la falta de dicha información o el suministro de una tan incompleta o inexacta que permita que el fideicomitente y, en su caso, el beneficiario incurran en error y que, por ende, el contrato quede viciado de nulidad relativa ha de sancionarse, como ya se dijo, con la ineficacia, puesto que si la actividad fiduciaria es una actividad de interés público entonces de por medio se encuentra la confianza del público en el sector financiero, lo que constituye un interés más amplio que el de los fideicomitentes individualmente considerados[99].

Siendo todo lo anteriormente dicho exacto, ha de concluirse que, no por el hecho de que se suscriba un contrato fiduciario, el fideicomitente y, en su caso, el beneficiario quedan obligados a cumplir todo lo que en él se haya estipulado. Si se trata de cláusulas abusivas, es la finalidad a la que se encuentran afectados los bienes fideicomitidos la que constituye el principio rector que permite su identificación y con base en la cual es posible determinar si existió o no una afectación del equilibrio contractual.

De manera, entonces, que solo en la medida en que subsista el equilibrio del contrato se podrá desvirtuar la presunción de abuso. Por consiguiente, la declaratoria de ineficacia de las cláusulas abusivas supone que la presunción de abuso no ha sido desvirtuada. Esta discusión debe darse en el terreno judicial, pues, aunque la ineficacia es una sanción que opera de pleno derecho, la práctica enseña que requiere declaración judicial.

Para finalizar, puede afirmarse que, así como recientemente se ha hecho con el contrato de seguro, en el caso de la contratación fiduciaria, con el fin de afrontar la realidad de esta especial modalidad de contratación mercantil, le corresponderá a la jurisprudencia ofrecer las soluciones a que haya lugar. Esto se hará, fundamentalmente, a partir de la ampliación de los poderes del juez por medio de la utilización de criterios objetivos basados en el principio de la buena fe que le permitan a este "modificar" o "corregir" el contenido de los contratos de fiducia mercantil y de encargo fiduciario en interés del contratante débil, en este caso, el fideicomitente y/o el beneficiario[100].

---

99 Las normas que regulan la protección de los consumidores financieros contenidas en la Ley 1328 de 2009 les imponen a todas las instituciones financieras, en general, y en particular a las sociedades fiduciarias, obligaciones de información como un aspecto previo a la celebración de las operaciones y negocios fiduciarios propios de su objeto social exclusivo. Se trata de obligaciones que constituyen un desarrollo particular de la buena fe exenta de culpa que se exige en el período precontractual, que apuntan a proteger el consentimiento de los fideicomitentes en su calidad de consumidores financieros.

100 En esta labor bien podrían ser de utilidad aquellos criterios acuñados en Alemania e Italia para solucionar las contradicciones surgidas en el clausulado contractual, conforme a los cuales, ante la ambigüedad de una cláusula, ha de optarse por el significado más perjudicial o desfavorable para el fideicomitente o el beneficiario, según el caso (consumidores financieros), y este significado deberá someterse a prueba con los mecanismos de control del contenido del contrato fiduciario teniendo en cuenta la finalidad a la cual se encuentran afectados los bienes fideicomitidos, con miras a calificar la cláusula como abusiva y, por ende, a privarla de sus efectos. "Si, aun tomando el significado más perjudicial para el fideicomitente o el beneficia-

rio, la cláusula no encuadra en ninguna de las hipótesis que permitan calificarla como abusiva o vejatoria, solo entonces se interpretará de la forma más benévola para uno u otro. De esta manera se satisface la finalidad de la norma que consagra el principio *in dubio contra stipulatorem* o *interpretatio contra proferentem*. Esta solución, que ha sido acogida por los derechos alemán e italiano, se justifica bajo el argumento de que, si una cláusula ambigua a la que se le asigna el significado más perjudicial para el consumidor resulta ser ineficaz a la luz de los mecanismos de control del contrato, este resultado brinda al consumidor la mejor posición jurídica frente al predisponente y así se satisface la finalidad de la norma que consagra el principio *in dubio contra stipulatorem* o *interpretatio contra proferentem*. A otro nivel de consideraciones, la regla de interpretación del *in dubio contra stipulatorem* o *interpretatio contra proferentem* también se podría aplicar con base en lo que en el derecho norteamericano se conoce con el nombre de *principio de las expectativas razonables*. Así, tratándose de contratos fiduciarios, cabría decir que el acuerdo de voluntades al que llegan las partes está formado por las expectativas razonables del fideicomitente", a saber, "por lo que este espera legítimamente que digan las condiciones generales, con independencia de lo que realmente se exprese en el contrato, y ello sobre la base de la finalidad a la cual quedan afectados los bienes fideicomitidos, de la forma de presentación del contrato, de los tratos preliminares y de la publicidad, entre otros factores, y excluyendo del contrato las cláusulas desconocidas, inesperadas o indeseadas que no han sido consentidas. De esta manera, con apoyo en el principio de la buena fe objetiva, es factible determinar el contenido del acuerdo de voluntades a partir de la apariencia creada por el fiduciario". (Luis Gonzalo Baena Cárdenas. "Condiciones generales de la contratación fiduciaria. Autonomía privada y competencia", en *Del derecho comercial al derecho de mercado*, 1.ª ed. (cap. v), Saúl Soromonte (dir.) e Ingrid Soraya Ortiz (coord.), Bogotá, Universidad Externado de Colombia, 2013).

CAPÍTULO CUARTO
LOS NEGOCIOS FIDUCIARIOS EN EL ÁMBITO DE LAS NORMAS DE PROTECCIÓN AL CONSUMIDOR FINANCIERO

I. PLANTEAMIENTO INTRODUCTORIO

Como se sabe, la Constitución de 1991[1] no solo adoptó un modelo de Estado social de derecho, sino que al hacerlo introdujo, además, un modelo de economía social de mercado. Al decir de la Corte Constitucional[2], uno de los elementos más importantes de ese modelo de economía social de mercado es

> el reconocimiento de libertades económicas en cabeza de los individuos, entendidas como '(...) la facultad que tiene toda persona de realizar actividades de carácter económico, según sus preferencias o habilidades, con miras a crear, mantener o incrementar su patrimonio'. En este sentido, el artículo 333 de la Constitución dispone que (i) la actividad económica y la iniciativa privada son libres dentro de los límites del bien común, (ii) '[l]a libre competencia es un derecho de todos' y (iii) para el ejercicio de estas libertades 'nadie podrá exigir permisos previos ni requisitos, sin autorización de la ley' [...] La Corte ha sostenido que el artículo 333 reconoce dos tipos de libertades: la libertad de empresa y la libre competencia [...] La libertad de empresa es la facultad de las personas de '(...) afectar o destinar bienes de cualquier tipo (principalmente de capital) para la realización de actividades económicas para la producción e intercambio de bienes y servicios conforme a las pautas o modelos de organización típicas del mundo económico contemporáneo con vistas a la obtención de un beneficio o ganancia'. Esta libertad comprende, entre otras garantías, (i) la libertad contractual, es decir, la capacidad de celebrar los acuerdos que sean necesarios para el desarrollo de la actividad económica, y (ii) la libre iniciativa privada. [...] La libre competencia, por su parte, consiste en la facultad que tienen todos los empresarios de orientar sus esfuerzos, factores empresariales y de producción a la conquista de un mercado, en un marco de igualdad de condiciones. Según la jurisprudencia constitucional, esta libertad comprende al menos tres prerrogativas: (i) la posibilidad de concurrir al mercado, (ii) la libertad de ofrecer las condiciones y ventajas comerciales que se estimen oportunas, y (iii) la

---

1 Constitución Política (1991). Constitución Política de la República de Colombia. Disponible en http://secretariasenado.gov.co/senado/basedoc/constitucion_politica_1991.html

2 Corte Constitucional. Sentencia C-197 del 14 de marzo de 2012, Exp. D-8533, M. P.: Jorge Ignacio Pretelt Chaljub.

> posibilidad de contratar con cualquier consumidor o usuario. En este orden de ideas, esta libertad también es una garantía para los consumidores, quienes en virtud de ella pueden contratar con quien ofrezca las mejores condiciones dentro del marco de la ley y se benefician de las ventajas de la pluralidad de oferentes en términos de precio y calidad de los bienes y servicios, entre otros. [...] Para garantizar la libre competencia, el Estado es entonces responsable de eliminar las barreras de acceso al mercado y censurar las prácticas restrictivas de la competencia, como el abuso de la posición dominante o la creación de monopolios[3].

Conforme a lo anterior, es claro que entre los derechos e intereses constitucionales de mayor incidencia sobre el ejercicio de la libertad de empresa están los derechos de los consumidores y usuarios de los bienes y servicios ofrecidos en el mercado[4], habida cuenta de que, frente a la empresa organiza-

---

3 La libre competencia económica como expresión de la libre iniciativa privada es, a la vez, tanto un derecho individual como un derecho colectivo que apunta a lograr un estado de competencia real, libre y no falseada, que no solo posibilite la obtención del lucro individual para el empresario, sino que al propio tiempo genere beneficios para el consumidor, con bienes y servicios de mejor calidad, con mayores garantías y a un precio real y justo. Por esta razón, bajo una concepción social del mercado, el Estado actúa no solo como garante de los derechos económicos individuales, sino como corrector de las desigualdades sociales que se derivan del ejercicio irregular o arbitrario de tales libertades. De ahí que la protección a la libre competencia económica tenga también como objeto la competencia en sí misma considerada, es decir, no salvaguarda únicamente la relación o tensión entre competidores, sino que impulsa la existencia de una pluralidad de oferentes que hagan efectivo el derecho a la libre elección de los consumidores, lo que le permite al Estado evitar la conformación de monopolios, las prácticas restrictivas de la competencia o eventuales abusos de posición dominante que produzcan distorsiones en el sistema económico competitivo. *Cfr.* Corte Constitucional. Sentencia C-815 de 2001, Exp. D-3367, M. P.: Rodrigo Escobar Gil.

4 Según el artículo 78 de la CP, "la ley regulará el control de calidad de bienes y servicios ofrecidos y prestados a la comunidad, así como la información que debe suministrarse al público en su comercialización. [...] Serán responsables, de acuerdo con la ley, quienes[,] en la producción y en la comercialización de bienes y servicios, atenten contra la salud, la seguridad y el adecuado aprovisionamiento a consumidores y usuarios. [...] El Estado garantizará la participación de las organizaciones de consumidores y usuarios en el estudio de las disposiciones que les conciernen. Para gozar de este derecho[,] las organizaciones deben ser representativas y observar procedimientos democráticos internos". La lectura del artículo 78 de la CP muestra una exigencia de la que se hace responsable quien ofrece bienes y servicios en el mercado en ejercicio de la libertad de empresa. Como lo refiere Magdalena Correa Henao, acorde con la terminología que propone la doctrina científica, los derechos de los consumidores representan el ejemplo típico de la limitación del derecho a la libertad económica o libertad de empresa, "cuya definición, aunque desplazada a la instancia legislativa, viene a declarar, que no a constituir, unos límites constitucionalmente previstos [...]. Por tanto, en el derecho constitucional [...] colombiano solo puede ser concebida la libertad de empresa o económica como un derecho que crea posiciones jurídicas de libertad y de derecho, únicamente en la medida en que su ejercicio aparezca respetuoso de los derechos del consumidor, al punto de que la ausencia de regulación o la regulación insuficiente pueda

da, el último eslabón de la cadena producción-distribución–comercialización lo conforman precisamente los consumidores, quienes se ven inmersos

> en una realidad económica en la cual tanto su capacidad adquisitiva como su posibilidad de consecución de recursos son el objetivo de productores de bienes y prestadores de servicios. Dada la capacidad de las organizaciones económicas, el consumidor se hace no solo presa, sino víctima de frecuentes abusos en el mercado[5].

Dicha victimización se debe, fundamentalmente, a que sus relaciones con los productores de bienes y prestadores de servicios se desenvuelven en un marco de información asimétrica y desigualdades fácticas[6], al extremo que sus decisiones de adquisición de bienes y servicios suelen basarse, en esencia, en relaciones de confianza.

> El prestigio obtenido por determinada marca, la novedad del bien o, en muchas ocasiones, el éxito mediático de una campaña publicitaria llevan al consumidor a optar por determinado producto, incluso en aquellos casos en que su uso conlleva riesgo social, como sucede con los alimentos, los fármacos de venta libre, los vehículos, etc.[7].

Las anteriores consideraciones permiten explicar ese régimen especial de protección al consumidor, consagrado en el artículo 78 de la Constitución nacional[8], el cual, valga la repetición, se inspira

---

convertirse en causa de responsabilidad legislativa o, en una hipótesis menos compleja, denotar falencias que puedan ser suplidas en caso extremo por el juez". (Magdalena Correa Henao. *Libertad de empresa en el Estado social de derecho*, Bogotá, Universidad Externado de Colombia, 2008, p. 779).

5 Corte Constitucional. Sentencia C-313 del 23 de mayo de 2013, Exp. D-9345, M. P.: Gabriel Eduardo Mendoza Martelo.

6 Corte Constitucional. Sentencia C-749 del 21 de octubre de 2009, Exp. D-7686, M. P.: Ernesto Vargas Silva.

7 *Ibid*.

8 El artículo 78 de la Constitución nacional consagró "mandatos particulares, relativos tanto a aspectos prescriptivo-sancionatorios, como de participación. En primer término, delega en el Congreso la responsabilidad de regular el control de calidad de bienes y servicios ofrecidos y prestados a la comunidad, así como la información que deba suministrarse al público en su comercialización. Este deber, como se observa, reconoce que los fabricantes y comercializadores tienen a su favor un poder de hecho, cuyo uso debe ser limitado mediante prescripciones jurídicas que obliguen a que la calidad de los productos y la información inherente a la misma (sic) sean objeto de control por autoridades administrativas y, en determinados eventos, judiciales. [...] De otro lado, se adscribe responsabilidad, de conformidad con la ley, a quienes, en la produc-

en el propósito de restablecer su igualdad frente a los productores y distribuidores, dada la asimetría real en que se desenvuelve la persona que acude al mercado en pos de la satisfacción de sus necesidades humanas. Sin embargo, la Constitución no entra a determinar los supuestos específicos de protección, tema este que se desarrolla a través del (sic) ordenamiento jurídico. El programa de protección, principalmente, se determina a partir de la ley, [de] los reglamentos y [d]el contrato. Es claro que la fuente contractual debe interpretarse de conformidad con los principios tuitivos del consumidor plasmados en la Constitución. Con el derecho del consumidor se presenta algo similar de lo que se observa con otros derechos constitucionales. La Constitución delimita un campo de protección, pero el contenido preciso del programa de defensa del interés tutelado es el que se desarrolla y adiciona por la ley y por otras normas y fuentes de reglas jurídicamente válidas. En particular, trazado el marco constitucional, a la ley se confía el cometido dinámico de precisar el contenido específico del respectivo derecho, concretando en el tiempo histórico y en las circunstancias reales el nivel de su protección constitucional. El significado de un determinado derecho y su extensión, por consiguiente, no se establece[n] solo por la Constitución *a priori* y de una vez para siempre[9].

---

ción y comercialización de bienes y servicios, atenten contra la salud, la seguridad y el adecuado aprovisionamiento de consumidores y usuarios. Esta es la contrapartida de la competencia del legislativo para establecer límites a la actuación de fabricantes e intermediarios, la cual no estaría completa con la posibilidad de establecer un régimen sancionatorio respecto de las conductas que afecten la relación de confianza en la que los ciudadanos basan sus decisiones de consumo. Por último, el precepto constitucional dispone obligaciones concretas a cargo del Estado, dirigidas a garantizar la participación de las organizaciones de consumidores y usuarios en el estudio de las disposiciones que les conciernen. Estas organizaciones, al tenor del mandato superior, deben ser representativas y observar procedimientos democráticos internos".

9 Corte Constitucional. Sentencia C-1141 del 30 de agosto de 2000, Exp. D-2830, M. P.: Eduardo Cifuentes Muñoz. También a este respecto, la Corte Constitucional, mediante la Sentencia C-909 del 7 de noviembre de 2012, expresó que la protección constitucional al consumidor se "inspira en el deber de fortalecer sus derechos frente a los productores y distribuidores, dada la desigualdad y la asimetría en que se desenvuelve la persona que acude al mercado, de cualquier bien o servicio, para satisfacer sus necesidades. Sin embargo, el tema de las definiciones, los supuestos de protección y los mecanismos de garantía, de acuerdo a (sic) la fuente de consumo, corresponde al ordenamiento legal, de manera que se desarrolle el contenido de defensa del derecho que tutela la Carta Política, la cual delimita el campo de amparo, más (sic) no su ejercicio regular en la dinámica de la economía de mercado". (Corte Constitucional. Sentencia C-909 del 7 de noviembre de 2012, Exp. D-9075, M. P.: Nilson Pinilla Pinilla). Igualmente, mediante la Sentencia C-313 de 2013, la Corte Constitucional señaló que los derechos del consumidor son "un conjunto de normas encaminado a subsanar las asimetrías evidenciadas en el mercado y derivadas, entre otras circunstancias, de las diferencias en materia de capacidad económica y de la posesión de información cualificada. También se puede sostener que se trata de un derecho eminentemente dinámico, condicionado a las variaciones de la situación de consumidor y productor en el escenario cambiante del mercado. Igualmente, se puede advertir que la lectura de los contratos surgidos en el mercado entre consumidores y productores, debe hacerse teniendo

Lo dicho no significa que con antelación a la expedición de la Carta Política de 1991 el ordenamiento jurídico no se hubiera preocupado por proteger a la denominada parte débil en la contratación, sobre todo en aquellos casos en los cuales los negocios jurídicos se celebraban con arreglo a las condiciones generales de la contratación. Ciertamente, antes de la expedición de la Carta Política de 1991,

> la relación entre los sujetos que concurren al circuito comercial de distribución de bienes y servicios (productores, comercializadores y consumidores) estaba basada en las reglas propias del liberalismo económico. Los consumidores, en su condición de adquirentes de los productos, estaban en un plano de igualdad de negociación con los oferentes de los mismos (sic) y, en caso [de] que se encontraran desequilibrios en su compraventa, bien por desigualdades ostensibles en el precio o en la calidad exigible de las mercaderías, tenían a su disposición las herramientas (sic) propias del derecho civil para reparar el daño sufrido (resarcimiento de la lesión enorme, saneamiento por evicción o por los vicios ocultos del bien, responsabilidad civil contractual, etc.). Esto implicaba, como es obvio, la presunción [de] que los productores, intermediarios y consumidores (i) acceden al mercado en idénticas condiciones; (ii) tienen a su disposición el mismo grado y calidad de la información; (iii) poseen idénticas condiciones de acceso a la solución jurisdiccional de los conflictos que se susciten en esas relaciones de intercambio. [...] El cambio cualitativo antes citado radica en el reconocimiento, por parte del derecho constitucional, de las hondas desigualdades inmanentes al mercado y al consumo. De un lado, el avance de la ciencia y la tecnología en la sociedad contemporánea y, sobre todo, la especialización en los procesos productivos ocasiona[n] grandes asimetrías de información entre los sujetos que concurren al intercambio de bienes y servicios. En efecto, los consumidores suelen carecer del conocimiento y [de la] experticia suficientes para discernir acerca de los aspectos técnicos que definen la calidad de los productos, incluso [de] aquellos de consumo ordinario. De igual modo, los fabricantes y comercializadores son, en la mayoría de [las] ocasiones, conglomerados empresariales que tienen a su disposición infraestructuras que, a manera de economías de escala, participan en el mercado económico e, inclusive, concurren ante las autoridades administrativas y judiciales con evidentes ventajas, habida cuenta [de] la disponibilidad de recursos, asesorías profesionales permanentes de primer nivel y conocimiento acerca del funcionamiento de las instancias de resolución de conflictos jurídicos, derivada de la condición de litigantes recurrentes. [...] Los consumidores, en ese marco de información asimétrica y desigualdades fácticas

---

como norte los principios constitucionales de protección al consumidor". (Corte Constitucional. Sentencia C-313 del 23 de mayo de 2013, cit.).

con los comercializadores y productores, adoptan sus decisiones de adquisición de bienes y servicios basados, esencialmente, en relaciones de confianza. El prestigio obtenido por determinada marca, la novedad del bien o, en muchas ocasiones, el éxito mediático de una campaña publicitaria, llevan al consumidor a optar por determinado producto, incluso en aquellos casos en que su uso conlleva riesgo social, como sucede con los alimentos, los fármacos de venta libre, los vehículos, etc. [...] Estas condiciones fueron advertidas por el Constituyente, quien consagró en el artículo 78 de la Carta Política herramientas (sic) definidas, destinadas a proteger a los consumidores de las consecuencias del desequilibrio sustancial antes explicado[10].

---

10 Corte Constitucional. Sentencia C-749 del 21 de octubre de 2009, cit. Sobre este mismo particular, Carlos Ignacio Jaramillo Jaramillo enseña que "fue el Derecho Privado el que primigeniamente reveló su interés por la relación asimétrica que se gestaba en dichas situaciones (...), en concreto por sus secuelas, no siempre bienhechoras [...] Tal realidad [...] bien vale la pena destacarla —y subrayarla—, puesto que no puede hacer carrera la falsa creencia de que solo el derecho del consumo es tutelar y, de contera, protector, al punto de que solo la ciencia del Derecho comenzó a preocuparse del más vulnerable —o del necesitado de protección— a raíz del advenimiento del consumidor en la segunda mitad del siglo XX". (Carlos Ignacio Jaramillo Jaramillo. *La compraventa en el derecho del consumo: comentarios generales en torno a su regulación en el nuevo Estatuto del Consumidor*, Bogotá, Pontificia Universidad Javeriana y Grupo Editorial Ibáñez, 2015, p. 81). Todo lo contario, pues el derecho del consumo hunde sus raíces en el derecho civil y comercial, amén de que es en estas ramas del derecho en las que se han consagrado y desarrollado "instituciones de acentuada raigambre civilística [...], tal y como tiene lugar con la buena fe, con el equilibrio negocial, con la adhesión como modalidad de singular de contratación (sic), con los deberes de información, con los principios y reglas de interpretación y, en fin, con la justicia contractual y con el postulado de la reparación integral o plena del daño, entre muchas otras" (Carlos Ignacio Jaramillo Jaramillo. *El derecho privado frente al nuevo derecho del consumo*, Bogotá, Pontificia Universidad Javeriana, IV Jornadas de Derecho Privado, 2011). En la actualidad, "distintos mecanismos [...] son[,] pues[,] los empleados en el Derecho contemporáneo para la protección de los consumidores, [a] quienes[,] por su mayor vulnerabilidad, a lo que se suma[n] el desequilibrio y la asimetría que, a menudo, signa[n] la relación de consumo en la praxis (asimetría de poderes), se hace necesario considerar con mayor detenimiento y atención y, de contera, proteger más, entre ellos[,] el fortalecimiento de los deberes especiales de información precontractual —y contractual según el caso—; la proscripción de modificar las normas jurídicas tuitivas en favor del proveedor, fabricante o predisponente; la entronización de un derecho de desistimiento —o retracto— unilateral en beneficio del consumidor; el rechazo a las cláusulas y prácticas abusivas; la atribución de fuerza vinculante a la publicidad, en general; la censura a la publicidad engañosa; la interpretación —legal y contractual— en sentido favorable al consumidor (principio *pro consumatore*); la grabación del régimen de responsabilidad civil para el fabricante y del vendedor; la modernización de régimen y la metodología aplicable de cara a los vicios de la voluntad tradicionales; el rechazo a las prácticas que debiliten o menoscaben el libre derecho de elección del consumidor [...], etc.". (Carlos Ignacio Jaramillo Jaramillo. *La compraventa en el derecho del consumo: comentarios generales en torno a su regulación en el nuevo Estatuto del Consumidor*, cit., p. 94).

Ahora bien, lo dicho por vía general en relación con el consumidor y las razones que justifican su protección también resulta aplicable en el ámbito de las actividades de instituciones financieras, incluidas, claro está, las sociedades fiduciarias. A este respecto, la Corte Constitucional, mediante la Sentencia C-909 de 2012[11], señaló:

> Los componentes de desigualdad y asimetría, advertidos por esta corporación en punto a los extremos de negocios, con fundamento en los postulados del artículo 78 superior, no suponen una aplicación diferenciada frente al consumidor nato o al calificado, como para entender excluidos de la noción de consumidor a actores de una u otra condición o característica, por eventuales supuestos de igualdad y/o correspondencia en la relación de consumo, dado que lo que importa y trasciende no es exactamente esa condición o característica, sino el reconocimiento que ha dado el derecho constitucional de las hondas desigualdades o desequilibrios inmanentes al mercado y al consumo en las diversas actividades económicas, a partir de la mencionada relación productor/proveedor-consumidor o usuario.

A este respecto, la Corte Constitucional ha dispuesto lo siguiente:

> El legislador no goza de libertad absoluta para configurar el régimen de los derechos de los consumidores, pues la Constitución le impone tener en cuenta, para el efecto, la protección integral establecida en su favor en el mismo texto superior. Ello comporta el necesario examen de las situaciones que rodean el desenvolvimiento del proceso productivo —que constituyen la base de la protección constitucional—, para producir normas que armonicen con el ánimo del Constituyente de contrarrestar la desigualdad que las relaciones del mercado suponen.
>
> En ese sentido, es deber del órgano legislativo tener en cuenta las relaciones asimétricas que generan la manufactura, comercialización, distribución y adquisición de bienes y servicios, y que surgen del papel preponderante del productor en cuanto (sic) a él compete la elaboración del bien o la modelación del servicio, imponiendo condiciones para su funcionamiento y utilización, así como de la ventaja del distribuidor o proveedor en razón de su dominio de los canales de comercialización de los bienes y servicios; pero, sobre todo, la ley debe observar con atención la indefensión a la que se ve sometido el consumidor en razón de la necesidad que tiene de obtener los bienes ofrecidos en el mercado.

---

11 Corte Constitucional. Sentencia C-909 del 7 de noviembre de 2012, Exp. D-9075, M. P.: Nilson Pinilla Pinilla.

En consecuencia, las normas que el legislador profiera, en virtud de la competencia que le ha sido otorgada para regular el régimen de protección de los derechos del consumidor, dentro del cual está comprendida la forma en que se puede exigir la responsabilidad del productor, deben tener en cuenta la protección especial de esos derechos reconocida por la Carta y estar orientadas hacia su completa efectividad.

Así mismo se hace necesario que la interpretación de las normas relativas a los derechos del consumidor que hayan sido expedidas con anterioridad a la expedición de la Constitución, así como el examen de su constitucionalidad, se realice bajo los postulados que estableció la norma superior en esta materia[12].

II. NOCIÓN DE CONSUMIDOR

Uno de los aspectos de mayor complejidad que se plantea en el ámbito de la protección al consumidor está relacionado precisamente con la definición de "consumidor" y con el ámbito objetivo de su protección. En tal virtud, resulta fundamental fijar con exactitud el concepto de consumidor, pues este permitirá demarcar con claridad el ámbito de aplicación de las leyes 1480 de 2011[13] y 1328 de 2009[14].

A este respecto, se tiene que, en un principio y según las voces del artículo 1.º, literal c del Decreto 3466 de 1982[15] o Estatuto del Consumidor, la noción de consumidor incluía como tal a "toda persona, natural o jurídica, que contrate la adquisición, utilización o disfrute de un bien o la prestación de un servicio determinado, para la satisfacción de una o más necesidades". Al decir de la Corte Suprema de Justicia, a primera vista, esta noción de consumidor

---

12 Corte Constitucional. Sentencia C-909 del 7 de noviembre de 2012, cit.

13 Congreso de Colombia. Ley 1480 de 2011. Por medio de la cual se expide el Estatuto del Consumidor y se dictan otras disposiciones. *D. O.* 48220 del 12 de octubre de 2011. Disponible en http://www.secretariasenado.gov.co/senado/basedoc/ley_1480_2011.html

14 Congreso de Colombia. Ley 1328 de 2009. Por la cual se dictan normas en materia financiera, de seguros, del mercado de valores y otras disposiciones. *D. O.* 47411 del 15 de julio de 2009. Disponible en http://www.secretariasenado.gov.co/senado/basedoc/ley_1328_2009.html

15 Presidencia de la República de Colombia. Decreto 3466 de 1982. Por el cual se dictan normas relativas a la idoneidad, la calidad, las garantías, las marcas, las leyendas, las propagandas y la fijación pública de precios de bienes y servicios, la responsabilidad de sus productores, expendedores y proveedores, y se dictan otras disposiciones. *D. O.* 36143 del 3 de diciembre de 1982. Disponible en http://www.suin-juriscol.gov.co/viewDocument.asp?id=1528360

abarca todos los tipos de personas —naturales o jurídicas— y de bienes —muebles o inmuebles—, sin distinción alguna, a la par que introduce un ingrediente asociado a la finalidad de la "adquisición, utilización o disfrute" del bien o servicio, esto es, que con ella se persiga, valga repetirlo, "la satisfacción de una o más necesidades"[16].

Alrededor del anterior concepto legal

> giraron los derechos del consumidor y su protección, noción progresivamente decantada luego de desecharse la clasificación productor (especialista)–consumidor (profano), hasta llegar a suponer como consumidor, (i) al destinatario final, que mediante (ii) un acto de consumo, busca (iii) la satisfacción de una necesidad intrínseca, (iv) no en el ámbito de una actividad económica propia, reubicándose el desequilibrio en la relación productor y/o expendedor, de una parte, y consumidor, de la otra[17].

En la actualidad, el numeral 3 del artículo 5.° de la Ley 1480 de 2011 adopta la concepción consagrada en el Decreto 3466 de 1982, pues dispone que consumidor o usuario —que para el caso es lo mismo— es

> toda persona natural o jurídica que, como destinatario final, adquiera, disfrute o utilice un determinado producto, cualquiera que sea su naturaleza para la satisfacción de una necesidad propia, privada, familiar o doméstica y empresarial cuando no esté ligada intrínsecamente a su actividad económica.

Nótese que desde la regulación del Decreto 3446 de 1982 el concepto de consumidor se extiende a "toda" persona, natural o jurídica, lo que en criterio de la Corte Constitucional[18]

> conlleva multiplicidad de actores por consumo en cualquier sector o actividad económica (comercial, industrial, bancaria, financiera, agrícola, minera, bursátil), con el ingrediente, según la Ley 1480 de 2011, de buscar adquirir, disfrutar o uti-

16 Corte Suprema de Justicia, Sala de Casación Civil. Sentencia 1999-0442 del 3 de mayo de 2005, Exp. 500013103001 1999-04421-01, M. P.: César Julio Valencia Copete. Sobre este mismo particular, la Corte Constitucional, mediante la Sentencia C-902 del 17 de septiembre de 2008, precisó que la definición en comento "conllevaba *'desequilibrio'* en la relación de consumo, sin mirar en sí la naturaleza y los fines perseguidos por las partes". (Corte Constitucional. Sentencia C-902 del 17 de septiembre de 2008, Exp. D-7216, M. P.: Nilson Pinilla Pinilla).

17 Corte Constitucional. Sentencia C-902 del 17 de septiembre de 2008, cit.

18 *Ibid.*

> lizar "un determinado producto, cualquiera sea su naturaleza", factor que lleva a vincular al consumidor con bienes o servicios de su interés en esos sectores de la economía, u otros, por lo que será entonces un consumidor determinado y calificado, llámese consumidor industrial, agrícola, financiero, etc., en torno a la dinámica del mercado, rol que el Congreso podrá definir con fundamento en la potestad de libre configuración legislativa y en el control a bienes y servicios ofrecidos y prestados a la comunidad (arts. 78 y 150 Const.).

En el ámbito de la actividad de las instituciones financieras, en la letra d) del artículo 2.º de la Ley 1328 de 2009 se define al consumidor financiero como todo cliente, usuario o cliente potencial de las entidades vigiladas por la Superintendencia Financiera. A su turno, 'cliente' es la persona natural o jurídica con quien las entidades vigiladas establecen relaciones de origen legal o contractual para el suministro de productos o servicios en desarrollo de su objeto social; 'usuario' es la persona natural o jurídica que, sin ser cliente, utiliza los servicios de una entidad vigilada; y 'cliente potencial' es la persona natural o jurídica que se encuentra en la fase previa de tratativas preliminares con la entidad vigilada respecto a los productos o servicios ofrecidos por esta.

Obsérvese, entonces, que la letra d) del artículo 2.º de la Ley 1328 de 2009,

> al consagrar la definición de consumidor financiero, no hizo cosa diferente que enfocar la noción cardinal de consumidor a los sujetos eventuales o potenciales de bienes y servicios que ofrecen las entidades de los sectores bancario, financiero, asegurador y de valores vigiladas por la Superintendencia Financiera, conforme al mercado en el que participan, en calidad de productor/proveedor (entidades vigiladas) y consumidor (cliente o usuario), propio de la actividad económica que protege la Constitución, pero con las connotaciones ya esbozadas en acápites anteriores[19].

Obsérvese también que la noción de consumidor financiero alude al sujeto de la relación de consumo que busca en las entidades del sistema financiero un producto de esa naturaleza, esto es, financiero, "para adquirirlo, disfrutarlo o utilizarlo con el fin de satisfacer una necesidad propia"[20]. Ese sujeto de la relación de consumo puede ser indistintamente una persona natural

---

19 Corte Constitucional. Sentencia C-902 del 17 de septiembre de 2008, cit.

20 *Ibid.*

o una persona jurídica, sin que en la letra d) del artículo 2.º de la Ley 1328 de 2009 o en otra norma de esta ley se señalen

> requisitos, características o condición alguna diferenciadora encaminada a determinar quién puede ser calificado o no como "consumidor financiero". [...] Así mismo, desde el punto de vista objetivo, en cuanto hace al tipo o clase de las relaciones legales o contractuales que establezca o pueda establecer una entidad vigilada con su cliente, o un cliente potencial o incluso respecto de un usuario, tampoco tales definiciones determinan la modalidad o [las] características de la relación obligacional o [del] vínculo jurídico. [...] Tales disposiciones sí indican o señalan cuál es la finalidad del vínculo contractual que se establece entre el cliente, usuario (y en definitiva del consumidor financiero) con la entidad vigilada, pues precisa que dicho objetivo es "(...) para el suministro de productos o de servicios en desarrollo de su objeto social" (en el caso de cliente) o que está en la fase "(...) previa de tratativas preliminares con la entidad vigilada, respecto de los productos o servicios ofrecidos por esta" (cliente potencial), o cuando la persona natural o jurídica, "(...) sin ser cliente, utiliza los servicios de una entidad vigilada" (en caso de usuario), sin referencia o enfoque o elemento alguno adicional[21].

A pesar de que en las definiciones que traía el anterior Estatuto del Consumidor y en las que actualmente consagran las leyes 1480 de 2011 y 1328 de 2009

> no se emplea ningún parámetro relacionado, por ejemplo, con el hecho de que la persona deba ser consumidor o destinatario final del bien o servicio, o con la circunstancia de que el uso o consumo se enmarque o no dentro de una actividad profesional o empresarial, como ocurre en otros países, ello no puede conducir, por la simple imprecisión terminológica, a pensar que todos los sujetos que interactúan en el tráfico de bienes y servicios conforman tal categoría —consumidores— y que, por ende, a ellos indistintamente les sean aplicables las normas especiales, pues con semejante entendimiento se desnaturalizaría, por vía de la generalización, un estatuto excepcional destinado a proteger a determinados sujetos de las relaciones de intercambio [...] De ahí que se imponga la adopción de un criterio interpretativo de la noción de consumidor, que consulte racionalmente las finalidades específicas del Estatuto en el que se encuentra incorporada, y, en esa misma medida, delimite el marco de las disposiciones[22].

---

21 Superintendencia Financiera. Concepto 2013075203-009 del 25 de noviembre de 2013.

22 Corte Suprema de Justicia, Sala de Casación Civil. Sentencia 1999-0442 del 3 de mayo de 2005, cit.

En la dirección antes señalada, la jurisprudencia de la Corte Suprema de Justicia[23] tiene establecido lo siguiente:

> Siempre será forzoso indagar en torno a la finalidad concreta que el sujeto —persona natural o jurídica— persigue con la adquisición, utilización o disfrute de un determinado bien o servicio, para reputarlo consumidor solo en aquellos eventos en que, contextualmente, aspire a la satisfacción de una necesidad propia, privada, familiar, doméstica o empresarial —en tanto no esté ligada intrínsecamente a su actividad económica propiamente dicha, aunque pueda estar vinculada, de algún modo, a su objeto social—, que es lo que constituye el rasgo característico de una verdadera relación de consumo. Este punto de vista, cabe resaltar, es el que puede identificarse en numerosos ordenamientos jurídicos que [...] catalogan únicamente como consumidor a quien sea destinatario final del bien o servicio, o, por otro lado, exigen que la adquisición o utilización esté ubicada por fuera de la esfera de actividad profesional o empresarial de quien se dice consumidor; adicionalmente, no está de más anotar que una postura similar es la adoptada por la Superintendencia de Industria y Comercio cuando, dentro de (sic) su competencia, ha conceptuado sobre el alcance del término que se viene estudiando (conceptos 96027242 de 2 de septiembre de 1996, 96060904 de 28 de noviembre de 1996, 97023655 de 15 de julio de 1997, 99067274 de 4 de febrero de 2000, 02108233 de 17 de enero de 2003 y 03025237 de 9 de mayo de 2003).

III. DERECHOS DE LOS CONSUMIDORES FINANCIEROS EN EL ÁMBITO DE LOS NEGOCIOS FIDUCIARIOS Y MECANISMOS LEGALES DE PROTECCIÓN

En lo referente a los derechos de los consumidores en general, la Corte Constitucional[24] señaló de tiempo atrás que ellos

> no se agotan en la legítima pretensión a (sic) obtener en el mercado, de los productores y distribuidores, bienes y servicios que reúnan unos requisitos mínimos de calidad y de aptitud para satisfacer sus necesidades, la cual hace parte (sic) del contenido esencial del derecho del consumidor. El derecho del consumidor, cabe advertir, tiene carácter poliédrico. Su objeto, en efecto, incorpora pretensiones, intereses y situaciones de orden sustancial (calidad de bienes y servicios; información); de orden procesal (exigibilidad judicial de garantías; indemnización de

---

23 Corte Suprema de Justicia, Sala de Casación Civil. Sentencia 1999-044 2 del 3 de mayo de 2005, cit.

24 Corte Constitucional. Sentencia C-1141 del 30 de agosto de 2000, cit.

perjuicios por productos defectuosos; acciones de clase, etc.); de orden participativo (frente a la Administración Pública y a los órganos reguladores). [...] Los poderes públicos, en las instancias de producción y aplicación del derecho, en la permanente búsqueda del consenso que es característica del Estado social y misión de sus órganos, deben materializar como elemento del interés público que ha de prevalecer el de la adecuada defensa del consumidor, para lo cual deben habilitarse procedimientos y mecanismos de participación y de impugnación con el fin de que sus intereses sean debidamente tutelados. La apertura y profundización de canales de expresión y de intervención de los consumidores, en los procesos de decisión de carácter público y comunitario, pertenecen a la esencia del derecho del consumidor, puesto que sin ellos los intereses difusos de este colectivo, que tienen carácter legítimo, dejan de proyectarse en las políticas públicas y en las actuaciones administrativas, con grave perjuicio para el interés general y la legitimidad de la función pública, llamada no solamente a aplicar el derecho preexistente, sino a generar en torno de sus determinaciones el mayor consenso posible. [...] La Constitución ordena la existencia de un campo de protección en favor del consumidor, inspirado en el propósito de restablecer su igualdad frente a los productores y distribuidores, dada la asimetría real en que se desenvuelve la persona que acude al mercado en pos de la satisfacción de sus necesidades humanas. Sin embargo, la Constitución no entra a determinar los supuestos específicos de protección, tema este que se desarrolla a través del ordenamiento jurídico. El programa de protección, principalmente, se determina a partir de la ley, [de] los reglamentos y [d]el contrato. Es claro que la fuente contractual debe interpretarse de conformidad con los principios tuitivos del consumidor plasmados en la Constitución. Con el derecho del consumidor se presenta algo similar de lo que se observa con otros derechos constitucionales. La Constitución delimita un campo de protección, pero el contenido preciso del programa de defensa del interés tutelado es el que se desarrolla y adiciona por la ley y por otras normas y fuentes de reglas jurídicamente válidas. En particular, trazado el marco constitucional, a la ley se confía el cometido dinámico de precisar el contenido específico del respectivo derecho, concretando en el tiempo histórico y en las circunstancias reales el nivel de su protección constitucional. El significado de un determinado derecho y su extensión, por consiguiente, no se establece[n] solo por la Constitución *a priori* y de una vez para siempre.

En coherencia con el pronunciamiento jurisprudencial que antecede, circunscribiéndose al ámbito de la actividad de las instituciones financieras en general, se tiene que la especialidad de las operaciones y negocios constitutivos de su objeto social y los riesgos implícitos en ellas promovieron la adopción de un régimen particular dirigido a la protección del consumidor de tales servicios, en procura del equilibrio contractual entre las partes intervinientes[25]. En esta dirección, en el artículo 5.º de la Ley 1328 de 2009 se dispuso lo siguiente:

> Sin perjuicio de los derechos consagrados en otras disposiciones legales vigentes, los consumidores financieros tendrán, durante todos los momentos de su relación con la entidad vigilada, los siguientes derechos:// a) En desarrollo del principio de debida diligencia, los consumidores financieros tienen el derecho de recibir de parte de las entidades vigiladas productos y servicios con estándares de seguridad y calidad, de acuerdo con las condiciones ofrecidas y las obligaciones asumidas por las entidades vigiladas.// b) Tener a su disposición, en los términos establecidos en la presente ley y en las demás disposiciones de carácter especial, publicidad e información transparente, clara, veraz, oportuna y verificable, sobre las características propias de los productos o servicios ofrecidos y/o suministrados. En particular, la información suministrada por la respectiva entidad deberá ser de tal que permita y facilite su comparación y comprensión frente a los diferentes productos y servicios ofrecidos en el mercado.// c) Exigir la debida diligencia en la prestación del servicio por parte de las entidades vigiladas.// d) Recibir una adecuada educación

---

25 *Cfr.* Exposición de motivos de la Ley 1328 de 2009. Este campo de protección —cuya existencia ordena la Carta Política en favor del consumidor financiero, y que se encuentra plasmado en la Ley 1328 de 2009— se fundamenta en las siguientes razones de hecho y de derecho: en primer lugar, porque la actividad financiera es considerada como una actividad de interés público. Por ser así, es claro entonces que los límites a la libertad de empresa y la libre competencia están determinados, entre otros aspectos, no solo por el deber que le asiste al Estado de asegurar o garantizar que el desarrollo de esas actividades esté en concordancia con el interés público (como lo dispone la letra a) del artículo 46 del EOSF, en concordancia con el artículo 335 de la CP), sino también por la especialidad del régimen constitucional y supralegal establecido por el constituyente para la protección de los intereses de un sector de la comunidad que, por lo menos en términos generales, se encuentra en condiciones de debilidad frente a las instituciones financieras en general y, en particular, con respecto a las sociedades fiduciarias, tal y como se desprende de lo dispuesto por el artículo 78 de la CP en concordancia con la letra b) del artículo 46 del EOSF, el título primero de la Ley 1328 de 2009, la Ley 1480 de 2011 y las instrucciones impartidas por la Superintendencia Financiera de Colombia en materia de riesgo operativo. En segundo lugar, porque la relación que se crea entre las instituciones financieras y los consumidores financieros a propósito de la instrumentación de un determinado producto o servicio financiero es, por principio, una relación asimétrica, en la medida en que aquellas conocen en mejor forma el mercado, los riesgos y el régimen jurídico de las operaciones y de los negocios constitutivos de su objeto social. En tercer lugar, porque, como ya se dijo, en su condición de proveedores de servicios en forma masiva, las instituciones financieras establecen sus relaciones jurídicas por medio de esquemas contractuales previamente elaborados, no sujetos a discusión o modificación, de manera que los consumidores financieros solo pueden aceptar el producto o servicio en los términos o condiciones en que es ofrecido, o bien pueden rechazarlo. Finalmente, porque, tratándose de las relaciones de consumo, en la actividad financiera no se está frente a un esquema tradicional de suministro de información, publicidad, defectos o garantías, razón que fortalece la necesidad de adoptar un régimen particular de protección.

respecto de las diferentes formas de instrumentar los productos y servicios ofrecidos, sus derechos y obligaciones, así como los costos que se generan sobre los mismos (sic), los mercados y tipo de actividad que desarrollan las entidades vigiladas, así como sobre los diversos mecanismos de protección establecidos para la defensa de sus derechos.// e) Presentar de manera respetuosa consultas, peticiones, solicitudes, quejas o reclamos ante la entidad vigilada, el defensor del Consumidor Financiero, la Superintendencia Financiera de Colombia y los organismos de autorregulación.// f) Los demás derechos que se establezcan en esta ley o en otras disposiciones, y los contemplados en las instrucciones que imparta la Superintendencia Financiera de Colombia.// g) Efectuar pagos anticipados en toda operación de crédito en moneda nacional sin incurrir en ningún tipo de penalización o compensación por lucro cesante, de las cuotas o saldos en forma total o parcial, con la consiguiente liquidación de intereses al día del pago.

En concordancia con el precepto trascrito, el artículo 6.º *ibidem* dispone:

Las siguientes constituyen buenas prácticas de protección propia por parte de los consumidores financieros:// a) Cerciorarse [de] si la entidad con la cual desean contratar o utilizar los productos o servicios se encuentre (sic) autorizada y vigilada por la Superintendencia Financiera de Colombia.// b) Informarse sobre los productos o servicios que piensa adquirir o emplear, indagando sobre las condiciones generales de la operación; es decir, los derechos, obligaciones, costos, exclusiones y restricciones aplicables al producto o servicio, exigiendo las explicaciones verbales y escritas necesarias, precisas y suficientes que le posibiliten la toma de decisiones informadas.// c) Observar las instrucciones y recomendaciones que imparta la entidad vigilada sobre el manejo de productos o servicios financieros.// d) Revisar los términos y condiciones del respectivo contrato y sus anexos, así como conservar las copias que se le suministren de dichos documentos.// e) Informarse sobre los órganos y medios de que dispone la entidad para presentar peticiones, solicitudes, quejas o reclamos.// f) Obtener una respuesta oportuna a cada solicitud de producto o servicio. [...] PARÁGRAFO 1.º. El no ejercicio de las prácticas de protección propia por parte de los consumidores financieros no implica la pérdida o [el] desconocimiento de los derechos que le son propios ante las entidades vigiladas y las autoridades competentes. De igual manera, no exime a las entidades vigiladas de las obligaciones especiales consagradas en la presente ley respecto de los consumidores financieros. [...] PARÁGRAFO 2.º. Los consumidores financieros tendrán el deber de suministrar información cierta, suficiente y oportuna a las entidades vigiladas y a las autoridades competentes en los eventos en que estas lo soliciten para el debido cumplimiento de sus deberes y de actualizar los datos que así lo requieran. Del mismo modo, informarán a la Superintendencia Financiera de Colombia y a las demás autoridades competentes sobre las entidades que suministran productos o servicios financieros sin estar legalmente autorizadas para ello.

IV. DEBERES DE LAS SOCIEDADES FIDUCIARIAS EN EL ÁMBITO DE LAS NORMAS DE PROTECCIÓN AL CONSUMIDOR FINANCIERO

A. DEBER DE DEBIDA DILIGENCIA (*DUE DILIGENCE*)

Hay que empezar por decir que los artículos 3.°, letra a), y 7.°, letras b) y c), de la Ley 1328 de 2009 imponen a las instituciones financieras vigiladas por la Superintendencia Financiera —incluidas, claro está, las sociedades fiduciarias— la obligación de

> emplear la debida diligencia en el ofrecimiento de sus productos o en la prestación de sus servicios a los consumidores, a fin de que estos reciban la información y/o la atención debida y respetuosa en desarrollo de las relaciones que establezcan con aquellas y, en general, en el desenvolvimiento normal de sus operaciones.

Y se advierte en la ley en mención que "las relaciones entre las entidades vigiladas y los consumidores financieros deberán desarrollarse de forma que se propenda por (sic) la satisfacción de las necesidades del consumidor financiero, de acuerdo con la oferta, [el] compromiso y [las] obligaciones acordadas". Por lo demás, tales disposiciones les imponen a las a instituciones financieras —incluidas las sociedades fiduciarias— la obligación de cumplir con las instrucciones impartidas por la Superintendencia Financiera en materia de seguridad y calidad de los distintos canales de distribución de servicios financieros.

A su turno, las letras a) y c) del artículo 5.° *ibidem* consagran en cabeza de los consumidores financieros el derecho a exigir la debida diligencia en la prestación del servicio por parte de las instituciones financieras, así como a recibir, en desarrollo del principio de debida diligencia, productos y servicios con estándares de seguridad y calidad, de acuerdo con las condiciones ofrecidas y las obligaciones asumidas por dichas instituciones financieras[26].

---

26 Sobre este mismo particular, el numeral 1.1 del artículo 3.° de la Ley 1480 de 2011 consagra el derecho a recibir productos de calidad, entendiendo por tal la prerrogativa que tiene todo consumidor y usuario de recibir el producto de conformidad con las condiciones que establece la garantía legal, las que se ofrezcan y las habituales del mercado. (Congreso de la República. Ley 1480 de 2011, cit.

Para los efectos propios de las normas de que se ha venido hablando, por productos se entienden las operaciones legalmente autorizadas a las instituciones financieras vigiladas por la Superintendencia Financiera constitutivas de su objeto social que se instrumentalizan en un contrato celebrado con el cliente. A su turno, se entienden por servicios aquellas actividades conexas al desarrollo de las correspondientes operaciones y que se suministran a los consumidores financieros.

Ahora bien, los artículos 3.º, letra a), y 7.º, letras b) y c), de la Ley 1328 de 2009 contienen, coloquialmente hablando, un "monstruo" jurídico de varias cabezas, pues, pretendiendo desarrollar un concepto jurídico indeterminado, como lo es el de debida diligencia, se involucran otros deberes que exigen una conducta activa por parte de las instituciones financieras bajo el control y la vigilancia de la Superintendencia Financiera, como son los deberes (i) de información; (ii) de atención debida y respetuosa en desarrollo de las relaciones que establezcan con los consumidores financieros y, en general, en el desenvolvimiento normal de sus operaciones; (iii) de satisfacción de las necesidades del consumidor financiero; y, finalmente, (iv) de acatamiento de las instrucciones impartidas por la Superintendencia Financiera en materia del denominado "riesgo operativo". De ahí que, ante una expresión de contornos tan borrosos, se impone la necesidad de formular algunos criterios interpretativos que permitan alcanzar cierta seguridad jurídica en la aplicación de esta cláusula general a la que se ha aludido.

A este respecto, como una primera aproximación al asunto, haciendo una revisión del significado natural y obvio según lo expresado por la Real Academia Española[27] en su *Diccionario de la lengua española*, se tiene que la diligencia se define como "cuidado y actividad en ejecutar algo", y/o la negligencia es definida como "descuido, falta de cuidado//falta de aplicación".

A su turno, desde el punto de vista de la ciencia del derecho, se tiene que la diligencia es un principio jurídico fundamental de la responsabilidad, en tanto y por cuanto la diligencia constituye la premisa necesaria para la construcción de la figura de la culpa-negligencia. Y bien se sabe que en el ordenamiento jurídico colombiano la culpa es "título de imputación de la responsabilidad por la falta de ejecución rigurosa de la prestación o responsabilidad contractual"[28], al tiempo que, tratándose de obligaciones de hacer,

---

27 Real Academia Española. *Diccionario de la lengua española*, Madrid, Espasa, 2014.

28 Luis Díez-Picazo. *Fundamentos de derecho civil patrimonial*, vol. II, *Las relaciones obligatorias*,

sirve para dotar de contenido y determinar la prestación, idea que resulta especialmente útil en el ámbito de la actividad profesional de las sociedades fiduciarias, en el que deben realizar todo aquello que exija la *lex artis*.

En síntesis, acorde con lo dispuesto por el artículo 29 del Código Civil[29], la diligencia puede interpretarse como palabra técnica de la ciencia del derecho que se concreta en la actividad del sujeto como expresión de cuidado y previsibilidad, o, si se prefiere, la negligencia como palabra técnica del derecho equivale al incremento irrazonable del riesgo. Y el contenido real de estas expresiones es posible deducirlo en su sentido natural. Así, pues, se tiene que "cuidado" significa "solicitud y atención para hacer bien algo", al paso que "previsión" y/o "previsibilidad" significan "acción y efecto de prever"; "acción de disponer lo conveniente para atender a contingencias o necesidades previsibles"; "que puede ser previsto o entra en las previsiones normales". Por consiguiente, en sana lógica, es en el contexto de las anteriores expresiones que se debe interpretar y aplicar el concepto de diligencia debida a que se refieren los artículos 3.°, letra a), y 7.°, letras b) y c), de la Ley 1328 de 2009, en concordancia con el artículo 5.°, letras a) y c) *ibidem*.

De manera concordante con lo que se ha expuesto, es preciso tener en cuenta que el artículo 78 de la Carta Política, en armonía con los artículos 1.° de la Ley 1328 y 2.°, inciso 2, de la Ley 1480 de 2011, dota de contenido al deber de debida diligencia. El artículo 78 de la Constitución señala:

> La ley regulará el control de calidad de bienes y servicios ofrecidos y prestados a la comunidad, así como la información que debe suministrarse al público en su comercialización. [...] Serán responsables, de acuerdo con la ley, quienes en la producción y en la comercialización de bienes y servicios atenten contra la salud, la seguridad y el adecuado aprovisionamiento a consumidores y usuarios. [...] El Estado garantizará la participación de las organizaciones de consumidores y

---

Madrid, Tecnos, 1979, p. 100. En este mismo sentido, Édgar Cortés Moncayo destaca que la diligencia "cumple un evidente papel informador y orientador, dado su carácter socialmente relevante y comúnmente reconocible, carácter que además lleva ínsito un elemento preventivo (que tiene que ver con la invitación a comportarse diligentemente) y un elemento sancionatorio (referido a la consecuencia evidente que un comportamiento culpable acarrea)". (Édgar Cortés Moncayo. *La culpa contractual en el sistema jurídico latinoamericano*, Bogotá, Universidad Externado de Colombia, 2001, pp. 59 y 60).

29 Congreso de los Estados Unidos de Colombia. Ley 84 de 1887. Código Civil de la Unión (Código Civil colombiano). *D. O.* 2867 del 31 de mayo de 1887. Disponible en http://www.secretariasenado.gov.co/senado/basedoc/codigo_civil.html

usuarios en el estudio de las disposiciones que les conciernen. Para gozar de este derecho, las organizaciones deben ser representativas y observar procedimientos democráticos internos.

A su turno, el artículo 1.º de la Ley 1328 de 2009 y el inciso 2.º del artículo 2.º de la Ley 1480 de 2011 introducen una aproximación al contenido y al alcance de la obligación de emplear la debida diligencia al disponer, en su orden, lo siguiente:

> El presente régimen tiene por objeto establecer los principios y [las] reglas que rigen la protección de los consumidores financieros en las relaciones entre estos y las entidades vigiladas por la Superintendencia Financiera de Colombia, sin perjuicio de otras disposiciones que contemplen medidas e instrumentos especiales de protección [...]. (Art. 1.º, Ley 1328/09).

> Las normas contenidas en esta ley son aplicables en general a las relaciones de consumo y a la responsabilidad de los productores y proveedores frente al consumidor en todos los sectores de la economía respecto de los cuales no exista regulación especial, evento en el cual aplicará la regulación especial y suplementariamente las normas establecidas en esta Ley. (Art. 2.º, inc. 2.º, Ley 1480/11).

Mención especial también merece el artículo 5.º (numerales 1, 5 y 6) de la Ley 1480 de 2011, el cual adopta las siguientes definiciones:

> Calidad: Condición en que un producto cumple con las características inherentes y las atribuidas por la información que se suministre sobre él. [...] Garantía: Obligación temporal, solidaria a cargo del productor y [d]el proveedor, de responder por el buen estado del producto y la conformidad del mismo (sic) con las condiciones de idoneidad, calidad y seguridad legalmente exigibles o las ofrecidas [...] Idoneidad o eficiencia: Aptitud del producto para satisfacer la necesidad o [las] necesidades para las cuales ha sido producido o comercializado.

Del mismo modo, el artículo 6.º de la Ley 1480 de 2011 enseña que "todo productor debe asegurar la idoneidad y [la] seguridad de los bienes y servicios que ofrezca o ponga en el mercado, así como la calidad ofrecida". Y precisa que el incumplimiento de esta obligación dará lugar a

> 1. Responsabilidad solidaria del productor y proveedor por garantía ante los consumidores// 2. Responsabilidad administrativa individual ante las autoridades de

> supervisión y control en los términos de esta Ley// 3. Responsabilidad por daños por producto defectuoso, en los términos de esta Ley.

Finalmente, el artículo 7.º de la Ley 1480 de 2011, al definir la garantía legal, dispone:

> Es la obligación, en los términos de esta Ley, a cargo de todo productor y/o proveedor de responder por la calidad, idoneidad, seguridad y el buen estado y funcionamiento de los productos. [...] En la prestación de servicios en el que el prestador tiene una obligación de medio, la garantía está dada, no por el resultado, sino por las condiciones de calidad en la prestación del servicio, según las condiciones establecidas en normas de carácter obligatorio, en las ofrecidas o en las ordinarias y habituales del mercado.

Los preceptos constitucionales y legales que se han trascrito establecen las pautas de valoración para las expresiones en que se materializa la diligencia debida en el ámbito de la actividad de las instituciones financieras, en general, y, en particular, de las sociedades fiduciarias (*a contrario sensu*, negligencia), para los efectos que se han venido estudiando. Así las cosas, el análisis presentado hasta el momento permite concluir que la frase "debida diligencia" contenida en los artículos 3.º, letra a), y 7.º, letras b) y c), de la Ley 1328 de 2009, en concordancia con el artículo 5.º, letras a) y c) *ibidem*, se refiere a la obligación de las sociedades fiduciarias de garantizar el ejercicio de los derechos de los consumidores financieros mediante acciones positivas.

Se trata de una garantía legal relativa a la calidad y a las características de los productos y de los servicios constitutivos del objeto social de las sociedades fiduciarias. Dicha garantía se fundamenta en lo dispuesto por el artículo 78 de la Carta Política[30]. Se aclara que, en el ámbito de la actividad profesional de las sociedades fiduciarias, el concepto de adecuado aprovisionamiento de bienes y servicios implica que los productos y servicios fiduciarios que ofrecen al público en general propenden a la satisfacción de las necesidades del consumidor financiero, amén de que cumplen con los

30 En palabras de la Corte Constitucional en la Sentencia C-1141 de 2000, "el concepto de 'adecuado aprovisionamiento a consumidores y usuarios', relativo a los bienes y servicios, no se limita a su dimensión cuantitativa y temporal; también comprende un mínimo de requerimientos de calidad aplicable a los elementos que componen la oferta". (Corte Constitucional. Sentencia C-1141 del 30 de agosto de 2000, cit.).

elementos mínimos que tales sociedades anuncian e informan a los consumidores financieros en la etapa de las tratativas y durante la celebración y ejecución del respectivo negocio fiduciario.

Esta garantía legal exige las siguientes condiciones de validez para las operaciones y los negocios jurídicos constitutivos del objeto social de las sociedades fiduciarias:

En primer lugar, el deber de debida diligencia en que se sustenta la obligación de garantía que se está comentando implica que las sociedades fiduciarias deben poner el cuidado, la dedicación y la atención adecuados para enfrentar su responsabilidad de hacer efectivos los derechos de los consumidores financieros. En especial, se ha de hacer efectivo el derecho a que las relaciones jurídicas que se establezcan con los fideicomitentes y con los beneficiarios designados por estos propendan hacia la satisfacción de las necesidades de unos y otros, pero, fundamentalmente, a las necesidades de los beneficiarios, así como el derecho a que tales productos y servicios fiduciarios cumplan con los requisitos de seguridad.

En lo concerniente al primer aspecto, se tiene que la satisfacción de las necesidades de los beneficiarios y de los fideicomitentes se convierte, entonces, en el bien jurídico superior al que las sociedades fiduciarias deben dirigir sus actuaciones al momento de ofrecer sus productos y prestar sus servicios a unos y otros. El concepto de satisfacción de las necesidades de los beneficiarios y de los fideicomitentes como consumidores financieros que son, base de la garantía legal, se impone como valor normativo estructurante del deber de debida diligencia y se extiende desde la conducta activa hacia su promoción y defensa, hasta la inhibitoria respecto de actos que puedan atentar contra la satisfacción de tales necesidades.

Y al imponerse como valor normativo, se están entonces privilegiando los intereses de los beneficiarios y de los fideicomitentes como consumidores financieros que son por sobre los intereses de la respectiva sociedad fiduciaria, de ahí que la satisfacción de las necesidades de los beneficiarios y de los fideicomitentes se encuentra ligada a los principios generales que inspiran la buena fe. Como concepto integrador global, la buena fe, junto con el estándar objetivo de diligencia del buen profesional, colma el contenido de la obligación legal de garantía objeto de los comentarios expuestos. Este concepto paradigmático permite reconocer que en la delimitación de los criterios que informan la satisfacción de las necesidades de los beneficiarios y de los fideicomitentes deben tenerse en cuenta el concreto negocio fiduciario que hubo de celebrarse y las circunstancias en que se celebró, puesto que ello permite discernir, en un plano decisorio, el cumplimiento del deber de debida diligencia.

En este sentido, el artículo 2341 del Código Civil establece un sistema de responsabilidad que no es subsidiaria, sino directa y autónoma, amén de que tiene su fundamento en considerar la empresa de la que la sociedad fiduciaria es titular como una unidad económica y jurídica expuesta al riesgo de las actividades constitutivas de su objeto social, objetivamente comprometida en el correcto cumplimiento del deber de debida diligencia, y de la que sus sistemas de control interno y de gestión de riesgos (particularmente, de gestión del riesgo operativo) forman parte integrante, y del que sus auxiliares o dependientes, los procesos, la tecnología y la infraestructura no son sino piezas o instrumentos.

A su turno, en lo que concierne al derecho de los beneficiarios y fideicomitentes a que los productos y servicios fiduciarios que ofrecen y prestan las sociedades fiduciarias ofrezcan razonable seguridad[31], lo que se quiere significar es que esos productos y servicios fiduciarios deben cumplir con los requisitos de seguridad según lo establecido en la Parte I, Título II, Capítulo Primero de la Circular Básica Jurídica expedida por la Superintendencia Financiera (C. E. 029/14)[32]/[33]/[34]. En caso contrario, responderán por los

---

31 Siguiendo lo dicho por Arturo Solarte Rodríguez, se tiene que los deberes de seguridad o de protección apuntan a «evitar que sean lesionados intereses personales o patrimoniales de la contraparte, especialmente aquellos referidos a la protección de su vida e integridad física. Estos deberes, aun cuando han sido identificados con relaciones de particular naturaleza, como serían la relación laboral o el contrato de transporte de personas, hoy en día se consideran predicables de todas aquellas relaciones contractuales en las que la ejecución de la prestación principal pueda poner en riesgo o peligro bienes personales o patrimoniales de la otra parte de la relación. "Se trata de deberes que surgen frente a los peligros derivados del contacto social al que la relación obligatoria debe necesariamente dar lugar"». (Arturo Solarte Rodríguez, "La buena fe contractual y deberes secundarios de conducta", *Vniversitas*, n.º 8, diciembre, Bogotá, Pontificia Universidad Javeriana, 2004, p. 307).

32 Superintendencia Financiera de Colombia. Circular Básica Jurídica (C. E. 029/2014). Disponible en https://www.superfinanciera.gov.co/inicio/normativa/normativa-general/circular-basica-juridica-ce---10083443

33 La doctrina (Alejandro Giraldo López, Carlos Germán Caycedo Espinel y Ramón Eduardo Madriñán Rivera. *Comentarios al nuevo Estatuto del Consumidor*, 1.ª ed., Bogotá, Legis, 2012, p. 70.) y la jurisprudencia (Corte Suprema de Justicia, Sala de Casación Civil. Sentencia 1999-00629 del 30 de abril de 2009, Exp. 25899 3193 992 1999 00629 01, M. P.: Pedro Octavio Munar Cadena) consideran que el concepto de producto defectuoso es predicable de los bienes y servicios, y que el carácter de defectuoso se concreta en la circunstancia de vulnerar la seguridad del consumidor.

34 Nadie puede discutir que, verbigracia, en un fideicomiso de garantía y fuente de pago o en un fideicomiso de administración y pagos, al acreedor garantizado o a los acreedores garantizados,

daños causados por los productos y servicios fiduciarios defectuosos, para cuyo efecto el consumidor financiero afectado deberá demostrar el defecto del producto o servicio, el daño y la relación de causalidad entre este y aquel, conforme se desprende de lo dispuesto por los artículos 20 y 21 de la Ley 1480 de 2011[35].

Ahora bien, el hecho de que el deber de debida diligencia en que se sustenta la obligación de garantía que se está comentando implique que las

---

tanto como hacerse a una caución o garantía en los términos del artículo 65 del Código Civil, les interesa también que los bienes fideicomitidos sean aptos para constituir una fuente de pago eficaz de las obligaciones a su favor, de lo contrario, no se habrían interesado en otorgarle crédito al fideicomitente o a los fideicomitentes. ¿De qué le puede servir al acreedor (o a los acreedores) un fideicomiso de garantía y fuente de pago o un fideicomiso de administración y pagos en el que se estipule que la sociedad fiduciaria no asume responsabilidad alguna por la viabilidad de la fuente de pago? Desde su perspectiva, y desde la óptica del ordenamiento jurídico, la principal obligación del fiduciario consiste en realizar de manera diligente todos los actos necesarios para la consecución de la finalidad a la que se encuentran afectados los bienes fideicomitidos, y si esta obligación, que es en parte expresa y en parte implícita, no se cumple íntegramente, se frustra el interés del acreedor garantizado o de los acreedores garantizados en su condición de beneficiario o beneficiarios, y se verifica de este modo un incumplimiento del fiduciario.

35 Sobre este particular, la Superintendencia de Industria y Comercio, mediante el Concepto 16160560 del 27 de julio de 2016, expresó: "En principio[,] se excluyen el dolo y la culpa como elementos de la responsabilidad del productor y/o proveedor, correspondiendo al consumidor la prueba del defecto del bien, el daño que este produjo y el nexo causal, de lo que resulta que el productor no se libera de su responsabilidad aduciendo diligencia en la elaboración del producto, pues el artículo 22 del Estatuto del Consumidor establece circunstancias y causales específicas para exonerarlo de su responsabilidad". La Corte Constitucional, en la Sentencia C-1141 de 2000 ha manifestado respecto de la prueba del defecto del bien lo siguiente: "El defecto cuya prueba compete al perjudicado no es el error de diseño o intrínseco del producto, cuyo conocimiento difícilmente puede poseer o dominar el consumidor; lo es la inseguridad que se manifiesta con ocasión del uso al cual está destinado. Probado el defecto, resulta razonable suponer que la responsabilidad corresponde al empresario que controla la esfera de la producción, la organiza, dirige y efectúa el control de los productos que hace ingresar al mercado y, por ende, para liberarse debe este[,] a su turno[,] demostrar el hecho que interrumpe el nexo causal". (Corte Constitucional. Sentencia C-1141 del 30 de agosto de 2000, cit.). Para expresar la diferencia entre la responsabilidad por efecto de la garantía y la que se origina por un producto defectuoso, la doctrina ha manifestado: "Mientras que la garantía de eficiencia busca que los bienes o servicios cumplan la finalidad para la cual fueron adquiridos, la responsabilidad por productos defectuosos regula la indemnización por los daños a la vida y a la integridad personal de terceros, así como la destrucción o deterioro de cosas, como consecuencia de un defecto en el diseño, fabricación, o presentación del producto". (Javier Tamayo Jaramillo. "La responsabilidad civil en el nuevo Estatuto del Consumidor", en *La responsabilidad civil en el nuevo Estatuto del Consumidor*, Mateo Sánchez García (coord.), Bogotá, Universidad de Bogotá Jorge Tadeo Lozano, 2013; José Manuel Gual Acosta y Juan Carlos Villalba Cuéllar (dirs.). *Derecho del consumo: problemáticas actuales*, Bogotá, Grupo Editorial Ibáñez y Universidad Santo Tomás, 2014).

sociedades fiduciarias deben poner el cuidado, la dedicación y atención adecuados para hacer frente a su responsabilidad de hacer efectivos los derechos de los consumidores financieros, en especial, el derecho a que las relaciones jurídicas que se establezcan con los fideicomitentes y los beneficiarios designados por estos propendan hacia la satisfacción de las necesidades de unos y otros, pero, fundamentalmente, por las necesidades de los beneficiarios, así como el derecho a que tales productos y servicios fiduciarios cumplan con los requisitos de seguridad, conlleva, sin lugar a duda, una extensión de los deberes del fiduciario consagrados en el artículo 1234 del Código de Comercio[36], en particular, del deber de realizar de manera diligente todos los actos necesarios para la consecución de la finalidad a la que se encuentran afectados los bienes fideicomitidos.

Dicha extensión de los deberes del fiduciario comprende, precisamente, la realización de las actividades necesarias para asegurar que los productos fiduciarios que las sociedades fuduciarias ofrecen al mercado y los servicios fiduciarios que prestan son aptos para satisfacer la necesidad o las necesidades de los fideicomitentes y de los beneficiarios designados por estos, pero, sobre todo, aquellas de estos últimos, teniendo en cuenta la finalidad a la que pueden o han de quedar afectados los bienes fideicomitidos según la clase de negocio fiduciario de que se trate (fiducia de inversión, fiducia de garantía, fiducia inmobliaria, etc.), amén de que cuentan con estándares de calidad, de acuerdo con las condiciones ofrecidas y las obligaciones asumidas por las sociedades fiduciarias. En una palabra, los productos fiduciarios que ofrecen al mercado, al igual que los servicios fiduciarios que prestan, deben cumplir con aquellas que las propias sociedades fiduciarias les atribuyen por la información que suministran o proporcionan sobre ellos.

En lo concerniente a las características que les son inherentes a los productos y servicios fiduciarios, debe tenerse presente que lo inherente es aquello que, de acuerdo con la naturaleza del bien o servicio, le pertenece al producto o servicio. Así, en el caso de los negocios fiduciarios constitutivos del objeto social de las sociedades fiduciarias, las condiciones inherentes corresponden a las características propias y obvias de tales negocios, que, por consiguiente, no se deben informar, por cuanto son conocidas por la

---

36 Presidencia de la República de Colombia. Decreto 410 de 1971. Por el cual se expide el Código de Comercio. *D. O.* 33339 del 16 de junio de 1971. Disponible en http://www.secretariasenado.gov.co/senado/basedoc/codigo_comercio.html

mayoría, por ejemplo, que los productos y servicios fiduciarios se caracterizan por ser negocios de confianza.

A su turno, las características atribuidas por la información que se suministre acerca de los productos y servicios fiduciarios son las adicionales, no obvias, dadas a conocer por las sociedades fiduciarias "en el proceso de comercialización, bien sea por publicidad o por la información que se revela del producto"[37], las cuales apuntan a que la formación del consentimiento no quede viciada por error. Por ejemplo, si las sociedades fiduciarias informan a los consumidores financieros que la fiducia de garantía y fuente de pago, al igual que la fiducia de administración y pagos, constituye un mecanismo jurídico para caucionar o asegurar de una manera eficaz y segura el pago de obligaciones, y luego resulta que este producto fiduciario no cumple con dicha característica, existirá un problema de garantía.

Una segunda condición de validez de la garantía legal tiene relación con el hecho de que los productos fiduciarios que ofrecen al mercado, al igual que los servicios fiduciarios que prestan, deben contar con las condiciones de idoneidad o eficiencia, esto es, deben ser aptos para satisfacer la(s) necesidad(es) de los fideicomitentes y de los beneficiarios designados por estos, pero, sobre todo, aquellas de estos últimos, teniendo en cuenta la finalidad a la que pueden o han de quedar afectados los bienes fideicomitidos según la clase de negocio fiduciario de que se trate, verbigracia, fiducia de inversión, fiducia de garantía, fiducia inmobiliaria, etc.

En síntesis, el legislador colombiano adoptó de forma clara la fórmula de la *due diligence*, a partir de la cual las sociedades fiduciarias están obligadas a verificar el proceso completo de diseño, estructuración, celebración y ejecución de las operaciones y negocios constitutivos de su objeto social, teniendo en cuenta factores tales como el mercado en el que operan, el contexto en el que realizan sus operaciones, su tamaño, el perfil de sus potenciales fideicomitentes y beneficiarios, el perfil de su portafolio de productos fiduciarios y la conveniencia de estos para sus potenciales fideicomitentes y beneficiarios. Adicionalmente, esa diligencia debida debe comprender una evaluación de las consecuencias negativas sobre el derecho del beneficiario o de los beneficiarios designados por el fideicomitente o los fideicomitentes a que los productos y servicios fiduciarios propendan hacia la satisfacción de

---

37 Alejandro Giraldo López, Carlos Germán Caycedo Espinel y Ramón Eduardo Madriñán Rivera. *Comentarios al nuevo Estatuto del Consumidor*, cit. p. 42.

sus necesidades y a que cuenten con estándares de seguridad y calidad, de acuerdo con la oferta, el compromiso y las obligaciones acordadas, que la sociedad fiduciaria provoque o contribuya a provocar por medio de sus propias actividades profesionales o que guarden relación directa con estas. Por lo demás, esa diligencia debida debe ser un proceso continuo, toda vez que los riesgos para los derechos de los consumidores financieros (en especial, el derecho a que los productos y servicios fiduciarios propendan a la satisfacción de las necesidades del beneficiario o de los beneficiarios designados por el o los fideicomitentes y el derecho a que los productos y servicios fiduciarios cuenten con estándares de seguridad y calidad) pueden cambiar con el tiempo en función de la evolución de las operaciones y de los negocios fiduciarios constitutivos del objeto social de las sociedades fiduciarias y del contexto en el cual las sociedades fiduciarias los llevan a cabo.

Finalmente, por virtud de ese deber de debida diligencia, las sociedades fiduciarias tienen la obligación de implementar un "Sistema de Atención a los Consumidores Financieros", el cual debe propender a que (i) en el interior de cada entidad se consolide una cultura de atención, respeto y servicio a los consumidores financieros; (ii) se adopten sistemas para suministrarles información adecuada; (iii) se fortalezcan los procedimientos para la atención de sus quejas, peticiones y reclamos; y (iv) se propicie la protección de los derechos de los consumidores financieros, así como la su educación financiera. Dicho sistema debe utilizarse "de manera diligente" por parte de tales sociedades fiduciarias, conforme a un estándar mínimo de comportamiento que fija el conjunto de las conductas esperables de ellas en términos de previsibilidad. En este contexto, la responsabilidad de las sociedades fiduciarias dependerá exclusivamente del cumplimiento o no del estándar en función del contenido de los criterios que se han mencionado líneas atrás.

Pero, además de las condiciones de validez que se han reseñado, el deber de debida diligencia ha de interpretarse teniendo en cuenta los siguientes aspectos: el carácter cualificado de las instituciones financieras, en general, y de las sociedades fiduciarias, en particular, y el riesgo de la actividad, en este caso, de la actividad fiduciaria, como criterio de cuantificación de la diligencia debida. En lo que concierne al primer aspecto (vale decir, el carácter cualificado de las instituciones financieras en general y, particularmente, de las sociedades fiduciarias), es necesario partir del hecho de que en Colombia la actividad financiera, bursátil y aseguradora es una actividad de interés público, como lo previene el artículo 335 de la Carta Política. Este carácter de interés público de dicha actividad modula el cumplimiento del deber de debida diligencia, habida cuenta de que es por ese carácter de interés público que a las instituciones financieras, en general, y, en específico, a las sociedades fiduciarias, se les exige una mayor diligencia y profesionalismo en el ofrecimiento de sus productos y en la prestación de los servicios constitutivos de su objeto social, en la medida en que tienen u ostentan una posición de preeminencia, vale decir, un *dominio profesional* basado en una competencia especial o habilidad técnica lograda por su experiencia y conocimientos en los campos de la intermediación financiera y de la prestación de servicios financieros, lo que las ubica por encima de los demás. Se trata, pues, de personas que gozan de una idoneidad particular, de técnicos iniciados frente a la masa de consumidores profanos en su materia y que, en este orden de ideas, gozan de suficiente capacidad para dominar los riesgos inherentes a su actividad profesional.

En este contexto, el deber de debida diligencia se configura como el modo según el cual las instituciones financieras deben controlar y vigilar el ámbito en el cual desarrollan sus actividades profesionales, lo que se justifica en atención a que los consumidores financieros contratan con las instituciones financieras precisamente por ser estas el eje del sistema y por tener la capacidad de controlar todo su funcionamiento. Estas sociedades tienen la calidad de expertas y, por ende, son las que conocen el arte y la técnica asociados con la actividad bancaria, aspecto en relación con el cual gozan del monopolio derivado del hecho de que solo las instituciones financieras vigiladas por la Superintendencia Financiera pueden ostentar la calidad de intermediarios financieros.

Por otra parte, en el aspecto vinculado con el riesgo de la actividad fiduciaria como criterio de cuantificación de la diligencia debida, huelga decir que resultan de gran utilidad los desarrollos jurisprudenciales y doctrinales alrededor de la obligación de contar con adecuados procedimientos y metodologías para la gestión y el control de los riesgos a que se ven expuestas las instituciones financieras en el giro ordinario de sus negocios, así como de disponer de una adecuada estructura organizacional, de capacidad operativa y soporte tecnológico para asegurar una eficaz toma de decisiones con respecto a la administración, al manejo y la inversión de los recursos captados del público, en particular en lo concerniente a la administración del riesgo operativo. Es decir, a la hora de fijar el modelo de conducta por el cual se han de regir las actuaciones de las instituciones financieras en general, deberá tenerse en cuenta precisamente la estructura organizacional con la que cuentan, la cual debe permitirles actuar de manera eficaz y anticipar o prever los riesgos de daños que su actividad profesional puede causar a los consumidores financieros y al público en general.

En este escenario, la denominada responsabilidad sistémica adquiere una especial relevancia por su incidencia: su fundamento es la culpa *in operando*, tema al cual se hará referencia con mayor grado de detalle más adelante. Por lo pronto, debe decirse que, para efectos de endilgar responsabilidad directa a una sociedad fiduciaria en aspectos como el que se está comentando, lo que realmente interesa es que la violación al deber de debida diligencia y el consiguiente perjuicio que para los consumidores financieros se derive de ello tengan su origen en los procesos y mecanismos organizacionales constitutivos de la culpa *in operando*. Es decir, la lesión a los intereses de los consumidores financieros debe producirse como resultado del despliegue de los procesos empresariales y estos han de ser jurídicamente reprochables por infringir los deberes objetivos de cuidado, lo cual no solo se da en seguimiento de las políticas, los objetivos, las misiones o visiones organizacionales, o en acatamiento de las instrucciones impartidas por los superiores.

Planteadas de este modo las cosas, la relevancia de las aportaciones de la figura de la culpa *in operando* en la delimitación de las características del deber de debida diligencia es innegable. Ciertamente, aspectos fundamentales de la actividad de las sociedades fiduciarias —como es el caso del gobierno corporativo, del sistema de control interno y de la administración de riesgos, en particular, del riesgo operativo— ofrecen, de *lege ferenda*, soluciones específicas respecto del contenido y los efectos del deber de debida diligencia en la medida en que brindan los elementos de juicio necesarios para establecer, frente a un caso concreto, cómo funcionan y cómo toman decisiones con relevancia jurídica, fundamentalmente, en lo relacionado con la administración de los riesgos a los que se ven expuestas las sociedades fiduciarias en el desarrollo de las actividades constitutivas de su objeto social. Todos estos aspectos resultan acuciantes ante el silencio de la Ley 1328 de 2009 en esta materia.

Por último, desde una perspectiva distinta, puede decirse que el *totum revolutum* de la regulación positiva del deber de debida diligencia se plasma aun con mayor evidencia en sede de responsabilidad. En este punto, la discusión se centra en determinar si las sociedades fiduciarias están llamadas a reparar los daños causados a los consumidores financieros como consecuencia de la violación de lo dispuesto por los artículos 3.º, letra a), y 7.º, letras b) y c), de la Ley 1328 de 2009 en concordancia con el artículo 5.º, letras a) y c) *ibidem* por una presunción de culpa que sobre ellas pesa o si esa responsabilidad se funda en la teoría del riesgo creado o riesgo beneficio o riesgo de empresa (imputación objetiva).

Para los cultivadores de la tesis del riesgo creado o riesgo beneficio o riesgo de empresa (imputación objetiva),

> el ordenamiento positivo reconoce que las instituciones bancarias ejercen una actividad que es profesional, habitual y de la que deriva un provecho económico, a la que le es inherente una multiplicidad de peligros, y entre ellos se encuentran los derivados de las operaciones que realizan (riesgos operacionales), que pueden afectar los intereses de los cuentahabientes por la mala disposición de sus depósitos [...] Siendo la bancaria y la de intermediación financiera, actividades en las que [...] existe un interés público y son realizadas por expertos que asumen un deber de custodia de dineros ajenos, siéndole exigibles, según lo previsto por el Estatuto Orgánico del Sistema Financiero (Decreto 663 de 1993) y las Circulares Básica Contable y Financiera (100 de 1995) y Básica Jurídica (007 de 1996) unos altos y especiales cargas (sic) o cumplimiento de estándares de seguridad, diligencia, implementación de mecanismos de control y verificación de las transacciones e incluso de seguridad de la confiabilidad de la información y preservación de la confiabilidad, es natural que la asunción de tales riesgos no les corresponda a los clientes que han encomendado el cuidado de parte de su patrimonio a tales profesionales, de ahí que sean ellos quienes deban asumir las consecuencias derivadas de la materialización de esos riesgos [...] En ese orden de ideas, «a la hora de apreciar la conducta de uno de tales establecimientos —ha dicho la Corte— es necesario tener presente que se trata de un comerciante experto en la intermediación financiera, como que es su oficio, que maneja recursos ajenos con fines lucrativos y en el que se encuentra depositada la confianza colectiva» (CSJ SC-076, 3 Ago. 2004, Rad. 7447), y por tales razones se le exige «obrar de manera cuidadosa, diligente y oportuna en ejercicio de sus conocimientos profesionales y especializados en materia bancaria» para impedir que sean quebrantados los derechos patrimoniales de titulares de las cuentas de ahorro y corrientes de cuya apertura y manejo se encarga (CSJ SC, 3 Feb. 2009, Rad. 2003-00282-01). [...] De todo lo anterior deriva, necesariamente[,] que en la materia impera un «modelo particular de responsabilidad profesional del banco» (CSJ SC-201, 15 dic. 2006, Rad. 2002-00025-01)[38].

---

38 Corte Suprema de Justicia, Sala de Casación Civil. Sentencia SC18614-2016 del 19 de diciembre de 2016, Rad. 5001-31-03-001-2008-00312-01, M. P.: Ariel Salazar Ramírez.

Acorde con lo anterior, la medida de la responsabilidad —particularmente aquella derivada de los fraudes electrónicos— no se detiene entonces en la culpa, sino que alcanza el riesgo creado, pues, con el ofrecimiento a los clientes de una plataforma tecnológica para realizar sus transacciones en línea, se materializa un riesgo electrónico en la medida en que dicha plataforma puede ser vulnerada por delincuentes cibernéticos por medio de diversas acciones, atendida la vulnerabilidad inherente a los sistemas electrónicos. De ahí que los daños de esa clase se presuman causados por la respectiva institución financiera y que esta no se exonere de la indemnización, sea en parte en algunas ocasiones, sea en el todo otras veces, sino en cuanto demuestre caso fortuito, fuerza mayor, culpa de la víctima o intervención de elemento extraño.

Aquí nos apartamos de la tesis del riesgo creado. Por el contrario, se considera que esa garantía legal relativa a la calidad y a las características de los productos y servicios constitutivos del objeto social de las sociedades fiduciarias que comporta el deber de debida diligencia implica que tales productos y servicios fiduciarios han de prestarse de acuerdo con la *lex artis*, perspectiva desde la cual la garantía legal en cuestión no comporta una obligación de resultado para las sociedades fiduciarias. Por el contrario, ante el compromiso de emplear la debida diligencia en el ofrecimiento o en la prestación de sus servicios a los consumidores financieros, las sociedades fiduciarias deben adoptar y mantener las precauciones, las diligencias y los cuidados indispensables para que los consumidores financieros no solo reciban la información adecuada con respecto al bien, producto o servicio de que se trate, sino que ese bien, producto o servicio sirva para satisfacer sus necesidades como consumidores financieros y cumpla con los estándares de seguridad y calidad; por eso, cualquier desviación constituye un factor de desatención o incumplimiento del deber de debida diligencia, dado su particular designio.

En este caso, la responsabilidad de las sociedades fiduciarias se sustenta en la culpa, la cual proviene de no obrar con la diligencia ni con el cuidado que la ley gradúa según la naturaleza del contrato (arts. 63 y 1604). De ello resulta que para exonerarse de responsabilidad no les basta probar el caso fortuito, la fuerza mayor, el hecho de un tercero o la culpa de la víctima, sino que también emplean la diligencia o el cuidado debido para hacer posible la ejecución de su obligación de obrar con la debida diligencia.

Esa responsabilidad que se predica de las sociedades fiduciarias —y también de las instituciones financieras en general— no se puede establecer con un carácter objetivo, sino que requiere que en cada caso concreto se examine si se cumplieron o no las condiciones de validez y de existencia propias de la garantía legal que apareja el deber de debida diligencia, al igual que la conducta del respectivo consumidor financiero, con miras a evaluar la eventual concurrencia de causas —sean anteriores, coincidentes, concomitantes, recíprocas o posteriores—, pues con ocasión de una eventual concausalidad en la ocurrencia del daño podría llegar a disminuirse la indemnización o incluso podría exonerarse a la entidad de toda responsabilidad. Este escrutinio habrá de realizarse no a partir de la mera confrontación de conductas, sino por medio de la evaluación de la causa jurídica del daño, para definir en qué medida una u otra fue la determinante en la ocurrencia del hecho dañoso[39].

B. DEBER DE INFORMACIÓN

Como quedó visto en líneas anteriores, en el derecho colombiano, la Carta Política y la ley le dieron nacimiento a un nuevo principio general del derecho que consiste en la defensa de los consumidores. Se trata de un principio que se suele diversificar en varios subprincipios, uno de los cuales es, sin duda alguna, el de la información. Es decir, el nacimiento del derecho a la información surgió con ocasión del movimiento que hubo de desarrollarse en defensa de los intereses de los consumidores con miras a restablecer el

39 Según la Corte Suprema de Justicia, la profesión bancaria envuelve una actividad riesgosa, motivo por el cual a quienes la ejercen se les exige la diligencia y el cuidado necesarios para este tipo de actividades, lo que genera una presunción de culpa en su contra que "deriva del ejercicio y del beneficio que reporta de su especializada actividad financiera, como así lo tiene definido la jurisprudencia cuando asevera que una entidad crediticia es una empresa comercial que[,] dado el movimiento masivo de operaciones, 'asume los riegos inherentes a la organización y ejecución del servicio de caja'". La responsabilidad que se predica de las entidades bancarias no puede establecerse con un carácter objetivo, siendo necesario examinar, en cada caso, tanto la conducta de la entidad bancaria como la del cliente "para evaluar la eventual concurrencia de causas, sean anteriores, coincidentes, concomitantes, recíprocas o posteriores, pues con ocasión de una eventual concausalidad en la ocurrencia del daño podría llegar a disminuirse la indemnización, o incluso exonerar a la entidad de toda responsabilidad; escrutinio que habrá de realizarse no a partir de la mera confrontación de conductas[,] sino evaluando la causa jurídica del daño para definir en qué medida una u otra fue la determinante en la ocurrencia del hecho dañoso". (Corte Suprema de Justicia, Sala de Casación Civil. Sentencia SC1697-2019 del 14 de mayo de 2019, Rad. 05001 31 03 009 2009-00447 01, M. P.: Margarita Cabello Blanco).

equilibrio contractual en las relaciones de consumo, de ahí que se afirme que, en principio, el derecho a la información forma parte del denominado derecho del consumo[40]. A este respecto, Pérez García[41] explica:

> El Derecho, en su continua tarea de aportar nuevos materiales para atender a (sic) las necesidades de una realidad social siempre cambiante, [...] ha configurado el derecho a la información, como figura autónoma e independiente, que anteriormente solo flotaba sin ningún rigor jurídico en torno a determinados supuestos contractuales. El proceso se ha producido en virtud de otro movimiento, en un principio [...] extrajurídico, hoy plenamente asumido por el Derecho, como es el movimiento surgido en defensa del consumidor.

Ahora bien, salvo ciertas especialidades que justifican un trato diferente, lo que se diga respecto de las instituciones financieras en general en relación con el fundamento, la finalidad y la forma de la información es asimismo predicable de las sociedades fiduciarias en particular. En tal virtud, se procederá entonces a examinar las siguientes cuestiones: 1) ¿cuál es la incidencia

---

40 En la dirección antes mencionada, no se puede perder de vista que hoy por hoy todo es derecho del consumidor, y la actividad financiera no escapa a esta regla: el derecho a defenderse de la publicidad engañosa; el derecho a la información acerca de los productos y servicios financieros y sus características; el derecho a la información sobre el contenido de los contratos financieros y los medios de protección y defensa del consumidor financiero; el derecho de los consumidores financieros a no someterse a cláusulas y prácticas abusivas; el derecho a reclamar judicial o extrajudicialmente por el incumplimiento o el cumplimiento defectuoso de los contratos financieros; el derecho a asociarse para la protección de sus intereses; y, en fin, el derecho a solicitar la indemnización de los daños y perjuicios sufridos. Todas estas cuestiones —que se encuentran reguladas en las leyes 1328 de 2009 y 1480 de 2011, al igual que en el Estatuto Orgánico del Sistema Financiero y en la Circular Básica Jurídica— cumplen una incuestionable función integradora del ordenamiento jurídico en la medida en que suponen un cambio radical de los postulados tradicionales sobre los cuales se asienta la contratación financiera, de modo que permiten interpretar el régimen que informa la responsabilidad de las instituciones financieras en general y, en particular, de las sociedades fiduciarias en sus actuaciones en calidad de fiduciarios profesionales de una manera diferente a como se ha venido haciendo hasta hoy. Desde luego que la eficacia de este derecho se encuentra claramente asociada con la firmeza por parte del organismo supervisor del sistema financiero en la aplicación de las correspondientes sanciones que conlleva la transgresión a la normatividad que regula esta materia. Por desgracia, en nuestro medio, la experiencia demuestra que es demasiado débil, por no decir que inexistente, la exigencia de su cumplimiento por parte de la Superintendencia Financiera, pues no se tiene noticia de que este organismo haya llevado a cabo una persecución efectiva de los incumplimientos normativos relacionados con el aspecto que se ha comentado, y que haya dado lugar a ejercer su potestad sancionatoria.

41 Pedro Antonio Pérez García. *La información en la contratación privada*, Madrid, Instituto Nacional del Consumo, 1990, p. 24.

de este subprincipio de información en el campo de la contratación financiera en general y, particularmente, de la contratación fiduciaria?; 2) ¿cuál es su significado y alcance en los diferentes elementos intervinientes en las relaciones contractuales establecidas con las instituciones financieras?; y 3) ¿cómo desarrolla su concreta función integradora en el ámbito negocial en el que se mueven los consumidores financieros?

A los efectos anteriores, se debe comenzar por decir que la especialidad de la información sobre productos y servicios financieros se explica por

> la propia particularidad del objeto sobre el que recae, que sin duda ofrece una mayor complejidad que la representada por los bienes o productos. Esta mayor complejidad, la frecuente permanencia en el tiempo de la actividad o servicio [...], la más alta calificación técnica de la persona que lo presta [...], son todas ellas circunstancias que determinan por un lado que esta información no se agote en la mayoría de los casos en un único acto sino que comprenda y abarque varios de ellos, y por otro lado que, también con cierta asiduidad, venga a superar los límites propios del concepto de información para devenir en otro concepto diferente, aun cuando derivado de aquel, como es el de consejo[42].

En el caso colombiano, este deber de información se fundamenta en lo dispuesto por los artículos 20, 78, 83 y 333 de la Constitución, en concordancia con los artículos 97 y 98 del Estatuto Orgánico del Sistema Financiero (EOSF)[43]; 3.º, 5.º, 7.º y 8.º de la Ley 1328 de 2009; y 5.º, numeral 7, 23 y 24 de la Ley 1480 de 2011, en los deberes secundarios de conducta vinculados a la buena fe[44] y en las exigencias de la *lex artis*.

---

42 *Ibid.*, p. 310.

43 Presidencia de la República de Colombia. Decreto Ley 663 de 1993. Estatuto Orgánico del Sistema Financiero. *D. O.* 40820 del 5 de abril de 1993. Disponible en http://www.secretariasenado.gov.co/senado/basedoc/estatuto_organico_sistema_financiero.html

44 En cuanto a la buena fe, la función que desempeña se relaciona con la presencia de una pluralidad de intereses que el ordenamiento jurídico debe proteger. Concebida de esta manera, la buena fe aparece como un instrumento que permite ponderar los diversos intereses en juego, de manera que hace prevalecer unos u otros según las peculiaridades del caso concreto. Podrá suceder, entonces, que en ciertos supuestos la buena fe justifique la imposición de un deber precontractual de informar, pero también podrá suceder que en otros supuestos la buena fe justifique que, en un determinado caso, no se exija informar. *Cfr.* Íñigo de la Maza Gazmurri. "Los límites del deber precontractual de información", tesis doctoral, Madrid, Universidad Autónoma de Madrid, 2009.

En efecto, los artículos 97 y 98 del EOSF incorporan regulaciones especiales de protección del consumidor financiero, como los deberes de información, atención y debida diligencia. A su turno, los artículos 3.°, letra c), 7.°, letra c) y 9.° de la Ley 1328 de 2009 les imponen a las instituciones financieras la obligación de dar a los consumidores financieros información cierta, suficiente, clara y oportuna sobre las características propias de los productos o servicios ofrecidos y/o suministrados. Esta información debe permitir, especialmente, que esos consumidores financieros conozcan de manera adecuada sus derechos y obligaciones; las condiciones, las tarifas o los precios y la forma para determinarlos; las medidas para el manejo seguro del producto o servicio; las consecuencias derivadas del incumplimiento del contrato y la demás información que las instituciones financieras estimen conveniente para que los consumidores financieros comprendan el contenido y funcionamiento de la relación establecida para suministrar un producto o servicio. Y en el artículo 5.°, letra b) *ibidem* se agrega que dicha información debe permitir y facilitar su comparación y comprensión frente a los diferentes productos y servicios ofrecidos en el mercado[45]. De esta manera, el legislador quiso dotar al consumidor financiero

45 La Corte Constitucional, en la Sentencia T-676 de 2016 señaló, con respecto a la información, la necesidad de que «las entidades bancarias y aseguradoras suministren información (i) que corresponda efectivamente a la realidad jurídica y fáctica del vínculo del que se trate; (ii) que sea completa y no parcial, de manera tal que su destinatario pueda tener una imagen integral y detallada de la posición en la que se encuentra y de las posibilidades de actuación que tiene en la relación; y (iii) que sea plenamente comprensible, incluso en aquellos casos en los que su naturaleza técnica imponga dificultades para ser explicada. En adición a ello[,] (iv) la información debe ser entregada en el momento en que resulta relevante[,] y no después, de manera tal que[,] con fundamento en ella, el cliente o usuario —según el caso— pueda tomar las decisiones correspondientes. [...] Lo anterior, de acuerdo con la jurisprudencia de esta Corporación, constituye una forma de equilibrar la relación desigual y permite al consumidor el ejercicio pleno de sus derechos. Así fue puesto de presente en la Sentencia T-277 de 2016 [...] "(...) la exigencia a las entidades que conforman el sistema financiero para que entreguen a los consumidores datos claros y oportunos, no es otra que equilibrar la situación de indefensión en la que estos últimos se encuentran ante ellas, para que reconozcan y ejerciten sus derechos como usuarios, permitiéndoles tomar mejores decisiones, facilitándoles la adecuada comparación de las distintas opciones ofrecidas en el mercado, propendiendo porque (sic) conozcan tanto sus derechos como las obligaciones adquiridas" [...] La Superintendencia Financiera estableció en la Circular 038 de septiembre de 2011 que la información tiene distintas connotaciones, con fundamento en la estudiada ley, entre las que se resaltan las siguientes: "(...) (i) un derecho de los consumidores financieros en los términos del literal b) del artículo 5.º; (ii) una obligación especial de las entidades vigiladas de acuerdo con lo establecido en los literales a), b), c), f), g), h), j), o), p) y s) del artículo 7.º; (iii) un principio orientador que debe regir las relaciones que se establezcan entre los consumidores financieros

> de uno de los elementos fundamentales para basar su protección en argumentos sólidos, a fin de que pueda conocer con anterioridad a la celebración del contrato, cuáles son las prestaciones que legítimamente puede esperar del producto o servicio, así como la contraprestación que debe dar; lo que, en suma, le permitirá una mejor conformación de su voluntad en el momento de celebración del contrato[46].

Y no podría ser de otra manera si se tiene en cuenta que, como lo refiere Eugenio Llamas Pombo[47], el deber de información encuentra explicación en

> la desigualdad que, por definición, preside las relaciones de mercado entre consumidor y empresario. Desigualdad que no reside tanto en una (no necesariamente) diversa capacidad económica de uno y otro, como en el diferente grado de conocimiento del propio mercado. Es un hecho la prevalencia que ocupa el empresario que «todo lo sabe» respecto de ese mercado concreto, pues profesionalmente acude al mismo (sic) todos los días, frente a un consumidor que «todo lo ignora», al acercarse a la contratación como mero *amateur*. Por esta razón, uno de los objetivos fundamentales de la legislación protectora de los consumidores y usuarios se centra en reequilibrar aquellas situaciones susceptibles de originar una posición de prevalencia del empresario frente al consumidor. Y una de las maneras más eficaces de hacerlo es asegurando una mayor y mejor formada información del consumidor. Como quiera que quien dispone de la misma (sic) es el propio empresario, nadie mejor que él mismo para cumplir esa finalidad.

En cuanto a la buena fe como fundamento del deber de información, la Corte Constitucional, mediante la Sentencia T-676 de 2016[48], expresó:

> En consideración a la naturaleza jurídica de las actividades financiera y aseguradora, así como en atención al tipo de relaciones que se establecen con los clientes-consumidores, el deber contractual de actuar de buena fe adquiere una importancia significativa. Sobre el alcance de dicho deber, la Corte Constitucional ha sostenido

---

y las entidades al tenor de lo previsto por el literal c) del artículo 3.º de la misma norma y (iv) un elemento constitutivo del Sistema de Atención al Consumidor Financiero al que se refiere el literal c) del artículo 8.º de la misma disposición"». (Corte Constitucional. Sentencia T-676 del 1.º de diciembre de 2016, Exp. T-5.679.143, M. P.: Alejandro Linares Cantillo).

46 María José Reyes López. "El derecho de información", en *Derecho privado del consumo*, María José Reyes López (coord.), Valencia, Ed. Tirant lo Blanch, 2005, p. 488.

47 Eugenio Llamas Pombo. *Compraventa y protección de los consumidores*, 20 de noviembre de 2015, en http://www.saij.gob.ar/eugenio-llamas-pombo-compraventa-proteccion-consumidores dacf150842-2015-11-20/123456789-0abc-defg2480-51fcanirtcod

48 Corte Constitucional. Sentencia T-676 del 1.º de diciembre de 2016, cit.

que "[e]l artículo 83 de la Constitución Política reconoce el principio de buena fe en las actuaciones de los particulares", siendo objeto de "desarrollo legislativo concreto, en materia contractual, en los artículos 1603 de[l] *Código Civil (...)* y 871 del Código de Comercio (...)"[49]. Para la Corte, por virtud de la buena fe contractual "las partes obligadas por un acto jurídico actúan bajo los parámetros de la recta disposición de la razón dirigida al cumplimiento fiel de las obligaciones derivadas del acto. Se trata de reconocer que, al momento de aceptar la realización de una determinada prestación, se procederá con honestidad, lealtad y moralidad"[50]. [...] Este deber que, en efecto, supone la obligación de actuar de manera leal y honesta, se traduce además en el reconocimiento de los denominados deberes secundarios de conducta. Esta clase de deberes, por oposición a los que en estricto sentido se derivan de un contrato, son aquellos que pese a no haber sido pactados de forma expresa por las partes se incorporan al acto jurídico en virtud del principio de buena fe —que se funda en la Constitución—. Entre estos deberes complementarios —o contiguos, como también se les han (sic) conocido— se encuentran el de información, protección, consejo, fidelidad y secreto. [...] Tales deberes, según lo ha puntualizado la doctrina especializada[51], tienen como finalidad la realización del interés común perseguido por las partes. Por tal motivo, le[s] son impuestos tanto al deudor como al acreedor, no solo en la ejecución del contrato, sino también en la etapa precontractual y poscontractual. Si bien estas exigencias tienden a hacer más complejas las relaciones jurídicas entre las partes, reformulan el presupuesto de la igualdad formal, con el fin de reconocer la actuación de profesionales, productores o distribuidores de bienes y servicios que tienen la capacidad de imponer a su contraparte las condiciones contractuales. [...] A partir de lo anterior, destaca la Corte, estos deberes secundarios pueden manifestarse de forma más intensa en aquellos casos en los cuales la relación contractual puede calificarse también como una relación de consumo. En ese sentido y a modo de ejemplo, la celebración de contratos bancarios impone por su naturaleza —circunstancia que además suele ser reconocida por la ley— unos deberes especiales de acompañamiento, consejo e información. Tal exigencia encuentra fundamento en el deber constitucional de protección al consumidor (art. 78), en la función social de la empresa (art. 333) y en el bien común en tanto límite de la libre iniciativa privada (art. 333)[52].

---

49 Sentencia C-865 del 7 de septiembre de 2004, Exp. D-5057, M. P.: Rodrigo Escobar Gil.

50 *Ibid.*

51 Arturo Solarte Rodríguez, "La buena fe contractual y deberes secundarios de conducta", cit.

52 En el mismo sentido anterior, Martha Lucía Neme Villarreal señala que la buena fe le "otorga especial realce al deber de información que se deben las partes como manifestación de los deberes de corrección y lealtad exigibles en todo trato negocial; deber que no se agota en la etapa precontractual, sino que debe cumplirse durante todo el desarrollo del negocio. [...] Dicho deber de información cobra vital importancia (sic) en las complejas negociaciones modernas, tanto por la naturaleza de los bienes y servicios ofrecidos como por la desigual posición que asume la parte débil en la negociación, trátese de consumidor o de empresas comercialmente subordinadas, de

En cuanto a la *lex artis*, la jurisprudencia arbitral, con apoyo en la doctrina francesa, ha expresado que el deber de informar es una de las obligaciones más importantes de todo profesional y la más generalizada. Esa relevancia resulta ser mucho más evidente cuando el cliente es un profano, razón por la cual

> el profesional debe tomar la iniciativa de suministrar la información y para ello debe pedir a su cliente las precisiones del caso, e indagar acerca de sus necesidades. Dentro de (sic) esta tarea la jurisprudencia ha precisado que el profesional tiene el deber de indicar a su cliente los aspectos negativos o contraproducentes de los bienes o servicios, o de las prestaciones que se le encomiendan, así como de las limitaciones técnicas de tales bienes o servicios o de los riesgos que conllevan, de manera que el cliente debe ser advertido de los peligros que corre y de la forma de evitarlos. [...]. Incluso [...] el profesional no debe dudar en disuadir a su cliente de obrar en la forma que pretende hacerlo, debiendo llegar al extremo de rechazar el encargo que se le propone cuando dicho encargo exceda la competencia o las capacidades del profesional, o cuando este considere que está condenado al fracaso, a menos que se trate de un caso de urgencia, en especial en los campos relacionados con la salud y la seguridad de las personas[53].

Ahora bien, junto con el reconocimiento de la existencia de un vínculo entre la *lex artis*, la buena fe y el deber de informar, la doctrina y la jurisprudencia admiten la existencia de ciertos límites a dicho deber. La pregunta es, entonces, la siguiente: ¿cuándo se presentan las exigencias de la *lex artis* y de la buena fe que imponen el deber de informar? Para responder es preciso

---

manera que tal deber no solo debe atender a la calidad de los participantes, sino a la naturaleza del contrato y a las particularidades del negocio. [...] De ahí que la jurisprudencia haya advertido con agudeza que el deber de información que emana de la buena fe no se encuentra desligado del propio deber de diligencia que incumbe a la contraparte que lo reclama, cuando quiera que su carácter de profesional, las condiciones impuestas en el negocio y su particular posición dominante en el contrato indican que dicha parte pretende aprovecharse de omisiones de información de su contraparte para no cumplir un contrato que ahora alega como viciado, a pesar de que poseía elementos de juicio, o debió obtenerlos, que suplían la ausencia de información de la contraparte, por lo que en este caso la buena fe obliga al cumplimiento del contrato". (Martha Lucía Neme Villarreal. "El principio de la buena fe en materia contractual en el sistema jurídico colombiano", *Revista de Derecho Privado*, n.º 11, julio-diciembre, Bogotá, Universidad Externado de Colombia, 2006, pp. 79 a 126).

53 Laudo arbitral del 8 de junio de 1999, proferido con ocasión de la controversia planteada por el Inurbe a Fiduagraria con respecto a la celebración y ejecución de un negocio fiduciario celebrado para la inversión y administración de los recursos del subsidio de vivienda.

partir del hecho de que, en el ámbito del derecho colombiano[54], la doctrina y la jurisprudencia han reconocido la existencia de un deber de información extremadamente amplio, habida cuenta de que siempre la buena fe impone un deber general de información en términos tales que las partes contratantes deben suministrarse de manera mutua "toda" la información de la que dispongan y que resulte indispensable para la formación adecuada del consentimiento.

En esta corriente de opinión se encuentra Rengifo García[55], quien considera que el deber de información actualmente es más intenso y extenso, pues abarca, en principio, toda la información privada en poder de una de las partes contratantes que contribuya a fortalecer el consentimiento de la otra. Y destaca que la información debe ser exacta, suficiente y completa, amén de que

> la satisfacción de dicho deber dependerá de si el acto de disposición de intereses ha sido negociado o si se trata de contratos con cláusulas predispuestas o de negocios que disciplinan relaciones de consumo. Lo cierto es que habrá contratos en donde (sic) informar de manera clara, exacta y suficiente es un deber esencial del deudor de la obligación y habrá contratos en donde (sic) si bien no es un deber primario, la obligación resulta ser específica o derivada del deber general de comportarse de buena fe en la etapa de formación del contrato.

A pesar de lo anterior, no se puede afirmar tajantemente que de las exigencias de la buena fe se desprende un deber general de informar "todo" lo que resulte indispensable para la formación adecuada del consentimiento, pues los posibles aspectos de interés informativo para las partes contratantes resultan imposibles de agotar. De ahí que enumerar los posibles hechos respecto de los cuales debe brindarse información es algo que, en criterio de Pérez García[56], solo puede hacerse

---

54 En Colombia, el derecho a la información en las relaciones de consumo está consagrado en el artículo 78 de la CP, conforme al cual "la ley regulará el control de calidad de bienes y servicios ofrecidos y prestados a la comunidad, así como la información que debe suministrarse al público en su comercialización".

55 Ernesto Rengifo García. "El deber precontractual de información y las condiciones generales de contratación", *Revista de la Academia Colombiana de Jurisprudencia*, n.º 327, Bogotá, Academia Colombiana de Jurisprudencia, 2004.

56 Pedro Antonio Pérez García. *La información en la contratación privada*, cit., p. 78.

descendiendo al caso concreto, y ya dentro de él, atribuyendo a todo contratante el deber de comunicar a la otra parte todo aquello que conozca, o incluso que debería haber conocido, que contribuya a fortalecer el consentimiento [...]. En consecuencia, la formulación de la teoría general de la obligación de informar tiene un doble significado: 1.º que en toda relación jurídica sometida al derecho privado existe siempre una parte a quien le incumbe este deber, y 2.º que esta deberá exponer los hechos que conozca, o debería conocer, de interés concreto en la formación de la voluntad de su contraparte[57].

---

57 Sobre este particular, el Consejo de Estado, mediante la Sentencia 2000-03075 del 19 de noviembre de 2012 expresó: "El deber precontractual de brindar información aparece como un asunto de fácil conceptualización y determinación, empero la dificultad que en el punto se anida se advierte cuando surgen interrogantes tales como: ¿cuándo existe el deber de informar?; ¿hasta dónde se extiende este deber?; ¿cómo debe ser esa información? Responder estos interrogantes ha ocupado la atención de la doctrina[,] y las respuestas que esta ha dado se han visto influenciadas por los dos grandes sistemas jurídicos: el del derecho continental y el del *common law*. En términos generales, aunque con algunos matices, el sistema del derecho continental parte de la base de considerar que el deber precontractual de informar se cimenta en la buena fe contractual, en el entendido [de] que esta buena fe comprende no solo la etapa de la existencia del contrato[,] sino también la anterior y la posterior a ella. En consecuencia, como ese deber tiene su origen en el principio de la buena fe, se concluye que se trata de un deber general, aunque[,] por supuesto[,] con limitaciones, y[,] por ende[,] se debe informar no solamente cuando la ley lo ordena. Por su parte, el otro sistema parte de la consideración contraria, es decir, que no existe un deber general precontractual de informar[,] y[,] por ende[,] este deber solo se tiene cuando él resulta de la ley o de los precedentes judiciales, o, lo que es lo mismo, se admite el deber de información en casos concretos. El fundamento de esta consideración está en que[,] si se permite que cada persona se pueda aprovechar de la información que posea, es decir[,] que no la brinde, se determinará a invertir en ello y se estimulará así la libre competencia[,] lo que finalmente rendirá la consecuente ganancia social y económica, por lo tanto[,] es más conveniente que cada contratante se proteja a sí mismo. Como ya se vio en el numeral que precede, el ordenamiento colombiano consagra un deber general de obrar de buena fe en todas las etapas contractuales y[,] por consiguiente, con fundamento en ese principio, se puede deducir un deber general precontractual de información. [...] Pero por supuesto que ese deber no es absoluto[,] y entonces recurre este interrogante: ¿cuándo se debe informar? No se remite a duda, por lo obvio[,] y en esto coinciden los dos sistemas, que el primer caso en que se debe informar es cuando la ley lo ordena, pero más allá de esta hipótesis se enfrentan las posiciones y las razones. Sin embargo, hay eventos en que de manera clara el deber de informar se impone como consecuencia de la buena fe que debe imperar en las relaciones contractuales y, en concreto, habida cuenta de la función social y económica del contrato. [...] En efecto, tales casos son: a) cuando la información es determinante para la expresión del designio negocial de la otra parte, de tal suerte que de haber conocido o sabido no habría contratado o lo hubiera hecho en condiciones diferentes; b) cuando una parte le pide una determinada información a la otra; c) cuando una parte se decide a informar y comunica esta decisión; y d) cuando hay específicas relaciones de confianza entre las partes. Y los fundamentos del deber de informar en estos casos se encuentran[,] en primer término[,] en el "deber de cooperación" o de solidaridad contractual (que a su vez se deriva de la buena fe contractual)[,] que, como atrás se dijo, se resume en la idea de que cada contratante debe tener en cuenta y respetar el legítimo interés de su co-contratante, deber este que alcanza

En todo caso, la determinación del contenido y del alcance del deber de información se halla indefectiblemente ligada a la ponderación de los distintos intereses que se encuentran en juego con ocasión de la respectiva relación contractual. Esos intereses, en cuya protección se basa el legisla-

---

su pináculo en la contratación estatal[,] porque allí está de por medio el interés general; y, en segundo término, en la protección que debe dársele a la confianza que una parte ha generado en la otra, pues[,] no se olvide que hoy por hoy la fuerza obligatoria del contrato se explica, no tanto por el querer o decisión de cada parte de obligarse, sino porque la otra ha confiado y confía en lo que se le ha declarado y en que la conducta de su co-contratante se ajustará plenamente a lo pactado y a lo previsto en el ordenamiento, sin perder de vista que si entre ellas hay una especial relación de confianza se impone con mayor vigor una conducta desprovista de silencios o reticencias. [...] Pero lo anterior no significa que el deber de información en estos casos tenga una extensión tal que no conozca límite alguno. Por el contrario, se reconoce que el deber de información encuentra sus limitantes en la misma ley y en la carga de la autorresponsabilidad negocial. Según la primera limitante[,] el deber de informar no comprende todo aquello que la ley prohíba revelar. De acuerdo con la segunda, cada parte debe desarrollar una conducta activa y diligente en relación con el iter contractual, en especial[,] en la etapa previa, y[,] por consiguiente[,] ha de procurar informarse para luego informar y[,] como quiera que ha de conocer suficientemente sus derechos y sus obligaciones, así como las cosas sobre las que estos recaen, se sigue que no se debe informar todo aquello que la otra parte ha podido saber por sí misma con normal diligencia, como tampoco lo atinente a la naturaleza, medida o extensión de sus derechos, sus obligaciones o sus cosas[,] puesto que, se repite, cada uno debe conocer lo suyo, a menos que el conocimiento de lo propio requiera de especiales conocimientos que el titular no tenga y que no deba tener en razón de su profesión u oficio. [...] Finalmente, debe decirse cómo ha de ser esa información que se debe brindar cuando existe el deber de informar[,] y con miras en esta precisión se dice que ella debe ser veraz, auténtica y completa. La información es veraz cuando corresponde con la realidad, es auténtica cuando coincide con la fuente de la que se ha tomado y es completa cuando contiene todos los datos inherentes al asunto informado. [...] Por consiguiente, cuando se debe informar, bien sea porque la ley lo ordena o porque se trata de alguno de los casos atrás enunciados con sus limitantes, esa información debe corresponder con la realidad, debe coincidir con la fuente de la que se ha tomado y debe contener todos los datos inherentes al asunto informado, así y solo así se puede decir que se ha cumplido con el deber de brindar información. [...] Pero[,] además[,] para que se configure el incumplimiento del deber precontractual de informar es necesario que concurran estos tres requisitos: a) el desconocimiento de una información por una de las partes siempre y cuando que esta no la haya podido conocer por sí misma con normal diligencia o que ese saber requiera de especiales conocimientos de lo propio que el titular no tiene y que no debe tener en razón de su profesión u oficio; b) la otra parte conoce, o debe conocer, la información que aquella desconoce y, por mandato legal, o por ser determinante para la otra, o porque se le ha pedido o porque se ha decidido a informar o hay específicas relaciones de confianza entre ellas, tiene el deber de informar; y c) la parte que tiene la información no se la brinda a quien la desconoce. En síntesis, el incumplimiento del deber de información supone la concurrencia de los tres requisitos que se acaban de mencionar y también se configurará cuando, a pesar de haberse informado, la información no es veraz o auténtica o completa". (Consejo de Estado, Sala de lo Contencioso Administrativo, Sección Tercera. Sentencia 2000-03075 del 19 de noviembre de 2012, Rad. 73001-23-31-000-2000-03075-01(24897), C. P.: Jaime Orlando Santofimio).

dor para justificar la imposición a las instituciones financieras del deber de informar, son los siguientes[58]:

En primer lugar, la información, como derecho del consumidor financiero, en el orden público de protección basado en la desigualdad entre las

58 *Cfr.* sobre este asunto Íñigo de la Maza Gazmurri ("Los límites del deber precontractual de información", cit., p. 6 y ss.), que refiere que, en el ámbito del derecho comparado, un primer interés cuya protección se utiliza con frecuencia para justificar la imposición del deber de informar es el de la libertad contractual. Así, se afirma que el valor de la voluntad depende de cuán informado esté quien la emite. Un segundo interés es el de la lealtad contractual, en virtud de la cual se considera que las partes se deben comportar honestamente durante la negociación del contrato, colaborando así en la consecución de sus respectivos intereses. Y un último interés está relacionado con la protección general del mercado, específicamente con la promoción de su trasparencia, como sucede, por ejemplo, con las normas que regulan la debida diligencia y el suministro de información dirigida a promover el consumo de bienes y servicios. En conjunto con estos intereses se encuentran otros, como sucede en el caso del denominado principio de autorresponsabilidad, en virtud del cual se asume que cada persona debe negociar sus contratos con diligencia, protegiendo sus propios intereses y, por ende, procurándose la información relevante para tomar la decisión de contratar. Como consecuencia de este principio, se dice que quien no se procura la información necesaria para contratar actúa de manera negligente y, por lo tanto, debe asumir las consecuencias de su comportamiento, aun cuando la decisión de contratar haya obedecido a un error. Otro interés tiene que ver con la seguridad jurídica, principio producto del cual se aspira a que los contratos conserven su eficacia a pesar del error en que pueda haber incurrido una de las partes. Así, se considera que se atenta contra la seguridad jurídica por el hecho de restarle eficacia a un contrato en el que una de las partes no le suministró a la otra cierta información, pues en este caso existe la posibilidad de que los efectos de esa ineficacia se hagan extensivos a terceros de buena fe. Ahora bien, para proteger todos estos intereses, se tienen las siguientes opciones: una consistente en imponer el deber de informar a la parte que conoce la información con respecto a aquella que la ignora, de manera que si no pone en conocimiento dicha información se le sanciona; otra opción consiste en imponer el deber de informar a una de las partes, con independencia de que disponga de dicha información; una tercera opción radica en el establecimiento de una garantía, es decir, que no se requiere que una de las partes conozca o deba conocer determinada información, sino que es suficiente con que el objeto de la prestación no esté conforme a lo estipulado contractualmente para que se produzcan ciertos efectos jurídicos; y para finalizar, otra opción estriba en asumir que durante la negociación del contrato cada una de las partes debe procurarse su propia información, de manera que quien no lo haga asume el riesgo de que su consentimiento se haya formado con una deficiente información. Asumir cualquiera de estas opciones depende de la ponderación de los intereses en juego. En ocasiones, los diversos intereses convergen, y existen argumentos vinculados a la libertad contractual, a la lealtad contractual, a la protección de la trasparencia del mercado y a la autorresponsabilidad. En otras ocasiones, los intereses divergen, "así, la protección de la libertad contractual apuntará, por ejemplo, hacia la imposición de un deber precontractual de informar, pero[,] si quien ignora la información fue negligente en procurársela, la autorresponsabilidad sugerirá imputarle a este último el riesgo de la defectuosa información a quien padeció el error". (Íñigo de la Maza Gazmurri. "Los límites del deber precontractual de información", cit.).

partes contratantes, se erige en un mecanismo para restablecer el equilibrio contractual. Desde esta perspectiva, supone un rompimiento del principio de la autonomía de la voluntad, lo que necesariamente conduce a una nueva manera de interpretar el régimen que informa la responsabilidad de las instituciones financieras en general y, en particular, de las sociedades fiduciarias en sus actuaciones en calidad de fiduciarios profesionales, que hace que el nivel de diligencia se torne más exigente. Desde esta óptica, se afirma que el valor de la voluntad depende de cuán informado esté quien la emite, esto es, el consumidor financiero.

En segundo lugar, la información es un mecanismo de protección de la lealtad con la que deben actuar las instituciones financieras y los consumidores en todas las etapas que estructuran la relación de consumo. Esto se traduce en que las instituciones financieras están obligadas a suministrar la información que necesita el consumidor financiero para efectos de tomar una decisión de consumo acertada mediante la formación de un consentimiento informado o libre de vicio, entendiendo por consentimiento informado —como se advirtió en otro lugar— un procedimiento que garantiza, antes de aceptar un ofrecimiento o servicio financiero, la comprensión por el consumidor financiero de las condiciones, los riesgos y las consecuencias de celebrar el negocio jurídico objeto del ofrecimiento. Vale decir que, antes de prestar su consentimiento, el consumidor financiero ha recibido información clara, cierta, comprensible y oportuna; por consiguiente, no se trata únicamente de completar un modelo o formato de contrato, ni de adherirse a una cláusula genérica, ni de hacer constar que la aceptación de la oferta o la celebración del contrato se hace de manera libre, voluntaria y sin presiones, sino de tener todos los elementos de juicio suficientes para advertir la trascendencia de la decisión adoptada[59].

---

59 Sobre este particular, en el Laudo arbitral del 8 de junio de 1999, cit., proferido con ocasión de la controversia planteada por el Inurbe a Fiduagraria con respecto a la celebración y ejecución de un negocio fiduciario celebrado para la inversión y administración de los recursos del subsidio de vivienda, se expresó: "[E]n el campo específico de la administración de inversiones o manejo de portafolio, la doctrina reconoce que es frecuente que los clientes, usualmente profanos en materia financiera, otorguen al experto profesional los más amplios poderes para que este tome las decisiones de inversión, hipótesis en la cual aquellos pierden la posibilidad de impartir instrucciones o de dar órdenes al especialista. Con todo[,] si el propio cliente interfiere y es él quien toma las determinaciones, el profesional será exonerado de responsabilidad por los malos resultados que se deriven de haber cumplido las órdenes impartidas, siempre que haya informado y prevenido al cliente sobre los riesgos de su decisión, pues[,] una vez esta sea tomada de

manera reflexiva, el profesional no debe inmiscuirse más en los negocios y determinaciones de su cliente. [...] Desde luego que[,] si la orden del cliente versa sobre una operación totalmente inusual, notoriamente especulativa y[,] por tanto[,] particularmente arriesgada, y es dada por un cliente neófito e incompetente, el profesional debe desplegar mayores esfuerzos para informarlo debidamente y para tratar de convencerlo de desistir de esa transacción. [...] Junto a (sic) la interferencia del cliente se encuentra la aceptación deliberada de un riesgo por parte de este, hipótesis que ocurre cuando un cliente, a pesar de no ser competente en la materia de que se trate, luego de haber recibido las informaciones y advertencias pertinentes, decide asumir calculadamente los riesgos de una operación, evento en el cual el profesional queda también liberado de responsabilidad. [...] De lo anterior surge un criterio de especial importancia, en el sentido de que[,] en últimas[,] el cliente, como dueño del negocio que es, es el verdadero y único juez de su propia conveniencia, de manera que es a él a quien incumbe tomar la decisión correspondiente, la cual una vez adoptada debe ser acatada por el profesional de manera estricta, sin tratar de torcer o de frustrar la voluntad de su cliente, y sin que con ese acatamiento comprometa su responsabilidad. Lo importante es que esa voluntad se haya formado de manera reflexiva, calculada, esto es, deliberadamente, con apoyo en informaciones y opiniones pertinentes, con el análisis de las alternativas posibles, así como con los datos, la evaluación de riesgos y vicisitudes previsibles, y con la percepción de los pros y contras de las distintas soluciones. El profesional, según el alcance de sus prestaciones, debe actuar con diligencia y acuciosidad para dotar a su cliente de los elementos de juicio de que carezca para que así disponga de todos los instrumentos de ponderación antes mencionados para la adopción de una determinación acertada y adecuada a sus necesidades y metas. Si con tales instrumentos el cliente opta por una determinada vía, el profesional debe respetar su decisión y ha de poner todos los medios razonables a su alcance para cumplirla en cabal observancia de sus instrucciones, por cuanto el profesional igualmente está llamado a observar el principio de no interferencia o de no injerencia abusiva o intempestiva en los negocios y en las determinaciones de su cliente, [por] cuanto este es una persona avisada y advertida. [...] Pero también existe la otra cara de la moneda, en la cual, según la doctrina, el profesional debe rechazar el encargo que considere destinado a un fracaso inminente. No se trata de obligar al profesional a que solo realice los encargos que le gusten, o en los que tenga opiniones coincidentes con su cliente, pues en respeto de las decisiones de este[,] que es el último juez de su propia conveniencia, bien puede también llevar a cabo las tareas que no le gusten, o que le parezcan inadecuadas, riesgosas o inoportunas, siempre, eso sí, que haya prevenido suficientemente al interesado [...] Por tanto, la obligación de rechazar el encargo ha de entenderse como una situación extrema, en la que el profesional, a pesar de haber dado las informaciones y fundamentado sus opiniones para tratar de hacer desistir a su cliente de un negocio a todas luces inconveniente, o altamente especulativo y arriesgado, no logra convencerlo, porque en razón de su ignorancia, este no tiene la capacidad para entender las admoniciones y advertencias o porque se obstina en darle prevalencia a la suerte desmedida, a las premoniciones infundadas o a la superstición. Pero la regla general es que el cliente con una formación media, que recibe información y consejo en términos inteligibles para él, y de manera suficiente y razonada, releva de responsabilidad al profesional que cumple sus instrucciones y respeta la decisión tomada después de un análisis ponderado de la situación y con apoyo en los elementos de juicio necesarios y disponibles [...] Cada vez que, de acuerdo con las previsiones y las advertencias del profesional[,] la operación encomendada resulte en efecto lesiva, frustrada o de cualquier otra manera desafortunada, no puede decirse *ex post facto* que el único comportamiento diligente y razonable del profesional hubiere sido el de rechazar el

Finalmente, la información se erige en un mecanismo para la protección general del mercado financiero, habida consideración de que los productos y servicios financieros constitutivos del objeto social de las instituciones financieras se inscriben claramente en las denominadas relaciones de consumo[60].

Todos estos intereses convergen y se sustentan en el reconocimiento de la desigualdad que existe entre las partes contratantes, la cual, como ya se vio, en términos generales implica la ausencia de una efectiva posibilidad de autodeterminación por parte del consumidor financiero (adherente)[61].

---

encargo, a pesar de haber cumplido a cabalidad sus deberes de información, consejo y vigilancia. Eso sería hacerle asumir los riesgos de un negocio ajeno que no le corresponden, pues no hay ningún reproche que formularle, por cuanto es el propio dueño, avisado y advertido[,] quien toma la determinación y asume los riesgos inherentes a ella".

60 Andrés Eloy Ordóñez Ordóñez. "Los deberes recíprocos de información en el contrato de seguro. Y especialmente el deber de información del asegurador frente al tomador del seguro", *Revista de Derecho Privado*, n.º 9, julio-diciembre, Bogotá, Universidad Externado de Colombia, 2005, pp. 75 y ss.

61 Al respecto, debe decirse que la mayoría de los ordenamientos jurídicos europeos permiten derivar de las exigencias de la buena fe deberes de información, fundamentalmente en la etapa precontractual. No obstante, junto con este reconocimiento suelen establecer ciertos límites a dicho deber. Así, por ejemplo, en el derecho francés, se señalan los siguientes límites a la imposición del deber precontractual de información: 1) la posibilidad de que la parte ignorante pueda procurarse la información por sí misma; 2) la posibilidad de proporcionar solo aquella información que es relevante y cuya divulgación sea lícita; 3) respecto de quien conoce o debe conocer la información, los límites se encuentran determinados por el deber de informarse para informar; y, 4) tratándose de quien ignora la información, los límites quedan determinados por la ilegitimidad de su ignorancia. A su turno, en el derecho alemán, un importante sector de la doctrina destaca que durante la fase precontractual cada parte debe proteger sus propios intereses, amén de que cada parte puede mantener en silencio cierta información a pesar de que sea relevante para la otra. Sin embargo, existe un límite a la legitimidad del silencio determinado por las exigencias de la buena fe: si mantenerse en silencio es contrario a las exigencias de la buena fe, entonces existe un deber de informar. Por su parte, en el derecho italiano, con fundamento en lo dispuesto por el artículo 1337 del CC, que impone a las partes el deber de comportarse de buena fe durante la etapa precontractual, se dice que existe un deber de informar. Sin embargo, no hay acuerdo con respecto a cuál es el alcance de dicho deber. Así, mientras algún sector de la doctrina lo concibe en términos demasiado amplios, otro lo hace en términos más discretos. En el derecho español se dice que la regla general es que cada uno se ocupe de sus propios intereses y, por ende, que se procure las informaciones precisas acerca del negocio que hipotéticamente va a celebrar. Con todo, se considera que en determinadas circunstancias las reglas de la buena fe exigen que una de las partes procure a la otra determinada información. Así mismo, la doctrina española reciente considera que el tema de los límites al deber de informar debe abordarse desde la perspectiva de considerar el error —en tanto vicio del consentimiento— como un problema de distribución de riesgos. Se dice entonces que para distribuir el riesgo de la defectuosa información existen criterios de orden jurídico y económico. Entre los primeros están la justicia conmutativa y la justicia distributiva, al paso que entre los segundos está la consideración según

Esta desigualdad suele explicarse por que el consumidor financiero —en la mayoría de los casos— se ve compelido a aceptar un clausulado predispuesto por las propias instituciones financieras, las cuales están llamadas a regular una multiplicidad de relaciones jurídicas que ellas mismas implementan con el público en general, que es ajeno a cualquier tipo de calificación y profano en lo que se refiere a las características de los productos y servicios financieros y a las circunstancias en que se concluyen los contratos financieros. Otra explicación está dada por la posición monopólica u oligopólica que tienen las instituciones financieras en el mercado. Y una última explicación se relaciona con los problemas derivados de las asimetrías de información, cuya causa está asociada precisamente con el hecho de ser la contratación financiera una contratación por adhesión a unas condiciones generales. En este caso, la que explica la presencia de un déficit informativo por parte del consumidor financiero (adherente) suele ser la complejidad del contenido

---

la cual las consecuencias del error se deben hacer recaer sobre quien estaba en mejor condición de evitarlo. La excusabilidad del error se plantea como un problema de imputabilidad de este, de manera que solo procederá la anulación del contrato cuando el error sea imputable a la otra parte. Será imputable cuando la otra parte lo haya provocado o no haya colaborado en deshacerlo cuando debía hacerlo. Finalmente, desde la perspectiva del análisis económico del derecho, se dice que el deber de informar tiene como fundamento la buena fe objetiva desde el punto de vista jurídico, y desde el punto de vista económico es necesario determinar cuál es el costo de la información. Si la respuesta es que la información es costosa de adquirir, entonces no se debe imponer el deber de informar; en caso contrario, sí. Por último, los *Principios de Unidroit* tratan del deber de información a propósito del error y del dolo. Así, en el párrafo (1) (a) del artículo 3.5 se prevé que el contrato se puede anular si se trata de un error esencial y "la otra parte incurrió en el mismo error, o lo causó, o lo conoció o debió haberlo conocido[,] y dejar a la otra parte en el error resultaba contrario a los criterios razonables de lealtad negocial". Como se observa, en caso de error reconocido o reconocible, de lo que se trata es de saber si una parte debe informar a la otra sobre la existencia del error. Si debe hacerlo y no lo hace, entonces el error produce sus efectos. La respuesta a si debe o no informar se encuentra en los "criterios razonables de la lealtad negocial", esto es, en la buena fe. Por consiguiente, se debe informar si dejar a la otra parte en el error es contrario a la buena fe y a las negociaciones leales. Algo semejante sucede con el tratamiento del dolo por omisión. El artículo 3.8 de los *Principios de Unidroit* dispone que el contrato puede ser anulado cuando una parte "omitió dolosamente revelar circunstancias que deberían haber sido reveladas conforme a criterios comerciales razonables de lealtad negocial". De la Maza Gazmurri refiere que "en el derecho alemán se han identificado, al menos, tres situaciones en las que se asume que las exigencias de la buena fe imponen un deber de informar. La primera de ellas se presenta cuando una parte solicita información a la otra; la segunda sucede cuando la información se refiere a circunstancias que, en forma evidente, son totalmente determinantes para la otra parte, y la tercera tiene lugar cuando existe una relación de confianza entre las partes". (Íñigo de la Maza Gazmurri. "Los límites del deber precontractual de información", cit., p. 323 y ss.).

normativo del contrato. El problema es que un consumidor financiero promedio simplemente no está en capacidad de ponderar de manera adecuada la información que recibe (racionalidad imperfecta del adherente) o de comprender lo que está firmando[62]. Pero también el déficit informativo puede deberse a la complejidad de la prestación objeto del negocio.

En el anterior orden de ideas, se reitera, pues, que la imposición a las instituciones financieras de deberes especiales de información relacionada con los productos o servicios constitutivos de su objeto social, conforme a lo dispuesto por los artículos 97 y 99 del EOSF, en concordancia con los artículos 3.°, letras a), c) y f); 5.°, letra a); 7.°, letras c), f), j), p) y t); 9.° y 10.° de la Ley 1328 de 2009, cumple específicamente el propósito de protegerlo. Dicho de otro modo, es la opción que escogió el legislador para contrarrestar esa ausencia de una efectiva posibilidad de autodeterminación por parte del consumidor financiero (adherente).

Y, si bien es cierto que existe consenso en cuanto a que no basta con reconocer que el consumidor financiero tiene derecho a recibir información, también lo es que no hay una fórmula única que sea de aplicación generalizada para todos los productos y servicios financieros, ni tampoco se puede recurrir a la solución de decir que se debe entregar toda la información acerca del producto o servicio. No en todos los casos hará falta revelar tanta información para que el consumidor entienda de forma adecuada si el producto o servicio financiero que se le ofrece sí satisface sus necesidades, comprenda las consecuencias que tendría su decisión de consumo y así cumplir los fines del deber de información[63].

Desde el punto de vista de la forma, la extensión del contenido del deber de información no se puede definir en términos abstractos, sino que debe graduarse en concreto con base en los siguientes elementos: las condiciones personales y profesionales de las partes; la disparidad de intereses que se satisfacen por medio de las distintas modalidades de negocios fiduciarios, teniendo en cuenta la finalidad a la que quedan o se encuentran afectados los bienes fideicomitidos; y el modelo de contratación utilizado por las

---

62 Esto es lo que se conoce con el nombre de racionalidad imperfecta. El problema no es solo de falta de información, sino de la efectiva posibilidad de que el adherente pueda utilizar dicha información para tutelar de manera adecuada sus intereses.

63 Superintendencia de Industria y Comercio. "Protección al consumidor en Colombia. Una aproximación desde las competencias de la Superintendencia de Industria y Comercio", Bogotá, D. C., MinCIT, 2017, p. 151.

sociedades fiduciarias, que, bien se sabe, es una contratación por adhesión a condiciones generales. A este respecto, particular importancia tiene el Laudo arbitral del 8 de junio de 1999[64], que resolvió las controversias entre el Inurbe y Fiduagraria S. A., en el cual se expresó:

> De otra parte, de los principios planteados por la doctrina y la jurisprudencia puede deducirse que las obligaciones de información y consejo, aunque sin desaparecer por completo, tienen un contenido inversamente proporcional al conocimiento, experiencia e idoneidad del cliente, de manera que serán más intensas si este último es un profano o neófito completo en las actividades de que se trate. Pero esa intensidad irá disminuyendo en la medida que el cliente vaya teniendo determinada formación y ciertas vivencias en el mismo campo, hasta llegar al cliente que es también una persona versada plenamente en el mismo ramo, que tiene los conocimientos necesarios para tomar determinaciones con todos los elementos de juicio, a quien el profesional se limitará a formularle sucintamente ciertos comentarios o a darle algunas informaciones especiales que estime procedentes. Este sería el caso del vicepresidente financiero de una empresa multinacional, que recurre a un profesional para que invierta en determinados bonos o acciones, o para que haga ciertas colocaciones en instituciones financieras específicas. Ese cliente conoce perfectamente los mercados y las compañías que en ellos intervienen, de suerte que el profesional tiene poco para informarle o para aconsejarlo o para prevenirlo, pues se trata de un iniciado o experto como él [...]. Por estas razones, la jurisprudencia y la doctrina estiman que el profesional cumple sus deberes de información y consejo cuando el cliente tiene los datos, [las] opiniones y [las] evaluaciones pertinentes, bien porque el profesional mismo se los haya suministrado, o porque el cliente disponga de ellos por otros medios, como puede ser su propia formación o experiencia. [...] A este respecto, se dice que el cliente también debe obrar con diligencia para ilustrar al profesional respecto de sus condiciones especiales, las necesidades que quiere satisfacer y los propósitos que persigue. Con igual acuciosidad debe actuar para obtener él mismo, en la medida de sus capacidades, las informaciones que sean indispensables para tomar acertadamente decisiones [...]. Como se explicó, el cliente puede haber recibido la información con base en sus propios antecedentes, por ejemplo, si ha tenido en el pasado relaciones contractuales similares con el mismo profesional, o si se ha visto colocado en circunstancias semejantes. [...] Lo propio ocurre si el cliente cuenta o dice contar con personal calificado en la misma actividad; o si acude a contratar o a tratar con el profesional acompañado de expertos que le asesoran. La misma situación se predica del cliente que se presenta como un

---

64 Laudo arbitral del 8 de junio de 1999, que resolvió las controversias entre el Instituto Nacional de Vivienda de Interés Social y Reforma Urbana (Inurbe) y Fiduciaria de Desarrollo Agropecuario S. A. (Fiduagraria S. A.).

> especialista, o si se comporta como tal, es decir, si aparenta tener los conocimientos suficientes. [...] En todos estos casos, la doctrina coincide en afirmar que es inoficioso informar y aconsejar al cliente que también es un profesional, o que dispone ya de los datos y [las] opiniones, pues tales tareas devienen redundantes e inútiles en consideración de los conocimientos, la experiencia o de las demás ayudas con que cuenta el cliente. [...] En estos eventos, entonces, el profesional cumplirá las prestaciones de información y consejo con el suministro de los datos más recientes o novedosos, o con la formulación de opiniones sobre ciertos aspectos muy particulares, en el entendido [de] que, por lo demás, el cliente cuenta ya con todos los elementos de juicio. [...] Con estas precauciones, el profesional podrá proceder a cumplir las órdenes e instrucciones de su cliente, sin que el resultado desafortunado (sic) de las mismas (sic) le pueda ser imputable, toda vez que el cliente decidió con pleno conocimiento de causa.

Por otra parte, también se requiere que la información se exteriorice, que se exprese de modo tal que llegue al consumidor financiero, como su destinatario natural que es, "y este haga propio su contenido, estableciéndose un puente o comunicación entre los intervinientes: es el problema de la forma de la información"[65]. En esta dirección, corresponde a las instituciones financieras la carga de acreditar el debido cumplimiento de la obligación de informar frente a la invocación de la otra parte de no haber recibido dicha información, tal y como se desprende hoy por hoy de lo dispuesto por los artículos 11 y 12 de la Ley 1328 de 2009 y de los principios generales consagrados en el NEC (principio *pro consumatore*, art. 4), en concordancia con el artículo 167 del Código General del Proceso[66]. Esto es así por la sencilla razón de que exigirle al consumidor financiero que acredite que no le dieron información es un despropósito, toda vez que afirmar que no se ha recibido información por parte de la respectiva institución financiera equivale a una negación indefinida que solo puede ser desvirtuada por parte de esta (la institución financiera) mediante la prueba que acredite que cumplió con esta obligación.

Para finalizar, puede decirse que la trascendencia y la importancia de este régimen normativo están asociadas con la firmeza por parte del organismo supervisor del sistema financiero en la aplicación del régimen sancionatorio respectivo. Lamentablemente, en nuestro medio, la experiencia demuestra

---

65 Pedro Antonio Pérez García. *La información en la contratación privada*, cit., p. 73.

66 Congreso de Colombia. Ley 1564 de 2012. Por medio de la cual se expide el Código General del Proceso y se dictan otras disposiciones. *D. O.* 48489 del 12 de julio de 2012. Disponible en http://www.secretariasenado.gov.co/senado/basedoc/ley_1564_2012.html

que la exigencia de su cumplimiento por parte de la Superintendencia Financiera es escasa —por no decir que inexistente—, pues no se tiene noticia de que este organismo haya llevado a cabo una persecución efectiva de los incumplimientos normativos relacionados con el aspecto que se ha comentado y que se haya reflejado en el ejercicio de su potestad administrativa sancionatoria.

1. CONTENIDO Y CARACTERÍSTICAS DEL DEBER DE INFORMACIÓN

Para el suscrito, los artículos 3.º, letra c); 5.º, letra b); 7.º, letra c) y 9.º de la Ley 1328 de 2009 son desarrollos del principio de la buena fe y exigen que la información sea cierta, veraz y suficiente; que se suministre de manera clara, transparente, comprensible y adaptada a las circunstancias; y que sea verificable. La información cierta es aquella en la que el consumidor financiero conoce en detalle las características legales de los distintos productos y servicios constitutivos del objeto social de las instituciones financieras en general y, en particular, de las sociedades fiduciarias, sus condiciones, requisitos y las circunstancias en las que se encontraría ese consumidor financiero si contratara determinado producto o servicio financiero. En este contexto, la información debe recaer entonces sobre las características de los productos o servicios financieros, los derechos y las obligaciones, las condiciones, las tarifas, etc., para que el consumidor financiero comprenda el contenido y el funcionamiento de la relación establecida para suministrar un producto o servicio financiero y, más exactamente, para que la elección se pueda llevar a cabo por parte del consumidor financiero luego de entender a plenitud las reglas, las consecuencias y los riesgos de los productos y servicios financieros que se le ofrecen. De esta manera, se busca suplir el déficit de información y garantizar que el consentimiento se preste de manera libre y espontánea, esto es, que se forme a partir de una suficiente ilustración, de modo consciente, racional y libre, evitando sobredimensionar lo bueno, callar sobre lo malo y parcializar lo neutro[67].

---

67 Sobre este particular, la Corte Constitucional, mediante la Sentencia T-676 de 2016 expresó: «El literal c) del artículo 3.º de la Ley 1328 de 2009 fija a la transparencia y al suministro de información cierta, suficiente y oportuna, como unos de los principios orientadores que rigen las relaciones entre los consumidores financieros y las entidades vigiladas: [...] "Las entidades

La información suficiente incluye la obligación de dar a conocer al consumidor financiero, de la manera más amplia posible, todo lo relacionado con el producto o servicio financiero que adquiere. Por consiguiente, la suficiencia es incompatible con las informaciones incompletas, deficitarias o sesgadas que le impidan al consumidor financiero tomar una decisión reflexiva acerca de la conveniencia de celebrar o no el respectivo contrato.

En cuanto al contenido de la información, este no debe resultar ambiguo, vago, y no debe dejar margen de duda al consumidor financiero acerca de los productos o servicios financieros que se ofrecen, amén de que debe ser entendible por el consumidor financiero con miras a garantizar que la decisión de consumo se tome razonadamente. Por lo demás, la información debe ser oportuna, lo que significa que debe presentarse antes de que el consumidor financiero tome la decisión de consumo, esto es, en la etapa precontractual, toda vez que ella constituye una manifestación del derecho a la autodeterminación del consumidor financiero. De lo dispuesto por los artículos 3.º, letra a); 5.º, letra a) y 7.º, letra b), de la Ley 1328 de 2009 se sigue que el consumidor financiero debe prestar su consentimiento una vez suministrada la necesaria información, toda vez que es evidente que si el consumidor financiero no es informado de modo adecuado acerca de los riesgos, los beneficios, etc., del producto o servicio financiero que va a contratar no puede adoptar de manera libre y reflexiva la decisión de aceptarlo o rechazarlo[68]. De ahí que el incumplimiento del deber de información pueda ser consi-

---

vigiladas deberán suministrar a los consumidores financieros información cierta, suficiente, clara y oportuna, que permita, especialmente, que los consumidores financieros conozcan adecuadamente sus derechos, obligaciones y los costos en las relaciones que establecen con las entidades vigiladas". [...] Esta disposición impone entonces la obligación de que las entidades bancarias y aseguradoras suministren información (i) que corresponda efectivamente a la realidad jurídica y fáctica del vínculo del que se trate; (ii) que sea completa y no parcial, de manera tal que su destinatario pueda tener una imagen integral y detallada de la posición en la que se encuentra y de las posibilidades de actuación que tiene en la relación; y (iii) que sea plenamente comprensible, incluso en aquellos casos en los que su naturaleza técnica imponga dificultades para ser explicada». (Corte Constitucional. Sentencia T-676 del 1.º de diciembre de 2016, cit.).

68 Desde el punto de vista de la información, es necesario destacar una característica propia de la oferta: "La información proporcionada en un determinado acto preparatorio de futuro contrato ha de ser tanto más precisa en cuanto más se aproxime el momento culmen en que ha de surgir el contrato por formación del consentimiento; y la oferta es la última estadía en el camino contractual frente a la promoción y la publicidad, mucho más alejados de aquel, en virtud de lo cual el contenido informativo de aquella ha de ser más completo". (Pedro Antonio Pérez García. *La información en la contratación privada*, cit., p. 190).

derado como fuente de responsabilidad en el ámbito extracontractual. La omisión de la apropiada información al consumidor financiero constituye una vulneración de la *lex artis* y, como comportamiento negligente, permite hacer responsable a la institución financiera de que se trate de los daños derivados de tal comportamiento. Ahora bien, en estricto rigor jurídico, ello solo debiera ser así si puede probarse que de haber recibido el consumidor financiero una correcta información no hubiera aceptado celebrar el respectivo negocio jurídico, pues de otro modo la omisión de la información debida no podría ser tomada como "causa" del daño finalmente sufrido por el consumidor financiero.

Sobre este particular, la Corte Constitucional, mediante la Sentencia T-676 de 2016[69], expresó:

> La información debe ser entregada en el momento en que resulta relevante, y no después, de manera tal que, con fundamento en ella, el cliente o usuario —según el caso— pueda tomar las decisiones correspondientes. [...] Lo anterior, de acuerdo con la jurisprudencia de esta Corporación, constituye una forma de equilibrar la relación desigual y permite al consumidor el ejercicio pleno de sus derechos. Así fue puesto de presente en la Sentencia T-277 de 2016: [...] "(...) [L]a exigencia a las entidades que conforman el sistema financiero para que entreguen a los consumidores datos claros y oportunos, no es otra que equilibrar la situación de indefensión en la que estos últimos se encuentran ante ellas, para que reconozcan y ejerciten sus derechos como usuarios, permitiéndoles tomar mejores decisiones, facilitándoles la adecuada comparación de las distintas opciones ofrecidas en el mercado, propendiendo porque (sic) conozcan tanto sus derechos como las obligaciones adquiridas".

A esta altura, circunscribiendo la atención al ámbito de la actividad de las sociedades fiduciarias, resulta oportuno señalar los siguientes momentos, en los cuales la regulación financiera determina unos niveles de información, transparencia y principios de conducta clave para la protección de los consumidores financieros. En primer lugar, las sociedades fiduciarias, al igual que sucede con todas las instituciones financieras en general, están obligadas a actuar de la mejor manera para satisfacer los intereses de los fideicomitentes y beneficiarios. La oferta de productos y servicios fiduciarios debe respetar este principio, y así está recogido en el artículo 3.º, letra a) de la Ley 1328

69 Corte Constitucional. Sentencia T-676 de 2016, cit.

de 2009, a cuyo tenor "las relaciones entre las entidades vigiladas y los consumidores financieros deberán desarrollarse de forma que se propenda a la satisfacción de las necesidades del consumidor financiero, de acuerdo con la oferta, [el] compromiso y [las] obligaciones acordadas".

Del mismo modo, debido a la asimetría entre las partes, la regulación financiera impone la exigencia de contenidos mínimos en los contratos fiduciarios siempre que constituyan contratos por adhesión o para la prestación masiva de servicios fiduciarios, así como la prohibición de utilizar cláusulas y llevar a cabo prácticas abusivas. En este sentido, el artículo 7.º, letra f) de la Ley 1328 de 2009 impone la obligación de "elaborar los contratos y anexos que regulen las relaciones con los clientes, con claridad, en caracteres legibles a simple vista, y ponerlos a disposición de estos para su aceptación", así como de mantener a disposición del cliente "copia de los documentos que soporten la relación contractual", la cual "contendrá los términos y condiciones del producto o servicio, los derechos y obligaciones, y las tasas de interés, precios o tarifas y la forma para determinarlos". A su turno, los artículos 11 y 12 *ibidem* señalan, en su orden:

> Artículo 11. *Prohibición de utilización de cláusulas abusivas en contratos.* Se prohíbe[n] las cláusulas o estipulaciones contractuales que se incorporen en los contratos de adhesión que: // a) Prevean o impliquen limitación o renuncia al ejercicio de los derechos de los consumidores financieros. // b) Inviertan la carga de la prueba en perjuicio del consumidor financiero. // c) Incluyan espacios en blanco, siempre que su diligenciamiento no esté autorizado detalladamente en una carta de instrucciones. // d) Cualquiera otra que limite los derechos de los consumidores financieros y deberes de las entidades vigiladas derivados del contrato, o exonere, atenúe o limite la responsabilidad de dichas entidades, y que puedan ocasionar perjuicios al consumidor financiero. // e) Las demás que establezca de manera previa y general la Superintendencia Financiera de Colombia. [...] // Parágrafo. Cualquier estipulación o utilización de cláusulas abusivas en un contrato se entenderá por no escrita o sin efectos para el consumidor financiero.

> Artículo 12. *Prácticas abusivas.* Se consideran prácticas abusivas por parte de las entidades vigiladas las siguientes: // a) El condicionamiento al consumidor financiero por parte de la entidad vigilada de que este acceda a la adquisición de uno o más productos o servicios que presta directamente o por medio de otras instituciones vigiladas a través de su red de oficinas, o realice inversiones o similares, para el otorgamiento de otro u otros de sus productos y servicios, y que no son necesarias para su natural prestación. // b) El iniciar o renovar un servicio sin solicitud o autorización expresa del consumidor. // c) La inversión de la carga de

> la prueba en caso de fraudes en contra de consumidor financiero. // d) Las demás que establezca de manera previa y general la Superintendencia Financiera de Colombia. [...] // Parágrafo. Las prácticas abusivas están prohibidas a partir de la entrada en vigencia (sic) de la presente norma y serán sancionables conforme lo dispone[n] la Superintendencia Financiera de Colombia y la ley.

Igualmente, en la Parte II, Título II, Capítulo I de la Circular Externa 029 de 2014 o Básica Jurídica (C. E. 029/14), expedida por la hoy Superintendencia Financiera, se ordena que los contratos fiduciarios sean redactados

> en términos sencillos, de forma tal que sean de fácil comprensión para los usuarios y cumpliendo en todo con las condiciones señaladas en la Ley 1328 de 2009 y en el Capítulo I, Título III de la Parte I de esta Circular. Los caracteres tipográficos deben ser fácilmente legibles y reflejar con claridad, fidelidad y precisión las condiciones jurídicas y económicas que se deriven del contrato para cada una de las partes que se vinculen a él, independientemente de su posición contractual.

Finalmente, el numeral 2.3 del referido acto administrativo trae un listado de las menciones que deben estar contenidas en los contratos fiduciarios, al paso que el numeral 3, refiriéndose a los contratos fiduciarios por adhesión, dispone que la facultad que le asiste a la hoy Superintendencia Financiera de Colombia de evaluar los tipos o modelos de contratos que se pretendan utilizar en el desarrollo de la actividad fiduciaria, así como sus modificaciones o adiciones,

> tiene por objeto procurar la protección de los derechos de los usuarios de los servicios fiduciarios, en orden a velar por que las condiciones generales de los contratos se ajusten a las disposiciones legales, así como evitar que estén provistos de cláusulas abusivas que puedan afectar sus intereses.

Y seguidamente precisa:

> El alcance del pronunciamiento de la SFC se limita únicamente a la revisión de los modelos de contrato y en ningún momento constituye una valoración previa, aprobación o conformidad respecto de la validez o eficacia del negocio jurídico, respecto de las circunstancias de tiempo, modo y lugar relacionadas con su celebración, ejecución y/o liquidación, así como de las obligaciones y derechos de las partes intervinientes, o relacionado con los conflictos de orden contractual que puedan surgir con ocasión del desarrollo del mismo (sic). [...] No obstante (sic) lo anterior, la SFC puede ordenar en cualquier momento la suspensión de su

> utilización y exigir las modificaciones a que haya lugar cuando dichos contratos en su celebración o ejecución desconozcan alguno de los requisitos señalados en este Capítulo o en una disposición imperativa. [...] Tratándose de contratos de adhesión, las sociedades fiduciarias deben entregar a sus clientes al momento de la adhesión todos los documentos jurídicos que hagan parte (sic) del contrato al cual adhieren. [...] Los contratos fiduciarios diferentes de los de adhesión y/o de prestación masiva de servicios no están sujetos a la evaluación previa por parte de la SFC, sin que ello signifique que sus términos puedan apartarse de lo dispuesto en este Capítulo y en las normas legales vigentes[70].

La otra etapa importante para la protección del fideicomitente y del beneficiario está relacionada con la propia negociación de los productos fiduciarios en el mercado. La información acerca de sus derechos, obligaciones, costos y riesgos resulta fundamental para la toma de decisiones. A este respecto, el artículo 3.º, letra c) de la Ley 1328 de 2009 dispone que

> las entidades vigiladas deberán suministrar a los consumidores financieros información cierta, suficiente, clara y oportuna, que permita, especialmente, que los consumidores financieros conozcan adecuadamente sus derechos, [las] obligaciones y los costos en las relaciones que establecen con las entidades vigiladas.

En concordancia con esta norma, la letra d) del artículo 5.º *ibidem* señala que el consumidor financiero tiene derecho a

> recibir una adecuada educación respecto de las diferentes formas de instrumentar los productos y servicios ofrecidos, sus derechos y obligaciones, así como los costos que se generan sobre los mismos (sic), los mercados y [el] tipo de actividad que desarrollan las entidades vigiladas, así como sobre los diversos mecanismos de protección establecidos para la defensa de sus derechos.

Por lo demás, en relación con el deber de informar acerca de los riesgos, el numeral 2.2.1.2.1 de la Parte II, Título II, Capítulo I de la Circular Externa 029 de 2014 o Básica Jurídica (C. E. 029/14), expedida por la hoy Superintendencia Financiera, dispone:

---

70 La experiencia demuestra que la hoy Superintendencia Financiera de Colombia muy pocas veces ha ejercido con suficiente severidad esta facultad. Este control de carácter administrativo no ha sido tomado nunca muy en serio en Colombia y, particularmente, no se ha utilizado para promover de manera eficaz la protección de los potenciales fideicomitentes y de los beneficiarios designados por estos.

> Con base en el carácter profesional de las sociedades fiduciarias, les asiste el deber de informar los riesgos, limitaciones técnicas y aspectos negativos inherentes a los bienes y servicios que hacen parte (sic) del objeto del contrato y de las prestaciones que se les encomienden, de manera tal que el cliente debe ser advertido de las implicaciones del contrato, desde la etapa precontractual, durante la ejecución e incluso hasta la liquidación del mismo (sic). El alcance de esta obligación debe consultar el carácter y conocimiento de las partes intervinientes. Este deber implica la obligación de poner en conocimiento del cliente las dificultades o [los] imprevistos que ocurran en la ejecución del contrato.
>
> En los negocios en los que se comercialicen participaciones fiduciarias[,] las sociedades fiduciarias deben implementar los mecanismos necesarios para que los interesados conozcan con claridad los riesgos asociados a este tipo de inversiones.

En el anterior orden de ideas, necesariamente debe concluirse que, en lo que importa, si ante las declaraciones del consumidor financiero que acude a una sociedad fiduciaria con el fin de obtener cierto objetivo o finalidad esta no le informa de la posibilidad de no obtenerla debido a la existencia de factores aleatorios que pueden impedirlo, el fideicomitente y/o el beneficiario podrán contar razonablemente con lograr dicho resultado. En este caso, deberá entenderse que la sociedad fiduciaria implícitamente se comprometió a su obtención, de suerte entonces que el riesgo de no lograrse el resultado (finalidad), por muy "fortuito" que sea, debe considerarse integrado en la esfera de actividad del fiduciario. Dicho de otro modo: si bien es cierto que las obligaciones del fiduciario son de medios y no de resultado, de suerte que el interés primario consistente en la consecución de la finalidad a la que se encuentran afectados los bienes fideicomitidos no forma parte del interés contractual que el fiduciario debe satisfacer, no es menos cierto que tal circunstancia no impide apreciar la existencia de una obligación de resultado cuando, como se ha dicho, el fiduciario no ha informado de manera conveniente al fideicomitente y/o al beneficiario de la existencia de factores aleatorios que pueden interferir en el cumplimiento de la finalidad a la que se encuentran afectados los bienes fideicomitidos.

En esta dirección, huelga tener en cuenta que la forma como algunas sociedades fiduciarias ofrecen en el mercado sus productos fiduciarios puede inducir —y, de hecho, induce— a los consumidores financieros a pensar que se está garantizando un resultado. De ahí la importancia y trascendencia que —desde el punto de vista de la configuración de la prestación debida por el fiduciario— tiene su deber de informar de las posibilidades de fracaso de la gestión encomendada y de los riesgos asociados con esta, pues, si el fiduciario no informa al fideicomitente y/o al beneficiario de tales extremos cuando acude a contratar sus servicios, ese fideicomitente y/o ese beneficiario podrán entender que el fiduciario les está garantizando el resultado perseguido y/o que la finalidad señalada en el acto constitutivo está exenta de riesgos.

2. FINALIDAD DE LA INFORMACIÓN

Conforme a lo hasta aquí expuesto, se reitera, pues, que la finalidad exclusiva de la información no es otra que la de "contribuir a formar un consentimiento contractual más libre, claro y reflexivo sobre hechos de tal naturaleza que de haberlos conocido"[71] el consumidor financiero no hubiera celebrado el contrato o lo hubiera celebrado en condiciones diferentes. Por esa razón, la información necesariamente debe recaer sobre el objeto del producto o servicio financiero que se pretende contratar y, fundamentalmente, sobre los riesgos de este, máxime si se considera que nadie como las mismísimas instituciones financieras —que han estructurado sus propios productos y servicios financieros— están en el deber de conocer y, por ende, informar aquel, en apariencia, insignificante riesgo ínsito en todo producto o servicio financiero, pero que manifestado hubiera hecho desistir al consumidor financiero de la celebración del contrato.

Respecto de la actividad profesional de las sociedades fiduciarias, lo antes expuesto significa que la obligación de proceder de buena fe durante la etapa precontractual (consagrada en el artículo 863 del CCo) y la de ejecutar el contrato de buena fe (establecida en el artículo 1603 del CC) implican necesariamente que, si el fiduciario acepta la gestión que le encomienda el fideicomitente, con pleno conocimiento de las circunstancias, y nada expresa a este, en alguna medida está "comprometiendo el buen resultado" de dicha gestión.

Como es obvio, no se trata de establecer unas reglas rígidas acerca del grado de información que el fiduciario debe proporcionar a los potenciales fideicomitentes y, en su caso, a los beneficiarios, pues, como ya se advirtió, la extensión del contenido del deber de información no se puede definir en términos abstractos, sino que debe graduarse en concreto con base en

71 PEDRO ANTONIO PÉREZ GARCÍA. *La información en la contratación privada*, cit., pp. 77, 82 y 135.

los siguientes elementos: las condiciones personales y profesionales de las partes[72]; la disparidad de intereses que se pueden satisfacer por medio de los esquemas fiduciarios; las características de cada negocio fiduciario en particular, teniendo en cuenta la finalidad a la que estarán afectados los bienes fideicomitidos; y, desde luego, su contenido, alcances y la naturaleza de la contratación fiduciaria, esto es, según si se trata de un contrato negociado o de uno por adhesión a condiciones generales. De lo que se trata es de que exista un adecuado y cabal conocimiento por parte del fideicomitente y de los beneficiarios designados por este de los riesgos que se asumen al celebrar un negocio fiduciario traslaticio y no traslaticio del derecho de dominio, tomando en consideración la finalidad a la que quedarán afectados los bienes fideicomitidos. Esto implica que las sociedades fiduciarias deben entonces observar unos estándares muy altos en la información que sobre esos extremos han de dar a los fideicomitentes y beneficiarios.

A pesar de lo anterior, como la finalidad con que se impone el deber de información no es exactamente la protección de la libertad contractual, sino, fundamentalmente, la protección de la persona del beneficiario (sea que la calidad de beneficiario recaiga en el propio fideicomitente o en un tercero), la información por sí sola, aunque es necesaria, deviene insuficiente. De ahí que a los potenciales fideicomitentes y beneficiarios no se les debe dejar solos en la tarea de aceptar productos fiduciarios, aunque la oferta se haya hecho cumpliendo con todos los requisitos que la información debe cumplir a la luz del ordenamiento jurídico; por el contrario, es menester que las sociedades fiduciarias le dediquen a cada consumidor financiero el tiempo y la atención adecuados para encontrar los productos y servicios fiduciarios que resulten más apropiados para la satisfacción de sus necesidades.

La asimetría en las relaciones fideicomitente-fiduciario no se corrige acudiendo al expediente de que la oferta se hizo cumpliendo con todos los requisitos legales, ya que la experiencia demuestra que los fideicomi-

---

72 A este respecto, debe tenerse en cuenta que lo relevante no es, *per se*, la formación académica del fideicomitente y/o del beneficiario designado por este, sino si estos llegaron a conocer los riesgos asociados con el negocio fiduciario que les fue recomendado por la sociedad fiduciaria, de modo que es la representación mental exacta o inexacta lo que determina que el error sea invalidante o no. En este sentido, lo que vicia el consentimiento por error es la falta de conocimiento del producto fiduciario contratado y de los concretos riesgos relacionados con este, que determina en el consumidor financiero que lo contrata una representación mental equivocada sobre el objeto del contrato.

tentes tienen un comportamiento no racional o de excesiva confianza en las sociedades fiduciarias y de falta de percepción del riesgo. Prueba de ello es el caso de algunas sociedades fiduciarias que se vieron enfrascadas en escándalos asociados con la administración, el manejo y la inversión de dineros públicos. Esta evidencia conduce de manera indefectible a tener en cuenta que cualquier análisis que se realice o se pretenda hacer alrededor de las infracciones al deber de información por parte del fiduciario —sobre todo en la etapa precontractual— en primer lugar ha de pasar por el tema del consentimiento y por la evaluación de los mecanismos de contratación que utilizan las sociedades fiduciarias, "con la perspectiva precisamente de la formación de ese consentimiento, ya que es principio inaceptable que un contratante, frente a cláusulas expresas y claras de un contrato, alegue la supuesta ignorancia de estas como fundamento de una mala fe precontractual de su cocontratante"[73].

3. RESPONSABILIDAD POR EL INCUMPLIMIENTO DEL DEBER DE INFORMACIÓN

Ese linaje constitucional y supralegal que reconoce y desarrolla los derechos fundamentales de los consumidores financieros conduce necesariamente a una nueva manera de interpretar el régimen que informa la responsabilidad de las instituciones financieras y hace que el nivel de diligencia se torne más exigente. Y es que, siguiendo las necesidades básicas del consumidor señaladas en el artículo 78 de la Carta Política, las leyes 1328 de 2009 y 1480 de 2011 se han encargado de concretar la responsabilidad civil de las instituciones financieras en general y enfatizan en aquellos aspectos relacionados con (i) la confirmación de que el consumidor financiero tiene derecho a ser informado y educado y (ii) el deber de garantizar las condiciones de calidad en la prestación de los servicios financieros propios del objeto social de tales entidades[74].

73 Andrés Eloy Ordóñez Ordóñez. "Los deberes recíprocos de información en el contrato de seguro. Y especialmente el deber de información del asegurador frente al tomador del seguro", cit., p. 75 y ss.

74 De acuerdo con lo dispuesto por el inciso 2.º del artículo 7.º de la Ley 1480 de 2011, la obligación de garantía está dada por las condiciones de calidad en la prestación del servicio, según las condiciones establecidas en normas de carácter obligatorio, en las ofrecidas o en las ordinarias y habituales del mercado. En concordancia con este precepto, la letra a) del artículo 5.º de la Ley

Por consiguiente, se trata de un régimen jurídico que se basa en la desigualdad entre las partes (desigualdad proveniente de la mayor competencia y pericia de las instituciones financieras) y en el que se busca privilegiar la buena fe y la seguridad, así como evitar la introducción de cláusulas abusivas. Para tales efectos, entre otras cosas, las relaciones de consumo han sido reguladas con miras a asegurar que el consentimiento de los consumidores financieros sea libre y con conocimiento de las obligaciones que se contraen, para ello se incorporan reglas de transparencia e información cierta, suficiente y oportuna, así como de debida diligencia en el ofrecimiento y en la prestación de los servicios financieros.

En la dirección anotada, a la carga que pesa sobre el fideicomitente —como consumidor financiero que es— de revisar los términos y las condiciones del respectivo contrato fiduciario se opone la carga de las sociedades fiduciarias de suministrarle información comprensible y publicidad transparente, clara, veraz y oportuna acerca de sus productos y servicios ofrecidos en el mercado, de suerte que el fideicomitente conozca de manera adecuada sus derechos, obligaciones y los costos en las relaciones que establece con las sociedades fiduciarias. Esta carga de las sociedades fiduciarias se especifica, ante todo, en el sentido de que deben hacer manifiesta al fideicomitente la existencia de condiciones generales en la contratación y ponerlo en situación de conocer su contenido y alcances. Las sociedades fiduciarias deben, además, elaborar los contratos fiduciarios y sus anexos con claridad, en caracteres legibles a simple vista, y ponerlos a disposición de los fideicomitentes para su aceptación.

En últimas, de lo que se trata es de que los consumidores financieros adquieran plena conciencia tanto de los términos y las condiciones de los diferentes contratos y productos financieros que las instituciones financieras pueden celebrar en desarrollo de las actividades constitutivas de su objeto social como de las consecuencias que conlleva su celebración. De ahí que

---

1328 de 2009 dispone que, "en desarrollo del principio de debida diligencia, los consumidores financieros tienen el derecho de recibir de parte de las entidades vigiladas productos y servicios con estándares de seguridad y calidad, de acuerdo con las condiciones ofrecidas y las obligaciones asumidas por las entidades vigiladas" (Congreso de Colombia. Ley 1328 de 2009, cit.). En este mismo sentido, la letra b) del artículo 7.° de la Ley 1328 de 2009 impone a las instituciones financieras el deber de "entregar el producto o prestar el servicio debidamente, es decir, en las condiciones informadas, ofrecidas o pactadas con el consumidor financiero, y emplear adecuados estándares de seguridad y calidad en el suministro de los mismos (sic)".

una adecuada asesoría e información, "a partir de parámetros jurídicos, económicos y financieros suministrados en forma transparente, resulta indispensable a esa finalidad". Tanto más concluyente resulta lo anterior si se tiene en cuenta que el deber de asesoría e información de las sociedades fiduciarias —derivado de la naturaleza misma de la contratación fiduciaria— "resulta de trascendental importancia (sic), porque las deficiencias en su aplicación repercutirían, en mayor o menor medida, en el adecuado funcionamiento y crecimiento del mercado" y en la toma de decisiones de los consumidores financieros. "Así que, dado el papel protagónico que cumplen dichas compañías, ello implica, como es natural entenderlo, una especial diligencia y responsabilidad, propias a su profesionalidad y especial conocimiento del mercado en el cual actúan"[75].

C. DEBER DE ENTREGAR EL PRODUCTO O PRESTAR EL SERVICIO DEBIDAMENTE

Uno más de los mecanismos de protección que el ordenamiento jurídico les brinda a los consumidores de productos y servicios fiduciarios está relacionado con el deber a cargo de las sociedades fiduciarias de entregar tales productos y prestar tales servicios en las condiciones informadas, ofrecidas o pactadas con aquellos. Este tema obliga a centrar la atención en el contenido y los alcances de la publicidad.

A la publicidad se refiere el artículo 5.°, numeral 12, de la Ley 1480 de 2011, que la define como "toda forma y contenido de comunicación que tenga como finalidad influir en las decisiones de consumo". Al respecto, la Corte Constitucional, mediante la Sentencia C-830 de 2010[76], expresó:

> Se ha señalado que la publicidad es, ante todo, un mecanismo de transmisión de mensajes persuasivos, que buscan dirigir las preferencias de los ciudadanos hacia la adquisición de determinado bien o servicio. Esto implica que el mensaje publicitario, por definición, carezca de condiciones de imparcialidad o plena transparencia en la presentación de los datos sobre las propiedades del producto o servicio, puesto que toda actividad en este sentido estará enfocada en destacar las virtudes del bien

---

75 Corte Suprema de Justicia, Sala de Casación Civil. Sentencia 2008-00586 del 30 de marzo de 2012, Exp. C-11001310304322008-00586-01, M. P.: Jaime Alberto Arrubla Paucar.

76 Corte Constitucional. Sentencia C-830 del 20 de octubre de 2010, Exp. D-8096, M. P.: Luis Ernesto Vargas Silva.

> ofrecido. Ante esta realidad de la práctica económica y habida consideración de los profundos cambios que involucra el paso de una concepción jurídica liberal del mercado, de reducida intervención estatal, al grado de injerencia propia del modelo de economía social de mercado, la Constitución prevé en su artículo 78 la potestad legal de regular tanto la calidad de bienes y servicios ofrecidos y prestados a la comunidad, como la información que debe suministrarse al público. [...] Esta previsión constitucional vincula la intervención estatal de la publicidad comercial a los derechos de consumidor. Como se expresó anteriormente, una de las funciones de dicha publicidad es transmitir información a los integrantes del mercado sobre las calidades del bien o servicio. En tal sentido, la cantidad y calidad de datos sobre los productos que ofrezcan los comerciantes a través del mensaje publicitario, son elementos críticos para el juicio de adecuación de las opciones de consumo. La jurisprudencia ha reconocido que la función estatal en este campo se concentra en garantizar que las decisiones de consumo sean informadas, disminuyendo las asimetrías que impidan el conocimiento previo a la adquisición de productos y servicios seguros y de aceptable calidad. En ese sentido, la Corte ha reconocido que los derechos de los consumidores tienen naturaleza poliédrica, pues integran el deber estatal de garantizar diversos planos de eficacia, relacionados con la calidad y seguridad de los productos, la adecuada y suficiente información sobre los mismos (sic) y el aseguramiento de la participación de las organizaciones de consumidores y usuarios.

Como se observa, pues, la publicidad constituye en la actualidad una de las técnicas de mercadeo de mayor utilización, de ahí que su importancia en el proceso de toma de decisiones de un potencial o futuro fideicomitente y/o beneficiario resulte indiscutible. La publicidad se presenta como un aspecto fundamental de los tratos previos o preliminares que ha llevado a que se altere de manera sustancial el proceso de formación de los contratos financieros. Sin lugar a duda, la publicidad ha permitido la sustitución de las tratativas, lo que ha llevado necesariamente a replantear el *iter* formativo de los contratos financieros a partir del hecho de que estos "resultan promocionados o promovidos mecánicamente y a distancia por medio de la publicidad"[77]. Por eso, el ordenamiento jurídico se ha encargado de regular la práctica o actividad publicitaria, y para ello ha impuesto la integración del contenido ofrecido en la publicidad a los contratos de fiducia mercantil y de encargo

---

77 Andrés Eloy Ordóñez Ordóñez. "Los deberes recíprocos de información en el contrato de seguro. Y especialmente el deber de información del asegurador frente al tomador del seguro", cit., p. 96 y ss.

fiduciario, de manera que el fiduciario no puede cambiar las condiciones objetivas señaladas en la publicidad, bajo las cuales anunció determinado producto o servicio fiduciario, toda vez que se entienden incorporadas al contrato, al presumirse que fueron determinantes para su celebración.

Este carácter vinculante de la publicidad surge de lo dispuesto por el artículo 29 de la Ley 1480 de 2011, conforme al cual "las condiciones objetivas y específicas anunciadas en la publicidad obligan al anunciante, en los términos de dicha publicidad". Por consiguiente, las condiciones en cuestión tienen carácter obligatorio, formarán parte integral del contrato que posteriormente se perfeccione entre las partes y "tienen alcances precontractuales y contractuales constituyéndose entonces como fuente de la responsabilidad [...] contractual o extracontractual, en el ámbito del derecho de consumo"[78].

Ahora bien, para que la publicidad pueda ser calificada como legítima a la luz del principio de la buena fe, no debe contener afirmaciones específicas de los productos y servicios financieros, tampoco alabanzas genéricas que tengan por objeto o produzcan como efecto inducir a error a los consumidores "por no observar parámetros de claridad, plenitud, veracidad, suficiencia, oportunidad y transparencia o por no corresponder con la realidad económica ni jurídica del contrato"[79]. A este respecto, el numeral 1 del artículo 99 del EOSF dispone:

> Los programas publicitarios de las entidades vigiladas deberán contar con la autorización general o individual de la Superintendencia Bancaria, con el fin de que se ajusten a las normas vigentes, a la realidad jurídica y económica del servicio promovido y para prevenir la propaganda comercial que tienda a establecer competencia desleal.

---

78 JUAN VILLALBA. "La publicidad engañosa en el derecho del consumo. Examen normativo a propósito de la reforma al Estatuto de Protección al Consumidor colombiano", en *Derecho del consumo: problemáticas actuales*, JOSÉ MANUEL GUAL ACOSTA y JUAN CARLOS VILLALBA CUÉLLAR (dirs.), Bogotá, Grupo Editorial Ibáñez y Universidad Santo Tomás, 2014, pp. 148 a 149.

79 JUAN IGNACIO GRANADOS ARISTIZÁBAL. "Las declaraciones publicitarias y la integración de las obligaciones que de ellas emanan al contenido del contrato con el consumidor", *Revista e-Mercatoria*, vol. 12, n.º 1, enero-junio, Bogotá, Universidad Externado de Colombia, 2013, p. 26.

A su turno, en el subnumeral 2.2. de la Parte I, Título III, Capítulo I de la Circular Básica Jurídica (C. E. 029/14), expedida por la Superintendencia Financiera, se dispone:

> La imagen institucional o las características jurídicas, económicas o financieras de los productos o servicios que se pretenda promover deben ser ciertas y comprobables, guardando total acuerdo con la realidad financiera, jurídica y técnica de la entidad o del servicio promovido, de tal manera que en todo momento la entidad se encuentre en capacidad de cumplir con los ofrecimientos que realiza a través de los medios publicitarios.

Tratándose de los programas publicitarios adelantados por las sociedades fiduciarias, en el subnumeral 2.5 del referido acto administrativo se indica, entre otras cosas, lo siguiente:

> En las campañas publicitarias que adelantan las sociedades fiduciarias y sin perjuicio de la aplicación de lo dispuesto en los numerales precedentes en todo cuanto no resulte contrario a las instrucciones que a continuación se imparten, deben observarse las siguientes reglas: [...] 2.5.1. Aspectos generales: Las campañas publicitarias orientadas a promover productos o servicios fiduciarios deben precisar el tipo de contrato mediante el cual ha de instrumentalizarse el respectivo negocio —fiducia mercantil o encargo fiduciario—, evitando el empleo de expresiones que induzcan al público a la convicción de que la entidad alcanzará el éxito en la gestión encomendada. En tal sentido, debe señalarse de manera fácilmente visible en los programas publicitarios que las obligaciones asumidas por estas entidades con ocasión de la celebración de contratos de fiduciarios tienen carácter de obligaciones de medio y no de resultado.

Por lo demás, el numeral 13 del artículo 5.º de la Ley 1480 de 2011 define la publicidad engañosa como “aquella cuyo mensaje no corresponda a la realidad o sea insuficiente, de manera que induzca o pueda inducir a error, engaño o confusión”.

A pesar de la claridad de las disposiciones legales y administrativas que se han reseñado, lo cierto es que en la práctica cada vez es mayor la posibilidad de que por medio de la publicidad se les cree a los consumidores financieros una falsa expectativa que los prive de la posibilidad de ponderar la conveniencia de acudir a la contratación fiduciaria. Muchos son los eventos en los que el derecho de los consumidores financieros a ser informados de manera adecuada se vulnera sistemáticamente mediante distintas técnicas de comunicación y, en especial, de la publicidad. La experiencia demuestra que en muchos casos la publicidad de los productos y servicios fiduciarios se caracteriza por su escasa información y por dirigirse a motivar o incentivar su utilización más allá de la satisfacción de las necesidades del consumidor. También existen muchos casos en los que el fiduciario no le entrega a los potenciales o futuros fideicomitentes y/o beneficiarios todo lo que su actividad publicitaria había anunciado como objeto de los respectivos contratos de fiducia mercantil o de encargo fiduciario, según el caso, lo cual ocasiona un perjuicio evidente, cuyas consecuencias jurídicas son ajenas a sus expectativas. La información y la publicidad incompletas, tendenciosas o falsas deforman la opinión del consumidor financiero y le impiden seleccionar racionalmente el producto o servicio financiero que requiere. Como lo refiere Rubén S. Stiglitz[80], la publicidad,

> deformando la opinión del consumidor, le impide seleccionar racionalmente el producto o servicio. Restringe, pues, la espontaneidad de su elección, relativiza su poder de decisión, su libertad de contratar, o más precisamente, de no contratar. Todo ello hace que el imperativo de la justicia contractual genere mecanismos de implementación que garanticen el derecho a la información adecuada, persiguiendo como correlato la efectiva vigencia de los deberes de información a cargo de los empresarios.

Un ejemplo de esta clase de publicidad se encuentra en aquellas piezas publicitarias mediante las cuales se promociona la denominada fiducia inmobiliaria para el desarrollo de proyectos de construcción en las que se suele ofrecer como ventaja para quienes desean vincularse al proyecto la confianza, la seriedad y el respaldo que brinda la fiduciaria que actúa como administradora y, fundamentalmente, la garantía de la correcta inversión de las fuentes de financiamiento destinadas a su desarrollo. Esta clase de piezas publicitarias devienen contrarias al principio de la buena fe en la medida en que implican la presencia de un *dolus malus*[81], pues no se ajustan a la realidad jurídica,

---

80 Rubén Stiglitz y Gabriel Stiglitz. *Responsabilidad precontractual*, Buenos Aires, Abeledo-Perrot, 1992, p. 133.

81 La doctrina y la jurisprudencia suelen distinguir el denominado *dolus bonus* del *dolus malus*. En el denominado *dolus bonus*, uno de los contratantes maximiza los beneficios y/o las virtudes de un producto, al tiempo que oculta sus defectos. Ejemplo de esta clase de dolo es la publicidad comercial, aspecto en relación con el cual la Corte Suprema de Justicia, mediante la Sentencia 6775 del 13 de diciembre de 2001, señaló: " Es incuestionable, dentro de este marco conceptual,

técnica y económica de la actividad fiduciaria que las sociedades fiduciarias puedan respaldar el desarrollo de los proyectos de construcción en los que participan en calidad de fiduciarios profesionales. Además, conducen a que la respectiva sociedad fiduciaria responda en sede contractual frente a los terceros interesados en adquirir los correspondientes inmuebles, pues, si por causa de esa publicidad estos decidieron vincularse al proyecto de construcción, aquella está obligada en los términos de dicha publicidad, los cuales no pueden ser desconocidos ni modificados (tampoco sus alcances) con posterioridad, en ejercicio del contrato de encargo fiduciario de preventas o del contrato de vinculación, o bien del contrato de promesa de compraventa (según el caso) celebrado con tales terceros.

Esa responsabilidad contractual de la sociedad fiduciaria es de tipo objetivo, según se desprende de lo dispuesto por el artículo 30 de la Ley 1480 de 2011. Adicionalmente, se trata de un régimen de responsabilidad autónomo, independiente del derivado de la inadecuada o insuficiente información que se les brinde a los fideicomitentes y beneficiarios, de modo que se omite el

---

que la invitación formulada por cualquier entidad comercial o financiera al público o a personas indeterminadas, por medio de propaganda radial o escrita contenida en portafolios publicitarios (*brochure*) —calificados en la ley comercial como prospectos— en pautas televisivas o aun de vendedores directos, no puede comprometer su responsabilidad prenegocial". (Corte Suprema de Justicia, Sala de Casación Civil. Sentencia 6775 del 13 de diciembre de 2001, Exp. 6771, M. P.: Manuel Ardila Velásquez). Sobre este mismo particular, Alberto Tamayo Lombana explica que la publicidad "es un procedimiento fundamentado por la exageración y[,] por lo tanto[,] sobre una buena dosis de mentira, destinado a acreditar los productos que salen a los mercados. Si alguien creyera en forma absoluta que (sic) esos anuncios de la propaganda comercial (que tal producto rejuvenece, que tal otro dura cien años), sería víctima de su ingenuidad, mas no de un vicio del consentimiento. Se trata de un *dolus bonus* aceptado por los usos y tolerado por el ordenamiento jurídico". (Alberto Tamayo Lombana. *Manual de obligaciones: teoría del acto jurídico y otras fuentes*, 6.ª ed., Bogotá, Temis, 2004, p. 171). O sea entonces que, como lo refieren Echeverry y Ospina, "permitir a los comerciantes engañar 'levemente' por medio de la publicidad se traduce en la no vinculatoriedad de la misma (sic), a [la] luz del Código Civil colombiano. A su vez, esta situación se encuentra consagrada en el artículo 847 del Código de Comercio colombiano, al regular el régimen de la oferta dirigida al público en general. De acuerdo con el estatuto comercial, la información contenida en la oferta no vincula al oferente respecto del contenido de la misma (sic), cuando esté dirigida a personas indeterminadas, o esté contenida en cualquier tipo de propaganda escrita. Es por ello [por lo] que en la práctica mercantil se avala que los oferentes, a la hora de perfeccionar el contrato, modifiquen el proyecto de negocio jurídico contenido en la oferta". (Verónica María Echeverry Salazar y Julián E. Ospina Gómez. "La regulación de la publicidad en el nuevo Estatuto del Consumidor. Implicaciones desde la teoría del contrato", *Revista Opinión Jurídica*, vol. 14, n.º 28, julio-diciembre, Medellín, Universidad de Medellín, 2015).

cumplimiento de los requisitos señalados en la letra c) del artículo 3.º de la Ley 1328 de 2009. Siguiendo lo dicho por Giraldo, Caycedo y Madriñán[82]:

> La responsabilidad por publicidad engañosa opera con la sola demostración de que la publicidad no corresponde con la realidad o que por ser insuficiente tiene la capacidad de inducir a error o confusión al consumidor. De igual forma, puede demostrarse que la publicidad ha sido diseñada, preparada o presentada de tal forma, o que ha omitido cierta información importante, que es capaz de producir engaño al consumidor para la adquisición de un producto en unas condiciones determinadas que no son reales.

D. DEBER DE CONSEJO O ASESORÍA

Compartiendo aspectos comunes con el deber de información se encuentra el deber de consejo. Sobre este particular, en el Laudo arbitral del 31 de marzo de 2000[83], varias veces recordado, proferido para resolver las controversias entre el Inurbe y Fidugán derivadas de la celebración de un negocio fiduciario de inversión, se expresó:

> [E]n ocasiones se habla indistintamente de la obligación de información y de la obligación de consejo, si bien la doctrina especializada critica esta asimilación, pues no se trata de sinónimos, ni de términos jurídicamente equivalentes. En efecto, el consejo tiene un mayor contenido obligacional que la mera información. La doctrina reconoce que el deber de consejo puede ser una obligación principal, como ocurre en ciertos contratos de asesoría, o una obligación accesoria, pero siempre en virtud de una cláusula expresa, que no se encuentra en el contrato de fiducia mercantil que analizamos. Con todo, una corriente jurisprudencial parece admitir que la obligación de consejo se encuentra implícita en los contratos que conllevan la entrega de aparatos sofisticados, o en algunos contratos bancarios (o con intermediarios financieros)[,] en especial[,] respecto de órdenes de operaciones de inversión en los mercados a término […]. Ahora bien, el consejo suministrado desinteresadamente, vale decir, sin que obedezca a una obligación estipulada, no compromete, en principio, la responsabilidad del profesional, a menos que haya actuado con intención maliciosa. La obligación de consejo exige del profesional una apreciación fundamentada sobre los servicios que se le encomiendan, o sobre el

---

82 Alejandro Giraldo López, Carlos Germán Caycedo Espinel y Ramón Eduardo Madriñán Rivera. *Comentarios al nuevo Estatuto del Consumidor*, cit. pp. 93 y 94.

83 Laudo arbitral del 31 de marzo de 2000, que resolvió las controversias entre el Instituto Nacional de Vivienda de Interés Social y Reforma Urbana (Inurbe) y Fiduciaria Ganadera S. A. (Fidugán).

> negocio, operación o actividad que piensa llevar a cabo su cliente. Se trata con ello de que el profesional ilustre a su cocontratante respecto de las distintas alternativas con que cuenta; que lo oriente en sus decisiones y escogencias y lo incite o trate de persuadirlo a adoptar la solución que parece la más conveniente, incluso si no es la más barata. Esta prestación suele denominarse asesoría, o incluso asistencia técnica. Esta obligación puede llegar hasta [a] ayudar al cliente a realizar o a concretar la operación o el negocio en cuestión.

De manera contraria a lo que opina algún sector de la doctrina nacional y extranjera y a lo manifestado por la hoy Superintendencia Financiera en la Parte II, Título II, Capítulo I de la Circular Básica Jurídica (C. E. 029 de 2014), este deber de consejo constituye una obligación principal para el fiduciario y es predicable de toda clase de negocios fiduciarios, no únicamente de aquellos de inversión y de negocios fiduciarios que tengan por objeto bienes y recursos públicos. Si se parte de una visión realista acerca de las posibilidades de utilización práctica de los negocios fiduciarios y si se constata que, en verdad, estos negocios no sirven para satisfacer todo tipo de necesidades, entonces mal puede sostenerse con seriedad que el deber de consejo solo será obligatorio en la medida en que se haya pactado de manera expresa en el contrato. Muy por el contrario, el deber de consejo forma parte inseparable del quehacer del fiduciario y exige de este una apreciación fundamentada acerca del contenido y del alcance de la gestión que se le pretende encomendar y, en especial, sobre la finalidad a la que habrán de quedar afectados los bienes fideicomitidos.

Con base en tal apreciación, al fideicomitente y al beneficiario, en su caso, les corresponde advertir o disuadir sobre las consecuencias de celebrar el respectivo negocio fiduciario. Así, el fideicomitente (o el beneficiario) podrá evaluar con absoluta libertad los aspectos favorables y los desfavorables de la opinión que le ha suministrado el fiduciario y adoptar la decisión que mejor le convenga. Por esta razón, no se podrá hacer responsable al fiduciario de los efectos que para uno u otro se deriven por la determinación adoptada.

En el anterior orden de ideas, el fiduciario compromete su responsabilidad cuando aconseja la utilización de un esquema fiduciario que luego resulta impertinente de cara a la satisfacción de las necesidades del cliente. Esto es así, con mayor razón, si se tiene en cuenta que, desde la perspectiva de las relaciones de consumo, el consejo profesional se asimila al producto terminado, de modo que, así como el proveedor de tal producto responde por su mala calidad tanto frente al adquirente como ante terceros, también el fiduciario que brinda consejos inadecuados que luego de su aceptación se traducen en perjuicios para el fideicomitente o para el beneficiario debe responder por ellos[84].

E. DEBER DE ABSTENERSE DE INCURRIR EN CONDUCTAS QUE CONLLEVEN ABUSOS CONTRACTUALES O DE CONVENIR CLÁUSULAS QUE PUEDAN AFECTAR EL EQUILIBRIO DEL CONTRATO O DAR LUGAR A UN ABUSO DE POSICIÓN DOMINANTE CONTRACTUAL

1. AUTONOMÍA PRIVADA Y LIBERTAD CONTRACTUAL

El postulado de la autonomía de la voluntad privada —que fue formulado a mediados de los siglos XVIII y XIX por la doctrina civilista francesa— se concibe como un poder que el Estado les otorga a los particulares para crear, dentro de los límites establecidos por la ley, normas jurídicas que posibiliten la autorregulación de sus intereses[85]. No obstante, teniendo en cuenta que, en la actualidad, frente a la empresa organizada, el último eslabón de la cadena de producción-distribución–comercialización lo conforman los consumidores, entonces, la idea de autonomía privada deviene insuficiente para brindarles una adecuada protección a estos. Ciertamente, hoy por hoy,

---

84 JORGE MOSSET ITURRASPE. *Responsabilidad por daños*, t. VIII, *Responsabilidad de los profesionales*, Buenos Aires, Rubinzal-Culzoni, reimpr., 2005, p. 505.

85 En el ámbito del derecho interno, este postulado encuentra el respaldo que se deriva de lo dispuesto por los artículos 14 (reconocimiento de la personalidad jurídica), 38 (libertad de asociación), 58 (derecho a la propiedad privada), 333 y 334 (libertad económica, libre iniciativa privada y libertad de empresa) de la CP y 1602 del CC. Actualmente, las manifestaciones de la autonomía de la voluntad privada se relacionan con aspectos tales como (i) la existencia de una libertad para contratar o no, siempre que dicha decisión no se convierta en un abuso de la posición dominante o en una práctica restrictiva de la competencia; (ii) la libertad de configuración interna del contrato, que comprende la posibilidad de que las partes participen en conjunto en su elaboración; (iii) el logro o la consecución no solo del interés particular, sino también del interés público o bienestar común; (iv) el control de la producción de efectos jurídicos o económicos, con el propósito de evitar el abuso de los derechos; (v) el papel del juez, consistente en velar por la efectiva protección de los derechos de las partes sin atenerse exclusivamente a la intención de los contratantes; y (vi) la sujeción de la autonomía de la voluntad a los parámetros éticos de la buena fe. (*Cfr.* Corte Constitucional. Sentencia SU-157 del 10 de marzo de 1999, Exps. T-153.327 y T-152.413 (acumulados), M. P.: Alejandro Martínez Caballero; Corte Constitucional. Sentencia T-486 del 12 de junio de 2003, Exp. T-709464, M. P.: Rodrigo Escobar Gil).

la circulación masiva de bienes y servicios ha hecho aparecer nuevas formas de contratación que superan el viejo molde del contrato tradicional.

> La presencia de cláusulas predispuestas por el contratante más fuerte se tornó en necesidad y, frente a una situación de sumisión por parte del adquirente de bienes y servicios, se hizo imperativa la intervención del Estado. [...] La realidad imperante desbordó el marco de la legislación y ocupó la actividad del constituyente. La insuficiencia del ordenamiento civil, para dar cuenta de nuevas situaciones del tráfico económico dejaría de ser un asunto exclusivo del derecho privado para interesar al derecho público. Expresiones de esta nueva concepción del viejo contrato privado, hallaron eco en varios preceptos de la Constitución Política de 1991, así, por ejemplo, el artículo 333 de la Carta destaca la libertad de la iniciativa privada, pero, le señala como límite el bien común y, a la libre competencia económica, le estatuye responsabilidades[86].

Circunscribiéndose al ámbito de la actividad financiera, la autonomía de la voluntad privada se encuentra restringida o limitada por varios factores, tales como (i) la necesidad de salvaguardar el orden jurídico, pues la actividad financiera es una actividad de interés público; (ii) la necesidad de proteger las exigencias éticas derivadas de la buena fe; (iii) la prohibición de abusar de los derechos propios y (iv) la necesidad de defender los derechos fundamentales de los consumidores financieros[87].

---

86 Corte Constitucional. Sentencia C-313 del 23 de mayo de 2013, cit. En este mismo sentido, la Corte Constitucional, mediante la Sentencia C-524-95 del 16 de noviembre de 1995, precisó que «el Estado[,] al regular la actividad económica[,] cuenta con facultades para establecer límites o restricciones en aras de proteger la salubridad, la seguridad, el medio ambiente, el patrimonio cultural de la Nación, o por razones de interés general o bien común [...] no podría en desarrollo de su potestad de intervención interferir en el ámbito privado de las empresas, es decir, en su manejo interno, en las técnicas que se deben utilizar en la producción de los bienes y servicios, en los métodos de gestión, pues ello atentaría contra la libertad de empresa y de iniciativa privada; pero sí puede, desde luego, proteger los intereses sociales de los trabajadores, las necesidades colectivas del mercado, el derecho de los consumidores y usuarios, etc. De ahí que se haya dicho que "la autonomía de la voluntad y[,] por tanto[,] de empresa ya no se proyecta sobre el mercado con la absoluta disponibilidad y soberanía de antaño, sus limitaciones de derecho público o privado forman parte ya del patrimonio irreversible de la cultura jurídica contemporánea. Y, en tal sentido, no puede interpretarse que el mandato constitucional de la libertad de empresa comporta el desmantelamiento integral de todas esas restricciones y limitaciones"». (Corte Constitucional. Sentencia C-524-95 del 16 de noviembre de 1995, Exp. D-920, M. P.: Carlos Gaviria Díaz).

87 *Cfr.* Corte Constitucional. Sentencia SU-157 del 10 de marzo de 1999, cit.; Corte Constitucional. Sentencia T-486 del 12 de junio de 2003, cit.

En materia de contratación financiera en general, ninguna duda cabe sobre la afectación que los cambios económicos han acarreado a la vieja figura de la autonomía individual como soporte esencial del contrato. Las nuevas condiciones del mercado financiero —producto del fenómeno de la desregulación financiera y de la aceptación cada vez más generalizada de las modernas innovaciones tecnológicas—, la libertad de configuración interna del contrato —que comprende la posibilidad de que las partes participen conjuntamente en su elaboración— y la disparidad de los actores que participan en él han impuesto la necesidad de que el Estado intervenga en dicha esfera con miras a proteger los derechos de los consumidores financieros en su calidad de sujetos en condición de debilidad o vulnerabilidad frente a las instituciones financieras, cuya situación las convierte en dominantes.

En este escenario no se remite a discusión que el derecho de los consumidores en general —y, en particular, de los consumidores financieros— plantea nuevos retos a la concepción del contrato, pues ahora los contratos entre los consumidores financieros y las instituciones financieras involucran una función social y la búsqueda de la igualdad como deber del Estado. De ahí que la intervención estatal sea hoy, en esta materia, un imperativo[88], tanto más aún si se tiene en cuenta que la posibilidad de que las instituciones financieras —como la parte más poderosa de la relación— les impongan a los consumidores financieros el contenido obligacional del contrato —de suerte que estos únicamente pueden limitarse a aceptarlo o rechazarlo— parece dar al traste con la idea de que el contrato es obra exclusiva de la voluntad de los contratantes[89].

Las limitaciones a la autonomía de la voluntad en el ámbito de la actividad de las instituciones financieras mencionadas líneas atrás encuentran su máxima expresión en el hecho de que el margen de discusión del consumidor financiero frente a los modelos de contrato predispuestos de manera unilateral por tales instituciones financieras (incluidas las sociedades

---

88 Corte Constitucional. Sentencia C-313 del 23 de mayo de 2013, cit.

89 Christian Larroumet destaca que el contrato puede entenderse desde una doble perspectiva, a saber: como un acuerdo de voluntades de las personas que intervienen en su celebración o como un mecanismo técnico para asegurar intercambios económicos. Al momento de la expedición de los Códigos Decimonónicos, ambas facetas del contrato coincidían o podían coincidir, cuestión que no ocurre en la actualidad, circunstancia esta última que permite cuestionar la concepción clásica del contrato. (Christian Larroumet. *Droit civil*, 3*: Les obligations. Le contrat*, 4.ª ed., París, Económica, 1998, p. 92).

fiduciarias) es manifiestamente escaso. Por lo general, el modelo contractual que informa la actividad y el funcionamiento de las instituciones financieras es similar, lo cual implica que si los consumidores financieros no aceptan sus imposiciones se encontrarán en el mercado con otros actores que los someterán a un régimen parecido al que desecharon en un primer momento. De ahí que a partir de lo dispuesto por los artículos 7.º, letra e), 11 y 12 de la Ley 1328 de 2009 se haya implementado todo un sistema de protección al consumidor financiero respecto a los perjuicios que para este se puedan derivar de la aplicación tanto de las condiciones generales de la contratación como de las cláusulas y prácticas abusivas. En el caso de negocios fiduciarios traslaticios y no traslaticios del derecho de dominio, su impacto es de una extraordinaria profundidad, razón por la cual su conocimiento resulta de la mayor importancia.

2. MODELO CONTRACTUAL QUE INFORMA LA ACTIVIDAD DE LAS SOCIEDADES FIDUCIARIAS

En la actualidad, la libertad de configuración interna del contrato —que comprende la posibilidad de que las partes participen conjuntamente en su elaboración— ha cedido paso a la función del contrato como mecanismo para la realización de intercambios económicos. Ello es consecuencia del fenómeno de la desregulación financiera y de la aceptación cada vez más generalizada de las modernas innovaciones tecnológicas.

Este distanciamiento entre lo que es el contrato como manifestación del ejercicio de la voluntad privada y lo que es como mecanismo para la realización de intercambios económicos se refleja con gran nitidez en los denominados contratos por adhesión a condiciones generales[90]. La posibilidad de que una de las partes contratantes —por lo general, la más poderosa— le imponga a la otra el contenido obligacional del contrato —de manera que a esa otra parte no le queda más remedio que aceptarlo o rechazarlo— parece acabar con la idea de que el contrato es obra solo de la voluntad de los contratantes. Este asunto resulta ser tanto o más importante cuando se trata de la contratación fiduciaria, pues en esta materia, como en ninguna

90 Íñigo de la Maza Gazmurri. "Contratos por adhesión y cláusulas abusivas: ¿por qué el Estado y no solamente el mercado?", *Revista Chilena de Derecho Privado*, n.º 1, Santiago de Chile, Universidad Diego Portales, 2003, pp. 109 a 148.

otra, en la generalidad de los casos la praxis contractual —tal y como desde antaño se desarrolla en Colombia— demuestra que solo excepcionalmente tales contratos son negociados o de libre discusión, lo cual ocurre solo en aquellos casos en que el potencial fideicomitente posee la suficiente capacidad negocial para evitar que le impongan el contenido obligacional del contrato.

En los casos restantes (que son los más), la experiencia demuestra que los diferentes modelos de contratos fiduciarios que utilizan las sociedades fiduciarias para instrumentalizar los distintos productos que la ley les autoriza a prestar (llámese fiducia de inversión, fiducia de garantía, fiducia inmobiliaria, fiducia de administración, etc.) son redactados de manera detallada y unilateral por sus propios departamentos jurídicos o por sus abogados externos ante la necesidad de tener certeza de todas sus actuaciones, y el cliente-consumidor se limita a prestar su conformidad al clausulado. Por lo tanto, en este segundo caso, estos contratos pueden calificarse como por adhesión o contratos para la prestación masiva de servicios[91], como quiera que su característica fundamental estriba en que sus condiciones generales han sido predispuestas previa y unilateralmente por las propias sociedades fiduciarias y se presentan luego a los potenciales fideicomitentes —y, en su caso, a los beneficiarios— con la única opción de aceptarlas o rechazarlas, sin perjuicio de que otras cláusulas, contenidas en unas condiciones particulares, puedan haber sido concertadas, tal como sucede, a manera de ejemplo, con aquellas mediante las cuales se determina el valor de la remuneración a favor del fiduciario y su forma de pago, o con las que fijan los gastos que

---

91 De acuerdo con las instrucciones impartidas por la Superintendencia Financiera en los términos de que da cuenta el numeral 3 de la Parte II, Título II, Capítulo Primero de la Circular Básica Jurídica (C. E. 029/14), "se entienden por contratos de adhesión aquellos elaborados unilateralmente por la sociedad fiduciaria y cuyas cláusulas y/o condiciones no pueden ser discutidas libre y previamente por los clientes, limitándose estos a expresar su aceptación o a rechazarlos en su integridad, o aquellos que sean predeterminados en un contrato al que después de celebrado adhieren otros fideicomitentes, quienes solo pueden expresar su aceptación o rechazarlos en su integridad. Para que se considere como un contrato de adhesión no debe existir necesariamente una parte contratante que sea superior económicamente sobre la otra. [...] Por otra parte, por contratos de prestación masiva se entienden aquellos cuyo texto se utiliza indistintamente con diferentes personas en varios y futuros negocios por ser su contenido similar y uniforme, generalmente en formularios o documentos idénticos o similares. Estos contratos responden[,] además[,] en la mayoría de los casos[,] al concepto de contrato de adhesión". (Superintendencia Financiera. Circular Básica Jurídica (C. E. 029/14)).

deben cubrirse con cargo a los bienes fideicomitidos, para mencionar tan solo estos dos aspectos[92].

Esta circunstancia de que se ha venido hablando obliga entonces a centrar la atención en el tema de las denominadas condiciones generales del contrato o condiciones generales de la contratación, entendiendo por tales aquellas cláusulas que, se reitera, son predispuestas o redactadas de antemano con el fin de ser incorporadas a una pluralidad de contratos, independientemente

---

92 Tomando como punto de partida lo dispuesto por la letra f) del artículo 2.º de la Ley 1328 de 2009, es preciso desligar el concepto de condiciones generales de la contratación fiduciaria del concepto de contrato fiduciario por adhesión o cláusula no negociada individualmente. En efecto, todo contrato fiduciario celebrado mediante condiciones generales de la contratación es un contrato fiduciario por adhesión a condiciones generales; sin embargo, no todo contrato fiduciario por adhesión está conformado por condiciones generales, ya que lo que caracteriza a los contratos fiduciarios por adhesión es el hecho de que su contenido está predispuesto unilateralmente por las propias sociedades fiduciarias, de manera que a los potenciales fideicomitentes les está vedada la posibilidad de influir en su redacción. La importancia de este deslinde radica en la necesidad de eliminar los inconvenientes que se presentan a la hora de distinguir una verdadera condición general —que puede llegar a formar parte del contenido de un contrato fiduciario por adhesión— de una cláusula que, habiendo sido predispuesta e impuesta de manera unilateral por las sociedades fiduciarias, no posee la característica de la uniformidad o generalidad, es decir, de una cláusula no negociada de modo individual. Como lo refiere Ángel Carrasco Perera, si la cláusula ha sido predispuesta e impuesta por el empresario, pero no ha sido programada para ser incluida en una pluralidad de contratos y el adherente no ha podido influir en su contenido, "se tratará de una cláusula no negociada individualmente, no de una condición general". Es decir, la cláusula no negociada individualmente tiene lugar "cuando la contratación se realiza mediante un contrato de adhesión", sin que sea necesario que el consumidor acredite que no pudo evitar o eludir su aplicación a pesar de haber empleado una conducta activa orientada a esta elusión. Basta tan solo con que el consumidor "haya firmado un contrato de adhesión, pero no será preciso que pruebe que para acceder al bien o servicio en cuestión no ha tenido más remedio que adherirse a un clausulado prerredactado por el oferente. De hecho, no constituye una defensa eficaz del predisponente la prueba de que el consumidor disponía de otras alternativas razonables a las de no contratar en absoluto o a la de hacerlo bajo las condiciones generales o cláusulas predispuestas por este empresario". Menos aún constituye una defensa eficaz del predisponente la prueba de que existió una negociación, solo que resultó infructuosa para el adherente porque el contenido de la cláusula finalmente no se modificó. Aun en esta hipótesis, el sentido común permitiría interpretar con sobrada razón que "todo aquello que de hecho el adherente tuvo que aceptar es algo que de hecho no pudo negociar". Esas cláusulas no negociadas de manera individual se someten al control específico consagrado en las leyes 1328 de 2009 y 1480 de 2011, "pero solo si el adherente es un consumidor en sentido legal. Debe tenerse en cuenta que el concepto de cláusula no negociada individualmente es más amplio que el de condición general, y que incluye esta. Con la consecuencia de que si el adherente es un consumidor y la cláusula no negociada es una condición general de la contratación", se aplicarán las normas contenidas en las leyes 1328 de 2009 y 1480 de 2011. (Ángel Carrasco Perera. *Derecho de contratos*, España, Ed. Aranzadi, 2010, pp. 774 y 784 y ss.).

de su autoría material, de su apariencia externa, de su extensión y de cualesquiera otras circunstancias. Esta incorporación la impone una de las partes. Según el artículo 37 de la Ley 1480 de 2011, estas condiciones generales deberán cumplir como mínimo los siguientes requisitos, so pena de que se consideren ineficaces y se tengan por no escritas:

> 1. Haber informado suficiente, anticipada y expresamente al adherente sobre la existencia, efectos y alcance de las condiciones generales. En los contratos se utilizará el idioma castellano. // 2. Las condiciones generales del contrato deben ser concretas, claras y completas. // 3. En los contratos escritos, los caracteres deberán ser legibles a simple vista y no incluir espacios en blanco. En los contratos de seguros, el asegurador hará entrega anticipada del clausulado al tomador, explicándole el contenido de la cobertura, de las exclusiones y de las garantías.

Adicionalmente, el artículo 34 *ibidem* estatuye que las condiciones generales de los contratos se interpretarán de la manera más favorable para el consumidor y que, "en caso de duda, prevalecerán las cláusulas más favorables al consumidor sobre aquellas que no lo sean".

3. LAS CONDICIONES GENERALES DE LA CONTRATACIÓN EN EL ÁMBITO DE LA ACTIVIDAD DE LAS SOCIEDADES FIDUCIARIAS

En relación con este tema, el punto de partida aquí presentado estará dado por la praxis contractual, tal y como esta se ha venido desarrollando en Colombia. Los hechos de esta praxis están constituidos por los distintos tipos de contratos que las sociedades fiduciarias suelen utilizar para instrumentalizar las relaciones con sus clientes, ya se trate, *inter alia*, de fiducia de inversión, fiducia de garantía, fiducia inmobiliaria o fiducia de administración. Sobre este particular, lo primero que debe decirse es que, en los diferentes tipos de contratos que las sociedades fiduciarias suelen utilizar para instrumentalizar las relaciones con sus clientes por medio del expediente de las condiciones generales, las sociedades fiduciarias, como ya se dijo, fijan *ex ante* y de una manera uniforme el contenido y alcance de los derechos y las obligaciones derivados de las distintas modalidades de negocios fiduciarios que la ley les autoriza a celebrar. Por eso se dice que lo que incide en la calificación de las estipulaciones contractuales como condiciones generales es el hecho de que son redactadas previamente por las propias sociedades fiduciarias con el propósito de incorporarlas en todos los modelos de contrato que suelen utilizar para instrumentalizar las relaciones con sus clientes[93]; se puede decir que están llamadas a regular una serie indefinida de relaciones jurídicas[94] de esta índole, donde lo relevante es que las propias sociedades fiduciarias se valen de ellas para imponerlas de modo unilateral a los potenciales clientes, quienes no pueden influir en su contenido y solo se limitan a aceptarlas o rechazarlas, como se ya se dijo.

En todo caso, este fenómeno de las condiciones generales en la contratación fiduciaria se ha extendido de tal forma que los potenciales fideicomitentes difícilmente pueden acceder a los servicios y productos fiduciarios que ofrecen y prestan las sociedades fiduciarias sin someterse a los modelos de contrato que estas predisponen. Desde esta perspectiva, no se remite a discusión que la situación en que se celebran los contratos fiduciarios es, entonces, de desigualdad entre el fiduciario (que concibe unilateralmente cómo habrán de celebrarse una cantidad indiscriminada de contratos de esta

---

93 Aquí se comparte el parecer de que la tendencia hacia la estandarización de los contratos fiduciarios también ha estado influenciada por los siguientes factores: 1) la obligación que en un pasado pesó sobre las sociedades fiduciarias en los términos de la Resolución 214 de 1975 expedida por la entonces Superintendencia Bancaria, consistente en someter a la previa autorización de dicho organismo de inspección y vigilancia todos los modelos de contrato que pretendieran utilizar para instrumentalizar sus relaciones con la clientela; 2) la obligación que aún pesa sobre las sociedades fiduciarias de someter a la previa evaluación de la hoy Superintendencia Financiera de Colombia los modelos de contrato en cuanto estos constituyan contratos por adhesión o para la prestación masiva de servicios; 3) la pretendida seguridad jurídica que para las partes contratantes conlleva la utilización de condiciones generales. A este respecto, huelga decir que esa seguridad jurídica es meramente unilateral, pues por medio del expediente de las cláusulas generales se reconocen beneficios explícitos tan solo para las sociedades fiduciarias, no para el fideicomitente ni, en su caso, para el beneficiario, ya que aseguran las alternativas de incumplimiento en su propio y exclusivo beneficio; y 4) la aceptación y sumisión contractual de los potenciales fideicomitentes y, en su caso, de los beneficiarios frente a las sociedades fiduciarias, que mediante la práctica de las condiciones generales suelen incluir cláusulas que generan un desequilibrio importante de los derechos y las obligaciones de las partes nacidos del contrato o de la ley en perjuicio del fideicomitente o del beneficiario, según el caso. Como ya se advirtió, estas estipulaciones en muchas ocasiones no solo pueden ser calificadas de abusivas, sino que constituyen un hecho indicativo de la escasa o inexistente capacidad de negociación del contenido obligacional del contrato por parte de tales fideicomitentes y beneficiarios con respecto a estas, y, por lo mismo, constitutivo de una vulneración del principio de libertad contractual. Este último aspecto plantea la necesidad de despejar el interrogante sobre si deben controlarse o no el contenido y la ejecución de los negocios fiduciarios concluidos a partir de contratos por adhesión a condiciones generales.

94 Máximo Bianca. *Derecho civil*, 3, *El contrato*, 2.ª ed. (trad. al español: Fernando Hinestrosa y Édgar Cortés), Bogotá, Universidad Externado de Colombia, 2007, pp. 364 y 365.

índole) y el fideicomitente (que se adhiere sin tener la posibilidad de negociar el contenido de las obligaciones que surgirán del contrato[95]).

Así, el contrato fiduciario termina siendo no lo que quiere y necesita el fideicomitente, sino lo que el fiduciario quiere que sea. Esta circunstancia no solo contradice lo dispuesto por el artículo 1226 del CCo en cuanto a que es al fideicomitente a quien le asiste la facultad de instruir al fiduciario acerca del cumplimiento de la finalidad, sino que permite sostener la tesis según la cual la utilización de clausulados predispuestos por las propias sociedades fiduciarias, ajenos a cualquier posibilidad de negociación o modificación, se ha convertido en la regla general. Entonces, y por este aspecto, no se remite a discusión que la contratación fiduciaria no se inspira de manera exclusiva en el principio de la autonomía de la voluntad que por principio rige el contenido de los contratos, sino que, por el contrario, esta se ha visto seriamente limitada a la aceptación o al rechazo de la correspondiente propuesta de negocio fiduciario presentada por el fiduciario[96].

Sobre este particular, un factor que debe considerarse es que, en muchas ocasiones, en el proceso de redacción de tales condiciones generales,

---

95 Un muy amplio sector de la doctrina considera que en los contratos por adhesión a condiciones generales existe el consentimiento, si bien se advierten importantes matices acerca de aquello a lo que se obliga el adherente. *Cfr.* Jesús Alfaro Águila-Real. *Las condiciones generales de la contratación: estudio de las disposiciones inglesas*, Madrid, Civitas, 1991, p. 93 y ss.; José Antonio Ballesteros Garrido. *Las condiciones generales de los contratos y el principio de la autonomía de la voluntad*, Barcelona, Librería Bosch, 1999, pp. 105 y 217. Javier Pagador López. *Condiciones generales y cláusulas contractuales predispuestas: la Ley de Condiciones*, Madrid, Marcial Pons, 1999, pp. 649 a 663.

96 En ese contexto, es del caso señalar que la Ley 1328 de 2009 —por medio de la cual se dictaron normas en materia financiera, de seguros y del mercado público de valores—, en el literal f) del artículo 2.º define los contratos de adhesión como aquellos "elaborados unilateralmente por la entidad vigilada y cuyas cláusulas y/o condiciones no pueden ser discutidas libre y previamente por los clientes, limitándose estos a expresar su aceptación o a rechazarlos en su integridad". En ese mismo sentido, la Corte Constitucional, mediante la Sentencia C-909 del 7 de noviembre de 2012, expresó que esta modalidad contractual es aquella según la cual "las partes contratantes se obligan mutuamente a través de cláusulas y condiciones que no son discutidas libre y previamente, sino preestablecidas por una de las partes en los términos aprobados por el organismo de intervención estatal y sobre las cuales la otra expresa su aceptación y adhesión o su rechazo absoluto. Como lo ha señalado la doctrina, en los contratos de adhesión una de las partes impone 'la ley del contrato' a la otra". (Corte Constitucional. Sentencia C-909 del 7 de noviembre de 2012, Exp. D-9075, M. P.: Nilson Pinilla Pinilla). Es claro, entonces, que el contrato de adhesión se caracteriza por el hecho de que no existe deliberación de las partes para fijar su contenido, el cual es unilateralmente establecido por una de ellas, de manera que la contraparte se limita a expresar su aceptación o negativa a contratar.

los abogados al servicio de las sociedades fiduciarias agudizan su ingenio para descargar a estas de cualquier responsabilidad, al tiempo que procuran encadenar al consumidor financiero (fideicomitente y/o beneficiario) de tal modo y forma que la voluntad del fiduciario sea soberana para decidir sobre cualquier contingencia posterior al perfeccionamiento del contrato[97]. De esta manera, no se presentan entonces los incentivos de claridad y coherencia que sí se presentan cuando se trata de contratos plenamente negociados, en cuyo caso las partes no solo señalan con precisión y exactitud cuál es la finalidad a la que quedan afectados los bienes fideicomitidos, sino que, además, con frecuencia su voluntad apunta a evitar la discusión judicial de sus términos en razón a la ambigüedad con que finalmente quedan redactados.

Otro factor que debe considerarse es que, en muchas ocasiones, en el proceso de redacción de las condiciones generales por parte de los abogados al servicio de las sociedades fiduciarias, se uniforman las mal denominadas definiciones que se encuentran recogidas en el artículo 29 del EOSF y en el numeral 8 de la Parte II, Título II, Capítulo Primero de la Circular Básica Jurídica (C. E. 029/14), expedida por la hoy Superintendencia Financiera, en relación con las distintas modalidades que pueden presentar los negocios fiduciarios. Ciertamente, de acuerdo con las estipulaciones contractuales vertidas en algunos de los diferentes modelos de contrato que suelen utilizar las sociedades fiduciarias para instrumentalizar sus relaciones con los potenciales fideicomitentes, se tiene que la práctica consistente en preformular con anticipación un bloque de cláusulas que se les imponen a los potenciales fideicomitentes se caracteriza por el hecho de que aquello a lo que se obliga el fiduciario conforme al acto constitutivo no deriva de una indicación especial de la voluntad de las partes contratantes, sino de la estandarización de unos términos acuñados por actos administrativos de carácter regulatorio expedidos por el Gobierno nacional que establecen cuáles son los elementos de los contratos fiduciarios.

Es decir, las obligaciones que las sociedades fiduciarias contraen, siempre y en todos los casos se refieren a aquellas que de manera general y abstracta están consagradas en los actos administrativos en cita con respecto a la fiducia de inversión, la fiducia inmobiliaria, la fiducia de administración, la fiducia de garantía, etc., a saber: 1) invertir y/o colocar sumas de dinero;

---

97 *Cfr.* Federico de Castro y Bravo. *Las condiciones generales de los contratos y la eficacia de las leyes*, Madrid, Civitas, 1975.

2) administrar bienes (incluso proyectos de construcción); 3) efectuar pagos asociados con el desarrollo de proyectos de construcción; 4) atender el pago o cumplimiento oportuno y adecuado de las obligaciones que el fideicomitente señale; 5) administrar procesos concursales; 6) garantizar el cumplimiento de obligaciones propias del fideicomitente o de terceros a favor de uno o varios acreedores; 7) administrar, invertir y constituir reservas y garantías destinadas a la atención y/o normalización de pasivos pensionales, etc. Como es obvio, se trata de obligaciones que se deben cumplir por el fiduciario de cara a la consecución de una finalidad establecida por el fideicomitente en su propio beneficio o en el de un tercero.

Por último se tiene que el hecho de que las condiciones generales de estos contratos fiduciarios sean predispuestas de manera unilateral por las mismas sociedades fiduciarias ha llevado, como es apenas natural, a que los diferentes modelos de contratos fiduciarios sean exactamente iguales para todos los potenciales fideicomitentes, circunstancia que ha conducido a que se conviertan en un esquema repetible hasta el infinito por la cantidad de potenciales fideicomitentes que deseen utilizar los esquemas fiduciarios. De esta forma, la verdad sea dicha, en la práctica los productos y servicios fiduciarios se han tornado indiferenciados para todos los potenciales fideicomitentes y beneficiarios, amén de que, ante tales modelos de contrato, los potenciales fideicomitentes solo tienen dos opciones reales: o contratan conforme a las condiciones generales preestablecidas por las sociedades fiduciarias o renuncian a contratar con ellas[98].

Ahora bien, conviene tener presente que, en el ordenamiento jurídico colombiano, las condiciones generales no son auténticas normas jurídicas[99],

---

98 Jesús Alfaro Águila-Real. *Las condiciones generales de la contratación: estudio de las disposiciones inglesas*, cit. p. 127. Diego F. Salazar. "Asimetrías de información y análisis económico de los contratos de adhesión: una reflexión teórica sobre el ejercicio de la libertad contractual", en *Revista Derecho Privado*, n.º 30, diciembre, Bogotá, Universidad de los Andes, 1996, pp. 3 a 56.

99 La falta de voluntad del adherente con relación a las condiciones generales ha conducido a debatir su naturaleza jurídica, vale decir, si son producto del desarrollo de la autonomía de la voluntad o si, más bien, tienen naturaleza normativa, esto es, si son desarrollo de un poder privado autoritario. Esta cuestión se ha discutido desde el primer estudio que se conoce acerca de los contratos por adhesión, realizado por Saleilles en 1908. Precisamente, este autor rechaza la naturaleza contractual e incluso desaconseja la utilización de la expresión 'contrato' con relación a aquellas realidades negociales. No obstante, estas teorías normativistas que negaron la naturaleza contractual de los contratos por adhesión fueron dejadas de lado por las teorías contractualistas modernas. Según la posición contractualista mayoritaria, debe diferenciarse la libertad de un individuo para decidir entre un negocio u otro (libertad de decisión) y la libertad

vale decir, no ostentan el carácter de fuente de derecho como usos mercantiles[100]. Como lo explica Díez-Picazo[101], siguiendo a Castro y a García Amigó:

> [L]os usos son normas creadas en forma anónima y espontánea, que aparecen y se manifiestan a través del comportamiento o del modo de vivir de una comunidad o de un grupo humano. Ello no puede predicarse de un conjunto de reglas elaboradas por las asesorías jurídicas de las empresas. Es posible admitir que, en algunas ocasiones, reglas que hayan tenido este origen, tras una larga reiteración y un prolongado cumplimiento espontáneo, lleguen con el tiempo a dar origen a un uso normativo. Pero las condiciones generales de la contratación por sí mismas no lo son jamás.

De acuerdo con lo anterior, las condiciones generales de los contratos fiduciarios solo tienen "fuerza obligatoria como estricto contenido de cada concreto y particular contrato"[102]; es decir, solo tienen eficacia *interpartes*, lo que exige el consentimiento del consumidor financiero/adherente para que se pueda entender que quedó vinculado por ellas. No basta, pues, la voluntad unilateral del fiduciario/predisponente, toda vez que, como ya se dijo, las condiciones generales son redactadas previamente por las propias sociedades fiduciarias con el propósito de incorporarlas en todos los modelos

---

de configurar su contenido (libertad de configuración). El adherente mantendrá su libertad de decisión sobre el contrato que celebra y sobre los elementos esenciales que lo conforman. La libertad contractual se bifurca en dos vertientes dadas por la libertad de decisión y la libertad de configuración. *Cfr.* Máximo Bianca. *Derecho civil*, 3, *El contrato*, cit., pp. 364 y 365. Raymond Saleilles. *La declaration de volontè (Contribution de l'acte juridique dans le Code Civil allemand)*, París, s/e, 1901, reimpr. 1929, p. 229. Jesús Alfaro Águila-Real. *Las condiciones generales de la contratación: estudio de las disposiciones inglesas*, cit., p. 93. José Antonio Ballesteros Garrido. *Las condiciones generales de los contratos y el principio de la autonomía de la voluntad*, cit., p. 105 y ss.

100 Para Joaquín Garrigues, "las condiciones generales de la contratación, por el dato de su obligatoriedad indiscutible para las partes y por su trascendencia al suplir las lagunas de la ley en sectores enteros del tráfico mercantil, singularmente en materia bancaria y de seguros, ofrecen un carácter muy semejante al de la ley". Y añade que cuando el grado de difusión y objetividad de las condiciones generales es muy amplio, estas pueden asimilarse al uso mercantil normativo, vale decir que "la cláusula típica de los contratos se destaca de la voluntad de las partes, aislándose de ella y convirtiéndose en norma objetiva de Derecho que se impone como tal a la voluntad de los particulares, los cuales, no pactando lo contrario, quedan vinculados, aunque lo ignoren". (Joaquín Garrigues. *Contratos bancarios*, 2.ª ed., S. Moll de Miguel (coord.), Madrid, Imp. Aguirre, 1975, p. 19).

101 Luis Díez-Picazo. *Fundamentos de derecho civil patrimonial*, vol. I, *Introducción. Teoría del contrato. Relaciones obligatorias*, Madrid, Tecnos, 1979, p. 374.

102 *Ibid.*

de contrato que suelen utilizar para instrumentalizar las relaciones con sus clientes, por lo que no es el consumidor financiero quien tiene que probar la imposibilidad de su negociación o la efectiva falta de negociación, o, en fin, su conocimiento y aceptación, sino que la carga de la prueba de la existencia de la negociación individual y del conocimiento y la aceptación de las condiciones generales recae en cabeza de la sociedad fiduciaria (predisponente), de modo que esa negociación, tal conocimiento y dicha aceptación no pueden ser inferidos ni presumidos[103]. Se advierte que esta prueba no puede obtenerse por una simple confesión extrajudicial del consumidor financiero incluida en el documento que instrumentalice el respectivo negocio fiduciario[104].

En el ámbito contractual estrictamente fiduciario, la inclusión de condiciones generales en los contratos que las sociedades fiduciarias suelen celebrar en desarrollo de las actividades constitutivas de su objeto social conlleva tres consecuencias exorbitantes: (i) se rompe el equilibrio contractual con respecto a la parte predisponente, en este caso, la sociedad fiduciaria, que ostenta una posición de predominio; (ii) se reduce así la autonomía de la voluntad de una de las partes contratantes; y (iii) se impide al adherente que pueda eludir su aplicación. Un estudio de las condiciones generales de los contratos fiduciarios que preste atención a la realidad socioeconómica de este fenómeno debe tomar conciencia de que las sociedades fiduciarias se valen del instrumento contractual para ejercer un "poder de hecho" frente a los consumidores financieros que se sirven de ellos. En ejercicio de tal poder, las sociedades fiduciarias disciplinan de manera unilateral y uniforme las relaciones jurídicas inherentes a las actividades constitutivas de su objeto social exclusivo, y para ello se valen de un reglamento que asume las características típicas de la generalidad y de la abstracción[105].

---

103 La prestación del consentimiento a un clausulado predispuesto por el fiduciario debe calificarse como impuesta por este en la medida en que el consumidor no puede influir en su supresión o en su contenido, de tal forma que, o se adhiere y consiente contratar conforme a tal clausulado, o renuncia a hacerlo.

104 Manuel Luis Pancorbo López. "Las costumbres y los usos bancarios como fuente del Derecho; su concreción en materia de protección de la clientela bancaria", tesis doctoral, Granada, Universidad de Granada, 2005, p. 171.

105 Máximo Bianca. *Derecho civil*, 3, *El contrato*, cit., p. 367.

4. RAZONES QUE JUSTIFICAN EL FENÓMENO DE LA CONTRATACIÓN POR ADHESIÓN A CONDICIONES GENERALES EN LA CONTRATACIÓN FIDUCIARIA

En el sistema financiero actual, las razones que justifican la ubicuidad del fenómeno de la contratación por adhesión a condiciones generales en la contratación fiduciaria se relacionan con los costos que implica celebrar contratos en serie o en masa y con la estructura interna de las sociedades fiduciarias. Por esta razón, las sociedades fiduciarias (al igual que sucede con todas las instituciones financieras que funcionan en el país) son reacias a aceptar variaciones o modificaciones de las cláusulas generales de sus modelos de contrato, porque representan, precisamente, los modos de producción y comercialización de los distintos productos y servicios fiduciarios que la ley les autoriza a prestar. Para justificar tal comportamiento, se suele echar mano de los argumentos expuestos por la doctrina, en el sentido de que si se aceptara la posibilidad de cambiar las condiciones de operatividad previstas o estipuladas en los modelos de contrato se alteraría la totalidad de la organización empresarial de las sociedades fiduciarias, con el correlato inevitable de perder competitividad e incluso verse forzadas a salir del mercado. De ahí que los potenciales fideicomitentes —y, en su caso, los beneficiarios— deban forzosamente adaptarse o adherirse a la forma como tales productos y servicios fiduciarios han sido concebidos de manera unilateral por parte de las sociedades fiduciarias[106].

Precisamente, en atención al hecho de que las condiciones generales de los contratos fiduciarios no están sujetas a modificaciones, es frecuente observar a personal de las áreas comerciales y de negocios de las sociedades

---

106 En la actualidad, las especiales características de la economía de mercado no solo han conducido a la proliferación de contratos atípicos, sino, además, a la existencia de formas masivas de contratación. La producción en masa de bienes y servicios requiere de un precio razonable en su comercialización para que encuentren una demanda proporcional a la capacidad productiva. De ahí la necesidad de limitar y racionalizar al máximo los costos de producción, lo cual trae como consecuencia lógica la utilización de un método de contratación que elimine el despilfarro de costos (tiempo y medios) que significaría dar salida a toda la producción por el modo tradicional de negociación individual. *Cfr.* José Antonio Ballesteros Garrido. *Las condiciones generales de los contratos y el principio de la autonomía de la voluntad*, cit., p. 25; Vicenzo Roppo. *Contratti standard. Autonomia e controlli nella disciplina delle attività negoziali di impresa*, Milán, Giuffrè, 1975, p. 1 y ss. Jesús Alfaro Águila-Real. *Las condiciones generales de la contratación: estudio de las disposiciones inglesas*, cit., p. 93 y ss.

fiduciarias (que carece de profundos y adecuados conocimientos jurídicos) no solo asesorando, sino también concluyendo tales contratos con el público. Desde la óptica de las sociedades fiduciarias, la explicación de este fenómeno puede considerarse como lógica y, si se quiere, admisible: la estandarización de los contratos fiduciarios, sin suprimir el consentimiento, les permite a las sociedades fiduciarias volver más eficiente la etapa previa a su celebración y, como consecuencia de ello, reducir los costos de transacción y maximizar los beneficios.

En efecto, puesto que este fenómeno implica incorporarle al contrato unas condiciones generales que han sido redactadas con antelación por las sociedades fiduciarias, entonces la celebración del contrato no se produce como consecuencia de un proceso de negociación entre las partes, sino por iniciativa exclusiva de aquellas sobre la base de "lo toma o lo deja". Esta circunstancia les permite a las sociedades fiduciarias destinar menos recursos a la celebración de los negocios fiduciarios, lo que lleva a que la etapa previa de celebración de los contratos de esta índole se torne más eficiente: en efecto, la imposibilidad de variar las condiciones generales previamente establecidas de ellos hace que el proceso de su celebración se convierta en algo casi automático. Como corolario, los empleados que concluyen negocios de esta índole con el público no deben recibir entrenamiento para negociar sus términos ni mucho menos para negociar el contenido y alcance de la gestión confiada al fiduciario[107].

Con respecto a la fenomenología señalada, se expresa en estas líneas preocupación en cuanto a los efectos nocivos que la utilización del esquema de los contratos por adhesión a unas condiciones generales adoptado por las sociedades fiduciarias viene generando en los consumidores financieros, habida cuenta de que la experiencia demuestra que en la generalidad de los casos esos contratos por adhesión están siendo empleados como un mecanismo de abuso para obtener de manera directa ventajas indebidas, lo cual hace que la relación de consumo termine siendo "injusta". Ciertamente, se han encontrado casos en los cuales es desmedido el afán de las sociedades fiduciarias por estipular cláusulas que, al amparo de su inflexibilidad, llevan o tienden a mejorar de manera injustificada su posición contractual, ora desplazando cargas, riesgos y obligaciones hacia los fideicomitentes y bene-

---

107 Diego F. Salazar. "Asimetrías de información y análisis económico de los contratos de adhesión: una reflexión teórica sobre el ejercicio de la libertad contractual", cit.

ficiarios, según el caso, ora arrogándose derechos y facultades irritantes; en fin, tratan de maximizar sus beneficios en detrimento de los fideicomitentes y beneficiarios, según el caso, y despojan así la contratación fiduciaria de todo rastro sustancial de sinalagma. Esta problemática obliga a centrar la atención en el tema de las llamadas cláusulas abusivas o vejatorias.

5. LAS CLÁUSULAS ABUSIVAS O VEJATORIAS EN LA CONTRATACIÓN FIDUCIARIA

En el tratamiento de las condiciones generales de la contratación y como medida de protección de los consumidores financieros, la legislación colombiana —al igual que otros ordenamientos jurídicos— ha desarrollado la figura conocida con el nombre técnico de cláusulas abusivas. Según las voces del artículo 42 de la Ley 1480 de 2011:

> Son cláusulas abusivas aquellas que producen un desequilibrio injustificado en perjuicio del consumidor y las que, en las mismas condiciones, afecten el tiempo, modo o lugar en que el consumidor puede ejercer sus derechos. Para establecer la naturaleza y magnitud del desequilibrio, serán relevantes todas las condiciones particulares de la transacción particular que se analiza.

Como se observa, el concepto de cláusula abusiva está estructurado sobre la base de dos criterios básicos, a saber: de una parte, la buena fe,

> [no] como regla de integración del contrato, sino [como] el conjunto de los criterios valorativos, que, desde el punto de vista ético, pueden conducir a un enjuiciamiento de la interna justicia del orden contractual. En este sentido, la buena fe es lo que el contratante normal espera, según el tipo de contrato, de la otra parte contratante. Es una aplicación de la regla general de la confianza[108].

De otra parte, está el desequilibrio significativo o importante entre los derechos y las obligaciones de las partes contratantes; por desequilibrio significativo o importante se entiende aquel que ofrece cierta entidad, ora porque reduce los derechos del consumidor financiero, ora porque aumenta los del predisponente[109].

---

108 Luis Díez-Picazo, *Fundamentos de derecho civil patrimonial*, vol. i, cit., p. 352.

109 El desequilibrio importante es, entonces, un *plus* respecto de la autonomía privada y debe medirse

A este respecto, la Corte Suprema de Justicia, en la Sentencia 5670 del 2 de febrero de 2001[110], señaló:

> Son características arquetípicas de las cláusulas abusivas, primordialmente: a-.) Que su negociación no haya sido individual, b-.) Que lesionen los requerimientos de la buena fe negocial —vale decir, que se quebrante este postulado rector desde una perspectiva objetiva: buena fe, probidad, lealtad y, c-.) Que generen un desequilibrio significativo de cara a los derechos y obligaciones que contraen las partes.

En el mismo sentido anterior, la doctrina nacional[111] ha expresado que las cláusulas abusivas son aquellas que, contrariando las exigencias de la buena fe, causan "en detrimento del consumidor o del adherente un desequilibrio importante e injustificado de las obligaciones contractuales" y que pueden "tener o no el carácter de condición general, puesto que también pueden darse en contratos particulares cuando no existe negociación individual de sus cláusulas, esto es, en contratos de adhesión particulares". Es decir, las cláusulas abusivas pueden estar presentes en cualquier contrato, no solo en los contratos de adhesión a condiciones generales[112], pues

---

de acuerdo con los patrones de la buena fe contractual. Se trata, en últimas, de un concepto jurídico indeterminado que debe concretarse en cada caso particular.

110 Corte Suprema de Justicia. Sala de Casación Civil y Agraria. Sentencia 5670 del 2 de febrero de 2001, Exp. 5670, M. P.: Carlos Ignacio Jaramillo Jaramillo.

111 Ernesto Rengifo García. *Del abuso del derecho al abuso de la posición dominante*, 2.ª ed., Bogotá, Universidad Externado de Colombia, 2004, p. 197. Dicho de manera más exacta, las cláusulas abusivas le permiten a la entidad financiera predisponente modificar el contenido del contrato a su arbitrio o sustraerse de sus obligaciones, irrespetando así los derechos del consumidor financiero, cuya autonomía de la voluntad se ha visto menguada al aceptar o rechazar las estipulaciones contractuales que se le han impuesto. *Cfr.* Gustavo Valbuena Quiñones. "Reflexiones sobre el tratamiento de las cláusulas abusivas en Colombia", en *Perspectivas del derecho del consumo*, Carmen Ligia Valderrama Rojas (dir.), Bogotá, Universidad Externado de Colombia, 2013, p. 399.

112 No se pueden confundir las condiciones generales de la contratación con las denominadas cláusulas abusivas o vejatorias. Una cláusula es condición general cuando está predispuesta e incorporada en una pluralidad de contratos exclusivamente por una de las partes, y no tiene por qué ser abusiva. Por el contrario, una cláusula abusiva es aquella que, contrariando las exigencias de la buena fe, causa en detrimento del consumidor un desequilibrio importante e injustificado de las obligaciones contractuales y puede tener o no el carácter de condición general, ya que también puede darse en contratos particulares cuando no existe negociación individual de sus cláusulas, esto es, en contratos de adhesión particulares. *Cfr.* Manuel Luis Pancorbo López. "Las costumbres y los usos bancarios como fuente del derecho; su concreción en materia de protección de la clientela bancaria", cit., p. 193.

> el poder de negociación generador de abuso no es atributo exclusivo ni excluyente de la contratación predispuesta [...] Lo que debe acentuarse conceptualmente en el análisis del contrato de consumo es lo referente al poder de negociación que concentra uno de los polos de la negociación (profesional) y del que carece el otro (consumidor o usuario). Es la debilidad jurídica o desigualdad formal del consumidor en sus relaciones contractuales con el profesional lo que favorece (posibilita) que aun en los contratos que presumen de (aparentan ser) "paritarios" se incluyan cláusulas que desnaturalizan manifiestamente la relación de equivalencia. Por lo demás, el estado de compulsión en que se halla el consumidor o usuario, del que se predica su ineludible necesidad de contratar, ha desalentado y hasta suprimido su posibilidad de resistencia. De ello se infiere que la negociación individual de la cláusula que luego fue objetada, por sí solo (sic) no le confiere inmunidad, no la legitima[113].

En coherencia con los planteamientos doctrinales y jurisprudenciales que anteceden, es claro entonces que, para poder calificar una cláusula como abusiva y sustraerla del ámbito contractual, es preciso tener en cuenta el resultado práctico y objetivo que se persigue con su incorporación al contrato, vale decir, a su causa, de suerte que, si el resultado social que el predisponente persigue riñe con la buena fe, al producir un desequilibrio injustificado y desproporcionado entre los derechos y las obligaciones de las partes, debe ser calificada como abusiva y carente de efectos jurídicos. Desde esta perspectiva, el *quid* del problema de las cláusulas abusivas y de su control radica entonces en dos aspectos, a saber: de un lado, en la alteración del equilibrio del poder de negociación entre las partes, y, de otro lado, en el quebrantamiento del deber de negociar de buena fe. En este contexto,

> al juez le es permitido calificar ciertas cláusulas contractuales como abusivas en el caso concreto, haciendo una aplicación de la teoría clásica del principio del abuso del derecho [...] En suma, para determinar si una cláusula es abusiva o no, es necesario, en primer lugar, que el juez realice un análisis sistemático de la cláusula respecto de todo el cuerpo del contrato, así como un análisis individual del contenido de la cláusula. En el supuesto de que la cláusula, evaluada en los dos aspectos citados, no contraríe la buena fe ni genere un desequilibrio injustificado entre los derechos y obligaciones de los extremos negociales, no podrá ser calificada como abusiva con independencia de que el contrato, en el cual se encuentra inmersa dicha cláusula,

---

113 Rubén Stiglitz. "Contrato de consumo y cláusulas abusivas", *Revista Con-Texto*, n.º 4, enero-junio, Bogotá, Universidad Externado de Colombia, 1999, pp. 32 a 51, en https://revistas.uexternado.edu.co/index.php/contexto/article/view/1712

> haya sido efectivamente ejecutado [...] Por otra parte, en cuanto al abuso del derecho en materia contractual, el juez parte de un supuesto diferente, en la medida en que inicia su examen con el supuesto de que la estipulación contenida en una cláusula contractual es válida; entonces, lo que examina es que aquellas prerrogativas que pueda ejercer unilateralmente la parte en posición de dominio hayan sido efectivamente ejercidas de acuerdo con su función social y económica, para determinar si se ha configurado o no la situación de menoscabo de los derechos de uno de los sujetos negociales[114].

Trasladando lo antes expuesto al ámbito de las operaciones y los negocios fiduciarios, se tiene entonces que por cláusulas abusivas deben entenderse aquellas que son manifiestamente desfavorables para los intereses de los fideicomitentes y/o de los beneficiarios designados por estos. En tal virtud, esas cláusulas se erigen en un instrumento generador de inequidades, además vulnerador del principio de la buena fe objetiva[115] en la medida en que (i) alejan al fideicomitente —y, en su caso, al beneficiario— de lo que razonablemente esperaba del negocio fiduciario, teniendo en cuenta la finalidad señalada en el acto constitutivo; o bien (ii) sustraen del negocio fiduciario obligaciones que deberían entenderse incluidas en él; o, en fin, (iii) conllevan un desequilibrio relevante o significativo entre los derechos y las obligaciones de las partes que perjudica al fideicomitente o al beneficiario. En todo caso, el carácter abusivo de una cláusula deberá apreciarse teniendo en cuenta la naturaleza jurídica y la función económica que están llamados a cumplir los negocios fiduciarios y considerando todas las circunstancias concurrentes en el momento de su celebración.

En criterio del suscrito, estos son ejemplos de este tipo de cláusulas: (i) aquellas mediante las cuales se traslada la responsabilidad del fiduciario al beneficiario o a un tercero que no es parte en el contrato, como sucede, verbigracia, en los contratos de fiducia mercantil o de encargo fiduciario en los que los bienes fideicomitidos están constituidos por flujos futuros; (ii) aquellas por medio de las cuales se traslada al fideicomitente la carga

---

114 Gustavo Valbuena Quiñones. "Reflexiones sobre el tratamiento de las cláusulas abusivas en Colombia", cit., p. 417.

115 A este respecto, el artículo 10 bis de la Ley de Condiciones Generales de la Contratación española dispone: "Se considerarán cláusulas abusivas todas aquellas estipulaciones no negociadas individualmente que en contra de las exigencias de la buena fe causen, en perjuicio del consumidor, un desequilibrio importante de los derechos y obligaciones de las partes que se derivan del contrato".

de notificar al deudor cedido la cesión de los derechos económicos derivados de un determinado contrato; (iii) aquellas que limitan o exoneran la responsabilidad del fiduciario en los contratos de fiducia mercantil o de encargo fiduciario celebrados con fines de garantía, en los que los bienes fideicomitidos están constituidos por flujos futuros o derechos económicos; (iv) aquellas que conducen a que el contrato se convierta en el instrumento de satisfacción exclusiva de los intereses del fiduciario; (v) aquellas que colocan al beneficiario en una posición de ulterior inferioridad que le impida el ejercicio de sus derechos, de manera que quede a merced del fiduciario; (vi) aquellas mediante las cuales se determina por cuenta de quién (que, por supuesto, no es el fiduciario) corren los diferentes tipos de riesgos que afectan no solo los bienes fideicomitidos, sino aquellos que pueden incidir en la obtención o consecución de la finalidad a la cual estos se encuentran afectados; (vii) aquellas que determinan en qué foro las partes pueden resolver sus controversias; (viii) aquellas en virtud de las cuales se le impone al beneficiario la carga de pagar la comisión fiduciaria en caso de que el fideicomitente no lo haga o los bienes fideicomitidos resulten insuficientes para tal fin; (ix) aquellas que conducen indefectiblemente a excluir o a limitar la responsabilidad del fiduciario por los resultados de la gestión encomendada; (x) aquellas que representan una dispensa para las sociedades fiduciarias de la obligación de cumplir el contrato o para el fideicomitente de soportar las consecuencias del comportamiento de las sociedades fiduciarias, con sustento en el hecho de que sus obligaciones son de medios y no de resultado; (xi) aquellas que recogen los elementos esenciales de los contratos fiduciarios, cuya transparencia resulta fundamental para que los fideicomitentes y, en su caso, los beneficiarios designados por estos sepan cuál es el régimen aplicable al contrato y, además, conozcan los términos esenciales del negocio fiduciario que están celebrando, llámese fiducia de inversión, fiducia de garantía, fiducia inmobiliaria, etc.

La experiencia demuestra que, mediante el expediente de preformular con anticipación un bloque de cláusulas que se imponen a los potenciales fideicomitentes, los elementos esenciales de los negocios fiduciarios (en particular, en lo que concierne a la finalidad a la que quedan afectados los bienes fideicomitidos) no se regulan de manera trasparente, y ello en la medida en que, por ejemplo, es común ver que se confunde el objeto del respectivo contrato fiduciario con el objeto de la obligación derivada de este. De otra parte, la inclusión de los elementos esenciales de los negocios fiduciarios —en específico, en lo que atañe a la finalidad a la que quedan afectados los bienes fideicomitidos— en un bloque de cláusulas que se le imponen al fideicomitente —y, en su caso, al beneficiario— reduce lo que algunos llaman la "visibilidad" de su contenido para uno u otro, pues de manera razonable aquellos pueden entender que todo el contenido predispuesto está constituido por cláusulas accesorias a lo pactado verbalmente o de acuerdo con la publicidad y demás circunstancias que hayan rodeado la celebración del contrato fiduciario. Por consiguiente, las cláusulas predispuestas que regulen los elementos esenciales de los contratos fiduciarios deben estar acordes con lo pactado y, sobre todo, con la finalidad que se persigue con la afectación de los bienes fideicomitidos, y si integran dicho pacto no deben entonces contradecirlo.

Este deber de transparencia especial apunta a asegurar que los potenciales fideicomitentes contraten lo que creen que están contratando y a sancionar al fiduciario en caso de que los induzca a error utilizando cláusulas predispuestas. Así, entonces, cuando una cláusula prerredactada y mediante la cual se regulen los elementos esenciales de un negocio fiduciario carezca de claridad y transparencia —esto es, que no le permita al fideicomitente conocer su contenido y alcance—, deberá someterse a un control para determinar si altera de cualquier manera las expectativas del fideicomitente —y, en su caso, del beneficiario— respecto de los elementos esenciales del contrato fiduciario, y será declarada ineficaz en la medida en que provoque dicha frustración.

Adicionalmente, en el caso de fideicomisos inmobiliarios para el desarrollo de proyectos de construcción, se encuentran las siguientes cláusulas:

(i) Aquellas de las que podría señalarse como fin justificable impedirles a los terceros interesados en adquirir las unidades inmuebles resultantes del desarrollo de un proyecto de construcción que puedan incoar acciones de responsabilidad contra ellas si los referidos inmuebles, verbigracia, no responden a la calidad prevista y esperada o presentan fallas que amenazan con su ruina, o si, en fin, el proyecto de construcción no llega a feliz término. Para ello, las sociedades fiduciarias argumentan que "no son constructores" o que su papel se circunscribe únicamente al manejo de la tesorería del proyecto. También arguyen que la única opción que tienen los terceros potenciales adquirentes para acceder a la vivienda es tomar o dejar lo que se les está ofreciendo y que, en caso de que lo tomen, mediante la suscripción del correspondiente modelo de contrato están prestando su consentimiento para la formación del contrato, sin que tenga ninguna relevancia el hecho de que no hayan gozado de alguna oportunidad para discutir o modificar esta clase de estipulaciones contractuales.

(ii) Aquellas que persiguen impedirles a los terceros interesados en adquirir las unidades inmuebles resultantes del desarrollo de un proyecto de construcción que puedan incoar acciones de responsabilidad contra las sociedades fiduciarias si dicho proyecto no logra culminarse por la carencia de fuentes de financiamiento.

Respecto a la incorporación de esas cláusulas abusivas de las cuales se ha venido hablando, el mercado fiduciario no ha hecho nada para solucionar el desequilibrio que ellas aparejan en términos de la satisfacción de los intereses de los fideicomitentes y beneficiarios. En efecto, la práctica fiduciaria demuestra que, si bien es cierto que las sociedades fiduciarias han desarrollado una agresiva competencia sobre las tarifas de remuneración que cobran por su gestión, no es menos cierto que esa misma competencia no ha podido asegurar que se supriman aquellas cláusulas que atentan contra la buena fe objetiva; antes, por el contrario, su utilización se ha vuelto cada vez más generalizada.

Y esa incorporación en los contratos fiduciarios de cláusulas como las que se han comentado, aunque representa un hecho indicativo de la escasa o inexistente capacidad de negociación del contenido obligacional del contrato por parte de los fideicomitentes y beneficiarios respecto a las sociedades fiduciarias, lo cierto es que, en la medida en que el abuso que aparejan se ejercita no contra un fideicomitente (y también el beneficiario) en particular, sino frente a una generalidad de potenciales fideicomitentes y beneficiarios, permite explicar que resultan inadecuados los remedios contractuales tradicionales, referidos a las hipótesis de formación irregular del consentimiento. El hecho de que las sociedades fiduciarias abusen de su posición de predominio no invalida el negocio fiduciario en particular, habida cuenta de que tal aprovechamiento no se traduce, por lo general, en un vicio del consentimiento[116].

Esta realidad pone en evidencia el riesgo que involucran las cláusulas abusivas en los contratos fiduciarios con respecto a la responsabilidad por

---

116 Máximo Bianca. *Derecho civil*, 3, *El contrato*, cit., p. 391.

culpa del fiduciario. Siguiendo lo dicho por Cortés Moncayo[117], este aspecto obliga a construir un sistema de tutela de los fideicomitentes —y, en su caso, de los beneficiarios— frente al evidente abuso de posición dominante en que se encuentran las sociedades fiduciarias; para ello es necesario el reforzamiento de aquellos factores que sirven de contrapeso al principio de la autonomía para darle su justa medida, como son los relacionados con la imperatividad de los deberes de información, asesoría, diligencia y lealtad, entre otros, que les impone el ordenamiento jurídico a las sociedades fiduciarias, aspectos a los cuales se aludirá más adelante.

Así mismo, esta realidad plantea la necesidad de identificar y sopesar los valores e intereses en juego en desarrollo de las actividades fiduciarias, con miras a despejar el interrogante acerca de si deben o no controlarse el contenido y la ejecución de los negocios fiduciarios concluidos a partir de contratos por adhesión a condiciones generales y, en caso afirmativo, determinar cuáles son o deberían ser los mecanismos de control que deben aplicarse a ellos. La respuesta a este interrogante sitúa el debate aquí expuesto en los terrenos de la determinación de la naturaleza jurídica de los contratos por adhesión a condiciones generales y, por supuesto, de las reglas de interpretación aplicables a ellos.

6. LA TEORÍA DE LAS CLÁUSULAS ABUSIVAS RELACIONADAS CON EL DEBER DE INFORMACIÓN EN LA CONTRATACIÓN FIDUCIARIA

La teoría de las cláusulas abusivas constituye uno de los instrumentos que posibilitan la preservación de los deberes recíprocos de información en la contratación fiduciaria, pues mediante la utilización de tales cláusulas las sociedades fiduciarias buscan sustraerse del cumplimiento y de la ejecución de los negocios fiduciarios conforme a su normal o natural entendimiento. Infortunadamente, en el ordenamiento jurídico colombiano no existen normas que proscriban el uso de cierto tipo de cláusulas que en la contratación fiduciaria implican, como es notorio, una falta a los deberes de información que pesan sobre el fiduciario en su condición de predisponente.

---

117 Édgar Cortés. *La culpa contractual en el sistema jurídico latinoamericano*, 2ª. ed., Bogotá, Universidad Externado de Colombia, 2009, p. 37 y ss.

Así las cosas, le corresponderá a la jurisprudencia ofrecer las soluciones a que haya lugar. Esto se hará, fundamentalmente, a partir de la ampliación de los poderes del juez por medio de la utilización de criterios objetivos basados en el principio de la buena fe objetiva que le permitan a este, por ejemplo, restarle eficacia jurídica a las condiciones generales de los contratos fiduciarios cuando tales cláusulas no se encuentren redactadas de manera clara y comprensible, o bien cuando no exista evidencia de que fueron sometidas a un proceso de negociación o que fueron aceptadas o conocidas expresamente por el fideicomitente y por el beneficiario.

Como se advirtió en otro lugar del presente escrito, si la información permite generar conductas previsibles y, por ende, disminuir el margen de incertidumbre y evitar riesgos, resulta obvio que la única forma eficaz de restablecer, en lo posible, el equilibrio contractual entre las partes e impedir el abuso de las sociedades fiduciarias sobre los fideicomitentes y beneficiarios reside en la obligatoriedad de que tales sociedades, en desarrollo de un deber de lealtad impuesto por la buena fe, les proporcionen a estos una adecuada y oportuna información que les permita asegurar su conocimiento acerca del contenido y de los alcances de las condiciones generales. También consiste en la exigencia de claridad y posibilidad de comprensión de tales condiciones.

7. CONTROL DEL CONTENIDO Y EJECUCIÓN DE LOS NEGOCIOS FIDUCIARIOS CONCLUIDOS A PARTIR DE CONTRATOS POR ADHESIÓN A CONDICIONES GENERALES

Este aspecto implica analizar la naturaleza jurídica de los contratos por adhesión a condiciones generales y las reglas de interpretación aplicables a ellos. Sin embargo, para efectos del presente estudio, resulta superfluo detenerse en el análisis de dichos temas, por eso no es el propósito de este trabajo aportar nuevos argumentos sobre este particular. Bastará entonces señalar que, en la medida en que las cláusulas abusivas atentan contra el principio de la buena fe, se requiere que el sistema jurídico implemente mecanismos de control, ora mediante la ley, ora por medio de los organismos de inspección y vigilancia del Estado, ora con la intermediación de la intervención judicial.

Desde el punto de vista legal, el control de incorporación de las cláusulas abusivas se realiza mediante la implementación de un listado de cláusulas conocidas como negras. A este respecto, las letras e) y f) del artículo 7.º de la Ley 1328 de 2009 señalan que las entidades vigiladas por la Superintendencia Financiera no solo están obligadas a "abstenerse de incurrir en conductas que conlleven abusos contractuales o de convenir cláusulas que puedan afectar el equilibrio del contrato o dar lugar a un abuso de posición dominante contractual", sino también a "elaborar los contratos y anexos que regulen las relaciones con los clientes, con claridad, en caracteres legibles a simple vista". Así mismo, el artículo 11 *ibidem* dispone que "cualquier estipulación o utilización de cláusulas abusivas en un contrato se entenderá por no escrita o sin efectos para el consumidor financiero", y enumera como cláusulas abusivas las siguientes: (i) aquellas que prevean o impliquen limitación o renuncia al ejercicio de los derechos de los consumidores financieros; (ii) aquellas que inviertan la carga de la prueba en perjuicio del consumidor financiero; (iii) aquellas que incluyan espacios en blanco, siempre que su diligenciamiento no esté autorizado detalladamente en una carta de instrucciones; (iv) cualquiera otra que limite los derechos de los consumidores financieros y los deberes de las entidades vigiladas derivados del contrato, o que exonere, atenúe o limite la responsabilidad de dichas entidades y pueda ocasionar perjuicios al consumidor financiero; y (v) las demás que establezca de manera previa y general la Superintendencia Financiera de Colombia.

En desarrollo de la anterior autorización legal, la Superintendencia Financiera ha calificado las siguientes cláusulas de los contratos de fiducia mercantil y de encargo fiduciario como abusivas: (i) aquellas que consagran un plazo perentorio para que el fideicomitente y/o el beneficiario se pronuncien sobre la rendición de cuentas presentada por el fiduciario, so pena de entenderse aceptadas o aprobadas; (ii) aquellas que fijan un plazo perentorio para que el fideicomitente se pronuncie sobre la terminación y liquidación del fideicomiso, so pena de que se tenga por aceptada o aprobada el acta final de liquidación y rendición de cuentas; (iii) aquellas que facultan a la fiduciaria para realizar de manera unilateral la liquidación del fideicomiso en caso de que no exista acuerdo con el fideicomitente; (iv) aquellas que exoneran a la fiduciaria de toda responsabilidad por el no pago de los impuestos a cargo del fideicomiso; (v) aquellas mediante las cuales se da una autorización amplia por parte del Constituyente para que la fiduciaria celebre contratos o convenios con otras entidades; (vi) aquellas por medio de las cuales se estipula que la información obtenida y procesada por la fiduciaria será parte del fideicomiso, de modo que corresponde a la fiduciaria su custodia y mantenimiento en los términos de ley.

En caso de presentarse cualquiera de las anteriores cláusulas, el juez deberá tenerlas por no escritas o sin efectos para el consumidor financiero. De todos modos, para determinar si una cláusula es abusiva o no, el juez, como primera medida, deberá realizar

> un análisis sistemático de la cláusula respecto de todo el cuerpo del contrato, así como un análisis individual del contenido de la cláusula. En el supuesto de que la cláusula, evaluada en los dos aspectos citados, no contraríe la buena fe ni genere un desequilibrio injustificado entre los derechos y [las] obligaciones de los extremos negociales, no podrá ser calificada como abusiva con independencia de que el contrato, en el cual se encuentra inmersa dicha cláusula, haya sido efectivamente ejecutado [...] Por otra parte, en cuanto al abuso del derecho en materia contractual, el juez parte de un supuesto diferente, en la medida en que inicia su examen con el supuesto de que la estipulación contenida en una cláusula contractual es válida; entonces, lo que examina es que aquellas prerrogativas que pueda ejercer unilateralmente la parte en posición de dominio, hayan sido efectivamente ejercidas de acuerdo con su función social y económica, para determinar si se ha configurado o no la situación de menoscabo de los derechos de uno de los sujetos negociales[118].

En cuanto al control administrativo, el numeral 4 del artículo 146 del Estatuto Orgánico del Sistema Financiero le asigna a la Superintendencia Financiera la función de evaluar los tipos o modelos de contratos que se pretende utilizar en el desarrollo de la actividad fiduciaria, así como sus modificaciones o adiciones, siempre que estos constituyan contratos de adhesión o se empleen para la prestación masiva de servicios. Para tales efectos, en el numeral 3 de la Parte II, Título II, Capítulo I de la Circular Básica Jurídica (C. E. 029/14) se señala que esta función tiene por "objeto procurar la protección de los derechos de los usuarios de los servicios fiduciarios, en orden a velar por que las condiciones generales de los contratos se ajusten a las disposiciones legales, así como evitar que estén provistos de cláusulas abusivas que puedan afectar sus intereses". Al respecto, se precisa que

> el alcance del pronunciamiento de la SFC se limita únicamente a la revisión de los modelos de contrato y en ningún momento constituye una valoración previa, aprobación o conformidad respecto de la validez o eficacia del negocio jurídico, respecto de las circunstancias de tiempo, modo y lugar relacionadas con su cele-

118 Gustavo Valbuena Quiñones. "Reflexiones sobre el tratamiento de las cláusulas abusivas en Colombia", cit.

bración, ejecución y/o liquidación, así como de las obligaciones y derechos de las partes intervinientes, o relacionado con los conflictos de orden contractual que puedan surgir con ocasión del desarrollo del mismo (sic). [...] No obstante (sic) lo anterior, la SFC puede ordenar en cualquier momento la suspensión de su utilización y exigir las modificaciones a que haya lugar, cuando dichos contratos en su celebración o ejecución desconozcan alguno de los requisitos señalados en este Capítulo o en una disposición imperativa.

Al decir de la Corte Suprema de Justicia[119], el control administrativo que ejerce la hoy Superintendencia Financiera de Colombia es suficiente para proteger a la parte débil, máxime si se considera que, en virtud de lo dispuesto por el artículo 1618 del CC, no resulta factible que las cláusulas claras se interpreten a favor de quien presta su consentimiento por adhesión, puesto que se tienen por fiel reflejo de la voluntad de los contratantes, razón por la cual se tornan intangibles para el juez. Tales cláusulas pueden aparecer a los ojos del juez como rigurosas u odiosas; sin embargo, su claridad y el respeto a la autonomía de la voluntad contractual impiden que este, so pretexto de su interpretación, desconozca los efectos que les son propios[120].

Contrariamente al criterio de la Corte Suprema de Justicia, se comparte aquí la opinión de que este modelo de control administrativo no garantiza una adecuada protección de los derechos del fideicomitente y del beneficiario, en su caso, por dos tipos de razones concurrentes, a saber:

(i) De una parte, porque se sustenta en un supuesto a todas luces inadmisible: desconocer o ignorar que, en la práctica, la preeminencia de las sociedades fiduciarias les permite imponer cláusulas abusivas que formalmente carecen de cualquier ambigüedad. Más aún, estas cláusulas suelen ser las más claras y concluyentes en los contratos por adhesión a condiciones generales que suelen celebrar las sociedades fiduciarias, lo que hace entonces que la regla de hermenéutica prevista en el artículo 1624, inciso 2.º del CC no se aplique, por la carencia del presupuesto de hecho en que se sustenta, o bien

---

119 Corte Suprema de Justicia. Sentencia del 29 de agosto de 1980, M. P.: Humberto Murcia Ballén.

120 Jorge Pinzón Sánchez. "Condiciones generales de la contratación y cláusulas abusivas", en *Anuario de Derecho Privado*, n.º 17, diciembre, Bogotá, Universidad de los Andes, 1995, pp. 71 a 124; Manuel José Cepeda. "Los contratos de adhesión: problemas y soluciones", *Revista de Derecho Civil*, vol. II, n.º 3, Bogotá, Universidad de los Andes, 1985, pp. 7 a 65; Jaime Alberto Arrubla Paucar. *Contratos mercantiles*, t. II, *Contratos típicos*, Bogotá, Biblioteca Jurídica Diké, 2005.

que el intérprete tenga que entrar en ejercicios interpretativos francamente sospechosos[121].

(ii) De otra parte, porque la experiencia demuestra que la hoy Superintendencia Financiera de Colombia rara vez ha ejercido con suficiente severidad esta facultad de control; en efecto, su actuación se ha circunscrito —y continúa haciéndolo— única y exclusivamente a verificar que las sociedades fiduciarias redacten las cláusulas de sus contratos fiduciarios sin ambigüedades[122], lo que contribuye a legitimar el poder normativo de estas. Así, entonces, en lugar de ejercerse un control interno sobre el contenido y los alcances de las condiciones generales del contrato, la Superintendencia solo aboga por un control externo del consentimiento[123]. De esta forma se da lugar a un verdadero derecho paralelo de cláusulas abusivas amparadas por el manto del formalismo.

En el anterior orden de ideas, se considera que la Superintendencia Financiera, como organismo de inspección y vigilancia de la actividad profesional de las sociedades fiduciarias, no puede permanecer indiferente respecto al fenómeno de la contratación fiduciaria por adhesión a condiciones generales. La razón consiste en que el poder de manipulación incontrolado de las relaciones contractuales por parte de las sociedades fiduciarias no es casual ni constituye un hecho aislado, sino que caracteriza en la actualidad toda la actividad empresarial de tales sociedades en particular y, en general, de todas las instituciones financieras[124].

---

121 Jorge Pinzón Sánchez. "Condiciones generales de la contratación y cláusulas abusivas", cit.; Manuel José Cepeda. "Los contratos de adhesión: problemas y soluciones", cit.; Jaime Alberto Arrubla Paucar. *Contratos mercantiles*, t. II, *Contratos típicos*, cit.

122 A pesar de que una cláusula no presente asomo alguno de ambigüedad, bien puede ser una cláusula abusiva. También debe dársele el tratamiento de cláusula abusiva a aquella que es tan excepcional que el fideicomitente no la pueda prever: son estas las llamadas "cláusulas sorpresivas". Por lo demás, puede ocurrir que la cláusula sea ambigua por admitir más de una interpretación o por estar insuficientemente destacada, o bien por contradecir la información suministrada con antelación al fideicomitente.

123 Esto significa que la interpretación *per se* no puede cumplir con la exigencia de proteger al consumidor financiero o, en general, a la parte débil. *Cfr.* Javier M. Rodríguez Olmos. "Contexto y construcción de la regla 'interpretatio contra proferentem' en la tradición romanista. Aspectos histórico-comparativos de un principio de interpretación contractual", *Revista de Derecho Privado*, n.º 14, enero-junio, Bogotá, Universidad Externado de Colombia, 2008, pp. 69 a 112.

124 Máximo Bianca. *Derecho civil*, 3, *El contrato*, cit., p. 391.

F. DEBER DE FIDELIDAD COMO MANIFESTACIÓN DE LAS EXIGENCIAS DE LA BUENA FE EN LA CONTRATACIÓN FIDUCIARIA

La contratación fiduciaria le impone al fiduciario un deber de diligencia en sentido estricto que abarca tanto el deber de cuidado como el de lealtad. En este orden de ideas, el deber general de diligencia resulta equivalente a un concepto amplio de fidelidad aplicado a los negocios jurídicos de gestión de intereses ajenos. Este deber de fidelidad se puede formular por medio de la exigencia dirigida al fiduciario de actuar en interés del beneficiario y, en su caso, del fideicomitente.

El deber de cuidado y el de lealtad, aunque están unidos por el mismo criterio general de actuar en interés del beneficiario y/o del fideicomitente (según el caso), se diferencian por cuanto cumplen funciones distintas y se aplican a supuestos asimismo distintos. De una parte, el deber de cuidado tiene una función promotora de los fines económicos de la relación fiduciaria. Su finalidad material está dirigida a tutelar los intereses del beneficiario en relación con el cumplimiento y la ejecución de la prestación fiduciaria. De otra parte, el deber de lealtad cumple una función protectora del beneficiario —y, en su caso, del fideicomitente— cuando se presentan situaciones constitutivas de conflictos de intereses. De esta forma, la lealtad determina el patrón relativo al contenido obligacional y los límites respecto de los cuales queda sujeto el fiduciario en caso de conflictos de intereses.

A la hora de reconocer el fundamento del deber de lealtad del fiduciario, cabe ensayar una primera hipótesis según la cual ese deber de lealtad encuentra su origen en el contrato fiduciario y en su causa: el fin común. El argumento se basa en la existencia de la obligación que pesa sobre el fiduciario de realizar diligentemente todos los actos necesarios para la consecución de la finalidad a la cual se encuentran afectados los bienes fideicomitidos; dicha finalidad es un elemento vertebrador de los negocios fiduciarios en su sentido obligacional. A su lado, el deber de lealtad que pesa sobre el fiduciario forma parte del contenido de la buena fe aplicada a las relaciones obligacionales, entendida esta en su sentido objetivo, pues, como se verá más adelante con mayor detenimiento, la buena fe ampara las concretas exigencias o normas de conducta del fiduciario. De esta manera, el deber de lealtad es una manifestación del principio de la buena fe dirigida a proteger al beneficiario y/o al fideicomitente, según el caso, de las actuaciones interesadas del fiduciario.

Entonces, esta función protectora es el criterio que debe tenerse en cuenta a la hora de concretar el principio en reglas particulares.

En suma, la regla general que informa el contenido del deber de lealtad —y de la que se derivan otras manifestaciones— consiste en la exigencia dirigida al fiduciario de preferir el interés del beneficiario —y, en su caso, del fideicomitente— y de subordinar su propio interés en aquellas situaciones en las que el comportamiento del fiduciario se contrapone a los intereses generales del beneficiario. El riesgo para el beneficiario o para el fideicomitente, según el caso, no se concreta solo en que la finalidad establecida en el acto constitutivo no se cumpla, sino que se plantea, además, en relación con la posibilidad de que el fiduciario aproveche su posición para realizar la gestión en su propio interés o en el de un tercero. En esta dirección, los riesgos derivados de la celebración de un negocio fiduciario traslaticio o no traslaticio del derecho de dominio se pueden agrupar en dos categorías, a saber: la gestión imprudente o negligente y la gestión interesada. En el primer caso, "la gestión no se ajusta a la prestación comprometida por descuidar la atención y profesionalidad necesarias para su buen cumplimiento"[125]. En el segundo caso, la causa del riesgo radica en la existencia de un conflicto de intereses —derivado de la posición del fiduciario— idónea para aprovecharse de los intereses del beneficiario o del fideicomitente, según corresponda, de cuya oposición puedan resultar lesionados los intereses del uno o del otro.

Así las cosas, el conflicto de intereses aparece entonces como un riesgo de lesión de los intereses del beneficiario y/o del fideicomitente, según el caso, que puede producirse sin que el uno o el otro puedan conocer sus consecuencias inmediatas. Precisamente, la existencia de este riesgo de lesión constituye la razón práctica por la que se impone la necesidad de tutelar a ese beneficiario y/o fideicomitente en las situaciones de conflicto. Siguiendo este esquema, el subnumeral 2.2.1.2.4 del Capítulo I, Título II, Parte II de la Circular Básica Jurídica (C. E. 029/14), expedida por la Superintendencia Financiera, señala:

> La realización de los negocios fiduciarios y la ejecución de los contratos a que estos den lugar suponen el deber de respetar y salvaguardar el interés o [la] utilidad del

---

125 Vicenç Ribas Ferrer. "Aproximación al estudio del deber de lealtad del administrador de sociedades", tesis doctoral, Barcelona, Universidad Autónoma de Barcelona, 2004, p. 315.

> fideicomitente y/o beneficiario, absteniéndose de desarrollar actos que le ocasionen daño o lesionen sus intereses, por incurrir en situaciones de conflicto de interés.

La exigencia jurídica de resolver la situación de conflicto en interés del beneficiario —y, en su caso, del fideicomitente— concuerda con los fines propios de la relación fiduciaria. Es decir, al fiduciario no se le atribuye solo un poder para actuar en interés del beneficiario —y, en su caso, del fideicomitente—, sino que queda sujeto a la preferencia de los intereses de dicho beneficiario o fideicomitente.

Ahora bien, contextualizado el deber de lealtad que pesa sobre el fiduciario en el marco de los conflictos de intereses, es posible afirmar entonces que este presenta un contenido mínimo que se manifiesta a partir de dos postulados básicos. El primero consiste en el deber del gestor de subordinar los intereses propios en beneficio de los ajenos, lo cual lo lleva a su consecuencia inmediata: la prohibición de actuar en conflicto sin autorización[126]. La subordinación de intereses apareja un componente de carácter negativo conocido como deber de abstención o prohibición de actuar en conflicto de intereses. Su afirmación deriva de la propia finalidad y función económica de la gestión confiada al fiduciario, es decir, que por medio de la relación fiduciaria el ordenamiento jurídico tutela los intereses del beneficiario —y, en su caso, los del fideicomitente—, particularmente ante una situación en la que el fiduciario se coloca en una situación de conflicto, con riesgo de que no subordine sus intereses a favor del uno o del otro, según el caso. Así, entonces, en caso de conflicto de intereses entre el fiduciario y el beneficiario y/o el fideicomitente prevalece el interés del beneficiario y/o el del fideicomitente.

La subordinación de intereses debe conjugarse con los derechos del beneficiario y/o del fideicomitente desde una doble perspectiva. De un lado, el beneficiario y, en su caso, el fideicomitente están legitimados para defender sus intereses particulares en el ejercicio de los derechos inherentes a su calidad de tales, conforme a lo dispuesto por los artículos 1235 y 1236 del Código de Comercio. De otro lado, el deber de lealtad despliega sus efectos como un límite al ejercicio de los derechos del fiduciario y, en particular, como una restricción a los derechos de propietario fiduciario o de simple tenedor de los bienes fideicomitidos, en la medida en que tales

---

126 En el análisis económico del derecho de sociedades, el problema de los conflictos de interés es lo que se conoce con el nombre de "problemas de agencia".

derechos deben ser ejercitados respetando la finalidad señalada por el fideicomitente en el acto constitutivo.

Una expresión de la idea que se ha expuesto la recoge el subnumeral 2.2.5 del Capítulo I, Título II, Parte II de la Circular Básica Jurídica, que dispone lo siguiente:

> En desarrollo del deber de lealtad antes expuesto, en todos los negocios fiduciarios corresponde a las sociedades fiduciarias evitar y evaluar, frente a cada caso particular, la posible incursión en situaciones de conflictos de interés en los términos del numeral 9, art. 146 del EOSF. [...] Así las cosas, en los contratos respectivos debe dejarse constancia expresa de la realización de tal evaluación junto con los mecanismos previstos para conjurar la eventual configuración de situaciones que den origen a conflictos de interés y su solución. Dicha circunstancia es obligatoria cuando quiera que la sociedad fiduciaria tenga como fideicomitente, beneficiario o acreedor garantizado a entidades vinculadas. Para los efectos de este Capítulo, se entienden como vinculados las personas o entidades definidas en el literal d. del art. 2.6.12.1.15 del Decreto 2555 de 2010, para efectos del régimen de inversiones de los fondos de pensiones y cesantías[127].

El otro postulado básico que informa el contenido mínimo del deber de lealtad está relacionado con el deber de *disclosure*, esto es, la exigencia de poner en conocimiento de los clientes cualquier posible conflicto de intereses del fiduciario relacionado con la finalidad a la que se encuentran afectados los bienes fideicomitidos o que atente contra esta. El contenido obligatorio de dicho deber de *disclosure* deriva de la propia obligación fiduciaria. Su fundamento se halla en las reglas generales relativas a la competencia y a la

---

127 A este respecto, la Superintendencia Financiera, mediante los conceptos 2008062493-001 del 4 de noviembre de 2008 y 2007059749 del 28 de diciembre de 2007, precisó que la regla general en todos los negocios fiduciarios es que corresponde a las propias sociedades fiduciarias evitar, frente a cada caso, la posible incursión en situaciones generadoras de conflictos de interés. Por consiguiente, a la hora de estructurar el contrato se debe dejar constancia expresa de la realización de tal evaluación, junto con los mecanismos que se prevean para conjurar la eventual configuración de situaciones que den origen a conflictos de interés y su solución. En aquellos eventos en los cuales quede debidamente comprobado que las entidades sometidas al control y vigilancia de la Superintendencia Financiera no adoptaron los mecanismos de protección suficientes o que en desarrollo de un contrato particular se desconoció el deber de abstención de celebrar operaciones generadoras de conflictos, resultará procedente la adopción de las medidas administrativas tendientes a garantizar la confianza en el sector financiero, toda vez que una determinación en tal sentido debe corresponder al análisis de las condiciones particulares presentadas en el desarrollo del contrato respectivo.

protección del consumidor financiero contenidas en el numeral 9 del artículo 146 del EOSF (modificado por el artículo 9.º de la Ley 795 de 2003[128]), el numeral 6 del artículo 98 del EOSF (adicionado por el artículo 26 de la Ley 795 de 2003), el literal c) del numeral 3 del artículo 119 del EOSF (modificado por el artículo 35 de la Ley 795 de 2003), el literal e) del artículo 3.º de la Ley 1328 de 2009 y el literal c) del artículo 4.º de la Ley 964 de 2005[129], los cuales consagran la prohibición de realizar operaciones que den lugar a conflictos de intereses, so pena de la imposición de las correspondientes sanciones administrativas por parte de la Superintendencia Financiera. Además, obligan a las entidades vigiladas por esa Superintendencia a

> administrar los conflictos que surjan en desarrollo de su actividad entre sus propios intereses y los de los consumidores financieros, así como los conflictos que surjan entre los intereses de dos o más consumidores financieros, de una manera transparente e imparcial, velando por que siempre prevalezca el interés de los consumidores financieros[130].

Así mismo, tratándose de la administración de fondos de inversión colectiva, los artículos 3.1.1.1.4 y 3.1.1.1.5 del Decreto 2555 de 2010[131] señalan que en dicha administración debe darse prevalencia a los intereses de los inversionistas sobre cualquier otro interés, incluyendo los intereses de la sociedad administradora, sus accionistas, sus administradores y funcionarios, sus filiales y subordinadas, su matriz, etc.

---

128 Congreso de Colombia. Ley 795 de 2003. Por la cual se ajustan algunas normas del Estatuto Orgánico del Sistema Financiero y se dictan otras disposiciones. *D. O.* 45064 del 15 de enero de 2003. Disponible en http://www.secretariasenado.gov.co/senado/basedoc/ley_0795_2003.html

129 Congreso de Colombia. Ley 964 de 2005. Por la cual se dictan normas generales y se señalan en ellas los objetivos y criterios a los cuales debe sujetarse el Gobierno Nacional para regular las actividades de manejo, aprovechamiento e inversión de recursos captados del público que se efectúen mediante valores y se dictan otras disposiciones. *D. O.* 45963 del 8 de julio de 2005. Disponible en http://www.secretariasenado.gov.co/senado/basedoc/ley_0964_2005.html

130 Congreso de Colombia. Ley 1328 de 2009, cit.: artículo 4.º, literal e): Manejo adecuado de los conflictos de interés.

131 Presidencia de la República de Colombia. Decreto 2555 de 2010. Por el cual se recogen y reexpiden las normas en materia del sector financiero, asegurador y del mercado de valores y se dictan otras disposiciones. *D. O.* 47771 del 15 de julio de 2010. Disponible en http://www.suin-juriscol.gov.co/viewDocument.asp?id=1464776

Recapitulando, se tiene entonces que el deber de lealtad se concreta en prohibir las conductas conflictuales del fiduciario que causen un daño al beneficiario —y, en su caso, al fideicomitente— cuando se realicen en beneficio particular o de un tercero. Así, el presupuesto de la aplicación del deber de lealtad se encuentra, pues, en la situación de conflicto de intereses entre el fiduciario y el beneficiario (y/o el fideicomitente). La singularidad del conflicto en la relación fiduciaria resulta de la circunstancia de que el contraste de intereses no es solo una situación de hecho, natural entre partes enfrentadas y propio de las relaciones de intercambio, sino una verdadera y auténtica controversia jurídica ante la cual el ordenamiento positivo concede protección al beneficiario. Esta protección del interés del beneficiario (y, en su caso, del fideicomitente) es la consecuencia de la obligación del fiduciario de actuar en interés de uno o de otro, según el caso. De este modo, el deber de lealtad se configura como la norma tutelar del beneficiario y/o del fideicomitente, y el conflicto constituye el presupuesto de su aplicación.

De esta suerte, la definición del conflicto de intereses adquiere importancia en la medida en que determina el ámbito de aplicación objetivo del deber y establece los límites de la conducta leal del fiduciario. Sin embargo, la ausencia tanto en el Estatuto Orgánico del Sistema Financiero como en el Código de Comercio de una definición legal de lo que se entiende por conflictos de intereses impone la necesidad de una construcción doctrinal de dicho concepto. El estudio de los conflictos de intereses en el ámbito de los negocios jurídicos de gestión de intereses ajenos ha correspondido, fundamentalmente, a la doctrina de la representación, incluyendo tanto la representación voluntaria como la legal[132].

En una primera aproximación, el conflicto resulta de una conducta del fiduciario en la cual se ponen en relación los intereses del beneficiario o del fideicomitente con los suyos propios, de tal forma que, al ser los intereses concurrentes, la realización del interés de uno o de un tercero significa el sacrificio del interés del otro. Una expresión de esta idea se presenta en aquellos contratos de fiducia mercantil —que son los más— en los que se estipula que la comisión o remuneración del fiduciario constituye, por su

---

132 En estos estudios se ha concluido que el mecanismo específico para prevenir la ocurrencia de los conflictos de intereses lo conforman los hoy denominados códigos de buen gobierno corporativo. Ver Vicenç Ribas Ferrer. "Aproximación al estudio del deber de lealtad del administrador de sociedades", cit., p. 376.

gestión, un gasto a cargo del patrimonio autónomo que se cubrirá preferentemente en relación con los demás gastos que ocasione el cumplimiento de la finalidad señalada por el fideicomitente en el acto constitutivo. Si el deber de lealtad no existiera, el beneficiario estaría obligado a subordinar sus intereses como tal respecto de la conducta del fiduciario dirigida a que se le pague, primero y antes que cualquier otra cosa, la remuneración a que tiene derecho por su gestión. Estando los bienes fideicomitidos afectados al cumplimiento de la finalidad señalada por el fideicomitente a favor del beneficiario, el fiduciario actúa en conflicto de intereses cuando decide pagarse su comisión o remuneración con cargo a los bienes que conforman el patrimonio autónomo, ignorando que tienen una afectación o destinación específica: cumplir la finalidad establecida en el acto constitutivo a favor del beneficiario.

En definitiva, el conflicto existe, pues la expectativa del beneficiario de que se cumpla la finalidad a la cual se encuentran afectados los bienes fideicomitidos se aminora o suprime con la conducta del fiduciario dirigida a que se le pague la remuneración a que tiene derecho con cargo a los bienes fideicomitidos, de manera que los intereses de uno y otro sujeto de la relación contractual no pueden ser simultáneamente satisfechos.

El segundo elemento que permite calificar el conflicto de intereses consiste en precisar la existencia de un comportamiento interesado del fiduciario —ya sea de forma directa o indirecta— y la posibilidad de afectar los intereses del beneficiario y/o del fideicomitente, según corresponda. En este caso se produce un conflicto actual cuando, además de la concurrencia de intereses, se constata una situación real de riesgo que determina la existencia de la oposición entre los intereses del fiduciario y los del beneficiario y/o del fideicomitente, según el caso. Es decir, se pasa de una situación considerada en abstracto a una concreta situación de conflicto al contemplar el riesgo de una precisa situación objetiva determinada por las circunstancias de tiempo y lugar que lo acrediten[133]. En este caso, la previsibilidad racional de lesión deriva de las condiciones concretas o particulares que configuran el acto o negocio interesado.

Expresiones de esta idea se presentan (i) cuando se trata de negocios celebrados entre fideicomisos administrados por una misma sociedad fiduciaria y

---

133 *Cfr.* Vicenç Ribas Ferrer. "Aproximación al estudio del deber de lealtad del administrador de sociedades", cit., pp. 378 y 379.

(ii) en los casos de negocios celebrados entre la fiduciaria y sus vinculados, y los fideicomisos administrados por la sociedad. Sobre este particular, la entonces Superintendencia Bancaria, refiriéndose a la prohibición de que trata la letra c) del numeral 2 del artículo 119 del EOSF, mediante el Concepto n.º 1998045919-5 del 20 de enero de 1999, expresó:

> Afirmar que la proscripción consagrada en el canon aludido se predica exclusivamente de los recursos propios de la sociedad fiduciaria, sería desconocer no solo la finalidad práctica que está llamada a cumplir la norma en el mercado financiero, sino también la naturaleza jurídica de las instituciones de servicios financieros, cual es la de administrar en condiciones de transparencia y seguridad los bienes y recursos de terceros. Igualmente se pasa por alto que con dicha exclusión legal lo que se busca es proteger ante todo el interés público económico, por encima del interés particular en cabeza de los accionistas o de la propia sociedad vigilada. Así las cosas, suponer que el precepto en cuestión está dirigido a prevenir únicamente los riesgos a que se exponen los recursos propios de la filial o subsidiaria cuando invierte en títulos emitidos, avalados, aceptados a administrados por su matriz y que, por el contrario, está facultada para comprometer los recursos que el público les ha confiado para su administración, este Despacho entiende se trata de una interpretación improcedente y descontextualizada. [...] Por lo demás, la sociedad fiduciaria independientemente del origen de los recursos que maneja es una sola. Por eso funcionalmente debe responder hasta por la culpa leve y contablemente está obligada a reconocer la realidad económica y jurídica de sus funciones, involucrando en sus estados financieros tanto sus propios recursos como los de terceros. Así las cosas, esta Superintendencia lamenta no compartir la diferenciación que hace la Asociación al considerar que la prohibición solo compete a la parte de la empresa que maneja recursos obtenidos de sus acciones o de terceros en calidad de crédito o cualquier otra circunstancia y no de los confiados para su administración, como quiera que se desnaturaliza la esencia del negocio, amén de crear un divorcio que jurídicamente, entendemos, no encuentra justificación. [...] La interpretación de ese gremio del literal c), numeral 2 del susodicho artículo 119, sin considerar que el objeto social autorizado a las entidades de servicios financieros se encuentra esencialmente en función del manejo de cuantiosos recursos y bienes ajenos, procurando una efectiva protección de los intereses del público antes que de los recursos de la propia sociedad gestora, no resulta de recibo como quiera que la finalidad de la regulación en comento no es la de garantizar exclusivamente los recursos propios, permitiéndose por el contrario arriesgar los ajenos. [...] Bajo ese entendido, la única excepción prevista en la norma se refiere a las operaciones de las sociedades comisionistas originadas en la celebración de contratos de comisión para la compra y venta de valores, según las reglas que para el efecto dicte la Superintendencia de Valores [...] En este escenario, no son de recibo las hipótesis según las cuales una interpretación diferente a la planteada por la Asociación de Fiduciarias conllevaría

a (sic) que los establecimientos de crédito no puedan celebrar operaciones activas de crédito con los clientes de un fondo de pensiones y cesantías o de una fiduciaria, o que los clientes de esta última no puedan adquirir acciones en cualquier clase de sociedades, como quiera que dichas situaciones están por fuera de los supuestos normativos a los que nos hemos referido. [...] De otro lado, es de aclarar que el criterio sentado por este Despacho sobre la materia *sub judice*, no es el resultado de una aplicación analógica de la prohibición a casos no previstos —como equivocadamente se señala en su petición—, sino del empleo directo y claro de la norma sobre la base de una interpretación sistemática.

Seguidamente, haciendo referencia al fideicomiso de inversión con destinación específica, la Superintendencia[134] puntualizó:

Pues bien, en opinión de la Asociación, cuando se trata de fiducia de inversión con destinación específica, en donde es el constituyente o adherente quien determina la entidad y las condiciones en dónde y cómo se deben invertir sus recursos, no aplica la prohibición prevista por el literal c), numeral 2 del artículo 119 *ibidem*, en tanto que (sic) son ellos quienes asumen los riesgos de las decisiones de inversión, aparte de que dicha norma, solo se predica de los recursos propios de la fiduciaria, mas no de los que administra por cuenta de un fideicomiso. [...] A este respecto es conveniente reiterar el argumento expuesto en su oportunidad por este Despacho en el oficio del 2 de octubre de 1998, según el cual: "(...) Es obvio que la facultad del fideicomitente en torno a la decisión de la inversión en los términos del referido artículo 153-3 tampoco configura en modo alguno una excepción a la prohibición consagrada en el literal c), numeral 2 del artículo 119 *ibidem*, toda vez que la instrucción del fiduciante no puede desconocer una norma de orden público económico de imperativo cumplimiento para las partes involucradas en el negocio fiduciario". [...] En ese orden de ideas, se concluyó que la(s) instrucción(es) a la fiduciaria por parte del constituyente "no puede[n] estar orientada[s] a la adquisición de títulos emitidos, avalados, aceptados o cuya emisión sea administrada por la matriz, por sus filiales o subsidiarias, en la medida en que una determinación de tal naturaleza contraviene a todas luces una prohibición legal impuesta a la sociedad fiduciaria, entre otras entidades (...)". [...] Como ya se indicó en su momento, el objeto social de las sociedades fiduciarias no se circunscribe al manejo de sus activos, sino que le compete aún con mayor responsabilidad el cabal manejo de los recursos de los beneficiarios o fideicomitentes, así sea contra la voluntad de estos en el evento de que la fiduciaria entienda que sus manifestaciones de voluntad contravienen el contrato o la ley. Siendo ello así, es indiscutible que la finalidad contenida en el precepto susodicho busca paralelamente una protección tanto de los recursos propios como

---

134 Superintendencia Bancaria. Concepto 1998045919-5 del 20 de enero de 1999, cit.

[de] aquellos confiados por terceros para su administración, como quiera que no tendría ningún sentido lógico que la prohibición legal conllevara a (sic) escindir el sujeto económico destinatario de la misma (sic), para los solos efectos de su aplicación. [...] Y es que el hecho de mantener contablemente separados los recursos de terceros, si bien da transparencia a la operación y confirma el principio de la individualidad jurídica y patrimonial de cada uno de los fideicomisos, en ninguna forma es un reconocimiento a una supuesta exclusión de la responsabilidad del fiduciario en el manejo de los mismos (sic) como si fuera otra empresa, pues ello sería desconocer la naturaleza jurídica, se reitera, del negocio. [...] A lo expuesto cabe agregar que en este evento no se configura un enfrentamiento entre una norma de carácter general (art. 119-2) y una especial (art. 151-3), a partir de lo cual pueda afirmarse que la segunda prevalece sobre la primera, según los principios consagrados en los artículos 3.º de la Ley 153 de 1887 y 5.º de la Ley 57 del mismo año, toda vez que dichos cánones no admiten discusión sobre prevalencias en su aplicación; pues mientras el artículo 119-2 es de orden público económico en toda su extensión y, consecuentemente, tutela un interés general, el artículo 151, en cuanto (sic) toca especialmente con la facultad del fideicomitente de ordenar a la fiduciaria acerca de la inversión de sus recursos, garantiza un interés subjetivo o particular. [...] Visto de esta manera, no es viable bajo (sic) ninguna circunstancia que los particulares desconozcan los postulados legales de orden público de ineludible cumplimiento —léase en este caso, fiduciaria y fideicomitente—, al amparo de la autonomía de la voluntad privada, o con la premisa de que el constituyente o adherente es quien asume los riesgos de su decisión de inversión, criterio este que se sostiene en forma reiterada por parte de la jurisprudencia.

Del mismo modo, refiriéndose a los negocios fiduciarios celebrados entre la fiduciaria y su matriz y vinculados económicos, mediante el Concepto 1999928704-2 del 3 de agosto de 1999, la entonces Superintendencia Bancaria expresó:

En la exposición de motivos de la Ley 45 de 1990, mediante la cual se creó lo que se denominan (sic) los grupos financieros, se expresó que el esquema de sociedades filiales buscaba minimizar los conflictos de interés que surgieran a partir de esta autorización, así como eliminar los riesgos en cadena que puedan desprenderse de la realización de las actividades de manera conjunta en un solo ente crediticio. [...] Se agregó que bajo el esquema de sociedades filiales se mantenían separados jerárquicamente el manejo de las operaciones financieras como lo dicta la prudencia bancaria y evitar que los recursos que sean obtenidos a través de una actividad en particular puedan ser desviados al mejor resultado de otras diferentes, sin que necesariamente se esté velando por el mejor grado de protección o por garantizar de la mejor manera los intereses de los ahorradores o, en general[,] de los clientes de las instituciones crediticias. [...] Se precisó que al mismo tiempo el esquema de las sociedades filiales permitía que en eventos de resultados poco favorables o de situaciones desafortunadas, la responsabilidad de las entidades de crédito se limitaba a la inversión realizada en dicha sociedad, sin que por este camino se pusiera en riesgo el ahorro del público. [...] Bajo estas consideraciones hay que concluir que la finalidad de que los bancos sean controladores y desarrollen actividades a través de sus filiales, en este caso la actividad fiduciaria, es básicamente, entre otras consideraciones, la de perseverar en la eliminación de las fuentes de conflicto de interés. [...] Hay que recordar que el objeto social autorizado a las sociedades fiduciarias se circunscribe esencialmente al manejo de bienes y recursos del público, los cuales no deben confundirse entre entidades que conforman un mismo grupo financiero, exponiendo al público en interés propio. [...] Es así que (sic) las relaciones entre la matriz y sus filiales la letra e) (sic) del numeral 3 del artículo 119 del Estatuto Orgánico del Sistema Financiero determina que "no podrán celebrarse operaciones que impliquen conflictos de interés". El fundamento, entonces, consiste en eliminar los riesgos en cadena que pueden originarse en las operaciones entre [la] matriz y su filial o subordinadas, protegiéndose de mejor manera los intereses de los terceros. También se busca prevenir que en eventos de resultados desfavorables o de situaciones de crisis de la matriz o de sus subordinadas, se utilicen recursos del público administrados por las filiales de servicios financieros para subsanar ese tipo de dificultades. [...] El acaecimiento de estas situaciones se procura eliminar de manera general mediante la norma precitada, la cual constituye un marco de conducta que en cada negocio debe preservar la sociedad fiduciaria a la que confía el manejo de bienes o dineros, sin que sea dable, dada su profesionalidad, esperar la solicitud de parte o la calificación de oficio por la entidad de control y de su Consejo Asesor para determinar la existencia del conflicto de interés que, como en el caso propuesto, se circunscribe al manejo de los recursos en una cuenta de ahorros abierta en el banco matriz[135].

---

135 Con fundamento en este concepto, la Superintendencia tiene establecido de tiempo atrás que "aunque las sociedades fiduciarias pueden mantener en depósitos a la vista en su matriz o en las filiales o subsidiarias de esta los recursos de los negocios por ella administrados, ello no obsta para que dejen de observar las restricciones contenidas en el Estatuto Orgánico del Sistema Financiero establecidas en el literal c) numeral 3 del artículo 119 y numeral 9 del artículo 146 sobre conflictos de interés, modificados por los artículos 35 y 38 de la Ley 795 de 2003, respectivamente [...] En este orden de ideas, debe entenderse que aun en el evento de que un fideicomitente instruya a una sociedad fiduciaria para mantener en depósitos a la vista los recursos objeto de un negocio fiduciario, en su matriz o en las filiales o subsidiarias de esta, tal autorización no puede contravenir una norma de orden público económico traducida en el deber de abstención para las sociedades fiduciarias consistente en evitar celebrar operaciones que puedan dar lugar a conflictos de interés entre el fiduciario, su matriz o filiales o subsidiarias de esta, y el fideicomitente". (Superintendencia Bancaria. Concepto 2003055572-2 del 18 de febrero de 2004).

Más recientemente, la hoy Superintendencia Financiera, al responder el interrogante que se le formuló en cuanto a si existía conflicto de interés en la celebración de un contrato de fiducia en garantía en el que el acreedor beneficiario era matriz de la sociedad fiduciaria con la cual se celebraba el contrato de fiducia correspondiente, explicó:

> [L]as situaciones donde actúan concomitantemente la matriz y la filial del mismo grupo están autorizadas dentro del marco legal vigente y, por lo mismo, no es procedente la calificación general de tal relación como generadora de conflictos de interés, tal como se plantea en la consulta respecto a la celebración y ejecución del contrato de fiducia mercantil en garantía, cuando quiera que el banco matriz es acreedor del fideicomitente que entrega su bien en fiducia a la filial del banco prestamista, toda vez que una determinación en tal sentido debe corresponder al análisis de las condiciones particulares del contrato a celebrarse (sic). [...] Lo anterior, sin perjuicio de la obligación primigenia en cabeza de las entidades que conforman el respectivo grupo financiero de desarrollar dentro de sus Códigos de Conducta y de Buen Gobierno mecanismos que mitiguen los riesgos a los cuales están expuestas las entidades que lo conforman (filial–matriz), entre ellos, los derivados de posibles comportamientos de privilegio, siendo en todo caso, un deber ineludible de las entidades vigiladas, abstenerse de llevar a cabo operaciones que impliquen eventuales conflictos de interés y, de llegarse a presentar alguna situación que genere una exposición a situaciones de esta índole, las mismas entidades deben haber previsto en sus respectivos manuales y códigos de conducta mecanismos expeditos que permitan conjurar dichas situaciones. [...] Por lo tanto y como quiera que es dentro del esquema de filiales-matrices que las entidades tienen más dificultades para diferenciar los roles y, por ende, están más expuestas a la presencia de conflictos de interés, estas deben establecer lo que la doctrina ha llamado "murallas chinas" (término con que se conocen las prácticas que buscan prevenir la filtración de información confidencial sobre un cliente a diferentes áreas de una compañía en donde pueda existir un conflicto de intereses) debiendo, en consecuencia, adoptar mecanismos para la adecuada gestión de los riesgos inherentes a sus operaciones y negocios comunes que garanticen en todo caso la debida transparencia y gestión de esa comunidad de negocios. [...] Así las cosas, en aquellos eventos en los cuales quede debidamente comprobado que las entidades sometidas al control y vigilancia de esta Superintendencia no adoptaron los mecanismos de protección suficientes o que en desarrollo de un contrato particular se desconoció el deber de abstención de celebrar operaciones generadoras de conflictos, resultará procedente la adopción de las medidas administrativas tendientes a garantizar la confianza en el sector financiero, toda vez que una determinación en tal sentido debe corresponder al análisis de las condiciones particulares presentadas en el desarrollo del contrato respectivo. [...] No obstante (sic) todo lo expuesto, no sobra recordar que en la medida en que el ejemplo sometido a consideración es por naturaleza un negocio

> fiduciario, no se puede desconocer que el mismo (sic) se celebra en consideración a (sic) las condiciones particulares que para el cliente o usuario, acredita la sociedad fiduciaria, siendo este uno de los elementos más importantes dentro del esquema del contrato de fiducia, en el cual, el fideicomitente entrega un conjunto de bienes a un fiduciario, quien debe haber demostrado su especialización en el manejo del negocio y que dentro de (sic) sus obligaciones tiene la de realizar todos los actos necesarios para cumplir la finalidad propuesta por el primero, actos que por su naturaleza y la confianza brindada por el fiduciante no pueden ser desarrollados por una persona que no cumpla esas determinadas características[136].

Como conclusión general de lo hasta aquí expuesto, se tiene que el deber de lealtad es parte esencial del contenido obligacional de todo negocio de gestión de intereses ajenos, de los que los negocios fiduciarios constituyen una especie. En este sentido, si el deber de lealtad forma parte del contenido nuclear de la relación fiduciaria, su supresión voluntaria determina una relación diferente a la fiduciaria. Sin embargo, en el ámbito de la contratación fiduciaria no es posible la creación voluntaria de relaciones jurídicas de naturaleza distinta a la fiduciaria para ordenar la administración y/o enajenación de los bienes fideicomitidos de cara al cumplimiento de la finalidad señalada por el fideicomitente en el acto constitutivo.

Tratándose de la contratación fiduciaria, el ordenamiento jurídico establece una relación fiduciaria típica como medio para la consecución de la finalidad a la cual se encuentran afectados los bienes fideicomitidos, con base en que sobre el fiduciario pesa la obligación fundamental de actuar en interés del beneficiario y no en su propio interés o en el de un tercero. La cuestión afecta a toda clase de negocios fiduciarios traslaticios y no traslaticios de dominio, independientemente de la finalidad a la cual se encuentren afectados los bienes fideicomitidos, pues, en su amplia tipología, todos ellos responden al mismo prototipo en lo relacionado con la obligación de gestión.

En este sentido, tanto para los contratos de fiducia mercantil como para los encargos fiduciarios, el contenido esencial del deber de lealtad es el mismo y no puede modificarse por la intervención de las partes. Por consiguiente, ni el fideicomitente ni el fiduciario, por medio de sus estipulaciones contractuales, pueden configurar una relación fiduciaria que modifique el contenido nuclear del deber de fidelidad.

---

136 Superintendencia Financiera. Concepto 2007059749 del 28 de diciembre de 2007.

Finalmente, puede decirse que, ante la ausencia de una ordenación normativa que regule el deber de lealtad, las exigencias derivadas de la obligación gestora y de la buena fe permiten su reconstrucción a partir de la cláusula general de la diligencia del fiduciario. Por eso, el incumplimiento del deber de lealtad se sujeta al régimen general de responsabilidad civil del fiduciario.

La obligación de resarcimiento dirigida al fiduciario desleal encuentra el respaldo legal que se deriva de lo dispuesto por el numeral 1 del artículo 1234 del CCo, en concordancia con los artículos 1243 *ibidem*, 63 y 1604 del CC, y, en particular, en lo relativo a los actos del fiduciario que han sido realizados sin la diligencia con la que debe cumplir la gestión que se le ha encomendado.

La contravención del deber de diligencia que ha de observar el fiduciario configura el soporte legal que autoriza las acciones indemnizatorias que tienen su causa en las conductas desleales de dicho fiduciario. En todo caso, la conducta del fiduciario debe reunir el requisito de su antijuridicidad, cuya existencia depende de la infracción del deber de lealtad. El hecho de que el ilícito comporte una infracción de deberes permite a su vez constatar que se trata de una responsabilidad por culpa.

La infracción del deber se produce por simple culpa, sin que se requiera de una conducta dolosa, habida consideración de que la lealtad es la concreción de la exigencia de la buena fe, en sentido objetivo y no subjetivo, con lo cual la deslealtad no exige un requisito subjetivo agravado.

SEGUNDA PARTE
LA RELACIÓN JURÍDICA FIDUCIARIA Y SU PROYECCIÓN EN LA ESFERA CONTRACTUAL

CAPÍTULO QUINTO
DELIMITACIÓN DEL TEMA DE LA RESPONSABILIDAD CONTRACTUAL DE LAS SOCIEDADES FIDUCIARIAS EN EL MARCO DE LOS NEGOCIOS FIDUCIARIOS CONSTITUTIVOS DE SU OBJETO SOCIAL

I. EL PROBLEMA DE LA RESPONSABILIDAD CONTRACTUAL DEL FIDUCIARIO Y SUS IMPLICACIONES EN LA DOCTRINA Y LA JURISPRUDENCIA. IMPORTANCIA DEL TEMA

La responsabilidad civil de las sociedades fiduciarias en sus actuaciones en calidad de fiduciarios es un asunto que, en el sentir del autor de esta obra, se encuentra aún en formación. Ciertamente, a pesar de que hace ya un buen tiempo que la justicia arbitral y, en épocas recientes, la justicia ordinaria han tenido que hacer frente a demandas por responsabilidad civil profesional promovidas contra las sociedades fiduciarias en su condición de gestores de negocios ajenos, lo cierto es que la responsabilidad civil de las sociedades fiduciarias es un tema relativamente reciente. Esto en modo alguno significa que, con anterioridad a las primeras reclamaciones de que se tiene noticia, las sociedades fiduciarias se comportaran en todos los casos de manera diligente y conforme a los criterios de la *lex artis*; simplemente, en un pasado reciente lo más frecuente era que la víctima del daño ocasionado por la celebración y ejecución de un negocio fiduciario no buscara al responsable, a diferencia de lo que ocurre en la actualidad.

En el anterior orden de ideas, la primera inquietud que surge se relaciona con el interrogante acerca de por qué se justifica detenerse en el análisis de la responsabilidad civil de las sociedades fiduciarias en sus actuaciones en calidad de fiduciarios. En opinión del suscrito, una primera respuesta a esta inquietud tiene que ver con el incremento que en los últimos años han venido experimentando las reclamaciones por mala *praxis* de las sociedades fiduciarias. Entre las causas se encuentran las siguientes: la cada vez mayor complejidad y especialidad de las gestiones encomendadas a las sociedades fiduciarias en lo referente a la finalidad a la que quedan afectados los bienes fideicomitidos, que exigen de parte de estas una mayor preparación y conocimientos; el desconocimiento de las normas deontológicas y profesionales, además del auge del fenómeno de la responsabilidad civil que, cada vez que existe un daño, promueve la búsqueda de un culpable a quien atribuir la responsabilidad para repararlo.

Una segunda explicación se halla en lo que podría denominarse la *desmitificación* o *desacralización* de la figura del profesional, lo que ha incidido de manera decisiva en el ánimo de fideicomitentes y beneficiarios a la hora de buscar responsabilizar a las sociedades fiduciarias por los daños derivados de su negligencia y/o impericia. El creciente descontento de los fideicomitentes y beneficiarios por la calidad y pureza con que se prestan los servicios fiduciarios no tiene menos repercusión que la vulgarización en cuanto a la utilización de los esquemas fiduciarios como si estos sirvieran para todo, la posición de supremacía de las sociedades fiduciarias, el reconocimiento de los derechos de los consumidores financieros y, en fin, el mayor número y complejidad de las obligaciones asumidas por los fiduciarios. Como consecuencia de lo antes expuesto y de la adopción por parte de Colombia de las recomendaciones del Comité de Basilea en materia de riesgo operativo, surge un incremento de competencias que deben manejar las sociedades fiduciarias en su condición de profesionales en la gestión de negocios ajenos y, con ello, un aumento de su eventual responsabilidad.

Dicho de otro modo: el inusitado desarrollo que en los últimos tiempos han adquirido los negocios fiduciarios traslaticios y no traslaticios de dominio permite inferir con fundamento que la actividad profesional de las sociedades fiduciarias constituye uno de los subsectores de mayor crecimiento y dinamismo en el sector financiero de la economía. La posición de las sociedades fiduciarias con respecto a esta situación se ha tornado compleja y complicada. Este proceso expansivo de la contratación fiduciaria, que en su momento dio lugar a que se hablara de un "*boom* fiduciario", además de merecer la permanente atención por parte del Estado, lleva indefectiblemente a que el tema de la responsabilidad civil del fiduciario cobre cada día mayor importancia no solo desde el punto de vista dogmático, sino también desde la perspectiva jurídica, y ello en atención al progresivo aumento de las pretensiones de generalización de la responsabilidad del fiduciario por parte de los fideicomitentes y beneficiarios como consecuencia de la utilización de este esquema de contratación mercantil.

Mientras que en la década de los noventa del pasado siglo el interés de la colectividad por las actividades fiduciarias era muy limitado, hoy hasta la más mínima necesidad se pretende satisfacer por medio de la contratación fiduciaria. Se ignora que los negocios fiduciarios en general —y particularmente la fiducia mercantil— solo pueden tener lugar en aquellas hipótesis en que la transferencia del derecho de dominio de los bienes fideicomitidos resulte indispensable para los fines que persigue el fideicomitente. Como bien lo reconoció tiempo atrás la entonces Superintendencia Bancaria[1], los motivos serios y graves que induzcan a una persona a celebrar un contrato de fiducia mercantil y, por ende, a efectuar una transferencia de su propiedad

> deben colocarla en uno que pudiera llamarse 'estado de necesidad' de valerse de este recurso, por no haber otro procedimiento idóneo para obtener los fines de protección y seguridad de sus propios intereses, de reserva sobre los motivos que lo inducen a hacer el encargo y de amplitud y elasticidad de las facultades que le confiere al fiduciario.

Pese a la validez de estos argumentos, la verdad es que la publicidad, con su bombardeo sin pausa, goza de la virtualidad jurídica suficiente para generar en los consumidores financieros la creencia de que la contratación fiduciaria es el instrumento más adecuado para la solución de sus múltiples necesidades. Como consecuencia de esto, es normal entonces que los consumidores financieros exijan la efectividad de los vehículos fiduciarios. Por eso, no debe sorprender que, en la actualidad, cuando se acude a la contratación fiduciaria, ni el beneficiario ni el fideicomitente se resignan con respecto a la no consecución de la finalidad a la que se encuentran afectados los bienes fideicomitidos y, menos aún, frente al daño derivado de esta situación. Ante la no realización de la finalidad, inmediatamente el hecho se atribuye a la acción u omisión del fiduciario, y con ello se intenta trasladar al patrimonio de este las consecuencias de esa no consecución de la finalidad.

En el supuesto objeto de estudio, no resulta extraño que el beneficiario o el fideicomitente no acepte la no consecución de la finalidad a la que se encontraban afectados los bienes fideicomitidos. ¿Cuál es la primera reacción al respecto? La imputación de la no consecución de la finalidad —y, en consecuencia, del daño derivado de este hecho— a la ejecución defectuosa o imperfecta de la prestación fiduciaria, y la demanda de indemnización dirigida contra el que se estima responsable: el profesional fiduciario. De esta manera se sostiene, de hecho, una concepción según la cual la sociedad fiduciaria ha de considerarse causante de cualquier daño sufrido por el

---

1 Superintendencia Bancaria. Concepto 593 de 1951.

beneficiario o por el fideicomitente en el desarrollo de una relación jurídica fiduciaria. Con ello, los beneficiarios y fideicomitentes tienden a transformar la responsabilidad profesional de la sociedad fiduciaria en una obligación de resultado, cuestión que es contraria a la tradición jurídica colombiana en esta materia, como tendrá oportunidad de analizarse.

En una materia en constante evolución como lo es la responsabilidad civil en general —y, en particular, la responsabilidad civil de las sociedades fiduciarias—, no es fácil predecir cuál tendencia predominará, esto es, si el sustento de la responsabilidad del fiduciario seguirá siendo la culpa, o bien si se transitará a una responsabilidad objetiva. Aunque en la actualidad predomina la propensión a la responsabilidad subjetiva o por culpa, el hecho de que en la obligación a cargo de las sociedades fiduciarias siempre esté presente un "resultado" ha hecho que de manera equivocada la balanza se incline hacia una progresiva exigencia de actividad de las sociedades fiduciarias que la aproxime a parámetros objetivos.

Una tercera explicación tiene que ver con el hecho de que la doctrina y la jurisprudencia mayoritarias han articulado el régimen de la responsabilidad civil de las sociedades fiduciarias en torno a la categoría de las llamadas obligaciones de medios. Ciertamente, con apoyo en lo dispuesto por el artículo 1243 del Código de Comercio (CCo)[2], conforme al cual la responsabilidad del fiduciario se extiende hasta la culpa leve, se ha vuelto lugar común repetir sin mayor discernimiento que, como la principal consecuencia que apareja la calificación de las obligaciones del fiduciario como de medios es que se invierte la carga de la prueba, entonces, la no obtención de la finalidad a la que se encuentran afectos los bienes fideicomitidos, debida a un posible incumplimiento del fiduciario, obliga al fideicomitente y/o al beneficiario, según el caso, a probar su falta de prudencia o diligencia en el desempeño de la gestión; por consiguiente, mientras el demandante no demuestre la culpa del fiduciario, este permanecerá indiferente frente a cualquier pretensión que tenga por objeto deducirle responsabilidad.

Una cuarta explicación tiene que ver con el hecho de que, amparadas en conceptos de autoridad, la doctrina nacional encabezada por Suescún Melo[3]

---

2 Presidencia de la República de Colombia. Decreto 410 de 1971. Por el cual se expide el Código de Comercio. *D. O.* 33339 del 16 de junio de 1971. Disponible en http://www.secretariasenado.gov.co/senado/basedoc/codigo_comercio.html

3 Jorge Suescún Melo. Estudio XI: "Régimen general de responsabilidad de los profesionales",

y la jurisprudencia (en especial la arbitral) han querido ver en una supuesta "responsabilidad profesional" una nueva y más eficaz teoría de la reparación del daño. La reverencia hacia la doctrina francesa liderada por Philippe Le Torneau con respecto a la llamada "responsabilidad civil profesional" se trasladó al medio jurídico nacional y terminó convertida en precedentes judiciales. Esto constituye motivo de preocupación en la medida en que en el ordenamiento positivo colombiano no existe norma jurídica alguna que permita formular una teoría general de la responsabilidad profesional, entendida esta como una tercera categoría de la responsabilidad civil, de manera que los intentos de la doctrina y la jurisprudencia patrias en esa dirección son desaconsejables[4].

Aunque no es parte del presente análisis entrar a definir si la responsabilidad profesional debe ser considerada una tercera forma de responsabilidad (distinta de la responsabilidad contractual y de la extracontractual), por lo pronto, en opinión del suscrito, no existe en esa tal responsabilidad profesional nada que difiera en lo fundamental de los principios esenciales que informan la responsabilidad civil en general, si bien se pueden presentar al respecto algunas diferencias de matices del todo insuficientes para descartar dicha premisa. Repasando las fuentes del derecho romano sobre este particular, fácilmente se constata que ni para la impericia ni para los errores profesionales resulta factible establecer teorías especiales de culpa, sino que estas entran en los conceptos generales fijados en materia de comportamiento ilícito. De ahí el mérito de Giampietro Chironi en haber puesto en claro este principio contra el parecer de quienes creían ver en la responsabilidad profesional una especie particular de culpa que debía, por ende, apreciarse con un criterio diferente[5].

A lo anterior conviene agregar que en el ordenamiento positivo colombiano la responsabilidad profesional en general, y en particular la de las sociedades fiduciarias cuando actúan en calidad de fiduciarios, carece de una legislación especial que la regule orgánicamente, razón por la cual debe regirse, en lo fundamental, por la legislación común. Se trata, entonces, de

---

en *Derecho privado: estudios de derecho civil y comercial contemporáneo*, t. I, 2ª. ed., Bogotá, Legis, 2003, p. 431 y ss.

4 Jorge Mosset Iturraspe. *Responsabilidad por daños*, t. VIII, *Responsabilidad de los profesionales*, Buenos Aires, Rubinzal-Culzoni, reimpr., 2005, p. 35.

5 Citado por Félix Trigo Represas y Marcelo J. López Mesa. *Tratado de la responsabilidad civil*, t. II, 1.ª ed., 1.ª reimpr., Buenos Aires, La Ley, 2004, p. 296.

una responsabilidad por el hecho propio o personal, que no se desdibuja por la circunstancia de que para el cumplimiento de la finalidad establecida por el fideicomitente a favor del beneficiario aquel deba valerse del personal a su servicio, de su infraestructura, de sus procesos tecnológicos y, en fin, de su organización empresarial, pues esa responsabilidad tiene por fundamento la empresa de la que es titular el fiduciario como unidad económica y jurídica expuesta al riesgo de las actividades constitutivas de su objeto social. Desde esta perspectiva, la culpa del fiduciario no es distinta o diferente de la de una persona común, y entonces —y por este aspecto— el factor de imputación ha de ser, en principio, subjetivo: la imputabilidad por culpa o dolo del agente del daño; o sea, se requiere que el autor material del perjuicio causado pueda, además, ser tenido como culpable de este. Con todo, en la responsabilidad profesional lo más usual es que el obrar generador de esta sea solamente culposo. Esto lleva a ocuparse de manera preferencial de la responsabilidad por culpa, tanto más si se tiene en cuenta que los desaciertos en que han incurrido algunas sociedades fiduciarias en un pasado no lejano tienen mucho que ver con su pericia y con la diligencia desplegadas de cara al cumplimiento de la finalidad establecida a favor del beneficiario, atentos a que la negligencia o imprudencia en la aplicación de las disposiciones legales y administrativas que regulan la actividad fiduciaria ha redundado en serios peligros y amenazas para la confianza del público en el sistema financiero.

II. EL ESTADO ACTUAL DE LA RESPONSABILIDAD CONTRACTUAL DEL FIDUCIARIO

Para el suscrito, la responsabilidad civil del fiduciario no es más que un aspecto particular de la responsabilidad civil tomada en forma genérica. De esta suerte, la responsabilidad civil del fiduciario —concebida *lato sensu* como la obligación de reparar, resarcir o indemnizar el daño causado injustamente al beneficiario o al fideicomitente, según el caso— encuentra su razón de ser en lo que se ha calificado como la eterna búsqueda de la justicia, equidad y solidaridad para restablecer el equilibrio alterado con la conculcación de la esfera jurídica protegida por las disposiciones legales que regulan la contratación fiduciaria[6].

6 Corte Suprema de Justicia, Sala de Casación Civil. Sentencia 2001-01054 del 24 de agosto de 2009, Exp. 11001-3103-038-2001-01054-01, M. P.: William Namén Vargas.

Dar los fundamentos de la responsabilidad del fiduciario no resulta una respuesta simple ni sencilla. Es poder argumentar la razón que impone reparar los perjuicios causados, es contestar "por qué responde el fiduciario". ¿Solo responde cuando es culpable? Y, por consiguiente, para asumir la carga y la subsecuente reparación, ¿debe el beneficiario o el fideicomitente, según el caso, poseer la prueba de la culpa? Este es uno de los sistemas. El otro sistema es el que propugna por la responsabilidad sin culpa del fiduciario.

El ámbito de la discusión, así como ha quedado planteado, constituye el campo en el que en los últimos tiempos se han venido enfrentando dos bloques doctrinales que en criterio del suscrito son irreconciliables: son las llamadas corrientes subjetivistas y objetivistas de la responsabilidad civil del fiduciario. En efecto, actualmente, tratándose de operaciones y negocios fiduciarios celebrados por las sociedades fiduciarias, la doctrina jurídica discute cuál debe ser el criterio de imputación de los daños, si el de la responsabilidad por culpa o el de la responsabilidad objetiva, o ambos, y si debe continuar primando el sistema de la responsabilidad por culpa frente al sistema de la responsabilidad objetiva.

Partiendo de la constatación de ciertos datos fácticos que ofrece la práctica de los negocios fiduciarios, algún sector de la doctrina nacional se considera partidario del sistema de responsabilidad objetiva y conviene en destacar que la responsabilidad por culpa no puede constituir el criterio exclusivo de imputación del fiduciario en el sistema colombiano[7]. Esta marcada preferencia por el sistema de la responsabilidad objetiva se sustenta en el parecer de aquellos para quienes la culpa es un criterio de imputación de la responsabilidad que solo tiene cabida y justificación cuando se trata de negocios fiduciarios de inversión, amén de que, si se admitiera que el sistema de la responsabilidad por culpa fuese el que predominara, se estarían desconociendo la realidad y el carácter instrumental y polifacético que está llamado a cumplir el negocio fiduciario, en el que en numerosas hipótesis existe la posibilidad jurídica de que el fiduciario asuma obligaciones de resultado con el carácter de obligaciones principales o fundamentales[8]. Así, pues, quienes

---

7 Arturo Valencia Zea. *Derecho civil*, t. III, *De las obligaciones*, Bogotá, Temis, 2000, p. 402 y ss.; Sergio Rodríguez Azuero. *La responsabilidad del fiduciario*, Medellín, Ediciones Rosaristas, 1997, p. 40; Ernesto Rengifo García. *La fiducia mercantil y pública en Colombia*, 2.ª ed., Bogotá, Universidad Externado de Colombia, 2006.

8 Así, Rodríguez Azuero trae a colación aquellos negocios fiduciarios en los que se entregan determinadas sumas de dinero y se establece como finalidad que la fiduciaria efectúe "un pago

abogan por la sustitución del sistema de la responsabilidad por culpa por el sistema de la responsabilidad objetiva lo que pretenden es ampliar el área de los intereses resarcibles y entonces, y por este aspecto, a lo que apuntan es a eliminar el obstáculo que representa la culpa como criterio de imputación de la responsabilidad del fiduciario.

En criterio del autor, la indiscutible "importancia del fiduciario 'como institución financiera especializada y profesional en la materia, a la par que sometido al control y vigilancia del Estado (policía administrativa)', y 'el peculiar celo del legislador en la regulación de la conducta que debe observar el fiduciario'"[9] hacen de la responsabilidad contractual del fiduciario un problema complejo y fundamental en cuanto a sus implicaciones en el ámbito del orden público económico y de los consumidores financieros. Por esta razón, se impone la necesidad de analizar otros nuevos y polémicos aspectos, con miras a avanzar en la construcción doctrinal de la responsabilidad civil profesional de las sociedades fiduciarias a partir de un prisma que se conecte a la propia base y sustancia de la polémica, cual es la idea de la tutela de los intereses del beneficiario, y que permita concluir la conveniencia de adoptar un riguroso régimen de responsabilidad que sea consecuencia lógica no solo de los deberes profesionales de diligencia, lealtad, corrección, buena fe, imparcialidad, secreto e información que a las sociedades fiduciarias les vienen impuestos conforme a la regulación normativa de su profesión y de este negocio jurídico, sino también de la diligencia exigida a este tipo de sociedades de cara al cumplimiento de la finalidad a la que quedan afectados los bienes fideicomitidos.

---

semestral a la universidad donde estudia su hijo o pague al contratista contra la presentación de un acta de obra debidamente autorizada por el interventor o que corra la escritura pública cuando reciba un pago del prometiente comprador". (Sergio Rodríguez Azuero. *La responsabilidad del fiduciario,* cit., p. 43). En estos casos, se pregunta el autor: "¿Cómo podría decírsele que tales finalidades no han podido obtenerse, a pesar del mejor esfuerzo hecho por el fiduciario en esa dirección y que, por consiguiente, debe acudir ante un juez para probar que el fiduciario actuó negligentemente?" (p. 43). Por eso, concluye que en ciertos casos e hipótesis la responsabilidad del fiduciario debe ir más allá o es posible concebir que mediante la estipulación de cláusulas limitativas de responsabilidad el fiduciario pueda responder exclusivamente por hipótesis de culpa lata o grave.

9 Corte Suprema de Justicia, Sala de Casación Civil. Sentencia 2000-00310 del 1.º de julio de 2009, M. P.: William Namén Vargas.

III. LA RESPONSABILIDAD CONTRACTUAL DEL FIDUCIARIO ES DE CARÁCTER LEGAL

Se considera aquí que es un error de planteamiento aludir a los factores de atribución de la responsabilidad de las sociedades fiduciarias en sus actuaciones en calidad de fiduciarios sin precisar previamente cuál es la naturaleza jurídica de dicha responsabilidad. Este interrogante implica determinar qué es, y según la respuesta será la solución al problema ontológico que cada figura jurídica supone.

Pues bien, tomando como punto de partida lo dispuesto por el artículo 1243 del CCo, forzosamente se debe concluir que la responsabilidad de las sociedades fiduciarias en sus actuaciones en calidad de fiduciarios se caracteriza, en primer lugar, por ser una responsabilidad de carácter legal, pues, ciertamente, la ley es causa eficiente de la prestación fiduciaria, aun cuando las estipulaciones contractuales puedan añadir otras tantas prestaciones, lo cual en modo alguno afecta su naturaleza. Así las cosas, y precisando un poco más la cuestión, las obligaciones legales derivadas de la celebración de negocios fiduciarios traslaticios y no traslaticios del derecho de dominio quedan involucradas en el vasto campo de la responsabilidad contractual, amén de que, como ya se dijo, esa responsabilidad se deriva del incumplimieno de los deberes y de la diligencia a la que se encuentran obligadas las sociedades fiduciarias en sus actuaciones en calidad de fiduciaros.

Esta calificación como legal de la responsabilidad de las sociedades fiduciarias no se contradice con el hecho de que esta surja como consecuencia del incumplimiento de cualquiera de las obligaciones derivadas del contrato. No supone contradicción, porque al calificar dicha responsabilidad como legal lo que se quiere significar es que se trata de una responsabilidad establecida *ex lege*, de una parte, y, de la otra, que las obligaciones cuyo incumplimiento puede dar lugar a ella, aunque pueden tener su origen próximo en el contrato, tienen su origen remoto en la ley. Así, las estipulaciones contractuales obligan al fiduciario a realizar diligentemente todos los actos necesarios para cumplir la finalidad a la que se encuentran afectados los bienes fideicomitidos, porque el numeral 1 del artículo 1234 del CCo así lo establece.

Del carácter *ex lege* de la responsabilidad de las sociedades fiduciarias en sus actuaciones en calidad de fiduciarios se desprende la imposibilidad de exonerarlas de ella. En efecto, las estipulaciones contractuales no pueden eximir de responsabilidad a las sociedades fiduciarias o establecer condicionamientos para poder exigirla distintos a los establecidos por la ley; por el contrario, sí podrán agravarla.

IV. LA RESPONSABILIDAD CONTRACTUAL DEL FIDUCIARIO GIRA ALREDEDOR DEL CONCEPTO DE ORDEN PÚBLICO ECONÓMICO

Como se sabe, la noción de orden público económico se refiere al sistema de organización y planificación general de la economía que rige en un país. En Colombia, ese sistema está fundado en el Estado social de derecho y muestra una marcada injerencia del poder público en las diferentes fases del proceso económico con miras a establecer límites razonables a la actividad privada y garantizar el interés colectivo. Por eso, la Carta Política garantiza la libertad de empresa, entendida esta como

> la facultad que tiene toda persona de realizar actividades de carácter económico, según sus preferencias o habilidades, con miras a crear, mantener o incrementar su patrimonio. Las actividades que conforman dicha libertad están sujetas a las limitaciones impuestas por la Constitución y las leyes, por razones de seguridad, salubridad, moralidad, utilidad pública o interés social. En términos más generales[,] la libertad económica se halla limitada por toda forma de intervención del Estado en la economía y particularmente, por el establecimiento de monopolios o la clasificación de una determinada actividad como un servicio público, la regulación del crédito, de las actividades comerciales e industriales, etc.[10].

En el contexto antes descrito, la empresa juega un papel esencial como instrumento de desarrollo de la iniciativa privada y elemento del engranaje económico global. Más exactamente,

> la empresa alcanza estatura constitucional como bien jurídico que, por encima de su dimensión estrictamente mercantil, conjuga el ejercicio de derechos constitucionales económicos, pero también de libertad, sociales y culturales [...], a la vez que actúa como motor de activación vital de la economía de mercado. [...] Tan elevada significación [...] ha tenido diversas implicaciones. Una de ellas ha consistido en favorecer el desarrollo de la teoría y del régimen jurídico de la empresa,

---

10 Corte Constitucional. Sentencia C-624 del 4 de noviembre de 1998, Exp. D-2054, M. P.: Alejandro Martínez Caballero.

> diferenciándolo del empresario, que se solapa y —no sin peligro— suplanta en un ente abstracto el ejercicio práctico del derecho [11].

La empresa ha dejado de ser, pues, una actividad regida en forma exclusiva por normas del derecho privado. Por tal razón, el constituyente, consciente del papel que esta cumple en la economía moderna, reconoció que ella no solo es distinta del empresario desde el punto de vista conceptual y económico, sino también desde la perspectiva jurídica, de manera que es algo más que una simple sumatoria de actos funcionalmente dirigidos y coordinados con un fin y unidos al concepto de actividad económica organizada. La empresa es un agregado de elementos personales y reales, un mundo jurídico completo y aparte.

Así mismo, consciente del papel que la empresa cumple en la economía moderna, el constituyente también determinó influenciar el contenido y los alcances de la libertad económica o de empresa por el derecho fundamental a escoger profesión u oficio, consagrado en el artículo 26 de la Carta Política[12]. Ciertamente, entre este derecho y aquella libertad existe una íntima relación en la medida en que ser empresario constituye, sin lugar a duda, una profesión, entendida esta última en el sentido de su más común acepción: como empleo, facultad u oficio que una persona tiene o ejerce con derecho a una retribución. Esta conexión no genera en todos los casos una correspondencia plena, pero cuando se presenta facilita, si no mejores garantías de protección, por lo menos una mayor sensibilidad en cuanto al grado de afectación que se pueda estar estimando, tanto por el talante de derecho de la persona a la libre escogencia de profesión u oficio como por la importancia objetiva del derecho de la libertad de empresa[13].

Por lo demás, el constituyente, consciente de la necesidad de que la empresa trascienda sus objetivos más allá del ánimo de lucro, hizo extensiva respecto de esta la función social que caracteriza a la propiedad. En este sentido, el artículo 333 de la CP consagra como límites a la libertad económica el bien común y la propia función social de la empresa, al tiempo que incorpora

---

11 Magdalena Correa Henao. *Libertad de empresa en el Estado social de derecho*, Bogotá, Universidad Externado de Colombia, Bogotá, 2008, p. 407.

12 Constitución Política (1991). Constitución Política de la República de Colombia. Disponible en http://secretariasenado.gov.co/senado/basedoc/constitucion_politica_1991.html

13 Magdalena Correa Henao. *Libertad de empresa en el Estado social de derecho*, cit. p. 534.

> herramientas (sic) para que el Estado evite que se obstruya la libertad económica y el abuso de las personas o empresas de su posición dominante en el mercado [...]. En el mismo sentido, el artículo 334 consagra la dirección estatal de la economía y fija los objetivos de su intervención, como son la racionalización de la economía, el mejoramiento de la calidad de vida de los habitantes, la distribución equitativa de las oportunidades y los beneficios del desarrollo y la preservación de un ambiente sano, los cuales van asociados, como se dijo, a los fundamentos mismos del Estado Social de Derecho, que irradia toda la normativa constitucional, a la cual no escapan los artículos relacionados con el régimen económico y con la actividad empresarial. [...] Conforme a lo expuesto, es innegable que la libertad del individuo en materia económica, si bien está protegida por la Constitución, también se encuentra limitada por la prevalencia del interés general (art. 1 CP), por las competencias de intervención y regulación a cargo del Estado (arts. 333, 334 y 335 CP) y por los principios de razonabilidad y proporcionalidad[14].

En el anterior orden de ideas, a pesar de que la Constitución elevó la libertad de empresa a la calidad de principio rector de la actividad económica, lo cierto es que el legislador se encuentra facultado para establecer restricciones en este campo. Esto sucede, precisamente, en el caso de las actividades relacionadas con el manejo, el aprovechamiento y la inversión de los recursos captados al público desarrolladas por las instituciones financieras en general y, en particular, por las sociedades fiduciarias vigiladas por la Superintendencia Financiera, cuyo ámbito de regulación es mucho más amplio y, por ende, admite una mayor intervención del Estado que aquel que se predica de las actividades que se desenvuelven pura y simplemente en la esfera de la libertad económica.

Ciertamente, en esta materia, los límites a la libertad de empresa y la libre competencia están determinados, entre otros aspectos, no solo por el deber que le asiste al Estado de asegurar o garantizar que el desarrollo de las actividades relacionadas con el manejo, el aprovechamiento y la inversión de los recursos captados al público esté en concordancia con el interés público, como lo dispone la letra a) del artículo 46 del Estatuto Orgánico del Sistema Financiero en concordancia con el artículo 335 de la Carta Política. También están determinados por la especialidad del régimen constitucional y supralegal establecido por el constituyente para la protección de los intereses de un sector de la comunidad que, por lo menos en términos generales, se

---

14 Corte Constitucional. Sentencia C-624 del 4 de noviembre de 1998, cit.

encuentra en condiciones de debilidad frente a las instituciones financieras, tal y como se desprende de lo dispuesto por el artículo 78 de la Carta Política en concordancia con la letra b) del artículo 46 del Estatuto Orgánico del Sistema Financiero (EOSF)[15], el Título Primero de la Ley 1328 de 2009[16] y la Ley 1480 de 2011[17/18].

---

15 Presidencia de la República de Colombia. Decreto Ley 663 de 1993. Estatuto Orgánico del Sistema Financiero. *D. O.* 40820 del 5 de abril de 1993. Disponible en http://www.secretariasenado.gov.co/senado/basedoc/estatuto_organico_sistema_financiero.html

16 Congreso de Colombia. Ley 1328 de 2009. Por la cual se dictan normas en materia financiera, de seguros, del mercado de valores y otras disposiciones. *D. O.* 47411 del 15 de julio de 2009. Disponible en http://www.secretariasenado.gov.co/senado/basedoc/ley_1328_2009.html

17 Congreso de Colombia. Ley 1480 de 2011. Por medio de la cual se expide el Estatuto del Consumidor y se dictan otras disposiciones. *D. O.* 48220 del 12 de octubre de 2011. Disponible en http://www.secretariasenado.gov.co/senado/basedoc/ley_1480_2011.html

18 Son, pues, los anteriores aspectos de los que se ha venido hablando los que constituyen el criterio que de manera paralela debe considerarse en el análisis de la libertad de empresa en el contexto de la actividad de las sociedades fiduciarias. No en vano las sociedades fiduciarias desarrollan de manera profesional y especializada, bajo el control y la vigilancia de la Superintendencia Financiera de Colombia, una actividad que constitucionalmente es calificada como de interés público en la medida en que se encuentra relacionada de manera directa con la intermediación financiera y el mercado de capitales. Es característica de tales actividades profesionales "el ofrecer confianza y credibilidad al mercado, tanto por su bien ganada reputación de rectitud y probidad, como por su experiencia y conocimientos profesionales, así como por sus actuaciones prudentes y cuidadosas, todo lo cual les permite prever riesgos y anticipar o precaver problemas y vicisitudes en forma más acertada y rápida de lo que cualquier persona no especializada podría hacer". (Laudo arbitral del 26 de agosto de 1997, proferido con ocasión de la controversia surgida entre Leasing Mundial S. A. y Fidufes S. A. (hoy Acción Fiduciaria S. A.) relacionada con la celebración y ejecución de un contrato de fiducia mercantil de garantía). En este mismo sentido, la Corte Suprema de Justicia, mediante la Sentencia del 1.º de julio de 2009 precisó que «el fiduciario es un verdadero profesional autorizado para operar y supervisado por el Estado, cuyos conocimientos, experiencia e idoneidad, infunden confianza a quienes acuden a sus servicios por su actividad técnica y práctica, la reputación y el prestigio consolidado con sus actuaciones previsivas y diligentes que propician el logro de específicos designios y permiten precaver o solucionar de manera expedita eventuales vicisitudes e inconvenientes [...] Conforme a una difundida opinión jurisprudencial, la responsabilidad profesional "es extensa, desde la negligencia grave hasta el acto doloso puede derivarse del incumplimiento o violación de un contrato, o consistir en un acto u omisión que sin emanar de ningún pacto cause perjuicio a otro", impregnándose no solo de la "aplicación de los principios técnicos y científicos" exigibles, sino de "normas protectoras del individuo y de la sociedad", que a más de conocimientos y experiencia, presuponen especial cuidado y previsión. (Cas. Civ. Sentencia del 5 de marzo de 1940, XLIX, 177); por regla general, la responsabilidad contractual del profesional, está referida a las obligaciones de medios, resultado, garantía y seguridad (RENÉ DEMOGUE, *Traité des obligations*, édition Rousseau, Paris, 1922, t. 5, n.º 1237, t. 6, n.º 599; EMILIO BETTI, *Teoria generale delle obbligazioni*, 1, p. 40 y ss.; ANDRÉ PLANCQUEEL, *Obligations de moyens, obligations de résultat. Essai de classification des obligations contractuelles en fonction de la charge de la preuve en cas d'inexécution*, R. T. D. Civ. 1972, p.334; A. TUNC, *La distinction des obligations de*

En el contexto antes descrito, frente al tenor de lo dispuesto por los artículos 189, numeral 24, y 335 de la CP, no cabe duda, entonces, de que las actividades desarrolladas por las instituciones financieras en general —y, en particular, por las sociedades fiduciarias— comprometen el orden público económico y los intereses particulares de los consumidores financieros y usuarios, lo que exige garantizar la confianza en el sistema financiero. Dada la importancia que revisten —por razones que escapan al objeto de esta investigación y que, por ende, no se van a profundizar—, dichas actividades se califican como de interés público. Como corolario de lo anterior, se tiene que la intervención del Estado se dirige fundamentalmente a otorgar la seguridad y confianza que deben proporcionarle al público en general tales entidades, lo cual se justifica precisamente debido a que no se está frente a una actividad exclusivamente privada, carente de interés social y ajena a la intervención del Estado.

De esta suerte, si bien es cierto que, al tenor de lo dispuesto por el numeral 7 del artículo 20 del CCo, las actividades constitutivas del objeto social de las sociedades fiduciarias son consideradas como típicamente mercantiles, no lo es menos que tales actividades se encuentran sujetas al derecho público económico y que quienes a ellas se dedican se catalogan como comerciantes "especiales", sujetos por ello a unos estatutos especiales o excepcionales conforme a los términos del artículo 2034 *ibidem*. Esta circunstancia se manifiesta en la expedición de una completa reglamentación orientada a garantizar el correcto y adecuado funcionamiento, manejo y control de la actividad fiduciaria en su conjunto y, por lo mismo, a otorgar la seguridad y confianza que deben proporcionarle al público en general las sociedades fiduciarias[19], lo cual se justifica precisamente por el hecho de que, como ya

---

résultat et des obligations de diligence, J. C. P. éd. G, 1945, n.º 449; Cas. Civ. Sentencias de 31 mayo 1938, XLVI, p. 572; 5 de marzo de 1940, XLIX, 177; Cas. Civ. 7 de junio de 1951, LXIX, 688; 27 de noviembre de 1952, LXXXIII, 728; 12 de julio de 1955, LXXX, 688; 30 de noviembre de 1955, XLIII, 178 y ss.; Cas. 21 de mayo de 1968, CXXIV, p. 174; 11 de mayo de 1970, CXXXIV, 124; 30 de enero de 2001, no publicada), y al conjunto de reglas o directrices explícitas e implícitas que regulan el ejercicio de las profesiones, incluidos los deberes o compromisos derivados de la *lex artis*, los de las cláusulas generales o estándares de comportamiento, en especial, los de corrección, probidad, lealtad, *fides*, sagacidad, previsión, advertencia con especificidad, concreción e individuación a los servicios técnicos, financieros o prácticos y a la concreta relación o posición de las partes». (Corte Suprema de Justicia, Sala de Casación Civil. Sentencia 2000-00310 del 1.º de julio de 2009, cit.).

19 Corte Constitucional. Sentencia C-083 del 17 de febrero de 1999, Exp. D-2144, M. P.: Vladimiro Naranjo Mesa.

se recordó, no se está frente a una actividad exclusivamente privada, carente de interés social y ajena a la intervención del Estado. Es por este motivo que el ordenamiento jurídico colombiano restringió el acceso a la calidad de fiduciario y permitió ser tales tan solo a las sociedades fiduciarias que cuenten con certificado de autorización expedido por la hoy Superintendencia Financiera de Colombia, con las que los usuarios del servicio han de establecer una relación de confianza personalísima, basada o fundamentada en el carácter profesional del fiduciario y que, por lo mismo, han de reunir las condiciones de eficiencia y solidez financiera que son esenciales en quien está llamado a actuar como depositario de la confianza del público.

En síntesis, pues, la constitución de las sociedades fiduciarias, la calificación de quienes pueden ser sus accionistas y administradores y, en fin, la determinación de las actividades constitutivas del objeto social son cuestiones reguladas por preceptos de derecho público alrededor de una técnica autorizatoria de características muy especiales[20]. Como lo reconoció la Corte Constitucional en la Sentencia SU-157 de 1999[21]:

---

20 Esa intervención en la actividad financiera en general —y en la actividad fiduciaria en particular— implica un incremento de los poderes de la hoy Superintendencia Financiera de Colombia en ejercicio de la función de policía administrativa económica que le es propia. Estos poderes se inspiran en la necesidad de asegurar la protección del ahorro público y la confianza en el sistema; garantizar la transparencia de las actividades realizadas por las entidades vigiladas; evitar la comisión de delitos, en especial, aquellos relacionados con el lavado de activos y la financiación del terrorismo; proteger los intereses de terceros de buena fe que pueden resultar lesionados por operaciones de mercado irregulares, inseguras o inadecuadas; y asegurar la estabilidad macroeconómica del país. Desde la perspectiva expuesta, el derecho de daños en la contratación financiera en general, y en concreto en el ámbito de la actuación de las sociedades fiduciarias en desarrollo de los negocios fiduciarios constitutivos de su objeto social, alcanza una trascendencia decisiva que comporta la protección primordial de la confianza del público en el sistema financiero; así, entonces, y por este aspecto, la responsabilidad civil de las sociedades fiduciarias es una responsabilidad que compromete el orden público económico. En definitiva, al Estado, por conducto de la Superintendencia Financiera de Colombia, le asiste el deber de desplegar una actividad orientada a procurar la protección del interés público comprometido en guarda de su prevalencia sobre los intereses particulares que pueden encontrar satisfacción, pero en el marco de las responsabilidades y obligaciones sociales a las que alude la Constitución Política. A la Superintendencia Financiera le corresponde, pues, estar más atenta a comprobar la valoración que de los riesgos de los productos que ofrecen al público hacen las sociedades fiduciarias, de cara a evitar que la confianza del público en el sistema financiero quede expósita.

21 Corte Constitucional. Sentencia SU-157 del 10 de marzo de 1999, Exps. T-153.327 y T-152.413 (acumulados), M. P.: Alejandro Martínez Caballero.

> [N]o todas las personas pueden prestar el servicio público bancario, pues en razón del alto riesgo social que implica esa actividad, la necesidad de la prestación en condiciones de seriedad, liquidez y eficiencia, capaz de generar la confianza pública nacional e internacional, justifican la previa licencia gubernamental.

En todo caso, esa naturaleza de interés público de la actividad que desarrollan las sociedades fiduciarias no solo determina el deber genérico de diligencia que pesa sobre ellas en sus actuaciones en calidad de fiduciarios, sino que —y esto es lo más importante— permite explicar por qué en sede de responsabilidad civil del fiduciario el orden público económico se constituye en objeto de tutela. Por ello, con miras a proteger ese bien jurídico denominado orden económico y social, la consideración del contenido y de los alcances de la actividad llevada a cabo por las sociedades fiduciarias implica necesariamente la referencia a la naturaleza de interés público que caracteriza a dicha actividad.

Este carácter de interés público hace que de las sociedades fiduciarias en sus actuaciones profesionales en calidad de fiduciarios se espere la más absoluta honestidad y corrección en el cumplimiento de la finalidad establecida por el fideicomitente a favor del beneficiario[22]. No en vano, en la actualidad, los negocios fiduciarios traslaticios y no traslaticios de dominio constituyen vehículos o instrumentos comúnmente utilizados para el desarrollo de la actividad económico-patrimonial del fideicomitente en la medida en que el profesional fiduciario puede cumplir con eficacia con los fines y las iniciativas económicas buscados por aquel. En la generalidad de los casos, los negocios fiduciarios traslaticios y no traslaticios de dominio son el resultado de un encargo realizado con el propósito de ampliar y extender —por medio de la

---

22 Desde su consagración en el derecho romano, la fiducia se ha caracterizado por la exigencia de una mayor responsabilidad en la gestión confiada al fiduciario, sustentada en la naturaleza misma de esta clase de negocios jurídicos, puesto que se partía de la base de que fideicomitente y fiduciario habían confiado recíprocamente el uno en el otro y que cada uno se había obligado como consecuencia de la confianza depositada en que el otro cumpliría con su palabra. De ahí que el incumplimiento contractual hubiera estado sometido a las reglas propias de las llamadas acciones de buena fe, en las cuales se le ordenaba al juez comprobar si el demandado había observado en la conservación y restitución de la cosa una conducta conforme a lo que "entre personas honestas conviene justamente observar y sin defraudación". No se trataba solo de verificar si el deudor había o no cumplido con la palabra empeñada, sino de que el juez verificara si la había cumplido como lo haría un hombre bueno, esto es, si la había cumplido bien. Se trataba, por lo tanto, de una medida más exigente del cumplimiento de las obligaciones que la que se aplicaba a un deudor de una obligación sancionada por una acción de derecho estricto.

gestión de la sociedad fiduciaria— la posibilidad de realizar actos jurídicos actuando en nombre y por cuenta del patrimonio autónomo si de fiducia mercantil se trata, o bien actuando en nombre y por cuenta del fideicomitente si de encargo fiduciario o fiducia pública se trata. Desde esta perspectiva, a efectos de deducirle responsabilidad a una sociedad fiduciaria en un caso concreto, es menester partir del hecho de que el ejercicio de la actividad fiduciaria exige, de una parte, tener los conocimientos técnicos y prácticos de la profesión y, de otra, actuar con la previsión y diligencia necesarias.

Del mismo modo, ese carácter de interés público que caracteriza a la actividad de las sociedades fiduciarias determina que la diligencia con la que estas deben cumplir la finalidad a la que se encuentran afectados los bienes fideicomitidos es aquella obligada por la especialidad de sus conocimientos y experiencia y la garantía técnica y profesional que implica su intervención. Es decir, se trata de una diligencia en la que se incluye el conocimiento de sus propias fortalezas y debilidades para actuar como fiduciarios, toda vez que la autorización que imparte la Superintendencia Financiera a las sociedades fiduciarias para que puedan desarrollar las actividades constitutivas de su objeto social no es prueba suficiente de la aptitud y diligencia de estos agentes del mercado.

Por eso, se reitera: de las sociedades fiduciarias se exige un grado de pericia y de diligencia que, aunque cabe que varíe, no puede ser inferior al que impone su condición de gestores de negocios ajenos y a la importancia de los bienes comprometidos con el ejercicio de la actividad fiduciaria. El "riesgo" asumido por las sociedades fiduciarias en el desarrollo de las actividades constitutivas de su objeto social es grande si se repara en que a estas se las contrata precisamente por su calidad de expertas en la gestión de intereses ajenos.

De acuerdo con lo anterior, queda claro entonces que la aplicación del criterio de la diligencia con contenido técnico (pericia) no se deriva del ejercicio continuo de la profesión de fiduciario por parte de las sociedades fiduciarias, sino de la naturaleza de orden público de la actividad que desarrollan. Es suficiente que el fiduciario asuma la obligación en calidad de profesional en la prestación de servicios financieros, lo que puede resultar del mismo contrato o de las circunstancias que lo rodean, como sucede cuando se trata de la fiducia pública. Es más, aun en la propia profesión de fiduciario pueden existir especializaciones, lo que implica la exigencia del nivel propio no ya del buen profesional, sino del buen especialista. De ahí que, en sede de responsabilidad civil, el régimen general inspirado en la culpa adquiere una mayor relevancia o trascendencia, ya que suele ser bastante grande la tentación del beneficiario o del fideicomitente frente a la no consecución de la finalidad a la que se encuentran afectados los bienes fideicomitidos de enrostrar culpa al fiduciario, sea por acción o por omisión.

Los anteriores criterios y otros que se desarrollarán más adelante permiten sostener la tesis según la cual las sociedades fiduciarias se encuentran sometidas a un régimen jurídico especial que, entre otras cosas, lleva a que en sede de responsabilidad civil el patrón de conducta que deben observar en sus actuaciones en calidad de fiduciarios deba asimilarse al del *artifex*, y no al del buen padre de familia. Es decir, la normal previsión que a ellas les es exigible no se puede confundir con la simple diligencia de un hombre medio o de un hombre cuidadoso que actúa en el ámbito de su familia o en el de los asuntos normales[23], puesto que aquella es obligada por la especialidad de sus conocimientos y experiencia y por la garantía técnica y profesional que implica su intervención de cara al cumplimiento de la finalidad a la cual están afectados los bienes fideicomitidos.

A este respecto, huelga decir que la adopción, por parte de Colombia, de las reglas expedidas por el Comité de Basilea en materia de riesgo operativo obliga a las sociedades fiduciarias a contar con una adecuada organización técnica, administrativa y humana para desarrollar las actividades inherentes a su objeto social. Por este motivo, es forzoso concluir que en la actualidad resulta obligada la responsabilidad profesional de las sociedades fiduciarias no solo por las actuaciones del personal a su servicio, sino también por las fallas originadas en su infraestructura y en sus procesos tecnológicos, toda vez que dicha organización les permite actuar de manera eficaz y anticipar o prever los riesgos de daños que su actividad pueda causar a terceros.

---

23 Esta idea se sustenta en lo que se mencionó en otro lugar con respecto a que la diligencia exigible a un profesional y, más exactamente, a un empresario o comerciante nunca se podría equiparar a la del buen padre de familia, habida cuenta de que el profesional no es el hombre medio que actúa en el ámbito de su familia o en el de los asuntos normales, sino que desarrolla una actividad o presta un servicio que se aparta de los parámetros generales; de ahí que la diligencia del *artifex* deba ser analizada precisamente en el sector concreto en el que este desarrolla su actividad profesional o empresarial. De esta suerte, el parámetro de la diligencia será entonces distinto para cada sector del tráfico jurídico, y la diligencia requerida *in genere* a todo profesional por el hecho de ser tal debe complementarse con las específicas exigencias de la actividad evaluada. Por eso, con el fin de completar el nivel de diligencia del profesional, es preciso acudir a la actividad específica que este lleva a cabo.

De ahí la obligación de garantía que asumen las sociedades fiduciarias por la conducta regular del personal a su servicio, la cual debe entenderse en el más amplio sentido, que comprende no solo el deber de prestación fiduciaria propiamente dicho, sino también las obligaciones preparatorias y de protección y conservación de los bienes fideicomitidos. Esa obligación de garantía lleva a que el fideicomitente y/o el beneficiario confíen en la formalidad y en la reputación negocial de las sociedades fiduciarias y a esperar razonablemente que ellas se responsabilicen de la normal y adecuada ejecución de la gestión que se les ha encomendado, con independencia de si la realizan por intermedio de sus dependientes. Por eso, como se verá con detenimiento más adelante, la configuración de la responsabilidad civil del fiduciario no se agota con la simple constatación de la realización de una conducta negligente en relación con su *lex artis*, tanto más si se considera que todas las actuaciones del fiduciario dirigidas a la consecución de la finalidad a la que se encuentran afectados los bienes fideicomitidos deben estar presididas por los principios de buena fe y corrección.

En cualquier caso, la exigencia de contar con esa organización técnica, administrativa y humana no significa, ni mucho menos, que las actividades constitutivas del objeto social de las sociedades fiduciarias puedan ser consideradas como peligrosas[24], de manera que el fundamento y el criterio

---

24 Sobre el tema de la responsabilidad contractual bancaria, Javier Tamayo Jaramillo expresa: «En buen derecho, los bancos responden frente a sus cuentacorrentistas y ahorradores, a menos que prueben una causa extraña, pues[,] como depositarios de una suma de dinero, dichas entidades contraen una obligación de resultado. En otros contratos financieros, como la asesoría de inversión, la responsabilidad es, casi siempre, con culpa probada, pues nada garantiza que el deudor, así actúe con prudencia, obtenga el beneficio buscado por el cliente, por la gestión de su patrimonio. Como se ve, en materia de contratos financieros, hay obligaciones de diferente naturaleza y carga probatoria [...] Sin embargo, la jurisprudencia nacional, seguida, a menudo, por los autores, consideran (sic) que en materia financiera todas las obligaciones contractuales del banco son de resultado dizque porque la actividad financiera y bancaria es riesgosa o peligrosa. [...] Así, por ejemplo, en sentencia del 25 de abril del 2018, de la Sala Civil de la Corte Suprema, consideró que: "Precisamente, por ese riesgo social que su ejercicio lleva implícito, las entidades bancarias se hallan obligadas a observar reglas fundamentales de prudencia, control y adecuada organización, tendientes a obviar el surgimiento de daños para sí y su clientela. Cuando no proceden de tal forma, su responsabilidad se compromete, pero puede desvirtuarse o aminorarse, si se demuestra una causa extraña...". Dicha posición fue ratificada en sentencia del 24 de mayo del 2019 [...] El error de esta solución radica en que, en buen derecho, en materia contractual, la obligación es de medio o de resultado (con culpa probada o con exigencia de causa extraña), según que el beneficio buscado por el acreedor al contratar, sea fácilmente obtenible (Tamayo Jaramillo, T. I., n.º 443). Como dije, para el banco es mucho más fácil devolver el dinero depositado por un ahorrador, que

de imputación de la responsabilidad sea el riesgo o, de otro modo, que la culpa no sea un elemento necesario para estructurar la responsabilidad de las sociedades fiduciarias ni para su exoneración.

---

obtener ganancias en una inversión de alto riesgo. Esa mayor alea o incertidumbre es, justamente, lo que hace que la obligación sea de medio. [...] Por lo tanto, la responsabilidad objetiva por riesgo en la actividad financiera es válida solo en materia extracontractual, si con ella se pone en riesgo el patrimonio de los terceros ajenos a un contrato, como cuando una entidad financiera, alegando la libertad de mercado, desata una peligrosa especulación accionaria que arruina a todo el universo inversionista. Pero frente a sus acreedores contractuales, la responsabilidad será objetiva o culposa dependiendo únicamente del tipo de obligaciones contraídas, según lo acabo de explicar. [...] El argumento del riesgo social que esgrime la Corte es un juego de palabras, pues si así fuera, la responsabilidad de los médicos siempre sería objetiva, pues nada hay más riesgoso para la sociedad, que el ejercicio de la medicina. [...] Bien vistas las cosas, la doctrina que ahora critico confunde el riesgo social o alea de causar daño a terceros en materia extracontractual, con el alea o incertidumbre de obtener el beneficio buscado por un acreedor contractual. Y esa confusión teórica de la doctrina y la jurisprudencia genera un caos de insospechados desajustes en la teoría de las obligaciones. En realidad, en los dos tipos de responsabilidad, se trata de aleas por entero diferentes. En efecto, es apenas razonable que toda actividad que genere altas posibilidades físicas de causar daño a terceros constituya una responsabilidad extracontractual objetiva por actividades peligrosas (C. C., art. 2356). En cambio, en materia contractual, si el riesgo o alea no consiste en la probabilidad de causar daños a terceros ajenos a un contrato, sino en la dificultad que tiene el deudor de obtener el beneficio buscado por el acreedor al contratar[,] la solución paradójicamente se invierte y, por lo tanto, la obligación puede ser de medio o de resultado según la aleatoriedad de obtener el resultado buscado por el acreedor. [...]Veamos un ejemplo: a comienzos del siglo XX, el transporte aéreo era muy riesgoso y, por tanto, las compañías aéreas no estaban en capacidad de garantizar el desplazamiento sano y salvo de los pasajeros. Por tal motivo, se firmó el Acuerdo de Varsovia de 1929, y se estableció una presunción de culpa con límites indemnizatorios. Pero, cuando la tecnología volvió bastante seguro el transporte aéreo, se firmó en 1999, el Convenio de Montreal, que estableció una obligación de resultado a cargo del transportador, pues el beneficio de llevar sano y salvo al pasajero tenía un alea mínimo de incumplimiento. Es decir, mientras más aleatorio era para el transportador cumplir su obligación de llevar sano y salvo al pasajero, esta era de medios, y cuando esa aleatoriedad desapareció, las obligaciones contractuales del transportador aéreo se volvieron de resultado. [...] Ahora, es claro que, en cualquier tipo de contratos celebrados por las entidades financieras, estas contraen obligaciones de diligencia, prudencia, información, consejo, lealtad y buena fe. Pero eso no significa que todo daño haga objetivamente responsable al deudor bancario, todo porque la actividad financiera sea peligrosa. Con la tesis de la Corte, las entidades financieras que celebran contratos de fiducia o de asesoría de inversión, clásicas obligaciones de medio, siempre responden objetivamente, lo que es erróneo a la luz del derecho de la responsabilidad civil. [...] Finalmente, acudir a la responsabilidad por actividades peligrosas o riesgosas a todos los contratos financieros significa la aplicación de la responsabilidad extracontractual por actividades peligrosas, consagrada en el artículo 2356 del Código Civil, a la responsabilidad contractual financiera. Y ello rompe el principio de la prohibición de acumular las dos responsabilidades». (Javier Tamayo Jaramillo. "La responsabilidad contractual bancaria no se basa en la teoría de las actividades peligrosas o riesgosas", en *Ámbito Jurídico*, Bogotá, Legis, 5 de diciembre de 2019. Disponible en https://www.ambitojuridico.com/noticias/columnista-impreso/administrativo-y-contratacion/la-responsabilidad-contractual-bancaria).

V. EN EL ANÁLISIS DE LA RESPONSABILIDAD CONTRACTUAL DEL FIDUCIARIO DEBE TENERSE EN CUENTA QUE LA PRESTACIÓN FIDUCIARIA ES UNA PRESTACIÓN CUALIFICADA

En el análisis de la responsabilidad contractual del fiduciario deben tenerse en cuenta las inmensas posibilidades de utilización práctica que ofrecen los negocios fiduciarios en términos de la finalidad a la que quedan afectados los bienes fideicomitidos. Dicho de manera más exacta, en el análisis de la responsabilidad contractual del fiduciario debe partirse de la base de que la contratación fiduciaria —de acuerdo con su función económica— es un vehículo o instrumento para la solución de múltiples y muy variadas finalidades. Esta circunstancia escapa de la mera constatación académica y aporta un grado de complejidad al estudio de la responsabilidad civil de las sociedades fiduciarias, que no siempre —por no decir que nunca— se ha tenido en cuenta, pues, en las controversias judiciales en que se ha suscitado el tema de la responsabilidad del fiduciario, el operador jurídico de turno no se ha dado a la tarea de precisar en el caso concreto la noción de diligencia con que debía actuar el fiduciario, considerando la finalidad a la que se encontraban afectados los bienes fideicomitidos. De ahí que en sede de responsabilidad civil de las sociedades fiduciarias se requiera determinar cuál es la prestación a su cargo, de una parte, y, de la otra, cuáles son los valores e intereses que se encuentran en juego como consecuencia de la celebración de un negocio fiduciario.

En lo que concierne al primer aspecto, se puede empezar por decir que el estudio de la prestación fiduciaria es uno de los aspectos que mayor importancia reviste a efectos de determinar la responsabilidad contractual del fiduciario, puesto que es a partir de dicho estudio que se debe realizar la respectiva confrontación contra el modelo abstracto del artífice al que debe ajustar su comportamiento, de cara a determinar si lo hecho o dejado de hacer por este en su condición de deudor profesional estuvo o no a la altura de los dictados de la *lex artis* inherente a su profesión y aplicable al respecto. En este sentido, a la luz del principio constitucional de interpretación conforme, queda claro que el carácter profesional que ostentan las sociedades fiduciarias, aunado al hecho de que la contratación fiduciaria forma parte de los denominados "sistemas expertos", constituye un factor que hace que la prestación fiduciaria sea una prestación cualificada, habida cuenta de que tales fiduciarias quedan obligadas a satisfacer la prestación fiduciaria de acuerdo con los conocimientos teóricos y prácticos, así como conforme a la *lex artis* propia de su profesión.

Desde esta perspectiva, la consideración de la prestación fiduciaria como cualificada implica la concurrencia en esta de una serie de datos objetivos que convierten su realización en inasequible para quienes no ostenten la calidad de sociedades fiduciarias vigiladas por la Superintendencia Financiera y que, por lo mismo, no posean los conocimientos o la experiencia necesarios para el cabal cumplimiento de dicha prestación. La naturaleza de la obligación pasa a ser en este aspecto un criterio en virtud del cual se determina el modelo de exigible para la satisfacción del interés del beneficiario. Es decir, de la naturaleza de la obligación se infiere la imposición del modelo de conducta del profesional o artífice.

Además, la prestación fiduciaria es una actividad cualificada habida cuenta de que se integra por la diligencia. No obstante, esto de ninguna manera significa que la diligencia constituya propiamente el objeto de la obligación a cargo del fiduciario, sino solo el fin o destino a que debe dirigirse la conducta debida. El verdadero objeto de la obligación a cargo del fiduciario es la diligencia del *artifex* orientada al cumplimiento de la finalidad a la cual se encuentran afectados los bienes fideicomitidos. En atención a la persona del fiduciario (deudor) y a que este debe *praestare* su propia pericia profesional y el respaldo de su organización empresarial, tal modelo es el de un *artifex* de la categoría de los que hacen de la gestión de negocios ajenos su profesión, a quien se le aplica una especial regla de diligencia definida por la *lex artis*. Este modelo —como se verá en otro lugar— se requiere para poder atribuirle a la diligencia su carácter de jurídicamente debida, porque supone predeterminarla respecto del fiduciario, para lo cual se elimina su absoluta discrecionalidad. El modelo es, pues, la fuente de la diligencia y permite establecer cuál o cuánta debe poner el fiduciario de cara al cumplimiento de la finalidad a la que se encuentran afectados los bienes fideicomitidos.

Finalmente, la prestación fiduciaria es una actividad cualificada porque así lo determina la cada vez mayor complejidad y especialidad que en la práctica suele y puede revestir la finalidad a la que quedan afectados los bienes fideicomitidos, complejidad y especialidad que exigen una mayor preparación y conocimientos de parte del fiduciario[25].

---

25 Los criterios que anteceden se erigen en pilares para determinar la licitud o ilicitud del comportamiento del fiduciario, al tiempo que su aplicación posibilita concretar cuál es la medida de la buena

De esta suerte, lo que se exige del fiduciario es una prestación técnicamente correcta, teniendo en cuenta la finalidad a la cual se encuentran afectados los bienes fideicomitidos. La consideración de dicha finalidad en el juicio valorativo de la exactitud de la diligencia-pericia prestada implica variar el criterio mensurador de la culpa del fiduciario y hacerlo extensivo aun a la culpa levísima, pues el asumir la obligación como experto —esto es, asumir la pericia— no es más que un criterio de agravación de la responsabilidad que eleva la culpa prestable al grado de levísima si se tienen en cuenta las circunstancias en que debe darse el cumplimiento de dicha finalidad.

En el caso de negocios fiduciarios cuyas prestaciones ofrezcan especial dificultad para el fiduciario, no se trata de que se aplique un criterio menos riguroso de diligencia, sino que, aplicándose el criterio general, este se atempera a las circunstancias del cumplimiento. Dicho de otro modo, entre todos los actos abstractamente posibles de realizar, al fiduciario solo se le pueden exigir aquellos que se incluyan en la capacidad de un buen fiduciario de su categoría. Es la diligencia (técnica) normal —valorada teniendo en cuenta la especial dificultad— la que se le exige al fiduciario, y no un grado inferior de diligencia[26]. Por lo demás, puede decirse que, aun en aquellos casos en que se esté en presencia de una misma modalidad de negocio fiduciario (por ejemplo, fiducia de inversión, fiducia de garantía, etc.), la verdad es que no existe un único criterio que permita determinar la medida del compromiso que asume el fiduciario; por esta razón, la diligencia será mayor o menor, y será al operador jurídico al que le corresponderá analizar las particularidades de cada caso concreto en función de la finalidad señalada por el fideicomitente en el acto constitutivo del negocio fiduciario. De acuerdo con lo dicho, el estudio de la prestación fiduciaria es el aspecto que mayor impor-

---

fe que les permite a las partes que concurren a la celebración de un negocio fiduciario confiar recíprocamente y, por lo mismo, contratar en el contexto propio de la contratación por adhesión a condiciones generales. Si el fiduciario incurre en negligencia en el cumplimiento de su actividad profesional de gestión de negocios ajenos, debe indemnizar el daño causado con su conducta. El fiduciario se encuentra sometido a dicha responsabilidad si no proporciona los medios y cuidados adecuados en consonancia con el estado de su profesión. Por consiguiente, la configuración de la responsabilidad civil del fiduciario no se agota con la simple constatación de la realización de una conducta negligente en relación con su *lex artis*, habida cuenta de que toda la actuación del fiduciario dirigida a la consecución de la finalidad a la que se encuentran afectados los bienes fideicomitidos ha debido estar presidida por los principios de buena fe y corrección.

26 Francisco Jordano Fraga. *La responsabilidad contractual*, 1.ª ed. Madrid, Civitas, 1997, pp. 466 a 472.

tancia reviste a efectos de determinar la responsabilidad civil del fiduciario, habida consideración de que es a partir de dicho estudio que se ha de realizar la confrontación con el modelo abstracto al que debe ajustar su comportamiento el fiduciario, y ello de cara a determinar si lo hecho o dejado de hacer por este en su condición de deudor profesional estuvo o no a la altura de los dictados de la *lex artis* inherente a su profesión y aplicable al respecto.

Un ejemplo muy significativo de lo que hasta aquí se ha expuesto se tiene en el caso de una sociedad fiduciaria que celebró un contrato de fiducia mercantil en virtud del cual se le transfirieron los derechos económicos derivados de un contrato de suministro perfeccionado a partir de la aceptación de una oferta mercantil con la finalidad de constituir un patrimonio autónomo que estaría especialmente afecto a la emisión y colocación de títulos valores de contenido crediticio en el mercado público de valores, previa obtención de las correspondientes autorizaciones legales por parte de la entonces Superintendencia de Valores[27]. En cumplimiento de la finalidad señalada en el acto constitutivo, la sociedad fiduciaria emitió y colocó en el mercado público de valores títulos valores de contenido crediticio en la cuantía señalada en el contrato de fiducia mercantil, en el prospecto de emisión y colocación y en el macrotítulo. De esta suerte, los inversionistas adquirieron el derecho a percibir la cancelación del capital y de los rendimientos financieros, con la advertencia de que los servicios de amortización e intereses se correlacionarían con los servicios equivalentes de los derechos económicos titularizados. Al fiduciario, en su calidad de agente de manejo, le correspondió entonces adoptar todas las medidas que fueran necesarias para obtener el recaudo de los flujos requeridos para la atención oportuna de tales obligaciones.

Efectuada la colocación de los títulos emitidos por el patrimonio autónomo en el mercado público de valores, la fiduciaria, en cumplimiento de sus obligaciones legales y contractuales, procedió a entregarle a la sociedad originadora el producto de dicha colocación, así cumplió la función económica que inspira los procesos de titularización, que consiste en obtener la

---

27 Por medio del mecanismo jurídico-financiero de la titularización, la sociedad fideicomitente afectó, pues, sus derechos económicos a percibir el pago de la contraprestación estipulada a su favor, proveniente del contrato de suministro mencionado, como garantía y fuente de pago de la emisión de títulos valores de contenido crediticio destinados a su colocación entre los inversionistas.

liquidez necesaria para la realización de las actividades empresariales del originador, sin necesidad de aumentar su nivel de endeudamiento ni comprometer su patrimonio. Al propio tiempo, la sociedad fiduciaria empezó a recaudar los flujos de caja y a honrar las obligaciones contraídas con los inversionistas o tenedores legítimos de los títulos emitidos, particularmente en lo que concierne al pago de los intereses remuneratorios y a la constitución de unos fondos de reserva estipulados mediante contrato. No obstante, esta actividad fiduciaria se vio entorpecida —por decir lo menos— debido a que la sociedad originadora y la sociedad deudora del flujo de caja estipulado contractualmente para atender el pago de los títulos emitidos le solicitaron a la Superintendencia de Sociedades que se los admitiera a la celebración de un acuerdo de reestructuración financiera con sus acreedores en los términos de la Ley 550 de 1999[28]. Estas determinaciones, como es apenas natural, generaron efectos jurídicos en relación con el fideicomiso que colocaron el patrimonio autónomo en una situación de incumplimiento de las obligaciones incorporadas en los títulos valores emitidos.

La pregunta es, entonces, ¿qué papel cumplió la sociedad fiduciaria en la estructuración del proceso de titularización que aquí se trata? ¿Cumplió con las obligaciones derivadas de la *lex artis*? Porque, si lo hizo y analizó la situación de las sociedades suministrante y suministrada, no pudo no encontrar nada raro. Existe documentación e información absolutamente relevante que muestra que, aunque la sociedad fideicomitente, en su condición de suministrante, le concedió a la sociedad fiduciaria el usufructo sobre los bienes cuya explotación económica era la base del flujo de caja titularizado, lo cierto es que esta no tenía experiencia en la administración de tal clase de bienes, por lo que, a su vez, celebró con la misma sociedad fideicomitente un contrato de administración de dichos bienes. Esa falta de conocimientos y experiencia en la administración de dichos bienes le habría permitido a la sociedad fiduciaria, si hubiese cumplido profesionalmente su misión, entender que no podía proclamarse poseedora de unos conocimientos y experiencia de los que en realidad carecía, por lo que aflora su culpa al haber infringido el deber de diligencia en el autoexamen de sus propias aptitudes, conocimiento y experiencia para cumplir de forma adecuada con la gestión encomendada.

---

28 Congreso de Colombia. Ley 550 de 1999. *D. O.* 43940 del 19 de marzo de 2000. Disponible en http://www.secretariasenado.gov.co/senado/basedoc/ley_0550_1999.html

Otro ejemplo significativo lo constituye el caso de otra sociedad fiduciaria —hoy liquidada— que celebró un contrato de fiducia mercantil en virtud del cual una pluralidad de extrabajadores del extinto Puertos de Colombia le transfirieron los derechos económicos derivados de unos aparentes mandamientos de pago proferidos por jueces laborales en contra de la nación, originados en procesos ejecutivos promovidos para obtener el pago de sus prestaciones sociales. Estos derechos económicos se transfirieron con la finalidad de darles liquidez mediante la enajenación a favor de terceros de derechos fiduciarios sobre el patrimonio autónomo.

En cumplimiento de tal finalidad, contando con la participación de la sociedad fiduciaria, los derechos fiduciarios en cuestión fueron enajenados a favor de una entidad descentralizada del orden municipal. Al mismo tiempo, en cumplimiento de sus obligaciones contractuales, la sociedad fiduciaria inició las gestiones necesarias tendientes a obtener el pago de los derechos económicos transferidos al patrimonio autónomo y se encontró con que dicho pago no resultaba jurídicamente procedente, entre otras tantas cosas, porque los mandamientos de pago que les servían de sustento no habían sido sometidos al trámite judicial de consulta, amén de que no podían ser susceptibles de negociación por corresponder a prestaciones sociales. De esta manera, mientras que los extrabajadores de Puertos de Colombia, en su condición de fideicomitentes, obtuvieron la liquidez que pretendían por medio de la celebración del contrato de fiducia mercantil, la entidad pública cesionaria de los derechos fiduciarios sufrió un detrimento patrimonial con connotaciones de orden no solo civil, sino también penal y fiscal.

Aquí también la pregunta de rigor es ¿qué papel cumplió la sociedad fiduciaria en la estructuración del contrato de fiducia mercantil de que aquí se trata? ¿Cumplió con las obligaciones derivadas de la *lex artis*? Porque, si lo hizo y analizó la clase y naturaleza de los bienes fideicomitidos, al igual que la calidad de los fideicomitentes, no pudo no haber encontrado nada. Existe documentación e información que muestra que la sociedad fiduciaria carecía de la infraestructura humana necesaria y profesionalmente capacitada para cerciorarse de la idoneidad jurídica de los tales mandamientos de pago para ser transferidos a título de fiducia mercantil, como en efecto se hizo. También hay documentación e información que demuestra que la sociedad fiduciaria no acudió a la contratación de expertos profesionales del derecho especializados en temas laborales. La sociedad fiduciaria tan solo partió de la constatación formal de la existencia de los mandamientos de pago y, a partir de la consideración de que eran documentos emanados de un juez de la República, procedió a estructurar el contrato de fiducia mercantil y a cumplir la gestión que le encomendaron de darles liquidez. Desde esta perspectiva, aflora la culpa de la sociedad fiduciaria por haber infringido el deber de diligencia en el autoexamen de sus propias aptitudes, conocimientos y experiencia para cumplir de manera adecuada con la gestión encomendada.

Como los anteriores dos ejemplos hay otros tantos más. En todos ellos se evidencia que las sociedades fiduciarias no acomodaron su conducta al normal y correcto cumplimiento de las obligaciones deontológicas inherentes al ejercicio de la actividad fiduciaria rectamente entendida. Esto no es nada diferente que la aplicación del brocárdico *res ipsa loquitur*: hubo negligencia (impericia) porque la experiencia común revela que en el curso ordinario de las cosas no pueden ocurrir ciertos accidentes, a no ser por una crasa incompetencia o falta de cuidado. Es, así mismo, una aplicación de lo que en Francia se conoce con el nombre de "culpa virtual" y en los países de *common law* como "evidencia circunstancial", puesto que, con la actuación de las sociedades fiduciarias, y pese a contar con los debidos conocimientos dimanantes de su propia especialidad, se infirió un daño no solo como consecuencia de una actuación que no estuvo acorde con los criterios o presupuestos técnicos que gobiernan la *lex artis* del fiduciario, sino también por la falta de previsión o diligencia profesional o por la negligencia, sobre todo cuando en el seguimiento y observancia de esa *lex artis*, en su directa proyección a la actividad fiduciaria realizada, su elemento *ad hoc* no revela que, en el decurso de la estructuración del respectivo contrato de fiducia mercantil, la cesación de pagos y la solicitud de acogerse a un proceso de reestructuración financiera, en el primer ejemplo, y la imposibilidad de conformar el patrimonio autónomo con unos mandamientos de pago que no se encontraban en firme por no haber sido sometidos a consulta, en el segundo caso, correspondieran a eventos de inesperada realidad, imprevisibles e irresistibles.

En coherencia con lo precedentemente expuesto, se reitera la posición de que el riesgo asumido por las sociedades fiduciarias en el desarrollo de las actividades constitutivas de su objeto social es grande si se repara en que su actuación compromete el orden público económico y que, ante la no consecución de la finalidad a la que se encuentran afectados los bienes fideicomitidos, es bastante grande la tentación del beneficiario o del fideicomitente de enrostrar culpa al fiduciario, sea por acción o por omisión. Esta cuestión no se supera con el simple argumento de que las obligaciones del fiduciario son de medios y no de resultado, pues el *quid* está en determinar o saber si dicho fiduciario hizo cuanto estaba en sus manos hacer o si hizo menos por tal o cual razón.

VI. EN EL ANÁLISIS DE LA RESPONSABILIDAD CONTRACTUAL DEL FIDUCIARIO DEBEN TENERSE EN CUENTA LOS VALORES E INTERESES EN JUEGO

Como se sabe, solo en la medida en que se conozcan a fondo la naturaleza y la tipología del interés o de los intereses del acreedor resultará factible estructurar un sistema para su protección por medio del resarcimiento. "La satisfacción del interés de un sujeto determinado, mediante el comportamiento de quien está sometido a un deber jurídico, es una de las notas más esenciales al concepto de obligación"[29].

Tratándose de la actividad profesional de las sociedades fiduciarias derivada de la celebración de negocios fiduciarios traslaticios y no traslaticios de dominio, es posible identificar los valores e intereses que se encuentran en juego, a saber: de un lado, los intereses generales involucrados en el desarrollo de la actividad fiduciaria, y, de otro, los intereses de los potenciales fideicomitentes y, en su caso, de los beneficiarios.

En lo que concierne al primer aspecto, habida cuenta de que las sociedades fiduciarias son verdaderos profesionales en la prestación de servicios financieros bajo el control y la vigilancia del Estado, su actividad interesa al orden público económico, pues, como ya se ha dicho, los conocimientos, la experiencia e idoneidad de tales entidades infunden confianza en los potenciales fideicomitentes y beneficiarios, quienes suelen acudir a sus servicios por su actividad técnica y práctica, así como también por la reputación y el prestigio consolidado con sus actuaciones[30].

Desde esta perspectiva, el derecho de los fideicomitentes —y, en su caso, de los beneficiarios— a que se les reparen los daños derivados de la

---

29 Eugenio Llamas Pombo. "Tipología de los intereses del acreedor e instrumentos para su satisfacción", *Revista de Responsabilidad Civil y Seguro*, n.º 45, enero-marzo, Granada, Asociación Española de Abogados Especializados en Responsabilidad Civil y Seguro, 2013, pp. 9 a 24.

30 Corte Suprema de Justicia, Sala de Casación Civil. Sentencia 2000-00310 del 1.º de julio de 2009, cit.

celebración y ejecución de negocios fiduciarios sería de derecho público, esto es, la causa de la responsabilidad radicaría no en cabeza de las sociedades fiduciarias, sino del Estado, por conducto de la Superintendencia Financiera. A este tema no se hará referencia en detalle por escapar al objeto del presente estudio.

Lo que importa destacar es que los negocios fiduciarios traslaticios y no traslaticios del derecho de dominio no se celebran con el fin de equilibrar los intereses del fideicomitente y del fiduciario en su calidad de partes contratantes. De acuerdo con su definición legal, los contratos fiduciarios buscan la satisfacción o el cumplimiento de una finalidad establecida por el propio fideicomitente a favor del beneficiario, ya sea que la calidad de beneficiario recaiga en el propio fideicomitente o en un tercero. De esta suerte, los negocios fiduciarios traslaticios y no traslaticios del derecho de dominio, en la medida en que se basan en la confianza, tienen como característica común la presencia del elemento de la ajenidad o interés ajeno, que preside el comportamiento del fiduciario[31]. Este elemento es el que permite explicar el fundamento del deber genérico de diligencia y pericia que pesa sobre el fiduciario, al tiempo que determina el alcance de las nuevas obligaciones, prohibiciones y normas jurídicas singulares que se derivan del principio de la buena fe objetiva, las cuales posibilitan fijar el contenido y la ejecución de la prestación con miras a proteger el interés tanto del fideicomitente como del beneficiario.

Expresado en otro giro, la exigencia de actuar en interés ajeno que caracteriza a los negocios fiduciarios permite precisar el contenido de la prestación en la medida en que establece un criterio dirigido a reglamentar la conducta del fiduciario. Por lo tanto, considerando que la gestión confiada al fiduciario se caracteriza por la prestación de servicios en interés del beneficiario, se puede concluir que dicha gestión se configura como una relación de medio a fin, pues, independientemente de que la actuación se lleve a cabo por cuenta del patrimonio autónomo (si de fiducia mercantil se trata) o del fideicomitente (si de encargo fiduciario o de fiducia pública se trata), lo cierto es que ella sirve de medio —a través de la prestación de sustitución— para satisfacer el interés del beneficiario, que es la causa por

31 El fiduciario es un gestor de negocios ajenos. Como ya se recordó, en sentido propio, "gestión" significa acción y efecto de gestionar o de administrar, esto es, posibilidad o facultad de hacer alguna cosa, o de dar los pasos diligentes conducentes a su consecución o logro.

la cual se celebra el respectivo negocio fiduciario. Con ello, la función económica que caracteriza a los negocios fiduciarios, que a la vez coincide con el interés que el ordenamiento jurídico busca tutelar o proteger, consiste en la obtención de determinada finalidad de interés para el beneficiario por medio de la actividad sustitutoria del fiduciario.

Para comprender mejor esta afirmación, puede analizarse el tema desde la perspectiva de la prestación o actuación sustitutoria, de una parte, y, de la otra, desde la óptica de la finalidad o del interés ajeno al que va dirigida la actuación del fiduciario. En lo que concierne al primer aspecto, la gestión confiada al fiduciario se define a partir de las prestaciones de cooperación o sustitución por este de la voluntad del fideicomitente. Tales relaciones de cooperación revisten un doble carácter: de prestación jurídica y de prestación material.

La colaboración sustitutoria de carácter jurídico se manifiesta por medio de declaraciones de voluntad que van dirigidas a regular los intereses del beneficiario de cara a constituir, modificar o extinguir una relación o una situación jurídica. El fiduciario puede encaminar su declaración de voluntad a dar vida a negocios unilaterales, bilaterales o plurilaterales actuando en interés del beneficiario. A su turno, la colaboración sustitutoria de carácter material se manifiesta mediante declaraciones de voluntad no negociales. En todo caso, esta colaboración sustitutoria, sea jurídica o material, se origina en una conducta del fideicomitente contenida en el acto constitutivo del negocio fiduciario, merced a la cual este realiza un encargo y autoriza al fideicomitente a llevar a cabo determinadas prestaciones en interés del beneficiario. O sea, pues, que al fiduciario se le conceden facultades para realizar no sus propios intereses, sino los del beneficiario; por tal razón, tales facultades no se pueden ejercer libremente, sino al servicio y en función de los intereses del beneficiario, siguiendo las instrucciones impartidas por el fideicomitente y con fidelidad al encargo recibido. Esta circunstancia constituye elemento esencial del concepto de negocio fiduciario y del contenido de la relación fiduciaria derivada de su celebración.

En este sentido, el hecho de que la actuación del fiduciario deba ejecutarse en interés del beneficiario no solo cumple la función dogmática de dar vida al tipo contractual, sino que, por constituir el elemento causal de la relación fiduciaria, está presente durante toda la vida del contrato fiduciario: para ello encuentra su trascendencia jurídica tanto en la interpretación como en la integración del negocio fiduciario. De esta suerte, toda actuación del fiduciario relativa al encargo recibido debe estar presidida por tal finalidad última y general que caracteriza a los negocios fiduciarios.

Así, entonces, el hecho de que la actuación del fiduciario deba ejecutarse en interés del beneficiario constituye un elemento definidor de la conducta del fiduciario durante todo el desarrollo de su actividad de gestión. Este aspecto teleológico se orienta hacia la obligación de promover la consecución de la finalidad a la cual se encuentran afectados los bienes fideicomitidos y de realizarla en interés del beneficiario. En su aspecto obligacional, la idea de impulsar la consecución de la finalidad a la cual se encuentran afectados los bienes fideicomitidos y de llevarla a cabo en interés del beneficiario consiste en una directiva de comportamiento que no solo obliga al fiduciario a perseguir esa finalidad, sino que le impide fomentar intereses contrarios. De esta suerte, el interés del beneficiario en relación con la diligencia prima sobre el interés del fiduciario en aquella, pues, ciertamente, el deber de diligencia que pesa sobre el fiduciario representa un recurso del ordenamiento jurídico orientado a la protección del beneficiario en caso de que la finalidad señalada en el acto constitutivo del negocio fiduciario resulte frustrada por causas imputables al fiduciario.

Así, pues, la noción de diligencia como una actividad jurídicamente debida está institucionalmente vinculada al interés del beneficiario en que se cumpla la finalidad establecida en el acto constitutivo por el fideicomitente a su favor, puesto que solo el beneficiario recibe el efecto típico de la observancia de la diligencia, que no es otro distinto que la realización plena de dicha finalidad, mientras que el fiduciario solo obtiene de la observancia de la diligencia la evitación del perjuicio que sanciona su infracción. Y si el ordenamiento jurídico le da preferencia al interés del beneficiario, ello impone construir de manera material la diligencia de acuerdo con dicho interés prevalente, de modo entonces que solo será adecuada aquella diligencia que permita la plena realización de la finalidad a la cual se encuentran afectados los bienes fideicomitidos.

Tanto más concluyente resulta lo anterior si se tiene en cuenta que la contratación fiduciaria se caracteriza precisamente por crear una relación de tipo vertical, y no horizontal, una relación de "superior" (el fiduciario) a "inferior" (el fideicomitente) proclive o inclinada a los abusos. Esta circunstancia lleva a sostener que, en el teatro de las operaciones de la responsabilidad civil del fiduciario, el protagonista es el consumidor financiero y, más exactamente, el beneficiario, cuya protección debe constituir un principio activo de toda relación jurídica fiduciaria y por cuyo cumplimiento debe velar el Estado, que ya no ocupa una posición neutral en las relaciones interindividuales.

Y aunque es cierto que las relaciones jurídicas nacidas de los contratos fiduciarios son eminentemente privadas —como corresponde a todo contrato, salvo tratándose de negocios fiduciarios de inversión colectiva mediante la conformación de fondos de inversión colectiva y de negocios fiduciarios que recaigan sobre recursos públicos—, también es cierto que en esta materia, en la que está de por medio el orden público económico, es cada vez menos cierta la regla de oro del derecho civil *res inter alios acta*. Las ideas de solidaridad social y protección de los intereses generales y colectivos ya no son ajenas al derecho de daños y presiden —por imperativo del Estado social de derecho— instituciones como la responsabilidad civil del fiduciario. Por eso, el problema de la responsabilidad civil del fiduciario no puede conformarse con la mera respuesta reparadora del daño, sino que debe incluir su prevención. Tal es el sentido teleológico de lo dispuesto por los siguientes artículos: 7.º, inciso 2.º de la Ley 1480 de 2011; y 3.º, letra a), 5.º y 7.º letra b) —entre otros— de la Ley 1328 de 2009, así como por las instrucciones impartidas por la Superintendencia Financiera de Colombia en lo relacionado con el riesgo operativo vistas desde la óptica de las sociedades fiduciarias[32].

Como es obvio, esas implicaciones eminentemente privadas que conllevan los contratos fiduciarios que se acaban de destacar no son sinónimas de igualdad real de los contratantes ni menos aún presuponen un equilibrio en la estructura y una equivalencia material del contenido de sus estipulaciones. En la contratación fiduciaria, la igualdad de las partes es eminentemente formal y consiste en la simple posibilidad de consentir o no en la celebración del contrato. Por consiguiente, el verdadero tratamiento del problema que gira alrededor de la responsabilidad civil del fiduciario y de las soluciones legales a

---

32 Dichas instrucciones, estudiadas desde la perspectiva del análisis económico del derecho, necesariamente conducen a adoptar un concepto económico de negligencia que permita optimizar el costo total de las indemnizaciones sobre la base de mantenerlo en un nivel no inferior a los costos de prevención ni superior a estos. La aplicación de estos criterios económicos demuestra por sí misma que todo lo que sea "no invertir lo suficiente en prevenir" a la larga termina siendo más costoso. Este es el sentido de la denominada "fórmula de Hand". En este sentido, *cfr.* Eugenio Llamas Pombo. "Prevención y reparación, las dos caras del derecho de daños", *Revista de Responsabilidad Civil y Seguro*, n.º 29, enero-marzo, Granada, Asociación Española de Abogados Especializados en Responsabilidad Civil y Seguro, 2009, pp. 35 a 60.

su compleja problemática debe ser abordado desde una perspectiva en la que se atienda la protección de los intereses de los potenciales fideicomitentes y beneficiarios antes que a la teórica libertad contractual que suelen preconizar las sociedades fiduciarias en sus distintos modelos de contrato, como ocurre en la actualidad, por supuesto, sin llegar al extremo de cercenar toda libertad a los potenciales fideicomitentes y beneficiarios so pretexto de una supuesta protección como parte débil de la relación contractual. Esto supone, entre otras cosas, que el problema de las condiciones generales de la contratación fiduciaria necesariamente debe atender no solo a su claridad y comprensión y a su conocimiento y aprobación por el potencial fideicomitente, sino también al equitativo equilibrio entre los derechos y las obligaciones de las partes por dos tipos de razones concurrentes, como se verá a continuación.

De un lado, porque la naturaleza y la función económicas de los negocios fiduciarios comportan de suyo la existencia de unos intereses dignos de protección especial radicados en cabeza del fideicomitente y del beneficiario. Por esta razón, dichos intereses no pueden ser sometidos de manera unilateral y prefijada —aunque bajo la apariencia formal de un acuerdo de voluntades— al dictado de las sociedades fiduciarias, cuyo interés, en su calidad de gestores de negocios ajenos, está fundamentalmente atado a la obtención de la mayor remuneración posible con el mínimo de esfuerzo empresarial y profesional y, por supuesto, a la no asunción de riesgos que las lleven a comprometer su responsabilidad.

De otro lado, porque la obligación o el deber que pesa sobre las sociedades fiduciarias en sus actuaciones en calidad de fiduciarios es, como se dijo líneas atrás, una obligación de actividad que deben cumplir con un nivel especialmente elevado o riguroso de diligencia, cuidado y previsibilidad, cuyo punto de referencia o patrón de conducta es el modelo abstracto del artífice o buen profesional, con el que debe compararse lo hecho o dejado de hacer de cara al cumplimiento de la finalidad a la que se encuentran afectados los bienes fideicomitidos, con miras a establecer si el fiduciario estuvo a la altura o no de lo que se esperaba de él, pero que también está presidida por los principios de buena fe y corrección conforme a lo dispuesto por el artículo 1603 del Código Civil (CC)[33]. Vale decir que existen conductas

33 Congreso de los Estados Unidos de Colombia. Ley 84 de 1887. Código Civil de la Unión (Código Civil colombiano). *D. O.* 2867 del 31 de mayo de 1887. Disponible en http://www.secretariasenado.gov.co/senado/basedoc/codigo_civil.html

debidas y exigibles a las sociedades fiduciarias que, aunque pueden influir en el exacto cumplimiento de la finalidad a la que se encuentran afectados los bienes fideicomitidos, no lo determinan necesariamente.

Las ideas que anteceden permiten explicar no solo el alcance de la causa en los negocios fiduciarios, sino también su relación con el fundamento del deber de diligencia, como expresión positiva de la culpa, y con el contenido y los alcances del principio de la buena fe. Al respecto, adviértase que, de acuerdo con su definición legal, no se remite a discusión que los "motivos" que llevan a la celebración de un negocio fiduciario no se quedan en la esfera interna de las partes contratantes, sino que, por el contrario, se objetivan, de modo que se convierten en los intereses que el negocio jurídico pretende realizar. Tales intereses no son, por lo demás, meros "motivos", sino que en buena medida son intereses que concurren a integrar la causa del contrato. Esa causa está relacionada con la finalidad a la que quedan afectados los bienes fideicomitidos; entonces, y por este aspecto, es claro que el deber de diligencia de que trata el numeral 1 del artículo 1234 del 1 CCo tiene un fundamento causal, de manera que es la causa del negocio fiduciario la que impone la obligación de actuar en interés ajeno. En este sentido, la finalidad a la cual se encuentran afectados los bienes fideicomitidos adquiere carácter normativo, dado que el interés del beneficiario pasa a ser el bien jurídico tutelado por el ordenamiento jurídico. Esta protección jurídica se manifiesta por medio de la exigencia del deber de diligencia y del respeto al principio de la buena fe objetiva en la medida en que de la buena fe se desprenden especiales deberes que determinan el contenido y la ejecución de la prestación a cargo del fiduciario.

De acuerdo con lo dicho, el riesgo que comporta la celebración de los negocios fiduciarios no se concreta únicamente en el hecho de que la gestión confiada al fiduciario no se ejecute siguiendo las instrucciones impartidas por el fideicomitente y la finalidad a la cual se encuentran afectados los bienes fideicomitidos, sino que, además, se plantea en cuanto a la posibilidad de que el fiduciario se aproveche de su posición de tal para realizar la gestión encomendada para su propio interés, para el de sus vinculados económicos o de terceros[34].

---

34 Vicenç Ribas Ferrer. "Aproximación al estudio del deber de lealtad del administrador de sociedades", tesis doctoral, Barcelona, Universidad Autónoma de Barcelona, 2004, p. 213 y ss.

VII. EN EL ANÁLISIS DE LA RESPONSABILIDAD CONTRACTUAL DEL FIDUCIARIO DEBE TENERSE EN CUENTA QUE LOS NEGOCIOS FIDUCIARIOS FORMAN PARTE DE LOS LLAMADOS "SISTEMAS EXPERTOS"

La culpa, como factor de imputación, debe analizarse entre las posibilidades de actuación con que cuentan las sociedades fiduciarias. En esta dirección, el eje de la responsabilidad civil de las sociedades fiduciarias necesariamente parte del presupuesto de que estas tienen u ostentan una posición de preeminencia, vale decir, un *dominio profesional* basado en una competencia especial o habilidad técnica lograda por su experiencia y conocimientos en el campo de las operaciones y negocios fiduciarios, y que las sitúan por encima de los demás. Se trata, pues, de personas que gozan de una idoneidad particular; de técnicos iniciados con respecto a la masa de consumidores profanos en su materia y que, en ese orden de ideas, gozan de suficiente capacidad para dominar los riesgos inherentes a su actividad profesional de gestionar negocios ajenos y de evitar o precaver los daños que esta por lo general conlleva.

Y es precisamente esa posición de preeminencia o de dominio profesional la que permite sostener la tesis según la cual la contratación fiduciaria —al igual que la contratación bancaria en general— forma parte de lo que algunos sociólogos consideran un "sistema experto"[35], en el que el "profano" —que, por supuesto, es el consumidor financiero (fideicomitente y/o beneficiario)— confía que funcionará siempre como

---

35 Anthony Giddens describe los sistemas expertos como sistemas técnicos que organizan el ámbito social y material en el que transcurre nuestra vida (Anthony Giddens. *Consecuencias de la Modernidad*, Madrid, Alianza, 1994, p. 37). En este mismo sentido, Ricardo Luis Lorenzetti expresa: "[L]os sistemas expertos [...] son calificados como sistemas de logros técnicos o de experiencia profesional que organizan grandes áreas del entorno material y social en que vivimos. La organización económico-social en una economía global tiende a configurarse como un sistema experto en numerosas áreas, presentando entonces un supuesto de magnitud considerable y relevante. El viaje en avión, el turismo, los servicios informáticos, los bancarios [...] presentan características similares en el plano organizacional: a) son sistemas, en que el individuo no se relaciona con otro individuo, sino con un sistema de individuos; b) son expertos[,] ya que presentan características tecnológicas inescrutables y el individuo solo se relaciona con su presentación externa y simplificada". (Ricardo Luis Lorenzetti, "La responsabilidad extracontractual en el campo del derecho del consumidor", *Extracto de Roma e America. Diritto Romano Comune. Rivista di Diritto dell'Integrazione e Unificazione del Diritto in Europa e in America*, vol. 11, Roma, Centro di Studi Giuridici Latinoamericani (CSGLA) dell'Università di Roma "Tor Vergata", Enrico Mucchi Editore, 2001, p. 82).

debe razonablemente funcionar, esto es, que la prestación fiduciaria no solo será ejecutada de la manera correcta, sino que será eficaz desde la perspectiva técnica. El profano desconoce los detalles de su funcionamiento y se limita a realizar actos parciales de la cadena total de acciones que el sistema implica. El profano contrata con las sociedades fiduciarias justo por ser ellas el eje del sistema y las que tienen la capacidad de controlar todo su funcionamiento.

Son las sociedades fiduciarias las que tienen la calidad de expertas y, por ende, las que conocen el arte y la técnica asociados con la gestión de negocios ajenos, aspecto en relación con el cual gozan del monopolio derivado del hecho de que solo las sociedades fiduciarias vigiladas por la Superintendencia Financiera pueden tener la calidad de fiduciarios. En este sentido, crean una apariencia que genera confianza, derivada de la circunstancia de ser las sociedades fiduciarias, por definición legal, personas a las que el ordenamiento jurídico les exige reunir unas condiciones muy estrictas, precisamente en razón del carácter de las tareas que les corresponde cumplir y del muy elevado grado de confianza pública que estas comportan, con la advertencia de que ese carácter especial de las tareas a su cargo no se predica tanto de la complejidad intrínseca de las actividades que desarrollan las sociedades fiduciarias, sino de la manera particularmente celosa y profesional en que deben hacerlo.

Esa es la razón de la obligación que pesa sobre las sociedades fiduciarias de contar con adecuados procedimientos y metodologías para la gestión y el control de los riesgos a que se ven expuestas en el giro ordinario de sus negocios. También deben disponer de una apropiada estructura organizacional, de capacidad operativa y soporte tecnológico para asegurar una eficaz toma de decisiones con respecto a la administración, el manejo y la inversión de los bienes fideicomitidos.

Es en función de estos factores y criterios que debe analizarse lo dispuesto por el numeral 1 del artículo 1234 del CCo, el cual, al señalar los deberes concretos que tiene a su cargo el fiduciario, destaca perentoriamente el de la diligencia como común denominador de la realización de todos los actos relacionados con la consecución de la finalidad señalada en el acto constitutivo del negocio fiduciario. También es en función de estos factores que deben analizarse las preceptivas de los artículos 97 y 98, numeral 4 del EOSF; 3.º, letras a), c) y e), 9.º y 11.º de la Ley 1328 de 2009; y 7.º, inciso 2.º de la Ley 1480 de 2011.

En fin, la circunstancia de ser un sistema experto incide de manera directa en la eficiencia en la gestión de intereses ajenos, la cual implica la habilidad de las sociedades fiduciarias para administrar bienes de terceros, aspecto que, sin duda alguna, tiene incidencia, a su vez, en el ámbito de las obligaciones a cargo de las sociedades fiduciarias que surgen de los negocios fiduciarios que celebran en desarrollo de su objeto social y en la esfera de la responsabilidad por los daños que se producen en este sistema. Esto es tanto más concluyente si se tiene en cuenta que la fe y la confianza de los fideicomitentes no se depositan tanto en las sociedades fiduciarias, sino en la autenticidad del conocimiento experto que estas aplican, la cual, en la generalidad de los casos, no puede ser verificada directamente por aquellos de manera exhaustiva[36]. De ahí que conductas que antes eran consideradas como descuidadas, abandonadas o torpes por los jueces o árbitros, imputables a los fideicomitentes y/o beneficiarios, según el caso, en la actualidad no lo son. Hoy en día, en asuntos negociales muy complejos y extendidos, un fideicomitente o un beneficiario, según el caso, no podría ser considerado negligente, porque las pruebas que se realizan para verificar los datos suministrados en el *iter* contractual son muy pocas o escasas y, por lo general, inicuas, puesto que actúa con base en un conocimiento inductivo débil[37].

En coherencia con lo hasta aquí planteado, no se remite a discusión que esa asimilación del patrón de conducta de las sociedades fiduciarias al del *artifex* de que se ha venido hablando implica, sin lugar a duda, una modificación importante y trascendental del régimen de responsabilidad civil de tales entidades, si bien en Colombia el peso de las elaboraciones tradicionales sobre el particular ha sido hasta tiempos muy recientes definitivo y en ellas se mueve todavía un amplio sector de la doctrina y la jurisprudencia que acepta acríticamente que ese cambio de concepción no corresponde a la realidad, pues, en su opinión, la misma diligencia de un buen padre de familia es la

---

36 En este contexto, Ricardo Luis Lorenzetti expresa: "Es claro que los modelos de comportamiento racional y los *standards* de 'contratante medio' deben reformularse: la conducta del individuo se basa ahora en la 'confianza' y esta se construye a partir de la 'apariencia' que crea el sistema experto". (Ricardo Luis Lorenzetti. "La oferta como apariencia y la aceptación basada en la confianza", *Revista de Direito do Consumidor*, n.º 35, 2000, Sao Paolo, p. 14).

37 Al decir de Lorenzetti: "No se trata de un problema de negligencia, sino de necesidad; si se tuviera que verificar razonablemente cada acto, sería imposible vivir y los costos de transacción serían altísimos. La conducta individual tiende a simplificar, reduciendo los costos de transacción y el agotamiento psicológico que significaría pretender entender cada uno de los sistemas con los cuales uno se relaciona". (*Ibid.*, p. 14).

que se esperaría de un buen *artifex*[38]. Con todo, en los últimos tiempos tampoco han faltado intentos revisionistas de esta doctrina tradicional que cuestionan —como se hace aquí— que a las sociedades fiduciarias en sus actuaciones en calidad de tales se les exija la diligencia y prudencia media que se esperaría de un buen padre de familia, de acuerdo con lo propio de la tradición civil colombiana.

Siguiendo lo dicho por Rengifo García[39], el reconocimiento del modelo del *artifex* sujetaría al operador jurídico "a una especial aptitud profesional" en las sociedades fiduciarias en sus actuaciones en calidad de fiduciarios, "independientemente de que se tenga o no tal aptitud". En otras palabras, la incorporación del modelo del *artifex* apunta "a elevar los requerimientos legales de diligencia en el obrar exigibles [...] al fiduciario", en relación con el cual "el criterio es más estricto al estar también de por medio la confianza depositada en él" y, por contera, la integridad del orden público económico.

A esta reflexión se agrega aquí que la incorporación del modelo del *artifex* obliga a hacer efectivo el reconocimiento de la situación de vulnerabilidad del consumidor financiero, calidad de la cual participan el fideicomitente y el beneficiario. Debe recordarse que con la expedición de las leyes 1328 de 2009 y 1480 de 2011 se explicitó la adopción del concepto de vulnerabilidad como orientador de las relaciones de consumo en el sector financiero. Este reconocimiento de la vulnerabilidad del consumidor financiero representa un instrumento para que primen el acceso a la justicia y la atención del consumidor frente al mercado.

Lo dicho significa que la doctrina y la jurisprudencia nacionales reconocen mayoritariamente que las sociedades fiduciarias, en sus actuaciones en calidad de fiduciarios, asumen solo obligaciones de medios. Pero, a pesar de ello, lo cierto es que la responsabilidad del fiduciario se ve influenciada por las corrientes de *favor victimae* imperantes en la responsabilidad, habida cuenta de que las leyes 1328 de 2009 y 1480 de 2011 incorporan instrumentos que apuntan a favorecer al fideicomitente y al beneficiario —que son quienes ocupan la posición débil en la relación fiduciaria— por medio de la

---

38 *Cfr.* Luis Fernando López Roca. "La responsabilidad del administrador bancario por el deber de velar por el cumplimiento de la ley y los estatutos", en *Temas de derecho financiero contemporáneo*, Sergio Rodríguez Azuero, Erick Rincón Cárdenas y Juan Jacobo Calderón Villegas (eds.), Bogotá, Editorial Universidad del Rosario, 2006, p. 247.

39 Ernesto Rengifo García. *La fiducia mercantil y pública en Colombia*, cit., pp. 171 a 172.

aplicación de diversas fórmulas de facilitación de la prueba de la culpa o de inversiones puntuales de la carga de la prueba.

VIII. LA RESPONSABILIDAD CONTRACTUAL DEL FIDUCIARIO PARTE DEL PRESUPUESTO DE QUE TIENE U OSTENTA UNA POSICIÓN DE PREEMINENCIA

Para que el modelo del *artifex* tenga cumplida aplicación en el ámbito de la responsabilidad de las sociedades fiduciarias, basta simplemente una afirmación explícita de la ley mercantil. Este carácter explícito no se puede confundir con el carácter expreso, lo que significa que el *ut artifex conduxit* al que se referían las fuentes romanas debe deducirse de la propia relación contractual, y no de factores externos.

En el caso de la contratación fiduciaria, ese *ut artifex conduxit* encuentra claros e incuestionables soportes legitimantes en el hecho de que las sociedades fiduciarias son verdaderos profesionales autorizados por el Estado para actuar como fiduciarios en la celebración y ejecución de negocios fiduciarios traslaticios y no traslaticios del derecho de dominio, los cuales son constitutivos de su objeto social, y es precisamente en esta condición en la que asumen la respectiva obligación. Es decir, ese *ut artifex conduxit* surge de dos factores fundamentales, a saber: en primer lugar, las normas sobre protección al consumidor financiero de que dan cuenta las leyes 1328 de 2009 y 1480 de 2011 parten de la constatación de la existencia de una situación en la cual una de las partes del contrato dispone de un poder contractual netamente mayor respecto de la otra, de ahí que en tales normas se consagre una presunción de inexperiencia, escasa información y debilidad contractual a favor del fideicomitente y del beneficiario.

En segundo lugar, en la medida en que la obligación que asume el fiduciario es inherente al ejercicio de su actividad profesional, la diligencia requerida para su cumplimiento debe necesariamente valorarse con relación a la propia naturaleza de dicha actividad, que desde el punto de vista constitucional se encuentra calificada como de interés público. Además, es posible presumir, entonces, que las sociedades fiduciarias poseen los conocimientos necesarios para el cumplimiento de la prestación fiduciaria, por cuanto tales conocimientos pertenecen a la esfera de la actividad de gestión de negocios ajenos a la que se dedican de manera habitual, la cual forma parte del giro ordinario de sus negocios sociales.

En el anterior orden de ideas, debe reiterarse que si el eje de la responsabilidad civil de las sociedades fiduciarias parte del presupuesto de que tienen u ostentan una posición de preeminencia entonces no se remite a discusión que sobre ellas pesa el deber jurídico de controlar y vigilar el ámbito en el cual desarrollan sus actividades profesionales. Y ello supone o implica que deben conocer todas las reglas de su oficio, las cuales están conformadas por las disposiciones legales y administrativas que regulan la actividad fiduciaria; asimismo, han de conocer los usos y las prácticas particulares imperantes en el sector de la economía en que desarrollan sus actividades.

Y este conocimiento lo deben actualizar permanentemente en consonancia con la expansión y multiplicación de las posibilidades de utilización práctica que ofrecen los negocios fiduciarios traslaticios y no traslaticios de dominio en términos de la finalidad a la que se pueden afectar los bienes fideicomitidos, todo ello con miras a administrar de manera adecuada los riesgos a los que se ven expuestas en el desarrollo de las actividades constitutivas de su objeto social exclusivo. Y si las sociedades fiduciarias no controlan y vigilan el ámbito en el cual llevan a cabo sus actividades profesionales, si no dominan la técnica serán, por el contrario, su juguete, lo que constituye una culpa que desencadenará su responsabilidad[40].

En fin, si lo que convierte a la diligencia exigible de las sociedades fiduciarias en determinada y, por lo tanto, en objeto de su obligación es el hecho de que se encuentran dotadas de conocimientos especiales en lo concerniente a la gestión de negocios ajenos, se debe concluir que dicha circunstancia les permite prever lo que un hombre medio no puede anticipar mentalmente. De ahí que la mayor previsibilidad objetiva de las sociedades fiduciarias determina, sin duda alguna, una mayor responsabilidad y, más exactamente, una culpabilidad agravada en la medida en que esta clase de personas jurídicas se encuentran en condiciones de anticipar un resultado dañoso, puesto que disponen de conocimientos especiales.

Ahora bien, aunque la circunstancia de ostentar las sociedades fiduciarias esa posición de preeminencia o de dominio profesional pareciera tender hacia la objetivación de su responsabilidad, lo cierto es que no prescinde de los criterios de negligencia e impericia, habida cuenta de que, como se verá

---

40 Laudo arbitral del 8 de junio de 1999, proferido con ocasión de la controversia planteada por el Inurbe a Fiduagraria con respecto a la celebración y ejecución de un negocio fiduciario celebrado para la inversión y administración de los recursos del subsidio de vivienda.

más adelante, la responsabilidad del fiduciario por las deficiencias, fallas o inadecuaciones en el sistema de control interno y, de manera particular, en el sistema de control de los riesgos es obligada, pues, como se ha dicho, el fideicomitente confía en la formalidad y en la reputación negocial de dicho fiduciario y espera razonablemente que este sea responsable de la normal ejecución de la gestión encomendada, con independencia de que la realice por intermedio de sus auxiliares. De ahí la obligación de garantía que asume el fiduciario por los daños producidos por defectos de control o de organización de la actividad empresarial fiduciaria, pues tales defectos de control o de organización son, en el fondo, comportamientos negligentes en el sentido amplio de la palabra, constitutivos de lo que la jurisprudencia de la Corte Suprema de Justicia ha denominado culpa *in operando*[41].

IX. LA RESPONSABILIDAD CONTRACTUAL DEL FIDUCIARIO SE ENMARCA EN LA LLAMADA RESPONSABILIDAD SISTÉMICA DE LAS PERSONAS JURÍDICAS

Como se verá más adelante, en el ámbito de la actividad profesional de las sociedades fiduciarias, por *lex artis* debe entenderse el conjunto de los conocimientos acumulados respecto de cada tipo de negocio fiduciario (fiducia de inversión, fiducia de garantía, fiducia inmobiliaria, etc.) por medio de los que se define el modo usual y comprobado de realizar las actividades inherentes al cumplimiento de la finalidad a la que quedan afectados los bienes fideicomitidos. Esta definición muestra cómo, a la hora de fijar el modelo

---

41 El fiduciario que utiliza los servicios de auxiliares lo hace, más que en beneficio de los consumidores financieros, en su propio beneficio, pues ello le permite ampliar el ámbito de sus negocios y sus posibilidades de ganancias, por lo que, más que responder por el hecho ajeno, el fiduciario responde es por su propio incumplimiento. Como lo refiere el artículo 2347 del CC, en el hecho o en la culpa del deudor, se comprende el hecho o la culpa de las personas por quienes fuere responsable. La verdad es que, cuando el fiduciario asume el cumplimiento de la gestión que se le encomienda con la colaboración de las personas que laboran a su servicio, no por ello deja de asumir la obligación en nombre propio, lo que hace es extender o cubrir con su responsabilidad la de quienes, interviniendo en la actividad propia del servicio, no se encuentran, sin embargo, en relación directa con el consumidor financiero. Cfr. William Salazar Luján. "Apuntes para una teoría general de la responsabilidad profesional", en *La responsabilidad profesional y patrimonial y el seguro de la responsabilidad civil. Memorias del xxiv Encuentro Nacional de Acoldese*, Rosario (Argentina), Acoldese y AIDA, 2004.

de conducta por el cual se han de regir las actuaciones de los profesionales fiduciarios en la celebración y ejecución de los negocios fiduciarios constitutivos de su objeto social, se tiene en cuenta precisamente la estructura organizacional con que cuentan, la cual debe permitirles actuar de manera eficaz y anticipar o prever los riesgos de daños que su actividad profesional puede causar a los consumidores financieros y al público en general.

Ahora bien, la puesta en marcha y aplicación de esta organización puede considerarse una de las manifestaciones de la pericia, perspectiva desde la cual, "y formando parte de la diligencia en sentido amplio, al deudor profesional le es exigible una correcta elección de los medios útiles que hagan posible una ejecución exacta del encargo confiado"[42].

Esta exigencia de contar con una organización que le permita al fiduciario, en su condición de profesional, actuar de manera eficaz y anticipar o prever los riesgos de daños que su actividad puede causar a los consumidores financieros y a terceros lleva o conduce a que en esta materia bien se pueda hablar de una responsabilidad sistémica, cuyo fundamento es la culpa *in operando*.

Refiriéndose a la responsabilidad sistémica de las personas jurídicas, la Corte Suprema de Justicia, mediante la Sentencia SC-13925-2016[43], cuyos postulados básicos hace suyos el suscrito, expresa:

> Los seres humanos son sistemas psíquicos, las personas jurídicas estructuradas en forma de organizaciones son sistemas compuestos por personas naturales, pero no son únicamente una suma o agrupación de personas naturales. De hecho, los sistemas organizativos se definen a partir de su diferenciación con el entorno y con los elementos que los conforman; por ello sus procesos, actuaciones, métodos, estructuras y fines no son los mismos ni coinciden con los de sus miembros o elementos.
>
> De ahí que tratándose de la responsabilidad de las personas jurídicas constituidas en forma de sistema [...] lo primero que hay que hacer es adentrarse en el análisis del funcionamiento y estructura de dicho sistema, pues es la única forma de establecer el origen de la responsabilidad, su fundamento y los límites entre la responsabilidad del ente colectivo y la de cada uno de sus miembros.

---

42 Adela Serra Rodríguez. *La responsabilidad civil del abogado*, 2.ª ed., Navarra, Thomson-Reuters Aranzadi, 2001, pp. 126 a 127.

43 Corte Suprema de Justicia, Sala de Casación Civil. Sentencia SC-13925-2016 del 30 de septiembre de 2016, Rad. 05001-31-03-003-2005-00174-01, M. P.: Ariel Salazar Ramírez. (Aprobado en sesión de 24 de agosto de 2016).

Según se explicó en el capítulo anterior, la dogmática del siglo XIX permitió atribuir responsabilidad extracontractual al ente colectivo mediante la previa imputación del daño a un agente determinado, lo que implicaba desconocer la realidad de los procesos organizacionales del mundo de hoy, que suelen ocasionar daños a terceros mediante culpa o infracción de deberes de cuidado propios de la persona jurídica, aun cuando no sea posible atribuir el origen de la anomalía o hacer el juicio de reproche a un individuo en concreto.

Cierto es que los sistemas organizativos solo pueden tomar decisiones y actuar a través de los seres humanos que los conforman, pero de ahí a dar por sentado que solo son imputables las personas naturales hay una enorme distancia. Una cosa es que los procesos organizacionales con aptitud de ocasionar daños a terceros necesiten de la intervención humana para su realización, y otra bien distinta que esos procesos solo sean atribuibles a los miembros de la organización en tanto (sic) individuos de la especie humana.

Es factible —y de hecho ocurre con frecuencia— que no sea posible realizar un juicio de reproche culpabilístico a un individuo determinado o a varios de ellos como generadores del daño, pero que sí estén probados todos los elementos para endilgar responsabilidad a la persona jurídica por fallas, anomalías, imperfecciones, errores de cálculo o de comunicación, y, en fin, violación de los deberes de cuidado de la propia organización, perfectamente identificables, constatables y reprochables, lo que impide considerarlos como"*anónimos*".

En la actividad empresarial contemporánea, un daño a un bien jurídico ajeno no solo puede originarse como resultado de la ejecución de las decisiones administrativas o del despliegue de conductas adoptadas por la cadena jerárquica, sino que puede deberse a falencias de planeación, de control, de organización, de coordinación, de disposición de recursos, de utilización de la tecnología, de flujos en la comunicación, de falta de políticas de prevención, entre otras variables que deben quedar plenamente identificadas para efectos de asignación de responsabilidad, pero que no siempre son atribuibles a uno o varios individuos determinados, por lo que el funcionamiento de la organización no se mide según las nociones tradicionales extraídas del paradigma de la conciencia y la voluntariedad moral del ser humano.

A fin de establecer lo que se entiende por 'conducta empresarial' generadora de responsabilidad civil, es preciso tener una comprensión básica del funcionamiento de las organizaciones y de la forma en que estas toman decisiones con relevancia jurídica, pues sería un error intentar obtener una formulación teórica de aquel concepto sin detenerse a analizar las explicaciones que se apoyan en los datos de la experiencia, en la medida que la realidad empresarial ha cambiado sustancialmente desde cuando se expidieron las normas que fundamentan el régimen general de

> responsabilidad civil, por lo que el simple hecho de copiar las formas antiguas no resulta satisfactorio para solucionar los problemas actuales [...].
>
> En [...] el esquema de producción contemporáneo, influido por una economía [de] mercado en la que tienen lugar actividades empresariales a gran escala, no hay ninguna razón para exigir a las empresas un deber de vigilancia sobre la conducta de sus subordinados para efectos de deducir responsabilidad directa por los daños causados a terceros, toda vez que esta responsabilidad no surge de la falta de vigilancia de los directivos sobre los trabajadores, sino de la culpa de la persona jurídica por la realización de sus procesos organizativos, de la cual se puede eximir si demuestra los mismos supuestos de hecho que pueden esgrimir las personas naturales, esto es el caso fortuito, el hecho de un tercero, la culpa exclusiva de la víctima, y la diligencia y cuidado socialmente esperables.
>
> Hoy en día no es posible exigirle a una empresa que adopte una determinada política de control de personal, de imposición de disciplina o planificación de métodos, dado que ello está reservado al libre designio de la organización según la racionalidad pragmática o estratégica que desee implementar en el modelo de producción adoptado o, inclusive, por factores externos que escapan a su facultad de decisión. Cada empresa sabrá, según su propia estructura organizacional, si ejerce o no vigilancia sobre sus trabajadores y en qué medida lo hace, sin que el derecho civil tenga ningún poder de injerencia en el moldeamiento de esa relación.

Seguidamente, la Corte Suprema de Justicia refiere que una persona jurídica constituida en forma de sistema

> podrá instaurar rigurosos procesos de selección de personal, establecer planes de acción previos, capacitar o instruir a sus agentes, implementar modelos de acción, protocolos de atención o instructivos de decisión; podrá, incluso, ejercer un control posterior mediante auditorías. Pero lo que no podrá hacer jamás, porque escapa totalmente a sus posibilidades reales, es controlar, vigilar, observar o verificar por completo la labor desempeñada por sus agentes al momento de brindar la atención al cliente. La responsabilidad del principal, por tanto, no puede depender de unas variables altamente difusas y borrosas que están más allá de sus facultades materiales.
>
> Para efectos de atribuir responsabilidad patrimonial a una persona jurídica organizativa por los perjuicios causados a terceros en despliegue o con ocasión de su función, al derecho no le interesa si el agente dañador está sujeto a vigilancia, control y dirección; ni el grado de autoridad o cuidado al que está sometido; ni el

eventual beneficio que el servicio del trabajador reporte al principal; o si el auxiliar acata las instrucciones de su superior o actúa en contravía de ellas; o si la empresa recibe un beneficio económico (o pérdidas) del trabajo de sus auxiliares.

Es más, ni siquiera en todos los casos es exigible la falta de cuidado atribuible *a una persona natural determinada*, porque lo que realmente interesa para efectos de endilgar responsabilidad directa al ente colectivo es que el perjuicio se origine en los procesos y mecanismos organizacionales constitutivos de la culpa *in operando*, es decir, que la lesión a un bien jurídico ajeno se produzca como resultado del despliegue de los procesos empresariales y que estos sean jurídicamente reprochables por infringir los deberes objetivos de cuidado; lo cual no solo se da en seguimiento de las políticas, objetivos, misiones o visiones organizacionales, o en acatamiento de las instrucciones impartidas por los superiores.

En los años recientes, la teoría y práctica de la administración ha experimentado cambios sustanciales desde un enfoque de sistemas que permite identificar las operaciones no como actos de voluntad de los individuos, sino como procesos que surgen como un todo organizado, compuesto por distintos elementos identificables a partir de la distinción con el entorno donde operan. Las organizaciones se consideran sistemas en continua interacción con el entorno, lo que permite identificar las variables internas y externas que tienen impacto sobre las acciones y decisiones administrativas y el desempeño organizacional en cada situación específica.

Las funciones de un sistema dependen de su estructura y organización, y atienden a las condiciones de la realidad, por lo que son contingentes y variables según las circunstancias particulares de las empresas, lo que permite atribuir responsabilidad a la persona jurídica de conformidad con los fines implícitos en cada proceso, los flujos de comunicación de los distintos elementos, los factores de decisión y la ejecución de las técnicas de producción o prestación del servicio. El diseño organizativo está profundamente afectado por la tecnología que utiliza la organización, siendo una especie de esta tecnología el conocimiento que tienen las personas naturales que forman parte de la empresa.

La organización es un sistema complejo que se define como un conjunto de elementos interrelacionados para alcanzar un objetivo o lograr un fin. «*Un sistema puede ser definido como un complejo de elementos interactuantes*». (Ludwig Von Bertalanffy. *Teoría general de los sistemas*. México: FCE, 2014. p. 56). Tales elementos son interdependientes, por lo que no basta estudiarlos aisladamente. No obstante, para la identificación de una *unidad de acción* susceptible de imputación no es posible abarcar la totalidad de las relaciones o condiciones de contorno dentro del sistema complejo, por lo que se presenta la necesidad de introducir criterios de selección según el marco de valores del ordenamiento jurídico[44].

Finalmente, la Corte Suprema de Justicia remata diciendo:

> La estructura establece una articulación entre todos sus elementos, los cuales están suficientemente bien diferenciados como para ser considerados unidades de análisis cuyas propiedades integrales y relaciones mutuas definen las características del sistema total. Las funciones de los elementos del sistema son diferenciables, pero no independientes o aisladas, por lo que cada uno de estos se define en relación con los otros. El sistema, a su vez, está inmerso en una realidad más amplia con la cual interactúa, y que influye en mayor o menor medida en el éxito de los procesos.
>
> En el análisis de un sistema complejo existen dos niveles de descripción: el de los procesos llevados a cabo por cada elemento del sistema y el de los procesos que tienen lugar en el sistema como un todo, y que están determinados por las interrelaciones entre los elementos. La identificación del proceso unitario a partir del cual se deduce responsabilidad [...] depende de la especificación de un fragmento espacio-temporal en el que se seleccionan los elementos, las decisiones, las operaciones y los flujos de comunicación correspondientes a cada proceso con relevancia para incidir en el resultado final que se investiga, por fuera del cual quedarán otros tantos que el observador considera intrascendentes. Esta selección permite atribuir las consecuencias de la negligencia únicamente a los factores que tuvieron una injerencia o correlación preponderante en su producción, evitando atribuir responsabilidad a los elementos o variables irrelevantes.
>
> De ese modo el juicio de reproche puede recaer sobre la organización; sobre uno o algunos de sus elementos humanos; sobre la organización y uno o alguno de sus elementos, en forma solidaria cuando se cumplen los presupuestos del artículo 2344 del Código Civil; o no recaer sobre ninguno de ellos, según las circunstancias del caso. Todos ellos, tanto el sistema en conjunto como cada uno de sus miembros, tienen las mismas posibilidades de exonerarse de responsabilidad mediante la prueba del caso fortuito, el hecho de un tercero, la culpa exclusiva de la víctima, o la debida diligencia y cuidado.
>
> La información que está al alcance de cada organización pasa a desempeñar un papel trascendental al momento de atribuir responsabilidad, porque frente a un dominio de información incompleta o asimétrica que altera el desempeño de la empresa y

44 Corte Suprema de Justicia, Sala de Casación Civil. Sentencia SC-13925-2016. (Aprobado en sesión de 24 de agosto de 2016), cit.

> afecta el equilibrio de la competencia perfecta no es posible exigir el cumplimiento de estándares de responsabilidad basados en una racionalidad ideal máxima. Por ello, la violación del estándar de conducta exigible solo puede determinarse a partir de un parámetro de diligencia adecuada en relación con el sector de la vida o del tráfico en que se produce el acontecimiento dañoso, lo que permite identificar la culpa de la organización[45].

En coherencia con lo expresado por la Corte Suprema de Justicia en la sentencia cuyos principales apartes se han trascrito en extenso, circunscribiéndose al ámbito de la actividad y al funcionamiento de las sociedades fiduciarias, que es el tema central de este estudio, a efectos de establecer lo que se entiende por 'conducta empresarial' generadora de responsabilidad civil, es preciso comprender cuál es el funcionamiento de esta categoría de instituciones financieras y cómo toman decisiones con relevancia jurídica, fundamentalmente en lo relacionado con la administración de los riesgos a los que se ven expuestas las sociedades fiduciarias en el desarrollo de las actividades constitutivas de su objeto social. Esto, sin lugar a duda, obliga a detenerse en el análisis (i) del gobierno corporativo y (ii) del sistema de control interno y de administración de riesgos, en particular, del riesgo operativo.

A. EL GOBIERNO CORPORATIVO

Al respecto, se tiene que la Superintendencia Financiera, en su condición de organismo de inspección y vigilancia del Estado, en el año 2013 adoptó un nuevo Código de Mejores Prácticas Corporativas (Código País)[46], con el propósito de establecer instrumentos y aspectos claves en materia de gobierno corporativo para los emisores de valores de Colombia, categoría dentro de la que se enmarcan las sociedades fiduciarias. Este nuevo documento contiene 33 medidas y 148 recomendaciones en las siguientes áreas: (i) derecho y trato equitativo de accionistas; (ii) asamblea general de accionistas; (iii) junta directiva; (iv) arquitectura de control y (v) transparencia e información financiera y no financiera.

---

45 *Ibid.*

46 Superintendencia Financiera de Colombia. Código de Mejores Prácticas Corporativas (Código País), 2014. Disponible en http://www.icgc.com.co/wp-content/uploads/2018/01/Co%CC%81digo-Pai%CC%81s-2014.pdf

En relación con la junta directiva, el Código de Mejores Prácticas Corporativas contempla la creación de "comités especializados para actuar como órganos de estudio y apoyo sobre materias específicas, con capacidad de presentar propuestas a la Junta Directiva y, eventualmente, ejercer por delegación ciertas funciones"[47]; entre dichos comités, para los efectos de este proceso merecen mención especial el de auditoría y de riesgos. El comité de auditoría tiene como principal tarea asistir a la Junta Directiva en su función de supervisión mediante la evaluación de los procedimientos contables, el relacionamiento con el revisor fiscal y, en general, la revisión de la arquitectura de control de la sociedad, incluida la auditoría del sistema de gestión de riesgos implementado por la sociedad. Por su parte, el comité de riesgos tiene como función principal asistir a la Junta Directiva en el cumplimiento de sus responsabilidades de supervisión en relación con la gestión de riesgos.

A su turno, en cuanto a la "arquitectura de control", el Código de Mejores Prácticas Corporativas señala que se trata de un "concepto integral que aglutina todo lo relacionado con ambiente de control, gestión de riesgos, sistemas de control interno, cumplimiento, información y comunicación y monitoreo"[48], con el fin de que la entidad cuente con la estructura, las políticas y los procedimientos necesarios para proveer una seguridad razonable en sus objetivos y actividades, en búsqueda de una mayor eficiencia del negocio, acorde con su naturaleza, tamaño y complejidad. En este contexto,

> la Junta Directiva es la responsable última de la existencia de un sólido ambiente de control dentro de la sociedad, adaptado a su naturaleza, tamaño, complejidad y riesgos, de forma que:// i. Se promueva una cultura de riesgos y control en toda la sociedad, que alcance a toda la organización. // ii. Se definan roles y responsabilidades en torno a la gestión de riesgos, control interno, y evaluación, con líneas de reporte claramente establecidas. // iii. Se consideren los riesgos que se derivan de la definición estratégica de la sociedad y de los procesos del negocio para realizar un adecuado seguimiento, evaluación y gestión de los mismos (sic)[49].

---

47 Superintendencia Financiera de Colombia. Código de Mejores Prácticas Corporativas (Código País), cit.

48 *Ibid.*

49 *Ibid.*

En relación con la gestión de riesgos, en la medida n.º 26[50] se dispone lo siguiente:

> La gestión de riesgos engloba la definición de políticas de riesgos, así como la definición y ejecución de procesos de identificación, evaluación, medición, administración, monitoreo y reporte de los mismos (sic).
>
> En relación con la gestión de riesgos se proponen las siguientes recomendaciones:
>
> 26.1. En la sociedad, los objetivos de la gestión de riesgos son:// i. Identificación de los riesgos, derivados de la estrategia definida por la sociedad. // ii. Evaluación de los riesgos y medición del grado de exposición a los mismos (sic). // iii. Gestión efectiva de los riesgos, que incluye la toma de decisiones sobre su manejo en términos de evitarlo, controlarlo, mitigarlo, compartirlo o aceptarlo. // iv. Monitoreo de riesgos, entendido como la evaluación de que las decisiones sobre asunción de riesgos están en línea con la política de riesgos aprobada por la Junta Directiva y con los límites máximos de exposición definidos por esta. // v. Reporte periódico a la Junta Directiva y a la Alta Gerencia sobre la administración de riesgos.
>
> 26.2. La sociedad cuenta con un *mapa de riesgos*, entendido como una herramienta (sic) para la identificación y seguimiento de los riesgos financieros y no financieros a los que está expuesta.
>
> 26.3. La Junta Directiva es responsable de definir una política de administración de riesgos, así como de fijar unos límites máximos de exposición a cada riesgo identificado.
>
> 26.4. La Junta Directiva conoce y supervisa periódicamente la exposición efectiva de la sociedad a los límites máximos de riesgo definidos, y plantea acciones de corrección y seguimiento en caso de desviaciones.
>
> 26.5. En el marco de la política de administración riesgos (sic), la Alta Gerencia es la dueña de los procesos y responsable de la administración de riesgos, es decir, de identificar, evaluar, medir, controlar, monitorear y reportar los riesgos, definiendo metodologías, y asegurando que la administración de riesgos es consistente con la estrategia, la política de riesgos definida, y los límites máximos aprobados.

---

50 *Ibid.*

26.6. La sociedad cuenta con una política de delegación de riesgos, aprobada por la Junta Directiva, que establece los límites de riesgo que pueden ser administrados directamente por cada nivel en la sociedad. (El destacado es del texto).

Adicionalmente, la medida n.º 27[51], relacionada con las actividades de control, prevé:

La administración de riesgos necesita, para su máxima efectividad y mayor aporte de valor, que exista un sistema de control interno destinado a asegurar que:

i. Cada uno de los riesgos identificados en los distintos procesos de la compañía, se encuentra adecuadamente gestionados (sic) conforme a la política y cultura de riesgos de la empresa, para lo que existen unos controles específicos.

ii. Las políticas, procesos, sus controles y medidas desarrolladas (sic) para la gestión de riesgos efectivamente se aplican en la práctica.

En relación con las Actividades de Control se proponen las siguientes recomendaciones:

27.1. La Junta Directiva es responsable de velar por la existencia de un adecuado sistema de control interno, adaptado a la sociedad y su complejidad, y consistente con la gestión de riesgos en vigor.

27.2. La Junta Directiva es responsable de supervisar la eficacia e idoneidad del sistema de control interno, que podrá delegarse en el Comité de Auditoría, sin que por ello la Junta pierda su responsabilidad de supervisión. (El destacado es del texto).

Por último, la medida n.º 29[52], relacionada con el monitoreo de la arquitectura de control, señala:

El monitoreo provee de aseguramiento objetivo a la Junta Directiva sobre la efectividad de la gestión de riesgos en una organización, para ayudar a asegurar que los riesgos claves de negocio están siendo gestionados apropiadamente y que el sistema de control interno implementado por la sociedad está siendo operado efectivamente.

---

51 Superintendencia Financiera de Colombia. Código de Mejores Prácticas Corporativas (Código País), cit.

52 *Ibid.*

En relación con monitoreo (sic) se proponen las siguientes recomendaciones:

29.1. En la sociedad, la Junta Directiva, a través del Comité de Auditoría, es responsable de supervisar la efectividad de los distintos componentes de la Arquitectura de Control.

29.2. En la sociedad, la labor de monitoreo dirigida a proveer aseguramiento sobre la eficacia de la Arquitectura de Control, involucra de forma principal a la auditoría interna en colaboración con el Revisor Fiscal en las materias propias de su competencia y en particular lo referido a la información financiera generada por la sociedad.

29.3. La función de auditoría interna de la sociedad cuenta con un Estatuto de Auditoría Interna, aprobado por el Comité de Auditoría, en el que figure expresamente el alcance de sus funciones en esta materia, que debería comprender:

A. La autonomía e independencia necesaria para el ejercicio de sus funciones.

B. La labor de evaluación y aseguramiento de los procesos de administración de riesgos.

C. La evaluación y aseguramiento de que los riesgos están siendo correctamente evaluados.

D. La evaluación de los mecanismos de reporte de los riesgos claves del negocio.

E. La revisión del manejo de los riesgos claves por sus responsables.

B. EL CONTROL INTERNO EN LAS SOCIEDADES FIDUCIARIAS

En Colombia, la estructura del control interno y de administración de riesgos contenido en la Parte I, Título I, Capítulo IV, numeral 2 de la Circular Básica Jurídica[53], expedida por la Superintendencia Financiera (C. E. 029/14), se inspira en las recomendaciones efectuadas por el Comité de Organizaciones

53 Superintendencia Financiera de Colombia. Circular Básica Jurídica (C. E. 029/2014). Disponible en https://www.superfinanciera.gov.co/inicio/normativa/normativa-general/circular-basica-juridica-ce----10083443

Patrocinadoras de la Comisión Treadway (Committee of Sponsoring Organizations, COSO I y COSO II, por su sigla en inglés), al igual que en la Norma Técnica Colombiana de Gestión de Riesgos NTC 5254[54]. De acuerdo con esta normatividad, se tiene establecido que las instituciones financieras en general —y, de manera particular, las sociedades fiduciarias— están obligadas a adoptar un adecuado sistema de control interno acorde con la naturaleza, la complejidad y el riesgo de las operaciones y de los negocios jurídicos constitutivos de su objeto social, entendiendo por control interno

> el conjunto de políticas, principios, normas, procedimientos y mecanismos de verificación y evaluación establecidos por la junta directiva u órgano equivalente, la alta dirección y demás funcionarios de una organización para proporcionar un grado de seguridad razonable en cuanto a la consecución de los siguientes objetivos: // 2.1. Mejorar la eficiencia y eficacia en las operaciones de las entidades sometidas a inspección y vigilancia. Para el efecto, se entiende por eficacia la capacidad de alcanzar las metas y/o resultados propuestos; y por eficiencia la capacidad de producir el máximo de resultados con el mínimo de recursos, energía y tiempo. // 2.2. Prevenir y mitigar la ocurrencia de fraudes, originados tanto al interior (sic) como al exterior (sic) de las organizaciones. // 2.3. Realizar una gestión adecuada de los riesgos. // 2.4. Aumentar la confiabilidad y oportunidad en la información generada por la organización. // 2.5. Dar un adecuado cumplimiento de la normatividad y regulaciones aplicables a la organización[55].

Esta normatividad —que regula el sistema de control interno y de administración de riesgos— se inspira en la necesidad de alinear el apetito de riesgo de la entidad con el cumplimiento de la estrategia corporativa y de administrar los riesgos a que se expone la organización en el desarrollo de las actividades constitutivas de su objeto social en su búsqueda por cumplir con sus objetivos estratégicos. Para estos efectos, la metodología contenida en la Parte I, Título I, Capítulo IV, numeral 2 de la Circular Básica Jurídica, expedida por la Superintendencia Financiera (C. E. 029/14), siguiendo los lineamientos fijados por el COSO I, establece que el sistema de control interno debe permitir articular o interrelacionar cinco objetivos y cinco componentes, los cuales son aplicables para cada una de las unidades de negocio y

---

54 Instituto Colombiano de Normas Técnicas y Certificación (ICONTEC). *Norma técnica colombiana NTC 5254. Gestión del riesgo*, Bogotá, ICONTEC.

55 Superintendencia Financiera de Colombia. Circular Básica Jurídica (C. E. 029/14), cit.

actividades desarrolladas por la organización. Es decir, el sistema de control interno debe focalizar sus esfuerzos en el logro de los siguientes objetivos:

> 2.1. Mejorar la eficiencia y eficacia en las operaciones de las entidades sometidas a inspección y vigilancia. Para el efecto, se entiende por eficacia la capacidad de alcanzar las metas y/o resultados propuestos; y por eficiencia la capacidad de producir el máximo de resultados con el mínimo de recursos, energía y tiempo. // 2.2. Prevenir y mitigar la ocurrencia de fraudes, originados tanto al interior (sic) como al exterior (sic) de las organizaciones. // 2.3. Realizar una gestión adecuada de los riesgos. // 2.4. Aumentar la confiabilidad y oportunidad en la información generada por la organización. // 2.5. Dar un adecuado cumplimiento de la normatividad y regulaciones aplicables a la organización.

A su turno, para el logro de los anteriores objetivos, se requiere que en el interior de la entidad se implemente una arquitectura de control que debe desagregarse en los siguientes elementos o componentes: (i) ambiente de control, (ii) gestión de riesgos, (iii) actividades de control, (iv) información y comunicación, (v) monitoreo y (vi) evaluaciones independientes. Esta arquitectura de control difiere de una entidad a otra en función de factores tales como su tamaño, la complejidad de sus negocios o procesos, la dispersión geográfica y, de manera especial, la naturaleza de los riesgos que la entidad enfrente. En todo caso, el control interno se convierte en una función inherente a la administración, integrada al funcionamiento organizacional y a la junta directiva y la alta gerencia, por consiguiente, deja de ser una función asignada a un área específica de la empresa[56/57].

---

56 *Ibid.*

57 El marcado interés que existe por el control interno es, en parte, el resultado de las crisis de los sistemas financieros en el mundo entero, la más reciente ocurrida en el año 2008. El análisis de los problemas relacionados con dichas crisis muestra que estas podrían haber sido fácilmente evitadas si las instituciones financieras hubieran contado con adecuados sistemas de control interno, habida cuenta de que dichos sistemas hubieran prevenido o facilitado la detección temprana de los problemas que desembocaron en la crisis. Entre las fallas de control que de ordinario se han observado en las crisis de los sistemas financieros se tienen las siguientes: (i) falta de vigilancia y responsabilidad administrativa suficiente y ausencia de una cultura de control en las instituciones financieras; (ii) evaluación insuficiente de los riesgos que presentan ciertas actividades financieras dentro o fuera del balance general; (iii) ausencia o falla de las actividades claves de control, tales como la segregación de funciones, autorizaciones, verificaciones, conciliaciones y revisiones del rendimiento operativo; (iv) comunicación insuficiente de información entre los niveles administrativos de la institución financiera, en especial, en la comunicación de los problemas a los niveles superiores.

Ahora bien, siguiendo en lo pertinente las directrices contenidas en la *Guía de control interno en la intermediación del mercado de valores*[58], preparada por el Autorregulador del Mercado de Valores (AMV), así como las recomendaciones contenidas en el Código País, elaborado por la Superintendencia Financiera para los emisores de valores (Circular Externa 028/14)[59], se presenta a continuación una aproximación de cómo deberían integrarse al ámbito de la actividad profesional de las sociedades fiduciarias los componentes del control interno definidos en la Parte I, Título I, Capítulo IV, numeral 2 de la Circular Básica Jurídica expedida por la Superintendencia Financiera (C. E. 029/14), particularmente, los componentes relacionados con el ambiente de control y con la gestión de riesgos.

Pues bien, de acuerdo con su estructura, su tamaño y con las operaciones y negocios constitutivos de su objeto social, las sociedades fiduciarias deben buscar la efectividad de su sistema de control interno en pro de alcanzar los siguientes objetivos: (i) que los negocios fiduciarios traslaticios y no traslaticios del derecho de dominio se celebren y ejecuten en condiciones de eficacia y eficiencia para el logro de la estrategia definida por la entidad; (ii) que la información financiera relacionada con los negocios fiduciarios en los cuales intervienen en calidad de fiduciarios profesionales que se reporte a la Superintendencia Financiera y se publique al mercado sea confiable; y (iii) que se dé estricto cumplimiento a las disposiciones constitucionales, legales y administrativas que regulan la actividad fiduciaria.

1. EL AMBIENTE DE CONTROL

En cuanto al ambiente de control, debe decirse que es el componente fundamental en la arquitectura de control, toda vez que está referido a la conciencia de la sociedad fiduciaria como tal frente al control. Es decir, fija el nivel de disciplina y estructura que hay en la entidad en lo relacionado con el control y la administración de los riesgos a los que se ve expuesta en

58 Autorregulador del Mercado de Valores Colombia (AMV) y asociados. *Guía de control interno en la intermediación del mercado de valores*, Bogotá, AMV, 2008. Disponible en https://docplayer.es/23032045-Guia-de-control-interno-en-la-intermediacion-del-mercado-de-valores.html#show_full_text

59 Superintendencia Financiera de Colombia. Circular Externa 028 del 30 de septiembre de 2014. Disponible en https://actualicese.com/circular-externa-028-de-30-09-2014/

el desarrollo de las actividades constitutivas de su objeto social, así como la importancia que se le concede a esta materia en la entidad.

El ambiente de control ejerce gran influencia sobre la forma como se celebran y ejecutan los negocios fiduciarios traslaticios y no traslaticios del derecho de dominio que forman parte del objeto social de las sociedades fiduciarias, al igual que sobre la forma como se establecen los objetivos estratégicos y se estiman los riesgos. Adicionalmente, el ambiente de control contempla de manera general las políticas y los procesos aplicables a las sociedades fiduciarias, la estructura organizacional y de control que permiten asegurar el cumplimiento de las políticas y los procesos y, por rende, administrar de manera adecuada su riesgo inherente.

Los principios que informan sobre el sistema de control interno deben darse a conocer a todos los niveles de la entidad mediante procesos de inducción, capacitación, entrega de manuales, que deben ser permanentemente actualizados con miras a que reflejen de manera constante la orientación institucional del sistema de control interno en general. Los siguientes aspectos se consideran de trascendental importancia en el ambiente de control:

a. Filosofía y estilo de la alta dirección. La alta dirección debe transmitir a todos los niveles de la organización, de manera explícita, contundente y permanente, su compromiso y liderarzgo respecto del sistema de control interno y los valores éticos que se consideren en el desarrollo de la participación en el sector fiduciario. Así mismo, debe lograr que todo el personal se involucre y asuma responsabilidades frente al sistema de control interno implementado. En gran medida, el éxito del sistema de control interno depende de la atención y la dirección por parte de la junta directiva o del órgano que haga sus veces.

El sistema de control interno está contenido en los esquemas de gobierno corporativo que adopten las sociedades fiduciarias, en el cual declaran los principios y las pautas de conducta que orientan su actuación en el mercado fiduciario, por ser esta un importante instrumento de autorregulación. De acuerdo con el denominado Código País o Código de Mejores Prácticas Corporativas, la estructura del gobierno corporativo debe comprender las siguientes áreas: (i) derechos y trato equitativo de los accionistas, (ii) asamblea general de accionistas, (iii) junta directiva, (iv) arquitectura de control y (v) transparencia e información financiera y no financiera.

El interés de la junta directiva por un control interno eficaz y por su permanente mejoramiento implica (i) definición de la misión, la visión y los objetivos; (ii) diseño de una estructura organizacional para el desarrollo de las actividades constitutivas del objeto social; (iii) definición de funciones y responsabilidades para las áreas del *front*, *middle* y *back office*; (iv) diseño de un sistema de información adecuado para el desarrollo de las actividades constitutivas del objeto social; (v) diseño y documentación de procedimientos claros para la celebración y ejecución de los negocios fiduciarios constitutivos del objeto social; (vi) definición de políticas, normas operativas y administrativas, límites de autoridad y atribuciones; (vii) mecanismos de remuneración asociados con los riesgos que se asumen como consecuencia de la celebración y ejecución de los negocios fiduciarios constitutivos del objeto social.

b. Adopción y puesta en práctica de un código de ética y conducta. Un sistema de control interno eficaz debe contemplar la adopción de un código de ética y de conducta que contenga reglas dirigidas a generar una cultura del control interno en todos los empleados y colaboradores, al igual que valores y normas de comportamiento institucional.

c. Autocontrol. Un adecuado sistema de control interno exige que todos los funcionarios de la organización, independientemente de su nivel jerárquico, cuenten con la capacidad suficiente para evaluar y controlar su trabajo, detectar desviaciones y efectuar correctivos en el ejercicio y cumplimiento de sus funciones, así como para mejorar sus tareas y responsabilidades. En consecuencia, sin perjuicio de la responsabilidad atribuible a los administradores en la definición de políticas y en la ordenación del diseño de la estructura del sistema de control interno, es pertinente resaltar el deber que les corresponde a todos y cada uno de los funcionarios de la organización, quienes, en desarrollo de sus funciones y con la aplicación de procesos operativos apropiados, deben procurar el cumplimiento de los objetivos trazados por la dirección, siempre sujetos a los límites por ella establecidos.

d. Administración. Un adecuado sistema de control interno exige el establecimiento de políticas y procedimientos en todas las áreas y unidades de negocio. Los órganos o las funciones de la estructura organizacional de una sociedad fiduciaria que están involucrados en su control interno son los siguientes: junta directiva, comité de auditoría y representante legal.

En primer lugar, se encuentra la junta directiva, órgano al que, sin duda alguna, le corresponde la máxima responsabilidad en materia de control interno. A este respecto, en la Parte I, Título I, Capítulo IV, numeral 2 de la Circular Básica Jurídica (C. E. 029/14) se lee:

Los miembros de las juntas directivas u órgano equivalente, como principales gestores del gobierno corporativo, deben realizar su gestión con profesionalismo, integridad, competencia e independencia, dedicándole el tiempo necesario. Así mismo, deben ser transparentes en su gestión, procurando tener un buen conocimiento de los riesgos que involucran los productos que ofrece la empresa; evaluar con profundidad (sic) los riesgos asociados a los instrumentos de inversión que esta utiliza, y apoyar la labor de los órganos de fiscalización y control. [...] De la junta directiva u órgano equivalente debe provenir la autoridad, orientación y vigilancia al personal directivo superior, de manera que sus miembros deben contar con experiencia y conocimientos adecuados acerca de las actividades, los objetivos y la estructura de la respectiva entidad. [...] Sin perjuicio de las obligaciones especiales asignadas a este órgano en otras disposiciones legales, estatutarias o en reglamentos, en materia de control interno, en cumplimiento de los deberes que le señala el art. 23 de la Ley 222 de 1995, la junta directiva u órgano equivalente es la instancia responsable de: [...] 6.1.1.1.1. Participar activamente en la planeación estratégica de la entidad, aprobarla y efectuar seguimiento, para determinar las necesidades de redireccionamiento estratégico cuando se requiera. // 6.1.1.1.2. Definir y aprobar las estrategias y políticas generales relacionadas con el SCI, con fundamento en las recomendaciones del comité de auditoría. // 6.1.1.1.3. Establecer mecanismos de evaluación formal a la gestión de los administradores y sistemas de remuneración e indemnización atados al cumplimiento de objetivos a largo plazo y los niveles de riesgo. // 6.1.1.1.4. Definir claras líneas de responsabilidad y rendición de cuentas a través de la organización. // 6.1.1.1.5. Analizar el proceso de gestión de riesgo existente y adoptar las medidas necesarias para fortalecerlo en aquellos aspectos que así lo requieran. // 6.1.1.1.6. Designar a los directivos de las áreas encargadas del SCI y de la gestión de riesgos, salvo que el régimen aplicable a la respectiva entidad o sus estatutos establezcan una instancia diferente para el efecto. // 6.1.1.1.7. Adoptar las medidas necesarias para garantizar la independencia del auditor interno y hacer seguimiento a su cumplimiento. // 6.1.1.1.8. Conocer los informes relevantes respecto del SCI que sean presentados por los diferentes órganos de control o supervisión e impartir las órdenes necesarias para que se adopten las recomendaciones y correctivos a que haya lugar. // 6.1.1.1.9. Solicitar y estudiar, con la debida anticipación, toda la información relevante que requiera para contar con la ilustración suficiente para adoptar responsablemente las decisiones que le corresponden y solicitar asesoría experta, cuando sea necesario. // 6.1.1.1.10. Requerir las aclaraciones y formular las objeciones que considere pertinentes respecto a los asuntos que se someten a su consideración. // 6.1.1.1.11. Aprobar los recursos suficientes para que el SCI cumpla sus objetivos. // 6.1.1.1.12. Efectuar seguimiento en sus reuniones ordinarias a través de informes periódicos que le presente el comité de auditoría, sobre la gestión de riesgos en la entidad y las medidas adoptadas para el control o mitigación de los riesgos más relevantes, por lo menos cada 6 meses, o con una frecuencia mayor si así resulta procedente. // 6.1.1.1.13. Evaluar las recomendaciones relevantes sobre el SCI que formulen el comité de auditoría y los otros órganos de control interno y externos, adoptar las medidas pertinentes, y hacer seguimiento a su cumplimiento. // 6.1.1.1.14. Analizar los informes que presente el oficial de cumplimiento respecto de las labores realizadas para evitar que la entidad sea utilizada como instrumento para la realización de actividades delictivas, evaluar la efectividad de los controles implementados y de las recomendaciones formuladas para su mejoramiento. // 6.1.1.1.15. Evaluar los estados financieros, con sus notas, antes de que sean presentados a la asamblea de accionistas o máximo órgano social, teniendo en cuenta los informes y recomendaciones que le presente el comité de auditoría. // 6.1.1.1.16. Presentar al final de cada ejercicio, a la asamblea general de accionistas, junta de socios o máximo órgano social, un informe sobre el resultado de la evaluación del SCI y sus actuaciones sobre el particular. // Todas las decisiones y actuaciones que se produzcan en desarrollo de las atribuciones antes mencionadas deben constar por escrito en el acta de la reunión respectiva y estar debidamente motivadas. La junta directiva u órgano equivalente debe determinar la información que deba ser divulgada a los diferentes niveles de la organización, de acuerdo con lo que considere pertinente.

En segundo lugar, se encuentra el denominado comité de auditoría. Se trata de un órgano dependiente de la junta directiva encargado de la evaluación del control interno de la sociedad, al igual que de su mejoramiento continuo, sin que ello implique una sustitución a la responsabilidad que de manera colegiada le corresponde a la junta directiva u órgano equivalente en la materia. Este comité desarrolla funciones de carácter eminentemente de asesoría y apoyo, tales como las siguientes, de acuerdo con lo señalado en la Parte I, Título I, Capítulo IV, numeral 2 de la Circular Básica Jurídica (C. E. 029/14):

6.1.2.1.1. Proponer para aprobación de la junta directiva u órgano que haga sus veces, la estructura, procedimientos y metodologías necesarios para el funcionamiento del SCI. // 6.1.2.1.2. Presentar a la junta directiva, o al órgano que haga sus veces, las propuestas relacionadas con las responsabilidades, atribuciones y límites asignados a los diferentes cargos y áreas respecto de la administración del SCI, incluyendo la gestión de riesgos. // 6.1.2.1.3. Evaluar la estructura del control interno de la entidad de forma tal que se pueda establecer si los procedimientos diseñados protegen razonablemente los activos de la entidad, así como los de terceros que administre o custodie, y si existen controles para verificar que las transacciones están siendo adecuadamente autorizadas y registradas. // 6.1.2.1.4. Informar a la junta directiva u órgano equivalente sobre el no cumplimiento de la obligación de los administradores de suministrar la información requerida por los órganos de control para la realización de sus funciones. // 6.1.2.1.5. Velar por que la preparación, presentación y revelación de la información financiera se ajuste a lo dispuesto en las normas aplicables, verificando que existen los controles necesarios. // 6.1.2.1.6. Estudiar los estados financieros y elaborar el informe correspondiente para someterlo a consideración de la junta directiva, con base en la evaluación no solo de los proyectos correspondientes, con sus notas, sino también de los dictámenes, observaciones de las entidades de control, resultados de las evaluaciones efectuadas por los comités competentes y demás documentos relacionados con los mismos (sic). // 6.1.2.1.7. Proponer a la junta directiva programas y controles para prevenir, detectar y responder adecuadamente a los riesgos de fraude y mala conducta, entendiendo por fraude un acto intencionado cometido para obtener una ganancia ilícita, y por mala conducta la violación de leyes, reglamentos o políticas internas, y evaluar la efectividad de dichos programas y controles. // 6.1.2.1.8. Supervisar las funciones y actividades de la auditoría interna u órgano que haga sus veces, con el objeto de determinar su independencia y objetividad en relación con las actividades que audita, determinar la existencia de limitaciones que impidan su adecuado desempeño, y verificar si el alcance de su labor satisface las necesidades de control de la entidad. // 6.1.2.1.9. Efectuar seguimiento sobre los niveles de exposición de riesgo, sus implicaciones para la entidad y las medidas adoptadas para su control o mitigación, por lo menos cada 6 meses, o con una frecuencia mayor si así resulta procedente, y presentar a la junta directiva un informe sobre los aspectos más importantes de la gestión realizada. // 6.1.2.1.10. Evaluar los informes de control interno practicados por los auditores internos, contraloría, contralor normativo u otros órganos, verificando que la administración haya atendido sus sugerencias y recomendaciones. // 6.1.2.1.11. Hacer seguimiento al cumplimiento de las instrucciones dadas por la junta directiva u órgano equivalente, en relación con el SCI. // 6.1.2.1.12. Solicitar los informes que considere convenientes para el adecuado desarrollo de sus funciones. // 6.1.2.1.13. Analizar el funcionamiento de los sistemas de información, su confiabilidad e integridad para la toma de decisiones. // 6.1.2.1.14. Presentar al máximo órgano social, por conducto de la junta directiva, los candidatos para ocupar el cargo de revisor fiscal, sin perjuicio del derecho de los accionistas de presentar otros candidatos en la respectiva reunión. En tal sentido, la función del comité es recopilar y analizar la información suministrada por cada uno de los candidatos y someter a consideración del máximo órgano social los resultados del estudio efectuado. // 6.1.2.1.15. Elaborar el informe que la junta directiva debe presentar al máximo órgano social respecto al funcionamiento del SCI.

En tercer lugar, se encuentra el representante legal, cuyas responsabilidades consisten en:

6.1.3.1. Implementar las estrategias y políticas aprobadas por la junta directiva u órgano equivalente en relación con el SCI. // 6.1.3.2. Comunicar las políticas y decisiones adoptadas por la junta directiva u órgano equivalente a todos y cada uno de los funcionarios dentro de la organización, quienes, en desarrollo de sus funciones y con la aplicación de procesos operativos apropiados, deben procurar el cumplimiento de los objetivos trazados por la dirección, siempre sujetos a los lineamientos por ella establecidos. // 6.1.3.3. Poner en funcionamiento la estructura, procedimientos y metodologías inherentes al SCI, en desarrollo de las directrices impartidas por la junta directiva, garantizando una adecuada segregación de funciones y asignación de responsabilidades. // 6.1.3.4. Implementar los diferentes informes, protocolos de comunicación, sistemas de información y demás determinaciones de la junta, relacionados con [el] SCI. // 6.1.3.5. Fijar los lineamientos tendientes a crear la cultura organizacional de control, mediante la definición y puesta en práctica de las políticas y los controles suficientes, la divulgación de las normas éticas y de integridad dentro de la institución, y la definición y aprobación de canales de comunicación, de tal forma que el personal de todos los niveles comprenda la importancia del control interno e identifique su responsabilidad frente al mismo (sic). // 6.1.3.6. Realizar revisiones periódicas a los manuales y códigos de ética y de gobierno corporativo. // 6.1.3.7. Proporcionar a los órganos de control, internos y externos, toda la información que requieran para el desarrollo de su labor. // 6.1.3.8. Proporcionar los recursos que se requieran para el adecuado funcionamiento del SCI, de conformidad con lo autorizado por la junta directiva u órgano equivalente. // 6.1.3.9. Velar por que se dé estricto cumplimiento de los niveles de autorización, cupos u otros límites o controles establecidos en las diferentes actividades realizadas por la entidad, incluyendo las adelantadas con administradores, miembros de junta, matriz, subordinadas y demás vinculados económicos. // 6.1.3.10. Certificar que los estados financieros y otros informes relevantes para el público no contienen vicios, imprecisiones o errores que impidan conocer la verdadera situación patrimonial o las operaciones de la correspondiente entidad. // 6.1.3.11. Establecer y mantener adecuados sistemas de revelación y control de la información financiera, para lo cual deben diseñar procedimientos de control y revelación para que la información financiera sea presentada en forma adecuada. // 6.1.3.12. Establecer mecanismos para la recepción de denuncias (líneas telefónicas, buzones especiales en el sitio web, entre otros) que faciliten, a quienes detecten eventuales irregularidades, ponerlas en conocimiento de los órganos competentes de la entidad. // 6.1.3.13. Definir políticas y un programa antifraude, para mitigar los riesgos de una defraudación en la entidad. // 6.1.3.14. Verificar la operatividad de los controles establecidos al interior (sic) de la entidad. // 6.1.3.15. Incluir en su informe de gestión un aparte independiente en el que se dé a conocer al máximo órgano social la evaluación sobre el desempeño del SCI en cada uno de los elementos señalados en el numeral 4 del presente Capítulo. En el caso de los grupos empresariales, la evaluación sobre la eficacia del SCI que expida el representante legal de la matriz debe incluir también a las entidades subordinadas (filiales o subsidiarias). [...] En general, el representante legal es el responsable de

> dirigir la implementación de los procedimientos de control y revelación, y verificar su operatividad al interior (sic) de la correspondiente entidad y su adecuado funcionamiento, para lo cual debe demostrar la ejecución de los controles que le corresponden. [...] El representante legal debe dejar constancia documental de sus actuaciones en esta materia, mediante memorandos, cartas, actas de reuniones o los documentos que resulten pertinentes para el efecto. [...] Adicionalmente, debe mantener a disposición del auditor interno, el revisor fiscal y demás órganos de supervisión o control los soportes necesarios para acreditar la correcta implementación del SCI, en sus diferentes elementos, procesos y procedimientos[60].

Finalmente, se encuentra la auditoría interna. Una función de auditoría interna eficiente proporciona a la junta directiva y a la alta gerencia de una sociedad fiduciaria seguridad independiente en la calidad y eficiencia de los procesos y sistemas de control interno, gestión del riesgo y gobierno corporativo; de esta forma se ayuda a la junta directiva y a la alta gerencia a proteger la organización y su reputación. De acuerdo con lo señalado en la Parte I, Título I, Capítulo IV, numeral 2 de la Circular Básica Jurídica (C. E. 029/14):

> La auditoría interna es una actividad que se fundamenta en criterios de independencia y objetividad de aseguramiento, entendiendo por tal el examen objetivo de evidencias con el propósito de proveer una evaluación independiente de los procesos de gestión de riesgos, control y gobierno de una organización y consultoría como las actividades de asesoramiento y servicios relacionados, proporcionadas a los clientes, cuya naturaleza y alcance estén relacionados con los mismos (sic) y estén dirigidos a añadir valor y a mejorar los procesos de gobierno, gestión de riesgos y control de una organización sin que el auditor interno asuma responsabilidades de gestión, concebida para agregar valor y mejorar las operaciones de una organización, ayudándola a cumplir sus objetivos aportando un enfoque sistemático y disciplinado para evaluar y mejorar la eficacia de los procesos de gestión de riesgos, control y gobierno.

e. Estructura organizacional. La exigencia de contar con adecuados mecanismos de control interno implica, entre otras cosas, la implementación y puesta en práctica de unidades que desarrollen las denominadas funciones de control o de las tres líneas de defensa[61]. Se trata de un marco por medio

---

60 Superintendencia Financiera de Colombia. Circular Básica Jurídica (C. E. 029/14), cit.

61 El modelo de las tres líneas de defensa es recomendado por COSO, el Instituto de Auditores Internos, el Comité de Basilea y un sinnúmero de instituciones de supervisión y regulación del sistema financiero en el mundo.

del cual se clasifican las áreas funcionales y de responsabilidad de la organización en tres líneas de defensa, como lo expresa su nombre. Esas tres líneas de defensa son una serie de niveles de actividad que garantizan la gestión y supervisión de riesgos de forma eficaz. De acuerdo con este modelo, la primera línea de defensa es la gerencia operativa, la cual

> es responsable de mantener un control interno efectivo y de ejecutar procedimientos de control sobre los riesgos de manera constante en el día a día. La gerencia operativa identifica, evalúa, controla y mitiga los riesgos, guiando el desarrollo e implementación de políticas y procedimientos internos que aseguren que las actividades efectuadas son consistentes con las metas y objetivos. A través de una estructura de responsabilidad distribuida en cascada, los gerentes de nivel medio diseñan e implementan procedimientos detallados que sirven como controles y supervisan la ejecución de tales procedimientos por parte de sus empleados[62].

Por su parte, la segunda línea de defensa tiene entre sus funciones las siguientes:

> Una función de gestión de riesgos (y/o comité) que facilita y monitorea la implementación de prácticas efectivas de gestión de riesgos por parte de la gerencia operativa y que asiste a los propietarios del riesgo en la definición del objetivo de exposición al riesgo y en la presentación adecuada de información relacionada con riesgos a toda la organización.
>
> [...] Una función de cumplimiento para monitorear diversos riesgos específicos tales como el incumplimiento de leyes y regulaciones aplicables. Con esta capacidad, esta función independiente reporta directamente a la alta dirección, y en algunos sectores económicos, directamente a los organismos de gobierno corporativo. Múltiples funciones de cumplimiento con frecuencia existen en una misma organización, con responsabilidades para monitorear tipos específicos de cumplimiento, como salud y seguridad, cadena de suministros, ambiente o control de la calidad.
>
> [...] Una función de contraloría que monitorea riesgos financieros y la emisión de la información financiera[63].

---

62 Instituto de Auditores Internacionales (IAI). *Las tres líneas de defensa para una efectiva gestión de riesgos y control*, enero de 2013.

63 *Ibid.*

Por último, la tercera línea de defensa está a cargo de la auditoría interna. Esta línea debe contar con un estatuto aprobado por el Comité de Auditoría en el que figure de manera expresa el alcance de las funciones de la auditoría interna, que debe comprender (i) la autonomía e independencia necesaria para el ejercicio de sus funciones, (ii) la labor de evaluación y aseguramiento de los procesos de administración de riesgos, (iii) la evaluación y el aseguramiento de que los riesgos están siendo correctamente evaluados, (iv) la evaluación de los mecanismos de reporte de los riesgos claves del negocio y (v) la revisión del manejo de los riesgos claves por sus responsables.

f. Competencia profesional. La versatilidad que ofrecen los negocios fiduciarios en términos de la finalidad a la que quedan afectados los bienes fideicomitidos exige que las sociedades fiduciarias cuenten con personal competente, que tenga una formación adecuada de acuerdo con el cargo que cada uno ocupe y las responsabilidades que tenga. De ahí que, sin perjuicio de la libertad que les asiste a las sociedades fiduciarias para establecer con plena autonomía administrativa los procesos, procedimientos y requisitos específicos que deben cumplir las personas que aspiren a vincularse laboralmente con ellas, la verdad es que les asiste de igual modo un alto grado de responsabilidad en la selección del personal, el cual, se reitera, debe poseer los conocimientos y la experiencia suficientes y adecuados según los distintos nichos de mercado en que pretende incursionar la sociedad fiduciaria, esto es, si se trata de fideicomisos de inversión en sus distintas modalidades, de fideicomisos de garantía, de fideicomisos inmobiliarios para el desarrollo de proyectos de construcción o de fideicmisos para la titularización de activos, etc. En este contexto, el Área de Recursos Humanos debe especificar el nivel de competencia requerido para las distintas tareas, así como la aptitud (conocimientos y habilidades) de cada persona[64]. La competencia hace referencia a la capacidad para llevar a cabo las responsabilidades asignadas, y requiere de habilidades relevantes y pericia, las cuales se obtienen a lo largo de una experiencia profesional y por medio de capacitación permanente.

---

64 Auditool. Modelo COSO III. Marco Integrado de Control Interno.

2. LA EVALUACIÓN Y LA GESTIÓN DE RIESGOS COMO ELEMENTOS DEL CONTROL INTERNO

La identificación y el análisis de los riesgos a que se ven expuestas las sociedades fiduciarias en el desarrollo y la ejecución de las operaciones y de los negocios jurídicos constitutivos de su objeto social son componentes críticos en un sistema de control interno eficaz[65].

Un adecuado sistema de administración de riesgos debe proporcionarles a las sociedades fiduciarias la información necesaria para determinar qué riesgos de negocio y de fraude deben atenderse y, en su caso, cuáles son las medidas que se deben adoptar. En esta dirección, se considera que el sistema de administración de riesgos debe contemplar como objetivos como mínimo los siguientes aspectos[66]:

---

65 A este respecto, en la Parte I, Título I, Capítulo IV, numeral 2 de la Circular Básica Jurídica (C. E. 029/14), expedida por la Superintendencia Financiera, se señala que "la administración de riesgos es uno de los elementos fundamentales del SCI para lograr la eficacia y eficiencia de las operaciones, la confiabilidad de los reportes financieros y el cumplimiento de leyes, normas y reglamentos. Los sistemas de control interno y de administración de riesgos son transversales en todas y cada una de las actividades, procesos y áreas de la entidad, por ello su importancia en el logro de los objetivos estratégicos y de calidad de la información que genera la organización".

66 Sobre este particular, las instrucciones impartidas por la Superintendencia Financiera en la Parte I, Título I, Capítulo IV, numeral 2 de la Circular Básica Jurídica (C. E. 029/14) les imponen a las entidades vigiladas la obligación de adelantar como mínimo los siguientes procedimientos: "[...] 4.2.1. Identificar las amenazas que enfrenta la entidad y las fuentes de las mismas (sic). // 4.2.2. Autoevaluar los riesgos existentes en sus procesos, identificándolos y priorizándolos a través de un ejercicio de valoración, teniendo en cuenta los factores propios de su entorno y la naturaleza de su actividad. // 4.2.3. Medir la probabilidad de ocurrencia de los riesgos y su impacto sobre los recursos de la entidad (económicos, humanos, entre otros), así como sobre su credibilidad y buen nombre, en caso de materializarse. Esta medición puede ser cualitativa y, cuando se cuente con datos históricos, cuantitativa. // 4.2.4. Identificar y evaluar con criterio conservador, los controles existentes y su efectividad, mediante un proceso de valoración realizado con base en la experiencia y un análisis razonable, y objetivo de los eventos ocurridos. // 4.2.5. Construir los mapas de riesgos que resulten pertinentes, los cuales deben ser actualizados periódicamente, permitiendo visualizarlos de acuerdo con la vulnerabilidad de la organización a los mismos (sic). // 4.2.6. Implementar, probar y mantener un proceso para administrar la continuidad de la operación de la entidad, que incluya elementos como: prevención y atención de emergencias, administración de crisis, planes de contingencia para responder a las fallas e interrupciones específicas de un sistema o proceso, y capacidad de retorno a la operación normal. // 4.2.7. Divulgar entre los funcionarios que intervienen en los procesos respectivos, los mapas de riesgos y las políticas definidas para su administración. // 4.2.8. Gestionar los riesgos en forma integral, aplicando diferentes estrategias que permitan llevarlos hacia niveles tolerables. Para cada riesgo se debe seleccionar la alternativa que presente la mejor relación entre el beneficio esperado y el costo en que se debe incurrir para su tratamiento. Entre las estrategias posibles se encuentran las de

a. Identificación de los riesgos derivados de la estrategia definida por la entidad. Identificar qué, por qué y cómo pueden surgir las circunstancias que originan los riesgos a los cuales están expuestas las distintas posibilidades de utilización práctica que ofrecen los negocios fiduciarios, teniendo en cuenta la finalidad a la que quedan o pueden quedar afectados los bienes fideicomitidos. Los riesgos identificados dependen, pues, de si se trata de fiducias de inversión, de fiducias inmobiliarias para el desarrollo de proyectos de construcción, de fiducias de garantía, etc., entendiendo que una modalidad de negocio fiduiciario puede conllevar más riesgos que otra. En este escenario, se debe tener un completo conocimiento y entendimiento del proceso y de las distintas posibilidades de utilización práctica que ofrecen los negocios fiduciarios, tomando en consideración la finalidad a la que quedan o pueden quedar afectados los bienes fideicomitidos. Así mismo, se debe contar con funcionarios responsables de cada proceso y se han de considerar en el modelo las actividades realizadas por las tres líneas de defensa hasta el registro de las operaciones en los libros de contabilidad y en los estados financieros.

Ahora bien, aunque existen muchas técnicas para identificar los riesgos, lo cierto es que los métodos que para el efecto seleccione una entidad carecen de importancia. Lo verdaderamente importante es que la junta directiva o el órgano que haga sus veces considere con cuidado los factores que pueden contribuir a incrementar los riesgos. Algunos estudios adelantados por la Superintendencia Financiera dan cuenta de que la exposición a los riesgos a que se ven expuestas las sociedades fiduciarias deriva de factores tales como los siguientes:

En primer lugar, la versatilidad que ofrecen los negocios fiduciarios en lo que respecta a la finalidad a la que quedan afectados los bienes fideicomitidos. Esto hace que requieran de una sólida infraestructura operativa que les permita contar con mejores procesos de estructuración de negocios, mayores controles en los procesos operativos, al tiempo que les exige una

---

evitar los riesgos, mitigarlos, compartirlos, transferirlos, aceptarlos o aprovecharlos, según resulte procedente. // 4.2.9. Registrar, medir y reportar los eventos de pérdidas por materialización de riesgos. // 4.2.10. Hacer seguimiento a través de los órganos competentes, de acuerdo al (sic) campo de acción de cada uno de ellos, estableciendo los reportes o acciones de verificación que la administración de la entidad y los jefes de cada órgano social considere[n] pertinentes. // 4.2.11. Definir las acciones correctivas y preventivas derivadas del proceso de seguimiento y evaluación de los riesgos (planes de mejoramiento) [...]".

mayor diligencia en la calidad de la información que deben suministrarles a los consumidores financieros y al público en general.

En segundo lugar, el alto volumen de operaciones y negocios fiduciarios que celebran las sociedades fiduciarias, lo que implica un riesgo relevante en lo que respecta a seguridad de las transacciones, calidad del servicio al consumidor y estabilidad de las sociedades fiduciarias.

En tercer lugar, la dependencia significativa de otros agentes del sistema financiero para efectuar pagos y recaudos, como quiera que las fiduciarias utilizan las redes del sistema financiero para realizar estas actividades. Esto, a su vez, conlleva un efecto contagio derivado de fallas tecnológicas y operacionales.

En cuarto lugar, su rol de administrador y proveedor de recursos al sistema financiero, perspectiva desde la cual juega un papel importante en la materialización del riesgo sistémico.

Finalmente, depende de su exposición significativa al riesgo de mercado. Al mismo tiempo, pueden ser potenciales generadores de riesgo de mercado, dado el tamaño de los activos bajo administración y de su concentración en inversiones.

b. Análisis y evaluación de los riesgos y medición del grado de exposición a estos. Determinar los controles existentes y analizar los riesgos en términos de consecuencias y probabilidades en el contexto de esos controles. El análisis debe considerar el rango de consecuencias potenciales y cuán probable es que ocurran tales consecuencias. Se establecen los controles asociados con cada uno de los riesgos y se define si existen y si son efectivos; también se define el riesgo residual. La determinación del nivel de criticidad depende asimismo de las distintas posibilidades de utilización práctica que ofrecen los negocios fiduciarios de acuerdo con la finalidad a la que quedan o pueden quedar afectados los bienes fideicomitidos.

Ahora bien, en el proceso de valoración de riesgos, mención especial merece el denominado riesgo operativo, que incluye el riesgo legal y el reputacional. De acuerdo con las instrucciones impartidas por la Superintendencia Financiera en el Capítulo XXIII de la Circular Básica Contable y Financiera[67], por riesgo operativo ha de entenderse la posibilidad de que una sociedad

---

67 Superintendencia Financiera de Colombia. Circular Básica Contable y Financiera (Circular Externa 100 de 1995). Disponible en https://www.superfinanciera.gov.co/inicio/normativa/normativa-general/circular-basica-contable-y-financiera-circular-externa--de---15466

fiduciaria incurra en pérdidas y disminuya el valor de su patrimonio como consecuencia de deficiencias, fallas o inadecuaciones en el recurso humano, los procesos, la tecnología, la infraestructura o por la ocurrencia de acontecimientos externos. A su turno, se entiende por riesgo legal la posibilidad de que una sociedad fiduciaria incurra en pérdidas y disminuya el valor de su patrimonio como consecuencia de

> ser sancionada u obligada a indemnizar daños como resultado del incumplimiento de normas o regulaciones y obligaciones contractuales. [...] El riesgo legal surge también como consecuencia de fallas en los contratos y transacciones, derivadas de actuaciones malintencionadas, negligencia o actos involuntarios que afectan la formalización o ejecución de contratos o transacciones[68].

Por su parte, se entiende por riesgo reputacional la posibilidad de que una sociedad fiduciaria incurra en pérdidas y disminuya el valor de su patrimonio como consecuencia de su "desprestigio, mala imagen, publicidad negativa, cierta o no, respecto de la institución y sus prácticas de negocios, que cause pérdida de clientes, disminución de ingresos o procesos judiciales".

En coherencia con lo hasta aquí expuesto, circunscribiéndose al ámbito de la actividad profesional de las sociedades fiduciarias, se tiene que en todos los casos a estas no solo les asiste el deber general de analizar su responsabilidad y el riesgo implícito que conlleva participar en cualquier negocio fiduciario (llámese fiducia de inversión, fiducia inmobiliaria para el desarrollo de proyectos de construcción, fiducia de garantía, etc.), sino que además están obligadas a diseñar y poner en práctica un marco eficaz para identificar, evaluar, seguir, controlar y mitigar el riesgo operativo inherente a todos los productos fiduciarios que ofrecen al mercado, esto como parte de su aproximación general a la gestión de riesgos. Según las recomendaciones del Comité de Basilea, dicho marco debe partir de una adecuada definición de riesgo operativo que determine sin lugar a equívocos en qué consiste este riesgo en el interior de las sociedades fiduciarias. Adicionalmente, este marco debe abarcar el apetito de las sociedades fiduciarias por el riesgo operativo, así como su tolerancia a este.

En todo caso, una evalución eficiente y adecuada del riesgo operativo identifica y tiene en cuenta tanto factores internos (la estructura de la so-

---

68 *Ibid.*

ciedad fiduciaria, la naturaleza de las actividades constitutivas de su objeto social, la calidad de su capital humano, los cambios organizativos y la rotación del personal) como externos (cambios en el sector fiduciario, avances tecnológicos, etc.) que puedan obstaculizar el logro de los objetivos de la sociedad fiduciaria.

c. Gestión efectiva de los riesgos, que incluye la toma de decisiones sobre su manejo con el fin de evitarlos, controlarlos, mitigarlos, compartirlos o aceptarlos. Para su máxima efectividad, el sistema de administración de riesgos requiere de la existencia de un sistema de control interno destinado a asegurar que cada uno de los riesgos identificados en los distintos procesos de la entidad se encuentran gestionados de manera adecuada, conforme a su política y cultura de riesgos —para lo cual existen unos controles específicos—, y que las políticas, los procesos, sus controles y medidas desarrolladas para la gestión de los riesgos efectivamente se aplican en la práctica. Además, para su máxima efectividad, el sistema de administración de riesgos debe permitir minimizar los costos y daños causados por estos, ello con base en el análisis del contexto estratégico, así como la determinación de métodos para el tratamiento y monitoreo de sus riesgos, con el propósito de prevenir o evitar la materialización de eventos que puedan afectar el normal desarrollo de los procesos y el cumplimiento de los objetivos empresariales, o, en caso de que ello no resulte razonablemente posible, de mitigar su impacto.

d. Monitoreo de los riesgos, entendiendo por tal la evaluación de que las decisiones sobre la asunción de riesgos estén en línea con la política de riesgos aprobada por la junta directiva y con los límites máximos de exposición definidos por esta. La efectividad de los controles establecidos y el seguimiento a los correspondientes planes de acción deben ser objeto de permanente autoevaluación y verificación por parte de la auditoría interna o del órgano que haga sus veces.

e. Reporte periódico a la junta directiva y a la alta gerencia sobre la administración de los riesgos.

Sintetizando lo hasta aquí expuesto, se tiene que el sistema de control interno debe estar diseñado, entre otras cosas, para garantizar la integridad, el cumplimiento y la eficacia del proceso de gestión de riesgos. En este orden de ideas, cada riesgo clave debe tener una política, proceso u otra medida, así como un control para asegurar que dicha política, proceso u otra medida se está aplicando y funciona de la forma esperada. Por consiguiente, antes de ofrecer un producto a un consumidor financiero, se requiere que la sociedad fiduciaria haya efectuado un análisis de los riesgos inherentes al contrato, bien sea mediante la elaboración de una tabla de riesgos o cualquier otro mecanismo que le permita realizar dicho análisis, con miras a

> determinar, entre otros aspectos de interés, los derechos y [las] obligaciones de las partes, la forma como la fiduciaria podrá mitigar los efectos de los eventos adversos que se puedan producir durante la vigencia del contrato, la real capacidad que tiene la fiduciaria de administrar el contrato planteado, etc.[69].

A pesar de lo anterior, el suscrito comparte el criterio de quienes consideran[70] que el tema de los riesgos y de los controles es, en muchas organizaciones empresariales,

> un tema de forma y de colores. El fondo y la razón parecen estar de lado. En algunos casos, parece que solo interesa tener disponibles unas matrices de riesgos para cumplir con requerimientos regulatorios o de otra naturaleza. Los gestores de riesgos pretenden convencer a la Alta Administración y a la Junta Directiva [de] que así, con matrices de riesgos, se gestionan los riesgos relevantes de la organización. La realidad parece indicarnos que gran cantidad de esa información de las matrices es imprecisa, desactualizada y desconocida por los gestores reales de los procesos y de las actividades de control. El enfoque de la gestión de riesgos necesita un revulsivo. Lo mismo, y como una consecuencia previsible, sucede con el sistema de control interno. La identificación de actividades de control relevantes en los procesos requiere mayor acuciosidad y rigurosidad en el diseño apropiado de los mismos (sic) para responder a las estrategias de mitigación de riesgos que sean necesarias. [...] Lo anterior nos lleva a las siguientes consideraciones en relación con la eficiencia del modelo operacional de gestión de riesgos y controles y el nivel de protección que estos sistemas de gestión deben proveer con base en el perfil de riesgo de la entidad: [...] 1. <u>Apetito y tolerancia al riesgo:</u> Más que una declaración filosófica, debe identificarse la capacidad de afrontar ciertos riesgos en la organización, reflexionar sobre hasta dónde queremos llegar con un objetivo, iniciativa o proyecto que implique productos y servicios generadores de ingresos, y establecer cuáles son los escenarios de riesgos máximos, para a partir de ese análisis identificar límites de tolerancia e ir atomizando los efectos de los riesgos que se materializan de manera inevitable. [...] 2. <u>La identificación de riesgos relevantes:</u>

---

69 Carlos Julio Giraldo Bustamante. "La fiducia en Colombia según la justicia arbitral", *Revista de Derecho Privado*, n.º 35, diciembre, Bogotá, Universidad de los Andes, 2005, pp. 81 a 113.

70 *El marco de referencia coso de control interno y el modelo de tres líneas de defensa: el caso de la eficiencia versus la protección en la industria de servicios financieros* puede consultarse en https://iaia.org.ar/marco-referencia-coso-control-interno-modelo-tres-lineas-defensa-c

> La identificación de riesgos nuevos o emergentes, la revisión de riesgos inherentes y ya relevados, debe responder a un proceso más disciplinado que no necesariamente muy extenso. Relevar riesgos a través de técnicas apropiadas, más sistemáticas y probadas se hace menester. Los análisis de causa-raíz, los análisis de causa-efecto, las técnicas de mejora continua o de calidad total, podrían ser utilizadas (sic) para asegurar que identificamos los riesgos que importan. [...] 3. La medición de los riesgos: El uso de herramientas y técnicas estadísticas, indicadores y ratios basados en relaciones de transacciones, importes y saldos que residen en los sistemas y aplicaciones CORE será, por lejos, más confiables (sic) que un ejercicio de relevamiento subjetivo de probabilidad y severidad de los riesgos. [...] 4. El costo de un control: ¿Se ha preguntado cuánto cuesta cada uno de sus controles? Es importante definir si el costo de un control no excede el efecto esperado de un riesgo. Esto sería como ir más allá del obligado ejercicio de análisis de costo-beneficio para justificar una actividad de control. La pregunta que debe hacerse la Alta Administración y la Junta Directiva es si, en su organización, los gestores de riesgos están efectuado este análisis, si en las unidades de procesos y control se cuestiona la justificación de una actividad de control, y si hay una forma de asegurar que se cuentan (sic) con los controles necesarios asociados [con] el nivel de riesgos al que se está respondiendo. En ambientes altamente regulados, como el sector de servicios financieros, suele sobrereaccionarse a la hora de definir y establecer controles. [...] 5. Monitorear riesgos y controles: El monitoreo de riesgos y controles a través de indicadores de riesgos clave (KRI) o indicadores de control clave (KCI) requiere mayor automatización y explotación del maestro de clientes y transacciones de los sistemas y aplicaciones. El seguimiento de estos indicadores, el escalamiento a los dueños de riesgos y controles, las medidas de remediación y la identificación de mejoras continuas y lecciones aprendidas será[n] más efectiva[s], y dejará[n] más espacio para la eficiencia. [...] El desafío para las organizaciones de servicios financieros en materia de control, gobierno y riesgos siempre será exigente. Pero la forma como se enfrente ese reto definirá de qué manera cada organización está en la capacidad de alcanzar sus objetivos de negocios de forma más eficiente. Ir más allá de lo obvio, ayudará a cerrar la brecha entre lo que es eficaz, requerido, eficiente e inteligente.

X. LA RESPONSABILIDAD CONTRACTUAL DEL FIDUCIARIO ES DIRECTA Y SE FUNDAMENTA EN LO DISPUESTO POR EL ARTÍCULO 2341 DEL CÓDIGO CIVIL

La realidad de este proceso organizacional característico de las sociedades fiduciarias que se acaba de reseñar permite reiterar lo dicho en otro lugar de este escrito en el sentido de que el eje de la responsabilidad civil de las sociedades fiduciarias parte del presupuesto de que tienen u ostentan una posición de preeminencia, vale decir, un *dominio profesional* basado en una competencia especial o habilidad técnica lograda por su experiencia y conocimientos en el campo de las operaciones y negocios fiduciarios, dominio que las coloca por encima de los demás. Precisamente, esa posición de preeminencia o de dominio profesional es otro de los factores que hacen que la prestación fiduciaria sea cualificada, tanto más aún si se considera que así lo determina la cada vez mayor complejidad y especialidad que en la práctica suele y puede revestir la finalidad a la que quedan afectados los bienes fideicomitidos, que exige una mayor preparación y conocimientos de parte del fiduciario[71].

Por consiguiente, lo que se exige del fiduciario es una prestación técnicamente correcta, considerando la finalidad a la cual se encuentran afectados los bienes fideicomitidos; es decir, a lo que está obligado el fiduciario es a prestar sus servicios profesionales con la competencia requerida de acuerdo con la finalidad a la que están afectados los bienes fideicomitidos. Esa competencia significa que el fiduciario debe conocer no solo todas las reglas de su oficio (las cuales están conformadas por las disposiciones legales y administrativas que regulan la actividad fiduciaria), sino también los usos y las prácticas particulares imperantes en el sector de la economía en que desarrolle sus actividades, pues tales conocimientos, sin duda alguna, habrán de permitirle prever y controlar los riesgos a que se ve expuesto en la celebración y ejecución de los negocios fiduciarios constitutivos de su objeto social. Si no es así, si no domina la técnica, será, por el contrario, su juguete, lo que constituye culpa que desencadenará su responsabilidad[72], de manera que no es necesario para el efecto realizar un juicio de reproche culpabilístico

---

71 Los criterios que anteceden se erigen en pilares para determinar la licitud o ilicitud del comportamiento del fiduciario, al tiempo que su aplicación posibilita concretar cuál es la medida de la buena fe que permite a las partes que concurren a la celebración de un negocio fiduciario confiar recíprocamente y, por lo mismo, contratar en el contexto propio de la contratación por adhesión a condiciones generales. Si el fiduciario incurre en negligencia en el cumplimiento de su actividad profesional de gestión de negocios ajenos, debe indemnizar el daño causado con su conducta. El fiduciario se encuentra sometido a dicha responsabilidad si no proporciona los medios y cuidados adecuados en consonancia con el estado de su profesión. Por consiguiente, la configuración de la responsabilidad civil del fiduciario no se agota con la simple constatación de la realización de una conducta negligente en relación con su *lex artis*, habida cuenta de que toda la actuación del fiduciario dirigida a la consecución de la finalidad a la que se encuentran afectados los bienes fideicomitidos ha debido estar presidida por los principios de buena fe y corrección.

72 Laudo arbitral del 8 de junio de 1999, cit.

a una persona determinada o a varias de ellas como generadora(s) del daño, sino que lo que en realidad importa es que el perjuicio se origine en deficiencias, fallas o inadecuaciones en el sistema de control interno y, de manera particular, en el sistema de control de los riesgos adoptado por el ente colectivo. Es decir, al momento de establecer el concepto de pericia o diligencia, es preciso considerar que la responsabilidad que asume el fiduciario por la culpa de sus auxiliares y dependientes en el cumplimiento de la gestión encomendada debe entenderse en el más amplio sentido, esto es, comprensivo no solo del deber de prestación fiduciaria propiamente dicho, sino también de las obligaciones preparatorias y de protección o conservación de los bienes fideicomitidos de cara al cumplimiento de la finalidad a la cual se encuentran afectados.

Por consiguiente, no se trata de ver si los recursos humanos con que cuenta el fiduciario le permiten, en el caso concreto, evitar el daño derivado de la no consecución de la finalidad a la que quedan afectados los bienes fideicomitidos, sino de definir la conducta del fiduciario como diligente o negligente de acuerdo con un parámetro objetivo preestablecido. Este parámetro objetivo debe adecuarse tomando en consideración la naturaleza de orden público que implica el desarrollo de la actividad fiduciaria en la que se actúa en calidad de fiduciario y teniendo en cuenta la finalidad a la que se encuentran afectados los bienes fideicomitidos, por ende, es más elevado cuanto más se comprometa la confianza del público en el sistema financiero.

En otras palabras, la naturaleza de orden público que conlleva el desarrollo de la actividad fiduciaria cuando se actúa en calidad de fiduciario y la consideración de la finalidad a la cual se encuentran afectados los bienes fideicomitidos en el juicio valorativo de la exactitud de la diligencia-pericia prestada implican variar el criterio mensurador de la culpa del fiduciario: lo hacen extensivo aun a la culpa levísima, pues el asumir la obligación como experto —esto es, asumir la pericia— no es más que un criterio de agravación de la responsabilidad que eleva la culpa prestable al grado de levísima, teniendo en cuenta las circunstancias en que debe darse el cumplimiento de dicha finalidad.

En coherencia con lo hasta aquí expuesto, se tiene entonces que el fiduciario que acepta un encargo cuyo cumplimiento no está en condiciones de asumir responderá frente al beneficiario y al fideicomitente cuando la no consecución de la finalidad a la que estaban afectados los bienes fideicomitidos tenga su causa en la falta de calificación de aquel para esa concreta gestión o en su falta de experiencia. El fundamento de esta responsabilidad civil del fiduciario radica en la consideración de la empresa de la que este es titular como una unidad económica y jurídica expuesta al riesgo de las actividades constitutivas de su objeto social, objetivamente comprometida con el correcto desempeño de sus funciones de gestión de negocios ajenos. De la empresa forman parte integrante el sistema de control interno y de gestión de riesgos; y de este sistema de control interno, los auxiliares o dependientes, los procesos, la tecnología y la infraestructura son piezas o elementos.

En este orden de ideas, en el marco del sistema de imputación de responsabilidad por culpa, se trata de una responsabilidad que no es subsidiaria, sino directa y autónoma, amén de que tiene su fundamento normativo en lo dispuesto por el artículo 2341 del Código Civil. Esto significa, entonces, que no se hará responder al fiduciario por los daños producidos bajo su esfera de control que no hayan sido previsibles ni evitables; este presupuesto lo diferencia de los sistemas objetivos u objetivados de responsabilidad. Si así no fuera, el beneficiario quedaría en una situacón de inferioridad y tan aberrante que tendría que demostrar siempre no solo el hecho material del incumplimiento, sino la culpa del fiduciario. Ni la interpretación de las normas de las leyes 1328 de 2009 y 1480 de 2011, ni la de las instrucciones impartidas por la Superintendencia Financiera en materia de control interno y de riesgo operativo permiten semejante postura, y ni la docrina ni la jurisprudencia la pueden consentir.

Sobre este particular, la Corte Constitucional, mediante la Sentencia T-909 de 2011[73], expresó que las personas jurídicas

> deben responder por los perjuicios resultantes de los actos cometidos por los subalternos, cualquiera que sea el vínculo jurídico que cree esta subordinación, siempre y cuando ellos actúen en ejercicio de las funciones encomendadas por la persona jurídica, o con motivo de las mismas (sic). Porque allí 'no se le llama a responder por los actos de sus dependientes, sino de las consecuencias de sus propios actos'.

---

73 Corte Constitucional. Sentencia T-909 de 2011. Exp. T-3102855, M. P.: Juan Carlos Henao Pérez.

En el mismo sentido se pronunció la Corte Suprema de Justicia en la Sentencia SC13630-2015 del 7 de octubre de 2015[74]:

> [L]os entes morales responden directamente por los actos culposos y dolosos de sus agentes que causan un daño resarcible a terceros en razón y con ocasión de sus funciones o prevalidos de la posición que ocupan en la organización. De ahí que resulte absolutamente innecesario tratar de demostrar que la persona jurídica demandada tenía o no el deber de vigilancia y control sobre el sacerdote, pues tratándose, como se trata, de un tipo de responsabilidad directa, no se requiere en absoluto la prueba de tal situación fáctica [...] Hay que destacar, sin embargo, que los entes morales no responden civilmente por cualquier tipo de daño cometido por sus agentes, sino, exclusivamente, de los que estos realizan en razón o con ocasión de sus funciones, o prevalidos de tal condición; es decir, cuando causan una lesión a terceros dentro del ejercicio normal de las tareas que deben cumplir dentro de la organización, o cuando abusan o incumplen la labor que están llamados a desempeñar. [...] En ese orden, para endilgar responsabilidad civil a la persona jurídica el demandante debe probar la existencia del daño; que este fue cometido por un agente de aquella en razón o con ocasión de sus funciones, o prevalido de su condición dentro de la organización; y la culpa o el dolo del infractor. En tanto que el ente moral solo se exime de responsabilidad si demuestra que el hecho lesivo no existió; que no fue cometido por uno de sus agentes, sino que se debió a fuerza mayor, caso fortuito, o culpa exclusiva de la víctima; que no se produjo ningún daño; o que no fue realizado en razón o con ocasión de la función.

Pronunciamiento similar al anterior se encuentra en la Sentencia SC-13925-2016[75]. En esta oportunidad, dijo la Corte:

> La responsabilidad directa de las personas jurídicas no se deduce únicamente de la valoración de la conducta de los individuos de la especie humana que las conforman (aunque tales conductas suelen tenerse en cuenta); ni mucho menos se puede inferir a partir de una disminución de las exigencias probatorias en sede procesal, pues tales respuestas no resuelven el problema en su real dimensión y, de hecho, ni siquiera alcanzan a plantearlo de manera satisfactoria.

---

74 Corte Suprema de Justicia. Sala de Casación Civil. Sentencia SC13630-2015 del 7 de octubre de 2015, Rad. 73411-31-03-001-2009-00042-01, M. P.: Ariel Salazar Ramírez.

75 Corte Suprema de Justicia. Sentencia SC-13925-2016 del 30 de septiembre de 2016. (Aprobado en sesión de 24 de agosto de 2016), cit.

Todas estas tesis jurisprudenciales se sustentan, a su vez, en la Sentencia del 29 de abril de 1993 proferida por la Corte Suprema de Justicia,[76] en la

---

76 Corte Suprema de Justicia. Sala de Casación Civil. Sentencia del 29 de abril de 1993. M. P.: Alberto Ospina Botero. En este mismo sentido, ver Corte Suprema de Justicia, Sala de Casación Civil. Sentencia SC13630-2015 del 7 de octubre de 2015, Rad. 73411-31-03-001-2009-00042-01, M. P.: Ariel Salazar Ramírez. Se expresó así la Corte: «En punto a la responsabilidad extracontractual, la corriente doctrinal que desde hace varias décadas acogió esta Corte se funda en el principio cardinal de que todo daño imputable a culpa de una persona debe ser reparado por esta, así como en la concepción según la cual quien ha padecido un daño está en el derecho a ser indemnizado. [...] De esta responsabilidad no han estado exentas las personas jurídicas o entes morales, frente a quienes en un principio se concibió que podían responder civilmente, de manera indirecta, con apoyo en los conceptos de culpa 'in eligendo' e 'in vigilando'; pues se estimaba que era la mala elección o la falta de vigilancia lo que permitía proyectar sobre la persona moral el daño que, por negligencia u otro factor de culpabilidad, causaran sus dependientes o aquellos que le estuvieren subordinados. [...] Con fundamento en los postulados de la responsabilidad indirecta consagrada en los artículos 2347 y 2349 del Código Civil, se entendía que no era propiamente la persona jurídica quien actuaba[,] sino sus empleados. El ente moral, en consecuencia, podía desvirtuar la presunción de culpa si demostraba que el agente causante del daño no estaba bajo su vigilancia y cuidado, o si[,] a pesar de la autoridad y [d]el cuidado que su calidad les confería, no habría podido impedir el hecho dañoso. [...] De igual modo, si la víctima del daño reclamaba la indemnización contra la persona moral, esta, a su vez, estaba en el derecho de repetir contra el autor del hecho culposo por efectos de la solidaridad, por lo que las acciones prescribían —como consecuencia de esta teoría— en plazos diferentes según fuera el sujeto pasivo de la acción indemnizatoria. [...] Esta doctrina, que se situaba en el terreno de la responsabilidad por el hecho ajeno[,] perdió actualidad al considerar la Corte que[,] "en tratándose de la responsabilidad civil extracontractual de personas jurídicas (...), no existe realmente la debilidad de autoridad o la ausencia de vigilancia o cuidado que figura indefectiblemente como elemento constitucional de la responsabilidad por el hecho ajeno, ya que la calidad de ficticias que a ellas corresponde no permite en verdad establecer la dualidad personal entre la entidad misma y su representante legal que se confunden en la actividad de la gestión". (G. J. I. XLVIII, 656/57) [...] Una vez revaluada la teoría de la responsabilidad indirecta de los entes morales, se dio paso a la doctrina de la responsabilidad directa; desplazándose en tal forma de los artículos 2347 y 2349 al campo del 2341 del Código Civil. En relación con esta clase de responsabilidad, nació por obra de la jurisprudencia la tesis llamada 'organicista', que se explicaba diciendo que la persona jurídica incurría en responsabilidad directa cuando los actos culposos se debían a sus órganos directivos —directores o ejecutores de su voluntad—, y en responsabilidad indirecta en los restantes eventos. [...] Sin embargo, esta caracterización de la responsabilidad a partir de la función que el agente del daño desempeña en una organización (dependiendo de si es directivo o subalterno) carece de un sustento lógico y jurídico suficiente para fundamentar una teoría de la responsabilidad civil extracontractual y, al mismo tiempo, se muestra demasiado artificiosa e inequitativa. [...] No existe un motivo razonable para variar la posición de la entidad jurídica frente a los actos lesivos de quienes ejecutan sus funciones por el simple hecho de que estos desempeñen labores de dirección o de subordinación, puesto que al fin de cuentas todos ellos cooperan al logro de los objetivos de la persona moral, independientemente de las calidades u oficios que realicen. [...] A diferencia de las personas naturales, que poseen entendimiento, voluntad propia y autoconciencia, los entes jurídicos no obran por sí mismos[,] sino a través de sus agentes, por lo que los actos culposos y lesivos que estos cometen

que la Corte efectuó un análisis acerca de la evolución jurisprudencial de la responsabilidad civil de las personas jurídicas, especialmente en materia extracontractual. Al respecto, señaló lo siguiente:

> '*Desde el siglo pasado hasta el momento actual, y en lo que toca con (sic) la responsabilidad aquiliana de las personas morales de derecho privado o de derecho público, fácilmente se advierte[n] en la evolución de la jurisprudencia de la Corte varios períodos, que la misma corporación ha concretado a tres, perfectamente distinguibles y que pueden compendiarse así:*
>
> *a) Con estribo en los criterios conocidos por la doctrina de "culpa in eligendo" y de culpa "in vigilando", o sea, por mala elección o por la falta de vigilancia de la persona jurídica, esta comprometía su responsabilidad en forma indirecta, por culpa de sus agentes o de sus subordinados, de conformidad con lo que preceptúan los artículos 2347 y 2349 del Código Civil;*

---

en el desempeño de sus cargos obligan directamente a la organización a la que pertenecen, con apoyo en el artículo 2341 del Código Civil, sin importar si se trata de funcionarios de dirección o de operarios. [...] Fue así como[,] a partir de la Sentencia de 30 de junio de 1962 (G. J. t, XCIC), ratificada en fallos posteriores, se recogió esa corriente jurisprudencial, al entender la Corte que la responsabilidad extracontractual de las personas jurídicas es directa, cualquiera que sea la posición de sus agentes productores del daño dentro de la organización. En concreto sostuvo: "[...] Al amparo de la doctrina de la responsabilidad directa que por su vigor jurídico la Corte conserva y reitera hoy, procede afirmar[,] pues, que[,] cuando se demanda a una persona moral para el pago de los perjuicios ocasionados por el hecho culposo de sus subalternos, ejecutado en ejercicio de sus funciones o con ocasión de estas, no se demanda al ente jurídico como tercero obligado a responder de los actos de sus dependientes, sino a él como directamente responsable del daño. [...] Tratándose[,] pues, en tal supuesto, de una responsabilidad directa[,] y no indirecta, lo pertinente es hacer actuar en el caso litigado, para darle la debida solución, la preceptiva legal contenida en el artículo 2341 del Código Civil y no la descrita en los textos 2347 y 2349 *ejusdem*". (Sentencia de Casación Civil de 17 de abril de 1975) [...] La circunstancia de que las personas jurídicas incurran en responsabilidad civil directa favorece a las víctimas del perjuicio, puesto que no solo se amplía el término de la prescripción de la acción (art. 2358)[,] sino que se atenúa la carga probatoria con relación a los requisitos de la responsabilidad por el hecho ajeno, dado que —a diferencia de lo que acontece en esta última— al demandante no se le exige demostrar la relación de dependencia o subordinación del autor del daño respecto del ente moral ni el deber de vigilancia de este frente a aquel. [...] En el mismo orden argumentativo, el demandado en este tipo de acción no se exime de culpa si demuestra que el agente causante del daño no estaba bajo su vigilancia y cuidado, o si a pesar de la autoridad y [d]el cuidado que su calidad les confiere no habría podido impedir el hecho dañoso, pues estas situaciones son irrelevantes en tratándose de la responsabilidad directa de los entes morales. De ahí que en esta última "la entidad moral se redime de la carga de resarcir el daño, probando el caso fortuito, el hecho de tercero o la culpa exclusiva de la víctima". (Sentencia de Casación de 28 de octubre de 1975)».

b) La doctrina precedente resultó modificada posteriormente, mediante fallo de la Corte de 21 de agosto de 1939, puesto que de la responsabilidad indirecta que se venía sosteniendo respecto de las personas jurídicas, se desplazó parcialmente a la responsabilidad directa. Este segundo período lo explica la Corte en sentencia de 28 de octubre de 1975, en los términos siguientes:

'El citado fallo (21 de agosto de 1939) dijo en efecto la Corte que la teoría basada en la "culpa in eligendo" ha situado esta especie de responsabilidad del Estado por causa de funcionamiento de servicios públicos en el campo de la responsabilidad por el hecho ajeno; pero en realidad esta forma de responsabilidad por otro que se presenta en los casos determinados en la ley cuando una persona que está bajo la dependencia o cuidado de otra ocasiona un daño a un tercero, que no pudo impedir el responsable con la autoridad y cuidado que su respectiva calidad le confiere y prescribe (artículo 2347, 2348 y 2349 C. C.), no es la que corresponde exactamente en tratándose (sic) de la responsabilidad civil extracontractual de las personas jurídicas de derecho público, porque en estos casos no existe realmente la debilidad de autoridad o la ausencia de vigilancia y cuidado (...)'.

'Y consistió la segunda modalidad de la responsabilidad directa, aplicable exclusivamente a las personas jurídicas de derecho público, en la tesis conocida con la expresión 'fallas del servicio'".

c) La Corte en sentencia de la Sala en Casación Civil de 30 de junio de 1962 [G.J, T, XCIX, págs. 87 a 100 y 651 a 658] revaluó los criterios doctrinales sentados a partir de 1939, en los términos siguientes:

'Tales consideraciones han llevado a revaluar las antedichas tesis y a preferir, como consecuencia, la directa, en el ámbito de las personas jurídicas privadas, partiendo de la presencia del factor culpa de las misma (sic), como repercusión del hecho de sus agentes; y en el campo de la administración, la de las 'fallas del servicio' (...)'.

Y, como lo dijo de modo más reciente la misma Corte Suprema de Justicia, esta responsabilidad se produce no como responsabilidad "refleja" por los daños provenientes de los hechos de quienes "estuvieren a su cuidado", sino producto de que "*en línea de principio, respecto de entes jurídicos, (...) acorde con el estado actual de la jurisprudencia, estos se gobiernan por la responsabilidad directa, en cuanto se considera que las acciones u omisiones de sus agentes, cuando obran en ejercicio o con ocasión de sus funciones, son atribuibles, con las consecuencias inherentes, a la persona jurídica misma*".

Esta responsabilidad se encuentra además justificada, por lo que se dijo en otra decisión de 1993. En tanto "*simple abstracción jurídica que es, el ser moral debe precisamente actuar con el obligado concurso de personas físicas a quienes una norma superior (... los estatutos y reglamentos), les señala las particulares funciones que deben cumplir*

> *y sin cuyo ejercicio no podría llenar aquel los fines para los que se le creó. Estos agentes cualquiera que sea su denominación y jerarquía, al accionar sus funciones, pierden la individualidad que en otras condiciones tendrían; sus actos se predican realizados por la persona moral, y directa de esta es la responsabilidad que en dichos actos se origine*". (Resaltado fuera del texto).

Ahora bien, es un error creer que la responsabilidad directa de los entes morales es teóricamente injustificable, por cuanto el problema de la culpa directa de la persona jurídica en la producción de los daños ocasionados en despliegue de su función o con ocasión de ella no ha sido resuelto de manera satisfactoria. A este respecto, la Corte Suprema de Justicia, en la citada Sentencia SC-13925-2016[77], expresó:

> Las dificultades para explicar y probar la responsabilidad directa de las personas jurídicas surgen del prejuicio de concebirlas como entes *semejantes* a los organismos psíquicos o humanos, pasando por alto que los sistemas supraindividuales tienen una estructura, organización, fines y procesos de acción y comunicación completamente distintos a los de sus elementos humanos.
>
> El mayor impedimento para entender la culpa directa de los entes colectivos por los daños que ocasionan sus procesos organizacionales radica en un obstáculo epistemológico y no en una imposibilidad teórico–práctica. El obstáculo consiste, como ya se demostró, en creer que la culpabilidad civil se origina en la libertad como voluntariedad, autoconciencia o moralidad, lo cual no es más que un rezago de la doctrina teológica del libre albedrío que presupone la consciencia del obrar, extraña por completo al derecho de la responsabilidad civil extracontractual.
>
> De manera incomprensible, se ha partido de la idea de voluntariedad para explicar una culpa que no es en modo alguno voluntaria, aunque requiera un mínimo de volición o capacidad para identificar patrones de comportamiento coordinados a fin de evitar producir daños, lo que implica una racionalidad que no es exclusiva de los seres humanos.

Por lo demás, en la medida en que se está en presencia de una responsabilidad directa, el fiduciario no se exonera de responsabilidad demostrando que el agente causante del daño no se encontraba bajo su vigilancia y cuidado, o

---

77 Corte Suprema de Justicia. Sentencia SC-13925-2016 del 30 de septiembre de 2016. (Aprobado en sesión de 24 de agosto de 2016), cit.

que a pesar de la autoridad y del cuidado que su calidad le confiere no habría podido impedir el hecho dañoso. En esta materia solo son admisibles como causales de exoneración de responsabilidad el caso fortuito, la fuerza mayor, el hecho de un terecero o la culpa exclusiva de la víctima.

En todo caso, como quiera que el fiduciario pretende que sea el fideicomitente —y, en su defecto, el beneficiario— quien asuma los riesgos a los que está expuesta la consecución de la finalidad a la que quedarían afectados los bienes fideicomitidos, entonces previamente al ofrecimiento al público de determinado producto fiduciario, las sociedades fiduciarias están obligadas no solo a analizar los riesgos inherentes a dicho producto con miras a determinar si se encuentran o no en condiciones de prestarlo, sino que también lo están a informar, con antelación a la celebración del respectivo negocio fiduciario, acerca de los riesgos a los que está expuesta dicha finalidad, a alertar sobre las dificultades o los fracasos y, en su caso, a exigir la aceptación expresa del fideicomitente. De esta manera, el fiduciario no puede silenciar dificultades ni dudas relativas a su obligación de hacer, tampoco, como es obvio, puede limitarse a decir "que todo andará bien" para luego, ante la no consecución de la finalidad a la que se encontraban afectados los bienes fideicomitidos alegar en su defensa que "hizo todo lo posible". Semejante conducta no coincide con la buena fe que debe presidir en esta especial modalidad de contratación mercantil. Y de allí las alternativas[78]. Es claro que, frente a la no consecución de la finalidad a la que se encontraban afectados los bienes fideicomitidos, el fiduciario no puede acudir al expediente "de los medios", que solo promete, sino que debe proporcionar la prueba de la calidad del servicio: esto es, le corresponderá cargar con la prueba "del buen servicio" o de la "mejor praxis", prueba que no le será difícil aportar si así ha actuado.

Nótese entonces que buena parte de la obligación de información que pesa sobre las sociedades fiduciarias con respecto a los consumidores financieros, de manera particular en la etapa precontractual, apunta precisamente a dar noticia detallada de los riesgos, tal y como se desprende de una recta inteligencia de lo dispuesto en la letra a) del artículo 3.º y en la letra b) del artículo 7.º (entre otros) de la Ley 1328 de 2009 en armonía con el inciso 2.º del artículo 7.º de la Ley 1480 de 2011.

---

78 Jorge Mosset Iturraspe. *Responsabilidad por daños*, t. viii, *Responsabilidad de los profesionales*, cit., p. 66.

A este respecto, en el Laudo arbitral del 31 de marzo de 2000, que resolvió las controversias entre el entonces Inurbe y Fidugán (hoy Fiduciaria BBVA), los árbitros expresaron lo siguiente:

> Así pues, al fiduciario no le es dado desconocer, ni mucho menos contravenir, las instrucciones que le haya impartido el constituyente de la fiducia de inversión. Pero sí le es dado, y además forma parte integrante de su deber profesional, hacer acopio de toda la información a su alcance, de modo de poder (sic) suministrarle a su cliente la ilustración más completa posible, para que la decisión final de este resulte la más apropiada. Y también le es dado, y así mismo forma parte de su deber profesional, asesorarlo sobre la inversión proyectada, poniéndole de presente todas las razones que su pericia le indique, a fin de que el constituyente pueda contar con todos los elementos de juicio que requiere. [...] ¿Qué decir, entonces, de la actitud de la fiduciaria en el caso de autos? ¿Qué decir del hecho de que jamás hubiera advertido a su cliente sobre los evidentes riesgos que implicaban las inversiones temporales que él le encomendó? ¿Qué decir de que, sabiendo, como sabía o como tenía que saber, que las inversiones que entonces venían haciéndose en cooperativas conllevaban muy serios peligros que había que manejar con redoblada prudencia, hubiera guardado absoluto silencio cuando recibió la instrucción de invertir en ellas? ¿Qué decir del contraste entre su indolencia y el comportamiento de otras fiduciarias que, en iguales circunstancias, sí alertaron a sus clientes, e inclusive hasta se negaron a realizar inversiones semejantes? ¿Y qué decir, finalmente, de que nada le hubiera dicho Fidugán al Inurbe acerca de que la cooperativa Cooservir tenía ya vencida la autorización indispensable para el ejercicio de la actividad financiera, y que la cooperativa Conalcrédito jamás había contado con tal autorización? [...] Evidentemente, esa conducta pasiva de la fiduciaria comportó un incumplimiento de sus obligaciones contractuales, que, por otro lado, este tribunal no puede dejar de reprochar severamente [...][79].

A pesar de lo anterior, lo cierto es que aquí puede hablarse también de reglas de mercado y de asunción del riesgo por el fideicomitente o el beneficiario, según el caso. Al contratar los servicios de un fiduciario, el fideicomitente debe sopesar si a quien contrató alcanza el grado de experiencia o pericia necesario para cumplir con la finalidad a la que quedarán afectados los bienes fideicomitidos, o bien si la comisión fiduciaria compensa la insuficiente experiencia o pericia del fiduciario, por lo que también asumirá el riesgo de un resultado desfavorable por tal causa.

---

79 Laudo arbitral del 31 de marzo de 2000, que resolvió las controversias entre el Instituto Nacional de Vivienda de Interés Social y Reforma Urbana (Inurbe) y Fiduciaria Ganadera S. A. (Fidugán).

CAPÍTULO SEXTO
ASPECTOS CONCRETOS DE LA RESPONSABILIDAD CONTRACTUAL DEL FIDUCIARIO

I. PLANTEAMIENTO INTRODUCTORIO

Antes que nada, hay que empezar por recordar que ni en el Código Civil colombiano ni en el Código de Comercio existe un régimen o sistema de responsabilidad civil por incumplimiento de las obligaciones derivadas de la celebración de un contrato, en general, y, en particular, de la celebración de negocios fiduciarios traslaticios y no traslaticios de dominio. Simplemente, en el Título XII del Libro Cuarto del Código Civil[1] se consagran unas normas reguladoras de la indemnización tanto del daño emergente como del lucro cesante originados en el incumplimiento de una obligación contractual. Así las cosas, gracias a la jurisprudencia se ha logrado estructurar un sistema de responsabilidad contractual a partir de los supuestos establecidos por las normas que regulan la responsabilidad extracontractual.

A este respecto, la Corte Constitucional, mediante la Sentencia C-1008 de 2010[2], expresó que la responsabilidad contractual

> ha sido definida por la doctrina especializada como aquella que resulta de la inejecución o ejecución imperfecta o tardía de una obligación estipulada en un contrato válido. De este modo, el concepto de responsabilidad civil contractual se ubica en el contexto de un derecho de crédito de orden privado, que solo obra en un campo exclusivo y limitado, vale decir, entre las partes del contrato y únicamente respecto de los perjuicios nacidos de ese negocio jurídico. En tanto que la responsabilidad civil extracontractual, también denominada delictual o aquiliana, es aquella que no tiene origen en un incumplimiento obligacional, sino en un *"hecho jurídico"*, ya se trate de un delito o de un ilícito de carácter civil.

---

1 Congreso de los Estados Unidos de Colombia. Ley 84 de 1887. Código Civil de la Unión (Código Civil colombiano). *D. O.* 2867 del 31 de mayo de 1887. Disponible en http://www.secretariasenado.gov.co/senado/basedoc/codigo_civil.html

2 Corte Constitucional. Sentencia C-1008 de 2010, Exp. D-8146, M. P.: Luis Ernesto Vargas Silva.

II. FINALIDAD DEL RÉGIMEN DE LA RESPONSABILIDAD

Los juristas romanos incluyeron "entre las tres grandes máximas reguladoras del comportamiento" el no causar daño, "al lado del vivir honesto y dar a cada uno lo suyo". Por consiguiente, "la sanción jurídica de la conducta lesiva responde a una elemental exigencia ética y constituye una constante histórica. Del principio señalado se desprende que el autor del daño debe reparar los perjuicios causados"[3].

Al decir de la Corte Suprema de Justicia[4], la responsabilidad civil se fundamenta en lo que se ha denominado la eterna búsqueda de justicia, equidad y solidaridad para restablecer el equilibrio alterado con la vulneración de la esfera jurídica protegida por la norma, al tiempo que se concibe como la obligación de reparar, resarcir o indemnizar un daño causado de manera injusta. Entonces, y por este aspecto:

> La responsabilidad civil [...] plantea la necesidad del traslado total o parcial de las consecuencias del quebranto padecido por la víctima a otra persona, en orden al retorno de aquella a su situación anterior, específicamente de ser factible y de no en dinero, dentro de un criterio social de justicia y solidaridad, con determinación

---

3 José Luis Díaz Echegaray. *Deberes y responsabilidad de los administradores de sociedades de capital*, Navarra, Aranzadi, 2006, p. 199. En este mismo sentido, Fernando Reglero Campos enseña que "un sujeto es responsable cuando incumple un deber o una obligación o cuando causa un daño, pero siempre que el incumplimiento o el daño le sea imputable. Desde esta perspectiva, la responsabilidad descansa sobre un determinado título de imputación". (Luis Fernando Reglero Campos. "Conceptos generales y elementos de delimitación", en *Lecciones de responsabilidad civil*, Natalia Álvarez Lata y Luis Fernando Reglero Campos (coords.), Barcelona, Thomson Reuters Aranzadi, 2002, p. 34).

4 Corte Suprema de Justicia. Sala de Casación Civil. Sentencia del 4 de abril de 1968, M. P.: Fernando Hinestrosa Forero. En este mismo sentido, Paulina Vélez Posada expresa que "la responsabilidad civil busca en lo posible dejar indemne a la persona a quien se le ha causado un daño injusto y proporcionarle los medios jurídicos necesarios para obtener una reparación o una compensación. No se busca enriquecer al afectado, sino repararlo únicamente en la medida de su daño, y no castigar al causante, sino imponerle la obligación de reparar el daño causado. Nadie tiene el deber de soportar los daños producidos por otro, y por ello debe ser compensado [...] Esta función también se denomina reintegradora, teniendo en cuenta que lo que se busca es, en la medida de lo posible, llevar a la víctima al mismo estado en que estaba antes de haber sufrido el daño. Se refleja en el sistema en la medida en que la reparación se da de acuerdo con la gravedad del daño causado, no de la conducta ni de la imputabilidad". (Paulina Vélez Posada. "La responsabilidad civil contractual y extracontractual: el seguro como criterio de imputación", tesis de maestría, Madrid, Universidad Complutense de Madrid, 2012, p. 6).

de quién ha de sufrir las consecuencias adversas que derivan del acontecimiento o cómo ha de distribuirse su resultado, sin que se proponga ya la indemnización como medida represiva de un comportamiento incorrecto o prohibido por el derecho. Así, la responsabilidad emerge de un daño, o sea[,] de la lesión de un interés jurídicamente protegido, que de este modo adquiere una determinada relevancia, en cuanto su desmedro otorga al titular la pretensión indemnizatoria.

En la responsabilidad contractual, la indemnización

> puede equivaler a la ejecución forzada del interés esperado por el acreedor —cumplimiento por equivalencia— y, además, de manera conjunta o autónoma, al valor de los daños causados a otros bienes o a la persona del acreedor —indemnización de los perjuicios—. Ambas funciones conforman la responsabilidad contractual. La indemnización constituye una ejecución por equivalencia, pero al mismo tiempo puede corresponder a un medio de reparación de los perjuicios causados al acreedor producto de la inejecución. En caso de incumplimiento, si la ejecución forzada es imposible, el acreedor tiene derecho a un cumplimiento por equivalencia. Es decir, le corresponde el beneficio que habría obtenido de haberse satisfecho la ejecución de la obligación de manera oportuna, íntegra y efectiva. Así debe entenderse la responsabilidad contractual, la cual no se restringe al simple valor de la prestación debida o [a] una suma de dinero representativa del cumplimiento de la prestación, sino que debe indemnizarse el perjuicio causado al acredor que exceda a la obligación incumplida[5].

Esta doble función de la responsabilidad contractual no admite dudas en el ordenamiento jurídico colombiano. De hecho, en la actualidad, la jurisprudencia admite que la indemnización no se puede reducir a los daños materiales, sino que comprende también la reparación del daño moral por incumplimiento contractual. Así lo reconoció la Corte Suprema de Justicia en la Sentencia SC10297-2014 del 5 de agosto de 2014[6] al señalar que, si bien es cierto que el Código Civil no menciona de modo expreso la indemnización del daño extrapatrimonial, no es menos cierto que

> tampoco existe en ese cuerpo normativo ni en ninguna otra disposición una prohibición al respecto y, por el contrario, sí pueden encontrarse varios pre-

---

5 Carlos Pizarro Wilson. "Panorama de la responsabilidad contractual en el derecho chileno", en https://www.u-cursos.cl/derecho/2010/2/D122D0645/3/material_docente/bajar

6 Corte Suprema de Justicia. Sala de Casación Civil. Sentencia SC10297-2014 del 5 de agosto de 2014, Rad. 11001310300320030066001, M. P.: Ariel Salazar Ramírez.

ceptos a partir de los cuales se logra inferir la posibilidad de su reconocimiento. [...] A partir de una interpretación sistemática del artículo 1613 del Código Civil, este no puede seguir siendo entendido como un obstáculo para el reconocimiento del perjuicio extrapatrimonial derivado del incumplimiento de un contrato, dado que ese precepto no tiene un alcance restrictivo en materia de indemnización y, por el contrario, solo cumple una función de orientación para establecer la condena por el daño patrimonial, lo que no significa que solo esta clase de perjuicio tiene relevancia en el ámbito de las convenciones. [...] Es más, el artículo 1615 señala que "se debe la indemnización de perjuicios desde que el deudor se ha constituido en mora", sin limitar el resarcimiento a los daños patrimoniales; lo que de todas maneras no resultaría posible porque el artículo 16 de la Ley 446 de 1998 señala que "dentro de cualquier proceso que se surta ante la Administración de Justicia, la valoración de daños irrogados a las personas y a las cosas, atenderá los principios de reparación integral y equidad y observará los criterios técnicos actuariales"; sin que la citada disposición introduzca diferencias en la indemnización en razón de la fuente que dio origen al perjuicio. (Se subraya) [...] Ello significa que el juez tendrá que ordenar al responsable del daño la reparación plena del mismo (sic), que en materia contractual se traduce en el deber de colocar al deudor en la misma situación en que se habría hallado si el convenio se hubiera cumplido a cabalidad, lo cual supone restablecer tanto las condiciones económicas como las personalísimas que resulten afectadas con el incumplimiento. [...] En nuestra legislación mercantil, el artículo 1006 del Código de Comercio consagra la indemnización del daño extrapatrimonial por incumplimiento del contrato de transporte: "Los herederos del pasajero fallecido a consecuencia de un accidente que ocurra durante la ejecución del contrato de transporte, no podrán ejercitar acumulativamente la acción contractual transmitida por su causante y la extracontractual derivada del perjuicio que personalmente les haya inferido su muerte; pero podrán intentarlas separada o sucesivamente. En uno y otro caso, si se demuestra, habrá lugar a la indemnización del daño moral". (Se resalta) [...] A su vez, la jurisprudencia nacional ha reconocido tácitamente que no es el carácter contractual o extracontractual de la obligación lo que hace posible la reparación del perjuicio extrapatrimonial, tal como ha quedado plasmado en las condenas por responsabilidad derivada del incumplimiento del contrato de prestación de servicios médicos. (Sentencias de 12 de julio de 1994, G.J. t. CCXXXI, n.º 2470, pág. 49; 5 de octubre de 2004, Exp.: 6191; 17 de noviembre de 2011. Exp.: 1999-0053-01, entre otras) [...] De manera que no es la fuente de la que emana la responsabilidad (contractual o extracontractual) el criterio que permite otorgar el pago de la indemnización integral del perjuicio, dado que no existe una necesaria correlación entre la patrimonialidad de la prestación y la naturaleza del daño. [...] Por el contrario, es la comprobación de un daño a la persona lo que da lugar al resarcimiento no patrimonial, con independencia de si tuvo o no su origen en un convenio que en principio pudo perseguir un beneficio netamente económico. [...] "Con estos lineamientos —tiene dicho esta Sala— la naturaleza

> patrimonial o no patrimonial del interés afectado, no determina de suyo la naturaleza del daño, 'porque consecuencias de naturaleza económica, y por lo tanto un daño patrimonial puede derivar, tanto de la lesión de un bien patrimonial, cuanto de la lesión de un bien de naturaleza no patrimonial (...)'". (Sent. de 18 de septiembre de 2009) [...] Por estas razones, nada se opone a que un incumplimiento contractual dé lugar al reconocimiento de una indemnización extrapatrimonial, a condición, claro está, de que un daño de esta especie se encuentre demostrado.

Ahora bien, conviene destacar que la función clásica de reparación que cumple la responsabilidad contractual ha sido objeto de flexibilización y en algunos casos ha debido convivir con otras funciones, como la preventiva y la sancionadora o punitiva. En lo concerniente a la función disuasoria o preventiva, sus defensores son los autores del llamado análisis económico del derecho, si bien lo han hecho más desde la perspectiva de los costos que desde una óptica disuasoria propiamente dicha[7]. A su turno, la función sancionadora o punitiva —que también es de origen anglosajón— se sustenta en o gira alrededor de los llamados daños punitivos, figura jurídica que no contempla el ordenamiento jurídico colombiano con carácter general y que, en términos generales, cumple la función de "disuadir conductas dolosas o gravemente negligentes por las que se asume la certeza o la elevada probabilidad de la causación de un daño, así como sancionar a quien debió adoptar una medida de seguridad y no lo hizo"[8].

III. ELEMENTOS DE LA RESPONSABILIDAD

De acuerdo con lo expuesto hasta aquí, no existe duda alguna de que un sujeto es responsable cuando incumple un deber o una obligación o cuando causa un daño, pero siempre que el incumplimiento o el daño le sea imputable. Desde esta perspectiva, la responsabilidad descansa sobre un determinado título de imputación. En el ámbito de las relaciones contractuales, el incumplimiento de la obligación nacida del contrato, o su cumplimiento tardío defectuoso o inexacto, es el presupuesto de la responsabilidad. Sin embargo, esto por sí

---

7 *Cfr.* Luis Fernando Reglero Campos. "Conceptos generales y elementos de delimitación", cit. p. 36. En el mismo sentido, Paulina Vélez Posada. "La responsabilidad civil contractual y extracontractual", cit. p. 7.

8 Luis Fernando Reglero Campos. "Conceptos generales y elementos de delimitación", cit., p. 36.

solo es insuficiente, puesto que para hablar de responsabilidad se requiere que el incumplimiento le sea atribuible al obligado en virtud de un título de imputación, que a su vez debe ser reconocido por una norma jurídica. Si el deudor es responsable del incumplimiento de la obligación es porque existe una norma jurídica que le imputa ese incumplimiento y que lo obliga a pagar o restituir lo obtenido como contraprestación y, en su caso, a indemnizar los daños y perjuicios derivados del incumplimiento[9].

En síntesis, existe consenso en cuanto a que los elementos estructurales de la responsabilidad son los siguientes:

a) Una conducta activa u omisiva realizada por el sujeto a quien se le depreca responsabilidad.

b) Un daño.

c) Una relación de causalidad entre la conducta y el daño[10].

Pero en lo que no hay uniformidad de criterios es en lo relacionado con el factor de imputación.

A. El daño jurídicamente relevante

Los postulados inmersos en las disposiciones legales que regulan la responsabilidad consagran el daño como uno de los pilares de esta última, sin cuya existencia y demostración por parte de quien alega haberlo sufrido no es posible disponer el pago de indemnización alguna, pues en esta materia la ley no presume ese requisito. Sin daño efectivamente comprobado no nace a la vida jurídica la obligación de indemnizarlo. De ahí que exista consenso en cuanto a que el daño no es un presupuesto más de la responsabilidad,

---

9 *Cfr.* Luis Fernando Reglero Campos. "Conceptos generales y elementos de delimitación", cit., p. 34.

10 "A estos ingredientes debe agregarse el de la mora del deudor, si la obligación incumplida es positiva, tal como lo disponen los artículos 1608 y 1615 del Código Civil. [...] En consecuencia, para obtener la indemnización perseguida, es menester que el acreedor pruebe la existencia del contrato y de las obligaciones a cargo del demandado; que demuestre igualmente su incumplimiento, si esto es posible, o en caso contrario, vale decir, si se trata de una negación indefinida, que simplemente lo alegue y que acredite que se le causó un perjuicio cierto, directo y, en principio, previsible y allegue las pruebas para cuantificarlo. Así lo ha reconocido la jurisprudencia de la Corte, según la cual, "para la prosperidad de súplicas de este linaje, se requiere que aparezca: a) el contrato, como fuente de obligaciones que afirma haberse incumplido; b) la mora del demandado; c) el incumplimiento de tales obligaciones; d) el daño sufrido como consecuencia de ese incumplimiento". *Cfr.* Laudo arbitral del 28 de noviembre de 2001, proferido para dirimir las controversias entre Vesna Zorka Mimiça Mimiça vs. Fiduciaria de Desarrollo Agropecuario S. A., Fiduagraria S. A.

sino que es un elemento imprescindible de esta, habida cuenta de que sin el daño no hay obligación resarcitoria alguna, en la medida en que no hay nada que reparar. Sobre este particular, la Corte Suprema de Justicia, en la Sentencia SC10297-2014 del 5 de agosto de 2014[11], expresó:

> El estudio del daño ha adquirido una importancia cada vez mayor en los últimos tiempos, al punto que para muchos autores el análisis de ese elemento constituye en la actualidad el tema central de la responsabilidad civil, pues ya no se lo examina como un simple asunto accesorio al factor de imputación, sino que se le concede todo el protagonismo que le otorgan una sociedad y una cultura jurídica interesadas en la reparación del derecho o bien vulnerado, en el reconocimiento del valor de la persona humana, en la reivindicación del nombre de las víctimas y en la obtención de su perdón por haber resultado agredida su dignidad.
>
> Por ello, desde hace algunas décadas, la doctrina de esta Corte ha venido afirmando que "dentro del (sic) concepto y la configuración de la responsabilidad civil, es el daño un elemento primordial y el único común a todas las circunstancias, cuya trascendencia fija el ordenamiento. De ahí que no se dé responsabilidad sin daño demostrado, y que el punto de partida de toda consideración en la materia, tanto teórica como empírica, sea la enunciación, establecimiento y determinación de aquel, ante cuya falta resulta inoficiosa cualquiera (sic) acción indemnizatoria". (Sentencia de Casación Civil de 4 de abril de 1968).
>
> En términos generales, el daño es una modificación de la realidad que consiste en el desmejoramiento o [la] pérdida de las condiciones en las que se hallaba una persona o cosa por la acción de las fuerzas de la naturaleza o del hombre. Pero desde el punto de vista jurídico, significa la vulneración de un interés tutelado por el ordenamiento legal, a consecuencia de una acción u omisión humana, que repercute en una lesión a bienes como el patrimonio o la integridad personal, y frente al cual se impone una reacción a manera de reparación o, al menos, de satisfacción o consuelo cuando no es posible conseguir la desaparición del agravio.
>
> Durante mucho tiempo se consideró que para el derecho civil el único daño importante y, por ello, objeto de protección, era el patrimonial [...] En época más reciente, la doctrina generalizada se inclina por la posibilidad de resarcir el daño extrapatrimonial derivado del incumplimiento contractual, a cuya conclusión se ha llegado luego de considerar que el concepto de perjuicio comprende tanto el

---

11 Corte Suprema de Justicia. Sala de Casación Civil. Sentencia SC10297-2014 del 5 de agosto de 2014, cit.

daño patrimonial como el no patrimonial, los cuales deben ser resarcidos en su totalidad, por lo que "ninguna razón lógica o jurídica se opone a que en materia de se indemnice el agravio inferido al acreedor, al igual que tratándose de los hechos ilícitos en materia extracontractual, ya que los motivos que justifican este criterio son unos mismos en una y otra hipótesis". (Fueyo Laneri, Fernando. *Instituciones de derecho civil moderno*, pág. 72).

Frente a este mismo tema, el autor chileno Gastón Salinas Ugarte refiere: "[E]l moderno derecho de daños considera la necesidad de reparar, no solo la esfera material del mismo (sic), sino todos los aspectos vinculados con la espiritualidad, afectividad y dignidad humana en consideración a ideales humanistas y solidaristas...". (*Responsabilidad civil contractual*. Tomo II. Santiago de Chile: Thomson Reuters, 2011, pág. 673).

Los tratadistas argentinos, a su vez, coinciden en la necesidad de resarcir el daño moral ocasionado con el incumplimiento contractual, por la sencilla razón de que en el ordenamiento positivo del país austral esa indemnización se encuentra expresamente permitida. A tal respecto se ha afirmado que "un hecho ilícito no deja de ser tal, ni modifica su naturaleza, por la mera circunstancia de producirse 'dentro' de una obligación prexistente que resulta incumplida, o 'fuera' de ella. En uno y otro supuesto, el menoscabo espiritual derivado de la lesión a un interés no patrimonial puede ocasionarse y merece la misma reacción del ordenamiento jurídico, orientada a restablecer el equilibrio alterado mediante el pertinente resarcimiento". (Ramón Daniel Pizarro. *Daño moral*. Buenos Aires: Edit. Hammurabi, 1996, pág. 173).

Un argumento similar expone Trigo Represas, quien considera que "el concepto unitario del daño moral determina que el perjuicio sea el mismo, sea que provenga de un acto ilícito como del incumplimiento de una obligación". (*Tratado de la responsabilidad civil*. Tomo I. Buenos Aires: Ed. La Ley, 2008, pág. 494).

En el derecho comparado, existen legislaciones cuyos códigos civiles no se han pronunciado expresamente sobre la cuestión, dando lugar a una evolución doctrinaria y jurisprudencial que se muestra favorable al resarcimiento del daño extrapatrimonial contractual; tal es el caso de Francia, España, Suiza, Chile y Brasil. Por otro lado, están aquellos cuerpos normativos que han admitido la procedencia de esa indemnización de manera expresa, entre los que se cuentan el del Líbano, Perú, Argentina, y la provincia canadiense de Quebec. (Ramón Daniel Pizarro, op. cit., pág. 181).

Nuestra jurisprudencia, por su parte, desde 1922 reconoció que "tanto se puede dañar a un individuo menoscabando su hacienda, como infligiéndole ofensa en su honra o en su dignidad personal o causándole dolor o molestia por obra de malicia o negligencia en el agente". Con sustento en esas consideraciones, la Corte revocó una sentencia que había negado las pretensiones por no hallar probado (sic) que el actor sufriera menoscabo en su patrimonio por el hecho de la extracción de los restos de su finada esposa de la tumba en que fue sepultada; y, en su lugar, concluyó que al demandante, "por el solo hecho de la extracción indebida de los restos de su esposa que él tenía depositados en una bóveda de su propiedad, se le infirió por culpa de los empleados del municipio un daño moral que debe ser reparado, a la luz de los artículos 2341 y 2356 del Código Civil..." (Sentencia de 21 de julio de 1922. León Villaveces contra municipio de Bogotá). [Se resalta].

Si bien desde entonces no hubo problema alguno en admitir el resarcimiento del daño moral derivado de la responsabilidad aquiliana, no ocurrió lo mismo en tratándose (sic) de la indemnización de ese rubro como consecuencia del incumplimiento contractual, bajo el argumento de que esa clase de daño no estaba consagrada en nuestro ordenamiento civil, o simplemente, con apoyo en la doctrina de algunos autores franceses del siglo antepasado. (Sentencias de 20 de febrero de 1945, G. J. LVIII, pág. 613; 29 de octubre de 1945, G. J. LIX, pág. 751; 23 de noviembre de 1954, G. J. LXXIX, pág. 669; 28 de agosto de 1959, G.J. LIX, pág. 748).

El único pronunciamiento que en todo ese tiempo llegó a una conclusión diferente fue el de 6 de julio de 1955, que condenó a un mandante al pago de los perjuicios morales que ocasionó a su abogado, por haber incumplido el contrato de mandato. (G. J. LXXX, pág. 658).

Sin embargo, el panorama jurídico en la actualidad es bien distinto, y aun cuando el Código Civil no menciona de modo expreso tal indemnización, lo cierto es que tampoco existe en ese cuerpo normativo ni en ninguna otra disposición una prohibición al respecto y, por el contrario, sí pueden encontrarse varios preceptos a partir de los cuales se logra inferir la posibilidad de su reconocimiento.

Ahora bien, para que el daño sea resarcible o indemnizable, la doctrina y la jurisprudencia han establecido que debe ser cierto, concreto o determinado, y no meramente hipotético o eventual. A este respecto, Mazeaud y Tunc[12] explican:

---

12 Henri Mazeaud; Léon Mazeaud y André Tunc (coords.). *Tratado teórico práctico de la responsabilidad civil delictual y contractual* (trad. al español: Alcalá-Zamora y Castillo), 3 t., 6 vols., Buenos Aires, Ediciones Jurídicas Europa-América, 1977, pp. 301 y 302.

> Al exigir que el perjuicio sea cierto, se entiende que no debe ser [...] simplemente hipotético, eventual. Es preciso que el Juez tenga la certeza de que el demandante se habría encontrado en una situación mejor si el demandado no hubiera realizado el acto que se le reprocha. Pero importa poco que el perjuicio de que se queje la víctima se haya realizado ya o que deba tan solo producirse en el futuro. Ciertamente[,] cuando el perjuicio es actual, la cuestión no se plantea: su existencia no ofrece duda alguna. Pero un perjuicio futuro puede presentar muy bien los mismos caracteres de certidumbre. Con frecuencia, las consecuencias de un acto o de una situación son ineluctables; de ellas resultará necesariamente en el porvenir un perjuicio cierto. Por eso, no hay que distinguir entre el perjuicio actual y el perjuicio futuro; sino entre el perjuicio cierto y el perjuicio eventual, hipotético.

En el mismo sentido, Peirano Facio[13], refiriéndose a la responsabilidad extracontractual, enseña:

> De acuerdo con la enseñanza constante de la doctrina[,] el primer carácter que debe presentar el perjuicio para configurarse como relevante a los efectos de la responsabilidad extracontractual es el de ser cierto. [...] En un segundo sentido se habla de perjuicio incierto[,] aludiendo a los daños cuya existencia no está del todo establecida, pudiéndose plantear dudas acerca de su realidad [...] En el sentido que ahora le atribuimos[,] consideramos, pues, perjuicio aquel que es real y efectivo, y no meramente hipotético o eventual. El criterio esencial para determinar en qué casos un perjuicio es cierto, resulta de apreciar que de no mediar su producción la condición de la víctima del evento dañoso sería mejor de (sic) lo que es a consecuencia del mismo (sic). [...] Próximo al daño futuro, pero discernible de él en la mayoría de los casos, se encuentra el daño eventual. La diferencia fundamental entre estos dos tipos de daño se caracteriza suficientemente cuando se recuerda que el daño futuro no es sino una variedad del daño cierto, en tanto que el concepto de daño eventual se opone, precisamente y en forma radical, al concepto de certeza: daño eventual equivale al daño que no es cierto, o sea, el daño fundado en suposiciones o conjeturas.

A su turno, refiriéndose al daño futuro, Adriano de Cupis[14] opina:

> El daño futuro es un daño jurídicamente relevante en cuanto revista los caracteres de certidumbre, por lo que puede parificarse al (sic) daño presente en tanto en cuanto pueda aparecer como un daño cierto, ya que la simple posibilidad o even-

---

13 Jorge Peirano Facio. *Responsabilidad extracontractual*, 2.ª ed., reimpr., Bogotá, Temis, 2004, pp. 362, 363 y 366.

14 Adriano de Cupis. *El daño. Teoría general de la responsabilidad civil*, Barcelona, Bosch, 1993.

tualidad no bastan a la hora de exigir su responsabilidad. Con la expresión cierto se significa tanto el interés a que afecta como que lo produce y que por afectarlo motiva el nacimiento de la responsabilidad.

Por su parte, la Corte Suprema de Justicia, mediante la Sentencia SC20448-2017 del 24 de mayo de 2017[15], expresó:

> El daño constituye un elemento nuclear de la responsabilidad civil, vale decir, su centro de gravedad, el fundamento del fenómeno resarcitorio, siendo necesarias su presencia y su justificación, para que se abra paso la indemnización de perjuicios. [...] Uno de los requisitos que debe reunir el daño es su certidumbre, es decir, que se demuestre su existencia misma; lo cual ocurre cuando no haya duda de su concreta realización. Además, es el requisito "más importante (...), al punto que, sin su ocurrencia y demostración, no hay lugar a reparación alguna" [...] Para que sea "susceptible de reparación, debe ser 'directo y cierto' y no meramente 'eventual o hipotético', esto es, que se presente como consecuencia de la 'culpa' y que aparezca 'real y efectivamente causado'" [...] La condición de ser directo reclama, en la responsabilidad contractual, que él sea la consecuencia inmediata y necesaria de la falta de cumplimiento del respectivo acuerdo de voluntades, o de su cumplimiento imperfecto o inoportuno, lo que implica un análisis de la relación causal entre el hecho por el cual se responde y los daños cuyo resarcimiento se pretende.

Finalmente, mediante la Sentencia SC2107-2018 del 12 de junio de 2018[16], la Corte señaló:

> El perjuicio es la consecuencia que se deriva del daño para la víctima del mismo (sic), y la indemnización corresponde al resarcimiento o pago del "(...) perjuicio que el daño ocasionó (...)". [...] Este último[,] para que sea reparable, debe ser inequívoco, real y no eventual o hipotético. Es decir, "(...) cierto y no puramente conjetural, [por cuanto] (...) no basta afirmarlo, puesto que es absolutamente imperativo que se acredite procesalmente con los medios de convicción regular y oportunamente decretados y arrimados al plenario (...)". [...] En otras palabras, al margen de dejar establecida la autoría y existencia de un hecho injusto, el menoscabo que sufre una persona con ocasión del mismo (sic), solo podrá ser resarcible siempre y cuando demuestre su certidumbre, "porque la culpa, por censurable que sea, no los produce de suyo". También debe ser directo, esto es, que el quebranto irrogado

---

15 Corte Suprema de Justicia. Sala de Casación Civil. Sentencia SC20448-2017 del 24 de mayo de 2017, Rad. 47001-31-03-002-2002-00068-01, M. P.: Margarita Cabello Blanco.

16 Corte Suprema de Justicia. Sala de Casación Civil. Sentencia SC2107-2018 del 12 de junio de 2018, Rad. 11001-31-03-032-2011-00736-01, M. P.: Luis Armando Tolosa Villabona.

> se haya originado "con ocasión exclusiva del [suceso arbitrario]". [...] De igual forma, una vez comprobados los presupuestos que integran la responsabilidad civil, entre ellos, el daño, le compete al juez cuantificar la suma correspondiente a cada una de sus tipologías, ya material[,] ora inmaterial, que el demandante haya acreditado. [...] Para tal efecto, la regla establecida por el artículo 16 de la Ley 446 de 1998, dispone que "(...) la valoración de daños irrogados a las personas y a las cosas, atenderá los principios de reparación integral y equidad y observará los criterios técnicos actuariales (...)". [...] La anterior supone, de un lado, el deber jurídico de resarcir todos los daños ocasionados a la persona o bienes de la víctima, al punto de regresarla a una situación idéntica o menos parecida al momento anterior a la ocurrencia del hecho lesivo; y de otro, la limitación de no excederse en tal reconocimiento pecuniario, porque la indemnización no constituye fuente de enriquecimiento. [...] No obstante, la obligación de reparación integral del daño exige, como presupuesto habilitante, la demostración de los perjuicios, por cuanto los mismos (sic) no se aprecian inequívocos *per se.*

B. LA IMPUTACIÓN JURÍDICA

Sobre este particular, la Corte Suprema de Justicia, mediante la Sentencia 2001-01054 del 24 de agosto de 2009[17], expresó:

> En una fase ulterior al quebranto y a la imputación material o autoría, es menester determinar el fundamento o [la] justificación del deber de responder para establecer si el sujeto a cuya esfera jurídica se imputa el daño está obligado o no a repararlo. [...] Tal aspecto, atañe estrictamente a los criterios por los cuales un sujeto es o no responsable de un daño, esto es, a la determinación del deber jurídico de repararlo o, a lo denominado, "imputación jurídica".

Refiriéndose a la "imputación jurídica", la Corte Constitucional, mediante la Sentencia C-1008 de 2010[18], señaló que, en el ordenamiento jurídico colombiano, "la teoría general de la responsabilidad, tanto de la contractual como de la extracontractual, es de tradición culpabilista", es decir:

> La responsabilidad no se estructura sin culpa, o sea, no es suficiente el quebranto de un derecho o interés legítimo, es menester la falta de diligencia, por acción u omisión (*culpa in omittendo*)[,] noción *ab initio* remitida a la de negligencia, imprudencia o

---

17 Corte Suprema de Justicia. Sala de Casación Civil. Sentencia 2001-01054 del 24 de agosto de 2009, Exp. 11001-3103-038-2001-01054-01, M. P.: William Namén Vargas.

18 Corte Constitucional. Sentencia C-1008 de 2010, Exp. D-8146, M. P.: Luis Ernesto Vargas Silva.

impericia, siendo el acto culposo moralmente reprochable, la responsabilidad su sanción y la reparación del daño la penitencia a la conducta negligente[19].

A pesar de lo anterior, a partir de la regulación de la responsabilidad por actividades peligrosas, en Colombia, como excepción al régimen de la responsabilidad basada en la culpa, se ha abierto camino un sistema de responsabilidad objetiva, en el cual, valga la repetición:

> La culpabilidad carece de relevancia para estructurarla remitiéndose a factores objetivos como el riesgo o el peligro, la capacidad de asumir los costos de evitación o de reparar la lesión, fundándose en la situación del sujeto respecto de las cosas, su posición o relación con sus congéneres o el ejercicio de una actividad riesgosa o peligrosa permitida por su utilidad social, *verbi gratia*, la custodia de una cosa, la propiedad sobre esta, el uso de un animal o el riesgo[20].

---

19 Corte Suprema de Justicia, Sala de Casación Civil. Sentencia 2001-01054 del 24 de agosto de 2009, cit.

20 *Ibid*. En esta providencia, la Corte señala como modalidades concretas de responsabilidad objetiva las siguientes: «La responsabilidad por daños al medio ambiente (artículo 88 de la Constitución Política, Declaración de Río de Janeiro de junio de 1992 sobre Medio Ambiente y Desarrollo, artículo 16 Ley 23 de 1973), derivada de residuos y desechos peligrosos (artículo 4.º, "Responsabilidad objetiva, Protocolo de Basilea sobre responsabilidad e indemnización por daños resultantes de los movimientos transfronterizos de desechos peligrosos y su eliminación», concluido en Basilea el 10 de diciembre de 1999, aprobado por Ley 945 de 2005 [exequible, Sentencia 1151 de 2005, 11 de noviembre de 2005]); la relativa a riesgos profesionales y accidentes laborales (artículo 199 Código Sustantivo del Trabajo; artículo 9.º Decreto 1295 de 1994 (cas. laboral, Sección Segunda, Sentencia del 13 de julio de 1993; 29 de agosto de 2005, radicación 23.202; 22 de febrero de 2006, exp. 25.390), donde el "Legislador acoge en esta materia la teoría del riesgo creado en la que no se toma en cuenta la culpa del empleador[,] sino que se establece una responsabilidad objetiva por cuya virtud resulta obligado a reparar los perjuicios que sufre el trabajador al desarrollar su labor en actividades de las que el empresario obtiene un beneficio" (Corte Constitucional, Sentencia C-453 de 2002)); causados por una cosa que cae de un edificio (art. 2355 del C.C.); la prevista en el artículo 1391 del Código de Comercio, en torno del cual "ha enseñado la Corte: (...) como la medida de responsabilidad de un banco por el pago de un cheque falso no se detiene en la culpa[,] sino que alcanza el riesgo creado, no le basta el lleno de las precauciones habituales, sino que es preciso probar algún género de culpa en el titular de la cuenta corriente para que el banco quede libre". (G. J. 1943, pág. 73; G. J. T. CLII, pág. 28). No interesa entonces la presencia o no de culpa del banco girado, pues por imposición legal este debe correr con el riesgo de esa actividad y concretamente con los riesgos derivados del pago de cheques falsificados o alterados, la que se reitera, es una responsabilidad objetiva, que se modera o elimina en los casos atrás mencionados", basada en el "riesgo creado", "riesgo beneficio" o "riesgo profesional", si bien no absoluta (cas. civ. Sentencia 147 de julio 31 de 2001, Exp. Núm. 5831, resaltado fuera de texto; sentencias de 9 de diciembre de 1936; 15 de julio de 1938, XLVII, 68; 11 de marzo de 1943; LV, 48; 29 de noviembre de 1976; 24 de octubre de 1994 (CCXXXI, 830.); 8 de septiembre de 2003 (CCLXXXIV, n.º 2524); 15 de junio de 2005; 29 de septiembre de 2006;

C. EL NEXO O VÍNCULO DE CAUSALIDAD

Para establecer la responsabilidad (contractual o extracontractual) de una persona y, por ende, para decretar el resarcimiento del daño padecido, es requisito indispensable la plena demostración de que la actividad u omisión del sujeto es la razón de ser del detrimento, o, en otras palabras, que existe nexo causal entre la conducta de la persona a la que se le imputan los hechos y el daño que se reclama. Por eso, con sobrada razón se ha dicho de antaño que es reparable o indemnizable el daño causado y nada más que él, de lo cual se sigue que, si todo lo que deriva del acto nocivo es indemnizable, cuanto no venga de allí, sino de factores extraños, no tiene por qué ser incluido en la indemnización.

En presencia de un daño patrimonial surge la necesidad de buscar su origen, de indagar por el responsable. Tratándose del daño que la propia víctima maliciosa o descuidadamente se ocasionó, mal podría ella atribuirlo a una persona distinta o, como se diría de modo coloquial, "buscar al ahogado río arriba". Si el perjuicio lo causó una persona distinta del demandado y por la que no está llamado él a responder, entonces la víctima deberá acudir a ese tercero y no a quien nada tiene que ver con el asunto. Por último, si la ocurrencia provino de fuerzas naturales o sociales anónimas e irresistibles, la víctima deberá soportar su mala suerte, sin posibilidad de descargar su quebranto sobre una persona determinada.

Siempre que el nexo causal se rompa, la acción cae por mal dirigida y el fallo desestimatorio se impone. La relación de causalidad se trunca o, mejor, queda al descubierto su ausencia con la prueba del elemento extraño, idea

17 de octubre de 2006 y 16 de junio de 2008, Exp. 01394-01); la de los productores respecto de los consumidores en determinados casos, particularmente por productos defectuosos (artículo 78 de la Constitución Política y Decreto 3466 de 1982, artículos 26 y 36, Corte Constitucional, Sentencia C-1141 de 30 de agosto de 2000), la cual, la Corte de vieja data, calificó como una responsabilidad "especial" con desarrollos que la sitúan más exactamente en la objetiva (cas. civ. 28 de julio de 2005, exp. 00449-01 y 7 de febrero de 2007, exp. 23162-31-03-001-1999-00097-01, [SC-016-2007]), y diversos eventos de responsabilidad civil derivados del transporte aéreo, tales como los consagrados en los artículos 1827, 1842, 1880, 1886 y 1887 del Código de Comercio, entre otras hipótesis. [...] Otro tanto acontece con la responsabilidad singular por actividades peligrosas ex artículo 2356 del Código Civil, desligada de la culpa y estructurada en el riesgo o peligro».

en la que se incluyen el caso fortuito, la fuerza mayor, el hecho de un tercero y la culpa de la propia víctima[21].

Refiriéndose a este elemento de la responsabilidad, la Corte Suprema de Justicia, mediante la Sentencia 2001-01054 del 24 de agosto de 2009[22], señaló:

> Establecida *ex ante* la realidad o certeza del daño, debe determinarse su causa e imputarse al sujeto, de donde, la relación, nexo o vínculo de causalidad, es el segundo elemento constante de la responsabilidad y consiste en precisar al autor del detrimento, mediante la imputación fáctica, física, material o causal del menoscabo a su conducta, sea por acción, sea por omisión.

En idéntico sentido, la Corte Suprema de Justicia, en la Sentencia 2000-67300 del 15 de enero de 2008[23], expresó:

> El fundamento de la exigencia del nexo causal entre la conducta y el daño no solo lo da el sentido común, que requiere que la atribución de consecuencias legales se predique de quien ha sido el autor del daño, sino el artículo 1616 del Código Civil, cuando en punto de los perjuicios previsibles e imprevisibles al tiempo del acto o contrato, señala que si no se puede imputar dolo al deudor, este responde de los primeros cuando son consecuencia inmediata y directa de no haberse cumplido la obligación o de haberse demorado su cumplimiento. Por lo demás[,] es el sentido del artículo 2341 Ib. el que da la pauta, junto al (sic) anterior precepto para predicar la necesidad del nexo causal en la responsabilidad civil, cuando en la comisión de un 'delito o culpa' —es decir, de acto doloso o culposo— hace responsable a su autor, en la medida en 'que ha inferido' daño a otro[24].

---

21 Fernando Hinestrosa Forero. *Derecho civil. Obligaciones*, Bogotá, D. C., Universidad Externado de Colombia, 1968, p. 563 y ss.

22 Corte Suprema de Justicia, Sala de Casación Civil. Sentencia 2001-01054 del 24 de agosto de 2009, cit.

23 Corte Suprema de Justicia. Sala de Casación Civil. Sentencia 2000-67300 del 15 de enero de 2008, Exp. 11001-3103-037-2000-67300-01, M. P.: Edgardo Villamil Portilla.

24 En definitiva, siguiendo lo dicho por Luis Díez-Picazo en relación con el derecho español, "el concepto de causa y el de causalidad se utilizan en materia de responsabilidad civil, para tratar, básicamente, de dar respuesta a dos tipos de problemas: el primero es encontrar alguna razón por la cual el daño puede ligarse con una determinada persona, de manera que se pongan a cargo de esta, haciéndola responsable, las consecuencias indemnizatorias, para lo cual se utiliza el concepto de causa en el art. 1902 CC [español: 'El que por acción u omisión causa daño a otro, interviniendo culpa o negligencia, está obligado a reparar el daño causado', análogo del art. 2341 de la Codificación colombiana] al imponer el deber de indemnizar a 'el (sic) que causa daño a otro'; en segundo lugar, se trata de relacionar, a la inversa de lo que hacíamos anteriormente, al daño con la persona, pues el precepto, remarcando el uso de la palabra causa, dice que se

Ahora bien, como lo refiere Reglero Campos[25], los problemas alrededor de la relación de causalidad como elemento estructural de la responsabilidad se presentan fundamentalmente cuando el daño es producto de una pluralidad de causas. En tales casos, es preciso absolver varios interrogantes: ¿cuál de dichas concausas produjo en realidad el daño?, ¿se pueden hacer distinciones entre ellas? o ¿se debe considerar que todas intervienen de un mismo modo en la generación del daño?

En el mismo sentido se pronuncia Obdulio Velásquez Posada[26], para quien

> el sentido común se niega a admitir que la existencia de un daño sea soportada por quien no ha influido en la realización del mismo (sic). Entonces se necesita una relación causa-efecto entre el acto humano y el daño que se produce, es decir, la causación del daño por el agente dañino es necesaria para que se configure responsabilidad civil, además del daño y la culpa. En ocasiones, la identificación de la causa no ofrece especiales dificultades para el operador del derecho, pero en otras, especialmente si concurren muchos factores que podrían ser causa de ese resultado dañoso, el determinar a la luz del derecho cuál o cuáles factores deben recibir la categoría de causa ofrece serias dificultades conceptuales y prácticas.

Para superar las dificultades de que se ha venido hablando, la doctrina —y en ello ha sido seguida por la jurisprudencia— ha elaborado varias tesis, entre las que se destacan la de la "equivalencia de condiciones", la de la "causalidad adecuada", la de "causa eficiente", la de la "razonabilidad"[27]

---

indemniza 'el daño causado". (Luis Díez-Picazo. *Fundamentos de derecho civil patrimonial*, vol. v, *La responsabilidad civil extracontractual*, Madrid, Editorial Thomson, Civitas Ediciones, 2007, p. 357).

25 *Cfr.* Luis Fernando Reglero Campos. "El nexo causal. Las causas de exoneración de responsabilidad: culpa de la víctima y fuerza mayor. La concurrencia de culpas", en *Lecciones de responsabilidad civil*, Natalia Álvarez Lata y Luis Fernando Reglero Campos (coords.), Barcelona, Thomson Reuters Aranzandi, 2002, p. 91.

26 Obdulio Velásquez Posada. *Responsabilidad civil extracontractual*, Bogotá, Temis y Universidad de La Sabana, 2009.

27 *Cfr.* Laudo arbitral del 28 de noviembre de 2001, cit. En este laudo, se pone de presente que la jurisprudencia de la Corte Suprema de Justicia ha reconocido de manera expresa que la teoría usualmente acogida en Colombia es precisamente la de la equivalencia de condiciones, y sobre su mecánica operativa y método para aplicarla ha precisado lo siguiente: "Para que pueda decirse que la culpa de una persona ha sido efectivamente la causa del perjuicio cuya reparación se demanda, es menester que haya una relación necesaria entre dicha culpa y el perjuicio, es decir, una relación tal, que si la culpa no hubiera ocurrido, el perjuicio no se habría producido

y una más reciente, la teoría normativa de imputación, también conocida como teoría del *scope of liability* en los sistemas europeos.

La teoría de la equivalencia de condiciones, o *conditio sine qua non*, parte de la premisa de que, si todas las concausas concurren a la producción del daño, todas ellas deben ser consideradas como causas de este, sin que pueda distinguirse entre ellas debido a su importancia.

> Por tanto, todas las concausas o condiciones preexistentes tienen el mismo valor, de manera que todas son equivalentes, lo que impide hacer diferenciaciones entre ellas, pues todas son indispensables para producir el resultado dañoso, lo que

---

[...] se requiere el elemento de necesidad de la relación. Si una culpa que parece relacionada con el perjuicio está plenamente demostrada, pero se establece que el perjuicio se habría causado, aunque esa culpa no se hubiera cometido, no habrá relación de causalidad ni consiguiente derecho por parte del perjudicado a reparación. Pero acontece que en la mayor parte de los casos un daño o perjuicio no es el resultado de una causa única, sino de una serie de antecedentes, de suerte que, si estos no se hubieran reunido, no habría daño. En tales casos, de acuerdo con la llamada teoría de la causalidad ocasional, basta que, entre las diversas causas cuya concurrencia fue necesaria para que hubiera habido daño, exista una que pueda ser imputada a culpa de una persona determinada para que esta sea responsable de la integridad del perjuicio. En estos casos, si la persona culpable se hubiera conducido correctamente, el perjuicio no habría ocurrido, y por ello hay relación de causalidad. En otros términos: en el caso frecuente de la pluralidad de causas basta —para establecer la relación de causalidad— que aparezca que sin culpa del demandado no se habría producido el daño en su totalidad y no simplemente en una fracción, puesto que el daño no se habría producido sin la existencia de cada una de tales causas, es obvio que quien creó culpablemente una de las condiciones sin las cuales no habría habido perjuicio, está obligado a una reparación total del daño". En igual sentido, la Corte, en providencia de 1980 reitera que la doctrina generalmente aceptada en Colombia es la francesa de la equivalencia de condiciones o de la causalidad ocasional, para cuya aplicación ha de contestarse la pregunta de si, de no haberse presentado la culpa, se habría evitado o no el perjuicio; es decir, que se suprime hipotéticamente el hecho ilícito, de manera que si el perjuicio desaparece es porque el hecho ilícito es la causa del daño; si subsiste no hay relación causal. Del mismo modo, la jurisprudencia de la Corte Suprema de Justicia, sin desechar la teoría de la equivalencia de condiciones, ha empleado de manera paralela la teoría de la causa eficiente para definir la existencia o no de vínculo causal entre el comportamiento imputable a una persona, en general, o a un contratante en particular, y los perjuicios que puedan derivarse de dicho comportamiento. Al respecto, ha señalado que no todas las circunstancias que concurren en la producción del daño tienen la misma valoración jurídica, pues cabe hacer entre ellas discriminaciones, de suerte que no son consideradas como causas sino aquellas que hayan desempeñado un papel 'preponderante y trascendente' o aquellas cuya intervención en el evento perjudicial haya sido 'decisiva', o solo se mira como responsable a la parte que por último tuvo la oportunidad de evitar el daño y que, sin embargo, no lo hizo. Y con base en estos criterios se precisa que, a ciertos hechos, aunque culposos, no se les reconoce como causa del daño, en virtud de haber sido inocuos, o lo que es lo mismo, cuando esos hechos u omisiones fueron secundarios o de segundo orden frente a la otra culpa esa sí trascendente, preponderante y decisiva.

> significa que, si falta una, ese resultado no acaecería. Cada una de las condiciones puede ser considerada al mismo tiempo como causa de todo el desenlace final (sic). [...] Por tanto, el daño es el resultado de la suma de concausas, en el sentido de que ninguna de estas puede suprimirse sin que aquel deje de producirse. Esto pone en evidencia que todas las concausas son igualmente necesarias para que la consecuencia perjudicial se produzca. De ahí que se afirme que "cuando varios eventos concurren a la realización de un daño cada uno de ellos es su causa entera, pues en ausencia de cualquiera de ellos el perjuicio no se habría producido ni siquiera en parte". Así las cosas, la relación de causa a efecto existe, entre una concausa y el daño, cuando la consecuencia (daño) no habría podido tener lugar sin aquella concausa y cuando esta, por ende, no puede ser eliminada sin que aquel desaparezca. De esta característica proviene el nombre de la teoría, pues todas las concausas se miran como equivalentes[28].

La teoría de la causalidad adecuada o causalidad directa e inmediata del daño se sustenta en el hecho de que, para que el daño le pueda ser imputado causalmente al agente, lo único que se exige es que el nexo de causalidad no se haya roto por la interferencia de otra serie causal ajena a la anterior[29].

Para la teoría de la causalidad eficiente, solo es causa eficiente aquella que

> por su propia acción es productora de un efecto dado. Debe, por tanto, averiguarse cuál de los eventos intervinientes ha contribuido más poderosamente a que el efecto se logre. El punto central de esta teoría es la búsqueda del evento que contribuye más poderosamente a que la consecuencia dañosa se produzca, aspecto también acogido más recientemente por la doctrina francesa y la jurisprudencia, las que

---

28 *Cfr.* Laudo arbitral del 28 de noviembre de 2001, cit. En este mismo sentido, Sergio Rojas-Quiñones y Juan Diego Mojica-Restrepo destacan que, «para determinar la causa de un daño, la teoría de la *equivalencia de las condiciones* utiliza un juicio contrafáctico, en el cual se parte de la supresión de los eventos considerados como posibles causas del perjuicio, para evaluar si —a pesar de la falta de alguno de estos— el daño subsiste. Si la respuesta al realizar esta operación es negativa (la consecuencia no desaparece, a pesar de la omisión de la posible causa), se descarta esta posible causa; por el contrario, si la respuesta es positiva (la consecuencia desaparece por la omisión de la posible causa), se tiene a esta por causa del daño y, además, se le tiene en iguales condiciones que todos los demás que cumplan el test, considerándolas a todas *conditio sine qua non* del perjuicio irrogado, por cuanto "faltando cualquiera de ellos, el daño no se habría producido". Es, en esencia, la estructura del juicio contrafáctico típico». (Sergio Rojas-Quiñones y Juan Diego Mojica-Restrepo. "De la causalidad adecuada a la imputación objetiva en la responsabilidad civil colombiana", *Vniversitas*, vol. 63, n.º 129, julio–diciembre, Bogotá, Pontificia Universidad Javeriana, 2014, pp. 187 a 235).

29 *Cfr.* Luis Fernando Reglero Campos. "El nexo causal. Las causas de exoneración de responsabilidad: culpa de la víctima y fuerza mayor. La concurrencia de culpas", cit., p. 92.

> han dicho que no es suficiente que un evento haya desempeñado un papel en la realización de un daño para que, desde el punto de vista de la responsabilidad, sea considerado como causa de ese daño; por el contrario, deben desecharse todos aquellos eventos que no han desempeñado un papel "preponderante" y que, por consecuencia, no han producido verdaderamente el daño, pues no han sido su "causa generadora". En síntesis, solo deben ser calificados como "causas" del daño, en el sentido jurídico del término, los hechos que han desempeñado un papel "preponderante", "decisivo", no aquellos que han sido simplemente la ocasión, sino los que han cumplido la función de "causa creadora"[30].

La teoría de la razonabilidad parte de la premisa de que, de todos los antecedentes y las condiciones que confluyen en la producción de un resultado,

> tiene la categoría de causa aquel que de acuerdo con la experiencia (las reglas de la vida, el sentido común[,] la lógica de lo razonable) sea el más 'adecuado', el más idóneo para producir el resultado, atendidas por lo demás, las específicas circunstancias que rodearon la producción del daño y sin que se puedan menospreciar de un tajo aquellas circunstancias azarosas que pudieron decidir la producción del resultado, a pesar de que normalmente no hubieran sido adecuadas para generarlo[31].

La teoría usualmente acogida en Colombia por parte de la jurisprudencia de la Corte Suprema de Justicia ha sido precisamente la de la equivalencia de condiciones, aunque en algunas ocasiones también ha empleado de manera paralela la teoría de la causa eficiente para definir la existencia o no de vínculo causal entre el comportamiento imputable a una persona, en general, o a un contratante, en particular, y los perjuicios que puedan derivarse de dicho comportamiento. Sin embargo, en la Sentencia SC-13925-2016 del 30 de septiembre de 2016[32] migró de una teoría de la causalidad fáctica a lo que denominó una teoría normativa de imputación, también conocida como teoría del *scope of liability* en los sistemas europeos. Como sustento de esta nueva tesis, la Corte afirmó:

---

30 *Cfr.* Laudo arbitral del 28 de noviembre de 2001, cit.

31 Corte Suprema de Justicia, Sala de Casación Civil. Sentencia 2000-67300 del 15 de enero de 2008, cit.

32 Corte Suprema de Justicia, Sala de Casación Civil. Sentencia SC-13925-2016 del 30 de septiembre de 2016, Rad. 05001-31-03-003-2005-00174-01, M. P.: Ariel Salazar Ramírez. (Aprobado en sesión de 24 de agosto de 2016).

Para establecer si una conducta (activa u omisiva) se puede atribuir a un agente[,] hay que partir de categorías jurídicas como el deber de actuar, las acciones y omisiones relevantes, la posición de garante, el concepto de 'guardián de la cosa', las obligaciones de seguridad, etc. (que no llevan implícitos juicios de reproche), las cuales no se constatan directamente[,] sino que se atribuyen a partir de un marco de sentido jurídico que permite la construcción de pruebas inferenciales.

Es posible percibir a los individuos y algunas de sus acciones, pero el estatus de estas como hechos jurídicos y su relación con un agente no son verificables por los órganos de los sentidos; tanto más si se trata de omisiones o de 'causación indirecta', pues entre la pasividad de un sujeto y el deber de evitar un resultado no existe ninguna conexión de causalidad natural. Únicamente si se reemplaza esa inactividad por la idea de un deber jurídico de actuar es posible imprimir mayor claridad y precisión a los conceptos de la *comisión por omisión* y la *lesión por medio de otro*.

La prueba de la imputación del hecho a un agente no se puede establecer únicamente a partir del análisis de la 'causalidad natural pura', porque las explicaciones físicas o mecánicas del comportamiento generador de un resultado no siempre son distinciones indiscutibles en el lenguaje jurídico, y nunca lo son en materia de omisiones y responsabilidad indirecta. Ello no quiere decir que se tenga que prescindir de los aportes técnicos de determinación de causalidad natural, sino que detrás de tales datos de la experiencia hay construcciones lingüísticas o de sentido jurídico por parte de quien los observa y valora.

Aunque la causalidad natural no puede excluirse por completo del juicio de imputación, hay que tener presente que ella no es absoluta ni constituye todo el proceso de atribución de un hecho a un agente, porque la cualidad de artífice se encuentra prefigurada por una concepción normativa, o sea que cada comportamiento es valorado dentro de (sic) un horizonte de conductas que se erige como patrón selectivamente relevante.

Existe una diferencia fundamental entre el principio de causalidad y el de razón suficiente, toda vez que el primero busca el origen material de un hecho, en tanto que el segundo se pregunta por qué un resultado puede ser atribuido a una acción dentro de (sic) un marco de valores preestablecidos. En el primer caso se habla de *relaciones causales*, en el segundo, de *explicaciones de razón*.

Las relaciones causales parten de regularidades detectadas en la ocurrencia de los fenómenos, con base en las cuales la ciencia construye generalizaciones inductivas a partir de la observación, el análisis estadístico y el cálculo de probabilidades. Las explicaciones de razón expresan una correspondencia no necesariamente causal entre dos hechos, de suerte que la presencia de uno de ellos lleva al juez a inferir la existencia de otro según un marco de sentido jurídico que otorga validez a dicha correlación que puede ser con o sin causalidad (esto último ocurre en materia de omisiones, por ejemplo).

De manera que una persona puede originar un hecho desencadenante de un daño y, sin embargo, el nexo causal por sí solo resulta irrelevante para endilgarle ese hecho como suyo; como bien puede ocurrir que la autoría del hecho lesivo deba ser asumida por quien no tuvo ninguna intervención o injerencia física en el flujo de eventos que ocasionaron el daño.

La atribución de un resultado lesivo a un sujeto, en suma, no depende en todos los casos de la producción física del perjuicio, porque el hecho de que una persona ocasione directamente un daño a otra no siempre es necesario y nunca es suficiente para cargárselo a su cuenta como suyo. Aunque la relación causal aporta *algo* a la fórmula de imputación en la medida en que constituye una conexión frecuente o probable entre la conducta del agente y el daño sufrido por la víctima, no explica satisfactoriamente por qué aquel puede ser reputado artífice.

La persona obligada a indemnizar es usualmente, pero no siempre, el ejecutor material del perjuicio. Lo anterior explica por qué es posible imputar la agencia del daño a una persona que no tuvo ninguna participación en el flujo causal que lo desencadenó, como cuando se atribuye el hecho al heredero o a quien recibe provecho del dolo ajeno (artículo 2343 del Código Civil); a quien está a cargo del menor impúber o discapacitado causante del daño, siempre que pueda imputársele negligencia (2346); a quien está llamado a reparar el daño cometido por aquellos que estuvieren a su cuidado (2347); al empleador por los daños causados por sus empleados (2349); al dueño del animal domesticado (2353); o al tenedor de animal fiero (2354), en cuyos casos el hecho generador del daño se atribuye con base en criterios jurídicos y no de causación natural.

De igual modo, es posible endilgar la autoría de un hecho por las abstenciones cuando el agente tenía el deber legal de actuar para evitar una consecuencia dañosa, lo cual no puede ser explicado por una 'causalidad' desprovista de componentes normativos, porque las omisiones no son eventos[,] sino ausencia de estos, es decir[,] que no generan relaciones de causalidad natural. Es un principio general que no hay responsabilidad civil por las inactividades[,] salvo que el demandado se encuentre bajo un deber legal preexistente o tenga la posición de garante respecto de quien sufre el perjuicio.

No está de más aclarar que esta imputación no lleva implícito el reproche de la conducta por haber creado un riesgo jurídicamente desvalorado y realizado en el resultado concreto típico, tal como se la suele entender en la dogmática del derecho penal, para cuya determinación la división entre la *imputatio facti* e *imputatio iuris* carece de toda importancia. De ahí que nada tiene que ver con la 'teoría de la imputación objetiva' que se ha desarrollado en aquella área recientemente.

[...]

Las pautas de atribución de un hecho a un agente, en suma, se infieren a partir de los deberes de acción que impone el ordenamiento jurídico [...] Para que el juez declare que un hecho es obra de un agente, deberá estar probado en el proceso (sin importar a quién corresponda aportar la prueba) que el hecho desencadenante del daño ocurrió bajo su esfera de control y que actuó o dejó de actuar teniendo el deber jurídico de evitar el daño. El juicio de imputación del hecho quedará desvirtuado si se demuestra que el demandado no tenía tal deber de actuación.

La anterior idea es completada o complementada en los términos de que da cuenta la Sentencia SC002-2018[33]. La Corte se expresó así:

Las reglas de adjudicación y los patrones de conducta permiten diferenciar una conducta conforme a derecho de una "desaprobada". Sin embargo, el problema no reside en determinar cómo deben comportarse las personas en situaciones futuras, pues no se cometen infracciones por tomar riesgos, sino en establecer cuándo una consecuencia lesiva es producto de una conducta que solo se desaprueba en retrospectiva: "Cualesquiera sean los riesgos que convierten a un agente en negligente, esos deben ser también los únicos riesgos por los cuales ese agente debería pagar, si ellos se materializan en un daño real". Las acciones no son incorrectas en sí mismas (ilícitas)[,] sino que se tornan antijurídicas solo cuando generan riesgos que se concretan en daños a bienes jurídicos de otras personas.

Ello conduce a una conclusión necesaria: el riesgo de la responsabilidad civil siempre es un riesgo permitido, es decir[,] que no existen riesgos no permitidos o conductas prohibidas por esta área del derecho; pues las personas pueden tomar o realizar todos los riesgos que a bien tengan mientras no produzcan daños con relevancia jurídica. Los deberes de conducta del derecho de la responsabilidad extracontractual jamás son prospectivos, pues este subsistema no impone a nadie limitaciones de ningún tipo *mientras la actividad está teniendo lugar* (como sí lo hacen las reglamentaciones preventivas o sancionatorias dentro de sus respectivos subsistemas); de ahí que no se exija la intencionalidad del sujeto como condición

---

33 Corte Suprema de Justicia, Sala de Casación Civil. Sentencia SC002-2018 del 12 de enero de 2018, Rad. 11001-31-03-027-2010-00578-01, M. P.: Ariel Salazar Ramírez.

necesaria de la imputación. El juicio de desvalor no radica en la antijuridicidad de la conducta *per se*, sino en que suceda o no un daño a partir de la creación del riesgo (*per accidens*). Es decir, que la conducta es jurídicamente reprobable solo cuando se analiza en retrospectiva (retroalimentación cibernética) a la luz de las posibilidades que tuvo el agente de evitar generar el daño; solo entonces puede predicarse su inadecuación al deber: el problema de la responsabilidad extracontractual "es que se permita una acción que sea jurídica, pero que en caso de un perjuicio obligue[,] no obstante[,] a la indemnización".

[...]

Dependiendo del nivel de exigencia que consagra la proposición normativa para valorar el comportamiento de las personas según las reglas de adjudicación (que señalan deberes de evitación de riesgos o establecen una posición de garante o de guardián de la cosa o actividad), o los patrones de conducta (que permiten medir la prudencia en cada situación específica), habrá lugar a responsabilidad objetiva o estricta; a responsabilidad por actividades peligrosas (o por culpa presunta); a responsabilidad por culpa o infracción de deberes objetivos de diligencia y cuidado; o a responsabilidad por dolo. [...] i) La menos exigente de todas es la responsabilidad objetiva, en la que solo se atiende al hecho de haber causado un daño a un bien jurídico ajeno que el ordenamiento civil considera merecedor de indemnización. [...] ii) En la responsabilidad por actividades peligrosas no solo existe un deber de no lesionar los bienes jurídicos ajenos, sino que el daño debe haber sido el resultado de la creación de un riesgo por el autor; sin que sea necesario entrar a analizar la incorrección del comportamiento en concreto por violación a los deberes de prudencia. [...] iii) El nivel de imputación que sigue en orden de exigencia de requisitos estructurales es el de la responsabilidad por culpabilidad, que además de la realización del daño, reclama que el agente haya tenido la posibilidad de crear el riesgo que lo produjo mediante la inobservancia del deber de su evitación (*imputatio facti*) más la posibilidad de adecuar su conducta a los deberes objetivos de prudencia (*imputatio iuris*). En tal caso, el artículo 2341 del Código Civil permite exonerarse de responsabilidad con la prueba de una fuerza mayor, un caso fortuito, la autoría o participación de la víctima en la creación del riesgo, o la debida diligencia y cuidado del demandado. [...] Por último, existe otro criterio de imputación: el de la conducta intencional o voluntaria (que presupone libertad máxima o suprema conciencia para determinarse según los fines deseados), que no está en un nivel más exigente que el anterior, pues el dolo no es un requisito necesario para la imputación de la culpabilidad, pero sí es una condición suficiente. Basta, para que se imponga la obligación de indemnizar, que se demuestren los mismos requisitos estructurales de la responsabilidad por culpa.

Finalmente, refiriéndose a la diferencia entre el riesgo y el peligro como presupuesto jurídico de la imputación, explica la Corte[34]:

> Para poder realizar el juicio de atribución del daño al agente responsable[,] hay que establecer si el resultado de la conducta depende de una elección libre, es decir, que hay que averiguar si los daños pudieron evitarse con una decisión. Por ello hay que establecer quién los genera y quién los padece, por lo que es necesario distinguir entre quien toma las decisiones que producen riesgos y quien no puede hacer nada frente a ellas.
>
> "(...) [L]o que en un futuro pueda suceder depende de la decisión que se tome en el presente. Pues[,] en efecto, hablamos de riesgo únicamente cuando ha de tomarse una decisión sin la cual podría ocurrir un daño. El hecho de que quien tome la decisión perciba el riesgo como consecuencia de su decisión o de que sean otros los que se lo atribuyen no es algo esencial al concepto (aunque sí se trata de una cuestión de definición). Tampoco importa en qué momento ocurre el daño, es decir, en el momento de la decisión o después. Lo importante para el concepto, tal y como aquí lo proponemos, es exclusivamente que el posible daño sea algo contingente; esto es, evitable".
>
> Los riesgos son producto de una elección que, analizada en retrospectiva por el juez, se considera desaprobada con relación a una regla de adjudicación que establece deberes de evitación de daños. En la medida que las consecuencias lesivas dependan de decisiones, estas últimas serán un riesgo; y la creación del riesgo permitirá hacer el respectivo juicio de imputación. "Porque, en efecto, solamente podemos hablar de una atribución a decisiones cuando es posible imaginar una elección entre alternativas y esa elección se presenta como algo razonable, independientemente de que quien tome la decisión se percate o no del riesgo y de la alternativa".
>
> El peligro, por el contrario, es lo que padece quien no tiene la posibilidad de tomar la decisión que genera el daño, o sea, quien no tiene el poder de su evitación ni de su realización, y tan solo puede evitar exponerse a él sin ninguna injerencia en su producción. Los peligros no son consecuencia de elecciones, porque quien los soporta no tiene la posibilidad de crearlos; tan solo puede evitar exponerse a ellos cuando son previsibles.
>
> "Por prevención debe entenderse aquí, en general, una preparación contra daños futuros no seguros, buscando ya sea que la probabilidad de que tengan lugar

---

34 Corte Suprema de Justicia, Sala de Casación Civil. Sentencia SC002-2018 del 12 de enero, cit.

disminuya, o que las dimensiones del daño se reduzcan. La prevención se puede practicar, entonces, tanto ante el peligro como ante el riesgo. Puede también ocurrir que tomemos precauciones con relación a peligros que no pueden atribuirse a decisiones propias".

Vistos desde la perspectiva de quien los padece, los peligros son creación de otros, por eso quedan por fuera de sus posibilidades de decisión y de imputación. Los peligros, entonces, no son imputables a las víctimas porque no están dentro de (sic) la órbita de su capacidad de elección.

Los riesgos se atribuyen a las decisiones, mientras que los peligros se atribuyen a factores externos a la conducta de quien los padece. De ese modo, "los riesgos que corre (y debe correr) una instancia de decisión se convierten en un peligro para los afectados". Los riesgos creados por unos son el peligro que otros soportan[35].

IV. UBICACIÓN DE LA RESPONSABILIDAD CONTRACTUAL DEL FIDUCIARIO: LAS OBLIGACIONES DE MEDIOS Y DE RESULTADO

Uno de los mayores inconvenientes que se presentan en la responsabilidad profesional en general, y en particular en la responsabilidad civil del fiduciario, tiene que ver, precisamente, con la determinación de dicha responsabilidad a partir de la "afinación" del contenido y los alcances de la prestación debida en la estructura de los distintos tipos de negocios fiduciarios que

---

35 El profesor Javier Tamayo Jaramillo denominó a esta sentencia la sentencia del *big bang*. En relación con la causalidad, el Dr. Tamayo refiere que la sentencia en comento "presenta una gran confusión, porque[,] pese a que se trata de distinguir entre causalidad e imputación (distinción que es válida), lo que se hace es justamente confundir ambos conceptos. Prueba de ello es que el fallo confunde causalidad adecuada con causa jurídica o imputación. Puede haber causalidad adecuada, así el daño no le sea atribuible jurídicamente, al causante. Puede que haya culpa del médico, pero que dicha culpa no sea causa adecuada del daño. Y puede que un fuerte aguacero que concurra con la conducta culposa del médico sea o no causa adecuada del daño. Cuando el médico causa el daño, pero se prueba una causa extraña es porque esta es la causa adecuada del daño, razón por la cual, este no es imputable jurídicamente al médico. En consecuencia, la causalidad jurídica o imputación lo que indica es que, a veces, hay causalidad jurídica así no haya causa física, o que haya tanto causalidad física como causalidad jurídica, como cuando una persona asesina, de un balazo, a otra". (JAVIER TAMAYO JARAMILLO. "El caso del 'big bang' sobre la culpa y el nexo causal en la responsabilidad civil", *Ámbito Jurídico*, Bogotá, Legis, 27 de febrero de 2017. Disponible en https://www.ambitojuridico.com/noticias/analisis-jurisprudencial/civil-y-familia/hacia-una-nueva-responsabilidad-civil).

la ley autoriza que celebren las sociedades fiduciarias[36]. Esto impone la necesidad de realizar un detenido análisis de las denominadas obligaciones de medios y de resultado, tanto más si se considera que, tratándose de la contratación fiduciaria, adquiere especial relevancia el juzgar la calidad de la diligencia y la pericia prestada por el fiduciario de cara al cumplimiento de la finalidad a la que se encuentran afectados los bienes fideicomitidos, más que la obtención de un resultado.

A. ENCUADRAMIENTO DE LAS OBLIGACIONES DE MEDIOS Y DE RESULTADO

La distinción entre obligaciones de medios y de resultado la han venido presentando la doctrina y la jurisprudencia patrias como eje del sistema de la responsabilidad civil del fiduciario, y su paternidad suele atribuírsele al jurista francés René Demogue, quien la estableció con miras a configurar la responsabilidad contractual y a solucionar el problema de la carga de la prueba de la culpa derivado de la aparente contradicción de los artículos

---

36 En esta dirección, se comparte aquí el criterio de quienes estiman que, "aunque en la doctrina se han tomado en consideración diversos elementos a la hora de concretar cuándo debe entenderse que el deudor se compromete a obtener un resultado, el elemento fundamental es el que atañe a las posibilidades del prestador de alcanzar el resultado perseguido, por quedar este o no bajo su control. Cuando la consecución del resultado no depende exclusivamente de la actividad del deudor, sino de factores externos ajenos a su control, no parece posible entender, en defecto de pacto expreso, que aquel se compromete a obtener tal resultado. Y ello porque no sería razonable —ni[,] por tanto, protegible jurídicamente— la expectativa de obtención del resultado que pudiera haberse forjado el cliente. Ahora bien, ello será así siempre que resulte claro para el cliente medio, y de acuerdo con las circunstancias del contexto negocial, que la obtención del resultado que persigue obtener no está en manos del prestador del servicio. Porque, en caso contrario, es decir, cuando el cliente desconozca tal circunstancia y haya podido forjarse la expectativa inversa, bien como consecuencia del comportamiento del prestador del servicio[,] o bien debido al contexto en que se ha desarrollado la negociación, cabrá entender que el proveedor del servicio se ha comprometido a obtener el resultado esperado por el cliente. Esto último puede ocurrir, por ejemplo, en el supuesto en que[,] de la publicidad realizada en la comercialización de un servicio, quepa deducir que se está garantizando un resultado, cosa que, por lo que aquí nos interesa, sucede con relativa frecuencia en el ámbito de los tratamientos médicos de carácter estético. Pero también se dará esta situación si el cliente acude al prestador del servicio con el propósito de obtener un determinado objetivo, conocido por el prestador, y este no le informa de que dicho objetivo puede no obtenerse". (María José Santos Morón, "La responsabilidad médica (en particular en la medicina "voluntaria"): una relectura desde el punto de vista contractual", *InDret. Revista para el Análisis del Derecho*, n.º 1, enero-marzo, Barcelona, Universidad Pompeu Fabra, 2018).

1137 y 1147 del Código Civil francés[37]. El artículo 1137, al referirse a las obligaciones de medios, enseña que "la obligación de velar por la conservación de la cosa [...] somete a quien está encargado de ella a proveer todos los cuidados de un buen padre de familia", de manera que el acreedor, para establecer la responsabilidad por incumplimiento, ha de probar que el deudor no ha observado la diligencia debida. Y el artículo 1147, al referirse a las obligaciones de resultado dispone que "el deudor será condenado al pago de daños y perjuicios, sea en razón de la inejecución de la obligación, sea en razón del retardo en ejecutarla, siempre que no justifique que la inejecución provino de una causa extraña que no puede serle imputada, a más de que no hubo mala fe alguna de su parte", de suerte entonces que el acreedor puede obtener la condena del deudor solo con probar el incumplimiento del deudor.

En tiempos de Demogue, la mayor parte de la doctrina francesa entendía que el artículo 1137 se aplicaba en sede de responsabilidad delictual, de modo que la prueba de la culpa delictual incumbía a la víctima, al paso que por aplicación del artículo 1147 la culpa contractual se presumía, y esta presunción solo podía destruirse con la prueba del caso fortuito. Para Demogue, esta diferencia era inexistente, por lo que el sistema de la prueba era el mismo tanto para la culpa delictual como para la culpa contractual. Demogue entendía que, además del daño, la víctima debía probar la existencia de una obligación que no había sido ejecutada y, a la vez, que había una relación de causalidad entre la inejecución y el daño. Pero, en realidad —añadía— esta prueba presentaba una definición desigual dependiendo de si la obligación inejecutada correspondía a una obligación de medios, o bien a una de resultado. Tratándose de obligaciones de resultado, esta prueba se simplificaba, por cuanto la no obtención del resultado era un hecho positivo, a menudo evidente, que se confundía necesariamente con el propio daño. Solo en el caso de que la obligación fuese de medios, para probar la inejecución, el demandante debía establecer la imprudencia o negligencia.

De este modo, y mediante la distinción entre obligaciones de medios y de resultado, Demogue demostró la relativa unidad de los regímenes de responsabilidad contractuales y delictuales, al tiempo que solucionó la aparente contradicción entre los artículos 1137 y 1147. Todo parece indicar que Demogue no pretendía hacer una distinción fundamental, y probablemente no imaginó

---

37 Corps Législatif. Code Civil des Français (Código Civil francés). Disponible en https://www.legifrance.gouv.fr/affichCode.do?cidTexte=LEGITEXT000006070721&dateTexte=20200907

la importancia que su teoría adquiriría después. Lo cierto es que, desde que apareció la obra de Demogue, la distinción entre obligaciones de medios y de resultado ha ganado terreno poco a poco, al punto que en la actualidad es acogida por la mayoría de los diferentes sistemas jurídicos del mundo[38].

B. CONSOLIDACIÓN JURÍDICA DE LA CLASIFICACIÓN DE LAS OBLIGACIONES EN DE MEDIOS Y DE RESULTADO

Ahora bien, desde que surgió la clasificación entre obligaciones de medios y de resultado, la doctrina ha intentado encontrar un criterio cuya utilización permita determinar cuándo nos encontramos ante una u otra especie de obligaciones. De tales criterios, unos atienden a la situación de las partes en la relación obligatoria, al paso que otros se refieren al contenido de la obligación. Entre estos últimos está el que aborda el carácter más o menos aleatorio del resultado esperado por el acreedor. En este sentido, se dice que, en general, son obligaciones de medios aquellas en las cuales la prestación debida consiste en el despliegue de una actividad del deudor encaminada a proporcionar, de manera mediata, la satisfacción del interés del acreedor, o, lo que es lo mismo, en el desarrollo de una conducta diligente dirigida a conseguir el resultado previsto por el acreedor al contratar. Así, entonces, al deudor le corresponde poner los medios —con una actuación diligente— que le posibiliten al acreedor obtener el resultado o fin práctico buscado al contratar, resultado que, sin embargo, no forma parte de la prestación. Por consiguiente, el cumplimiento o el incumplimiento de la prestación es independiente de la obtención del resultado esperado por el acreedor y depende única y exclusivamente de la actuación diligente del deudor.

Lo dicho significa, pues, que en las obligaciones de medios la falta de obtención del resultado, debido a que es demasiado aleatorio, no genera responsabilidad si no hubo culpa por parte del deudor. Por consiguiente, si el acreedor pretende que el deudor le indemnice los perjuicios derivados del incumplimiento, le corresponde demostrar la culpa o el error de conducta en

---

38 *Cfr.* Francisco Jordano Fraga. *La responsabilidad contractual*, 1.ª ed., Madrid, Civitas, 1987, p. 172 y ss.; Carlos Pizarro Wilson. "La culpa como elemento constitutivo del incumplimiento en las obligaciones de medio o de diligencia", *Revista de Derecho de la Pontificia Universidad Católica de Valparaíso*, vol. 31, n.º 2, julio-diciembre, Valparaíso, Pontificia Universidad Católica de Valparaíso, 2008, pp. 255 a 265.

que este incurrió. Tratándose de obligaciones de medios, el deudor cumple entonces si despliega la actividad diligente, de suerte que esta constituye en sí misma aquello que el acreedor debe obtener. La prestación se encamina a un fin ulterior, pero la realización de este no se compromete.

Por su parte, las obligaciones de resultado son aquellas en las que el deudor se obliga a proporcionar, de manera directa e inmediata, la satisfacción del interés del acreedor mediante la obtención de un resultado pactado que integra la prestación. Por lo tanto, su cumplimiento o incumplimiento depende de la producción o no del resultado, y en cierta forma tanto el uno como el otro serán independientes del grado de diligencia que emplee el deudor en el cumplimiento de la obligación. O sea que en las obligaciones de resultado el deudor no puede pretender haber cumplido su prestación sino cuando realiza el concreto resultado debido. Por consiguiente, en esta clase de obligaciones, el incumplimiento genera responsabilidad objetiva, porque no se admite la falta de culpa como excusa; de ahí que, para exonerarse de responsabilidad, el deudor debe acreditar la ocurrencia de una causa extraña, aunque en ciertos eventos ni siquiera este medio le sirve para eximirse de ella[39].

---

39 La jurisprudencia y la doctrina colombianas han hecho eco de la distinción entre obligaciones de medios y de resultado. Esta línea jurisprudencial y doctrinal recoge en su integridad la tesis propuesta por Demogue. Así se observa, entre otras, en las providencias de la Sala de Casación Civil de la Corte Suprema de Justicia del 5 de noviembre de 1935, 30 de noviembre de 1935, 31 de mayo de 1938, 5 de marzo de 1940, 12 de diciembre de 1940, 18 de marzo de 1942, 5 de mayo de 1942, 29 de octubre de 1945, 11 de junio de 1974, 3 de noviembre de 1977, 12 de septiembre de 1985 y 24 de junio de 1988. De estos pronunciamientos, mención especial merece el del 31 de mayo de 1938, en el cual la Corte Suprema de Justicia expresó: "La prestación, pues, o bien es una conducta del deudor en provecho del acreedor, o bien es un resultado externo que con su actividad debe producir el deudor en favor del acreedor [...]. Es deber del deudor obtener con su actividad ese hecho (prometido), tal resultado. En cambio, en las obligaciones de medios, el deudor únicamente consiente en aportar toda la diligencia posible a fin de procurar obtener el resultado que pretende el acreedor. El deudor solo promete consagrar al logro de un resultado determinado su actividad, sus esfuerzos y su diligencia, pero no que este se alcance [...]. La culpa [...] continúa siendo la base de la responsabilidad civil. Acontece que, en materia contractual, cuando se trata de obligaciones de resultado, la noción de culpa es, si se quiere, menos importante [...] porque es suficiente comprobar el incumplimiento de la obligación, que el resultado no ha sido obtenido por parte del deudor, para por esa misma circunstancia connotar la existencia de la culpa contractual: faltar a sus compromisos no es la conducta propia de un hombre juicioso, diligente y avisado. En las obligaciones de medios [...] no hay lugar a confundir el incumplimiento con la culpa. No basta para deducir la responsabilidad del deudor comprobar la existencia de una inejecución, sino que se hace indispensable estimar si ella es culposa, para lo cual debe compararse la conducta del deudor, con la que hubiera observado un hombre de prudencia ordinaria, normal

Ahora bien, este criterio del carácter más o menos aleatorio del resultado esperado por el acreedor entraña la dificultad de distinguir cuáles obligaciones son en realidad aleatorias y cuáles presentan un riesgo normal. De ahí que este criterio no se pueda considerar como definitivo para diferenciar las obligaciones de medios de las de resultado, máxime si se tiene en cuenta que, en ejercicio de la autonomía de la voluntad, las partes pueden configurar de manera libre una obligación como de medios o como de resultado, independientemente de la aleatoriedad del resultado pretendido, amén de que es incuestionable que el alea se encuentra presente en todos los casos, por lo que aun en las obligaciones de resultado es preciso admitir circunstancias constitutivas de caso fortuito o fuerza mayor. Pero en las obligaciones de medios o de diligencia, el alea es tal que su incidencia en la consecución del resultado no permite presumir la culpa del deudor.

De todas maneras, la contraposición de estas dos categorías de obligaciones ha derivado en una gran polémica doctrinal y jurisprudencial, y ello no solo sobre cuál es el criterio de diferenciación que se debe emplear para distinguir una y otra clase de obligaciones, puesto que también se extiende a otros aspectos relacionados con las consecuencias que surgen de tal distinción.

En realidad, parece existir un único punto en el que la doctrina y la jurisprudencia se muestran casi de acuerdo, y es el de considerar que esta clasificación se basa, primordialmente, en la configuración del objeto de la obligación o, si se prefiere, en la naturaleza de la prestación, y no en el grado de diligencia exigible —como se pudiera creer—, amén de que dicha

---

y usual, colocado en la misma situación objetiva de aquel. Si el resultado de la comparación es desfavorable al deudor, surge entonces la responsabilidad". (Corte Suprema de Justicia, Sala de Casación Civil. Sentencia del 31 de mayo de 1938, M. P.: Juan Francisco Mujica, XLVI, 566 a 574). También un sector de la doctrina nacional respalda la viabilidad de la distinción entre obligaciones de medios y de resultado en el ordenamiento jurídico: *Cfr.* JORGE SUESCÚN MELO. *Derecho privado: estudios de derecho civil y comercial contemporáneo*, t. I., 2.ª ed., Bogotá, Legis, 2003, p. 509 y ss. A nivel internacional, Henri Mazeaud y León Mazeaud afirman que, "cuando la obligación es de prudencia o diligencia, para demostrar el incumplimiento, hace falta que la víctima establezca una imprudencia o negligencia". (HENRI MAZEAUD y LÉON MAZEAUD. *Lecciones de derecho civil*, parte II, vol. II, *La responsabilidad civil. Los cuasicontratos*, Buenos Aires, Ediciones Jurídicas Europa-América, 1977, p. 120 y ss.). A su turno, Luis Pascual Estevill señala que "la diligencia, cuando es contenido de la prestación, y no se lleva a término armónicamente con el servicio pactado, determina el incumplimiento[,] y este[,] la responsabilidad". (LUIS PASCUAL ESTEVILL. *Derecho de daños: principios generales, responsabilidad contractual, extracontractual y responsabilidad precontractual*, vol. 2, Barcelona, Bosch, 1995, p. 740).

distinción encuentra su mejor acomodo y su mayor utilidad en el ámbito de las obligaciones de hacer.

En este sentido, la mayor parte de la doctrina y de la jurisprudencia considera que en las obligaciones de resultado el deudor no se obliga solamente a desplegar una actividad diligente para la consecución de un determinado resultado, sino que es el logro concreto de este resultado el que constituye el contenido de la prestación. El obligado se compromete, pues, a procurar la consecución del resultado cualesquiera que sean las dificultades que pueda encontrar, le cueste lo que le cueste, y es responsable de su no obtención, salvo que pruebe la ocurrencia de un hecho constitutivo de caso fortuito o fuerza mayor. El resultado o el fin deseado está, entonces, *in obligatione* e *in solutione*, de suerte que el deudor puede ser declarado responsable sin considerar el comportamiento adoptado en orden al cumplimiento de la obligación.

En cambio, en las obligaciones de medios, el contenido de la prestación del deudor se agota en el desarrollo de una conducta diligente, sin que en este se integre la consecución de un resultado. Es decir, el deudor, mediante una conducta diligente, debe poner los medios que posibiliten la consecución del resultado esperado por el acreedor, pero este resultado y este fin solo están *in obligatione*. Son, pues, obligaciones en las que la diligencia misma del deudor se hace objeto de la obligación. Y si ello es así es porque normalmente el resultado perseguido por el acreedor —y que el deudor se esforzará en alcanzar— es demasiado aleatorio, de modo que depende muy poco de la sola diligencia del deudor para que las partes puedan hacerlo objeto de la obligación. El resultado debe, entonces, permanecer fuera del contrato.

De este modo, el cumplimiento o incumplimiento dependerá únicamente de la actuación diligente o negligente del deudor, sin que influya en absoluto si se ha logrado o no el fin perseguido, lo que significa, entonces, que el deudor solo puede ser condenado sobre la base de una culpa personal que debe demostrar el acreedor. Sin embargo, ello no significa que por tratarse de obligaciones de medios no haya un interés del acreedor; existe, solo que depende de la obtención de otro ulterior respecto de cuya realización el deudor no se encuentra obligado de manera directa.

Quienes se declaran partidarios de la distinción entre obligaciones de medios y de resultado insisten en su utilidad para explicar y sistematizar las soluciones del ordenamiento jurídico en lo concerniente al hecho generador de la responsabilidad y su prueba. Por eso, sus esfuerzos se han dirigido a tratar de demostrar que gracias a esta distinción es posible explicar que el deudor contractual en ciertas ocasiones está obligado de forma estricta, de modo que, al perjudicado, para poner en juego la responsabilidad de este, le basta probar la existencia del daño, y en otras, en cambio, se requiere que el acreedor compruebe la falta de diligencia del deudor. De esta suerte, la ventaja de esta distinción es no solo de orden metodológico, sino también práctico en el ámbito de la prueba[40].

---

40 Sobre este particular, en el Laudo arbitral del 3 de agosto de 2000, proferido para dirimir las controversias entre Carlos Arturo Camelo y otros y Santander Investment Trust surgidas con ocasión del fideicomiso Sabazynda, se dijo: "La culpa, tanto en materia contractual como delictual, continúa siendo la base para la responsabilidad civil. Acontece que, en materia contractual, cuando se trata de obligaciones de resultado, la noción de culpa es, si se quiere, menos importante que en el terreno de la responsabilidad delictual, porque es suficiente comprobar el incumplimiento de la obligación, que el resultado no ha sido obtenido por parte del deudor para por esa misma circunstancia connotar la existencia de la culpa contractual: faltar a sus compromisos no es conducta propia de un hombre juicioso, diligente y avisado. En las obligaciones de medios, el trabajo de apreciación por parte del juzgador es a menudo delicado, porque aquí no hay lugar a confundir el incumplimiento con la culpa. No basta[,] para deducir la responsabilidad del deudor[,] comprobar la existencia de una inejecución, sino que se hace indispensable estimar si ella es culposa, para lo cual debe compararse la conducta del deudor con la que hubiera observado un hombre de prudencia ordinaria, normal y usual colocado en la misma situación objetiva de aquel. Si el resultado de la comparación es desfavorable al deudor, surge entonces la responsabilidad. En la aplicación de este método[,] el juez goza de una gran libertad, y su severidad para con el deudor de una obligación de medios debe inspirarse en la utilidad social, sin traspasar los límites generales señalados por la doctrina y la jurisprudencia contemporánea, de que, en materia de actos ilícitos, como en materia de violación de un contrato, toda negligencia, cualquiera que sea su gravedad, entraña, en principio, la responsabilidad del autor. El artículo 1757 del Código Civil exige en principio a la persona que alega el derecho de la prueba de que se hallan reunidas todas las condiciones a las cuales subordina el ordenamiento jurídico la existencia de una obligación. Cuando se pretende[,] en juicio por el acreedor[,] que el deudor ejecute su obligación, basta a aquel probar la existencia del contrato. No así cuando se demanda la reparación del daño ocasionado por la inejecución consumada de la obligación o por el rehusamiento a ejecutarla que sea equivalente a aquello otro. Es de la presencia de cualquiera de estas dos circunstancias de donde nace la obligación de resarcir el daño, pero no, como erróneamente se sostenía, del contrato. Ello es muy claro: la responsabilidad civil solo nace de la culpa. Esta, que en materia contractual consiste en la violación de la prestación convenida, origina la obligación de reparar el perjuicio, motivo por el cual la última no existe antes de la culpa. La prestación primitiva queda sustituida por esta otra obligación que surge de la culpa, sin que por ello sea dable confundirlas. Cuestión muy distinta es la de que la obligación contractual suele aparecer como una condición previa para la culpa y la obligación de reparar como consecuencia de la culpa. De ahí que[,] para la procedencia de la acción encaminada a indemnizar perjuicios contractuales, se requiera, además de la prueba de la obligación contraída, acreditar la violación de esta, porque en esta forma se demuestra al mismo tiempo la existencia de la obligación de indemnizar, cuyo cumplimiento se persigue". (Laudo arbitral del 3 de agosto de 2000).

Quienes, por el contrario, critican esta distinción entre obligaciones de medios y de resultado consideran que ella es demasiado simplista y que, por ende, proporciona una visión falsa de la realidad. Sostienen que es imposible establecer una distinción radical entre ambos tipos de obligaciones y que toda obligación debe satisfacer resultados mediante el empleo de medios, de suerte que no existen obligaciones de simples medios ni de meros resultados. En la obligación no solo tiene importancia el resultado práctico que se pretende alcanzar, sino también el empeño que el deudor debe poner para conseguirlo. En realidad, toda obligación de actividad contempla la obtención de un resultado, y toda obligación de resultado comporta el desarrollo de una actividad.

Desde posiciones extremas, hay quienes consideran que toda obligación es de resultado, y hay quienes estiman que toda obligación es de medios. Los primeros defienden que, si el objeto de toda obligación es la consecución, por parte del obligado, de un concreto resultado que satisface el interés del acreedor, debe concluirse que todas las obligaciones son de resultado.

En contra de esta tesis, se dice que ella se basa en un equívoco derivado de asimilar o identificar la prestación debida con el "resultado". Así, se dirá que, si bien es cierto que al celebrar un contrato las partes siempre toman en consideración la producción de cierto resultado, no es menos cierto que ello no impide que este resultado pueda ser excluido del objeto de la obligación. En algunos casos, el resultado al que se encamina la actividad del deudor se incorpora a la prestación —vale decir, está *in obligatione*— y es lo debido por el deudor, mientras que en otros no se incluye, y lo debido es solo el despliegue de una conducta diligente dirigida a la consecución del resultado.

Desde una perspectiva en contra de quienes consideran que toda obligación es de medios, se dice que, si bien es cierto que la ejecución de cualquier obligación (incluyendo las de resultado) comporta una actividad e impone una determinada diligencia al deudor, también lo es que esto no impide que existan dos clases de obligaciones: unas en las que lo debido por el deudor es el simple despliegue de una actividad diligente, de suerte que el deudor que la realiza cumple aunque no logre el resultado al que se dirige tal actividad; y otras en las que lo debido por el deudor es una actividad diligente que se asocia con un resultado específico, de manera que el deudor, aunque realice la conducta de forma diligente, no cumple si no alcanza el resultado prometido.

A pesar de las críticas que se han esbozado en torno a la distinción entre obligaciones de medios y de resultado, la verdad es que, si bien es cierto que siempre se debe un resultado, también lo es que el contenido de dicho resultado difiere según se trate de obligaciones de una u otra clase. Así, tratándose de obligaciones de medios, es un comportamiento con arreglo a la diligencia como modelo de comportamiento, mientras que si se trata de obligaciones de resultado es una alteración de la realidad física. Adicionalmente, aunque en las obligaciones de resultado no basta con la mera ausencia de este para que proceda la declaratoria de responsabilidad del deudor, lo cierto es que ello obedece a que en esta clase de obligaciones la responsabilidad del deudor está limitada por la imposibilidad sobreviniente de la prestación por causas no imputables al deudor. Extinguida la obligación por dicha causa, el deudor se libera de responsabilidad a pesar de no haberse realizado la prestación[41].

C. LA CLASIFICACIÓN DE LAS OBLIGACIONES EN DE MEDIOS Y DE RESULTADO: UN LUGAR COMÚN EN LA CONTRATACIÓN FIDUCIARIA QUE EXIGE MAYORES REFLEXIONES

La distinción entre obligaciones de medios y de resultado ha sido llevada al campo de las operaciones y negocios fiduciarios celebrados por las sociedades fiduciarias sometidas al control y a la vigilancia de la hoy Superintendencia Financiera de Colombia. En esta materia, gran parte de la doctrina y de la jurisprudencia, apoyándose en pronunciamientos efectuados por la entonces Superintendencia Bancaria, adoptó de tiempo atrás la regla según la cual las obligaciones del fiduciario son de medios, y no de resultado, atendiendo para ello a la finalidad a la cual quedan afectados los bienes fideicomitidos, refrendada por la *voluntas* del fideicomitente[42]. Esta regla fue elevada a pre-

41 FRANCISCO JORDANO FRAGA. *La responsabilidad contractual*, cit., p. 175.

42 Con base en la regla según la cual las obligaciones del fiduciario son de medios y no de resultado, en Colombia se han venido solucionando la totalidad de las reclamaciones presentadas contra las sociedades fiduciarias y se ha repudiado la inversión de la carga de la prueba, siendo de cargo del fideicomitente o del beneficiario, según el caso, la prueba de la culpa y de la relación de causalidad, puesto que a la relación causal debe sumársele el reproche culpabilístico. Ejemplos paradigmáticos de ello son, entre otras incontables providencias, las siguientes: el Laudo arbitral del 26 de agosto de 1997, mediante el cual se resolvieron las controversias entre Leasing Mundial y Fidufes (hoy Acción Fiduciaria S. A.); el Laudo arbitral del 8 de junio de 1999 proferido con ocasión de la controversia planteada por el Inurbe a Fiduagraria con respecto a la celebración y ejecución de un negocio fiduciario celebrado para la inversión y administración de los recursos del subsidio de vivienda; el Laudo arbitral del 31 de julio de 2000, que resolvió las controversias

cepto legal en los términos de que da cuenta el numeral 3 del artículo 29 del Estatuto Orgánico del Sistema Financiero (EOSF)[43], conforme al cual "los encargos y contratos fiduciarios que celebren las sociedades fiduciarias no podrán tener por objeto la asunción por estas de obligaciones de resultado, salvo en aquellos casos en que así lo prevea la ley".

Con esta norma lo que se pretende significar es que, por principio, en ejecución de sus obligaciones contractuales y legales, el fiduciario debe limitarse a desplegar todo su esfuerzo, conocimiento y diligencia al servicio de los intereses cuya gestión le ha sido encomendada, sin llegar a garantizar su resultado. Así, en aplicación de lo dispuesto por el artículo 1243 del Código de Comercio (CCo)[44], se ha admitido —sin mayor discernimiento— que la

---

entre la Beneficencia de Cundinamarca y Fiducentral S. A.; el Laudo arbitral del 9 de agosto de 2001, mediante el cual se resolvieron las controversias entre Construcciones Ampomar Ltda. y otros y Fidubandes S. A. (en liquidación); el Laudo arbitral del 28 de febrero de 2006, que resolvió las controversias entre Jorge Alberto Vélez Velásquez y Fiducolpatria S. A.; y la sentencia del 18 de mayo de 2006, proferida por la Sala de Casación Civil de la Corte Suprema de Justicia, Exp. 11001310300819970770001, M. P.: Carlos Ignacio Jaramillo Jaramillo. En todas estas providencias judiciales, se parte de la base de que la naturaleza intrínseca de la prestación en la obligación profesional de las sociedades fiduciarias consiste en la utilización de un simple medio, o bien en la observancia de la diligencia, prudencia y pericia que la ocasión reclame, con miras a alcanzar la finalidad a la que se encuentran afectados los bienes fideicomitidos, resultado este que nunca podrá ni deberá ser garantizado por el profesional fiduciario. De esta suerte, la jurisprudencia —con apoyo en la doctrina francesa— concluye, de manera uniforme, que para exonerarse de responsabilidad a las sociedades fiduciarias les basta con demostrar que obraron con la diligencia ordinaria, aunque también se admite que pueden alegar la ocurrencia de una causal exonerativa de responsabilidad, como el caso fortuito, la fuerza mayor, el hecho de un tercero o la culpa de la víctima. Sobre este particular, Jorge Mosset Iturraspe afirma: "[L]a denominada 'culpa común' es aquella en que puede incurrir cualquier persona; el criterio con el cual se juzga a las personas que integran la sociedad civil; la 'culpa profesional' es aquella en la que incurre una persona que ejerce una profesión, al faltar a los deberes especiales que ella impone; se trata, pues, de una infracción típica, concerniente a ciertos deberes propios de esa determinada actividad [...]. Es obvio que la construcción del distingo no responde a un criterio simplista; como si dijéramos que se trata de una sola culpa —imprudencia, negligencia o impericia—, juzgada sobre la base de un mismo parámetro; donde la única diferencia estriba en juzgar, en un caso, el obrar de un ciudadano cualquiera, y, en otro, el de un ciudadano profesional [...]. No se trata de eso. La distinción encierra el afán tuitivo [...] y apunta a juzgar con benevolencia el quehacer profesional, atendiendo a una serie de razones que se juzgan decisivas". (JORGE MOSSET ITURRASPE. *Responsabilidad por daños*, t. VIII, *Responsabilidad de los profesionales*, Buenos Aires, Rubinzal-Culzoni, reimpr., 2005, p. 148).

43 Presidencia de la República de Colombia. Decreto Ley 663 de 1993. Estatuto Orgánico del Sistema Financiero. *D. O.* 40820 del 5 de abril de 1993. Disponible en http://www.secretariasenado.gov.co/senado/basedoc/estatuto_organico_sistema_financiero.html

44 Presidencia de la República de Colombia. Decreto 410 de 1971. Por el cual se expide el Código

responsabilidad del fiduciario se extiende hasta la culpa leve, de suerte entonces que, mientras el fideicomitente y/o el beneficiario, según el caso, no demuestren la culpa del fiduciario, estos permanecerán indiferentes frente a cualquier pretensión que tenga por objeto deducirles responsabilidad[45].

Ahora bien, con respecto a la prohibición establecida en el numeral 3 del artículo 29 del EOSF, hace ya algún tiempo que en la doctrina se ha asentado la afirmación de que ella es absurda. El fundamento de esta aseveración consiste en que, si bien es cierto que la regla según la cual las obligaciones del fiduciario son de medios y no de resultado es orientadora de buena parte de los negocios fiduciarios, no es menos cierto que no lo es de todos, y, por lo tanto, no puede formularse como una regla absoluta.

Sobre este particular, Rengifo García[46] razona que sostener que las obligaciones del fiduciario únicamente son de medios equivale a desconocer la realidad y el carácter instrumental y polifacético que está llamado a cumplir el negocio fiduciario, en el que en numerosas hipótesis existe la posibilidad jurídica de que el fiduciario asuma obligaciones de resultado con el carácter de obligaciones principales o fundamentales.

En esta misma dirección, Rodríguez Azuero[47] ahonda en las modalidades de obligaciones de resultado en materia fiduciaria, y trae como ejemplo aquellos negocios fiduciarios en los que se entregan determinadas sumas de dinero y se establece como finalidad que la fiduciaria efectúe "un pago semestral a la universidad donde estudia su hijo o se pague al contratista contra la presentación de un acta de obra debidamente autorizada por el interventor o que corra la escritura pública cuando reciba un pago del prometiente comprador". En estos casos, el citado autor se pregunta: "¿Cómo

---

de Comercio. *D. O.* 33339 del 16 de junio de 1971. Disponible en http://www.secretariasenado.gov.co/senado/basedoc/codigo_comercio.html

45 Las más puras formulaciones del vetusto principio de "no hay responsabilidad sin culpa" acuden de ordinario a la inversión de la carga de la prueba a favor del perjudicado. Sin embargo, tratándose de operaciones y negocios fiduciarios, la doctrina y la jurisprudencia han adoptado el criterio contrario. El punto de partida de la responsabilidad civil del fiduciario es que este no está obligado a que en todo caso se cumpla la finalidad a la cual están afectados los bienes fideicomitidos como obligación de resultado, sino más bien una obligación de medios, es decir, está obligado a emplear todo su esfuerzo, conocimiento y diligencia al servicio de los intereses cuya gestión le ha sido encomendada.

46 Ernesto Rengifo García. *La fiducia mercantil y pública en Colombia*, 2.ª ed., Bogotá, Universidad Externado de Colombia, 2006, p. 161 y ss.

47 Sergio Rodríguez Azuero. *La responsabilidad del fiduciario*, Medellín, Ediciones Rosaristas, 1997, p. 40; Ernesto Rengifo García, *La fiducia mercantil y pública en Colombia*, cit., p. 161 y ss.

podría decírsele que tales finalidades no han podido obtenerse, a pesar del mejor esfuerzo hecho por el fiduciario en esa dirección y que, por consiguiente, debe acudir ante un juez para probar que el fiduciario actuó negligentemente?". En tal virtud, Rodríguez Azuero considera que, en ciertos casos e hipótesis, la responsabilidad del fiduciario no debe ir más allá, o que es posible concebir que mediante la estipulación de cláusulas limitativas de responsabilidad el fiduciario pueda responder exclusivamente por hipótesis de culpa lata o grave[48].

Frente a las anteriores posiciones doctrinales, se comparte aquí el criterio de que la distinción entre obligaciones de medios y de resultado solo tiene sentido a efectos de afirmar que el fiduciario responde cuando no cumple en lo absoluto o cuando cumple de manera defectuosa una prestación profesional cuyo objeto consiste exclusivamente en la entrega de una cosa, entendida esta última palabra en su más estricta acepción de bien de naturaleza corporal y tangible. La palabra "resultado" (efecto y consecuencia de un hecho) es lo bastante vaga como para llevarla, en el punto que ocupa, a un terreno que no sea el de las cosas en el sentido que se acaba de expresar, esto es, de bienes tangibles.

Adicionalmente, se comparte aquí el parecer de quienes[49], refiriéndose a la actividad médica, consideran que la distinción entre obligaciones de medios

48 La pretensión de limitar la responsabilidad del fiduciario a los casos de culpa grave, evidente o inexcusable parece encontrar fundamento en lo dispuesto por el artículo 2236 del CC italiano, conforme al cual, "[s]i la prestación implica la solución de problemas técnicos de especial dificultad, el prestador de obra no responde de los daños, sino en caso de dolo o culpa grave". La línea argumentativa desarrollada por Rodríguez Azuero y Rengifo García lleva a entender que estos autores pretenden ver en la prestación fiduciaria la necesidad de "solucionar problemas técnicos de especial dificultad", lo que en esencia conduciría a la necesidad de limitar la responsabilidad del fiduciario a la culpa grave, al error inexcusable. Sin embargo, son precisamente esas situaciones de especial dificultad las que llevan a que las sociedades fiduciarias no se dediquen a la celebración de todo género de negocios fiduciarios, sino a aquellos respecto de los cuales posean los conocimientos y la experiencia que reclama el cumplimiento de la finalidad establecida por el fideicomitente. Se considera aquí que la pretensión de limitar la responsabilidad del fiduciario a los casos de culpa grave no resulta de recibo, en la medida en que implica que el fiduciario quedaría liberado de las consecuencias de su obrar culposo. Y esta irresponsabilidad en el obrar culposo se admitiría a pesar de que la actividad desarrollada por las sociedades fiduciarias compromete el orden público económico. La única posibilidad o margen de flexibilidad está dada por la apreciación de la culpa leve de acuerdo con el modelo del *artifex*. Y esa flexibilidad debe tener en cuenta las circunstancias de la persona del fiduciario, el tiempo y el lugar. *Cfr.* Jorge Mosset Iturraspe. *Responsabilidad por daños*, t. VIII, *Responsabilidad de los profesionales*, cit., p. 362.

49 Ricardo de Ángel Yágüez. "El resultado en la obligación del médico. ¿Ideas sensatas que pueden

y de resultado no debe ser exagerada por cuanto las prestaciones de medios también incluyen de manera instrumental prestaciones de resultado; de ahí que haya resultados que, aunque no sean la *perfectio* o *consumatio operis*, pueden estimarse como útiles en sí mismos. Si se traspolan estas ideas a la contratación fiduciaria, se tendría que, si bien el fiduciario no promete la consecución de la finalidad a la que se encuentran afectados los bienes fideicomitidos (resultado), sí se obliga a un determinado acto que es un "resultado", instrumental si se quiere, pero apreciable en y por sí mismo. Ese "resultado" siempre está presente en la obligación a cargo del fiduciario, pues, por ser esta una obligación de actividad, esta es el objeto de la obligación.

Desde la perspectiva del cumplimiento, lo antes expuesto implica que, por ser el fiduciario deudor de una obligación de actividad, la realización de la conducta diligente basta para que se considere cumplida, aunque no llegue a darse la finalidad a la que se encuentran afectados los bienes fideicomitidos, esto es, el resultado. Lo que determina el cumplimiento no es la existencia del resultado (cumplimiento de la finalidad a la que se encuentran afectados los bienes fideicomitidos), sino la ejecución adecuada y correcta, es decir, diligente, de la actividad encaminada a aquel resultado.

Así las cosas, no se acierta a comprender qué diferencia —a efectos de deducirle responsabilidad al fiduciario— existe o puede haber entre la no consecución de la finalidad en un negocio fiduciario de administración y la no consecución de la finalidad en un negocio fiduciario de inversión o en un negocio fiduciario de garantía, o en un negocio fiduciario de administración de procesos concursales. Ciertamente, no se encuentra razón alguna que permita conducir a una sentencia condenatoria del fiduciario en cualquiera de los casos traídos a colación si no es sobre la base de que se haya probado la culpa o negligencia del gestor fiduciario.

Por decirlo de otro modo: volviendo al ejemplo traído a colación por Rodríguez Azuero[50], no parece demasiado fundado situar la idea de "resultado" en el pago semestral a la universidad, porque hacerlo significa atribuir un tratamiento diferente al negocio fiduciario cuya finalidad sea la de invertir o colocar una determinada suma de dinero, por ejemplo, con respecto al que

---

volverse locas?", en *Estudio de derecho de obligaciones. Homenaje al profesor Mariano Alonso Pérez*, vol. I, Eugenio Llamas Pombo (coord.), Madrid, La Ley-Actualidad, 2006, pp. 419 a 468.

50 Sergio Rodríguez Azuero. *La responsabilidad del fiduciario*, cit., p. 40; Ernesto Rengifo García. *La fiducia mercantil y pública en Colombia*, cit., p. 161 y ss.

tiene por finalidad estructurar un proceso de titularización. Cosa distinta es que el "fracaso" de un pago que ha debido hacerse a una universidad constituya o pueda configurar un principio de prueba calificable de indicio de la responsabilidad civil del profesional fiduciario. Este es un dato más que habrá de tener en cuenta el juzgador, pero en modo alguno, al entender del suscrito, determinante de una genuina presunción de culpa, con inversión de la carga de la prueba.

A lo anterior conviene agregar que al exigirse como requisito de perfeccionamiento de los negocios fiduciarios la entrega de los bienes fideicomitidos con o sin transferencia del derecho de dominio, en el ejemplo propuesto por Rodríguez Azuero al que se ha aludido es incuestionable que la no realización de la finalidad no podría atribuirse a nada distinto que a la pérdida del dinero fideicomitido; sin embargo, dicha pérdida no constituye por sí sola causal de exoneración de responsabilidad si la falta de diligencia y cuidado para evitar su ocurrencia fue el desencadenante de tal hecho. Si el fiduciario alega que no pudo cumplir con la finalidad a pesar del mejor esfuerzo realizado por él a ese respecto y pretende con ello liberarse del cumplimiento de su obligación, debe probar no solo el hecho, sino también las circunstancias que excluyen su culpa. Y la presunción de culpa que en este caso acompaña al fiduciario no se destruye por la simple manifestación de la causa del incumplimiento cuando dicho incumplimiento es un hecho que el fiduciario está obligado a prever o a impedir.

D. LOS FACTORES INVOCADOS POR LA DOCTRINA Y LA JURISPRUDENCIA NO JUSTIFICAN DE MANERA RAZONABLE EL TRATO PRIVILEGIADO DISPENSADO A LAS SOCIEDADES FIDUCIARIAS AL MOMENTO DE DETERMINAR SU RESPONSABILIDAD CONTRACTUAL

La experiencia demuestra que las sociedades fiduciarias han buscado refugio en la citada línea doctrinal y jurisprudencial que predica que sus obligaciones son de medios y no de resultado, esto con miras a conseguir cierto manto de inmunidad[51] y, más exactamente, para protegerse frente al fracaso de su

51 Se comparte aquí el criterio expuesto por Ernerto Rengifo García en su obra *La fiducia mercantil y pública en Colombia*, cit., p. 165, quien considera que la regla consagrada en el numeral 3 del artículo 29 del EOSF respecto a que las obligaciones del fiduciario son de medios y no de resul-

gestión. Además, para adoptarla se han tenido en cuenta consideraciones sociológicas nada desdeñables en la relación fiduciario-fideicomitente, entre ellas, que este régimen probatorio obedece a una especial tutela de los intereses del fiduciario, que es un profesional dedicado a la prestación de servicios financieros, controlado por el Estado, cuya actividad se caracteriza por la confianza y credibilidad que le brinda al mercado, tanto por su reputación de rectitud y probidad como por su experiencia y conocimientos profesionales. De ahí la necesidad de modificar el *onus probandi* para que sea el fideicomitente o el beneficiario, según el caso, el que acredite que el *facere* del fiduciario no se ha ajustado a las reglas ordenadoras de su profesión u oficio[52].

Así mismo, se han tomado en consideración otras circunstancias, como la relativa a que es inconveniente el establecimiento de una presunción de culpa en contra del profesional e injustificada en relación con el deudor, por cuanto con ella se altera la propia naturaleza de la obligación de medios, la cual, para deducirle responsabilidad al deudor, le exige al demandante demostrar que la no consecución del resultado buscado se debe a que el deudor actuó con culpa, esto es, que no empleó los medios requeridos o disponibles, o no cumplió cuidadosa y diligentemente con la gestión encomendada. Se concluye, entonces, que el incumplimiento lleva implícita la culpa, de manera que solo mediando la prueba de la culpa se podrá deprecar un incumplimiento generador de responsabilidad civil; sin la prueba de la culpa no existe incumplimiento relevante para el derecho en este ámbito obligacional[53].

En criterio del suscrito, ninguno de estos factores puede invocarse razonablemente para justificar el trato privilegiado que las sociedades fiduciarias pretenden que les sea dispensado a la hora de deducirles responsabilidad, fundamentalmente por cuanto la ambigüedad de la distinción entre obli-

---

tados puede "mirarse como un favorecimiento gremial a favor de las sociedades fiduciarias para en cierta medida privilegiarlas frente a posibles malos manejos o actos imprudentes o negligentes en desarrollo de la actividad a ellas encomendada". En el mismo sentido, Jorge Mosset Iturraspe. *Responsabilidad por daños*, t. viii, *Responsabilidad de los profesionales*, cit., p. 148 y ss.

52 Luis Martínez-Calcerrada. *La responsabilidad civil profesional de los teleinformáticos, auditores de cuentas, periodistas, arquitectos-peritos, médicos-peritos y de los peritos judiciales en general*, Madrid, Cólex, 1996, p. 56 y ss.

53 *Cfr.* María M. Agoglia, Juan C. Boragina y Jorge A. Meza. *Responsabilidad por incumplimiento contractual*, Buenos Aires, Hammurabi, 1993, pp. 260 a 261.

gaciones de medios y de resultado reside en la confusión acerca del alcance de la expresión "medios".

En efecto, como se expuso en otro apartado de este libro, la distinción entre obligaciones de medios y de resultado solo tiene sentido a efectos de afirmar que el fiduciario responde cuando no cumple en lo absoluto o cuando cumple de manera defectuosa una prestación profesional cuyo objeto consiste exclusivamente en la entrega de una cosa, entendida esta última palabra en su más estricta acepción de bien de naturaleza corporal y tangible. Desde esta perspectiva, dado que el fiduciario es deudor de una obligación de actividad, entonces la realización de la conducta diligente basta para que se considere cumplida, aunque no llegue a darse la finalidad a la que se encuentran afectados los bienes fideicomitidos, esto es, el resultado. A riesgo de reiteración, lo que determina el cumplimiento no es la existencia del resultado (cumplimiento de la finalidad a la que se encuentran afectados los bienes fideicomitidos), sino la ejecución adecuada y correcta, es decir, diligente, de la actividad encaminada a aquel resultado.

E. LA NO INVERSIÓN DE LA CARGA DE LA PRUEBA NO SIGNIFICA QUE LOS OPERADORES JURÍDICOS NO PUEDAN LLEGAR A UNA CONCLUSIÓN DE RESPONSABILIDAD CONTRACTUAL DEL FIDUCIARIO BASADA EN LA UTILIZACIÓN DE LA PRUEBA DE PRESUNCIONES

Si se parte de la base de que la graduación tripartita de la culpa en grave, leve y levísima de acuerdo con la utilidad derivada del contrato es un obstáculo para adoptar la distinción entre obligaciones de medios y de resultado, pero también se parte de la afirmación de que las obligaciones de medios siguen, en cuanto a la carga de la prueba, el régimen general conforme al cual al acreedor de una tal clase de obligaciones le incumbe probar la negligencia en la actuación del deudor, esto es, el incumplimiento, entonces surge el problema de determinar si en este tipo de obligaciones resulta procedente la inversión de la carga de la prueba, vale decir, que corresponda al deudor demostrar su diligencia en la actuación.

Como se demostró en páginas anteriores, al revisar la línea doctrinal y jurisprudencial que ha influenciado la calificación de las obligaciones del fiduciario como de medios, se advierte sin dificultad que ella apunta a beneficiarlo, pues hace recaer sobre el beneficiario o el fideicomitente, según el caso, la difícil tarea de acreditar que dicho fiduciario no se ha conducido con la diligencia exigible y que por este motivo ha incumplido. Con todo, no existen factores que se puedan invocar razonablemente para justificar un trato privilegiado a las sociedades fiduciarias en cuanto a su responsabilidad se refiere, razón por la cual deben hacerse intentos por tratar de aliviar la pesada carga probatoria que pesa sobre el fideicomitente y el beneficiario[54]. De esta suerte, no sería ya necesaria una prueba acabada o completa de la culpa, sino que esta se podría deducir de ciertos hechos que, *prima facie*, permiten presumirla según las reglas de la lógica, exigiendo a las sociedades fiduciarias la prueba de su actuar diligente.

En esta materia, particular interés tiene una fórmula utilizada por los tribunales alemanes, que, aunque está referida a la responsabilidad médica,

---

54 El régimen particular al que se encuentran sometidas las obligaciones de medios y, por ende, la responsabilidad profesional, encuentra su cabal expresión en el caso del cumplimiento defectuoso de las obligaciones derivadas de contratos de prestación de servicios, vale decir, cuando tales servicios no son adecuados ni idóneos. A este respecto, Jorge Suescún Melo, refiriéndose al incumplimiento defectuoso de la obligación, razona diciendo que "el demandante deberá probar el incumplimiento, pero en este caso, la prueba del incumplimiento es al mismo tiempo la prueba de la culpa. Lo usual es que incumplimiento de la obligación y culpa del deudor sean fenómenos distintos y bien diferenciables. Pero en este supuesto de cumplimiento defectuoso en la prestación de servicios profesionales se identifican necesariamente esos dos elementos, de manera que demostrando el uno queda establecido el otro; incumplimiento y culpa es (sic) un mismo elemento o, en otras palabras, aquel y esta se confunden en el comportamiento del deudor, pues la ejecución defectuosa lleva en sí misma la culpa. [...] Tratándose de las denominadas obligaciones de medios, se nos dice también que en estas el deber del deudor es observar un comportamiento tal, que mediante él emplee todos los medios razonables a su alcance —esto es, los conocimientos, la experiencia, los recursos materiales, la diligencia— para obtener el resultado esperado por el acreedor, pero sin garantizar su logro. En este sentido[,] incumplir es no emplear dichos medios, es decir, prestar los servicios sin tener los conocimientos o la experiencia suficientes; o no utilizar los recursos científicos y técnicos disponibles; o no obrar con la diligencia ordinaria, todo lo cual refleja de entrada la existencia de culpa; es decir, de un error de conducta que conduce a la valoración negativa del comportamiento del profesional. [...] En síntesis, el incumplimiento de estas obligaciones es no emplear los medios requeridos y disponibles; o no prestar servicios diligentes y cuidadosos[,] y todo ello equivale a actuar con culpa, de donde se infiere que el incumplimiento lleva implícita la culpa, de manera que la prueba de aquel es al mismo tiempo la prueba de esta. Se concluye que si el acreedor demandante [...] debe demostrar el incumplimiento —pues esta prueba es posible de aportar, es elemento esencial de la pretensión del actor y ninguna disposición lo releva de esta carga probatoria— con ello demostrará invariablemente la culpa, de manera que en este evento ya no puede funcionar, por superflua, la presunción de culpa en contra del deudor". (Jorge Suescún Melo. *Derecho privado: estudios de derecho civil y comercial contemporáneo*, cit., p. 509 y ss.).

resulta harto equilibrada y constituye un alivio de la situación procesal del fideicomitente y, en su caso, del beneficiario en un proceso de reclamación de responsabilidad. Se trata de que, en desarrollo del principio de la igualdad de tratamiento de las partes en el proceso de responsabilidad, el fiduciario le facilite al fideicomitente o al beneficiario, según el caso, la prueba de sus pretensiones. Esta facilitación de la carga de la prueba se produce a partir del reconocimiento que la Ley 1328 de 2009[55] hace de la existencia de una obligación de documentación como aspecto del deber de información que pesa sobre las sociedades fiduciarias, que comprende incluso la inversión de la carga de la prueba.

En el marco de la teórica relación de paridad entre el fiduciario y el fideicomitente, satisface el interés primario de este último el hecho de ser adecuadamente informado acerca de las características del respectivo producto fiduciario, los derechos y las obligaciones derivados de este, las condiciones, la comisión fiduciaria y la forma para determinarla, las consecuencias derivadas del incumplimiento del contrato y la demás información que la entidad fiduciaria estime conveniente para que el fideicomitente comprenda el contenido y el funcionamiento de la relación fiduciaria establecida. Si bien este deber de información está impuesto por la buena fe contractual, lo cierto es que su omisión constituye evidente negligencia.

Por lo demás, parece de la mayor importancia la preceptiva de la letra b) del artículo 11 de la Ley 1328 de 2009, en la medida en que tiene por no escritas o sin efectos las cláusulas o estipulaciones que inviertan la carga de la prueba en perjuicio del consumidor financiero. Obsérvese la amplitud o generalidad del texto legal, que alcanza a cualquiera de los presupuestos o requisitos del contrato. También es relevante lo dispuesto en la letra c) del artículo 12 *ibidem*, por cuanto califica como práctica abusiva la inversión de la carga de la prueba en caso de fraudes en contra del consumidor financiero.

---

55 Congreso de Colombia. Ley 1328 de 2009. Por la cual se dictan normas en materia financiera, de seguros, del mercado de valores y otras disposiciones. *D. O.* 47411 del 15 de julio de 2009. Disponible en http://www.secretariasenado.gov.co/senado/basedoc/ley_1328_2009.html

V. LA CULPA Y LA BUENA FE OBJETIVA COMO ELEMENTOS TRANSVERSALES EN LA DETERMINACIÓN DE LA RESPONSABILIDAD CONTRACTUAL DEL FIDUCIARIO

La Corte Suprema de Justicia, en la Sentencia del 1.º de julio de 2009[56], expresó:

> En el régimen de la responsabilidad negocial, imperan los principios de la *fides* y de la *utilitas*; el contenido de un negocio jurídico y, por tanto, de las obligaciones generadas, es un todo homogéneo, unitario, complejo y compuesto por el conjunto de sus elementos esenciales (*esentialia negotía*), naturales (*naturalia negotía*) o accidentales (*accidentalia negotia*) tal como dispone el artículo 1501 del Código Civil y a la luz de los artículos 1602 y 1603 *esjudem* y 871 del Código de Comercio, obliga a su cumplimiento de buena fe en todo cuanto le pertenece según su esencia, naturaleza, a lo expresamente pactado y a lo que le corresponde según la ley, la costumbre y la equidad; la libertad contractual, no es poder *ad libitum*, comporta un ejercicio serio, legítimo, responsable, evidentes cargas y deberes singularizados e intensificados en las situaciones o relaciones específicas del sujeto, exigibles en todas las fases del negocio[,] y el desarrollo de las profesiones está enmarcado en una función social relevante, en cuyo desarrollo se incorporan *ex eo naturaliter* las reglas explícitas reguladoras de la actividad profesional.

Tratándose de la contratación fiduciaria, persiste una discusión que cobra particular importancia en cuanto a la responsabilidad civil del fiduciario, que es la relacionada con el interrogante sobre si la buena fe excluye o no la posibilidad de un actuar culposo por parte del fiduciario. Al respecto, Mosset Iturraspe[57] argumenta que, "si la culpa es la falta de la diligencia impuesta por el ordenamiento jurídico [...], vemos que la buena fe excluye la posibilidad de un actuar culposo", habida cuenta de que la buena fe solo puede predicarse "cuando el comportamiento leal y probo es, a la vez, un actuar prudente, cuidadoso, diligente y previsor". Y a renglón seguido destaca:

---

56 Corte Suprema de Justicia. Sala de Casación Civil. Sentencia del 1.º de julio de 2009, Exp. 11001-3103-039-2000-00310-01, M. P.: William Namén Vargas.

57 Jorge Mosset Iturraspe. *Responsabilidad por daños*, t. viii, *Responsabilidad de los profesionales*, cit., p. 134.

> Para Mengoni la diligencia no se refiere a un comportamiento en concreto sino a un modo de comportarse y, asimismo, a una medida del específico deber de prestación. La función de la diligencia guarda vinculación no tanto con el cumplimiento en sí como "con la conservación de la posibilidad de cumplir". Alude a un deber de esfuerzo dirigido en dirección del cuplimiento.

Aquí no se comparte este criterio y, muy por el contrario, se considera que la buena fe no excluye la posibilidad de un actuar culposo por parte del fiduciario; más exactamente, se estima que la obligación de buena fe no se puede confundir con la obligación de diligencia, menos aún se puede decir que la diligencia se refiere a un deber de esfuerzo; a este último particular se aludirá en detalle más adelante. Por lo pronto, retomando el asunto, es posible decir, con palabras de Cortés Moncayo[58], que cualquiera que sea el sentido con el que se mire la buena fe, lo cierto es que esta

> siempre es una expresión positiva que más que hacer juego con la culpa lo hace con su expresión contraria (positiva), la diligencia, sin que sean buena fe y diligencia nociones sinónimas, pues[,] mientras que la diligencia representa el deber de desplegar un esfuerzo en el cumplimiento de la obligación, la buena fe en materia contractual es un concepto más amplio que se trae a colación no solo durante la formación y ejecución del contrato, sino también cuando se exigen del deudor determinados comportamientos que no entran estrictamente en el contenido de la prestación [...]. Buena fe y diligencia son límites que evidencian la imposibilidad del legislador de dar una definición de lo que es el contenido de la obligación; serán las circunstancias, en las que el sujeto se encuentra, valoradas con atención a los intereses que la relación obligatoria pretende satisfacer o tutelar, las que identificarán la medida de la diligencia y de la buena fe exigidas.

Como ya se dijo en otro lugar, la buena fe opera en el marco general de la relación obligatoria, por consiguiente, se refiere tanto al acreedor como al deudor. La buena fe prohíbe los comportamientos desleales, al tiempo que impone salvaguardar la utilidad de la contraparte, pero sin llegar a exigir

58 Édgar Cortés Moncayo. *La culpa contractual en el sistema jurídico latinoamericano*, Bogotá, Universidad Externado de Colombia, 2001, p. 63 y ss.

un comportamiento que se remita al esfuerzo diligente[59]. Adicionalmente, como lo sostiene Neme Villarreal[60]:

> Para que se predique la existencia de la buena fe [...] es necesario cumplir de manera efectiva los deberes que del principio emanan; se requiere no solo creer, sino obrar de conformidad con sus reglas, cumplir de manera precisa y eficiente con los postulados de la buena fe; no creer que se ha sido diligente, sino serlo realmente; no creer que se ha sido transparente o suministrado la información requerida conforme a la buena fe, sino haberlo sido en realidad; no estimar que se ha respetado el equilibrio, sino haberlo hecho de manera que el contrato en un todo lo refleje; en fin, no basta con creer que se obra conforme a buena fe, sino obrar en un todo según los mandatos de la buena fe.

Por lo demás, la buena fe se refiere a la propia y previa determinación de lo debido, vale decir, es un concepto más amplio que, como se tuvo oportunidad de apreciar, opera desde la etapa precontractual y durante todo el *iter* contractual.

Al contrario de lo antes expuesto, la diligencia es un instrumento de control de la actividad de cumplimiento del fiduciario y se refiere al cómo de la prestación, de ahí que la diligencia mida el deber al que el fiduciario está obligado de cara a satisfacer el interés del beneficiario, que es un interés ajeno jurídicamente tutelado[61], es decir, su papel se explica en el terreno de la responsabilidad por incumplimiento, como criterio de esta[62]. En fin, la

---

59 Bianca señala que la lealtad, como expresión de la buena fe, "se concreta en tres comportamientos principales y negativos, que son: no suscitar intencionalmente una falsa confianza; no especular con una falsa confianza, y no desconocer la confianza que razonablemente se ha generado en la otra parte [...]. Respecto al deber de salvaguarda se pueden señalar los siguientes comportamientos típicos de la buena fe: [...] ejecución de prestaciones no previstas [...]. Cambios en el comportamiento propio [...]. Tolerancia hacia la modificación de la prestación de la contraparte [...]. Avisos [...]. Ejercicio de poderes discrecionales". (Máximo Bianca. *Derecho civil*, 3, *El contrato*, 2.ª ed. (trad. al español: Fernando Hinestrosa y Édgar Cortés), Bogotá, Universidad Externado de Colombia, 2007, pp. 528 a 532).

60 Martha Lucía Neme Villarreal. "Buena fe subjetiva y buena fe objetiva. Equívocos a los que conduce la falta de claridad en la distinción de tales conceptos", *Revista de Derecho Privado*, n.º 17, julio-diciembre, Bogotá, Universidad Externado de Colombia, 2009, pp. 45 a 76.

61 Bianca explica que "la obligación de diligencia tiene importancia respecto del interés tutelado por un derecho relativo o absoluto: para satisfacer o respetar tal interés el sujeto debe hacer el esfuerzo apropiado según los criterios de normalidad empleando los medios materiales, observando normas técnicas y jurídicas, adoptando las cautelas necesarias, etc.". (Máximo Bianca. *Derecho civil*, 3, *El contrato*, cit., p. 527).

62 A este respecto, Jordano Fraga explica que, "mientras la buena fe opera en el marco de la relación

diligencia se refiere a la conformidad del comportamiento del fiduciario con aquel que se debe; alude a una modalidad, a una forma de ejecutar la prestación fiduciaria cuyo contenido ha sido previamente determinado. Hablar de diligencia será, así, hablar del control de la conducta exigible del fiduciario, del juicio que sobre su comportamiento se haga, "de suerte tal que, según la conducta del profesional se califique de diligente o negligente, pueda emitirse un juicio sobre la ausencia o presencia de la responsabilidad"[63].

A pesar de la anterior diferenciación, lo cierto es que, como bien lo afirma Cortés Moncayo[64], la buena fe y la diligencia son dos criterios compatibles y concurrentes para determinar la licitud del comportamiento de las partes, en general, y del deudor, en particular, para lo cual se atiende a los intereses que la relación obligatoria pretende satisfacer o tutelar. Así, el juicio de buena fe opera en todo caso de alteración de las circunstancias del contrato, puesto que apunta a establecer cuál es el límite del sacrificio debido por el deudor al tenor de una recta apreciación de la economía singular del contrato. A su turno, el juicio de responsabilidad, como lo refiere Jordano Fraga[65], apunta a analizar la eventual conexión entre las circunstancias creadas para la economía particular del contrato y la conducta del deudor o su esfera de riesgo, para, en caso de que exista, hacerlo responsable. El juicio de responsabilidad opera, pues, en un momento posterior, luego de verificada la relevancia de las circunstancias creadas para la economía particular del contrato.

En coherencia con lo presentemente expuesto, en los capítulos siguientes, en primer lugar, se tratará de identificar cuál es el ámbito de relevancia de la culpa respecto de la responsabilidad civil del fiduciario en los negocios fiduciarios traslaticios y no traslaticios del derecho de dominio; en segundo

---

obligatoria, y se refiere, por tanto, recíprocamente a deudor y acreedor, la diligencia se refiere solo a la posición deudora (en la que, ciertamente, pueden estar recíprocamente ambas partes) y solo por cuanto se refiere a la actividad de cumplimiento. La diligencia es un instrumento de control de la actividad de cumplimiento del deudor, se refiere solo al 'cómo' de la prestación [...]. Mientras que la diligencia se refiere a la medida del esfuerzo del deudor, a la conformidad de su comportamiento con aquel que es debido, la buena fe se refiere a la propia (y previa) determinación de lo debido (fijación del límite de lo exigible al deudor)". (Francisco Jordano Fraga. *La responsabilidad contractual*, cit., p. 148).

63 *Cfr.* William Salazar Luján. "Apuntes para una teoría general de la responsabilidad profesional", en *La responsabilidad profesional y patrimonial y el seguro de la responsabilidad civil. Memorias del XXIV Encuentro Nacional de Acoldese*, Rosario (Argentina), Acoldese y AIDA, 2004.

64 Édgar Cortés Moncayo. *La culpa contractual en el sistema jurídico latinoamericano*, cit., p. 63 y ss.

65 Francisco Jordano Fraga. *La responsabilidad contractual*, cit., p. 149.

lugar, se intentará determinar los principios de justicia correctiva que subyacen a la formulación de la *bona fides* como principio rector de esta categoría de negocios jurídicos[66].

66 Martha Lucía Neme Villarreal. *La buena fe en el derecho romano. Extensión del deber de actuar conforme a la buena fe en materia contractual*, Bogotá, Universidad Externado de Colombia, 2010, p. 291.

CAPÍTULO SÉPTIMO
LA CULPA COMO FUNDAMENTO DE LA RESPONSABILIDAD CONTRACTUAL DEL FIDUCIARIO

I. PLANTEAMIENTO INTRODUCTORIO

Se ha visto que es en el ámbito de la responsabilidad contractual donde se ha afirmado que esta presupone como fundamento la culpa, de suerte entonces que, *contrario sensu*, la exoneración de responsabilidad implica la ausencia de culpa[1]. Así también sucede en la contratación fiduciaria, pues en esta materia es igualmente cierto que la responsabilidad civil del fiduciario encuentra su origen en una conducta dolosa o culposa derivada del ejercicio de la profesión de fiduciario. O sea, pues, que, solo cuando en relación con la conducta que se le imputa al profesional fiduciario se establece que este ha actuado de manera negligente o imperita, se le podrá responsabilizar por ello. La negligencia y la impericia se erigen, así, en un criterio general de imputación de la responsabilidad civil del fiduciario.

A pesar de lo anterior, lo cierto es que, tratándose de la contratación fiduciaria, el concepto de culpa ofrece una escasa precisión y poco desarrollo tanto en el ámbito de la doctrina como en el de la jurisprudencia. Estas, por lo general, se han movido muy a espaldas de las construcciones que, con respecto a lo que es la diligencia, se pueden hacer a partir de la consideración de la verdadera naturaleza jurídica y función económica de los negocios fiduciarios.

En coherencia con lo antes expuesto, teniendo en cuenta que el debate acerca de la responsabilidad civil del fiduciario apunta a determinar por qué en el juicio de responsabilidad la culpa cumple el papel fundamental que tradicionalmente se le ha atribuido como límite y fundamento de esa responsabilidad, este capítulo se dedicará al estudio de la responsabilidad civil del fiduciario. Para ello, se parte de la descripción de los comportamientos y eventos que pueden llevar a las situaciones por las que se reclama dicha

---

1 A estos efectos, hay quienes cuestionan el papel de la culpa como fundamento de la responsabilidad contractual bajo el argumento de que la doctrina de la culpa jamás ha admitido que, siendo la culpa el fundamento de la responsabilidad, para liberarse de responsabilidad al deudor le baste con probar su ausencia de culpa.

responsabilidad. Por consiguiente, se trata de ver cuáles son esas situaciones y, principalmente, si ellas permiten imputarle responsabilidad al fiduciario.

En la dirección antes mencionada, al margen de algunas excepciones que no se analizarán por escapar al objeto del presente estudio y que afectan básicamente a la responsabilidad objetiva, lo primero que se debe decir es que la responsabilidad civil del profesional fiduciario solo se presenta en aquellas hipótesis en que la no consecución de la finalidad a la que se encuentran afectados los bienes fideicomitidos ha obedecido u obedece a una conducta negligente o imperita que tiene por objeto o produce como efecto la privación del derecho del beneficiario a que se cumpla la prestación estipulada a su favor. Se trata, entonces, de una responsabilidad que deriva del hecho de carecer de los conocimientos técnicos y prácticos inherentes a la profesión de fiduciario. Esto enmarca el problema de la responsabilidad civil del fiduciario en el ámbito de la impericia (*lex artis*), de una parte, y, de la otra, de actuar sin la prudencia y diligencia que exige el cumplimiento de la finalidad a la que quedan afectados los bienes fideicomitidos (imprudencia/negligencia) y, por lo mismo, de no prever los riesgos que conlleva su participación en un negocio fiduciario y anticipar o precaver problemas y vicisitudes de manera más acertada y rápida que lo que cualquier persona no especializada podría hacer. En definitiva, se trata de una responsabilidad cuyo origen se halla en una conducta dolosa o culposa o negligente derivada del ejercicio de la profesión de fiduciario[2].

---

2 Como es obvio, no se trata de una "culpa profesional" distinta de la "culpa común", como lo ha planteado algún sector de la doctrina en un afán tuitivo que tiene el confesado propósito de juzgar con benevolencia el quehacer del fiduciario. Ciertamente, echando un vistazo tanto al derecho romano como al ordenamiento positivo vigente en Colombia, se encuentra que no se señala una prestación específica para los profesionales; es decir, nada de particular se encuentra con respecto a la pericia, la diligencia o la prudencia que debe observar un profesional en el ejercicio de su profesión. De ahí que carezca de cualquier fundamento jurídico la distinción entre la culpa común y la culpa profesional, sobre la cual tanto insistió un sector de la doctrina francesa del siglo XX y que fuera admitida por la doctrina y la jurisprudencia colombianas. Al no existir una responsabilidad civil profesional con criterios propios, distinta de la responsabilidad civil general, entonces mal puede sostenerse con seriedad que hay una "culpa profesional" como una especie particular de la culpa, diferente o distinta de la culpa común aplicable al profano. Quizás la única diferencia —si es que existiera alguna— radicaría en que la "culpa profesional" viene a ser aquella en que incurre quien ejerce una profesión cuando falta a los deberes que dicha profesión le impone, y se precisa que de dicha culpa profesional surge, a su vez, una responsabilidad profesional. Con todo, como se expuso en otro lugar, no hay nada en la responsabilidad profesional que, en lo fundamental, difiera de los principios esenciales que regulan la responsabilidad civil en general. En el sentido antes expuesto, se comparte aquí el

Por el contrario, cuando el fiduciario ha realizado de manera diligente todos los actos necesarios para la consecución de la finalidad establecida a favor del beneficiario, deberá negarse en este contexto su responsabilidad, aunque dicha finalidad devenga ilusoria para el beneficiario. En estos casos, el daño habrá de considerarse como producto del caso fortuito o de la fuerza mayor, o bien del hecho de un tercero, y, por ende, no imputable al fiduciario diligente. Solución contraria equivaldría a objetivar la responsabilidad del fiduciario, quien deberá entonces responder más allá por los límites de la diligencia.

II. LA CULPA EN EL DERECHO HISTÓRICO

En el derecho romano, la expresión "culpa" tuvo dos acepciones: una amplia, que incluía el dolo, y otra estricta, que la concebía como infracción de la diligencia. Es decir, la culpa se definió con respecto tanto a la falta de diligencia (negligencia) como de previsión y también a la violación de acuerdos contractuales específicos. En el ámbito contractual, el concepto de culpa sirvió, adicionalmente, para sancionar comportamientos como la impericia, que no se podían encuadrar en el dolo a pesar de aparejar también

---

criterio de Yzquierdo Tolsada, quien refiere que, cuando se alude a la culpa profesional como impericia o falta de conocimientos técnicos, o bien como negligencia o ligereza, no se está haciendo referencia a nada distinto que a la particularización de la culpa común (negligencia o imprudencia en cualquier situación) (MARIANO YZQUIERDO TOLSADA. *La responsabilidad civil del profesional liberal*, Buenos Aires, Hammurabi, 1998, p. 358). De esta manera, no existe, pues, un concepto autónomo de culpa profesional, sino una culpa del profesional como una manifestación de la culpa ordinaria en el desenvolvimiento de las actividades profesionales. La ignorancia, la negligencia inexcusable, la impericia constituyen culpa, y así se deduce como resultado de la utilización de criterios de común experiencia, como si se tratara de cualquier deudor, prescindiendo de su cualificación técnica. Las más ostensibles violaciones de los deberes profesionales más elementales son, así, simples manifestaciones de culpa en relación con la naturaleza técnica de la actividad desarrollada por un deudor al que se le presupone una normal competencia en la materia. En ese sentido, se destaca el mérito de Chironi al haber puesto en claro este principio contra el parecer de quienes creían ver en la responsabilidad profesional una especie de culpa que debía, por ende, apreciarse con diferente criterio: ni para la impericia ni para los errores profesionales deben establecerse teorías especiales; no son modos especiales de culpa, sino que entran en los conceptos generales fijados en materia de comportamiento ilícito. *Cfr.* FÉLIX TRIGO REPRESAS et al. *Seguros y responsabilidad civil*, Buenos Aires, Astrea, 1987, p. 28.

una ruptura de la *fides bona*[3]. Como lo refiere Badosa Coll[4], la culpa, en su acepción general,

> está íntimamente ligada a su contemplación como desviación o declinación del comportamiento del deudor respecto de una regla de conducta normativamente establecida. Desviación que puede producirse por infringir la regla generalísima de la buena fe en las relaciones jurídicas, en cuyo caso tendremos el dolo, o bien por la mera infracción de la diligencia, en cuyo caso tenemos la culpa estricta [...]. La culpa como *nomen generale*, en su significado de infracción de una regla de conducta debida, es decir, de ilicitud, englobaba la culpa estricta y el dolo. La

---

3 En cuanto a los grados de culpa, huelga decir que los juristas clásicos distinguieron una especie elevada de culpa, que fue la culpa lata. No obstante, fue obra de la compilación justinianea el haber clasificado sus diversos tipos. De esta suerte, el derecho romano conoció dos grados de culpa en materia contractual, a saber: la culpa grave o lata (D. 50,16,213,2 y D. 17,1,29 pr) y la culpa leve (D. 26,7,39,6, D. 30,47,4 y 5, D. 36,1,23,3, D. 2,18,10,1, D. 5,51,7, D. 13,6,5,3 y D. 9,2,31), la cual podía ser considerada en abstracto o en concreto dependiendo de que la culpa fuera apreciada en función del modelo abstracto del buen padre de familia (D. 19,1,54, D. 9, 2,31 y D. 13, 6, 5, 3) o del modelo abstracto del *artifex* (D. 45,1,137,3 y D. 19,2,58,1), o que se apreciara en función de la propia persona del deudor (D. 10,2,25,16 y D. 17,2,72). Milagros Koteich destaca que "la tripartición de la culpa, con sus diferentes grados de diligencia, fue en realidad obra de los juristas del Medioevo pues, si bien este proceso había comenzado tímidamente con la compilación justinianea, es con la labor de los glosadores [...] que se logra una verdadera sistematización de la materia. Los glosadores [...] hicieron de la culpa levísima, considerada como violación a la *diligentia diligentissimi*, un grado de culpa dentro de la responsabilidad contractual, ello quizá producto de una interpretación inexacta de las fuentes, pues el único caso en donde de ella se habla en el derecho romano era en la *Lex Aquilia*. No obstante, en ella se respondía solo por culpa leve, que no tenía consecuencias distintas de la levísima, pues en las fuentes justinianeas la *exacta* y la *exactissima diligentia* tenían idénticos contenidos". (Milagros Koteich. "Responsabilidad contractual y aquiliana. Revisión de una distinción tradicional con base en la culpa y su graduación", en *Estudios de derecho civil. Obligaciones y contratos. Libro homenaje a Fernando Hinestrosa: 40 años de rectoría 1963-2003*, t. II, VV. AA., Bogotá, Universidad Externado de Colombia, 2003, p. 177 y ss.). La culpa es sinónimo de negligencia, imprudencia e impericia. La culpa es requisito esencial del daño aquiliano. A esta culpa, en D. 9,2,31, Quinto Mucio Escévola la dota de un contenido especial al establecer que consiste en la omisión de la diligencia. Esta opinión es seguida también por Paolo. En materia contractual, en D. 13,6,18 pr, Gayo, Comentarios al Edicto Provincial, Libro IX, refiere que, respecto de las cosas dadas en comodato, el comodatario debe prestar la misma diligencia que pone en sus propias cosas un diligentísimo padre de familia, y agrega que, según una opinión, la responsabilidad está limitada al dolo si el contrato se ha celebrado en interés de ambas partes. El comportamiento negligente puede consistir tanto en un hacer como en un no hacer. Así mismo, iguales que la negligencia son la imprudencia y la impericia profesional. A este respecto, en D. 50,17,132, Gayo, Comentarios al Edicto provincial, Libro vii, dice que "la impericia es contada como culpa". La negligencia puede tener como efecto que el daño producido a la cosa debida sea el mal resultado de actos de gestión.

4 Ferrán Badosa Coll. *La diligencia y la culpa del deudor en la obligación civil*, Bolonia/Madrid, Real Colegio de España, 1987, pp. 664 y 670.

diferencia entre ambas venía determinada a partir de un dato que aporta el dolo. Este es sinónimo de voluntariedad y propósito. Por tanto, la *culpa stricte sumpta* que tiene en común con el dolo la infracción, se diferenciará de él en la falta de voluntad o ánimo. Voluntad e involuntariedad son las cualidades de la infracción de la diligencia entendida como regla de conducta imperativa. La culpa es la infracción no dolosa del modelo de comportamiento, presentándose como la suma de dos negaciones: quebrantamiento de la diligencia (nota genérica y objetiva) y oposición al dolo (nota específica y subjetiva), de las cuales la primera aporta la ilicitud y la segunda, el reproche.

En cuanto a la acepción estricta de culpa, el mismo Badosa Coll[5] expresa que se trata de un concepto que

> se ha caracterizado por su oposición al dolo, de la que resulta la nota, que se ha considerado esencial, de la involuntariedad de la infracción de la regla de conducta (independientemente de la forma mediante la que se exprese: negligencia, falta de atención, de cuidado, desidia, etc.).

A esta idea, Fernández de Buján[6] agrega:

> El deudor culposo puede tener una conducta subjetiva conforme a la buena fe, aunque su comportamiento le lleve a no realizar algo o, por el contrario, a realizar algo, que las circunstancias objetivas aconsejaban, respectivamente, que se hubiera o no se hubiera realizado. La imputación de culpa como causa de responsabilidad contractual fue una cuestión de muy difícil concreción, debido a que la abundantísima casuística generaba muy diversas [...] hipótesis fácticas [...]. Esta dificultosa concreción operó especialmente en el ámbito de las relaciones contractuales que daban lugar a los *iudicia bonae fidei*, debido al amplio margen de libertad del juzgador a la hora de apreciar las conductas de las partes intervinientes, en relación con el efectivo cumplimiento de sus obligaciones contractuales. En todo caso, la tendencia evolutiva de la jurisprudencia romana fue la de ir progresivamente extendiendo la responsabilidad, apreciando, cada vez más frecuentemente, conductas culposas en el cumplimiento de las obligaciones derivadas de contrato.

---

5 *Ibid.*, p. 670.

6 Federico Fernández de Buján. *Sistema contractual romano*, 2.ª ed., Madrid, Dykinson, 2004, p. 126.

Regresando al tema de la contraposición dolo-culpa, Badosa Coll[7] opina que, si bien la culpa, al igual que su triple graduación, "son perfectamente conocidas por los Glosadores, la afirmación explícita de su configuración estricta se debe precisamente a la corriente doctrinal que admite la culpa en general y principalmente a Batolo [...]. La corriente doctrinal que prescindió de la *culpa generalis* para limitarse a la estricta, si bien [...] siguió definiéndose por la concurrencia de la infracción de la regla de conducta y la oposición al dolo", no obstante, conllevó un fenómeno de equivalencia entre las dos notas características de la culpa: de infracción de la diligencia e involuntariedad, fenómeno que obedece a que tanto una como otra característica son exclusivas de la culpa. De esta manera, "la infracción de la regla de conducta pasó a significar también involuntariedad y la involuntariedad a significar también ilicitud. El resultado de este doble fenómeno [...] fue la subjetivización del concepto de culpa en sentido estricto"[8].

Es así como surgen dos tipos de definición de culpa. En la primera, centrada en la infracción de la diligencia, se define como tal, esto es, como culpa, sin hacer alusión a la involuntariedad. Al decir de Badosa Coll[9], esta definición desconoce

> la existencia de un concepto único de diligencia (y, por tanto, también de culpa) en el sentido de que no existe una diligencia con sus diversos grados o especies, sino tantas diligencias distintas como modelos integradores. Esto nos lleva a afirmar que, en este tipo de definición, el contenido o significado de la diligencia viene esencialmente determinado por la existencia del modelo integrador. Y que siendo este un modelo de conducta, transmite su cualidad a la diligencia, a la que configura como regla de actuación, es decir, objetivamente.

La otra definición de culpa, centrada en la oposición al dolo, la concibe como involuntariedad, esto es, desidia, negligencia. Según Badosa Coll[10], esta segunda definición tiene dos variantes:

> Una que presenta la culpa como *negligentia*. A primera vista coincide con la definición anterior porque también actúa en función de una diligencia infringida. La

---

7 Ferrán Badosa Coll. *La diligencia y la culpa del deudor en la obligación civil*, cit., p. 670.
8 *Ibid.*, p. 671.
9 *Ibid.*, p. 672.
10 *Ibid.*, pp. 672 a 673.

diferencia reside en que, en el caso presente, la diligencia no es un simple marco o esquema cuyo contenido le viene dado por el modelo de conducta. Al contrario, la diligencia tiene ya un significado *a priori*, con independencia y abstracción del modelo integrador. [...] Esta diligencia tiene un sentido subjetivo y no objetivo, no equivale a regla de conducta sino a predisposición de ánimo, interés, impulso, etc. Por consiguiente, la culpa que la quebranta se verá definida como *negligentia*, o sea, como falta de atención, de cuidado o de esfuerzo [...] La segunda manifestación o variante de la culpa como involuntariedad, es la que prescinde por completo de la referencia a la diligencia [...]. La culpa vendrá definida como *factum inconsultum*[11].

Ahora bien, entre las definiciones de culpa que se han expuesto conviene detenerse en las de culpa como negligencia y culpa como impericia, de cara a demostrar cómo, en el caso de la contratación fiduciaria, la culpa en sentido subjetivo es incompatible con la denominada culpa obligacional o del deudor.

---

11 En sentido similar al que se ha expuesto, se pronuncia Emilssen González de Cancino, quien afirma que, "[e]n general, se predicará la culpa del deudor cuando, sin intención de causar el daño o de incumplir la obligación, observa un comportamiento que no se acomoda a la diligencia que el romano —¿jurista?— espera del *diligens paterfamilias*, porque actúa sin diligencia o sin pericia, o desatiende el deber de acomodar su conducta a los acuerdos contractuales o a la buena fe [...]. Si la prestación es de hacer y debe cumplirse por un técnico, el modelo de comparación no es el *paterfamilias*[,] sino el 'artífice de la categoría en cuestión' [...]. Con fundamento en textos clásicos, [...] la compilación justinianea muestra una noción bastante unitaria de culpa, bien que dividida en grados: la culpa lata, que se equipara al dolo en sus consecuencias, es una negligencia excesiva, una falta de diligencia más allá del promedio cuya conducta servía al juez de comparación en el caso concreto [...]. Se incurre en culpa leve cuando se ha adoptado una conducta que se considera negligente en cuanto se aparta de la diligencia propia del modelo o arquetipo que se toma en consideración, generalmente, [...] el del *diligens paterfamilias*". (Emilssen González de Cancino. *Obligaciones: derecho romano y Código Civil colombiano*, Bogotá, Universidad Externado de Colombia, 2007, p. 217 y ss.). Así mismo, Édgar Cortés Moncayo considera que en materia contractual "la culpa [...] designa el juicio de reproche que se hace a la conducta de un sujeto que ha incumplido, para determinar si ese incumplimiento puede serle imputable. El juicio de reproche sobre la conducta del agente se hace con referencia a un comportamiento modelo que ha sido previamente establecido. La diligencia [...] admite las clasificaciones que se deseen, y tal vez se habría convertido en el criterio base de la responsabilidad contractual, de no haber sido precisamente porque él expresa un concepto positivo de comportamiento oportuno que no hacía pareja con el dolo, como expresión de un concepto negativo; los conceptos de culpa y diligencia se explican por la doctrina en el sentido de decir que los dos términos son equivalentes e indicativos de las dos caras de una misma moneda, es decir[,] la diligencia es el aspecto positivo de la culpa". (Édgar Cortés Moncayo. *La culpa contractual en el sistema jurídico latinoamericano*, 2.ª ed., Bogotá, Universidad Externado de Colombia, 2009, p. 84 y ss.).

A. LA CULPA-NEGLIGENCIA

Como se tendrá oportunidad de analizar más adelante, estudiosos del tema, como Badosa Coll[12], dan cuenta de que, en el derecho romano, el contenido o significado de la diligencia se estableció con base en un determinado modelo de comportamiento; por consiguiente, era dicho modelo el que le transmitía su cualidad a la diligencia, a la que configuraba como regla de actuación, esto es, de manera objetiva. En este sentido, Cortés Moncayo[13] explica:

> Como regla general se podría establecer que de no exigirse una prestación que revistiera carácter técnico especial, el reproche tendría lugar si el deudor había sido negligente, y se hablaba de una diligencia mayor a la del común padre de familia cuando se trataba del cumplimiento de una prestación que implicaba la observancia de una conducta tal, que superaba a la del hombre diligente. Esta es la noción de culpa-negligencia (diferente a aquella de culpa-impericia), culpa que no prevé un carácter técnico especial, pues la conducta negligente será aquella que no se ciña al modelo de referencia, aunque[,] por supuesto, la casuística en las fuentes es variada, como diversos son los modelos de referencia.

Tratándose de prestaciones no técnicas, el *Corpus Iuris* consagró dos modelos de conducta o de comportamiento, a saber: 1) el abstracto, del común de los hombres y del padre de familia; y 2) el concreto, de la diligencia *quam suis*. El criterio de diferenciación entre uno y otro modelo estaba dado por el interés que el deudor pudiera tener en la cosa debida por razones ajenas a su calidad de tal. Así, entonces, en la categoría general de las cosas jurídicamente debidas, la doctrina distinguió entre las *res alienae prorsus* (en las que el deudor carecía totalmente de interés propio, como sucedía en el caso de las obligaciones nacidas del depósito, del comodato y del arrendamiento, entre otros, cosas a las cuales se limitaba el modelo abstracto) y las *res communes* (como sucedía en el caso de las obligaciones nacidas del contrato de sociedad, a las cuales se limitaba el modelo *quam suis*).

---

12 Ferrán Badosa Coll. *La diligencia y la culpa del deudor en la obligación civil*, cit., p. 672.
13 Édgar Cortés Moncayo. *La culpa contractual en el sistema jurídico latinoamericano*, cit., pp. 84 a 85.

1. EL MODELO DEL COMÚN DE LOS HOMBRES

Este modelo tenía como punto de referencia la actividad jurídicamente calificada como lícita o como debida, que era el objeto de la diligencia. La diligencia propia del común de los hombres en relación con la actividad que constituía su objeto implicaba la identificación de una conducta que estaba prefigurada por la función promotora o integradora que la diligencia cumplía respecto de ella, lo que exigía que la conducta fuera adecuada a tales fines, de una parte, y, de la otra, por el modelo conformado por cómo la mayoría de las personas o todas ellas realizaban la respectiva actividad. Así, entonces, conservar la cosa debida como el común de los hombres era llevar a cabo un conjunto de actos concretos que correspondían a cómo preservaban esta cosa la mayoría de las personas.

2. EL MODELO DEL *BONUS, PRUDENS* O *DILIGENS PATER FAMILIAS*

Inicialmente, la figura del *bonus*, *prudens* o *diligens pater familias* apareció mencionada en textos de escritores no juristas de la era republicana. Tal figura hacía referencia a la agricultura, con ella se designaba al jefe de la hacienda doméstica rural, hábil, prudente. No se trataba de un tipo abstracto, sino del tipo viviente, del ciudadano romano de la era republicana, de ahí que la expresión *pater familias* no se corresponda en el lenguaje jurídico romano con la moderna noción de padre de familia. Aquella designaba al hombre *sui iuris* que tenía la libre administración de su patrimonio y la plena responsabilidad de los actos que ejecutaba. Por consiguiente, la fórmula designaba al ciudadano *sui iuris* que administraba de manera diligente y esmerada sus cosas. La figura del padre de familia, de procedencia literaria y enraizada en un mundo agrícola, con el tiempo pasó al mundo jurídico y se convirtió en el modelo abstracto para la valoración de la responsabilidad. En el ámbito jurídico fueron los juristas clásicos quienes primero hicieron referencia al *diligens pater familias*. Con todo, fueron los juristas posclásicos los que teorizaron y generalizaron la figura como un modelo normativo de comportamiento[14].

---

14 Pablo Beltrán de Heredia y Onís. "El buen padre de familia", en *Libro homenaje al profesor José Beltrán de Heredia y Castaño,* Salamanca, Universidad de Salamanca, 1994, p. 69 y ss.

En las fuentes romanas, el modelo del *bonus*, *prudens* o *diligens pater familias* tenía dos puntos de referencia: de una parte, la naturaleza o cualidad de dicho modelo (tipo), y, de otra parte, el grado o la intensidad del tipo o cualidad en cuestión. Ambos en conjunto formaban el modelo de conducta para la concreta obligación[15]. En cuanto a la naturaleza o cualidad del modelo, esta correspondía al padre de familia genéricamente considerado, que, en palabras de Cortés Moncayo[16], se caracterizaba por ser

> el hombre normal, el hombre medio, no en relación con otros sino en relación con la observancia de sus deberes, sin olvidar que para el derecho la figura del buen padre de familia constituye la medida de una actividad que está destinada a satisfacer intereses ajenos, con lo que se acentúa la idea de una atención y solicitud especiales.

La anterior concepción se encuentra estrechamente vinculada a la elaboración de los tres grados de diligencia a los que correspondían los tres grados de culpa: grave, leve y levísima. En dicha construcción, la diligencia del buen padre de familia y el respectivo grado de culpa figuraban en el centro. En este sentido, algún sector de la doctrina da por válido y demostrado que en el derecho intermedio se presentó una multiplicación de los grados de culpa y diligencia, pero se reservó, sin embargo, una posición "mediana" al buen padre de familia.

Como tipo de conducta, la noción de padre de familia se definió en relación con la de "asuntos propios" o "negocios propios", entendidos no como actividades, sino como intereses de los cuales el padre de familia era a la vez titular y gestor. Esta noción de "asuntos propios" o "negocios propios" abarcaba todos los posibles intereses de que pudiera ser titular el padre de familia, lo que imposibilitaba que del examen del comportamiento del padre de familia respecto de la totalidad de sus intereses pudiera resultar alguna noción que comportara experiencia profesional o pericia. De esa relación padre de familia-negocios surgió no un modelo de comportamiento, sino un modelo subjetivo de esfuerzo o atención que integraba el contenido de la diligencia que debía aplicarse en la realización de una concreta actividad. En este modelo de esfuerzo, los grados 'diligente' y 'diligentísimo' describían intensidades del esfuerzo siempre por encima del que revela el

---

15 *Cfr.* Ferrán Badosa Coll. *La diligencia y la culpa del deudor en la obligación civil*, cit., p. 79 y ss.
16 Édgar Cortés Moncayo. *La culpa contractual en el sistema jurídico latinoamericano*, cit., p. 131.

comportamiento del "común de los hombres". Diligentísimo correspondía a la intensidad máxima, y diligente, a la intensidad media[17]. A pesar de ser un modelo de esfuerzo, el modelo del padre de familia funcionaba como un modelo de comportamiento cuando se le confrontaba con la actividad jurídicamente calificada, pues de esta confrontación resultaba la descripción de una conducta o comportamiento concreto, identificado, de una parte, por su función integradora o promotora respecto de dicha actividad, y, de otra, por implicar el nivel de esfuerzo o tensión descrito por las nociones de padre de familia diligente o diligentísimo. Así, fue en relación con la prestación que el padre de familia pasó a fungir como modelo de conducta. Al decir de Badosa Coll:

> [E]l esfuerzo o [la] atención que describe la noción de "padre de familia" se traduce en una actividad o conducta que será la manifestación concreta, o se corresponderá a aquel nivel de esfuerzo. Emplear en la realización de una actividad [...] la diligencia de un padre de familia poco, normal o muy diligente, es poner aquella conducta que es congruente o correspondiente a un padre de familia poco diligente, normal o muy diligente en sus propios asuntos. El nexo que permite el paso del "padre de familia", como expresión de esfuerzo o atención, al "padre de familia" como modelo de conducta, lo constituye la actividad lícita o debida objeto de la diligencia[18].

A su turno, desde la perspectiva de su contenido, el criterio de aplicación del modelo abstracto o de exigibilidad jurídica estaba dado por el modo o la cualidad como el deudor hubiese asumido su condición de tal. Este modo o cualidad era puramente negativo, en la medida en que consistía en no asumir la obligación en calidad de técnico o experto, lo que significa, entonces, que el concepto de padre de familia debía entenderse como equivalente a no profesional o no experto o no poseedor de conocimientos especializados[19]. Justamente por tratarse de un modelo no profesional, se fundamentaba en la imposibilidad de exigir del deudor especiales conocimientos técnicos, profesionales o empresariales en el cumplimiento de la prestación. Por

---

17 Ferrán Badosa Coll. *La diligencia y la culpa del deudor en la obligación civil*, cit., p. 102.

18 *Cfr. Ibid.*, p. 81.

19 *Ibid.*, pp. 79 a 80, donde se señala que el padre de familia "tiene justa causa para ignorar cualquier conocimiento que sea inherente a una determinada profesión". Sin embargo, "el padre de familia debe poseer ciertos conocimientos: los no inherentes a ninguna profesión, aquellos que pueden definirse como estando al alcance de cualquiera o conocimiento del funcionamiento habitual de los fenómenos corrientes".

esta razón, algunos comentaristas afirman que al sujeto respecto del cual se predicara el modelo del buen padre de familia no se le podía exigir una extraordinaria pericia, prudencia y diligencia, habida cuenta de que era en el plano de los conocimientos donde se situaba la distinción entre el buen padre de familia y el artífice. Esta construcción se basaba en dos pilares: de una parte, la noción de asuntos propios que se acaba de analizar y, de la otra, la contraposición con el artífice. Como se dijo, la noción de asuntos propios hacía referencia a la totalidad de los posibles asuntos de que podía ser titular el padre de familia. Por su parte, la contraposición con el artífice se formuló históricamente al definirse la culpa lata sobre la base de que la diligencia que le servía de paradigma también era útil para modificar los demás grados de culpa con solo modificar la intensidad del modelo[20].

De otro lado, huelga decir que el criterio de graduación del modelo del buen padre de familia estaba dado en cada supuesto por el grado de diligencia aplicable. Ese criterio fue el de la *utilitas contrahentium*, conforme al cual la diligencia exigible en cada caso estaba dada en función del beneficio que para las partes contratantes comportaba el respectivo contrato, del cual nacía la correspondiente obligación. Esta utilidad se derivaba del estricto funcionamiento de la causa del contrato y, más exactamente, del juego de intereses previsto por las partes. Así, por ejemplo, en el depósito, como la utilidad del contrato era para el acreedor, entonces el esquema de conducta para el deudor era el modo común de comportarse de la gente. Si la utilidad era para ambas partes, como sucedía, por ejemplo, en la compraventa y en el arrendamiento, entonces el esquema de conducta era el del diligente padre de familia. En el comodato, las fuentes romanas procedentes del *Corpus*

---

20 El derecho romano (D. 50, XVI, 223) centra el paradigma de la culpa lata en el conocimiento al definirla como "no entender lo que todos entienden". De esta manera, el problema se centra en determinar el alcance del conocimiento, cuya ignorancia constituye culpa lata. Para ello es necesario tener en cuenta dos aspectos, a saber: de una parte, que no todos pueden saberlo todo, y, de la otra, que debe distinguirse entre lo que es necesario saber o conocer y lo que se puede desconocer sin merecer reproche. Así, entonces, la culpa —en cualquiera de sus grados— solo existe "cuando alguien infringe un modo de operar o actuar propio de unos conocimientos que debía poseer[,] y [...] no existe culpa siempre que el sujeto infrinja reglas de conducta que tenga justa causa (excusabilidad) para ignorar [...]. Es en este plano de los conocimientos donde se sitúa la distinción padre de familia-artífice [...]. En esta diferenciación se subraya el carácter profesional del conocimiento a poseer (sic) o ignorar[,] porque la excusabilidad de la ignorancia del padre de familia no puede ser absoluta. No puede extenderse a cualquier tipo de saberes, porque entonces quedaría descalificado como modelo de conducta".

Iuris distinguieron tres maneras de celebrar el contrato, dependiendo de si se beneficiaba el comodatario, el comodante o a ambas partes, circunstancia que, a su vez, permite identificar tres grados de responsabilidad en cabeza del comodatario en caso de pérdida, perecimiento o deterioro de la cosa objeto del contrato. Este modo de responsabilidad del comodatario se sustenta en dos fuentes del Digesto: D. 13,6,18[21] y D. 13,6,5[22]. En D. 13,6,18 se menciona, de un lado, la diligencia de un diligentísimo padre de familia en aquellos casos en que la cosa objeto del comodato había sido dada en interés del comodatario; y, de otro lado, cuando el contrato se celebraba en interés de ambas partes, la responsabilidad del comodatario, según los juristas anteriores a Gayo, se reducía al dolo, solución que, al parecer, no comparte Gayo, pues se pregunta si el comodatario no debería responder también por culpa cuando el contrato se celebraba en interés de ambas partes. Esta cuestión la resuelve Ulpiano en D. 13,6,5,10 al enumerar los casos en que la responsabilidad del comodatario se reducía al dolo, entre los cuales estaba el comodato en interés del comodante, pero sin aludir al supuesto del comodato celebrado en interés de ambas partes. Lo anterior permite inferir que Ulpiano adopta la misma posición de Gayo en el sentido de no reducir la responsabilidad del comodatario en tal supuesto.

---

21 D. 13,6,18 Gayo, Comentarios al Edicto Provincial, Libro IX: "Respecto a las cosas dadas en comodato se ha de prestar tal diligencia, cual pone en sus propias cosas un diligentísimo padre de familia, de suerte que tan solo no responda de uno de aquellos accidentes que no puedan resistirse, por ejemplo[,] la muerte de los esclavos que sobrevivan sin dolo ni culpa de él, las acometidas de ladrones o de enemigos, las asechanzas de piratas, un naufragio, un incendio y la fuga de esclavos que no suelen ser custodiados. Mas lo que hemos dicho respecto a los ladrones, a los piratas y al naufragio lo entendemos, por supuesto, de este modo si la cosa hubiera sido dada a alguien para esto, para que consigo lleve de viaje aquella cosa; de otro modo, si yo hubiera dado a alguien en comodato un servicio de plata, porque él dijese que había de invitar a amigos a una cena, y se lo hubiere llevado consigo de viaje, sin duda alguna debe responder también del accidente de piratas, de ladrones y de naufragio. Esto así, si la cosa hubiera sido dada en comodato solamente por causa del que la recibe; mas[,] si por la de uno y otro, por ejemplo[,] si hubiéramos invitado a una cena a un amigo común, y tú te hubieres encargado del cuidado de esto, y yo te hubiere dado en comodato el servicio de plata, hallo ciertamente escrito en algunos como que solo debes prestar dolo; pero se ha de ver si no se haya de prestar también la culpa, de suerte que se haga estimación de la culpa, así como suele estimarse en las cosas dadas en prenda y en las dotales".

22 D. 13,6,5 Ulpiano Libro XXVIII, *ad Edictum*, 10: "Pero a veces prestará solamente el dolo, respecto a la cosa dada en comodato, el que la pidió; por ejemplo, si alguno así lo convino, o si dio en comodato solamente por su causa, acaso a su esposa, o a su mujer, para que se le presentase ataviada más decentemente, o si ofreciendo el Pretor algunas representaciones dio alguna cosa en comodato a los comodantes, o si alguien se la dio voluntariamente en comodato al mismo Pretor".

De una interpretación literal de ambos textos del Digesto se encuentra una referencia a tres modalidades de comodato y a tres grados de responsabilidad, a saber: *diligentia diligentissimus pater familias*, tratándose del comodato celebrado *gratia commodatarii*; culpa, si *utriusque gratia*; y dolo, en caso de *gratia commodantis*. En definitiva, la diligencia que se le exigía al comodatario era muy elevada, pues se trataba de una *diligentia diligentissimus pater familias* o *diligentia exactissima*, de la que hablan no solo D. 13,6,18 y D. 13,6,5, sino también D. 44,7,1,4[23], conforme a la cual quien recibía una cosa para usarla quedaba exento de responsabilidad si se perdía por fuerza mayor; pero, por lo demás, añade el texto que quedaba obligado a prestar una exacta diligencia (*exacta diligentia custodiendae rei*) en el cuidado de la cosa, de manera que al comodatario se le obligaba a un cuidado superior al que observaba en sus propias cosas, de suerte que se hacía responsable siempre que otro más diligente hubiese podido conservarla. Generalmente, la responsabilidad llegaba entonces no solo hasta la culpa leve, sino a aquella modalidad esencial de *custodiam praestare*, que hacía responsable al comodatario por el hurto de la cosa por un tercero. Se excluía el verdadero caso fortuito, salvo que la cosa se destinara a usos no estipulados[24].

Según Badosa Coll, el principal problema que tuvieron los autores que intentaron aplicar el criterio de la *utilitas contrahentium* estuvo dado por la existencia de textos contradictorios relacionados con un mismo contrato en los que se establecían modelos o grados que no encajaban con las conclusiones que resultaban de esa *utilitas contrahentium*. Por el contrario, aun reconociendo la *utilitas contrahentium* como principal,

> no se pudo ignorar la presencia en determinadas figuras de otros modelos de conducta o de otros criterios de prestación de diligencia que pasaban a ser considerados

---

23 Gayo, Diario, Libro ii: "Pero el que recibió una cosa para usarla está exento si, por fuerza mayor, a la cual no puede resistir la debilidad humana, por ejemplo, por incendio, ruina o naufragio[,] hubiere perdido la cosa que recibió; pero[,] por lo demás[,] es compelido a guardar la más exacta diligencia para custodiar la cosa; y no le basta poner la misma diligencia que pone en sus cosas, si otro pudiere custodiarla con más diligencia. Pero aún en los casos de fuerza mayor queda obligado si hubiera culpa suya, por ejemplo, si habiendo de invitar a una cena a unos amigos, hubiere querido llevar consigo al ir de viaje la plata que para usarla en aquella cena hubiere recibido, y la hubiere perdido o por naufragio, o por acometida de ladrones, o de enemigos".

24 Javier Belda Mercado. "La responsabilidad del comodatario en el derecho romano", *Revista Electrónica de la Facultad de Derecho de la Universidad de Granada*, Granada, U. de Granada, 8 de febrero de 2007, en http://www.refdugr.com/documentos/articulos/7.pdf

como modificaciones del modelo principal del padre de familia y su correspondiente grado según la *utilitas*. Así, *v.gr.*, en el contrato de sociedad había que combinar el criterio general de la utilidad mixta, que postulaba la aplicación del modelo padre de familia, con el modelo *quam suis* explícitamente exigido por los textos del Digesto. Lo mismo ocurriría en todas las demás figuras a las que el *Corpus* les declaraba como aplicable la diligencia concreta, ya que todas ellas eran encajables dentro de la *utilitas contrahentium* y, por ende, les era aplicable el modelo abstracto[25].

Finalmente, cabe destacar que la doctrina universal, al interpretar los distintos códigos civiles en los que se consagra la figura del buen padre de familia, suele distinguir sus dos componentes: el adjetivo calificativo "bueno" y el sustantivo "padre de familia", y se afirma que, mientras el sustantivo "padre de familia" designa el tipo o modelo de conducta, el adjetivo calificativo "bueno" designa una de las posibles graduaciones o intensidades de aplicación de dicho modelo, cual es el del hombre medio, o normal, o estandarizado, si bien se le contempla en sentido deontológico. Es decir, si bien el concepto de buen padre de familia es un valorativo, resulta extraña a él la diligencia mínima, de modo que solo sirve para integrar las diligencias media y máxima[26]. El modelo del "buen padre de familia" se corresponde, pues, con la diligencia que se exige del hombre medio, que actúa con un cuidado ordinario o usual en el manejo de sus propios asuntos o negocios. De esto se sigue que el carácter medio de la diligencia exigible del buen padre de familia no es sinónimo de mediocridad, ni la normalidad es sinónimo de conformismo, puesto que al buen padre de familia desde siempre le ha

---

25 Ferrán Badosa Coll. *La diligencia y la culpa del deudor en la obligación civil*, cit., p. 113.

26 Esa no profesionalidad que históricamente caracterizó al modelo del buen padre de familia implica que el concepto de padre de familia es un concepto valorativo, de suerte que por fuera de él quedan todas aquellas conductas que no alcanzan un determinado nivel de exigencia. Este tema cobra particular importancia con ocasión de la tridivisión de culpa en lata, leve y levísima, que da lugar a la creación de tres grados de diligencia: mínima, media y máxima, respectivamente, de los que los referidos grados de culpa son su negación. Se trata entonces de encontrar un modelo de conducta que sirva de fundamento a los tres grados de diligencia. Como se dijo en otro lugar, esta corriente valorativa respecto del padre de familia distinguió dos modelos de conducta en el derecho romano: uno colectivo, para la diligencia mínima, que estaba dado por el modo corriente de comportarse la mayoría de las personas, y que se inspiró en D. 50, XVI, 223; y otro abstracto, que estaba dado por el padre de familia, común a la diligencia media (diligente) y máxima (diligentísimo), las cuales implicaban comportarse por encima del modo normal de hacerlo la mayoría de las personas. De esta suerte, el concepto de padre de familia no solo se entendió como equivalente a no profesional o no experto, sino que, además, se trató de un concepto cualificado por exceder de la media estadística del comportamiento.

correspondido comportarse o conducirse por encima del modo normal de hacerlo todas las personas[27]. En este punto se pone de manifiesto el carácter deontológico del concepto de buen padre de familia, esto es, que el deudor no ha de prestar la diligencia que despliegan ordinariamente los hombres, sino la diligencia que deben prestar los hombres medios en sus propios asuntos. En definitiva, se trata de un deber ser más que de un ser[28].

3. EL MODELO *QUAM SUIS*

Con la expresión *quam suis*, el derecho romano designó el modelo de conducta consistente en el modo habitual de comportarse el deudor en sus propios asuntos e intereses. Se trató de un modelo que tomaba como medida las condiciones personales del sujeto, su aptitud y esfuerzo y, más exactamente, su comportamiento corriente en la gestión de sus propios asuntos e intereses. Así, pues, el deudor era a la vez modelo de conducta y sujeto jurídicamente vinculado por tal modelo, de manera entonces que el deudor no estaba obligado a seguir como pauta de comportamiento en el cumplimiento de la prestación una diligencia específica y distinta de la usual y normal en sus relaciones; por lo tanto, no se trataba de un *quantum* fijo de diligencia, sino variable en función del sujeto obligado. De esta manera, se trató de un modelo concreto, y ello lo hacía irrepetible para otra obligación distinta.

La anterior circunstancia permite diferenciar este modelo del modelo del común de los hombres o del modelo del padre de familia, cuya existencia, como se dijo líneas atrás, era independiente respecto de la obligación, de manera que se trataba de modelos de aplicación general. Por el contrario, se reitera, el modelo *quam suis* venía dado por la propia relación obligatoria a la que se pretendía regular y, por lo tanto, no era válido para otra relación distinta. No obstante, tanto el modelo *quam suis* como el del común de los hombres o el del padre de familia tenían en común la referencia a los asuntos propios, pero se diferenciaban en el hecho de que, mientras en el modelo del común de los hombres o en el del padre de familia la referencia a los asuntos propios era contingente, en el modelo *quam suis* esa referencia era esencial e inseparable. Esto hacía que la diligencia que de este modelo emanaba fuera

---

27 Ferrán Badosa Coll. *La diligencia y la culpa del deudor en la obligación civil*, cit., pp. 83 a 84.

28 Isabel Ramos Herranz. "El estándar mercantil de diligencia: el ordenado empresario", *Anuario de Derecho Civil*, vol. 59, n.º 1, Madrid, Ministerio de Justicia, 2006, pp. 195 a 226.

una diligencia subjetiva como esfuerzo o tensión de voluntad, la cual solo se transformaba o funcionaba como diligencia en sentido objetivo o comportamiento en el momento posterior en que se contrastaba con la actividad que constituía su objeto[29].

De acuerdo con los textos justinianeos[30], la violación de la diligencia *quam suis* llevaba consigo la culpa *in concreto* y era aplicable a la sociedad[31], a la comunidad hereditaria, a la tutela, al depósito y a la dote. No obstante, en todos estos negocios jurídicos, como consecuencia de la vigencia general de la *utilitas contrahentium*, el modelo *quam suis* entraba en concurrencia con el modelo del buen hombre de negocios o padre de familia y alteraba su aplicabilidad. Ante esta situación, la investigación romanística estima que el modelo *quam suis* resultaba de aplicación cuando su función hubiera de consistir en

> legitimar al deudor para poder disminuir su diligencia por debajo de la que sería el baremo abstracto (permitiéndole poner en la obligación sus personales diligencia mínima o falta absoluta de diligencia, a pesar de que según la *utilitas* hubiera debido poner la diligencia media o mínima). El resultado práctico es la derogación de dicho

---

29 Ferrán Badosa Coll. *La diligencia y la culpa del deudor en la obligación civil*, cit., p. 136.

30 Instituciones 3,25,9; D. 17,2,72; D. 23,3,17, pr; D. 24,3,24,5; D. 10,2,25,16; D. 37,3,1 pr; D. 36,1,22,3.

31 Juan Iglesias refiere que la *actio pro socio* es una acción general de rendición de cuentas mediante la cual se hacen valer las obligaciones recíprocas de los socios. Como consecuencia del ejercicio de esta acción, se producía una declaración de infamia. El derecho romano consideró el contrato de sociedad como un contrato de buena fe que daba lugar a la *actio pro socio*. En este contrato, el socio debía poner en los asuntos sociales la diligencia que solía emplear en la administración de las propias cosas, vale decir, la *diligentia quam suis*. Al decir de Iglesias, en el derecho justinianeo, el socio respondía de la culpa *in concreto*, mientras que en la época clásica únicamente se le imputó el dolo. (Juan Iglesias. *Derecho romano. Historia e instituciones*, 1.ª ed., Barcelona, Ariel, 1990, p. 413). A este respecto, en Instituciones 3,25,9 se lee: "Se ha preguntado si un socio está obligado a su consocio por la acción *pro socio* únicamente por aquello que hubiere hecho con dolo, como aquel que consintió que en su poder se constituyera un depósito, o si también por la culpa, esto es, por razón de desidia y de negligencia; pero prevaleció que también estaba obligado por razón de la culpa. Mas esta culpa no ha de dirigirse a la más exacta diligencia, pues basta que el socio ponga en las cosas comunes tanta diligencia cuanta acostumbra a poner en sus propias cosas. Porque el que tomó para sí un socio poco diligente, debe quejarse de sí mismo, esto es, imputárselo a sí mismo". Del mismo modo, en D. 17,2,72 se expresa: "Gayo; Diario, Libro ii. — El socio se obliga al socio también por razón de culpa, esto es, de desidia y de negligencia. Mas la culpa no se ha de referir a la exactísima diligencia, porque basta que ponga en las cosas comunes tal diligencia, cual suele poner en sus propias cosas, porque el que se procura un socio poco diligente, debe quejarse de sí mismo".

> baremo y la correspondiente creación de un área exclusiva para el *quam suis* [...]. Esta derogación no se realiza explícitamente [...] sino indirectamente, mediante su neutralización. Esta se produce elevando el modelo concreto a fundamento autónomo de justificación. Es decir, el deudor que ha infringido el grado exigible del modelo abstracto podía exonerarse alegando que, respecto de las cosas debidas al acreedor, se había comportado tal como lo hacía respecto de las suyas privativas[32].

Esta eficacia excepcionalmente exoneradora solo se presentaba en los casos de la sociedad y de la comunidad hereditaria en los cuales la cosa debida resultaba ser común al deudor y al acreedor. El que la cosa común fuera, de manera parcial, propia del deudor y, por ende, ocupara un lugar intermedio entre las cosas del todo ajenas y las cosas propias, llevaba a que la culpa fuera apreciada de una forma más benévola. Además, la asimilación de la culpa *quam suis* al dolo, que era lógica en las cosas ajenas, no lo era en las cosas comunes, por cuanto no resultaba factible presumir que el deudor hubiese querido el deterioro o menoscabo de una cosa que le era parcialmente propia.

Por el contrario, se estaba en el campo del modelo abstracto, en el que el *quam suis* se limitaba a desempeñar una función correctiva, cuando el papel de este último consistía en agravar la situación del deudor. De manera que su personal diligencia solo sustituía al "común de los hombres" o al "padre de familia diligente o diligentísimo" cuando fuera más rigurosa que la resultante de los modelos abstractos, no cuando fuera más laxa[33]. Esta inserción del modelo *quam suis* en el campo de aplicación propio del modelo del "hombre de negocios" o del modelo del "padre de familia"

> arranca de la Ley '*Quod Nerva*' del Tít. '*Depositi vel contra*' del Digesto, única en el *Corpus* justinianeo que habla de la *culpa latior*, afirmando que no carece de fraude el depositario que no emplea en las cosas depositadas la misma diligencia que en las propias. La amplitud de las palabras del texto determinará la creación de una regla general que excederá del contrato de depósito, para aplicarse a todas las instituciones en que la obligación recae sobre cosas ajenas: la de que todo deudor está vinculado en la gestión y cuidado de intereses ajenos por la misma diligencia que utiliza para sus propias cosas, sea cual sea el grado exigible según la *utilitas contrahentium* [...]. El mecanismo técnico-jurídico por el cual se produce esta intersección con fines agravatorios y extensión general es la *culpa latior* [...]. La

---

32 Ferrán Badosa Coll. *La diligencia y la culpa del deudor en la obligación civil*, cit., pp. 147, 150 y 151.

33 *Ibid*., p. 147.

> infracción de la diligencia *quam suis* constituye siempre el grado más reprobable de la culpa, cualquiera que fuera su homologación con el modelo abstracto (es decir, el deudor diligentísimo o diligente en sus asuntos que no lo sea igualmente en los ajenos, cometerá siempre *culpa latior*, a pesar de que si se le juzgara según el modelo abstracto solamente hubiera cometido culpa levísima o leve respectivamente). Mediante este procedimiento se consigue además que la diligencia *quam suis* sea exigible a la totalidad de las figuras jurídicas. En efecto, si en todas ellas se responde de dolo y de culpa lata, al calificar de 'latior' la infracción de la diligencia concreta, equiparamos su exigibilidad a la del grado mínimo de la abstracta, con lo que de la misma manera que este grado mínimo es requerido en absolutamente todas las obligaciones, también lo será la diligencia *quam suis*[34].

En síntesis, pues, en el derecho romano, la diligencia dependía de la consideración de un modelo de comportamiento. Como lo señala Cortés Moncayo[35], "de no exigirse una prestación que revistiera un carácter técnico especial, el reproche tendría lugar si el deudor había sido negligente", y se hacía alusión a una "diligencia mayor a la del común padre de familia cuando se trataba del cumplimiento de una prestación que implicaba la observancia de una conducta tal, que superaba a la del hombre diligente. Esta es la noción de culpa-diligencia".

B. LA CULPA-IMPERICIA

Ahora bien, además de a la culpa-negligencia, el derecho romano se refirió también a la culpa-impericia, y ello en materia de responsabilidad tanto extracontractual como contractual[36], lo que dio lugar al nacimiento y posterior desarrollo de la figura del *artifex*. En este sentido, Cortés Moncayo[37] explica que, en materia contractual, "la culpa impericia [...] encuentra [...] una

---

34 *Ibid.*, pp. 147, 148 y 149.

35 Édgar Cortés Moncayo. *La culpa contractual en el sistema jurídico latinoamericano*, cit., p. 87.

36 En cuanto a la responsabilidad extracontractual, hay un pasaje del Digesto (D. 9,2,7,8) en el que se expresa: "Ulpiano; Comentarios al Edicto; Libro xviii. — [...] Dice Próculo que[,] si con impericia hubiere operado el médico a un esclavo, compete o la acción de arrendamiento, o la de la ley Aquilia". Así mismo, en el pasaje de D. 9,2,8 se expresa: "Gayo; Comentarios al Edicto Provincial; Libro vii. — El mismo derecho hay, si malamente hubiere usado de un medicamento. Pero el que hubiere hecho bien la operación quirúrgica, y hubiere abandonado la curación, tampoco estará seguro, sino que se entiende que es reo de culpa".

37 Édgar Cortés Moncayo. *La culpa contractual en el sistema jurídico latinoamericano*, cit., pp. 88 a 89.

determinación específica en cuanto hace a las prestaciones técnicas debidas por el contratante *artifex*, ya que él debe observar las reglas técnicas de su actividad —*artificium*— sin importar el grado de dificultad de ella".

El modelo del *artifex* es, pues, un modelo que está representado por las reglas o técnicas específicas de un oficio o arte determinados, cuyas raíces se encuentran en D. 19, II,9,5[38], reproducido de manera parcial en D. 50,XVII,132[39] y en *Inst. Iust.* 4,3,7; se consagra de este modo el principio "imperitia culpae adnumeratur". Es un modelo que "se deducirá entonces al identificar claramente el arte del que se trata, para llegar al modelo abstracto, que será el que sirva".

Desde el punto de vista subjetivo, la impericia se equiparó a la ignorancia, en principio inexcusable, del deudor. Esta clase de impericia sería el fundamento de la responsabilidad por los daños resultantes de la impericia objetiva. Esta (la pericia objetiva) sería la causa material de tales daños. Desde la perspectiva de la asimilación de la impericia o ignorancia a la culpa, su localización se encuentra en el mismo hecho que determina la exigibilidad jurídica del modelo de conducta profesional: la declaración del deudor de asumir la obligación precisamente en calidad de experto, vale decir, el *quippe ut artifex conduxit* a que se refiere Celso en D. 19,II,9,5[40].

En este texto, Celso incluyó entonces la *imperitia* en el concepto de culpa que elaboró como criterio general de la responsabilidad, como un requisito exigido por la *bona fides* que preside la relación contractual. Para Celso, la *imperitia* era culpa porque quien se ofrecía a realizar una actividad —verbigracia, en calidad de lavandero o de sastre— debía conocer y saber las reglas de su respectivo oficio, de manera que su desconocimiento constituía una situación o causa imputable, por cuanto había sido contratado en calidad de experto. Conforme al texto de D. 19,II,9,5, el factor culposo de la impericia consistía, entonces, en el hecho de que el deudor se proclamaba poseedor de unos conocimientos de los que realmente carecía. Este factor culposo

---

38 En D. 19,II,9,5 se vincula la prestación de la pericia al *quippe ut artifex conduxit*.

39 En D. 50,XVII,132 se establece el principio de *imperitia culpae annumeretur*. La glosa aplica este principio a todo artífice, incluyendo al juez y al médico.

40 "D. 19,2,9,5 Ulpiano; Comentarios al Edicto; libro XXXII [...] Escribió Celso en el Libro Octavo del Digesto que también la impericia se ha de contar como culpa; y que[,] si alguno tomó en arrendamiento el apacentar becerros o el remendar o pulir alguna cosa, debe él responder de la culpa, y que lo que hizo mal por impericia es culpa, porque, dice, tomó en arrendamiento como artífice".

debía entenderse como una autoimputación o garantía, pues, por el hecho de que el deudor se proclamara poseedor de unos conocimientos, estaba llamado a responder por los daños derivados de la infracción del modelo profesional. En suma, en los casos del lavandero y del sastre mencionados por Celso, se estaba

> en presencia de una prestación que requiere una condición técnica especial, con la precisión de que la pericia requerida está limitada a la actividad que se despliegue; Ulpiano (D. 19,2,13,6) aclara que si el lavandero ha recibido los vestidos, que luego son arruinados por los ratones; o si por haber sido cambiado de lugar, entrega a un cliente el mantel de otro, responderá respectivamente, por la custodia y por la negligencia y no por la impericia, de tal forma que lo que hace que una prestación se someta a la consideración de la impericia es la actividad que se realiza, actividad que requiere observaciones técnicas especiales, sin importar, como ya se dijo, el grado de dificultad de ellas[41].

En esta misma dirección, el factor culposo también podía derivar del desarrollo de una actividad técnica cuyas reglas se desconocieran, o del desconocimiento del deber de diligencia en el autoexamen de las propias aptitudes para cumplir la obligación que se asumía. En este último caso, la impericia quedaba reconducida a la culpa en sentido técnico, vale decir, a la infracción de la diligencia según el modelo no profesional, como se desprende del texto del D. 9,2,8,1[42].

En definitiva, a partir de la máxima consagrada en Digesto 19,II,9,5, la mayor parte de la doctrina romanista concibe la impericia como

> un criterio de responsabilidad típicamente aplicable al *artifex*, afirmación esta que implica plantearse de manera previa, de una parte, qué ha de entenderse por *artifex*, esto es, qué sujetos pueden incurrir en impericia, y, de otra, cuál es la relación entre esta noción y la de culpa, es decir, si aluden a conceptos lógicamente

---

41 Édgar Cortés Moncayo. *La culpa contractual en el sistema jurídico latinoamericano*, cit., p. 89.

42 "D. 9,2,8,1 Gayo, Comentarios al edicto provincial, libro VII [...] Dícese generalmente, que queda obligado por razón de culpa también el mulero, si por impericia no hubiere podido contener el ímpetu de las mulas, y estas hubieren atropellado a un esclavo ajeno. Lo mismo se dice también si por su poca fuerza no hubiere podido contener el ímpetu de las mulas. Y no parece injusto, si la escasez de fuerzas se cuenta para la culpa, porque nadie debe pretender hacer aquello en lo que o sabe o debe saber que su insuficiencia de fuerzas ha de ser peligrosa para otro. El mismo derecho hay respecto a la persona del que por impericia o falta de fuerzas no hubiere podido refrenar el ímpetu del caballo en que iba".

> distintos, aún subsumiendo la 'imperitia' en el concepto más general de la culpa, o, si por el contrario, tal como se desprende del fragmento antedicho se trata de conceptos idénticos que conviene fundir[43].

Respecto a qué ha de entenderse por *artifex*, se tiene que, en el derecho romano clásico y posclásico, la expresión *artifex* se refería al experto, al profesional en un arte u oficio al que se dedicaba de manera habitual, como era el caso del mulero, del lavandero, del artesano, del sastre, etc. Esto significa que la característica esencial del artífice consistía en un conocimiento o saber y, entonces, por este aspecto, la *imperitia* era indicativa de la ignorancia por el deudor de unas determinadas reglas técnicas, lo que daba lugar a la infracción del modelo del *artifex* asumido como debido para la obligación de la que era titular (pericia en sentido objetivo)[44]. Por consiguiente, la *imperitia*, como fuente de responsabilidad asimilable a la culpa (*annumeratio culpae*), se configuró de manera objetiva como quebrantamiento de un modelo profesional jurídicamente exigible. Desde esta perspectiva, lo que hacía que una prestación se sometiera a la consideración de la impericia era la actividad que realizaba el deudor; no obstante, no era imprescindible que el trabajo o servicio desempeñado o la obra ejecutada por el *artifex* demandaran una preparación y unos conocimientos en exceso técnicos y especializados[45].

Así, en el derecho romano, el *artifex* era, ante todo, el artesano que, con los conocimientos típicos de su oficio, se comprometía a ejecutar una obra, y para ello se servía de la figura de la *locatio conductio operis*[46], de manera entonces que, como la atribución de las consecuencias del incumplimiento giraba alrededor del criterio de la *imperitia*, esto significaba que el *locator* estaba llamado a responder en caso de que su actividad no se hubiese ajustado al canon de la *peritia* constituido por las reglas del *ars*. De acuerdo con

43 Adela Serra Rodríguez. *La responsabilidad civil del abogado*, 2.ª ed., Navarra, Thomson-Reuters Aranzadi, 2001, p. 101.

44 Ferrán Badosa Coll. *La diligencia y la culpa del deudor en la obligación civil*, cit., pp. 802 y 803.

45 Esta tesis se confirma con el texto del D. 19,2,13,6, el cual prevé: "Ulpiano; Comentarios al Edicto; libro xxxii [...] Si el lavandero hubiere tomado vestidos para lavarlos, y los hubieren roído los ratones, se obliga por la acción de locación, porque debió precaverse de esto; y si el lavandero hubiere cambiado una capa, y dado a una la de otro, se obligará por la acción de locación, aunque lo hubiere hecho por ignorancia". *Cfr.* Édgar Cortés Moncayo. *La culpa contractual en el sistema jurídico latinoamericano*, cit. p. 89.

46 Inés de Falco. "Diligentiam parestare", tesis doctoral, Napoli, Jovene Editore Napoli, 1991, p. 84.

Betti[47], cuando el conductor asumía la ejecución de una obra que presuponía una experiencia o pericia técnica, por esa misma razón tenía la carga —que a la vez era el compromiso— de poseerla, de manera que debía responder en la medida en que careciera de dicha pericia.

No obstante, también quedaban equiparados a los artífices —en el sentido de que podían incurrir en impericia— quienes se dedicaban al ejercicio de las artes liberales. Tal podría ser el sentido de Digesto 1,18,6,7, conforme al cual, "así como no se debe imputar al médico el evento de la muerte, se le debe imputar lo que ha cometido por impericia". O sea que, en el caso particular de los médicos, la impericia se identificó con la mala práctica de una operación, vale decir, con el mal hacer de los actos propios de la profesión, no ajustado a las reglas de esta[48]. Según Mosset Iturraspe[49], este pasaje del Digesto significa que, en el derecho romano,

> pese al estado de la medicina, verdadero 'arte' por entonces, se hablaba de la *imperitia* del médico y se lo hacía responsable cuando su oficio causaba, precisamente por su falta de habilidad o conocimientos, un daño al paciente. [...] Y era así porque desde la más remota antigüedad el médico rendía cuenta de sus faltas como tal ante la ley, siempre que lesionaba el interés ajeno. [...] Y no era obstáculo a la admisión de la responsabilidad por impericia la altísima estima que se tenía por el oficio de médico, que llevaba a dejar de lado la posibilidad de medir su servicio en dinero, considerando que solo era digno de "honor".

A lo anterior debe agregarse que el último inciso de D. 9,2,8 pr consagra un supuesto distinto al disponer lo que sigue: "Sin embargo, el que hubiese operado bien y hubiese abandonado la curación, no estará exento, sino que se considerará reo de culpa". Al decir de Serra Rodríguez[50]:

> En este caso se prevé que[,] aun cuando el profesional ejecute correctamente la prestación («el que hubiese operado bien»), es decir, obre o actúe de manera correcta y ajustada a las leyes propias de la profesión[,] incurre en culpa si descuida la curación, esto es, si no lleva a cabo los actos necesarios que forman parte de su obligación. A pesar de quedar demostrada la pericia del profesional mediante el «buen hacer» en su

---

47 Emilio Betti. *Istituzioni di Diritto romano*, vol. II, Padova, Cedam, 1960, p. 248.

48 Adela Serra Rodríguez. *La responsabilidad civil del abogado*, cit., p. 102.

49 Jorge Mosset Iturraspe. *Responsabilidad por daños*, t. VIII, *Responsabilidad de los profesionales*, Buenos Aires, Rubinzal-Culzoni, reimpr., 2005.

50 Adela Serra Rodríguez. *La responsabilidad civil del abogado*, cit., pp. 102 a 103.

> comportamiento, es culpable en cuanto que «no hace» todo aquello a lo que ha quedado comprometido y le viene exigido por las reglas profesionales. [...] En consecuencia, siguiendo tal interpretación, estos textos pondrían de manifiesto que la impericia queda referida a un «hacer» incorrecto o inadecuado, mientras que el «no hacer» aquello que debería hacerse no es tanto impericia como culpa [...]
>
> De otro lado, paulatinamente la noción de *artifex* va ampliándose[,] resultando predicable tal condición de cualquiera que ejerce su conocimiento o saber, propio de una determinada actividad que requiere el dominio de ciertas reglas, dedicándose de manera habitual y no esporádica a la misma (sic), asumiendo por ello el carácter de profesional. Tal actividad implica necesariamente la referencia a una profesión, a un ámbito delimitado por el conocimiento de ciertos usos o reglas que la dotan de individualidad propia. [...] En tal acepción la noción de artífice va haciéndose sinónima de la de profesional y, en consecuencia, el parámetro de comportamiento a aquel aplicable resulta igualmente predicable en general de todo profesional[,] como el *iurisperitus*, el *medicus*, el *mensor*, etc.; lo cual, así mismo, pone de relieve que tal canon de conducta o de diligencia «especializada» no es exigible al *bonus pater familias*, al no quedar comprendido en el *quantum diligentiae* que este debe prestar.

Por último, habida cuenta de la existencia de tres grados de culpa y de que la culpa, a su vez, se definía por tres diferentes graduaciones del modelo de diligencia (hombres comunes, diligentes y diligentísimos), y de que este modelo también comprendía al artífice, este último también fue susceptible de graduación o intensidad según la diferente perfección en la adhesión a las reglas del arte o profesión de que se tratara[51]. Así, en la graduación del modelo del artífice existió un grado meramente estadístico (*quod communiter omnes sciunt*, como paradigma del cual se predica la culpa lata) y dos grados valorativos (*quod sciunt excelentes artífices* y *quod sciunt tantum excellentissi-*

51 Sobre este particular, Ferrán Badosa Coll refiere: "Quien propuso más explícitamente el tema fue Bartolo al formular como modelo integrador de la diligencia-esquema de conducta el amplísimo de los 'homines eiusdem professionis'. [...] Mientras el artífice permanece absorbido dentro del modelo genérico 'homines' ('*éiusdem* professionis'), la graduación de aquel se hace en base a (sic) los mismos indicios que la de este, es decir, acudiendo a la distinción entre hombres comunes, hombres diligentes y hombres diligentísimos. En una palabra, al artífice se le gradúa con base a (sic) un concepto que no es congruente con su naturaleza de tipo de saber o conocimiento: la diligencia como puro hacer [...] Por lo tanto, para conocer cuál es el criterio de graduación realmente idóneo para el profesional, es preciso contemplarlo en sí mismo, separado del 'homo eiusdem professionis'. Desde esta segunda perspectiva se fija el nivel de conocimiento congruente con la naturaleza del modelo respecto del cual ha de operar". (Ferrán Badosa Coll. *La diligencia y la culpa del deudor en la obligación civil*, cit., p. 128 y ss.).

mi, como paradigmas, en su orden, de la culpa leve y de la culpa levísima), caracterizados por exceder la media habitual[52].

A pesar de lo anterior, la doctrina posterior a los glosadores y posglosadores

> dejó de referirse explícitamente a la graduación del modelo del experto, de tal modo que el modelo de conducta propio del artífice —de manera similar a lo ocurrido con la diligencia del buen padre de familia— quedó referido a aquel grado valorativo, y no meramente estadístico, del profesional que aplica cuidadosamente los conocimientos adquiridos conforme a su 'lex artis'[53].

Para concluir esta evolución histórica acerca del modelo del *artifex*, se tiene que en las Siete Partidas se acogió

> una noción de la culpa profesional o de pericia distinta de la de culpa en sentido amplio, al prever que aquel sujeto al que se encomienda una prestación de hacer en virtud de sus conocimientos y saber puede quedar obligado a resarcir los daños causados en la ejecución de aquella obligación 'por no ser sabidor de lo fazer, o por otra su culpa' [...] Al establecer la obligación de reparar el daño causado, se está refiriendo específicamente a aquellos sujetos que desempeñan una profesión, arte u oficio, como el orfebre, el maestro, el cirujano, el físico o el *albeytare*. La pericia se predica del experto o profesional, lo cual pone de manifiesto la ampliación que se opera ya en las Partidas del concepto de 'artifex' romano en tanto (sic) comprende no solo actividades artesanales como la del orfebre, sino también la de los médicos o maestros [...] Por tanto, el ejercicio de la profesión u oficio constituye precisamente el motivo para contratar con los mismos (sic) una determinada prestación que exige el conocimiento de la 'lex artis' correspondiente. Se trata de una relación de

---

52 A este respecto, Ferrán Badosa Coll afirma que "la referencia (esencial) de la pericia a la figura del profesional, como modelo integrador suyo, muestra claramente que entre ambos conceptos existe idéntica relación que entre diligencia y padre de familia. Es decir, que la pericia indica un modo de conducta, un esquema de actuación que debe ser llenado por un modelo profesional. Su función es, pues, equivalente a la del padre de familia respecto de la diligencia [...]. La causa próxima [...] de la distinción entre pericia y diligencia viene dada por la diferenciación de sus respectivos modelos [...] Pericia es el esquema de conducta que solo puede ser integrado por un modelo que presupone una determinada habilidad técnica. Es la diligencia del experto. [...] Hay una segunda característica de la pericia: el que el modelo de conducta profesional que ha de integrarla viene determinado siempre por la naturaleza intrínseca de la actividad a la que debe aplicarse". (Ferrán Badosa Coll. *La diligencia y la culpa del deudor en la obligación civil*, cit., p. 122 y ss.).

53 Adela Serra Rodríguez. *La responsabilidad civil del abogado*, cit., pp. 102 a 103.

prestación de servicios basada en la confianza creada por un sujeto que pertenece a la profesión; a lo que se podría añadir el carácter 'intuitus personae'[54].

III. LA EVOLUCIÓN HISTÓRICA EN LOS GLOSADORES, LAS SIETE PARTIDAS, EL SISTEMA EUROPEO Y LAS NORMAS DEL DERECHO UNIFICADO

La doctrina coincide en señalar que el *Corpus Iuris* de Justiniano constituye el punto de partida de una prolongada tradición jurídica que se proyecta hasta las modernas codificaciones. El Renacimiento jurídico medieval, como proceso histórico, se inició en Italia en el siglo XII y se desarrolló a lo largo de la Edad Media y la Moderna con la difusión del *Corpus Iuris Civile* y de la jurisprudencia que se había construido alrededor de los textos romanos en la mayoría de los países de Europa. Este resurgir boloñés suele vincularse a los nombres del *Studium Generale* de Bolonia y a la Escuela de los Glosadores. La finalidad de los glosadores en el estudio del *Corpus Iuris Civile* —y, más exactamente, el Digesto — fue la de hacer que este fuera comprensible a las personas de la época. Así, las glosas permitían comprender e interpretar dichos textos. No obstante, los glosadores no admitieron un pensamiento libre más allá del tenor del texto. Como lo refiere Schipani[55] al comentar las obligaciones nacidas de los contratos consensuales, en la glosa introductoria a *Instituciones* 3,22(23),3, "casi parafraseando al texto latino, precisa que la obligación nace *in his etiam quae non sunt dicta in conventione, si ex bono et aequo ea praestari oporteat* ('incluso en relación a lo que no ha sido dicho en el acuerdo, siempre que su prestación resulte necesaria en base a (sic) lo que es bueno y ecuo'); señala de este modo la división entre obligaciones *ex bona fide* [...] respecto a las obligaciones de estricto derecho".

Obra de los juristas del Medioevo fue la tripartición de la culpa, con sus diferentes grados de diligencia, pues, a pesar de que este proceso comenzó de manera tímida con la compilación justinianea, lo cierto es que fue gracias

---

54 Adela Serra Rodríguez. *La responsabilidad civil del abogado*, cit., p. 104.

55 Sandro Schipani. "Problemas sistemáticos en el derecho romano: la *obligatio*", en *Obligaciones, contratos, responsabilidad. Memorias del Grupo para la Armonización del Derecho Privado Latinoamericano*, cap. 2, Bogotá, Universidad Externado de Colombia, 2011, p. 62.

a la labor de los glosadores que se logró una verdadera sistematización de la materia. Al decir de Koteich[56]:

> Los glosadores [...] hicieron de la *culpa levísima*, considerada como violación a la *diligentia diligentissimi*, un grado de culpa dentro de la responsabilidad contractual, ello quizá producto de una interpretación inexacta de las fuentes, pues el único caso en donde de ella se habla en el derecho romano era en la *Lex Aquilia*. No obstante, en ella se respondía solo por [la] culpa leve, que no tenía consecuencias distintas de la levísima, pues en las fuentes justinianeas la *exacta* y la *exactissima diligentia* tenían idénticos contenidos. [...] Lo que se quiso significar con la inclusión de la culpa *levísima* en la *Lex Aquilia* era que el ofensor debía responder de todo daño causado con culpa, por mínima que esta fuera, sin pretensiones de trazar una frontera entre una culpa leve y una levísima, como lo haría luego la teoría contractual de la trinidad de la culpa. ¿Cómo distinguir entre una culpa leve y una levísima o, lo que es lo mismo, entre una persona diligente y otra diligente en mayor grado? [...] Se levantó así la más grande diferencia entre la responsabilidad contractual y la responsabilidad aquiliana, cuando se dijo que en esta última se responde de *toda culpa*, por mínima que sea, resultando inoficioso distinguir entre *sus grados*; mientras que en la contractual, la trinidad de la culpa permitiría determinar, con base en el criterio de la *utilitas contrahentium*, el grado de diligencia exigible al deudor en cada contrato, pues no siempre responde por todos sus grados en todos los tipos contractuales.

Con la aparición del movimiento codificador en el siglo XIX, el derecho romano como legislación viva fue sustituido por el nuevo derecho contenido en los códigos. La sanción del Código Civil francés[57] en 1804 consagró legislativamente una serie de fórmulas que en la práctica se tradujeron en profundas innovaciones a los principios hasta entonces aceptados. Así sucedió con la imposición de la obligación de reparación al autor de todo daño, regla que recogió un texto de Domat conforme al cual todas las pérdidas y todos los daños que sobrevinieran por el hecho de una persona (fuera por imprudencia, ligereza, ignorancia de algo que debía saber u otras culpas parecidas) debían ser reparados por quien hubiera actuado con culpa. Igualmente, el Código —inspirado en Domat y en los canonistas— fundó

---

56 Milagros Koteich. "Responsabilidad contractual y aquiliana. Revisión de una distinción tradicional con base en la culpa y su graduación", cit., p. 177 y ss.

57 Corps Législatif. Code Civil des Français (Código Civil francés). Disponible en https://www.legifrance.gouv.fr/affichCode.do?cidTexte=LEGITEXT000006070721&dateTexte=20200907

la responsabilidad sobre la culpa, convirtió a esta última en el eje de todo el sistema y consagró por primera vez y de manera expresa el principio de que no hay responsabilidad sin culpa. Así, se reconoce que más que la imposibilidad de la prestación, lo que se considera es la inejecución de la obligación y la diligencia del deudor en el cumplimiento, de suerte que al deudor le corresponde demostrar que le ha sido imposible poner toda la diligencia necesaria por una causa extraña. Por lo demás, tratándose de velar por la obligación de conservación de la cosa en las obligaciones de dar, el Código estableció o tomó como tipo de diligencia la del buen padre de familia, la cual, por obra de la doctrina y de la jurisprudencia, se extendió a toda clase de obligaciones como emanación del principio de la buena fe. No obstante, para casos excepcionales se faculta al juez para adoptar un tipo de padre de familia más o menos diligente, según las situaciones especiales contempladas en reglas establecidas por el Código para cierta clase de contratos.

En los proyectos de reforma al Código Civil francés, la culpa continúa jugando un papel fundamental en el sistema general de la responsabilidad contractual, pese a que se consagra una responsabilidad objetiva derivada de la incorporación como norma legal de la clasificación de las obligaciones en de medios y de resultado[58].

En el derecho alemán, tipos contractuales como la compraventa, la permuta, el mandato, la donación, el depósito y la fianza, entre otros, se inspiran en construcciones del derecho romano. Igual sucede con los criterios generales de responsabilidad civil, como el dolo, la culpa y la *diligentia quam suis*; con los regímenes de responsabilidad civil independientes de la culpa, como el del arrendador del § 356a BGB o el del posadero del § 701 y siguientes del BGB; y, por último, con un sinnúmero de instituciones jurídicas y reglas particulares, como es el caso (i) de la imposibilidad, concepto que determina la liberación de la obligación primaria de ejecutar la prestación (no obstante, la imposibilidad no juega un papel directo en el tema de la responsabilidad por daños, respecto del cual apenas cumple un papel marginal); (ii) de la nulidad del negocio jurídico contrario a la moral; (iii) de las reglas acerca de la mora del deudor y del acreedor; y (iv) de la gestión de negocios ajenos[59].

---

58 Édgar Cortés Moncayo. *La culpa contractual en el sistema jurídico latinoamericano*, cit., pp. 95 a 98.

59 Reinhard Zimmermann. "Derecho romano y cultura europea", *Revista de Derecho Privado*, n.º 18, julio-septiembre, Bogotá, Universidad Externado de Colombia, 2010, pp. 5 a 34.

Además, en el derecho alemán se abandonó la figura del buen padre de familia como modelo de hombre diligente y en su lugar se acuñó la expresión que remite al comportamiento que exigen la buena fe y los usos del tráfico jurídico[60]. La nueva ley, vigente desde el año 2002[61], mantiene la tradicional definición normativa de la culpa o negligencia como aquella actuación en que no se ha tenido en cuenta el cuidado o la diligencia exigible en el tráfico, de manera que le corresponde al deudor acreditar que el incumplimiento no le es imputable. Del mismo modo, la nueva ley, al delimitar el contenido de los deberes derivados de la relación obligatoria, incluye los denominados "deberes de protección", diferentes del "deber de prestación". Deudor y acreedor, vinculados por el deber primario de prestación, están igualmente obligados de manera recíproca a respetar los derechos, bienes jurídicos o intereses de la otra parte[62].

En España se tuvo una fuerte influencia de la Escuela de Bolonia y de la de los Comentaristas, que se reflejó, entre otras cosas, en la redacción de las Partidas de Alfonso X, en las cuales se parte de idénticos principios a los que regulaban el régimen de las obligaciones y los contratos en el derecho justinianeo.

En Italia, el Código Civil (CC) de 1865[63] siguió de cerca las orientaciones del Código Civil francés de 1804, de allí que en la materia que se ha venido tratando —al igual que en muchas otras— la solución haya sido la misma que adoptó el estatuto francés, que posteriormente se trasladó al artículo 1176 del CC italiano de 1942[64], en el que tampoco se consagró graduación

---

60 Édgar Cortés Moncayo. *La culpa contractual en el sistema jurídico latinoamericano*, cit., pp. 100 a 104.

61 Ministerio Federal de Justicia. Código Civil de Alemania en la versión promulgada el 2 de enero de 2002 (*Gaceta de Leyes Federales* [Bundesgesetzblatt] I, p. 42, 2909; 2003, I, p. 73). Aprobado en la Ley de Modernización del Derecho de Obligaciones del Código Civil alemán (Bürgerliches Gesetzbuch – BGB), de 26 de noviembre de 2001 (Gesetz zur Modernisierung des Schuldrecht), en vigor a partir del 1.º de enero de 2002. Disponible en https://www.gesetze-im-internet.de/englisch_bgb/

62 Albert Lamarca i Marqués. "Entra en vigor la Ley de Modernización del Derecho Alemán de Obligaciones", *InDret, Revista para el Análisis del Derecho*, n.º 1, enero-marzo, Barcelona, Universidad Pompeu Fabra, 2002.

63 Governo del Regno d'Italia. Lagge n.º 2215 del 2 de aprile 1865. Codice Civile del Regno D'Italia. Disponible en https://www.notaio-busani.it/download/docs/CC1865_100.pdf

64 Governo del Regno d'Italia. Regio Decreto n.º 262 16 marzo 1942 in materia di «Approvazione del testo del Codice Civile». Gazzetta Ufficiale, n.º 79 del 4 aprile 1942. Disponible en https://www.gazzettaufficiale.it/anteprima/codici/codiceCivile

alguna de la culpa[65]. En el Código italiano, el caso fortuito, la fuerza mayor y el hecho de un tercero se entendían como ausencia de culpa, esto es, como cualquier evento superior a la diligencia de un buen padre de familia o como un incumplimiento ajeno a la persona del deudor y a su esfera económica, vale decir, no eran considerados imputables directamente a su culpa. El Código de 1942 adoptó como regla de conducta por parte del deudor la de impedir la imposibilidad de la prestación. Según Cortés Moncayo[66], esta regla de conducta

> se remite a la figura del buen padre de familia y de ahí se puede entender el sistema fundado sobre la culpa, en una interpretación doctrinaria que retoma las bases del derecho romano. [...] En cuanto a la responsabilidad del deudor, en aquellos contratos que tradicionalmente se habían considerado como comprensivos del deber de custodia (obligaciones *ex recepto*), responsabilidad del transportador, del hotelero, del almacenador, del banquero, dice la doctrina que se prevé una responsabilidad más gravosa, que comportaría para el deudor la prueba positiva de la causa del daño; esta agravación no se justifica con base en el carácter oneroso y profesional sino en función de la necesidad de encomendarse al deudor, en que se encuentra el acreedor, al que le resulta imposible vigilar la actividad de aquel. Así, el único límite de la responsabilidad es la imposibilidad, no como noción jurídica, sino de experiencia (sentido) común, dejando a salvo el criterio del buen padre de familia que sirve para atenuar el rígido límite de la imposibilidad del artículo 1218, en el sentido de tener consideración de la corrección de las partes en el desarrollo de la relación contractual.

En el derecho anglosajón, el tema de la responsabilidad contractual se mueve en dos extremos, a saber: el de la denominada *doctrine of frustation* y el del llamado *breach of contract*. De acuerdo con la *doctrine of frustation*, una vez perfeccionado el contrato, los contratantes se encuentran absolutamente vinculados al cumplimiento de la obligación sin que les resulte dado alegar como excusa del incumplimiento ningún tipo de circunstancia sobrevenida, salvo que las partes contratantes de antemano hayan acordado de manera expresa las consecuencias que esa circunstancia sobrevenida tendría en relación con el contrato. La circunstancia sobrevenida debe

---

65 Milagros Koteich. "Responsabilidad contractual y aquiliana. Revisión de una distinción tradicional con base en la culpa y su graduación", cit., p. 177 y ss.

66 Édgar Cortés Moncayo. *La culpa contractual en el sistema jurídico latinoamericano*, cit., pp. 105 a 107.

hacer, pues, ilícito, imposible o inútil el cumplimiento, amén de que no puede ser imputable al deudor, porque si existe dolo, entonces no resulta factible invocar la *doctrine of frustation*[67]. A su turno, la expresión *breach of contract* literalmente significa una ruptura del contrato, esto es, un incumplimiento contractual que puede ser imputado a dolo o culpa del deudor, de modo que este debe responder por los daños y perjuicios causados a la otra parte. Pero, además, si el incumplimiento del contrato es considerado sustancial, entonces la parte perjudicada puede optar por rescindir el contrato, que de esa manera queda extinguido (*discharged*), y exigir el resarcimiento de los daños.

En cuanto a las normas del derecho unificado, se encuentran los *Principios de derecho europeo de la responsabilidad civil* (*Principles on European Tort Law*)[68], los cuales, entre otras cosas, adoptan una noción objetiva de culpa[69] que coincide con la que admite la generalidad de la doctrina y la legislación de la mayoría de los países europeos, la cual toma como patrón de conducta que debe ser observada por todos con independencia de las capacidades,

---

67 José Félix Chamie. "*Frustration of contract e impossibility of performance* en el *common law* inglés", *Revista Derecho Privado*, n.º 16, enero-junio, Bogotá, Universidad Externado de Colombia, 2009, pp. 187 a 212; Édgar Cortés Moncayo. *La culpa contractual en el sistema jurídico latinoamericano*, cit., pp. 108 a 109.

68 European Group on Tort Law (EGTL). *Principios de derecho europeo de la responsabilidad civil.* Disponible en http://www.egtl.org/PETLSpanish.html

69 Al respecto, el artículo 1.101 de los *Principios europeos del derecho de daños* (*Principles of European Tort Law*, 2005) consagra por norma fundamental (*basic norm*) que "[a]quel a quien se pueda imputar jurídicamente un daño está obligado a repararlo. (2) En particular, el daño puede imputarse a la persona (a) cuya conducta culposa lo haya causado; o (b) cuya actividad anormalmente peligrosa lo haya causado; o (c) cuyo auxiliar lo haya causado en el ejercicio de sus funciones"; con la precisión en el sentido de que se "es responsable sobre la base de la culpa por la violación dolosa o negligente del estándar de conducta exigible" (art. 4), para señalar una noción objetiva de culpa consistente en la "conducta exigible", tomando por referente el patrón estándar de "una persona razonable que se halle en las mismas circunstancias" (art. 4:102 [1] PETL), susceptible de variar y adaptarse por las características de la categoría de personas a que se pertenece y en cuya determinación se tendrán en consideración la "naturaleza y valor del interés protegido de que se trate": cuanto más importante, mayor la exigencia para evitar el daño, "la peligrosidad de la actividad" y la "pericia exigible a la persona" que la desarrolla según un nivel de diligencia superior al corriente, "la previsibilidad del daño" *ex ante*, la "relación de proximidad o de especial confianza entre las personas implicadas", "la disponibilidad y coste de las medidas de precaución y de los métodos alternativos", y también "deben tenerse en cuenta las normas que prescriben o prohíben una determinada conducta" (normas de tránsito, construcción, reglamentos). Así mismo, el artículo 4:201 *ibidem* contempla la inversión de "la carga de la prueba de la culpa a la luz de la gravedad del peligro que la actividad en cuestión comporta" según "la gravedad del daño que en tales casos pueda producirse" y "la probabilidad de que tal daño llegue a suceder efectivamente".

destrezas y habilidades personales de cada contratante. El estándar de conducta exigible que ha de observarse es, entonces, el de una persona razonable (*reasonable man*)[70] que se halle en las mismas circunstancias[71], para lo cual deben tenerse en cuenta los siguientes factores:

1) La naturaleza y el valor del interés protegido de que se trate; vale decir que, cuanto mayor sea el valor del interés puesto en peligro, mayor ha de ser el esfuerzo que se debe emplear para evitar el daño por parte de la persona cuya conducta puede lesionar ese interés.

2) La peligrosidad de la actividad, es decir, que quien actúa debe adaptar su diligencia a la naturaleza de la actividad que lleva a cabo.

3) La pericia exigible a la persona que realiza la actividad, lo que supone una clara referencia al nivel de diligencia superior que le es exigible al especialista frente al lego, y que también se extiende a quien sin tener los conocimientos especializados se muestra ante los demás como un experto y lleva a cabo tareas para las que no se encuentra capacitado.

Adicionalmente, se mencionan otros factores, como los siguientes:

> "[L]a previsibilidad del daño", entendida como una previsibilidad *ex ante*, si bien de carácter objetivo, y la "relación de proximidad o de especial confianza entre las personas implicadas". [...] El último factor en esa enumeración es "la disponibilidad y coste de las medidas de precaución de los métodos alternativos", que comporta una aplicación de los principios de buena fe y de proporcionalidad, al entender que cuando un resultado puede alcanzarse de distintos modos, el agente debe ser consciente de los peligros que su conducta puede comportar para terceros y escoger, en la medida de lo posible y razonable, la vía menos peligrosa para obtenerlo [...]. El artículo 4:102 [...] indica que ese estándar objetivo puede atemperarse por razón de la pertenencia del causante del daño a un determinado

---

70 Según Cortés Moncayo, "en el derecho inglés[,] el hombre razonable es el hombre medio, los conocimientos y la experiencia que pueda tener el demandado no pueden más que elevar o aumentar el nivel de su medida de prudencia (*standard of care*), pero no pueden en ningún caso disminuirlo. Al final, para determinar la conducta que debe adoptar el hombre razonable se debe tener en cuenta la previsibilidad de los daños que podría llegar a causar con su actuar". (Édgar Cortés Moncayo. *La culpa contractual en el sistema jurídico latinoamericano*, cit., p. 109).

71 Dicho estándar puede variar y adaptarse no a las características individuales de la persona responsable, sino a la categoría de personas que ella representa. Así, por ejemplo, el estándar puede variar entre un médico general y un cirujano especializado en la rama médica relevante en el caso concreto; también varía entre el que se le exige a un arquitecto que realiza obras en una casa y el que se le exige a la persona común y corriente (maestro de obra) que lleva a cabo una reparación en su propia casa.

> grupo o clase de individuos o debido a "circunstancias extraordinarias". Con ello se pretende evitar la dureza excesiva que comportaría la valoración de la conducta de una persona de acuerdo con el estándar de conducta exigible cuando resulta evidente que quienes se hallan en su misma situación no pueden en modo alguno adaptar su conducta al mismo (sic)[72].

También entre las normas del derecho unificado se encuentra el Proyecto de Código Europeo de los Contratos o Proyecto Gandolfi, en el cual, en materia de responsabilidad contractual, en cabeza del deudor radica la obligación de ajustar su comportamiento a lo estipulado por las partes, conforme a la buena fe y según la diligencia que exige cada tipo de obligación[73].

IV. LA CULPA EN EL ORDENAMIENTO POSITIVO COLOMBIANO

En el caso colombiano, ni en el Código Civil[74] ni en el Código de Comercio[75] existe un régimen o sistema de responsabilidad civil por incumplimiento de las obligaciones derivadas de la celebración de un contrato, en general, y, en particular, de la celebración de negocios fiduciarios traslaticios y no traslaticios de dominio. Simplemente, en el Título XII del Libro IV del Código Civil se consagran unas normas reguladoras de la indemnización del daño emergente y del lucro cesante originados en el incumplimiento de una obligación contractual. Así las cosas, ha sido gracias a la jurisprudencia que se ha logrado estructurar un sistema de responsabilidad contractual a partir de los supuestos establecidos por las normas que regulan la responsabilidad extracontractual, circunstancia que ha permitido afirmar que la responsabilidad contractual también consagra la culpa como principio general.

---

72 Miguel Martín Casals. "Una primera aproximación a los 'Principios de derecho europeo de la responsabilidad civil'", *Indret. Revista para el Análisis del Derecho*, n.º 284, Barcelona, Universidad Pompeu Fabra, mayo de 2005, en http://www.indret.com/pdf/284_es.pdf.

73 Édgar Cortés Moncayo. *La culpa contractual en el sistema jurídico latinoamericano*, cit., p. 116.

74 Congreso de los Estados Unidos de Colombia. Ley 84 de 1887. Código Civil de la Unión (Código Civil colombiano). *D. O.* 2867 del 31 de mayo de 1887. Disponible en http://www.secretariasenado.gov.co/senado/basedoc/codigo_civil.html

75 Presidencia de la República de Colombia. Decreto 410 de 1971. Por el cual se expide el Código de Comercio. *D. O.* 33339 del 16 de junio de 1971. Disponible en http://www.secretariasenado.gov.co/senado/basedoc/codigo_comercio.html

En palabras de la Corte Constitucional[76], esa orientación culpabilista de la responsabilidad civil contractual y extracontractual

> se encuentra plasmada fundamentalmente, en lo que atañe a la primera especie, en los artículos y 63 y 1604 del Código Civil, y en lo que concierne a la segunda, en los artículos 2341 y 2356 del mismo estatuto. De esta manera, el sistema normativo nacional le confiere al elemento subjetivo notable relevancia al momento de valorar el cumplimiento o incumplimiento de las obligaciones, y el alcance de la indemnización. [...] En materia de responsabilidad civil contractual, [...] el elemento subjetivo continúa siendo un criterio determinante para la definición y el alcance de la responsabilidad, como quiera que el contrato es un acto que se mueve por excelencia en el terreno de la *previsibilidad*, está regido por la autonomía de la voluntad, de manera que la reparación del perjuicio está atada al grado de culpabilidad del deudor [...] El artículo 63 del Código Civil contempla un sistema de graduación de la culpabilidad civil: (i) culpa grave, negligencia grave o culpa lata, que en materia civil equivale al dolo; (ii) culpa leve, descuido leve o descuido ligero; (iii) culpa o descuido levísimo; y (iv) dolo. En tanto que el artículo 1604 *ibidem* señala los casos en que el deudor es responsable por la culpa lata o por la culpa leve, o por la levísima. Esta regulación, según lo ha destacado la jurisprudencia, se refiere exclusivamente a las culpas contractuales y no a las extracontrato, y constituye parámetro para la graduación de la responsabilidad: [...] "La graduación de culpas contemplada por el artículo 63, se refiere a contratos y cuasi contratos, más no a delitos y cuasi delitos, de los cuales esa clasificación está excluida. La disposición define el alcance de las tres nociones de culpa, cuando la ley, regulando relaciones contractuales, acude a alguna de ellas graduando la responsabilidad del deudor según la gravedad de la culpa cometida" [...] "Las voces utilizadas por la ley (Art. 63 C.C.) para definir el dolo concuerdan con la noción doctrinaria que lo sitúa y destaca en cualquier pretensión de alcanzar un resultado contrario al derecho, caracterizada por la conciencia de quebrantar una obligación o de vulnerar un interés jurídico ajeno; el dolo se constituye[,] pues, por la intención maliciosa, al paso que la culpa, según el mismo precepto y la concepción universal acerca de ella, se configura sobre la falta de diligencia o de cuidado, la imprevisión, la negligencia, la imprudencia. [...] De esas características sustanciales surgen, como es obvio, las consecuencias legales respectivas; el dolo generalmente no se presume (artículo 1516 C. C.) ni su tratamiento legal puede ser modificado por la voluntad individual (...) acarrea en todos los casos sanciones civiles de igual intensidad y agrava la posición del deudor aun en frente de eventos imprevisibles (artículo 1616 C. C.); la culpa, por el contrario, se presume en el incumplimiento

---

76 Corte Constitucional. Sentencia C-1008 de 2010, Exp. D-8146, M. P.: Luis Ernesto Vargas Silva.

contractual (...) las partes pueden alterar libremente las regulaciones legales respecto de ella, y su intensidad se gradúa para asignar diferentes efectos a sus diversos grados (artículo 1604), y[,] por último[,] no agrava la posición del deudor[,] sino ante los que se previó o pudo preverse al tiempo del contrato (artículo 1616 C. C.)".

A pesar de lo anterior,

> en la sociedad actual es incontestable la inadecuación del criterio de la culpa para todas las hipótesis y la injusticia a que conduciría su aplicación rígida en numerosos casos de responsabilidad, como manifestación del espíritu de solidaridad humana y social, coexistiendo una pluralidad de criterios de imputación[77].

El giro doctrinal y jurisprudencial que conduce a admitir, por lo menos en algunos casos, que la responsabilidad no se funda en la culpa, sino en el riesgo que se ha creado, es considerado por algunos autores como una consecuencia del Estado de Bienestar y del incremento de las nuevas actividades de riesgo, de modo que debe plantearse una nueva distribución de estos. Como lo tiene sentado la jurisprudencia de la Corte Suprema de Justicia[78], es constatable que

> las grandes transformaciones de la revolución industrial, el maquinismo, los medios de transporte, el desarrollo científico y tecnológico, el tráfico jurídico en masa, la elaboración de productos defectuosos, la internet, la informática, la actividad profesional, la biotecnología, el uso de la energía nuclear, el aprovechamiento de los recursos del medio ambiente, las relaciones del consumo y de los consumidores, entre otros aspectos del mundo actual [han acentuado] [...] los riesgos y daños en la vida de relación, trayendo consigo la disfunción de las reglas tradicionales de la responsabilidad civil y tornando necesaria su adaptación.
>
> El esquema clásico de la responsabilidad subjetiva basada en la culpa, propio de una economía agrícola o artesanal, devino insuficiente para el tratamiento de los daños del progreso industrial, planteando las categorías del "riesgo", "peligro", la responsabilidad objetiva por "cosas peligrosas" y "actividades peligrosas" o "riesgosas" y, en la tendencia actual, por los llamados "riesgos del desarrollo", a punto que para alguna corriente los sistemas de "responsabilidad subjetiva", en la sociedad

---

77 Corte Suprema de Justicia, Sala de Casación Civil. Sentencia 2001-01054 del 24 de agosto de 2009, Exp. 11001-3103-038-2001-01054-01, M. P.: William Namén Vargas.

78 *Ibid.*

actual, contemplan numerosas y crecientes excepciones por la proliferación de las actividades potencialmente dañosas, ora, suscitan antinomias o incoherencias del sistema por su extensión disfuncional a hipótesis apreciables con un criterio de imputación disímil.

La responsabilidad "objetiva" *(Responsabilità Oggetiva, Responsabilité objective, Strict liability, Objektive Haftung, Gefährdunggshaftungg)*, por oposición a la "subjetiva" describe hipótesis de imputabilidad sin culpa, donde la culpabilidad carece de relevancia para estructurarla remitiéndose a factores objetivos como el riesgo o el peligro, la capacidad de asumir los costos de evitación o de reparar la lesión, fundándose en la situación del sujeto respecto de las cosas, su posición o relación con sus congéneres o el ejercicio de una actividad riesgosa o peligrosa permitida por su utilidad social, *verbi gratia*, la custodia de una cosa, la propiedad sobre esta, el uso de un animal o el riesgo.

La locución se utiliza también —en forma menos extendida, ciertamente— para designar la responsabilidad "estricta", "absoluta", "de derecho" (*de droit*) o "pleno derecho" (*de plein droit*), por la simple causación del daño, incluso, descartando el juicio de imputación al contenerse en la descripción fáctica del precepto, ubicándolo por su acaecimiento, a diferencia de la "subjetiva", donde la culpa, "presunta" o "probada", y el dolo constituirían los criterios de calificación en el caso concreto.

En este contexto, se contrapone la "responsabilidad objetiva absoluta", por la sola causación de un daño, simple causalidad material o imputación, sin verificación del nexo causal, con la mal llamada "responsabilidad objetiva relativa", susceptible de infirmar con la prueba del elemento extraño, lo cual, según se ha señalado, encerraría cierta incoherencia, en tanto se es responsable o no, sin que en términos lógicos pueda sostenerse la responsabilidad y la posibilidad de exonerarse con la demostración de una causa extraña, porque esta, naturalmente, excluye la autoría y, por tanto, la calidad de responsable.

Análogamente, la expresión se usa denotando la inversión de la carga de la prueba con presunciones de culpa y exoneración por un factor causal autónomo de caso fortuito, fuerza mayor, intervención exclusiva de un tercero o la víctima y, en la última, además la prueba de la ausencia de culpa, distinción censurada, por ser menester en todo caso y en cualquier especie de responsabilidad, la probanza de la relación de causalidad entre el daño y la conducta, confundir la autoría con la culpa, exigiendo la demostración de una causa extraña para desvirtuar la "presunción", esto es, la prueba de no ser autor del daño, cuando *estricto sensu*, la autoría presupone indefectiblemente la eficacia causativa de la conducta, de la cual, ineludiblemente, derivase[79].

Sintetizando lo hasta aquí expuesto, se tiene que, en el ordenamiento jurídico colombiano, la regla general está constituida por la aplicación de factores subjetivos de atribución, pues el eje de la responsabilidad civil es, sin duda alguna, la culpabilidad. Por excepción, siguiendo el precedente romano, se admiten algunos supuestos de responsabilidad objetiva, como sucede en las hipótesis relacionadas con la responsabilidad extracontractual o aquiliana. Y en la medida en que los factores subjetivos se fundamentan en la reprochabilidad de la conducta del dañador, entonces ello significa que solo se responde por un obrar doloso, negligente, descuidado o imprudente, y que ese juicio de reproche se erige en el fundamento último de la responsabilidad.

Tratándose del factor subjetivo de atribución de la responsabilidad civil, al igual que en el derecho histórico, se parte de la base de que la culpa se presenta porque no se previó aquello que con diligencia hubiera podido preverse (*culpam esse quod cum a diligente provideri potuerit provisum non fuit*)[80].

---

79 Corte Suprema de Justicia, Sala de Casación Civil. Sentencia 2001-01054 del 24 de agosto de 2009, cit. En este mismo sentido, Paulina Vélez Posada señala: "Es constatable el aumento de accidentes causados sin la culpa del agente o[,] en muchos casos[,] de daños que generan dificultad probatoria por el complejo funcionamiento de artefactos industriales o por lo novedoso de una actividad. Este problema se traslada a los tribunales, quienes[,] en última instancia[,] serán quienes deberán determinar si la actividad causante del daño debe prohibirse por sus características de peligrosidad, o si la solución está en resarcir el coste de la lesión causada, y[,] en ese caso, bajo qué criterios. Surge la teoría de la responsabilidad objetiva, la cual modifica en cierta medida la estructura clásica de la responsabilidad proponiendo que el daño no se atribuya a un sujeto según la participación que haya tenido en él, sino según criterios derivados del riesgo de utilización de sustancias, máquinas o instrumentos. Por ello se habla de la socialización de la responsabilidad[,] porque incluye conductas identificadas, como en el caso normal por la culpa[,] y también aquellas que han creado el riesgo del que se ha derivado el daño [...] Las consecuencias de este nuevo panorama se manifiestan en la aparición de nuevas formas de imputación de la responsabilidad civil, y en un importante incremento en la contratación de seguros de responsabilidad civil". (Paulina Vélez Posada. "La responsabilidad civil contractual y extracontractual: el seguro como criterio de imputación", tesis de maestría, Madrid, Universidad Complutense de Madrid, 2012, p. 6).

80 Esta circunstancia no resulta extraña al derecho internacional de la contratación, habida cuenta de que referentes normativos como la Convención de Viena de 1980 sobre Compraventa Internacional de Mercaderías adopta, como parámetro para establecer la magnitud de la indemnización del perjuicio la previsibilidad del daño. En el artículo 74 que este "no podrá exceder de la pérdida que la parte que haya incurrido en incumplimiento hubiera previsto o debiera haber previsto en el momento de la celebración del contrato, tomando en consideración los hechos de que tuvo o debió haber tenido conocimiento en ese momento, como consecuencia posible del incumplimiento

En este contexto, se dice que la diligencia que debe orientar la conducta del deudor, y con base en la cual se determina su responsabilidad, es aquella que resulta exigible en cada caso[81], de suerte, entonces, que la diligencia alude a un actuar cuidadoso, lo que implica un actuar que apunta a evitar un daño previsible; por consiguiente, la previsibilidad viene a ser una condición de la responsabilidad. Sobre este particular, la Corte Suprema de Justicia[82] precisó:

> Si el actor previó o no que su conducta podía derivar en un evento dañoso es irrelevante para efectos de alcanzar el nivel de culpa sin representación. Lo importante es que haya actuado (o dejado de actuar) por fuera del rango de sus posibilidades de acción respecto de lo que está jurídicamente permitido. Solo así se logra entender el factor de reproche subjetivo de la responsabilidad civil como una postura del entendimiento y no como voluntariedad de la conducta moral.
>
> La culpa civil solo logra configurarse cuando se verifican las posibilidades reales que el agente tuvo al ejecutar su conducta. Luego, no hay culpa extracontractual

---

del contrato". "De este modo, la Convención ata el *quantum* de la indemnización a la pérdida causada por el incumplimiento del contrato según la previsibilidad de la lesión atribuible al deudor al momento de la celebración del contrato. En otras palabras, la medida de la indemnización está atada a los daños previsibles; además prevé que el conocimiento de las condiciones existentes al momento del nacimiento a la vida jurídica del negocio jurídico, son la medida que determinará la cuantía del resarcimiento, dentro de los extremos permitidos de la indemnización, aplicándose la concurrencia de culpas para tasar la compensación económica. [...] En similar sentido, los Principios sobre Contratos de la Unidroit (art. 7.4.4.), contemplan la previsibilidad del daño como medida de lo resarcible al prescribir que: '[L]a parte incumplidora es responsable solamente del daño previsto, como consecuencia probable de su incumplimiento, al momento de celebrarse el contrato'".

81 Sobre este tema, Koteich expresa que el juez está obligado a valorar las circunstancias especiales y ha de abstenerse de "considerar estamentos abstractos de la culpa que se presentan como bloques monolíticos y diferenciados[,] pero sin contenido [...]. Entonces, en ambas esferas de la responsabilidad civil se debe responder de toda culpa que haya sido eficiente en la producción del daño; aunque en materia contractual la autonomía de la voluntad permita a las partes entrar a modificar ese *statu quo* de la responsabilidad para adecuarlo a sus especiales intereses, y es verdad que la existencia de una 'estratificación' de la culpa es la que permite que en este campo puedan las partes disponer 'de qué grado de culpa' responderá el deudor incumplido, pudiendo exonerarse de la culpa leve (y de la levísima, si es que se acepta su existencia), pero nunca de la grave". (Milagros Koteich. "Responsabilidad contractual y aquiliana. Revisión de una distinción tradicional con base en la culpa y su graduación", cit., p. 177 y ss.).

82 Corte Suprema de Justicia, Sala de Casación Civil. Sentencia SC-13925-2016 del 30 de septiembre de 2016, Rad. 05001-31-03-003-2005-00174-01, M. P.: Ariel Salazar Ramírez. (Aprobado en sesión de 24 de agosto de 2016).

cuando el daño ha acontecido en circunstancias tales que el agente no tuvo la oportunidad de prever (se reitera que no interesa si en efecto las previó o no), es decir[,] cuando no tuvo la opción de evitar el daño.

[...] «La previsibilidad no hace referencia a un fenómeno psicológico, sino a aquello que debió ser previsto, atendidas las circunstancias. (...) No hay culpa cuando el hecho no pudo razonablemente ser previsto. (...) El deber concreto de cuidado solo puede ser determinado sobre la base del contexto de la conducta (lugar, medios, riesgos, costos, naturaleza de la actividad emprendida, derechos e intereses en juego)». (...)

El agente es destinatario de un reproche de culpabilidad en cuanto (sic) tiene la aptitud de actuar mediante pautas de acción, es decir[,] de modo racional. La racionalidad de su conducta se determina en la distinción de las reglas que establecen el estándar de imputación jurídica (que describen el patrón de hombre razonable o prudente), por un lado, y la propia conducta del agente, por otro.

Los parámetros que rigen la conducta del agente normalmente no están positivizados, salvo algunos casos de reglamentaciones administrativas, como[,] por ejemplo[,] las normas de tránsito; las normas sobre calidad total del servicio de salud; las guías y protocolos médicos de los servicios seccionales de salud de los municipios; las reglamentaciones sobre calidad de las construcciones y sismorresistencia, para evitar que las construcciones causen daños a terceros, etc.

La violación de tales pautas, como ya se dijo, lleva implícita la culpa siempre que su inobservancia tenga una correlación jurídica con el evento lesivo. La función de estas reglas no es imponer consecuencias en el sistema de la responsabilidad extracontractual[,] pues sus efectos se circunscriben al ámbito profesional, técnico o científico para el que están destinadas a regir; de ahí que el juicio de atribución de culpabilidad que se hace con base en las mismas (sic) no obedece a un mecanismo de subsunción o *applicatio legis ad factum*, sino a un proceso hermenéutico que toma como *tertium comparationis* las reglas de experiencia, de ciencia y de técnica propias del contexto en que el imputado se desenvuelve, con el fin de valorar su conducta a la luz de los estándares de prudencia.

Tales estándares pueden demostrarse por cualquier medio de prueba legalmente admisible o, inclusive, no requerir prueba cuando se trata de hechos notorios, lo que acontece cuando los parámetros de conducta socialmente exigibles son tan evidentes, que toda persona de mediano entendimiento tiene la posibilidad de conocerlos. Por ejemplo: el ciclista que va a toda velocidad por un sendero peatonal y atropella a un peatón por no tener cuidado. El deber de cuidado que se exige a todo el que conduce una bicicleta es algo tan ostensible que no es necesario que esté en ninguna reglamentación; de ahí que no requiera prueba[,] por ser un hecho notorio.

Estas reglas ofrecen al juez una escala de medición para enfrentarse en retrospectiva (valoración de lo realizado) a la conducta que el ordenamiento habría esperado (confía) que el sujeto adoptara. Únicamente si se prueba en el proceso la existencia de tales pautas de conducta y que el demandado las infringió habiendo tenido la posibilidad de actuar conforme a lo que el ordenamiento esperaba de él, es posible imputar culpabilidad. Tal juicio de reproche se descarta, naturalmente, si se demuestra que la conducta del convocado a juicio fue prudente, es decir[,] que obró de conformidad con el deber de diligencia y cuidado que le asiste.

La culpa como falta de prudencia, en suma, es meramente pragmática en la medida que se basa en la experiencia de lo que en cada caso concreto resulta más eficaz para impedir la producción de los daños, es decir[,] en la facultad de autocontrol del sujeto. Tal factor de reproche, en sentido normativo, es el producto de la confrontación del resultado acaecido con el resultado que se exige al sujeto como destinatario de las reglas de conducta de cada ámbito social o profesional.

Con ello se descartan todas aquellas visiones plagadas de connotaciones voluntaristas o psicologistas como el engaño, el fraude, la mala fe, la mala conciencia, la intención de perjudicar, la representación del resultado, la falta de previsión de las consecuencias, etc., que no son esenciales a la culpa de la responsabilidad civil extracontractual. La adecuación de la culpabilidad civil a valores jurídicos permite comprender que la visión naturalista o psicologista de las instituciones jurídicas no es la única posible y, por el contrario, se debe ampliar hacia un enfoque normativo.

La anterior elucidación es de suma importancia porque permite distinguir la culpa civil de todo aquello que no le es predicable, con lo cual se gana poder explicativo, se fijan pautas para saber qué pruebas tiene que valorar el juez en la construcción del juicio de reproche y se refuerzan las bases para comprender, a la luz de un criterio más racional, el fundamento de la culpabilidad de las personas jurídicas o sistemas no psíquicos, que hasta ahora no ha sido suficientemente esclarecido por seguir anclados en el paradigma de la conciencia.

Estas explicaciones no producen ninguna variación en la interpretación de las normas que rigen la responsabilidad civil, ni mucho menos alteran los márgenes de lo imputable según el ordenamiento positivo, pues tan solo introducen un mayor grado de rigurosidad conceptual para afianzar las estructuras dogmáticas de esta área del derecho, facilitar la búsqueda de la verdad y evitar inconsistencias en la motivación de las sentencias, lo que se traduce en mayores garantías para las partes.

A manera de colofón, se tiene entonces que la culpa y la previsibilidad del resultado son nociones que corren parejas[83]. En este contexto, es claro, pues, que no se puede exigir que se evite aquello que es imprevisible, como tampoco se trata de analizar si el agente ha previsto o no el daño; de lo que se trata es de determinar si era previsible, independientemente de si lo previó o no, y dicho análisis debe hacerse o se hace en abstracto, según el parámetro del hombre medio razonable, y no en concreto[84]. De esta manera se conectan las ideas de diligencia (previsibilidad) y modelo de conducta.

Como es obvio, no se trata de una culpa en general, pues los artículos 63 y 1604[85] del CC acogen la teoría tripartita de la culpa desarrollada por

---

83 Pablo Rodríguez Grez. *La obligación como deber de conducta típica: la teoría de la imprevisión en Chile*, Santiago de Chile, Universidad de Chile, 1992, p. 32 y ss. y p. 50 y ss. El autor considera que, contrariamente a lo que sucede con el dolo, la previsibilidad del daño no es un elemento de la culpa, esto habida cuenta de que en la culpa la representación del efecto dañoso del proceder no es necesaria: para que exista culpa no se requiere que el sujeto que incurre en ella se represente mentalmente el daño o descubra la cadena causal que lo determina. La ley exige diligencia, cuidado, prudencia, etc. Ni siquiera acepta tal hipótesis en la denominada culpa con representación, toda vez que, si bien es cierto que en este caso el sujeto se puede representar el efecto dañoso de su acción, no es menos cierto que lo rechaza, vale decir, no lo acepta ni siquiera como probable. Desde esta óptica, quien incurre en culpa no previene el daño que causa, sino que, más bien, olvida sus deberes y obligaciones, y, por ende, no adopta las precauciones necesarias para satisfacer sus compromisos o el deber de no causar daño a quienes no están ligados contractualmente con él. En este mismo sentido, Félix Trigo Represas y Marcelo López Mesa consideran que en todos los factores de índole subjetiva existe voluntariedad, pero ellos se diferencian en que en la culpa la intencionalidad no alcanza el resultado, vale decir, la intención consiste en actuar de determinada manera, y el resultado sobreviene por negligencia o descuido, mientras que ~~en~~ el dolo, en todos los casos, el resultado dañoso es aceptado al menos como algo más que posible o directamente, según sea el caso, buscado a designio. (Félix Trigo Represas y Marcelo López Mesa. *Tratado de la responsabilidad civil: el derecho de daños en la actualidad, teoría y práctica*, t. II, 1.ª ed., 1.ª reimpr., Buenos Aires, La Ley, 2004, p. 643).

84 Paulina Veloso Valenzuela. "La previsibilidad es una condición o requisito de la culpa y no de la relación causal", en *Nuevas tendencias del derecho*, María Dora Martinic (coord.), Santiago de Chile, Lexis Nexis, 2004, p. 252.

85 Al decir de Emilssen González de Cancino, este artículo consagra las categorías de responsabilidad por culpa a través de cuatro apartados, así: "El primero de ellos se refiere a la responsabilidad del deudor de acuerdo con el grado de culpa que le quepa en el incumplimiento. Aquí Bello, para trazar la regla correspondiente, combina este elemento con el de la utilidad contractual, tal y como ya lo había hecho el derecho justinianeo [...]. El segundo establece como regla general que el deudor no responde del caso fortuito, y como excepciones a ella, los supuestos de su acaecimiento durante la mora o por culpa del deudor [...]. El tercero asigna la carga de la prueba de la diligencia, por un lado, y del caso fortuito, por el otro. La de la primera corresponde a quien debió emplearla, la del segundo, a quien lo alega; lo cual significa que, en este punto, gravan al deudor [...]. El último apartado, junto con la advertencia de posibles alteraciones del régimen general establecido en este artículo, en virtud de normas especiales, recoge el principio romano que

Bello. De manera, entonces, que el deudor incumplido, dependiendo del beneficio que le reporta el contrato, en unos casos responde hasta por culpa levísima, en otros por culpa leve y en los restantes por culpa grave, y ha de precisarse que la carga de la prueba de la diligencia le corresponde a quien ha debido emplearla, en el entendido de que esa diligencia se relaciona con los tres grados de culpa. Adicionalmente, en materia contractual no siempre se utiliza el mismo modelo abstracto de comportamiento, pues el Código Civil define cada uno de los grados de culpa por medio de la descripción de modelos abstractos de comportamiento e identifica al *pater familias* con los hombres o con las personas en general, y según el grado de culpa correspondiente, con las personas menos cuidadosas y más estúpidas, con el común de los hombres y con las personas más atentas. De acuerdo con lo dicho, identifica al buen padre de familia con el grado medio, como medida de la culpa leve[86].

Los criterios de que se ha venido hablando aparecen consagrados en los artículos 63 y 1604[87] del Código Civil. Al respecto, se advierte que, en lo

---

considera las reglas sobre responsabilidad contractual de carácter dispositivo, por lo cual autoriza su modificación mediante acuerdo de las partes [...]. Con esta elección, el codificador latinoamericano se coloca dentro de la corriente doctrinaria que reconoce a D. 50.17.23 el carácter de texto guía en materia de responsabilidad contractual dentro del sistema de la compilación justinianea" (Emilssen González de Cancino. *Obligaciones: derecho romano y Código Civil colombiano*, cit., p. 217 y ss.). Sobre este mismo particular, Guillermo Ospina Fernández se declara partidario de la modificación del sistema que allí se consagra, para establecer, en lugar de la que considera una artificiosa y empírica teoría de la prestación de culpas, "un sistema conforme al cual todo deudor debe quedar obligado, ni más ni menos, a comportarse como una persona normalmente juiciosa y diligente [...]. Mientras esta reforma no se establezca, el problema importantísimo de la responsabilidad contractual continuará entregado a la arbitrariedad de los jueces, llamados por el sistema vigente a clasificar la conducta de los deudores en tres categorías separadas entre sí por líneas sutilísimas y de ordinario inasibles". (Guillermo Ospina Fernández. *Régimen general de las obligaciones*, 8.ª ed., Bogotá, Temis, 2005, p. 105).

86 Sobre este particular, Cortés Moncayo recuerda que el artículo 63 del CC consagra "los grados de culpa en grave, leve y levísima", amén de que hace "referencia expresa de la figura del buen padre de familia, para decir que la culpa leve o descuido ligero, es la falta de diligencia media u ordinaria; así, el que debe administrar un negocio como un buen padre de familia es responsable de esta especie de culpa; en los dos extremos se habla de persona negligente y de poca prudencia (culpa grave) y de la esmerada diligencia que un hombre juicioso pone en sus negocios importantes (culpa levísima), y así pues, se ve la referencia a modelos abstractos de comportamiento a los que debe remitirse el intérprete de la norma frente al caso concreto". (Édgar Cortés Moncayo. *La culpa contractual en el sistema jurídico latinoamericano*, cit., p. 171).

87 Ver Emilssen González de Cancino. *Obligaciones: derecho romano y Código Civil colombiano*, cit., p. 217 y ss., nota supra 78.

que concierne a las categorías de responsabilidad por culpa a que se refiere el precepto últimamente citado, algún sector de la doctrina nacional se declara partidario de la modificación del sistema que allí se consagra, para establecer, en lugar de la que considera una artificiosa y empírica teoría de la prestación de culpas,

> un sistema conforme al cual todo deudor debe quedar obligado, ni más ni menos, a comportarse como una persona normalmente juiciosa y diligente [...]. Mientras esta reforma no se establezca, el problema importantísimo de la responsabilidad contractual continuará entregado a la arbitrariedad de los jueces, llamados por el sistema vigente a clasificar la conducta de los deudores en tres categorías separadas entre sí por líneas sutilísimas y de ordinario inasibles[88].

Ahora bien, ante la falta de definición en el Código Civil en cuanto a lo que es la culpa, la doctrina nacional se ha encargado de precisar que la palabra culpa se utiliza generalmente para expresar un juicio de valor respecto de una conducta concreta que es desaprobada, censurada o considerada reprochable por la sociedad. Por consiguiente, cuando un acto se califica como culpable, lo que se está haciendo es censurarlo o reprocharlo, perspectiva desde la cual es incuestionable que la culpa no es un concepto abstracto y absoluto, sino que solo existe en el caso concreto[89]. A lo expuesto debe agregarse que la culpa es la infracción del esquema de conducta que propone el ordenamiento jurídico con carácter exigible, cuyo efecto es el nacimiento de la obligación de indemnizar los daños y perjuicios sufridos por el acreedor sin atender a que la obligación respecto de la cual se predica dicha culpa subsista o no, razón por la cual el deudor que ha incurrido en ella (la culpa) se encuentra vinculado por una doble obligación, a saber: la originaria y la sobrevenida[90].

En cuanto al fundamento de la culpa, la Corte Suprema de Justicia ha señalado que este

> no reside ni puede residir en la doctrina del libre albedrío que presupone suprema autonomía o plena conciencia para determinarse según la regla moral que el

---

88 Guillermo Ospina Fernández. *Régimen general de las obligaciones*, cit., p. 105.

89 Fabricio Mantilla Espinosa. "El principio general de responsabilidad por culpa del derecho privado colombiano", *Opinión Jurídica*, vol. 6, n.º 11, enero-junio, Medellín, Universidad de Medellín, 2007, p. 131 y ss.

90 Ferrán Badosa Coll. *La diligencia y la culpa del deudor en la obligación civil*, cit., p. 661 y ss.

> hombre se dicta a sí mismo. En la responsabilidad civil, ser libre significa tener capacidad de adoptar pautas de acción, es decir[,] contar con la potencialidad para emplear reglas objetivas de comportamiento que obligan a quien las incumple o desconoce. [...] Desde luego que la atribución de responsabilidad civil presupone un destinatario libre, pero esa libertad no es concebida como voluntariedad, representatividad o conciencia de la ilicitud, sino simplemente como posibilidad de elección entre varias opciones según unas reglas de conducta social institucionalizada, independientemente del grado de conciencia que el agente tiene sobre las consecuencias jurídicas que podría acarrear el quebranto de tales reglas. [...] La circunstancia de que los menores de diez años y las personas con discapacidad mental no sean sujetos pasibles del juicio de reproche culpabilístico según la ley civil (art. 2346), no se debe a que no puedan representarse las consecuencias de su obrar (pues eventualmente sí podrían hacerlo), sino a que la ley civil presume *iuris et de iure* que no tienen la posibilidad de adecuar su conducta a los parámetros socialmente exigibles. [...] La libertad que exige la culpabilidad civil solo requiere que el artífice cuente con la posibilidad de conocer las circunstancias del obrar por motivos razonables (previsibilidad), pero no que se haya[n] representado las consecuencias de su conducta (falta de previsión), por lo que la culpa que resulta suficiente para endilgar responsabilidad civil es la culpa sin representación, pues de otro modo no tendría cabida en ella la impericia o completa ignorancia acerca de lo que debe saberse en un contexto específico de acción[91].

En definitiva, la culpa es la infracción del esquema de conducta que propone el ordenamiento jurídico con carácter exigible, cuyo efecto es el nacimiento de la obligación de indemnizar los daños y perjuicios sufridos por el acreedor, independientemente de que la obligación respecto de la cual se predica dicha culpa subsista o no, razón por la cual el deudor que ha incurrido en ella (la culpa) se encuentra vinculado por una doble obligación, a saber: la originaria y la sobrevenida[92].

La culpa puede expresarse como infracción de la diligencia o como sinónimo de negligencia[93]. En el primer caso, el contenido o significado

---

91 Corte Suprema de Justicia, Sala de Casación Civil. Sentencia SC-13925-2016 del 30 de septiembre de 2016. (Aprobado en sesión de 24 de agosto de 2016), cit.

92 Ferrán Badosa Coll. *La diligencia y la culpa del deudor en la obligación civil*, cit., p. 661 y ss.

93 Cortés Moncayo sostiene que "en la doctrina colombiana se define la culpa contractual ya como 'el dolo, la imprudencia, la impericia, la negligencia o la violación de reglamentos que le impiden al deudor cumplir correctamente su obligación', ya como 'omisión de cuidado, carencia de diligencia, defecto de atención, impericia, temeridad y comportamiento o actitud que lleguen a ocasionar perjuicios sin que el agente los haya querido', ya diciendo que 'si hay casos en que a un deudor le es imposible ejecutar su obligación a pesar de toda su diligencia y cuidado, podemos responder:

de la diligencia está determinado por la existencia del modelo integrador o modelo de conducta, el cual, de acuerdo con el artículo 63 del CC, es el del padre de familia, y en el caso de los profesionales es el modelo del *artifex*. Este modelo de conducta transmite su cualidad a la diligencia y la configura como regla de actuación, esto es, de manera objetiva. De lo anterior se sigue que el modelo no es común para todos los sectores de la actividad económica, razón por la cual su construcción debe ajustarse a las condiciones de la persona que se trata de juzgar y ha de basarse en un sujeto arquetípico del medio al que pertenece el deudor cuya conducta se examina[94]. Así las cosas, la culpa en general viene a ser, entonces, el resultado de la transgresión de un parámetro objetivo de comportamiento, referido al patrón clásico del buen padre de familia; esta transgresión puede producirse ora por infringir el principio general de la buena fe que preside todas las relaciones jurídicas, ora por la mera infracción de la diligencia.

En cuanto a la culpa como sinónimo de negligencia, huelga decir que la diligencia tiene un significado *a priori*, independientemente del modelo integrador, es decir, la diligencia tiene un sentido subjetivo equivalente a predisposición de ánimo, de manera, pues, que la culpa que la transgrede se define como negligencia, esto es, como falta de atención o cuidado. Esta concepción subjetiva de la culpa como negligencia sirve para justificar la responsabilidad del deudor en la idea de la inexcusabilidad de la diligencia; es decir, al equipararse la culpa con la negligencia, se está reconociendo que la culpa no solo es una infracción imputable al deudor, sino que, además, es inexcusable[95]. Así mismo, esta concepción subjetiva de la culpa sirve para diferenciarla del dolo: mientras que la culpa subjetiva implica la falta

---

ello puede ser cierto, pero sin duda es cierto que ese deudor, al contraer obligaciones, no fue lo suficientemente prudente en examinar sus posibilidades de ejecutarlas y cumplirlas, y el hecho de no examinar las posibilidades de cumplir las obligaciones que se contraen, es culpa, pues se ha incurrido en imprudencia'". (ÉDGAR CORTÉS MONCAYO. *La culpa contractual en el sistema jurídico latinoamericano*, cit., pp. 160-161).

94 Ese modelo se ha caracterizado por ser graduable, y esta característica se le transmite a la diligencia; es decir, el modelo es el que determina si la diligencia es o no graduable. Así, se distinguen la diligencia *in abstracto* y la diligencia *in concreto*. Aquella es extensa porque también lo es el respectivo modelo; por ejemplo, la diligencia que se integra por el modelo del buen padre de familia o del *artifex* se puede graduar. A su turno, la diligencia *in concreto* no se puede graduar, porque el modelo tampoco admite graduación, como sucede, por ejemplo, con la diligencia que se integra por el modelo *quam suis*. Esas llamadas culpa *in abstracto* y culpa *in concreto* constituyen en la actualidad los criterios a los que recurren los autores y los jueces para valorar la culpa contractual.

95 FERRÁN BADOSA COLL. *La diligencia y la culpa del deudor en la obligación civil*, cit., p. 675 y ss.

de voluntad o intención de quebrantar la obligación, esto no ocurre en el dolo[96]. En todo caso, esta concepción de la culpa como negligencia impone tener en cuenta que la diligencia infringida es una regla de conducta y que no equivale a esfuerzo o atención.

Refiriéndose a la culpa como falta de prudencia, la Corte Suprema de Justicia[97] señaló que esta debe entenderse como la capacidad que tiene el sujeto de

> deliberar rectamente sobre lo que es bueno y conveniente para sí mismo para vivir bien en general. (...) Llamamos prudentes a los que, para alcanzar algún bien, razonan adecuadamente. Un hombre que delibera rectamente puede ser prudente en términos generales. (...) La prudencia, entonces, es por necesidad un modo de ser racional, verdadero y práctico, respecto de lo que es bueno para el hombre [...] Por medio de la prudencia, entendida como cálculo razonable o discernimiento, se obtienen los mejores resultados en un contexto específico de acción. La prudencia no es algo abstracto, teórico, metafísico o idealizado, sino la acción concreta y estratégica que se requiere para la obtención de un resultado deseable; es, en suma, la recta razón o el justo medio en las materias o labores prácticas: es cautela, diligencia, moderación, sensatez o buen juicio. El parámetro para medir la prudencia es el hombre prudente en su desenvolvimiento social y no una idea abstracta. (...)
>
> La falta de prudencia o moderación es el obrar por exceso o por defecto: por defecto, cuando se incurre en desidia, descuido, negligencia, ignorancia, despreocupación o impericia; por exceso, cuando se actúa con precipitación, impertinencia,

---

96 A este respecto, Badosa Coll manifiesta: "[L]a involuntariedad es, ciertamente, no dolo, pero también es imputación al deudor. En esta imputación se halla la raíz de la eficacia de la culpa como fuente de responsabilidad del sujeto [...]. ¿Por qué la imputación consistente en la involuntariedad de la infracción se castiga con la responsabilidad? El reproche en la culpa se funda en que la infracción o ilicitud cometida, si bien no voluntaria, era evitable por el deudor. Expresiones como negligencia, desidia, falta de atención o cuidado, utilizadas para describir la posición subjetiva del deudor, son otros tantos nombres para un mismo fenómeno: estaba en manos del deudor el que la infracción no se hubiera producido. Culpa y evitabilidad equivalen [...]. Al preguntarse por qué la infracción es evitable-inexcusable es cuando aparece la insuficiencia de la explicación subjetiva de la culpa como falta de atención o cuidado. La evitabilidad de la infracción de la diligencia se funda precisamente en que esta ha sido integrada o complementada tradicionalmente por los modelos no profesionales del padre de familia o el común de los hombres que por su naturaleza se encuentran al alcance de todos y que cualquiera puede llevar a la práctica. Su accesibilidad general y, por tanto, también al deudor justifica que se le sancione si no los puso en práctica". (Ferrán Badosa Coll. *La diligencia y la culpa del deudor en la obligación civil*, cit., p. 685 y ss.).

97 Corte Suprema de Justicia, Sala de Casación Civil. Sentencia SC-13925-2016 del 30 de septiembre de 2016. (Aprobado en sesión de 24 de agosto de 2016), cit.

necedad, atrevimiento, temeridad, indiscreción, insensatez, irreflexión o ligereza. La inobservancia de reglas o normas preestablecidas de conducta es imprudencia *in re ipsa*, es decir[,] que implica un juicio automático de culpa cuando tiene una correlación jurídica con el daño resarcible.

La culpa civil no es un error esporádico respecto a los resultados obtenidos (que no tendría relevancia jurídica en la responsabilidad por culpabilidad), sino un error o anomalía que surge de la comparación de la conducta pasada con el estándar de conducta jurídicamente aceptado. La repetición o persistencia en el error puede dar lugar a culpa en la medida que aumenta las posibilidades de calcular razonablemente la inadecuación de la conducta a los parámetros sociales, técnicos, científicos o profesionales jurídicamente exigibles.

De esto eran conscientes los antiguos autores latinos, siendo ello, precisamente, lo que quiso significar Cicerón en su frase: «Cuiusvis hominis est errare: nullius nisi insipientis in errore perseverare» (Es propio de los hombres errar, pero solo del ignorante perseverar en el error) [Filípica XII 5]. Muchos siglos después, Agustín de Hipona citó en sus *Sermones* una frase similar: «Humanum fuit errare, diabolicum est per animositatem in errore manere» (Fue propio del hombre errar, pero permanecer en él por orgullo es malvado).

Si bien es cierto, entonces, que cometer errores es excusable, la permanencia obstinada en ellos puede convertirse en negligencia cuando el agente no realiza las actuaciones socialmente exigibles en un contexto determinado. Luego, la máxima que dice que el error no genera culpa no es absoluta.

V. La culpa del fiduciario: ¿"culpa profesional" o "culpa común"?

En términos generales, la responsabilidad civil del fiduciario constituye un capítulo importante en el amplio campo de la denominada responsabilidad profesional; entonces, y por este aspecto, consiste en una responsabilidad que encuentra su origen en una conducta dolosa o culposa, o bien negligente, derivada del ejercicio de la profesión de fiduciario. Como es obvio, no se trata de una "culpa profesional" distinta de la "culpa común", como lo ha planteado algún sector de la doctrina en un afán tuitivo que tiene el confesado propósito de juzgar con benevolencia el quehacer del fiduciario. Ciertamente, echando un vistazo tanto al derecho romano como al ordenamiento positivo colombiano vigente, se encuentra que no se señala una prestación específica para los profesionales; es decir, nada de particular se halla con respecto a la pericia, la diligencia o la prudencia que debe observar un profesional en el ejercicio de su profesión. De ahí que carezca de cualquier fundamento jurídico la distinción entre la culpa común y la culpa profesional, sobre la cual tanto insistió un sector de la doctrina francesa del siglo XX y que fuera admitida por la doctrina y la jurisprudencia colombianas.

Al no existir una responsabilidad civil profesional con criterios propios distinta de la responsabilidad civil general, entonces mal puede sostenerse con seriedad que hay una "culpa profesional" como una especie particular de culpa, diferente de la culpa común aplicable al profano. Quizás la única diferencia —si es que hubiese alguna— podría radicar en que la "culpa profesional" viene a ser aquella en que incurre quien ejerce una profesión cuando falta a los deberes que dicha profesión le impone, por lo que se precisa que de dicha culpa profesional surge, a su vez, una responsabilidad profesional[98]. Con todo, como se expuso en otro lugar, no hay nada en la responsabilidad profesional que, en lo fundamental, difiera de los principios esenciales que regulan la responsabilidad civil en general.

En el sentido antes expuesto, se comparte aquí el criterio de Yzquierdo Tolsada[99], quien refiere que cuando se alude a la culpa profesional como impericia o falta de conocimientos técnicos o como negligencia o ligereza no se está aludiendo a nada distinto que a la particularización de la culpa común (negligencia o imprudencia en cualquier situación). De esta manera, no existe, pues, un concepto autónomo de culpa profesional, sino una culpa del profesional como una manifestación de la culpa ordinaria en el desenvolvimiento de las actividades profesionales. La ignorancia, la negligencia inexcusable, la impericia constituyen culpa, y así se deduce como resultado

---

98 Así también lo reconoce Mosset Iturraspe, quien considera que la culpa profesional "no es otra que aquella culpa en que puede incurrir un profesional, en el ejercicio de su quehacer específico. [...] Es la impericia, negligencia o imprudencia en un determinado quehacer y nada más. Sin autonomía o especificidad. Que se regula por los principios generales de la culpa y no por principios propios" (Jorge Mosset Iturraspe. *Responsabilidad por daños*, t. VIII, *Responsabilidad de los profesionales*, cit., p. 362). En este mismo sentido, William Salazar Luján señala que quizás la única diferencia radicaría en que la "culpa profesional" es siempre impericia. Con todo, si la impericia consiste en la falta de conocimientos técnicos adecuados para el caso, entonces no es nada distinto de un tipo particular de culpa. Téngase en cuenta que la impericia no es una cualidad sociológica del profesional, sino una característica de su comportamiento: no poseer la suficiente capacidad (William Salazar Luján. "Apuntes para una teoría general de la responsabilidad profesional", en *La responsabilidad profesional y patrimonial y el seguro de la responsabilidad civil. Memorias del XXIV Encuentro Nacional de Acoldese*, Rosario (Argentina), Acoldese y AIDA, 2004).

99 Mariano Yzquierdo Tolsada. *La responsabilidad civil del profesional liberal*, cit., p. 358.

de la utilización de criterios de común experiencia, como si se tratara de cualquier deudor, prescindiendo de su cualificación técnica. Las más ostensibles violaciones de los deberes profesionales más elementales son, así, simples manifestaciones de culpa en relación con la naturaleza técnica de la actividad desarrollada por un deudor al que se le presupone una normal competencia en la materia[100].

De acuerdo con lo antes expuesto, si la culpa del fiduciario no es diferente de la de una persona común, entonces necesariamente debe concluirse, en lo que importa, que la responsabilidad del profesional fiduciario por el incumplimiento de la gestión encomendada continúa respondiendo a los criterios tradicionales que exigen la culpa, la negligencia y la impericia. Y esto es así por cuanto la obligación del fiduciario tiende a poner los medios necesarios y la habilidad que se requieran en orden al cumplimiento de la finalidad a la cual están afectados los bienes fideicomitidos según la clase de negocio fiduciario de que se trate. Esto es lo que se denomina la *lex artis ad hoc*, que no es otra cosa que la norma de conducta precisa a la que debe sujetarse el fiduciario en sus actuaciones profesionales en calidad de tal[101].

Esta culpa obligacional del fiduciario deriva de la transgresión de una (o más) de las obligaciones por este contraídas a consecuencia de la celebración de los negocios fiduciarios constitutivos de su objeto social, cuando de dicha transgresión se derivan perjuicios ora para el beneficiario, ora para el fideicomitente. El incumplimiento generador de perjuicios provendrá, entonces, del hecho de no haberse cumplido la obligación, de haberse cumplido de manera imperfecta o de haberse retardado su cumplimiento, como lo prevé el artículo 1513 del Código Civil. Dicho de manera más exacta, el incum-

---

100 En ese sentido, se destaca el mérito de Chironi al haber puesto en claro este principio contra el parecer de quienes creían ver en la responsabilidad profesional una especie de culpa que debía, por ende, apreciarse con diferente criterio: ni para la impericia ni para los errores profesionales deben establecerse teorías especiales; no son modos especiales de culpa, sino que entran en los conceptos generales fijados en materia de comportamiento ilícito. *Cfr.* Félix Trigo Represas et al. *Seguros y responsabilidad civil*, cit., p. 28.

101 Esta norma de conducta se erige en una adecuada regla para medir la conducta del fiduciario y que toma en consideración diversos parámetros, esencialmente a) la naturaleza de interés público de la actividad que desarrollan las sociedades fiduciarias; b) la adecuación de la conducta de acuerdo con la técnica requerida en orden al cumplimiento de la finalidad a la cual se encuentran afectados los bienes fideicomitidos; c) la capacidad técnico-profesional del fiduciario; y d) los intereses jurídicos que están comprometidos con ocasión de la celebración de un negocio fiduciario.

plimiento ocurrirá cuando no se logre la finalidad a la que se encuentran afectados los bienes fideicomitidos. La promesa de realizar con diligencia todos los actos necesarios para la consecución de la finalidad ha fracasado, al menos *prima facie*; el deber de conseguir un resultado inmediato ha devenido incumplido. "Así se infiere de los hechos, juzgados o apreciados en sí mismos: *res ipsa loquitur*"[102].

La culpa presupone el carácter objetivo de la infracción y el carácter subjetivo de su causa. Y esa culpa produce en simultáneo dos efectos, a saber: de una parte, retrasa o impide el cumplimiento de la gestión encomendada[103], y, de otra parte, respecto del fiduciario crea la obligación de indemnizar los perjuicios causados[104]. Uno y otro efecto se derivan de la falta de la diligencia y pericia adecuadas desde el punto de vista técnico al cumplimiento de la finalidad a la cual se encuentran afectados los bienes fideicomitidos, en la medida en que dicha diligencia y pericia se le imponen por vía jurídica al fiduciario como regla de conducta. Y como esta diligencia y pericia jurídicamente exigibles al fiduciario se encuentran integradas por el modelo abstracto de conducta del *artifex*, su infracción da lugar a lo que se conoce con el nombre de "culpa prestable".

En todo caso, la inobservancia de la diligencia impuesta no significa necesariamente que el fiduciario incurrió en una conducta omisiva, sino que

---

102 Jorge Mosset Iturraspe. *Responsabilidad por daños*, t. viii, *Responsabilidad de los profesionales*, cit., p. 370.

103 La diligencia debida promueve el cumplimiento de la prestación, habida cuenta de que toda prestación requiere que el deudor actúe personalmente en la medida en que la prestación es, en esencia, un comportamiento contingente que supone la actuación voluntaria del deudor. Siempre debe existir un margen de actuación necesario para cumplir, no descrito en la prescripción de la conducta que ella comporta, pero que es debido. A esta actuación básica para cumplir la prestación, que se traduce en comportamientos determinados, se la puede llamar diligencia promotora del cumplimiento. Su función material es dar lugar al cumplimiento. *Cfr.* Jorge Barona González. "Responsabilidad contractual y factores de imputación de daños: apuntes para una relectura en clave objetiva", *Revista Chilena de Derecho*, vol. 24, n.º 1, enero-abril, Santiago de Chile, Pontificia Universidad Católica de Chile, 1997, p. 151 y ss.

104 Por su particular configuración, el deber de actuar de manera diligente se integra en la prestación fiduciaria, a la que le da contenido. Es decir, el cumplimiento de las obligaciones nacidas de la contratación fiduciaria, en especial en lo concerniente al cumplimiento de la finalidad a la que quedan afectados los bienes fideicomitidos, se integra con un hacer diligente del fiduciario. Esta función de integración de la prestación hace que el despliegue de la diligencia debida no tenga como función exonerar de daños y perjuicios al fiduciario. *Cfr.* Jorge Barona González. "Responsabilidad contractual y factores de imputación de daños: apuntes para una relectura en clave objetiva", cit., p. 151 y ss.

no puso en práctica dicha diligencia, ora porque hizo lo que no debía hacer, ora porque no hizo lo que debía hacer. Si el perjuicio no se le puede imputar a culpa del fiduciario, será el beneficiario o el fideicomitente, según el caso, quien deberá soportarlo en su propio patrimonio.

Por lo demás, puede decirse que el arquetipo o patrón de comparación de la conducta desarrollada por el fiduciario debe tomar en cuenta la clase de negocio fiduciario de que se trate, en cumplimiento de la finalidad a la que quedan afectados los bienes fideicomitidos, vale decir, si se trata de una fiducia de inversión, de una fiducia inmobiliaria para el desarrollo de proyectos de construcción, de una fiducia de garantía, etc., habida consideración de que, si bien es cierto que la responsabilidad profesional de las sociedades fiduciarias se sustenta en la culpa, no es menos cierto que el grado de diligencia que se les exige responde a su carácter de sujeto vigilado por el Estado que desarrolla una actividad que es considerada de interés público. Dicha vigilancia estatal eleva el grado de perfección de la gestión encomendada según la clase de negocio fiduciario de que se trate.

A pesar de lo anterior, en el Laudo arbitral del 26 de agosto de 1997, proferido con ocasión de la controversia surgida entre Leasing Mundial S. A. y Fidufes S. A. (hoy Acción Fiduciaria S. A.)[105] relacionada con la celebración y ejecución de un contrato de fiducia mercantil de garantía, los árbitros buscaron acercarse a la consideración de una responsabilidad objetiva predicable del fiduciario, para cuyo efecto acudieron al expediente de asimilar la inejecución y la culpa en las obligaciones de medios contraídas por los profesionales. Los árbitros se expresaron así:

> Se ha reconocido por la doctrina que el régimen particular a que están sometidas las obligaciones de medio tiene su cabal expresión en el caso de cumplimiento defectuoso de obligaciones derivadas de contratos de prestación de servicios, esto es, cuando tales servicios no son adecuados ni idóneos. [...] En este supuesto el demandante —en concordancia con las reglas generales sobre responsabilidad contractual— deberá probar el incumplimiento del demandado, pero con la particularidad de que[,] en este caso, la prueba del incumplimiento es al mismo tiempo la prueba de la culpa. Lo usual es que incumplimiento de la obligación y culpa del deudor sean fenómenos distintos y bien diferenciales. Pero en la hipótesis de cumplimiento defectuoso en la prestación de servicios profesionales, se

---

105 Laudo arbitral del 26 de agosto de 1997, que resolvió las controversias entre Leasing Mundial S. A. y Fiduciaria FES S. A. (Fidufes S. A.), hoy Acción Fiduciaria S. A.

> identifican necesariamente esos dos elementos, de manera que demostrando el uno queda establecido el otro; incumplimiento y culpa es (sic) un mismo elemento o, en otras palabras, aquel y esta se confunden en el comportamiento del deudor, pues la ejecución defectuosa lleva en sí misma la culpa. [...] Esto es así dado el contenido mismo de las obligaciones de medio, cuya inobservancia lleva de suyo un error de conducta del deudor, es decir, la valoración negativa de su actitud o la formulación de un reproche a su comportamiento. [...] En efecto, estas obligaciones de medio se definen como aquellas en que el deber del deudor es observar una conducta tal que mediante ella emplee todos los medios razonables a su alcance —esto es, los conocimientos, la experiencia, los recursos materiales, la diligencia— para obtener el resultado esperado por el acreedor, pero sin garantizar su logro. En este sentido[,] incumplir es no emplear dichos medios, es decir, prestar los servicios sin tener los conocimientos o la experiencia suficientes; o no utilizar los recursos científicos y técnicos disponibles; o no obrar con la diligencia ordinaria, todo lo cual refleja de entrada la existencia de culpa; vale decir, de un error de conducta que conduce a la valoración negativa del comportamiento del profesional. [...] En síntesis, el incumplimiento de estas obligaciones es no emplear los medios requeridos y disponibles; o no prestar servicios diligentes y cuidadosos[,] y todo ello equivale a actuar con culpa, de donde se infiere que el incumplimiento lleva implícita la culpa, de manera que la prueba de aquel es al mismo tiempo prueba de esta. [...] Este razonamiento se encuentra respaldado en las explicaciones de los hermanos Mazeaud, como puede apreciarse en la siguiente transcripción: "Cuando la obligación es de prudencia y diligencia (de medios), para demostrar el incumplimiento, hace falta que la víctima establezca una imprudencia o negligencia".

Refiriéndose a esta asimilación entre la inejecución y la culpa en las obligaciones de medios contraídas por los profesionales, la doctrina nacional[106] expresa:

> [L]a consecuencia directa de esta asimilación es que se quita a la noción de culpa toda su significación dentro del tema de la responsabilidad, pues esta ya no será un elemento distinto del incumplimiento, por lo tanto, las fronteras entre la responsabilidad objetiva y la subjetiva estarán cada vez más cerca.

106 Carlos Julio Giraldo Bustamante. "La fiducia en Colombia según la justicia arbitral", *Revista de Derecho Privado*, n.º 35, diciembre, Bogotá, Universidad de los Andes, 2005, pp. 81 a 113.

VI. ACERCA DEL CONTEXTO DIALÉCTICO DE LA DILIGENCIA COMO EXPRESIÓN POSITIVA DE LA CULPA Y SU DELIMITACIÓN CONCEPTUAL

Tratándose de la contratación fiduciaria, la regulación legal vigente acerca del deber de diligencia que pesa sobre el fiduciario presenta serias carencias y vacíos que el operador jurídico está en la obligación de detectar para luego intentar establecer qué remedios sirven para paliar esas carencias. Para realizar esta tarea, es necesario tratar de estipular la relación que tienen los conceptos de negligencia e impericia con la culpa desde la perspectiva del exacto cumplimiento de la prestación a la que se encuentra comprometido el fiduciario. Y para ello resulta conveniente analizar el *status quaestionis* doctrinal desde el derecho romano hasta nuestros días, pues es en el campo de aquel derecho donde la diligencia presenta contornos más elaborados. Incluso se puede decir, sin temor a equivocarse, que la categoría objeto de estudio tiene su origen en el derecho romano.

A. UNA APROXIMACIÓN HISTÓRICA AL CONCEPTO DE DILIGENCIA DESDE EL DERECHO ROMANO

Para comenzar el estudio que se ha propuesto, es preciso realizar un acercamiento al régimen de la responsabilidad contractual manejado en el derecho romano en el evento de incumplimiento de las obligaciones, "recogiendo la evolución de una imputabilidad objetiva —como parece era la que se utilizaba en la época del derecho romano clásico—, a la firmemente orientada por el concepto de culpa, introducida ya por los juristas postclásicos y asentada por la Compilación Justinianea"[107]. Este es un tema en relación con el cual la investigación romanística plantea la existencia de evidentes contradicciones en el *Corpus Iuris Civilis*. Ante esta situación, se suele mostrar la eventual o real discrepancia entre el derecho clásico y el justinianeo, que habría intervenido para adaptar fragmentos jurisprudenciales a una nueva concepción de la responsabilidad subjetivista.

---

107 JUAN A. TAMAYO CARDONA. *Falta de cumplimiento y responsabilidad en la obligación de dar*, Valencia, Tirant lo Blanch y Universidad de Valencia, 2002, p. 33.

Ahora bien, de acuerdo con lo dicho por Belda Mercado[108], en el derecho romano, el concepto de responsabilidad contractual no respondía a una figura dogmática preestablecida, sino que se fue formando de manera paulatina en el ámbito de varios negocios[109] en consideración a las atribucio-

---

108 Javier Belda Mercado. "La responsabilidad del comodatario en el derecho romano", cit.

109 En el derecho romano antiguo, la noción de contrato como acuerdo de voluntades fue algo que se tardó mucho tiempo en consolidar en el marco de una evolución histórica que no siempre resulta clara. Los juristas romanos no construyeron una noción abstracta y unitaria del contrato, como sucede en el derecho moderno, sino que regularon particulares contratos a los que el derecho les reconoció el efecto de producir obligaciones civilmente exigibles. En las Instituciones, Gayo no incluye una definición de contrato; sin embargo, todo parece indicar que tiende a configurarlo como una categoría en la que se engloban todos los actos lícitos reconocidos por el *ius civile*, convencionales o no convencionales, destinados a crear un vínculo obligatorio, al margen del cual, y como contrapuesto a él, queda el ámbito de los delitos. Sobre este particular, Alejandro Guzmán Brito sostiene que Gayo concibió el contrato como un negocio generador de obligaciones que se celebra con el propósito de producir ese efecto, de manera entonces que no basta con que desde el punto de vista objetivo nazca una obligación, sino que, además, se requiere que las partes entiendan que ese es el efecto, lo cual supone que entre las partes existe una cierta conexión que les permite llegar a dicho entendimiento: "En otras palabras, para Gayo[,] el contrato supone un acuerdo o convención entre partes dirigido a crearla" (Alejandro Guzmán Brito. *Derecho privado romano*, t. i, Santiago de Chile, Editorial Jurídica de Chile, 1996, p. 704). En el mismo sentido, *cfr.* Javier Paricio Serrano. "Una historia del contrato en la jurisprudencia romana", en *Contrato: la formación de un concepto*, Javier Paricio Serrano, Palermo, Annali, 2010, ed. italiana, p. 83; Fernando Marcín Balsa. "Los contratos en la sistemática romana de las obligaciones", *Revista de Derecho Privado*, n.º 18, México, D. F., unam, 2008, p. 95; Juan Iglesias. *Derecho romano. Historia e instituciones*, cit., p. 384. En cuanto al sistema de fuentes, en las Instituciones, Gayo comienza diciendo que la *summa divisio* de las obligaciones se resuelve en dos especies, comoquiera que toda obligación nace de un contrato o de un delito (Gai. 3, 88: "Nunc transeamus ad obligationes, quarum summa divisio en duas species diducitur: omnis enim obligatio vel ex contractu nascitur vel ex delicto"). En las *Res cottidianae sive aureorum* esta bipartición establecida por Gayo se convirtió en tripartición (D. 44,7,1 pr-1), pues, según este autor, las obligaciones nacen ora de un contrato (*ex contractu*), ora de un maleficio (*ex maleficio*), ora de un cierto derecho propio en virtud de varias figuras de causa (*proprio quodam iure ex variis causarum figuris*). Finalmente, Justiniano, en las Instituciones (Inst. 3,13,2), desarrolló los conceptos establecidos en las *Res cottidianae sive aureorum* hasta llegar a una cuadripartición, en la que señala que las obligaciones "son desde un contrato, o como desde un contrato, o desde un maleficio, o como desde un maleficio" (*aut enim ex contractu sunt, aut quasi ex contractu, aut ex maleficio, aut quasi ex maleficio*). En cuanto a las obligaciones que nacen *ex contractu*, Gayo señala en las Instituciones que existen cuatro géneros, porque una obligación se puede contraer por una cosa (*re*), o por palabras (*verbis*), o por escrito (litteris), o bien por el mero consentimiento (*consensu*). En este mismo sentido, en las *Res cottidianae sive aureorum*, Gayo explica que las obligaciones nacidas de un contrato se contraen *re*, *verbis* o *consensu*, y omite las nacidas *litteris*. A su turno, en las Instituciones, Justiniano dice que las obligaciones que provienen "desde un contrato" son de cuatro especies, en la medida en que se contraen: *re*, *verbis*, *litteris* o *consensu*.

nes concretas del deudor, a las circunstancias y a los medios procesales que los sancionaban. De cara a esta evolución, Fernández de Buján[110] sostiene que en la doctrina romanista

> es pacífico [...] reconocer la prioridad cronológica de la responsabilidad extracontractual sobre la contractual [...]. La noción de responsabilidad extracontractual, de formulación jurisprudencial, encuentra su origen en un plebiscito que [...] se conoce como la *Lex Aquilia de damno*. Más tarde el pretor, en ejercicio de su *iurisdictio*, amplía la sanción civil de los daños y extiende la responsabilidad prevista en la *Lex Aquilia*, a los daños causados de modo culposo, es decir, no intencionado o voluntario [...]. El concepto de responsabilidad por culpa, añadiéndose al dolo como criterio de responsabilidad[,] surge como consecuencia de la labor de los pretores y de la elaboración de los juristas, desde la interpretación que se realiza del término *inuria* contenido en la *Lex Aquilia*.

Las ideas que anteceden son completadas o complementadas por Koteich[111], quien manifiesta:

> [L]a responsabilidad contractual nació, como se ilustra en D. 45,1,23, por efecto de un *factum debitoris*: cuando el deudor había dado muerte al esclavo adeudado, haciendo imposible el cumplimiento de su obligación, no se podía recurrir a la *ex Lege Aquilia* toda vez que el deudor había acometido en contra de una *cosa suya*, y no sobre un bien ajeno, como exigía la responsabilidad aquiliana; sin embargo, se apelaba a la culpa aquiliana para deducir la imputabilidad del deudor. A partir de esta hipótesis se sentaron las primeras bases de una nueva responsabilidad, la *ex contractu*.

Así, pues, en opinión de Fernández de Buján, "estos criterios, que nacen en el ámbito delictual, traspasan este ámbito y se introducen en el campo contractual, en donde comienza asimismo a distinguirse entre incumplimiento contractual, imputable o no al deudor, y dentro del incumplimiento

---

110 Federico Fernández de Buján. *Sistema contractual romano*, cit., p. 124.

111 Milagros Koteich. "Responsabilidad contractual y aquiliana. Revisión de una distinción tradicional con base en la culpa y su graduación", cit., p. 180.

imputable, entre incumplimiento doloso e incumplimiento culposo"[112]. En relación con la culpa, el propio Fernández de Buján[113] afirma:

> [N]o se conoce con certeza el momento histórico en el que la jurisprudencia romana comienza a exigir responsabilidad, dentro del ámbito contractual, por conductas que[,] sin poder atribuirse a la voluntad del deudor, sí pueden reconducirse a su persona. Se trataría de supuestos en los que, del comportamiento imprudente del deudor, *culpa in faciendo*, o del comportamiento negligente del deudor, *culpa in omitiendo*, se deriva un incumplimiento de la obligación debida [...]. El típico contenido de la culpa, como conducta carente de la diligencia debida, se recoge en la jurisprudencia romana ya en algunos juristas preclásicos. Así, en un pasaje de Paulo tomado de su libro x de comentarios a Sabino, se recoge una opinión de Quinto Mucio Escévola, en la que ofrece una definición de culpa como criterio de responsabilidad [...] [:] D. 9,2,31[114] [...]. Desde este concepto de culpa, se configura la noción de culpa contractual. La culpa, como criterio de responsabilidad contractual, encuentra, pues, su origen en la extensión, desde el ámbito extracontractual, de la denominada *culpa aquiliana*.

Y remata diciendo:

> [L]a culpa supone, en todo caso, una falta de cuidado en la diligencia debida. Esta falta de diligencia es positiva cuando el deudor realiza una conducta indebida que no debió haber hecho y que[,] de no hacerla, no se hubiese generado el incumplimiento. La falta de diligencia es negativa, cuando el deudor no realizó una conducta que debió de haber hecho y que[,] de hacerla, no se hubiera producido incumplimiento. [...] A la indebida actuación positiva se le denomina imprudencia y a la indebida falta de actuación o actuación negativa, se le denomina negligencia. Es imprudente el que hace lo que no debe y es negligente el que no hace lo que debe. Tanto la imprudencia como la negligencia son causas que, si bien no pueden reconducirse al

---

112 Federico Fernández de Buján. *Sistema contractual romano*, cit., p. 124. Sobre este mismo tema se pronuncian también Emilssen González de Cancino. *Obligaciones: derecho romano y Código Civil colombiano*, cit., p. 217 y ss.; Milagros Koteich. "Responsabilidad contractual y aquiliana. Revisión de una distinción tradicional con base en la culpa y su graduación", cit., p. 177 y ss.; Martín Serrano-Vicente. Custodiam praestare: *la prestación de custodia en el derecho romano*, Madrid, Tébar, 2006, pp. 61 a 64. Javier Belda Mercado. "La responsabilidad del comodatario en el derecho romano", cit.

113 Federico Fernández de Buján. *Sistema contractual romano*, cit., p. 126.

114 Dice así D. 9, 2, 31: "Si un podador[,] al tirar una rama de un árbol, o un hombre que trabajaba en un andamio, mató a un esclavo transeúnte, queda obligado [...] si no dio las voces para que se hubiera evitado el accidente. [...] Pues, dijo Mucio [...] que es culpa lo que pudiendo haber sido previsto por persona diligente no lo fue".

ánimo del deudor incumplidor, pueden, no obstante, serle imputables a su persona. [...] La culpa, tanto por acción como por omisión, puede apreciarse en razón de un criterio objetivo o en virtud de un criterio subjetivo[115].

1. LA DILIGENCIA EN EL ÁMBITO DE LA RESPONSABILIDAD OBJETIVA

Pacífica ha sido la doctrina al considerar que la primitiva figura de responsabilidad contractual en el ámbito de la fórmula *in factum* —fundamentalmente en las obligaciones de *dare rem*— fue la responsabilidad objetiva, la responsabilidad por custodia en sentido técnico. Pero con la aparición de la fórmula *in ius*, en la que el comportamiento del deudor se valoraba en el ámbito de la *bona fides*, se abrió camino la valoración de la *diligentia* como responsabilidad de naturaleza subjetiva[116]. Al sistema romano de la responsabilidad objetiva se refieren autores como Arangio Ruiz[117], Luzzatto[118] y De Robertis, entre otros, cuyas obras son analizadas por Serrano-Vicente[119] en los siguientes términos en su estudio sobre la prestación de custodia en el derecho romano.

Para Arangio Ruiz, la *stipulatio* —al igual que el *legatum per damnationem* y los fideicomisos— vinculaba a un *dare-facere*, es decir, miraba el cumplimiento de una promesa: si esta no se cumplía por un *factum debitoris*, se respondía según el grado de malicia o negligencia (*dolus-culpa*), pero considerando el objetivo incumplimiento, partiendo de la idea de que la obligación había sido incumplida (no había tenido lugar el *dare* o *facere*). Fuera de la *stipulatio* (contratos consensuales, fiducia, depósito y la *actio rei uxoriae*) se

---

115 Federico Fernández de Buján. *Sistema contractual romano*, cit., p. 127.

116 En materia de responsabilidad, el binomio dolo/culpa arranca de la enumeración de D. 13,6,5,3 y D. 50,17,23.

117 Vicente Arangio Ruiz. *Responsabilità contrattuale in diritto romano*, Napoli, Casa Editrice Dott. Eugenio Jovene, [1954] 1978, p. 247. Este autor es considerado el máximo exponente de una corriente que, siguiendo el método interpolacionístico, sentó las bases de la que fue la *communis opinio* sobre la responsabilidad objetiva en el derecho romano en buena parte del siglo XX.

118 G. I. Luzzatto. *Caso fortuito e forza maggiore come limite alla responsabilità contrattuale*, Milano, A. Giuffré, 1938; G. I. Luzzatto. "Spunti critici in tema di responsabilità contrattuale", *Bullettino dell'Istituto di Diritto Romano "Vittorio Scialoja"*, n.º 2, Milán, A. Giuffré, 1960, pp. 47 a 127.

119 Martín Serrano-Vicente. Custodiam praestare: *la prestación de custodia en el derecho romano*, cit., pp. 61 a 64.

valoraba, en primer lugar, directamente, el *dolus*, y luego, la *culpa*, porque las partes se habían comprometido —en la medida de la buena fe— no a un cumplimiento rígido —esto es, a un *dare, facere*—, sino a todo lo que la buena fe exigía en el caso[120].

En un intento por sustituir la lógica de la *culpa / diligentia* (a la que se considera justinianea), y con base en un estudio riguroso de los textos, Arangio Ruiz pretendió establecer que el sistema clásico de la responsabilidad giraba en torno a los conceptos de dolo y custodia, que debía entenderse como responsabilidad objetiva en caso de incumplimiento. Para este autor[121], en los casos concretos de préstamo de uso gratuito, la fórmula *in factum* no presuponía un concepto abstracto de responsabilidad, sino que ello derivaba de la estructura de dicha fórmula. La responsabilidad objetiva del comodatario respecto de la restitución de la cosa se explica relacionándola con la fórmula *in factum* del comodato, ya que planteaba como presupuesto de la *condemnatio* la circunstancia de la falta de restitución del comodatario y prescindía de considerar el elemento intencional del deudor. De esta suerte, en la fórmula *commodati in factum conceptae*, al contemplarse la hipótesis de *non redere rem*, solo se sancionaba la no restitución de la cosa, pero quedaban fuera otras obligaciones del comodatario —como las de no deteriorar la cosa o no abusar de ella—, las cuales habrían quedado comprendidas en el ámbito de la fórmula *commodati in ius concepta*. Se aprecia una conexión entre fórmula *in factum* (obligación de restitución), responsabilidad objetiva por custodia, de un lado, y fórmula *in ius* (obligación de no usar y de no deteriorar la cosa), responsabilidad subjetiva por culpa, de otro lado.

---

120 Sobre este particular, se considera definitiva la opinión que Vicente Arangio Ruiz expresa en relación con la compraventa romana en el siguiente sentido: "Che cosa sia questa responsabilità, sappiamo in linea generale assai bene da Gaio (III, 205-207): si tratta di una responsabilità oggettiva, cioè fondata non su una valutazione, da farsi caso per caso, dell'attività ed oculatezza messe in opera dal debitore per evitare la perdita, ma sul fatto oggettivo della perdita avvenuta in un determinato modo. In particolare, se la cosa oggetto dell'obbligazione è rubbata presso un debitore che sia tenuto alla custodia, quel debitore non è esonerato; e ciò senza che abbia luogo una ricerca per stabilire se egli fosse stato o meno in grado de evitare il furto, e se avesse preso le precauzioni opportune". En este trabajo, el autor parte de los resultados que previamente alcanzaron otros romanistas que, como Schulz, Haymann y Kunkel, aplican el método interpolacionista a las fuentes jurídicas romanas relativas al problema de la responsabilidad contractual.

121 Vicente Arangio Ruiz. *Responsabilità contrattuale in diritto romano*, cit., p. 62; Javier Belda Mercado. "La responsabilidad del comodatario en el derecho romano", cit.

En fin, de acuerdo con Arangio Ruiz, el concepto de culpa en el derecho romano apareció muy tardíamente. La responsabilidad del comodatario, del arrendatario de obra, no dependería de su actitud o comportamiento personal. Las referencias a la culpa o a cualquier justificación subjetiva fueron causadas por manipulaciones de los textos posteriores a la época clásica.

Serrano-Vicente finaliza diciendo que, pese a la firmeza de su posición, Arangio Ruiz introdujo una matización a sus planteamientos al distinguir entre dos tipos de manipulaciones pertenecientes a épocas distintas: de un lado, en la época clásica se habría procedido a subjetivizar la responsabilidad al introducir en los textos el criterio de culpa; con posterioridad, las interpolaciones justinianeas responderían a un ámbito conceptual en el que el principio imperante como criterio de la responsabilidad es el de la *diligentia*. Adicionalmente, Arangio Ruiz admite la existencia del concepto de culpa en el derecho clásico, aunque con un ámbito de aplicación muy reducido[122].

En lo concerniente a los escritos de Luzzatto[123], Serrano-Vicente[124] dice que acogió el método interpolacionístico y que se pronunció por la centralidad de la responsabilidad por custodia en el derecho romano clásico, entendida en sentido objetivo. Según Luzzatto, en el derecho clásico, los juristas no diseñaron un sistema abstracto de responsabilidad, sino que resolvieron supuestos concretos sometidos a su consideración, lo cual se erige en un criterio para valorar la autenticidad de los fragmentos frente a las afirmaciones de carácter general que se refieren a una teoría general del *casus*. Así mismo, este autor estima que la labor de los juristas clásicos se habría llevado a cabo adosando al deudor el riesgo de determinados supuestos de incumplimiento, que se incluirían en la responsabilidad por custodia, frente a otros riesgos que corresponderían al acreedor. Es decir, en la época clásica, el criterio dominante (aunque no exclusivo) en el ámbito de la responsabilidad contractual estaba constituido por la responsabilidad por custodia técnica, la cual se identificaba con la atribución al deudor del riesgo propio y exclusivo para ciertos y determinados eventos, tales como el *furtum*,

---

122 Martín Serrano-Vicente. Custodiam praestare: *la prestación de custodia en el derecho romano*, cit., p. 69 y ss.

123 G. I. Luzzatto. *Caso fortuito e forza maggiore come limite alla responsabilità contrattuale*, Milano, cit.; G. I. Luzzatto. "Spunti critici in tema di responsabilitá contrattuale", cit.

124 Martín Serrano-Vicente. Custodiam praestare: *la prestación de custodia en el derecho romano*, cit., pp. 70 a 71.

el *damnum iniuria datum*, la *fuga servorum qui custodiri non solent*, el *fatto dei dipendenti*, prescindiendo de la consideración de la diligencia del deudor.

Desde esta perspectiva, Luzzatto centra su trabajo en depurar los textos de los añadidos posclásicos y justinianeos sustentados en una concepción subjetivista de la responsabilidad, anclada en el concepto de *diligentia in custodiendo*. Los conceptos de custodia y diligencia fueron una única noción que se perpetuó en la compilación justinianea; por consiguiente, la custodia fue un asunto de contenido variable según el grado de diligencia por el que estaba llamado a responder el deudor. En las fuentes, la custodia se equipara en ocasiones a la *diligentia exactissima* y a la *diligentia diligentissimi pater familias*, y el límite de esa *diligentia* es siempre la fuerza mayor. La distinción entre *casus maiores* y *casus minores* habría surgido de la voluntad de los compiladores de no renunciar a las ventajas que proporcionaba la responsabilidad objetiva clásica. La custodia, sola o acompañada de otro criterio de valoración objetiva (como el *factum debitoris*, la *imperitia* o el *vitium operis*), así como la responsabilidad por dolo, conlleva o implica un comportamiento contrario a la *fides* y conscientemente dirigido a hacer imposible la prestación. La introducción y la generalización de un criterio subjetivo de responsabilidad, valorable por medio de diversos grados de diligencia, estaban más o menos acentuadas en función del criterio de la *utilitas contrahentium*.

En lo que concierne a la obra de De Robertis, se dice que este autor estudió el aspecto relacionado con la custodia a partir de las expresiones *exacta*, *exactissima diligentia*, *diligentia diligentioris* y *diligentia diligentissimi patris familias*, y concluyó que la *exactissima diligentia* no es el grado más elevado en la escala de la diligencia exigible, sino que constituye un *genus* de diligencia diverso del general, con el que se contrapone la responsabilidad con el único límite que esta conoce en el derecho justinianeo, como es la *vis maior*. La *exactissima diligentia* se plantea en textos referidos al hurto, esto es, pérdida por hechos no imputables directamente al deudor, por lo que era necesario analizar si quedaba fuera de su responsabilidad. De ello se derivaba la oposición con la *vis maior*, constituida en único límite. Este tipo de *diligentia* se contrapone como un *tertius genus* a la *diligentia diligentis* y a la *diligentia quam*, en relación con las cuales De Robertis habla de concurso compensatorio: si no se respondía por la una se hacía por la otra.

Serrano-Vicente es de la opinión de que la tesis de De Robertis se basa únicamente en cuatro fragmentos en los que aparece la expresión *exactissima diligentia*: dos de las *Res Cottidianae* (D. 17,2,72 pr; Gai. 2 cott. rer.) y dos de las *Instituciones* de Justiniano (D. 44,7,1,4; Gai. 2 aur.), de ahí que parezca que se trata de una expresión de origen gayano que solo obtuvo un eco reducido en el ámbito de la Compilación. La pretensión de agrupar bajo esa denominación diversas expresiones que formarían parte de un único ámbito conceptual es excesiva. Basta destacar el error de pretender identificar, en el ámbito del comodato, la diligente custodia (D. 13,6,5,5 [Ulp. 28 ad ed.]) con la falta de diligencia al atar un andamio (D. 13,6,5,7 [Ulp. 28 ad ed.]) y la responsabilidad por faltar a la *diligentia quam in suis* en caso de preferir salvar las propias pertenencias con ocasión de un incendio, todos ellos supuestos que De Robertis incluye en la *exactissima diligentia*, cuando el propio fragmento de Ulpiano establece que la responsabilidad abarca distintos ámbitos: dolo, culpa y *diligens custodia*. Al problema de la responsabilidad por hechos de terceros y, en particular, por el hurto, es que va referido ese género especial de diligencia, que adopta diversas denominaciones, pero cuya característica esencial estriba en recoger de un modo integrado en la responsabilidad derivada de un comportamiento personal las múltiples soluciones ofrecidas por el derecho clásico.

En su obra *Responsabilità contrattuale*, De Robertis considera que la custodia técnica es insuficiente para sustentar el sistema de responsabilidad contractual propio del derecho clásico. El punto de partida de su análisis es el rígido carácter objetivo de la responsabilidad contractual originaria. Producido el incumplimiento, el deudor debía responder, independientemente de cuál hubiese sido la causa de dicho incumplimiento; por tanto, existía una inmediatez entre los términos incumplimiento y responsabilidad[125]. En

125 Según Martín Serrano-Vicente, estos argumentos se consideran débiles por cuanto, si bien es cierto que originariamente, en la época arcaica, la responsabilidad contractual fue de carácter objetivo, no es menos cierto que esta verdad debe matizarse con la época republicana, puesto que, por ejemplo, la *actio fiduciae*, con su *inter bonos bene agier et sine fraudatione*, como la *actio rei uxoriae*, ambas exponentes primordiales de los futuros juicios de buena fe, se crean y desarrollan en la época de la que parte De Robertis. Sus afirmaciones son válidas para las relaciones basadas en la *condictio* o la *actio ex stipulatu*, pero no para los *iudicia* mencionados. De ahí que el planteamiento de este autor sea válido solo de manera parcial. Desde este punto de vista, De Robertis expone que inicialmente la responsabilidad se identifica con un *periculum* general, frente al cual la jurisprudencia desarrolla la posibilidad de que el demandado pueda oponer excepciones; pero estas excepciones no pertenecen al *ius*, porque no forman parte de los elementos de la relación contenidos en la *intentio*. En paralelo, la dimensión subjetiva de la responsabilidad se habría abierto camino en algunas instituciones surgidas de la intervención del pretor, como el depósito, en el que, en efecto, el dolo constituye un elemento del *factum*, que fue protegido por la originaria protección procesal creada por el magistrado iusdicente. Pero el

la última parte de la citada obra, De Robertis expone el gran cambio en la cuestión de la responsabilidad contractual producido en la época posclásica y su intento por recuperar el clasicismo. Ese giro consistió, principalmente, en la reconversión de las *causae replicationum* —agrupables en dolo y culpa— en criterios de imputación, de suerte que se implantó el momento subjetivo como centro del sistema de responsabilidad y, a la vez, se redujo el momento objetivo del incumplimiento al papel de presupuesto de apertura de la cuestión de la responsabilidad. En esta transformación del sistema de la responsabilidad corresponde una función esencial a Modestino, en el testimonio que de su obra se conserva en la *Collatio* 10,2; en este pasaje se establece un tratamiento de la responsabilidad dependiente de la regla de la *utilitas contrahentium*. La posterior adaptación de los textos clásicos a este nuevo sistema exigió que se sustituyeran conceptos propios del anterior, como *fides* y *diligentia*, por nuevas referencias al dolo y a la culpa. Para De Robertis, con el gran cambio en la responsabilidad contractual se pretendió establecer un medio para incardinar el problema sobre la prueba directa del dolo y la culpa del deudor, evitando el complicado juego de las excepciones y las réplicas. Este nuevo camino presentaba otros inconvenientes, toda vez que la prueba del dolo o de la culpa era entonces el primer elemento, previo a las alegaciones del deudor. Para corregir los excesos que perjudicaban los intereses del acreedor, surgieron un amplio número de presunciones legales de dolo y de culpa, expediente mediante el cual, de cierta manera, se restableció la situación anterior. Este sistema fue el que recibió y trató de articular Justiniano de una manera coherente.

En el marco antes expuesto, De Robertis aborda el estudio de la custodia técnica. Destaca el autor que el fundamento de la responsabilidad por custodia es erróneo, tal como la común opinión lo ha planteado con referencia a Gayo 3,205-206. Afirma que este texto no plantea la inexcusabilidad de la pérdida por hurto de la cosa debida por el *fullo*, y por ello no se puede alegar en defensa de una pretendida responsabilidad objetiva por *casus minores*. Seguidamente, denuncia el indebido vínculo establecido entre la afirmación de que el *dominus* carece del interés necesario para la acción de hurto, puesto

---

periculum, natural o pactado, continúa siendo el factor principal de la responsabilidad. En este sentido, De Robertis destaca el elemento dispositivo como factor principal de modulación de la responsabilidad en cada una de las relaciones singulares, de modo que se amplíen o reduzcan las respectivas causas de excepción o de réplica.

que "cum iudicio locati [...] suum consequi potest", con la consecuencia de que el deudor no tiene medio de defensa en un juicio por una pérdida debida a hurto. De Robertis niega que este fuera el régimen. Para él, la alusión al *suum consequi potest* no se debe tomar en sentido absoluto, sino en el sentido genérico de que puede utilizar los medios de defensa que le ofrece el ordenamiento, y alega como prueba que el fragmento permite el regreso al dueño de la acción de hurto en caso de insolvencia o de que no resultara condenado a pagar[126].

2. LA DILIGENCIA EN EL ÁMBITO DE LA RESPONSABILIDAD SUBJETIVA

Otro sector de la romanística, liderado por Voci[127], reacciona contra los que se consideran abusos de la teoría de la responsabilidad contractual clásica. Según Serrano-Vicente, Voci reivindica la *diligentia* como criterio básico para los juristas clásicos en relación con la valoración del cumplimiento o del incumplimiento, y considera el régimen de responsabilidad contractual propio del derecho romano como un sistema subjetivo, que aplicaba como criterios básicos el dolo y la culpa. Para este autor, la responsabilidad por culpa nace de dos especies de incumplimientos imputables al deudor, como son el incumplimiento de la obligación de diligencia común y el incumplimiento de la obligación de exacta diligencia. Esta última modalidad se denomina simplemente diligencia y se caracteriza por imponerle al deudor una mayor carga. En todo caso, la diligencia apunta a la conservación de la cosa debida (*diligentia in custodienda re*) o a una actividad de administración (*diligentia in administrando*).

Para Voci, la diligencia se encuentra vinculada de manera estrecha con la *bona fides*; más exactamente, la diligencia y la custodia son nociones que se utilizan casi que con exclusividad en el ámbito de los contratos de buena fe. Los romanos hicieron honor a la diligencia, que para ellos era un mérito

---

126 Martín Serrano-Vicente. Custodiam praestare: *la prestación de custodia en el derecho romano*, cit., pp. 74 a 80.

127 Pasquale Voci. "Diligentia, custodia, colpa: I dati fondamentali", *SDHI*, n.º 56, (1990) 1992, pp. 29 a 77. *Cfr.* Martín Serrano-Vicente. Custodiam praestare: *la prestación de custodia en el derecho romano*, cit., pp. 90 a 92; Armando Torrent. "Culpa debitoris - Imposibilidad sobrevenida - Perpetuatio obligationis", *AFDUDC*, n.º 10, La Coruña, Universidad de La Coruña, 2006, pp. 1.169 a 1.194, en https://core.ac.uk/download/pdf/61894586.pdf

que podía convertirse en una virtud. En este contexto, Voci adelanta una defensa de la elasticidad de la voz *diligentia* a partir de su amplia utilización en las fuentes literarias y señala al efecto que la *diligentia* era una institución propia de la moral tradicional, la cual creó la figura del *vir bonus*. Del mismo modo, destaca que el paso de la ética social al derecho se produjo, de una parte, con el reconocimiento de los *iudicia bonae fidei*, y, de otra parte, con la inserción de la cláusula del *dolo* y del *arbitratus boni viri* en la estipulación pretoria. A continuación, Voci analiza las fuentes jurídicas y resalta que a la *diligentia* se refirieron algunos juristas de la época republicana, entre los que se cuentan Quinto Mucio Escévola y Servio Sulpicio Rufo[128]. Así mismo, según Voci, la obligación de *diligentia* se impone en el comodato, la prenda, la venta, el arrendamiento, la tutela, la gestión de negocios ajenos y cualquier otro contrato innominado similar a los aquí mencionados.

A partir de este aspecto, Voci enseña que son dos los modos de ser de la *diligentia*, a saber: de una parte, se habla de una *diligentia in custodienda re* (o custodia) para aludir a la conservación de la cosa prestada; esta clase de *diligentia* requiere o exige una actividad de prevención contra actos que no provienen del deudor, pero que perjudican, dañan, destruyen o hacen irreparable la cosa debida. De otra parte, se habla de *diligentia in administrando*, que es la que impone precisamente una tarea de atenta administración al tutor y al gestor de negocios ajenos; esta clase de *diligentia* implica una falta no solo de concientización, sino de sensatez y de inteligencia.

---

128 Esta afirmación se sustenta en D. 13,6,5,2 y en D. 18,6,1 2, que a la letra rezan: "D. 13,6,5,2. Ulpiano; Comentarios al Edicto; libro xxviii. — [...] Ahora se ha de ver, qué venga comprendido en la acción de comodato, ¿acaso el dolo, o también la culpa, o si también todo riesgo? Y, a la verdad, en los contratos a veces respondemos solo del dolo, y a veces también de la culpa; del dolo en el depósito, porque[,] como no se trata de utilidad alguna de aquel en quien se deposita, con razón se responde solamente del dolo, si no medió acaso también retribución, porque entonces[,] como también se halla establecido, se presta también la culpa; o si desde un principio se convino esto, que preste así la culpa, como el riesgo, aquel en quien se deposita. Pero cuando media utilidad de una y otra parte, como en la compra, en la locación, en la dote, en la prenda, en la sociedad, se presta así el dolo como la culpa. Mas el comodato contiene las más de las veces la sola utilidad de aquel a quien se da en comodato; y esto es más verdadera (sic) la opinión de Quinto Mucio, que cree que se ha de responder así de la culpa, como de la diligencia". "D.18.6.12. Paulo; Epítome del Digesto de Alfeno. — Hallándose puestos en la vía pública, el Edil rompió unos lechos comprados; si hubiesen sido entregados al comprador, o en él hubiese consistido que no se entregaran, parece bien que el riesgo sea del comprador".

La *diligentia* es una cualidad positiva de la prestación. Esa *diligentia* está referida a un modelo abstracto, o, dicho de otro modo, el modelo abstracto constituye la fuente de la *diligentia*, cuya función es señalar cuál o cuánta es necesario poner. En esta dirección, sujeto del comportamiento diligente es el *diligens pater familias*; con todo, no se trata de aquella pálida figura que la tradición representa. Del *diligens pater familias* se habla en las mismas hipótesis en que se menciona la obligación de *diligentia*, como es el caso de D. 13, 6, 18 pr. en relación con el comodato; D. 18, 1, 35, 4, D. 18, 6, 12 y D 19.1.54 pr en cuanto a la venta; Inst. 3,24,5 y D. 19,2,58,1 en lo referente al arrendamiento; D. 13,7,14 en lo que concierne a la prenda; D. 26,7,10 en lo que compete a la tutela; y D. 3,5,5,14 en lo que respecta a la gestión de negocios. En todos estos textos se habla de *diligentissimus pater familias* y de *exactissima diligentia* (en el comodato); de *exacta diligentia* y *diligens pater familias* (en la prenda); de *exactior diligentia* (en la venta); de *exacta diligentia* y *vir diligens* (en la gestión de negocios ajenos).

Con apoyo en las fuentes en comento, Voci concluye que la diligencia tenía derecho de ciudadanía en el mundo jurídico romano, pero que por sí sola no permite explicar el régimen de la responsabilidad. Para este autor, es necesario distinguir en esta materia dos regímenes, a saber: el de la culpa y el de la diligencia. En su sentir, el régimen de la diligencia hace posible alcanzar resultados que con el régimen de la culpa no se pueden obtener. Estima asimismo que una exposición fundada en los conceptos de *culpa* y de *diligentia* implica colocar en un mismo plano nociones que son diferentes, pues, mientras que la culpa reenvía a la idea de responsabilidad, la *diligentia* lo hace a la idea de obligación.

Según Voci, el análisis debe comenzar por el sistema de la *culpa*, y destaca al respecto que se habla de la culpa con dos significados fundamentales: de una parte, es el acto o comportamiento que el derecho califica como reprochable; de otra parte, es la causa del daño. El comportamiento culpable puede estar determinado por la voluntad de producir el daño, en cuyo caso se habla de dolo, o, por el contrario, puede obedecer a negligencia, en cuyo caso se habla de culpa en sentido estricto. El significado usual de culpa es que se trata de un comportamiento negligente. La culpa requiere ser analizada bajo dos aspectos: en primer lugar, es necesario establecer el contenido y, por ende, el límite, en donde precisamente el límite justifica el sistema de la *diligentia*; en segundo lugar, ha de tenerse en cuenta que la idea de culpa permite superar el régimen propio de algunos contratos de la responsabilidad limitada al dolo, lo cual ocurre introduciendo las nociones de culpa lata y de culpa en concreto, de un lado, y, del otro, sustituyendo la responsabilidad por culpa a una anterior responsabilidad por dolo[129].

---

129 Sintetizando lo hasta aquí expuesto, se tiene que para los cultivadores de la tesis subjetivista de la responsabilidad contractual no resulta admisible distinguir dos etapas: una culpa en sentido objetivo, exclusiva de la época clásica, y otra en sentido subjetivo, identificable con la *diligentia*, propia de la época posclásica-justinianea. Para quienes sostienen esta tesis, la responsabilidad siempre es de carácter subjetivo al tenor de las siguientes consideraciones: en el *factum debitoris* se mira la culpa del deudor respecto al *factum* que provoca incumplimiento; en definitiva, se tiene en cuenta la conducta del deudor. Por otra parte, *dolus* y *culpa* son criterios que valoran la conducta del obligado. Cosa distinta es que al valorar la culpa se tome en consideración la finalidad del negocio porque este determina una mayor o menor objetividad en la valoración de la responsabilidad nacida del incumplimiento: 1) tratándose de obligación de *dare*, cualquier actuación puede resultar culposa si impide el cumplimiento; 2) en el caso de una obligación que lleva implícita custodia, esta deberá valorarse sobre la base de la idea de cierta diligencia objetiva que implica la misma custodia: el que tiene que entregar tiene que custodiar; es el caso del vendedor o comodatario o capitán, de los dueños de posadas y establos, lo que ha hecho pensar si esta responsabilidad por custodia no es, en realidad, una responsabilidad objetiva. De esta manera, se rechaza la tesis de quienes, a partir de lo expresado por Gayo en Instit. 3,106, consideran que la primitiva responsabilidad del comodatario era de naturaleza objetiva, pues se trataba de una responsabilidad por custodia, vale decir, se planteaba como presupuesto de la *condemnatio* el hecho de que el comodatario no efectuara la restitución de la cosa objeto del contrato, y se prescindía de considerar el elemento intencional del comodatario. Dicho modelo de responsabilidad hubo de cambiar con la aparición de la fórmula *in ius*, en la que el comportamiento del deudor se valoraba en el ámbito de la *bona fides*, lo que le abrió paso a la valoración de la *diligentia* como responsabilidad de naturaleza subjetiva, al tiempo que permitió sustituir la original expresión gayana *praestare custodiam* por la de *exactissimam diligentiam custodiendae rei praestare compellitur*. En la medida en que la responsabilidad es siempre subjetiva en tanto y por cuanto toma en consideración la conducta del obligado, no resulta factible considerar criterio o categoría de responsabilidad la custodia que constituye una obligación inherente a ciertas figuras negociales que pueden incumplirse por dolo o culpa del obligado, como sucede, por ejemplo, con el comodatario, salvo que el contrato se haya celebrado en interés del comodante; con el depositario, si se hubiese ofrecido a recibir la cosa objeto del depósito; con el *fullo* y *sarcinator* (batanero y sastre, Gai. Inst. 3,206); con el *nauta*, *caupo* y *stabularius* (patrón de buque, de hotel y dueño de establos, D. 4,9,1,8); y con el *horrearius* (aquel que a cambio de una merced recibe en sus propios establecimientos mercancías de otro, D. 19,2,40). Adicionalmente, "este dolo o culpa de la conducta subjetiva del obligado vendrán más o menos acentuados u objetivados según la finalidad negocial: el que recibe una cosa para guardarla o transportarla (*caupo*, *stabularius*, *nauta*) debe poner una diligencia tal que apenas le exime de culpa más que la *vis maior*, e incluso en ocasiones ni estas; en otras palabras, tiene que prever y defender la cosa de deterioro o pérdida hasta el límite de sus posibilidades[,] porque su obligación es *custodiam praestare* (no es un *dare* ni un *facere* nacido de *stipulatio* ni con arreglo a la *bona fides*). En principio, incluso hasta podría excluirse la custodia como categoría de responsabilidad, porque esta viene representada como un *factum*: es un hecho del que debe responder según contrato, y los hechos no son categorías de responsabilidad[,] sino las conductas respecto a los hechos. Puede haber *dolus* o *culpa* en el hecho de custodiar mejor o peor, y[,] desde luego, plena responsabilidad si el hecho —la

3. TESIS INTERMEDIA

Por último, una posición intermedia entre los defensores de las teorías objetivista y subjetivista de la responsabilidad contractual es la sostenida por Betti[130], quien, de acuerdo con Serrano-Vicente[131], plantea el problema de la custodia en relación con el riesgo contractual sobre la base de que, ante el incumplimiento de una prestación, el juez debe establecer si ese incumplimiento es imputable a la parte comprometida, de acuerdo con los criterios de imputación correspondientes a la obligación de que se trate, que básicamente se corresponden con obligaciones de contenido valorables según la medida de la buena fe o de la diligencia, obligaciones de resultado (un *opus* o un *restituire*) y obligaciones de garantía. Si ello no es así, ha de tenerse en cuenta la posible extensión de la responsabilidad por la asunción de ciertos riesgos o por mora; y, si tampoco fuese de este modo, debería tomarse en consideración el reparto del riesgo (*periculum*) según el criterio típico de la obligación de que se trate. En la medida en que el campo de la responsabilidad contractual se amplía mediante pacto, tanto más se restringe el ámbito del riesgo soportado. En este ámbito debe analizarse el problema de la custodia.

A este respecto, Betti se plantea la noción clásica de custodia sometida a distintos regímenes, vale decir, pudiendo tratarse de una obligación típica, de una obligación pactada o de una atribución de riesgo. En cualquier caso, define la responsabilidad por custodia en función del poder de control que correspondía al deudor sobre la cosa, que exigía de este asumir el riesgo de la pérdida de dicha cosa. La idea subyacente para valorar la responsabilidad era que, con el poder de control sobre la cosa conferido objetivamente a quien la recibía, se le confería a esta también un poder y una carga de prevención del hurto y del daño que esta pudiera recibir, y por eso le incumbía una garantía de conservación de cara a la restitución, que era lo que los romanos entendían por custodia cuando la utilizaban en ese sentido, y no en el de vigilancia en sentido amplio. Con todo, este planteamiento no implica que se hiciera abstracción de la idea de imputabilidad y, por lo tanto, que

---

obligación— miraba precisamente a la finalidad de custodiar". *Cfr.* Armando Torrent. "*Culpa debitoris* - Imposibilidad sobrevenida - *Perpetuatio obligationis*", cit.

130 Emilio Betti. *Imputabilità dell'inadempimento dell'obbligazione in Diritto romano*, Roma, Edizione "Ricerche", 1958; Emilio Betti. *Istituzioni di Diritto romano*, vol. II, cit.

131 Martín Serrano-Vicente. Custodiam praestare: *la prestación de custodia en el derecho romano*, cit., p. 90 y ss.

fuera necesario hablar de responsabilidad objetiva o sin culpa, sino que la culpa se valoraba típicamente sobre una situación objetiva, porque se partía del *id quod plerumque accidit*, pues, por lo general, quien recibía una cosa que debía restituir y estaba dotado de un poder de control sobre ella podía evitar el hurto y el daño. La valoración se realizaba teniendo en cuenta la situación objetiva por la que se confiaba el bien. No se requería acudir a la idea de una voluntad, aunque fuera presunta, sino que los romanos se basaban en el principio de la autorresponsabilidad derivada de la situación de control.

Gracias a su rigor exegético, Betti pudo detectar el carácter erróneo de la opinión interpolacionística según la cual el carácter de la responsabilidad por custodia es objetivo, sin que se pueda establecer conexión alguna entre el significado atécnico de la palabra y la institución jurídica a la que da lugar. En este sentido, la tesis de Betti se erige en el punto de partida para los ulteriores avances, en especial, por parte de Carlo Augusto Cannata.

VII. LA CONSTRUCCIÓN TEÓRICA MODERNA DEL CONCEPTO DE DILIGENCIA REFERIDO A LOS NEGOCIOS FIDUCIARIOS

La evolución histórica que se ha descrito con respecto a la responsabilidad contractual obliga a dirigir nuestros esfuerzos a afinar, en la medida de lo posible, los conceptos de diligencia y de pericia en el cumplimiento de la prestación fiduciaria, por la sencilla razón de que, una vez definida la culpa del fiduciario a partir de la diligencia y de la impericia, es preciso ampliar el estudio de la culpa a estos dos aspectos y a sus funciones en el marco de la relación fiduciaria. Se trata, entonces, de resolver si la expresión "diligencia" se corresponde con un mismo paradigma de referencia y si tiene idéntico alcance que en el ámbito de la perspectiva jurídica desde la que ha sido estudiada, vale decir, el del derecho romano. Con miras a ello, se realizará una exposición crítica de la figura en el contexto jurídico colombiano para dejar sentada una propuesta propia de delimitación del concepto de diligencia aplicado a la contratación fiduciaria y arrojar algunas luces sobre las sombras de dicho concepto; con ello se busca contribuir a la formación de un concepto unitario que permita progresar en la determinación de los verdaderos contenido y alcances de la responsabilidad civil profesional de las sociedades fiduciarias.

En suma, a lo que se apunta es a realizar una delimitación conceptual que haga posible determinar en qué consiste la diligencia con arreglo a los artículos 1226, 1234 numeral 1 y 1243 del CCo y, como corolario de ello, que permita mostrar cómo la interpretación de los negocios fiduciarios —llámense fiducia mercantil, encargo fiduciario o fiducia pública— debe referirse indefectiblemente a las reglas del arte. Esta constatación, a su vez, hará posible analizar en qué supuestos el comportamiento del fiduciario puede y debe ser catalogado como negligente y/o imperito, y, al mismo tiempo, cómo delimitar las fronteras de dicho comportamiento, toda vez que en la negligencia y en la impericia se encuentra el límite que separa los supuestos de daños indemnizables frente a aquellos que no lo son porque se sustentan en la ocurrencia de hechos constitutivos de caso fortuito o fuerza mayor.

La problemática antes destacada corresponde a un tema que no es puramente teórico, sino que presenta una indudable importancia práctica, como quiera que, como se dijo en otro lugar, la diligencia implica un actuar cuidadoso, vale decir, implica un actuar que intenta evitar un daño evitable. De manera entonces que es el parámetro de la previsibilidad el que permite medir el comportamiento diligente cuando el deudor ostenta una condición especial o adicional al del buen padre de familia, esto es, cuando se trata del modelo del *artifex* o profesional, como sucede en el caso de las sociedades fiduciarias. En esta dirección, como ya se expuso en otro párrafo, a efectos de reprocharles responsabilidad civil, es razonable apreciar de manera objetiva que las sociedades fiduciarias se encuentran dotadas de conocimientos especiales en lo concerniente a la gestión de negocios ajenos, conocimientos que les permiten prever lo que un hombre medio no puede anticipar mentalmente. De ahí que la mayor previsibilidad objetiva de esta clase de personas jurídicas determine, sin duda alguna, una mayor responsabilidad y, más exactamente, una culpabilidad agravada, en la medida en que las sociedades fiduciarias, por el hecho mismo de disponer de conocimientos especiales, se encuentran en condiciones de anticipar intelectualmente un resultado dañoso.

En los anteriores términos, se hace entrar la *imperitia* del fiduciario en su condición de profesional o *artifex* en el concepto de culpa, configurada dicha *imperitia* como la omisión de la diligencia o la falta de previsión de lo previsible. Para ello se tiene en cuenta que la actividad profesional de las sociedades fiduciarias está circunscrita a la gestión de negocios ajenos sin asumir posición propia y que es dicha actividad la que constituye el motivo esencial para la celebración de un negocio fiduciario.

A. EL CONCEPTO DE DILIGENCIA EN EL ORDENAMIENTO JURÍDICO COLOMBIANO

Tomando como punto de partida el derecho de obligaciones y contratos, lo primero que debe advertirse es que el Código Civil omite definir lo que es la diligencia. Ahora bien, la verdad es que la diligencia se extiende a lo largo de todo el derecho de obligaciones, independientemente de la naturaleza legal o convencional de estas, al tiempo que constituye una técnica común para completar el contenido obligacional de las relaciones jurídicas de duración. Además, cuando la prestación se cumple en una obligación de medios, entonces la diligencia viene a ser el único recurso para completar la actividad del deudor. Por lo demás, de acuerdo con la jurisprudencia de la Corte Suprema de Justicia[132], se tiene que:

> [L]a diligencia o el cuidado significa algo más que el esfuerzo, la atención y la eficacia en la ejecución de una actividad, para denotar, en cambio, la compleja actividad que deben desplegar las partes ante las distintas situaciones por las que atraviese la relación obligatoria. Se trata, entonces, de un modelo de conducta que los usos sociales han dotado de contenido normativo, de modo que conforme a ellos se exigen ciertos comportamientos como los adecuados frente a esas específicas circunstancias. [...] En tratándose (sic) del cumplimiento de las obligaciones, esa regla de diligencia encuentra un "punto culminante" de actuación, toda vez que del deudor se exige, generalmente, el cumplimiento de su prestación desplegando el comportamiento propio de un buen padre de familia; pero si se trata del cumplimiento de obligaciones inherentes al ejercicio profesional, su diligencia debe aquilatarse, entonces, teniendo como referencia la naturaleza de la actividad desarrollada.

Ahora bien, de acuerdo con Badosa Coll[133], en sede de obligaciones, la diligencia ofrece una doble localización y un doble sentido. En cuanto a lo primero, la diligencia puede referirse a una actividad concreta calificada

---

132 Corte Suprema de Justicia, Sala de Casación Civil y Agraria. Sentencia del 14 de junio de 2000, Exp. 5025, M. P.: Jorge Antonio Castillo Rugeles.

133 FERRÁN BADOSA COLL. *La diligencia y la culpa del deudor en la obligación civil*, cit., p. 36.

como debida o a una actividad calificada como legítima, amén de que puede también aludir a un modelo abstracto de comportamiento. En relación con la actividad jurídicamente calificada que es el objeto de la diligencia, esta designa algo que debe poner el deudor para que ella tenga existencia; así, entonces, la actividad se convierte en el objeto de la diligencia al indicar que el deudor debe emplearla de cara al cumplimiento de la respectiva obligación.

La consagración del modelo, en cambio, permite individualizar la diligencia exigible, vale decir, "indica el nivel de diligencia que incumbe al deudor, al que, en consecuencia, deberá adaptar su comportamiento en el cumplimiento de las obligaciones"[134].

En suma, "el modelo [...] se presenta como la fuente de la diligencia, cuya misión es señalar cuál o cuánta hay que poner"[135]. Este modelo —que puede ser el modelo del buen padre de familia, o bien el modelo *quam suis* o, en fin, el modelo del *artifex*— bien puede ser analizado como modelo de voluntad —que indica la intensidad del esfuerzo o de la atención que es necesario poner— o como modelo de conducta —en el que se establece qué o cuáles actos se consideran idóneos para el cumplimiento de la actividad jurídicamente calificada—. Si el modelo es el del padre de familia, este seleccionará, con respecto a la actividad objeto de la diligencia, una o varias conductas no profesionales de entre las materialmente adecuadas. Si, por el contrario, el modelo es el del artífice, seleccionará una o varias conductas profesionales de entre las materialmente adecuadas.

En cuanto al doble sentido que ofrece la diligencia, esta puede entenderse desde el punto de vista subjetivo "como predisposición psicológica, tensión de la voluntad, esfuerzo, atención, cuidado, etc., en orden a la conservación o promoción de los intereses ajenos del acreedor"[136], y puede presentar

> una doble localización: como cualidad personal del deudor que este debe poner en la realización de la actividad jurídicamente calificada y como medio de descripción y graduación del modelo abstracto [...] En cuanto a la cualidad del deudor aplicable a una actividad jurídicamente calificada de lícita o debida, la noción de esfuerzo o cuidado no describe una conducta a realizar por el sujeto en relación a tal actividad, sino solo el interés o predisposición del mismo (sic) en orden a su puesta en práctica. En otras palabras, el esfuerzo, cuidado o atención no se halla

---

134 Adela Serra Rodríguez. *La responsabilidad civil del abogado*, cit., p. 65.
135 Ferrán Badosa Coll. *La diligencia y la culpa del deudor en la obligación civil*, cit., p. 33.
136 *Ibid.*, p. 33.

> en el plano de la realización efectiva de la actividad jurídicamente calificada [...], sino en el de la situación psicológica del deudor favorable a tal realización, aunque esta no haya llegado a producirse debido a que aquella no se tradujo en la puesta en práctica de una conducta eficaz[137].

Pero la diligencia también puede entenderse desde el punto de vista objetivo

> "como conducta materialmente identificable [...]"[138],"[...] como mera indicación o proposición formal de una conducta en relación a (sic) una actividad debida [...] o legítima [...] cuyo contenido material hay que integrar en base a (sic) un determinado modelo de comportamiento (padre de familia, *quam suis*, pericia). Proposición que se impone vinculante al deudor de una obligación[139].
>
> Ambos sentidos pueden utilizarse en las dos localizaciones antes expuestas. Respecto de la actividad, objeto de la diligencia, esta puede contemplarse como un comportamiento instrumentalmente adecuado para producir la existencia de aquella (aunque de hecho sea ineficaz por otras casusas) y así tendremos una diligencia idónea para conservar la cosa o cumplir la obligación. O simplemente puede verse como una masa de esfuerzo o tensión de voluntad que el deudor pone con ocasión de dichas (sic) conservación o cumplimiento[140].

Desde el punto de vista objetivo, con respecto a la actividad jurídicamente calificada que es el objeto de la diligencia, se observa que esta puede ser vista como indicación de una conducta o como objeto de una imposición jurídica. En el primer caso, el concepto jurídico de diligencia no se puede definir al margen de la función material, promotora o integradora que desempeña respecto de dicha actividad. De esta relación diligencia-actividad se desprenden dos consecuencias: (i) que la diligencia es una conducta o comportamiento, pues esta es la única manera en que puede subsumirse o incorporarse en una actividad; y (ii) que la diligencia debe cumplir con un mínimo de adecuación o correspondencia técnica con relación a la actividad.

A su turno, en el segundo caso —es decir, como objeto de una imposición jurídica— se tiene que el carácter vinculante de la diligencia respecto del deudor se deriva de la función material que esta tiene en el ámbito del

137 Ferrán Badosa Coll. *La diligencia y la culpa del deudor en la obligación civil*, cit., pp. 38 a 39.
138 *Ibid.*, p. 34.
139 *Ibid.*, p. 34.
140 *Ibid.*, pp. 33 a 34.

derecho de obligaciones, la cual puede ser meramente instrumental respecto de la prestación —en cuyo caso actúa como criterio de exoneración de responsabilidad en la hipótesis de un incumplimiento obligacional—, o bien puede ser integradora de la prestación —evento en el cual actúa como criterio de exactitud del cumplimiento—. En todo caso, como objeto de una imposición jurídica, la diligencia, de una parte, permite configurar el concepto de obligación (entendida como deber jurídico o posición jurídica subjetiva (deuda) de la que es titular una persona en particular) y, de otra parte, se erige en un criterio de enjuiciamiento a *posteriori* del comportamiento efectivo desarrollado por el deudor con motivo del cumplimiento de la obligación. La diligencia, como conducta que se impone con valor jurídico, permite definir conceptos como el de culpa prestable o, en su caso, cumplimiento e incumplimiento de la obligación, todos los cuales se refieren a la conducta del deudor con relación a la observancia del deber jurídico que se le había impuesto[141].

Por lo demás, huelga decir que la diligencia resulta particularmente idónea para el desarrollo de su función integradora en los contratos de prestación de servicios en los que se requiere completar las prestaciones de hacer pactadas en sentido general[142]. Esta función integradora se cumple a partir de normas de conducta aplicadas al desarrollo de la actividad del gestor, evento en el cual su papel se orienta a concretar el encargo siguiendo el interés del encargante (principal), de acuerdo con la finalidad y la causa del negocio[143].

---

141 *Ibid.*, cit., p. 37.

142 *Cfr. Ibid.*, p. 168. Badosa Coll enseña que la diligencia permite dotar el contenido y determinar las prestaciones de hacer, y que es de especial utilidad en las prestaciones profesionales y, en particular, en los contratos de servicios.

143 Vicenç Ribas Ferrer. "Aproximación al estudio del deber de lealtad del administrador de sociedades", tesis doctoral, Barcelona, Universidad Autónoma de Barcelona, 2004, p. 303.

B. LA DILIGENCIA COMO MARCO DE DESENVOLVIMIENTO DE LA RELACIÓN OBLIGATORIA EN LOS NEGOCIOS FIDUCIARIOS: ¿CÓMO DEBE ENTENDERSE Y CÓMO DEBE APLICARSE LA DILIGENCIA EN LOS NEGOCIOS FIDUCIARIOS?

Se ha visto que la responsabilidad contractual presupone como fundamento la culpa, de suerte entonces que, *contrario sensu*, la exoneración de responsabilidad implica la ausencia de culpa[144]. Así también sucede en la contratación fiduciaria, pues en esta materia es igualmente cierto que la responsabilidad civil del fiduciario encuentra su origen en una conducta dolosa o culposa o negligente derivada del ejercicio de la profesión de fiduciario. Se trata, en buena medida, de una responsabilidad por el hecho propio o personal, perspectiva desde la cual la culpa del fiduciario no es distinta o diferente a la de una persona común; entonces, y por este aspecto, el factor de imputación ha de ser, en principio, subjetivo: la imputabilidad por culpa o dolo del agente del daño. Por consiguiente, el problema de la responsabilidad civil del fiduciario es el de la culpa y el de encontrar cuál es su ámbito de relevancia en la teoría del incumplimiento.

Esta solución culpabilista de la responsabilidad civil del fiduciario emana de lo dispuesto por el artículo 1604 del Código Civil, en concordancia con los artículos 1226, 1234, numeral 1, y 1243 del Código de Comercio. En este orden de ideas, a renglón seguido se intentará desarrollar el concepto de culpa aplicado a los negocios fiduciarios traslaticios y no traslaticios del derecho de dominio; para ello, se tomará en cuenta la verdadera naturaleza jurídica y función económica de esta especial categoría de negocios jurídicos, vale decir, que se trata de negocios jurídicos cuya nota esencial la constituye la confianza en el profesionalismo altamente especializado del fiduciario, la cual —valga la repetición— preside toda formación, celebración, desarrollo, ejecución, terminación y liquidación del negocio fiduciario. Más exactamente, se propone detenerse en el estudio de un concepto que ofrece una marcada importancia en el ámbito de los negocios fiduciarios traslaticios y no traslaticios del derecho de dominio, sin el cual sería difícil realizar un

---

144 Ver nota supra 1.

estudio acerca de la impericia del fiduciario y, menos aún, efectuar un análisis de los principios que rigen su incumplimiento obligacional.

Ciertamente, en este apartado se pretende establecer cuál es el verdadero significado de la diligencia y cuáles son las funciones que esta desarrolla en el cumplimiento de las obligaciones derivadas de la celebración y ejecución de negocios fiduciarios traslaticios y no traslaticios del derecho de dominio. Para ello se tiene en mente que, tratándose de obligaciones de medios, la diligencia constituye su elemento esencial, amén de que, en el ámbito de los negocios fiduciarios traslaticios y no traslaticios del derecho de dominio, la diligencia desempeña un papel fundamental en el desarrollo de la conducta del fiduciario por cuanto se erige en presupuesto de la determinación del exacto cumplimiento de las obligaciones a cargo de este.

En fin, lo que se pretende es establecer la relación que tiene el concepto de negligencia con la culpa desde la perspectiva del exacto cumplimiento de la prestación a la que se encuentra comprometido el fiduciario, pues, luego de definirse la culpa del fiduciario a partir de la diligencia, es preciso ampliar el estudio de la culpa a estos dos aspectos y a sus funciones en el marco de la relación fiduciaria. De lo que se trata, entonces, es de saber en qué consiste la diligencia, con miras a determinar en qué supuestos el comportamiento del fiduciario puede y debe ser catalogado como negligente, y cómo delimitar las fronteras de dicho comportamiento, toda vez que en la negligencia se encuentra el límite que separa los supuestos de daños indemnizables frente a aquellos que no lo son porque se sustentan en la ocurrencia de hechos constitutivos de caso fortuito o fuerza mayor.

Para tales efectos, se debe empezar por decir que, tratándose de los negocios fiduciarios en general —y, de manera particular, de la fiducia mercantil—, el deber de diligencia se encuentra presente en el numeral 1 del artículo 1234 del CCo, en armonía con los artículos 1226 y 1243 *ibidem*. Con todo, la verdad sea dicha, el deber de diligencia carece de definición legal en este ámbito de la contratación fiduciaria, y se utiliza una expresión de carácter genérico y objetivo que carece de un contenido concreto. Además, ni la doctrina ni la jurisprudencia se han detenido a analizar como corresponde en qué consiste la diligencia con arreglo a los preceptos legales en cuestión. Todo ello hace que su aplicación plantee dificultades en orden al establecimiento de un concepto abstracto general.

Ese carácter genérico se justifica por la propia naturaleza de la actividad fiduciaria, ya que, por tratarse de una relación jurídica basada en la confianza, no resulta factible prever y especificar *ex ante* todas las hipótesis ante las que se puede encontrar el fiduciario en el cumplimiento de la finalidad señalada por el fideicomitente en el acto constitutivo como para calificar su conducta de diligente o negligente. Además, tampoco resultaría conveniente hacerlo habida cuenta de que podrían limitar sus posibilidades de actuación en interés del beneficiario.

La finalidad de esta formulación legal es, pues, la de establecer un modelo de conducta general y objetivo que sirva para delimitar la diligencia con que el fiduciario debe llevar a cabo la gestión encomendada en virtud de la específica finalidad a la que hayan quedado afectados los bienes fideicomitidos y de las circunstancias particulares del caso concreto[145].

En todo caso, una revisión con mayor detenimiento de esta cuestión muestra que en el numeral 1 del artículo 1234 del CCo, en concordancia con los artículos 1226 y 1243 *ibidem*, el concepto de diligencia se encuentra inserto en una oración gramatical que tiene otros dos componentes: el primero es la referencia a una actividad, consistente en administrar y/o enajenar los bienes fideicomitidos para cumplir con ellos la finalidad establecida por el fideicomitente en el acto constitutivo, cuyo sujeto es el fiduciario y en cuya realización dicho fiduciario debe emplear la diligencia. Es decir, el contenido del deber de diligencia impuesto al fiduciario debe valorarse teniendo en cuenta que la diligencia, como expresión positiva de la culpa, se halla dirigida, en específico, al cumplimiento de la finalidad a la cual se encuentran afectados los bienes fideicomitidos. Por consiguiente, si la diligencia debe ser técnicamente adecuada al cumplimiento como resultado material, ello significa entonces que la diligencia debe calificarse como debida.

Sea lo que fuere, esta adecuación técnica al resultado es decisiva para configurarla objetivamente como actividad o comportamiento del fiduciario, y no como esfuerzo o predisposición, como de manera equivocada lo ha planteado algún sector de la doctrina y de la jurisprudencia y como lo preconizan las propias sociedades fiduciarias. Esto es así porque, tratándose de los negocios fiduciarios tralaticios y no traslaticios del derecho de dominio, la configuración subjetiva de la diligencia es inadecuada para satisfacer la referencia a tal actividad cuando con ella se pretende señalar algo que debe poner el fiduciario con miras a la consecución de la finalidad

---

145 Guillermo Guerra Martín. *El gobierno de las sociedades cotizadas estadounidenses*, Pamplona, Thomson-Reuters Aranzadi, 2003, p. 424.

a la que se encuentran afectados los bienes fideicomitidos. Dicho de otro modo, la noción de esfuerzo o interés del fiduciario respecto de la concreta actividad constitutiva de la finalidad a la que se encuentran afectados los bienes fideicomitidos es inadecuada en la medida en que la cualidad subjetiva que se pretende aplicar a la actividad es incongruente con esta. Interés y cuidado son términos que describen solo una postura interna del fiduciario.

Como se verá luego, en los negocios fiduciarios tralaticios y no traslaticios del derecho de dominio, la diligencia desempeña una doble función con respecto a la actividad jurídicamente calificada: promover su existencia, lo que exige aptitud para provocar la consecución de la finalidad a la que se encuentran afectados los bienes fideicomitidos, o bien integrar su contenido, lo que exige aptitud para la identificación. Siguiendo lo dicho por Badosa Coll,

> es evidente que la positiva predisposición de ánimo del deudor no puede satisfacer ninguna de ambas exigencias, porque se centra en su persona en lugar de ponerse en el punto de vista de la actividad a la que la diligencia se refiere. La diligencia subjetiva nos indica que el deudor quiso realizar la actividad en la forma prescrita, pero calla sobre los actos concretos que ha desarrollado y, por tanto, sobre si tal postura favorable se tradujo en una conducta materialmente apta para la realización o identificación, o, por el contrario, en un comportamiento inadecuado para tales fines. Característica de la diligencia-esfuerzo es su abstracción respecto del resultado material [...] Tanto la conducta como el interés satisfacen la exigencia de la diligencia subjetiva, pero solo en el primer caso se habrá puesto en práctica la diligencia requerida por la actividad de la que se predica. Es decir, solo en el primer caso se habrá tenido en cuenta que la diligencia, aunque tiene como sujeto el (sic) deudor, tiene como punto de referencia una actividad determinada y que, por tanto, ha de cumplir el requisito esencial de adecuación material a la misma (sic). Requisito que solamente puede afirmarse o negarse de una conducta apreciable en el mundo de los hechos y no de una simple posición psicológica[146].

El segundo componente en relación con el cual se presenta la diligencia en los artículos 1234, numeral 1, y 1243 del Código de Comercio está dado por el modelo abstracto de comportamiento con arreglo al cual debe ejecutarse la diligencia que ha de emplear el fiduciario en la actividad de gestión que se le encomienda[147]. Dicho modelo es el del artífice o profesional, que se

---

146 Ferrán Badosa Coll. *La diligencia y la culpa del deudor en la obligación civil*, cit., pp. 39 a 40.

147 Sobre este particular, conviene llamar la atención con respecto a que, "si bien desde un punto de vista técnico la diligencia se define únicamente por su adecuación material a la función que

requiere con miras a atribuirle a la diligencia su carácter de jurídicamente debida, en la medida en que supone predeterminarla respecto del fiduciario en su condición de deudor de la prestación fiduciaria; de esta manera se elimina su total discrecionalidad. El modelo "hace de la diligencia algo que le viene dado sin que pueda modificarlo"[148]. La concreción del modelo de conducta que el fiduciario debe observar en el cumplimiento de la gestión encomendada solo se puede realizar teniendo en cuenta la finalidad a la que se encuentran afectados los bienes fideicomitidos según el negocio fiduciario de que se trate.

El dato que proporciona el modelo del *artifex* es que la diligencia es un mero esquema o indicación de conducta que se debe integrar en función del propio modelo. Es decir, el modelo que integra la diligencia del fiduciario es el que señala el contenido que en cada caso concreto esta (la diligencia) tiene, y, por ende, de ello depende la identificación de los diversos intereses involucrados que exigen ser protegidos a partir del ejercicio de las correspondientes acciones de responsabilidad civil[149].

Resumiendo lo dicho, se tiene que, en el numeral 1 del artículo 1234 del CCo, el primero de los elementos de la culpa contractual es la infracción de la diligencia exigida por la ley, la cual está referida no solo a la concreta

---

se le exige, desde el punto de vista jurídico concurre un segundo requisito: el de que tales actos técnicamente adecuados, encajen en el modelo de conducta propuesto con carácter vinculante. De tal modo que no puede hablarse de diligencia en sentido jurídico, cuando los actos sean técnicamente adecuados pero no correspondientes al nivel de exigencia (legal o convencional)". (Ferrán Badosa Coll. *La diligencia y la culpa del deudor en la obligación civil*, cit., pp. 53 a 54).

148 *Ibid.*, p. 60.

149 Como lo sostiene Pablo Rodríguez Grez, no es posible ser negligente, descuidado o desatento sino en relación con el comportamiento de una persona en cierto grado diligente, cuidadosa o atenta; por consiguiente, la culpa siempre será un concepto comparativo al cual solo se puede llegar a partir de un patrón de comportamiento previamente configurado, de manera entonces que la cuestión se remite a fijar cuál es el comportamiento que debe observar el deudor, para inferir de ello el comportamiento transgresor. Dicho de otro modo, todos los elementos que integran el concepto de diligencia apuntan a valorar la idoneidad de una conducta con miras a la consecución o no de un determinado resultado. El juicio de diligencia asume como contenido dicha conducta, valora los obstáculos que a esta se presentan y que el esfuerzo diligente debe tender a superar. La afirmación o negación del juicio de diligencia no depende de si el resultado perseguido se consiguió o no, sino de la medida empleada para valorar la idoneidad de la conducta que lo persigue. (Pablo Rodríguez Grez. "Apreciación de la culpa en materia civil", *Revista Chilena de Derecho Privado*, n.º 2, julio-diciembre, Santiago de Chile, Universidad Diego Portales, 2004, pp. 95 a 106). *Cfr.* Francisco Jordano Fraga. *La responsabilidad contractual*, 1.ª ed., Madrid, Civitas, 1987, p. 119.

actividad que le corresponde llevar a cabo al fiduciario, sino también a un modelo abstracto de comportamiento. Esta diligencia —que debe calificarse como debida— no tiene carácter subjetivo, esto es, no se puede entender como falta de esfuerzo o atención, sino que tiene carácter objetivo. Ese elemento objetivo de la culpa obligacional del fiduciario está constituido por la no puesta en práctica de la regla de conducta impuesta con carácter jurídicamente exigible para el cumplimiento de la prestación fiduciaria[150].

Por lo pronto, el análisis se centrará en uno de los componentes de la oración gramatical en la que se encuentra inserto el concepto de diligencia: el relacionado con la actividad de gestión que se le confía al fiduciario. Se deja para más adelante el análisis del modelo con arreglo al cual debe ejecutarse la diligencia.

1. EL CONTENIDO DEL DEBER DE DILIGENCIA DEPENDE DE LA FINALIDAD A LA QUE SE ENCUENTRAN AFECTADOS LOS BIENES FIDEICOMITIDOS

El carácter genérico de la fórmula utilizada por el legislador patrio en el numeral 1 del artículo 1234 del CCo para establecer el grado de diligencia exigible a las sociedades fiduciarias en sus actuaciones en calidad de fiduciarios conlleva que la concreción del modelo de conducta que tales entes deben observar en el desempeño de la gestión encomendada solo pueda realizarse teniendo en cuenta la finalidad a la que quedan afectados los bienes fideicomitidos, la cual dependerá de la causa que indujo a la celebración del negocio fiduciario de que se trate. En todo caso, puede decirse que el contenido del deber de diligencia impuesto a las sociedades fiduciarias en sus actuaciones en calidad de fiduciarios está integrado, básicamente, por el parámetro de la *lex artis*. No obstante, la referencia a la *lex artis* exige establecer previamente la relación existente entre la diligencia y el modelo al cual debe ajustar su conducta el fiduciario.

---

150 Lo expuesto en manera alguna significa que la nota de la involuntariedad haya sido eliminada del concepto de culpa, pues, en verdad, la especificidad del elemento subjetivo continúa siendo esencial en la culpa, por ser el único modo de diferenciarla del dolo. *Cfr. Ibid.*

2. LA DILIGENCIA CUMPLE UNA FUNCIÓN EMINENTEMENTE INTEGRADORA DE LA PRESTACIÓN FIDUCIARIA

En los negocios fiduciarios traslaticios y no traslaticios del derecho de dominio y, en particular, en el aspecto relacionado con la actividad de gestión confiada al fiduciario, desde el punto de vista material, la diligencia cumple una función eminentemente integradora de la prestación fiduciaria respecto de la actividad de gestión confiada al fiduciario, vale decir, designa el modo como dicha actividad debe llevarse a cabo y, en concreto, actúa como criterio determinante del exacto cumplimiento (o de su falta) de la gestión confiada al fiduciario, habida cuenta de que, por definición legal, el objeto de la relación fiduciaria[151] o relación jurídica siempre radica en una actividad material del fiduciario, cual es la prestación de un servicio[152] consistente en administrar y/o enajenar los bienes fideicomitidos.

O sea, entonces, que el servicio es el objeto material de la conducta debida: administrar y/o enajenar los bienes fideicomitidos[153] de cara al

---

151 La cuestión relativa a la determinación del objeto de la fiducia mercantil y de los encargos fiduciarios no es, en absoluto, pacífica, fundamentalmente si se tiene en cuenta que la identificación que hace el ordenamiento jurídico con la obligación resulta ser poco afortunada. A este respecto, Carlos Lasarte Álvarez enseña que "*[h]oy día, resulta generalmente aceptado que, en sí mismos considerados, las cosas y los servicios no representan el objeto de la obligación, sino el contenido o el objeto de la actividad o del comportamiento prometido por el deudor. Con pretensiones puramente nemotécnicas, puede afirmarse entonces que las cosas y los servicios constituyen el objeto inmediato de la prestación y, por tanto, el objeto mediato de la obligación*". (Carlos Lasarte Álvarez. *Principios de derecho civil*, vol. II, *Derecho de obligaciones*, 3.ª ed. Madrid, Trivium, 1995, p. 71). A su turno, Manuel Albaladejo García expresa que "la prestación es el contenido u objeto [...] de la obligación y está constituida por la conducta en cuya observancia estriba el deber del obligado" (Manuel Albaladejo García. *Derecho civil II. Derecho de obligaciones*, 12.ª ed., Madrid, Ed. Edisofer, 2004, p. 18). De esta suerte, el comportamiento prometido es lo que demanda el fideicomitente —y, en su caso, el beneficiario— del fiduciario, y este el recíproco de aquel, completando así el intercambio propio del negocio jurídico que pretenden. El hacer que el fiduciario emprende al contratar busca ineludiblemente satisfacer al beneficiario.

152 En una acepción amplia, el término "servicio" se utiliza aquí para hacer referencia al objeto de la obligación de hacer que asume el fiduciario y para contraponerlo al término "cosa".

153 Conforme a las voces del artículo 1502 del Código Civil, todo contrato requiere de un objeto cierto que sea materia de este. Esta idea la complementan los artículos 1517 y 1518 *ibidem*, en los que se señala que objeto del contrato pueden ser una o más cosas, aun las futuras, que no estén fuera del comercio, que una parte se obliga a dar, hacer o no hacer. En todo caso, en el concepto de cosas se incluyen también los servicios. Así, entonces, tratándose de negocios fiduciarios traslaticios y no traslaticios de dominio, su objeto lo constituye el servicio que

cumplimiento de una finalidad señalada por el fideicomitente en el acto constitutivo. Desde esta perspectiva, se debe volver sobre lo dicho en otro lugar en el sentido de que los negocios fiduciarios traslaticios y no traslaticios de dominio son contratos de prestación de servicios, en el sentido amplio del término; entonces, y por este aspecto, los contratos fiduciarios son contratos de actividad[154], de suerte que las obligaciones a cargo del fiduciario tienen por contenido un *facere* diligente de carácter técnico en atención a su condición de profesional en la prestación de servicios financieros[155].

Así las cosas, la actividad se convierte en el objeto de la diligencia al indicar que el fiduciario debe emplearla de cara al cumplimiento de la finalidad a la cual se encuentran afectados los bienes fideicomitidos, o, *contrario sensu*, la diligencia forma parte de la propia actividad del fiduciario, de manera entonces que la diligencia es ella misma una actividad porque así lo exigen las funciones materiales que desempeña.

Por otra parte, dado que la actividad de gestión confiada al fiduciario aparece formulada como jurídicamente debida, ello supone la perspectiva de una realización futura. De ello resulta que la diligencia constituye una cualidad o característica de la actividad de gestión confiada al fiduciario, jurídicamente exigible, de manera entonces que aquella (la diligencia) se predica de esta (la actividad). En concreto, la actividad se convierte en ob-

---

el fiduciario debe prestar. Por su parte, el objeto de la obligación nacida del contrato es una determinada conducta, denominada prestación fiduciaria, que el fiduciario deberá desarrollar respecto de los bienes fideicomitidos de cara al cumplimiento de la finalidad establecida por el constituyente, incluso hasta el agotamiento de dichos bienes. Por ser una conducta, el objeto de la relación jurídica fiduciaria coincide con el objeto de la prestación que debe ejecutar el fiduciario y que puede reclamar el beneficiario como consecuencia de la relación obligatoria derivada del negocio fiduciario. Y si el objeto de todo negocio fiduciario lo constituye, pues, el servicio que el fiduciario debe prestar, consistente en la administración y/o enajenación de los bienes fideicomitidos de cara al cumplimiento de la finalidad establecida a favor del beneficiario, entonces es incuestionable que no se puede confundir el objeto del negocio fiduciario con la(s) cosa(s) que se transfiere(n) o que se entrega(n) ora a título de fiducia mercantil, ora a título de encargo fiduciario.

154 Conforme a lo dispuesto por los artículos 1226 y 1234 del CCo, en el cumplimiento de la finalidad a la que se encuentran afectados los bienes fideicomitidos, el fiduciario debe sujetarse a las instrucciones impartidas por el fideicomitente en el acto constitutivo, salvo que se le haya autorizado para actuar del modo que más conveniente le parezca. De esta manera, a la luz del ordenamiento jurídico patrio, el fiduciario se encuentra sujeto a la dirección técnica del fideicomitente.

155 Tal es la razón para que, en la estructura del sector financiero colombiano, a las sociedades fiduciarias se las ubique en la especie de las sociedades de servicios financieros.

jeto de la diligencia al indicar que el fiduciario debe emplearla con ocasión del cumplimiento de la finalidad a la que se encuentran afectados los bienes fideicomitidos.

Esta diligencia en la realización de todos los actos necesarios para la consecución de la finalidad a la cual se encuentran afectados los bienes fideicomitidos no solo es una conducta que se predica del fiduciario, sino que, además, está cualificada por la nota de la aptitud material para administrar y/o enajenar los bienes fideicomitidos conforme a las instrucciones contenidas en el acto constitutivo del negocio fiduciario. El régimen jurídico del contrato de fiducia mercantil consagrado en el Código de Comercio —aplicable por analogía y en lo pertinente a los encargos fiduciarios y a la fiducia pública— exige esta connotación de la aptitud material de la diligencia respecto de la gestión encomendada al fiduciario[156]. El dato que le atribuye valoración objetiva a la diligencia-conducta es su idoneidad técnica con respecto a la realización de todos los actos necesarios para cumplir la finalidad señalada por el fideicomitente en el acto constitutivo, es decir, ha de ser adecuada o idónea. Esta idoneidad o adecuación como característica de la conducta es ajena a la voluntad del fiduciario y "es susceptible de ser apreciada por cualquier observador. De ahí la objetividad que confiere la diligencia"[157]. Se reitera: el régimen jurídico del contrato de fiducia mercantil consagrado en el Código de Comercio —aplicable por analogía y en lo pertinente a los encargos fiduciarios y a la fiducia pública— exige esta connotación de la aptitud material de la diligencia respecto de la gestión encomendada al fiduciario.

---

156 En el Código de Comercio, el interés del fideicomitente y del beneficiario —pero, sobre todo, de este último— en relación con la diligencia prima sobre el interés del fiduciario en esta. La noción de deber está institucionalmente vinculada al interés de aquel frente al cual se debe, esto es, al beneficiario y al fideicomitente, no al de aquel que debe, esto es, al fiduciario, porque solo el beneficiario o el fideicomitente, según el caso, recibe el efecto propio de la observancia del deber, mientras que el fiduciario solo obtiene de su observancia la evitación del perjuicio genérico (indemnización) que sanciona la infracción. De manera entonces que, si en el Código de Comercio se da preferencia al interés del beneficiario o del fideicomitente, según el caso, ello impone construir materialmente la diligencia de acuerdo con dicho interés prevalente. Es decir, como diligencia tendencialmente eficaz en su función integradora de la prestación fiduciaria, excluyendo la diligencia-esfuerzo o atención. *Cfr.* Ferrán Badosa Coll. *La diligencia y la culpa del deudor en la obligación civil*, cit., p. 64.

157 Ferrán Badosa Coll. *La diligencia y la culpa del deudor en la obligación civil*, cit., p. 63.

A este respecto, resulta ilustrativo el pronunciamiento contenido en el Laudo arbitral del 19 de julio de 2000, proferido con ocasión de las controversias surgidas entre BASF Química Colombiana S. A. y otros y Sociedad Fiduciaria Anglo S. A.[158] relacionadas con la celebración y ejecución de un contrato de fiducia mercantil de garantía. En dicho laudo los árbitros, a partir del análisis de las disposiciones legales y administrativas que regulan la actividad fiduciaria y de establecer cuáles fueron las obligaciones que en el caso concreto asumió la sociedad fiduciaria, concluyeron que en el ámbito de los negocios fiduciarios en general y, de manera particular, en la fiducia de garantía, no resultaba factible soslayar,

> por obvias, ciertas verdades fundamentales que subyacen en el fondo mismo de cada uno de ellos, y que incluso constituyen buena parte de su razón de ser. En primer término, la circunstancia elemental de que la fiduciaria no es un simple espectador del contrato o un policía simbólico y silencioso de los bienes fideicomitidos al que apenas le compete recibirlos del fideicomitente como vienen y sin reparo posible, para conservarlos en buen estado, expedir certificados de garantía a favor de los acreedores y por los valores indicados por el fideicomitente y, finalmente, proceder a su realización o venta, a solicitud de esos acreedores. [...] Porque si ese fuera el caso, de seguro el legislador no habría sido tan celoso en la exigencia perentoria de requisitos y condiciones para que una persona jurídica pueda ostentar entre nosotros la calidad de fiduciario, o acaso no habría incluido esta especie contractual dentro de las modalidades de la fiducia mercantil. [...] Por esa razón, para este tribunal es evidente[,] como lo ha sido para otros en los últimos tiempos, que la fiducia mercantil dista mucho de ser una mera canonjía instituida por el legislador en provecho de los establecimientos de crédito y las sociedades fiduciarias, o apenas la suma de unas tareas intranscendentes y puramente mecánicas. [...] La verdad es muy otra: las sociedades fiduciarias son, por definición, personas a las que la ley les exige reunir unas condiciones muy estrictas, precisamente en razón del carácter de las tareas que les corresponde cumplir y del muy elevado grado de confianza pública que, estas comportan. Ahora bien, ese carácter especial de las tareas a su cargo no se predica tanto de la complejidad intrínseca de las actividades que desarrolla la fiduciaria, cuanto de la manera particularmente celosa y profesional en que debe hacerlo. [...] Ello explica el hecho de que, al señalar los deberes concretos que tiene a su cargo el fiduciario, la ley destaque, perentoriamente y en primer término, el de la diligencia, como común denominador de la realización de todos los actos atinentes a la consecución de la finalidad de la fiducia. Y da lugar, entonces, a que el

---

158 Laudo arbitral 19 de julio de 2000, que resolvió las controversias entre BASF Química Colombiana S. A. y otros y Fiduanglo S. A.

> juzgamiento de la conducta contractual de la fiduciaria deba hacerse sobre la base de indagar si el cumplimiento de sus distintas obligaciones estuvo o no presidido por esa debida diligencia [...] Esa indagación permitirá saber si el fiduciario incurrió o no en alguno de los dos grados superiores de la culpa contractual, la grave o la leve, y si, en caso afirmativo, hay lugar a hablar de una responsabilidad en cabeza suya.

En coherencia con lo que se ha expuesto, es necesario volver sobre lo dicho en otro lugar con respecto a que la exoneración del fiduciario no podría estar dada —como ha venido sucediendo— por la demostración de que puso todo su interés en la consecución de la finalidad a la que se encontraban afectados los bienes fideicomitidos (diligencia-esfuerzo), sino por la demostración de haber realizado una actividad adecuada desde el punto de vista técnico a la satisfacción del interés del beneficiario, que devino ineficaz por motivos ajenos a su voluntad (diligencia-actividad). O, dicho de otra manera, habida consideración de que el contenido del deber de diligencia impuesto al fiduciario debe valorarse teniendo en cuenta que la diligencia, como expresión positiva de la culpa, se halla dirigida en específico al cumplimiento de la finalidad a la cual se encuentran afectados los bienes fideicomitidos, entonces la diligencia que pesa sobre el fiduciario (en los términos de los artículos 1234, numeral 1, y 1243 del CCo) debe ser técnicamente adecuada al cumplimiento como resultado material. Y es justo esta adecuación técnica al resultado la que permite configurarla de manera objetiva como actividad o comportamiento del fiduciario, y no como esfuerzo o predisposición, porque la adecuación a un resultado material solo puede predicarse de un comportamiento.

No se puede, pues, confundir la obligación de diligencia que pesa sobre el fiduciario (en los términos de los artículos 1234, numeral 1, y 1243 del CCo) con el simple esfuerzo o tensión del ánimo o interés por cumplir, ni menos aun se puede medir en sus propias posibilidades. Dicho de otra manera, el hecho de que el fundamento de la responsabilidad civil del fiduciario sea la negligencia (culpa) no significa que el grado de esfuerzo del fiduciario para cumplir con la gestión que le ha sido encomendada se mida en sus propias posibilidades.

La diligencia exigible al fiduciario se corresponde con el mismo paradigma de referencia y tiene el mismo alcance que en el ámbito de la teoría de la responsabilidad subjetiva del derecho romano. Vale decir que la responsabilidad del fiduciario deriva no solo del incumplimiento de la obligación de diligencia común, sino también y fundamentalmente del incumplimiento de la calificada por Voci como obligación de exacta diligencia, la cual se caracterizó por imponerle al deudor una mayor carga. Desde esta perspectiva, no se remite a discusión que el criterio en el que se basa la responsabilidad por culpa —esto es, la diligencia— no es subjetivo, sino que es objetivo y riguroso, razón por la cual no se puede desconocer la exigencia fundamental de la tutela de los intereses del beneficiario, como tampoco de la confianza del público en el sistema financiero[159].

Como consecuencia de esta concepción que ha sido planteada alrededor de la diligencia, se tiene que la culpa del fiduciario

---

159 Hay que recordar que, en Colombia, la celebración de negocios fiduciarios traslaticios y no traslaticios de dominio actuando en calidad de fiduciario es una actividad profesional que se encuentra reservada con carácter exclusivo y excluyente a las sociedades fiduciarias que cuenten con el correspondiente certificado de autorización expedido por la hoy Superintendencia Financiera de Colombia, organismo encargado de su inspección, vigilancia y control. La asignación de esta supervisión a la Superintendencia se sustenta en el hecho de que las sociedades fiduciarias desarrollan de manera profesional y especializada una actividad que se encuentra directamente relacionada con la intermediación financiera y el mercado de capitales, y bien se sabe que los artículos 189, numeral 24, y 335 de la CP le atribuyen al Gobierno nacional la facultad de ejercer la intervención en las actividades financiera, bursátil y aseguradora, y cualquier otra relacionada con la captación de recursos del público. De manera entonces que, a pesar de las actividades constitutivas del objeto social de las instituciones financieras, lo cierto es que tales actividades se encuentran sujetas al derecho público económico, y quienes se dedican a ellas se catalogan como comerciantes "especiales" sujetos a unos estatutos especiales o excepcionales, circunstancia de la que se deriva una fuente no despreciable de limitaciones para el ejercicio de la libertad de empresa, las cuales explican por qué la constitución de las instituciones financieras, la calificación de quienes pueden ser sus asociados y administradores y, en fin, la determinación de las actividades constitutivas del objeto social son cuestiones reguladas por preceptos de derecho público alrededor de una técnica autorizatoria de características muy especiales. En este esquema general, la responsabilidad de las instituciones financieras en general y, en particular, de las sociedades fiduciarias, es, sin lugar a duda, una responsabilidad que compromete el orden público económico. Este aspecto, del que se ha venido hablando, entre otros, permite explicar que de las sociedades fiduciarias, en sus actuaciones profesionales en calidad de fiduciarios, se espera la más absoluta honestidad y corrección en el cumplimiento de la finalidad establecida por el fideicomitente a favor del beneficiario, no en vano en la actualidad los negocios fiduciarios traslaticios y no traslaticios de dominio constituyen vehículos o instrumentos comúnmente utilizados para el desarrollo de la actividad económico-patrimonial del fideicomitente, en la medida en que el profesional fiduciario puede cumplir de manera eficaz con los fines y las iniciativas económicas buscadas por aquel. En la generalidad de los casos, los negocios fiduciarios traslaticios y no traslaticios de dominio son el resultado de un encargo realizado con el propósito de ampliar y extender, por medio de la gestión de la sociedad fiduciaria, la posibilidad de realizar actos jurídicos actuando en nombre y por cuenta del patrimonio autónomo, si de fiducia mercantil se trata, o actuando en nombre y por cuenta del fideicomitente, si de encargo fiduciario o fiducia pública se trata.

> es, ante todo, la infracción de esta diligencia técnicamente adecuada al cumplimiento, perdiéndose así su connotación subjetiva, ya que lo infringido es un deber jurídico de conducta y no un deber de esfuerzo. Hasta tal punto que, si efectivamente ha existido por parte del deudor esfuerzo o tensión de voluntad hacia el cumplimiento, pero sin que este se haya traducido en un comportamiento técnicamente adecuado, por muy intensos que aquellos hayan sido, seguirá existiendo culpa[160].

Es decir, tratándose de la contratación fiduciaria, el ordenamiento jurídico colombiano concibe una culpa del fiduciario configurada de manera objetiva. Esta connotación objetiva de la culpa arranca de la diligencia infringida por el fiduciario, que no solo es jurídicamente exigida —en atención a la naturaleza jurídica de interés público que desde el punto de vista constitucional le corresponde a la actividad profesional de las sociedades fiduciarias y, por ende, a la repercusión frente a la confianza del público en el sistema financiero—, sino materialmente adecuada tanto al cumplimiento de la finalidad a la cual se encuentran afectados los bienes fideicomitidos —como resultado final— como a las circunstancias en que dicha finalidad debe ser cumplida.

Esto significa que la diligencia adecuada materialmente al cumplimiento de la finalidad a la cual se encuentran afectados los bienes fideicomitidos no puede entenderse como una pura posición psicológica del fiduciario, sino como una(s) concreta(s) actividad(es) dirigida(s) al cumplimiento de dicha finalidad, idónea(s) para ello desde el punto de vista técnico. De ahí que la determinación de la infracción del deber de diligencia y de la consiguiente responsabilidad del fiduciario es una cuestión que ofrece una particular problemática en la práctica, habida cuenta de que, en esta materia, las sociedades fiduciarias suelen argumentar que actuaron de buena fe y con honestidad en el cumplimiento de la gestión encomendada.

Lo que se pretende por medio de esta clase de argumentaciones es, entonces, estructurar una especie de causal exonerativa de responsabilidad. Por contera, se busca evitar o impedir que, en la posterior valoración de las actuaciones efectuadas de cara al cumplimiento de la finalidad a la que se encuentran afectados los bienes fideicomitidos, el juicio de oportunidad realizado por la fiduciaria pueda ser sustituido por el juicio de oportunidad que lleve a cabo el operador jurídico que revise dicha conducta con miras a establecer si esta conlleva o no una violación al deber de diligencia.

---

160 Ferrán Badosa Coll. *La diligencia y la culpa del deudor en la obligación civil*, cit., p. 687.

Esta clase de argumentaciones deben desecharse, pues se sustentan en una supuesta buena fe de carácter subjetivo, cuando la verdad es que desde el momento mismo en que la diligencia se integra a la actividad de gestión del fiduciario para formar parte de ella debe necesariamente manifestarse en actos que permitan reconocer o identificar dicha diligencia. Con este concepto restringido y objetivo de la diligencia se amplía el de la culpa. Si la infracción de la diligencia es "adecuada", será culpa no solo la abstención del fiduciario, sino también la realización de un comportamiento inadecuado para el cumplimiento de la gestión encomendada (impericia).

Dicho de otro modo, la culpa del fiduciario será, ante todo, la infracción de la diligencia técnicamente adecuada al cumplimiento de la finalidad a la cual se encuentran afectados los bienes fideicomitidos; de esta manera, su connotación subjetiva se pierde, ya que lo que infringe el fiduciario es un deber jurídico de conducta, y no un deber de esfuerzo. De ahí que, aunque el fiduciario se haya esforzado por cumplir (esto es, por realizar los actos necesarios para la consecución de la finalidad a la que se encuentran afectados los bienes fideicomitidos), si esa voluntad de cumplir no se traduce en un comportamiento técnicamente adecuado para el logro de tales objetivos, por muy intensos que hayan sido sus esfuerzos, subsistirá la culpa del fiduciario.

Este criterio abstracto de la diligencia del que se ha venido hablando implica que esta será más o menos extraordinaria, dependiendo de la finalidad a la cual se encuentren afectados los bienes fideicomitidos, conforme a lo previsto para tal efecto por el fideicomitente en el acto constitutivo. La recta inteligencia de lo dispuesto por los artículos 1226, 1234 (numeral 1) y 1243 del CCo, en armonía con los artículos 78 y 335 de la Carta Política (CP)[161]; 46 (letras a) y b)) del Estatuto Orgánico del Sistema Financiero (EOSF)[162]; 3.º (letra a)), 5.º y 7.º (letra b)) de la Ley 1328 de 2009[163]; y 7.º (inciso 2.º) de la Ley 1480 de 2011[164], así como con las instrucciones impartidas por

---

161 Constitución Política (1991). Constitución Política de la República de Colombia. Disponible en http://secretariasenado.gov.co/senado/basedoc/constitucion_politica_1991.html

162 Presidencia de la República de Colombia. Decreto Ley 663 de 1993. Estatuto Orgánico del Sistema Financiero. *D. O.* 40820 del 5 de abril de 1993. Disponible en http://www.secretariasenado.gov.co/senado/basedoc/estatuto_organico_sistema_financiero.html

163 Congreso de Colombia. Ley 1328 de 2009. Por la cual se dictan normas en materia financiera, de seguros, del mercado de valores y otras disposiciones. *D. O.* 47411 del 15 de julio de 2009. Disponible en http://www.secretariasenado.gov.co/senado/basedoc/ley_1328_2009.html

164 Congreso de Colombia. Ley 1480 de 2011. Por medio de la cual se expide el Estatuto del

la Superintendencia Financiera en materia de control interno y de riesgo operativo[165], exige, en procura de su eficacia, que exista una correspondencia material o adecuación material de la diligencia con respecto a la actividad de gestión, que viene postulada por la función integradora que por exigencia legal desempeña.

A lo anterior es preciso agregar que, como la obligación a cargo del fiduciario de administrar y/o enajenar los bienes fideicomitidos de cara al cumplimiento de la finalidad establecida por el fideicomitente en el acto constitutivo es una obligación de hacer, la diligencia con que dicha obligación ha de cumplirse tiene relevancia jurídica por sí misma, esto es, debe realizarse, pues lo contrario supone la violación de un deber jurídico y la correspondiente sanción. Así, la diligencia se erige en un criterio determinante de la responsabilidad civil del fiduciario, lo que explica la necesidad de considerar la impericia en el ámbito del incumplimiento, atendiendo a su condición de profesional en la prestación de servicios financieros.

En el anterior orden de ideas, considerando que la actividad fiduciaria en Colombia es una actividad de interés público que se desarrolla bajo el

---

Consumidor y se dictan otras disposiciones. *D. O.* 48220 del 12 de octubre de 2011. Disponible en http://www.secretariasenado.gov.co/senado/basedoc/ley_1480_2011.html

165 El capítulo XIII de la Circular Básica Contable y Financiera define el riesgo operativo como "la posibilidad de incurrir en pérdidas por deficiencias, fallas o inadecuaciones, en el recurso humano, los procesos, la tecnología, la infraestructura o por la ocurrencia de acontecimientos externos. Esta definición incluye el riesgo legal y reputacional, asociados a tales factores". (Superintendencia Financiera. Circular Básica Jurídica (C. E. O29/14)). Para estos efectos, los factores de riesgo —esto es, las fuentes generadoras de riesgos operativos que pueden o no generar pérdidas— se clasifican en internos y externos. Entre los factores de riesgo internos están el recurso humano (conjunto de personas vinculadas directa o indirectamente con la ejecución de los procesos de la entidad), los procesos, la tecnología y la infraestructura. Entre los externos se tienen todas aquellas situaciones asociadas con la fuerza de la naturaleza u ocasionadas por terceros, que escapan en cuanto a su causa y origen al control de la entidad (*casus*). Con base en estos factores, deben identificarse los riesgos operativos a que se ve expuesta la respectiva entidad. Así, tratándose de sociedades fiduciarias, la identificación de los riesgos operativos depende del portafolio de productos y servicios que ofrece cada una al mercado y, sobre todo, de la finalidad a la que estarán afectados los bienes fideicomitidos. Una vez identificados los riesgos, debe procederse a su medición, esto es, a determinar la probabilidad de su ocurrencia y a cuantificar su impacto en caso de materializarse. Del mismo modo, deben adoptarse medidas para controlar los riesgos inherentes a que se ve expuesta la entidad, con el fin de disminuir la probabilidad de su ocurrencia y/o su impacto en caso de materializarse. Por lo demás, el Sistema de Administración del Riesgo Operativo obliga a adoptar o establecer políticas, objetivos, procedimientos y estructura, los cuales deben estar alineados con los planes estratégicos de la respectiva entidad.

control y la vigilancia del Estado, el contenido y el alcance de la diligencia, así como el modo de llevarla a cabo, no pueden continuar siendo indiferentes para las sociedades fiduciarias ni para la Superintendencia Financiera, tampoco para los operadores jurídicos. Tanto unas como otros no pueden seguir empeñados en repetir sin cesar que, como las obligaciones del fiduciario son de medios y no de resultado, entonces les basta simplemente con poner su experiencia y conocimientos al servicio de la gestión que se les ha encomendado; por el contrario, unas y otros deben preocuparse más por la identificación material de la diligencia de cara a dictaminar con posterioridad sobre su realización o no realización. Aceptar sin reparo que las sociedades fiduciarias solo se obligan a poner su experiencia y conocimientos al servicio de la gestión que se les ha encomendado, sin garantizar su éxito, equivale a admitir la discrecionalidad absoluta de las sociedades fiduciarias en cuanto al contenido de la actividad fiduciaria y, por ende, a destruir el calificativo de jurídico que acompaña a dicha actividad.

3. EL TEMA DE LA DILIGENCIA EXIGIBLE AL FIDUCIARIO, COMO FUNDAMENTO DE SU RESPONSABILIDAD, SE FORMULA UTILIZANDO LA CONSTRUCCIÓN OBLIGACIONAL Y EMPLEANDO COMO CRITERIO DE SU FIJACIÓN EL DE LA *UTILITAS CONTRAHENTIUM*

En la contratación fiduciaria coexiste la doble función de la diligencia: (1) como criterio de cumplimiento de la obligación a cargo del fiduciario de administrar y/o enajenar los bienes fideicomitidos de cara a la consecución de la finalidad señalada por el fideicomitente en el acto constitutivo y (2) como causa exigible de tal cumplimiento. En el primer caso, lo integra, y en el segundo, lo provoca[166].

166 De acuerdo con este criterio de la *utilitas contrahentium*, la diligencia exigible en cada caso está en función del beneficio que proporciona al acreedor y al deudor la figura contractual de la cual nace la obligación. Esto se lleva a cabo teniendo en cuenta al destinatario de la utilidad institucional del contrato, que es la que se desprende del estricto funcionamiento de su causa negocial. *Cfr.* Ferrán Badosa Coll. *La diligencia y la culpa del deudor en la obligación civil*, cit., p. 110 y ss.

La jurisprudencia y la doctrina patrias coinciden en afirmar que en esta clase de negocios jurídicos el tema de la diligencia exigible al fiduciario, como fundamento de su responsabilidad, se formula utilizando la construcción obligacional y empleando como su criterio de fijación el de la *utilitas contrahentium*[167]. Así, la Corte Suprema de Justicia, en casación civil del 1.º de julio de 2009[168], refiriéndose a la responsabilidad profesional de las sociedades fiduciarias, expresó:

> [E]n el régimen de la responsabilidad negocial, imperan los principios de la *fides* y de la *utilitas*; el contenido de un negocio jurídico y, por tanto, de las obligaciones generadas, es un todo homogéneo, unitario, complejo y compuesto por el conjunto de sus elementos esenciales (*essentialia negotia*), naturales (*naturalia negotia*) o accidentales (*accidentalia negotia*)[;] tal como dispone el artículo 1501 del Código Civil y a la luz de los artículos 1602 y 1603 *ejusdem* y 871 del Código de Comercio, obliga a su cumplimiento de buena fe en todo cuanto le pertenece según su esencia, naturaleza, a lo expresamente pactado y a lo que le corresponde según la ley, la costumbre y la equidad; la libertad contractual, no es poder *ad libitum*, comporta un ejercicio serio, legítimo, responsable, evidentes cargas y deberes singularizados e intensificados en las situaciones o relaciones específicas del sujeto, exigibles en todas las fases del negocio[,] y el desarrollo de las profesiones está enmarcado en una función social relevante, en cuyo desarrollo se incorporan *ex eo naturaliter* las reglas explícitas reguladoras de la actividad profesional. [...] Naturalmente, la responsabilidad del fiduciario en el manejo del patrimonio autónomo está indisociablemente vinculada a su carácter de profesional especializado y a la confianza rectora de estos actos, conforme a la regulación normativa de su profesión y de este negocio jurídico.

A su turno, Rengifo García[169] razona diciendo que el sistema de responsabilidad consagrado en el artículo 1604 del CC

> se acomoda al contrato de fiducia, en donde existe un beneficio tanto para el fiduciario (el contrato es esencialmente remunerado) como para el fideicomitente que quiere que se realice un encargo en favor suyo o de un tercero [...]. Sin embargo, se ha sugerido que la responsabilidad del fiduciario debería ser mayor por cuanto

---

167 *Cfr.* Ferrán Badosa Coll. *La diligencia y la culpa del deudor en la obligación civil*, cit., p. 524 y ss.

168 Corte Suprema de Justicia. Sala de Casación Civil. Sentencia del 1.º de julio de 2009, Exp. 11001-3103-039-2000-00310-01, M. P.: William Namén Vargas.

169 Ernesto Rengifo García. *La fiducia mercantil y pública en Colombia*, 2.ª ed., Bogotá, Universidad Externado de Colombia, 2006, pp. 151 y 166.

> además de ser un ente profesional y especializado recibe una remuneración por la gestión encomendada. El fundamento normativo de este aumento de responsabilidad del fiduciario como gestor de negocios ajenos se encuentra en el mismo Código Civil [...]. En este orden de ideas, como el gestor de negocios ajenos en el contrato que se analiza es el fiduciario y por ser su actividad remunerada, su responsabilidad debería ir hasta la culpa levísima. Sin embargo, dicha solución estaría también en contravía del artículo 1604[,] que establece la responsabilidad por culpa levísima en aquellos contratos en que el deudor es el único que reporta beneficio; situación que no se da en el negocio fiduciario[,] en donde la *utilitas* es para ambas partes.

Sustentar el aumento de la responsabilidad del fiduciario en lo dispuesto por el artículo 2155 del CC no resulta de recibo, porque ello implica desconocer que, a voces de los artículos 1.º y 2.º del CCo, la ley civil, como fuente del derecho mercantil, solo tiene cabida en aquellas hipótesis en las que no hay norma comercial imperativa aplicable de manera directa o analógica a la situación controvertida. Y ello no ocurre en el presente caso, en el que existe una norma especial, como lo es el artículo 1243 del CCo, que es de aplicación preferente en atención a lo dispuesto por el numeral 7 del artículo 20 y por el artículo 2034 *ibidem*.

En criterio del suscrito, de acuerdo con lo dispuesto por el artículo 335 de la CP, en concordancia con los artículos 78 *ibidem*; 46, letras a) y b) del EOSF; 3.º, letra a), 5.º y 7.º letra b) de la Ley 1328 de 2009; y 7.º, inciso 2 de la Ley 1480 de 2011, así como con las instrucciones impartidas por la Superintendencia Financiera en materia de control interno y de administración del riesgo operativo, es incuestionable que la responsabilidad del fiduciario puede y debe ir hasta la culpa levísima. Pero ello no implica ir en contravía de lo dispuesto por el artículo 1604 del CC, pues la sección final de esta norma prevé la posibilidad de que las partes contratantes puedan modificar la responsabilidad del fiduciario para hacerla más gravosa o exigente "en aquellas situaciones en donde se recurre al gestor precisamente por su destreza y pericia"[170].

De otro lado, el carácter de profesional que se predica de las sociedades fiduciarias sujeta al operador jurídico "a una presunción de especial aptitud profesional [...] independientemente de que se tenga o no tal aptitud"[171]. En otras palabras, como se verá más adelante, la incorporación del modelo

---

170 *Ibid.*, p. 168.
171 *Ibid.*, p. 171.

del *artifex* a la contratación fiduciaria apunta a "elevar los requerimientos legales de diligencia en el obrar exigibles [...] al fiduciario"[172], y es este el criterio más estricto al estar también de por medio la confianza del público en el sistema financiero.

En el anterior orden de ideas, se coincide aquí con Rengifo García[173], quien señala:

> [E]l tema de la responsabilidad del fiduciario tal como está regulado positivamente clama y reclama un replanteamiento que no necesariamente tiene que expresarse en la ley, sino de manera previa en sedes doctrinal y judicial. Una interpretación histórica, sobre todo si se parte de la particular relación de confianza que se gesta con el negocio fiduciario, nos lleva a pensar que el aumento de la responsabilidad al fiduciario es una necesidad acorde con la finalidad práctica, jurídica y social que se busca con este tipo de negocios.

4. LA FALTA DE DILIGENCIA ES TANTO UN ACONTECIMIENTO MATERIAL COMO TAMBIÉN UNA INFRACCIÓN JURÍDICA

Puesto que la diligencia es una actividad jurídicamente exigible al fiduciario, la falta de diligencia es tanto un acontecimiento material como también una infracción jurídica. La diligencia, como elemento que integra la obligación del fiduciario, le impone el deber de verificar que los bienes fideicomitidos cuya propiedad se transfiere o cuya tenencia se entrega por parte del fideicomitente no solo tengan una existencia actual o futura posible, sino que además sean idóneos para cumplir la finalidad establecida por el fideicomitente en el acto constitutivo. La posibilidad de existencia futura de los bienes fideicomitidos debe medirla, en primer lugar, de acuerdo con criterios de orden físico y, en segundo lugar, acorde con la finalidad a la cual tales bienes habrán de quedar afectados.

Un ejemplo ayuda a ilustrar lo dicho. En el pasado, algunas sociedades fiduciarias diseñaron, estructuraron e implementaron sendos mecanismos de financiación de actividades económicas de interés particular o privado, los cuales contemplaban la celebración de contratos de fiducia mercantil

172 Ernesto Rengifo García. *La fiducia mercantil y pública en Colombia*, cit., p. 172.
173 *Ibid.*, p. 173.

con miras a posibilitar el recaudo y la administración de los recursos necesarios para el desarrollo de los proyectos empresariales en los que estaban interesados los respectivos fideicomitentes. El mecanismo de financiación estructurado por las mencionadas sociedades fiduciarias consideraba como uno de sus objetivos vincular entidades del Estado que tuvieran excedentes de liquidez para financiar los proyectos de interés de los fideicomitentes. Para estos efectos, se suscribieron unos documentos denominados oferta de cesión de derechos de beneficio con pacto de readquisición, en virtud de los cuales las respectivas entidades públicas se convirtieron en cesionarias, y, como contraprestación por la cesión, las entidades estatales disponían el giro del precio estipulado en cada oferta con destino a los patrimonios autónomos, de modo que los oferentes quedaban obligados a readquirir sus derechos en el término de doce meses por el mismo valor más una tasa de interés. Estas negociaciones se hicieron con la participación del fiduciario, quien además actuó como recipendario de las sumas de dinero constitutivas del precio. En la forma como fueron estructurados esos contratos de fiducia mercantil, la verdad sea dicha, las sociedades fiduciarias en cuestión obraron con culpa, máxime si se considera que, de acuerdo con las correspondientes estipulaciones contractuales, eran conocedoras de que a los patrimonios autónomos ingresarían recursos públicos, al punto que exigían que las entidades estatales mal llamadas inversionistas aportaran los respectivos certificados de "disponibilidad presupuestal", documento que solo aplica a obligaciones o compromisos asumidos con cargo a recursos públicos.

Como profesionales en la gestión de negocios ajenos, las sociedades fiduciarias saben que los llamados excedentes de tesorería de las entidades públicas están sujetos a un riguroso régimen de inversiones que no considera la posibilidad de realizar las operaciones de que aquí se trata. Desde el punto de vista jurídico y económico, la única verdad es que esas ofertas de cesión de derechos de beneficio con pacto de readquisición no tenían el carácter de valor en los términos de la Ley 964 de 2005[174] y, por ende, no gozaban de las características y prerrogativas propias de los títulos valores, razón por la

174 Congreso de Colombia. Ley 964 de 2005. Por la cual se dictan normas generales y se señalan en ellas los objetivos y criterios a los cuales debe sujetarse el Gobierno Nacional para regular las actividades de manejo, aprovechamiento e inversión de recursos captados del público que se efectúen mediante valores y se dictan otras disposiciones. *D. O.* 45963 del 8 de julio de 2005. Disponible en http://www.secretariasenado.gov.co/senado/basedoc/ley_0964_2005.html

cual no constituían una inversión permitida para las entidades públicas[175]. Adicionalmente, y esto es quizá lo más delicado de este asunto, las entidades estatales que fungieron como inversionistas beneficiarios entregaron sus excedentes de tesorería contando a lo sumo con una mera expectativa para su recuperación, como era que a los patrimonios autónomos ingresaran recursos en cantidad suficiente al "aporte" efectuado, evento que a su vez dependía de que las actividades empresariales que se estaban financiando por medio de este mecanismo se desarrollaran de manera satisfactoria y generaran las ganancias esperadas para ejercer el pacto de readquisición. De ahí que pueda concluirse que esas operaciones no contaban con la más mínima "garantía" a favor de las entidades públicas, que se limitaron a recibir como contraprestación de los dineros un "certificado de derechos de beneficio" expedido por la fiduciaria, el cual carecía de cualquier carácter vinculante para los fideicomitentes, amén de que no era oponible a la fiduciaria, toda vez que, de acuerdo con las cláusulas incluidas tanto en las ofertas como en los contratos de fiducia mercantil, la obligación de honrar la "inversión" se condicionaba a la disponibilidad de recursos en el patrimonio autónomo a la conclusión del término pactado, producto necesariamente del mismo éxito que la operación derivada del contrato cedido por el fideicomitente[176].

Así mismo, en el pasado se celebró un contrato de fiducia mercantil mediante la transferencia de un complejo hotelero levantado en terrenos de bajamar cuyo uso y disfrute le había otorgado la nación al fideicomitente. Previamente a la celebración del contrato de fiducia mercantil de marras, el complejo hotelero fue sometido al régimen de propiedad horizontal y algunas de las unidades resultantes de este fueron enajenadas a favor de terceros.

175 Como consecuencia de la celebración de estos contratos de fiducia mercantil, se iniciaron acciones de responsabilidad fiscal por parte de la Contraloría General de la Nación y acciones de responsabilidad penal, entre otros, por los punibles de peculado y celebración de contrato sin el cumplimiento de los requisitos legales.

176 *Cfr.* Corte Suprema de Justicia, Sala de Casación Penal. Sentencia del 13 de mayo de 2013, M. P.: José Leonidas Bustos. Por lo demás, en el caso examinado habrá entonces perpetuación de la obligación imposible, pues esta procede de culpa imputable al fiduciario, tal y como se desprende de la interpretación armónica y sistemática de los artículos 1226 y 1240, numeral 2, del Código de Comercio, en concordancia con los artículos 1234, numeral 1, y 1243 *ibidem*. Obviamente, ello no excluye la responsabilidad del fiduciario, quien, conociendo que, salvo en los casos de procesos de titularización estructurados con sujeción a las disposiciones del Decreto 2555 de 2010, los derechos fiduciarios de que es titular el fideicomitente no ostentan el carácter de valor (o debiendo conocer este hecho), aun así, permite o consiente en la venta a favor de entidades públicas de tales derechos fiduciarios.

Fue entonces la asamblea de copropietarios la que acordó su transferencia a título de fiducia mercantil con la finalidad de que el fiduciario garantizara el pago de obligaciones a cargo del fideicomitente y a favor de las entidades financieras. Como corresponde a esta especie de negocios fiduciarios, en caso de incumplimiento de las obligaciones garantizadas, el fiduciario debía proceder a la enajenación de los bienes fideicomitidos para pagar con su producto la(s) obligación(es) incumplid(as), así le restituía al fideicomitente cualquier remanente que quedare.

En el ejemplo propuesto, es incuestionable que el citado complejo hotelero no podía haberse sometido al régimen de la propiedad horizontal ni menos aún podía haberse transferido a título de fiducia mercantil a ninguna sociedad fiduciaria por encontrarse levantado en terrenos de bajamar propiedad de la nación. De esta suerte, la finalidad de garantía a la que se afectó el referido complejo hotelero no podía llevarse a cabo por parte de ninguna sociedad fiduciaria. De hecho, la responsabilidad de la respectiva entidad fiduciaria que convino en la celebración del contrato emerge de bulto, puesto que conocía o debía conocer que los terrenos en los que estaba levantado el complejo hotelero eran bienes de dominio público que debían revertirse a la nación en conjunto con todas sus mejoras y que, precisamente por su naturaleza, eran bienes inenajenables al tenor de la Carta Política.

5. EL ARTÍCULO 1234, NUMERAL 1, DEL CÓDIGO DE COMERCIO LE CONFIERE A LA DILIGENCIA LA EFICACIA JURÍDICA DE EXONERAR DE RESPONSABILIDAD AL FIDUCIARIO

Conforme a lo hasta aquí expuesto, es claro que en la contratación fiduciaria el cumplimiento de la diligencia debida no se puede considerar como causal de exoneración de daños, sino como la prueba del cumplimiento de la prestación fiduciaria debida, es decir, la diligencia cumple una función de elemento de prueba de la exoneración de responsabilidad del fiduciario en la medida en que la prueba de la diligencia excluye la responsabilidad por incumplimiento. La eficacia eximente de responsabilidad que conlleva la diligencia resulta, *a contrario sensu*, del hecho de que la culpa, que es su concepto negativo, actúa como fundamento de la responsabilidad. De ahí que el estudio de la responsabilidad del fiduciario deba considerar la culpa como hilo conductor.

Ahora bien, la mera negación de la diligencia impuesta al fiduciario no se puede calificar automáticamente de culpa[177]. La falta de diligencia solo permite constatar un hecho perceptible de manera objetiva, pero no ilustra acerca de cuáles pueden ser sus causas. Por ser la diligencia una actividad material, su omisión puede obedecer a causas extrañas (caso fortuito, fuerza mayor, hecho de un tercero, culpa de la víctima), a una conducta dolosa o a una conducta culposa.

Partiendo de la hipótesis de que el artículo 1243 del CCo le atribuye a la diligencia la eficacia jurídica de exonerar de responsabilidad al fiduciario, pueden analizarse los distintos períodos de la vida de la obligación en los que se desarrolla esta función de exigibilidad. Así, en su función exigible, la diligencia debe mirarse en tres planos: 1) el de la fase previa al nacimiento de la obligación contractual, 2) el de la etapa previa al cumplimiento de la obligación y 3) el del cumplimiento de la obligación.

En la fase previa al nacimiento de la obligación, el fiduciario debe examinar sus posibilidades de cumplirla, de cara a no defraudar la expectativa que ha creado en el fideicomitente y, desde luego, en el beneficiario. En este plano existe un incumplimiento culposo, habida cuenta de que el fiduciario se habría comprometido temerariamente a cumplir con una obligación que excedía sus posibilidades al respecto.

En la etapa previa al cumplimiento de la obligación, la diligencia se destaca en términos positivos, esto es, como tal diligencia que se presenta como objeto de la obligación de destinar los bienes fideicomitidos al cumplimiento de la finalidad señalada por el fideicomitente en el acto constitutivo. Dicha obligación, a su vez, se presenta como accesoria de la obligación de administrar y/o enajenar los bienes fideicomitidos[178].

---

177 Como se observa, pues, existe una perfecta correspondencia entre la función material de la diligencia (integradora de la actividad del fiduciario) y el régimen o la función jurídicos de esta. En efecto, como la función material de la diligencia es integrar la actividad de gestión del fiduciario y, a su vez, esta actividad de gestión que se integra por la diligencia es una actividad jurídicamente debida, entonces la diligencia también lo es.

178 A pesar de lo anterior, en dicho plano la diligencia debe analizarse desde la perspectiva del fiduciario. Este, aunque ostenta el carácter de deudor, simultáneamente es titular jurídico de los bienes fideicomitidos (si de fiducia mercantil se trata) o su tenedor (si de encargo fiduciario y fiducia pública se trata), lo que en uno y otro caso lo legitima para usarlos. En estos casos, la obligación de destinar los bienes fideicomitidos al cumplimiento de la finalidad señalada por el fideicomitente en el acto constitutivo se encuentra en una relación de efecto y presupuesto de

Finalmente, en la fase del cumplimiento de la obligación o de la realización de la prestación debida, la diligencia solo le incumbe al fiduciario, puesto que sobre él recae el efecto técnico-jurídico de exonerarlo de responsabilidad. El fiduciario se convierte, así, en uno de los elementos a los que debe adecuarse la diligencia exigible, entendida como actividad que debe realizarse en el cumplimiento. Es decir, la diligencia jurídicamente exigible al fiduciario depende del contenido y del alcance de la finalidad a la cual se encuentran afectados los bienes fideicomitidos y de las circunstancias de su cumplimiento, lo cual significa que la diligencia debe ser adecuada desde el punto de vista material a la prestación fiduciaria, aspecto en relación con el cual especial importancia cobran las posibilidades materiales del fiduciario para cumplir con la finalidad a la que están afectados los bienes fideicomitidos. En este contexto, puede llegar a suceder que el fiduciario carezca de la infraestructura técnica, administrativa o humana necesaria para realizar la diligencia instrumental. Esto significaría, entonces, que el fiduciario no ha puesto en práctica la diligencia exigible en el cumplimiento.

Tanto en la fase previa al cumplimiento de la obligación como en la etapa de su cumplimiento o de la realización de la prestación debida, la culpa —como fundamento de la responsabilidad civil del fiduciario— y, por lo tanto, la diligencia —como fundamento de la exoneración de la responsabilidad por daños— tienen que ver con la guarda y conservación de los bienes fideicomitidos, aspecto al cual ya se hizo mención en otro lugar de este escrito.

VIII. LA ADAPTACIÓN DE LA DILIGENCIA AL MODELO QUE LA INTEGRA

Líneas atrás se expresó que el modelo abstracto de comportamiento con arreglo al cual debe ejecutarse la diligencia que debe emplear el fiduciario en la actividad de gestión que se le encomienda es uno de los componentes en relación con el cual se presenta la diligencia en los artículos 1234, numeral 1, y 1243 del Código de Comercio. Se trata de un asunto que cobra particular importancia en sede de responsabilidad civil del fiduciario, puesto que evoca de inmediato una discusión que ha tenido lugar en el seno de la comunidad jurídica colombiana desde la publicación del estudio de Jorge Suescún Melo

---

tal efecto, respectivamente. *Cfr.* Ferrán Badosa Coll. *La diligencia y la culpa del deudor en la obligación civil*, cit., p. 219 y ss.

titulada "Régimen general de responsabilidad de los profesionales"[179] y del Laudo arbitral del 8 de junio de 1999 proferido por el tribunal de arbitramento integrado para dirimir las controversias entre el entonces Inurbe y Fiduagraria[180] derivadas de la celebración y ejecución de sendos encargos fiduciarios de inversión.

Esta discusión —que a la fecha no ha concluido— se relaciona con un aspecto que será tratado más detenidamente en otro lugar: si a las sociedades fiduciarias, en sus actuaciones en calidad de fiduciarios, se les debe exigir la diligencia y la prudencia media que se esperarían de un buen padre de familia propio de la tradición civil colombiana o si, por el contrario, en dichas actuaciones han de comportarse como un buen *artifex*, de suerte que su responsabilidad debe deducirse con mayor rigidez que la correspondiente a la culpa media.

En verdad, aunque establecer que el patrón de conducta que deben observar las sociedades fiduciarias en sus actuaciones en calidad de fiduciarios se asimila al del *artifex*, y no al del buen padre de familia, es una cuestión que no puede tildarse de novedosa en Colombia, lo cierto es que no por ello ha perdido su importancia, toda vez que implica una modificación trascendental del régimen de responsabilidad civil de tales entidades. Es más, esta discusión apareja una problemática que se torna nuevamente de enorme actualidad, habida consideración de que la forma como en los últimos tiempos las sociedades fiduciarias han venido desempeñando su papel de fiduciarios profesionales dista mucho de lo que es la verdadera naturaleza jurídica y función económica de los negocios fiduciarios.

Esta cuestión y la discusión que la acompaña aglutinan el conjunto de la problemática jurídico-política que plantea la regulación de la responsabilidad del fiduciario, en cuyo estudio se va a profundizar desde la perspectiva que brinda el estado del arte con respecto a la necesidad de evolucionar hacia un régimen de responsabilidad más estricto que el correspondiente a la culpa media, teniendo en cuenta que la diligencia de un buen padre de familia no es la misma que se esperaría de un buen *artifex*, por un lado, y, por el

---

179 Jorge Suescún Melo. Estudio xi: "Régimen general de responsabilidad de los profesionales", en *Derecho privado: estudios de derecho civil y comercial contemporáneo*, t. i, 2ª. ed., Bogotá, Legis, 2003.

180 Laudo arbitral del 8 de junio de 1999, que resolvió las controversias entre el Instituto Nacional de Vivienda de Interés Social y Reforma Urbana (Inurbe) y Fiduciaria de Desarrollo Agropecuario S. A. (Fiduagraria S. A.).

otro, que en la contratación fiduciaria moderna la *lex artis* se erige en factor determinante del deber genérico de diligencia que pesa sobre el fiduciario.

Ciertamente, tomar parte y partido en la discusión sobre los argumentos esgrimidos a favor y en contra de la alteración en el régimen de responsabilidad de las sociedades fiduciarias imperante hasta la fecha no solo implica pronunciarse sobre importantes aspectos de técnica jurídica y de derecho sustantivo, y plantearlos, sino también, y fundamentalmente, tener en cuenta aspectos enmarcados en la Constitución económica. Estas perspectivas se revelan profundamente interrelacionadas, amén de que tan solo su estudio conjunto permite realizar una valoración acertada. Dicha aproximación multifocal permitirá estar en mejores condiciones a la hora de intentar responder a interrogantes actuales, pero fundamentales de cara al futuro desarrollo que plantea el régimen de la responsabilidad civil del fiduciario, entre otros, si es necesario modificar el artículo 1243 del CCo o si es suficiente que en sedes doctrinal y judicial se lleve a cabo un replanteamiento de este tema.

En definitiva, la realización de esta ponderación planteada al hilo de la discusión sobre el modelo de comportamiento que debe acompañar la diligencia del fiduciario constituye la tarea que se propone emprender acto seguido. Esta ponderación permitirá reflexionar sobre la situación actual de la responsabilidad del fiduciario y acerca de las perspectivas del derecho colombiano a este respecto, con especial atención a la revisión de los pronunciamientos doctrinales y jurisprudenciales que se han erigido en un hito en esta materia —como es el caso de la interpretación que prohíja Suescún Melo y que fuera acogida sin reparos por la justicia arbitral[181]—, a los cuales se hizo alusión líneas atrás.

En cuanto a la delimitación y articulación de este tema, y de conformidad con la meta arriba indicada, será objeto de especial estudio el análisis de los presupuestos que permiten identificar el exacto cumplimiento de la prestación fiduciaria, esto es, de los parámetros (objetivos y subjetivos) con base en los cuales es posible determinar el comportamiento que se considera exigible a las sociedades fiduciarias en su condición de sujetos vigilados por el Estado que desarrollan una actividad que es considerada de interés público.

Además, como una tarea conexa al intento de enfrentarse al estudio del modelo del artífice o profesional, se abordará el estudio de la pericia con miras

181 *Cfr.* Laudo arbitral del 8 de junio de 1999, cit.

a indagar el sentido y alcance que a este concepto le otorga el ordenamiento jurídico colombiano, a profundizar acerca de los elementos o caracteres que hacen posible su identificación y, por contera, a determinar si la pericia y la diligencia son conceptos parcialmente coincidentes, o bien si son conceptos funcionalmente idénticos, o, en fin, si se trata de conceptos distintos.

Por lo demás, será objeto de especial análisis el estudio de la relación fiduciario-negocios propios que surge de lo dispuesto por los artículos 1243 del CCo y 63 del CC. Dicho análisis indefectiblemente debe considerar las disposiciones constitucionales que regulan la libertad económica y la intervención del Estado en las actividades financiera, bursátil y aseguradora a que se refieren los artículos 333 y 335 de la CP en el Estado social de derecho, y ha de contrastarlas con el quehacer de las sociedades fiduciarias y los intereses involucrados en el ejercicio de la actividad fiduciaria —esto es, el orden público económico y los consumidores financieros— conforme a lo señalado por los artículos 78 *ibidem*; 46, letras a) y b) del EOSF; 3.º, letra a), 5.º y 7.º letra b) de la Ley 1328 de 2009; y 7.º, inciso 2 de la Ley 1480 de 2011, así como por las instrucciones impartidas por la Superintendencia Financiera en materia de riesgo operativo.

En todo caso, el análisis del que se ha venido hablando debe procurar el logro de los siguientes objetivos: en primer lugar, establecer cuáles son los presupuestos del exacto cumplimiento de las obligaciones a cargo de las sociedades fiduciarias derivadas de la celebración y ejecución de los negocios fiduciarios constitutivos de su objeto social y, por ende, del incumplimiento y de las consecuencias derivadas de este[182]. En segundo lugar, fijar una posición propia acerca del significado que se les debe atribuir a los términos 'diligencia' y 'pericia' y sobre la función que desempeñan los modelos de conducta aplicables a la actividad profesional de las sociedades fiduciarias[183]. Finalmente, demostrar que el modelo y la diligencia se tornan inseparables en la contratación fiduciaria, vale decir, que no se pueden considerar de manera aislada, porque carecerían de sentido. La diligencia, por el hecho de que carecería de contenido propio, impediría su aplicación, de ahí que no sea suficiente decir, como lo hace el numeral 1 del artículo 1234 del CCo, que el fiduciario debe realizar con diligencia todos los actos necesarios para la consecución de la finalidad a la cual se encuentran afectados los bienes

---

182 *Cfr.* Adela Serra Rodríguez. *La responsabilidad civil del abogado*, cit., p. 99.
183 *Cfr. Ibid.*, p. 110.

fideicomitidos, sin más precisiones, porque el precepto se vuelve inviable; es decir, no basta con saber que el fiduciario ha de poner una determinada diligencia para la consecución de la finalidad a la cual se encuentran afectados los bienes fideicomitidos, sino que es necesario saber cuál es esa diligencia.

A su turno, el modelo que no se proyecta en la diligencia que debe poner el fiduciario no tiene posibilidad de influir en el modo de realizar la actividad objeto de esta (llevar a cabo los actos necesarios para la consecución de la finalidad a la que se encuentran afectados los bienes fideicomitidos)[184]. Formalmente, la diligencia es, entonces, una mera enunciación o proposición de un esquema o indicación de conducta que se debe integrar en función del propio modelo. Es decir, el modelo que integra la diligencia del fiduciario es el que señala el contenido que en cada caso concreto tiene esta (la diligencia), y, por ende, de ello depende la identificación de los diversos intereses involucrados que exigen ser protegidos por medio del ejercicio de las correspondientes acciones de responsabilidad civil[185]. Materialmente, la diligencia que se integra por el modelo es una conducta o comportamiento humano cuyo autor es el fiduciario. La función que la diligencia desempeña respecto de la actividad del fiduciario designa el modo como este debe llevar a cabo la actividad, es decir, la diligencia forma parte de la actividad del fiduciario[186].

IX. LA APLICACIÓN DEL MODELO DEL PROFESIONAL COMO MODELO DE CONDUCTA EN EL ÁMBITO DE LA ACTIVIDAD DE LAS SOCIEDADES FIDUCIARIAS

Como se expuso líneas atrás, según Badosa Coll[187], los modelos de conducta —necesarios como elemento integrador de la diligencia— se sistematizaban en dos grandes grupos: los creados con datos proporcionados por la misma obligación y aquellos fundados en datos ajenos a la obligación de que se tratara, donde encajaban el modelo del buen padre de familia como modelo no profesional y el modelo del profesional o de la pericia.

---

184 *Cfr.* Ferrán Badosa Coll. *La diligencia y la culpa del deudor en la obligación civil*, cit., p. 62.
185 Ver nota supra 141.
186 Ferrán Badosa Coll. *La diligencia y la culpa del deudor en la obligación civil*, cit., p. 62.
187 *Ibid.*, p. 122 y ss.

Ahora bien, tratándose de los negocios fiduciarios traslaticios y no traslaticios del derecho de dominio, la doctrina y la jurisprudencia se han enfrascado en una discusión acerca de si a las sociedades fiduciarias, en sus actuaciones en calidad de fiduciarios, se les debe exigir la diligencia y la prudencia que se esperarían de un padre de familia propio de la tradición civil colombiana o si, por el contrario, en dichas actuaciones deben comportarse como un buen *artifex*, de suerte que su responsabilidad ha de deducirse con mayor rigidez.

Al respecto, en opinión del suscrito, esta discusión responde a una simplificación incapaz de acoger la verdadera naturaleza jurídica y función económica de las sociedades fiduciarias en el ordenamiento positivo colombiano, teniendo en cuenta al efecto la finalidad práctica, jurídica y social que se persigue con la contratación fiduciaria. Esto es así porque, en el caso colombiano (excepción hecha de la Ley 222 de 1995[188], que alude al "buen hombre de negocios"), en relación con el nivel de prudencia exigido a los profesionales, en general, y, en particular, a las sociedades fiduciarias, ni el ordenamiento jurídico ni la doctrina y la jurisprudencia patrias han llevado a cabo una interpretación histórica de las figuras del buen padre de familia y del *artifex* que permitan concluir sobre bases firmes y ciertas cuál de los dos modelos de comportamiento se ajusta más a la finalidad práctica, jurídica y social de los negocios fiduciarios traslaticios y no traslaticios de dominio, teniendo presente la particular relación de confianza que este género de negocios apareja, a pesar de que con alguna frecuencia se habla de un patrón específico para cada actividad, como sería "el buen transportador", "el buen banquero" o "el buen fiduciario". La doctrina y la jurisprudencia nacionales no han sido del todo claras a la hora de diferenciar entre el modelo de diligencia del buen padre de familia y el modelo de diligencia del artífice.

De hecho, en los escasos comentarios acerca del artículo 1243 del CCo, las observaciones efectuadas por la doctrina y la jurisprudencia no son nada convincentes y, sobre todo, son poco profundas. Es más, en muchas ocasiones ni siquiera aluden a las figuras en cita, excepto para transcribir, sin interpretar ni comentar, las expresiones acuñadas en el derecho romano

---

188 Congreso de Colombia. Ley 222 de 1995. Por la cual se modifica el Libro II del Código de Comercio, se expide un nuevo régimen de procesos concursales y se dictan otras disposiciones. *D. O.* 42156 del 20 de diciembre de 1995. Disponible en http://www.secretariasenado.gov.co/senado/basedoc/ley_0222_1995.html

relativas a ellas. Pareciera como si se hubiera presentado un generalizado acuerdo con respecto a que no existe nada que deba ser aclarado porque todo está muy claro, y la verdad es otra. Pareciera como si el tiempo transcurrido hubiera dado tal prestigio y carta de naturaleza que se da por sentado apriorísticamente que se trata de conceptos claros e indiscutibles, cuando la verdad es otra, a saber, que este aspecto cobra particular importancia con miras a despejar el interrogante que indaga si al fiduciario se le debe exigir más que lo que se pretende de una persona que desarrolla una actividad que compromete el orden público económico, o bien si es suficiente y equitativo que su responsabilidad se circunscriba a la culpa leve.

Al revisar los antecedentes históricos de ambos modelos de conducta, se advierte que se diferencian no solo desde el punto de vista de su naturaleza, sino también desde la perspectiva de su extensión. Sin duda, como se expuso con suficiente claridad en otro lugar del presente estudio, la diligencia del buen padre de familia se define por su contraposición con la del *artifex*, lo que significa que se caracteriza por ser un modelo o estándar no profesional, de suerte entonces que del deudor se exigen conocimientos inferiores a los que debe poseer el *artifex*. Por su parte, el modelo del *artifex* es un modelo de conducta integrador cuya característica esencial consiste en un conocimiento o saber, con lo cual este modelo exige que la actividad a la que se refiere sea disciplinada por un conjunto de reglas y normas de acceso restringido, a diferencia de lo que sucede con el modelo del padre de familia; por tal razón, este modelo implica necesariamente la referencia a una profesión[189], perspectiva desde la cual su transgresión ha dado pie para que se hable de una responsabilidad profesional, de ahí una segunda característica de este modelo: su carácter abstracto.

Como se observa, pues, el modelo del padre de familia es más restringido que el del *artifex*. Mientras el carácter valorativo del padre de familia lo ubica, por definición, sobre la masa media de los hombres, el artífice carece de toda otra connotación que no sea su referencia a las reglas del oficio o

189 De esta manera, queda por fuera del modelo del artífice y, por lo mismo, de la pericia todo hacer que no se fundamente en el conocimiento y dominio de ciertas reglas, sino en una mera habilidad personal. Como lo refiere Ferrán Badosa Coll, "la habilidad tiene dos caracteres que rechaza el artífice como modelo. Ante todo, fundarse en cualidades personales e intrínsecas al sujeto y[,] como tales[,] irrepetibles. En segundo lugar, y unido a ello, el no ser una cualidad extensible a otros al no ser susceptible de ser aprendida". (Ferrán Badosa Coll. *La diligencia y la culpa del deudor en la obligación civil*, cit., p. 123).

arte, de modo que se halla en situación de abrazar todas sus modalidades de aplicación, desde la más burda hasta la más sofisticada[190].

Desde este punto de partida, es incuestionable que el modelo del *artifex* no puede sustituir al del buen padre de familia, porque se trata de conceptos diferentes. Es decir, la pretendida transformación o conversión del modelo del buen padre de familia en el del *artifex* —proclamada por algún sector de la doctrina encabezada por Jordano Fraga[191], Yzquierdo Tolsada[192] y Cattaneo[193], entre otros— lleva implícita una cierta diferenciación entre uno y otro modelo, puesto que transformar un modelo o sustituirlo por otro es ya, de por sí, admitir y reconocer abiertamente que se trata de modelos distintos, porque nadie se transforma en sí mismo ni se sustituye por sí mismo.

La diligencia exigible a un profesional —y, más exactamente, a un empresario o comerciante— nunca se podría equiparar a la del buen padre de familia, habida cuenta de que el profesional no es el hombre medio que actúa en el ámbito de su familia o en el de los asuntos normales, sino que desarrolla una actividad o presta un servicio que se aparta de los parámetros generales; de ahí que la diligencia del *artifex* deba ser analizada justo en el sector concreto en el que este desarrolla su actividad profesional o empresarial. De esta suerte, el parámetro de la diligencia será entonces distinto para cada sector del tráfico jurídico, puesto que la diligencia requerida *in genere* a todo profesional por el hecho de ser tal debe complementarse con las específicas exigencias de la actividad evaluada. Por eso, con el fin de completar el nivel de diligencia del profesional, es preciso acudir a la actividad específica que este lleva a cabo.

En el anterior orden de ideas, si el modelo del buen padre de familia y el modelo del artífice son diferentes, forzosamente debe concluirse que las posiciones de Jordano Fraga, Yzquierdo Tolsada y Cattaneo son erróneas porque parten de la base de considerar que la pericia equivale al grado máximo de la diligencia del padre de familia; es decir, desde esta perspectiva, el experto no es un criterio de conducta autónomo y diferente del padre de familia, sino que se reconduce a este como el más exigente de sus

---

190 Ferrán Badosa Coll. *La diligencia y la culpa del deudor en la obligación civil*, cit., p. 136 y ss.

191 Francisco Jordano Fraga. *La responsabilidad contractual*, cit., pp. 134 y 135.

192 Mariano Yzquierdo Tolsada. *La responsabilidad civil del profesional liberal. Teoría general*, Madrid, Reus, 1988, pp. 276 a 277.

193 Giovanni Cattaneo. *La responsabilità del professionista*, Milano, Giuffrè, 1958, p. 55.

grados. Para los cultivadores de esta tesis, asumir la obligación como perito tan solo significa excepcionar la *utilitas contrahentium* para constituirse en criterio de fijación de la diligencia exigible en el grado máximo del padre de familia[194]. Así, el *artifex* no es más que el buen padre de familia en una concreta prestación profesional o empresarial, pues la principal característica del modelo del buen padre de familia es, de hecho, su amplitud, su carácter abierto. En definitiva, "la elasticidad de la fórmula del buen padre de familia, lejos de ser un inconveniente, se convierte en su mayor valor, pues le permite ser simultáneamente modelo de conducta del pequeño agricultor y de un profesional técnico altamente cualificado"[195]. En este sentido, para los cultivadores de la tesis comentada, la figura del buen profesional no se podría buscar por fuera del Código Civil, de suerte que el juez habría de tener en cuenta las especiales circunstancias del profesional, pero partiendo del Código Civil.

Ahora bien, si, como se dijo, la diligencia exigible a un profesional —y, en concreto, a un empresario o comerciante— nunca se podría equiparar a la del buen padre de familia, forzosamente debe concluirse que la diligencia del *artifex* ha de ser analizada de manera precisa en el sector concreto en el que este desarrolla su actividad profesional o empresarial. En esta dirección, Badosa Coll refiere que

> el artífice[,] como modelo de conocimiento [o] saber, exige que la actividad a la que se refiere puede ser disciplinada por un conjunto de reglas y normas de acceso restringido. Es un saber limitado. De ahí que implique necesariamente la referencia a una profesión, entendida como nombre genérico que comprende todas aquellas personas que[,] conocedoras de las reglas que presiden el ejercicio de una determinada actividad, se dediquen a ella[196].

En el anterior orden de ideas, no se remite a discusión que el parámetro de la diligencia será entonces distinto para cada sector del tráfico jurídico, puesto que la diligencia requerida *in genere* a todo profesional por el hecho

---

194 Badosa Coll señala que esta tesis se basa en el comentario a D. 19,11,28,6, que contempla una específica modalidad de arrendamiento de obra: el transporte de cosas, con la particularidad de tratarse de cosas especialmente frágiles. En el citado texto se exige del transportador el grado máximo de diligencia según el modelo del padre de familia. (Ferrán Badosa Coll. *La diligencia y la culpa del deudor en la obligación civil*, cit., p. 136 y ss.).

195 Francisco Jordano Fraga. *La responsabilidad contractual*, cit., pp. 134 y 135.

196 Ferrán Badosa Coll. *La diligencia y la culpa del deudor en la obligación civil*, cit., pp. 124 a 125.

de ser tal debe complementarse con las específicas exigencias de la actividad evaluada. Por eso, con el fin de completar el nivel de diligencia del profesional, es preciso acudir a la actividad específica que este lleva a cabo, y ha de aclararse que en esta materia se presume que el profesional posee los conocimientos necesarios para el cumplimiento de la prestación "siempre que pertenezcan a la esfera de la actividad a la que se dedica habitualmente y de la que ha hecho su profesión u oficio"[197], ello porque, como lo refiere Serra Rodríguez:

> La pericia comprende aquel bagaje de conocimientos científicos, teóricos y prácticos, necesarios para el cumplimiento de una obligación de carácter profesional o especializado [...] El simple ejercicio de determinadas profesiones hacen (sic) presumir que el profesional tiene el grado de pericia normal y suficiente para la perfecta ejecución del servicio encomendado. Además, el profesional[,] en la ejecución de su prestación, en la aplicación de los conocimientos, debe emplear la diligencia que se adapte a la naturaleza de la obligación particular[198].

Además, habida cuenta de que el profesional no es el hombre medio que actúa en el ámbito de su familia o en el de los asuntos normales, sino que desarrolla una actividad o presta un servicio que se aparta de los parámetros generales, entonces, la diligencia del *artifex* debe ser analizada precisamente teniendo en cuenta la cualidad objetiva de la prestación, vale decir, si se trata de una prestación cualificada o no y, más exactamente,

> si su ejecución requiere de una determinada capacidad o conocimientos técnicos, y de manera relevante la condición o posición asumida por el deudor para cumplirla, a su cualidad de profesional de la actividad que constituye el objeto de la obligación [...] Así, la consideración de la prestación como cualificada implica la concurrencia en la misma (sic) de una serie de datos objetivos que convierten su realización en inasequible para gran parte de los hombres comunes. Es decir, el cumplimiento y la ejecución del programa obligacional no es accesible a aquellos que no poseen ciertos conocimientos o la experiencia necesaria para el perfecto desarrollo de aquella[199].

---

197 Adela Serra Rodríguez. *La responsabilidad civil del abogado*, cit., p. 105.

198 *Ibid.*, p. 124.

199 *Ibid.*, p. 105.

Por lo demás, ante la asunción por determinados profesionales de la obligación de prestar ciertos servicios para los cuales se exige

> una determinada titulación [...], hemos de entender que su posición jurídica subjetiva de deudor lleva implícita la cualidad que ostenta y, por lo tanto, determina la aplicación del modelo de diligencia por el que se ha de regir tal obligación, esto es, el del perito o buen profesional, desplazando el modelo del buen padre de familia[200].

Por último, conviene llamar la atención con respecto a que, en la medida en que la pericia únicamente puede ser integrada por un modelo que presuponga habilidad técnica, profesionalidad —es decir, la diligencia del experto—, ello significa que la infracción del modelo se presenta como consecuencia de la ignorancia por parte del deudor de las reglas técnicas que regulan su profesión.

Así las cosas, la impericia puede ser vista desde dos ángulos: uno subjetivo, como ignorancia inexcusable; y otro objetivo, como infracción del modelo profesional[201]. Desde el punto de vista

---

200 *Ibid.*, p. 106.

201 Sobre este particular, Adela Serra Rodríguez, citando a Máximo Bianca, refiere que "el carácter técnico de la prestación [que se va] a ejecutar determina que la noción de diligencia se amplíe hasta comprender el más estricto de la pericia. Por ello, se puede calificar de negligente, como antítesis de la diligencia, la conducta consistente en la inobservancia de las reglas técnicas exigidas por la naturaleza de la prestación, esto es, en la impericia [...] Siguiendo este razonamiento, la pericia no sería sino una expresión del esfuerzo técnico de la diligencia, es decir, la aplicación de las reglas técnicas que caracterizan una determinada actividad o[,] más específicamente[,] un arte o [una] profesión [...] Conforme a esto, la diligencia en el campo de las obligaciones asumiría una duplicidad de funciones: la diligencia en sentido estricto actúa como criterio de imputabilidad de la imposibilidad de la prestación, mientras que la diligencia en sentido impropio, esto es, respecto a ciertas prestaciones (las profesionales), funciona como criterio de determinación del objeto de la obligación [...] En suma, el concepto de diligencia profesional hace referencia a un criterio de particular rigor en cuanto que tiene como modelo un tipo abstracto de sujeto cualificado por la posesión de ciertas cualidades [...] y el conocimiento de ciertas nociones específicas que caracterizan una profesión intelectual. Este nivel de diligencia es mayor cualitativamente al común y genérico del buen padre de familia, en virtud de la profesionalidad, y se identifica con la diligencia del buen profesional. El profesional debe cumplir su prestación con la diligencia específica de un buen profesional de su misma categoría o especialidad [...] Frente a esto, la pericia es un concepto exclusivamente objetivo que consiste en los conocimientos técnicos adquiridos con el estudio y la experiencia. No obstante, aun configurándose la pericia y la diligencia como nociones diversas, ambas concurren funcionalmente, en el ámbito profesional, para identificar aquel comportamiento que el profesional —prestador del servicio— debe tener para cumplir

exactamente su obligación. Para considerar cumplidor al profesional[,] debe ejecutar la prestación con la pericia del profesional medio en su misma actividad. De este modo, la pericia se presenta como un elemento indispensable para determinar el concepto de cumplimiento de la obligación". (Adela Serra Rodríguez. *La responsabilidad civil del abogado*, cit., p. 111, citando a C. M. Bianca. "Dell'inadempimento delle obbligazioni (art. 1218)", *Commentario del Codice Civile a cura di Scialoja-Branca,* Boloni-Roma, 1979, pp. 39). Seguidamente, citando a G. Osti, Serra Rodríguez manifiesta que "la diligencia consiste en una simple cualificación del modo de comportarse, que prescinde de cualquier connotación subjetiva o fundamento moral o psicológico. De este modo configurada, actuar diligentemente en el cumplimiento de una obligación significa 'ejecutar la prestación, objeto de la obligación, como la ejecutaría una persona atenta y preocupada por la exacta observancia de los propios deberes' [...] Esta diligencia [...] asume un carácter técnico cuando se pone en relación con el desenvolvimiento de una actividad profesional. Es en este sentido en el que se emplea la noción de pericia que se identifica, por tanto, con la diligencia del profesional y que alude a la misma valoración jurídica de la conducta de un sujeto en el ámbito de una profesión u oficio [...] La diligencia exigible a un sujeto que, en su condición de profesional, se ha comprometido a realizar una prestación se denomina pericia, cumpliendo, por tanto, idéntica función que la atribuida en el cumplimiento de obligaciones que no reúnen tal carácter de especialidad técnica o profesional". Finalmente, Serra Rodríguez explica que, "mientras la diligencia invoca un significado subjetivo, la impericia responde a una noción objetiva, convergiendo ambas en el límite de la culpa. En tal concepción, la diligencia viene identificada con el grado de tensión de voluntad, la complejidad de cuidados y cautelas que el deudor debe emplear para llevar a cabo la prestación, en tanto que la impericia[,] con la ausencia de conocimientos o aptitudes del prestador del servicio. [...] La pericia hace referencia a particulares cualidades personales del deudor, como es la capacidad del prestador, en su aspecto técnico, esto es, la posesión de conocimientos técnicos apropiados para el cumplimiento de la obligación. [...] El deudor tiene el deber de comportarse conforme a una pericia media, normal, apropiada a la naturaleza de la prestación profesional a la que se ha comprometido, en relación con los cánones corrientes según el estado de la ciencia y de la experiencia. [...] La aplicación concreta de las reglas técnicas deberá realizarse con la diligencia exigida por la naturaleza de la prestación, de manera que en virtud de las diferentes actividades profesionales habrá otras tantas adecuaciones al concepto de diligencia [...] Entre la pericia y la diligencia no existe una relación de contrariedad[,] sino de integración, ya que ambas nociones desarrollan paralelamente su función, que es la de coadyuvar a la actividad del trabajador para satisfacer el concreto interés del acreedor. Sin embargo, ello no significa que no subsistan diferencias [...] La más importante estriba en que la deficiencia total de pericia comporta la imposibilidad de realizar el objeto del contrato, esto es, el incumplimiento absoluto, mientras que la falta de diligencia, aunque sea total, no conduce a las mismas consecuencias, sino que implica un (in)cumplimiento imperfecto, y[,] por tanto, una prestación posible en virtud de la presencia de la pericia. [...] Como consecuencia de [la] distinción establecida entre las nociones de impericia, imprudencia y negligencia[,] y de la consideración de que[,] respecto al profesional y en relación con el ejercicio de su profesión, se produce una ampliación de los deberes de diligencia y de pericia, se afirma que no es posible configurar toda culpa del profesional como impericia, ya que un profesional técnicamente preparado puede cometer imprudencias y negligencias no derivadas, por tanto, de la impericia". (Adela Serra Rodríguez. *La responsabilidad civil del abogado*, cit., citando a G. Osti. "Deviazoni dottrinali in tema de responsabilitá per inadempimento", *Revista Trimestrale di Diritto e Procedura Civile,* 1954, p. 616).

subjetivo[202], la impericia constituye el fundamento de la responsabilidad por daños resultantes de la impericia objetiva.

Del mismo modo, según Badosa Coll, la impericia debe ser analizada en sede de cumplimiento de la obligación, y no en sede de su asunción. En el primer caso se encuentra que no hay nada en la impericia que la distinga de la culpa-negligencia, excepción hecha del carácter profesional del modelo de conducta. En efecto, como en la culpa-negligencia el fundamento de la responsabilidad se ubica en el dato objetivo de la infracción del modelo jurídicamente exigible del padre de familia, este mismo principio se debe predicar respecto de la infracción del modelo profesional en la impericia. Por consiguiente, si la impericia es fuente de responsabilidad asimilable a la culpa (*annumeratio culpae*), entonces se debe configurar de manera objetiva como quebrantamiento del modelo profesional en cuanto sea jurídicamente exigible, lo cual se justifica, de hecho, en atención a que, como se vio en otro lugar, el modelo de conducta profesional (pericia objetiva) es tan jurídicamente exigible como lo es el modelo no profesional del padre de familia. Esta exigibilidad permite, de una parte, deslindar la circunstancia que fundamenta la responsabilidad del deudor en caso de infracción (que el modelo profesional es jurídicamente exigible) de la circunstancia que genera esta exigibilidad jurídica (su asunción como tal en el momento de contraer la obligación, esto es, el *ut quippe artifex conduxit*), y, de otra parte, constatar que el fundamento de la responsabilidad es el mismo que el de la culpa, vale decir, la ilicitud de la conducta del deudor, la cual solo se

---

202 Sobre este particular, *cfr.* Adela Serra Rodríguez. *La responsabilidad civil del abogado*, cit., p. 807 y ss., donde se destaca: "Al subrayar el carácter subjetivo de la impericia no se pretende tanto contemplar la ignorancia como una causa específica de infracción de las reglas técnicas (lo que también es cierto), sino hacer especial hincapié (sic) en que el deudor responde a pesar de su eventual ignorancia y, por tanto, de que la infracción haya sido inevitable para él [...]. De esta manera, la concepción subjetiva de la impericia viene a constituir una ampliación respecto del funcionamiento de la culpa. A saber, que cuando se trate del deber de ejercitar reglas técnicas el deudor responde no solo si las infringió a pesar de saber ponerlas en práctica (situación de evitabilidad paralela a la de la culpa-negligencia), sino también, y[,] además, si las infringió porque no las conocía (situación de inevitabilidad intrínseca de la infracción que no se puede dar la culpa-negligencia (sic)). La impericia-ignorancia viene, así, a excluir una posible causa de justificación del deudor [...]. La segunda nota que la ignorancia aporta a la impericia es la de la buena fe y la correspondiente exclusión del dolo en la infracción del modelo técnico. Lo que supone, atendido el significado negativo de la buena fe (como exclusión del dolo), que será impericia el quebrantamiento del modelo técnico imputable al deudor siempre que no sea debido a dolo. Si este existe, no puede hablarse de impericia".

puede presentar en un momento posterior al nacimiento de la obligación, esto es, en el período reservado a su ejecución. A este respecto, el autor que se ha venido siguiendo enseña:

> Esto comporta que la ignorancia se vea despojada de su función de fundamento de la responsabilidad [...] Por eso es inútil buscar un 'factor culposo' determinante de la *annumeratio culpae*. Esta última expresión significa que la impericia es culpa, no que se asimile a ella. Es decir, que siempre que la pericia objetiva reciba la calificación jurídica de 'exigibilidad', propia de la diligencia, su infracción, la impericia objetiva, producirá el efecto propio de la culpa: la responsabilidad [...] A su vez, la buena fe juega en relación a (sic) la pericia objetiva idéntico papel que en la culpa: como causa material genérica de la infracción y como constitutiva de su concepto: de la misma manera que no hay culpa sin buena fe tampoco hay impericia sin ella. Su valor respecto de esta es el ya conocido para la culpa. A saber, la buena fe señala de una parte la imputabilidad de la infracción al deudor (excluyendo el caso fortuito) y de otra subraya la inexistencia en este de voluntad infractora. El dolo, por su parte, excluye por absorción, el concepto de impericia lo mismo que el de culpa[203].

Por otra parte, al igual que la diligencia, la pericia puede desempeñar dos funciones materialmente distintas: como integradora de la actividad que constituye el objeto de la obligación y como promotora de la actividad jurídicamente exigible, pero sin formar parte de ella. Además, este autor considera que, a pesar de la configuración de la pericia y la diligencia como modelos autónomos de conducta, lo cierto es que desempeñan funciones idénticas en las respectivas relaciones obligatorias a las que se aplican, de manera que es perfectamente posible la concurrencia de funciones de la pericia y de la diligencia en una misma relación obligatoria, vale decir, como objeto de la prestación debida y como actividad exigible en el cumplimiento[204]

Finalmente, huelga decir que, en términos generales, una misma actividad puede realizarse bajo el modelo del buen padre de familia, o bien bajo el modelo del artífice. Por tal razón, se requiere fijar un criterio que permita establecer cuándo una determinada obligación se regirá por el modelo del perito y no por el del padre de familia. Dicho criterio se sustenta en D. 19,2,9,5, *locus classicus*, conforme al cual el arrendatario responde de

---

203 Ferrán Badosa Coll. *La diligencia y la culpa del deudor en la obligación civil*, cit., pp. 816, 817 y ss.

204 *Cfr.* Adela Serra Rodríguez. "La negligencia y la impericia en la prestación profesional del abogado", tesis doctoral, Valencia, Universidad de Valencia, 1997, p. 389.

su pericia *quippe ut artifex*, es decir, en atención a la cualidad en virtud de la cual asumió la obligación[205]. En este sentido, se admite que la posibilidad de asumir la obligación en calidad de experto puede obedecer a un acto voluntario del deudor o a una imposición legal.

Además, debe tenerse en cuenta que, para que la pericia se convierta en modelo de conducta de la obligación, no se requiere que el deudor tenga la calidad de experto en relación con la actividad de que se trate. Asumir la obligación como experto tan solo significa que esta se regirá por tal modelo de conducta, mas no que es el deudor quien personalmente tiene que poner en práctica la pericia. Desde esta perspectiva, los autores coinciden en señalar que a las obligaciones que se someten a la regla de la pericia se les aplica el principio general del carácter no personalísimo del cumplimiento[206].

Lo hasta aquí dicho por vía general también resulta de recibo por vía particular cuando se trata de la actividad profesional de las sociedades fiduciarias, pues, de hecho, en esta materia, el hecho de que las sociedades fiduciarias sean verdaderos profesionales autorizados para operar y supervisados por el Estado permite sustentar la tesis según la cual en los negocios fiduciarios traslaticios y no traslaticios del derecho de dominio la pericia cumple materialmente una función eminentemente integradora de la prestación fiduciaria respecto de la actividad de gestión confiada al fiduciario, es decir, designa el modo como dicha actividad debe llevarse a cabo y, más exactamente, actúa como criterio determinante del exacto cumplimiento (o de su falta) de la gestión confiada al fiduciario, habida cuenta de que es gracias a los conocimientos, a la experiencia y a la idoneidad del fiduciario que el fideicomitente acude a sus servicios y le transfiere el derecho de dominio de sus bienes.

---

205 A este respecto, Ferrán Badosa Coll expresa: "[E]llo pone de relieve un importantísimo fenómeno que en la diligencia no profesional es advertible con menos rigidez: que la posición jurídica subjetiva de deudor comporta indispensablemente un concepto o cualidad en que se ostenta y que la función de este concepto es determinar el modelo de diligencia por el que se regirá la obligación [...]. Este 'concepto debitorio' no es normalmente identificable separadamente de la titularidad de la deuda, porque la regla general en el Código Civil es el modelo del no experto [...], por lo que acaba siendo sinónimo de deudor. Por este motivo, la presencia del 'experto' al sustituir al 'padre de familia' como modelo de conducta en la obligación hace visible que la posición de deudor va acompañada de un concepto o cualidad que puede ser llenado por diversos modelos". (Ferrán Badosa Coll. *La diligencia y la culpa del deudor en la obligación civil*, cit., p. 132 y ss.).

206 *Ibid.*, p. 133 y ss.

Ejemplo de esta función integradora de la prestación fiduciaria se encuentra en el caso de los fondos de inversión colectiva al estatuirse en el artículo 3.1.1.1.2 del Decreto 2555 de 2010 que en la administración de esta clase de mecanismos o vehículos de captación o administración de dineros del público las sociedades fiduciarias deben "actuar de manera profesional, con la diligencia exigible a un experto prudente y diligente", amén de que "en el análisis de prudencia y diligencia [...] deberá tenerse en cuenta la manera como [...] hubiere actuado para la selección de las inversiones, independientemente de si las inversiones fueron exitosas o no". En este ámbito de los fondos de inversión colectiva, la pericia ostenta un valor extintivo de la prestación, vale decir, supone cumplimiento de la obligación del fiduciario como administrador de esta clase de vehículo de captación de dineros del público. De esta suerte, en el escenario al que se ha hecho referencia solo se podrá hablar de fondo de inversión colectiva bien administrado cuando el fiduciario se haya ajustado a las correspondientes reglas de habilidad técnica en la ejecución de la prestación, esto es, cuando haya empleado la pericia en la conformación del correspondiente portafolio de inversiones.

Expresado de otro modo, si la diligencia y la pericia predicables del fiduciario implican un actuar cuidadoso, vale decir, conllevan un actuar que intenta impedir un daño evitable, entonces el parámetro de la previsibilidad es el que permite medir el comportamiento diligente cuando el deudor ostenta una condición especial o adicional al del buen padre de familia, al que viene a reemplazar, esto es, cuando se trata del modelo del *artifex* o profesional, como sucede en el caso de las sociedades fiduciarias. Así las cosas, a efectos de deprecarles responsabilidad civil, es razonable apreciar de manera objetiva que, si el verdadero objeto de la obligación a cargo del fiduciario es la diligencia del *artifex* orientada al cumplimiento de la finalidad a la cual se encuentran afectados los bienes fideicomitidos, entonces, atendiendo a la persona del fiduciario (deudor) y a que este debe *praestare* su propia pericia profesional y el respaldo de su organización empresarial, tal modelo es el de un *artifex* de la categoría de los que hacen de la gestión de negocios ajenos su profesión, al que se le aplica una especial regla de diligencia definida por la *lex artis*. Este modelo se requiere para poder atribuirle a la diligencia y a la pericia su carácter de jurídicamente debidas, porque supone predeterminarlas respecto del fiduciario y eliminar la absoluta discrecionalidad de este. El modelo es, pues, la fuente de la diligencia y permite establecer cuál o cuánta debe poner el fiduciario de cara al cumplimiento de la finalidad a la que se encuentran afectados los bienes fideicomitidos.

Por lo demás, conviene agregar que, en el ámbito de la contratación fiduciaria, la aplicación de un canon de diligencia diverso y cuantitativamente superior al que emplearía un buen padre de familia —como es el canon de diligencia del *artifex*— encuentra sustento en las siguientes razones concurrentes:

(i) En primer lugar, en el hecho de que, en la actualidad, a la luz del ordenamiento positivo colombiano, la diligencia en la contratación fiduciaria asume contenidos técnicos derivados de la circunstancia de ser las sociedades fiduciarias profesionales especializados en la prestación de servicios financieros[207] que son de naturaleza eminentemente reglada y cuya realización se lleva a cabo bajo el control y la vigilancia del Estado.

(ii) En segundo lugar, porque la prestación fiduciaria es una prestación cualificada en la medida en que su ejecución exige una determinada capacidad o conocimientos técnicos, amén de que el fiduciario se presume poseedor de los conocimientos necesarios para su cumplimiento.

(iii) Finalmente, porque en el ámbito de la diligencia exigible al fiduciario cabe comprender el establecimiento de la necesaria organización que le permita actuar de manera eficaz y anticipar o prever los riesgos de daños que

---

207 Sobre este particular, siguiendo las directrices de la jurisprudencia arbitral contenidas en el Laudo del 31 de julio de 2000, que resolvió las controversias entre la Beneficencia de Cundinamarca, el entonces Banco Central Hipotecario y Fiducentral S. A., y con base en lo dispuesto por los artículos 10 y 20, numeral 7, del CCo, se tiene que, respecto de las sociedades fiduciarias, se dan los siguientes presupuestos, que permiten darles el calificativo de profesionales en la prestación de servicios financieros: en primer lugar, las sociedades fiduciarias desarrollan de manera habitual una actividad de servicios financieros que es especializada, exclusiva y excluyente a cambio de una remuneración. En segundo lugar, las sociedades fiduciarias cuentan con una organización técnica, administrativa y humana, pues así lo exigen las disposiciones legales que informan su constitución y funcionamiento, contenidas en el Estatuto Orgánico del Sistema Financiero. Dicha organización les permite actuar de manera eficaz y anticipar o prever los riesgos de daños que su actividad pueda causar a terceros. En tercer lugar, las sociedades fiduciarias tienen una posición de preeminencia, vale decir, un *dominio profesional* basado en una competencia especial o habilidad técnica lograda por su experiencia y conocimientos en el campo de las operaciones y de los negocios fiduciarios, que las colocan por encima de los demás. Se trata, pues, de personas con una idoneidad particular; de técnicos iniciados frente a la masa de consumidores profanos en su materia y que, en este orden de ideas, gozan de suficiente capacidad para dominar los riesgos inherentes a su actividad profesional de gestión de negocios ajenos y para evitar o precaver los daños que esta usualmente conlleva. (Laudo del 31 de julio de 2000, que resolvió las controversias entre la Beneficencia de Cundinamarca y Fiducentral S. A.).

su actividad puede causar a los consumidores financieros y a terceros. La puesta en marcha y aplicación de esta organización debe considerarse como una de las manifestaciones de la pericia. De este modo, y formando parte de la diligencia en sentido amplio, al fiduciario, en su condición de sujeto vigilado por el Estado, le es exigible una correcta elección de los medios útiles que hagan posible una ejecución exacta de la gestión que se le ha confiado.

A continuación, se verá un poco más detenidamente esta cuestión.

X. LA PERICIA CONSTITUYE PARTE INTEGRANTE DE LA PRESTACIÓN FIDUCIARIA

La noción objetiva de pericia como canon de comportamiento que supone una adecuada "aplicación de los principios técnicos y científicos" exigibles, así como de las "normas protectoras del individuo y de la sociedad", y que viene impuesto por el carácter profesional en virtud del cual las sociedades fiduciarias asumen una prestación objetivamente cualificada, es una exigencia para la realización del interés del beneficiario (consumidor financiero) por que se cumpla la finalidad establecida a su favor en el acto constitutivo y para la salvaguarda de los diversos intereses que en las relaciones entre los sujetos que intervienen en la celebración y ejecución de un negocio fiduciario quedan expuestos a ser lesionados. De este modo, la pericia, como bagaje de preparación técnica que ha de poseer un fiduciario medio, constituye parte integrante de la prestación fiduciaria, con la doble consecuencia de que el fiduciario, en su condición de profesional, está obligado a adquirir y conservar dicha medida de pericia y de que en la ejecución de la prestación fiduciaria debe ajustarse a los principios técnicos de su profesión de gestor de negocios ajenos.

XI. LA DILIGENCIA DEL FIDUCIARIO SE RIGE POR EL MODELO DEL *ARTIFEX*, POR CUANTO EL EXACTO CUMPLIMIENTO DE LAS OBLIGACIONES A SU CARGO ESTÁ DETERMINADO POR EL PARÁMETRO DE LA *LEX ARTIS*

Como se expuso en otro lugar, en la actualidad, en el ámbito de la responsabilidad, el requisito de la culpa (impericia) se interpreta bajo un criterio objetivo. Superadas las teorías subjetivas, se califica como culposo el comportamiento que se separa de un determinado parámetro de conducta prefijado ("hombre medio", "hombre razonable de prudencia normal" o, en sede de responsabilidad contractual, "buen padre de familia") y que ocasiona un daño no querido o buscado por el agente (cuando el resultado es querido y buscado por el agente se habla de comportamiento doloso y tiene iguales consecuencias). Para la delimitación de este parámetro de conducta, tradicionalmente se han manejado criterios tales como los de la previsibilidad y la evitabilidad del daño. Estos criterios remiten al reverso de este parámetro a partir del caso fortuito y de la fuerza mayor. En tales casos no se trata solo de que se interrumpa el nexo causal, sino también de que el daño no le resulte imputable al deudor.

Ahora bien, tratándose de la actividad profesional de las sociedades fiduciarias, se tiene que la pericia constituye requisito *sine qua non* para el exacto cumplimiento de las obligaciones nacidas de los negocios fiduciarios constitutivos de su objeto social, de manera entonces que su omisión —esto es, la impericia— se erige en uno de los presupuestos de la responsabilidad contractual. En el cumplimiento de sus obligaciones contractuales y legales, el fiduciario debe ajustar su comportamiento a una medida de pericia objetiva, apta para la satisfacción de los intereses del beneficiario. Y por pericia objetiva se entiende aquel canon o modelo de comportamiento que conlleva una adecuada y correcta aplicación de las disposiciones constitucionales, legales y administrativas que regulan la actividad fiduciaria, el cual viene impuesto precisamente en atención al carácter profesional en virtud del cual las sociedades fiduciarias, en sus actuaciones en calidad de fiduciarios, asumen o contraen la obligación de realizar de manera diligente todos los actos necesarios para la consecución de la finalidad a la que se encuentran o quedan afectados los bienes fideicomitidos.

En el anterior orden de ideas, y en relación con la existencia o inexistencia de la responsabilidad contractual del fiduciario, necesariamente debe colegirse, en lo que aquí importa, que esa pericia objetiva a la que se alude es, pues, una exigencia para la realización de los intereses del beneficiario y para salvaguardar los diversos intereses que pueden resultar lesionados en la realización de los actos necesarios para el cumplimiento de la finalidad a la que se encuentran o están afectados los bienes fideicomitidos. Así mismo, comprende el establecimiento de la necesaria "organización" para el cabal y oportuno cumplimiento de dicha finalidad, cuya puesta en práctica y aplicación exige la adopción de un adecuado sistema de control interno y de administración de riesgos, en particular, en lo concerniente a la administración del riesgo operativo. Es decir, que a la hora de fijar el modelo de conducta por el cual se han de regir las actuaciones de los profesionales fiduciarios, deberá tenerse en cuenta precisamente la estructura organizacional con que cuentan, la cual debe permitirles actuar de manera eficaz y anticipar o prever los riesgos de daños que su actividad profesional puede causar a los consumidores financieros y al público en general, como ya se había advertido en otro lugar.

Como corolario de lo expuesto se tiene que el contenido del deber de diligencia impuesto a las sociedades fiduciarias en sus actuaciones en calidad de fiduciarios (entendida esa diligencia en sentido amplio) se encuentra integrado, básicamente, por el parámetro de la *lex artis*. Dicho de otra manera, en el marco de la relación obligatoria, la imposición al fiduciario de la obligación de realizar con diligencia todos los actos necesarios para la consecución de la finalidad a la que se encuentran afectados los bienes fideicomitidos supone establecer un estándar de diligencia en sentido amplio que debe valorarse conforme a las aptitudes y los conocimientos exigidos objetivamente por dicha finalidad. Desde esta perspectiva, la tendencia moderna ha venido apuntando hacia la especialización de este parámetro de conducta respecto del criterio general, y se ha establecido que el modelo abstracto de diligencia y, más exactamente, la impericia prestables de tales entidades se encuentran sujetas a los postulados de la llamada *lex artis*.

Ahora bien, la *lex artis* es la expresión que se usa en latín para denominar el conocimiento que un médico debe tener sobre salud, un arquitecto acerca de diseño, un abogado respecto al derecho y una sociedad fiduciaria en lo referente a negocios fiduciarios y gestión de intereses ajenos, etc. Así, la *lex artis* viene a ser una fórmula que engloba el contenido de la libre y diligente actuación profesional, vale decir, abarca aquella serie de actitudes y conocimientos aplicables a su ejercicio, cuya obtención y práctica conllevan que el profesional sea reconocido como tal por la sociedad.

Aunque han sido diversos los intentos por definir esa *lex*, la verdad es que en unas ocasiones la expresión hace referencia al estado de los conocimientos científicos o técnicos en el nivel más avanzado de las investigaciones, pero en otras se utiliza para significar el conjunto de conocimientos de la especialidad del profesional. También se la suele identificar con aquella regla técnica de actuación de la profesión de que se trate, y se advierte que las *leges artium* de cada profesión son aquellas que regulan la actuación de los profesionales en el ramo que corresponda[208]. En este orden de ideas, necesariamente debe concluirse que, así como en toda profesión rige una *lex artis* que condiciona la corrección de su ejercicio, en la fiduciaria esa *lex*, aunque tiene un sentido general, responde a las peculiaridades de cada actuación, en la que influirán en uno u otro sentido factores tales como las especiales características del fiduciario, sus conocimientos y experiencia en la gestión de intereses ajenos, así como la complejidad y trascendencia de la finalidad a la cual se encuentran afectados los bienes fideicomitidos, para calificar dicho acto de conforme o no con la técnica normal requerida.

Parafraseando lo dicho por Martínez-Calcerrada y Gómez[209], la *lex artis* que marca el estándar de conducta del fiduciario debe entenderse como el patrón de comportamiento que en el ámbito profesional de la gestión de negocios ajenos se considera revelador de la pericia y del cuidado exigibles para su correcto ejercicio, porque responde a aquel nivel de idoneidad y capacidad técnica, administrativa, humana y de sistemas requerido para la correcta administración de los bienes fideicomitidos, de cara al adecuado cumplimiento de la finalidad a la cual estos bienes se encuentran afectados.

En coherencia con las anteriores aproximaciones, cabe preguntarse si en el ámbito de la actividad fiduciaria se está ante un modelo de actuación al que las sociedades fiduciarias en su condición de profesionales en la gestión de negocios ajenos deben ajustarse por imperativo ético, legal, o bien, simplemente profesional. Dicho de otro modo, ¿a qué fines se invoca la *lex artis*? y ¿cuáles son las consecuencias del incumplimiento o de la transgresión de la *lex artis* en una actuación de las sociedades fiduciarias en calidad de fiduciarios?, pues, en la actualidad, la expresión *lex artis* se utiliza de manera recurrente para determinar el ámbito, la actividad profesional y la responsabilidad de las sociedades fiduciarias[210].

La respuesta a estos interrogantes exige partir de las siguientes consideraciones: como ocurre en todas las profesiones, en la fiduciaria, entre las diferentes sociedades fiduciarias vigiladas por la Superintendencia Financie-

---

208 *Cfr.* Adela Serra Rodríguez. "La negligencia y la impericia en la prestación profesional del abogado", cit., p. 408 y Manuel Ángel de las Heras García. *Lex artis, onus probandi y responsabilidad médica*, Murcia, Fundación Mariano Ruiz Funes, 2005, p. 17.

209 Luis Martínez-Calcerrada y Gómez. *La responsabilidad civil médico-sanitaria*, Madrid, Tecnos, 1992, p. 7.

210 *Cfr.* Teresa Giménez Candela. *Lex artis y responsabilidad civil médico-sanitaria. Una perspectiva actualizada*. Disponible en https://archivos.juridicas.unam.mx/www/bjv/libros/4/1943/22.pdf

ra existe una enorme diferencia en lo que respecta a pericia, conocimientos y experiencia. Esta circunstancia se ve agravada, además, por el hecho de que, a diferencia de lo que ocurre con otros profesionales que se dedican a la gestión de intereses ajenos (como es el caso, a manera de ejemplo, de las sociedades comisionistas de bolsa), tratándose de las sociedades fiduciarias, una vez que la Superintendencia expide el correspondiente certificado de autorización, no precisan de ningún requisito adicional para dedicarse a la celebración de toda clase de negocios fiduciarios actuando en calidad de fiduciarios.

Así, pues, el sistema financiero colombiano es bastante generoso con las sociedades fiduciarias, puesto que inmediatamente obtienen el certificado de autorización pueden actuar como fiduciarios en cualquier clase de negocio fiduciario traslaticio y no traslaticio de dominio, con independencia de la finalidad a la cual queden afectados los bienes fideicomitidos. De ahí que, con arreglo a una tradición acríticamente aceptada, se preconice que la competencia técnica del fiduciario se presume en todos los casos. En principio, esta circunstancia impediría hablar de un canon objetivo de diligencia y considerar aplicable uno subjetivo, de suerte entonces que habría que medir la negligencia del fiduciario atendiendo a su nivel de pericia. Así las cosas, donde podría hablarse de conducta negligente en ciertas sociedades fiduciarias, no podría hacerse lo propio en el caso de otras.

En coherencia con lo expuesto, se tiene entonces que el fiduciario debe manejar los conocimientos técnicos y prácticos inherentes a la gestión de negocios ajenos, sin asumir una posición propia, y de un actuar con la previsión y diligencia necesarias. Al fiduciario le corresponde actuar según los conocimientos, la experiencia, los recursos materiales y humanos y la diligencia que se requieran para cumplir con la gestión que se le ha encomendado, así como de acuerdo con las circunstancias en las que se desenvuelve su actividad, sin que importe el grado de dificultad que esta implique. Y si tales conocimientos o su especialización o su infraestructura no le permiten asumir la gestión de los intereses que le está confiando el fideicomitente, entonces deberá rechazar el encargo. El profesional fiduciario —que ha de dominar los conocimientos y las técnicas que conforman el lado teórico de la *lex artis*— queda obligado a adecuar su comportamiento en el desarrollo de la prestación fiduciaria respecto a este saber. Debe, pues, adoptar todas las medidas que le sean exigibles, esto es, evaluar todos los riesgos que conlleva la celebración y ejecución de un negocio fiduciario, para evitar así los daños conocidos que amenacen al consumidor financiero. En una palabra, en el ámbito de la actividad de las sociedades fiduciarias, el concepto de *lex artis* abarca lo que primariamente parece más evidente: el conjunto de conocimientos acumulados respecto de cada tipo de negocio fiduciario (fiducia de inversión, fiducia de garantía, fiducia inmobiliaria, etc), por medio de los que se define el modo usual y comprobado de realizar las actividades inherentes al cumplimiento de la finalidad a la que quedan afectados los bienes fideicomitidos.

Además de este sentido, también con la expresión *lex artis* se alude al deber de diligencia o cuidado con que las sociedades fiduciarias deben desarrollar su actividad profesional de gestión de intereses ajenos sin asumir posición propia. Por consiguiente, se trata de pautas de comportamiento que funcionan a la manera de un "ordenamiento secundario" que las sociedades fiduciarias, como poseedoras de un saber especializado, muestran ante la opinión pública como la mejor respuesta para satisfacer las necesidades de los consumidores financieros, sin olvidar que dichas pautas de comportamiento no son meras exigencias de excelencia, sino que en reiteradas ocasiones se ponen en relación con aquellos principios del ordenamiento jurídico que consagran el criterio de la culpa como eje de la responsabilidad contractual y extracontractual[211].

Por eso, desde la perspectiva que se ha venido tratando, en la práctica lo que se busca es definir la conducta que ha de desarrollar el profesional fiduciario según qué debe hacer, cómo debe hacerlo y frente a quién debe actuar con miras al cumplimiento de la finalidad a la que se encuentren afectados los bienes fideicomitidos. Lo dicho significa, entonces, que la concreción del modelo de conducta que el fiduciario ha de observar en el cumplimiento de la gestión encomendada solo se puede realizar teniendo en cuenta la finalidad a la que se encuentren afectados los bienes fideicomitidos según el negocio fiduciario de que se trate.

Expresado en otras palabras, para determinar la conducta diligente o negligente del fiduciario en un determinado negocio fiduciario, es necesario concretar el parámetro general de conducta (*lex artis*) y adaptarlo al caso concreto (*lex artis ad hoc*) según la finalidad a la que se encuentren afectados los

---

211 *Cfr.* Teresa Giménez Candela. *Lex artis y responsabilidad civil médico-sanitaria. Una perspectiva actualizada*, cit. Disponible en https://archivos.juridicas.unam.mx/www/bjv/libros/4/1943/22.pdf

bienes fideicomitidos. Desde esta perspectiva no existe, pues, una única *lex artis* en el ámbito de las actividades y negocios fiduciarios, sino tantas cuantas finalidades lícitas puedan concebirse para afectar a ellas los bienes fideicomitidos. No obstante, no se puede considerar un parámetro fijo o inmutable para definir la *lex artis*, sino que su definición varía con el tiempo y con los conocimientos y la experiencia en la actuación en calidad de fiduciario.

Ahora bien, este modelo de conducta adaptado al caso concreto según la finalidad a la que se encuentren afectados los bienes fideicomitidos es, pues, el que se debe emplear como parámetro de enjuiciamiento del comportamiento del fiduciario en una prestación fiduciaria determinada, de cara a contemplar su posible calificación como culposa. Sin embargo, el nivel de idoneidad y capacidad exigible según la *lex artis* no es, como regla general, el de la idoneidad y capacidad plenas. De ahí que no en todas las circunstancias en que a una sociedad fiduciaria se le encomienda una gestión se requiere que su idoneidad y capacidad resulten infalibles.

Con todo, es incuestionable que existe un nivel de idoneidad y capacidad que resulta exigible a toda sociedad fiduciaria, sea cual fuere su conocimiento, experiencia e infraestructura. Como consecuencia de la diligencia profesional a la que se encuentran obligadas las sociedades fiduciarias, se les exige una idoneidad y una capacidad que dependen de la modalidad de negocio fiduciario de que se trate (fiducia de inversión, fiducia de garantía, fiducia inmobiliaria, etc.) y, fundamentalmente, de la finalidad a la cual se encuentren afectados los bienes fideicomitidos[212]. Por consiguiente, el fiduciario incurrirá en responsabilidad no por carecer de un conocimiento, experiencia o infraestructura inferior con respecto a otros fiduciarios, sino cuando frente a un caso concreto su actuación no alcance la diligencia que le es exigible, o bien cuando no logre el mínimo de diligencia exigible a cualquier fiduciario.

Conforme a lo antes expuesto, no se requiere entonces la misma la *lex artis*, por ejemplo, en el manejo de portafolios de inversión que en la admi-

---

212 Es decir, las sociedades fiduciarias, en su condición de profesionales en la gestión de intereses ajenos sin asumir posición propia, están obligadas a ejercer su profesión con la pericia que esta actividad requiere, empleando la técnica adecuada y, en consecuencia, acomodando la prestación fiduciaria a la *lex artis* requerida, de acuerdo con la finalidad a la que se encuentren afectados los bienes fideicomitidos. *Cfr.* Adela Serra Rodríguez. *La responsabilidad civil del abogado*, cit., pp. 135 a 136. *Cfr.* también Adela Serra Rodríguez. "La negligencia y la impericia en la prestación profesional del abogado", cit., pp. 416 a 416.

nistración de proyectos inmobiliarios de construcción o en la administración de garantías y fuentes de pago, para solo mencionar estas tipologías. Tampoco se requiere la misma la *lex artis*, verbigracia, para estructurar un proceso de titularización para la emisión de títulos de contenido crediticio a partir de flujos de caja derivados de contratos de mutuo hipotecario para vivienda que para estructurar un proceso de titularización para la emisión de títulos de contenido crediticio a partir de flujos de caja futuros provenientes de la cesión de los derechos económicos derivados de la sobretasa a la gasolina.

En ambos casos, el papel integrador de la diligencia apunta a concretar la gestión confiada al fiduciario siguiendo el interés de los inversionistas y considerando que el respectivo negocio fiduciario tiene como causa y finalidad la necesidad de dar liquidez a los activos subyacentes mediante la emisión y colocación de los títulos. Por tal razón, el juicio de diligencia dependerá de las circunstancias concretas de la intervención del fiduciario dirigida a obtener el recaudo de los flujos de caja necesarios para atender al pago oportuno de los títulos emitidos, tomando en consideración que, en el primer caso, el activo subyacente es tangible, mientras que en el segundo no lo es. De manera entonces que el grado de prudencia exigible al fiduciario debe ponerse en relación no tanto con las consecuencias de no poderse percibir los flujos de caja, sino con la actitud de prevención y valoración de los riesgos a que están expuestos tales flujos según las circunstancias de uno y otro caso.

Dicho de otro modo, la falta de diligencia del fiduciario consistirá, en una parte, en actuar desconociendo los riesgos a los que están expuestos los flujos de caja en uno y otro caso, debiendo conocerlos; y, de otra parte, en no tomar las medidas de cautela o de prevención que sean necesarias. Por consiguiente, el incumplimiento se produce debido a que la actuación del fiduciario contraviene la pauta que la obligación de diligencia establece, y no por el hecho de no alcanzar la finalidad a la cual están afectados los bienes fideicomitidos.

En fin, no es la misma *lex artis* la requerida, por ejemplo, en el caso de negocios fiduciarios en los que los bienes fideicomitidos son de naturaleza privada que cuando se trata de negocios fiduciarios en los que, siendo de carácter privado (en atención a que el o los fideicomitentes son particulares), el fiduciario administra bienes de naturaleza pública. En este último caso, independientemente de la discusión con respecto a si el fiduciario se convierte o no en gestor fiscal —asunto que escapa al objeto de este estudio—, lo cierto es que el papel integrador de la diligencia apunta a concretar la gestión confiada a este siguiendo el interés de la administración pública. Ello implica que dicho fiduciario, como ya se advirtió en otro lugar, debe

> someterse a los mandatos de orden público del régimen jurídico específico que en esa área rigen en el derecho colombiano, y que responde a una política pública encaminada a precaver despilfarros y prácticas corruptas, especialmente por parte de los administradores locales y contratistas privados[213].

Es decir, cuando el fiduciario administra bienes de naturaleza pública en virtud o con ocasión de un negocio fiduciario de carácter privado, el juicio de diligencia depende de las circunstancias concretas de su intervención dirigida a evitar que se cause un daño patrimonial al Estado como consecuencia de su destinación al cumplimiento de fines distintos a los que constitucional y legalmente les corresponden. Pero para exonerarse de responsabilidad no resulta de recibo afirmar que la administración de los bienes públicos objeto del negocio fiduciario se encuentra limitada por las estipulaciones contractuales, por los actos de voluntad del fideicomitente y por las instrucciones que este haya impartido, de suerte que sus actuaciones como fiduciario se han circunscrito a dar cumplimiento a las instrucciones que ha recibido por parte del fideicomitente o de la persona autorizada para el efecto, porque, si bien ello puede ser cierto en cuanto a que el fiduciario no puede desconocer, ni mucho menos contravenir, las instrucciones que le haya dado el fideicomitente, no es menos cierto que forma parte integrante de su deber profesional cerciorarse de la licitud de tales instrucciones y abstenerse de cumplir aquellas que comporten una violación de las disposiciones constitucionales y legales que regulan la administración, el manejo, la inversión y la disposición de los bienes públicos, sin que por ello incurra en responsabilidad civil contractual[214].

---

213 *Cfr.* Laudo arbitral del 22 de julio de 2010, proferido para dirimir las controversias surgidas entre Operagua El Banco S. A. ESP y Fiduprevisora S. A. relacionadas con el incumplimiento de las obligaciones nacidas de un encargo fiduciario de "recaudo, administración y pagos" celebrado dentro del marco de otro contrato principal, un contrato estatal de operación con inversión.

214 A este respecto, particular importancia merece el fallo del 13 de marzo de 2013 proferido por la Sala Penal de la Corte Suprema de Justicia, proferido dentro del proceso penal adelantado en contra de un exgobernador de departamento por los punibles de peculado y celebración de contratos sin el cumplimiento de requisitos legales, entre otros, en el sentido de que la sociedad fiduciaria involucrada en los hechos delictivos, advertida "como estaba de la naturaleza pública

---

de los dineros que iban a nutrir el patrimonio autónomo", se encontraba obligada a «verificar en primer orden la legalidad de aceptar su ingreso, no como un mero acto de trámite llamado a cumplir un requisito formal más, [...] sino de manera ponderada y sustancial en cumplimiento del expreso mandato contenido en el artículo 1.º, parágrafo, del Decreto 1049 de 2006 [...] Y superado ese primer test, le correspondía [...] advertir a la Gobernación el riesgo previsible que se cernía sobre los caudales públicos, o simple y llanamente, no admitir a la entidad territorial como inversionista beneficiario en cuanto (sic) contaba con esa potestad, en cumplimiento de los especiales deberes que pesan sobre todas las entidades fiduciarias a partir de las previsiones del artículo 1234 del Código de Comercio y de las contenidas en el Estatuto Orgánico del Sistema Financiero, particularmente aquellos relativos a la información, diligencia, profesionalidad y especialidad; y previsión, desarrollados en la Circular Básica Jurídica [...] Mas lo que se advierte es que uno y otros deberes fueron sistemáticamente inobservados [...]. Así, en cuanto a la obligación de precaver que el negocio fiduciario sirviera de instrumento para realizar actos o contratos que no pudiera celebrar el fideicomitente directamente de acuerdo con las disposiciones legales, evidentemente obró en sentido inverso, omitiendo el debido análisis de los usos legalmente permitidos para la inversión de excedentes por parte de entidades territoriales, expresamente regulados en la Ley 819 de 2003, cuando era claro que la operación propuesta lejos estaba de constituir alguna de las modalidades de inversión previstas expresamente en esa reglamentación [...] A su turno, la revisión del conocimiento del cliente, que no era otro que la Gobernación [...], paradójicamente lo limitó [...] a examinar el origen de los recursos para evitar el lavado de activos, pese a conocer de antemano que provenían de una entidad de derecho público y, en cambio, nada constató acerca de la posibilidad legal de que dineros de tal origen fueran puestos al servicio de un particular para el desarrollo de su actividad mercantil, distante como la que más de cualquiera de los cometidos a los que están afectados los caudales oficiales [...] Adicionalmente y una vez más contrariando los deberes asociados a la actividad fiduciaria, pese a advertir la debilidad de la fuente de pago, en cuanto sujeta a las contingencias que rodeaban el desarrollo del contrato de extracción y venta de carbón como el que se fideicomitió, o al carácter absolutamente hipotético de los derechos económicos derivados de contratos futuros que pudiera celebrar el fideicomitente, se limitó a incluir cláusulas contractuales dirigidas a evadir su eventual responsabilidad frente al negocio fiduciario, en contravía de lo previsto en la Circular Básica Jurídica que regula esa actividad, en la que expresamente se le previene de, "[...] consignar cláusulas que desnaturalicen el negocio fiduciario, desvíen su objeto original o se traduzcan en menoscabo ilícito de algún derecho ajeno *v. gr.* los pactos de no responsabilidad en obligaciones propias de un determinado negocio en los cuales es precisamente la responsabilidad de la sociedad fiduciaria la razón de ser de su celebración". [...] Naturalmente, las labores de administración asumidas por la fiduciaria no podían quedar restringidas, como en la práctica se hizo, a cumplir ciegamente con las instrucciones de giro impartidas por el fideicomitente, sin verificación distinta a que vinieran suscritas por su representante legal, cuando quiera que su calidad de vocero y administrador del fideicomiso le imponía el deber de "protección de los bienes fideicomitidos", que en este caso eran ni más ni menos que dineros públicos provenientes de regalías petroleras. [...] Por su parte, la Corte encuentra que entre la actuación desplegada por FIDUPETROL, a través de los funcionarios que la representaban, por cuyo medio a la postre se permitió que el encargo fiduciario sirviera como medio para recibir recursos públicos con los cuales se financiarían operaciones de un particular, es decir, amparando una operación ilegal y altamente riesgosa, y el daño causado al patrimonio público, medió el nexo causal necesario para declararla solidariamente responsable de ellos.

Dicho de otro modo, en la clase de negocios fiduciarios que se han venido analizando, resulta ser igual o más importante aquello que destaca la jurisprudencia arbitral con respecto a que el fiduciario "no es un simple espectador del contrato ni un policía simbólico y silencioso de los bienes fideicomitidos, al que apenas le compete recibirlos del fideicomitente como vienen y sin reparo posible"[215]; por el contrario, del fiduciario se espera una conducta más exigente que la de simplemente limitarse a obedecer sin analizar el alcance que incluso para los propios intereses del fideicomitente tienen las instrucciones que este imparte.

Obviamente, esto solo puede entenderse en el marco de la responsabilidad civil derivada de la celebración y ejecución del negocio fiduciario de que se trate, y no significa, ni mucho menos, que se esté afirmando que el fiduciario tiene la condición de gestor fiscal y que, por lo mismo, también está llamado a responder por el daño que se le hubiera podido causar al patrimonio público. Porque, si bien es cierto que la conducta de un particular que maneja o administra bienes públicos puede ser constitutiva al mismo tiempo de responsabilidad civil, penal, disciplinaria y fiscal, no es menos cierto que en el caso que se ha analizado, para efectos de poderle deducir responsabilidad fiscal al fiduciario se requiere analizar si a la luz de las respectivas estipulaciones contractuales este goza de poder decisorio sobre los bienes o fondos públicos[216].

[...] En efecto, la conducta observada por la fiduciaria fue determinante del daño patrimonial, en cuanto (sic) prestó su concurso, por fuera de los mandatos que la vinculaban, para servir de receptor de los dineros públicos, propiciando su llegada a título distinto del que en esencia le correspondía, esto es, como aporte del fideicomitente, cuando bien sabía que su naturaleza era oficial; además, y para cerrar el círculo, accedió a que este dispusiera libremente de las sumas depositadas por la Gobernación, sin ejercer control efectivo alguno sobre su destino [...] En otros términos, FIDUPETROL ha de responder por su propia culpa en la estructuración y desarrollo del negocio como causa indirecta del daño, no pudiendo dejar de mencionarse la relevancia de su aporte en aquella fase previa, en contraste con la actuación marginal que frente a la misma (sic) ha querido reivindicar su apoderado [...]». (Corte Suprema de Justicia, Sala de Casación Penal. Sentencia 39339 del 13 de marzo de 2013, M. P.: Luis Guillermo Salazar Otero).

215 Laudo arbitral del 19 de julio de 2000, cit.

216 El artículo 3.º de la Ley 610 de 2000 define la gestión fiscal como "el conjunto de actividades económicas, jurídicas y tecnológicas, que realizan los servidores públicos y las personas de derecho privado que manejen o administren recursos o fondos públicos, tendientes a la adecuada y correcta adquisición, planeación, conservación, administración, custodia, explotación, enajenación, consumo, adjudicación, gasto, inversión y disposición de los bienes públicos, así como a la recaudación, manejo e inversión de sus rentas en orden a cumplir los fines esenciales del Estado, con sujeción a los principios de legalidad, eficiencia, economía, eficacia, equidad,

imparcialidad, moralidad, transparencia, publicidad y valoración de los costos ambientales". Al respecto, la Corte Constitucional, mediante la Sentencia C-840 del 9 de agosto de 2001, señaló: "Como bien se aprecia, se trata de una definición que comprende las actividades económicas, jurídicas y tecnológicas como universo posible para la acción de quienes tienen la competencia o capacidad para realizar uno o más de los verbos asociados al tráfico económico de los recursos y bienes públicos, en orden a cumplir los fines esenciales del Estado conforme a unos principios que militan como basamento, prosecución y sentido teleológico de las respectivas atribuciones y facultades. Escenario dentro del cual discurren, entre otros, el ordenador del gasto, el jefe de planeación, el jefe jurídico, el almacenista, el jefe de presupuesto, el pagador o tesorero, el responsable de la caja menor, y por supuesto, los particulares que tengan capacidad decisoria frente a los fondos o bienes del erario público (sic) puestos a su cargo. Siendo patente que en la medida en que los particulares asuman el manejo de tales fondos o bienes, deben someterse a esos principios que de ordinario son predicables de los servidores públicos, a[l] tiempo que contribuyen directa o indirectamente en la concreción de los fines del Estado". (Corte Constitucional. Sentencia C-840 del 9 de agosto de 2001, Exp. D-3389, M. P.: Jaime Araújo Rentería). De esta forma, el carácter de gestor fiscal no deriva del simple hecho de que un particular tenga bajo su esfera de poder bienes públicos, sino de que goce de capacidad decisoria respecto de ellos. Como lo indicó el Consejo de Estado, entre otras, en la sentencia del 19 de mayo de 2016, "la responsabilidad fiscal se deduce por la afectación del patrimonio público, tanto en forma dolosa como culposa, en desarrollo de actividades propias de la gestión fiscal o vinculadas con ella, cumplida por los servidores públicos y particulares, que manejen o administren bienes y recursos del Estado. Vale la pena puntualizar, que la responsabilidad fiscal debe necesariamente recaer sobre el manejo o [la] administración de bienes y recursos o fondos públicos, y respecto de los servidores públicos y particulares que tengan a su cargo bienes o recursos del Estado, sobre los cuales tengan capacidad o poder decisorio". (Consejo de Estado, Sala de lo Contencioso Administrativo, Sección Primera. Sentencia 2013-01024 del 19 de mayo de 2016, Ref. Exp. 68001-23-33-000-2013-01024-01, C. P.: María Elizabeth García González). En este mismo sentido, la Contraloría General de la República, mediante el Concepto CGR-OJ 187 de 2018, expresó: "[P]ara determinar si un servidor público o particular que desempeña funciones públicas es gestor fiscal, basta en principio con revisar las funciones que tiene asignadas por ley o el acto que lo invistió de funciones públicas, y, si ellas, tomando en cuenta la definición que trae el artículo 3.º de la Ley 610 de 2000, comportan el manejo de fondos y bienes del Estado, es decir, implican la titularidad administrativa o dispositiva de los mismos (sic), materializada mediante planes de acción, programas, actos de recaudo, inversión y gasto, entre otros, o comprenden actividades de ordenación, control, dirección y coordinación del gasto, fuerza afirmar que se configura gestión fiscal". Seguidamente, señala la Contraloría que "el particular tiene la calidad de gestor fiscal cuando tiene la facultad de tomar decisiones sobre recursos públicos que se han puesto a su disposición". Y concluye: "[U]n particular debe ser considerado gestor fiscal cuando es investido de la capacidad de tomar decisiones respecto de unos fondos, recursos o bienes de naturaleza pública que le han sido entregados y en virtud de aquella, los maneja o administra desplegando una serie [de] actos de orden económico, jurídico u otros, de acuerdo con lo establecido en el artículo 3 de la Ley 610 de 2000, que responden a los principios generales de la administración pública para garantizar el cumplimiento de los fines del Estado". De esta suerte, queda claro entonces que la Contraloría General de la República no puede declarar fiscalmente responsable a una sociedad fiduciaria a partir de la mera constatación de que los

Finalmente, huelga decir que la *lex artis* debe desplegarse a lo largo de todo el acto de formación, celebración, desarrollo, ejecución, terminación y liquidación del negocio fiduciario; es decir, el profesional fiduciario está obligado a desarrollar en cada una de las fases del *iter* contractual las actuaciones exigidas por la *lex artis*. Definir cuáles son estas actuaciones es relevante de cara a la afirmación de ciertos comportamientos negligentes que pueden dar lugar a las acciones de responsabilidad civil. Veámoslo a grandes rasgos.

La iniciativa de acudir a la contratación fiduciaria no siempre parte del consumidor financiero, sino que en ocasiones proviene del profesional fiduciario, quien, a raíz de la publicidad que suele hacer de sus productos y servicios, utiliza expresiones tales como "nuestra experiencia", "nuestro conocimiento", "nuestra responsabilidad", "somos los mejores", "nuestro equipo de trabajo", "prestamos el mejor servicio", "nuestra red de atención al público", etc. Por eso, con sobrada razón, la jurisprudencia de la Corte Suprema de Justicia ha sostenido que es precisamente en atención a la confianza en el profesionalismo muy especializado del fiduciario que el legislador ha puesto especial celo en la regulación de la conducta que este debe observar, pues es justamente por esa especialísima confianza que el fiduciante acude a los servicios del fiduciario,

> le transfiere uno o varios de sus bienes y le confía una finalidad fiduciaria, para su provecho o el de un tercero, confiriéndole poder dispositivo de los bienes integrantes del patrimonio autónomo; esa misma confianza en la profesión, conocimientos, experiencia, probidad, seriedad y eficiencia, motiva a terceros para celebrar actos, negocios y contratos vinculados al negocio fiduciario y, en general, la confianza, preside toda la formación, celebración, desarrollo, ejecución, terminación y liquidación del negocio fiduciario[217].

En el contexto antes descrito, aunque *a priori* no resulta posible establecer una relación taxativa de todos los tipos de negligencia o impericia en que puede incurrir el fiduciario. Lo cierto es que, en los casos traídos a colación por vía de ejemplo, pueden y deben calificarse como negligentes los siguientes comportamientos del fiduciario:

---

bienes fideicomitidos son bienes públicos; se requiere, además, demostrar que ostentaba el carácter de gestor fiscal. (Concepto CGR-OJ 187 de 2018, cit.).

217 Corte Suprema de Justicia, Sala de Casación Civil. Sentencia 2000-00310 del 1.º de julio de 2009, Exp. 11001-3103-039-2000-00310-01, M. P.: William Namén Vargas.

En primer lugar, se tiene el comportamiento omisivo del profesional que se muestra frente al consumidor financiero como poseedor de unos conocimientos y de experiencia, pero que en realidad carece de ellos, pues la culpa del fiduciario deriva del quebrantamiento de un deber de diligencia en el autoexamen de sus propias aptitudes, conocimientos y experiencia para cumplir con la gestión encomendada. El fiduciario, por el hecho de presentarse ante el público como poseedor de determinados conocimientos y experiencia, está llamado a responder por los daños resultantes de la infracción del modelo del profesional o *artifex*, tanto más si se considera que a dicho fiduciario le corresponde dominar los conocimientos y las técnicas que conforman el lado teórico de la *lex artis*. Por ende, se encuentra obligado a adecuar su comportamiento en el desarrollo de la prestación fiduciaria al saber propio de la gestión de negocios ajenos; debe entonces adoptar todas las medidas que le sean exigibles, conforme al estado del arte, para evitar daños conocidos que amenacen al fideicomitente o al beneficiario, según el caso.

Sobre este particular, conviene traer a colación el Laudo arbitral del 8 de junio de 1999, proferido con ocasión de la controversia planteada por el Inurbe a Fiduagraria con respecto a la celebración y ejecución de un negocio fiduciario cuya finalidad era la inversión y administración de los recursos del subsidio de vivienda. Los árbitros, refiriéndose al deber de eficacia que pesa sobre el fiduciario, dejaron sentado lo siguiente:

> Quien recurre a los servicios de un profesional, lo hace porque persigue un determinado objetivo, o espera la realización de un resultado (incluso si se trata de obligaciones de medio), lo que significa que se basa en la eficacia del "hombre del arte" o del "hombre del oficio", quien tiene la obligación jurídica de ser eficaz, lo cual no quiere decir que deba siempre lograr el resultado perseguido [...] De otra parte, como persona experta, el profesional debe conocer sus limitaciones y rechazar los encargos que excedan sus capacidades —a menos que se trate de situaciones de urgencia, en especial en el campo médico— o debe acudir al respaldo de un especialista en los aspectos en que él no lo sea. [...] Como ya se indicó, el deber de eficacia requiere del profesional una formación permanente, lo que le exige estar al tanto de las evoluciones jurídicas y técnicas, no solamente para ponerlas en práctica, sino también para advertir a sus clientes de la necesidad o conveniencia de tenerlos (sic) en cuenta o de emplearlas.

En segundo lugar, puede y debe calificarse de negligente el comportamiento omisivo del profesional fiduciario que no haya efectuado una valoración de los riesgos que conllevaba la celebración y ejecución de un negocio fiduciario, o que no le haya informado de manera detallada al consumidor financiero cuáles eran esos riesgos o, incluso, que no haya tratado de convencer al consumidor financiero de abstenerse de celebrar determinado negocio fiduciario. En estos casos, el juicio de diligencia dependerá de las medidas de cautela o de prevención que hayan adoptado las sociedades fiduciarias en el caso concreto, dirigidas a identificar, *ab initio*, los riesgos en cuestión y, por ende, a prevenir la realización y extensión de eventuales perjuicios para los consumidores financieros.

La adopción de esas medidas es un correlato inevitable del derecho que, en los términos de la Ley 1328 de 2009, los consumidores financieros tienen de recibir productos y servicios con estándares de seguridad y calidad, al tiempo que constituye la razón de ser del deber que pesa sobre las sociedades fiduciarias de proteger los bienes fideicomitidos cuya administración, custodia y manejo les han sido encomendados y, por consiguiente, de defender la confianza que caracteriza a los negocios fiduciarios traslaticios y no traslaticios del derecho de dominio. De ahí que, si las sociedades fiduciarias no adoptan esas medidas de cautela o de prevención que se dejaron expuestas, incurren en un descuido y falta de diligencia del tipo de la culpa leve a que se refiere el artículo 63 del Código Civil.

Sobre este particular, resulta ilustrativo lo manifestado en el Laudo arbitral del 8 de junio de 1999[218], proferido con ocasión de la controversia planteada por el Inurbe a Fiduagraria con respecto a la celebración y ejecución de un negocio fiduciario cuya finalidad era la inversión y administración de los recursos del subsidio de vivienda, en el sentido de que, tratándose de la administración de portafolios de inversión —como sucede en la actualidad, verbigracia, en el caso de los fondos de inversión colectiva—, el fiduciario está obligado a

> informarse de los deseos y propósitos de su cliente e ilustrarlo sobre las posibles inversiones y la distribución de las mismas (sic). Igualmente advertirle de los riesgos previsibles que se están tomando y prevenirlo acerca de las circunstancias adversas que podrían sobrevenir. Con todo, esta labor de información y consejo depende de la competencia, idoneidad y experiencia del cliente, o del hecho de que negocie con el profesional con la asesoría de otro experto.

---

218 Laudo arbitral del 8 de junio de 1999, cit.

Líneas más adelante, los árbitros expresaron lo siguiente:

> [L]os profesionales, como cualquier empresario, están para hacer negocios, no para rechazarlos, menos en un entorno de aguda y en veces (sic) desleal competencia. Pero[,] como es obvio, hay negocios más arriesgados e inciertos que otros, de suerte que para no comprometer su responsabilidad el profesional debe, como condición previa y necesaria, tomar las precauciones aconsejables y evaluar los riesgos de las transacciones, utilizando para esas tareas precautelativas los instrumentos usuales, normales, y razonablemente al alcance de los hombres de su especialidad. En el caso que nos ocupa[,] esas precauciones consistirán en informar y aconsejar a su cliente acerca de las circunstancias relevantes de las operaciones que proyecta, sus riesgos, peligros y posibles vicisitudes. Cumplidas estas labores en forma cabal y oportuna[,] el profesional, como regla general, habrá del (sic) entender que ha observado adecuadamente sus deberes y podrá proceder a llevar a cabo las instrucciones de su cliente, sin que con ello resulte luego responsable por las consecuencias negativas de la operación encomendada.

En este mismo sentido, también resulta de particular importancia el Laudo arbitral del 31 de marzo de 2000[219], proferido con ocasión de la controversia planteada por el Inurbe a Fiduciaria Ganadera (hoy Fiduciaria BBVA) con respecto a la celebración y ejecución de un negocio fiduciario cuya finalidad era la inversión y administración de los recursos del subsidio de vivienda, en el sentido de que, tratándose de la fiducia de inversión, la obligación de realizar y administrar las inversiones con prudencia y esmero, y en un todo de acuerdo con las instrucciones impartidas por el fideicomitente, es mucho más importante que las obligaciones de mantener sus bienes separados de los de la fiducia, llevar una contabilidad independiente de la suya o rendir periódicamente cuentas comprobadas de su gestión, pues

> al fin y al cabo no solo se trata del objeto mismo del contrato, de su núcleo, sino, por sobre todo, de la necesidad de que él se cumpla conforme al principio cardinal de la confianza que por definición constituye la razón de ser de la fiducia. [...] Es decir, que, en relación con el cumplimiento de ese encargo, la marca de la confiabilidad debe ser predicable, tanto de la persona misma del fiduciario, como, por supuesto, de la forma como él lo lleve a efecto. [...] Para el tribunal esa confiabilidad tiene

---

219 Laudo arbitral del 31 de marzo de 2000, que resolvió las controversias entre el Instituto Nacional de Vivienda de Interés Social y Reforma Urbana (Inurbe) y Fiduciaria Ganadera S. A. (Fidugán).

que ser sinónimo de preparación, conocimiento, profesionalismo, rectitud, interés, celo, dedicación, seriedad, prudencia, diligencia, cuidado. Y no de cualquier tipo, ya que tampoco puede olvidarse que hoy en día un fiduciario es ante todo un profesional de esa clase de negocios; con toda la carga que el término comporta, con sus ventajas y con sus responsabilidades. Una persona a la que sus conocimientos y experiencia en materia del manejo de intereses ajenos, han hecho merecedora de una confianza pública muy especial, y que se dedica habitualmente a la prestación de sus servicios a cambio de una remuneración, tiene obligación de informarse y asesorar como el corolario más trascendental de la responsabilidad profesional.

[...]

[...] Por otro lado, una interpretación puramente exegética de las normas que definen el fideicomiso de inversión podría dar lugar a pensar que, puesto que su objeto se contrae fundamentalmente a invertir o colocar a cualquier título sumas de dinero, de conformidad con las instrucciones impartidas por el constituyente y con lo previsto en el presente estatuto, la realización de dicha actividad señala el principio y el fin de la responsabilidad del fiduciario. A esta interpretación contribuye también la disposición del numeral 3.º del artículo 1234 del Código de Comercio, cuando prescribe entre los deberes generales del fiduciario el de invertir los bienes provenientes del negocio fiduciario en la forma y con los requisitos previstos en el acto constitutivo salvo que se le haya permitido obrar del modo que más conveniente le parezca. [...] Dicha interpretación llevaría inexorablemente a la melancólica conclusión de que al fiduciario le basta simplemente con realizar esa inversión o colocación de las sumas de dinero en los términos formales señalados por el fideicomitente, para entender cumplidas sus obligaciones y para considerarse liberado de toda responsabilidad. [...] Según ella, entonces, el fiduciario no tendría nada que decir sobre la inversión que se le encarga; ni sobre su rentabilidad o su seguridad; ni sobre la confiabilidad de la persona que habrá de recibirla. Tampoco le correspondería ponerle de presente a su cliente la información que, como profesional que es, posee o debe poseer en relación con todos los demás pros y contras de la inversión que se le encomienda, o, si fuere el caso, alertarlo sobre los riesgos generales implícitos en ella o sobre alguno en particular del que tenga conocimiento. Apenas si tendría que limitarse a fungir de pasivo y silencioso correo de la inversión. [...] A juicio del tribunal, evidentemente las normas mencionadas no pueden tener tan minúsculo alcance ni establecer un tan limitado horizonte a la responsabilidad del fiduciario. Sobre todo cuando ellas mismas han sido tan celosas a la hora de señalar, limitativamente, las pocas personas que pueden tener la calidad de fiduciarios (C. Co., art. 1226), y al exigir para el efecto una precisa autorización gubernamental, previo el cumplimiento de muy rigurosos requisitos. Entre nosotros, por ministerio de la ley, el fiduciario es entonces un verdadero profesional, y no un mandatario cualquiera. No en balde su actividad se cumple, por definición,

> en forma remunerada, tal como imperativamente lo dispone el artículo 1237 del Código de Comercio. [...] Ello explica con toda claridad que, en forma perfectamente armoniosa, los artículos 1243 del Código de Comercio y 2155 del Código Civil, relativos respectivamente a las responsabilidades del fiduciario y del mandatario, establezcan, a una sola voz y de modo categórico, que uno y otro responden hasta de la culpa leve y más aún, que esta última disposición agregue, a renglón seguido, que esta responsabilidad recae más estrictamente sobre el mandatario remunerado.

Seguidamente, los árbitros señalaron lo siguiente:

> Así pues, al fiduciario no le es dado desconocer, ni mucho menos contravenir, las instrucciones que le haya impartido el constituyente de la fiducia de inversión. Pero sí le es dado, y además forma parte integrante de su deber profesional, hacer acopio de toda la información a su alcance, de modo de poder suministrarle a su cliente la ilustración más completa posible, para que la decisión final de este resulte la más apropiada. Y también le es dado, y así mismo forma parte de su deber profesional, asesorarlo sobre la inversión proyectada, poniéndole de presente todas las razones que su pericia le indique, a fin de que el constituyente pueda contar con todos los elementos de juicio que requiere.
>
> ¿Qué decir, entonces, de la actitud de la fiduciaria en el caso de autos? ¿Qué decir del hecho de que jamás hubiera advertido a su cliente sobre los evidentes riesgos que implicaban las inversiones temporales que él le encomendó? ¿Qué decir de que, sabiendo, como sabía o como tenía que saber que las inversiones que entonces venían haciéndose en cooperativas conllevaban muy serios peligros que había que manejar con redoblada prudencia, hubiera guardado absoluto silencio cuando recibió la instrucción de invertir en ellas? ¿Qué decir del contraste entre su indolencia y el comportamiento de otras fiduciarias que, en iguales circunstancias, sí alertaron a sus clientes, e inclusive hasta se negaron a realizar inversiones semejantes? ¿Y qué decir, finalmente, de que nada le hubiera dicho Fidugán al Inurbe acerca de que la cooperativa Cooservir tenía ya vencida la autorización indispensable para el ejercicio de la actividad financiera, y que la cooperativa Conalcrédito jamás había contado con tal autorización[?] [...] Evidentemente, esa conducta pasiva de la fiduciaria comportó un incumplimiento de sus obligaciones contractuales, que, por otro lado, este tribunal no puede dejar de reprochar severamente [...] Ese incumplimiento configura, como bien se sabe, uno de los elementos básicos de la responsabilidad tradicionalmente llamada contractual, que es el hecho dañoso.

Finalmente, al revisar la conducta asumida por la sociedad fiduciaria frente a las autorizaciones de inversión impartidas por el fideicomitente, en el laudo en comento los árbitros expresaron:

> El tribunal no comparte la teoría alegada por la demandada, de que, por tratarse de una fiducia de inversión, esta debía limitarse a cumplir con las instrucciones del fideicomitente. Tratándose de una fiducia de inversión, como lo era en este caso la labor relacionada con las inversiones temporales, su obligación era una típica obligación de medio, que, en este caso, le implicaba una conducta más exigente que la de simplemente, limitarse a obedecer, sin analizar, el alcance que, para los intereses del propio fideicomitente, tenían las autorizaciones de inversión en las cooperativas Cooservir y Conalcrédito. [...] La obligación de medio de que es titular el fiduciario, en la fiducia de inversión, se entendería cumplida con el análisis del riesgo de la inversión en cuestión, seguida por la advertencia al fideicomitente, en el sentido de que dicho análisis del riesgo en cuestión, de ser el caso, no hace aconsejable tal inversión.

En tercer lugar, puede y debe calificarse de negligente el comportamiento omisivo del profesional fiduciario que no se cerciore de que el fideicomitente tiene el derecho de transferir el dominio sobre el bien fideicomitido y que puede hacerlo libre de gravámenes y limitaciones; igualmente, que no se asegure de que en el documento (público privado) que instrumentalice el negocio fiduciario se encuentran presentes todos los elementos de la esencia —tanto los generales de todo contrato, como los particulares de la propiedad fiduciaria— para que dicho acto jurídico logre su existencia; que no compruebe que los mencionados elementos no están afectados de vicio alguno que pueda colocar en entredicho la validez del negocio; y, en fin, que no se cerciore de la cabal y efectiva constitución del patrimonio autónomo.

A este respecto, resulta significativo el Laudo arbitral del 28 de noviembre de 2001[220], que resolvió las controversias entre Vesna Zorka Mimiça y Fiduagraria derivadas de la celebración y ejecución de un contrato de fiducia mercantil de garantía. En este proceso, se solicitó declarar responsable a la sociedad fiduciaria por haber dado lugar a que, por su negligencia en el cumplimiento de sus obligaciones, el patrimonio autónomo careciera de todo valor económico. En criterio de los árbitros,

> el numeral 1.º del artículo 1234 del Código de Comercio indica que entre los deberes primordiales del fiduciario está el de "realizar diligentemente todos los actos necesarios para la consecución de la finalidad de la fiducia"[;] se hace necesario determinar si en la celebración y ejecución del contrato de fiducia en garantía

---

220 Laudo arbitral del 28 de noviembre de 2001, que resolvió las controversias entre Vesna Zorka Mimiça y Fiduciaria de Desarrollo Agropecuario S. A. y Fiduagraria S. A.

de 28 de febrero de 1995, materia de la presente controversia, así como en la expedición del certificado correspondiente, Fiduagraria cumplió o no con todas las obligaciones que en su calidad de profesional prudente y diligente le imponían las disposiciones legales y contractuales aplicables.

Pues es indudable que en la medida en que el contrato materia de la litis es un contrato de fiducia en garantía suscrito entre unos fideicomitentes y una sociedad fiduciaria, a favor de unos acreedores beneficiarios, era responsabilidad de la sociedad fiduciaria, como bien lo dice la cláusula cuarta del contrato, poner "todo su conocimiento, diligencia y cuidado para lograr el éxito de la gestión" encomendada, lo cual implicaba, entre muchas otras cosas, velar por que los beneficiarios contaran con una garantía eficaz, que lograra el propósito último de la misma (sic), que no era otro que servir como instrumento real y suficiente de respaldo de los créditos otorgados al fideicomitente, todo ello en los términos pactados en el contrato de 28 de febrero de 1995.

En consecuencia, el ejercicio diligente de sus responsabilidades contractuales implicaba para Fiduagraria, además del cumplimiento riguroso de lo pactado en el contrato, y en particular en su cláusula décimo segunda, la realización de todos los actos propios e inherentes al cumplimiento de dicha finalidad, dentro de (sic) los que el tribunal quiere destacar los referentes a la necesidad de precisar la existencia del bien fideicomitido, así como percatarse de su titularidad y libre disponibilidad, de la inexistencia de gravámenes o limitaciones de dominio, y de verificar la correcta estimación de su valor.

En el mismo sentido anterior, también resulta significativo el Laudo del 26 de agosto de 1997[221], que resolvió las controversias entre Leasing Mundial S. A. y Fidufes S. A. (hoy Acción Fiduciaria S. A.), en el que, planteadas sendas reclamaciones de exigencia de responsabilidad contractual a la sociedad fiduciaria, entre otras cosas, por no haber verificado que la escritura pública de constitución del fideicomiso hubiese sido registrada de manera oportuna en la correspondiente Oficina de Registro de Instrumentos Públicos del lugar de ubicación del inmueble fideicomitido, los árbitros, partiendo de lo dispuesto por el numeral 1 del artículo 1234 del Código de Comercio, señalaron que los actos necesarios para cumplir la finalidad señalada por el fideicomitente en el acto constituitivo de un fideicomiso de garantía deben estar necesariamente dirigidos o

221 Laudo arbitral del 26 de agosto de 1997, cit.

> encaminados a lograr la constitución válida y efectiva del patrimonio autónomo, pues sin esta condición previa e indispensable no habría garantía, de suerte que el fiduciario ha de verificar con celo que el fideicomitente tenga el derecho de transferir el dominio sobre el bien fideicomitido y que pueda hacerlo libre de gravámenes y limitaciones, igualmente ha de constatar con acuciosidad que en la escritura pública que perfeccione el negocio fiduciario estén presentes todos los elementos de la esencia —tanto los generales de todo contrato, como los particulares de la propiedad fiduciaria— para que dicho acto jurídico logre la existencia y debe persuadirse de que los mencionados elementos no estén afectados de vicio alguno que pueda colocar en entredicho la validez del negocio. Así mismo, es tarea del fiduciario obtener la inscripción de la escritura en el registro correspondiente, lo que puede llevar a cabo sin el concurso del fideicomitente, o, en caso de que en el contrato se le asigne a este dicha tarea, aquel debe estar particularmente atento a fin de que se le compruebe que tal inscripción se haga en forma correcta y oportuna. Solo con estas precauciones y medidas providentes puede entenderse que el fiduciario cumple cabalmente sus deberes legales y contractuales, pues a través de ellas muestra su diligencia para tratar de que los fines perseguidos por la fiducia en realidad se concreten.

Circunscribiéndose al caso concreto objeto de controversia judicial, los árbitros, a partir del análisis de los hechos y de las circunstancias que rodearon la celebración del contrato de fiducia mercantil y la expedición de certificados de garantía fiduciaria a favor de la entidad convocante, concluyeron que no existía duda con respecto a que,

> después de firmada la escritura que perfeccionó el negocio fiduciario, nadie quedó encargado en Fidufes de verificar si el registro correspondiente se hacía; nadie volvió a mirar la carpeta de este negocio; jamás se envió una carta al fideicomitente para indagar la suerte de dicho registro, ni se envió a persona alguna a la Oficina de Registro de Chocontá para que constatara directamente la situación. Y así pasó casi año y medio sin que la fiduciaria se cerciorara de que el registro no se había llevado a cabo e, incluso varios meses después, su correspondencia permite deducir que, al menos algunas de sus dependencias o funcionarios, continuaban sin saber que el fideicomiso se había frustrado por completo. [...] Para cuando se expidió el certificado de garantía fiduciaria 000294, esto es, el 11 de abril de 1995, habían transcurrido cuatro meses desde la firma de la escritura, lapso más que suficiente para llevar a cabo dicho registro y, no habiendo recibido la fiduciaria constancia escrita de su realización en ese período, ha debido intuir que algo malo estaba ocurriendo, toda vez que el término en cuestión es excesivo en circunstancias normales. Con su experiencia profesional la fiduciaria debía advertir lo inusual de la situación y abstenerse de expedir certificados de garantía hasta que se le acla-

> rara lo ocurrido. Pero nada intuyó, ni advirtió, ni constató, ni hizo la fiduciaria a este respecto, con lo cual su comportamiento amerita un reproche mayor y una valoración de su conducta francamente negativa [...] En la declaración de la [...] gerente encargada de Fidufes [...] se subrayan los riesgos que corría la fiduciaria con la práctica de expedir certificados de garantía fiduciaria con la sola boleta de registro, lo que la declarante califica como "una práctica absolutamente insegura" [...]. Tales riesgos no solo se multiplican, sino que se convierten en una conducta temeraria, si se expiden certificados de garantía después de 4 meses de constituida la fiducia, sin tener prueba de que su inscripción en el registro se llevó a cabo. Y con esa conducta a todas luces reprobable, la fiduciaria incumplió uno de sus deberes indelegables de mayor trascendencia como es el de actuar con diligencia para lograr o para verificar que se logre la constitución válida y efectiva de un patrimonio autónomo que sirva en verdad de garantía de cumplimiento de ciertas obligaciones pecuniarias, que es su propósito esencial. Con su incuria y desidia la fiduciaria no solo puso en grave riesgo y peligro los intereses de los beneficiarios de la fiducia, que creyeron contar con un respaldo que no existía, sino que puso en grave riesgo y peligro sus propios intereses, en virtud de los compromisos en firme que la propia fiduciaria asumió a través de las manifestaciones unilaterales de voluntad que plasmó en los certificados de garantía fiduciaria que expidió. [...] Para el tribunal el comportamiento observado por la fiduciaria refleja una falta de cuidado y diligencia que excede la noción de culpa leve, pues no se trata solamente de "la falta de aquella diligencia y cuidado que los hombres emplean ordinariamente en sus negocios propios", sino de un descuido protuberante en el que ni siquiera incurrirían personas usualmente negligentes e improvidentes, lo que configura una culpa grave en los términos del artículo 63 del Código Civil, según el cual este error de conducta "consiste en no manejar los negocios ajenos con aquel cuidado que aun las personas negligentes o de poca prudencia suelen emplear en sus negocios propios". [...] Pero si se hace la comparación de la conducta de la fiduciaria con un patrón abstracto de comportamiento más cercano a sus propias circunstancias, es decir, con el que habría observado una entidad financiera y por tanto profesional en circunstancias similares, el resultado de tal comparación es sin duda aun más negativo y comprometedor para Fidufes, pues una entidad de las características anotadas, cuyas ventajas comparativas en el mercado son la eficiencia y el profesionalismo, no incurriría en las omisiones graves en que incurrió Fidufes[222].

Más adelante, en el laudo arbitral se reitera que si la sociedad fiduciaria hubiera obrado

---

222 Laudo arbitral del 26 de agosto de 1997, cit.

> con diligencia y acuciosidad, se habría logrado la tradición del inmueble fideicomitido, es decir, la adecuada y válida constitución del patrimonio autónomo de garantía. De ser ello así, Leasing Mundial —ante el no pago de las obligaciones de Auto Seúl Cobautos— hubiere puesto en movimiento el procedimiento contractual establecido para la efectividad de la garantía, el cual hubiere culminado con la venta del inmueble, con cuyo producto hubiere sido satisfecho el crédito de la demandante, o con la entrega a esta, a título de dación en pago, del predio, en el evento de que no se presentaren compradores interesados [...] Esta última alternativa desapareció al no haberse hecho la tradición del inmueble a la fiduciaria, de modo que la única forma de reparar los daños sufridos por la actora es la indemnización por equivalencia. La indemnización tendrá, entonces, el carácter de compensatoria de la prestación inejecutada. Y habrá de serlo por la totalidad de la misma (sic), puesto que no hubo en la realidad negocial ni un principio de eficacia en la garantía, no obstante (sic) estar anunciada en el certificado expedido el 11 de abril de 1995. [...] El perjuicio sufrido es cierto, y directo, y consistió en no disponer Leasing Mundial S.A., como beneficiaria de la fiducia, del respaldo que esperaba para su crédito, consistente en un bien que vendría a ser la fuente de pago con el producto de su venta o con la entrega misma de él a título de dación en pago. El perjuicio no tuvo carácter eventual como lo propuso Fidufes en su defensa porque evidentemente se produjo, como atrás se explicó, al no contar el beneficiario con la garantía, en razón de la culpa de la fiduciaria. Y así como habría podido resultar imposible para Leasing Mundial S. A., beneficiarse de la garantía por una opinión o una doctrina de autoridad, habría podido también resultar plenamente eficaz por la venta del bien, o por su oportuna dación en pago, o también porque un concepto o una doctrina sostuviera la tesis más generalizada de la plena autonomía del patrimonio fiduciario. [...] Lo verdaderamente relevante es que el beneficiario no tuvo garantía, ni buena ni mala, por la culpa de la fiduciaria[223].

Finalmente, también resulta significativo el Laudo arbitral del 19 de julio de 2000, que resolvió las controversias entre BASF Química y Fiduanglo S. A.[224] derivadas de la celebración y ejecución de un contrato de fiducia mercantil de garantía. En esa oportunidad, los árbitros pusieron de presente que, tratándose de la fiducia mercantil de garantía,

> se deben imponer claras obligaciones y responsabilidades en el inicio de la cadena negocial, esto es, en cabeza del fiduciario, a fin de inspirar seguridad, confianza y credibilidad en todos los que en el futuro otorgarán crédito en consideración a la

---

223 Laudo arbitral del 26 de agosto de 1997, cit.

224 Laudo arbitral del 19 de julio de 2000, cit.

> garantía fiduciaria que se les ofrece. Esto realza, como debe ser, las obligaciones profesionales e indelegables del fiduciario para cerciorarse de la cabal y efectiva constitución del patrimonio autónomo y de la razonabilidad de su valoración, pues con la expedición de cada certificado da a entender y garantiza —y así lo pueden aceptar los terceros sin más indagaciones— que el negocio fiduciario fue bien constituido; que su valoración fue realizada por un experto independiente y que la razonabilidad de la misma (sic) fue verificada por la propia fiduciaria.

En cuarto lugar, puede y debe calificarse de negligente el comportamiento omisivo del profesional fiduciario consistente en abstenerse de verificar la razonabilidad de los avalúos de los bienes fideicomitidos, aspecto que, tratándose de fiducias mercantiles de garantía, cobra particular importancia, pues de la correcta valoración de los bienes fideicomitidos depende en buena medida la efectividad de la garantía ofrecida a los acreedores garantizados. Así lo reconoció de tiempo atrás la jurisprudencia arbitral en el Laudo arbitral del 26 de agosto de 1997[225], que resolvió las controversias entre Leasing Mundial S. A. y Fidufes S. A. (hoy Acción Fiduciaria S. A.), en el que los árbitros señalaron:

> Y lo propio puede decirse del avalúo del bien fideicomitido, que en la fiducia en garantía es otro aspecto de particularísima importancia, pues de él depende, en gran medida, la efectividad de los créditos garantizados, toda vez que el otorgamiento de los mismos (sic) estará en buena parte basado en la suficiencia del respaldo que ofrezca el patrimonio autónomo creado para responder en caso de que el obligado principal no lo haga. [...] De ahí que la verificación de la razonabilidad del avalúo sea otra tarea indelegable del fiduciario, tal como lo ha resaltado la doctrina especializada, al señalar que corresponde a este "... no solo designar un avaluador profesional escogiéndolo con la prudencia y diligencia que su cargo le imponen y, además, vigilando razonablemente la calidad y el contenido del trabajo..." [...]. Incluso se explica que, de llegarse a considerar válido el pacto mediante el cual el fiduciario delega la elaboración del avalúo en un tercero experto, quien asume la completa responsabilidad por su trabajo, no podría, ni siquiera en ese caso, descargarse el fiduciario de su "obligación de diligente designación y adecuada vigilancia. [...] En igual sentido, se pronuncia la Asociación de Fiduciarias en el documento intitulado "Ayuda de memoria" citado por el apoderado de la parte actora en su alegato de conclusión, documento en el cual se encuentran afirmaciones del siguiente tenor: "... es fundamental que la fiduciaria se cerciore, hasta donde le sea posible, actuando en forma diligente, prudente y profesional de la razonabilidad

---

225 Laudo arbitral del 26 de agosto de 1997, cit.

> de los avalúos que se les hubieren practicado a los bienes que recibe en fiducia en garantía...". [...] Así mismo se puntualiza que es obligación de la fiduciaria "velar por que los avalúos que se practiquen sean hechos no solo por una firma especializada, sino también por que estos sean razonables, con base en aquellos aspectos que la firma especializada hubiera tenido en cuenta. [...] En el mismo orden de ideas se señala que la verificación del valor de los bienes fideicomitidos "es una obligación principal tratándose de las fiduciarias", con base en lo cual la asociación recomienda que la fiduciaria, por cualquier mecanismo, y obrando de forma profesional, se cerciore del avalúo practicado y su razonabilidad.

Más adelante, los árbitros destacan lo siguiente:

> [E]s insólito el comportamiento de la fiduciaria, dándole absoluta credibilidad a un avalúo que incrementaba en 130 % el valor del predio, en relación con otro practicado 7 meses antes. Este aumento de precios habría llamado la atención de cualquier persona sin experiencia en el mundo de los negocios[,] y para una fiduciaria experta y profesional ha debido disparar una alarma resonante, pues en ningún sector de nuestra economía, por próspero que sea, se ha presentado una oscilación tan dramática de los precios. [¿]Y qué decir entonces de un predio en que los avaluadores señalan que, por normas administrativas, no puede dedicarse a ninguna actividad de explotación económica, lo que ha hecho que su precio se haya congelado y que en todo caso ascienda lentamente y en proporciones inferiores al índice de inflación, que no tiene demanda, pues en la práctica está fuera del mercado, que solo genera a sus propietarios gastos de protección de las especies vegetales y del ecosistema en general, pero no les produce ningún ingreso y que su único comprador potencial es una entidad pública como la CAR? Dadas estas circunstancias particularísimas, [¿]cómo la fiduciaria no tuvo ninguna duda, ni escepticismo, ni siquiera curiosidad ante un segundo avalúo que mostraba un crecimiento vertiginoso de un inmueble sin demanda y sin posibilidades de ser destinado a ninguna actividad rentable?
>
> El cabal cumplimiento de su deber indelegable de verificar la razonabilidad de los avalúos, ha debido llevar a la fiduciaria a solicitar un tercer avalúo o a pedir explicaciones adicionales a los avaluadores anteriores, pues a nadie podía caberle duda de que uno de esos avalúos estaba gravemente equivocado. El proceder a expedir (sic) de inmediato, y con apoyo en el segundo avalúo, certificados de garantía fiduciaria, muestra de nuevo una actitud de ligereza, desidia, falta de profesionalismo y temeridad.
>
> Es más: el solo hecho de haber aceptado la fiduciaria, como constitutivo de un patrimonio autónomo de garantía, un predio sin perspectivas de explotación económica, sin ninguna demanda y con un solo comprador potencial, que es además una

entidad pública, pone ya de manifiesto un error de conducta y falta de sindéresis, pues no es razonable poner a disposición del mercado un esquema de garantía que no ofrece ninguna seguridad por las afectaciones del bien en que se funda.

Fiduciaria FES, en su escrito de contestación de la demanda, da a entender que no tenía ninguna obligación de verificación de los avalúos [...] No puede el tribunal coincidir con los planteamientos del señor apoderado de Fidufes, ni admitir, en consecuencia, que las fiduciarias puedan adoptar un papel absolutamente pasivo, de invitadas de piedra en lo tocante con los avalúos de los bienes que hayan de conformar los patrimonios autónomos de garantía, limitándose a aceptar incondicional y calladamente los dictámenes que quieran entregarles los fideicomitentes, quienes tienen un evidente interés en aumentar el valor asignado a sus bienes para ampliar su capacidad de endeudamiento. Para el tribunal[,] la fiduciaria tiene un deber de verificación de la razonabilidad de los avalúos, deber que es indelegable, como ya quedó dicho, y de señalada importancia, pues de la correcta valoración de los bienes fideicomitidos depende en buena medida la efectividad de la garantía ofrecida al mercado a través de la expedición de los certificados correspondientes. De ahí la acuciosidad y diligencia que en este tema debe mostrar el fiduciario[,] porque con sus manifestaciones, hechas en los mencionados certificados, respecto del valor de la garantía, crea un clima de confianza y credibilidad en el que puede razonablemente apoyarse la comunidad comercial, en virtud, principalmente, del carácter profesional de las fiduciarias, de ser entidades del sector financiero, a las que el Estado les permite intervenir en gestiones de confianza y por encontrarse vigiladas por la (*)Superintendencia Bancaria, como lo pregonan en su publicidad institucional.

Los planteamientos formulados por Fidufes sobre esta materia, se encuentran, por lo demás, desvirtuados por las tesis de los comentaristas y doctrinantes nacionales sobre estos temas.

Cabe recordar las explicaciones y recomendaciones de la Asociación de Fiduciarias, traídas antes a colación en este laudo, de acuerdo con las cuales "es fundamental que la fiduciaria se cerciore, hasta donde le sea posible, actuando en forma diligente, prudente y profesional, de la razonabilidad de los avalúos". "... es importante que sea la misma fiduciaria la que ordene practicar estos avalúos, y no se atenga a aquellos que le presenten los fideicomitentes". Reconoce así mismo como "obligación principal" de las fiduciarias el "velar por que los avalúos que se practiquen sean hechos no solo por una firma especializada, sino también por que estos sean razonables, con base en aquellos aspectos que la firma especializada hubiere tenido en cuenta".

[...]

> Pero, como quedó explicado, ninguna de estas recomendaciones ni pautas de comportamiento profesional fueron observadas por la fiduciaria en el caso bajo estudio, lo que pone de manifiesto el error de conducta en que incurrió, que para el tribunal constituye de nuevo una culpa grave y no meramente leve, porque ni siquiera las personas usualmente descuidadas y negligentes le hubieren dado inmediata y total credibilidad a un avalúo con un incremento desmesurado del precio, en comparación con otro realizado algunos meses antes, sin tomar en consideración las especiales circunstancias del bien, que lo sustraen, prácticamente, del mercado inmobiliario e impiden desarrollar en él cualquier actividad lucrativa.
>
> No sobra recordar que, según las reglas de nuestro régimen de responsabilidad contractual, la culpa grave en que haya incurrido el deudor incumplido, tiene la connotación económica especial contemplada por el artículo 1.616 del Código Civil, toda vez que en esta hipótesis la indemnización deberá comprender no solo los perjuicios directos previsibles, sino también los directos imprevisibles[226].

También en el Laudo arbitral del 28 de noviembre de 2001[227], que resolvió las controversias entre Vesna Zorka Mimiça y Fiduagraria derivadas de la celebración y ejecución de un contrato de fiducia mercantil de garantía, los árbitros expresaron lo siguiente:

> El contrato materia de la presente controversia es un contrato de fiducia en garantía, en el cual los bienes fideicomitidos en garantía, según lo explica la cláusula primera del contrato[,] fueron veintiocho mil (28.000) acciones ordinarias de la sociedad Car Center S. A., con un valor intrínseco de treinta mil seiscientos setenta y dos pesos con veintitrés centavos ($ 30.672.23) cada una. Con base en ellos Fiduagraria expidió el certificado 00020-1, en el cual se dice que él tiene como objeto "garantizar el cumplimiento de cualquier tipo de obligación que adquiera Gallego Inmobiliaria S. A., Inversiones Gallego Arbeláez S. en C., Car Center S. A. y Danilo Gallego Arbeláez, con cualquier entidad bancaria o financiera o persona natural, quien será el acreedor beneficiario hasta por el setenta por ciento (70 %) del valor intrínseco total de las 28.000 acciones transferidas en garantía que arrojan la suma de ochocientos cincuenta y ocho millones ochocientos veintidós mil cuatrocientos cuarenta pesos ($ 858.822.440) mcte., valor intrínseco certificado por el revisor fiscal de Car Center S. A. y calculado con base en los balances a 31 de octubre de 1994". Teniendo en cuenta lo anterior, el certificado en mención garantizaba obligaciones hasta por la suma de seiscientos millones de pesos, en los términos de las

---

226 Laudo arbitral del 26 de agosto de 1997, cit.

227 Laudo arbitral del 28 de noviembre de 2001, cit.

condiciones que se comunican por escrito a Fiduagraria; y manifestaba que[,] en el evento de incumplimiento de las obligaciones de pago a los acreedores beneficiarios, Fiduagraria procedería a vender las acciones de acuerdo con lo establecido en la cláusula décima del contrato de fiducia, es decir, aplicando para el efecto el procedimiento señalado en la Resolución 1242 de 1993 de la (*)Superintendencia de Valores y las demás normas aplicables.

De la simple lectura del contrato y del certificado de garantía, ambos de febrero de 1995, puede verse que la determinación del valor de los bienes fideicomitidos se basó en el certificado expedido por el revisor fiscal de Car Center S. A. con fecha febrero 20 de 1995, que obra en el expediente, en el cual el valor intrínseco de las acciones se calculó con base en los balances de dicha sociedad a 31 de octubre de 1994.

Analizado el acervo probatorio aportado al expediente, así como el dictamen pericial contable rendido por los expertos Ana Matilde Cepeda y Ricardo Sabogal Acosta, el tribunal observa que, a 31 de octubre de 1994, fecha del balance que se usó como punto de referencia para la determinación del valor intrínseco de las acciones, la sociedad Car Center tenía el carácter de sociedad de responsabilidad limitada, y que su capital estaba dividido en cuotas o partes de interés social y no en acciones. Solo hasta noviembre 25 de 1994 cambió su naturaleza jurídica y se transformó en sociedad anónima; por ello, a 31 de octubre de 1994 su capital social estaba dividido en 10.000 partes o cuotas de interés social y no en las 30.000 acciones en que quedó dividido luego de la reforma estatutaria mencionada. A diciembre 31 de 1994, un poco más de un mes después de la transformación de la empresa en sociedad anónima y antes de la firma del contrato de fiducia, el valor intrínseco de cada una de las 30.000 acciones en que quedó dividido el capital de la sociedad ascendía a la suma de sesenta mil trescientos treinta [y tres] pesos con once centavos (60.333.11), según se desprende de lo informado en la página 4 del escrito de aclaraciones rendido por los expertos contables.

Así las cosas, es claro que, a febrero 20 de 1995, fecha de la expedición del certificado mencionado por parte del revisor fiscal de Car Center S. A.[,] y a febrero 28 de 1995, fecha de la firma del contrato de fiducia y del certificado de garantía expedido por Fiduagraria, el valor intrínseco de cada acción de esa sociedad no era la cifra mencionada ni en el certificado del revisor fiscal ni en el contrato o en el certificado de garantía. Sin embargo, Fiduagraria tomó como referencia para la determinación del valor de los bienes fideicomitidos la fecha de octubre de 1994 y le dio fe plena a una constancia equivocada del revisor fiscal, anterior en casi cuatro meses a la de la firma del contrato de fiducia, y con base en ella se suscribió el contrato y expidió el certificado de garantía.

En opinión del tribunal, el hecho de haberse fundamentado exclusivamente en una valoración como la aportada, sin haber realizado labor alguna de verificación o confirmación de la misma (sic) o de sus fundamentos, refleja una falta de diligencia de la sociedad fiduciaria, y un incumplimiento de sus obligaciones profesionales, pues[,] si bien es cierto que Fiduagraria actuó con base en una certificación del revisor fiscal, expedida por este en desarrollo de las funciones y atribuciones consagradas en los artículos 207 a 217 del Código de Comercio, certificación que al amparo de lo dispuesto en el artículo 10 de la Ley 43 de 1990 hace presumir la veracidad y exactitud de lo dicho, también lo es que una sociedad fiduciaria, cuya sola participación en un contrato de fiducia en garantía tiene por objeto, entre otros, asegurar a los acreedores beneficiarios "... la suficiencia del respaldo que ofrezca el patrimonio autónomo", debería realizar una mayor y cuidadosa labor de verificación de lo que se somete a su cuidado y manejo.

En efecto, aún a pesar de la presunción de veracidad que la ley otorga a las certificaciones de los revisores fiscales de una sociedad, la lógica y la prudencia más elementales indicaban que[,] para efectos de la suscripción del contrato de fiducia y de la expedición del certificado de garantía a favor de un acreedor beneficiario, Fiduagraria ha debido, al menos, revisar la documentación adicional relacionada con la situación jurídica y con los estados financieros de la sociedad cuyas acciones iban a ser objeto de la garantía, para lo cual le habría bastado solicitar a los fideicomitentes, o a Car Center, los estados financieros que sirvieron como base para la certificación del revisor fiscal, o un certificado de existencia y representación legal expedido por la Cámara de Comercio, con el objeto de verificar su condición jurídica y económica. Al fin y al cabo, la certificación del revisor fiscal apenas daba fe del valor intrínseco de las acciones a una fecha determinada, bastante anterior a la del contrato, pero nada indicaba con respecto a, como antes se dijo, la condición jurídica o financiera de la sociedad.

[...]

Con lo anterior, el tribunal no quiere decir que la fiduciaria deba realizar una labor de investigación económica similar a la que correspondería, verbigracia, a un banquero de inversión, o que ella deba, para efectos de una fiducia en garantía sobre acciones, realizar toda clase de análisis financieros sobre valores futuros, flujos de caja, perspectivas de desarrollo de la empresa emisora, etc., pues eso trasciende lo que dichas instituciones deben y están en capacidad de hacer. Pero sí considera que a ellas compete realizar una serie de evaluaciones mínimas para determinar la realidad de las cifras sometidas a su consideración, y la solidez de los estados financieros en que se sustenta la determinación del valor intrínseco de unas acciones, pues de su real valor dependerá la calidad de la garantía ofrecida a los beneficiarios. Al fin y al cabo, en tanto (sic) profesionales cuya responsabilidad y prestigio están comprometidos con la efectividad del servicio prestado, y cuya función es, entre otras, dar confianza sobre las condiciones de protección que brindan las garantías que ellas certifican, a las sociedades fiduciarias corresponde la realización de los estudios o análisis mínimos que permitan a los interesados o al público en general, disponer de certeza sobre la solidez y credibilidad de la fiducia en garantía.

Así las cosas, el tribunal es de la opinión de que una verificación con algún detenimiento de los estados financieros a octubre de 1994(13) (que no necesariamente a diciembre, pues es factible que a febrero de 1995 estos aún no estuvieran aprobados(14)), y de un certificado de existencia y representación legal de Car Center, le habrían indicado que la certificación del revisor fiscal no era correcta, pues muy seguramente habría podido comprobar, de su simple análisis, que a octubre de 1994 el capital de esa sociedad no estaba representado en acciones[,] sino en cuotas de interés social, o que apenas hasta noviembre 25 de 1994 se había dado su transformación en sociedad anónima(15). Dicha gestión, bastante elemental por cierto y propia de la diligencia exigible a cualquier hombre de negocios, muy posiblemente habría disparado campanas de alerta a una sociedad fiduciaria responsable, que le habrían llamado la atención sobre las inconsistencias reflejadas en la certificación del revisor fiscal, inconsistencias que podían incidir en forma importante en la determinación de la naturaleza y valor de los bienes fideicomitidos.

En quinto lugar, se tiene el comportamiento omisivo del profesional consistente en limitarse a actuar como un simple espectador del contrato, al que solo le compete recibir los bienes fideicomitidos sin reparo alguno. Así lo reconoció de tiempo atrás la jurisprudencia arbitral en el Laudo arbitral del 26 de agosto de 1997[228], que resolvió las controversias entre Leasing Mundial S. A. y Fidufes S. A. (hoy Acción Fiduciaria S. A.), en el que los árbitros señalaron:

[U]n flaco servicio se le presta así al negocio fiduciario, pues el mensaje que se envía a la comunidad mercantil es que lo diligente y previsivo es no darle confiabilidad a las actuaciones y declaraciones del fiduciario y que lo aconsejable es volver a hacer las tareas que este está obligado a cumplir. No es esta la compostura de una entidad profesional, ya que no puede admitirse que sea una mera invitada de piedra o espectadora en el negocio fiduciario y que no asume responsabilidad por lo que deje de hacer o haga mal, pretendiendo trasladarle[s] el problema a los beneficiarios, quienes en su entender deben dudar de su trabajo y verificar minuciosamente o incluso rehacer todo lo que aquella ha debido efectuar.

---

228 Laudo arbitral del 26 de agosto de 1997, cit.

En el mismo sentido anterior, se encuentra el Laudo arbitral del 19 de julio de 2000[229], que resolvió las controversias entre BASF Química y Fiduanglo S. A. derivadas de la celebración y ejecución de un contrato de fiducia mercantil de garantía. En esa oportunidad, los árbitros señalaron lo siguiente:

> [L]a fiduciaria no es un, simple espectador del contrato, o un policía simbólico y silencioso de los bienes fideicomitidos, al que apenas le compete recibirlos del fideicomitente como vienen y sin reparo posible, para conservarlos en buen estado, expedir certificados de garantía a favor de los acreedores y por los valores indicados por el fideicomitente y, finalmente, proceder a su realización o venta, a solicitud de esos acreedores. [...] Porque si ese fuera el caso, de seguro el legislador no habría sido tan celoso en la exigencia perentoria de requisitos y condiciones para que una persona jurídica pueda ostentar entre nosotros la calidad de fiduciario, o acaso no habría incluido esta especie contractual dentro de las modalidades de la fiducia mercantil. [...] Por esa razón, para este tribunal es evidente como lo ha sido para otros en los últimos tiempos, que la fiducia mercantil dista mucho de ser una mera canonjía instituida por el legislador en provecho de los establecimientos de crédito y las sociedades fiduciarias, o apenas la suma de unas tareas intranscendentes y puramente mecánicas.
>
> La verdad es muy otra: las sociedades fiduciarias son, por definición, personas a las que la ley les exige reunir unas condiciones muy estrictas, precisamente en razón del carácter de las tareas que les corresponde cumplir y del muy elevado grado de confianza pública que, estas comportan. Ahora bien, ese carácter especial de las tareas a su cargo no se predica tanto de la complejidad intrínseca de las actividades que desarrolla la fiduciaria, cuanto de la manera particularmente celosa y profesional en que debe hacerlo. [...] Ello explica el hecho de que, al señalar los deberes concretos que tiene a su cargo el fiduciario, la ley destaque, perentoriamente y[,] en primer término, el de la diligencia, como común denominador de la realización de todos los actos atinentes a la consecución de la finalidad de la fiducia. Y da lugar, entonces, a que el juzgamiento de la conducta contractual de la fiduciaria deba hacerse sobre la base de indagar si el cumplimiento de sus distintas obligaciones estuvo o no presidido por esa debida diligencia. [...] Esa indagación permitirá saber si el fiduciario incurrió o no en alguno de los dos grados superiores de la culpa contractual, la grave o la leve, y si, en caso afirmativo, hay lugar a hablar de una responsabilidad en cabeza suya.

---

229 Laudo arbitral del 19 de julio de 2000, cit.

Por último, está el comportamiento del profesional consistente en permitir, facilitar o tolerar que el negocio fiduciario se convierta en un instrumento para realizar actos o contratos que no puede celebrar directamente el fideicomitente de acuerdo con la ley. Frente a este tema, resulta ilustrativo lo expresado por la Superintendencia Financiera en la Resolución 1171 del 11 de julio de 2014[230], mediante la cual le impuso una sanción pecuniaria a una sociedad fiduciaria por haber permitido que unos contratos de fiducia mercantil sirvieran de instrumento para captar recursos del público en contravención a las disposiciones legales que regulan la materia. La Superintendencia se expresó así:

> [E]sta Superintendencia no desconoce que [...] los proyectos inmobiliarios para los cuales fueron celebrados los contratos de fiducia administrados por ella se encontraban ejecutados en un alto porcentaje, este hecho no demuestra por sí solo la observancia del deber de debida diligencia en la consecución de tal fin. [...] cosa contraria se predica del contenido de los contratos de fiducia y sus respectivas modificaciones [...] que dan cuenta de que tanto en el momento inicial de suscripción [...] como en sus posteriores modificaciones, FIDUCIARIA [...] conocía que para la ejecución de los fines contractuales se realizarían por parte de uno de los fideicomitentes actividades de financiación que eventualmente derivaron en la suscripción de cesiones de derechos económicos con pacto de recompra, que en la realidad económica correspondían a una operación de mutuo, sin que en momento alguno la entidad realizara estudios adicionales so pretexto de que "a la fecha de celebración de los negocios citados, tenía suscrito[s] numerosos contratos de este tipo, habiendo evaluado los riesgos correspondientes para este género de negocio" [...] Bajo tal conducta, las afirmaciones planteadas por FIDUCIARIA [...] para indicar que la modalidad de captación que se presentó a través de los negocios denominados ICANTI, NOVANTA y TORRE 99 resultaba novedosa y de difícil detección a simple vista, no resultan de recibo [...] no solo en la medida en que no obra prueba en el expediente que acredite que dicho profesional del negocio fiduciario hubiese realizado siquiera un estudio sumario de las condiciones de los negocios, sino que la debida diligencia que de este se exige, no puede limitarse en ningún caso a un examen "a simple vista" de las condiciones particulares de los contratos que suscriben. [...] Así, no resulta contrario a derecho ni a lo que es esperado según las reglas de la sana crítica, que esta Superintendencia examinara "la actuación de Fiduciaria [...] con el mismo rasero experto y profesional que ella tiene", o que la supervisión que se realizó sobre la actividad desplegada no se limitare únicamente a constatar que FIDUCIARIA [...] dio cumplimiento a las políticas y procedimientos

230 Superintendencia Financiera de Colombia. Resolución 1171 del 11 de julio de 2014.

> contenidos en el SARLAFT, pues[,] se insiste, el carácter profesional del fiduciario y la observancia de su deber de debida diligencia significa que este debe tener conocimientos técnicos y prácticos de la actividad que ejercen (sic), los cuales a su turno deben ser aplicados de manera concreta a los contratos que suscriben en aras de garantizar la adecuada prestación del servicio y prever y corregir a tiempo circunstancias que puedan afectar tanto la ejecución del contrato como el propio ejercicio de la actividad fiduciaria.

Y concluye la Superintendencia:

> [E]n virtud del deber de debida diligencia que le es exigible a la sociedad FIDUCIARIA [...] y atendiendo a su rol de administrador de los negocios fiduciarios en comento, esta[,] sin lugar a duda[,] conoció o ha debido conocer la dinámica empleada por los fideicomitentes para la vinculación de terceros cesionarios de derechos fiduciarios a los patrimonios autónomos y[,] en consecuencia[,] se encontraba en la capacidad de prever que no obstante que (sic) las operaciones se denominaban cesiones de derechos fiduciarios con pacto de recompra, estas en la realidad económica correspondían [...] a operaciones de mutuo y, en consecuencia, el vehículo fiduciario se constituyó en un instrumento que le permitió a los fideicomitentes efectuar operaciones para las cuales no se encontraban autorizados[231].

Visto lo anterior, a manera de conclusión de lo que se ha expuesto, es posible afirmar, entonces, que el carácter genérico de la preceptiva del numeral 1 del artículo 1234 del CCo implica que el modelo de pericia y de diligencia que deben adoptar las sociedades fiduciarias en sus actuaciones en calidad de fiduciarios profesionales en cumplimiento y ejecución de los negocios fiduciarios constitutivos de su objeto social se encuentra integrado por los postulados de la *lex artis*. En esta dirección, la *lex artis* se erige en el parámetro con respecto al cual se debe verificar la ejecución de la prestación fiduciaria, vale decir, se erige en el elemento que otorga la objetividad necesaria para que la pericia pueda constituirse en parámetro del cumplimiento de la prestación fiduciaria[232]. Desde esta perspectiva, es posible afirmar que la *lex artis* integra el contrato que liga al fiduciario con el fideicomitente y con el beneficiario[233]; entonces, y por este aspecto, la responsabilidad contractual

---

231 Superintendencia Financiera de Colombia. Resolución 1171 del 11 de julio de 2014, cit.

232 *Cfr.* ADELA SERRA RODRÍGUEZ. "La negligencia y la impericia en la prestación profesional del abogado", cit., p. 408.

233 Sobre este último particular, conviene volver sobre lo dicho en otro lugar en el sentido de que

del fiduciario deriva del hecho de actuar sin la prudencia y diligencia que exige el cumplimiento de la finalidad a la que quedan afectados los bienes fideicomitidos (imprudencia/negligencia) y, por lo mismo, de no prever los riesgos que conlleva su participación en un negocio fiduciario y anticipar o precaver problemas y vicisitudes en forma más acertada y rápida que lo que cualquier persona no especializada podría hacer, de una parte, y, de la otra, del hecho de carecer de los conocimientos técnicos y prácticos inherentes a la profesión de fiduciario. Así las cosas, la *lex artis* es, pues, la que, en últimas, se debe reconocer o no como incumplida con la actuación del fiduciario, habida cuenta de que la gestión encomendada a este, ejecutada con apego a la técnica y consiguiente *lex artis* o *auctoritas artis* inherente a su profesión, implica la realización de un comportamiento adecuado que no podrá resultar alterado por circunstancias ajenas al buen normal actuar profesional del fiduciario por no ser exigible en este la infalibilidad, por cuanto la culpa tiene su razón de ser y su cauce en un comportamiento y consiguiente actuar inadecuado.

Por esta razón, desde la perspectiva de la carga de la prueba[234], se observa que, aunque se hable de la *lex artis* como de un modelo de conducta prefijado,

---

la pericia objetiva adquiere importancia de cara a la determinación del contenido exacto de la prestación fiduciaria, pues, ciertamente, los negocios fiduciarios traslaticios y no traslaticios del derecho de dominio exigen un grado de pericia determinado por el canon o modelo del buen profesional fiduciario, de suerte entonces que la observancia de tal exigencia implica que la obligación de realizar con diligencia todos los actos necesarios para la consecución de la finalidad a la que se encuentran afectados los bienes fideicomitidos debe ser ejecutada de acuerdo con la *lex artis*. En el anterior orden de ideas, queda claro entonces que la adecuación del modelo abstracto de diligencia a los postulados de la *lex artis* se traduce en una rigurosa valoración de la diligencia necesaria para cumplir con la finalidad a la que se encuentran afectados los bienes fideicomitidos, porque la medida de la normalidad debe tener en cuenta exclusivamente los comportamientos que atañen a la administración de los bienes fideicomitidos, que requieren una prudencia, cuidados y atenciones superiores a los de un hombre medio, pues se está ante una mayor exigencia, derivada de la profesionalidad que se exige o se pide a un sujeto que lleva a cabo una actividad de interés público bajo el control y la vigilancia del Estado.

234 Frente a esa función de la *lex artis* como objetivadora de la diligencia (en sentido amplio) y pericia exigible al fiduciario en el cumplimiento de la finalidad a la que se encuentran afectados los bienes fideicomitidos, e integradora del negocio fiduciario de que se trate (fiducia mercantil o encargo fiduciario), la relevancia que cabe otorgarle a la *lex artis* vendría determinada, en gran medida, por un diverso juego de la carga de la prueba de la culpa o de la negligencia del fiduciario. De manera que resulta preciso oponer la concepción clásica —según la cual al beneficiario o al fideicomitente le corresponde acreditar el incumplimiento del contrato y la culpa del fiduciario— a las ideas que se han venido desarrollando a lo largo del tiempo, que no son otras que las de admitir una inversión de la carga de la prueba, de modo que le correspon-

lo cierto es que, tratándose de la actividad profesional de las sociedades fiduciarias, su contenido no se encuentra recogido en ninguna norma concreta, sino que deriva de los conocimientos y de la experiencia, circunstancia que, sin lugar a duda, dificulta en ocasiones un completo conocimiento de este parámetro de conducta. No obstante, la *lex* artis bien puede concebirse como elemento normativo de la imprudencia-negligencia en el obrar profesional, que permite valorar cuándo una conducta es calificable de imperita al actuar a modo de patrón objetivo de la actuación del fiduciario, que viene definido, entre otros elementos, 1) por los conocimientos en la gestión de negocios ajenos, aspecto que involucra el conocimiento de las disposiciones legales y administrativas que regulan la profesión de fiduciario; 2) por las prácticas y técnicas que el fiduciario debe emplear en el desarrollo de su profesión; y, finalmente, 3) por su capacidad técnica, administrativa, humana y de sistemas, acorde con las exigencias al efecto establecidas por la hoy Superintendencia Financiera de Colombia en materia de control interno y de riesgo operativo.

En la dirección que se ha expuesto, para la identificación de la *lex artis* son de especial relevancia las normas constitucionales y legales por las que se regulan las competencias de las instituciones financieras en general y, de manera particular, las sociedades fiduciarias, así como los códigos de gobierno corporativo y los manuales de control interno y de administración de riesgos, en especial, del riesgo operativo. De hecho, estos códigos y manuales son muy importantes para anticipar o prever los riesgos de daños que su actividad profesional de fiduciarios pueda causar a los consumidores financieros y al público en general, en la medida en que deben contener un conjunto de políticas, principios, normas, procedimientos y mecanismos de verificación y evaluación necesarios para fortalecer la adecuada administración de la sociedad fiduciaria, disminuir la existencia de eventuales conflictos entre los distintos grupos de interés, mitigar los riesgos relacionados con la administración de la entidad y mejorar la capacidad para la toma decisiones.

De esta forma, la conducta negligente del profesional fiduciario se podrá comprobar, en muchas ocasiones, por medio de la observación del seguimien-

---

da al profesional fiduciario demostrar su falta de culpa. Así debe ser, en la medida en que la determinación de los elementos que estructuran la responsabilidad civil del fiduciario es una cuestión que entraña una gran dificultad para el fideicomitente o el beneficiario, según el caso, al extremo de llegar a convertirse en una prueba diabólica, lo que, sin duda alguna, representa un obstáculo a la exigencia de la responsabilidad del fiduciario.

to de su modelo de gobierno corporativo y de su sistema de control interno y de administración de riesgos, en especial, su sistema de administración de riesgo operativo. Junto con ellos suelen añadirse como criterios determinantes de la definición del parámetro de actuación de las sociedades fiduciarias los códigos de conducta profesional adoptados por la Asociación de Sociedades Fiduciarias, de manera particular, cuando se trata de contratos de fiducia mercantil de garantía[235]. Por lo demás, junto con el modelo de gobierno corporativo y de control interno y de administración de riesgos y los códigos de conducta profesional mencionados, cabe agregar como otro criterio determinante de la definición del parámetro de actuación de las sociedades fiduciarias las propias prácticas o los usos. No obstante, esta remisión a la práctica se ha de matizar, puesto que si se realiza de manera indiscriminada puede conducir no solo al descenso del parámetro de diligencia, sino incluso al establecimiento de un comportamiento negligente como parámetro por el que se ha de regir la conducta del profesional fiduciario. Por ello, solo se puede acudir a la práctica como justificadora del comportamiento del profesional fiduciario mientras dicha práctica no derive de una rutina o de malos hábitos, sino de un correcto comportamiento.

Finalmente, debe hacerse un llamado con respecto a que no se puede afirmar que cualquier error en que incurra el fiduciario en la ejecución de la

235 Sobre este asunto de los códigos de conducta profesional adoptados por la Asociación de Sociedades Fiduciarias, en el Laudo arbitral del 26 de agosto de 1997, que resolvió las controversias entre Leasing Mundial y Fidufes S. A., hoy Acción Fiduciaria S. A., los árbitros expresaron: "En igual sentido se pronuncia la Asociación de Fiduciarias en el documento intitulado 'ayuda memoria' [...], documento en el cual se encuentran afirmaciones del siguiente tenor: '[...] [E]s fundamental que la fiduciaria se cerciore, hasta donde le sea posible, actuando en forma diligente, prudente y profesional, de la razonabilidad de los avalúos que se le hubieren practicado a los bienes que recibe en fiducia de garantía [...]'. Asimismo, se puntualiza que es obligación de la fiduciaria 'velar por que los avalúos que se practiquen sean hechos no solo por una firma especializada, sino también por que estos sean razonables, con base en aquellos aspectos que la firma especializada hubiere tenido en cuenta' [...]". (Laudo arbitral del 26 de agosto de 1997). También en el Laudo arbitral del 19 de julio de 2000, que resolvió las controversias entre BASF Química y otros contra Fiduanglo S. A. derivadas de la celebración de un contrato de fiducia mercantil de garantía, los árbitros expresaron: "Para analizar el cargo, conviene formularse una serie de preguntas. La primera y la más obvia es: ¿quién debería efectuar esos avalúos de acuerdo con la ley y con el contrato de fiducia? [...] La ley nada dice sobre el particular, pero hay que anotar que[,] en el código de conducta adoptado por la Asamblea de Afiliados de [la] Asociación de Fiduciarios, [...] se establece lo siguiente: [...] La entidad fiduciaria deberá exigir que los bienes sean avaluados por un profesional en la materia que, a su buen criterio, le merezca confiabilidad". (Laudo arbitral del 19 de julio de 2000, cit.).

prestación fiduciaria constitutuye un incumplimiento que, por ende, pueda comprometer su responsabilidad, sino que dicho error debe ser inexcusable si deriva de una falta evidente y relevante de diligencia, de su impericia, negligencia o imprudencia. No se remite a discusión que el fiduciario no puede comprometer su infalibilidad; tan solo viene obligado, en el cumplimiento de sus obligaciones, hasta el límite de la excusabilidad. Para determinar si un comportamiento erróneo desde un punto de vista objetivo es o no excusable y, por lo mismo, susceptible de desencadenar un juicio de responsabilidad del fiduciario, se requiere realizar su valoración, cotejarlo con la diligencia y la pericia del bien profesional, teniendo en cuenta, al mismo tiempo, las circunstancias concurrentes en la finalidad a la que se encuentran afectados los bienes fideicomitidos, que hubieran podido exigir una atención especial o superior a la media[236].

XII. EL NIVEL DE DILIGENCIA EXIGIBLE AL FIDUCIARIO: ¿ES LA DILIGENCIA DEL HOMBRE MEDIO EL PARÁMETRO CON EL QUE SE DEBE JUZGAR LA RESPONSABILIDAD DEL FIDUCIARIO?

Hay que empezar por decir que el concepto de culpa jurídicamente relevante en el ámbito de los negocios fiduciarios se compone de dos elementos que emergen de los artículos 1234, numeral 1, y 1243 del CCo, en armonía con el artículo 1226 *ibidem*, a saber: uno objetivo, consistente en la infracción imputable al fiduciario de la diligencia jurídicamente exigible en el cumplimiento de la finalidad a la que se encuentran afectados los bienes fideicomitidos; y otro subjetivo, que es la buena fe considerada de manera negativa "como ausencia de voluntad de infringir la obligación contraída y que constituye la negación del dolo"[237]. No obstante, el valor de cada uno de estos elementos no es el mismo:

> La mera ausencia de diligencia carece de toda significación jurídica específica si no está apoyada en la buena fe, porque si se funda en el dolo, la absorbe la voluntad infractora[,] y si [se funda] en el caso fortuito, la elimina la falta de imputabilidad subjetiva [...]. En cambio, la buena fe tiene valor autónomo que no necesita de la

236 *Cfr.* Adela Serra Rodríguez. *La responsabilidad civil del abogado*, cit., p. 191.
237 *Cfr.* Ferrán Badosa Coll. *La diligencia y la culpa del deudor en la obligación civil*, cit., p. 726.

> infracción imputable de la diligencia. Referida a ella constituye la culpa. Sin referirse a ella y predicada de la infracción obligacional sigue valiendo como eliminación del dolo [...]. Con ello tenemos todos los elementos intrínsecos para que la culpa exista y pueda engendrar sus efectos jurídicos[238].

La anterior presentación lleva a pensar que el tema de la culpa como fundamento de la responsabilidad civil profesional del fiduciario, tal y como ha sido abordado por la doctrina y la jurisprudencia patrias, merece una revisión exhaustiva a partir de la consideración de la verdadera naturaleza jurídica y función económica de los negocios fiduciarios. Esta es la razón:

Como se expuso en otro lugar, la impericia resulta trascendental en el ámbito de la responsabilidad del fiduciario como presupuesto objetivo de esta, toda vez que determina o puede determinar el incumplimiento de la obligación de realizar diligentemente todos los actos necesarios para la consecución de la finalidad a la que quedan afectados los bienes fideicomitidos, condición previa del juicio de responsabilidad. Por consiguiente, teniendo en cuenta que el Estatuto Orgánico del Sistema Financiero califica las obligaciones del fiduciario como de medios, y no de resultado, el incumplimiento de la obligación de realizar de manera diligente todos los actos necesarios para la consecución de la finalidad a la que quedan afectados los bienes fideicomitidos vendrá determinado por un comportamiento no adecuado al parámetro de la diligencia y pericia que le resulta exigible[239], de modo que estará obligado a reparar el daño causado al fideicomitente o al beneficiario, según el caso. El fiduciario se encuentra sujeto a dicha responsabilidad si no proporciona los medios y cuidados adecuados en consonancia con el estado de la ciencia. Por ende, se requerirá constatar su conducta negligente o imperita en relación con su *lex artis*, con el fin de determinar si ella se ajusta a la diligencia exigida al profesional fiduciario medio.

Ahora bien, el fiduciario no solo se encuentra obligado por las disposiciones generales contenidas en los códigos Civil y de Comercio que regulan el régimen de las obligaciones y los contratos, sino también por las disposiciones legales y administrativas que regulan la actividad fiduciaria contenidas en el Estatuto Orgánico del Sistema Financiero, en el Decreto 2555 de 2010[240] y en

---

238 *Cfr. Ibid.*

239 *Cfr.* ADELA SERRA RODRÍGUEZ. *La responsabilidad civil del abogado*, cit., p. 188.

240 Presidencia de la República de Colombia. Decreto 2555 de 2010. Por el cual se recogen y reexpiden las normas en materia del sector financiero, asegurador y del mercado de valores y

las Circulares Externas 100 de 1995[241] y 29 de 2014[242], expedidas por la hoy Superintendencia Financiera, habida cuenta de que los cánones profesionales recogidos en esas disposiciones legales y administrativas que reglamentan la actividad fiduciaria sirven de buena y estricta medida de su actuación.

Respecto a cuál es el nivel de diligencia exigible al fiduciario, la respuesta de algún sector de la doctrina y de la jurisprudencia ha sido que, al igual que lo que sucede con la diligencia del buen padre de familia, el modelo del buen profesional —como parámetro abstracto y general aplicable a la actividad de las sociedades fiduciarias— no puede ser excesivamente rígido o estricto, y no puede exigirle al fiduciario, en todo caso, una pericia extraordinaria, sino que dicho modelo vendrá configurado por el normal buen actuar del fiduciario según el tipo de negocio fiduciario en el que actúe como tal, verbigracia, si se trata de una fiducia de inversión, de una fiducia de garantía o de una fiducia para el desarrollo de proyectos de construcción, etc. En una palabra, el nivel de diligencia exigible del fiduciario es el grado medio, en consonancia con los conocimientos medios de un profesional técnico en materias relacionadas con la gestión de negocios ajenos sin asumir posición propia. Esto significa que no se le impondrá el deber más alto posible, sino que se tendrá en cuenta el del profesional medio como referencia para analizar y calificar su actuación.

Sobre este particular, resulta conveniente traer a colación el Laudo arbitral del 8 de junio de 1999[243], proferido con ocasión de la controversia planteada por el Inurbe a Fiduagraria con respecto a la celebración y ejecución de un negocio fiduciario cuya finalidad era la inversión y administración de los recursos del subsidio de vivienda; el del 9 de agosto de 2001[244], proferido con ocasión de la controversia planteada entre Construcciones Ampomar Ltda. y otros y Fiduciaria Extebandes de Colombia S. A.; el del 26 de agosto

---

se dictan otras disposiciones. *D. O.* 47771 del 15 de julio de 2010. Disponible en http://www.suin-juriscol.gov.co/viewDocument.asp?id=1464776

241 Superintendencia Financiera de Colombia. Circular Básica Contable y Financiera (Circular Externa 100 de 1995). Disponible en https://www.superfinanciera.gov.co/inicio/normativa/normativa-general/circular-basica-contable-y-financiera-circular-externa--de---15466

242 Superintendencia Financiera de Colombia. Circular Básica Jurídica (C. E. 029/2014). Disponible en https://www.superfinanciera.gov.co/inicio/normativa/normativa-general/circular-basica-juridica-ce----10083443

243 Laudo arbitral del 8 de junio de 1999, cit.

244 Laudo arbitral del 9 de agosto de 2001, que resolvió las controversias entre Construcciones Ampomar Ltda. y otros y Fidubandes S. A. (En liquidación).

de 1997[245], que resolvió las controversias entre Leasing Mundial S. A. y Fidufes S. A. (hoy Accion Fiduciaria S. A.) con referenia a la celebración de un contrato de fiducia mercantil de garantía; y el del 31 de marzo de 2000[246], proferido con ocasión de las controversia planteada por el Inurbe a Fiduciaria Ganadera (hoy Fiduciaria BBVA) sobre la celebración y ejecución de un negocio fiduciario cuya finalidad era la inversión y administración de los recursos del subsidio de vivienda.

En el Laudo arbitral del 8 de junio de 1999[247], la controversia giró, entre otras cosas, alrededor del incumplimiento de varias prestaciones a cargo de la sociedad fiduciaria relacionadas con la inversión transitoria o temporal de los dineros fideicomitidos y con el pago del subsidio de vivienda. En criterio del apoderado de la entidad convocante, la responsabilidad de la sociedad fiduciaria se enmarcaba en los parámetros de la responsabilidad profesional, de manera que debía actuar con extraordinaria pericia, prudencia, diligencia y ubérrima buena fe, lo que implica que la conducta de esta debía ser apreciada y calificada con un mayor rigor.

Para los árbitros, tratándose de obligaciones de prudencia, para determinar su cumplimiento o incumplimiento es necesario

> analizar si el deudor utilizó todos los medios a su alcance —conocimientos, experiencia, recursos materiales, actuación diligente— para lograr el resultado perseguido, de manera que lo que se debe, o el contenido de la prestación, es un cierto comportamiento del deudor, esto es, que obre con la previsibilidad y diligencia ordinarias para ejecutar el contrato [...] De ahí, precisamente, que la doctrina del derecho comparado manifieste que la responsabilidad profesional es eminentemente subjetiva, pues es en este campo en el que la noción de culpa conserva un lugar de privilegio[248].

Seguidamente, refiriéndose al modelo o patrón de conducta que se debe utilizar y del cual depende el grado de diligencia exigible en cada caso al deudor profesional, los árbitros sostuvieron que, en esta materia,

---

245 Laudo arbitral del 26 de agosto de 1997, cit.

246 Laudo arbitral del 31 de marzo de 2000, que resolvió las controversias entre el Instituto Nacional de Vivienda de Interés Social y Reforma Urbana (Inurbe) y Fiduciaria Ganadera S. A. (Fidugán).

247 Laudo arbitral del 8 de junio de 1999, cit.

248 *Ibid.*

los puntos de referencia que señala el legislador no son nunca excesivos, ni particularmente rigurosos, ni requieren de actitudes extremas. Por eso no puede decirse que se exija una extraordinaria pericia, prudencia y diligencia; ni un especialísimo nivel de acuciosidad; ni una absoluta y ejemplar dedicación, pues deudores que sean dechados de virtudes y paradigmas de la sociedad se encuentran con gran dificultad y son más escasos aún en el agitado mundo de los negocios mercantiles. Es por esto [por lo] que en nuestro ordenamiento —con excepción de los casos en que el acreedor no deriva ninguna ventaja del contrato, por ejemplo, en el depósito civil— la regla general es que en los contratos bilaterales el deudor responde hasta la culpa leve, lo que significa que no se exige un cuidado o previsibilidad extraordinarios, o en grado sumo, sino una conducta corrientemente o normalmente prudente.

Desde luego que hoy en día no puede acudirse a un único e invariable patrón de conducta, como lo era el del buen padre de familia del Código Civil, pues hoy proliferan actividades económicas de toda índole y especialidades técnicas y científicas, que hacen necesario establecer modelos de conducta que se adapten mejor a las circunstancias y se acerquen más a la realidad de los distintos campos de la vida empresarial. Es por esto, por ejemplo, [por lo] que[,] en las reformas introducidas en el Código de Comercio, mediante la Ley 222 de 1995, se acoge el patrón del "buen hombre de negocios".

En cuanto al nivel de prudencia exigido a los profesionales[,] nuestra Ley no se ha referido a ningún modelo ideal. Tampoco lo ha hecho hasta ahora nuestra Jurisprudencia, si bien con frecuencia se habla de un patrón específico para cada actividad, como sería "el buen transportador", "el buen banquero" o "el buen asegurador", dejando en manos del juez la tarea de reconocer o verificar en cada caso la existencia del comportamiento correspondiente a tales conceptos, tarea que lleva a cabo a partir de su propia experiencia y de sus percepciones personales, o con apoyo en decisiones judiciales o comentarios doctrinales que fijan criterios para decidir si una determinada gestión o los esfuerzos desplegados por el deudor profesional son suficientes y adecuados para considerar cumplida la obligación a su cargo. Así las cosas, las expresiones legales arriba señaladas constituyen conceptos jurídicos indeterminados, cuyo contenido lo aprecia y evalúa el juez según las circunstancias.

En todo caso, algunas pautas nos indican que la labor del profesional ha de ir más allá de lo que normalmente se le exigiría a un hombre ordinario o medio. Es así como las normas del mandato —que suelen gobernar las labores de gestión y administración de los profesionales— nos señalan que la diligencia exigible al deudor —que es la propia del buen padre de familia, o culpa *levis in abstracto*— en ocasiones debe aumentarse, esto es, hacerse más rigurosa, en particular cuando el mandatario es remunerado, lo que constituye una característica de la prestación de servicios profesionales.

A este respecto[,] el artículo 2.155 del Código Civil establece que "el mandatario responde hasta de la culpa leve en el cumplimiento de su encargo. Esta responsabilidad recae más estrictamente sobre el mandatario remunerado".

Esta disposición pone en evidencia que el mayor rigor exigible en razón de la remuneración no puede ser extremo, pues se encuentra también dentro del ámbito de la culpa leve, que se subdividiría así en menos estricta y más estricta, sin llegar esta última hasta hacer responsable al deudor de la culpa levísima, pues para ello se requeriría una estipulación especial que así lo estableciera[249].

A su turno, en el Laudo arbitral del 9 de agosto de 2001[250], los árbitros expresaron:

El criterio generalmente utilizado para establecer si en un determinado caso se configura una culpa profesional es el del profesional competente y prudente, colocado en las mismas circunstancias externas del profesional demandado[,] y tal criterio es, a la vez, objetivo y normativo.

Objetivo, puesto que el comportamiento del profesional se comparará con el de un profesional abstracto ideal, colocado en las mismas circunstancias; no se toman en cuenta las características subjetivas del profesional, tales como su personalidad, su edad, su estado, sus defectos, su experiencia, etc.[,] pero sí aquellas circunstancias externas que rodearon el acaecimiento dañoso.

Normativo, toda vez que el profesional no ha de limitarse tan solo a respetar la diligencia de usanza entre los profesionales de la misma categoría, sino que debe exhibir un grado de diligencia igual o superior a la que puede esperarse de un profesional colocado en idénticas circunstancias. En otros términos: lo que cabe preguntarse no es qué hizo el profesional cuya conducta se examina, sino qué habría hecho un profesional avisado que se viese colocado en las mismas circunstancias.

Al juzgador corresponde, entonces, establecer cuáles han de ser los estándares de diligencia exigibles a un determinado profesional, y no a otros individuos que practiquen la misma o similar profesión, a cuyo efecto el juez puede utilizar los usos o costumbres de la profesión bien como punto de partida, ora como hilo conductor de su raciocinio, sin que tales usos o costumbres lo condicionen o vinculen.

---

249 Laudo arbitral del 8 de junio de 1999, cit.

250 Laudo arbitral del 9 de agosto de 2001, cit.

> Para que se pueda considerar responsable a un profesional demandado[,] el juez debe preguntarse si este se comportó como lo habría hecho un profesional medio normalmente diligente.

Por su parte, en el Laudo arbitral del 26 de agosto de 1997[251], se dijo:

> No cabe duda de que el fiduciario es un profesional, dedicado a la prestación de servicios financieros, controlado por un organismo gubernamental de reconocida idoneidad, seriedad y exigencia. [...] La jurisprudencia de la Corte ha precisado que[,] en materia de responsabilidad civil de los profesionales, el ejercicio de tales profesiones no implica "solamente la aplicación de los principios técnicos y científicos, sino que también está condicionado a normas protectoras del individuo y de la sociedad y que constituyen los elementos fundamentales de la moral profesional" [...]. Para el tribunal[,] el comportamiento observado por la fiduciaria refleja una falta de cuidado y diligencia que excede la noción de culpa leve, pues no se trata solamente de "la falta de aquella diligencia y cuidado que los hombres emplean ordinariamente en sus negocios propios", sino de un descuido protuberante en el que ni siquiera incurrirían personas usualmente negligentes e improvidentes, lo que configura una culpa grave en los términos del artículo 63 [del] CC, según el cual este error de conducta "consiste en no manejar los negocios ajenos con aquel cuidado que aun las personas negligentes o de poca prudencia suelen emplear en sus negocios propios". [...] Pero si se hace la comparación de la conducta de la fiduciaria con un patrón abstracto de comportamiento más cercano a sus propias circunstancias, es decir, con el que habría observado una entidad financiera y[,] por tanto[,] profesional en circunstancias similares, el resultado de tal comparación es[,] sin duda[,] aun más negativo y comprometedor para Fidufes, pues una entidad de las características anotadas, cuyas ventajas comparativas en el mercado son la eficiencia y el profesionalismo, no incurriría en las omisiones graves en que incurrió Fidufes.

Más adelante, refiriéndose al patrón de conducta que deben observar las sociedades fiduciarias en su condición de profesionales, los árbitros señalaron:

> [E]l patrón de conducta de una entidad financiera y profesional del negocio fiduciario ha de ser siempre el mismo: el de un comerciante diligente, acucioso y previsivo, de suerte que sus actuaciones han de ser calificadas invariablemente con el mismo rigor.

---

251 Laudo arbitral del 26 de agosto de 1997, cit.

Finalmente, en el Laudo arbitral del 31 de marzo de 2000[252], proferido con ocasión de las controversia planteada por el Inurbe a Fiduciaria Ganadera (hoy Fiduciaria BBVA) con respecto a la celebración y ejecución de un negocio fiduciario cuya finalidad era la inversión y administración de los recursos del subsidio de vivienda, se expresa lo siguiente:

> El tribunal considera que el parámetro para medir la conducta de la demandada está constituido por la conducta que en un caso similar tendría un eficiente y diligente administrador profesional en el cumplimiento de una obligación de medio, esto es, la conducta del buen hombre de negocios. En efecto, este parámetro de medición o evaluación de la conducta del buen hombre de negocios, en el presente caso se halla en primer lugar determinado por el grado de culpa que, de conformidad con los contratos que nos ocupan, se pactó, como máximo grado de responsabilidad, entre las partes, esto es, la culpa leve. Para la valoración de la conducta diligente del buen hombre de negocios, en este caso encarnado por el administrador profesional, deberán tenerse en cuenta los siguientes aspectos: [...] El contrato de fiducia es remunerado. [...] Atiende este contrato a la capacidad y experiencia profesional del fiduciario para la realización de la actividad que le ha sido confiada, específicamente a su competencia en el tema financiero. [...] Se trata de una actividad profesional cuyo ejercicio depende de la licencia que otorga el Estado previo el cumplimiento de los requisitos legales y reglamentarios del caso. [...] En consecuencia, se espera del buen hombre de negocios, del administrador profesional, del normal desempeño de un fiduciario, una conducta que atienda por lo menos los siguientes aspectos: [...] Conocimiento del sector financiero y cooperativo (conocimiento del riesgo del sector). [...] Conocimiento y evaluación del grado de seguridad y solidez de las entidades en las cuales el fideicomitente decide hacer una inversión (análisis del riesgo de la inversión). [...] Asesoría al fideicomitente, sobre el nivel mayor o menor del riesgo que entraña la inversión (labor de asesoramiento).

En el mismo sentido de los laudos cuyos principales apartes se han transcrito, Rodríguez Azuero[253] manifiesta que es frecuente en grado sumo que a los profesionales se los coloque

> en una especie de pedestal, como si fueran poco menos que omnipotentes, solo para poder, enseguida, tener a quién pedirle toda clase de resultados o censurarle hasta la más pequeña falta. Como si se dijera con simpleza: "Para qué preocuparnos de

---

252 Laudo arbitral del 31 de marzo de 2000, cit.

253 Sergio Rodríguez Azuero. *Negocios fiduciarios: su significación en América Latina*, Bogotá, Legis, 2005, p. 367.

> lo que nos pase, si al final tenemos al frente a un profesional que responderá por todo lo que no resulte bien". Es pretender que a quien se le acusaba supuestamente de que tendía a no responder por nada (es clásico el estereotipo de las cláusulas exonerativas de responsabilidad en formas preimpresas y en letra pequeña) ahora se le exija responder por todo, como si su contratante, al ser calificado como consumidor[,] fuese poco menos que un tarado, incapaz de leer o entender una cláusula o de medir sus consecuencias. Esta es una forma nociva e inaceptable de tratar de enderezar cargas aun si ellas fueran efectivamente desiguales.

Frente a posturas como las que se han expuesto, Mosset Iturraspe[254] considera que deben rechazarse por cuanto se apartan de la prudencia y la razonabilidad, unas porque pecan por falta o permisividad, y otras, por exceso o rigurosidad. Y agrega:

> [M]ientras la pretensión de hacer responsable "por toda culpa", por más mínima que esta sea, aparece hoy como muy extraña —casi a contramano de los tiempos o de sus signos—, la contraria, la que deja sin sancionar ciertas faltas por carecer de gravedad extrema —asimilable al dolo— muestra "rebrotes" o nuevos adictos. Pensamos que los profesionales no pueden estar en una situación privilegiada o de excepción frente al hombre común, a sus faltas o errores; pero tampoco creemos justo que el ordenamiento "se ensañe" con ellos y les exija más de lo que se pretende de cualquiera. Responsabilidad por culpa grave y leve nos parece suficiente y equitativo.

Aquí nos apartamos del criterio del autor argentino relacionado con la suficiencia de la culpa grave y leve a efectos de deprecarle responsabilidad a un profesional y, más concretamente, cuando ese profesional es una sociedad fiduciaria. En efecto, no se discute que el problema relacionado con la intensidad que debe caracterizar a la culpa de las sociedades fiduciarias con miras a deprecarles responsabilidad no es ni ha sido un tema pacífico, no en vano el debate hoy en día gira alrededor de si es suficiente con cualquier tipo de culpa o si, por el contrario, un simple error de conducta sería suficiente para darle nacimiento. Para que las sociedades fiduciarias puedan ser condenadas a indemnizar un perjuicio, es necesario que hayan incurrido en una culpa grave o lata.

---

254 Jorge Mosset Iturraspe. *Responsabilidad por daños*, t. viii, *Responsabilidad de los profesionales*, cit., p. 158.

En el ámbito del derecho colombiano, a pesar de que, en numerosas ocasiones, la jurisprudencia (en especial, la arbitral) y la doctrina encabezada por Suescún Melo[255] han hecho mención del deber de diligencia que pesa sobre el fiduciario en el cumplimiento de la finalidad a la que quedan afectados los bienes fideicomitidos y, por esta vía, han sido claras y explícitas en algunos de sus pronunciamientos al diferenciar entre la responsabilidad de un deudor ordinario y la de uno profesional, la verdad es que en todas las ocasiones no han establecido de manera transparente y concisa los elementos que permiten diferenciar un modelo de diligencia del otro. Por tal razón, habría que convenir que los problemas que alberga esta materia no han recibido en Colombia la atención que merecen.

Es cierto que el deber de diligencia ha sido estudiado desde la perspectiva de la responsabilidad del fiduciario; pero también lo es que en esta materia no se ha realizado esfuerzo alguno por conocer a fondo el contenido sustantivo de este deber, cuyo incumplimiento es uno de los presupuestos de la responsabilidad del fiduciario. Es más, ese estudio no ha consultado la verdadera naturaleza jurídica y función económica de los negocios fiduciarios, perspectiva desde la cual ofrece una escasa precisión y un precario desarrollo con respecto a los conceptos de culpa-negligencia y culpa-impericia referidos a la contratación fiduciaria, lo que conduce a que se introduzcan elementos de indefinición en el concepto de diligencia, traspasando los límites objetivos del principio de la buena fe objetiva.

Además, aunque es cierto que hace ya un buen tiempo que la doctrina y la jurisprudencia abandonaron como patrón de conducta el modelo del buen padre de familia establecido en el artículo 63 del CC y que en su lugar asumieron el del profesional medio puesto en las mismas circunstancias —vale decir, el profesional fiduciario que actúa con un cuidado ordinario o usual y al que no se le pueden imponer prototipos ni exigirle una pericia extraordinaria—, también es cierto que a partir de la línea argumentativa desarrollada por la jurisprudencia arbitral y por la doctrina nacional se está equiparando al profesional fiduciario conocedor de su oficio a otro despreocupado, ignorante o abandonado. Cualquier fiduciario podría invocar que, a su juicio, conforme a su leal saber y entender, el servicio objeto del

---

255 Jorge Suescún Melo. *Derecho privado: estudios de derecho civil y comercial contemporáneo*, t. I, 2.ª ed., Bogotá, Legis, 2003, p. 431 y ss.

negocio fiduciario estuvo bien cumplido, con lo cual la responsabilidad sería inexistente. Como lo refiere Mosset Iturraspe[256]:

> Negligencias o descuidos, imprudencias o audacias profesionales quedarían "saneadas" o convalidadas con tesis semejantes. Desaparece el criterio válido de comparación entre lo hecho y lo que debió hacerse, si se parte [...] de que todo lo hecho por el profesional es conveniente. La impericia se vuelve "particular pericia o pericia personal".

De ahí la inconformidad aquí expresada con las apreciaciones de la jurisprudencia arbitral y de la doctrina nacional que pretenden distinguir entre el obrar equivocado, malo o erróneo del fiduciario y el obrar culposo. Conocido es que, en el caso de las prestaciones profesionales que involucran la diligencia, esta (la diligencia) se traduce en la observancia de la norma técnica que informa la actividad del profesional. La pericia, como se dijo en otro lugar, es una especificación de la diligencia y, por lo mismo, es un criterio delimitador del incumplimiento. *A contrario sensu*, la impericia es una especificación de la negligencia (culpa); de ahí que incumple —y, por lo tanto, debe responder— quien a pesar de su buena voluntad y esfuerzo realiza una prestación apartándose de los dictados de la *lex artis* (impericia). Y por ello también cumple quien, pese a no haber empleado la diligencia, realiza una prestación técnicamente perfecta. Por consiguiente, la impericia debe ser analizada en sede de cumplimiento de la obligación, y no en sede de su asunción.

De manera especial, y por lo que aquí interesa, si la tesis de algún sector de la doctrina y de la jurisprudencia consiste en que la misma diligencia de un buen padre de familia es la que se esperaría de las sociedades fiduciarias en sus actuaciones en calidad de fiduciarios profesionales, entonces conviene preguntarse si, tomando en cuenta la heterogeneidad de la culpa y de la diligencia, la atribución a las sociedades fiduciarias de la condición de profesionales en la gestión de negocios ajenos bajo el control y la vigilancia del Estado significaría que respecto de tales entes se encuentra vedada la posibilidad jurídica de exigirles una extraordinaria pericia, prudencia y di-

256 Jorge Mosset Iturraspe. *Responsabilidad por daños*, t. viii, *Responsabilidad de los profesionales*, cit., p. 155.

ligencia; o un especialísimo nivel de acuciosidad; o una absoluta y ejemplar dedicación.

Desde el punto de vista teórico, la respuesta a este interrogante exige reconocer de entrada que la regulación legal vigente acerca del deber de diligencia que pesa sobre el fiduciario presenta serias carencias y vacíos que el operador jurídico está en la obligación de detectar, para luego tratar de establecer qué remedios sirven para paliar esas carencias. Para realizar esta tarea, es necesario partir de la consideración según la cual la interpretación histórica de lo que es el modelo del artífice aplicado a la actividad de gestión de los fiduciarios institucionales permite afirmar que el carácter de profesional o experto predicable de las sociedades fiduciarias es un criterio de conducta autónomo y diferente del padre de familia, de suerte entonces que el juez se encuentra sujeto a una presunción de especial aptitud profesional en el fiduciario, independientemente de que tenga o no tal aptitud. Es decir, la incorporación del modelo del profesional o *artifex* tiene como objetivo elevar los requerimientos legales de diligencia en el obrar exigibles al fiduciario[257], al tiempo que implica que, así como se exige de los deudores comunes y corrientes que pongan en el cumplimiento de sus obligaciones los cuidados de un buen padre de familia, así también cabe pretender de las sociedades fiduciarias que pongan en el cumplimiento de las suyas todos los cuidados de un buen profesional de su especialidad.

Así que, a pesar de que en relación con el nivel de prudencia exigido a los profesionales en general —y, en particular, a las sociedades fiduciarias— ni el ordenamiento jurídico ni la doctrina y la jurisprudencia patrias se han referido de manera expresa a ningún modelo ideal, lo cierto es que se les debe exigir más y no menos que a los hombres comunes. De modo que no resulta factible equiparar a las sociedades fiduciarias con un hombre común y corriente, habida consideración de que en esta materia existen pautas que claramente indican que no se puede comparar con el hombre medio prudente y diligente a quien actúa en un orden de cosas en el que, sin duda, posee conocimientos y aptitudes superiores a las del común denominador de las personas[258], y de que en la apreciación de su posible negligencia es necesario conjugar la naturaleza de la prestación fiduciaria y la circunstancia de ser

---

257 *Cfr.* Ernesto Rengifo García. *La fiducia mercantil y pública en Colombia*, cit., p. 173.

258 Félix Trigo Represas y Marcelo López Mesa. *Tratado de la responsabilidad civil: el derecho de daños en la actualidad, teoría y práctica*, t. II, cit., p. 297.

las sociedades fiduciarias sujetos especializados en la prestación de servicios financieros bajo el control y la vigilancia del Estado.

Así lo ha reconocido expresamente la Corte Constitucional al señalar que la actividad fiduciaria, como parte de la actividad financiera que desarrollan las instituciones financieras bajo el control y la vigilancia de la Superintendencia Financiera, comparte con esta, con la actividad bursátil y con cualquier otra relacionada con el manejo, aprovechamiento o inversión de recursos captados del público la calidad de ser una actividad económica explícitamente mencionada en la Constitución para los siguientes tres efectos:

> 1. Establecer que corresponde al Congreso dictar por medio de leyes las normas generales, y señalar en ellas los objetivos y criterios a los cuales debe sujetarse el Gobierno para efectos de regularla (Literal d) del numeral 19 del artículo 150 de la Constitución); [...] 2. Determinar que corresponde al presidente de la República ejercer, de acuerdo con la ley a que se refiere el punto anterior, la inspección, vigilancia y control sobre las personas que la ejercen (numeral 24, artículo 189 de la Constitución), y [...] 3. Definir que se trata de una actividad de interés público, y, por ende, solo puede ser ejercida previa autorización del Estado, conforme a la ley, reiterando que al legislador corresponde la regulación de la forma en la cual el gobierno intervendrá en ella (artículo 335 de la Constitución).
>
> Existen varias razones por las cuales el constituyente estableció de manera explícita una arquitectura institucional tan detallada para la regulación de subsectores económicos específicos como el asegurador, el financiero y el bursátil. De hecho, la Constitución misma señala el punto de partida de dichas razones, al indicar que se trata de actividades de "interés público". Ese interés público nace, por supuesto, del hecho de que se trata de actividades en las que se maneja[n], aprovecha[n] e invierten recursos captados del público, rasgo que también reconoce la propia Constitución. Son actividades, por lo demás, que canalizan de manera importante el ahorro de la nación hacia la inversión, lo cual enfatiza su definición como actividades de interés público.
>
> [...]
>
> Lo que tienen en común las actividades financieras, bursátiles, aseguradoras y otras afines, que las distingue de otras actividades económicas igualmente importantes, pero no sometidas a la fuerte intervención estatal que para aquellas autoriza la Constitución, es que dependen para su correcto funcionamiento de un

voto colectivo, permanente y tácito de confianza, cuyo quebrantamiento puede generar consecuencias catastróficas para la economía de un país. La cotidianidad rutinaria de las transacciones bursátiles, aseguradoras y financieras, a veces opaca el hecho de que cada una de ellas está fundada en una presunción intangible y frágil, pero esencial, en el sentido de que será cumplida la obligación a futuro (sic) a que se compromete la respectiva entidad financiera, bursátil o aseguradora. Esa presunción no tiene garantía distinta a la solidez misma del sistema. Cuando una persona deposita en una cuenta bancaria una suma de dinero, presume y confía que al día siguiente podrá retirar esa misma suma, más las anteriores que hubiese podido depositar. Esa presunción solo es posible gracias a una confianza sistémica, no explícita, pero verdadera, en la solidez de la entidad financiera respectiva. Lo mismo puede afirmarse respecto de quien compra un título bursátil, que espera, al vencimiento del mismo (sic), que se le pague la suma representada en el título. Solo la posesión del título le permite confiar en el cumplimiento de la obligación. Y en el caso de quien suscribe un contrato de seguros, la persona paga una prima en el entendido de que[,] de ocurrir el siniestro descrito en el contrato, le será pagada una indemnización o beneficio. No existe ninguna garantía de que ello ocurrirá, excepto la derivada de la seriedad de la compañía de seguros, fruto de que ella cumple con los estándares regulatorios y prudenciales preestablecidos. En estos tres ejemplos sencillos, que se pueden extrapolar a todo tipo de transacciones financieras, es la confianza en la solidez del sistema financiero, originada a su vez en la confianza en la calidad, seriedad y operatividad de la regulación estatal sobre ella, la que permite que las personas acepten operar a través del sistema y realizar transacciones con él.

La actividad financiera, bursátil y aseguradora es, pues, una actividad esencial para el desarrollo económico; constituye principal mecanismo de administración del ahorro del público y de financiación de la inversión pública y privada y está fundada en un pacto intangible de confianza. Se trata de la confianza por parte de los usuarios en que las obligaciones derivadas de la respectiva obligación serán rutinariamente satisfechas. Y esa confianza está a su vez cimentada en una regulación adecuada y en la convicción pública de que las entidades que hacen parte (sic) del sistema están vigiladas técnica y profesionalmente. Esa confianza ha de ser permanente, continua, y totalmente extendida para que el sistema funcione. La historia económica global reciente demuestra que este no es un planteamiento meramente teórico: en el momento en que se rompe la confianza, el sistema financiero se paraliza, y con él la economía que de él depende. Las personas empiezan a desconfiar del sistema, y de su capacidad de cumplir la promesa contenida en cada una de las millones (sic) de transacciones diarias que dentro de él se realizan. El mantenimiento de esa confianza pública es el objetivo principal de la intervención del Estado en este tipo de actividades. En eso, principalmente, consiste el carácter de "interés público" que la Constitución le imprime a este tipo de actividades, y

> de ahí el particular diseño institucional con el cual el constituyente dotó al Estado para permitirle la intervención en este tipo de actividades económicas[259].

También la Corte Suprema de Justicia ha puesto de presente en distintos pronunciamientos que la importancia de la actividad profesional de las sociedades fiduciarias en el orden social y económico justifica el establecimiento de controles y políticas restrictivas en su desarrollo, amén de llevar ínsita la exigencia para las sociedades fiduciarias de un mayor grado de diligencia y profesionalismo sustentado en el hecho de que la nota esencial tipificante de los negocios fiduciarios traslaticios y no traslaticios del derecho de dominio es la confianza. En palabras de la Corte Suprema de Justicia reseñadas en otro lugar y que ahora se retoman, esta confianza es la que permite que el fideicomitente acuda a los servicios de las sociedades fiduciarias para transferirles uno o varios de sus bienes, y que les confíe

> una finalidad fiduciaria, para su provecho o el de un tercero, confiriéndole poder dispositivo de los bienes integrantes del patrimonio autónomo; esa misma confianza en la profesión, conocimientos, experiencia, probidad, seriedad y eficiencia, motiva a terceros para celebrar actos, negocios y contratos vinculados al negocio fiduciario y, en general, la confianza, preside toda la formación, celebración, desarrollo, ejecución, terminación y liquidación del negocio fiduciario. [...] De allí la importancia del fiduciario "como institución financiera especializada y profesional en la materia, a la par que sometido al control y vigilancia del Estado (policía administrativa)", y "el peculiar celo del legislador en la regulación de la conducta que debe observar el fiduciario" (...) [...] Efecto de la confianza, es la conformación de un patrimonio autónomo, separado e independiente al de las partes, afecto y destinado exclusivamente a la finalidad fiduciaria (...), cuya legitimación dispositiva, activa y pasiva, sustancial y procesal, para celebrar actos, negocios y contratos, adquirir derechos, contraer obligaciones, disponer de lo suyo, comprometer su responsabilidad y representarlo en juicio, ostenta *ministerium legis* el fiduciario. [...] Por eso, "no se identifica jurídicamente el fiduciario cuando actúa en su órbita propia como persona jurídica, a cuando lo hace en virtud del encargo que emana de la constitución de la fiducia mercantil" (...), ni se confunde bajo ningún respecto con el patrimonio autónomo, ostentando su propia personificación, singularidad e individuación normativa, patrimonio, habilidad dispositiva y responsabilidad. [...] Con este entendimiento, *mutatis mutandis*, el fiduciario no compromete su responsabilidad patrimonial directa y

---

259 Corte Constitucional. Sentencia C-640 del 18 de agosto de 2010, Ref.: D-7999, M. P.: Mauricio González Cuervo.

personal en la ejecución del negocio fiduciario por los actos, negocios y contratos de desarrollo, ejecución o aplicación del encargo, la cual recae directa y exclusivamente en el patrimonio autónomo. [...] Sin embargo, esa sola circunstancia no autoriza excluir *in radice* la responsabilidad personal del fiduciario por sus actos, conducta o comportamiento, acciones u omisiones en detrimento de la finalidad fiduciaria o de los intereses del constituyente y de terceros, por inobservancia de sus deberes profesionales de diligencia, lealtad, corrección, buena fe, imparcialidad, secreto, información, o por extralimitación de funciones, ausencia de adopción oportuna de las medidas idóneas exigibles, entre otras hipótesis, en las cuales es responsable con su patrimonio "directamente por situaciones en que se le sindique de haber incurrido en extralimitación, por culpa o por dolo en detrimento de los bienes fideicomitidos que se le han confiado, hipótesis en la cual obviamente se le debe llamar a responder por ese indebido proceder por el que en realidad ya no puede resultar comprometido el patrimonio autónomo" (...). [...] Sobre este aspecto, la Corte[,] reiterando su doctrina, puntualizó por regla general "que las obligaciones que adquiera el fiduciario en la cabal ejecución del encargo recaen sobre ese patrimonio autónomo, no sobre el suyo propio, por manera (sic) que su responsabilidad no se ve comprometida. Ahora, cosa distinta es, como ya se puso de presente, que por razones de otra índole, *verbi gratia*, las derivadas de un obrar excesivo o contrario a las estipulaciones negociales o a los fines de la fiducia, entre otras posibles hipótesis que no es del caso escrutar en toda su extensión, el fiduciario comprometa su responsabilidad y, por ende, sus propios bienes, frente a los afectados por su obrar ilícito, responsabilidad que en el ordenamiento jurídico patrio no es extraña, en la medida, en que el que con su dolo o culpa causa un daño está llamado a indemnizarlo, siendo contractual el fundamento de esa responsabilidad, si es que esa conducta activa u omisiva se dio en desarrollo de un negocio jurídico de esa naturaleza, o extracontractual, en el caso contrario (art. 2341 del C. Civil) (...)[260].

Además, esa exigencia para las sociedades fiduciarias de un mayor grado de diligencia y profesionalismo se sustenta en el hecho de que las normas legales —en particular las contenidas en el Estatuto Orgánico del Sistema Financiero y en el artículo 3.º, letra a) de la Ley 1328 de 2009— les imponen a las instituciones financieras en general —y, de manera particular, a las sociedades fiduciarias— el deber de emplear la debida diligencia en el ofrecimiento de sus productos o en la prestación de sus servicios a los consumidores y, como corolario de ello, el deber de desarrollar las relaciones

260 Corte Suprema de Justicia, Sala de Casación Civil. Sentencia 2000-00310 del 1.º de julio de 2009, cit.

con los consumidores financieros de forma tal que se propenda a la satisfacción de las necesidades de estos, de acuerdo con la oferta, el compromiso y las obligaciones acordados. Y a sus administradores se les impone el deber de "obrar no solo dentro del marco de la ley[,] sino dentro del principio de buena fe y de servicio a los intereses sociales"(art. 72 del EOSF),

> todo lo cual revela la importancia que en los órdenes social y económico se reconoce —de antaño— a la actividad de intermediación financiera, que por involucrar recurso[s] ajenos, más concretamente los del ahorro privado, demandan de quienes a ella se dedican, una carga especial de diligencia en la atención de los asuntos que le son inherentes, pues en materia tan delicada no hay espacio para tolerar desbordamientos, abusos o descuidos, que amén de poner en peligro la estabilidad económica de la institución misma y de la nación toda, tienen la potencialidad de resquebrajar la confianza pública en un servicio en el que, se itera, existe un interés general. [...] Desde esta perspectiva, la diligencia exigible a las instituciones financieras no es apenas la que se espera de un buen padre de familia, referida por tanto a los negocios propios, sino la que corresponde a un profesional que deriva provecho económico de un servicio que compromete el ahorro privado y en el que existe un interés público. Con otras palabras, a la hora de apreciar la conducta de uno de tales establecimientos, es necesario tener presente que [...]"[261] "[...] la actividad que desarrollan además de profesional, tiene los rasgos de ser habitual, masiva y lucrativa, requiere de una organización para ejecutarla y del conocimiento experto y singular sobre las operaciones que comprende, así como de los productos y servicios que ofrece al público, razón por la cual los estándares de calidad, seguridad y eficiencia que se le reclaman, son más altos que los exigidos a un comerciante cualquiera[262].

De manera entonces que, establecido como queda, que la Constitución Nacional consagra de manera explícita una detallada arquitectura institucional para la regulación de la actividad y el funcionamiento de las sociedades fiduciarias en atención a la naturaleza de interés público de las actividades que desarrollan esta clase de sujetos de derecho, necesariamente debe concluirse —en lo que aquí importa— que el carácter de comerciantes especializados que ostentan tales entes en razón de la actividad que desarrollan resulta un elemento fundamental a efectos de establecer la naturaleza de la responsa-

261 Corte Suprema de Justicia. Sala de Casación Civil y Agraria. Sentencia del 5 de octubre de 2006, Exp. 11001-31-03-024-1999-30782-01, M. P.: César Julio Valencia Copete.

262 Corte Suprema de Justicia, Sala de Casación Civil. Sentencia SC18614-2016 de 19 de diciembre, Rad. 5001-31-03-001-2008-00312-01, M. P.: Ariel Salazar Ramírez.

bilidad que a ellas corresponde como consecuencia de la celebración de los negocios fiduciarios traslaticios y no traslaticios de dominio que constituyen su objeto social exclusivo.

Este carácter de experto —aunado al hecho de que la actividad fiduciaria es una actividad de interés público en la que de por medio se encuentra involucrada la confianza del público en el sistema financiero— determinará que el grado de diligencia y cuidado que se exige a las sociedades fiduciarias no se pueda interpretar como la prohibición de exigirles una "extraordinaria pericia, prudencia y diligencia", un "especialísimo nivel de acuciosidad" o una "absoluta y ejemplar dedicación". Por el contrario, la naturaleza de interés público de la actividad desarrollada por las sociedades fiduciarias apareja una especialidad de juzgamiento que implica que en el cumplimiento de su obligación profesional se les debe exigir el máximo grado de diligencia[263], llegando incluso a hacerlas responsables hasta de la culpa levísima, sin que para ello se requiera de una estipulación especial que así lo establezca. Ello es así tanto más si se toma en consideración que las sociedades fiduciarias tienen delante de ellas a los consumidores financieros, con todas sus falencias y vulnerabilidades.

En opinión del suscrito, al igual que se exige de los deudores comunes y corrientes que pongan en el cumplimiento de sus obligaciones los cuidados de un buen padre de familia, así también cabe pretender que las sociedades fiduciarias pongan en el cumplimiento de las suyas todos los cuidados de un buen profesional de su especialidad. Es decir, a las sociedades fiduciarias, en su condición de profesionales en la gestión de negocios ajenos, se les debe exigir más (y no menos) que a los hombres comunes, pues no puede compararse con el hombre medio prudente y diligente a quien actúa en un orden de cosas en el que posee, sin duda, conocimientos y aptitudes superiores

263 A este respecto, Ernesto Rengifo García manifiesta que, tratándose de la responsabilidad profesional, en la actualidad se reclama su agravación. Así, con apoyo en lo dispuesto por los artículos 23 de la Ley 222 de 1995 de Colombia y 6.º de la Ley 24.441 de Argentina, concluye que la categoría del buen hombre de negocios sujeta al juez "a una presunción de especial aptitud profesional [...] en el fiduciario independientemente de que tenga o no tal aptitud"; es decir, que "la incorporación del tipo abstracto del 'hombre de negocios' tiene como objetivo elevar los requerimientos legales de diligencia en el obrar exigibles [...] al fiduciario, pero incluso [...] tratándose de este último, el criterio es más estricto al estar también de por medio la confianza depositada en él". (Ernesto Rengifo García. *La fiducia mercantil y pública en Colombia*, cit., p. 173).

a las del común denominador de las personas[264]. Surge así, como de todo sentido común, la obligación de extremar los cuidados a quienes, como las sociedades fiduciarias, ostentan la calidad de profesionales en la gestión de negocios ajenos.

Es cierto que el ordenamiento jurídico admite la interpretación exegética de sus normas, pero también lo es que, en la medida en que la actividad desarrollada por las sociedades fiduciarias compromete el orden público económico, la exégesis no se puede confundir con la lectura estrictamente literal, aislada y solitaria de cada una de las palabras que integran el artículo 1243 del CCo. A las sociedades fiduciarias se le contrata precisamente por su calidad de expertas en la gestión de intereses ajenos, razón por la cual la normal previsión que a ellas les es exigible en el cumplimiento de su obligación profesional es aquella obligada por la especialidad de sus conocimientos y experiencia, así como la garantía técnica y profesional que implica su intervención de cara al cumplimiento de la finalidad a la cual están afectados los bienes fideicomitidos. Esta especial diligencia es, pues, la que se les debe exigir a las sociedades fiduciarias, incluyendo en sus deberes, claro está, el conocimiento de sus propias fortalezas y debilidades para actuar como fiduciarios.

A lo anterior conviene agregar que el artículo 1243 del Código de Comercio no consagra un fundamento claro para interpretar que al fiduciario no se le puede exigir una "extraordinaria pericia, prudencia y diligencia" ni un "especialísimo nivel de acuciosidad", tampoco una "absoluta y ejemplar dedicación", pues al efectuar una revisión detallada de la exposición de motivos del Código de Comercio no se encuentra una referencia clara a la voluntad del legislador de consagrar el modelo del buen padre de familia como modelo de conducta con arreglo al cual debería juzgarse la actuación del fiduciario y, como corolario de ello, que al fiduciario tan solo se le pudiera exigir una conducta corriente o normalmente prudente. No puede perderse de vista que, como modelo abstracto, el modelo del padre de familia es común a la diligencia media y a la diligencia máxima, las cuales implican comportarse por encima del modo normal de hacerlo la mayoría de las personas.

---

264 Félix Trigo Represas y Marcelo López Mesa. *Tratado de la responsabilidad civil: el derecho de daños en la actualidad, teoría y práctica*, t. II, cit., p. 297.

Además, si bien es cierto que el artículo 1243 del Código de Comercio dispone que el fiduciario responde hasta de la culpa leve en el cumplimiento de la gestión que se le haya encomendado, no es menos cierto que de allí no se sigue necesariamente que el grado de diligencia exigible al fiduciario no pueda hacerse más riguroso, habida cuenta de que la interpretación razonable del artículo en mención admitiría por lo menos dos sentidos diversos: uno en relación con el modelo al que debe ajustar su conducta el fiduciario y otro en lo referente al nivel de diligencia exigible en el cumplimiento de la gestión encomendada.

En este sentido, a la luz del principio constitucional de interpretación, la relación fiduciario-negocios propios que surge de la aplicación de lo dispuesto por el artículo 63 del Código Civil debe examinarse a partir de las disposiciones constitucionales que regulan la libertad económica y la intervención del Estado en las actividades financiera, bursátil y aseguradora a que se refieren los artículos 333 y 335 de la Carta Política en el Estado social de derecho. Dichas disposiciones deben ser contrastadas con el quehacer de las sociedades fiduciarias y con los intereses involucrados en el ejercicio de la actividad fiduciaria, esto es, el orden público económico y los consumidores financieros.

En coherencia con lo expuesto, no parece lógico pensar que sea necesario replantear en el ámbito legal el tema de la responsabilidad del fiduciario tal como está regulado positivamente en la actualidad, para que, en lugar de aludir al modelo del buen padre de familia, se haga referencia al modelo del buen profesional y, por esta vía, elevar los requerimientos que la ley exige en cuanto a la diligencia y pericia en el obrar del fiduciario. En cambio, sí resulta imprescindible que la doctrina y la jurisprudencia revisen su posición, máxime si se considera que hoy en día, quiérase o no, la verdad sea dicha, el asunto relacionado con la responsabilidad civil del fiduciario reclama su agravación; vale decir que el aumento de la responsabilidad del fiduciario corresponde, como ya se tuvo oportunidad de señalar, a "una necesidad acorde con la finalidad práctica, jurídica y social"[265] que se persigue con la celebración de negocios fiduciarios.

A riesgo de insistir en demasía sobre este particular, siguiendo las directrices que se han expuesto, se comparte aquí la opinión de que el análisis de

---

265 Ernesto Rengifo García. *La fiducia mercantil y pública en Colombia*, cit., p. 173.

la culpa, como factor de imputación de la responsabilidad contractual de las sociedades fiduciarias, indefectiblemente debe llevarse a cabo a la luz de lo dispuesto por el artículo 335 de la CP, en concordancia con los artículos 78 *ibidem*; 46, letras a) y b) del EOSF; 3.º, letra a), 5.º y 7.º, letra b) de la Ley 1328 de 2009; y 7.º, inciso 2.º de la Ley 1480 de 2011. Tal análisis también debe realizarse con base en las instrucciones impartidas por la Superintendencia Financiera en materia de control interno y de administración de riesgos, de manera particular, de administración del riesgo operativo, por remisión expresa que a esa normatividad hace el artículo 2034 del CCo, que consagra el principio de los estatutos especiales o excepcionales.

En este orden de ideas, si se atiene a los valores en juego, a los intereses involucrados en la contratación fiduciaria y, en fin, a la finalidad práctica, jurídica y social de los negocios fiduciarios, se debe aceptar que al ordenamiento jurídico le repugna que al fiduciario se le exija una prudencia normal, es decir, la que podría prestar el fiduciario diligente medio, habida consideración de que en esta materia, como se acaba de ver, existen pautas que claramente indican que en este ámbito surge, como de todo sentido común, la obligación de extremar los cuidados a quienes, como las sociedades fiduciarias, ostentan la calidad de profesionales en la gestión de negocios ajenos, máxime si tiene en cuenta que estas tienen frente a sí a los consumidores financieros, con todas sus falencias y vulnerabilidades.

Obviamente, lo antes expuesto no significa, ni mucho menos, que el nivel de las obligaciones contraídas por el fiduciario o las consecuencias de la instauración de una diligencia más profesional y exigente supongan un nivel pernicioso para las sociedades fiduciarias. Menos aún significa poner a cargo de las sociedades fiduciarias lo imposible, responsabilizarlas de lo fortuito, lo casual o imprevisible, ni comprometerlas con resultados que no está en su hacer lograr[266]. Significa, simplemente, que el modelo de diligencia es

266 Jorge Mosset Iturraspe. *Responsabilidad por daños*, t. VIII, *Responsabilidad de los profesionales*, cit., p. 77. A este respecto, en el Laudo arbitral del 31 de julio de 2000, que resolvió las controversias entre la Beneficencia de Cundinamarca, el Banco Central Hipotecario y Fiducentral derivadas de la celebración y ejecución de un contrato de fiducia inmobiliaria, los árbitros señalaron que "la fiduciaria no puede ser tenida como responsable por la evolución adversa y en buena parte imprevisible de la coyuntura de los negocios en el país ni por la marcada recesión de la industria de la construcción y del mercado de la tierra. Debe reiterarse que quien evalúa la conducta del profesional administrador de negocios no puede sustituir *ex post facto* el criterio de este por el suyo propio, lo que a más de ilógico y contraproducente sería injusto, pues el juzgador actúa a sabiendas de lo ya ocurrido en la realidad, ya que conoce si resultaron correctas

diferente, teniendo en cuenta la profesionalidad que exige el desarrollo de una actividad que compromete el orden público económico, profesionalidad que conlleva a que su deber frente al Estado y a la comunidad sea mayor que el que corresponde a una persona no profesional en su actuar, por lo que del fiduciario se exige y espera una mayor previsión y prudencia en las actuaciones desarrolladas de cara al cumplimiento de la finalidad a la que se encuentran afectados los bienes fideicomitidos, es decir, la profesionalidad que en el desarrollo de la actividad fiduciaria implica una mayor exigencia en la actuación en calidad de fiduciario, y no una atenuación o aminoración. Desde esta perspectiva, la profesionalidad funciona como un elemento de valoración objetiva de la conducta exigible al fiduciario, que posibilita apreciar su falta de diligencia.

Lo que se ha venido exponiendo significa que el deber de debida diligencia impide que el fiduciario se limite a actuar de forma mecánica e irreflexiva, de manera entonces que la aceptación de la gestión objeto del contrato fiduciario debe ser una labor analizada y reflexionada. Y esto es así porque, como se ha repetido con insistencia, la obligación de diligencia que pesa sobre las sociedades fiduciarias está directamente relacionada con la obligación general de administrar y/o enajenar los bienes fideicomitidos

---

o frustradas las previsiones o proyecciones sobre las cuales se tomó la decisión de llevar a cabo un negocio. La sustitución de un razonamiento por otro posterior no es procedente por cuanto las circunstancias, premuras y motivaciones en uno y otro caso son diametralmente distintas. Ya se advirtió que los gestores de negocios deben tener la certeza de que no verán comprometida su responsabilidad, ni siquiera si sus decisiones resultan equivocadas o si los negocios que emprenden arrojan pérdidas, a condición[,] eso sí[,] de que hayan actuado y tomado sus determinaciones con las precauciones, estudios y análisis razonables y usuales en el medio de que se trate". (Laudo arbitral del 31 de julio de 2000, cit.). También sobre este mismo particular, en el Laudo arbitral del 19 de julio de 2000, que resolvió las controversias entre BASF Química y otros y Fiduanglo S. A. derivadas de la celebración de un contrato de fiducia mercantil de garantía, los árbitros, refiriéndose a las diferencias presentadas en los avalúos practicados por distintas firmas avaluadoras y a la responsabilidad de la fiduciaria por estas diferencias, destacaron lo siguiente: "Sobre estas dos limitaciones es necesario recalcar que en el peritazgo practicado por la Lonja de Bogotá y por Alfonso Botero [...] se señaló que el valor de la propiedad raíz en el Valle, como en Colombia toda, según hoy es de público conocimiento, se ha depreciado notoriamente desde la época del avalúo de Asistek, hasta el punto de que (sic), según estudio elaborado por la Lonja de Propiedad Raíz de Cali y Valle del Cauca en diciembre de 1999, [...] el valor de los terrenos en zona industrial, en pesos constantes de 1998, era aproximadamente la mitad de lo que valían a finales de 1994. Ese menor valor de los bienes fideicomitidos de ninguna manera es imputable a la fiduciaria[,] porque no proviene de su conducta, sino de factores exógenos". (Laudo arbitral del 19 de julio de 2000, cit.).

de cara al cumplimiento de la finalidad señalada por el fideicomitente en el acto constitutivo. Esta obligación trae consigo la aplicación de las notas características de la diligencia, a saber: en primer lugar, el deber de diligencia es fuente de nuevas obligaciones a la manera de una cláusula general normativa; en segundo lugar, la diligencia despliega su papel de norma jurídica actuando como regla de conducta en sentido objetivo, presidida por las características de la indeterminación y la abstracción; en tercer lugar, el carácter objetivo de la diligencia no significa, ni mucho menos, que la conducta debida por el fiduciario no deba valorarse de acuerdo con las diversas circunstancias en que esta se produce; finalmente, a partir de la diligencia se concretan las obligaciones legales y contractuales, así se determina tanto el comportamiento concreto exigible al fiduciario en cada caso como la forma de su cumplimiento.

Tampoco se trata de "ensañarse" con los fiduciarios ni, como lo refiere Rodríguez Azuero[267], de colocarlos

> en una especie de pedestal, como si fueran poco menos que omnipotentes, solo para poder, enseguida, tener a quién pedirle toda clase de resultados o censurarle hasta la más pequeña falta. Como si se dijera con simpleza: "Para qué preocuparnos de lo que nos pase, si al final tenemos al frente a un profesional que responderá por todo lo que no resulte bien". Es pretender que a quien se le acusaba supuestamente de que tendía a no responder por nada (es clásico el estereotipo de las cláusulas exonerativas de responsabilidad en formas preimpresas y en letra pequeña) ahora se le exija responder por todo, como si su contratante, al ser calificado como consumidor[,] fuese poco menos que un tarado, incapaz de leer o entender una cláusula o de medir sus consecuencias.

De lo que se trata es de que la declaratoria de responsabilidad del fiduciario reconozca —como debe ser— que si el fiduciario se anuncia al público como gestor profesional de negocios ajenos eso significa que tiene la carga de poseer la pericia necesaria para cumplir con la gestión que se le ha encomendado. Y ello implica que conoce y sabe las reglas que informan su actividad u oficio y que su desconocimiento constituye una situación o causa imputable a él, dado que su contratación se ha llevado a cabo en calidad de experto.

---

267 Sergio Rodríguez Azuero. *Negocios fiduciarios: su significación en América Latina*, cit., p. 367.

En una palabra, de lo que se trata es de que el régimen de responsabilidad del fiduciario se estructure alrededor de la impericia[268], la cual debe entenderse como culpa. Y ese factor culposo de la impericia obliga a que en el juicio de responsabilidad se consideren las reglas e instrucciones impartidas por la Superintendencia Financiera de Colombia en materia de gobierno corporativo, control interno y riesgo operativo, toda vez que, tratándose de prestaciones profesionales, la diligencia se traduce en la observancia de la norma técnica que informa la actividad del profesional. De manera, pues, que la responsabilidad del fiduciario deriva, entre otros aspectos, del desconocimiento del deber de diligencia en el autoexamen de sus propias aptitudes para el cumplimiento de la finalidad a la que quedan afectados los bienes fideicomitidos.

Es por ello por lo que el modelo o patrón de conducta que debe utilizarse al momento de juzgar la conducta del fiduciario —y del cual depende el grado de diligencia que se le debe exigir— no puede continuar basándose en la diligencia media, como ha venido sucediendo hasta ahora. Por el contrario, al fiduciario se le puede y se le debe exigir una diligencia extraordinaria, por cuanto en esta materia no basta el mero o solo esfuerzo orientado a la consecución de la finalidad a la que se encuentran afectados los bienes fideicomitidos, sino que se requiere que tales esfuerzos sean idóneos, adecuados, eficientes y conducentes conforme a la *lex artis*.

En el contexto que antecede, en la medida en que el fiduciario pretende que sea el fideicomitente —y, en su caso, el beneficiario— quien asuma los riesgos a los que estaría expuesta la consecución de la finalidad a la que quedarían afectados los bienes fideicomitidos, entonces sobre él pesa el deber jurídico de informar, antes de la celebración del respectivo negocio fiduciario, acerca de los riesgos a los que se encontraría expuesta dicha finalidad, alertar sobre las dificultades o los fracasos y, en su caso, exigir la aceptación expresa del fideicomitente. De este modo, no podría ocultar dificultades ni dudas relativas a su obligación de hacer ni tampoco, obviamente, limitarse a decir "que todo andará bien" para luego, ante la no consecución de la

268 La pericia es una especificación de la diligencia y, por lo mismo, es un criterio delimitador del incumplimiento. *A contrario sensu*, la impericia es una especificación de la negligencia (culpa); de ahí que incumple y, por lo tanto, debe responder, quien a pesar de su buena voluntad y esfuerzo realiza una prestación apartándose de los dictados de la *lex artis* (impericia), y por ello también cumple quien, a pesar de no haber empleado la diligencia y el cuidado debidos, realiza una prestación técnicamente perfecta.

finalidad a la que se encontraban afectados los bienes fideicomitidos, alegar en su defensa que "hizo todo lo posible". Semejante conducta no coincide con la buena fe que debe presidir esta especial modalidad de contratación mercantil. Y de allí las alternativas[269].

Es claro que frente a la no consecución de la finalidad a la que se encontraban afectados los bienes fideicomitidos, el fiduciario no puede acudir al expediente "de los medios", que simplemente promete, sino que debe proporcionar la prueba de la calidad del servicio. Es decir, le corresponderá cargar con la prueba "del buen servicio" o de la "mejor praxis", prueba que no le será difícil aportar si así ha actuado.

XIII. LA RELEVANCIA DE LAS CUALIDADES PERSONALES DEL FIDUCIARIO

El carácter objetivo del modelo de pericia se concibe como un esquema de conducta del buen profesional. Dicho modelo permite integrar la prestación a la que se compromete el fiduciario y determina el exacto cumplimiento de dicha prestación. No obstante, debe tenerse en cuenta que los negocios fiduciarios se caracterizan por la presencia del elemento *intuitu personae*, el cual marca el carácter personalísimo de la prestación y condiciona, por lo tanto, el exacto cumplimiento de la obligación a las cualidades personales del fiduciario[270]. Así las cosas, se pregunta: ¿hasta qué punto la presunta objetividad del modelo de conducta profesional, del parámetro "pericia", queda desvirtuada por el elemento *intuitu personae*? ¿Puede entenderse que la obligación contraída ha sido incumplida cuando la prestación no ha sido llevada a cabo directamente por el fiduciario, a pesar de que aquel que lo ha sustituido ha desarrollado la actividad de acuerdo con las reglas objetivas de la profesión, acorde con los cánones de la pericia?

La respuesta a estos interrogantes debe ser abordada desde la perspectiva de la denominada "teoría de los estatutos especiales o excepcionales", a la que se encuentran sometidas todas las instituciones financieras sujetas al control y a la vigilancia de la Superintendencia Financiera, y, de manera particular, las

---

269 Jorge Mosset Iturraspe. *Responsabilidad por daños*, t. viii, *Responsabilidad de los profesionales*, cit., p. 66.

270 *Cfr.* Adela Serra Rodríguez. *La responsabilidad civil del abogado*, cit., p. 127.

sociedades fiduciarias. De acuerdo con dicha teoría, las instituciones financieras supeditadas al control y vigilancia de la Superintendencia Financiera

> no pueden realizar sino aquellas operaciones que expresamente les han sido autorizadas por el legislador, o lo que es lo mismo, tienen un objeto social restringido a aquellas operaciones que les han sido expresamente autorizadas o permitidas [...] Esta característica se entrelaza o está íntimamente relacionada con otra consistente en que la creación u organización de tales instituciones, por la importancia para la sociedad de las actividades que realizan, debe contar con la previa autorización del Estado. Al exigirse este requisito para poder realizar la labor de captación y manejo o aprovechamiento de los dineros del público, o lo que es lo mismo, la labor de intermediación financiera, se sigue que la actividad financiera la restringe el Estado para que sea realizada única y exclusivamente por las sociedades comerciales que se hayan constituido para tal propósito y a las que haya considerado conveniente concederles o impartirles tal autorización por reunir los requisitos exigidos para el efecto. [...] Ahora bien, estas dos importantes características de la teoría de los estatutos excepcionales, [...] se traduce en que la autorización que les otorga el Estado para que realicen la actividad especial de intermediación financiera de que se trate no la pueden delegar o ceder a ninguna otra sociedad comercial que no cuente con la previa autorización del Estado. En otras palabras, el Estado otorga o concede una autorización para que la actividad de intermediación financiera sea realizada directa y exclusivamente por la propia entidad financiera beneficiaria de la autorización[271].

En coherencia con los planteamientos doctrinales que anteceden, se tiene que, si bien es cierto que los negocios fiduciarios traslaticios y no traslaticios del derecho de dominio son considerados como negocios jurídicos *intuitu personae*, no es menos cierto que, en la medida en que la pericia integra el cumplimiento de la obligación a cargo del fiduciario de realizar diligentemente todos los actos necesarios para el cumplimiento de la finalidad a la que se encuentran afectados los bienes fideicomitidos, solo existirá dicho cumplimiento cuando la prestación fiduciaria sea ejecutada de manera directa por la sociedad fiduciaria. La excepción a esta regla corresponde a la administración de portafolios de inversión conformados por valores que se negocian por medio del mercado público de valores, en cuyo caso es posible valerse de los intermediarios de dicho mercado. Como lo refiere Serra Rodríguez:

---

271 Superintendencia Financiera. Concepto del 7 de septiembre de 2004.

Únicamente en tal supuesto existe satisfacción del interés crediticio, ya que en la constitución de la obligación como composición de intereses de las partes las condiciones particulares del deudor fueron un elemento determinante [...] Por tanto, la satisfacción del interés del acreedor exige que la actividad sea llevada a cabo por un profesional en concreto, pero en la ejecución de la prestación este ha de ajustarse a un canon de conducta profesional, a unas reglas de pericia objetivamente consideradas, ya que, en caso contrario, sería tanto como dejar el cumplimiento de aquella al arbitrio del deudor. [...] De igual manera, puede mantenerse que si el profesional, contratado en virtud de sus cualidades personales, no emplea aquel grado de pericia cualitativamente superior al del profesional medio, que fue tenido en cuenta al momento de la celebración del contrato, podrá entenderse incumplida la obligación, de donde se derivará, en su caso, la responsabilidad correspondiente [...] El concepto de (im)pericia profesional se gradúa en relación con las circunstancias particulares concurrentes que caracterizan [a] la prestación asumida por el profesional, de manera que cuando las cualidades personales de este [...] fueron decisivas para el cliente, habrá de considerarse legítima su expectativa de una pericia superior a la media en relación con la prestación[272].

---

272 *Cfr.* Adela Serra Rodríguez. *La responsabilidad civil del abogado*, cit., pp. 128 a 129.

CAPÍTULO OCTAVO
ANÁLISIS DE LA RESPONSABILIDAD CONTRACTUAL DEL FIDUCIARIO CON FUNDAMENTO EN EL PRINCIPIO DE LA BUENA FE

I. CONSIDERACIONES GENERALES ACERCA DEL PRINCIPIO DE LA BUENA FE EN EL ORDENAMIENTO JURÍDICO COLOMBIANO

La buena fe no ha sido definida por el ordenamiento jurídico colombiano. No obstante, lo cierto es que la buena fe es un principio rector de todo sistema jurídico, del tráfico jurídico y de la convivencia social

> "con sujeción al cual deben actuar las personas —sin distingo alguno— en el ámbito de las relaciones jurídicas e interpersonales en las que participan, bien a través del cumplimiento de deberes de índole positiva que se traducen en una determinada actuación, bien mediante la observancia de una conducta de carácter negativo (típica abstención), entre otras formas de manifestación. Este adamantino axioma, insuflado al ordenamiento jurídico —constitucional y legal— y, en concreto, engastado en un apreciable número de instituciones, *grosso modo*, presupone que se actúe con honradez, probidad, honorabilidad, transparencia, diligencia, responsabilidad y sin dobleces. Identifícase entonces, en sentido muy lato, la bona FIDES con la confianza, la legítima creencia, la honestidad, la lealtad, la corrección (...) La buena fe, someramente esbozada en lo que a su alcance concierne, se torna bifronte, en atención a que se desdobla, preponderantemente para efectos metodológicos, en la apellidada 'buena fe subjetiva' (creencia o confianza), al igual que en la 'objetiva' (probidad, corrección o lealtad), sin que por ello se lesione su concepción unitaria que, con un carácter más panorámico, luce unívoca de cara al ordenamiento jurídico. Al fin y al cabo, se anticipó, es un principio general —e informador— del derecho, amén que un estándar o patrón jurídicos, sobre todo en el campo de la hermenéutica negocial y de la responsabilidad civil" (cas. civ., 2 de julio de 2001, exp. 6146). La buena fe, se identifica, con el actuar real, honesto, probo, correcto, apreciado objetivamente, o sea, 'con determinado estándar de usos sociales y buenas costumbres', no 'hace referencia a la ignorancia o a la inexperiencia, sino a la ausencia de obras fraudulentas, de engaño, de reserva mental, astucia o viveza, en fin de una conducta lesiva de la buena costumbre que impera en la colectividad', es 'realidad actuante y no simple intención de legalidad y carencia de legitimidad' y se equipara 'a la conducta de

> quien obra con espíritu de justicia y equidad al proceder razonable del comerciante honesto y cumplidor'[1].

La buena fe ha dejado de ser considerada únicamente un principio general del derecho para constituirse en un verdadero postulado constitucional[2] que cumple un papel integrador del ordenamiento y de las relaciones entre particulares, y entre estos y el Estado. En palabras de la Corte Constitucional[3], la buena fe

> constituye pieza fundamental de todo ordenamiento jurídico, habida consideración del valor ético que entraña en la conciencia social, y por lo mismo, de la importancia que representa en el tráfico jurídico de la sociedad. Contenido ético que a su vez incorpora el valor de la confianza dentro de (sic) la base de las relaciones sociales,

---

1 Corte Suprema de Justicia, Sala de Casación Civil y Agraria. Sentencia del 27 de febrero de 2012, Exp. 11001-3103-002-2003-14027-01, M. P.: William Namén Vargas.

2 El principio de la buena fe se encuentra elevado a precepto constitucional en los términos de que da cuenta el artículo 83 de la Carta Política, de acuerdo con el cual "las actuaciones de los particulares y de las autoridades públicas (sic) deberán ceñirse a los postulados de la buena fe, la cual se presumirá en todas las gestiones que aquellos adelanten ante estas". Refiriéndose al contenido y al alcance de este precepto constitucional, la Corte Constitucional, mediante la Sentencia T-537 de 2009, expresó que el principio de la buena fe resulta «un elemento connatural al sistema jurídico, consagrado expresamente por el artículo 83 de la Constitución de 1991. Dicho principio aporta un contenido de naturaleza ética y de rango constitucional a las relaciones de los particulares entre sí, y de estos con las autoridades públicas (sic). Adicionalmente debe resaltarse que el principio de buena fe fue concebido por el constituyente como un mecanismo para buscar la protección de los derechos, los que tendrán menos amenazas si en las actuaciones que se surtan ante las autoridades, o en la interpretación de las relaciones negociales entre particulares y administración, o en el entendimiento de las relaciones entre particulares se toma la buena fe como un elemento fundacional de las mismas (sic) y de ella se derivan contenidos de solidaridad, probidad, honestidad y lealtad. [...] Sin embargo, no fue a través de la Constitución de 1991 que el principio de buena fe hizo su entrada en nuestro ordenamiento jurídico, pues desde el inicio fue considerado como elemento esencial de las relaciones entre particulares, siendo parte del Código Civil de 1873, el cual consagró expresamente en su art. 1603 que "los contratos deben ejecutarse de buena fe", derivando de esta disposición que la obligación surgida de un contrato no solamente incluye lo pactado por las partes, sino todo lo que surge de la naturaleza de la obligación, de la ley y de la costumbre. [...] La legislación comercial también recoge dicho principio en el art. 871 del Código de Comercio, en donde extiende su aplicación a las fases de celebración y ejecución, disponiendo que "en consecuencia los contratos obligan no solo a lo pactado expresamente en ellos, sino a todo lo que corresponda a la naturaleza de los mismos (sic), según la ley, la costumbre o la equidad natural"». (Corte Constitucional. Sentencia T-537 del 6 de agosto de 2009, Exp. T-1.954.426, M. P.: Humberto Antonio Sierra Porto).

3 Corte Constitucional. Sentencia C-840 del 9 de agosto de 2001, Exp. D-3389, M. P.: Jaime Araújo Rentería.

no como creación del derecho, que sí como presupuesto, con existencia propia e independiente de su reconocimiento normativo. La buena fe se refiere exclusivamente a las relaciones de la vida social con trascendencia jurídica, sirviendo al efecto para valorar el comportamiento de los sujetos de derecho, al propio tiempo que funge como criterio de reciprocidad en tanto se toma como una regla de conducta que deben observar los sujetos en sus relaciones jurídicas, esto es, tanto en el ámbito de los derechos como en la esfera de los deberes y [las] obligaciones. Por ello mismo, todo comportamiento deshonesto, desleal o que acuse falta de colaboración, de parte de uno de los extremos de la relación jurídica, constituye infracción al principio de la *fides*, toda vez que defrauda la confianza puesta por el interlocutor afectado, o lo que es igual, transgrede el fundamento del tráfico jurídico. Configurándose así la presencia de la mala fe[4].

II. DISTINCIÓN ENTRE LA BUENA FE EN SENTIDO SUBJETIVO Y LA BUENA FE EN SENTIDO OBJETIVO

A la buena fe se le suelen atribuir dos sentidos: uno de carácter subjetivo y otro de carácter objetivo[5]. Desde el punto de vista subjetivo, la buena fe "consiste en la creencia —nacida de un error excusable— de que la propia conducta no va contra derecho"[6]; por consiguiente, lo que debe tenerse en cuenta es la intención del sujeto de la relación jurídica, su íntima convicción de que con su conducta no está causando un perjuicio a otro. Este concepto engloba, en verdad, un doble campo de acción: en primer lugar, radica en creer que no se está dañando un interés ajeno tutelado por el derecho o en ignorar que se estaba provocando tal daño[7], de suerte entonces que, aunque la conducta del sujeto puede ser considerada antijurídica desde la perspectiva objetiva, lo cierto es que el ordenamiento jurídico la considera

4 Sobre este mismo particular, la Corte Constitucional, mediante la Sentencia C-131 del 19 de febrero de 2004, expresó que el principio de la buena fe "incorpora el valor ético de la confianza y significa que el hombre cree y confía que una declaración de voluntad surtirá, en un caso concreto, sus efectos usuales, es decir, los mismos que ordinaria y normalmente ha producido en casos análogos". (Corte Constitucional. Sentencia C-131 del 19 de febrero de 2004, Exp. D-4599, M. P.: Clara Inés Vargas Hernández).

5 *Cfr.* Martha Lucía Neme Villarreal. "Buena fe subjetiva y buena fe objetiva. Equívocos a los que conduce la falta de claridad en la distinción de tales conceptos", *Revista de Derecho Privado*, n.º 17, julio-diciembre, Bogotá, Universidad Externado de Colombia, 2009, pp. 45 a 76.

6 Alejandro Borda. "La buena fe en la etapa precontractual", *Vniversitas*, vol. 63, n.º 129, julio-diciembre, Bogotá, Pontificia Universidad Javeriana, 2014, pp. 39 a 79, en http://dx.doi.org/10.11144/Javeriana.VJ129.lbfe

7 *Ibid.*

honrada y justa precisamente en razón del estado de ignorancia en que se encontraba el sujeto con respecto a que no estaría dañando un interés ajeno digno de protección jurídica, tal como ocurre, por ejemplo, con la posesión de buena fe. En segundo lugar, "consiste en la creencia o en el error de una persona, que genera un beneficio indebido en otro sujeto con quien se relaciona (como sucede, por ejemplo, con el pago de lo que no se debe)"[8].

Refiriéndose a la buena fe en sentido subjetivo, la Corte Suprema de Justicia[9] ha señalado:

> propende por (sic) el respeto —o tutela— de una determinada apariencia que ha sido forjada con antelación, o por una creencia o confianza específicas que se han originado en un sujeto, en el sentido de estar actuando con arreglo a derecho, sin perjuicio de que se funden, en realidad, en un equívoco, todas con evidentes repercusiones legales, no obstante (sic) su claro y característico tinte subjetivo ('actitud de conciencia' o 'estado psicológico'), connatural a la situación en que se encuentra en el marco de una relación jurídica, por vía de ejemplo[,] la posesoria.

Por su parte, la buena fe objetiva es la exigencia de que las partes obren con honestidad, lealtad, transparencia y cooperación, que es el sentido con el que originariamente se concibió la buena fe en el derecho romano[10]. Sobre este particular, la Corte Suprema de Justicia[11] ha señalado que la buena fe, en sentido objetivo,

> trascendiendo el referido estado psicológico, se traduce en una regla —o norma— orientadora del comportamiento (directiva o modelo tipo conductual) que atañe al dictado de precisos deberes de conducta que, por excelencia, se proyectan en la esfera pre-negocial y negocial, en procura de la satisfacción y salvaguarda de intereses ajenos (deberes de información; de claridad o precisión; de guarda material de la cosa; de reserva o secreto, etc.).

---

8 Alejandro Borda. "La buena fe en la etapa precontractual", cit.

9 Corte Suprema de Justicia, Sala de Casación Civil. Sentencia 6146 del 2 de agosto de 2001, Exp. 6146, M. P.: Carlos Ignacio Jaramillo Jaramillo.

10 Es a este último sentido de la buena fe al que se refiere el artículo 1603 del cc.

11 Corte Suprema de Justicia, Sala de Casación Civil. Sentencia 6146 del 2 de agosto de 2001, cit.

En esta misma dirección, Bianca[12] considera que la buena fe es "una cláusula general que exige comportamientos diferentes, activos u omisivos, en relación con las circunstancias concretas de actuación de la relación", lo cual no significa que la buena fe

> no se preste a ser determinada, suficientemente, con referencia a datos efectivos traídos de la experiencia de la vida de relación. Sobre la base de la experiencia, [...] se puede decir que la buena fe en sentido objetivo o corrección se remite a la idea de fondo de la solidaridad y, con referencia a las partes de la relación contractual, ella expresa una exigencia concreta de solidaridad que se puede señalar como solidaridad contractual [...]. La buena fe como principio de solidaridad contractual se especifica en dos cánones de conducta fundamentales, el primer canon, de buena fe, válido, en especial, en la formación e interpretación del contrato, impone la lealtad del comportamiento. [...] El canon de lealtad se concreta en tres comportamientos principales y negativos, que son: no suscitar intencionalmente una falsa confianza; no especular con una falsa confianza, y no desconocer la confianza que razonablemente se ha generado en la otra parte [...]
>
> [...] Por su parte, en la ejecución del contrato y de la relación obligatoria la buena fe se especifica en un segundo canon como una obligación de salvaguarda; en este caso, la buena fe impone a cada una de las partes obrar de manera tal de preservar los intereses de la otra con independencia de las obligaciones contractuales específicas y del deber extracontractual *neminem laedere*. Respecto al deber de salvaguarda se pueden señalar los siguientes comportamientos típicos de buena fe: [...] a. Ejecución de prestaciones no previstas [...] b. Cambios en el comportamiento propio [...] c. Tolerancia hacia la modificación de la prestación de la contraparte [...] d. Avisos [...] e. Ejercicio de poderes discrecionales.

En síntesis, la buena fe en sentido objetivo incorpora al contenido de la obligación contractual deberes coherentes con el modelo del *bonus vir*, vale decir, impone la necesidad de actuar con honradez, probidad, honorabilidad, transparencia, diligencia, pundonor y responsabilidad; y al sujeto que ha de comportarse así le corresponde la consiguiente carga probatoria[13]. A más de ello, por medio de los deberes de conducta, la buena fe en su sentido objetivo despliega una doble función integradora de las lagunas legales y

---

12 Máximo Bianca. *Derecho civil*, 3, *El contrato*, 2.ª ed. (trad. al español: Fernando Hinestrosa y Édgar Cortés), Bogotá, Universidad Externado de Colombia, 2007, pp. 523 a 532.

13 Martha Lucía Neme Villarreal. "Buena fe subjetiva y buena fe objetiva", cit., pp. 45 a 76.

contractuales. De un lado, la buena fe cumple una función normativa instrumental en relación con el contrato o, en general, con el vínculo obligatorio (cualquiera que sea su fuente), en la medida en que establece el contenido obligacional que no ha regulado el legislador; entonces, y por este aspecto, tiene la virtualidad jurídica suficiente para crear permanentemente reglas que las partes deben cumplir durante el *iter* contractual. En este contexto, el principio de la buena fe permite, pues, fijar la reglamentación nuclear o el contenido mínimo de los deberes "de información, de vinculación al pacto celebrado, no a la letra, sino al verdadero interés de las partes, de lealtad, de diligencia, de cooperación, de transparencia, de solidaridad, de no contrariar los actos propios, etc.", no previstos por el legislador y, no obstante, no disponibles por las partes[14].

III. EFECTOS QUE SE DERIVAN DE LA CONDICIÓN DE PRINCIPIO CONSTITUCIONAL QUE EL ORDENAMIENTO JURÍDICO COLOMBIANO LE RECONOCE A LA BUENA FE

Siendo la buena fe un principio de rango constitucional, surge una pregunta de rigor: ¿a qué obligan o en qué consisten los mandatos del principio de la buena fe? Al respecto, se dice que la buena fe "no impone un comportamiento con un contenido preestablecido"[15], sino que ella se manifiesta por medio de una cláusula general de carácter indeterminado, exigible en una amplia diversidad de situaciones tanto en el ejercicio de los derechos como en el cumplimiento de las obligaciones. En el caso colombiano, este carácter de cláusula general que tiene la buena fe deriva de lo dispuesto por el artículo 1603 del Código Civil[16] en concordancia con los artículos 863 y 871 del Código de Comercio[17]. En estos preceptos no se señala cuál es el preciso o concreto contenido de la buena fe, sino que esta se presenta como una fórmula

---

14 Martha Lucía Neme Villarreal. "El principio de la buena fe en materia contractual en el sistema jurídico colombiano", *Revista de Derecho Privado*, n.º 11, julio-diciembre, Bogotá, Universidad Externado de Colombia, 2006, pp. 88, 90, 91 y 107.

15 Máximo Bianca. *Derecho civil*, 3, *El contrato*, cit., p. 523.

16 Congreso de los Estados Unidos de Colombia. Ley 84 de 1887. Código Civil de la Unión (Código Civil colombiano). *D. O.* 2867 del 31 de mayo de 1887. Disponible en http://www.secretariasenado.gov.co/senado/basedoc/codigo_civil.html

17 Presidencia de la República de Colombia. Decreto 410 de 1971. Por el cual se expide el Código

elástica, por cuanto ella presupone la obligación de comportarse en el tráfico jurídico con honradez, probidad, honorabilidad, transparencia, diligencia, responsabilidad y sin dobleces[18], y de ajustar el propio comportamiento al arquetipo de conducta social reclamado por la idea ética vigente[19]. Al decir de Borda[20]:

> Esta relación se funda en la actitud positiva de cooperación que las partes deben exhibir, y en la necesidad de que las propias declaraciones despierten confianza en el otro, lo que se alcanza manteniendo la palabra empeñada. Y como consecuencia de ello, este comportamiento legal y ético, núcleo del principio general de la buena fe, opera como límite al ejercicio de los derechos subjetivos.

IV. FUNCIONES DE LA BUENA FE

A. LA BUENA FE CUMPLE UNA FUNCIÓN INFORMADORA DEL ORDENAMIENTO JURÍDICO

El artículo 83 de la Constitución Nacional[21] le reconoce expresamente a la buena fe no solo su carácter de fuente normativa, sino también el de criterio informador del ordenamiento jurídico. Esta función informadora del ordenamiento jurídico es la base para las demás funciones que se le atribuyen a la buena fe, amén de que apareja de suyo algunas consecuencias prácticas de importancia. Por ejemplo, si la buena fe informa todas las áreas del ordenamiento, entonces la interpretación y la aplicación de las normas jurídicas no pueden contradecir los dictados de la buena fe.

> Una interpretación contraria a la buena fe inspiradora de una solución legal concreta constituiría una solución disvaliosa. [...] Si reconocemos que la buena fe informa partes del ordenamiento, reconozcamos también que debe informar la vida de esas

---

de Comercio. *D. O.* 33339 del 16 de junio de 1971. Disponible en http://www.secretariasenado.gov.co/senado/basedoc/codigo_comercio.html

18 Corte Suprema de Justicia, Sala de Casación Civil. Sentencia 6146 del 2 de agosto de 2001, cit.

19 Luis Díez-Picazo. *La doctrina de los propios actos, un estudio crítico sobre la jurisprudencia del Tribunal Supremo*, Barcelona, Bosch Casa Editorial, 1963, p. 139.

20 Alejandro Borda. "La buena fe en la etapa precontractual", cit.

21 Constitución Política (1991). Constitución Política de la República de Colombia. Disponible en http://secretariasenado.gov.co/senado/basedoc/constitucion_politica_1991.html

normas, es decir, su aplicación, de la misma forma que informa y rige, sin necesidad de norma escrita alguna, la conducta jurídica de los hombres en sociedad[22].

B. LA BUENA FE Y SU FUNCIÓN INTEGRADORA A CARGO DEL JUEZ

Como lo refiere Boetsch Gillet[23], en términos generales, en todo negocio jurídico es posible distinguir dos aspectos:

> En primer lugar, las partes, al momento de celebrar el contrato, intentan fijar su contenido, señalando cuál será la prestación debida y los derechos y [las] obligaciones que de él emana[n]. Pero las partes, al igual que el legislador, no pueden prever todas las situaciones que es posible que ocurran durante el desenvolvimiento del contrato, creándose lagunas que muchas veces tampoco podrán ser llenadas por el ordenamiento positivo, y por ello será necesario recurrir al principio de la buena fe para suplir tales vacíos [...] En segundo lugar, [...] la buena fe [...] también puede crear ciertos deberes especiales de conducta, que deberán ser cumplidos por las partes, y los cuales pueden ser plenamente exigibles. De este modo, el principio de la buena fe se nos presenta como una real fuente de derechos y obligaciones, ampliando el contenido del contrato, pues [...] la buena fe [...] tiene una real potencialidad jurígena, esto es, se nos presenta como una norma dispositiva[24].

---

22 Delia Matilde Ferreira Rubio. *La buena fe: el principio general en el derecho civil*, 1.ª ed., Madrid, Ed. Montecorvo, 1984, p. 294.

23 Cristián Boetsch Gillet. *La buena fe contractual*, 1.ª ed., Santiago de Chile, Ed. Jurídica de Chile, 2015, p. 115.

24 Sobre este mismo particular, Arturo Solarte Rodríguez explica: «Con el perfeccionamiento de un negocio jurídico las partes contratantes buscan satisfacer una determinada necesidad de tipo práctico y establecen las principales reglas de conducta que habrán de regir en el futuro su particular relación. El negocio jurídico se celebra con el fin de producir unos determinados efectos que son intencionalmente queridos por las partes. Dicha regulación, por regla general, entrará en vigor inmediatamente se perfeccione el consentimiento o, excepcionalmente, lo hará en un momento posterior, al vencerse el plazo convenido o acaecer la condición suspensiva acordada. Lo convenido entre las partes será una "ley" para ellas (principio de normatividad), en el sentido de que las partes estarán constreñidas al cumplimiento, mas no en cuanto a una pretendida generalidad que solo tiene la ley en sentido material, pues, como sabemos, la regulación contractual solo afecta, en principio, el reducido círculo de las partes contratantes (principio de relatividad). La regulación establecida por las partes en los contratos, esto es "lo que en ellos se expresa" en los términos del artículo 1603 del Código Civil es una regulación que se puede llamar "autónoma", en el sentido de que son las partes quienes en ejercicio del poder autorregulador que el ordenamiento les brinda determinan el contenido que en principio deben tener las reglas contractuales. Sin embargo, la citada regulación contractual realizada por las partes no tiene la aptitud para contemplar todos los aspectos y detalles de su futura relación. Ninguna capacidad de previsión podría contemplar

En lo que concierne al primer aspecto —esto es, a la función que cumple la buena fe para colmar las lagunas, los vacíos o las insuficiencias—, se tiene que todo contrato debe integrarse con los elementos a los que se refieren los artículos 1603 y 871 de los códigos Civil y de Comercio[25], respectivamente, los cuales disponen que los contratos legalmente celebrados deben ejecutarse de buena fe y que, por lo tanto, obligan no solo a lo que en ellos se expresa, sino también a todas las cosas que emanan precisamente de la naturaleza de la obligación o que por ley le pertenecen a ella. De ahí que,

> se agregan al contrato, por ejemplo, obligaciones de información, de vinculación al pacto celebrado, no a la letra[,] sino al verdadero interés de las partes, de lealtad, de diligencia, de cooperación, de transparencia, de solidaridad, de no contrariar los actos propios, etc., todas las cuales por virtud de la fuerza integradora de la buena fe y de su carácter normativo se entienden incorporadas al contrato, atendiendo a la naturaleza del mismo (sic) y de las particulares circunstancias del caso, sin necesidad de que hayan sido expresamente pactadas por las partes[26].

---

la totalidad de [los] eventos que se pueden presentar en la ejecución de una relación contractual, ni establecer, de antemano, las soluciones a toda posible controversia. Dada la citada circunstancia, debe acudirse a otras fuentes de "reglamentación contractual", estas sí heterónomas, con las cuales se podrá integrar el contenido de la regulación que habrá de regir las relaciones de las partes. A través de este procedimiento se puede hallar el "contenido implícito" del contrato. En el proceso anteriormente descrito la autonomía de la voluntad se encontrará en "concurso" con otras fuentes de determinación del contenido del contrato, con las que, en algunas ocasiones, se podrá encontrar en posición subordinada, e, incluso, antagónica, lo que podría conducir a que la manifestación de voluntad sea depurada o corregida, "para mostrarse, entonces sí, en la plenitud de su alcance y pormenores" [...] Al procedimiento a que nos hemos referido en párrafos anteriores se le denomina integración del negocio jurídico o integración del contenido contractual». (Arturo Solarte Rodríguez. «La buena fe contractual y deberes secundarios de conducta», *Vniversitas*, n.º 8, diciembre, Bogotá, Pontificia Universidad Javeriana, 2004, p. 289).

25 Siguiendo lo dicho por Francisco Jordano Fraga en su libro *La responsabilidad contractual*, en relación con el Código Civil español, es de lo dispuesto por los artículos 1603 del Código Civil y 871 del Código de Comercio que "emerge el papel de la buena fe como fuente de integración del contrato, con un significado de buena fe en sentido objetivo o corrección, de tal forma que ella se presenta como regla de conducta a la que se deben someter las partes del contrato como en general los sujetos de cualquier relación obligatoria [...]. Aunque se refiere al momento de la ejecución, la buena fe se revela como fuente primaria de integración de la relación, que prevalece incluso sobre las disposiciones contractuales, situación que se deriva de su valor de precepto de orden público". (Francisco Jordano Fraga. *La responsabilidad contractual*, 1.ª ed., Madrid, Civitas, 1987, p. 138). *Cfr.* Máximo Bianca, *Derecho civil, 3*, cit., pp. 522 a 523.

26 Martha Lucía Neme Villarreal. "El principio de la buena fe en materia contractual en el sistema jurídico colombiano", cit., pp. 90 y 91. De acuerdo con Cristián Boetsch Gillet, los deberes especiales o accesorios que emanan del principio de la buena fe "se originan aun antes de que el contrato se encuentre perfecto. Así, en las etapas de las negociaciones podemos observar cómo,

Refiriéndose a la función integradora de la buena fe, Arturo Solarte Rodríguez[27] explica:

> Los elementos que se deben tener en cuenta en el proceso de integración son, en una primera aproximación, los siguientes: [...] a. Lo expresamente pactado, esto es, las normas autónomas creadas por las partes en virtud del ejercicio de la autonomía de la voluntad privada (regulación contractual autónoma); y [...] b. Las consecuencias que se deriven de la naturaleza del contrato respectivo y de las obligaciones que de él surjan, o las que por la ley le pertenezcan (artículo 1603 del Código Civil), o, en materia mercantil, las que correspondan a la naturaleza del respectivo contrato, o se deriven de la ley, la costumbre o la equidad natural (art. 871 del Código de Comercio) (regulación contractual heterónoma). [...] La referencia que hace el legislador a la "naturaleza de la obligación" o, según se ha entendido tradicionalmente, a la naturaleza del contrato, no debe pasar inadvertida, como ocurre frecuentemente. [...] En una primera forma de examinar este tema, parte de la doctrina señala que los elementos de la naturaleza a que hace referencia el artículo 1603 del Código Civil no serían nada distinto a los *naturalia negotti*, que en los términos del artículo 1501 del Código Civil serían aquellos elementos de un contrato que, "no siendo esenciales en él, se entienden pertenecerle, sin necesidad de una cláusula especial", y dicha "pertenencia" se daría a través de la aplicación de las normas legales supletivas, en las cuales estaría la regulación "natural" de cada contrato. Otra interpretación, que compartimos, señala que a través de los elementos de la naturaleza se incorporan al contrato "las prácticas usuales y los estándares propios de las negociaciones honestas seguidas en el tráfico", toda vez que las "cosas de la naturaleza" de un contrato no son "simplemente aquellas normas del régimen contractual sobre las cuales guardaron silencio los contratantes, porque estas normas penetran en el contrato y se instalan en él por virtud del artículo 38 de la Ley 153 de 1887. Repárese en que el artículo 1603 distingue perfectamente entre las cosas "que emanan precisamente de la naturaleza de la obligación" y las cosas "que por ley pertenecen a ella". Luego, las primeras cosas difieren de las normas positivas contenidas en el régimen (supletorio) del respectivo contrato.

---

por ejemplo, surgen los deberes de dar la información real y necesaria para poder celebrar el contrato y como contrapartida surgirá el deber de confidencialidad [...] Asimismo, la buena fe será fuente de especiales deberes al momento de celebrar y ejecutar el contrato, ya sea al exigir el acreedor su crédito, o bien al cumplir el deudor la prestación. Finalmente, cabe señalar que la buena fe también impone una serie de deberes poscontractuales, que implican que las partes, después de la terminación de la relación contractual, omitan toda conducta mediante la cual la otra parte se vería despojada o vería esencialmente reducidas las ventajas ofrecidas por el contrato". (Cristián Boetsch Gillet. *La buena fe contractual*, cit., p. 119).

27 Arturo Solarte Rodríguez. "La buena fe contractual y deberes secundarios de conducta", cit., pp. 297 a 298.

> Las cosas de la naturaleza del contrato son las prácticas usuales y los estándares propios del tráfico honesto entre quienes hacen del respectivo negocio jurídico su ocupación habitual.

Sobre este mismo particular, Alejandro Guzmán Brito[28], refiriéndose al artículo 1546 del Código Civil chileno[29], manifiesta que las cosas que emanan de la naturaleza de la obligación a que alude dicho precepto no son las cosas que emanan de la naturaleza del contrato a que se refiere el artículo 1444 (equivalente al artículo 1501 del Código Civil colombiano):

> La noción de unas "cosas de la naturaleza del contrato" es técnica, y está suficientemente definida en el artículo 1.444 [del] CCCh, antes citado. Un buen ejemplo de tales cosas es la obligación al saneamiento de la evicción que pesa sobre el vendedor sin necesidad de una cláusula especial destinada a imponérsela, pero que puede ser excluida del contrato merced a un pacto de las partes. [...] El artículo 1.546, cuando discurre sobre ciertas cosas que emanan de la naturaleza de la obligación, no establece una expresión técnica, definida por la ley. Se trata simplemente de un giro de lenguaje, que perfectamente pudo ser sustituido por otro, empleado para expresar la idea de que a partir del ser, estructura u organización de cada obligación puede derivarse algo no declarado, pero que resulta necesario para la total satisfacción de la prestación obligacional de que se trata. Por lo tanto, es menester un examen caso a caso de la concreta obligación expresada y de su naturaleza, para determinar si de ella emana otra "cosa" que deba ser considerada también obligatoria, no bien no haya sido expresada como obligación.

En cuanto a las cosas que por ley le pertenecen a la obligación, Guzmán Brito señala:

> Es necesario desechar de inmediato que bajo estos conceptos haya que entender a los *essentialia negotii*. Aparte [de] que ellos están técnicamente definidos como algo perteneciente al contrato, mas no como algo que emana de la obligación (artículo [del] 1.444 CCCh), basta con observar que los *essentialia* no pueden ser omitidos en el contrato, pues sin ellos no se produce efecto alguno o el contrato degenera

28 Alejandro Guzmán Brito. "La buena fe en el Código Civil de Chile", *Revista Chilena de Derecho*, vol. 29, n.º 1, enero-abril, Santiago de Chile, Pontificia Universidad Católica de Chile, 2002, pp. 11 a 23.

29 Congreso Nacional de Chile. Código Civil de la República de Chile. Promulgado el 14 de diciembre de 1855 y publicado el mismo día. Actualmente contenido en el DFL 1, Justicia, que fija su texto refundido, publicado el 30 de mayo de 2000. Disponible en https://www.bcn.cl/leychile/codigos

> en otro (artículo 1.444 [del] CCCh). En consecuencia, está fuera de lugar invocar los *essentialia* a propósito de un tema consistente en saber cuáles son las "cosas" a que se queda obligado habiéndolas, no obstante, omitido. Pero contrariamente a lo ocurrido con las cosas que emanan de la naturaleza de la obligación, esta vez no hay modo de evitar una coincidencia, parcial al menos, de estas "cosas" que por la ley pertenecen a la obligación con los *naturalia*, pues también estos reconocen una fuente legal. Así ocurre, por ejemplo, con la obligación de saneamiento de la evicción, que es una "cosa" que por ley pertenece a la obligación del vendedor, y al mismo tiempo una "cosa de la naturaleza" del contrato de compraventa, legalmente establecida en él. Así, pues, cabe decir que todos los *naturalia legales* (en cuanto conciernen a obligaciones) son cosas que por ley pertenecen a una obligación. Pero la inversa no es válida, y por eso dijimos que la coincidencia es parcial. No todas las "cosas" que por ley pertenecen a una obligación son *naturalia*. Así, por ejemplo, cuando el artículo 1.548 [del] CCCh establece que: "La obligación de dar contiene la de entregar la cosa...", y crea, por ende, una obligación precisamente de entregar, esta no puede ser considerada como una "cosa de la naturaleza" del contrato en el sentido del artículo 1.444, aunque ciertamente sea una "cosa" que por ley pertenece a la obligación de dar. El hecho de intervenir la ley tanto en los *naturalia* cuanto (sic) en ciertas cosas que pertenecen a la obligación, resta en definitiva importancia a esta parte del artículo 1.446 [del] CCCh. En efecto, si algo está establecido por la ley como "cosa de la naturaleza" de cierto contrato, basta esa ley para fundar la demanda; y si, a su vez, una "cosa" no perteneciente a los *naturalia* está fijada también por la ley como perteneciente a una obligación, esta es suficiente para fundar la exigencia de su cumplimiento, aunque no haya sido establecido en el contrato, sin necesidad de recurrir a la buena fe. En el ejemplo citado anteriormente, cuando en un contrato determinado sus partes crearon una obligación de dar, sin decir palabra alguna sobre la entrega de lo que debe ser dado, para el acreedor que se encuentra en el caso de un deudor que, habiéndole dado la cosa, se niega a entregársela, es suficiente fundar su demanda en la ley del artículo 1.548, sin necesidad alguna de basarla en la buena fe que rige al contrato según el artículo 1.546, aunque sea cierto que la entrega de la cosa dada es algo que por la citada ley pertenece a la obligación de dar[30].

Finalmente, en lo que respecta a aquellas cosas que por la costumbre le pertenecen a la obligación, Guzmán Brito explica:

> Este es un capítulo interesante e importante en un régimen, como el chileno, que solo admite la costumbre *secundum legem* en materia civil, de modo que aquella constituye derecho únicamente cuando la ley se remite a ella (artículo 2 [del] CCCh),

---

30 Alejandro Guzmán Brito. "La buena fe en el Código Civil de Chile", cit.

> y además *praeter legem* en materia comercial, de guisa de suplir la costumbre el silencio de la ley (artículo 4 [del] CComCh). Cuando la ley civil indica precisamente que en determinada hipótesis se aplicará la costumbre, en realidad sigue siendo superflua la consideración de unas cosas que pertenecen a la obligación merced a la costumbre y que obligan en virtud de la buena fe, aunque no se expresen, según el artículo 1.446 [del] CCCh, porque aun sin esta norma es suficiente el artículo 2 [del] CCCh y la ley que remite específicamente a la costumbre, para tener por vinculantes las cosas que esta atribuye a la obligación [...] Pero cuando en materia civil no hay ley que específicamente remita a una costumbre —lo cual es casi normal—, el capítulo concerniente a ella en el artículo 1.546 cobra una relevancia superior. Pues, en efecto, podemos considerar que esa norma opera, en materia obligacional, una remisión genérica y abierta a la costumbre, en cuanto esta efectivamente haga que ciertas "cosas" pertenezcan a una obligación, las cuales "cosas", así, resultan vinculantes merced a la buena fe con que todo contrato debe ejecutarse, y que no vincularían por no haber ley específica que remita a la costumbre. Si es así, como lo es, el campo de aplicación de la costumbre se ensancha considerablemente, y no es menester buscar una remisión específica y concreta a ella para hacerla aplicable en materia obligacional, pues siempre lo es en los términos del artículo 1.546. Dicho de otra manera, en esa materia, la ley, representada por el citado artículo, siempre se remite a la costumbre[31].

A su turno, en lo que concierne a la buena fe como creadora de deberes especiales de conducta, se tiene que ella permite ampliar la esfera de la relación obligatoria y la torna en una relación obligatoria de carácter complejo en la medida en que, se reitera, da lugar a obligaciones conexas o adicionales a la obligación principal de las partes, obligaciones que, a pesar de que no han sido pactadas expresamente, lo cierto es que son inherentes al contrato, de suerte entonces que su transgresión constituye un incumplimiento contractual que da lugar a la aplicación de los correspondientes remedios legales.

El carácter contractual de tal responsabilidad se explica por el hecho de que los deberes accesorios emanados del principio de la buena fe tienen un contenido autónomo respecto del deber de prestación, lo que significa que operan independientemente de que la prestación principal se haya cumplido. De esta manera, se presenta una ampliación del ámbito de la responsabilidad contractual, ya que, como lo expresa Jordano Fraga[32], junto con la responsabilidad por incumplimiento en sentido estricto, derivada del

31 *Ibid.*
32 Francisco Jordano Fraga. *La responsabilidad contractual*, cit., p. 142.

incumplimiento de la prestación, surgen los supuestos de violación de los deberes de protección originados en el principio de la buena fe objetiva[33].

En definitiva, desde el punto de vista del deudor, la buena fe le impone el deber de llevar a cabo todo cuanto sea necesario —se haya pactado o no expresamente en el contrato— para asegurar a la otra parte el resultado útil de la prestación. De este modo, la buena fe, por cuanto es integradora de la obligación expresamente contraída por el deudor, le impone a este "el deber de hacer no solo aquello que ha prometido, sino todo aquello que es necesario para hacer llegar a la contraparte el pleno resultado útil de la prestación debida"[34].

C. LA BUENA FE ES UN INSTRUMENTO DE CORRECCIÓN DEL CONTENIDO DE LOS CONTRATOS A CARGO DEL JUEZ

Hay que empezar por recordar que el ordenamiento jurídico colombiano está inspirado en el principio de la autonomía privada, en relación con el cual la Corte Constitucional, mediante la Sentencia C-341 del 3 de mayo de 2006[35], expresó:

> Según la doctrina jurídica, la autonomía de la voluntad privada es la facultad reconocida por el ordenamiento positivo a las personas para disponer de sus intereses con efecto vinculante y, por tanto, para crear derechos y obligaciones, con los límites generales del orden público y las buenas costumbres, para el intercambio de bienes y servicios o el desarrollo de actividades de cooperación.

La autonomía privada debe entenderse, entonces,

> como un principio que puede ser objeto de limitación por causa del interés general y del respeto a los derechos fundamentales, por lo que[,] "lejos de entrañar un poder absoluto e ilimitado de regulación de los intereses de los particulares, como era lo

---

33 Todo lo dicho explica la supervivencia del principio de la buena fe aun después de la extinción o terminación del contrato, cuando permanezca un interés del acreedor o del deudor que sea digno de protección jurídica.

34 Emilio Betti. *Teoría general de las obligaciones*, t. I, 1.ª ed., Madrid, Ed. Revista de Derecho Privado, 1969, p. 104.

35 Corte Constitucional. Sentencia C-341 del 3 de mayo de 2006, Exp. D-6020, M. P.: Jaime Araújo Rentería.

propio del liberalismo individualista, se encuentra sometido a la realización de la función social de la propiedad privada y de las necesidades básicas de la economía de mercado"[36].

Las ideas anteriores son completadas o complementadas por lo dicho también por la Corte Constitucional en la Sentencia T-468 del 5 de junio de 2003[37], en el sentido de que

> la autonomía de la voluntad privada goza de sustento constitucional. En efecto, este postulado se deriva de la aplicación de varios derechos constitucionales concurrentes, a saber: el derecho al reconocimiento de la personalidad jurídica (C.P. art. 14), el derecho a la propiedad privada (C.P. art. 58), la libertad de asociación (C.P. arts. 38 y 39), la libertad económica, la libre iniciativa privada y la libertad de empresa (C.P. arts. 333 y 334). Estos derechos constitucionales les confieren a los asociados la potestad de crear, modificar y extinguir relaciones jurídicas. Precisamente, en el derecho positivo colombiano, se ha construido el postulado de la autonomía de la voluntad privada a partir del contenido normativo previsto en el artículo 1602 del Código Civil, conforme al cual, "todo contrato legalmente celebrado es una ley para los contratantes (...)". [...] Dicha autonomía se convierte en un derecho íntimamente ligado y vinculado a la dignidad de la persona humana, ya que se erige en el instrumento principal e idóneo para la satisfacción de las necesidades básicas, mediante el poder que le otorga el ordenamiento positivo para regular sus propios intereses en el tráfico jurídico. [...] Así, en la actualidad, la autonomía de la voluntad privada se manifiesta de la siguiente manera: (i) en la existencia de una libertad para contratar o no, siempre que dicha decisión no se convierta en un abuso de la posición dominante o en una práctica restrictiva de la competencia; (ii) en el logro o consecución no solo del interés particular, sino también del interés público o bienestar común; (iii) en el control a la producción de efectos jurídicos o económicos, con el propósito de evitar el abuso de los derechos; (iv) en el papel del juez consistente en velar por la efectiva protección de los derechos de las partes, sin atenerse exclusivamente a la intención de los contratantes y; (v) a la sujeción de la autonomía de la voluntad a los parámetros éticos de la buena fe.

En el ámbito de la actividad de las instituciones financieras bajo el control y la vigilancia de la Superintendencia Financiera,

---

36 Corte Constitucional. Sentencia C-934 del 11 de diciembre de 2013, Exp. D-9661, M. P.: Nilson Pinilla Pinilla.

37 Corte Constitucional. Sentencia T-468 del 5 de junio de 2003, Exp. T-515421, M. P.: Rodrigo Escobar Gil.

> la autonomía de la voluntad privada [...] se encuentra restringida o limitada: (i) por la naturaleza especial de la actividad que prestan; (ii) por la circunstancia de ser el crédito y el ahorro instrumentos necesarios para garantizar los derechos de las personas; (iii) por la prohibición constitucional de no abusar de los derechos propios; (iv) por el principio de prevalencia del interés público; (v) por la vigencia del principio de solidaridad y, adicionalmente; (vi) por las exigencias éticas de la buena fe [...] Sin embargo, ello no significa que la Constitución le[s] imponga a las instituciones financieras restricciones desproporcionadas que desborden el núcleo esencial del derecho a la autonomía privada, como serían (sic) la obligación de aprobar automáticamente todo tipo de créditos[38].

En concordancia con los planteamientos que anteceden, es posible concluir que el principio de la buena fe prima sobre el de la autonomía privada[39], y que la función correctora que cumple la buena fe

> se proyecta en la depuración del contenido mediante la eliminación de todo lo que no concuerde con la función social de la figura (*essentialia negotii*), y de aquellas cláusulas o estipulaciones que incurran en violación de los límites imperativos de la autonomía (art. 897 C. Co.)[40].

D. LA BUENA FE Y SU FUNCIÓN HERMENÉUTICA O INTERPRETATIVA

Para comenzar, es oportuno recordar que interpretar un negocio jurídico es, como lo expresa la Corte Suprema de Justicia[41], auscultar, desentrañar, precisar y determinar su sentido jurídicamente relevante,

---

38 Corte Constitucional. Sentencia T-468 del 5 de junio de 2003, cit.

39 MARTHA LUCÍA NEME VILLARREAL. "El principio de la buena fe en materia contractual en el sistema jurídico colombiano", cit., p. 89. La autora también explica que "esta relevancia de la valoración de la conducta de los contratantes conforme a la buena fe, no significa en nuestro entender que se quiera desconocer el rol que las determinaciones contractuales de las partes, el orden negocial y el equilibrio económico por ellas establecido asumen en el programa contractual; por el contrario, tales particularidades y la naturaleza misma del negocio han de tenerse muy presentes en la determinación de las reglas de la buena fe aplicables al respectivo negocio, como quiera que la buena fe supone la consideración de las condiciones contractuales adoptadas en forma sincera y honesta, sin confusiones deliberadas u oscuras".

40 FERNANDO HINESTROSA FORERO. *Tratado de las obligaciones II. De las fuentes de las obligaciones: el negocio jurídico*, vol. II, Bogotá, Universidad Externado de Colombia, 2015, p. 389.

41 Corte Suprema de Justicia, Sala de Casación Civil. Sentencia 2001-06915 del 7 de febrero de 2008, Exp. 2001-06915-01, M. P.: William Namén Vargas.

el alcance de su contenido (cas. diciembre 10/1999, exp. 5277) y la identificación de los fines perseguidos con su celebración para imprimirle eficacia final (cas. febrero 18/2003. exp. 6806). [...] Por lo mismo, la interpretación se predica de los negocios jurídicos existentes, es ulterior a la existencia del acto dispositivo y, en rigor, consiste en establecer y precisar la relevancia normativa de su sentido conformemente a la "recíproca intención de las partes" (art. 1618 C.C.), de ordinario plasmada en las cláusulas, párrafos, condiciones o estipulaciones, a las cuales, sin embargo, no se reduce ni supedita, por cuanto, aún siendo "claro" el sentido idiomático, literal o textual de las palabras, en toda divergencia a propósito, impónese reconstruirla, precisarla e indagarla según el marco de circunstancias, materia del negocio jurídico, posición, situación, conocimiento, experiencia, profesión u oficio de los sujetos, entorno cultural, social, económico, político, geográfico y temporal en una perspectiva retrospectiva y prospectiva, esto es, considerando además de la celebración, ejecución y conducta práctica negocial, la fase prodrómica, de gestación o formación teniendo en cuenta que "...los actos, tratos o conversaciones preliminares enderezados a preparar la producción de un consentimiento contractual no son intrascendentes; por el contrario, una vez formado el consentimiento son parte integrante de él, y su importancia se traduce en servir de medios auxiliares para interpretar la verdadera intención de las partes, cristalizada en las cláusulas del contrato" (cas. civ. junio 28/1989). [...] De otro lado, la interpretación del negocio jurídico, es necesaria no solo respecto de cláusulas oscuras, ambiguas, imprecisas, insuficientes e ininteligibles, antinómicas y contradictorias o incoherentes entre sí o con la disciplina normativa abstracta o singular del acto, sino también en presencia de estipulaciones claras o diáfanas *(in claris non fit interpretatio)* y aun frente a la claridad del lenguaje utilizado, cuando las partes, una o ambas, le atribuyen un significado divergente, no siendo admisible al hermeneuta restringirse al sentido natural u obvio de las palabras, a la interpretación gramatical o exegética, al escrito del acto dispositivo documental o documentado "por claro que sea el tenor literal del contrato" (cas. civ. agosto 1/2002, exp. 6907), ni "encerrarse en el examen exclusivo del texto del contrato..." (cas.civ. junio 3/1946, LX, 656). [...] Naturalmente, la claridad del articulado o su significación lingüística, no exceptúa el deber de precisar la finalidad común convergente de las partes, pues la particular relevancia dinámica de la hermenéutica del negocio jurídico, se explica ante la imposibilidad pragmática de prever toda contingencia, el significado disímil de la terminología, lenguaje o redacción y no se reduce a hipótesis de ambigüedad, insuficiencia, disfunción u oscuridad, siendo pertinente en todo caso de disparidad, divergencia o diferencia respecto de su entendimiento recíproco (cas. civ. de 1 de agosto de 2002 exp. 6907). [...] Por supuesto, la labor del juez no se orienta a enervar, reemplazar o suplantar la autoridad del *dominus negotti,* ni a modificar, eclipsar, adulterar o desvirtuar sus estipulaciones (cas. marzo 27/1927), está ceñida a "la fidelidad" del pacto (cas. agosto 27/1971, CCLV, 568) y "a la consecución prudente y reflexiva" del senti-

> do recíproco de la disposición (cas. agosto 14/2000, exp. 5577). Empero, el rol interpretativo del juzgador no es de mero reproductor del contenido negocial, la exégesis de su sentido, ni se encamina exclusivamente a explicitar el querer de las partes como si fuera un autómata. Más concretamente, la actividad hermenéutica del juzgador no es estática, el ordenamiento jurídico le impone *ex autoritate* el deber de decidir las controversias buscando el resultado concreto perseguido por las partes con la celebración del negocio jurídico en coherencia con su "contenido sustancial", utilidad práctica, esencial, "real" y funcional (Massimo Bianca, *Diritto Civile,* Tomo 3, *Il contrato*, Dott. A. Giuffré Editore, S.p.A. Mila, 1987, Ristampa, 1992, pp. 379 (sic)), para lo cual, sin alterar, sustituir ni tergiversar lo acordado, debe intervenirlo efectuando un control eficaz e idóneo, incluso corrector, para determinar su relevancia final o efectos definitivos conforme a los intereses sustanciales, el tipo específico, su función y la preceptiva rectora, en general y, en particular.

A lo antes expuesto, es necesario agregar que, tratándose de contratos mercantiles, el juzgador no puede circunscribir su atención exclusivamente a las reglas hermenéuticas de las que se ha hablado,

> todas ellas establecidas en el Código Civil, pero aplicables a los negocios jurídicos de esa estirpe, por la integración normativa que dispone el artículo 822 del Código de Comercio, sino que debe igualmente atender los principios —o [las] directrices— que, de manera especial, consagra esta última codificación, entre ellos, por vía de ejemplo, el que aparece entronizado en el artículo 871, conforme al cual, "los contratos deberán celebrarse y ejecutarse de buena fe, y en consecuencia, obligarán no solo a lo estipulado expresamente en ellos, sino además a todo lo que corresponde a su naturaleza, según la ley, la costumbre o la equidad natural" (se destaca), o el que recoge el artículo 835, que ordena presumir esa buena fe, aún la exenta de culpa[42].

De manera entonces que la buena fe es una regla hermenéutica del negocio jurídico, pues, ciertamente, cuando se celebra un determinado negocio jurídico con sujeción a la reglamentación normativa vigente, las partes

> propician, paralelamente, que la ley les brinde el reconocimiento y [la] convalidación de la voluntad declarada, en los términos por los que hayan optado los mismos contratantes. Pero ese posicionamiento les impone, colateralmente, la observancia

---

42 Corte Suprema de Justicia, Sala de Casación Civil. Sentencia 7504 del 28 de febrero de 2005, Exp. 7504, M. P.: Carlos Ignacio Jaramillo Jaramillo.

> irrestricta de reglas de conducta que involucran conceptos ligados a la lealtad y buena fe, tanto para sí como para con aquellos que de una u otra forma resultan afectados (Art. 1603 *ibidem*). La buena fe implica que las personas, cuando acuden a concretar sus negocios, deben honrar sus obligaciones y, en general, asumir para con los demás una conducta leal y plegada a los mandatos de corrección socialmente exigibles. El acatamiento de dichos principios implica para el contratante el sentimiento de proceder como lo hace cualquier ser humano digno de confianza, que honra su palabra, que actúa conforme a las buenas costumbres, que respeta a sus semejantes, que responde con honestidad sus compromisos, aviniéndose, incondicionalmente, a reconocer a sus congéneres lo que les corresponde. Obrar dentro de esos parámetros es prohijar conductas que han sido erigidas como referentes sociales de comportamientos apropiados. Obrar de buena fe es proceder con la rectitud debida, con el respeto esperado, es la actitud correcta y desprovista de elementos de engaño, de fraude o aprovechamiento de debilidades ajenas. Inclusive, bueno es destacarlo, [el] desarrollo de estos parámetros es la regla que impide reclamar amparo a partir de la negligencia o [del] descuido propios: "[n]emo auditur propriam turpitudinem allegans"[43].

En definitiva, siguiendo lo dicho por Díez-Picazo, se tiene que las funciones de la buena fe en la hermenéutica contractual pueden sistematizarse del siguiente modo:

> 1.ª. Los contratos han de ser interpretados presuponiendo una lealtad y una corrección en su misma elaboración, es decir, entendiendo que las partes al redactarlos quisieron expresarse según el modo normal propio de gentes honestas y no buscando circunloquios, confusiones deliberadas u oscuridades. [...] 2.ª. La buena fe, además de un punto de partida, ha de ser también un punto de llegada. El contrato debe ser interpretado de manera que el sentido que se le atribuya, sea el más conforme para llegar a un desenvolvimiento leal de las relaciones contractuales y para llegar a las consecuencias contractuales exigidas conforme a las normas éticas. [...] 3.ª. La buena fe impone también la aplicación de las ideas de confianza y de autorresponsabilidad en la interpretación. Si una de las partes, con su expresión o su declaración, suscitó en la otra una confianza en el sentido objetivamente atribuible a dicha declaración, esta parte no puede impugnar este sentido y pretender que el contrato tiene otro diverso. Las declaraciones de voluntad deben interpretarse en el sentido más conforme con la confianza que hayan podido suscitar de acuerdo con la buena fe.

---

43 Corte Suprema de Justicia, Sala de Casación Civil. Sentencia del 27 de febrero de 2012, cit.

V. LAS IMPLICACIONES DEL PRINCIPIO DE BUENA FE TIENEN ESPECIAL RELEVANCIA CUANDO SE ESTUDIAN CONTRATOS DE PRESTACIONES BILATERALES Y CONTRATOS POR ADHESIÓN

De acuerdo con la jurisprudencia de la Corte Constitucional[44]:

> Las implicaciones del principio de buena fe tienen especial relevancia cuando se estudian contratos de prestaciones bilaterales, pues sus consecuencias se traducen en preservación del equilibrio y, cómo no, [en] respeto a la reciprocidad inherente a la naturaleza de este tipo de contratos, por lo que su aplicación presenta una relación importante con la excepción *non adimpleti contractus*, como ha manifestado la Corte Suprema de Justicia, que al respecto estableció:
>
> "Así —mediante las dos instituciones explicadas: *exceptio non adimpleti contractus* y acción resolutoria— se asegura en los contratos sinalagmáticos el equilibrio de intereses entre las partes; se realiza el principio de simetría contractual derivado de la reciprocidad y correlación de los compromisos surgidos de las relaciones bilaterales, y se atiende a las consecuencias que en el mecanismo de tales convenciones tienen el principio de buena fe, la noción de causa y la de móviles del acto jurídico"[45].
>
> En conclusión, es claro que en relaciones contractuales de obligaciones bilaterales la noción de justicia en la ejecución de las prestaciones implícita en el principio de buena fe es la que justifica en gran parte la existencia de mecanismos como la excepción de contrato no cumplido, actuando por intermedio de esta deberes de lealtad, equilibrio y reciprocidad, y aportando a su través el sentido ético que se desprende del principio de buena fe en nuestro ordenamiento jurídico.

A su turno, tratándose de contratos por adhesión —como es el caso de los negocios fiduciarios traslaticios y no traslaticios del derecho de dominio—, el papel de la buena fe en materia de interpretación contractual cobra especial relevancia, habida cuenta de que, como lo explica Neme Villarreal[46]:

---

44 Corte Constitucional. Sentencia T-537 del 6 de agosto de 2009, cit.

45 Corte Suprema de Justicia, Sala de Casación Civil. Sentencia del 29 de febrero de 1936.

46 Martha Lucía Neme Villarreal. "El principio de la buena fe en materia contractual en el sistema jurídico colombiano", cit., p. 106.

> Ante la falta de la claridad necesaria, la duda debe interpretarse en favor del adherente, las condiciones gravosas a este último deben interpretarse restrictivamente, a la vez que se admite que "los usos" puedan prevalecer sobre una cláusula precisa y[,] en general[,] que mediante una interpretación conforme con los cánones de la buena fe se evite que una de las partes se exonere directa o indirectamente de sus obligaciones contractuales o se enriquezca injustamente a expensas de la otra.

VI. LA BUENA FE NO ES UN CRITERIO QUE AMPLÍA LOS PODERES DEL JUEZ

La buena fe también "constituye una norma dirigida al juez, para que regularice —conforme a la equidad— la ejecución o la configuración de los negocios"[47]. De esta suerte, desde la perspectiva de su aplicación por parte del juez, dado el carácter objetivo que se expresa en las reglas que emanan del propio principio de la buena fe, "tales reglas vinculan con igual fuerza al juez, descartando toda arbitrariedad de su parte; de manera que el fallador so pretexto de la aplicación del mismo (sic) no puede transgredir el propio principio"[48].

Sobre este tema, la Corte Constitucional, mediante la Sentencia T-487 del 11 de agosto de 1992[49], expresó:

> La aplicación del principio de la buena fe ha sido mirada con desconfianza por algunos. Sin embargo, como lo ha dicho Jesús González Pérez a propósito de la aplicación del principio de la buena fe por parte de los jueces, él "no supone la quiebra de la seguridad jurídica ni el imperio de la arbitrariedad ni disolver la objetividad del derecho, que los jueces, al enfrentarse en cada caso concreto con la actuación de la Administración Pública y de los administrados, tengan siempre muy presente, entre los principios generales aplicables, aquel que protege el valor ético de la confianza. Interpretando las normas y [los] actos en el sentido más conforme al mismo (sic), y reaccionando por los medios adecuados frente a cualquier lesión que pueda sufrir, a fin de restablecer el orden jurídico perturbado".

---

47 Alejandro Borda. "La buena fe en la etapa precontractual", cit.

48 Martha Lucía Neme Villarreal. "El principio de la buena fe en materia contractual en el sistema jurídico colombiano", cit., p. 89.

49 Corte Constitucional. Sentencia T-487 del 11 de agosto de 1992, Exp. T-2047, M. P.: Alejandro Martínez Caballero.

En idéntico sentido al anterior, en la Sentencia T-537 del 6 de agosto de 2009[50] la Corte Constitucional señaló:

> El contenido del principio de buena fe es tan variado como las situaciones en que se concreta o en que sirve como parámetro interpretativo de otras disposiciones, sean estas las generales o las propias de cada contrato. Sin embargo, esto no significa que su contenido sea gaseoso y se evapore dejando al juez solo con un elemento de naturaleza moral abstracta de poca utilidad o de gran subjetividad al momento de decidir en los casos concretos. Al igual que los demás principios constitucionales, y más los que son precisados en disposiciones legales específicas, el contenido del principio de buena fe se debe concretar en aspectos que limiten la amplitud con el (sic) que las partes y el juez lo deben valorar; en este sentido puede decirse que de este principio se derivan deberes propios del tráfico negocial en la sociedad de un Estado que, como el previsto en la Constitución de 1991, resalta los valores de inclusión, pluralismo y solidaridad entre sus habitantes. De esta forma entiende esta Sala de Revisión que, aplicado a una relación negocial, el principio de buena fe involucra deberes de honestidad, claridad, equilibrio[,] reciprocidad y consideración de los intereses de la contraparte, entre otros. Sin embargo, debe así mismo resaltarse que la aplicación de las reglas que derivan del principio de buena fe no puede hacerse de una manera mecánica, sino que serán los elementos propios de cada situación, la actitud de las partes en ejecución del contrato, las cláusulas específicas por estas acordadas, etc., las que determinen la interpretación que el juez haga del principio de buena fe en cada específica situación.
>
> En este sentido, la aplicación del principio de buena fe no significa la quiebra de la seguridad jurídica que debe regir las relaciones entre particulares, ni el reemplazo de las cláusulas contractuales y las disposiciones legales por pareceres subjetivos del juez al momento de resolver las controversias contractuales. El juez debe siempre tener como fundamento de su fallo las disposiciones jurídicas relativas al caso; el principio de buena fe no puede reemplazar el derecho aplicable, aunque sí debe ser una guía en la lectura, interpretación y aplicación del mismo (sic), puesto que los deberes de lealtad, claridad, equilibrio, solidaridad y colaboración, entre otros, están implícitos en cualquier relación contractual —aunque con un contenido específico de acuerdo a (sic) la naturaleza de la misma (sic)—, de manera que[,] aunque las partes no los mencionen en las cláusulas contractuales, sus actuaciones deben realizarse y ser valoradas teniendo en cuenta dichos postulados. En otras palabras, el principio de buena fe obliga a que las partes, además de cumplir lo estipulado en el contrato y [lo] exigido expresamente por el ordenamiento, asuman

---

50 Corte Constitucional. Sentencia T-537 del 6 de agosto de 2009, Exp. T-1.954.426, M. P.: Humberto Antonio Sierra Porto.

comportamientos que honren los deberes que se deriven de la naturaleza de la obligación contractual y de la finalidad por ellas buscada al realizar el contrato, lo cual puede conducir a un resultado diferente del obtenido de una interpretación literal simplista y superficial, pero que, sin duda alguna, será acorde con los postulados de un Estado social de derecho inspirado en principios de justicia material y privilegio de lo sustancial sobre lo formal.

VII. LA BUENA FE ES UN MODELO DE CONDUCTA QUE LAS PARTES DEBEN SEGUIR DURANTE TODA LA VIDA DEL NEGOCIO JURÍDICO

Siguiendo lo dicho por Boetsch Gillet[51], se tiene que, en materia contractual, la buena fe

> adquiere una de sus manifestaciones más fuertes, pues se nos presenta como un modelo de conducta que las partes deben seguir durante [...] todas las fases del contrato, imponiendo una conducta leal, recta y honesta durante toda la vida del negocio jurídico, comenzando por las negociaciones y tratativas preliminares (cuando aún no nace el contrato), pasando por la celebración y ejecución del negocio, y rigiendo aún la conducta una vez terminado el contrato [...], influyendo a su vez de manera determinante en la interpretación del negocio.

Es decir, como lo explica Rubén S. Stiglitz[52]: "[L]a buena fe constituye un modelo o paradigma de conducta de 'ejecución continuada', desde la etapa de las tratativas (punto de partida) hasta la extinción del vínculo (punto de llegada)". Esta idea es compartida por la Corte Suprema de Justicia[53], para la cual, en el ámbito contractual, la buena fe es plurifásica,

---

51 Cristián Boetsch Gillet. *La buena fe contractual*, pp. 109 y 137. En este mismo sentido, Arturo Solarte Rodríguez explica que «la buena fe, aparte de imponer la necesaria corrección que debe existir entre las partes que intervienen en un acto o negocio jurídico, tiene una muy importante función en el ordenamiento jurídico, pues[,] como la norma escrita no tiene la virtualidad de contemplar la totalidad de las situaciones que se pueden presentar entre los contratantes, "el principio general de corrección y de buena fe permite identificar otras prohibiciones y otras obligaciones además de aquellas previstas por la ley; como suele decirse 'cierra' el sistema legislativo, es decir[,] ofrece criterios para colmar aquellas lagunas que se pueden manifestar en las múltiples y variadas situaciones de la vida económica y social"». (Arturo Solarte Rodríguez. "La buena fe contractual y deberes secundarios de conducta", cit., p. 289).

52 Rubén S. Stiglitz. *Contratos civiles y comerciales. Parte general*, t. i, Buenos Aires, Abeledo-Perrot, 1998, p. 440.

53 Corte Suprema de Justicia, Sala de Casación Civil. Sentencia 6146 del 2 de agosto de 2001, cit.

como quiera que se proyecta a lo largo de las diferentes fases que, articuladas, conforman el plexo contractual —en un sentido amplio—: la atinente a la formación del negocio jurídico, *lato sensu* (fase formativa o genética), la relativa a su celebración (fase de concreción o de perfeccionamiento) y la referente a su desenvolvimiento, una vez perfeccionado (fase ejecutiva; de consumación o post-contratual). Desde esta perspectiva, un sector de la moderna doctrina concibe al (sic) contrato como un típico 'proceso', integrado por varias etapas que, a su turno, admiten sendas subdivisiones, en las que también se enseñorea el postulado de la buena fe, de amplia proyección. [...] De consiguiente, a las claras, se advierte que la buena fe no es un principio de efímera y menos de irrelevante figuración en la escena jurídica, por cuanto está presente, *in extenso*, amén que con caracterizada intensidad, durante las etapas en comento, tanto más si la relación objeto de referencia es de las tildadas de 'duración', [...] puesto que sus extremos —*in potentia* o *in concreto*—, deben acatar fidedignamente, sin solución de continuidad, los dictados que de él emergen (prédica conductiva). Es en este sentido que los artículos 863 y 871 del C. de Co y 1.603 del C. C., en lo pertinente, imperan que "las partes deberán proceder de buena fe exenta de culpa en el período precontractual. [...]"; "los contratos deberán celebrarse y ejecutarse de buena fe. [...]", y "los contratos deben ejecutarse de buena fe. [...]" (...). [...] Quiere decir lo anterior que para evaluar si un sujeto determinado actuó o no de buena fe, resulta imperativo examinar, en cada una de las precitadas fases, la conducta por él desplegada, pero de manera integral, o sea en conjunto, dado que es posible que su comportamiento primigenio, en estrictez, se ciña a los cánones del principio rector en cita y ulteriormente varíe, en forma apreciable y hasta sorpresiva, generándose así su inequívoco rompimiento. De allí que la buena fe no se pueda fragmentar, en orden a circunscribirla tan solo a un segmento o aparte de una fase, por vía de ejemplo: la precontractual —o parte de la precontractual—, ya que es necesario, como corresponde, auscultarla *in globo*, según se indicó, valorando las diversas oportunidades que los interesados tuvieron para

---

En este mismo sentido, Arturo Solarte Rodríguez explica que la buena fe no solo se manifiesta a partir del deber de información, sino también por medio del «deber de no interrumpir intempestivamente y sin causa los tratos preliminares al contrato, so pena de indemnizar los perjuicios que se puedan causar, particularmente por el denominado "daño in contrahendo". Por otra parte, y ya en el terreno de la ejecución de un contrato debidamente perfeccionado, la buena fe contractual hace surgir un catálogo de deberes de conducta que, de acuerdo con la naturaleza de la respectiva relación, amplía los deberes contractualmente asumidos por cada parte para con ello realizar el interés contractual de la otra parte. Finalmente, la buena fe sirve como limitación al ejercicio de los derechos subjetivos proscribiendo el abuso o la desviación en su ejercicio, e impulsa a las partes a ser coherentes en su comportamiento, evitando contradecir sus propios actos, entre otras conductas. [...] Finalmente, la buena fe también tiene importante aplicación en la extinción y "liquidación" de los efectos del contrato, como adelante tendremos oportunidad de comentar». (Arturo Solarte Rodríguez. "La buena fe contractual y deberes secundarios de conducta", cit., p. 289).

actuar con lealtad, corrección (*correttezza*) y diligencia, según sea el caso. Al fin y al cabo, sin excepción, ella se predica de la integridad de eslabones que, analizados en retrospectiva, conforman la cadena contractual (*iter contractus*), rectamente entendida. No es gratuito que el citado artículo 863 del Código de Comercio, *expressis verbis*, establezca un débito de comportamiento que cobija todo el "[...] período precontractual", sin distingo de ninguna especie.

VIII. LA BUENA FE EN LOS NEGOCIOS FIDUCIARIOS

Todo lo que hasta aquí se ha expuesto por vía general respecto del principio de la buena fe también resulta de aplicación en el ámbito de las operaciones y de los negocios fiduciarios, máxime si se tiene en cuenta que se está en presencia de negocios jurídicos que desde su concepción en el derecho romano y hasta ahora han sido negocios de ubérrima buena fe. Es decir, son un acuerdo en el que la buena fe —*per se* vigente en todos los tipos negociales y como verdadera fuente de integración— desarrolla un papel protagónico y, de suyo, más intenso, a tal punto que se erige en su núcleo[54].

Y ello es así toda vez que, frente a la posición de peligro en que se pone el fideicomitente al otorgar confianza al fiduciario y dejar a su cuidado un bien o un sector de su patrimonio, debe corresponder una conducta leal, sincera y diligente del fiduciario, que lo fuerce a realizar todos los actos necesarios para la consecución de la finalidad estipulada a favor del beneficiario[55].

En todo caso, esa exigencia de cumplir las obligaciones derivadas de los negocios fiduciarios de buena fe no nace de la buena fe en su sentido subjetivo, puesto que no se trata de analizar la predisposición psicológica de las sociedades fiduciarias, consistente en la ignorancia de perjudicar los intereses del fideicomitente o los del beneficiario, según el caso. Dicha exigencia, por el contrario, surge de la buena fe en su sentido objetivo[56], lo que se explica

---

54 *Cfr.* Corte Suprema de Justicia, Sala de Casación Civil. Sentencia 6146 del 2 de agosto de 2001, cit.

55 Lo dicho significa que el objeto de los negocios fiduciarios no se agota con una adecuada interpretación y aplicación de la *lex artis* correspondiente de acuerdo con la finalidad a la que se encuentran afectados los bienes fideicomitidos, comoquiera que toda actuación del fiduciario dirigida a la consecución de dicha finalidad debe estar además presidida por el principio de la buena fe. De esta manera se garantiza que la prestación fiduciaria se cumpla en un ambiente adecuado, en especial, allí donde la formal observancia de lo pactado o de la ley se revela insuficiente.

56 Siguiendo en lo pertinente lo dicho por la Corte Constitucional en las sentencias T-105 del 24 de marzo de 1998 y SU-1554 del 21 de noviembre de 2000, se tiene entonces que, por virtud del principio de la buena fe objetiva, las sociedades fiduciarias se obligan, pues, no solo a realizar de

en razón a que la confianza que el fideicomitente deposita en el fiduciario enuncia el deber del fiduciario de respetar y cumplir su palabra, e implica una relación de cooperación entre las partes que tiene como fundamento la buena fe y la equidad. A la vez, impone un *oportere* recíproco en virtud del cual el fideicomitente y el fiduciario —pero sobre todo este último— deben obrar *sine defraudatione*, guardando siempre un comportamiento leal y correcto que es, precisamente, el que justifica el deber jurídico que pesa sobre dicho fiduciario de excluir el dolo o engaño no solo durante la etapa precontractual, sino también durante la celebración y la ejecución del contrato, y que además permite explicar que la conducta del fiduciario ha de dirigirse al cumplimiento de la finalidad señalada por el fideicomitente en el acto constitutivo[57].

A lo antes expuesto debe agregarse que esa buena fe que es ínsita de los negocios fiduciarios —con independencia de la finalidad a la que se encuentren afectados los bienes fideicomitidos— no es ni puede ser la común que se exige para la generalidad de los negocios. Se trata de una buena fe de mayor grado[58],

---

una manera diligente todos los actos que resulten necesarios para el cumplimiento de la finalidad a la cual se encuentran afectados los bienes fideicomitidos, sino también a ejecutar todas aquellas prestaciones accesorias que las circunstancias que rodean el negocio en cada momento vayan poniendo de manifiesto, con independencia de que hayan o no sido pactadas de manera expresa. Por tal razón, en los contratos fiduciarios, desde la etapa precontractual y, en especial, durante la etapa de su celebración y ejecución, se exige un comportamiento de las partes que permita brindar certeza y seguridad jurídica respecto del cumplimiento de la gestión encomendada al fiduciario y la satisfacción de las prestaciones a su cargo, de la cual depende, a su vez, el cumplimiento de la finalidad a la que se encuentran afectados los bienes fideicomitidos.

57 En los negocios fiduciarios, la buena fe objetiva se compendia por medio de un modelo de conducta que se corresponde con lo que se espera cumpla el profesional fiduciario en consideración a la finalidad a la cual se encuentran afectados los bienes fideicomitidos. Este modelo de conducta se concreta, a su vez, en deberes especiales exigibles entre las partes contratantes y por el beneficiario, los cuales determinan nuevas obligaciones, prohibiciones y normas jurídicas singulares tanto en la fase precontractual como en las fases de ejecución y terminación del negocio fiduciario, como sucede, por ejemplo, con la obligación de información, con la prohibición de ir contra los propios actos, etc. Como lo refiere Jorge Mosset Iturraspe haciendo eco de las palabras de Espert Sanz, "la lealtad o probidad negocial impone 'deberes' en cada etapa negocial. El recurso a la buena fe [...] es una prueba más [...] de que el Derecho positivo escrito es hoy insuficiente para contener el impulso diversificatorio que la vida moderna impone a la contratación, tanto en su génesis como en su vida posterior, mostrando agudamente el retraso más o menos grande que la norma lleva frente a la vida". (Jorge Mosset Iturraspe. *Responsabilidad por daños*, t. viii, *Responsabilidad de los profesionales*, cit., p. 120).

58 En materia civil, la Corte Constitucional, mediante la Sentencia C-1002/2007 explicó que la buena fe tiene una doble connotación, lo que permite establecer las diferencias entre la buena fe simple y la cualificada: "La buena fe simple, que equivale a obrar con lealtad, rectitud y honestidad, es

esto es, suficiente para compaginarse con la confianza[59] y la asunción de este riesgo de abuso por parte del fideicomitente[60].

Por lo demás, la aplicación de las reglas derivadas del principio de buena fe asume especial relevancia en la regulación relativa a la protección del beneficiario en su condición de consumidor financiero, en términos de la obligatoriedad de dar estricto y oportuno cumplimiento no solo a lo pactado de manera expresa, esto es, a la finalidad establecida a favor del beneficiario y "a los cuidados generales usuales entre personas honorables, sino a todas aquellas prestaciones accesorias que las circunstancias que rodean el negocio en cada momento vayan poniendo de manifiesto, con independencia de que hayan o no sido pactadas expresamente"[61]; se trata de prestaciones implícitas, secundarias, accesorias o complementarias cuyo objetivo fundamental es la satisfacción del interés del beneficiario o de los beneficiarios por que se cumpla la finalidad estipulada a su favor, que subyace en todo negocio fiduciario traslaticio y no traslaticio del derecho de dominio.

Parafraseando lo dicho por Betti[62] y por Díez-Picazo[63], el criterio de la buena fe lleva a imponerle al fiduciario la obligación de hacer no solo

---

la que se exige normalmente a las personas en todas sus actuaciones... Esta buena fe se denomina simple, por cuanto, si bien surte efectos en el ordenamiento jurídico, estos solo consisten en cierta protección que se otorga a quien así obra. La buena fe creadora o buena fe cualificada. 'Tal máxima indica que[,] si alguien[,] en la adquisición de un derecho o de una situación comete un error o equivocación, y creyendo adquirir un derecho o colocarse en una situación jurídica protegida por la ley, resulta que tal derecho o situación no existen por ser meramente aparentes, normalmente y de acuerdo con lo que se dijo al exponer el concepto de la buena fe simple, tal derecho no resultará adquirido. Pero si el error o equivocación es de tal naturaleza que cualquier persona prudente y diligente también lo hubiera cometido, por tratarse de un derecho o situación aparentes, pero en donde es imposible descubrir la falsedad o no existencia, nos encontramos forzosamente, ante la llamada buena fe cualificada o buena fe exenta de toda culpa'". (Corte Constitucional. Sentencia C-1002 del 21 de noviembre de 2007, Exp. D-6830, M. P.: Nilson Pinilla Pinilla).

59 La buena fe impone corresponder a dicha confianza mediante una conducta íntegramente leal y adecuada a las circunstancias.

60 Aunque la asunción de este riesgo de abuso es, en principio, exclusivo (sic) de los particulares que en ejercicio de la autonomía de la voluntad privada celebran un negocio fiduciario, lo cierto es que a la luz de las normas que informan la protección de los consumidores financieros y los objetivos básicos de la supervisión bancaria, la Superintendencia Financiera de Colombia goza de atribuciones suficientes para hacerle frente a esa intrínseca posibilidad de abuso por parte del fiduciario, derivada de la transferencia del derecho de dominio de los bienes fideicomitidos.

61 Martha Lucía Neme Villarreal. "El principio de la buena fe en materia contractual en el sistema jurídico colombiano", cit., p. 89.

62 Emilio Betti. *Teoría general de las obligaciones*, cit. p. 104.

63 Luis Díez-Picazo. *Fundamentos del derecho civil patrimonial*, vol. II, *Las relaciones obligatorias*,

aquello que prometió, sino todo cuanto sea necesario —se haya estipulado o no— para que el beneficiario o los beneficiarios logren la satisfacción de su interés, es decir, prestar aquella cooperación necesaria para asegurarle al beneficiario o a los beneficiarios el resultado útil de la prestación misma. Y ha de aclararse que el compromiso en que consiste la buena fe contractual varía según el tipo de negocio fiduciario de que se trate, teniendo en cuenta la finalidad a la cual quedan o están afectados los bienes fideicomitidos, de manera entonces que no resulta factible establecer una relación medianamente pormenorizada de esos concretos deberes de conducta.

A. LA PARTICULAR POSICIÓN DE LA JURISPRUDENCIA COLOMBIANA FRENTE AL CONCEPTO DE BUENA FE OBJETIVA COMO FUNDAMENTO DE LA RESPONSABILIDAD CIVIL DEL FIDUCIARIO

En Colombia, la jurisprudencia se ha pronunciado en repetidas oportunidades acerca de la buena fe objetiva en la contratación fiduciaria y ha realizado un acertado discernimiento de lo que esta es y de su función integradora de los actos jurídicos, aun cuando considerándola equivocadamente como el fundamento de la llamada responsabilidad profesional del fiduciario. Entre esos pronunciamientos jurisprudenciales, cabe destacar el Laudo arbitral del 8 de junio de 1999, proferido con ocasión de la controversia planteada por el Inurbe a Fiduagraria[64/65] con respecto a la celebración y ejecución

Madrid, Tecnos, 1979, p. 142.

64 Laudo arbitral del 8 de junio de 1999, que resolvió las controversias entre el Instituto Nacional de Vivienda de Interés Social y Reforma Urbana (Inurbe) y Fiduciaria de Desarrollo Agropecuario S. A. (Fiduagraria S. A.).

65 En el mismo sentido se encuentra el Laudo arbitral del 9 de agosto de 2001, mediante el cual se resolvieron las controversias entre Construcciones Ampomar Ltda. y otros y Fidubandes S. A. (en liquidación). En esta providencia se expresó: “Ya anticipó el tribunal que la jurisprudencia y la doctrina se han ocupado en determinar el contenido y los alcances de las obligaciones que asumen los profesionales y se anotó cómo se ha llegado a aceptar que los profesionales contraen para con su clientela una serie de deberes, no accesorios[,] sino principales, fundamentalmente de lealtad, cuyo respaldo se encuentra en el principio cardinal de los contratos conforme al cual estos deben celebrarse y ejecutarse de buena fe, por lo cual obligan no solo a lo que en ellos se expresa[,] sino a todo cuanto emana de la naturaleza de las obligaciones a que ellos dan nacimiento (CC, art. 1602; CCo, art. 871)”. (Laudo arbitral del 9 de agosto de 2001, que resolvió las controversias entre Construcciones Ampomar Ltda. y otros y Fidubandes S. A. (en liquidación)).

de un negocio fiduciario cuya finalidad era la inversión y administración de los recursos del subsidio de vivienda.

En este laudo —que se considera un hito en materia de responsabilidad civil del fiduciario—, los árbitros acudieron al principio de la buena fe objetiva para sustentar la tesis de que la responsabilidad civil del fiduciario se enmarca en lo que se ha dado en llamar la responsabilidad profesional. Para tal efecto, argumentaron que, en la medida en que el objeto de la obligación asumida por el profesional es un determinado comportamiento, se requiere que el juez utilice un modelo de conducta o un punto de referencia contra el cual confrontar la actuación del deudor. Se concluyó que la tarea del juez no se puede limitar a aplicar las reglas específicas previstas en el contrato o la normatividad técnica, como tampoco puede circunscribirse a ellas el deudor, pues, para el cabal cumplimiento de sus obligaciones, debe ir más allá en desarrollo del principio de la buena fe objetiva, cuya importancia resulta evidente con miras a determinar "las prestaciones a cargo de los profesionales, pues ha sido en virtud de este principio que la Jurisprudencia ha colocado en cabeza de estos deudores ciertas obligaciones no pactadas específicamente en los contratos, reconociendo así la función integradora de los actos jurídicos que cumple la buena fe"[66].

Se comparte aquí la opinión de Vallejo García[67], quien considera que el laudo arbitral en comento pasa por alto que el simple hecho de que un profesional, por virtud de la aplicación del principio de la buena fe objetiva, se obligue más allá de las estipulaciones contractuales y de la normatividad técnica que regula su actividad no es suficiente para construir una teoría acerca de la responsabilidad profesional del fiduciario. Dicho de otra manera, no se puede destacar la función integradora de la buena fe como un elemento propio y característico de la llamada responsabilidad profesional, y ello por dos razones concurrentes: de una parte, porque el punto de discusión acerca de la responsabilidad civil del fiduciario no radica en la calificación de esta como una simple responsabilidad de carácter profesional, sino en la determinación exacta de cuáles son los cuidados, las atenciones y cautelas cuya observancia es exigible específicamente al fiduciario en atención a la

---

66 Laudo arbitral del 8 de junio de 1999, cit.

67 Felipe Vallejo García. "La responsabilidad profesional. No existe como teoría general. Crítica de un laudo arbitral", *Revista de la Academia Colombiana de Jurisprudencia*, n.º 322, abril, Bogotá, Academia Colombiana de Jurisprudencia, 2003.

finalidad a la cual se encuentran afectados los bienes fideicomitidos y a los intereses del beneficiario que se busca tutelar, máxime si se tiene en cuenta que el deber de conducta en la buena fe objetiva se predica de un comportamiento del fiduciario en pro del beneficiario.

De otra parte, porque la función integradora del negocio jurídico que cumple la buena fe se aplica, sin excepción, a todos los actos y negocios jurídicos, no solo a aquellos en los que intervienen profesionales. Además, uno de los efectos que se derivan de la condición de principio que el ordenamiento jurídico nacional le reconoce a la buena fe es, precisamente, su carácter normativo, lo que — trasladando lo dicho por Neme Villarreal[68]— implica que, en materia de contratación fiduciaria, por virtud del principio de la buena fe objetiva, el fiduciario no solo se obliga a lo expresamente estipulado en el acto constitutivo del negocio fiduciario y a los cuidados generales usuales entre personas honorables, sino también a todas aquellas prestaciones accesorias que el cumplimiento de la finalidad a la cual se encuentran afectados los bienes fideicomitidos vayan poniendo de manifiesto, con independencia de si fueron o no pactadas de manera expresa.

De esta suerte, como la buena fe objetiva implica actuar con honradez, probidad, honorabilidad, diligencia y responsabilidad, entonces forman parte de la contratación fiduciaria deberes tales como el de la información, la debida diligencia y la fidelidad, entre otros. Estos deberes se entienden incorporados a los contratos fiduciarios en atención a la naturaleza de estos, es decir, considerando si conllevan o no la transferencia de la propiedad de los bienes fideicomitidos, así como las particulares circunstancias que rodearon la celebración del negocio, en especial, los intereses del beneficiario que se

---

68 Martha Lucía Neme Villarreal afirma que, por virtud del principio de la buena fe objetiva, el deudor se obliga "no solo a lo fijado en la convención y a los cuidados generales usuales entre personas honorables, sino a todas aquellas prestaciones accesorias que las circunstancias que rodean el negocio en cada momento vayan poniendo de manifiesto, con independencia de que hayan o no sido pactadas expresamente. Por tal razón[,] se agregan al contrato, por ejemplo, obligaciones de información, de vinculación al pacto celebrado, no a la letra[,] sino al verdadero interés de las partes, de lealtad, de diligencia, de cooperación, de transparencia, de solidaridad, de no contrariar los actos propios, etc., todas las cuales por virtud de la fuerza integradora de la buena fe y de su carácter normativo se entienden incorporadas al contrato, atendiendo a la naturaleza del mismo (sic) y de las particulares circunstancias del caso, sin necesidad de que hayan sido expresamente pactadas por las partes". (Martha Lucía Neme Villarreal. "El principio de la buena fe en materia contractual en el sistema jurídico colombiano", cit., pp. 88, 90, 91 y 107).

persigue tutelar, sin necesidad de que hayan sido expresamente pactados por las partes.

> Es por virtud de ese carácter normativo del principio que la transgresión de la buena fe ha sido valorada por la jurisprudencia como una circunstancia que da lugar al incumplimiento del contrato, por ende, de ella puede[n] derivarse la resolución del contrato, la condena al cumplimiento o el resarcimiento del daño, sea por violación del principio en la etapa precontractual, como por los daños que tales transgresiones generen en el desarrollo del contrato mismo[69].

B. EN LOS NEGOCIOS FIDUCIARIOS, LA BUENA FE OBJETIVA NO TOLERA EL APROVECHAMIENTO DEL 'DESCUIDADO' O 'IMPREVISOR' POR MEDIAR LIGEREZA, INEXPERIENCIA O NECESIDAD ECONÓMICA

De otra parte, atendiendo a la forma como en la práctica se suele llegar a la celebración de un contrato fiduciario, se comparte aquí el criterio de quienes, como el ya citado Mosset Iturraspe[70], consideran que "la buena fe objetiva no tolera el aprovechamiento del 'descuidado' o 'imprevisor' por mediar ligereza, inexperiencia o necesidad económica". Ciertamente, como se expuso en otro lugar, los negocios fiduciarios en general, y en particular la fiducia mercantil, solo pueden tener cabida en aquellas hipótesis en que la transferencia del derecho de dominio de los bienes fideicomitidos resulte indispensable para los fines que persigue el fideicomitente. Esto significa que los motivos serios y graves que induzcan a una persona a celebrar un contrato de fiducia mercantil y, por ende, a efectuar una transferencia de su propiedad "deben colocarla en uno que pudiera llamarse 'estado de necesidad' de valerse de este recurso por no haber otro procedimiento idóneo para obtener los fines de protección y seguridad de sus propios intereses, de reserva sobre los motivos que lo inducen a hacer el encargo y de amplitud y elasticidad de las facultades que le confiere al fiduciario"[71].

Pese a la validez de estos argumentos, la verdad es que la publicidad, con su bombardeo sensorial, goza de la virtualidad jurídica suficiente para

---

69 *Ibid.*, pp. 88, 90, 91 y 107.

70 Jorge Mosset Iturraspe. *Responsabilidad por daños*, t. VIII, *Responsabilidad de los profesionales*, cit., p. 135.

71 Superintendencia Bancaria. Concepto 593 de 1951.

generar en los consumidores financieros la creencia de que la contratación fiduciaria es el instrumento más adecuado para la solución de sus múltiples necesidades. En otros casos, a la contratación fiduciaria se llega por una imposición, como sucede, por ejemplo, con las fiducias mercantiles de garantía que se celebran para caucionar el pago de obligaciones a favor de quien ostenta el carácter de matriz de la sociedad fiduciaria. En estos casos, se requiere tener en cuenta que

> la noción de buena fe, lealtad y probidad, se distingue muy bien de los criterios que prohíben la invocación de la 'propia torpeza', el 'venir contra los actos propios', cuando tales criterios se formulan comprendiendo entre los 'torpes' y entre quienes quieren borrar sus propios actos, a los 'necesitados', 'ligeros' e 'inexpertos' [...]. El tema es considerado con detenimiento en ocasión de estudiar la lesión objetiva-subjetiva[72].

Ahora bien, el fideicomitente y el beneficiario, pero sobre todo este último, no pueden ser tildados de "descuidados o culpables, en la medida en que sus particulares circunstancias les impidan obrar con entera y absoluta conciencia, evaluando la razonabilidad del negocio a celebrar (sic), su equilibrio o desequilibrio"[73]. Es precisamente a la luz de lo que se ha expuesto que debe analizarse la práctica generalizada de las sociedades fiduciarias colombianas en el sentido de incorporar en sus contratos fiduciarios estipulaciones contractuales que apuntan a hacer creer que el contrato es fruto de la libre voluntad de las partes contratantes. Esta es una práctica abusiva, y la cláusula que la contiene debe considerarse ineficaz de pleno derecho, máxime si se tiene en cuenta que, así como el artículo 830 del CCo concede un remedio que apunta

> a evitar el aprovechamiento del fuerte sobre el débil, queda bien sentado que el 'débil' no deja de ser considerado así y merecedor de protección y amparo, por la sola circunstancia de haber concurrido, con su 'voluntad', a la celebración del contrato[74].

---

72 Jorge Mosset Iturraspe. *Responsabilidad por daños*, t. viii, *Responsabilidad de los profesionales*, cit., p. 135.

73 *Ibid.*

74 *Ibid.*

En suma, "la buena fe objetiva admite la invocación de la 'torpeza' de los débiles", y no de aquellos que siempre tienen

> pronta una excusa, un pretexto, una nulidad, para escapar al cumplimiento de la palabra empeñada. A tales personajes, que el juez debe empeñarse en distinguir de los débiles y pequeños, les está vedado volver sobre los propios actos [...]. Se impone entonces un particular 'arte de juzgar', una especial 'discrecionalidad del juez', en orden a las denominadas 'cláusulas abiertas', entre las que hemos destacado a (sic) la buena fe[75].

C. EN LOS NEGOCIOS FIDUCIARIOS, LA BUENA FE TAMBIÉN SE PROYECTA A LO LARGO DE LAS DIFERENTES FASES QUE CONFORMAN EL PLEXO CONTRACTUAL, Y LAS CONSECUENCIAS DE SU INCUMPLIMIENTO DEPENDEN DE CADA ESPECÍFICO NEGOCIO FIDUCIARIO Y DEL CONCRETO INTERÉS CONTRACTUAL SUBYACENTE

El fin de cualquier negocio fiduciario traslaticio y no traslaticio del derecho de dominio consiste en la satisfacción del interés contractual del beneficiario designado por el fideicomitente en el acto constitutivo, ya sea que dicha designación recaiga en el propio fideicomitente o en un tercero. Y ese interés contractual del beneficiario se dibuja, caso a caso, a partir del propósito práctico incorporado al contrato, vale decir, de la finalidad a la cual quedan o habrán de quedar afectados los bienes fideicomitidos, al tiempo que su satisfacción se logra mediante la ejecución diligente y profesional de la prestación prometida (administrar y/o enajenar los bienes fideicomitidos). De esta suerte, una vez establecidos cuáles son o fueron los intereses concretos o los propósitos prácticos conocidos y consentidos por el o los fideicomitentes y la sociedad fiduciaria en favor del beneficiario, se podrá determinar cuáles son los deberes que dimanan de la buena fe, en aras de darle cumplida ejecución al negocio fiduciario de que se trate.

---

75 *Ibid.*, pp. 136 y 139.

1. LA BUENA FE EN LOS TRATOS PRELIMINARES O FASE PRENEGOCIAL

La experiencia demuestra que, en la práctica, la celebración de cualquier contrato en general y, particularmente, de cualquier negocio fiduciario traslaticio y no traslaticio del derecho de dominio deriva, la mayoría de las veces, de

> una fase de negociaciones, reuniones presenciales y a distancia, suscripción de cartas de intención, de protocolos de entendimiento (llamados también "MOU" por el término anglosajón *memorandum of understanding*), cierres de negocios, intercambio de correos electrónicos y, en suma, todo tipo de actos, tanto unilaterales como bilaterales[76].

En estos actos, "las futuras partes contratantes precisan cuál será o podrá ser el contenido del contrato a celebrar (sic) y, por lo tanto, evalúan la conveniencia o inconveniencia de ese contenido"[77].

También la experiencia demuestra que, en la práctica, en manos de las sociedades fiduciarias se encuentra lo que Mosset Iturraspe[78] denomina un "'poder fuerte', que se traduce, entre otros aspectos, en el llamado 'poder normativo'". Como consecuencia de ese poder normativo se tiene que, en la práctica, la gran mayoría de los contratos fiduciarios que celebran las sociedades fiduciarias "son 'contratos por adhesión', en los cuales la negociación no existe". Y si bien es cierto que las sociedades fiduciarias

> pueden prestar sus servicios 'fuera de la contratación', en situaciones que algún sector de la doctrina denomina 'relaciones necesarias', relaciones 'cuasicontractuales' o relaciones forzosas, también es verdad que la gran mayoría de las prestaciones se origina[n] en un acuerdo de partes, aunque no sea sobre la base de un asentimiento informado, ilustrado, o conocedor de los derechos y deberes que se originan [...]. Y de allí, de esa particular manera de consentir, producto del desequilibrio que

76 Eugenio Valladares Bonett. "La inobservancia del deber de buena fe como causa de incumplimiento contractual", tesis de maestría, Madrid, Universidad Complutense de Madrid, 2014, p. 25.

77 Jorge Mosset Iturraspe. *Responsabilidad por daños*, t. VIII, *Responsabilidad de los profesionales*, cit., p. 10 y ss.

78 *Ibid.*, cit., pp. 96 a 97.

media entre el proveedor del servicio y el consumidor del mismo, la relevancia que adquiere la buena fe[79].

Por lo demás, la experiencia demuestra que, en el ámbito de la actividad profesional de las sociedades fiduciarias, buena parte de su actividad precontractual se lleva a cabo mediante campañas publicitarias en las que se invita a los futuros fideicomitentes y beneficiarios a acceder a los productos y servicios fiduciarios constitutivos de su objeto social. Así, pues, hoy por hoy, el acercamiento entre las sociedades fiduciarias y los futuros fideicomitentes y beneficiarios se hace mayoritariamente por medio de la publicidad, la cual contiene elementos de información dirigidos al público que apuntan a modificar sus decisiones de consumo, por lo que se permite la inclusión de "elogios subjetivos del anunciante"[80].

Ahora bien, en la etapa de los tratos preliminares, las futuras partes contratantes no se entienden vinculadas ni obligadas a manifestar su voluntad, pues, como es obvio, en esta fase "no existe aún una *lex pacta et privata* que gobierne estas relaciones"[81]. Pero lo cierto es que los tratos preliminares cumplen una función interpretativa del contrato en caso de que este llegue a perfeccionarse, por cuanto permiten determinar la real y efectiva voluntad de los contratantes frente a cualquier discrepancia que pudiere surgir durante la ejecución del contrato[82].

A este respecto, la Corte Suprema de Justicia, mediante la Sentencia 6151 del 12 de agosto de 2002[83], expresó:

> Es obvio que en caso de aceptación, todos los actos, tratos o conversaciones preliminares llevados a cabo con el fin de perfeccionar el acuerdo de voluntades, en un momento dado resultarían trascendentales, no solo para desentrañar la verdadera intención de las partes, sino para ver cuáles fueron las reglas de juego, inclusive

---

79 *Ibid.*

80 Verónica María Echeverry Salazar y Julián E. Ospina Gómez. "La regulación de la publicidad en el nuevo Estatuto del Consumidor. Implicaciones desde la teoría del contrato", *Revista Opinión Jurídica*, vol. 14, n.º 28, julio-diciembre, Medellín, Universidad de Medellín, 2015, pp. 135 a 158.

81 Eugenio Valladares Bonett. "La inobservancia del deber de buena fe como causa de incumplimiento contractual", cit., p. 25.

82 Jorge Oviedo Albán. "Tratos preliminares y responsabilidad precontractual", *Vniversitas*, vol. 57, n.º 115, enero-junio, Bogotá, Pontificia Universidad Javeriana, 2008, p. 88.

83 Corte Suprema de Justicia. Sala de Casación Civil. Sentencia 6151 del 12 de agosto de 2002, M. P.: José Fernando Ramírez.

jurídicas, a las que se iban a someter, conductas que, desde luego, cobrarían mayor relieve si después de ocurrida la propuesta, así como su aceptación por el destinatario, aparecen ratificadas de modo expreso o tácito.

Además, si bien es cierto que los tratos preliminares gozan de la característica de no ser obligatorios, no es menos cierto que durante esta etapa "ya hay un acercamiento, un contacto, un consentimiento en negociar, que impone el deber de comportarse de buena fe"[84]. Y esa buena fe es entendida como una obligación de lealtad y de respeto mutuo que los futuros contratantes, pero fundamentalmente las sociedades fiduciarias, deben mantener durante toda la etapa de las tratativas y "que impone, eventualmente, no solo deberes negativos, sino también deberes positivos, consistentes en revelar la realidad de las cosas, tal y como cada uno las conoce, según su ciencia y conciencia"[85], "absteniéndose de afirmaciones inexactas o falsas, como igualmente de un silencio o [de una] reticencia que pueda conducir a una equivocada representación de los elementos objetivos y subjetivos"[86] del negocio fiduciario que se pretende celebrar[87].

Por lo demás, en la etapa precontractual, la buena fe tiene como función complementar los acuerdos de las futuras partes que se hallen consignados ora en correos electrónicos o en otro tipo de comunicaciones, ora en los modelos de contrato predispuestos por las propias sociedades fiduciarias para instrumentalizar sus relaciones con los futuros fideicomitentes y beneficiarios, etc. Por eso se admite sin discusión que, en la medida en que las tratativas configuran expectativas de derechos en las partes interesadas, la posible responsabilidad precontractual debe necesariamente relacionarse con la observancia o inobservancia del principio general de buena fe.

Del régimen jurídico particular que informa los negocios fiduciarios traslaticios y no traslaticios del derecho de dominio, se sigue que el estándar de conducta que ha de observar el fiduciario durante la fase de los tratos

84 Cristián Boetsch Gillet. *La buena fe contractual*, cit., p. 139.

85 Emilio Betti. *Teoría general de las obligaciones*, cit. pp. 91 a 92.

86 Cristián Boetsch Gillet. *La buena fe contractual*, cit., p. 140.

87 En el desenvolvimiento de quienes se encuentran en la etapa de las tratativas, es la buena fe el criterio rector del proceder de cada uno de ellos, la que se manifiesta concretamente en obligaciones de lealtad y de respeto mutuo; por consiguiente, una actuación contraria a estos deberes, es decir, de mala fe (por ejemplo, facilitando datos falsos o erróneos), debe determinar el nacimiento de una responsabilidad precontractual por los daños que puedan derivarse de esa actuación a la parte que ha confiado en el comportamiento de la otra parte.

preliminares es mucho más exigente que en cualquier otro tipo de contrato, en razón a la confianza ínsita en los negocios fiduciarios y al hecho de ser las sociedades fiduciarias entidades vigiladas por el Estado que desarrollan una actividad que es considerada de interés público.

En el escenario antes descrito, al disponer el artículo 3.º, letra a), de la Ley 1328 de 2009[88] que las relaciones que las sociedades fiduciarias establezcan con los consumidores financieros deben desarrollarse de forma que se propenda a la satisfacción de las necesidades de estos últimos de acuerdo con la oferta, el compromiso y las obligaciones acordadas, necesariamente ha de entenderse que la obligación de seguridad que allí se trata determina el contenido y la ejecución de la prestación fiduciaria. Y es bien sabido que las relaciones derivadas de esta especial categoría de negocios jurídicos suelen configurarse como prestaciones de servicios en interés del beneficiario, perspectiva desde la cual la finalidad con que se impone el deber de diligencia no es exactamente la protección de la libertad contractual, sino la protección de la persona del beneficiario, ya sea que la calidad de beneficiario recaiga en el propio fideicomitente o en un tercero.

De esta suerte, en el ámbito de los negocios fiduciarios traslaticios y no traslaticios del derecho de dominio, la obligación de proceder de buena fe durante la etapa precontractual —consagrada en el artículo 863 cco[89]— se encuentra directamente relacionada con la obligación de administrar y/o enajenar los bienes fideicomitidos de cara al cumplimiento de la finalidad señalada por el fideicomitente en el acto constitutivo, con miras a proteger el interés del beneficiario y como medio de tutela de los intereses y los fines propios de los negocios fiduciarios[90]. Y es en este contexto de protección de

88 Congreso de Colombia. Ley 1328 de 2009. Por la cual se dictan normas en materia financiera, de seguros, del mercado de valores y otras disposiciones. *D. O.* 47411 del 15 de julio de 2009. Disponible en http://www.secretariasenado.gov.co/senado/basedoc/ley_1328_2009.html

89 En palabras expresadas por la Corte Suprema de Justicia en la Sentencia del 21 de marzo de 1998, el artículo 863 del Código de Comercio consagra una cláusula general que tiene por finalidad permitirle al intérprete "un criterio elástico de evaluación, (...) descargando en cada uno de los futuros contratantes el deber de comportarse de buena fe, como una fórmula comprensiva de varios deberes (seriedad, probidad y diligencia) que pueden integrar el criterio fundamental de la rectitud en el tráfico jurídico, a pesar de que todavía no estén ligados por el vínculo contractual al que a la postre quieren llegar". (Corte Suprema de Justicia, Sala de Casación Civil. Sentencia del 21 de marzo de 1998, Exp. 49, M. P.: Rafael Romero Sierra).

90 Vicenç Ribas Ferrer. "Aproximación al estudio del deber de lealtad del administrador de sociedades", tesis doctoral, Barcelona, Universidad Autónoma de Barcelona, 2004, p. 297 y ss.

los intereses del beneficiario que deben estudiarse y apreciarse esa serie de deberes especiales que emergen o emanan del postulado general de la buena fe, como son "(i) el deber de información, (ii) el deber de confidencialidad, (iii) el deber de protección y conservación, y, finalmente, (iv) el deber de no abandonar sin justa causa las negociaciones"[91].

En concordancia con lo expuesto, son ejemplos de actuaciones contrarias a la buena fe en el período precontractual, y que ofrecen particular importancia, los siguientes:

En primer lugar, están aquellos casos en los cuales las sociedades fiduciarias se abstienen de dar noticia sobre aspectos relevantes de índole jurídica, financiera o cualquiera otra que el/los fideicomitente/s y el/los beneficiario/s debe/n conocer (sobre todo cuando dicha calidad recae en terceros) acerca del negocio fiduciario que se pretende celebrar, teniendo en cuenta la finalidad a la que quedarían afectados los bienes fideicomitidos. Este criterio de relevancia debe entenderse como toda información que pueda afectar la decisión del fideicomitente o de los fideicomitentes de celebrar el respectivo negocio fiduciario, pero fundamentalmente del beneficiario o de los beneficiarios de aceptar su designación como tal(es), cuando esta calidad recae en terceros distintos del fideicomitente.

Tomando como punto de partida lo dispuesto por los artículos 20 y 78 de la Carta Política, en concordancia con los artículos 3.º, letra c), 9.º y 7.º, letra c) de la Ley 1328 de 2009; 97, numeral 1, y 99 del Estatuto Orgánico del Sistema Financiero (EOSF)[92] y 57 de la Ley 1480 de 2011[93], se encuentra que las sociedades fiduciarias están obligadas a informarles al fideicomitente y al beneficiario las circunstancias personales u objetivas que pueden rodear las distintas etapas del *iter* contractual. Pero también han de informarles de manera cierta, suficiente, clara y oportuna cuáles son las características del negocio fiduciario que se pretende celebrar, considerando la finalidad a la

---

91 Nicolás Parra Herrera. "La autorregulación de los tratos preliminares. Análisis de las cartas de intención, memorandos de entendimiento y buena fe precontractual", *Revista de Derecho Privado*, n.º 50, julio-diciembre, Bogotá, Universidad de los Andes, 2013. En el mismo sentido, Alejandro Borda. "La buena fe en la etapa precontractual", cit.

92 Presidencia de la República de Colombia. Decreto Ley 663 de 1993. Estatuto Orgánico del Sistema Financiero. *D. O.* 40820 del 5 de abril de 1993. Disponible en http://www.secretariasenado.gov.co/senado/basedoc/estatuto_organico_sistema_financiero.html

93 Congreso de Colombia. Ley 1480 de 2011. Por medio de la cual se expide el Estatuto del Consumidor y se dictan otras disposiciones. *D. O.* 48220 del 12 de octubre de 2011. Disponible en http://www.secretariasenado.gov.co/senado/basedoc/ley_1480_2011.html

que quedarían afectados los bienes fideicomitidos, los derechos y las obligaciones, las consecuencias derivadas del incumplimiento del contrato y, en general, toda aquella información que se estime conveniente para que el consumidor comprenda el contenido y funcionamiento de la relación que se establecerá entre las partes. En particular, la información que se suministre previamente a la celebración del contrato deberá permitir y facilitar la adecuada comparación de las distintas opciones ofrecidas en el mercado.

Este deber de información es una carga que pretende contrarrestrar los problemas de asimetría de información, pues, como ya se advirtió, las sociedades fiduciarias se encuentran en una posición de dominio al comienzo de las negociaciones por tener a su disposición toda la información acerca del negocio fiduciario sobre el que se está negociando. De ahí que la buena fe les imponga a las sociedades fiduciarias el deber de evitar un comportamiento oportunista para aprovecharse de esa asimetría[94].

Un segundo ejemplo de una actuación contraria a la buena fe en el período precontractual se presenta en aquellos casos en los cuales la confianza del fideicomitente (o los fideicomitentes) y la del beneficiario (o los beneficiarios), particularmente cuando son terceros distintos del fideicomitente o de los fideicomitentes, deviene traicionada porque el negocio fiduciario que, en últimas, hubo de perfeccionarse no responde a las expectativas generadas por las sociedades fiduciarias en las campañas y los programas publicitarios adelantados por estas.

Así sucede, verbigracia, en las actividades de promoción y publicidad que suelen adelantar las sociedades fiduciarias en diferentes medios, las cuales no solo reflejan su voluntad de dar a conocer su marca y los distintos tipos de productos fiduciarios que integran su portafolio de productos y servicios, sino que se caracterizan por que el elogio subjetivo es el elemento predominante del mensaje publicitario. Por ejemplo, tratándose de negocios de fiducia de garantía y fuente de pago y de administración y pagos en los que los bienes fideicomitidos son los derechos económicos o flujos de caja derivados de contratos celebrados entre el futuro fideicomitente y terceros (llámense contratos de prestación de servicios, contratos de obra, contratos de concesión, etc.), la experiencia demuestra que en estas actividades de promoción y publicidad es usual que las sociedades fiduciarias destaquen

---

94 Nicolás Parra Herrera. "La autorregulación de los tratos preliminares. Análisis de las cartas de intención, memorandos de entendimiento y buena fe precontractual", cit.

como principales beneficios de estas modalidades de contratacón mercantil, entre otras, la administración profesional de los bienes o activos fideicomitidos de acuerdo con las instrucciones contenidas en el acto constitutivo del negocio fiduciario; la separación patrimonial de dichos bienes o activos como forma de ofrecerles mayor confianza a los terceros que participen en el esquema, esto es, a los acreedores y beneficiarios; y, en fin, la transparencia en la administración y gestión, lo que le permitirá al fideicomitente acceder a negocios de mayor relevancia.

La importancia de estas afirmaciones es cada vez mayor en el proceso de toma de decisiones de un fideicomitente y de un acreedor garantizado o beneficiario medio, en la medida en que involucran o aparejan elogios del producto que gozan de la virtualidad suficiente para convencerlos. Al mismo tiempo, cada vez es mayor la probabilidad de que tales afirmaciones logren crear una falsa expectativa ora en el futuro fideicomitente, ora en el futuro acreedor garantizado o beneficiario de la fuente de pago, que los prive de la posibilidad de ponderar la conveniencia de celebrar el respectivo negocio fiduciario o de aceptar la designación como acreedor garantizado o beneficiario, según el caso, en unas ciertas condiciones, por cuanto no brindan la información que resulte determinante para las intenciones contractuales del fideicomitente y del acreedor garantizado y/o beneficiario.

De hecho, como se expuso en otro lugar, la experiencia demuestra que, en muchos casos, las sociedades fiduciarias no suelen cumplir con todo lo que en su actividad publicitaria han anunciado y prometido como principales beneficios de los negocios de fiducia de garantía y fuente de pago y de los de administración y pagos. La razón consiste en que, posteriormente, en la etapa de celebración del contrato, en los documentos que los instrumentalizan es usual encontrar cláusulas en virtud de las cuales se estipula que la cesión de los derechos económicos o flujos de caja constitutivos de la garantía o fuente de pago se entenderá efectuada una vez el fideicomitente allegue a la fiduciaria el documento en el cual conste que los deudores cedidos aceptan dicha cesión y que, en consecuencia, conocen y aceptan que el producto de tales derechos económicos o flujos de caja será depositado en la cuenta bancaria que la fiduciaria haya dispuesto para tal fin. Aceptan asimismo que la fiduciaria solo será responsable por la recepción y el pago con los recursos existentes en el patrimonio autónomo, de manera que no está obligada a asumir con recursos propios financiación alguna derivada del contrato de fiducia y no responderá por las obligaciones del fideicomitente ni por los incumplimientos que por defecto en la entrega de los recursos necesarios para efectuar los pagos se puedan presentar durante la ejecución del contrato.

Dado su especial conocimiento y experiencia en la estructuración jurídica y financiera de negocios fiduciarios destinados a servir de fuente de pago de obligaciones a favor de terceros, esta clase de estipulaciones contractuales, en procura de su eficacia, exigen una mayor carga de información por parte de la sociedad fiduciaria frente al acreedor beneficiario. Dicha información tiene relación con aspectos tales como la forma como habrá de funcionar el esquema fiduciario diseñado por la sociedad fiduciaria y los riesgos específicos que apareja dicho esquema.

Entre los riesgos mencionados están aquellos relacionados con la posibilidad de que se generen pérdidas para el acreedor beneficiario en caso de no poderse efectuar los pagos a su favor en la forma y con la periodicidad estipuladas en el contrato de fiducia. Y esta situación de no pago puede deberse a circunstancias inherentes (i) a la forma como se encuentra pactada la cesión de los derechos económicos o flujos de caja constitutivos de la fuente de pago y (ii) al mecanismo estipulado para su recaudo. Esa mayor carga de información es aun más necesaria si se considera que la decisión de aceptar esta especial forma de aseguramiento de obligaciones no suele obedecer a un hecho caprichoso y aislado del acreedor beneficiario, sino que, por el contrario, obedece precisamente a esos elogios que las actividades de promoción y publicidad adelantadas por las sociedades fiduciarias hacen acerca de los beneficios que se derivan de los negocios de fiducia de garantía y fuente de pago y de los de administración y pagos, los cuales terminan por crearle una falsa expectativa con respecto a que la obligación a su favor será honrada de manera oportuna.

De ahí que resulte contrario a la buena fe adelantar tratativas con el futuro acreedor beneficiario o aceptar su vinculación como tal sin brindarle información acerca de la existencia de obstáculos que él ignora y que en muchas ocasiones son infranqueables. Tampoco es acorde a la buena fe realizar dichas tratativas aun sabiendo que el acreedor beneficiario tiene una consideración errónea del papel que está llamada a cumplir la sociedad fiduciaria en el contexto de un fideicomiso de garantía y fuente de pago o de uno de administración y pagos. En ambos casos, la situación lleva al acreedor beneficiario a tomar riesgos excesivos sin tener en cuenta la posibilidad de fracaso y sin que las sociedades fiduciarias le adviertan de esta contingencia.

Las actividades de promoción y publicidad de los negocios fiduciarios (llámense fiducia de inversión, fiducia de garantía, fiducia inmobiliaria, etc.) constituyen una auténtica oferta publicitaria en tanto se trate de una información concreta y contenga datos objetivos referidos a las características relevantes de los distintos productos y servicios fiduciarios que la ley les autoriza a prestar a las sociedades fiduciarias. No obstante, si ocurre lo contrario, esto es, si no son una oferta en sentido estricto (porque no recogen todos los elementos esenciales del negocio ofrecido), resulta incuestionable su importancia desde la perspectiva de la integración contractual, dada su repercusión relevante en la formación del consentimiento.

Un tercer ejemplo de una actuación contraria a la buena fe en el período precontractual se presenta en aquellos casos en los cuales las sociedades fiduciarias no constatan con la acuciosidad que se requiere el cumplimiento de todos los requisitos esenciales para que nazca a la vida jurídica el respectivo negocio fiduciario —tanto los generales de todo contrato como los particulares de la propiedad fiduciaria—. También aquí se cuentan los casos en los que no se comprueba que los mencionados requisitos no se encuentran afectados de vicio alguno que pueda poner en entredicho la validez del negocio fiduciario.

Un cuarto ejemplo de una actuación contraria a la buena fe en el período precontractual se relaciona con la selección del fideicomitente. Ya sea que la propuesta de negocio fiduciario provenga del potencial fideicomitente o que proceda de la propia sociedad fiduciaria, la verdad es que no con cualquier persona natural o jurídica resulta viable celebrar o acceder a celebrar un contrato de fiducia mercantil o de encargo fiduciario. Habida cuenta de que de por medio se encuentra en juego la confianza del público en la actividad fiduciaria, una especial expresión del examen de buena fe con que deben comportarse las sociedades fiduciarias la constituye el deber de informarse de modo conveniente sobre el posible candidato a fideicomitente. Fallar en esta escogencia puede comprometer los intereses de futuras personas que lleguen a negociar con la sociedad fiduciaria en calidad de titular jurídico de los bienes que conforman el patrimonio autónomo. Así sucede, por ejemplo, en aquellos casos en que se accede a celebrar un contrato de fiducia inmobiliaria para el desarrollo de un proyecto de construcción con una persona que carece de experiencia en el desarrollo de las actividades inherentes a la construcción o que ha ideado el proyecto sin contar con las adecuadas y suficientes fuentes de financiamiento para sacarlo adelante, o, en fin, con "una persona vinculada con la actividad del narcotráfico, cuyo patrimonio puede ser perseguido por los funcionarios que adelantan las investigaciones e incluso comprometer la responsabilidad de los demás intervinientes en una indagación por lavado de activos"[95].

Un quinto ejemplo de actuación contraria a la buena fe en el período precontractual, también relacionado con el ámbito de la construcción, se presenta en aquellos casos en los que la gestión confiada a las sociedades fiduciarias excede sus capacidades técnicas, administrativas y humanas, o cuando estas consideran que la finalidad a la cual quedarán afectados los bienes fideicomitidos está condenada al fracaso. En este caso, en desarrollo del principio de la buena fe en la etapa precontractual, las sociedades fiduciarias no deben dudar en tratar de disuadir a los terceros interesados en adquirir las unidades inmuebles resultantes del proyecto de construcción de utilizar el esquema fiduciario para acceder a la vivienda, y deben llegar al extremo de rechazar el encargo que se les ha propuesto[96].

---

95 Jaime Alberto Arrubla Paucar. "Los negocios fiduciarios y la fiducia en garantía", tesis doctoral, Salamanca, Universidad de Salamanca, 2013, p. 330.

96 Así lo reconoció la jurisprudencia arbitral en el ya citado Laudo del 31 de julio de 2000, que resolvió las controversias entre la Beneficencia de Cundinamarca, el entonces Banco Central Hipotecario y Fiducentral. Se dijo en esa oportunidad: "Pero también existe la otra cara de la moneda, en la cual, según la doctrina, el profesional debe rechazar el encargo que considere destinado a un fracaso inminente. No se trata de obligar al profesional a que solo realice los encargos que le gusten, o en los que tenga opiniones coincidentes con su cliente, pues en respeto de las decisiones de este[,] que es el último juez de su propia conveniencia, bien puede también llevar a cabo las tareas que no le gusten, o que le parezcan inadecuadas, riesgosas o inoportunas, siempre, eso sí, que haya prevenido suficientemente al interesado. [...] Por tanto, la obligación de rechazar el encargo ha de entenderse como una situación extrema, en la que el profesional, a pesar de haber dado las informaciones y fundamentado sus opiniones para tratar de hacer desistir a su cliente de un negocio a todas luces inconveniente, o altamente especulativo y arriesgado, no logra convencerlo, porque[,] en razón de su ignorancia, este no tiene la capacidad para entender las admoniciones y advertencias o porque se obstina en darle prevalencia a la suerte desmedida, a las premoniciones infundadas o a la superstición. Pero la regla general es que el cliente con una formación media, que recibe información y consejo en términos inteligibles para él, y de manera suficiente y razonada, releva de responsabilidad al profesional que cumple sus instrucciones y respeta la decisión tomada después de un análisis ponderado de la situación y con apoyo en los elementos de juicio necesarios y disponibles. [...] Cada vez que, de acuerdo con las previsiones y las advertencias del profesional, la operación encomendada resulte en efecto lesiva, frustrada o de cualquier otra manera desafortunada, no puede decirse *ex post facto* que el único comportamiento diligente y razonable del profesional hubiere sido el de rechazar el encargo, a pesar de haber cumplido a cabalidad sus deberes de información, consejo y vigilancia. Eso sería hacerle asumir los riesgos de un negocio ajeno que no le corresponden, pues no hay ningún reproche que formularle, por cuanto es el propio dueño, avisado y advertido, quien toma la determinación

A este respecto, en el varias veces mencionado Laudo arbitral del 31 de julio de 2000, que resolvió las controversias entre la Beneficencia de Cundinamarca, el entonces Banco Central Hipotecario y Fiducentral[97], se dijo:

> Pero también existe la otra cara de la moneda, en la cual, según la doctrina, el profesional debe rechazar el encargo que considere destinado a un fracaso inminente. No se trata de obligar al profesional a que solo realice los encargos que le gusten, o en los que tenga opiniones coincidentes con su cliente, pues en respeto de las decisiones de este[,] que es el último juez de su propia conveniencia, bien puede también llevar a cabo las tareas que no le gusten, o que le parezcan inadecuadas, riesgosas o inoportunas, siempre, eso sí, que haya prevenido suficientemente al interesado. [...] Por tanto, la obligación de rechazar el encargo ha de entenderse como una situación extrema, en la que el profesional, a pesar de haber dado las informaciones y fundamentado sus opiniones para tratar de hacer desistir a su cliente de un negocio a todas luces inconveniente, o altamente especulativo y arriesgado, no logra convencerlo, porque en razón de su ignorancia, este no tiene la capacidad para entender las admoniciones y advertencias o porque se obstina en darle prevalencia a la suerte desmedida, a las premoniciones infundadas o a la superstición. Pero la regla general es que el cliente con una formación media, que recibe información y consejo en términos inteligibles para él, y de manera suficiente y razonada, releva de responsabilidad al profesional que cumple sus instrucciones y respeta la decisión tomada después de un análisis ponderado de la situación y con apoyo en los elementos de juicio necesarios y disponibles. [...] Cada vez que, de acuerdo con las previsiones y las advertencias del profesional, la operación encomendada resulte en efecto lesiva, frustrada o de cualquier otra manera desafortunada (sic), no puede decirse *ex post facto* que el único comportamiento diligente y razonable del profesional hubiere sido el de rechazar el encargo, a pesar de haber cumplido a cabalidad sus deberes de información, consejo y vigilancia. Eso sería hacerle asumir los riesgos de un negocio ajeno que no le corresponden, pues no hay ningún reproche que formularle, por cuanto es el propio dueño, avisado y advertido, quien toma la determinación y asume los riesgos inherentes a ella.

Un último ejemplo de actuación contraria a la buena fe en el período precontractual, concordante con el anterior, se presenta en aquellos casos en los cuales las sociedades fiduciarias no analizan con la acuciosidad que se

---

y asume los riesgos inherentes a ella". (Laudo arbitral del 31 de julio de 2000, que resolvió las controversias entre la Beneficencia de Cundinamarca y el Banco Central Hipotecario y Fiducentral S. A.).

97 *Ibid.*

requiere los riesgos inherentes al negocio fiduciario que pretenden celebrar, con miras a determinar si se encuentran o no en condiciones de celebrarlo. En este caso, el fiduciario que acepta un encargo cuyo cumplimiento no está en condiciones de asumir responderá frente al beneficiario y al fideicomitente cuando la no consecución de la finalidad a la que estaban afectados los bienes fideicomitidos tenga su causa en la falta de calificación de aquel para esa concreta gestión, o bien en su falta de experiencia. Esto no es nada distinto que la aplicación de la regla *venire contra factum proprium non valet*, pues, en este caso, el fiduciario ha generado una confianza legítima en el fideicomitente y, posiblemente, en el beneficiario, acerca de su idoneidad profesional para cumplir con la gestión que se le ha encomendado, de suerte entonces que la protección que la buena fe otorga en este caso proviene de la sanción al comportamiento incoherente del fiduciario derivado de la omisión de un deber de comportamiento por parte de este, y no de la creencia del fideicomitente y del beneficiario de estar contratando con una entidad vigilada por el Estado que se encuentra debidamente facultada, conforme a su objeto social, para actuar como fiduciario en cualquier clase de negocio fiduciario traslaticio y no traslaticio de dominio (buena fe subjetiva)[98].

Finalmente, se tiene que el incumplimiento de la obligación de proceder de buena fe durante la etapa precontractual o su cumplimiento defectuoso se manifiesta en o produce efectos jurídicos en la etapa posterior a la celebración del respectivo negocio fiduciario,

> es decir, una vez perfeccionado el consentimiento, al aparecer que se contrató, pero por un error, fuerza o dolo, al que fue inducida una de las partes, lo que podrá comprometer la validez misma del contrato. Sin duda, esta conducta originada

---

98 Recuérdese que a lo que está obligado el fiduciario es a prestar sus servicios profesionales con la competencia requerida de acuerdo con la finalidad a la que están afectados los bienes fideicomitidos. Por consiguiente, esa competencia significa que el fiduciario debe conocer todas las reglas de su oficio, las cuales están conformadas por las disposiciones legales y administrativas que regulan la actividad fiduciaria; así mismo, debe conocer los usos y las prácticas particulares imperantes en el sector de la economía en que desarrolle sus actividades. Si no es así, si no domina la técnica, será, por el contrario, su juguete, lo que constituye culpa que desencadenará su responsabilidad. *Cfr.* Laudo arbitral del 8 de junio de 1999, proferido con ocasión de la controversia planteada por el Inurbe a Fiduagraria con respecto a la celebración y ejecución de un negocio fiduciario celebrado para la inversión y administración de los recursos del subsidio de vivienda.

en la etapa precontractual tendrá hondas repercusiones, conllevando una posible nulidad del contrato y la correspondiente indemnización de perjuicios[99].

2. LA BUENA FE EN LA ETAPA DE CELEBRACIÓN DEL CONTRATO

Continuando con el orden cronológico del *iter* contractual, existe una fase en la que la buena fe cumple una importante función. Esta etapa es posterior a la propiamente prenegocial e inmediatamente anterior al inicio de la vigencia del contrato. Se trata del momento de la celebración del contrato y, muy en particular, de la redacción del contrato mismo y su suscripción[100]. En esta fase de celebración de un negocio fiduciario, cualquiera que sea la finalidad a la que quedarán afectados los bienes fideicomitidos, la buena fe cumple una importantísima función en la medida en que se considera que a ninguna de las partes les está dado obtener ventajas que se deriven, valga la redundancia, de la celebración del contrato.

Como lo dispone de manera perentoria el artículo 7.°, letras e) y f) de la Ley 1328 de 2009, en concordancia con las instrucciones contenidas en la Parte II, Título II, Capítulo Primero, numeral 2.1, de la Circular Básica Jurídica, expedida por la Superintendencia Financiera[101], en la fase de celebración del contrato, la buena fe implica no solo abstenerse de incurrir en conductas que conlleven abusos contractuales o de convenir cláusulas que puedan afectar el equilibrio del contrato o dar lugar a un abuso de posición dominante, sino también redactar o elaborar los contratos de manera clara y

> [e]n términos sencillos, de forma tal que sean de fácil comprensión para los usuarios; los caracteres tipográficos deben ser fácilmente legibles y reflejar con claridad, fidelidad y precisión las condiciones jurídicas y económicas que se deriven del contrato para cada una de las partes que se vinculen a él, independientemente de su posición contractual[102].

---

99 Jorge Oviedo Albán. "Tratos preliminares y responsabilidad precontractual", cit., p. 94.

100 *Cfr.* Eugenio Valladares Bonett. "La inobservancia del deber de buena fe como causa de incumplimiento contractual", cit., p. 28.

101 Superintendencia Financiera de Colombia. Circular Básica Jurídica (C. E. 029/2014). Disponible en https://www.superfinanciera.gov.co/inicio/normativa/normativa-general/circular-basica-juridica-ce---10083443

102 *Cfr.* Cristián Boetsch Gillet. *La buena fe contractual*, cit., p. 144.

En síntesis, en la fase de celebración de un negocio fiduciario, la buena fe les exige a los contratantes expresarse con claridad, empleando expresiones comprensibles, que no puedan inducir a equívocos. La misma transparencia que debe presidir en las tratativas se exige ahora, al momento de volcar el resultado de tales conversaciones en una "declaración de voluntad común"[103].

Este deber de comportarse con buena fe en la fase de celebración de cualquier negocio fiduciario es concordante con varias disposiciones del ordenamiento jurídico. Así, por ejemplo, cuando el artículo 42 de la Ley 1480 de 2011 declara ineficaces de pleno derecho aquellas estipulaciones contractuales que producen un desequilibrio injustificado en perjuicio del consumidor y las que, en las mismas condiciones, afecten el tiempo, modo o lugar en que el consumidor puede ejercer sus derechos, no está haciendo nada distinto que censurar al contratante que, aprovechándose de su posición privilegiada en la relación contractual, introduce en el texto del contrato cláusulas conducentes a obtener ventajas espurias que suponen una conducta desleal que lesiona la confianza.

En la misma dirección apuntan los artículos 1628 del Código Civil y 34 de la Ley 1480 de 2011, los cuales señalan, en su orden, que las cláusulas ambiguas "que hayan sido extendidas o dictadas por una de las partes, sea acreedora o deudora, se interpretarán contra ella, siempre que la ambigüedad provenga de la falta de una explicación que haya debido darse por ella" y que "las condiciones generales de los contratos serán interpretadas de la manera más favorable al consumidor. En caso de duda, prevalecerán las cláusulas más favorables al consumidor sobre aquellas que no lo sean". En estos casos, el legislador está sancionando o reprochando la conducta del "contratante astuto" que ha dado motivo para la oscuridad de una cláusula al omitir el deber de expresarse con claridad y lesionar con ello la confianza del otro contratante[104].

En todo caso, la aplicación del principio de la buena fe en la celebración de cualquier negocio fiduciario no se circunscribe a los casos traídos a colación como ejemplos de la existencia de una relación de consumo o en los que haya

---

103 Jorge Mosset Iturraspe. *Responsabilidad por daños*, t. VIII, *Responsabilidad de los profesionales*, cit., pp. 127 a 128.

104 Eugenio Valladares Bonett. "La inobservancia del deber de buena fe como causa de incumplimiento contractual", cit., p. 31.

una cláusula oscura a la que pueda aplicarse lo dispuesto por el artículo 1628 del Código Civil, sino que la aplicación de esta manifestación de la buena fe en los negocios fiduciarios es amplísima. Téngase en cuenta, por ejemplo, que, en la práctica, la redacción de los contratos de fiducia mercantil, encargo fiduciario y fiducia pública se encuentra a cargo de las propias sociedades fiduciarias. También piénsese, por ejemplo, en las múltiples ocasiones en que solo una de las partes revisa las versiones preliminares de los contratos de fiducia mercantil, encargo fiduciario y fiducia pública con asistencia de un profesional del derecho. Y, en definitiva, la experiencia demuestra que en la celebración de los contratos de fiducia mercantil, encargo fiduciario y fiducia pública son las sociedades fiduciarias las que tienen cierta preponderancia sobre el/los fideicomitente/s y sobre el/los beneficiario/s en atención al mayor nivel de información y de experiencia que poseen. "En todos esos escenarios resulta fundamental que la buena fe sea respetada, dándose las partes un trato recíprocamente leal en aras de proteger la confianza que debe reinar entre los contratantes"[105].

3. LA BUENA FE EN LA ETAPA DE EJECUCIÓN DEL CONTRATO

Como se sabe, todo contrato tiene como propósito satisfacer el interés contractual del acreedor. Dicho interés se determina, en cada caso concreto, a partir del propósito práctico incorporado al contrato, al tiempo que se lleva a cabo mediante la ejecución de la prestación; es decir, "la prestación idealmente prometida constituye el medio necesario para que el acreedor obtenga la satisfacción de sus intereses"[106]. De lo anterior se sigue que

> esta concepción realista del fenómeno de la contratación tendrá particular incidencia a la hora de juzgar si las partes han cumplido o no con lo pactado. Si la conducta desplegada por el deudor en cumplimiento de lo contratado difiere del interés contractual, es decir, no es apto para satisfacer el propósito práctico incorporado

---

105 Eugenio Valladares Bonett. "La inobservancia del deber de buena fe como causa de incumplimiento contractual", cit.,p. 33.

106 Álvaro Rodrigo Vidal Olivares. "La noción de incumplimiento esencial en el Código Civil", *Revista de Derecho de la Pontificia Universidad Católica de Valparaíso*, vol. 32, n.º 1, enero-junio, Valparaíso, Pontificia Universidad Católica de Valparaíso, 2009, pp. 221 a 258.

expresa o tácitamente en el programa contractual, estaremos en presencia de una hipótesis de incumplimiento[107].

En concordancia con lo expuesto, ciñéndose al ámbito de las operaciones y los negocios fiduciarios, se tiene que su propósito no es otro que la satisfacción de los intereses del beneficiario o de los beneficiarios, con independencia de que la calidad de beneficiario recaiga en el propio fideicomitente o en un tercero. Al respecto, se advierte que dichos intereses varían según el tipo de negocio fiduciario de que se trate, tomando en consideración la finalidad a la cual se encuentran o quedan afectados los bienes fideicomitidos, vale decir, si se trata de una fiducia de inversión, de una fiducia de garantía, etc.

En la satisfacción de los intereses del beneficiario o de los beneficiarios, tanto el fideicomitente como el fiduciario, pero sobre todo este último, deben tener muy en cuenta las consecuencias que se derivan de la buena fe. Es decir, ambos han de considerar que es un deber del fiduciario no solo realizar la prestación fiduciaria "estrictamente, sin más, sino realizarla al tenor de la buena fe y adornada y precedida y seguida de aquellos complementos y circunstancias que, sobre la base de dicha buena fe, exige su naturaleza"[108], tal y como lo previenen los artículos 871 del Código de Comercio y 1603 del Código Civil.

Pero surge la siguiente pregunta: ¿en qué consiste ejecutar de buena fe un contrato, en general, y un negocio fiduciario traslaticio o no traslaticio del derecho de dominio, en particular? La respuesta exige tener en cuenta que, según las voces del artículo 1602 del Código Civil, todo contrato legalmente celebrado es una ley para las partes, es decir, que las partes deben cumplir lo pactado como si se tratara de una verdadera ley. También es necesario considerar que esa obligación de cumplir lo pactado como si se tratara de una verdadera ley a la que se refiere el artículo 1602 citado no se circunscribe a lo estipulado de manera expresa, sino que se extiende también a todas aquellas cosas que emanan precisamente de la naturaleza de la obligación, o que por ley pertenecen a ella, tal y como lo previenen los artículos 1603 del Código Civil y 871 del Código de Comercio. De este modo, a la manifestación de

---

107 Eugenio Valladares Bonett. "La inobservancia del deber de buena fe como causa de incumplimiento contractual", cit., p. 44.

108 Manuel Albaladejo García. *Derecho civil II. Derecho de obligaciones*, 12.ª ed., Madrid, Ed. Edisofer, 2004, p. 33.

voluntad creadora de obligaciones se suman la ley, la costumbre y la equidad natural, y se origina así un auténtico concurso de fuentes de la reglamentación contractual que son ajenas a la voluntad de las partes o que no dependen de ella, por lo que se dice que estas fuentes *heterointegran* el contrato.

Esta heterointegración del contrato no está supeditada a la existencia de lagunas contractuales, sino que, desde el momento mismo en que el contrato nace a la vida jurídica, las partes se encuentran obligadas no solo a lo expresamente estipulado, sino a todas aquellas consecuencias que sean conformes a la buena fe, la ley, la costumbre y la equidad natural. De esta suerte, la obligatoriedad de estas fuentes de heterointegración se produce por el solo ministerio de la ley desde el momento mismo en que el contrato surge a la vida jurídica[109].

En definitiva, la aplicación de lo dispuesto por los artículos 1603 del Código Civil y 871 del Código de Comercio no requiere necesariamente de "la preexistencia de una laguna contractual, que lleve a inducir la voluntad conjetural o hipotética de las partes, en el sentido de integrar el acuerdo contractual". Antes bien, parece que, por el contrario, al presuponer los artículos 1603 del Código Civil y 871 del Código de Comercio la existencia de un previo acuerdo de voluntades generador de obligaciones, ambos indican "que el contenido del mismo (sic) se compone necesariamente tanto de lo expresamente pactado, cuanto de las consecuencias derivadas de las fuentes heterónomas de integración del contrato"[110]

Ahora bien, al igual que lo que sucede con las leyes, a las cuales se les reconoce un espíritu determinado dirigido a obtener un fin de carácter social, también los contratos tienen un espíritu encaminado a conseguir un fin de carácter particular que los contratantes deben respetar. Y en el caso de los negocios fiduciarios traslaticios y no traslaticios del derecho de dominio, este carácter se encuentra directamente relacionado con la causa que indujo a su celebración.

Así, por ejemplo, tratándose de un fideicomiso de inversión con destinación específica, el espíritu del contrato es la inversión o colocación,

---

109 Eugenio Valladares Bonett. "La inobservancia del deber de buena fe como causa de incumplimiento contractual", cit., p. 61.

110 Carlos Lasarte Álvarez. "Sobre la integración del contrato: la buena fe en la contratación (en torno a la Sentencia del T. S. de 27 de enero de 1977)", *Revista de Derecho Privado*, vol. 60, 1980, p. 73.

a cualquier título, de sumas de dinero de acuerdo con las instrucciones impartidas por el fideicomitente. En este contexto, aunque, en principio, el fideicomitente asume el riesgo derivado de las inversiones y colocaciones efectuadas con los dineros fideicomitidos en atención a que estas se han realizado siguiendo sus instrucciones, el fin de carácter particular que las sociedades fiduciarias deben respetar es el interés del beneficiario designado por el fideicomitente en que esas inversiones y/o colocaciones resulten exitosas. Desde esta perspectiva, se espera que la sociedad fiduciaria le brinde al fideicomitente una adecuada asesoría y consejo profesional en lo relacionado con la selección o escogencia de las inversiones y/o colocaciones que se pretenden efectuar con los dineros fideicomitidos. De ahí que, cuando en ejecución de un contrato de fiducia de inversión con destinación específica, las sociedades fiduciarias se limitan a acatar las instrucciones impartidas por el fideicomitente sin advertirle acerca de los riesgos que conlleva la inversión y/o colocación de los dineros fideicomitidos en los términos y las condiciones establecidos por este, están asumiendo una conducta desleal, que falta al espíritu del susodicho contrato de fiducia de inversión y, en especial, al interés de los beneficiarios que subyace a la respectiva relación obligatoria.

A su turno, si se trata de un fideicomiso de garantía, el espíritu del contrato es el aseguramiento del pago de las obligaciones a favor de uno o más acreedores/beneficiarios. En este contexto, aunque, en principio, el o los acreedores/beneficiarios deben analizar *ex ante* la eficacia y suficiencia de la garantía fiduciaria, lo cierto es que el fin de carácter particular que las sociedades fiduciarias deben respetar es el interés de tales acreedores/beneficiarios por que la garantía constituida a su favor no devenga ilusoria en sus efectos. Desde esta perspectiva, se espera que la sociedad fiduciaria no solo se cerciore de la efectiva constitución del patrimonio autónomo y de que los bienes fideicomitidos sean aptos para constituir una fuente de pago eficaz de las obligaciones a favor de los acreedores garantizados y beneficiarios, sino también que les brinde una información clara y comprensible que les permita conocer cómo ha de funcionar el esquema fiduciario por ella diseñado y los detalles relativos a los riesgos que asumen como acreedores garantizados y beneficiarios, las circunstancias de las que dependen tales riesgos, los operadores económicos que se asocian con dichos riesgos, etc. De ahí que, cuando en un fideicomiso de garantía, las sociedades fiduciarias no se aseguran de la real y efectiva constitución del patrimonio autónomo ni se percatan de que los bienes fideicomitidos son aptos para constituir una fuente de pago eficaz de las obligaciones a favor de los acreedores garantizados y beneficiarios u omiten dar esta clase de informaciones, están asumiendo una conducta desleal, que falta al espíritu del susodicho contrato de fiducia de garantía y, en especial, al interés de los beneficiarios que subyace a la respectiva relación obligatoria.

Como los anteriores ejemplos existen muchos más. En todos ellos se encuentra que el deber de ejecutar de buena fe el negocio fiduciario se traduce en la obligación a que se someten el fideicomitente y el fiduciario, pero sobre todo este último, de adoptar, desde el momento mismo en que el respectivo negocio fiduciaro ha nacido a la vida jurídica, una conducta o comportamiento regido por la corrección, la coherencia, la justicia, la lealtad y la honradez para con el espíritu del negocio, y que consiste en la protección de los intereses del beneficiario o de los beneficiarios. Se trata de un comportamiento que podría calificarse como el hábito de hablar claro y que como tal impone el hacer patente al beneficiario o a los beneficiarios cuál es la situación real de las cosas desengañándolo/s "de eventuales errores que sean reconocibles y, sobre todo, absteniéndose de toda forma de reticencia fraudulenta (*non disclosure*) y de toda forma de dolo pasivo que pueda inducir a una falsa determinación"[111] por parte del beneficiario o de los beneficiarios, de modo que se le pueda dar al negocio fiduciario cumplida efectividad en orden al fin concreto o práctico que condujo a su celebración.

A lo hasta aquí expuesto debe agregarse que, como la buena fe durante la etapa de ejecución del contrato se funda sobre el compromiso de satisfacer las legítimas expectativas del beneficiario y sobre la fidelidad del vínculo contractual, entonces de lo que se trata es de que el fiduciario realice todos los comportamientos que sean necesarios y conducentes al cumplimiento de la finalidad señalada en el acto constitutivo a favor del beneficiario, aun cuando ellos no hayan sido expresamente previstos, y en la medida, claro está, en que no resulten extraños a dicha finalidad ni agraven de manera desmedida la obligación del fiduciario. *A contrario sensu*, se trata de evitar toda conducta que ponga en peligro la consecución de la finalidad a la que se encuentran afectados los bienes fideicomitidos o que la impida o dificulte[112].

---

111 Jorge Mosset Iturraspe. *Responsabilidad por daños*, t. viii, *Responsabilidad de los profesionales*, cit., pp. 127-128.

112 *Ibid.*, p. 129 y ss. También considera que de lo que se trata es de "echar mano al principio general de la buena fe, formulado a los contratantes como un deber de comportamiento en la etapa de

Así, cualquiera que sea el tipo de obligación que pese sobre el fiduciario y la naturaleza de la prestación fiduciaria de acuerdo con la finalidad a la que se encuentran afectados los bienes fideicomitidos, a dicho fiduciario le corresponde realizar no solo lo previsto específicamente en el acto constitutivo, sino todas aquellas cosas conformes a la buena fe. Si el fiduciario no lo hace así y se limita a efectuar lo previsto de manera específica en el acto constitutivo, entonces no habrá cumplido la obligación. Pese a haber llevado a cabo lo que el acto constitutivo del negocio fiduciario preveía, existirá incumplimiento, con todo lo que ello comporta[113]. Los cuidados, las atenciones y cautelas cuya observancia le es exigible de manera específica al fiduciario derivan de la prestación, cuyo contenido y ejecución están determinados por la buena fe objetiva.

En el contexto que se ha expuesto, se comparte el criterio de Arrubla Paucar[114], quien considera que

> el deber de buena fe está llamado a reclamar de la fiduciaria esa especial diligencia de la cual se escapa aparentemente, por la inmadurez del Derecho Mercantil colombiano, que se remitió a una responsabilidad por culpa. Si la responsabilidad de la fiduciaria es hasta la culpa leve, significaría que responde de la grave y de la leve, quedando irresponsable de lo que suceda por culpa levísima [...]. Parece inverosímil que cuando estamos buscando una fiduciaria para que administre un negocio importante, y la escogemos por su profesionalidad y por su prestigio, de entrada, le esté diciendo la ley que no está obligada a realizar el encargo con una esmerada diligencia, la que emplearía un hombre juicioso en sus negocios, por el simple hecho de que solo responde hasta la culpa leve.

Por lo demás, huelga decir que en la etapa de ejecución del contrato el deber de actuar con buena fe debe entenderse como "diferente y adicional al deber de cumplir la prestación"[115], toda vez que los deberes emanados del

---

ejecución del contrato, para que en su función integradora, se supla un defecto material normativo que subyace en la legislación mercantil por una inadecuación obvia de la teoría tripartita de la culpa en las relaciones responsabilizatorias negociales". (Jaime Alberto Arrubla Paucar. *Contratos mercantiles*, t. III, *Contratos contemporáneos*, Bogotá, Biblioteca Jurídica Diké, 2005, p. 143).

113 Jesús González Pérez. *El principio general de la buena fe en el derecho administrativo*, Madrid, Civitas, 2009, p. 74.

114 Jaime Alberto Arrubla Paucar. *Contratos mercantiles*, t. III, *Contratos contemporáneos*, cit., p. 143.

115 Jaime Alberto Arrubla Paucar. "Los negocios fiduciarios y la fiducia en garantía", cit., p. 334 y ss.

principio de la buena fe tienen un contenido autónomo en relación con el deber de prestación. De esta suerte, desde la perspectiva de las sociedades fiduciarias, tales deberes operan independientemente de que se haya cumplido o no la finalidad a la que se encontraban o estaban afectados los bienes fideicomitidos[116].

Precísase, además, que en la etapa de ejecución del contrato el deber de actuar con buena fe debe llevar a la sociedad fiduciaria

> a cumplir la expectativa que ella misma crea entre los usuarios de sus servicios, como el manejo de la fiducia con los más altos niveles de diligencia, que son precisamente los que se esperan de una entidad profesional que desempeña su actividad en medio de la confianza pública[117].

Por consiguiente, en la medida en que la buena fe impone la aplicación de las ideas de confianza y de autorresponsabilidad en la interpretación del contrato, entonces, si las sociedades fiduciarias con sus expresiones o declaraciones de voluntad suscitan en los fideicomitentes y beneficiarios (consumidores financieros) una confianza en el sentido objetivamente atribuible a dichas declaraciones, aquellas no pueden impugnar este sentido y pretender que el contrato tiene otro diverso. De ahí se sigue que las declaraciones de voluntad deben ser interpretadas en el sentido más acorde con la confianza que las sociedades fiduciarias hayan podido motivar en los terceros en cuestión de acuerdo con la buena fe.

Finalmente, conviene tener presente que el deber de ejecutar los negocios fiduciarios de buena fe se manifiesta de un modo particularizado en cada tipo de negocio fiduciario de que se trate, teniendo en cuenta la finalidad a la cual se encuentran o quedan afectados los bienes fideicomitidos. Es decir, las manifestaciones concretas del deber de ejecutar de buena fe los negocios fiduciarios dependen de si se trata de una fiducia de inversión, de una fiducia de garantía, etc., sin que resulte factible elaborar un catálogo de deberes específicos de conducta que puedan aplicarse siempre y a toda modalidad de negocios fiduciarios; muy por el contrario, esas manifestacio-

---

116 Francisco Jordano Fraga. *La responsabilidad contractual*, cit., pp. 141 a 143.

117 Jaime Alberto Arrubla Paucar. "Los negocios fiduciarios y la fiducia en garantía", cit., p. 334 y ss.

nes son infinitas y, por ende, imposibles de ser estudiadas y analizadas de manera exhaustiva[118].

Aquí, partiendo de la base de que, así como ocurre con todo contrato, los negocios fiduciarios se celebran para ser cumplidos, a renglón seguido se analiza una de las funciones de la buena fe en la etapa de cumplimiento, la cual tiene especial incidencia a la hora de determinar si ha habido o no cumplimiento. Se trata de la función de servir de criterio de evaluación de la conducta del fiduciario de cara a determinar si se le puede o no considerar liberado.

A este respecto, huelga decir que no cualquier actividad del fiduciario (deudor) es apta para extinguir la obligación. Solo habrá cumplimiento en sentido estricto cuando la actividad del fiduciario (deudor) se adecúe al programa de prestación contenido en el acto constitutivo del negocio fiduciario. Con ello se hace referencia al requisito de la exactitud de la prestación, lo que, además, debe entroncarse con la noción realista del fenómeno de los negocios fiduciarios, apuntando a la protección de los intereses del beneficiario o de los beneficiarios, ya sea que la calidad de beneficiario recaiga en el propio fideicomitente o en un tercero. Adicionalmente, este cumplimiento queda comprometido si durante la etapa de ejecución el fiduciario no ha respetado las reglas de la buena fe[119].

En efecto, para poder constatar si la prestación realizada por el fiduciario coincide con la debida, es necesario tener en cuenta lo siguiente: (i) el tipo o la modalidad de negocio fiduciario del que nace la obligación de administrar y/o enajenar, considerando la finalidad a la que se encuentran afectados los bienes fideicomitidos, esto es, si se trata de una fiducia de inversión, de garantía, etc.; (ii) las normas legales y administrativas que regulan la actividad fiduciaria; y (iii) las normas generales de las obligaciones y de los contratos, entre las cuales se encuentran aquellas que regulan el principio de la buena fe.

Así, la buena fe *ex* artículos 1603 y 871 de los códigos Civil y de Comercio, respectivamente —al igual que los demás criterios heterointegradores de las normas en cita—, constituye un criterio para determinar si las actividades de administración y/o enajenación de los bienes fideicomitidos realizadas por el

---

118 Eugenio Valladares Bonett. "La inobservancia del deber de buena fe como causa de incumplimiento contractual", cit., p. 61.

119 *Cfr.* Fernando Fueyo Laneri. "La ejecución de buena fe de los contratos como uno de los requisitos del pago", *Revista de Derecho y Jurisprudencia*, t. 55, n.º 1, 1958, pp. 95 a 113.

fiduciario de cara al cumplimiento de la finalidad señalada en el acto constitutivo satisfacen o no los requisitos de la exactitud del pago y si, en definitiva, satisfacen o no los intereses del beneficiario o de los beneficiarios por que se cumpla la finalidad establecida a su favor en el acto constitutivo del negocio fiduciario.

Desde la perspectiva que ha quedado expuesta, como el pago que debe efectuar el fiduciario requiere la realización o satisfacción de los intereses del beneficiario o de los beneficiarios, no cabe entender que se han satisfecho tales intereses cuando al negocio fiduciario se le incorporan estipulaciones contractuales que hacen nugatorio el derecho del beneficiario o de los beneficiarios por que se cumpla la finalidad establecida a su favor. Esto último sucede, verbigracia, cuando se trata de contratos de fiducia mercantil de garantía y fuente de pago y de contratos de fiducia mercantil de administración y pagos estructurados a partir de la cesión de los derechos económicos derivados de contratos de cualquier índole celebrados por el fideicomitente o por los fideicomitentes con terceros, los cuales estarían destinados a honrar obligaciones a cargo del fideicomitente o de los fideicomitentes y a favor de uno o más acreedores.

La experiencia demuestra que en esta clase de negocios jurídicos el respectivo patrimonio autónomo está constituido por una pírrica suma de dinero, por lo regular un millón de pesos (COP 1.000.000), que el o los fideicomitentes transfieren a la sociedad fiduciaria en el acto de celebración del contrato de fiducia mercantil. Dicho patrimonio también está conformado por la cesión de los derechos económicos derivados de contratos de cualquier índole celebrados por el fideicomitente o los fideicomitentes con terceros, los cuales se obligan a transferir con posterioridad.

Del mismo modo, la experiencia demuestra que en esta clase de negocios jurídicos se suele estipular que su objeto consiste, entre otras cosas, en que (i) el o los fideicomitentes transfieran a la sociedad fiduciaria, a título de fiducia mercantil, los derechos económicos en cuestión; y que (ii) la sociedad fiduciaria reciba, administre e invierta temporalmente en su fondo de inversión colectiva las sumas de dinero correspondientes a los referidos derechos personales o créditos y que efectúe el pago del servicio de la deuda a favor del acreedor garantizado o de los acreedores garantizados, de acuerdo con el cuadro cronológico de pagos y hasta concurrencia de los recursos existentes en el patrimonio autónomo.

Igualmente, la experiencia también demuestra que, al momento de la estructuración de esta clase de negocios jurídicos, las sociedades fiduciarias acuden al expediente de incorporar cláusulas que maximizan sus propios intereses y que dejan al acreedor o a los acreedores garantizado/s en circunstancias de inferioridad, dificultad o manifiesta incomodidad para el reclamo de sus derechos. Este es el caso de aquellas cláusulas en las que se estipula que las labores inherentes al recaudo de los flujos de caja o de los derechos económicos constitutivos de la fuente de pago quedan radicadas en cabeza del fideicomitente o de los fideicomitentes, de suerte entonces que la sociedad fiduciaria no asumiría responsabilidad alguna por la recepción y el pago con los recursos existentes en el patrimonio autónomo. Por esta misma razón, tampoco estaría obligada a asumir con recursos propios financiación alguna derivada del contrato y no respondería por las obligaciones del fideicomitente ni por los incumplimientos que por defecto en la entrega de los recursos necesarios para efectuar los pagos se pudieran presentar durante la ejecución del contrato.

Por lo demás, la experiencia también demuestra que, en esta clase de negocios jurídicos, cuando el/los acreedor/es garantizado/s pretende/n deprecarles responsabilidad a las sociedades fiduciarias ante la imposibilidad de obtener la recuperación de los créditos a su favor como consecuencia de la inexistencia de recursos en el patrimonio autónomo, las sociedades fiduciarias suelen sustentar su defensa en las estipulaciones contractuales mencionadas anteriormente, esto es:

(i) Que las labores inherentes al recaudo de los flujos de caja o de los derechos económicos constitutivos de la fuente de pago estaban radicadas en cabeza del fideicomitente o de los fideicomitentes;

(ii) que la suscripción del contrato de fiducia no releva al fideicomitente o a los fideicomitentes de su responsabilidad directa y personal de pagar a quien sea designado como acreedor garantizado las obligaciones a su cargo; y, en fin,

(iii) que sus obligaciones frente al acreedor o a los acreedores garantizado/s se circunscriben a efectuar el pago del servicio de la deuda hasta concurrencia de los recursos existentes en el patrimonio autónomo.

Esta clase de argumentos de defensa es una clara muestra del alejamiento que la conducta de las sociedades fiduciarias tiene respecto del principio de la buena fe. Además, estos argumentos dejan al descubierto una falta de diligencia y el incumplimiento de sus deberes profesionales, en especial, del deber de realizar un análisis del riesgo que involucra la estructuración de un contrato de fiducia mercantil de garantía y fuente de pago o de administración y pagos, habida cuenta de que una sociedad fiduciaria cuya sola participación en contratos de esta índole que tengan por objeto, entre otros, asegurar a los acreedores beneficiarios la suficiencia del respaldo que ofrezca el patrimonio autónomo está obligada a realizar una mayor y más cuidadosa labor de verificación de la suficiencia del respaldo que ofrece el patrimonio autónomo al acreedor garantizado o a los acreedores garantizados. Ello implica que durante las tratativas adelantadas con el fideicomitente o los fideicomitentes y al momento de perfeccionar el respectivo contrato de fiducia mercantil la sociedad fiduciaria debe, por lo menos, revisar los documentos contentivos de los contratos de los cuales emergen los derechos económicos constitutivos de la fuente de pago, pero también ha de verificar que se lleve a cabo la transferencia del derecho de dominio de los flujos de caja constitutivos de la fuente de pago mediante el modo (tradición). Este deber es indelegable y de señalada importancia, pues de la real y efectiva conformación del patrimonio autónomo depende la eficacia de la garantía.

Nadie puede discutir que en un fideicomiso de garantía y fuente de pago o en uno de administración y pagos al acreedor garantizado o a los acreedores garantizados le/s interesa tanto hacerse a una caución o garantía en los términos del artículo 65 del Código Civil como también que la finalidad establecida a su favor en el acto constitutivo no devenga ilusoria en sus efectos, de lo contrario, no se habrían interesado en otorgarle crédito al fideicomitente o a los fideicomitentes. ¿De qué puede servir al acreedor o a los acreedores un fideicomiso de garantía y fuente de pago o un fideicomiso de administración y pagos en el que se estipule que las labores inherentes al recaudo de los flujos de caja o de los derechos económicos constitutivos de la fuente de pago quedan radicadas en cabeza del fideicomitente o de los fideicomitentes? ¿De qué les sirve que la suscripción del contrato de fiducia no releve al fideicomitente o a los fideicomitentes de su responsabilidad directa y personal de pagar a quien sea designado como acreedor garantizado las obligaciones a su cargo? ¿Qué utilidad puede tener para el/los acreedor/es que las obligaciones de la sociedad fiduciaria frente al acreedor garantizado o a los acreedores garantizados se circunscriban a efectuar el pago del servicio de la deuda hasta concurrencia de los recursos existentes en el patrimonio autónomo? Y, en fin, ¿de qué les puede servir que la sociedad fiduciaria no asuma responsabilidad alguna por la idoneidad de la fuente de pago?

Desde la perspectiva del acreedor o de los acreedores, y también desde la del ordenamiento jurídico, la principal obligación del fiduciario consiste en lograr la constitución válida, efectiva y real —no solo simbólica, como en realidad ocurre en un sinnúmero de casos— del patrimonio autónomo, toda vez que sin esta condición previa e indispensable no habrá caución o garantía alguna en los términos dispuestos por el artículo 65 del Código Civil. Y si esta obligación —que es en parte expresa y en parte implícita— no se cumple íntegramente, se frustra el interés del acreedor garantizado o de los acreedores garantizados en su condición de beneficiario/s, y de este modo se verifica un incumplimiento del fiduciario.

En definitiva, en la etapa de ejecución del contrato, la buena fe apunta "al 'cómo' del cumplimiento, orientado al logro del resultado contractual; de la finalidad que respecto de la satisfacción de necesidades se han propuesto las partes [...]. Los deberes nacidos de la buena fe en la etapa de ejecución, desprendidos de la lealtad y probidad que debe presidir el comportamiento de las partes"[120], permitirán decidir si el interés del beneficiario en que se cumpla la finalidad señalada por el fideicomitente a su favor se encuentra o no satisfecho con el cumplimiento parcial del fiduciario, si la prestación fiduciaria "así fraccionada o cumplida parcialmente reviste o no un interés razonable, o bien si ha perdido toda razón de ser"[121].

Precísase, además, que la alusión a la buena fe no significa definir el adecuado cumplimiento de la obligación a cargo del profesional fiduciario, sino establecer como debidas y exigibles ciertas conductas del fiduciario que a pesar de que pueden influir en la consecución del exacto cumplimiento de la prestación fiduciaria no lo determinan necesariamente[122]. Así, por ejemplo, una sociedad fiduciaria puede adelantar de manera diligente un proceso de titularización estructurado con base en flujos de caja futuros muy arriesgado para los inversionistas en términos de recuperación del capital y de los intereses remuneratorios. En este caso, el comportamiento de la sociedad fiduciaria no habrá sido correcto si no efectuó antes los estudios y las investigaciones que ameritaba el grado de dificultad del proceso de titularización; si suscitó en los inversionistas esperanzas o ilusiones difíciles de colmar; si no les suministró la información adecuada para que ellos pudieran tomar la

---

120 Jorge Mosset Iturraspe. *Responsabilidad por daños*, t. viii, *Responsabilidad de los profesionales*, cit., p. 132.

121 *Ibid.*

122 *Cfr.* William Salazar Luján. "Apuntes para una teoría general de la responsabilidad profesional", en *La responsabilidad profesional y patrimonial y el seguro de la responsabilidad civil. Memorias del xxiv Encuentro Nacional de Acoldese*, Rosario (Argentina), Acoldese y aida, 2004.

decisión que más les conviniera, teniendo en cuenta los intereses en juego, tales como la confianza del público en el sistema financiero y la integridad del orden público económico.

Según se advierte, en la relación obligacional en estudio se dan obligaciones importantes distintas de las que tienen por objeto la prestación del servicio en estricto sentido. Si, como se expuso, ello es común respecto de cualquier negocio jurídico, con mayor razón lo es tratándose de negocios fiduciarios traslaticios y no traslaticios de dominio. Como lo refiere Mosset Iturraspe[123]:

> Comportamiento correcto y actuación de buena fe son deberes que tienen diferente grado según el tipo de contrato, pero que revisten la mayor trascendencia e importancia en las relaciones que implican una particular confianza, pues es en ellas donde la buena fe y la corrección se convierten en verdadero deber de fidelidad.

D. Responsabilidad derivada de la violación de la prohibición de abusar de la posición dominante como expresión del principio de la buena fe en el ámbito de los negocios fiduciarios

Como lo tiene establecido la jurisprudencia constitucional de tiempo atrás,

> las entidades financieras, en las actuaciones frente a sus usuarios, tienen una posición privilegiada que las erige como verdaderas autoridades ante ellos, condición que, a la vez que les otorga prerrogativas superiores a la de los particulares, las obliga a ejercer las acciones necesarias para garantizar el libre y adecuado ejercicio de los derechos fundamentales de sus clientes y, entre ellos, el del debido proceso[124].

Esa posición privilegiada que ostentan las instituciones financieras les permite incidir tanto en las condiciones bajo las cuales se celebra el contrato como también en la ejecución y en el cumplimiento de las obligaciones

---

123 *Cfr.* William Salazar Luján. "Apuntes para una teoría general de la responsabilidad profesional", cit.

124 Corte Constitucional. Sentencia SU-157 del 10 de marzo de 1999, Exps. T-153.327 y T-152.413 (acumulados), M. P.: Alejandro Martínez Caballero.

nacidas de este, perspectiva desde la cual debe entenderse que se presenta un abuso de dicha posición privilegiada cuando la institución financiera saca provecho de los desequilibrios económicos o los induce. A este respecto, la Corte Suprema de Justicia, mediante la Sentencia C-125 del 19 de octubre de 1994[125], expresó:

> Tratándose de la autonomía de la voluntad privada y [d]el conjunto de facultades con que en virtud de ella cuentan las personas, facultades que se condensan en la de celebrar un determinado negocio jurídico o dejar de hacerlo, en la de elegir con quién realizarlo y en la de estipular las cláusulas llamadas a regular la relación así creada, pueden darse conductas abusivas que[,] en cuanto ocasionen agravio a intereses legítimos no amparados por una prerrogativa específica distinta, dan lugar a que el damnificado, aún encontrándose vinculado por el negocio y por fuerza precisamente de las consecuencias que para él acarrea la eficacia que de este último es propia, puede exigir la correspondiente indemnización. [...] Y un ejemplo sin duda persuasivo de esa clase de comportamientos irregulares, lo suministra el ejercicio del llamado "poder de negociación" por parte de quien, encontrándose de hecho o por derecho en una posición dominante en el tráfico de capitales, bienes y servicios, no solamente ha señalado desde un principio las condiciones en que se celebra determinado contrato, sino que en la fase de ejecución o cumplimiento de este último le compete el control de dichas condiciones, configurándose en este ámbito un supuesto claro de abuso cuando, atendidas las circunstancias particulares que rodean el caso, una posición de dominio de tal naturaleza resulta siendo aprovechada, por acción o por omisión, con detrimento del equilibrio económico de la contratación.

En suma: cuando, en desarrollo de la relación entre un consumidor financiero y una institución financiera esta última aprovecha su posición dominante en la relación comercial y altera las estipulaciones inicialmente pactadas con aquel de manera que le impone nuevas condiciones, vulnera los derechos fundamentales de ese consumidor y, por ende, se abre paso a la protección constitucional por medio del ejercicio de la acción de tutela[126] y de la co-

---

125 Corte Suprema de Justicia, Sala de Casación Civil y Agraria. Sentencia C-125 del 19 de octubre de 1994, Exp. 3972, M. P.: Carlos Esteban Jaramillo.

126 Así, en la Sentencia T-1085, la Corte señaló lo siguiente: «*2.2. Posición dominante de las entidades bancarias.* [...] Para la Corte es claro que las entidades bancarias tienen una posición dominante frente a los usuarios del sistema financiero. En efecto, son ellas quienes fijan los requisitos y condiciones de los créditos, tasas de interés, sistemas de amortización etc. Son ellas las depositarias de la confianza pública por el servicio que prestan, y sus actos gozan de

rrespondiente indemnización de perjuicios en los términos dispuestos por el artículo 830 del Código de Comercio.

Tratándose de negocios fiduciarios traslaticios y no traslaticios del derecho de dominio, conceptualmente se está en presencia de una posición dominante contractual frente al fideicomitente y al beneficiario, pero, sobre todo, ante este último, en razón de la relación asimétrica que existe entre todos ellos. Y dicha posición dominante contractual es abusiva cuando, verbigracia, la sociedad fiduciaria modifica de manera unilateral las condiciones de las cuales depende que el beneficiario designado por el fideicomitente en el acto constitutivo adquiera la calidad de tal y, por lo mismo, pueda hacer efectivos sus derechos.

Así sucedió en el caso de una sociedad fiduciaria que celebró un contrato de fiducia que bautizó de administración y pagos. De acuerdo con los hechos y las circunstancias que dieron lugar a la celebración de dicho

---

la presunción de veracidad por parte de los clientes». En el mismo sentido esta Corte se pronunció en la Sentencia T - 661 de 2001: «En este orden de ideas, la acción de tutela procede tanto por la violación al derecho de petición como por las vulneraciones que puedan emanar de una relación asimétrica como es la que se entabla entre una entidad financiera y los usuarios, al tener los bancos atribuciones que los colocan en una posición de preeminencia desde la cual pueden con sus acciones y omisiones desconocer o amenazar derechos fundamentales de las personas. Independientemente de su naturaleza pública, privada o mixta[,] los bancos actúan con una autorización del Estado para prestar un servicio público[,] por ello, los usuarios están facultados para utilizar los mecanismos de protección que garanticen sus derechos. [...] En relación con las obligaciones que emanan de los contratos bancarios[,] si algo debe saber el usuario, sin ninguna duda en forma expresa, diáfana y clara, es cuánto debe y por qué concepto, máxime si la entidad financiera emite comunicados contradictorios e ininteligibles. [...] Si los clientes de las entidades bancarias no pueden preguntar sobre las condiciones exactas de sus créditos[,] ¿qué tipo de peticiones pueden entonces hacerse a los bancos y corporaciones de crédito? Se pregunta esta Corte. "Los jueces de instancia desconocen abiertamente la doctrina de esta Corte en un acto contrario al deber que tiene el juez en el Estado social de derecho, pero fundamentalmente su comportamiento constituye un acto de denegación de justicia al no proteger los derechos y garantías de las personas en situación de desequilibrio frente a un poder preeminente como el que tienen las entidades financieras". [...] Sin duda[,] la información del saldo del crédito otorgada a la demandante por el banco creó en ella la certeza de cuál era el monto de su obligación, máxime cuando la entidad bancaria le expidió un PAZ Y SALVO y le dio instrucciones para que suscribiera la escritura de cancelación del gravamen hipotecario. El banco posee los medios técnicos, la información exacta de cada crédito y puede realizar las verificaciones previas que estime convenientes, con el fin de que la información que suministre sea veraz. En caso de que haya incurrido en error, puede acudir a la jurisdicción ordinaria en procura de los derechos que crea tener, pero no puede trasladar esta carga, haciendo uso de su posición dominante, al usuario de buena fe». (Corte Constitucional. Sentencia T-1085 del 5 de diciembre de 2002, Exp. T- 645771, M. P.: Jaime Araújo Rentería).

contrato —en particular, el documento privado que lo instrumentaliza—, con el fin de caucionar el pago de las obligaciones derivadas de la celebración de una operación de *factoring*, a la sociedad factor se le ofreció constituir una garantía fiduciaria mediante la celebración de un contrato de fiducia mercantil al cual habrían de transferirse los derechos económicos o flujos de caja provenientes de contratos de prestación de servicios celebrados con unas sociedades del sector farmacéutico. Según sus estipulaciones contractuales, el patrimonio autónomo nacido del contrato de fiducia mercantil de que se trata aquí estaría conformado por la suma de $1.000.000 y por los derechos personales o créditos a favor de la sociedad fideicomitente derivados de los contratos de prestación de servicios personales celebrados con algunas sociedades del sector farmacéutico. Así mismo, acorde con sus cláusulas contractuales, las partes manifestaron que el contrato de fiducia mercantil se celebraba, entre otras cosas, con la finalidad de que la sociedad fiduciaria (i) recibiera, administrara e invirtiera por un tiempo en su fondo de inversión colectiva las sumas de dinero correspondientes a los derechos personales o créditos a favor de la sociedad fideicomitente y (ii) efectuara mensualmente el pago del servicio de la deuda a favor de la sociedad de *factoring* en calidad de acreedor garantizado, de acuerdo con el cuadro cronológico de pagos, hasta la concurrencia de los recursos existentes en el patrimonio autónomo.

Ahora bien, habida cuenta de que la sociedad fiduciaria, en su condición de titular jurídico de los bienes que conforman el patrimonio autónomo, no había dado cumplimiento a su obligación contractual de efectuar mensualmente el pago del servicio de la deuda, la sociedad de *factoring*, en calidad de acreedor garantizado, requirió de manera formal de la sociedad fiduciaria a efectos de que le explicara las razones de dicho incumplimiento.

Cuando la sociedad fiduciaria atendió el requerimiento formulado por la sociedad de *factoring* se percató de que en la estructuración y ejecución del contrato de fiducia mercantil había cometido serias irregularidades que comprometían su responsabilidad personal. Estos yerros o errores perjudicaron los derechos patrimoniales de la sociedad de *factoring*. Una vez percatada la sociedad fiduciaria de sus yerros o irregularidades derivados de su condición de acreedor garantizado, impuso su posición dominante frente a esta y le desconoció los derechos que como acreedor garantizado se encontraban radicados en su cabeza desde el momento mismo de la celebración del contrato de fiducia mercantil. Para ello pretextó que no se había dado cumplimiento a los requisitos al efecto estipulados contractualmente para acceder a la calidad de acreedor garantizado e ignoró que durante la ejecución del contrato le había remitido información acerca del estado del patrimonio autónomo. Así no solo estableció un canal de comunicación consumidor financiero-sociedad fiduciaria, sino que además le expuso su situación jurídica respecto de las obligaciones objeto de la garantía fiduciaria y, por ende, creó en la sociedad de *factoring* una confianza cierta acerca del estado de dichas obligaciones.

En opinión del suscrito, la conducta asumida por la sociedad fiduciaria debería ser jurídicamente censurada por varias razones:

En primer lugar, por constituir un claro desconocimiento del principio de la buena fe en el sentido de que, de manera unilateral e inconsulta, la sociedad fiduciaria alteró significativamente en su beneficio los términos de la relación contractual.

En segundo lugar, por tratarse de la traslación de los efectos patrimoniales negativos derivados de la culpa contractual de la sociedad fiduciaria (que estructuró mal el contrato de fiducia mercantil) al patrimonio de la sociedad de *factoring*.

En tercer lugar, por constituir un claro abuso de la posición dominante contractual, consistente en desconocer de manera unilateral la calidad de acreedor garantizado que, se reitera, ostentaba la sociedad de *factoring* desde el momento mismo de la celebración del contrato de fiducia mercantil, hecho totalmente imprevisible por esta sociedad y que tuvo como consecuencia alterar de forma significativa su situación patrimonial por no resultarle factible obtener la recuperación del crédito a su favor por medio de la garantía fiduciaria.

Finalmente, por constituir un claro desconocimiento del respeto a los actos propios[127], habida cuenta de que las sociedades fiduciarias, como

---

127 La Corte Constitucional, mediante la Sentencia T-295 de 1999, expresó que «la teoría del respeto del acto propio, tiene origen en el brocardo "Venire contra pactum proprium nellí conceditur" y, su fundamento radica en la confianza despertada en otro sujeto de buena fe, en razón de una primera conducta realizada. Esta buena fe quedaría vulnerada, si fuese admisible aceptar y dar curso a una pretensión posterior y contradictoria». (Corte Constitucional. Sentencia T-295 del 4 de mayo de 1999, Exp. T-190164, M. P.: Alejandro Martínez Caballero). Sobre este mismo particular, el Consejo de Estado expresó: «Cuando las partes se suscitan confianza con la firma de acuerdos, documentos, actas, deben hacer homenaje a la misma. Ese es un MANDAMIENTO MORAL y un PRINCIPIO DEL DERECHO JUSTO. Por ello el profesor Karl Lorenz enseña: [...] "El ordenamiento jurídico protege la confianza suscitada por el comportamiento de otro y no tiene más remedio que protegerla, porque PODER CONFIAR, como hemos visto, es condición fundamental

instituciones financieras encargadas de otorgar confianza a los consumidores financieros, cuando celebran un negocio fiduciario y convienen con el fideicomitente o los fideicomitentes la designación de determinada persona como beneficiario crean unas condiciones que se adaptan a las circunstancias que dieron lugar a su designación como tales beneficiarios. Dado que ellos confían legítimamente en que esas condiciones se mantendrán a lo largo de toda la relación jurídica, si estas son modificadas por la sociedad fiduciaria de manera unilateral y sin la aprobación del beneficiario o de los beneficiarios, se configura una situación que, en efecto, vulnera no solo el derecho fundamental al debido proceso, sino también el principio del respeto del acto propio[128].

---

para una pacífica vida colectiva y una conducta de cooperación entre los hombres y, por tanto, de la paz jurídica. Quien defrauda la confianza que ha producido o aquella a la que ha dado ocasión a otro, especialmente a la otra parte en un negocio jurídico, contraviene una exigencia que el Derecho —con independencia de cualquier mandamiento moral— tiene que ponerse así mismo porque la desaparición de la confianza, pensada como un modo general de comportamiento, tiene que impedir y privar de seguridad el tráfico interindividual. Aquí entra en juego la idea de una seguridad garantizada por el Derecho, que en el Derecho positivo se concreta de diferente manera..." (Derecho justo. Editorial Civitas, pág. 91). [...] La Corporación encuentra que con inusitada frecuencia las partes vinculadas a través de la relación negocial resuelven sus problemas, en plena ejecución del contrato, y firman los acuerdos respectivos. Transitando por esa vía amplían los plazos, reciben parte de la obra, se hacen reconocimientos recíprocos, pero instantes después vuelven sobre el pasado para destejer, como Penélope, lo que antes habían tejido, sembrando el camino de dificultades desleales, que no son de recibo para el Derecho, como tampoco lo es la filosofía del INSTANTANEÍSMO, que lleva a predicar que la persona no se obliga sino para el momento en que expresa su declaración de voluntad, pero que en el instante siguiente queda liberado de sus deberes. Quienes así proceden dejan la desagradable impresión de que con su conducta solo han buscado sorprender a la contraparte, sacando ventajas de los acuerdos que luego buscan modificar o dejar sin plenos efectos. Olvidan quienes así actúan que cuando las personas SE VINCULAN generan la imposibilidad de ROMPER O DESTRUIR lo pactado. Solo el juez, por razones de ley, puede desatar el vínculo contractual». (Consejo de Estado, Sala de lo Contencioso Administrativo, Sección Tercera. Sentencia del 13 de agosto de 1992, M. P.: Julio César Uribe).

128 Recuérdese que el principio del respeto del acto propio opera cuando un sujeto de derecho ha emitido un acto que ha generado una situación particular, concreta y definida a favor de otro. Tal principio le impide a ese sujeto de derecho modificar unilateralmente su decisión, pues la confianza del administrado no se genera por la convicción de la apariencia de legalidad de una actuación, sino por la seguridad de haber obtenido una posición jurídica definida a través de un acto que creó situaciones particulares y concretas a su favor. De donde se sigue que "el respeto del acto propio comprende una limitación del ejercicio de los derechos consistente en la fidelidad de los individuos a las decisiones que toman, sin que puedan revocarlas por sí mismos, más aún cuando el acto posterior se funde en criterios irrazonables, desproporcionados o extemporáneos". (Corte Constitucional. Sentencia T-083 del 6 de febrero de 2003, Exp.

A riesgo de insistir en demasía sobre este particular, no se remite a discusión que la sociedad fiduciaria carecía de cualquier facultad legal o contractual para desconocer el carácter de acreedor garantizado que se le dio a la sociedad de *factoring* desde el momento mismo de la celebración del contrato de fiducia mercantil, bajo el discutible argumento de que no se habían satisfecho los requisitos estipulados al efecto para adquirir la calidad de acreedor garantizado. En este punto debe llamarse la atención con respecto a la necesidad de que la sociedad fiduciaria hubiera respetado la horizontalidad de la relación contractual y que, por ende, hubiera tratado de acordar con la sociedad de *factoring* unas nuevas reglas para el desarrollo de sus relaciones patrimoniales, y no que, por el contrario, prevalida de su posición dominante contractual hubiera impuesto sus razones de manera unilateral e inconsulta[129]. Como se sabe, el mutuo consentimiento es una de las formas en que se pueden modificar las obligaciones nacidas de los contratos. Con todo, si el acreedor garantizado y beneficiario no otorga su consentimiento, la sociedad fiduciaria se encuentra legitimada para acudir al juez competente a fin de dirimir la controversia así suscitada en torno a las obligaciones nacidas del contrato de fiducia mercantil. Sin embargo, en el caso analizado existen pruebas que permiten acreditar fehacientemente que la sociedad fiduciaria no obtuvo el consentimiento de la sociedad de *factoring* para modificar las condiciones para el ejercicio de los derechos patrimoniales derivados de su calidad de acreedor garantizado ni, menos aún, acudió a la justicia ordinaria para dirimir la controversia. Por el contrario, se reitera, en forma que por ello resulta arbitraria, optó por imponer su decisión de no reconocerle a la sociedad de *factoring* su calidad de acreedor garantizado.

T-657041. M. P.: Jaime Córdoba Triviño). De acuerdo con la Sentencia T-295 de 1999, cit., para dar aplicación al principio del respeto al acto propio deben confluir las siguientes condiciones: "a) Una conducta jurídicamente anterior, relevante y eficaz. b) El ejercicio de una facultad o de un derecho subjetivo por la misma persona o centros de interés que crea la situación litigiosa, debido a la contradicción —atentatorio de la buena fe— existente entre ambas conductas. c) La identidad del sujeto o centros de interés que se vinculan en ambas conductas".

129 *Cfr.* Corte Constitucional. Sentencia T-423 del 23 de mayo de 2003, Exp. T-695086, M. P.: Eduardo Montealegre Lynett.

E. LAS CONSECUENCIAS DEL INCUMPLIMIENTO DEL PRINCIPIO DE LA BUENA FE EN EL ÁMBITO DE LOS NEGOCIOS FIDUCIARIOS

La violación del deber de ejecutar de buena fe los negocios jurídicos en general —y particularmente los negocios fiduciarios—, cualquiera que sea la forma en que dicha violación se manifieste, sin lugar a duda constituye un ilícito civil cuyas consecuencias, en términos generales,

> van desde la privación de las ventajas que corresponden a quien actúa conforme a los postulados de la buena fe y se extienden hasta la sanción de invalidez o ineficacia del acto o negocio jurídico de que se trate, y consecuentemente dan lugar al nacimiento de la responsabilidad civil, con la obligación de resarcir los daños derivados de tal conducta [...] Es por virtud de este carácter normativo del principio que la transgresión de la buena fe ha sido valorada por la jurisprudencia como una circunstancia que da lugar al incumplimiento del contrato, por ende[,] de ella puede[n] derivarse la resolución del contrato, la condena al cumplimiento o el resarcimiento del daño, sea por violación del principio en la etapa precontractual, como por los daños que tales transgresiones generen en el desarrollo del contrato mismo[130].

Y ello es así porque, como se dijo en otro lugar, la finalidad natural de las preceptivas del artículo 1603 del Código Civil y del artículo 871 del Código de Comercio es dotar al contrato de lo que se denomina contenido obligacional implícito, de suerte que el contenido del contrato se extiende más allá de las respectivas estipulaciones contractuales a todas las cosas que emanan precisamente de la naturaleza de la obligación, o que por la ley le pertenecen a ella, y a las que sean conformes a la costumbre y la equidad natural. Esta extensión o ampliación de la relación obligatoria produce necesariamente una extensión o ampliación del ámbito de la responsabilidad contractual, pues, como lo explica Jordano Fraga[131], la virtualidad de esas obligaciones accesorias consiste en que su violación da lugar a responsabilidad contractual.

De otra parte, la violación del principio de la buena fe también puede dar lugar a la exclusión de las denominadas cláusulas abusivas o vejatorias, como son aquellas que favorecen excesivamente o de manera desproporcionada la

---

130 Martha Lucía Neme Villarreal. "El principio de la buena fe en materia contractual en el sistema jurídico colombiano", cit., p. 107.

131 Francisco Jordano Fraga. *La responsabilidad contractual*, cit., p. 142.

posición contractual de las sociedades fiduciarias (predisponentes), de modo que perjudica inequitativa y dañosamente la posición del beneficiario o la del fideicomitente, según el caso.

En otras oportunidades, la violación del principio de la buena fe también puede dar lugar a responsabilidad civil de la sociedad fiduciaria o "incluso a nulidad relativa del contrato, a vicio del consentimiento, a la revocación del negocio o a su inmediato cumplimiento"[132]. Esto sucede, por ejemplo, cuando se pretermite el deber de información, aspecto al cual ya se hizo alusión en otro lugar de este estudio.

132 Martha Lucía Neme Villarreal. "El principio de la buena fe en materia contractual en el sistema jurídico colombiano", cit., p. 107.

BIBLIOGRAFÍA

DOCTRINA

Abascal Zamora, José María. *El fideicomiso de garantía, quiebra y suspensión de pagos. Actualidad y futuro del fideicomiso en México*, México, D. F., Bancomer, 1998.

Adame Goddard, Jorge. "El principio de la buena fe en el derecho romano y en los contratos internacionales y su posible aplicación a los contratos de deuda externa", ponencia presentada en el XIV Congreso Latinoamericano de Derecho Romano, Buenos Aires, septiembre de 2004.

Agoglia, María M.; Juan C. Boragina y Jorge A. Meza. *Responsabilidad por incumplimiento contractual*, Buenos Aires, Hammurabi, 1993.

Albaladejo García, Manuel. *El negocio jurídico*, Barcelona, Bosch, 1958.

Albaladejo García, Manuel. *Derecho civil II. Derecho de obligaciones*, 12.ª ed., Madrid, Ed. Edisofer, 2004.

Alessandri Rodríguez, Arturo. *De la responsabilidad extracontractual en el derecho civil chileno: Título 35 del Libro IV del Código Civil*, 2.ª ed., Santiago de Chile, Ediar, 1983.

Alessandri Rodríguez, Arturo. *Derecho civil. Teoría de las obligaciones*, Santiago de Chile, Ediar, 1988.

Alessandri Rodríguez, Arturo. *Derecho civil de los contratos*, Santiago de Chile, Ediar, 1988.

Alfaro Águila-Real, Jesús. *Las condiciones generales de la contratación: estudio de las disposiciones inglesas*, Madrid, Civitas, 1991.

Alterini, Atilio Aníbal. *Responsabilidad civil*, Medellín, Biblioteca Jurídica Diké, 1995.

Álvarez Correa, Eduardo. *Curso de derecho romano*, Bogotá, Pluma, 1979.

Aramburo Calle, Maximiliano. "Responsabilidad civil y riesgo en Colombia: apuntes para el desarrollo de la teoría del riesgo en el siglo XXI", *Revista Facultad de Derecho y Ciencias Políticas*, vol. 38, n.º 108, enero-junio, Medellín, Universidad Eafit, 2008, pp. 15 a 51.

Arangio Ruiz, Vicente. *Historia del derecho romano*. Madrid, Reus, 1963.

Arangio Ruiz, Vicente. *Responsabilità contrattuale in diritto romano*, Napoli, Casa Editrice Dott. Eugenio Jovene, [1954] 1978.

Arangio Ruiz, Vicente. *La compravendita nel diritto romano*, 2.ª ed., Napoli, Casa Editrice Dott. Eugenio Jovene, 1935 (reed. 1958).

Arrubla Paucar, Jaime Alberto. *Contratos mercantiles*, t. ii, *Contratos típicos*, Bogotá, Biblioteca Jurídica Diké, 2005.

Arrubla Paucar, Jaime Alberto. *Contratos mercantiles*, t. iii, *Contratos contemporáneos*, Bogotá, Biblioteca Jurídica Diké, 2005.

Arrubla Paucar, Jaime Alberto. "Los negocios fiduciarios y la fiducia en garantía", tesis doctoral, Salamanca, Universidad de Salamanca, 2013.

Badosa Coll, Ferrán. *La diligencia y la culpa del deudor en la obligación civil*, Bolonia/ Madrid, Real Colegio de España, 1987.

Baena Cárdenas, Luis Gonzalo. "La responsabilidad del fiduciario desde la perspectiva de la dogmática jurídica: entre el modelo de diligencia general del buen padre de familia y el modelo específico del profesional o artifex", tesis doctoral, Bogotá, Universidad Externado de Colombia, 2012.

Baena Cárdenas, Luis Gonzalo. "Condiciones generales de la contratación fiduciaria. Autonomía privada y competencia", en *Del derecho comercial al derecho de mercado*, 1.ª ed. (cap. v), Saúl Soromonte (dir.) e Ingrid Soraya Ortiz (coord.), Bogotá, Universidad Externado de Colombia, 2013.

Ballesteros Garrido, José Antonio. *Las condiciones generales de los contratos y el principio de la autonomía de la voluntad*, Barcelona, Librería Bosch, 1999.

Barceló Dómenech, Javier. *Responsabilidad extracontractual del empresario por actividades de sus dependientes*, Madrid, McGraw-Hill, 1999.

Barona González, Jorge."Responsabilidad contractual y factores de imputación de daños: apuntes para una relectura en clave objetiva", *Revista Chilena de Derecho*, vol. 24, n.º 1, enero-abril, Santiago de Chile, Pontificia Universidad Católica de Chile, 1997, pp. 151 a 177.

Barrera, Carlos Darío et al. *El daño justificado*, Bogotá, Javergraf, 1977.

Batiza, Rodolfo. *El fideicomiso: teoría y práctica*, 4.ª ed., México, D. F., Porrúa, 1980.

Beltrán de Heredia y Onís, Pablo. "El buen padre de familia", en *Libro homenaje al profesor José Beltrán de Heredia y Castaño*, Salamanca, Universidad de Salamanca, 1994.

Benelvaz, Héctor. "El fideicomiso bancario", *Revista Felaban,* n.º 12, Mar del Plata, Federación Latinoamericana de Bancos, 1972.

Benítez Caorci, Juan J. *La interpretación en los contratos con cláusulas predispuestas*, Bogotá, Temis, 2002.

Béraudo, Jean-Paul. *Les trust anglo-saxons et le droit francaise*, París, LGDJ, 1992.

Besalú Parkinson, Aurora V. S. "La responsabilidad civil: tendencias actuales. La experiencia argentina y su posible proyección al derecho mexicano", *Revista Boletín Mexicano de Derecho Comparado*, vol. 31, n.º 91, enero-abril, México, D. F., UNAM, 1998, pp. 53 a 80.

Betti, Emilio. *Teoría general del negocio jurídico*, Granada, Comares, 2000.

Betti, Emilio. "En torno a una teoría general de la interpretación", *Revista Universidad Externado de Colombia*, vol. 7, n.º 1, Bogotá,1966.

Betti, Emilio. *Imputabilità dell'inadempimento dell'obbligazione in Diritto romano*, Roma, Edizione "Ricerche", 1958.

Betti, Emilio. *Istituzioni di Diritto romano*, vol. II, Padova, Cedam, 1960.

Betti, Emilio. *Teoría general de las obligaciones*, t. I, 1.ª ed., Madrid, Ed. Revista de Derecho Privado, 1969.

Bianca, Máximo. *Derecho civil*, 3, *El contrato*, 2.ª ed. (trad. al español: Fernando Hinestrosa y Édgar Cortés), Bogotá, Universidad Externado de Colombia, 2007.

Bianca, Máximo. "*Diritto civile, Il contratto*", nueva edición actualizada, vol. III, Milano, Dott. A. Giuffrè Editore, 1998.

Boetsch Gillet, Cristián. *La buena fe contractual*, 1.ª ed., Santiago de Chile, Ed. Jurídica de Chile, 2015.

Bonnecase, Julien. *Elementos de derecho civil*, t. II, *Derecho de las obligaciones de los contratos y del crédito*, Puebla, Ed. José M. Cajica, 1945.

Bueso Guillén, Pedro José. "Contratos de distribución comercial, restricciones verticales de la competencia y regla de razón: delimitación conceptual y tratamiento en el derecho comunitario europeo", tesis doctoral, Zaragoza, Universidad de Zaragoza, 1999.

Busnelli, Francesco Donato et al. *Diritto civile. Fatti e atti giuridici*, t. 1, vol. 2, Torino, 1987. (trad. al español: Fernando Hinestrosa, Bogotá, reimpr. 1995).

Bustamante Alsina, Jorge. *Teoría general de la responsabilidad civil*, 8.ª ed., Buenos Aires, Abeledo-Perrot, 1993.

Cárdenas Mejía, Juan Pablo. *El contrato de fiducia y el patrimonio autónomo*, Bogotá, Asociación de Fiduciarias y Universidad del Rosario, 2014.

Cárdenas Villarreal, Hugo. "Reflexiones sobre la teoría de la imputación objetiva y su aplicabilidad en el ámbito del derecho de daños", *Responsabilidad Civil y del Estado*, n.º 19, Medellín, iarce, 2005.

Carrasco Perera, Ángel. *Derecho de contratos*, España, Ed. Aranzadi, 2010.

Carregal, Mario Alberto. *El fideicomiso: regulación jurídica y posibilidades prácticas*, Buenos Aires, Editorial Universidad, 1982.

Casas Sanz de Santamaría, Eduardo. *Del* trust *anglosajón a la fiducia en Colombia*, 3.ª ed., Bogotá, Temis, 2004.

Cattaneo, Giovanni. *La responsabilità del professionista*, Milán, Giuffrè, 1958.

Cediel de Peña, Martha. "La fiducia en la contratación estatal", *Revista Jurisconsulta*, n.º 2, (Estudio de la Fiducia en Colombia), enero-marzo, Bogotá, Cámara de Comercio de Bogotá y Colegio de Abogados Comercialistas, 1999.

Cepeda, Manuel José. "Los contratos de adhesión: problemas y soluciones", *Revista de Derecho Civil*, vol. ii, n.º 3, Bogotá, Universidad de los Andes, 1985, pp. 7 a 65.

Chamie, José Félix. "*Frustration of contract e impossibility of performance* en el *common law* inglés", *Revista Derecho Privado*, n.º 16, enero-junio, Bogotá, Universidad Externado de Colombia, 2009, pp. 187 a 212.

Coderch, Pablo Salvador; Nuno Garoupa y Carlos Gómez Liguerre. "El círculo de responsables: la evanescente distinción entre responsabilidad por culpa y objetiva", *InDret, Revista para el Análisis del Derecho*, n.º 4, octubre-diciembre, Barcelona, Universidad Pompeu Fabra, 2005.

Coderch, Pablo Salvador; Albert Azagra Malo y Antonio Fernández Crende. "Autonomía privada, fraude a la ley e interpretación de los negocios jurídicos",

InDret, Revista para el Análisis del Derecho, n.º 3, julio-septiembre, Barcelona, Universidad Pompeu Fabra, 2004.

Colombia Compra Eficiente. *Guía para el manejo de anticipos mediante contratos de fiducia mercantil irrevocable*, Bogotá, 2014.

Correa Henao, Magdalena. *Libertad de empresa en el Estado social de derecho*, Bogotá, Universidad Externado de Colombia, 2008.

Corsaro, Luigi. "Culpa y responsabilidad civil: la evolución del sistema italiano", en *Perfiles de la responsabilidad en el nuevo milenio,* Juan Antonio Moreno Martínez (coord.), Madrid, Dykinson, 2000, pp. 131 a 170.

Cortés Moncayo, Édgar. "Constitución y responsabilidad civil: una relación ambivalente", *Revista Derecho Privado,* n.º 11, julio-diciembre, Bogotá, Universidad Externado de Colombia, 2006, pp. 171 a 179.

Cortés Moncayo, Édgar. *La culpa contractual en el sistema jurídico latinoamericano*, Bogotá, Universidad Externado de Colombia, 2001.

Cortés Moncayo, Édgar. *La culpa contractual en el sistema jurídico latinoamericano*, 2.ª ed., Bogotá, Universidad Externado de Colombia, 2009.

Cristóbal-Montes, Ángel. *La estructura y los sujetos de la obligación*, Madrid, Civitas, 1990.

Cuello, Gustavo. "El patrimonio en la fiducia", *en Nociones fundamentales de fiducia*, Asociación de Fiduciarias y Escuela Judicial Rodrigo Lara Bonilla, Bogotá, La Asociación, 1994, pp. 39-53.

Dávalos Mejía, Carlos Felipe. *Títulos y contratos de crédito, quiebras*, t. ii, *Derecho bancario y contratos de crédito*, 2.ª ed., Colección Textos Jurídicos Universitarios, México, D. F., Oxford University Press, 1992.

De Ángel Yágüez, Ricardo. "El resultado en la obligación del médico. ¿Ideas sensatas que pueden volverse locas?", en *Estudio de derecho de obligaciones. Homenaje al profesor Mariano Alonso Pérez*, vol. i, Eugenio Llamas Pombo (coord.), Madrid, La Ley-Actualidad, 2006, pp. 419 a 468.

De Ángel Yágüez, Ricardo. *Tratado de la responsabilidad civil*, 3.ª ed., Madrid, Civitas, 1993.

De Ángel Yágüez, Ricardo. "Puesto que ocupa el derecho de daños en el derecho de las obligaciones", *Estudios de Deusto*, vol. 43, n.º 1, enero-junio, Bilbao, Universidad de Deusto, 1995, pp. 13 a 57.

De Ángel Yágüez, Ricardo. *La responsabilidad civil*, Bilbao, Universidad de Deusto, 1988.

De Castro y Bravo, Federico. *El negocio jurídico*, Madrid, Civitas, 1985, reimpr. 1997.

De Castro y Bravo, Federico. *Las condiciones generales de los contratos y la eficacia de las leyes,* Madrid, Civitas, 1975.

De Cupis, Adriano. *El daño. Teoría general de la responsabilidad civil*, Barcelona, Bosch, 1993.

De Falco, Inés. "Diligentiam parestare", tesis doctoral, Napoli, Jovene Editore Napoli, 1991.

De la Iglesia Monje, María Isabel. "El pacto de retroventa. Sus relaciones con el negocio fiduciario y con el negocio simulado", *Revista Crítica de Derecho Inmobiliario,* n.º 644, enero-febrero, Madrid, Colegio de Registradores de la Propiedad y Mercantiles de España, 1998, pp. 57 a 116.

De la Maza Gazmurri, Íñigo. "Contratos por adhesión y cláusulas abusivas: ¿por qué el Estado y no solamente el mercado?", *Revista Chilena de Derecho Privado*, n.º 1, Santiago de Chile, Universidad Diego Portales, 2003, pp. 109 a 148.

De la Maza Gazmurri, Íñigo. "Los límites del deber precontractual de información", tesis doctoral, Madrid, Universidad Autónoma de Madrid, 2009.

De las Heras García, Manuel Ángel. *Lex artis, onus probandi y responsabilidad médica*, Murcia, Fundación Mariano Ruiz Funes, 2005.

De los Mozos, José Luis. "El principio de la buena fe. Sus aplicaciones prácticas en el derecho civil español", *Revista Crítica de Derecho Inmobiliario*, n.º 460, mayo-junio, Barcelona, Colegio de Registradores de la Propiedad y Mercantiles de España, 1967, pp. 931 a 941.

De Trazegnies Granda, Fernando. *La responsabilidad extracontractual*, Bogotá, Temis, 1999.

Díaz Echegaray, José Luis. *Deberes y responsabilidad de los administradores de sociedades de capital*, Navarra, Aranzadi, 2006.

Díez-Picazo, Luis. *Fundamentos del derecho civil patrimonial*, vol. i, *Introducción. Teoría del contrato. Relaciones obligatorias*, 5.ª ed., Madrid, Tecnos, 1996.

Díez-Picazo, Luis. *Fundamentos del derecho civil patrimonial*, vol. ii, *Las relaciones obligatorias*, 5.ª ed., Madrid, Tecnos, 1996.

Díez-Picazo, Luis. *Fundamentos de derecho civil patrimonial*, vol. v, *La responsabilidad civil extracontractual*, Madrid, Editorial Thomson, Civitas Ediciones, 2007.

Díez-Picazo, Luis. *Derecho de daños*, Madrid, Civitas, 1999.

Díez-Picazo, Luis. "El abuso del derecho y el fraude a la ley en el nuevo título preliminar del Código Civil español y el problema de sus recíprocas relaciones", *ius et veritas*, n.º 5, Lima, Pontificia Universidad Católica del Perú, 1992, pp. 5 a 14.

Díez-Picazo, Luis. *La doctrina de los propios actos, un estudio crítico sobre la jurisprudencia del Tribunal Supremo*, Barcelona, Bosch Casa Editorial, 1963.

D'ors, Álvaro. *Derecho privado romano*, 9.ª ed., Pamplona, Universidad de Navarra, 1997.

Echeverry Salazar Verónica María y Julián E. Ospina Gómez. "La regulación de la publicidad en el nuevo Estatuto del Consumidor. Implicaciones desde la teoría del contrato", *Revista Opinión Jurídica*, vol. 14, n.º 28, julio-diciembre, Medellín, Universidad de Medellín, 2015, pp. 135 a 158.

Escobar Sanín, Gabriel. *Negocios civiles y comerciales*, t. i, *Negocios de sustitución*, Bogotá, Universidad Externado de Colombia, 1987.

Fabre-Magnan, Muriel. *De l'obligation d'information dans les contrats: essai d'une théorie*, París, Universidad de París 1, Pantheon-Sorbone, 1992.

Fajardo Gómez, Mauricio. "La fiducia pública. Principales argumentos a favor de la figura. Distinciones sobre su viabilidad jurídica", en *Fiducia pública*, L. Cardona (ed.), Bogotá, Universidad de los Andes, 1991, pp. 95 a 118.

Fernández de Buján, Federico. *Sistema contractual romano*, 2.ª ed., Madrid, Dykinson, 2004.

Fernández Hierro, José Manuel. *Sistema de responsabilidad médica,* Albolote (Granada), Comares, 2000.

Ferreira Rubio, Delia Matilde. *La buena fe: el principio general en el derecho civil*, 1.ª ed., Madrid, Ed. Montecorvo, 1984.

Franco Victoria, Diego. "Interpretación de los contratos. Desde Roma hasta los inicios de la codificación", *Revista de Derecho Privado*, n.º 11, julio-diciembre, Bogotá, Universidad Externado de Colombia, 2006, pp. 127 a 154.

Fueyo Laneri, Fernando. "La ejecución de buena fe de los contratos como uno de los requisitos del pago", *Revista de Derecho y Jurisprudencia*, t. 55, n.º 1, 1958, pp. 95 a 113.

Fueyo Laneri, Fernando. *Interpretación y juez*, Santiago de Chile, Universidad de Chile y Centro de Estudios Ratio Iuris, 1976.

Galgano, Francesco. *Diritto civile e commerciale*, vol. II, *Le obbligazioni e i contratti*, t. I, *Le obbligazioni in generale, contratti in generale*, Padova, Cedam, 1990.

García de Enterría, Eduardo y Tomás-Ramón Fernández. *Curso de derecho administrativo*, 15.ª ed., Madrid, Civitas, 2011.

Garrigues Díaz-Cañabate, Joaquín. *Negocios fiduciarios en el derecho mercantil*, Madrid, Civitas, 1981.

Garrigues Díaz-Cañabate, Joaquín. *Contratos bancarios*, 2.ª ed., S. Moll de Miguel (coord.), Madrid, Imp. Aguirre, 1975.

Gaviria Gutiérrez, Enrique. *Derecho comercial*, 1.ª ed., Colección Jurídica Bedout, Medellín, Editorial Beta, 1981.

Ghersi, Carlos Alberto. *Obligaciones civiles y comerciales: complementado con análisis socioecómico, constitucional, tratados internacionales y ley de defensa del consumidor*, 2.ª ed., Buenos Aires, Astrea, 2005.

Giddens, Anthony. *Consecuencias de la Modernidad*, Madrid, Alianza, 1994.

Giraldo Bustamante, Carlos Julio. "La fiducia en Colombia según la justicia arbitral", *Revista de Derecho Privado*, n.º 35, diciembre, Bogotá, Universidad de los Andes, 2005.

Giraldo López, Alejandro; Carlos Germán Caycedo Espinel y Ramón Eduardo Madriñán Rivera. *Comentarios al nuevo Estatuto del Consumidor*, 1.ª ed., Bogotá, Legis, 2012.

Godreau, Michell J. "Lealtad y buena fe contractual", *Vniversitas*, n.º 77, noviembre, Bogotá, Pontificia Universidad Javeriana, 1989, pp. 72 y ss.

Gómez Estrada, César. *De los principales contratos civiles*, 3.ª ed., Bogotá, Temis, 1996.

Gómez Pomar, Fernando. "El incumplimiento contractual en el derecho español", *InDret, Revista para el Análisis del Derecho*, n.º 3, julio-septiembre, Barcelona, Universidad Pompeu Fabra, 2007.

González Pérez, Jesús. *El principio general de la buena fe en el derecho administrativo*, 5.ª ed., Madrid, Civitas, 2009.

González de Cancino, Emilssen. *Obligaciones: derecho romano y Código Civil colombiano*, Bogotá, Universidad Externado de Colombia, 2007.

Granados Aristizábal, Juan Ignacio. "Las declaraciones publicitarias y la integración de las obligaciones que de ellas emanan al contenido del contrato con el consumidor", *Revista e-Mercatoria*, vol. 12, n.º 1, enero-junio, Bogotá, Universidad Externado de Colombia, 2013, pp. 1 a 48.

Grosso, Giuseppe. *Las obligaciones: contenido y requisitos de la prestación* (trad. al español: Fernando Hinestrosa), Bogotá, Universidad Externado de Colombia, 1981.

Guerra Martín, Guillermo. *El gobierno de las sociedades cotizadas estadounidenses*, Pamplona, Thomson-Reuters Aranzadi, 2003.

Guzmán Brito, Alejandro. *Derecho privado romano*, t. i, Santiago de Chile, Editorial Jurídica de Chile, 1996.

Guzmán Brito, Alejandro. *Derecho privado romano*, t. ii, Santiago de Chile, Editorial Jurídica de Chile, 1996.

Guzmán Brito, Alejandro. "La consensualización de los contratos reales", *Revista de Derecho de la Pontificia Universidad Católica de Valparaíso*, vol. 29, n.º 2, julio-diciembre, Valparaíso, Chile, Pontificia Universidad Católica de Valparaíso, 2007, pp. 35 a 60.

Guzmán Brito, Alejandro. "La buena fe en el Código Civil de Chile", *Revista Chilena de Derecho*, vol. 29, n.º 1, enero-abril, Santiago de Chile, Pontificia Universidad Católica de Chile, 2002, pp. 11 a 23.

Henao Pérez, Juan Carlos. "Responsabilidad civil por daño ambiental", *Revista Zero*, n.º 6, mayo, Bogotá, Universidad Externado de Colombia, 2001.

Henao Pérez, Juan Carlos. *El daño. Análisis comparativo de la responsabilidad extracontractual del Estado en derecho colombiano y francés*, Bogotá, Universidad Externado de Colombia, 1998.

Herrera Bravo, Ramón. *El contrato de depósito en el derecho romano*, Granada, Ed. Tat, 1987.

Hinestrosa Forero, Fernando. "Eficacia e ineficacia del negocio jurídico", *Revista Derecho Comercial Colombiano*, Medellín, Cámara de Comercio de Medellín, 1985. (Este artículo también fue publicado en *Revista de Derecho de la Pontificia Universidad Católica de Valparaíso*, vol. 20, Valparaíso, Pontificia Universidad Católica de Valparaíso, pp. 143 a 161).

Hinestrosa Forero, Fernando. "Contratos preparatorios. El contrato de promesa", *Revista de Derecho Privado*, n.º 11, julio-diciembre, Bogotá, Universidad Externado de Colombia, 2006, pp. 33 a 56.

Hinestrosa Forero, Fernando. *Tratado de las obligaciones: concepto, estructura, vicisitudes*, t. i, 3.ª ed., Bogotá, Universidad Externado de Colombia, 2014.

Hinestrosa Forero, Fernando. *Tratado de las obligaciones ii. De las fuentes de las obligaciones: el negocio jurídico*, vol. ii, Bogotá, Universidad Externado de Colombia, 2015.

Hinestrosa Forero, Fernando. *Derecho civil. Obligaciones*, Bogotá, D. C., Universidad Externado de Colombia, 1968.

Iglesias, Juan. *Derecho romano. Instituciones de derecho privado*, 1.ª ed., Barcelona, Ariel, 1982.

Iglesias, Juan. *Derecho romano. Historia e instituciones*, 1.ª ed., Barcelona, Ariel, 1990.

Jaramillo Jaramillo, Carlos Ignacio. *Responsabilidad civil médica. La relación médico-paciente: análisis doctrinal y jurisprudencial*, Bogotá, Pontificia Universidad Javeriana, 2002.

Jaramillo Jaramillo, Carlos Ignacio. *La compraventa en el derecho del consumo: comentarios generales en torno a su regulación en el nuevo Estatuto del Consumidor*, Bogotá, Pontificia Universidad Javeriana y Grupo Editorial Ibáñez, 2015.

Jaramillo Jaramillo, Carlos Ignacio. *El derecho privado frente al nuevo derecho del consumo*, Bogotá, Pontificia Universidad Javeriana, iv Jornadas de Derecho Privado, 2011.

Jordano Barea, Juan. *El negocio fiduciario,* Barcelona, Bosch, 1959.

Jordano Fraga, Francisco. *La responsabilidad contractual*, 1.ª ed., Madrid, Civitas, 1987.

Jordano Fraga, Francisco. *La responsabilidad del deudor por los auxiliares que utiliza en el cumplimiento*, 1.ª ed., Madrid, Civitas, 1994.

Kemelmajer de Carlucci, Aída y Carlos Parellada. *Responsabilidad civil*, Buenos Aires, Hammurabi, 1997.

Kiper, Claudio y Silvio V. Lisoprawski. *Tratado de fideicomiso*, Buenos Aires, Lexis Nexis Depalma, 2003.

Koteich, Milagros; Martha Lucía Neme y Édgar Cortés. "Formalismo negocial romano y neoformalismo: ¿fundamento del sistema o protección de la parte débil?", *Revista de Derecho Privado*, n.º 9, julio-diciembre, Bogotá, Universidad Externado de Colombia, 2005, pp. 129 a 174.

Koteich, Milagros. "Responsabilidad contractual y aquiliana. Revisión de una distinción tradicional con base en la culpa y su graduación", en *Estudios de derecho civil. Obligaciones y contratos. Libro homenaje a Fernando Hinestrosa: 40 años de rectoría 1963-2003*, t. II, VV. AA., Bogotá, Universidad Externado de Colombia, 2003.

Kreller, Hans. *Historia del derecho romano*, Bogotá, Universidad Externado de Colombia, 1983.

Kunkel, Wolfgang. *Historia del derecho romano*, Barcelona, Ariel, 2012.

Laguado Monsalve, Darío. "Fiducia en garantía. Discusión jurídica sobre las recientes interpretaciones de la Supersociedades", en *Nuevos retos del derecho financiero colombiano*, Asociación Bancaria y de Entidades Financieras de Colombia (eds.), Bogotá, Asobancaria, s. f.

Lamarca I Marqués, Albert. "Entra en vigor la Ley de Modernización del Derecho Alemán de Obligaciones", *InDret, Revista para el Análisis del Derecho,* n.º 1, enero-marzo, Barcelona, Universidad Pompeu Fabra, 2002.

Larenz, Karl. *Metodología de la ciencia del derecho*, Barcelona, Ariel, 1994.

Larenz, Karl. *Base del negocio jurídico y cumplimiento de los contratos*, Madrid, Editorial Revista de Derecho Privado, 1956.

Larenz, Karl. *Derecho de obligaciones*, Madrid, Editorial Revista de Derecho Privado, 1958.

Larenz, Karl. *La filosofía contemporánea del derecho y el Estado*, Madrid, Editorial Revista de Derecho Privado, 1942.

Larroumet, Christian. *Teoría general del contrato*, Bogotá, Temis, 1999.

Larroumet, Christian. *Droit civil*, 3*: Les obligations. Le contrat*, 4.ª ed., París, Económica, 1998.

Lasarte Álvarez, Carlos. *Principios de derecho civil*, vol. II, *Derecho de obligaciones*, 3.ª ed. Madrid, Trivium, 1995.

Lasarte Álvarez, Carlos. "Sobre la integración del contrato: la buena fe en la contratación (en torno a la Sentencia del T. S. de 27 de enero de 1977)", *Revista de Derecho Privado*, vol. 60, 1980.

Le Tourneau, Phillippe y Loic Cadiet. *La responsabilité civile*, Bogotá, Legis, 2006.

Le Tourneau, Phillippe. *La responsabilidad civil profesional*, Bogotá, Legis, 2006.

Lisoprawski, Silvio. "La responsabilidad del fiduciario", en *XIV Congreso Latinoamericano de Fideicomiso*, Quito, Ecuador, octubre de 2004.

Llamas Pombo, Eugenio. *La responsabilidad civil del médico: aspectos tradicionales y modernos*, Madrid, Trivium, 1988.

Llamas Pombo, Eugenio. "Tipología de los intereses del acreedor e instrumentos para su satisfacción", *Revista de Responsabilidad Civil y Seguro*, n.º 45, enero-marzo, Granada, Asociación Española de Abogados Especializados en Responsabilidad Civil y Seguro, 2013, pp. 9 a 24.

Llamas Pombo, Eugenio. "Prevención y reparación, las dos caras del derecho de daños", *Revista de Responsabilidad Civil y Seguro*, n.º 29, enero-marzo, Granada, Asociación Española de Abogados Especializados en Responsabilidad Civil y Seguro, 2009, pp. 35 a 60.

López Roca, Luis Fernando. "La responsabilidad del administrador bancario por el deber de velar por el cumplimiento de la ley y los estatutos", en *Temas de derecho financiero contemporáneo*, Sergio Rodríguez Azuero, Erick Rincón Cárdenas y Juan Jacobo Calderón Villegas (eds.), Bogotá, Editorial Universidad del Rosario, 2006, pp. 245 a 274.

López Roca, Luis Fernando. "El concepto de valor de la Ley 964 de 2005 frente a la noción del mercado público de valores", en *Cinco años de la Ley 964 de 2005. ¿Se están cumpliendo sus objetivos?*, Constanza Blanco Barón y Mauricio Baquero Herrera (eds.), Bogotá, Universidad Externado de Colombia, 2011.

López Santamaría, Jorge. *Los contratos (Parte general)*, Santiago de Chile, Editorial Jurídica de Chile, 1986.

Lorenzetti, Ricardo Luis. "La responsabilidad extracontractual en el campo del derecho del consumidor", *Extracto de Roma e America. Diritto Romano Comune. Rivista di Diritto dell'Integrazione e Unificazione del Diritto in Europa e in America*, vol. 11, Roma, Centro di Studi Giuridici Latinoamericani (csgla) dell'Università di Roma "Tor Vergata", Enrico Mucchi Editore, 2001, pp. 73 a 98.

Lorenzetti, Ricardo Luis. "La oferta como apariencia y la aceptación basada en la confianza", *Revista de Direito do Consumidor*, n.º 35, 2000, Sao Paolo.

Lorenzetti, Ricardo Luis. *Responsabilidad civil de los médicos*, t. ii, *Código Civil y Comercial de la nación*, Buenos Aires, Rubinzal-Culzoni, 1998.

Luzzatto, G. I. *Caso fortuito e forza maggiore come limite alla responsabilità contrattuale*, Milano, A. Giuffré, 1938.

Luzzatto, G. I. "Spunti critici in tema di responsabilità contrattuale", *Bullettino dell'Istituto di Diritto Romano "Vittorio Scialoja"*, n.º 2, Milán, A. Giuffré, 1960, pp. 47 a 127.

Mantilla Espinosa, Fabricio. "El principio general de responsabilidad por culpa del derecho privado colombiano", *Opinión Jurídica*, vol. 6, n.º 11, enero-junio, Medellín, Universidad de Medellín, 2007, pp. 129 a 150.

Marcín Balsa, Fernando. "Los contratos en la sistemática romana de las obligaciones", *Revista de Derecho Privado*, n.º 18, México, D. F., unam, 2008, pp. 63 a 129.

Martínez-Calcerrada y Gómez, Luis. *La responsabilidad civil médico-sanitaria*, Madrid, Tecnos, 1992.

Martínez-Calcerrada y Gómez, Luis. *La responsabilidad civil profesional de los teleinformáticos, auditores de cuentas, periodistas, arquitectos-peritos, médicos-peritos y de los peritos judiciales en general*, Madrid, Cólex, 1996.

Martinic, María Dora. *Nuevas tendencias del derecho*, Santiago de Chile, Lexis Nexis, 2004.

Mazeaud, Henri y Léon Mazeaud. *Lecciones de derecho civil*, parte ii, vol. ii, *La responsabilidad civil. Los cuasicontratos*, Buenos Aires, Ediciones Jurídicas Europa-América, 1977.

MAZEAUD, HENRI; LÉON MAZEAUD y ANDRE TUNC (coords.). *Tratado teórico práctico de la responsabilidad civil delictual y contractual* (trad. al español: Alcalá-Zamora y Castillo), 3 t., 6 vols., Buenos Aires, Ediciones Jurídicas Europa-América, 1977.

MORENO MARTÍNEZ, JUAN ANTONIO (coord.). *Perfiles de la responsabilidad civil en el nuevo milenio*, Madrid, Dykinson, 2000.

MORILLAS JARILLO, MARÍA JOSÉ. *Las normas de conducta de los administradores de las sociedades de capital*, Madrid, La Ley, 2002.

MOSSET ITURRASPE, JORGE. *Estudios sobre responsabilidad por daños*, t. I, *Fallos anotados y doctrina,* Santa Fe, Argentina, Rubinzal-Culzoni, reimpr., 2000.

MOSSET ITURRASPE, JORGE. *Responsabilidad por daños*, t. VIII, *Responsabilidad de los profesionales*, Buenos Aires, Rubinzal-Culzoni, reimpr., 2005.

MOSSET ITURRASPE, JORGE. *Responsabilidad civil del médico*, Buenos Aires, Astrea, 1985.

MOSSET ITURRASPE, JORGE y MIGUEL Á. PIEDECASAS. *Responsabilidad precontractual*, Santa Fe, Argentina, Rubinzal-Culzoni, 2006.

MUÑIZ ARGÜELLES, LUIS. *Las cláusulas modificativas de la responsabilidad contractual: estudio comparado de las normas españolas, francesas y estadounidenses*, Bogotá, Temis, 2006.

Naciones Unidas. *Convención de las Naciones Unidas sobre los Contratos de Compraventa Internacional de Mercaderías*, Viena, 1980.

NAVARRO MARTORELL, MARIANO. *La propiedad fiduciaria*, Barcelona, Bosch, 1950.

NEME VILLARREAL, MARTHA LUCÍA. "El principio de la buena fe en materia contractual en el sistema jurídico colombiano", *Revista de Derecho Privado*, n.º 11, julio-diciembre, Bogotá, Universidad Externado de Colombia, 2006, pp. 79 a 126.

NEME VILLARREAL, MARTHA LUCÍA. "Los principios generales del derecho y el problema de los riesgos por pérdida de la cosa debida", *Revista de Derecho Privado*, n.º 15, julio-diciembre, Bogotá, Universidad Externado de Colombia, 2008, pp. 59 a 108.

NEME VILLARREAL, MARTHA LUCÍA. *La buena fe en el derecho romano. Extensión del deber de actuar conforme a la buena fe en materia contractual*, Bogotá, Universidad Externado de Colombia, 2010.

NEME VILLARREAL, MARTHA LUCÍA. "Buena fe subjetiva y buena fe objetiva. Equívocos a los que conduce la falta de claridad en la distinción de tales conceptos", *Revista de Derecho Privado*, n.º 17, julio-diciembre, Bogotá, Universidad Externado de Colombia, 2009, pp. 45 a 76.

Neme Villarreal, Martha Lucía. "El error como vicio del consentimiento frente a la protección de la confianza en la celebración del contrato", *Revista de Derecho Privado*, n.º 22, enero-junio, Bogotá, Universidad Externado de Colombia, 2012, pp. 169 a 218.

Ordóñez Ordóñez, Andrés Eloy. "Los deberes recíprocos de información en el contrato de seguro. Y especialmente el deber de información del asegurador frente al tomador del seguro", *Revista de Derecho Privado*, n.º 9, julio-diciembre, Bogotá, Universidad Externado de Colombia, 2005, pp. 75 a 114.

Ormazábal Sánchez, Guillermo. *Carga de la prueba y sociedad de riesgo*, Madrid, Marcial Pons, 2004.

Ospina Fernández, Guillermo. *Régimen general de las obligaciones*, 8.ª ed., Bogotá, Temis, 2005.

Ospina Fernández, Guillermo y Eduardo Ospina Acosta. *Teoría general del contrato y del negocio jurídico*, 7.ª ed., Bogotá, Temis, 2005.

Oviedo Albán, Jorge. "Tratos preliminares y responsabilidad precontractual", *Universitas*, vol. 57, n.º 115, enero-junio, Bogotá, Pontificia Universidad Javeriana, 2008, pp. 83 a 116.

Pagador López, Javier. *Condiciones generales y cláusulas contractuales predispuestas*, Madrid, Marcial Pons, 1999.

Pancorbo López, Manuel Luis. "Las costumbres y los usos bancarios como fuente del Derecho; su concreción en materia de protección de la clientela bancaria", tesis doctoral, Granada, Universidad de Granada, 2005.

Pantaleón Prieto, Ángel Fernando. "Causalidad e imputación objetiva: criterios de imputación", en *Centenario del Código Civil (1889-1989)*, vol. II, Francisco Rico Pérez (coord.), Madrid, Centro de Estudios Ramón Areces, 1990, p. 1.561 a 1.592.

Paricio Serrano, Javier. "Una historia del contrato en la jurisprudencia romana", en *Contrato: la formación de un concepto*, Javier Paricio Serrano, Palermo, Annali, 2010, ed. italiana, pp. 71 a 114.

Parra Herrera, Nicolás. "La autorregulación de los tratos preliminares. Análisis de las cartas de intención, memorandos de entendimiento y buena fe precontractual",

Revista de Derecho Privado, n.º 50, julio-diciembre, Bogotá, Universidad de los Andes, 2013, pp. 1 a 34.

Pascual Estevill, Luis. *Derecho de daños: principios generales, responsabilidad contractual, extracontractual y responsabilidad precontractual*, vol. 2, Barcelona, Bosch, 1995.

Pascual Estevill, Luis. *Hacia un concepto actual de la responsabilidad civil*, t. 1, *Parte general*, Barcelona, Bosch, 1989.

Payá Pujadó, Alejandro. *Régimen legal de la titulización*, Valencia, Ed. Tirant lo Blanch, 2002.

Peirano Facio, Jorge. *Responsabilidad extracontractual*, 2.ª ed., reimpr., Bogotá, Temis, 2004.

Pérez García, Pedro Antonio. *La información en la contratación privada*, Madrid, Instituto Nacional del Consumo, 1990.

Pérez Salas, Diego Omar. *La responsabilidad civil por riesgo entre particulares*, Bogotá, Doctrina y Ley, 2007.

Pinzón Sánchez, Jorge. "Condiciones generales de la contratación y cláusulas abusivas en el derecho privado colombiano", *Anuario de Derecho Privado*, n.º 17, diciembre Bogotá, Universidad de los Andes, 1995, pp. 71 a 124.

Pinzón Sánchez, Jorge. "El buen hombre de negocios y la crisis de la empresa", en *Nuevos retos del derecho comercial*, Jorge Pinzón Sánchez et al., Medellín, Colegio de Abogados de Medellín, 2000.

Pizarro-Wilson, Carlos. "La eficacia del control de las cláusulas abusivas en el derecho chileno", *Estudios Socio-Jurídicos*, vol. 6, n.º 2, julio-diciembre, Bogotá, Universidad del Rosario, 2004, pp. 117 a 141.

Pizarro-Wilson, Carlos. "La culpa como elemento constitutivo del incumplimiento en las obligaciones de medio o de diligencia", *Revista de Derecho de la Pontificia Universidad Católica de Valparaíso*, vol. 31, n.º 2, julio-diciembre, Valparaíso, Pontificia Universidad Católica de Valparaíso, 2008, pp. 255 a 265.

Ramos Herranz, Isabel. "El estándar mercantil de diligencia: el ordenado empresario", *Anuario de Derecho Civil*, vol. 59, n.º 1, Madrid, Ministerio de Justicia, 2006, pp. 195 a 226.

Real Academia Española. *Diccionario de la lengua española*, Madrid, Espasa, 2014.

Reglero Campos, Luis Fernando. "Conceptos generales y elementos de delimitación", en *Lecciones de responsabilidad civil*, Natalia Álvarez Lata y Luis Fernando Reglero Campos (coords.), Barcelona, Thomson Reuters Aranzadi, 2002, pp. 33 a 54.

Reglero Campos, Luis Fernando. "El nexo causal. Las causas de exoneración de responsabilidad: culpa de la víctima y fuerza mayor. La concurrencia de culpas", en *Lecciones de responsabilidad civil*, Natalia Álvarez Lata y Luis Fernando Reglero Campos (coords.), Barcelona, Thomson Reuters Aranzandi, 2002, pp. 91 a 114.

Rengifo García, Ernesto. *La fiducia mercantil y pública en Colombia*, 2.ª ed., Bogotá, Universidad Externado de Colombia, 2006.

Rengifo García, Ernesto. "El deber precontractual de información y las condiciones generales de contratación", *Revista de la Academia Colombiana de Jurisprudencia*, n.º 327, Bogotá, Academia Colombiana de Jurisprudencia, 2004.

Rengifo García, Ernesto. *Del abuso del derecho al abuso de la posición dominante*, 2.ª ed., Bogotá, Universidad Externado de Colombia, 2004.

Rengifo García, Ernesto. "Antecedentes romanos del contrato de fiducia", *Revista de Derecho Privado*, n.º 5, enero-junio, Bogotá, Universidad Externado de Colombia, 2000, pp. 87 a 94.

Reyes López, María José. "El derecho de información", en *Derecho privado del consumo*, María José Reyes López (coord.), Valencia, Ed. Tirant lo Blanch, 2005.

Ribas Ferrer, Vicenç. "Aproximación al estudio del deber de lealtad del administrador de sociedades", tesis doctoral, Barcelona, Universidad Autónoma de Barcelona, 2004.

Rodríguez Azuero, Sergio. *Negocios fiduciarios: su significación en América Latina*, Bogotá, Legis, 2005.

Rodríguez Azuero, Sergio. "La obligación de reparar y la responsabilidad fiduciaria", *Revista de la Academia Colombiana de Jurisprudencia*, n.º 326, Bogotá, Academia Colombiana de Jurisprudencia, 2004, pp. 27 a 44.

Rodríguez Azuero, Sergio. *La responsabilidad del fiduciario*, Medellín, Ediciones Rosaristas, 1997.

Rodríguez Azuero, Sergio. "El fideicomiso bancario como generador de recursos", *Revista del Colegio Mayor de Nuestra Señora del Rosario*, n.º 518, mayo-julio, Bogotá, Colegio Mayor de Nuestra Señora del Rosario, 1982, pp. 35 a 49.

Rodríguez Azuero, Sergio. "Responsabilidad civil de los administradores de sociedades", *Revista de la Academia Colombiana de Jurisprudencia*, n.º 312, noviembre-diciembre, Bogotá, Academia Colombiana de Jurisprudencia, 1998, pp. 40 a 93.

Rodríguez Grez, Pablo. "Apreciación de la culpa en materia civil", *Revista Chilena de Derecho Privado*, n.º 2, julio-diciembre, Santiago de Chile, Universidad Diego Portales, 2004, pp. 95 a 106.

Rodríguez Grez, Pablo. *La obligación como deber de conducta típica: la teoría de la imprevisión en Chile*, Santiago de Chile, Universidad de Chile, 1992.

Rodríguez Olmos, Javier M. "Contexto y construcción de la regla 'interpretatio contra proferentem' en la tradición romanista. Aspectos histórico-comparativos de un principio de interpretación contractual", *Revista de Derecho Privado*, n.º 14, enero-junio, Bogotá, Universidad Externado de Colombia, 2008, pp. 69 a 112.

Romano, Geremia. *Interessi del debitore e adempimento*, Napoli, Università di Catanzaro y Edizioni Scientifiche Italiane, 1995.

Roppo, Vicenzo. *Contratti standard. Autonomia e controlli nella disciplina delle attività negoziali di impresa*, Milán, Giuffrè, 1975.

Roppo, Vincenzo. *El contrato del dos mil*, Bogotá, Universidad Externado de Colombia, 2005.

Salazar Luján, William. "Apuntes para una teoría general de la responsabilidad profesional", en *La responsabilidad profesional y patrimonial y el seguro de la responsabilidad civil. Memorias del XXIV Encuentro Nacional de Acoldese*, Rosario (Argentina), Acoldese y AIDA, 2004.

Salazar Revuelta, María. *La responsabilidad objetiva en el transporte marítimo y terrestre en Roma*, Madrid, Dykinson, 2007.

Saleilles, Raymond. *La declaration de volontè (Contribution de l'acte juridique dans le Code Civil allemand*, París, s/e, 1901, reimpr. 1929.

Sánchez Miguel, María Candelas. "La responsabilidad de las entidades de crédito en su actuación profesional", en *Estudios de derecho bancario y bursátil: homenaje a Evelio Verdera y Tuells*, vol. 3, Antonio Polo Díez (coord.), Madrid, La Ley, 1994, pp. 2.427 a 2.448.

Santos Morón, María José. "La responsabilidad médica (en particular en la medicina "voluntaria"): una relectura desde el punto de vista contractual", *InDret. Revista para el Análisis del Derecho*, n.º 1, enero-marzo, Barcelona, Universidad Pompeu Fabra, 2018.

Scognamiglio, Renato. *Teoría general del contrato* (trad. al español: Fernando Hinestrosa), 1.ª ed. en español, reimpr., Bogotá, Universidad Externado de Colombia, 1991.

Schipani, Sandro. "Problemas sistemáticos en el derecho romano: la *obligatio*", en *Obligaciones, contratos, responsabilidad. Memorias del Grupo para la Armonización del Derecho Privado Latinoamericano*, cap. 2, Bogotá, Universidad Externado de Colombia, 2011.

Serra Rodríguez, Adela. *La responsabilidad civil del abogado*, 2.ª ed., Navarra, Thomson-Reuters Aranzadi, 2001.

Serra Rodríguez, Adela. "La negligencia y la impericia en la prestación profesional del abogado", tesis doctoral, Valencia, Universidad de Valencia, 1997.

Serrano-Vicente, Martín. Custodiam praestare*: la prestación de custodia en el derecho romano*, Madrid, Tébar, 2006.

Silva García, Fernando. "Régimen de responsabilidad de los administradores de instituciones financieras", *Revista de Derecho Privado*, n.º 4, julio-diciembre, Bogotá, Universidad Externado de Colombia, 1999, pp. 69 a 86.

Solarte Rodríguez, Arturo. "La buena fe contractual y deberes secundarios de conducta", *Vniversitas*, n.º 8, diciembre, Bogotá, Pontificia Universidad Javeriana, 2004, pp. 282 a 315.

Soto, Carlos Alberto. "Las cláusulas generales de contratación y las cláusulas abusivas en los contratos predispuestos", *Vniversitas*, vol. 52, n.º 106, julio-diciembre, Bogotá, Pontificia Universidad Javeriana, 2003, pp. 563 a 609.

Stiglitz, Rubén S. *Contratos civiles y comerciales. Parte general*, t. i., Buenos Aires, Abeledo-Perrot, 1998.

Stiglitz, Rubén y Gabriel Stiglitz. *Responsabilidad precontractual: incumplimiento del deber de información*, Buenos Aires, Abeledo-Perrot, 1992.

Suescún Melo, Jorge. *Derecho privado: estudios de derecho civil y comercial contemporáneo*, t. i., 2.ª ed., Bogotá, Legis, 2003.

Suescún Melo, Jorge. Estudio xi: "Régimen general de responsabilidad de los profesionales", en *Derecho privado: estudios de derecho civil y comercial contemporáneo*, t. i, 2ª. ed., Bogotá, Legis, 2003, pp. 431 y ss.

Tamayo Cardona, Juan A. *Falta de cumplimiento y responsabilidad en la obligación de dar*, Valencia, Tirant lo Blanch y Universidad de Valencia, 2002.

Tamayo Jaramillo, Javier. "La responsabilidad civil del fiduciario", en *Negocios internacionales*, Bogotá, Cámara de Comercio de Bogotá, 1998.

Tamayo Jaramillo, Javier. *Estudios de responsabilidad civil*, 2.ª ed., 2 t., Bogotá, Legis, 2007.

Tamayo Jaramillo, Javier. El caso del 'big bang' sobre la culpa y el nexo causal en la responsabilidad civil, *Ámbito Jurídico*, Bogotá, Legis, 27 de febrero de 2017. Disponible en https://www.ambitojuridico.com/noticias/analisis-jurisprudencial/civil-y-familia/hacia-una-nueva-responsabilidad-civil

Tamayo Jaramillo, Javier. La responsabilidad contractual bancaria no se basa en la teoría de las actividades peligrosas o riesgosas, *Ámbito Jurídico*, Bogotá, Legis, 5 de diciembre de 2019. Disponible en https://www.ambitojuridico.com/noticias/columnista-impreso/administrativo-y-contratacion/la-responsabilidad-contractual-bancaria

Tamayo Lombana, Alberto, *Manual de obligaciones: teoría del acto jurídico y otras fuentes,* 6.ª ed., Bogotá, Temis, 2004.

Trigo Represas, Félix et al. *Responsabilidad civil de los profesionales*, 1.ª ed., 1.ª reimpr., Buenos Aires, Astrea, 1987.

Trigo Represas, Félix et al. *Seguros y responsabilidad civil*, Buenos Aires, Astrea, 1987.

Trigo Represas, Félix y Marcelo López Mesa. *Tratado de la responsabilidad civil: el derecho de daños en la actualidad, teoría y práctica*, t. ii, 1.ª ed., 1.ª reimpr., Buenos Aires, La Ley, 2004.

Tudela Chordá, Sergio. "Negocio fiduciario y simulación", tesis doctoral, Madrid, uned, 2015.

Uribe Holguín, Ricardo. *De las obligaciones y de los contratos en general*, 2.ª ed., Bogotá, Temis, 1982.

Urrets Zavalía, Pedro. *La responsabilidad civil del fiduciario*, Buenos Aires, Rubinzal-Culzoni, 2002.

Valbuena Quiñones, Gustavo. "Reflexiones sobre el tratamiento de las cláusulas abusivas en Colombia", en *Perspectivas del derecho del consumo*, Carmen Ligia Valderrama Rojas (dir.), Bogotá, Universidad Externado de Colombia, 2013.

Valencia Zea, Arturo. *Derecho civil*, t. iii, *De las obligaciones*, Bogotá, Temis, 2000.

Valladares Bonett, Eugenio. "La inobservancia del deber de buena fe como causa de incumplimiento contractual", tesis de maestría, Madrid, Universidad Complutense de Madrid, 2014.

Vallejo García, Felipe. "La responsabilidad profesional. No existe como teoría general. Crítica de un laudo arbitral", *Revista de la Academia Colombiana de Jurisprudencia*, n.º 322, abril, Bogotá, Academia Colombiana de Jurisprudencia, 2003.

Varón Palomino, Juan Carlos. *Portafolios de inversión: la norma y el negocio*, 1.ª ed., Bogotá, Asociación de Fiduciarias y Universidad de los Andes, 1994.

Varón Palomino, Juan Carlos y Germán Darío Abella Abondano. *Derechos fiduciarios y mercado de valores: reflexiones frente a la normativa colombiana*, 1.ª ed., Bogotá, Ediciones Uniandes, 2013.

Velásquez Posada, Obdulio. *Responsabilidad civil extracontractual*, Bogotá, Temis y Universidad de La Sabana, 2009.

Veléz Posada, Paulina. "La responsabilidad civil contractual y extracontractual: el seguro como criterio de imputación", tesis de maestría, Madrid, Universidad Complutense de Madrid, 2012.

Veloso Valenzuela, Paulina. "La previsibilidad es una condición o requisito de la culpa y no de la relación causal", en *Nuevas tendencias del derecho*, María Dora Martinic (coord.), Santiago de Chile, Lexis Nexis, 2004.

Vidal Olivares, Álvaro Rodrigo. "La noción de incumplimiento esencial en el Código Civil", *Revista de Derecho de la Pontificia Universidad Católica de Valparaíso*, vol. 32, n.º 1, enero-junio, Valparaíso, Pontificia Universidad Católica de Valparaíso, 2009, pp. 221 a 258.

Villalba, Juan. "La publicidad engañosa en el derecho del consumo. Examen normativo a propósito de la reforma al Estatuto de Protección al Consumidor colombiano", en *Derecho del consumo: problemáticas actuales*, José Manuel Gual Acosta y Juan Carlos Villalba Cuéllar (dirs.), Bogotá, Grupo Editorial Ibáñez y Universidad Santo Tomás, 2014, pp. 142 a 172.

Visintini, Giovanna. *Tratado de la responsabilidad civil*, t. i, Buenos Aires, Astrea, 1999.

Voci, Pasquale. "Diligentia, custodia, colpa: I dati fundamentali", *sdhi*, n.º 56, (1990) 1992, pp. 29 a 77.

Yzquierdo Tolsada, Mariano. "La responsabilidad civil del profesional liberal", *Responsabilidad Civil*, n.º 16, Buenos Aires, Hammurabi, 1998.

Yzquierdo Tolsada, Mariano. *La responsabilidad civil del profesional liberal. Teoría general*, Madrid, Reus, 1988.

Zimmermann, Reinhard. "Derecho romano y cultura europea", *Revista de Derecho Privado* n.º 18, julio-septiembre, Bogotá, Universidad Externado de Colombia, 2010, pp. 5 a 34.

PRONUNCIAMIENTOS JUDICIALES Y CONCEPTOS

CONSEJO DE ESTADO

SALA DE CONSULTA Y SERVICIO CIVIL

13 de diciembre de 1993. Rad. 565, M. P.: César Hoyos Salazar.

Concepto del 4 de marzo de 1998. Rad. 1074, M. P.: Jaime Betancur Cuartas.

26 de agosto de 1998. Rad. 1121, M. P.: César Hoyos Salazar.

20 de agosto de 2000. Rad. 1285, M. P.: Flavio Augusto Rodríguez Arce.

SALA DE LO CONTENCIOSO ADMINISTRATIVO

Sección Tercera. Sentencia del 13 de agosto de 1992, M. P.: Julio César Uribe.

Sección Tercera. Sentencia 10151 del 9 de mayo de 1996, Rad. 10151, C. P.: Daniel Suárez Hernández.

Sección Cuarta. Sentencia del 14 de junio de 1996, Exp. 7450, M. P.: Delio Gómez Leyva.

Sección Tercera. Sentencia 13436 del 22 de junio de 2001, Rad. 44001-23-31-000-1996-0686-01(13436), C. P.: Ricardo Hoyos Duque.

Sección Cuarta. Sentencia 15275 del 13 de septiembre de 2007, Ref. 25000-23-27-000-2002-00591-01(15275), C. P.: Ligia López Díaz.

Sección Tercera. Sentencia 1999-06134 del 28 de julio de 2011, Exp. 17435, Rad. 410012331000199906134 01, M. P.: Hernán Andrade Rincón.

Sección Segunda, Subsección B. Sentencia 2010-00254 del 25 de octubre de 2012, Exp. 11001032500020100025400, Rad. 2116-10, C. P.: Víctor Hernando Alvarado Ardila.

Sección Tercera. Sentencia 2000-03075 del 19 de noviembre de 2012, Rad. 73001-23-31-000-2000-03075-01(24897), C. P.: Jaime Orlando Santofimio.

Sección Primera. Sentencia del 10 de marzo de 2016, Exp. 25000-23-24-000-2005-00029-01, M. P.: María Clara Rojas Lasso.

Sección Primera. Sentencia 2013-01024 del 19 de mayo de 2016, Ref. Exp. 68001-23-33-000-2013-01024-01, C. P.: María Elizabeth García González.

Sección Quinta de Descongestión. Sentencia del 1.º de marzo de 2018, Rad. 25000-23-24-000-2005-00195-02, C. P.: Rocío Araújo Oñate.

Sección Primera. Sentencia 2003-04295 del 31 de julio de 2018, Rad. 76001-23-31-000-2003-04295-01, C. P.: Oswaldo Giraldo López.

CONTRALORÍA GENERAL DE LA REPÚBLICA

Concepto CGR-OJ 187 de 2018.

CORPUS IURIS CIVILIS

INSTITUTIONES

3,13,2	3,14	3,15,20	3,22 (23), 3	3,24,5
3,25,9	3,88	3,92	3,139	3,205-206
4,1,17				

DIGESTAS

2,18,10,1	3,5,5,14	4,9,1,8	5,51,7	9,2,8,1
9,2,31	10,2,25,16	13, 6, 5	13,6,5,2	13,6,5,3
13,6,5,10	13,6,18	13,6,18 pr	13,7,13,1	13,7,14
16,3,1,22	17,1,29 pr	17,2,72	17,2,72 pr	18,1,68 pr

CORTE CONSTITUCIONAL

SENTENCIAS

T-487 del 11 de agosto de 1992, Exp. T-2047, M. P.: Alejandro Martínez Caballero.

C-086 del 1.º de marzo de 1995, Exps. acumulados D-647y D-672, M. P.: Vladimiro Naranjo Mesa.

C-524 del 16 de noviembre de 1995, Exp. D-920, M. P.: Carlos Gaviria Díaz.

T-105 del 24 de marzo de 1998, Exp. T-148700, M. P.: Alejandro Martínez Caballero.

C-183 del 6 de mayo de 1998, Exp. D-1801, M. P.: Eduardo Cifuentes Muñoz.

C-624 del 4 de noviembre de 1998, Exp. D-2054, M. P.: Alejandro Martínez Caballero.

SU-157 del 10 de marzo de 1999, Exps. T-153.327 y T-152.413 (acumulados), M. P.: Alejandro Martínez Caballero.

C-083 del 17 de febrero de 1999, Exp. D-2144, M. P.: Vladimiro Naranjo Mesa.

T-295 del 4 de mayo de 1999, Exp. T-190164, M. P.: Alejandro Martínez Caballero.

C-1141 del 30 de agosto de 2000, Exp. D-2830, M. P.: Eduardo Cifuentes Muñoz.

C-1265 del 20 de septiembre de 2000, Exps. acumulados D-2883, D-2885 y D-2889, M. P.: José Gregorio Hernández Galindo.

C-1641 del 29 de noviembre de 2000, Exp. D-2974, M. P.: Alejandro Martínez Caballero.

SU-1554 del 21 de noviembre de 2000, Exp. T-324.346, M. P.: Cristina Pardo Schlesinger.

C-815 del 2 de agosto de 2001, Exp. D- 3367, M. P.: Rodrigo Escobar Gil.

C-840 del 9 de agosto de 2001, Exp. D-3389, M. P.: Jaime Araújo Rentería.

C-128 del 26 de febrero de 2002, Exp. D-3662, M. P.: Eduardo Montealegre Lynett.

T-1085 del 5 de diciembre de 2002, Exp. T- 645771, M. P.: Jaime Araújo Rentería.

T-083 del 6 de febrero de 2003, Exp. T-657041. M. P.: Jaime Córdoba Triviño.

T-423 del 23 de mayo de 2003, Exp. T-695086, M. P.: Eduardo Montealegre Lynett.

T-468 del 5 de junio de 2003, Exp. T-515421, M. P.: Rodrigo Escobar Gil.

T-486 del 12 de junio de 2003, Exp. T-709464, M. P.: Rodrigo Escobar Gil.

C-131 del 19 de febrero de 2004, Exp. D-4599, M. P.: Clara Inés Vargas Hernández.

C-865 del 7 de septiembre de 2004, Exp. D-5057, M. P.: Rodrigo Escobar Gil.

C-341 del 3 de mayo de 2006, Exp. D-6020, M. P.: Jaime Araújo Rentería.

C-1002 del 21 de noviembre de 2007, Exp. D-6830, M. P.: Nilson Pinilla Pinilla.

C-902 del 17 de septiembre de 2008, Exp. D-7216, M. P.: Nilson Pinilla Pinilla.

T-316 del 7 de mayo de 2009, Exp. T-1.998.477, M. P.: Luis Ernesto Vargas Silva.

T-537 del 6 de agosto de 2009, Exp. T-1.954.426, M. P.: Humberto Antonio Sierra Porto.

C-749 del 21 de octubre de 2009, Exp. D-7686, M. P.: Luis Ernesto Vargas Silva.

C-640 del 18 de agosto de 2010, Ref.: D-7999, M. P.: Mauricio González Cuervo.

C-830 del 20 de octubre de 2010, Exp. D-8096, M. P.: Luis Ernesto Vargas Silva.

C-1008 de 2010, Exp. D-8146, M. P.: Luis Ernesto Vargas Silva.

T-909 de 2011. Exp. T-3102855, M. P.: Juan Carlos Henao Pérez.

C-197 del 14 de marzo de 2012, Exp. D-8533, M. P.: Jorge Ignacio Pretelt Chaljub.

C-909 del 7 de noviembre de 2012, Exp. D-9075, M. P.: Nilson Pinilla Pinilla.

C-313 del 23 de mayo de 2013, Exp. D-9345, M. P.: Gabriel Eduardo Mendoza Martelo.

C-934 del 11 de diciembre de 2013, Exp. D-9661, M. P.: Nilson Pinilla Pinilla.

T-574 del 20 de octubre de 2016, Exp. T-5.610.171, M. P.: Alejandro Linares Cantillo.

T-676 del 1.º de diciembre de 2016, Exp. T-5.679.143, M. P.: Alejandro Linares Cantillo.

CORTE SUPREMA DE JUSTICIA

SENTENCIAS

SALA DE CASACIÓN CIVIL

Del 29 de septiembre de 1935, M. P.: Miguel Moreno Jaramillo, t. XLIII, n.º 1904, pp. 12 a 141.

Del 5 de noviembre de 1935.

Del 30 de noviembre de 1935.

Del 29 de febrero de 1936.

Del 26 de mayo de 1936.

Del 31 de mayo de 1938, M. P.: Juan Francisco Mujica, XLVI, 566 a 574.

Del 10 de junio de 1938

Del 5 de marzo de 1940.

Del 12 de diciembre de 1940.

Del 18 de marzo de 1942.

Del 5 de mayo de 1942.

Del 27 de septiembre de 1945.

Del 29 de octubre de 1945.

Del 3 de junio de 1946.

Del 30 de marzo de 1955.

Del 4 de abril de 1968, M. P.: Fernando Hinestrosa Forero.

Del 3 de marzo de 1970, M. P.: César Gómez Estrada.

Del 11 de junio de 1974.

Del 3 de noviembre de 1977.

Del 29 de agosto de 1980, M. P.: Humberto Murcia Ballén.

Del 12 de septiembre de 1985.

Del 24 de junio de 1988.

Del 12 de marzo de 1992, M. P: Héctor Marín Naranjo.

208, del 10 de junio de 1992, M. P.: Héctor Marín Naranjo, CCXVI, pp. 538 a 539.

Del 19 de abril de 1993, M. P.: Pedro Lafont Pianetta.

Del 29 de abril de 1993, M. P.: Alberto Ospina Botero.

C-125 del 19 de octubre de 1994, Exp. 3972, M. P.: Carlos Esteban Jaramillo.

Del 24 de octubre de 1994, M. P.: Carlos Esteban Jaramillo.

Del 9 de agosto de 1995, Exp. 4059.

4741 del 17 de octubre de 1997, Exp. 4741, M. P.: Rafael Romero Sierra.

Del 21 de marzo de 1998, Exp. 49, M. P.: Rafael Romero Sierra.

5335 del 22 de marzo de 2000, Exp. 5335, M. P.: Carlos Ignacio Jaramillo Jaramillo.

Del 14 de junio de 2000, Exp. 5025, M. P.: Jorge Antonio Castillo Rugeles.

5670 del 2 de febrero de 2001, Exp. 5670, M. P.: Carlos Ignacio Jaramillo Jaramillo.

6146 del 2 de agosto de 2001, Exp. 6146, M. P.: Carlos Ignacio Jaramillo Jaramillo.

6775 del 13 de diciembre de 2001, Exp. 6771, M. P.: Manuel Ardila Velásquez.

6151 del 12 de agosto de 2002, M. P.: José Fernando Ramírez.

7447 del 3 de agosto de 2004, M. P.: Edgardo Villamil Portilla.

7504 del 28 de febrero de 2005, Exp. 7504, M. P.: Carlos Ignacio Jaramillo Jaramillo.

1999-0442 del 3 de mayo de 2005, Exp. 5000131030011999-04421-01, M. P.: César Julio Valencia Copete.

1909 del 3 de agosto de 2005, Exp. 1909, M. P.: Silvio Fernando Trejos Bueno.

Del 21 de noviembre de 2005, SC-286-2005, Exp. C-1100131030201992-03132-01

1999-1000 del 14 de febrero de 2006, Exp. 05001-3103-012-1999-1000-01, M. P.: Carlos Ignacio Jaramillo Jaramillo.

Del 18 de mayo de 2006, Exp. 11001310300819970770001, M. P.: Carlos Ignacio Jaramillo Jaramillo.

Del 24 de mayo de 2006, Exp. 1100131030351997-01151-01, M. P.: César Julio Valencia Copete.

293 del 31 de mayo de 2006, M. P.: Pedro Octavio Munar Cadena.

Del 17 de julio de 2006, Exp. 11001-3103-004-1992-0315-01, M. P: César Julio Valencia Copete.

Del 5 de octubre de 2006, Exp. 11001-31-03-024-1999-30782-01, M. P.: César Julio Valencia Copete.

2000-67300 del 15 de enero de 2008, Exp. 11001-3103-037-2000-67300-01, M. P.: Edgardo Villamil Portilla.

2001-06915 del 7 de febrero de 2008, Exp. 2001-06915-01, M. P.: William Namén Vargas.

1998-0057 del 15 de julio de 2008, Exp. C-1100131030061998-00579-01, M. P.: Jaime Alberto Arrubla Paucar.

Del 30 de julio de 2008, Exp. 11001-3103-036-1999-01458-01, M. P.: William Namén Vargas.

1999-00629 del 30 de abril de 2009, Exp. 25899 3193 992 1999 00629 01, M. P.: Pedro Octavio Munar Cadena.

Del 1.º de julio de 2009, Exp. 11001-3103-039-2000-00310-01, M. P.: William Namén Vargas.

2001-01054 del 24 de agosto de 2009, Exp. 11001-3103-038-2001-01054-01, M. P.: William Namén Vargas.

1991-15015 del 15 de septiembre de 2009, Rad. C-11001310301219 91-15015-01, M. P.: Jaime Alberto Arrubla Paucar.

1999-01041 del 25 de enero de 2010, Exp. 11001-3103-031-1999-01041-01, M. P.: Pedro Octavio Munar Cadena.

Del 27 de febrero de 2012, Exp. 11001-3103-002-2003-14027-01, M. P.: William Namén Vargas.

2008-00586 del 30 de marzo de 2012, Exp. C-11001310304320 08-00586-01, M. P.: Jaime Alberto Arrubla Paucar.

SC9072-2014, del 11 de julio de 2014, Rad.: 11001-31-03-035-2007-00601-01, M. P.: Fernando Giraldo Gutiérrez.

SC10297-2014 del agosto 5 de 2014, Rad. 11001310300320030066001, M. P.: Ariel Salazar Ramírez.

SC13630-2015 del 7 de octubre de 2015, Rad. 73411-31-03-001-2009-00042-01, M. P.: Ariel Salazar Ramírez.

SC12469 de 2016, Rad. 47001-31-03-003-1999-00301-01, M. P.: Álvaro Fernando García Restrepo.

SC-13925-2016 del 30 de septiembre de 2016, Rad. 05001-31-03-003-2005-00174-01, M. P.: Ariel Salazar Ramírez. (Aprobado en sesión de 24 de agosto de 2016).

SC18614-2016 del 19 de diciembre de 2016, Rad. 5001-31-03-001-2008-00312-01, M. P.: Ariel Salazar Ramírez.

SC20448-2017 del 24 de mayo de 2017, Rad. 47001-31-03-002-2002-00068-01, M. P.: Margarita Cabello Blanco.

SC20450-2017 del 17 de diciembre de 2017, Rad. 11001-31-03-012-1998-04834-01, M. P.: Margarita Cabello Blanco.

SC002-2018 del 12 de enero de 2018, Rad. 11001-31-03-027-2010-00578-01, M. P.: Ariel Salazar Ramírez.

SC2107-2018 del 12 de junio de 2018, Rad. 11001-31-03-032-2011-00736-01, M. P.: Luis Armando Tolosa Villabona.

SL1452-2019 del 3 de abril de 2019, Rad. 68852, M. P.: Clara Cecila Dueñas Quevedo.

SC1697-2019 del 14 de mayo de 2019, Rad. 05001-31-03-009-2009-00447-01, M. P.: Margarita Cabello Blanco.

SALA DE CASACIÓN LABORAL

Del 10 de mayo de 2004, Exp. 22371, M. P.: Eduardo López Villegas.

SALA DE CASACIÓN PENAL

39339 del 13 de marzo de 2013, M. P.: Luis Guillermo Salazar Otero.

Del 13 de mayo de 2013, M. P.: José Leonidas Bustos.

LAUDOS ARBITRALES

Del 14 de octubre de 1993, que resolvió las controversias entre Bloch Niño y Cía. contra Fiducolmena.

Del 26 de agosto de 1997, que resolvió las controversias entre Leasing Mundial S. A. y Fiduciaria FES S. A. (Fidufes S. A.), hoy Acción Fiduciaria S. A.

Del 2 de octubre de 1997, que resolvió las controversias entre Arturo Jiménez Garrido y Fiducoop.

Del 31 de marzo de 1999, que resolvió las controversias entre el Inurbe y Fidutequendama.

Del 6 de abril de 1999, que resolvió las controversias entre Elvira Cortés y Mauricio Arévalo contra Fidutequendama.

Del 8 de junio de 1999, que resolvió las controversias entre el Instituto Nacional de Vivienda de Interés Social y Reforma Urbana (Inurbe) y Fiduciaria de Desarrollo Agropecuario S. A. (Fiduagraria S. A.).

Del 1.º de marzo de 2000, que resolvió las controversias entre el Inurbe y Fiducolombia.

Del 31 de marzo de 2000, que resolvió las controversias entre el Instituto Nacional de Vivienda de Interés Social y Reforma Urbana (Inurbe) y Fiduciaria Ganadera S. A. (Fidugán).

Del 24 de abril de 2000, que resolvió las controversias entre el Banco Davivienda S. A. y Alianza Fiduciaria S. A.

Del 12 de julio de 2000, que resolvió las controversias entre Banco Superior y Fidutequendama.

Del 19 de julio de 2000, que resolvió las controversias entre BASF Química Colombiana S. A. y otros y Fiduanglo S. A.

Del 31 de julio de 2000, que resolvió las controversias entre la Beneficencia de Cundinamarca y el Banco Central Hipotecario y Fiduciaria Central S. A.

Del 3 de agosto de 2000, que resolvió las controversias entre Carlos Arturo Camelo y Santander Investment Trust Colombia.

Del 15 de noviembre de 2000, que resolvió las controversias entre Alfonso José Álvarez y Fiduciaria Andino.

Del 24 de noviembre de 2000, que resolvió las controversias entre Consorcio Miel y Sociedad Fiduciaria Anglo S. A. (Fiduanglo).

Del 3 de abril de 2001, que resolvió las controversias entre Fiducafetera y Jorge Édgar Rey Díaz.

Del 6 de abril de 2001, que resolvió las controversias entre Cooperadores IPS y Fiduprevisora.

Del 10 de abril de 2001, que resolvió las controversias entre Compañía de Servicios Funerarios Ltda. y UCN Sociedad Fiduciaria.

Del 9 de agosto de 2001, que resolvió las controversias entre Construcciones Ampomar Ltda. y otros y Fidubandes S. A. (En liquidación).

Del 23 de agosto de 2001, que resolvió las controversias entre Fidutolima y Rafael Bonilla.

Del 28 de agosto de 2001, que resolvió las controversias entre Promotora Internacional de Hoteles S. C. A.y Fidugán.

Del 28 de noviembre de 2001, que resolvió las controversias entre Vesna Zorka Mimiça y Fiduciaria de Desarrollo Agropecuario S. A. y Fiduagraria S. A.

Del 7 de diciembre de 2001, que resolvió las controversias entre José Omar Acosta Castillo y Santander Investment Trust Colombia.

Del 20 de febrero de 2003, que resolvió las controversias entre Monómeros Colombo Venezolanos y Lloyds Trust (antes Fiduanglo).

Del 9 de mayo de 2003, que resolvió las controversias entre Fiducafetera e Inmobiliaria e Inversiones Quijano Rueda Hnos.

Del 19 de marzo de 2004, que resolvió las controversias entre Fiducentral y M. A. Construcciones.

Del 20 de abril de 2004, que resolvió las controversias entre Banco Davivienda S. A. y Alianza Fiduciaria S. A.

Del 28 de febrero de 2006, que resolvió las controversias entre Jorge Alberto Vélez Velásquez y Fiducolpatria S. A.

Del 22 de julio de 2010, que resolvió las controversias entre Operagua El Banco S. A. ESP y Fiduprevisora S. A.

PROCURADURÍA GENERAL DE LA NACIÓN

Concepto 3685 del 22 de octubre de 2004.

SUPERINTENDENCIA BANCARIA

CONCEPTOS Y RESOLUCIONES

Concepto 593 de 1951.

Concepto OJ-41621887 del 4 de noviembre de 1974.

Concepto OJ-136 de 1981.

Concepto DB-777 de 1987.

Concepto DB-1346 de 1987.

Concepto 1998045919-5 del 20 de enero de 1999.

Concepto 1999928704-2 del 3 de agosto de 1999.

Concepto 2002043546-1 del 3 de septiembre de 2001.

Concepto 2003017321-1 del 14 de mayo de 2003.

Concepto del 20 de agosto de 2003.

Concepto 220-000754 del 13 de enero de 2004.

Concepto 2003055572-2 del 18 de febrero de 2004.

Concepto 2003035259-0 del 2 de junio de 2004.

Concepto del 7 de septiembre de 2004.

Concepto 20-54969 del 22 de octubre de 2004.

Concepto 2005045750-1 del 13 de septiembre de 2005.

Resolución 3029 de 1993.

Resolución 3030 de 1993.

Resolución 3906 de 1993.

SUPERINTENDENCIA DE SOCIEDADES

Auto del 14 de diciembre de 2015, proferido dentro del proceso de reorganización empresarial de Conalvías Construcciones S. A. S.

Auto del 17 de marzo de 2016, proferido dentro del proceso de reorganización empresarial de Panthers Machinery S. A. S.

Auto del 16 de septiembre de 2016, proferido dentro del proceso de reorganización empresarial de Central Papelera S. A. S.

Auto del 12 de julio de 2017, proferido dentro del proceso de reorganización empresarial de Petrocombustión S. A. S.

Oficio 220-034801 del 8 de junio de 2010.

Oficio 220-028110 del 9 de abril de 2019.

Oficio 220-002376 del 9 de enero de 2020.

SUPERINTENDENCIA DE INDUSTRIA Y COMERCIO

Concepto 16160560 del 27 de julio de 2016.

SIC. "Protección al consumidor en Colombia. Una aproximación desde las competencias de la Superintendencia de Industria y Comercio", Bogotá, D. C., MinCIT, 2017.

SUPERINTENDENCIA FINANCIERA

Circular Básica Contable y Financiera (Circular Externa 100 de 1995). Disponible en https://www.superfinanciera.gov.co/inicio/normativa/normativa-general/circular-basica-contable-y-financiera-circular-externa--de---15466

Circular Básica Jurídica (C. E. 029/2014). Disponible en https://www.superfinanciera.gov.co/inicio/normativa/normativa-general/circular-basica-juridica-ce----10083443

Circular Externa 028 del 30 de septiembre de 2014. Disponible en https://actualicese.com/circular-externa-028-de-30-09-2014/

Código de Mejores Prácticas Corporativas (Código País), 2014. Disponible en http://www.icgc.com.co/wp-content/uploads/2018/01/Co%CC%81digo-Pai%CC%81s-2014.pdf

Concepto 2007059749 del 28 de diciembre de 2007.

Concepto 2008062493-001 del 4 de noviembre de 2008.

Concepto 2010007643-001 del 19 de marzo de 2010.

Concepto 2013075203-009 del 25 de noviembre de 2013.

Resolución 1129 del 15 de julio de 2011.

Resolución 1130 del 15 de julio de 2011.

Resolución 1171 del 11 de julio de 2014.

TRIBUNAL SUPERIOR DE BOGOTÁ

Sala Civil. Sentencia del 13 de julio de 2004, Exp. 02333-01, M. P.: Jorge Eduardo Ferreira Vargas.

LEYES, DECRETOS, CÓDIGOS Y NORMAS NACIONALES

Congreso de Colombia. Ley 51 de 1918. Sobre establecimientos o sociedades de crédito. *D. O.* 16650 del 25 de noviembre de 1918. Disponible en http://www.suin-juriscol.gov.co/viewDocument.asp?ruta=Leyes/1788766

Congreso de Colombia. Ley 45 de 1923. Sobre establecimientos bancarios. *D. O.* 19137 a 19139 del 6 de agosto de 1923. Disponible en http://www.suin-juriscol.gov.co/viewDocument.asp?id=1599516

Congreso de Colombia. Ley 45 de 1990. Por la cual se expiden normas en materia de intermediación financiera, se regula la actividad aseguradora, se conceden unas facultades y se dictan otras disposiciones. *D. O.* 39607 del 19 de diciembre de 1990.

Congreso de Colombia. Ley 80 de 1993. Por la cual se expide el Estatuto General de Contratación de la Administración Pública. *D. O.* 41094 del 28 de octubre de 1993. Disponible en http://www.secretariasenado.gov.co/senado/basedoc/ley_0080_1993.html

Congreso de Colombia. Ley 142 de 1994. Por la cual se establece el régimen de los servicios públicos domiciliarios y se dictan otras disposiciones. *D. O.* 41433 del 11 de julio de 1994. Disponible en http://www.secretariasenado.gov.co/senado/basedoc/ley_0142_1994.html

Congreso de Colombia. Ley 222 de 1995. Por la cual se modifica el Libro II del Código de Comercio, se expide un nuevo régimen de procesos concursales y se dictan otras disposiciones. *D. O.* 42156 del 20 de diciembre de 1995. Disponible en http://www.secretariasenado.gov.co/senado/basedoc/ley_0222_1995.html

Congreso de Colombia. Ley 388 de 1997. Por la cual se modifica la Ley 9.ª de 1989, y la Ley 3.ª de 1991 y se dictan otras disposiciones. *D. O.* 43091 del 24 de julio de 1997. Disponible en http://www.secretariasenado.gov.co/senado/basedoc/ley_0388_1997.html

Congreso de Colombia. Ley 550 de 1999. Por la cual se establece un régimen que promueva y facilite la reactivación empresarial y la reestructuración de los entes territoriales para asegurar la función social de las empresas y lograr el desarrollo armónico de las regiones y se dictan disposiciones para armonizar el régimen legal vigente con las normas de esta ley. *D. O.* 43940 del 19 de marzo de 2000. Disponible en http://www.secretariasenado.gov.co/senado/basedoc/ley_0550_1999.html

Congreso de Colombia. Ley 610 de 2000. Por la cual se establece el trámite de los procesos de responsabilidad fiscal de competencia de las contralorías. *D. O.* 44133 del 18 de agosto de 2000. Disponible en http://www.secretariasenado.gov.co/senado/basedoc/ley_0610_2000.html

Congreso de Colombia. Ley 795 de 2003. Por la cual se ajustan algunas normas del Estatuto Orgánico del Sistema Financiero y se dictan otras disposiciones. *D. O.* 45064 del 15 de enero de 2003. Disponible en http://www.secretariasenado.gov.co/senado/basedoc/ley_0795_2003.html

Congreso de Colombia. Ley 964 de 2005. Por la cual se dictan normas generales y se señalan en ellas los objetivos y criterios a los cuales debe sujetarse el Gobierno Nacional para regular las actividades de manejo, aprovechamiento e inversión de recursos captados del público que se efectúen mediante valores y se dictan otras disposiciones. *D. O.* 45963 del 8 de julio de 2005. Disponible en http://www.secretariasenado.gov.co/senado/basedoc/ley_0964_2005.html

Congreso de Colombia. Ley 1116 de 2006. Por la cual se establece el Régimen de Insolvencia Empresarial en la República de Colombia y se dictan otras disposiciones. *D. O.* 46494 del 27 de diciembre de 2006. Disponible en http://www.secretariasenado.gov.co/senado/basedoc/ley_1116_2006.html

Congreso de Colombia. Ley 1328 de 2009. Por la cual se dictan normas en materia financiera, de seguros, del mercado de valores y otras disposiciones. *D. O.* 47411 del 15 de julio de 2009. Disponible en http://www.secretariasenado.gov.co/senado/basedoc/ley_1328_2009.html

Congreso de Colombia. Ley 1474 de 2011. Por la cual se dictan normas orientadas a fortalecer los mecanismos de prevención, investigación y sanción de actos de corrupción y la efectividad del control de la gestión pública. *D. O.* 48128 del 12 de julio de 2011. Disponible en secretariasenado.gov.co/senado/basedoc/ley_1474_2011.html

Congreso de Colombia. Ley 1480 de 2011. Por medio de la cual se expide el Estatuto del Consumidor y se dictan otras disposiciones. *D. O.* 48220 del 12 de octubre de 2011. Disponible en http://www.secretariasenado.gov.co/senado/basedoc/ley_1480_2011.html

Congreso de Colombia. Ley 1564 de 2012. Por medio de la cual se expide el Código General del Proceso y se dictan otras disposiciones. *D. O.* 48489 del 12 de julio de 2012. Disponible en http://www.secretariasenado.gov.co/senado/basedoc/ley_1564_2012.html

Congreso de Colombia. Ley 1676 de 2013. Por la cual se promueve el acceso al crédito y se dictan normas sobre garantías mobiliarias. *D. O.* 48888 del 20 de agosto de 2013. Disponible en http://www.secretariasenado.gov.co/senado/basedoc/ley_1676_2013.html

Congreso de Colombia. Ley 1996 de 2019. Por medio de la cual se establece el régimen para el ejercicio de la capacidad legal de las personas con discapacidad mayores de edad. *D. O.* 51057 del 26 de agosto de 2019. Disponible en http://www.secretariasenado.gov.co/senado/basedoc/ley_1996_2019.html

Congreso de los Estados Unidos de Colombia. Ley 84 de 1887. Código Civil de la Unión (Código Civil colombiano). *D. O.* 2867 del 31 de mayo de 1887. Disponible en http://www.secretariasenado.gov.co/senado/basedoc/codigo_civil.html

Constitución Política (1991). Constitución Política de la República de Colombia. Disponible en http://secretariasenado.gov.co/senado/basedoc/constitucion_politica_1991.html

Instituto Colombiano de Normas Técnicas y Certificación (ICONTEC). *Norma técnica colombiana NTC 5254. Gestión del riesgo*, Bogotá, ICONTEC, 2004.

Presidencia de la República de Colombia. Decreto 410 de 1971. Por el cual se expide el Código de Comercio. *D. O.* 33339 del 16 de junio de 1971. Disponible en http://www.secretariasenado.gov.co/senado/basedoc/codigo_comercio.html

Presidencia de la República de Colombia. Decreto 3466 de 1982. Por el cual se dictan normas relativas a la idoneidad, la calidad, las garantías, las marcas, las leyendas, las propagandas y la fijación pública de precios de bienes y servicios, la responsabilidad de sus productores, expendedores y proveedores, y se dictan otras disposiciones. *D. O.* 36143 del 3 de diciembre de 1982. Disponible en http://www.suin-juriscol.gov.co/viewDocument.asp?id=1528360

Presidencia de la República de Colombia. Decreto 1981 de 1988. Por el cual se reglamenta el Decreto 2920 de 1982. *D. O.* 38514 del 28 de septiembre de 1988. Disponible en http://www.suin-juriscol.gov.co/viewDocument.asp?id=1380615

Presidencia de la República de Colombia. Decreto 624 de 1989. Por el cual se expide el Estatuto Tributario de los Impuestos Administrados por la Dirección General de Impuestos Nacionales. *D. O.* 38756 del 30 de marzo de 1989. Disponible en http://www.secretariasenado.gov.co/senado/basedoc/estatuto_tributario.html

Presidencia de la República de Colombia. Decreto 1026 de 1990. Por el cual se modifica el régimen de emisión de bonos y se derogan los Decretos 1998 de 1972 y 1914 de 1983. *D. O.* 39363 del 17 de mayo de 1990. Disponible en http://www.suin-juriscol.gov.co/viewDocument.asp?ruta=Decretos/1209697

Presidencia de la República de Colombia. Decreto Ley 663 de 1993. Estatuto Orgánico del Sistema Financiero. *D. O.* 40820 del 5 de abril de 1993. Disponible en http://www.secretariasenado.gov.co/senado/basedoc/estatuto_organico_sistema_financiero.html

Presidencia de la República de Colombia. Decreto 4334 de 2008. Por el cual se expide un procedimiento de intervención en desarrollo del Decreto 4333 del 17 de noviembre de 2008. *D. O.* 47176 del 17 de noviembre de 2008. Disponible en http://www.suin-juriscol.gov.co/viewDocument.asp?ruta=Decretos/1544970

Presidencia de la República de Colombia. Decreto 2555 de 2010. Por el cual se recogen y reexpiden las normas en materia del sector financiero, asegurador y del mercado de valores y se dictan otras disposiciones. *D. O.* 47771 del 15 de julio de 2010. Disponible en http://www.suin-juriscol.gov.co/viewDocument.asp?id=1464776

Presidencia de la República de Colombia. Decreto Nacional 1510 de 2013. Por el cual se reglamenta el sistema de compras y contratación pública. *D. O.* 48854 del 17 de julio de 2013. Disponible en https://www.alcaldiabogota.gov.co/sisjur/normas/Norma1.jsp?i=53776

Presidencia de la República de Colombia. Departamento Nacional de Planeación. Decreto 1082 de 2015. Por medio del cual se expide el Decreto Único Reglamentario del Sector Administrativo de Planeación Nacional. *D. O.* 49523 del 26 de mayo de 2015. Disponible en https://normativa.colpensiones.gov.co/colpens/docs/decreto_1082_2015.htm

Presidencia de la República de Colombia. Decreto 1074 de 2015. Por medio del cual se expide el Decreto Único Reglamentario del Sector Comercio, Industria y Turismo. *D. O.* 49523 del 26 de mayo de 2015. Disponible en http://www.suin-juriscol.gov.co/viewDocument.asp?id=30019935

LEGISLACIÓN INTERNACIONAL

Asamblea Legislativa de Costa Rica. Ley 3284 de 1964. Código de Comercio. *G. O.* 119 del 27 de mayo de 1964. Disponible en http://www.pgrweb.go.cr/scij/Busqueda/Normativa/Normas/nrm_texto_completo.aspx?param1=NRTC&nValor1=1&nValor2=6239&nValor3=118140&param2=1&strTipM=TC&lResultado=4&strSim=simp

Asamblea Legislativa de la República de El Salvador. Decreto Ley 671. Código de Comercio. *D. O.* 140, t. 228, del 31 de julio de 1970. Disponible en https://www.jurisprudencia.gob.sv/DocumentosBoveda/D/2/1970-1979/1970/07/886D6.PDF

Asamblea Legislativa de la República de Panamá. Ley 1 de 1984. Por la cual se regula el fideicomiso en Panamá y se adoptan otras disposiciones. *G. O.* 19971 del 10 de enero de 1984. Disponible en https://www.organojudicial.gob.pa/uploads/wp_repo/blogs.dir/cendoj/CIVIL/ley_1_de_1984_fideicomiso.pdf

Cámara de Diputados del Honorable Congreso de la Unión. Ley General de Títulos y Operaciones de Crédito de 1932. *DOF* del 27 de agosto de 1932 (última reforma: *DOF* del 22 de junio de 2018). Disponible en http://www.diputados.gob.mx/LeyesBiblio/pdf/145_220618.pdf

Cámara de Diputados del Honorable Congreso de la Unión. Ley de Instituciones de Crédito. *DOF* del 18 de julio de 1990 (última reforma: *DOF* del 25 de mayo de 2010). Disponible en https://www.senado.gob.mx/comisiones/finanzas_publicas/docs/LIC.pdf

Cámara de Diputados del Honorable Congreso de la Unión. Código de Comercio. *DOF* del 7 de octubre al 13 de diciembre de 1889 (última reforma publicada: *DOF* del 28 de marzo de 2018). Disponible en http://www.diputados.gob.mx/LeyesBiblio/pdf_mov/Codigo_de_Comercio.pdf

Congreso de la Nación Paraguaya. Ley 921 de 1996. De Negocios Fiduciarios. Disponible en https://www.cnv.gov.py/normativas/leyes/ley_no-921_96-negocios_fiduciarios.pdf

Congreso de la República de Guatemala. Decreto n.º 2-70. Por el que se dicta el Código de Comercio de Guatemala. *D. O.* t. 188, n.º 33, del 22 de abril de 1970. Disponible en https://www.minfin.gob.gt/images/archivos/leyes/tesoreria/Decretos/DECRETO%20DEL%20CONGRESO%202-70.pdf

Congreso de la República de Perú. Ley General 26702 de 1996. Ley General del Sistema Financiero y del Sistema de Seguros y Orgánica de la Superintendencia de

Banca y Seguros. *El Peruano. Normas Legales*, 9 de diciembre de 1996. Disponible en http://www.leyes.congreso.gob.pe/Documentos/Leyes/26702.pdf

Congreso de la República de Venezuela. Ley de Fideicomisos. *G. O.* 496 (número extraordinario) del 17 de agosto de 1956. Disponible en http://www.bicentenariobu.com/pdf/Ley_de_Fideicomisos_-_496_E.pdf

Congreso Nacional de Chile. Código Civil de la República de Chile. Promulgado el 14 de diciembre de 1855 y publicado el mismo día. Actualmente contenido en el *DFL* 1, Justicia, que fija su texto refundido, publicado el 30 de mayo de 2000. Disponible en https://www.bcn.cl/leychile/codigos

Congreso Nacional de Honduras. Norma 73-50. Código de Comercio. Disponible en https://honduras.eregulations.org/media/codigo%20del%20comercio.pdf

Congreso Nacional de Honduras. Decreto 170 de 1995. Ley de Instituciones del Sistema Financiero. *G. O.* del 16 de noviembre de 1995. Disponible en https://www.cnbs.gob.hn/files/leyes/leysis.pdf

Corps Législatif. Code Civil des Français (Código Civil francés). Disponible en https://www.legifrance.gouv.fr/affichCode.do?cidTexte=LEGITEXT000006070721&dateTexte=20200907

European Group on Tort Law (EGTL). *Principios de derecho europeo de la responsabilidad civil.* Disponible en http://www.egtl.org/PETLSpanish.html

Governo del Regno d'Italia. Lagge n.º 2215 del 2 de aprile 1865. Codice Civile del Regno D'Italia. Disponible en https://www.notaio-busani.it/download/docs/CC1865_100.pdf

Governo del Regno d'Italia. Regio Decreto n.º 262 16 marzo 1942 in materia di «Approvazione del testo del Codice Civile». *Gazzetta Ufficiale*, n.º 79 del 4 aprile 1942. Disponible en https://www.gazzettaufficiale.it/anteprima/codici/codiceCivile

Honorable Congreso de la Nación Argentina. Ley 24441 de Argentina. Financiamiento de la Vivienda y la Construcción. *B. O.* del 16 de enero de 1995. Disponible en https://www.argentina.gob.ar/normativa/nacional/ley-24441-812/texto

Honorable Congreso de la Nación Argentina. Ley 26994 de 2014. Código Civil y Comercial de la Nación. *B. O.* del 8 de octubre de 2014. Disponible en https://www.argentina.gob.ar/normativa/nacional/ley-26994-235975/texto

Honorable Congreso Nacional de Bolivia. Ley 1488 de 1993. Ley de Bancos y Entidades Financieras. *G. O.* 1785 del 3 mayo 1993. Disponible en https://medios.economiayfinanzas.gob.bo/VPSF/documentos/Normas/DGSF/Ley_1488.pdf

Jefatura de Estado (España). Ley 7 del 13 de abril de 1989. Ley de Condiciones Generales de la Contratación española. *BOE*, 89, del 14 de abril de 1998. Disponible en https://www.boe.es/buscar/act.php?id=BOE-A-1998-8789#:~:text=Son%20condiciones%20generales%20de%20la%20contrataci%C3%B3n%20las%20cl%C3%A1usulas%20predispuestas%20cuya,sido%20redactadas%20con%20la%20finalidad

Ministerio Federal de Justicia. Código Civil de Alemania en la versión promulgada el 2 de enero de 2002 (*Gaceta de Leyes Federales* [*Bundesgesetzblatt*] I, p. 42, 2909; 2003, I, p. 73). Aprobado en la Ley de Modernización del Derecho de Obligaciones del Código Civil alemán (*Bürgerliches Gesetzbuch* – BGB), de 26 de noviembre de 2001 (Gesetz zur Modernisierung des Schuldrecht), en vigor a partir del 1.º de enero de 2002. Disponible en https://www.gesetze-im-internet.de/englisch_bgb/

Senado y Cámara de Representantes de la República Oriental del Uruguay. Ley 17703 de 2003. Fideicomiso. *D. O.* 26375 del 4 de noviembre de 2003. Disponible en https://legislativo.parlamento.gub.uy/temporales/leytemp4494451.htm

WEBGRAFÍA

Auditool. Modelo COSO III. Marco Integrado de Control Interno.

Autorregulador del Mercado de Valores Colombia (AMV) y asociados. *Guía de control interno en la intermediación del mercado de valores*, Bogotá, AMV, 2008. Disponible en https://docplayer.es/23032045-Guia-de-control-interno-en-la-intermediacion-del-mercado-de-valores.html#show_full_text

BELDA MERCADO, JAVIER. "La responsabilidad del comodatario en el derecho romano", *Revista Electrónica de la Facultad de Derecho de la Universidad de Granada*, Granada, U. de Granada, 8 de febrero de 2007, en http://www.refdugr.com/documentos/articulos/7.pdf

BORDA, ALEJANDRO. "La buena fe en la etapa precontractual", *Vniversitas*, vol. 63, n.º 129, julio-diciembre, Bogotá, Pontificia Universidad Javeriana, 2014, pp. 39 a 79, en http://dx.doi.org/10.11144/Javeriana.VJ129.lbfe

FERNÁNDEZ CRENDE, ANTONIO y SALVADOR CODERCH PABLO. "Causalidad y responsabilidad", *InDret. Revista para el Análisis del Derecho*, n.º 329, Barcelona, Universidad Pompeu Fabra, enero de 2006, en http://www.indret.com/pdf/329_es.pdf

Fuenteseca, Cristina. *El negocio fiduciario en la jurisprudencia del Tribunal Supremo*, Barcelona, J. M. Bosch Editor, 1997.

Giménez Candela, Teresa. *Lex artis y responsabilidad civil médico-sanitaria. Una perspectiva actualizada*, en https://archivos.juridicas.unam.mx/www/bjv/libros/4/1943/22.pdf

Gómez Pomar, Fernando. "Carga de la prueba y responsabilidad objetiva", *Indret. Revista para el Análisis del Derecho*, n.º 40, Barcelona, Universidad Pompeu Fabra, en http://www.indret.com/pdf/040_es.pdf

Instituto de Auditores Internacionales (iai). *Las tres líneas de defensa para una efectiva gestión de riesgos y control*, enero de 2013. Disponible en https://iaia.org.ar/marco-referencia-coso-control-interno-modelo-tres-lineas-defensa-c

Instituto de Auditores Internos de Argentina (iaia). *El marco de referencia coso de Control Interno y el modelo de tres líneas de defensa: el caso de la eficiencia versus la protección en la industria de servicios financieros*. Disponible en https://iaia.org.ar/marco-referencia-coso-control-interno-modelo-tres-lineas-defensa-caso-la-eficiencia-versus-la-proteccion-la-industria-servicios-financieros/

Llamas Pombo, Eugenio. *Compraventa y protección de los consumidores*, 20 de noviembre de 2015, en http://www.saij.gob.ar/eugenio-llamas-pombo-compraventa-proteccion-consumidores dacf150842-2015-11-20/123456789-0abc-defg2480-51fcanirtcod

Martín Casals, Miguel. "Una primera aproximación a los 'Principios de derecho europeo de la responsabilidad civil'", *Indret. Revista para el Análisis del Derecho*, n.º 284, Barcelona, Universidad Pompeu Fabra, mayo de 2005, en http://www.indret.com/pdf/284_es.pdf

Mazzamuto, Salvatore. "El *trust* en el ordenamiento italiano", en https://docplayer.es/75614350-Salvatore-mazzamuto-el-trust-en-el-ordenamiento-italiano.html

Pérez de Ontiveros Baquero, Carmen. "Consideraciones en torno al 'pacto de *fiducia cum creditore*'", en www.navarra.es › appsext ›

Pizarro Wilson, Carlos. "Panorama de la responsabilidad contractual en el derecho chileno", en https://www.u-cursos.cl/derecho/2010/2/D122D0645/3/material_docente/bajar

Rojas-Quiñones, Sergio y Juan Diego Mojica-Restrepo. "De la causalidad adecuada a la imputación objetiva en la responsabilidad civil colombiana", *Vniversitas*, vol.

63, n.º 129, julio–diciembre, Bogotá, Pontificia Universidad Javeriana, 2014, pp. 187 a 235, en https://www.redalyc.org › articulo

STIGLITZ, RUBÉN. "Contrato de consumo y cláusulas abusivas", *Revista Con-Texto*, n.º 4, enero-junio, Bogotá, Universidad Externado de Colombia, 1999, pp. 32 a 51, en https://revistas.uexternado.edu.co/index.php/contexto/article/view/1712

TORRENT, ARMANDO. "*Culpa debitoris* - Imposibilidad sobrevenida - *Perpetuatio obligationis*", *AFDUDC*, n.º 10, La Coruña, Universidad de La Coruña, 2006, pp. 1.169 a 1.194, en https://core.ac.uk/download/pdf/61894586.pdf

Editado por el Departamento de Publicaciones
de la Universidad Externado de Colombia
en diciembre de 2020

Se compuso en caracteres Ehrhardt Regular de 12 puntos
y se imprimió sobre Holmen Book Cream de 60 gramos
Bogotá - Colombia

Post tenebras spero lucem

Made in the USA
Las Vegas, NV
28 March 2026

44425264R00441